APPLIED SOCIAL PSYCHOLOGY

응용사회심리학

홍대식 편저

박영story

머리말

본서는 우리나라에서 응용사회심리학을 소개하기 위해 만들어졌다. 응용사회심리학은 사회적 및 실제적 문제들을 해결하기 위해 사회심리학적 원리들과 발견들을 응용하는 사회심리학 내의 여러 응용분야들을 일컫는다. 종래에 사회심리학 교과서들은 인간의 사회적 사고와 행동에 관한 기초적 원리들과 발견들을 주로 소개해 왔다. 그것들은 사회적 지각, 대인관계, 태도 및 태도변화, 공격행동, 친사회적 행동, 사회적 영향, 집단내 행동 및 집단간 행동의 주제들을 포함한다. 대부분의 사회심리학 교과서들은 이러한 기초적 주제들을 취급한 다음에 사회심리학의 응용분야들을 예시하기 위해 책들의 말미에 건강, 법, 환경 등에 관한 두 세 개의 장들을 포함시켜 왔다.

사회심리학 교과서들의 이와 같은 장구성은 자연히 사회심리학 강의들을 기초분야들에 대한 소개 중심으로 운영하게끔 만들어서, 응용사회심리학의 분야들이 소홀하게 취급되었거나, 강의진도의 부진의 경우에 흔히 이 주제들이 강의들에서 전혀 취급되지 못했다. 하지만 학생들과 독자들은 사회심리학의 기초분야들만큼 응용분야들에 대해 많은 관심을 가질 수 있다. 더욱이, 응용사회심리학 분야들의 발전에 따라 응용사회심리학의 분야들만을 전적으로 취급하는 교과서들이 개발되어서, 응용사회심리학의 독립적 강의들을 개설하게끔 만들어 왔다. 본서는 이러한 시대적 추세에 부응해서 우리나라에서 응용사회심리학의 분야들의 최근의 동향을 소개하기 위해 만들어진 것이다.

필자는 우리나라에서 응용사회심리학 분야들을 소개하기 위해, 약 30년 전인 1980년대 말경에 편역의 형태로 응용사회심리학 교과서를 출간한 바 있었다. 하지만, 그 이후로 이 교과서는 새로운 책으로 이어지지 못했다. 필자는 그 동안에 이 분야의 다른 분들이 이러한 일을 수행하기를 고대해 왔지만, 아쉽게도 이러한 기대는 충족되지 못했다. 그리하여 필자는 감히 이 분야를 다시 소개해 보기로 결정했다. 하지만, 응용사회심리학은 학문의 성질상 하위분야들(예: 환경, 법률, 정치 등)에 대한 장기적인 학문적 및 실제적 몰입과 경험을 요한다. 이에 따라, 이 분야에서 앞선 나라들의 교과서들은 주제별로 전문가들에 의해 분담해서 집필되고 있다. 따라서 이 과업은 필자의 독자적 능력만으로 추진하기가 곤란한 것이다. 이에 따라 본서는 기존의 저서들에 주로 기초하게 되었다.

본서는 가급적 많은 응용분야들을 취급하고자 노력했다. 하지만, 필자의 능력부족과 지면부족으로 많은 응용사회심리학분야들이 취급되지 못했다. 그것들은 경제 및 소비자심리학, 노화, 지역사회, 스포츠팀, 공격과 폭력, 개인적 인간관계의 향상 및 긍정적 웰빙(행복) 등을 포함한다. 이와 같은 분야들에 대해 특별히 관심있는 독자들은 본서 이외의 문헌들을 또한 참고해 주시기 바란다.

끝으로, 본서의 출간을 허락해 주신 안종만 회장님께 진심으로 감사드린다. 또한 본서의 출간을 위해 애써주신 김선민 편집부장님과 편집팀 여러분께 감사를 드린다. 아무쪼록 본서가 우리나라에서의 이 분야의 소개에 있어서 도움이 되기를 간절히 바란다.

2019년 5월 31일
편저자 씀

차례

제1장 응용사회심리학 서론 · 1

사회심리학의 정의 ······ 3

사회심리학의 역사 ······ 4

사회심리학의 초창기: 1880년대 – 1920년대 / 5
본격적 연구활동기: 1930년대 – 1950년대 / 5
확신과 위기의 공존기: 1960년대 – 1970년대 중반 / 7
사회심리학의 성숙기: 1970년대 중반 – 1990년대 / 8
2000년대 이후와 장래에 대한 전망 / 9

사회심리학의 특징들: 기초와 응용사회심리학의 공통 특징들 ······ 11

이론의 개발과 검증 / 11
과학적 방법의 사용과 과학적 가치들의 존중 / 12
과학의 목표 추구 / 14
행동과 인지의 원인들의 규명 / 15

응용사회심리학의 정의 ······ 18

응용사회심리학의 특징들: 기초사회심리학에 비한 차이들 ······ 19

실제적 문제들의 이해와 해결 / 19
귀납적 접근의 사용 / 20
사회문제들의 규정에 대한 개인적 가치들의 역할 / 21
다수의 이론, 중재기법 및 연구법의 사용 / 22
학문 협동적 연구(interdisciplinary research)의 수행 / 23
현장 상황(field settings)에서의 연구 / 24
사회적 유용성의 향상 추구 / 25

응용사회심리학자들의 역할 ······ 26

요약 ······ 28

제2장 사회심리학의 이론 · 29

과학의 과정과 이론 ········ 31

이론의 정의와 관련 용어들 / 31

과학의 과정 속에서의 이론의 위치 / 32

과학의 과정 속에서의 이론의 기능 / 34

응용사회심리학에서의 이론의 역할들 / 35

이론의 특징들 / 36

사회심리학의 이론적 관점들 ········ 38

사회심리학이론들의 역사적 뿌리들 / 38

사회심리학의 기초 이론들 / 40

사회문화적 이론들(sociocultural theories) / 51

진화 사회심리학(evolutionary social psychology) / 54

오늘날의 사회심리학이론들 / 56

요약 ········ 57

제3장 응용사회심리학의 연구법 · 59

연구목표의 확인 ········ 60

변인들의 정의와 측정 ········ 61

변인들의 정의 / 61

자기보고방법들(self-report methods) / 62

관찰법 / 67

연구설계들 ········ 69

실험 / 69

준실험(quasi-experiments) / 73

상관연구 / 76

기술 연구들(descriptive studies) / 80

단일 방법의 편파를 피하기: 프로그램적 연구(programmatic research)/ 80

연구의 상황 ········ 81

질적 연구법들(qualitative research method) ········ 82

연구의 윤리적 및 실제적 고려사항 ········· 84
윤리적 고려사항들 / 84
실제적 고려사항들 / 85
자료분석 ········· 85
기술통계(descriptive statistics) / 86
추리통계(inferential statistics) / 86
요약 ········· 87

제4장 프로그램과 평가 · 89

중재의 설계 ········· 90
중재의 본질 / 90
중재의 설계와 실시의 핵심 과업들 / 91
중재의 평가 ········· 95
중재평가의 이유들 / 96
중재평가에 있어서 연구설계의 중요성 / 97
평가의 두 가지 유형: 과정평가와 결과평가 / 97
평가에 대한 발전단계적 접근 / 98
프로그램의 필요성(needs)의 평가 ········· 100
지표접근들(indicator approaches) / 100
조사접근들(survey approaches) / 101
지역사회 인상접근들 / 101
프로그램 평가의 한 예: 노르웨이에서의 약한 아이 괴롭히기(bullying) 문제의 해결을 위한 프로그램 / 102
프로그램의 평가가능성의 사정 ········· 104
프로그램의 목표들 / 105
프로그램 활동들 / 106
프로그램의 논리 또는 이론 / 106
프로그램의 과정과 서비스의 평가 ········· 107
경영정보체계들(management information systems) / 108
프로그램 결과의 평가의 두 가지 접근들 ········· 108

양적 접근 / 109
질적 접근 / 111
양적 접근 대 질적 접근 / 111
프로그램 결과에 관련된 비용의 평가 111
비용–이익분석(cost–benefit analysis) / 112
비용–효과분석(cost–effectiveness analysis) / 113
중재의 실제적 문제들 113
중재의 실시과정의 문제들 / 113
윤리문제들 / 115
사회정책(social policy)에 영향을 주기 116
요약 119

제5장 임상과 상담심리학에 대한 사회심리학의 응용 · 121

사회적 불안 122
사회적 불안의 사회심리학적 뿌리들 / 123
자기제시이론(self–presentation theory) / 124
자기제시이론에 대한 지지 연구들 / 126
자기제시이론: 사회적 불안을 치료하기 위한 하나의 접근 / 127
우울증에 관한 하나의 사회심리학적 모형 130
우울증에 관한 무희망이론 / 132
우울증의 치료에 대한 무희망이론적(hopelessness theory) 접근 / 135
신체이미지 장애(disturbed body image) 137
신체이미지의 성차 / 138
신체이미지에 대한 불안의 결과 / 139
신체이미지 장애에 관한 이론적 설명들 / 140
신체이미지 장애의 예방 / 141
낮은 자기존중 142
공황발작(panic attacks) 142
수줍음(shyness) 143

고독(loneliness) ········· 144

관계 문제들 ········· 144

애착이론(attachment theory) / 145
애착스타일과 관계의 질 / 146
사회적 교환과 상호의존이론 / 147
관계 문제들을 예방하기 / 149

요약 ········· 150

제6장 건강과 병의 사회심리학 · 153

건강심리학의 정의 ········· 154

생물심리사회적 모형 / 156
사회적 변인들과 건강 / 156

건강 증진과 병의 예방 ········· 157

매스 미디어의 건강보도의 설득과 사회적 영향 / 159
가족, 또래(peer) 및 학교의 영향 / 163

건강행동의 변화 ········· 164

건강신념모형(health belief model) / 165
계획된 행동이론(theory of planned behavior) / 168
변화단계들모형(stages of change model) / 170

스트레스, 대처 및 사회적 지원 ········· 175

스트레스 사건들의 특징들 / 176
스트레스와 발병 / 177
스트레스를 주는 사건들에 대한 대처 / 179
사회적 지원 / 182
스트레스 관리 / 184

증후들, 병 및 치료 ········· 185

병의 증후들의 인식과 해석 / 186
환자와 의사의 상호작용 / 188
심리적 통제력과 치료에 대한 적응 / 190

만성적 병에 대한 사회심리학적 관점들 ········· 191

병의 인지들 / 191
만성적 병과 환자들의 생활변화 / 192
요약 ···························· 193

제7장 교육과 교실의 사회심리학 · 195

학업성취의 영향요인들과 향상방법들 ···························· 196
학생들의 '학업'성적에 영향을 주는 요인들 / 196
학생들의 학업성적의 향상방법들 / 202
인간관계 과정들: 교사들과 학생들의 상호작용 ···························· 209
교사의 기대들과 학생의 성취 / 209
다른 학생들과의 상호작용 / 214
학생들 간의 최악의 상호작용: 학교폭력 / 217
요약 ···························· 224

제8장 조직의 사회심리학 · 225

인사 선발 ···························· 226
전통적인 채용면접들 / 226
전통적인 면접들에 대한 '과학적인' 대안들 / 228
업무수행의 평가(performance appraisal) ···························· 231
감독자의 평정 / 232
자기 평가 / 233
새롭고 향상된 평가방법들 / 234
공정한 절차의 고려 / 234
직무 만족: 선행요인들과 결과들 ···························· 235
직무만족의 결정요인들 / 236
직무만족의 결과들 / 241
동기 ···························· 246
경제적 보수모형들(economic reward models) / 246

보너스, 매수 및 내재적 동기 / 247
형평성(equity)의 고려 / 248

리더십 ······ 250

고전적인 특성적 접근(trait approach) / 250
리더십에 관한 연계모형들(contingency models) / 251
교류적 리더십(transactional leadership) / 253
변형적 리더십(transformational leadership) / 253
여성들의 리더십 / 255

기업가정신(entrepreneurship)의 사회심리학 ······ 256

기업가가 되는 사람들의 사회적, 인지적 및 개인적 요인들 / 257
성공적 기업가들의 특징들 / 258

요약 ······ 263

제9장 정치의 사회심리학 · 265

정치심리학연구의 역사적 단계들 ······ 266

지도자들의 성격 / 266
태도와 투표행동 / 267
정치적 인지와 정보처리 / 267
최근의 연구추세들 / 267

여론 ······ 268

이데올로기(ideology) ······ 270

이데올로기의 종말에 관한 의문 / 270
이데올로기와 가치들 / 271
편견 / 273

투표행동 ······ 274

정당동일시(party identification) / 274
경제적 투표 / 276
일관성(consistency)과 이데올로기 / 278
투표 참가 / 280
추론적 행동이론(theory of reasoned action) / 280
투표에 관한 미시간모형(Michigan model) / 281

후보자 평가에 관한 온라인모형(online model) / 283
정치적 사회화(political socialization) ······ 284
초기의 획득 / 284
지속성 / 285
집단 갈등(group conflict) ······ 287
성차(gender gap) / 287
정치적 관용(political tolerance) / 289
정치적 리더십 ······ 290
5개의 대형 성격요인들(Big Five) / 291
정치지도자들의 프로파일링(profiling) / 291
위기 의사결정(crisis decision making) / 293
집단 사고(groupthink) / 294
매스 미디어와 정치적 설득 ······ 295
한정된 영향들(limited effects) / 295
설득의 장애를 극복하기 / 298
미디어에 대한 새로운 시각 / 303
국제적 갈등(international conflict) ······ 307
적에 대한 이미지들 / 308
신념체계들(belief system) / 309
위기 관리(crisis management) / 310
요약 ······ 312

제10장 법의 사회심리학 · 315

범죄와 범죄인 ······ 316
범죄의 사회심리학 / 316
범죄행동의 근원들(origins) / 319
범죄의 수사 ······ 324
경찰의 수사 / 325
목격자 확인과 증언 / 329
배심원 선정과 의사결정 ······ 336

배심원 선정(jury selection) / 337
배심원 의사결정에 관한 이야기모형 / 338
배심원 의사결정에 영향을 주는 요인들 / 339
인정불가능한 증거 / 341
배심의 심의 / 344
법체계에 대한 사회심리학자들의 기여 ········ 346
전문가 증언 / 346
법정고문의 소송사건적요서들 / 348
교도소 상황 ········ 348
교도소의 목표들 / 349
교도소들의 사회적 풍토 / 350
교정에 대한 교도소의 접근들: 치료적 공동체들(therapeutic communities) / 353
요약 ········ 355

제11장 미디어의 사회심리학 · 357

TV의 인지적 및 교육적 영향 ········ 359
상관 연구들 / 360
준실험 연구들(quasi-experimental studies) / 361
미디어 폭력의 영향 ········ 364
미디어 폭력 시청의 결과들 / 365
공격의 모방 / 368
미디어 폭력과 공격적 사고들 / 372
미디어 폭력과 공포 / 373
외설물 시청의 영향 ········ 376
비폭력적 외설물에 대한 장기적 노출의 영향 / 379
삽입된 폭력적인 성적 재료에 대한 노출의 영향 / 382
폭력적인 성적 재료에 대한 노출의 유해한 영향을 감소시키는 방법 / 382
정치적 뉴스보도의 영향 ········ 385
미디어가 시청자들의 사고에 미치는 영향 / 385
정부에 대한 부정적인 미디어보도의 영향 / 389
정치적 광고의 나쁜 결과 / 392

요약 ··· 394

제12장 환경의 사회심리학 · 395

환경이 인간의 안녕과 행동에 미치는 영향 ··· 397

과밀(crowding) / 397

하나의 스트레스원으로서의 소음 / 400

행동이 환경에 미치는 영향 ··· 403

환경문제들과 인간 행동 / 403

환경적 행동들의 이해 / 404

친환경적 행동의 증진 / 412

건축된 환경(built environment) ··· 415

사회적 설계(social design) / 415

방어가능한 공간 / 425

요약 ··· 430

제13장 성(gender) 문제들 · 431

성(gender)의 정의와 인식 ··· 432

성역할들(gender roles)의 분리 ··· 433

성 고정관념들(gender stereotypes) ··· 434

매스 미디어에서의 양성의 이미지들 / 435

문화적 고정관념과 개인적 고정관념 / 436

성의 하위유형들(gender subtypes) / 438

고정관념의 활성화 / 439

고정관념의 위험성 / 441

수행의 평가 / 443

성과 자기 ··· 447

성 정체성(gender identity) / 447

심리적 남성성, 여성성 및 양성성에 관한 초기의 분석들 / 449
심리적 남성성과 여성성에 관한 현재의 견해들 / 452
성에 관한 이론적 관점들 ········ 454
생물학(biology) / 454
사회화 / 455
사회적 역할 / 457
사회적 상황들 / 458
여성과 남성의 사회적 행동의 비교 ········ 460
성차들의 메타분석(meta-analysis) / 460
공격 / 461
동조 / 462
비언어적 의사소통 / 463
성행동(sexuality) / 464
개인적 자격(personal entitlement) / 466
성차들의 전망 / 467
남자들과 여자들의 역할 변화들 ········ 468
성역할에 관한 태도의 변화 / 468
직장과 가정에서의 남녀의 일들 / 469
남성의 지배 / 470
요약 ········ 471

제14장 갈등과 갈등관리 · 473

사회적 딜레마들 ········ 476
사회적 딜레마들의 유형들 / 476
협동의 결정요인들 / 479
협상 ········ 490
협상의 기본 개념 / 490
협상에 관한 심리학 연구들 / 490
협상전략들과 이것들의 영향 / 491
전략적 선택에 영향을 주는 변인들 / 493
상대측의 요구와 양보에 대한 반응들 / 497

탁월한 해결책들과 공정성의 판단들 / 499
협상에서의 인지과정들 / 499
협상에 관한 결론들 / 500
폭넓은 갈등 ······ 501
갈등행동의 유형들 / 501
전략선택의 심리적 요인들 / 503
관계들과 전략적 선택 / 504
전략선택에 대한 기타의 영향들 / 505
갈등해결 ······ 507
갈등감축을 고무시키는 동인들과 지각들 / 507
갈등감축을 고무시키는 조건들 / 507
논쟁자에 의한 화해적 주도들 / 508
중재(mediation) / 509
중재자에 대한 논쟁자의 행동 / 511
제삼자 중재(third-party intervention)의 다른 형태들 / 511
요약 ······ 514

제15장 다양성에 대한 응용사회심리학 · 517

21세기의 이주와 문화 다양성 ······ 518
국제적 이주와 문화적 다양성 / 518
사람들의 이주동기 / 520
문화적 다양성 / 522
문화변용의 이론과 연구 / 528
문화변용에 관한 다차원 모형들 / 530
사회심리학적 이론들과 연구들 / 532
문화변용연구들과 사회심리학이론들 / 534
개인적 다양성 : 인구통계치들 ······ 536
성별(gender) / 536
인종(종족)배경(ethnic background) / 539
사회계층 / 541
다양성: 기회들 ······ 542
창의성과 혁신 / 543

문제해결 / 544
다양성: 도전들 544
편견과 차별대우 / 545
갈등(conflict) 546
갈등 이론들 / 547
갈등의 관리와 해결 / 551
요약 557

찾아보기 / 559
참고문헌 / 569

제1장

응용사회심리학 서론

사회심리학의 정의

사회심리학의 역사
- 사회심리학의 초창기: 1880년대 – 1920년대
- 본격적 연구활동기: 1930년대 – 1950년대
- 확신과 위기의 공존기: 1960년대 – 1970년대 중반
- 사회심리학의 성숙기: 1970년대 중반 - 1990년대
- 2000년대 이후와 장래에 대한 전망

사회심리학의 특징들: 기초와 응용사회심리학의 공통 특징들
- 이론의 개발과 검증
- 과학적 방법의 사용과 과학적 가치들의 존중
- 과학의 목표 추구
- 행동과 인지의 원인들의 규명

응용사회심리학의 정의

응용사회심리학의 특징들: 기초사회심리학에 비한 차이들
- 실제적 문제들의 이해와 해결
- 귀납적 접근의 사용
- 사회문제들의 규정에 대한 개인적 가치들의 역할
- 다수의 이론, 중재기법 및 연구법의 사용
- 학문 협동적 연구의 수행
- 현장 상황에서의 연구
- 사회적 유용성의 향상 추구

응용사회심리학자들의 역할

요약

사회심리학은 사회적 상황 속에서의 개인의 행동과 사고를 이해하고자 하는 하나의 과학이다. 하나의 기초과학으로서, 사회심리학은 사람들이 타인들을 어떻게 지각하는가, 타인들의 압력에 대해 어떻게 굴복하거나 저항하는가, 어떤 조건들에서 타인들에 대해 분노를 느끼거나 공격하는가, 어떤 조건들에서 곤경에 처한 사람들을 도와주거나 도와주지 않는가, 서로에 대한 호감과 사랑을 갖게끔 만드는 요인들은 무엇인가와 같은 기초적 의문들을 연구한다. 사회심리학자들은 사회적 사고와 행동에 관한 의문들에 답변하기 위해 실험실에서의 실험에 주로 의지한다. 사회심리학자들이 실험실 실험을 선호하는 주 이유는 실험실에서 그들이 연구하고자 하는 변인들 간의 관계들이 용이하게 결정될 수 있다는 것이다.

하지만, 사회심리학자들은 실험실에서 주로 연구되는 기초분야들에 대해서만 관심을 두지는 않는다. 사회심리학자들은 사회심리학에 관련된 실제적 및 사회적 문제들의 해결을 돕고 싶어한다. 따라서, 그들은 사람들이 일상적인 실제적 상황들에서 어떻게 행동하는가를 이해하고자 한다. 응용에 관심을 둔 사회심리학자들은 기초분야들에 대한 연구들 자체보다 다양한 실제적 및 사회적 문제들을 이해하고 해결하는 데에 더 많은 관심을 두고 있다. 이러한 분야들의 전체는 기초분야들과 대비되게 응용분야들이라고 일컬어진다.

응용사회심리학의 분야들에서의 연구들과 발견들을 종합적으로 소개하려는 본서의 목적에 따라, 독자들은 뒷 장들에서 이 분야에서 연구된 주요 주제들이나 문제들을 보게 될 것이다. 몇 개의 대표적 예들을 제시해 보자. 사람들이 대통령이나 국회의원 후보자들을 평가하거나 선택하는 데에 작용되는 요인들은 무엇인가, 교통사고를 예방하기 위한 불안전한 운전행위들이나 과속을 방지하는 요인들은 무엇인가, 과체중이나 흡연과 같은 건강문제들을 일으키는 요인들은 무엇인가, 대중교통수단들보다 자가용을 이용하거나 환경을 파괴하는 행동들과 같은 환경에 유해한 행동들은 어떻게 자제될 수 있는가 등의 실제적 의문들이 있다. 결국, 응용사회심리학자들은 정치, 법률, 사회, 경제, 조직과 산업, 매스 미디어, 소비자 행동, 문화와 이민, 성차별 등과 같은 다양한 분야의 문제들을 취급하고 있다.

이 분야의 입문자들에 대해, 사회심리학이 우리가 상상할 수 있는 것보다 훨씬 더 다양한 문제들에 대해 응용될 수 있다는 사실은 언뜻 보기에 잘 이해되지 않을 수 있다. 하지만, 우리가 이 장의 첫머리에서 제시한 사회심리학에 대한 정의를 잠시 고려한다면, 이러한 의문들의 다소가 해소될 수 있을 것이다. 만일 대부분이 아니라면, 많은 사회문제들이 사회심리학적 측면들을 갖고 있다는 사실에 대해 유의할 필요가 있다. 즉, 그것들은 인간의 행동과 사고에 뿌리를 두고 있다. 예컨대, 선거나 투표에서의 의사결정은 후보자들의 개인적 외모, 성격, 소속정당과 같은 특징들 상에서의 의식적 평가들에 의해 이루어질 수 있으며, 범행현장에 대한 증인의 증언은 사건에 대한 개인적 지각과 기억에 의해 영향 받을 수 있고, 투자된 비용들이나 자원들을 잃지 않으려고 전망이 다소 비관적인 사업에 대해 계속 관여되는 것은 매몰된 비용의 부정성에 기인될 수 있고, 환경파괴적 행동들은 자신의 행동의 결과들에 대한 몰이해나 정보 부족에 기인될 수 있다.

본장은 기초사회심리학과 응용사회심리학 사이의 관계를 좀 더 깊게 이해하기 위해 몇 개의 주제들을 취급할 것이다. 그것들은 사회심리학의 정의와 역사, 사회심리학의 특징들, 응용사회심리학의 정의, 기초사회심리학에 비한 응용사회심리학의 특징들 및 응용사회심리학자들의 역할에 관한 논의들을 포함한다.

사회심리학의 정의

사회심리학자들이 취급하는 주제들이 매우 다양하기 때문에 사회심리학을 정의하기가 곤란하다. 사회심리학자들은 사회적 지각, 자기지각과 자존감, 대인관계, 성행동, 동조와 복종, 태도와 편견, 리더십, 의사소통, 모험하기, 사회적 동기와 정서, 그리고 여러 응용분야들의 주제들을 연구한다. 따라서, 사회심리학적 연구의 영역 내로 들어가는 것들이 너무 다양하고 많으므로, 이것들을 통합해서 정의하기가 매우 곤란하다. 하지만, 사회심리학이 취급하는 주제들의 다양성에도 불구하고, 대부분의 사회심리학자들은 그들의 관심을 하나의 핵심과제 즉, 사회적 상황들 속에서의 사람들의 행동과 사고를 이해하는 것에다가 집중시키고 있다. 더 일상적 용어로서 표현한다면, 사회심리학자들은 사람들이 행동하고, 사고하고, 느끼는 방식과 이유를 이해하는 것에 대해 주로 관계하고 있다.

사회심리학의 공식적 정의에 대해 가장 큰 영향을 준 Allport(1985)는 사회심리학을 "사람들의 사고, 감정 및 행동이 실제적, 상상적 및 은연적인 타인들의 존재에 의해 어떻게 영향받는가를 이해하려는 하나의 시도"(p.3)로서 정의했다.[1] 그의 정의는 사회심리학에 대한 사회적 영향의 핵심적 위치를 강조하고 있는 것 같다. 더 최근에, 사회심리학자들(예: Schneider 등, 2012)은 사회심리학을 "사람들이 서로에 관해서 어떻게 생각하고, 느끼고, 관계를 맺고, 영향을 주고자 하는가에 관한 과학"(p.4)으로서 정의한다.[2] 이러한 정의들과 기본적으로 일치하고 있지만, 다소 더 간략하게, 사회심리학은 "사람들이 타인들에 대해서 어떻게 생각하고, 영향을 주고, 관계를 맺는가에 관한 과학적 연구"(Taylor 등, 2006)로서 정의되고 있다.[3] 이러한 정의들에서, 우리는 사회심리학이 사회적 상황들에서의 사람들의 사고, 감정 및 행동에 관한 과학적 연구로서 정의되고 있음을 알 수 있을 것이다.

이제, 이러한 정의들 속에 들어있는 핵심적 측면들과 함의들을 좀 더 명료화시켜 보자. 사회심리학의 첫 번째 특징은 과학적 방법의 사용이다. 언뜻 생각하기에, 사회심리학은 물리학과 같은 자연과학들과는 매우 다르게 여겨질 수 있다. 그런데도 불구하고 이 학문들은 어떻게 과학이라는 동일한 성질을 갖고 있는 것인가? 그 답변은 매우 간단하다. 과학이라는 용어는 매우 발전된 분야들을 일컫는 것이 아니라, 일종의 일반적 방법들을 일컫는 것이다. 따라서 어떤 분야가 과학인지의 여부를 결정하는 것은 그것이 그러한 절차를 사용하는지의 여부이다. 과학적 방법의 구체적 내용에 대해서는 제2장에서 자세하게 취급될 것이므로, 여기에서는 우선적으로 사회심리학이 과학적 방법을 사용한다는 사실만을 지적한다.

사회심리학의 두 번째 특징은 개인의 행동에 초점을 두고 있다는 것이다. 예컨대, 여러 사회적 집단들이 다른 집단들에 대해 편견을 갖고 있지만, 따지고 보면, 그러한 편견을 갖고 있는 것은 사회적 집단들을 구성하고 있는 개인들이다. 사회심리학의 세 번째 특징은 사회심리학이 사회적 행동과 사고의 원인들을 이해하고자 한다는 것이다. 사회심리학자들은 타인들과 관련해서 개인들의 사회적 행동과 사고를 형성시키는 조건들을 이해하는 데에 주로 관심을 두고 있으며 그러한 조건들은 타인들의 행동들과 특징들, 개인의 인지과정들, 물리적 환경들, 문화적 요인들 및 생물학적 요인들을 포함한다.

결론적으로, 사회심리학은 주로 사회적 행동과 사고의 원인들에 대한 이해 즉, 사회적 상황들에서의 우리의 행동, 감정 및 사고를 형성하는 요인들을 규명하는 데에 초점을 두고 있다. 사회심리학은 과학적 방법을 사용해서 그 목표를 달성하고자 하며, 사회적 행동과 사고가 광범한 요인들에 의해 영향받는다는 것을 인정하고 있다. 위에서 사회심리학의 정의와 정의에 포함된 사회심리학의 핵심적 특징들이 간략하게 제시되었는데, 후자의 사회심리학의 특징들은 뒷 절들에서 다시 상술될 것이다.

사회심리학의 역사

사회심리학은 언제 시작되었는가? 이러한 의문은 사회적 행동에 관한 사색이 Plato와 같은 고대의 철학자들로까지 거슬러 올라가는 긴 역사를 갖고 있기 때문에 답변하기가 곤란하다.[4] 따라서, 사회심리학의 역사적 연원들에 관한 완전한 모습을 제시하기는 곤란하고 복잡한 일이다. 여기에서 우리는 독립된 학문으로서 사회심리학의 대두로부터 현재까지의 발전과정들과 미래의 발전방향에 관한 개략적인 모습을 제시하고자 한다.

사회심리학적 주제들에 관한 체계적이고 과학적인 연구가 19세기까지는 발전되지 않았으므로 사회심리학은 1세기를 겨우 넘긴 매우 어린 학문분야이다. 하지만, 최근에 사회심리학에 대한 엄청난 관심이 일어나고 있고, 다수의 학자들이 배출되고 있다.

사회심리학의 초창기: 1880년대 - 1920년대

공식적인 행사를 갖고서 출발하는 학문분야들은 드물다. 그 대신에, 대부분의 분야들은 점증하는 숫자의 학자들이 특수한 주제들에 대해 관심을 갖게 되고, 기존의 주제들을 연구하기 위해 새로운 방법들을 개발함에 따라 서서히 발전한다. 과학분야들에서 존중받고 있는 실험적 연구를 사용한 사회심리학의 최초의 연구는 Norman Triplett(1897)에 의한 것이었다.[5] 그는 개인들의 과업수행(즉, 낚시릴 감기)에 미치는 타인들의 존재의 촉진적 영향을 연구하였다. 그와 비슷한 시기에 Max Ringelmann은 프랑스의 한 농업기술자로서, Triplett처럼 사람들의 과업수행에 미치는 타인들의 영향을 연구했다. 하지만 Triplett과는 다르게 그는 사람들이 흔히 타인들과 함께 과업을 수행 할 때에 줄다리기와 같은 단순한 과업들에서 더 나쁘게 수행한다는 것을 발견했다. Ringlemann의 연구는 1880년대에 수행되었지만, 1913년까지 출간되지는 않았다(Brehm 등, 1999).[6]

사회심리학의 수립에 대해서 개별적 논문보다도 교과서의 출간이 더 중요한 것으로 여겨질 수 있다. 이 시기에 3개의 교과서들이 출간되었다. 그것은 영국의 심리학자인 William McDougall(1908)과 두 명의 미국인인 Edward Ross(1908)와 Floyd Allport(1924)에 의한 것이었다. McDougall은 본능들에 의해 사회적 행동을 설명하려고 했으며, Ross는 사회학자이었다. Allport의 저서는 매우 놀라울 정도로 현대적 관점에 훨씬 더 가까웠다. 그의 저서는 사회적 동조, 안면표정들에서 정서를 인식하는 능력 및 과업수행에 대한 관중들의 영향과 같은 주제들에 관한 실제의 연구들을 논의했다.

본격적 연구활동기: 1930년대 - 1950년대

사회심리학자가 아닌 사람으로서, 사회심리학에 대해 개인적인 사회심리학자들보다도 훨씬 더 많은 극적인 영향을 준 것은 독일의 Adolf Hitler이었다. 히틀러의 집권과 부수되는 큰 혼란은 전 세계의 사람들에게 폭력, 편견 및 인종말살, 동조와 복종 및 그 밖의 수많은 사회적 문제들과 행동들의 원인들에 관한 사회심리학적 의문들에 대한 답변들을 찾으려고 애쓰게끔 만들었다. 부가적으로, 1930년대에 유럽에서 살고 있었던 많은 사회심리학자들이 미국으로 도피했으며, 이것이 미국에서 사회심리학이 급속하게 성장하게끔 만들은 다수의 학자들을 구성하게끔 도왔다. 이차세계대전을 전후로 해서 사회심리학에 대한 관심의 폭발이 있었다.

1930년대 말인 1939년에, Gordon Allport와 몇 명의 다른 사회심리학자들이 "사회문제들에 관한 심리학연구회"(Society for the Psychological Study of Social Issues)를 창설했으며, 사회에 대해 중요하고도 실제적인 기여를 행하고자 했다. 1936년에, Muzafer Sherif는 사회적 영향에 관한 획기적 연구를 출간했다.7) 그는 어렸을 적에 그리스 병사들의 집단들이 그의 친구들을 잔인하게 죽이는 것을 경험했다. 이러한 개인적 경험을 바탕으로 해서 그는 집단들이 그 멤버들에 대해서 줄 수 있는 강력한 영향에 관한 연구 즉, 사회규범의 형성이나 동조에 관한 연구를 수행했다. 그의 연구는 사회심리학의 발전에 대해서 매우 중요했는데, 이것은 그의 연구가 동조와 사회적 영향과 같은 복잡한 과정들이 엄밀한 과학적 방식으로 연구될 수 있다는 것을 증명했기 때문이다. 이러한 혁신은 사회심리학의 중요한 주제들 중의 하나에 대한 초석이 되었다.

사회심리학에 대한 다른 위대한 공헌자인 Kurt Lewin이 1930년대 초에 독일에서 나치의 살육을 피해 미국으로 이민했다. 그는 대담하고 창의적인 이론가인 동시에 응용연구자이었다. 그리하여, 사회심리학에 대해 다대한 공헌을 했으며, 많은 사회심리학자들이 그에게 "사회심리학의 창설자"라는 영예를 부여한다. 이와 같은 그의 이론적 및 응용적 기여들을 고려할 때, 그가 주장했던 이론적 및 응용적 원리들을 간략하게 살펴보는 것이 도움이 될 것이다(Brehm 등, 1999 참조).8) 첫째로, 그는 우리가 무엇을 행하는가가 우리가 주위 세계를 어떻게 지각하고 해석하는가에 크게 달려 있다고 주장했다. 상이한 사람들이 동일한 상황을 다르게 볼 수 있고, 그에 따라 그들의 행동이 다르게 될 것이다. 이러한 주제는 사회심리학 특히, 사회적 지각에서 계속 중요하다. 둘째로, 그는 행동이 개인과 환경 간의 상호작용의 함수라고 주장했다. 내부와 외부요인들이 모두 행동에 영향을 준다는 Lewin의 이러한 관점은 그 당시의 다른 주요 심리학적 패러다임들(paradigms)이나 과학적 관점들과 구분되는 것이었다. 예컨대, 정신분석이론은 내부의 무의식적 동기들을 강조했고, 학습이론들은 외부의 보수들과 처벌들을 강조했다. Lewin의 입장은 오늘날 "상호작용주의적 관점"(interactionist perspective)이라고 알려진 것의 하나의 초기 버전(version)이었다.9) 그의 접근은 성격심리학(개인들 간의 내부적인 심리적 차이들을 강조하는 것)과 사회심리학(외부적 상황들 간의 차이들을 강조하는 것)을 결합시킨다.

셋째로, 그는 사회심리학이론들이 중요한 실제적 문제들에 대해 응용되어야만 된다고 주장했다. 그는 미국인들이 전쟁 동안에 전쟁노력을 돕기 위해 자원들을 보존하게끔 설득하는 방법, 주부들의 경제적이고 영양적인 식사습관들 즉, 내장고기의 사용의 증진방법 및 상이한 유형(민주적, 독재적 및 방임적)의 리더들의 집단들의 작업효과와 같은 몇 개의 실제적 이슈들을 연구했다. Lewin의 유산에 기초해서, 오늘날 응용사회심리학이 광고, 기업, 교육, 환경보호, 건강, 법률, 정치, 공공정책, 종교 및 스포츠와 같은 분야들에서 번성하고 있다.

이차세계대전 동안에, 많은 사회심리학자들이 적의 선전으로부터 병사들을 보호하는 방법, 전쟁노력을 지원하기 위해 시민들을 설득하는 방법, 여러 직위들에 대해 장교들을 선발하는 방법 등의 실제적 이슈들을 연구하기 위해 미국 정부를 위해 일했을 때에, 응용사회심리학에 대한 Lewin의 주장에 동조했다. 또한, 전쟁 중과 후에 사회심리학자들은 전쟁에서 파생되는 편견, 공격 및 동조의 현상들을 이해하고자 노력했다.

1950년대 동안에, 사회심리학의 여러 분야들에서 걸출한 연구자들의 주요 기여들이 있었으며, 이러한 괄목할 만한 활동들과 영향들로 인해서 사회심리학은 분명하고도 확고한 위치를 차지하게 되었다. 1950년대 동안의 사회심리학에 대한 몇 개의 주요 기여들을 제시하면, 아래와 같다.[10)]

- Theodor Adorno와 그의 동료들: 편견에 관한 하나의 영향력 있는 저서인 권위주의 성격(The authoritarian personality)을 출간했다.
- Gordon Allport: 편견의 본질(The nature of prejudice)를 출간했는데, 이것은 고정관념과 편견에 관한 연구들을 고무시켰다.
- Solomon Asch: 분명하게 틀린 다수측에 대한 사람들의 동조 경향을 증명했다. 또한 사람들이 타인들에 대한 인싱을 어떻게 형성하는가를 연구했다.
- Leon Festinger: 사회적 비교이론을 제시했는데, 이것은 사람들이 자기 자신에 관해서 알기 위해서 타인들을 어떻게 살펴보는가에 관한 것이었다. 또한 인지부조화이론을 제시했는데, 이것은 사람들이 그들의 사고들과 행동들에서 일관성을 유지시키려는 동기에 관한 것이었다.
- Fritz Heider: 귀인이론을 제시했는데, 이것은 사람들이 타인들과 그들 자신의 행동의 원인들을 어떻게 판단하는가에 관한 것이었다. 또한 균형이론을 제시했는데, 이것은 사람들의 사고들, 감정들 및 관계들에서의 일관성을 유지시키려는 동기에 관한 것이었다.
- Carl Hovland와 그의 동료들: 태도들과 설득에 관한 실험들을 수행했다. 이것은 사회심리학뿐만 아니라, 급속히 성장하는 광고산업에 대해서도 또한 영향력있었다.
- John Thibaut와 Harold Kelley: 사람들이 그들의 인간관계들에서 어떻게 비용들(costs)과 보수들(rewards)을 고려하는가를 연구했다.

확신과 위기의 공존기: 1960년대 – 1970년대 중반

1960년대 초와 중간에서, Stanley Milgram의 극적인 복종연구들이 이차세계대전 후의 시대와 다가오는 사회적 혁명의 시대를 연결시켰다. Milgram의 연구는 이차세계대전 동안의 나치장교들과 일반시민들에 의해서 보여 준 파괴적 복종으로부터 연구의 아이디어를 얻었을뿐만 아니라 이것은 그 후의 세계의 많은 지역들에서의 시민불복종운동을 예견했다. 파괴적인 권위의 명령에 대한 개인들의 취약성을 증명한 Milgram의 실험들은 사회심리학의 역사에서 가장 유명한 연구가 되었다.[11)]

1960년대에 사회심리학은 독자적 분야로 되었다. 이 동안에 사회심리학자들의 숫자는 급격하게 증가되었으며, 사회적 상호작용의 거의 모든 영역들을 취급했다. 사회심리학자들은 타인들을 이해하는 과정인 사회적 지각(Jones와 Davis, 1965; Kelley, 1967), 대인매력, 집단들 내의 상호작용들(Moscovici와 Zavalloni, 1967)과 집단 의사결정, 사람들이 고통을 당하고 있는 타인들을 돕지 못하는 이유 즉, 친사회적 행동(Latané와 Darley, 1970), 신체매력(Berscheid와 Walster, 1974) 및 스트레스(Glass와 Singer, 1972)를 연구했다.[12] 전체적으로 이 시기는 이 분야의 생산성이 큰 시기이었다.

역설적으로, 이 시기는 또한 위기와 열띤 논쟁의 시기이었다. 이 시기 동안의 강한 의견불일치들의 많은 부분이 그 당시에 지배적인 연구방법인 실험실실험에 관한 것이었다. 이러한 연구방법에 의문을 가졌던 사회심리학자들은 실험실실험들의 가능한 결함들을 비평했다.[13] 비평들은 어떤 실험수행들이 비윤리적이었으며(Kelman, 1967), 실험자들의 기대가 연구참가자들의 행동에 영향을 주었으며(Orne, 1962; Rosentbal, 1960), 실험실 속에서 검증된 이론들이 역사적 및 문화적으로 제한되어 있었다(Gergen, 1973)는 것을 포함했다. 이러한 비평들에 대해, 실험실실험을 애호했던 사회심리학자들은 그들의 절차들이 윤리적이었고, 그들의 결과들이 타당했고, 그들의 이론적 원리들이 응용가능했다(McGuire, 1967)고 주장했다. 한동안, 사회심리학은 양쪽 진영으로 쪼개지는 것 같았다.

사회심리학의 성숙기: 1970년대 중반 – 1990년대

1970년대 동안에도 사회심리학의 급속한 변화의 추세가 늦추어지지 않았고 오히려 가속된 편이었다. 앞의 시기에서의 사회심리학의 주된 연구방법으로서 실험실실험에 대한 열띤 논쟁들은 양측이 모두 승리하는 방향으로 해결되었다. 사회심리학의 연구를 위한 더욱 엄격한 윤리기준들이 제정되었고, 연구의 편향을 방지하는 더 엄밀한 절차들이 사용되었고, 행동의 가능한 문화차이들에 대해서 더 많은 관심이 두어졌다. 실험실실험들은 포기되지 않고 계속되었다. 하지만 실험실실험에 부수되는 문제점들은 다수의 방법들의 폭넓은 수용으로 보완되었다. 다수의 접근 즉, 다원주의(pluralism)의 배후의 논리들은 강력하다.[14] 상이한 주제들이 상이한 연구법들을 요하기 때문에 한 범위의 연구기법들이 필요하다. 또한, 연구방법이 완전한 것이 없기 때문에, 어떤 주제에 대한 "다수방법"(multimethod) 연구가 획득된 결과들이 사용된 특정의 방법이나 접근의 특이한 특징들을 반영하지 않는다는 우리의 확신을 증가시킨다.

이 시기에, 1960년대에 시작된 많은 연구주제들이 계속 확장되었고, 몇 개의 새로운 주제들이 부상되었는데, 그것들은 귀인(타인의 행동원인들의 추론), 성차들과 성차별 및 환경심리학을 포함했다.

1980년대 동안에 세 개의 대규모의 추세가 나타났고 계속 확장되었다.

① **인지적 관점의 영향력 증가**: 사회적 인지는 1980년대의 "인지적 혁명"(cognitive revo-lution)에 대한 사회심리학의 기여이다.[15] 갑자기, 심리학, 철학, 컴퓨터과학 및 싹트고 있는 학제적인 신경과학분야의 연구자들이 인지과정들과 아울러 행동에 대한 인지의 영향에 대한 공통적 관심을 발견한 것 같았다. 오늘날, 사회적 인지는 사회심리학에서 하나의 창의적이고 흥분되는 분야가 되고 있다.

이미 사회심리학자들은 태도들, 신념들, 가치들 및 추론들과 같은 인지요인들이 사회적 행동에서 하나의 핵심적 역할을 한다는 것을 인식해왔다. 1970년대 말경에 시작되어서, 이러한 주제들에 대한 관심은 새로운 형태를 취하게 되었다. 현재, 많은 사회심리학자들이 사회적 행동의 거의 모든 측면들에 대한 이해가 인지과정들에 대해 초점을 둠으로써 크게 향상될 수 있다고 믿는다. 이러한 관점과 일치해서 그들은 고정관념, 자기평가, 집단의사결정 및 설득을 포함한 광범한 사회적 과정들에 대해 인지적 관점을 적용시켜왔다.

② **사회심리학적 지식의 응용에 대한 강조의 증가**: 1970년대와 1980년대는 사회심리학의 두 번째 추세 즉, 사회심리학적 지식의 응용에 대한 관심의 특징이 있다. 점증하는 숫자의 사회심리학자들이 개인적 건강, 법률과정, 근로상황 속에서의 행동의 많은 측면들에 대해 관심을 돌리어 왔다. 실제의 문제들에 대해 사회심리학의 지식을 응용하는 것에 대한 관심은 많은 유익한 결과를 가지면서, 최근에 분명히 증가되고 있다.

③ **국제적 및 문화적 관점들**: 현대 사회심리학에서 다원주의(pluralism; 또는 다수주의)의 다른 원천은 국제적 및 다문화적 관점을 발전시키려는 노력의 증가 속에서 발견된다. 비록 많은 국가의 학자들이 이 분야를 확립시키는 것을 도왔을지라도, 사회심리학은 미국과 캐나다에서 이 학문에 대한 최대의 전문적 인정을 성취시켰다. 오늘날 약 75% 내지 90%의 사회심리학자들이 북미에서 사는 것으로 추정되고 있다.[16][17] 정말로 어떤 사람들은 사회심리학을 "문화한계적"(culture-bound),[18] 그리고 주로 단일 문화적(largely monocultural)이라고 일컬어 왔다.[19]

사회심리학의 이러한 측면은 인간 행동에 관한 깊은 결과들을 갖고서 급속하게 변화되고 있다. 예컨대, 집단멤버십의 의미와 영향에 대한 유럽 사회심리학자들의 더 큰 강조는 사회심리학의 "사회성"(socialness)을 크게 증가시켜왔다. 그들의 주요 공헌들은 사회적 정체성이론[20][21]과 소수측의 영향을 포함한다.[22][23] 또한, 문화비교연구들은 집단주의 문화들과 개인주의 문화들 사이의 중요한 구분들을 제시해왔다.

2000년대 이후와 장래에 대한 전망

21세기가 시작되었을 때, 사회심리학은 연구자들과 연구주제들의 숫자와 다양성, 연구가 수행되고 있는 세계의 지역들 그리고 사회심리학자들을 채용하고 그들의 연구들을 응용하는 산업체들에 있어서 계속 성장하고 있다. 21세기의 사회심리학을 형성하는 데에 도움이 되는 최근의 연구들로부터 몇 개의 흥분되는 주제들과 관점들을 정리할 수 있다.[24)]

① **정서, 동기 및 인지의 통합 강조**: 사회적 인지의 관점이 사회심리학의 첫 번째 세기의 최종 1/4을 지배해 왔다고 할 수 있다. 사회심리학자들은 사회심리학의 거의 모든 영역들에 대해서 사회적 정보를 어떻게 지각하고, 통합하고, 해석하고, 기억하는가가 결정적으로 중요하다는 것을 증명해왔다. 사회인지적 설명들이 정서적 및 동기적 이론들보다 훨씬 더 강력했다. 사회인지적 관점이 계속 큰 영향력을 갖게 되겠지만, 이 분야에서 더 흥분되는 발전들 중의 하나는 정서와 동기가 사고와 행동에 대해 어떻게 영향을 주는가에 대한 관심의 재등장이 일어나고 있다는 것이다. 사회인지적 접근과 동기적 및 정서적 접근들이 반드시 갈등되는 것으로 볼 필요가 없으며, 동기와 정서가 인지과정들에 영향을 주는 것과 그 반대의 영향 즉, 이것들 간의 상호 영향을 통합적으로 연구해야만 된다는 새로운 압력이 있다.

사람들은 "올바르게 되려는 욕망"과 "자기 자신에 대해 좋게 느끼려는 욕망"을 모두 갖고 있으며, 때로는 이 욕망들이 갈등된다. 즉, 우리들의 대부분은 두 개의 매우 상이한 동기들을 동시에 가질 수 있다. 한편으로, 우리는 자기 자신과 타인들에 관한 판단에 있어서 정확하게 되기를 원한다. 다른 한편으로, 만일 우리가 자기 자신이나 자신과 가까운 사람들에 관해 나쁜 것을 알게 될 것이라는 것을 예상한다면, 우리는 정확하게 되기를 원치 않는다. 이러한 두 개의 갈등되는 욕망들은 우리의 인지과정들에 대해 상이한 영향을 주게 될 것이다. 우리가 이러한 갈등들을 어떻게 해결하는가의 의문이 사회심리학자들이 관심을 두고 있는 것이다.

② **생물학적 및 진화적 관점들의 영향 증대**: 생물학적 관점들이 기술발전에 따라 점점 더 모든 심리학분야들 속으로 통합되고 있으며, 앞으로 이러한 통합이 사회심리학에서 계속 발전될 것이다. 우리는 생물학적 존재들이며, 우리의 뇌와 신체가 우리의 사회적 경험들에 영향을 주고 역으로 이것들이 또한 뇌와 신체에 영향을 주는 것이 분명하다.

사회심리학자들은 오랜 동안 생리적 영향들과 반응들에 대해 관심을 두어왔다. 자기지각, 귀인, 태도변화, 매력 및 공격에 관한 연구들에서 생리적 영향들과 아울러 이것들이 생리적 과정들에 대해 미치는 영향들이 연구되고 있다. 유전자들이 행동에 미치는 영향들을 검토하는 심리학의 한 하위분야인 "행동유전학"(behavioral genetics)에서의 최근의 발전들이 공격이 하나의 유전된 특성인 정도와 유전자들이 사람들의 성적 지향이나 정체성에서 행하는 역할들과 같은 주제들을 연구하는 새로운 연구들을 촉발시켜왔다.

인간 행동을 이해하기 위해 진화원리들을 사용하는 "진화심리학"(evolutionary psychology)이 사회심리학에서 새로운 연구를 자극시키고 있는 다른 발전분야이다. 이러한 관점에 의하면,

질투와 같은 사회심리학적 이슈들을 이해하기 위해, 우리는 오늘날의 질투에 기저하는 심리적 기제들이 우리의 선조들이 당면했던 자연선택의 압력들로부터 어떻게 진화해 왔는가를 질문할 수 있다. 그러면, 진화심리학적 이론들이 질투의 성차들, 질투를 가장 잘 촉발시키기 쉬운 상황요인들 등을 설명하고 예측하기 위해서 이용될 수 있다.

③ **사회문화적 관점들의 영향 증대**: 인공위성 통신, 인터넷 및 세계 경제의 지구화와 같은 발전들로 인해서, 매우 다른 지역들과 문화들의 사람들이 이전보다 더 많이, 더 빠르게, 그리고 더 쉽게 서로 상호작용하게 되었다. 따라서, 상이한 문화의 사람들이 서로 어떻게 유사하고 다른가를 이해할 필요성과 욕망이 증가되고 있다. 점증하는 숫자의 사회심리학자들이 "문화비교 연구"를 수행함으로써 사회심리학적 이론들과 발견들의 보편적 일반성이나 문화적 특수성을 평가하고 있다. 점증하는 사회심리학자들이 또한 문화들 내의 인종과 종족 집단들의 특징들에 관한 "다문화적 연구"를 수행하고 있다. 사회문화적 요인들이 몇 개의 차원들 상에서 남성들과 여성들 간의 차이들에 대해 분명하게 영향을 준다. 사회심리학자들은 동조, 리더십스타일 및 공격과 같은 다양한 영역들에서의 성차들을 연구해왔다.

④ **새로운 기술들의 개발과 발전**: 우리가 정보를 입수하고 전달하는 데에 있어서 혁명이 일어나 왔고, 앞으로도 계속 일어날 것이라고 예측할 수 있다. 우리는 새로운 커뮤니케이션들과 컴퓨터 기술들이 다가오는 시대에 사람들이 상호작용하는 방식들에 있어서 어떻게 영향을 주게 될지에 대해서 예측하기 곤란하지만, 이것들의 영향이 클 것이라고 예측할 수 있을 것이다. 점점 더 많은 사람들이 "온라인"(on line) 상에서 사랑하거나, 사회적 고립 속에 빠지거나, 개인적 사생활의 상실에 대해 불안이나 폭력으로 반응함에 따라, 사회심리학은 이러한 이슈들을 탐구하게 될 것이다.

사회심리학의 특징들: 기초와 응용사회심리학의 공통 특징들

사회심리학은 기초와 응용 분야들에 관계없이, 이론을 개발하고 검증하는 것에 대해 관심을 두고 과학적 방법들을 사용하고, 과학의 목표들을 지향하고, 인지들과 행동들을 예측하는 다양한 요인들과 조건들을 이해하려고 한다.

이론의 개발과 검증

기초와 아울러 응용사회심리학자들은 이론들의 검증에 대해 관심을 두고 있다. 비록 응용사회심리학자들이 어떤 문제의 해결이라는 궁극적 목표들에 대해 더 많이 관심을 기울이고, 이론의 검증이 부차적 관심사일지라도, 이론들이 사회문제들을 해결하는 데에 매우 유용하기 때문에, 응용사회심리학자들도 이론들의 검증에 많은 관심을 두고 있다. 실제로, 타당한 이론들은 Kurt Lewin에 의한 가장 유명한 인용구들 중의 하나에서 강조된 바와 같이, 사회문제들을 해결하는 데에 있어서 매우 유용하다. 그는 "어떤 훌륭한 이론만큼 매우 실제적인 것은 없다"라고 진술함으로써 응용사회심리학에 있어서 이론의 중요성을 강조하고 있다.[25)]

심리학적 이론은 인간 행동에 관한 설명을 제공한다. 따라서 이론은 사회문제의 원인들을 이해하는 데에 매우 유용하고, 그러한 문제가 해결될 수 있는 기법들을 시사해 준다. 더 특수하게 말한다면, 이론은 사회문제를 일으키는 행동들을 이해하기 위한 조리있는 틀을 제공한다. 이론은 우리에게 문제상황들을 구성하고, 행동들이나 인지들을 일으키는 태도들이나 가치들과 같은 결정적 요인들을 발견하도록 도와준다.

기초분야와 응용분야의 연구에 있어서 이론이 갖고 있는 장점들은 다음과 같이 요약될 수 있을 것이다:

① 이론들은 연구를 인도하는 아이디어들을 제공한다. 예컨대, 계획된 행동이론(TPB)은 과속행동에 대한 3개의 변인을 제시한다. 즉, 행동에 대한 태도, 행동에 대한 사회규범들 및 행동통제력이 과속하기에 관련되어 있다고 시사한다.[26)] 따라서 이 이론은 과속행동을 연구하기 위해 3개의 변인들과 과속행동 간의 관계들을 알아보도록 지시할 것이다.

② 이론들은 연구결과들을 이해하고 해석하는 데에 있어서 매우 도움이 된다. 이것들은 우리가 사물들이나 변인들이 왜 그리고 어떻게 관련되어 있는가를 이해하고, 어디에서 더 많은 연구작업이 필요한지를 확인하도록 도와준다.

③ 이론들은 중재들(또는 프로그램들)을 개발하는 것을 도와준다. 즉, 이론들은 우리의 목표 달성을 위해 통제되거나 변화되어야만 되는 변인들이나 조건들을 규정해 준다.

이론들이 응용사회심리학자들의 연구수행을 일방적으로 돕지는 않는다. 오히려, 응용사회심리학적 연구가 기초심리학적 원리들, 이론들 및 중재기법들에 대해 유익한 기여들을 제공할 수 있는데, 이것은 현장상황에서의 연구들이 이론의 궁극적 타당성에 관한 검증을 제공해 주기 때문이다. 응용연구에 기초해서 이론들의 조정이나 새로운 이론들의 개발을 필요로 하는 새로운 이론적 의문들이 제기될 수 있을 것이다.

과학적 방법의 사용과 과학적 가치들의 존중

사회심리학은 그 정의에서 확실하게 지적된 바와 같이, 하나의 과학이다. 과학이라는 용어는 두 가지 사항을 일컫는다. 첫 번째 사항은 과학적 방법들에 의지하는 것이고, 두 번째 사항은 과학의 핵심가치들에 의해 인도되는 것이다.

"과학적 방법들"이라는 용어는 경험적 검증들 즉, 명제들이나 아이디어들의 진위를 평가하기 위해 체계적 관찰의 사용에 의지하는 방법들이다. 어떤 아이디어나 명제의 경험적 검증은 우선적으로 연구들이 검증 받고 있는 아이디어의 지지나 반박을 허용하는 식으로 진술된 것을 요한다. 둘째로, 연구는 다른 연구자들이 그 연구를 평가하고 반복 수행할 수 있게끔 만드는 식으로 수행되어야만 된다.

한 세트의 핵심적 가치들이 어떤 연구에 대해 과학적 자격을 부여하기 위해 채택되거나 준수되어야만 된다. 4개의 그러한 가치들이 가장 중요하다.[27)]

① 정확성(accuracy): 연구자들은 가능한 한, 간결하고, 오류 없고, 주의깊게 검사된 정보를 수집하고 평가해야만 된다. 예컨대, 연구자들은 그들의 주요 구성개념들에 관한 신뢰로운 측정도구를 개발해야만 된다.

② 객관성(objectivity): 연구자들은 자료를 얻고 평가함에 있어서 편향이나 편파를 최소화시켜야만 된다. 예컨대, 연구자들은 그들의 기대가 연구참가자들의 행동에 대해 영향을 주지 않는 것을 보장해야만 된다.

③ 회의주의(scepticism): 연구자들은 자료에 의해 거듭해서 확증되어 온 경우에만, 발견들을 정확한 것으로서 인정한다. 예컨대, 어떤 단일한 연구의 결과들이 "우연"에 의해 일어났을 수도 있다. 결과들이 우연적으로 일어날 가능성을 배제시키기 위해 그것들은 다양한 비등한 연구들에서 반복적으로 얻어져야만 된다.

④ 열린 마음자세(open-mindedness): 비록 연구의 증거가 연구자가 시초에 그리고 아마 강하게 지니고 있었던 신념들과 이론들과 일치되지 않을지라도, 연구자는 그것을 타당한 것으로서 인정한다. 예컨대, 연구자들은 비록 연구의 증거가 그들의 이론을 반박하는 결과들일지라도, 그것을 타당한 것으로서 인정해야만 된다.

부가적으로, 사회심리학자들은 미국 심리학회(APA), 각국의 심리학회 또는 연구기관들에 의해 제정된 "심리학자들의 윤리원칙들과 행위규범들" 속에서 제시된 것과 같은 일반적 윤리지침들을 존중한다. 이러한 지침들은 심리학자들이 연구과정 속에서 지켜야만 되는 윤리적 책임들을 지적한다. 윤리지침들은 연구참가자들의 권리와 존엄성, 법의 준수, 타인들의 복지에 대한 걱정, 해를 피하기, 성적 친밀성을 피하기, 비밀유지와 도덕성과 같은 여러 윤리기준들과 특수한 윤리적 책임들을 취급한다.

몇 개의 윤리기준들이 연구를 수행하는 사회과학자들에게 특별히 관계되며, 연구의 수행방식을 취급한다. 이것들은 연구에 있어서 연구참가자들을 어떻게 대우하는가에 주로 관계된다.

① **속임(deception)의 회피**: 연구참가자들이나 내담자들에 대한 속임이 가능할 때에는 언제나 피해야만 된다. 속임은 이것이 더 높은 바람직스러운 목표에 기여할 때에만 사용되어야만 되며, 이것의 승인 여부는 윤리위원회들에 의해 결정되어야만 된다.

② **잘 알고서 행한 동의(informed consent)**: 연구참가자들은 연구에 대한 참가에 대해 연구과정의 내용에 대한 잘 알고서 행한 동의를 행할 수 있어야만 된다. 이것은 연구참가자들이 연구의 목적과 연구가 그들에게 줄 수 있는 영향에 관해서 잘 알아야만 된다는 것을 의미한다.

③ **사생활(privacy) 침해의 방지**: 연구참가자들의 프라이버시가 존중되어야만 된다. 연구참가자들의 연구에 관련된 개인적 사항들에 관한 비밀이 유지되어야만 된다.

④ **사후설명(debriefing)의 제공**: 연구참가자들은 연구가 완료된 직후에, 연구에 관한 의문사항들이나 오해들을 처리하기 위해 가능한 한 신속하게 연구 후의 설명을 제공받아야만 된다.

과학의 목표 추구

사회심리학자들은 과학의 4개의 주요 목표를 달성시키고자 노력한다. 즉, 기술, 예측, 인과성 및 설명이다.

기술(description)은 어떤 현상의 세부사항들과 본질을 확인하고 상술하는 것을 일컫는다. 흔히 현상의 상이한 유형들이 구분되고, 그것들의 발생 빈도가 기록된다. 예컨대, 사회적 관계들이 건강에 미치는 영향을 검토할 경우에, 연구자는 사람들이 얼마나 많은 사회적 관계를 갖고 있는가를 기록하고, 그들의 신체적 및 정신적 건강상태에 관한 자료를 수집할 수 있다. 이러한 자료로부터, 연구자는 사회적 관계의 수준들에 따른 신체적 및 정신적 건강상태의 수준들을 관련지울 수 있다. 예컨대, 사회적 관계의 수준들이 높거나 낮은 사람들이 각각의 건강유형들에서 좋거나 나쁜지를 백분율들이나 수치들로서 나타낼 수 있을 것이다. 그럼으로써 연구자는 사회적 관계들의 수준에 따른 건강상태들을 기술할 수 있다. 현상을 정확하게 기술하는 것이 그것을 이해하는 하나의 중요한 첫 단계를 제공하지만, 이것으로 충분한 것은 아니다.

예측(prediction)은 한 변인의 수치들로부터 다른 변인의 수치들을 예측해 주기 때문에, 현상에 대한 이해를 향상시킨다. 예측은 어떤 요인들이 관심을 두고 있는 현상에 대해 체계적으로 관련되어 있는가를 아는 것을 요한다. 따라서, 여러 요인들이 연구되고 있는 현상과 어느 정도로 상관되어 있는가가 검사된다. 예컨대, 만일 다수의 사회적 관계들을 가진 사람들이 더 건강한 것으로 나타난다면, 우리는 건강이 사람들이 갖고 있는 사회적 관계들의 숫자에 의해 예측될 수 있다는 것을 이해할 것이다. 하지만, 두 변인 간의 단순한 상관관계는 예측에 대해서는 도움을 줄 수 있지만, 현상의 원인들에 대해서는 확정적 증거를 제시해 주지는 못한다. 예컨대, 사회적 관계들과 건강 간의 관계에 대해서, 제삼의 요인인 자신감이 이 두 변인에 영향을 주어서 즉, 자신감이 각각 사회적 관계들과 건강에 영향을 주어서, 두 변인 간의 상관이 나타날 수 있다. 또한, 두 변인의 관계의 방향이 역으로 되어서, 건강상태가 사회적 관계들의 숫자에 영향을 줄 수도 있다. 따라서, 예측 형태에 관한 이해는 변인들 간의 단순한 상관을 이해하는 것에 한정되며, 변인들 간의 관계의 방향 즉, 인과성에 관한 이해의 목적을 달성시켜 주지는 못한다.

인과성(causality)이나 인과관계에 관한 이해는 예측형태의 이해보다 한 단계 더 진전된 이해를 나타낸다. 이것은 한 변인 상대에서 변화들이 다른 변인 상에서의 변화들을 정말로 일으키는지를 우리기 알아내야만 된다는 것을 의미한다. 예컨대, 만일 사람들의 사회적 관계의 숫자를 증가시킨 것이 그 다음에 사람들의 건강을 증가시킨 것으로 나타났다면, 우리는 두 변인 간의 인과성을 추론할 수 있을 것이며, 우리는 사람들의 건강을 증가시키기 위해 사회적 관계를 증가시킬 것을 제안할 수 있다.

이해의 하나의 최종 요소는 설명(explanation)이다. 설명은 어떤 현상이나 관계가 일어나는 이유를 제시하는 것을 일컫는다. 예컨대, 사람들이 갖고 있는 사회적 관계의 숫자가 건강을 증가시키는 데에 원인적으로 관련되어 있다는 것이 증명되었다고 하자. 이러한 인과성 자체는 두 변인 간의 관계를 근본적으로 설명해 주지는 못한다. 사회적 관계들은 이것들이 곤란한 시기에서 사람들이 사회적 지원을 필요로 하기 때문에, 타인들과 관계를 맺을 욕구 때문에 또는 그 밖의 이유로, 개인의 건강상태에 대해 영향을 줄 수 있을 것이다. 만일 이러한 근본적 원인들의 영향이 밝혀지게 된다면, 우리는 단순한 변인들 간의 인과성을 넘어서, 폭넓은 설명 즉, 기본적 인과관계를 사용하는 설명을 제시할 수 있을 것이다.

행동과 인지의 원인들의 규명

기초 및 응용사회심리학자들은 타인들에 대한 개인의 행동과 사고에 영향을 주는 많은 요인들과 조건들을 이해하는 데에 주로 관심을 두고 있다. 분명히, 행동과 사고는 많은 요인들에 의해 형성된다. 일반적으로, 사회심리학자들은 개인적, 사회적, 상황적, 문화적 및 생물학적 요인들과 아울러 이 요인들 간의 상호작용들을 고려한다.

개인적 요인들은 개인적 특징들과 정보처리들을 일컫는다. 개인차들이 인지적 처리들과 사람들이 행동을 수행하는 정도에 있어서 존재할 수 있다. 예컨대, 환경보호주의자들은 그렇지 않은 사람들보다 폐품을 재활용하는 경향이 더 많을 것이며, 과속에 대해 긍정적 태도를 가진 사람들은 과속하기가 더 쉬울 것이다. 그리고 외향성자들은 내향성자들보다 더 적극적인 사회생활을 갖는 경향이 더 많다.

사회적 요인들은 타인들의 의견과 행위가 우리의 행동과 사고에 미치는 영향에 관련되어 있는 것들을 일컫는다. 우리는 흔히 타인들의 행위와 사고, 그리고 사회적 상황에 의해 강력하게 영향을 받는다. 예컨대, 차의 왕래가 없는 교차로에서 적색신호등이 켜져 있을 때에 사람들이 길을 건너는 것은 신호를 대기하고 있는 다른 사람들에 의해 크게 영향을 받는다. 사람들은 다수의 사람들이 적색신호등이 켜져 있을 때에 신호등을 무시하고서 길을 건너는 것을 목격했을 때, 타인들의 행동을 그대로 따라 하기가 매우 쉽다. 유행이 타인들의 행위가 우리의 행동과 사고에 영향을 주는 것에 관한 다른 적절한 예이다. 예컨대, 사람들은 많은 타인들이나 중요한 역할모형들이 특수한 옷을 입기 때문에, 그들에 따라 그러한 옷을 입는다. 또한 많은 경우들에서 우리는 타인들의 신체적 외모에 의해서 영향받는다. 연구자들은 사람들이 매력적인 사람들과 비매력적인 사람들을 다르게 평가한다는 것을 보여왔다. 예컨대, 신체적 아름다움은 강의자들이 강의능력에 관해 어떻게 평정받는가에 대해 영향을 준다. 즉, 신체적 아름다움 상에서 높은 순위를 받은 강의자들이 또한 교과목의 강의평가들에서 높은 평정을 받았다.[28] 신체적 아름다움뿐만 아니라, 사람들의 연령, 인종, 신체장애 및 성별이 또한 사람들이 타인들에 대해 어떻게 접근하고 상호작용하는가에 대해 영향을 줄 수 있다. 예컨대, 고통을 당하고 있는 여자운전자들이 특히 혼자 운전하고 있는 젊은 남자들로부터, 남자 운전자들이나 남녀커플들 보다 더 많은 도움을 받는다.[29]

사람들의 행동은 사회적 상황의 특징들에 의해 강하게 영향받는다. 많은 사회심리학연구들에서, 사회적 영향의 힘이 극적으로 증명되었다. 예컨대, Milgram (1974)의 연구들은 많은 정상적인 건전한 사람들이 학습자가 학습과제 상에서 실수를 저지를 때마다 점점 더 강한 전기쇼크를 실시하라는 실험자의 지시들에 응종했다는 것을 나타냈다.[30] 다른 실험에서, Asch(1955)는 비록 다른 사람들이 틀렸다는 것이 완전히 분명했을지라도, 많은 사람들이 그들에 대해 공개적으로 부동의하기 보다도 그들의 틀린 판단들에 따랐다는 것을 증명했다.[31] Zimbardo 등(1973)에 의해 수행된 스탠포드 대학교에서의 모의 감방실험은 광고에 의해 모집된 젊은이들을 대상으로 교도관들과 죄수들의 역할을 수행하도록 했다.[32] 며칠 이내에 교도관들의 역할을 수행했던 사람들의 대부분이 죄수들을 못살게 굴고, 겁을 주고, 그들을 통제하기 위해 심리적 기법들을 개시하는 등의 잔인한 사람들로 바뀌었다. 이들에 비해서, 죄수들의 역할을 수행했던 사람들의 대부분이 비열하고, 겁을 먹고, 복종적인 사람들로 바뀌었으며, 몇몇은 심한 정신적 증후들을 가졌다. 이 실험에 기초해서, 연구자들은 많은 사람들이 그들의 도덕이나 개인적 신념과 가치에 관계없이, 그들이 놓여지는 상황의 힘에 의해 거의 모든 것을 행하게끔 만들어질 수 있다고 결론지었다.

상황요인들은 우리의 행동들과 사고들에 대해 영향을 줄 수 있는 맥락적 요인들이 되어 준다. 물리적 세계가 우리의 행동, 사고 및 감정에 대해 강력하게 영향을 줄 것이다. 예컨대, 보도 위의 재활용통들의 비치가 재활용에 대한 참가수준에 대해 강력하게 영향을 줄 것이다. 주위의 기온이 또한 우리의 행동에 영향을 줄 것이다. 예컨대, 우리는 주위의 기온이 상승하고 있을 때에 더 많이 성을 내고 공격적으로 된다.[33] 또한, 소음이나 과밀과 같은 환경적 스트레서들이 우리를 덜 도움성 있게끔 만든다.[34]

문화요인들은 인지들과 행동들에 대해 영향을 주는 문화적 가치들을 일컫는다. 문화는 특정의 집단에 속하는 사람들이 가진 공유된 의미들, 지각들 및 신념들의 체계라고 정의될 수 있다.[35] 우리의 행동들과 사고들이 문화규범들 즉, 사람들이 특수한 상황 속에서 어떻게 행동해야만 되는가에 관한 사회적 규칙들에 의해 강력하게 영향을 받는다. 예컨대, 흡연에 대한 문화규범들이 지난 몇 십년 동안에 급속하게 바뀌어 왔다. 이전에는 사무실, 교실, 식당, 심지어 버스에서 흡연하는 것이 보편적이었던 반면에, 오늘날 흡연은 전 세계의 많은 나라들에서 공공장소에서 금지되어왔다.

생물학적 요인들은 우리의 행동과 사고에 영향을 주는 생물학적 과정들과 유전적 요인들을 일컫는다. 진화심리학은 우리가 우리를 생존하고 생식하게끔 도와주는 다수의 진화된 심리적 기제들을 갖고 있다고 시사한다. 예컨대, 도시의 풍경들보다 자연의 풍경들에 대한 우리의 선호가 우리가 수 천년 동안 자연의 풍경들 속에서 살아야만 되었고, 결과적으로 우리가 아직도 그러한 풍경들을 선호한다는 사실에 의해 설명되어왔다. 이와 비슷하게, 짝짓기 선호들이 생물학적 및 유전적 요인들에 관련지어져 왔다. 즉, 우리는 생식능력과 연관되어 있는 이성 상대들의 특징들을 선호한다. 즉, 우리는 사람들이 대칭적 얼굴구조와 윤기있는 머리털을 갖고 있는 경우에 더 매력적이라고 여기며, 여자들의 날씬한 몸매를 뚱뚱한 몸매보다 더 매력있다고 간주한다.

분명히, 개인적, 사회적, 상황적, 문화적 및 생물학적 요인들은 상호작용한다. 예컨대, 환경을 매우 중시하는(하나의 개인적 특징임) 사람들이 폐품을 재활용하는 여부가 재활용 설비들(하나의 상황요인임)의 가용성에 달려 있다.

응용사회심리학의 정의

본장의 서두에서 이미 사회문제들의 이해와 해결에 대한 사회심리학의 관련성을 상술했으므로, 여기에서는 더 직접적으로 응용사회심리학의 정의를 취급한다. 응용사회심리학은 "사회문제들을 이해하거나 개선하기 위해 사회심리학적 구성개념들, 원리들, 이론들, 중재기법들, 연구법들 및 연구발견들의 체계적 응용"으로서 정의될 수 있다.[36] 이러한 정의 속에 포함되어 있는 구성개념들(constructs)이라는 용어는 심리학적 원리들과 이론들의 기본 요소들이다. 구성개념은 이 용어가 시사하는 바와 같이 연구자들에 의해서 만들어진 개념으로서, 일반적으로 잠재적(latent)이고, 따라서 직접 관찰가능하지 않은 하나의 분명하게 정의된 개인적(또는 심리적) 특징을 일컫는다. 그 예들은 태도들(즉, 개인이 어떤 대상을 긍정적이거나 부정적으로 평가하는 여부), 가치들(즉, 바람직스러운 행동들이나 목표들에 관한 일반적 신념들) 또는 사회규범들(즉, 개인이 소속한 사회적 집단이 특정의 행동을 찬성하거나 반대하는 여부)로서, 이것들은 흔히 면담들이나 질문지들을 통해 평가하거나 측정할 수 있다.

원리(principle)는 어떤 심리적 과정이 어떻게 작동되는가에 관한 하나의 진술로서 어느 정도 연구들에 의해 지지받는 것이다. 심리학적 원리들은 인간이 생각하고, 느끼고, 행동하는 기본 과정들을 기술하는데, 몇 개의 예를 제시하면, 아래와 같다.

- "문간에 발을 들여 놓기 기법"(foot-in-the-door technique): 이 원리는 짧은 기간 내에서 작은 시초의 요청을 행하고, 그 다음에 더 큰 관련된 요청이 뒤따르는 것을 포함한다. 일반적으로, 작은 요청에 대해 동의했던 사람들은 작은 요청에 대한 동의를 요구받지 않았던 사람들이나 작은 요청에 대해 동의하지 않았던 사람들에 비해서, 더 큰 요청에 대해 또한 응하기가 훨씬 더 쉽다.
- "인지부조화"(cognitive dissonance): 이 원리는 두 개의 갈등되는 사고들을 동시에 갖는 것으로부터, 또는 개인의 신념들이나 태도들과 모순되는 행동을 행하는 것으로부터 생길 수 있는 불쾌한 긴장을 일컫는다. 두 개의 인지들(신념들, 정서들, 태도들 및 행동들에 관한 인지들을 포함하는)이 부조화할 때, 사람들은 새로운 사고들이나 신념들을 만드는 것에 의해, 또는 기존의 신념들을 수정함으로써 이 부조화를 감소시키고자 한다.
- "가용성 일반원칙"(availability heuristic): 이 원리는 어떤 사건의 발생가능성이나 빈도를 관련된 실례들이 머리 속에서 떠오르는 용이성에 의해 판단하는 경향을 일컫는다.

"이론"(theory)은 관찰된 사건들을 기술하고, 설명하고, 예측하는 하나의 원리들의 통합된 세트이다. 이론들은 우리의 관찰들에 대한 설명을 제공하고, 우리가 장래의 사건들을 예측할 수 있게끔 해준다. 이론은 여러 원리들을 통합시킨다. 이론의 한 예는 계획된 행동이론(theory of planned behavior)인데, 이 이론은 행동을 예측하는 몇 개의 요인들을 포함시키고 있다. 이론들은 사실들이나 법칙들이 아니다. 이론들의 검증가능성은 실제로 검증되어야만 된다. 우리는 제2장에서 응용사회심리학에 관련된 이론들의 주제를 좀 더 자세하게 취급할 것이다. 기초와 응용사회심리학은 관심의 초점과 접근의 두 개의 기본적 측면에서 차이가 있으며, 이것들과 아울러 그 밖의 응용사회심리학의 특징들이 아래의 절에서 좀 더 자세하게 취급될 것이다.

응용사회심리학의 특징들: 기초사회심리학에 비한 차이들

사회심리학 속에 기초분야들과 응용분야들이 모두 함께 포함되어 있고, 따라서 이 두 분야는 앞에서 진술된 몇 개의 공통점들을 갖고 있다. 하지만, 기초분야들과 응용분야들의 관심의 초점들과 접근방식들의 기본적 측면들과 아울러 그 밖의 측면들에서 차이들이 있으며, 이것들을 여기에서 간략하게 제시한다.

실제적 문제들의 이해와 해결

기초(또는 순수) 사회심리학자들은 사회적 행동에 관한 이론들을 개발하고 검증하는 데에 특히 관심을 두는 반면에, 응용사회심리학자들은 사회적 행동에 관련있는 실제적 문제들을 이해하고 해결하는 데에 초점을 둔다. 기초사회심리학자들은 어떤 현상에 관한 과학적 호기심에서 단순하게 연구를 수행할 수 있는 반면에, 응용사회심리학자들은 특수하게 사회문제들을 해결하는 데에 기여하고자 한다. 궁극적으로, 응용사회심리학자들은 사람들의 생활의 질을 향상시키는 데에 초점을 두고 있다.

응용사회심리학자들은 당면한 문제들을 일으키는 현상들에 관해서 더 많이 알아내기 위해 반드시 연구를 수행할 필요는 없다. 어떤 경우들에서 사용가능한 지식이 이러한 문제들을 개선하게 될 중재들이나 프로그램들을 계획하기 위해 충분할 수 있다. 따라서 이러한 경우들에서, 응용사회심리학자들은 새로운 이론을 개발하고 검증하기보다도 기존의 이론들이나 지식들을 주의깊게 활용하는 것이 더 효율적일 수 있다. 하지만, 이것은 응용사회심리학자들이 이론의 개발에 대해 전혀 관심과 기여가 없다는 것을 의미하지는 않는다. 그 대신에, 그들은 실제적 문제들의 이해와 해결을 우선하고, 그 다음에 이론의 개발과 검증에 관심을 둔다.

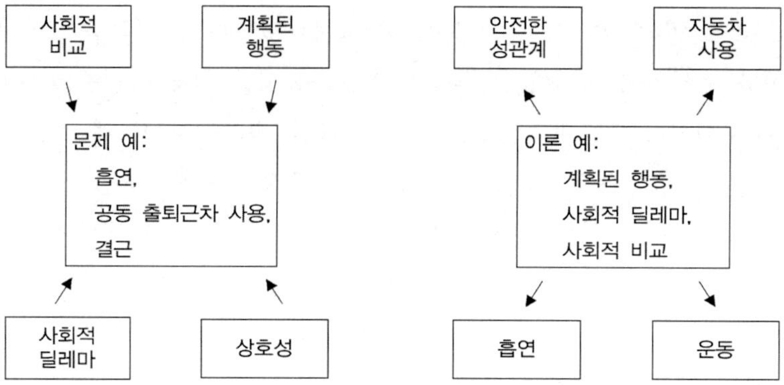

도 1.1 귀납적(좌측) 및 연역적(우측) 접근들

귀납적 접근의 사용

기초사회심리학자들은 연역적 접근(deductive approach)을 따르는 경향이 있다. 그들은 특정의 이론으로부터 시작하고, 그 이론이 어느 정도로 여러 유형의 사회적 행동들을 이해하는 데에 도움이 될 수 있는가를 검사한다. 이에 비해서, 응용사회심리학자들은 귀납적 접근(inductive approach)을 따르는 경향이 있다. 그들은 어떤 특수한 사회문제로부터 시작하고, 여러 이론들이 어느 정도로 이러한 특수한 문제를 이해하는 것을 돕는가, 그리고 문제들을 일으키는 특수한 행동에 대해 어느 이론이 가장 좋은 설명을 제공하는가를 검증한다. 이러한 두 개의 접근의 차이가 도 1.1에 예시되어 있다.

귀납적 접근의 한 예는 어떤 조직체에서 많은 직원들이 자주 결근하는 이유를 이해할 경우이다. 우리는 이것을 몇 개의 이론들로부터, 귀납적으로 이해할 수 있다. 우선적으로, 계획된 행동이론(TPB)이 사용될 수 있는데, 이 이론은 그러한 행동이 결근에 대한 부정적 태도의 부족, 그러한 행동에 대한 강한 부정적 제재들의 부족 및 개인의 불편함을 느낄 때에 근무하러 갈 수 없다는 느낌을 반영한다고 시사한다.[37] 사회적 비교의 관점은 사람들이 자기 자신이 타인들보다 덜 자주 그렇게 한다고 생각하기 때문에, 또는 그들이 동료들보다 자기 자신이 더 나쁘게 대우받고 있다고 느끼기 때문에 자주 결근할 것이라고 시사할 것이다.[38]

사회적 딜레마(social dilemma) 관점은 사람들이 자기 자신의 근무에 대해 책임을 느끼지 않고, 조직의 목표에 대한 자기 자신의 기여가 무시할 만하다고 느끼기 때문에 결근한다고 시사할 것이다. 상호성이론(reciprocity theory)에 의하면, 사람들이 근무에 대해 투자하는 것보다 더 적은 결과를 얻고 있다고 느낄 때에 자주 결근할 것이다. 이러한 설명들은 반드시 상호배제적인 것은 아니며, 모두가 어떤 문제들의 이해에 기여할 수 있을 것이다.

어떤 연구자는 어떤 특정의 이론이 여러 유형의 사회적 행동들을 설명하는 데에 있어서 성공적인 정도를 검토하는 데에 특별하게 관심을 둘 수 있다. 이러한 접근은 기초사회심리학분야들에서 일반적으로 사용되는 연역적 접근(deductive approach)이라고 간주될 수 있다. 예컨대, 계획된 행동이론(TPB)은 저지방 다이어트의 실시, 약물과 알코올 사용, 흡연, 안전한 성관계, 폐품재활용, 유행의 선택 및 운전위반을 포함하는 광범한 사회적 행동들을 이해하기 위해 응용되어왔다.

물론, 많은 과학자들과 많은 연구들이 기초와 아울러 응용으로서 동시에 범주화될 수 있을 것이다. 기초와 응용 연구를 종합하는 것이 매우 가치있는데, 이것은 이것이 실험실상황들에서 검증된 이론들이 실제의 상황들에서도 또한 어느 정도로 타당한가를 나타내 주기 때문이다. 따라서, 연구들은 이론중심적인 동시에 문제중심적일 수 있다. 첫째로, 응용연구들이 때로는 큰 이론적 진전을 일으킬 수 있다. 둘째로, 기초연구들이 응용상황에서 수행될 수 있으며, 어떤 응용적 문제에 대한 통찰에 대해 크게 기여할 수 있다. 두 유형의 연구들이 이론들의 검증과 구축에 기여하는 동시에, 사회문제들이 어떻게 해결될 수 있는가를 나타내 줄 수 있으므로, 모두가 매우 가치있다.

사회문제들의 규정에 대한 개인적 가치들의 역할

응용사회심리학은 어떤 사회적 문제들과 어떤 집단들을 연구하고, 어떤 변화들이 실현되어야만 되는가를 결정한다. 이러한 결정들 자체는 응용사회심리학에서 가치들이 하나의 중요한 역할을 행한다는 것을 증명한다. 따라서, 응용사회심리학자들은 그들의 개인적 가치들의 내용들과 이것들이 자기들의 연구에 대해 영향을 줄 수 있는 방식들을 확실하게 인식해야만 된다.

어떤 경우들에서, 응용사회심리학자들의 가치들과 관여된 다른 집단들의 가치들이 불일치되거나 갈등될 수 있다. 예컨대, 응용사회심리학자들은 흡연, 과식과 비만, 불량식품의 소비 및 너무 적은 운동과 같은 불건전한 생활스타일들을 하나의 사회문제로서 정의할 것이다. 그들은 흡연과 비만이 암, 심장병, 고혈압, 당뇨병과 같은 심각한 건강문제들을 일으키기 때문에, 그리고 그러한 병들을 진단하고 치료하는 데에 관련된 개인적 및 의료보험적인 높은 경제적 비용들 때문에, 건전한 생활스타일이 증진되어야만 된다고 주장할 수 있다. 이와 달리, 어떤 집단들 예컨대, 흡연자들은 흡연과 같은 불건전한 생활스타일들에 연관된 위험성이 과장되어 있으며, 불건전한 생활스타일들이 심지어 안녕(well－being)을 증진시킬 것이라고 주장한다. 더욱이 이 집단들은 불건전한 생활스타일의 경제적 비용들이 건강증진운동들을 주장하는 사람들에 의해 주장된 것만큼 높지는 않다고 주장한다. 더욱이, 진보주의자들은 개인적 자유와 자율성이 항상 존중되어야만 된다고 주장할 것이다. 그들은 개인이 흡연하거나 음주하는 여부가 개인 자신의 책임에 속하는 것이라고 주장할 것이다. 우리는 사회적 프로그램들이 이와 같은 상이한 관점들을 가진 집단들에 의해 다르게 받아들여질 수 있다는 점을 인정해야만 될 것이다.

사회적 문제들을 규정하는 데 대한 이러한 갈등들은 궁극적으로 생활의 질의 향상이 무엇을 의미하는가에 달려 있다. 예컨대, 흡연문제에 있어서, 금연주의자들은 생활의 질로서 폐암과 같은 신체적 질병들과 의료비용들을 준거들로서 삼는 반면에, 흡연자들은 힘든 작업과 식사 후의 흡연의 편안함과 만족감을 준거들로서 삼을 수 있다. 오늘날, 우리가 다원적이고 다문화적인 사회들 속에서 살고 있으므로, 이러한 의견불일치들은 매우 흔하다. 어떤 특수한 문제영역에서 생활의 질을 향상시키고자 하는 응용사회심리학자들은 그들 자신의 가치적 입장을 결정하고 밝힘으로써 관여된 사람들 간의 이해를 증진시킬 수 있을 것이다.

비록 개인적 가치들이 어떤 주제가 응용사회심리학자들에 의해 연구되는가에 대해서 영향을 줄지라도, 이것들은 연구자들이 사용하는 방법들에는 영향을 주지 않는다. 응용사회심리학자들은 앞 절에서 지적된 바와 같이, 과학적 가치들의 한 핵심적 세트(즉, 정확성, 객관성, 회의주의 및 열린 마음자세)에 대해 헌신하고 있다. 이것은 어떤 이론의 타당성이나 중재 프로그램들의 효과성에 관한 결정들이 가치들과는 독립적으로 즉, 객관적인 경험적 자료에 기초해서 이루어진다는 것을 뜻한다.

다수의 이론, 중재기법 및 연구법의 사용

응용사회심리학자들은 문제중심적인 귀납적 접근을 사용하기 때문에, 그들은 대개 단일한 이론, 중재기법 또는 접근을 적용하지 않는다. 여러 요인들이 특정의 사회문제를 일으킬 수 있으므로, 그러한 문제를 이해하려고 할 때에 전범위의 변인들이 고려될 수 있다. 단일 이론이 대개 한정된 변인들에 대해 초점을 둠에 따라, 문제들은 상이한 이론적 관점들로부터 연구될 때에 더 잘 이해될 수 있을 것이다. 예컨대, 학생들의 학업수행이 많은 요인들에 관련되어 있을 수 있으며, 이것들 중에는 지능, 성격, 자기존중, 귀인, 편견, 부모의 격려 및 교사들의 학생의 능력에 대한 기대, 등이 있다. 그리고 이러한 요인들은 상이한 이론적 관점들로부터 연구되고 있다. 이러한 관점들이 모두 학생들의 학업성적을 향상시키는 데에 관련 있게 될 것이다. 물론, 취급되고 있는 문제에 따라 어떤 이론들이 다른 이론들보다 더 적용가능할 것이다. 예컨대, 사회적 영향들은 아마 개인의 행동이 익명적일 때에 더 적은 영향력을 가질 것이다. 이러한 경우에서 규범적 행위이론(theory of normative conduct; Cialdini: 등, 1991)과 같은 사회규범의 역할에 초점을 두는 이론들은 그러한 행동을 이해하는 데에 도움이 덜 될 것이다. 이와 달리, 편견이나 고정관념에 관한 이론들은 여성이나 소수인종 집단들에 대한 차별대우를 이해하고자 할 때에 매우 관련있을 것이다.

이와 비슷하게, 어떤 중재기법들이 다른 것들보다 특정의 문제상황에 대해 더 적절할 것이다. 일반적으로, 중재기법들은 이것들이 특정의 문제행동에 대해 실질적으로 기여하는 요인들을 특별하게 취급하는 만큼 더 효과적이다. 예컨대, 정보 캠페인들은 만일 사람들이 그들의 행동을 변화시킬 기회가 없다고 여긴다면, 한정된 영향을 갖는다. 이와 달리, 사람들이 사회적으로 유익한 행동의 이점들을 잘 알지 못하고 있다면 정보 캠페인이 성공적일 수 있으며, 시설의 부족이 특수한 행동을 막을 때에는 그러한 시설을 제공하는 것이 매우 효과적일 것이다. 따라서 우리는 행동을 변화시키기 위한 중재 프로그램을 고안하기 이전에, 어떤 요인들이 특정의 행동을 일으키거나 억제하는가를 알아야만 된다.

많은 경우들에서, 다수의 연구설계들이 사회문제들을 연구하기 위해 사용된다. 사회문제들의 연구에 있어서 어떤 특정의 연구설계가 다른 연구설계들보다 항상 우수하거나 열등하지는 않다. 각 연구설계는 장점들과 단점들을 갖고 있으며, 한 연구설계의 단점들이 다른 연구설계에 의해 보완될 수 있다. 예컨대, 실험연구들은 적절하게 수행되었을 경우에 일반적으로 내부타당도가 높다. 즉, 그것들은 우리에게 변인들 간의 인과관계들에 관한 확고한 결론을 내리게끔 해준다. 하지만, 실험연구들이 인위적 상황들에서 수행되는 경향이 있으므로, 이것들은 외부타당도가 약하다. 즉, 그러한 연구들의 결과들은 실생활의 문제들에 대해 일반화시키기가 곤란하다. 이와 달리, 현장연구들은 실생활의 상황들에서 수행되는 경향이 있으므로, 외부타당도가 높다. 하지만, 현장연구들은 연구자들이 통제할 수 없는 많은 요인들이 또한 연구결과들에 대해 영향을 줄 수 있으므로, 내부타당도가 낮다. 이상적으로, 연구자들은 발견들을 반복적으로 얻으려고 노력하면서, 동일한 현상을 상이한 연구설계들을 사용해서 연구한다.

학문 협동적 연구(interdisciplinary research)의 수행

많은 사회문제들이 성질상 오로지 사회심리학적이지 않은 많은 요인들에 뿌리를 두고 있다. 그러한 요인들의 몇 가지를 든다면, 경제적, 정치적, 사회적 및 조직적 요인들이다. 예컨대, 환경문제들을 해결하기 위해, 자동차사용을 억제하는 정책을 사용해야만 될 경우에, 정치인들은 자기들의 재선을 위해서 그러한 정책에 반대하게 될 것이다. 많은 경우들에서, 사회문제들을 이해하고 해결하기 위해 다른 사회과학들과 기타의 학문들에서 나오는 지식이 고려되어야만 된다. 예컨대, 건강행동을 연구하고 건전한 생활스타일들을 증진시키고자 할 때, 연구자들은 여러 유형의 행동들의 건강적 결과들을 알아야만 된다.

물론, 사회심리학자들은 모든 관련된 학문들의 지식기반들을 충분하게 파악할 수는 없다. 관련된 지식들은 다른 학문들의 학자들과의 협력에 의해서 응용될 수 있다. 사회심리학자들은 다른 학문들의 지식들과 관점들을 활용하기 위해서 다수적 또는 학문협동적 연구와 협력을 추구해야만 된다. 예컨대, 암환자들의 생활의 질을 향상시키고자 하는 의사들과 함께 작업함으로써, 사회심리학자들은 암의 여러 유형들로부터 어떤 큰 신체적 결과들이 생기는가와 이것들이 어떻게 개인적 생활의 질에 대해 영향을 줄 수 있는가를 배울 것이다. 이것은 사회심리학자들이 특수한 환자집단들이 경험하는 특수한 문제들을 취급함으로써, 그들의 중재를 더 효과적으로 개발하는 것을 도와줄 수 있다.

다수의 학문들이 관여되어 있는 학문협동적 상황들 속에서 작업하는 것은 쉬운 일이 아니다. 상이한 학문들은 상이한 현상들에 대해 유사한 개념들이나, 유사한 현상들에 대해 상이한 개념들을 사용할 수 있다. 예컨대, 심리학에서 한 모형은 대개 어떤 개념적 모형을 일컫는다. 즉, 모형은 상이한 변인들이 어떻게 상호 관련되어 있는가를 상술한다. 이와 달리, 경제학에서 모형은 대개 어떤 산술적 모형 즉, 연구자에게 행동을 실제로 예측하거나 예측하게끔 해 줄 수 있는 일련의 공식들을 일컫는다. 다수 학문적 팀들의 멤버들은 각 학문이 어떤 독특한 기여를 제공하는 것을 인정해야만 된다. 상이한 관점들을 이해하고, 서로의 기여를 인정하기 위해서 대개 시간이 필요하다. 하지만, 종국에 가서 다수 학문적 팀들이 많은 면에서 단일 학문적 팀들을 능가할 수 있는데, 이것은 그들이 관련된 사회문제들을 해결하기 위해 표적으로 삼아야만 되는 광범한 요인들을 고려하기 때문이다.

현장 상황(field settings)에서의 연구

이미 진술된 바와 같이, 응용사회심리학자들이 기초사회심리학자들보다 현장상황들에서 즉, 사람들이 생활하거나, 일하거나, 쉬는 자연적 상황들 속에서 연구를 수행하기가 더 쉽다는 것은 당연한 일일 것이다. 이것은 응용사회심리학자들이 진짜 실험들을 수행하는 경향이 더 적고, 준실험적이거나 상관적 연구설계들을 사용하기가 더 쉽다는 것을 함의한다. 제3장에서 자세하게 논의되는 바와 같이, 그러한 연구들은 일반적으로 외부타당도(external validity)가 높은데, 이것은 그것들이 적절하게 수행된다면, 연구결과들이 더 큰 모집단들에 대해 일반화시키기가 더 쉽다는 것을 의미한다. 하지만, 응용상황들에서 연구에 기초된 인과관계를 추론하기가 덜 용이하다. 많은 현장상황들에서, 연구자들은 작용되는 많은 변인들을 통제할 수 없으며, 결과적으로, 어느 변인들이 다른 변인들에 영향을 주는가에 대한 확고한 결론을 내리기가 대개 곤란하다. 하지만, 이것은 응용사회심리학자들이 진짜 실험을 수행하지 않는다고 말하는 것은 아니다. 응용사회심리학자들의 실험연구들도 높은 실제적 가치를 지닌 결과들을 내놓을 수 있다.

사회적 유용성의 향상 추구

응용사회심리학자들은 상이한 종류의 사회문제들을 이해하고 해결하며, 궁극적으로 사람들의 생활의 질을 향상시키고자 한다. 응용사회심리학자들은 사회문제들이 사람들의 태도들, 규범들, 가치들, 지각들, 행동들 및 생활스타일들을 변화시킴으로써 감소될 수 있다고 가정하고 있다. 이것들은 사회심리학분야의 핵심 주제들이다. 따라서, 사회심리학의 지식들과 방법들이 사회적 목표들을 달성시키는 데에 매우 유용할 수 있다.

응용사회심리학의 사회적 유용성은 연구자들이 당면한 사회문제들을 해결함에 있어서 가장 큰 영향을 주는 측면들에 대해 노력을 집중시킬 때에 향상될 것이다. 이것은 그들이 어떤 행동유형이 가장 문제가 되고, 어떤 요인들이 그러한 행동을 일으키는 데에 있어서 가장 영향력이 큰지, 그리고, 어떤 전략들이 이것들을 변화시키기 위해 성공적으로 사용될 수 있는지를 고려해야만 된다는 것을 의미한다. 예컨대, 가정용 에너지사용을 절약하는 방법으로서, 샤워시간을 감소시키는 것과 자동온도조절장치의 온도세팅을 낮추는 것이 비교될 수 있으며, 후자가 더욱 효과적이기 때문에 후자를 선택할 수 있다.[39] 물론, 이러한 선택에 있어서 행동의 변화가능성 정도가 또한 고려되어야만 된다.

연구결과들을 평가함에 있어서, 연구자들은 무의미하거나 약한 결과들보다도 유의미하고 강력한 결과들에 대해 더 많은 관심을 기울인다. 여기에서 "무의미"하거나 "유의미"하다는 용어들은 얻어진 결과들이 통계적으로 신뢰로운 여부를 일컬으며, 약하거나 강력한 결과들은 비록 어떤 요인의 영향이 통계적으로 신뢰로울지라도, 그 요인이 어떤 행동을 어느 정도로 설명할 수 있는가를 나타낸다. 후자는 통계학적으로 효과크기(effect size) 즉, 두 변인들 간의 연관의 강도 또는 한 요인이 다른 요인을 설명해 주는 변량이라고 일컬어지며, 변량은 백분율(%)로서 나타내어진다. 응용사회심리학자들은 중재들이나 프로그램들을 개발할 때, 유의미하고 강력한 결과들을 나타냈던 연구결과들에 대해 주의를 기울임으로써, 그들의 중재의 효과를 높이고, 따라서 그들의 중재의 사회적 유용성을 향상시킬 수 있다.

사회문제들의 개선을 위한 중재들의 사회적 유용성을 고려할 때에, 우리는 그것들의 경제적 효과 즉, 비용－효과의 비율을 검토할 수 있다. 실시하기 위해 많은 비용이 들지만, 그 효과가 매우 작은 중재들은 비효율적인 것으로 간주되고 계속적 실시로부터 배제되기가 쉽다. 응용사회심리학자들은 중재들을 실시하기 이전에, 그것들에 대한 기대되는 비용들과 기대되는 이익들에 관한 수량적 추정치들을 발전시킬 필요가 있다.

응용사회심리학자들은 그들의 연구의 사회적 유용성을 제고시키기 위해, 연구의 마감시간을 준수하고, 연구내용에 관심을 두고 있는 사람들에 대해 연구결과들을 명확하게 제시해야만 된다. 연구의 마감시간은 연구에 관련 있는 내담자들과 후원자들의 연구에 대한 하나의 요구조건이 된다. 예컨대, 어떤 중재를 개발하고 실시하는 데에 있어서, 외부 기관들이나 단체들의 후원을 받을 때, 대개 예산집행의 목적으로 인해서 연구기간이 제한되기 쉽다. 연구결과의 제시에 있어서, 응용사회심리학자들은 독자들로서의 동료 과학자들과 일반대중에 대한 전달에서 차이 있을 수 있다. 예컨대, 일반대중에 대한 제시에 있어서, 보고의 불필요하거나 복잡한 측면들을 감소시키고 전문적 용어의 사용을 피하는 것이 바람직스러울 것이다.

중재의 실시에 있어서, 실행가능성이 또한 고려되어야만 된다. 사회문제들의 개선을 위한 중재들의 실시에서 다양한 관련 및 이익 단체들이 있으며, 이들은 자기들의 목표와 이익에 배치될 때에 중재의 개발과 실시를 방해할 수 있다. 이러한 방해를 막기 위해서 응용사회심리학자들은 관련 있는 기관들과 단체들과의 협조적 관계를 위해 노력을 기울여야만 될 것이다.

응용사회심리학자들의 역할

기초사회심리학의 목표가 사회적 행동에 관한 이론들을 개발하고 경험적으로 검증하는 것인 반면에, 응용사회심리학은 기존의 이론과 연구의 지식 기반에 의지하고, 응용에 도움이 되는 연구를 수행하고, 중재전략을 개발함으로써 사회적 및 실제적 문제를 이해하고 해결책을 발견하는 데에 특별하게 관계하고 있다. 이러한 폭넓은 목적을 달성하기 위해서, 응용사회심리학자들은 다양한 역할을 맡을 수 있을 것이다. 응용사회심리학자들의 역할에 관한 제시에 있어서, Shcneider 등(2012)은 6개의 역할을 제시했고,[40] Steg 등(2008)은 3개의 역할을 제시했다.[41] 이와 같은 역할의 숫자 상의 차이는 한 역할 속에 어떤 역할들을 포함시키는가에 주로 기인된다. 이하에서 제시되는 역할들은 Schneider 등(2012)의 분류에 따랐다. 제시된 여러 역할이 한 사람에 의해서 수행될 수 있는 반면에, 응용사회심리학자들이 각각의 역할을 분리해서 전문적으로 맡을 수도 있을 것이다.

1. **연구자**(researcher): 응용사회심리학자는 사회적 및 실제적 문제들에 관한 연구를 수행한다. 이들은 과학적 방법 속에 들어 있는 연구전략들과 핵심 가치들의 적용을 통해 그러한 문제들을 이해하고자 한다. 따라서, 연구자의 역할에 있어서, 응용사회심리학자는 다른 사회과학자들과 유사한 방식으로 기능한다.
2. **프로그램 설계자**(program designer): 기존의 이론과 연구증거를 이용해서, 응용사회심리학자는 사회적 및 실제적 문제들의 해결이나 수정을 위해서 설계된 중재들을 개발하거나 개선하는 데에 관여할 수 있을 것이다. 이 역할은 이론, 연구 및 실천을 종합한다. 따라서, Lewin의 전통 속에서, 하나의 진정한 과학자/실무자모형(scientist/practitioner

model)을 채택한다.[42)]

3. 평가연구자(evaluation researcher): 평가연구자(또는 program evaluator)로서, 응용사회심리학자는 중재들의 과정과 성과를 평가하기 위해서 사회과학적 연구법들을 적용한다.
4. 자문가(consultant; 또는 고문): 많은 응용사회심리학자들이 다양한 집단들, 조직체들 또는 공동체들에 대해서 자문활동을 수행할 것이다. 자문가로서의 역할에 있어서, 응용사회심리학자들은 내담자들(clients)이 경험하는 특수한 곤란들을 해결하는 것을 도와주기 위해서 사회심리학적 지식들과 이론들에서의 그들의 전문성을 제공한다.
5. 행동연구자(action researcher; 또는 참여연구자): 행동 연구자로서의 응용사회심리학자의 역할은 특수한 이슈나 문제를 해결하기 위해 어떤 조직체나 공동체 집단과 긴밀하게 함께 작업하는 것을 포함한다. 이것은 자료수집과 해석의 주기를 통해서 적절한 행동전략들을 내놓는 것에 의해 성취된다.
6. 옹호자(advocator; 또는 주장자) 응용사회심리학자는 사회문제에 관련된 사회정치적 체제의 어떤 측면을 변화시키고자 활동할 수 있다. 이것은 결국 정치적 활동에 속하는 것이다. 옹호자의 역할은 그 목표달성을 위해서, 어떤 특수한 집단, 압력단체 또는 기관과의 협력 속에서 사회변화를 압박하기 위해 자신의 전문성을 사용하는 것을 포함한다.

요 약

1. 사회심리학은 기초분야들과 응용분야들로 구분될 수 있다. 많은 사회적 및 실제적 문제들이 사회심리학적 측면들 즉, 행동과 사고에 관련되어 있다.
2. 사회심리학은 사회적 상황에서의 사람들의 사고, 감정 및 행동의 과학적 연구로서 정의된다.
3. 사회심리학의 역사는 1880년대-1920년대의 사회심리학의 초창기, 본격적 활동기, 확신과 위기의 공존기, 사회심리학의 성숙기 및 2000년대 이후로서 구분될 수 있다. 2000년대 이후의 특징들과 장래에 대한 전망들은 사회적 정서, 동기 및 인지의 종합의 강조, 생물학적 및 진화적 관점들의 영향 증대, 사회문화적 관점들의 영향 증대 및 새로운 기술들의 개발과 발전의 영향 증대의 특징들을 들 수 있다.
4. 기초와 아울러 응용사회심리학의 공통 특징들은 이론의 개발과 검증, 과학적 방법의 사용과 과학의 가치들의 존중, 과학의 목표들의 추구 및 행동과 인지의 원인들의 규명을 포함한다.
5. 응용사회심리학은 사회문제들을 이해하거나 개선하기 위해 사회심리학적 구성개념, 원리, 이론, 중재기법, 연구법 및 연구발견의 체계적 응용으로서 정의된다.
6. 기초사회심리학에 비한 응용사회심리학의 특징들은 실제적 문제들의 이해와 해결; 귀납적 접근의 사용; 사회문제들의 규정에 대한 개인적 가치들의 영향 인식; 다수의 이론, 중재기법 및 연구법의 사용; 학문협동적 연구의 수행; 현장 상황들에서의 연구; 및 사회적 유용성의 향상 추구를 포함한다.
7. 사회적 및 실제적 문제들을 해결하는 데에 있어 응용사회심리학자들의 역할들은 연구자, 프로그램설계자, 평가연구자, 자문가, 행동연구자 및 옹호자(또는 주장자)로서의 역할들을 포함한다.

제2장

사회심리학의 이론

과학의 과정과 이론
이론의 정의와 관련 용어들
과학의 과정 속에서의 이론의 위치
과학의 과정 속에서의 이론의 기능
응용사회심리학에서의 이론의 역할들
이론의 특징들

사회심리학의 이론적 관점들
사회심리학 이론들의 역사적 뿌리들
사회심리학의 기초 이론들
사회문화적 이론들
진화 사회심리학
오늘날의 사회심리학이론들

요약

응용사회심리학에서 취급하고 있는 다양한 사회문제들 예컨대, 대중교통이용, 쓰레기처리, 흡연, 비만증 치료 등의 문제들은 상식, 직관 또는 단편적 지식에 의해 해결하기에는 너무 복잡하다. 이것들 중의 하나인 대도시의 교통문제 만을 고려하더라도 문제의 복잡성은 우리의 상상을 초월한다. 교통문제를 이해하기 위해서, 우리는 얼마나 많은 사람들이 매일 어떤 목적으로, 어떤 교통수단을 이용해서 이동하는가에 대한 기본적 실태를 파악해야만 된다. 만일 이러한 기본적 실태들 중에, 많은 출퇴근자들이 버스나 전철과 같은 대중교통수단들을 이용하지 않고, 자가용차를 이용해서, 도시의 교통혼잡을 과중시키고 있다는 통계자료를 얻었다고 가정하자. 그리고 우리는 이러한 통계자료에 기초해서, 대도시의 교통문제를 해결하기 위한 방안들을 찾고, 이것들을 실시해서 대도시에서의 교통문제를 해결하고자 한다고 가정하자.

본서의 전체를 통해 취급된 모든 사회문제들처럼, 교통문제의 중요한 한 원인은 많은 사람들이 "버스나 전철과 같은 대중교통수단을 이용하지 않고, 자가용차를 이용해서 출퇴근하고 있다"는 것이다. 분명히, 한두 명이 승차하는 자가용차들에 비해 버스나 전철은 보통 30명 내지 150명 정도 승차할 수 있고, 따라서 사람들이 자가용차 대신에 대중교통수단들을 사용한다면, 대도시의 교통혼잡문제는 효과적으로 해결될 수 있을 것이다. 여기에서, 관심의 초점은 대도시의 교통문제의 핵심에 인간의 행동이 놓여 있다는 것이다. 우리는 시민들의 행동에 초점을 둠으로써 즉, 행동에 대한 사회심리학적 관점을 취함으로써 교통혼잡문제를 해결하고자 시도할 수 있다. 이러한 시도에 있어서 우리는 몇 가지 사회심리학적 의문을 제기하고 이러한 의문들에 대한 해답을 찾고자 할 수 있다. 예컨대, 교통혼잡문제를 일으키는 데에 있어서 사람들에게 대중교통수단보다도 자가용차를 이용하게끔 동기화시키는 것은 무엇인가, 우리는 대중교통수단들, 카풀제(car-pool), 또는 자전거와 같은 대안적인 다른 교통수단을 사용하도록 시민들을 동기화시킬 수 있는가와 같은 의문들을 제기할 수 있다. 그다음에, 우리는 이러한 의문들에 대한 해답을 찾기 위해서 심리학적 이론들을 살펴보고서, 이러한 의문들을 가장 잘 취급할 수 있는 이론들을 사회문제들의 원인의 이해와 해답의 제시를 위해 응용할 수 있을 것이다.

거의 1세기 동안, 사회심리학자들은 사람들이 타인들에 관해서 생각하고, 타인들로부터 영향받고, 타인들과 관계 맺는 방식들을 이해하기 위해 과학적 방법을 사용해왔다. 그러한 과정 속에서 사회심리학은 인간의 사회적 행동에 관한 다수의 이론을 축적해 왔으며, 이러한 이론들은 우리가 해결하고자 하는 교통혼잡문제와 같은 다양한 사회문제를 이해하기 위한 기초를 제공한다. 이 장에서, 우리는 이론과 아울러 관련된 용어들을 정의하고, 기초과학과 응용연구에서의 이론의 기능과 이론을 평가하는 데에 도움이 되는 이론들의 특징들을 살펴본다. 그리고 사회문제들의 이해와 해결을 위해 도움이 될 수 있는 사회심리학의 주요 이론들을 살펴본다.

과학의 과정과 이론

이론의 정의와 관련 용어들

우리가 앞에서 언급했던 대도시에서의 교통혼잡문제뿐만 아니라, 우정과 사랑, 공격과 돕기, 집단 내 과업수행과 리더십, 등과 같은 다양한 행동들의 원인과 결과에 관해서 질문받게 될 경우에, 많은 사람들이 개인적으로 어떤 이유들이나 설명들을 제시한다. 결국, 사회적 행동들에 관한 이러한 이유들이나 설명들의 제시는 그러한 행동들에 관한 이론들을 제시하는 것이다. 비록 이러한 개인적 이론들이 애매하고 개인 자신만이 이해될 수 있고 입증 불가능할지라도, 우리들 모두는 사회적 행동에 관한 설명을 만들어 내고 있는 이론가들이다.

하지만, 과학 내에서 “이론”이라는 용어는 더 특수하게 사용되고 있으며, 이론들은 과학적 탐구에 있어서 필수적인 것으로 간주되고 있다. 일반적으로, 우리는 한 이론이 현실을 표상하는 한 방법으로서 만들어진 규칙들이나 규약들의 한 세트라고 생각할 수 있다. 이론에 대한 보다 더 공식적인 정의는 “한 현상이나 한 세트의 현상들에 관한 한 세트의 상호 관련된 가설들이나 명제들”이다.[1)]

모든 이론들은 이론들이 기술하고 설명하고자 하는 행동의 본질에 관해서 다소 인위적인 한 세트의 가정들을 제시하고 있다. 이론은 또한 한 세트의 경험적 정의들과 구성개념들을 갖고 있다. 심리학에서, 이론들은 인간의 행동에 관한 우리의 이해의 기초가 되며, 우리의 행동변화 노력을 위한 기초를 제공한다. 이론들은 단순한 사실들, 관찰들 및 법칙들이 아니다. 이론들은 관찰된 사상들이나 현상들을 설명하기 위해 내놓은 아이디어들이다. 이론들은 틀릴 수 있으며, 과학은 이론들에서 나온 예측을 검증하기 위한 방법을 제공한다. 이론들을 개발하고 검증하는 데에 있어서 과학적 방법이 행하는 역할은 뒷 절에서 취급된다.

당신이 본서에서 사회심리학에 관해 더 많이 읽음에 따라, 당신은 이론과 그 검증에 관련된 몇 개의 용어들에 당면할 것이다. 이것들은 가설들, 원리들, 모형들 및 구성개념들을 포함한다. 응용사회심리학을 이해하기 위한 하나의 출발점으로서, 우리는 이러한 보편적으로 사용되는 용어들을 명료화시키고 정의하는 것이 유용하다.

- 가설(hypothesis)은 어떤 이론에서 나온 하나의 검증가능한 예측(prediction)이다. 이론이 행동에 관한 일반적 설명을 제공하는 반면에, 가설은 특수한 설명을 제공한다. 예컨대, 학습이론들은 “보수받는 행동이 반복된다”고 행동 반복의 원인에 관한 설명을 제시하는 반면에, 가설들은 어떤 특수한 아동집단, 청년집단 또는 성인집단에서 보수받은 행동이 반복될 것이라는 예측을 제시한다. 제시된 가설들은 경험적 관찰을 통해서 그것들의 정

확성이 검증될 수 있다. 이러한 가설검증에 의해서 우리는 인간 행동에 관한 우리의 이론들이 맞았거나 틀렸는지를 검증할 수 있다.

- 원리들(principles)은 하나의 특수한 과정을 기술하며, 이것들은 흔히 이론들 속에 통합되어 있다. 원리의 한 예는 작은 시초의 요구 다음에 관련된 더 큰 요구가 뒤따르는 문간에 발들여놓기 기법(foot–in–the door technique)이다. 다른 예들은 인지부조화, 가용성 경험원칙(availability heuristic) 및 태도유사성–매력 패러다임을 포함한다.
- 모형들(models)은 이론들과 원리들을 통합시키는 틀들이다. 모형들은 대개 각각이 어떤 유형의 인과적 순서를 통해 연결된 다수의 과정들을 기술한다. 한 예는 태도변화에 관련된 정교화 가능성 모형(elaboration likelihood model)이다.
- 구성개념들(constructs)은 인간 행동의 추론된 감정적, 인지적 또는 동기적 측면들을 일컫는 특수한 용어들이나 개념들이다. 심리학에서, 우리의 이론들에 대해 기초가 되는 객관적 사실은 외부적으로 관찰되는 행동들 뿐이다. 예컨대, 어머니가 아기를 돌보는 것의 예를 들어 보자. 어머니가 아기와 상대하는 동안에 보이는 행동들은 아기를 꼭 안아주고, 맛있는 음식을 먹여 주고, 분뇨가 있는 기저귀를 갈아 주고, 아기가 잠투정을 할 때에 토닥거려서 재워 주는 것들이 포함된다. 여기에서, 우리가 어머니의 직접 관찰될 수 있는 행동만을 취급한다면, 우리는 어머니와 아기와의 관계의 극히 일부분의 현상들만을 취급하게 된다. 이러한 모든 행동들은 어머니의 아기에 대한 "사랑"이나 "애정"의 측면들로서 해석할 수 있다. 그런데, 여기에서 "사랑"이나 "애정"은 직접 관찰될 수 없고, 행동들이나 반응들을 통해 추측되거나 추론된 것이다. 심리학에서 직접 관찰될 수 있는 현상들 이외에, 다양한 추론된 현상들 즉, 구성개념들이 인간 행동의 이해에 대해서 매우 유용한 것으로 간주되고 있다. 그리하여, 구성개념들은 심리학이론들의 매우 유용한 건축용 벽돌이 되고 있다.

과학의 과정 속에서의 이론의 위치

과학의 5개의 목표는 기술, 예측, 인과성의 결정, 설명 및 통제이다. 이러한 목표들의 달성은 도 2.1에서 개요되어 있는 과학의 과정 속의 단계들을 이행하는 것을 포함한다.

과학의 과정 속의 첫 번째 단계는 관심있는 현상이나 문제에 대한 "관찰"이다. 사회심리학자들에 대해서 관찰단계는 기본적으로 관심을 두고 있는 현상이나 문제에 관한 자료를 주의깊게 검토하는 것으로 이루어진다. 연구자가 관심을 두거나 입수할 수 있는 자료들은 다양하다. 이것들은 일상생활에서 발생한 단 한 개의 사건(예: 예비군 사격훈련에서 동료병사들에게 총을 쏘아서 죽게끔 만드는 사건), 여러 실례들에 관해 기술하는 자료들의 획득(예: 군대 내에서의 여러 총기

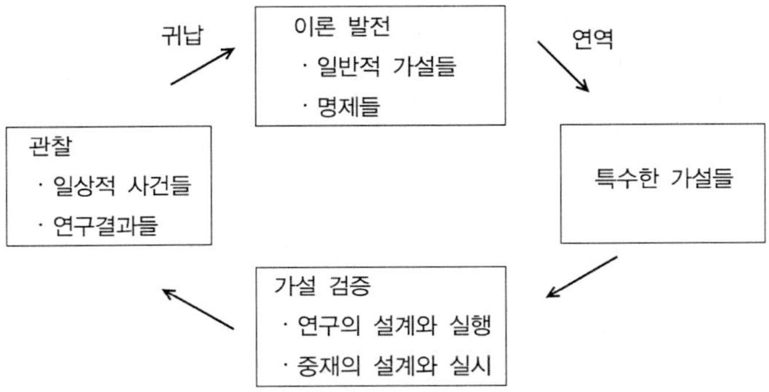

도 2.1 과학의 과정

사건들의 실태에 관한 기술들), 기존의 연구증거들의 체계적 고찰, 또는 사회문제들의 해결을 위한 중재의 성과들의 분석, 등을 포함한다. 예컨대, 사회심리학자들인 Darley와 Latané(1970)의 돕기행동이론은 뉴욕시의 한 아파트촌에서의 젊은 여자에 대한 살인사건에서 주위의 많은 목격자들이 돕기 위해 개입하지 않았던 사건에 대한 분석으로부터 시작되었다.[2] 또한 Janis(1972)의 집단사고이론은 대통령과 참모들의 집단 의사결정을 포함하는 상황들에 대한 그의 분석에 기초되었다.[3] Featinger(1957)의 인지부조화이론은 루머들의 연구에 관한 고찰에서 나왔다.[4] 과학의 과정 속의 두 번째 단계는 "이론 발전"이다. 앞에서 지적된 바와 같이, 이론은 "어떤 현상이나 현상들의 세트에 관한 한 세트의 상호 관련된 가설들이나 명제들"이다. 예컨대, 출퇴근자들이 대중교통을 이용하지 않고 자가용차를 이용하는 현상에 대해서, 당신은 여러 가지 원인들을 제시하고, 이것들을 종합해서 자가용차 이용에 관한 하나의 이론을 세울 수 있다. 그러한 원인들에는 자가용차 이용에 대한 긍정적 태도, 중요한 타인들(예: 사장이나 배우자)의 눈치를 보는 것, 자가용차 이용의 용이성 지각, 등을 포함할 수 있을 것이다. 관찰로부터 이론 발전 쪽으로의 이러한 이동 즉, 특수한 현상들로부터 일반적 현상들의 추론 쪽으로의 이동은 "귀납"(in–duction)이라고 알려져 있으며, 이것이 대다수의 사회심리학이론들이 구성되는 방식이다.

과학의 과정의 세 번째 단계는 이론의 일반적 가설들과 명제들로부터 특수한 가설들을 이끌어내는 것이다. 이것은 연역(deduction)의 과정을 통해 이루어진다. 이미 지적된 바와 같이, "가설"은 변인들이나 요인들 간의 관계를 규정하는 하나의 예측이라고 정의될 수 있다. 가설 속에서 규정된 관계는 그 성질에 있어서 인과적이거나 상관적일 수 있다. 여기에서 "인과적"이라는 용어는 한 변인이 다른 변인에 대해 원인적으로 영향을 주는 것(예: 한 남자가 여자친구에게 아름다운 꽃을 자주 선물한 후에, 여자친구가 그 남자를 좋아하게 되는 것)을 의미하는 반면에, "상관적"이라는 용어는 두 변인 간의 인과적 관계가 분명치 않지만 서로 관련이 있는 것(예: 사람들의 신장과 체중 사이의 관계)을 의미한다. 연역의 단계에서, 다수의 특수한 가설들이 일반적 가설들로부터 연역될 수 있다. 예컨대, 위의 여자친구에게 "꽃"을 선물한 것의 효과에 관한 특수한 가설은 "아이스크림", "생일선물", "모자", "옷", 등을 선물한 것의 효과에 관한 특수한 가설들로 진술될 수 있다.

과학의 과정의 네 번째 단계는 가설의 검증이다. 가설들을 검증하기 위해, 사회심리학자들은 연구를 수행하는 것과 중재를 실시하는 것을 포함해서 다양한 전략들을 사용한다. 많은 사회심리학자들이 사회심리학적 현상들을 이해하려는 과학의 목표들에 대해 주로 초점을 둔다. 이 심리학자들에 대해서 사회심리학적 지식의 응용을 통한 통제의 목표는 하나의 중심적 관심사가 아니다. 가설검증은 체계적 연구들의 설계와 실행을 통해 수행된다. 이러한 연구들의 결과들(즉, 관찰들)은 그 가설과 따라서 그 가설이 유도되었던 이론에 대한 지지를 제공할 수 있다. 하지만, 가설을 지지하지 않는 결과들은 원래의 이론의 수정과 새로운 이론의 발전을 일으킬 것이다.

많은 사회심리학자들 특히, 자신을 응용사회심리학자로서 여기는 사람들은 과학의 다섯 번째 목표인 통제의 추구에 관심을 두고 있다. 따라서, 이 사회심리학자들은 이론 개발을 통해 얻어진 지식을 중재들이나 문제해결 프로그램들의 고안과 실시를 위해 응용하는 것에 대해 관심을 두고 있다. 응용사회심리학자들은 이론을 개인들, 집단들 또는 조직들의 기능을 향상시키기 위해 고안된 중재전략들의 원천으로서 사용한다. 그리고 이러한 중재전략들은 차후에 더 많은 관찰들, 기존의 이론들의 수정이나 새로운 이론들의 수립, 이 이론들에서 나온 가설들의 검증, 그리고 새로운 응용의 가능성들의 연속적인 순환과정들을 일으킨다.

과학의 과정 속에서의 이론의 기능

제1장에서 지적된 바와 같이, 사회심리학의 창설자들 중의 한 사람인 Lewin은 훌륭한 이론만큼 매우 실제적인 것이 없다고 믿었다.[5] 이론이 실제적인 이유는 무엇인가? 이론은 어떤 기능들을 수행하기 때문에, 실제적으로 유용한가? 이론의 기능에 관해서 생각하는 한 방법은 이론을 도 2.1에서 제시된 과학의 과정의 한 요소로서, 이것이 중재의 개발을 위한 조직화, 방향 및 안내를 제공함으로써 과학의 과정 속의 다른 3개의 요소들을 함께 묶어 준다고 보는 것이다.

과학의 과정 속의 관찰단계에 관련 있는 이론의 첫 번째 기능은 관찰들의 조직화(organization)를 제공하는 것이다. 조직화는 관찰들의 상호관계를 증명하는 관찰들의 체계적 배열을 일컫는다. 건축을 위한 설계도처럼, 사회심리학자들은 관련된 현상들의 관찰들을 연결시키는 패턴을 알아내기 위해 어떤 이론이 필요하다.

가설검증에 관련 있는 이론의 두 번째 기능은 연구의 방향(direction)을 제시하는 것이다. 방향은 연구노력들이 어디에 초점을 두어야만 되는가를 일컫는다. 사회심리학이론들은 관찰된 현상들 사이의 이전에는 고려하지 않았던 가능한 관계들을 시사해 줄 수 있으며 이론의 가능한 대안이나, 심지어 새로운 이론의 발전에 대한 자극과 안내를 제공할 수 있다.

응용에 직접 관련되어 있는 이론의 세 번째 기능은 중재(intervention)를 인도하는 것이다. 중재는 현실 속에서 어떤 변화를 일으키려는 시도를 일컫는다. 의학의 목표가 병의 원인을 알아내는 것이고, 이것은 주로 병의 예방법을 알아내려는 궁극적인 목표를 갖고 있다. 이와 마찬가지로, 사회심리학이론들은 사회적 및 실제적 문제들에 대한 해결책들을 제공한다.

응용사회심리학에서의 이론의 역할들

위에서, 우리는 과학의 과정 속에서의 이론들의 기능을 살펴보았다. 여기에서, 우리는 이론들이 응용사회심리학자들에 대해 제공하는 중요한 도움이나 기능을 특별하게 살펴본다.

응용사회심리학자들에 대해, 이론들은 사회문제를 이해하고 해결하기 위한 일차적 도구이다.[6] 그리고 이론들은 사회문제를 해결하기 위한 중재들이나 프로그램들을 만들기 위한 출발점이 되어 준다. 이론들이 없다면, 우리는 관심을 두고 있는 행동과 그 원인들을 추측하거나 직관적으로 이해하게 될 뿐이다. 흔히 이러한 추측들이나 직관들은 우리들 자신의 개인적 경험에 기초되며, 우리는 행동에 관한 주관적인 내성과 이해를 통해 타인들의 행동을 이해할 수 있다고 믿는다. 하지만, 행동에 관한 내성과 이해에 있어서 사람들 간에 차이가 있고, 따라서 우리의 직관과 내성은 과학적 노력들을 오도시킬 수 있다. 우리의 내성과 직관이 하나의 출발점이 되어 줄 수는 있겠지만, 사회심리학이론들은 내성이 수행하지 못했던 방식으로 직관적 및 반-직관적 아이디어들을 제공해왔다.

응용사회심리학에서 이론들은 3가지 방식으로 유용하다.[7] 첫째로, 이론들은 사회문제에 대한 이해(understanding)를 증진시켜 준다. 이론들은 인간 행동에 대한 설명들을 제공해 줌으로써, 사회적 행동들과 정신과정들에 관한 지식들을 조직화시키고 이해하도록 도와준다. 의사가 환자의 증후들을 듣고 나서 병을 진단하기 위해 의학적 지식을 사용하는 것과 꼭 마찬가지로, 사회심리학자들은 문제를 분석하고 상황을 이해하기 위해 이론들을 사용한다. 이론들은 과학적 검증을 받고, 논리적 일관성을 검토 받고, 다른 이론들과 비교되고, 과학적 공동체 내에서 토론되어왔다. 이것은 이론들이 절대적 의미에서 진(true)이라고 말하는 것은 아니다. 어떤 경우들에서, 이론들은 틀린 것으로 밝혀지며, 그 대안들로서 새롭고 더 정확한 이론들이 제안되고 있다.

둘째로, 이론들은 사회문제의 행동적 측면들을 이해하는 데에 매우 유용할뿐만 아니라, 나아가서 사회문제의 해결(solution)을 도와준다. 훌륭한 이론들은 문제의 행동을 변화시키고, 그럼으로써 문제의 몇 가지 측면을 해결하는 방향으로 작업하는 방법을 시사해 준다. 의사가 증후들을 확인하고 병을 진단한 다음에, 의사는 어떤 종류의 약물치료나 수술과 같은 치료들을 처방할 것이다. 응용사회심리학에서 하나의 처방은 흔히 어떤 형태의 중재들이나 문제해결 프로그램들이다. 때로는 이것들은 행동의 동기에 목표를 두는 훈련이나 교육 노력들을 포함한다. 다른 경우들에서, 중재들은 훌륭한 행동에 대해 보수들이 제공되는 유인프로그램과 같은 구조적 변화들, 새로운 프로그램, 또는 새로운 기술의 실시를 포함한다. 이론들은 사회문제들을 논의하고 중재들을 개발하기 위한 하나의 공통 언어를 제공한다. 응용사회심리학에서, 태도, 보수, 비용(또는 부담), 귀인, 사회적 비교 등의 많은 용어들이 중재의 논리와 아울러 우리가 문제를 취급하기 위해 취할 수 있는 조치들을 명시하기 위한 하나의 출발점이 되어 준다.

마지막으로, 이론들은 실제의 응용상황에서 그것들의 옳고 그름이 평가된다(evaluation). 이것이 가능하게 될 때, 이론들은 응용연구들에서 검증될 수 있다. 하지만, 응용연구들이 이론을 검증하기 위해서는 그것들이 주의깊게 수행되어야만 된다. 이론들의 구성개념들과 원리들은 그것들의 가설들이 검증되는 것을 허용하는 방식으로 조직화되어야만 된다. 이렇게 될 때, 응용연구는 어떤 이론이 실제의 세상 속에서 어떤 행동을 설명하는 데에 성공했거나 실패했는가에 관한 중요한 자료를 제공한다.

요약하면, 이론들은 응용사회심리학에서 3개의 주요 역할이나 기능을 갖고 있다. 그것들은 사회적 행동을 이해하는 것을 도우며("이해"), 그것들은 사회문제를 해결하고자 하는 중재들의 개발을 안내하고 정보를 제공해 준다("해결"). 마지막으로, 이론들은 실제의 세상 속에서 그것들의 실제성과 유용성이 검증될 수 있다("평가").

이론의 특징들

사회심리학이론들은 범위, 한계, 검증가능성 및 절약성을 포함하는 몇 개의 특징들에서 차이가 있다.[8)] 이론의 범위(scope)는 이론이 설명하고자 하는 상이한 인간의 행동들의 숫자를 일컫는다. 사회심리학은 심리학의 다른 분야들처럼, 단일한 중심개념을 사용해서 대부분의 인간 행동들을 설명하는 몇 개의 폭 넓은 관점들에 의해 영향받아왔다. 예컨대, Watson(1913)의 행동주의적 관점에 의하면, 모든 인간의 행동은 외부적 보수들과 처벌들에 대한 학습된 반응들이다. Freud(1935)의 정신분석적 관점은 인간이 무의식적 욕구 때문에 행동한다고 시사하며, Lewin(1944/ 1951)의 현상학적 관점은 인간 행동이 환경을 주관적으로 해석하는 방식의 결과라고 주장했다. 많은 사회심리학이론들은 이러한 관점들을 수용해서, 학습, 동기 및 인지의 중요성을 인정한다. 하지만, 사회심리학이론들은 모든 종류의 인간 행동을 설명할 수 있다고 주장하지는 않고, 따라서 이러한 관점들보다 범위(scope)에 있어서 더 한정되어 있다.

인지부조화이론과 같은 많은 사회심리학이론들은 몇 개의 상이한 상황들에서 관련된 한 방식의 사고나 행동을 설명하고자 하는 중간수준 이론들(midlevel theories)이다. 다른 이론들은 특수한 상황들에 당면했을 때의 특수한 인간 행동을 설명하고자 하는 소이론들(minitheories)이다. 이것의 한 대표적 이론은 집단사고이론(groupthink theory)인데, 이것은 위기 동안에 의사결정을 내릴 급박한 필요에 당면했을 때의 응집성 있는 집단 속의 사람들의 의사결정행동에 초점을 두기 때문에 하나의 소이론이라고 기술될 수 있다.

이론의 두 번째 특징차원으로서, 한계(range; 또는 사람들의 범위)는 이론이 특수한 사람들이나 모든 사람들의 행동을 예측하는지의 여부를 일컫는다. 비교적 최근까지, 많은 사회심리학자들이 공유한 가정은 모든 인간의 행동을 형성하는 보편적 원리들을 확인할 수 있다는 것이었다. 따라서 그들이 개발한 이론들이 사람들 일반에 대해서 적용된다고 가정되었다. 하지만, 사회심리학자들은 사람들의 행동이 지능과 기질과 같은 개인차들과 아울러 성별과 문화배경과 같은 집단차들에 의해 영향 받을 수 있다는 것을 깨달아 왔다. 따라서 이론의 한계(range)를 결정짓기 위해서 예컨대, 남자들과 여자들을 분리시켜서, 그리고 개인적 수준의 속성들과 집단적 수준의 속성들 상에서 차이있는 사람들에 대해서 가설들을 검증하는 것에 대해 증가된 관심이 두어져 왔다.

이론의 다른 중요한 특징은 이론의 검증가능성(testability)이다. 검증가능성은 이론이 반박될 수 있거나 반증될 수 있어야만 훌륭한 이론이 될 수 있다는 생각을 일컫는다. 예컨대, 개인주의 문화 속에서, 개인이 매우 열심히 노력하면, 개인이 원하는 것은 무엇이나 성취시킬 수 있다는 아이디어는 하나의 매우 강력한 이론이다. 불행하게도, 이것은 이것이 반증되기가 불가능하기 때문에 훌륭한 이론이 되지 못한다. 개인이 자신의 목표를 달성시켰는가? 만일 그렇다면, 그것은 개인이 매우 열심히 노력했기 때문임에 틀림없다. 만일 그렇지 않다면, 이것은 개인이 충분하게 열심히 노력하지 않았기 때문임이 틀림없다. 하지만, 여기에서 개인이 충분하게 열심히 노력하지 않았다는 것을 어떻게 알 수 있는가? 만일 우리는 개인이 충분하게 열심히 노력했다면, 개인이 성공을 거두었을 것이라는 것을 안다. 무엇이든 간에, 충분한 노력을 기울이면 가능하다는 이론은 이것이 "충분한" 노력이 무엇을 의미하는가를 규정하지 않았기 때문에 검증 가능하지 않다. 사회심리학자들이 관심을 두고 있는 많은 변인들(가치들, 태도들 및 신념들과 같은)이 직접 관찰가능하지 않은 내부상태들이고, 따라서 한동안 이러한 변인들에 관한 이론들이 검증 불가능한 것으로 간주되었다. 따라서 사회심리학자들은 이러한 내부변인들을 측정하는 방법들이 개발될 때까지 연구에 대해 지장받아왔으며, 현재의 많은 사회심리학연구들이 유망한 이론들이 검증될 수 있게끔 새롭고 더 좋은 측정방법들을 개발하는 데에 전념하고 있다.

이론은 또한 절약성(parsimony)이 있어야만 된다. 이것은 이론이 문제의 현상을 설명하기 위해 최소의 가능한 명제들을 사용해야만 된다는 것을 의미한다. 사회심리학자들이 인간 행동에 관한 대이론들(grand theories) 즉, 범위가 넓은 이론들을 만들고 검증하고자 시도하는 것보다도 중간수준 이론들과 소이론들에 초점을 두어 왔기 때문에, 그들의 이론들은 다수의 명제들을 포함하지 않는 경향이 있다. 하지만, 사회적 행동의 복잡성을 전제할 때, 사회심리학자들은 때로는 적절한 이론적 설명을 제공하기 위해서 다소의 절약성을 희생시켜야만 된다. 이론들의 특징들에 관한 주제와 관련해서, "훌륭한" 이론의 특징들에 관한 논의들이 제시되어왔다. Shaw와 Costanzo(1982)는 훌륭한 이론의 세 가지 필수적 특징들을 제시했다: 즉, (1) 이론의 명제들은 그것들 간에 논리적으로 일관성이 있어야만 되며, (2) 이론은 알려진 사실들과 아울러 장차의 관찰들과 합치되어야만 되며, (3) 이론은 그 유용성을 결정짓기 위해서 검증될 수 있어야만 된다. 이들이 제시한 이론의 다른 바람직스러운 특징들은 단순성(이것은 앞에서 논의된 절약성과 관계되어 있다), 현실적 관찰들과 관련짓기 쉬움 및 장차의 연구들을 내놓는 데 대한 유용성을 포함한다.

사회심리학의 이론적 관점들

인간의 사회적 행동을 설명하기 위한 이론들은 인간 행동에 관한 대이론들(grand theories)로부터 매우 한정된 경우들에 적용되는 더 작은 이론들(minitheories) 까지의 범위를 가지면서, 모든 형태들과 규모들을 갖고 있다. 사회심리학에서, 실제로 수백개의 이론들이 있으며,[9] 많은 경우들에서 우리는 동일한 행동을 설명하기 위해 다양한 이론들을 사용할 수 있다. 지금까지 제시되고 있는 연구들에서 사용되어 온 모든 사회심리학이론들을 이 장에서 자세하게 제시하기는 지면관계 상으로 매우 곤란한 일이다. 사회심리학적 이론들의 제시에서 부딪치는 난점들 중의 하나는 이론들을 어떤 분류기준들에 의해 분류할 것인가의 문제이다. 이론들은 이론들의 공통적 뿌리들이나 유사성의 면에서 분류될 수 있거나(예: 강화이론들, 인지이론들, 역할이론들), 취급되는 분야들의 면에서 분류될 수 있다(예: 사회적 사고, 영향 및 관계들).[10] 이하에서 우리는 사회심리학이론들의 역사적 뿌리들과 사회심리학의 세 개의 기본분야들을 중심으로 하는 이론들을 제시한다. 마지막으로, 사회심리학 분야에서 비교적 최근에 제시된 사회문화적 이론들과 진화사회심리학 이론들을 간략하게 소개한다.

사회심리학이론들의 역사적 뿌리들

1900년대 초에, 3개의 주요 이론적 관점들이 선구적 심리학자들에 의해 발전되었으며, 이것들은 그 후의 연구들과 아울러 이론 발전들에 대해 오랜 동안 큰 영향을 주어 왔으며, 오늘날의 많은 이론들이 역사적으로 이것들로 그 뿌리가 추적될 수 있다.[11)]

정신분석이론의 창설자인 Freud는 인간의 내면적인 정신생활 특히, 무의식에 매료되었다. Freud는 인간의 행동이 성욕과 공격과 같은 강력한 내적 충동들에 의해 내부로부터 동기화된다고 제안했다. 그는 또한 성인의 행동이 가족 내에서의 아동기 경험들로까지 추적될 수 있는 미해결된 심리적 갈등들에 의해 형성된다고 믿었다. 정신분석가들은 행동에 대해 활력을 제공하고 지시하는 의식적 및 무의식적인 내부의 힘들을 이해하고자 한다.

두 번째의 주요 이론인 "행동주의"는 인간의 경험에 대해 매우 다른 관점을 제시했다. Pavlov, Watson 및 Skinner 등에 의해 발전된 행동주의는 인간과 기타의 동물들의 관찰가능한 행동에 초점을 두었다. 행동주의자들은 그들이 직접 관찰하고 측정할 수 있는 것 즉, 외현적 행동을 연구하는 것을 선호했으며, 주관적 사고들과 감정들에 대해서는 관심을 두지 않았다. 행동주의자들은 환경이 동물들의 행동을 형성시키는 방식들을 검토했으며, 현재의 행동이 과거의 학습의 결과라고 제안했다. 행동주의자들은 중요한 학습이 일어나는 특수한 과정들을 설명하기 위한 일련의 원리들을 알아냈다. 비록 그들의 연구들 중의 다수가 쥐와 비둘기에 대해 수행되었을지라도, 그들은 동일한 원리들이 인간에게도 또한 적용된다고 믿었다.

"형태심리학"(gestalt psychology)의 관점은 Köhler, koffka, Lewin 등의 유럽의 심리학자들에 의해 발전되었는데, 이들은 1930년대에 미국으로 이민갔다. 이들의 초점은 사람들이 물체들, 사건들 및 사람들을 지각하는 방식에 있었다.

이들은 사람들이 상황들이나 사건들의 많은 분리된 요소들이 아니라, "역동적 전체들"(dynamic wholes)로서 지각한다고 주장했다. 당신은 친한 친구를 바라볼 때에, 친구를 두 팔, 두 다리, 손가락들 등의 특징들의 한 집합으로서 지각하지는 않을 것이다. 당신은 그 친구를 여러 신체적 특징들을 친숙한 하나의 "전체"로서 통합시키는 하나의 전체 단위, 또는 당신이 알고 좋아하는 한 사람으로서 지각하기가 더 쉬울 것이다. 환경의 부분들의 합계보다도 오히려 하나의 전체로서 환경을 지각하는 데 대한 이러한 강조는 형태(shape 또는 form)에 대한 독일어 단어로부터 "gestalt" psychology라고 알려졌다.

이상의 3개의 중요한 이론들은 자기들의 아이디어들에 대한 열렬한 충성감과 다른 관점들에 대한 맹렬한 거부를 나타냈던 소수의 카리스마적인 인물들의 연구로부터 나왔다. 이 선구적인 심리학자들은 물리학의 이론들을 그들의 이론의 모델로 삼았다. 이들의 목표는 모든 인간행동을 설명하고 예측하는 것이었으며, 이들은 그들의 이론들이 물리학에서의 원자이론처럼 세부적이고 보편적이고 완전한 것으로 되기를 원했다. 이들의 이론들 중의 다수가 사회적 행동의 분석에 적용되었다. 일반적 이론들을 발전시키려는 아이디어가 중요하기는 했지만, 사회심리학자들에 의해 연구된 문제들은 장기적 안목에서 볼 때에 어떤 단일한 일반적 이론에 의해 설명되기에는 너무 복잡한 것으로 판명되었다. 하지만, 광범하게 상이한 문제들에 대한 사회심리학적 접근들은 과거의 일반이론들 쪽으로 쉽게 추적될 수 있는 소수의 기본적 아이디어들에 의해 인도되어왔다.

사회심리학의 기초 이론들

이론들은 인간행동에 관한 큰 이론들로부터 매우 한정된 경우에 적용되는 더 작은 이론들까지의 범위를 가지면서, 다양한 형태와 규모를 갖는다. 사회심리학에서, 실제로 수백개의 이론이 있으며, 많은 경우에 우리는 동일한 행동을 설명하기 위해 몇 개의 이론을 사용할 수 있다. 이하의 절에서, 우리는 본서의 다음 장들에서 나타나는 걸출한 이론들의 몇 개를 소개하는 목표를 갖고서, 사회심리학 이론들에 대한 대체적 분류체계를 제공한다.

관련된 이론들을 분류하기 위한 한 틀로서, 우리는 본서의 앞부분에서 제시한 사회심리학의 정의에 의지한다. 사회심리학은 사회적 행동과 그러한 행동에 관련된 동기, 인지 및 정서를 이해하고자 하는 기초 과학이다. 이 정의가 나타내는 바와 같이, 초점은 개인과 사회적 행동에 관련된 개인의 사고, 감정 및 동기에 대해 두어진다. 이하의 절에서, 우리는 사회적 "사고, 영향 및 관계"에 초점을 두고 있는 주요 이론분야들을 검토한다.[12] 그 다음에, 우리는 사회심리학에서 비교적 최근에 등장한 사회문화적 이론들과 진화사회심리학이론들을 검토한다.

(1) 사회적 사고(social thinking)

사회적 사고에 관한 이론들은 대개 사람들이 그들 자신과 그들의 사회적 세계를 어떻게 평가하는가를 기술한다. 이것은 우리가 사회적 정보를 수집하고, 조직화하고, 해석하는 방식들을 포함한다. 이러한 연구분야에서, 우리는 귀인, 태도, 자기개념과 "도식"에 관한 이론들을 갖고 있다. 사회심리학의 문헌에서, 연구자들은 때로는 이러한 이론분야를 "사회적 인지"(social cognition)라고 일컫는다. 명칭이 시사하는 바와 같이, 이것은 인지심리학의 내용과 방법에 크게 의지한다. 이하에서 우리는 이 연구분야에서의 소수의 더 걸출한 이론을 기술한다.

최초의 사회적 인지이론들 중의 하나는 귀인이론(attribution theory)이었는데, 이것은 Heider(1958)의 저술들 속에서 시작되었다.[13] 귀인이론을 지배하는 기본 원리는 사람들이 그들 자신과 아울러 타인들의 행동을 설명하고자 한다는 것이다. 이러한 의미에서, Heider는 사람들이 통상적으로 그들의 사회적 세계를 이해하고 설명하려고 드는 상식적 심리학자들(naive psychologists)이라고 주장한다. 행동을 설명함에 있어서, 사람들은 대개 내부적(개인에 관한 어떤 것)이거나 외부적(상황에 관한 어떤 것) 귀인들을 행한다. Heider가 개요했고 타인들이 그 후에 정교화시킨 귀인이론은 사람들이 그들이 행하는 귀인들을 어떻게, 언제, 그리고 왜 하는가를 이해하기 위한 하나의 체계를 제공한다. 귀인이론에서의 초기의 발견들 중의 하나는 사람들이 대개 그들 자신의 좋지 못한 행동을 외부원인들에, 그리고 타인들의 좋지 못한 행동을 내부원인들에 귀인시킨다는 것이다. 정반대의 귀인패턴이 좋은 행동을 설명할 때에 일어난다. 이러한 기본적 경향은 기본적 귀인오류(fundamental attribution error)라고 알려져 있다. 예컨대, 출근하기 위해 버스나 기차를 이용하는 것 대신에, 자신의 차를 운전하는 사람을 고려해보자. 그 사람이 자신의 차를 운전하는 이유를 질문 받았을 때, 그 사람은 버스나 기차가 자주 늦는다거나, 자신이 점심시간에 차를 이용할 필요가 있다고 지적하기 쉽다(둘다 외부귀인들임). 하지만 타인들이 버스나 기차를 이용하지 않는 이유를 질문받았을 때, 그 사람은 타인들이 게으르거나, 방종적이거나, 사회문제들에 대해 신경을 쓰지 않는다고 지적할 것이다(이것들 모두가 내부귀인들임).

일반적으로 말하면, 귀인은 우리에게 잘 봉사해 주고 우리가 다소 신속하게 사람을 이해하고 상황을 해석하도록 도와준다. 하지만, 귀인이 사람들이나 심지어 사람들의 집단들 사이에 편향과 역기능을 일으킬 때가 있다. 이러한 이유로, 귀인이론은 결혼상담, 우울증, 염세주의와 신체건강, 행복, 대인적 갈등과 공격 및 도로 상에서의 분노를 포함하는 몇 개의 사회문제들에 응용되어왔다(한 요약을 보기 위해서 Schultz와 Oskamp, 2000 참조).[14] 예컨대, 수 년 동안 결혼생활을 해 왔지만, 친밀성의 감소와 갈등의 증가의 신호를 보이는 한 부부의 사례를 고려해보자. 나타내기가 쉬운 사회적 사고의 패턴들 중의 하나는 부정적 귀인을 포함한다. 즉, 나쁜 사건들에 대한 내부 귀인(예: "이것은 나의 배우자의 잘못이다")과 좋은 사건들에 대한 외부 귀인이다(예: "그녀는 이것이 일어나기를 의도하지는 않았다"). 사회심리학자는 이러한 사회적 사고의 역기능적 패턴을 타파하고자 하는 중재계획을 개발하는 데에 관여할 수 있다.

사회적 인지에서 다른 중요한 연구분야는 태도의 연구이다. "태도"는 어떤 대상(또는 사람이나 아이디어)에 관한 개인의 호의적이거나 비호의적 평가이다. 시초에는 태도가 행동에 어떻게 영향을 주는가에 대한 강조가 있었지만, 그 후의 연구들은 태도를 변화시키는 것이 일반적으로 상응하는 행동의 변화를 일으키지 않는다는 것을 보여왔다. 만일 당신이 사람들에게 대중교통을 이용하게끔 만드는 방법에 관한 우리의 시초의 의문을 생각한다면, 하나의 접근은 사람들에게 그들 자신의 차를 운전하는 것이 환경에 미치는 해로운 영향에 관해서 교육하는 것일 수 있다. 이 접근에 대해 기저가 되는 것은 지식부족모형(knowledge-deficit model)의 수용이다. 이 모형은 만일 당신이 사람들에게 그들의 태도를 변화시키게 될 정보를 제공한다면, 그들의 행동이 또한 변화될 것이라고 가정한다. 하지만, 이 접근은 일반적으로 실패했다. 현재의 태도이론은 태도의 변화가 대개 상응하는 행동의 변화를 일으키지 않는다고 시사한다. 실제로 어떤 사람은 메시지를 믿고 대중교통에 대한 호의적 태도를 발전시키게 될 수 있지만, 그래도 행동을 취하는 데에 실패한다. 정말로, 이러한 효과들이 다양한 영역들에서의 응용사회심리학 연구에서 으레 관찰되어왔다.

어떻게 사람들이 한 가지를 생각하면서 그와 다르게 행동할 수 있는가? 최초의 사회인지이론들 중의 하나는 사람들이 그들의 사고들과 행동들에서의 기본적 일관성수준을 유지시키려는 동기가 있다고 제안했다. Festinger의 인지부조화이론(cognitive dissonance theory)은 우리의 행동들과 태도들이 일치되지 않을 때에 우리가 심리적으로 불쾌하다고 제안한다. 이 이론은 개인의 자기 자신이나 주위 환경들에 관한 태도들, 신념들 및 행동들 사이의 관계를 취급한다. 어떤 두 개의 인지요소들은 서로 조화되거나, 부조화되거나, 무관련할 수 있다. 만일 어떤 두 요소가 부조화하면(예컨대, 나는 대중교통에 대해 호의적 태도를 갖고 있지만, 계속 나의 차를 운전한다), 우리는 부조화의 심리적으로 불쾌한 상태를 경험하고 우리는 이것을 감소시킬 동기를 갖는다. 어떤 부조화에 당면했을 때, 개인은 다음의 방법들 중의 하나나 그 이상으로 부조화를 해결할 수 있다.

- **태도를 변화시키는 것**: "나의 차를 운전하는 것이 그렇게 나쁘지는 않다."
- **행동을 변화시키는 것**: "나는 출근하기 위해 기차를 타려고 한다."
- **부조화 요소들 중 하나를 보강하기 위해 새로운 인지들을 추가시킨다**: "기차가 매우 비효율적이므로, 나는 정말로 선택권이 없다. 이제 만일 기차가 더 자주 운행된다면, 나는 확실히 기차를 이용할 것이다."

이 세 번째의 선택지 즉, 새로운 인지를 추가시키는 것은 우리에게 외견상으로 부조화한 태도들과 행동들을 유지시키게끔 허용한다. 행동을 정당화시킴으로써, 우리는 계속 자신의 차로 출근하고 기차로 바꾸지 않을 수 있다. 새로운 인지들에 관한 우리의 예가 선택(choice)의 개념에 의지한다는 것에 유의하라. 정말로, 차후의 부조화이론에 관한 연구들은 만일 사람들이 자신이 자신의 행동에 있어서 거의 또는 전혀 선택권을 갖고 있지 않다고 느낀다면, 부조화의 양이 크게 감소될 수 있다는 것을 증명해왔다. 부조화이론에 관한 이러한 기본적 요약에서, 응용사회심리학자는 자신의 차를 출근하는 데에 사용하는 사람들의 숫자를 감소시키기 위해서 어떻게 이것을 활용할 수 있을 것인가? 우리는 이러한 의문을 당신 자신이 답변하도록 남겨 둘 것이다.

태도와 사회적 사고에 관련된 마지막의 사회심리학이론은 계획된 행동이론이다. 이 이론은 태도들과 행동들 간의 일반적으로 낮은 관계를 명료화시키려는 하나의 시도로서, 1970년대 초에 나타났다. 우리가 위에서 지적한 바와 같이, 행동에 대한 개인의 태도가 개인의 행동에 대해 단지 약하게 관련되어 있는 것이(또는 때로는 심지어 무련한 것이) 매우 흔한 일이다. "계획된 행동이론"(theory of planned behavior; TPB)은 태도들과 행동들 간의 관계를 이해하기 위한 하나의 틀로서 나타났다. 이 이론에 의하면, 개인의 행동의 가장 좋은 예측요인은 행동에 대한 개인의 "의도"이다. 이것은 세 개의 구성개념들에 의해 일어난다 :

- “태도”: 행동에 대한 개인의 호의적이거나 비호의적 평가이다.
- “주관적 규범들”: 개인에게 중요한 타인들이 개인이 무엇을 해야만 된다고 생각하는가에 관한 개인의 신념들이다.
- 지각된 행동통제력: 행동이 실행가능한 정도에 관한 개인의 신념들이다.

이 이론은 상당한 성공을 거두면서, 다양한 응용영역들에 대해서 사용되어왔다. 이 이론에 통합된 원리들 중의 하나는 “조화성원리”(compatibility principle)이다. 연구자들은 태도들, 규범들, 행동통제력, 의도 및 행동이 동일한 측정수준을 사용해서 평가될 때에, 그 결과가 행동적 의도와 행동을 예측하기가 더 쉽다는 것을 발견해왔다. 예컨대, 운전자들에게 “교통 일반”에 대한 그들의 대도에 관해서 질문하고, 이 측정치를 개인이 내일 버스를 타려고 하는지 즉, 특수한 행동을 예측하기 위해 사용하는 것은 이 원리를 위반하는 것이다(그리고 그 결과로 단지 약한 관계만을 보이기가 쉽다). 그 대신에, 우리는 우리가 예측하기를 원하는 행동과 동등하게 특수한 질문들을 물을 필요가 있다. 예컨대, (교통 일반에 대한 태도들 보다도) “출근하기 위해 버스”를 타는 것에 대한 태도들이 개인이 “실제로 버스를 타는 것”의 확률과 더 강하게 상관되게 될 것이다.

계획된 행동이론(TPB)은 응용사회심리학에서 가장 널리 이용된 이론적 관점들 중의 하나이다. 이 이론은 심리적 구성개념들(즉, 태도들, 규범들, 행동통제력)을 연결시키고 행동을 이해하는 데에 있어서 의도의 중심성을 강조하면서, 사회문제를 연구하기 위한 다소 직접적은 틀을 제공한다. 이 이론이 어떻게 응용 될 수 있는가를 예시하기 위해, 연구자들(Bamberg등, 2003)에 의해 수행된 일련의 연구들을 고려해보자.[15] 조사들을 사용해서, 이 연구자들은 대학생들이 학교에 “등교하기 위해 버스를 타는 것”의 결정에 대한 TPB의 “적합성”을 검토하면서 시작했다. 그 결과들은 TPB의 구성개념들의 각각이 의도를 예측했으며, 의도는 행동과 강력하게 연관있었다. 연구자들은 조사결과들을 문제의 근원을 “진단하기”위해 사용했다. 학생들은 버스체계가 값 비싸고 비효율적이라고 믿었으며, 버스체계가 그들의 교통 욕구를 충족시킬 수 없다고 오지각했다. 그 후에 연구자들은 대학생들이 요금 없이 대중교통을 이용할 수 있는 하나의 중재를 실시했다(그들은 단지 학생카드만을 제시할 필요가 있었다). 그 목표는 학생들에게 버스통학을 사용하는 데에 필요했던 지식과 도구를 제공함으로써 학생들의 “지각된 행동통제력을 증가시키는 것이었다. 결과들은 통학을 위해 버스를 인용한다고 보고한 학생들의 숫자의 배가(중재 전의 15%로부터 후의 31%로)와 아울러 개인용 차를 이용하는 학생들의 숫자의 실질적 감소(전의 44%로부터 후의 30%로)를 보였다.

(2) 사회적 영향(social influence)

사회적 영향분야의 이론들은 모두가 변화에 관한 것이다. 즉, 사람들의 사고, 감정 및 행동을 변화시키는 것이다. 이 연구분야 내에서 우리는 모방, 응종, 복종, 집단 의사결정 및 설득에 관한 이론들을 발견한다. 대부분의 응용사회심리학자들은 "사회문제들을 해결하는 것"이 거의 항상 사람들에게 다르게 행동하도록 영향을 주는 것을 포함하기 때문에 사회적 영향에 관한 이론들에 정통해 있다. 그리고 당연하게도, 이 분야에서 기초연구를 수행하는 사람들도 흔히 응용연구를 수행한다.

위에서 언급된 설득에 관한 모형들이 수신자측에서의 상당한 양의 정신적 처리들을 요하는 반면에, 영향의 다른 형태들은 더 자동적인 것이다. "모방"(imitation) 즉, 타인들의 행위를 그대로 행하는 것은 인간에 대해 하나의 선천적 경향성인 것 같다. 단지 며칠된 유아들도 안면표정들을 흉내 낼 수 있다. 때로 사람들은 예컨대, 당신이 자신에게 미소 짓는 낯선 행인에 대해 미소 짓기를 선택할 때처럼, 미묘한 사회적 보수들이 있기 때문에 의도적으로 타인들을 모방한다. 더 흔히, 모방은 비의도적으로 일어난다. 예컨대, 연구자들은 사람들이 사회적 상호작용동안에 타인들의 신체운동, 말패턴 및 표정을 비의도적으로 모방한다는 것을 보였다.[16] 이러한 연구들은 사회적 영향이 어떻게 미묘하고 널리 행해질 수 있는가를 보여준다.

모방과 달리, 동조는 일반적으로 하나의 의식적 과정이다. "동조"(conformity)는 개인이 실제적이거나 상상된 사회적 기대들과 일치되게끔 자신의 행동을 변화시킬 때에 일어난다. 동조이론들은 사람들이 어떤 집단과 일치하기 위해서 자신의 행동을 변화시키기 쉬운 상황들을 규정하고자 한다. Kelman(1961)은 우리가 개인이 사회적 기대에 대한 자신의 가치관이나 지향성(orientation)에 따라 동조할 때를 예측할 수 있다고 제안한다.[17] 예컨대, 만일 당신이 늦은 밤에 운전하고 있고 적색신호등을 본다면, 법은 당신이 정지해야만 된다고 규정한다. 당신이 주위를 살펴보고 어느 방향으로나 다른 차들이 없는데, 어떤 사람들은 적색신호등을 통과하고 다른 사람들은 기다린다고 가정하자. Kelman의 사회적 영향이론은 만일 개인이 "규칙지향적"(rule oriented)이었다면, 그들은 그들이 법을 위반하는 데 대한 외부적 결과들이 있다는 것을 알 때에만 적색신호등의 법률을 따를 것이다. 다른 차들이나 관찰자들이 없을 때, 그들은 법률을 위반할 것이다. "역할지향적인"(role oriented) 사람들은 그들이 그렇게 하는 것이 그들의 역할이라고 느끼는 한, 적색신호등의 법률에 따를 것이다. 따라서, 만일 어떤 사람이 자기 자신을 법을 위반하지 않는 "훌륭한 시민"의 역할을 갖고 있다고 지각한다면, 그 사람은 적색신호등을 통과하지 않을 것인데, 이것은 그렇게 하는 것이 그 사람의 자기가 누구인가의 느낌을 위반할 것이기 때문이다. 동일한 사람에게 "훌륭한 시민들"이 보통 적색신호등을 통과하는 상황에 처하게 하면, 그들도 마찬가지로 그렇게 하기 시작할 것이다. 마지막으로 "가치지향적인"(value oriented) 사람은 그들이 적색신호등이(어떤 조건들 하에서도) 통과되어서는 안된다는 기본적 가치를 갖고 있기 때문에, 적색신호등을 통과하지 않기로 작정할 것이다. 이 후자의 지향성이나 관점(orientation)은 개인이 행위가 사회적 규칙이나 사회에서의 그들 자신의 역할과 일치되는 것 때문이라기보다 그렇게 하는 것이 "옳다"고 느끼기 때문에, 개인이 동조할 때에는 언제나 일어난다.

동조에 대한 압력이 일반적으로 미묘하고 진술되어 있지 않은 반면에, "응종"(compliance)은 단순히 진술된 요구(요청)에서 일어난다. Cialdini와 Goldstein (2004)은 응종에 관한 그들의 연구에서 하나의 일반모형을 제시한다.[18] 그들은 사람들이 응종이 개인적 목표들이 달성되는 결과를 제공할 때에 어떤 직접적 요청에 대해 응종하려는 동기를 갖고 있다고 이론화했다. 세 개의 가능한 목표들이 있다 :

- 개인은 상황의 애매성을 감소시키고, 현실에 관한 더 정확한 이해를 획득할 수 있다(정확성). 올바른 행동코스에 관한 정보는 상황 속에 있는 타인들(사회규범들), 지각된 권위인물들, 또는 심지어 개인의 기분으로부터 나올 수 있다.
- 개인은 유의미한 사회적 관계들을 발전시키고 유지시킬 수 있다(친화). 개인은 관계들을 향상시키거나(예: 한 친구로부터의 요청에 따르는 것), 사회적 조화를 유지시키게 될(예: 낯선 이로부터의 친절을 갚음) 요청에 따르기가 더 쉽다.
- 개인은 자신의 자기개념을 향상시키거나, 좋은 자기개념을 유지시킬 수 있다. 개인은 자신의 자기개념과 일치되는 요청에 따르는 경향이 더 많다. 예컨대, 만일 어떤 사람이 자기 자신을 "공부파"라고 지각한다면, 그 사람은 자신을 "모든 파티를 좋아하는 사교생활파"라고 생각할 경우보다 금요일밤에 공부하라는 요구에 따르기가 더 쉽다.

명백한 요구에 대한 반응으로 행동변화가 일어날 때, 우리는 "복종"의 이론들에 의지한다. 복종은 Milgram(1974)의 논란이 되고 마음을 교란시키는 발견들 때문에 상당한 연구의 관심을 받아왔다.[19] Milgram의 복종연구들은 적절한 상황이 주어지면, 보통 사람이 타인에게 해를 입히게끔 영향 받을 수 있다는 것을 밝혀냈다. 복종이론들에 대해 특별한 것은 합법성(legitimacy)에 대한 강조이다. Milgram과 아울러 응용 및 기초 연구상황들에서의 복종을 연구해 온 다른 사람들은 복종이 개인이 명령, 명령을 내리는 권위인물, 및 맥락을 합법적이라고 지각할 때에 더 일어나기가 쉽다는 것을 일관되게 발견해왔다.

동조, 응종 및 복종에 관한 창의적 연구들은 매우 극적이었으며, 영향 받는 것에 대한 기본적인 인간성향을 보여주었다. 그 후의 연구들은 영향의 기저의 원리들을 개선하는 것을 도와왔고, 또한 이러한 원리들을 더 큰 이론적 모형들에 연결시켜왔다. 하나의 특별히 영향력있는 이론적 관점은 정교화가능성모형(elaboration likelihood model; ELM)이다. 이 이론적 모형은 1970년대에 Petty와 Cacioppo의 연구와 더불어 시작되었으며, 신속하게 광고, 정치 및 마케팅의 응용 연구과제들로 이동했다.[20] 정교화가능성모형(ELM)의 기본적 가정은 설득에 대해서 상이한 경로들이 있다는 것이다. 어떤 메시지들은 상당한 검토를 갖고서 처리된다. 개인은 메시지의 특수한 사항들에 주의를 기울이고, 그 주장들을 처리하려는 동기가 있고, 메시지의 장점들을 주의깊게 고려하고 정교화시키며, 어떠한 차후의 태도와 행동의 변화가 개인이 주장들에 대해 동의할 때에 일어난다. 이러한 유형의 정보처리를 중심경로(central route)라고 일컫는다. 이와 달리, 어떤 메시지들은 더 피상적으로 처리된다. 다양한 이유로, 개인은 메시지의 특수사항들에 대해 주의를 기울이지 않으며, 주장의 장점들도 검토하지 않는다. 흥미있게도, 설득이 그래도 이 루트를 통해서 일어나지만, 대개 개인이 메시지를 좋아하기 때문에 일어난다(예컨대, 그것의 재미있음, 외우기 쉬움, 매혹적임, 도발적임, 등). 이러한 유형의 정보처리를 말초경로(peripheral route)라고 일컫는다.

정교화가능성모형(ELM) 속에 몇 개의 구성개념들과 원리들이 통합되어 있지만, 핵심은 이러한 두 개의 경로들을 중심으로 전개된다: 즉, 중심경로처리와 말초경로처리이다.

이 두 개의 경로들 간의 일차적 구분은 개인이 주장들에 대해 인지적으로 정교화시키는 정도에 있다. 중심경로는 높은 정교화, 그리고 말초경로는 낮은 정교화의 특징이 있다. 설득이 말초경로를 통해 일어날 수 있지만, 이것은 약하고, 일시적이고, 쉽게 변화될 수 있는 경향이 있다. 이에 비해서, 중심경로를 통해 일어난 설득은 더 강하고, 더 오래 지속되고, 일반적으로 역공격에 대해 저항적이기 쉽다. 중심경로처리는 어떤 이슈에 관여되어 있거나 자기들이 설득되게 된다는 사전경고를 받았거니, 이슈가 더 개인적으로 관련 있는 사람들에게서 일어나기가 더 쉽다. 이에 비해서, 말초경로처리는 개인이 주의분산되거나, 주제에 대해 적은 흥미를 갖거나, 주의하지 않을 때에 일어나기가 더 쉽다.

요약하면, 응용사회심리학자들은 사회적 영향에 관한 이론들을 계속 사용하고 있다. 정교화가능성모형과 같이, 이 이론들은 사람들이 설득메시지에 대해 반응하는 방식에 대한 통찰을 제공하고, 태도와 행동을 변화시키려고 의도된 중재들을 만드는 데 대한 하나의 중요한 기초를 제공한다.

(3) 사회적 관계(social relationships)

세 번째 유형의 사회심리학이론들은 관계에 관계된다. 사회적 관계에 관한 이론들은 대개 사람들에게 무엇이 서로 잘지내거나 갈등을 일으키게끔 만드는가를 기술한다. 이 연구분야로부터 우리는 편견, 고정관념, 차별대우, 공격, 갈등(그리고 갈등해결), 매력, 연애(romantic love), 이타성, 협동, 돕기와 기타 형태의 친사회적 행동들에 관한 많은 이론들을 갖고 있다. 응용사회심리학자들에 대해서 이 이론들은 대개 사회적 관계들을 향상시키고 집단 간 긴장들을 감소시키게 될 중재기법을 시사한다.

사회적 관계에 관한 많은 이론들은 우리가 누구인가와 우리가 누구가 아닌가를 아는 것을 요한다. 사회심리학적 용어로 말한다면, 우리는 우리가 개인이나 사회적 상황에 당면할 때는 언제나 "우리"("내집단")와 "그들"("외집단") 사이를 구분하는 하나의 기본적 성향을 갖고 있다. 부가적으로, 사회적 인지 연구들은 우리가 우리에게 다른 집단들보다 우리 자신의 집단을 더 좋게 생각하게끔 만드는 하나의 기본적인 내집단 편향(ingroup bias)을 갖고 있다는 것을 보인다.

우리는 예컨대, 우리가 어떤 사람이나 사람들의 집단을 처음 소개받을 때에 불확실성(uncertainty)이 있을 때, 이러한 편향들과 경험적 일반원리들(heuristics)에 특히 의지한다. 이러한 사회적 범주화들은 고정관념들 즉, 어떤 집단에 대한 멤버십에 기초된 개인에 관한 일반화된 신념들을 일으킨다.

고정관념들과 이기적편향들(self-serving biases)에 관한 연구들은 이것들이 대체로 자동적인 것이라고 시사한다. 이기적편향은 사람들이 사회적 정보를 그들 자신에 대해 긍정적인 방식으로 해석하는 경향을 일컫는다. 하지만, 우리는 우리가 차별적 방식으로 행동하지 않게끔 우리의 편향들을 통제할 수 있을 것인가? 연구들은 심지어 사람들이 어떤 고정관념이 틀린 것이라고 믿을 때에도, 그들은 그들이 고정관념화된 집단의 한 개인을 만날 때에 이것을 사용하는 것을 피할 수 없다는 것을 시사한다. 고정관념들이 자동적으로 작동된다는 관점은 당신이 어떤 사람을 처음 만날 때, 당신의 마음은 그 사람이 소속하는 집단들에 연합된 특출한 정보를 사용하게끔 만든다고 시사한다. 예컨대, 당신은 그 사람이 여자이고, 그녀가 검은색의 스페인계(Hispanic)의 특징들을 갖고 있고, 매우 키가 크지 않다는 것을 신속하게 인식할 것이다. 자동적으로, 의식적 통제가 없이, 성별, 인종 및 신장에 관련된 고정관념적 정보가 활성화될 것이다. 이 시점에서 두 번째의 정보처리가 뒤따르는데, 여기에서 우리는 활성화된 고정관념 정보를 적용하거나 적용하지 않는다. 이 이론에 의하면, 만일 우리가 그 사람이 어떤 사람인가에 관해서 주의깊게 생각하려고 의도하고 동기를 갖고 있다면, 우리는 자동적으로 고정관념을 적용하지는 않을 것이다.

고정관념들은 "편견" 즉, 개인의 집단멤버십에 기초된 개인에 대한 부당한 부정적 태도를 일으킬 수 있다(하지만 항상은 아님). 실제로, 편견을 가진 사람들이 어떤 외집단의 개인에게 당면하고 있을 때에 부정적 고정관념들을 억제하거나, 심지어 무시하게끔 가르쳐질 수 있다는 증거가 있다. 고정관념들이 언제 편견을 일으킬 것인가를 이해하는 데 대한 관건은 "동기"(motivation)인 것 같다. "내재적으로 동기화된" 사람은 편견을 가진 사람이 되지 않는 것이 개인적으로 중요하다는 것을 중시하거나 믿는다. 이에 비해서, 개인은 자신이 타인들에게 편견을 가진 것으로 보이고 싶지 않을 때에 편견을 피하기 위해 외재적으로 동기화될 수 있다. 개인은 편견의 표현이나 비표현을 낳는 이러한 요인들 중의 둘이나, 없음이나, 단지 하나에 의해 동기화될 수 있다.

사람들이 그들의 고정관념들과 편견적 신념들에 따라 행동할 때, 그 결과는 "차별대우"일 수 있다. 차별대우(discrimination)는 집단멤버십에 기초된 개인에 대한 불평등하거나 불공정한 행동을 일컫는다. 기본적으로, 고정관념들은 인지적인 것이고, 편견은 감정적인 것이고, 차별대우는 행동적인 것이다(Fiske, 1998 참조).[21] 우리가 고정관념화, 편견 및 차별대우에 관련된 몇 개의 이론들을 요약해 온 반면에, 낙인 찍힌 사람의 반응에 관한 연구들이 또한 있어왔다. 놀랍게도, 심지어 편견과 차별대우를 당하는 데에도 불구하고, 사람들은 흔히 긍정적 자기존중을 유지한다. 정체성 유지이론은 차별대우를 받은 집단들이 개인의 가치와 존중의 느낌을 보호하는 어떤 긍정적인 집단적 정체성을 증진시킨다고 주장한다. 집단들은 자신의 문화, 성별, 성적 지향, 종교 또는 기타의 정체성 요인들에 대한 내집단 긍지(ingroup pride)를 증진시킴으로써 이것을 성취시킨다. 하나의 동질적 남비 속으로 "용해되는 것" 대신에, 집단들은 그들 자신의 독특한 정체성을 유지하고 찬양한다. 이러한 집단긍지감은 차별대우와 편견의 잠재적으로 해로운 심리적 영향을 완충시켜 줄 수 있다.

사회적 관계를 연구하는 사회심리학자들은 집단간 관계들의 문제에 대해 상당한 관심을 기울여 왔다. 이 분야의 많은 이론들은 집단들이 더 잘 "함께 지낼" 수 있는 방법을 설명하고자 한다. 하나의 오랫동안 연구되어 온 연구 노선은 "접촉가설"(contact hypothesis)에 대해 초점을 두어왔다. Sherif 등(1961)에 의한 초기의 연구들에서, 두 집단의 소년들이 하계캠프들로 조직되었다. 시간이 지남에 따라, 두 집단은 서로의 존재를 알게 되었고 서로 경쟁했다. 당연하게도, 소년들의 집단들이 함께 있게 되었을 때, 집단들 사이에 상당한 적대감과 마찰이 있었다. 심지어 일련의 협동적 활동들 조차(예: 영화를 보는 밤, 함께 모닥불피우기, 또는 쓰레기줍기) 적대감을 감소시키는 데에 도움이 되지 않았다. 정말로, 몇 개의 그러한 행사들은 실제로 싸움들과 대결들을 일으켰다. 하지만, 어떤 최우선적 목표(superordinate goal) 즉, 어떤 공동이익을 향해서 함께 작업하는 것을 도입시키기 위해 고안된 일련의 활동들을 통해, Sherif의 팀은 집단들 간의 적대감과 갈등을 감소시킬 수 있었다.

이러한 캠프생활연구에서 나온 발견들은 갈등의 선행요인들을 알아내는 것을 도왔으며, 하나의 전략적 요인을 강조했다. 즉, 분리된 집단들이 서로 경쟁할 때, 이것은 집단간의 적대감과 갈등을 낳는다. 하지만, 적대감을 감소시키고 사회적 관계들을 향상시키기 위한 최적의 조건들은 무엇인가? 정말로 캠프연구를 되돌아보면, 단지 집단들을 함께 모으는 것은 실제로 긴장을 불러 일으킨다는 것이 분명한 것 같다. 접촉이론(contact theory)은 집단들 간의 접촉이 만일 4개의 특징이 존재한다면, 비로소 감소된 편견을 일으킬 것이라고 주장한다:

- 집단들은 동등한 지위이다.
- 집단들은 공동목표들을 갖고 있다.
- 집단 간 협동이 있다(그리고 경쟁이 없다).
- 제도적 지원이 있다. 즉, 법률들, 관습들 및 권위들이 긍정적 상호작용들을 지지한다.

"접촉의 최적의 조건들"의 주제에 관한 50년간의 연구에 관한 최근의 평론들은 집단 간 접촉의 긍정적 효과들을 강조하며, 또한 이 4개의 최적의 조건들의 "촉진시키는" 영향들을 지적했다. 접촉이론(contact theory) 이외에, 개인이나 집단이 이익의 갈등에 당면했을 때에 어떤 전략적 선택을 행할 것인가를 예측하고자 하는 몇 개의 이론들이 나타나 왔다. 가장 널리 사용된 이론들 중의 하나는 2관심모형(dual concern model; Pruitt와 Carnevale, 1993)을 포함한다.[22] 모든 갈등상황에 대해서, 이 이론은 한쪽 당사자(개인이나 집단)가 두 유형의 관심들 즉, 자기에 대한 관심과 상대방에 대한 관심을 갖고 있다고 주장한다. 관심의 강도는 높거나 낮을 수 있다. 한 측이 자기에 대한 낮은 관심과 상대측에 대한 높은 관심을 갖고 있을 때, 그 측은 "양보"나 "굴복"을 행하기가 쉽다. 한 측이 자기에 대한 낮은 관심과 상대측에 대한 낮은 관심을 갖고 있을 때, 그 측은 아무 것도 하지 않기가 쉽다(즉, "무행위", inaction을 행함). 한 측이 자기에 대한 높은 관심과 상대측에 대한 낮은 관심을 갖고 있을 때, 그 측은 "주장하거나" 싸우기가 쉽다. 마지막으로 한 측이 자기와 상대측에 대해 높은 관심을 갖고 있을 때, 그 측은 문제를 해결하려고 들기가 쉽다. 그 함의는 만일 당신이 개인이나 집단이 상황에 관해서 평가하거나 생각하는 방식을 변화시킬 수 있다면, 당신은 그들이 사용하기 위해 선택하는 전략의 유형을 변화시킬 수 있다는 것이다.

우리가 현재 고정관념과 내집단/외집단 편향에 관해 알고 있는 것을 바탕으로 해서, 사람들이 대중교통을 이용하게끔 만드는 방법의 문제로 되돌아가 보자. 만일 당신의 내집단이 멋있는 차들을 소유하고 출근을 위해 손수 운전하는 사람들을 포함하고, 당신의 외집단이 가난하고 버스를 타야만 되는 사람들로 구성되어 있다면, 대중교통을 이용하는 것이 편안하게 느껴지지 않을 것이다. 실제로 사람들 중의 다소는 대중교통을 이용하거나 이용하지 않는 사람들의 유형들에 관한 강한 사회경제적 고정관념들을 갖고 있다. 대중교통의 지각들에 관해서 내집단과 외집단 편향들이 존재한다는 이러한 이론을 이용해서, 대중교통의 이용을 증가시키기 위해 유용할 수 있는 중재들의 유형은 무엇일 것인가? 그것은 바로 "친사회적 행동"이다. 어떤 상황들에서 집단들이 서로 잘 지내고, 사람들이 어떻게 전략적 결정을 행하는가를 기술하는 것 이외에도, 어떤 상황에서 사람들이 "친사회적 행동"(prosocial behavior) 즉, 타인들을 이롭게 하는 방식으로 행동하는 것을 기술하는 한 노선의 이론들이 또한 있어왔다. 연구된 친사회적 행동들은 두 범주 중의 하나에 속한다. 첫째로, 관계수리(relationship mending)의 친사회적 행동들이 있다. 이것은 관계를 수리하고 회복시키는 것이다. 예컨대, 사과, 배상, 고백, 죄의식의 표현 및 인정하기는 모두 관계수리행동들이라고 간주될 것이다. 이와 달리, 관계향상(relationship-enhancing)의 친사회적 행동은 관계를 증진시키고, 발전시키고, 유지시키는 것이다. 이러한 행동들의 예들은 돕기, 공손하기, 자원활동 및 신뢰하기이다. 사회심리학 이론가들은 관계향상행동들(특히 돕기와 이타성)에 대해 더 많은 관심을 기울여 왔다. "돕기"(helping)는 개인이 타인의 괴로움을 감소시키려고 의도할 때에 일어난다. "이타성"(altruism)은 개인이 대가로 거의 또는 전혀 개인적 이익을 바라지 않으면서, 타인에게 이로운 방식으로 행동할 동기가 있을 때에 일어난다. 시작부터, 돕기에 관한 이론들은 사람들이 서로 돕는 이유와 상황을 설명하고자 해왔다.

1964년에, 자신의 집 근처에서 칼에 찔려 죽었던 한 뉴욕시의 주민인 키티 제노베스에 관한 널리 보도된 사건이 있었다. 신문기사들은 그녀의 이웃들의 다수가 그녀의 도움 요청을 들었다는 사실에도 불구하고(New York Times 속의 한 기사는 38명이나 되는 많은 사람들이 키티의 도와 달라는 비명소리를 들었다고 추정했다), 그녀의 이웃들의 간여 부족을 대서 특필했다. 이 사건은 두 명의 젊은 사회심리학자들인 Darley와 Latané(1968)에 대해 하나의 영감을 주었는데, 이들은 주변인 간여에 관한 수년간의 연구를 개시했다.[23] 키티 제노베스 사건에서 관찰된 주변인의 무감각은 더 통제된 상황들에서 반복되기가 비교적 쉬웠으며, 몇 개의 기본원리들이 나타났다. 첫 번째 원리는 "책임의 분산"(diffusion of responsibility)인데, 이것은 집단의 규모가 증가될수록, 어떤 개인이 조치를 취할 확률이 감소되는 발견을 일컫는다. 예컨대, 한 연구에서 참가자들은 질문지에 반응하고 있으면서, 옆 방에 있는 한 여자가 떨어져서 도움을 구하는 소리를 들었다(ref). 참가자들이 혼자 있었을 때, 70%가 도우러 갔다. 하지만, 참가자들이 2인 1조로 작업하고 있었을 때, 단지 20%만이 도왔다. 더 많은 사람들이 있을 때, 일반적인 책임의 분산이 있으며, 개인은 행동에 대해 강요받음을 느끼지 않는다. 이 연구에서 나타난 두 번째의 원리는 다수의 무시(pluralistic ignorance)의 개념이다.

이것은 사람들이 어떤 위험하거나 위급할 수 있는 상황을 해석하고 있을 때에 타인들을 하나의 정보 소스로서 의지하는 경향성이다. 예컨대, 연구자들은 참가자들이 혼자서나, 3인 집단들 속에서 조사지에 반응했던 한 실험을 실시했다.[24] 그 세션 동안에 연구자들은 환기창을 통해 방 속에 연기를 주입시켰다. 모든 참가자들이 거의 즉각적으로 그 연기를 알아챘지만, 집단 속에서 작업하고 있는 참가자들은 방을 떠나서 연기를 보고하는 경향이 상당히 더 적었다. 실제로 4분 후에 그 방이 연기로 찼지만, 단지 10%의 참가들만이 그것을 보고하기 위해 떠났다. 이에 비해서 혼자서 작업하고 있는 75% 이상의 참가자들이 4분 후에 연기를 보고했다.

이러한 창의적 연구로부터의 발견들은 많은 영역들에서의 응용을 일으켜 왔다. 다수의 무시의 원리가 응용되어 온 한 영역은 대학생들에서의 과도한 알코올 섭취의 이유이다. 많은 학생들이 책임성 있는 음주의 중요성에 관한 개인적 신념들을 갖고 있었을지라도, 그들은 또한 그들의 또래들이 실제보다도 훨씬 더 많은 알코올을 마신다고 믿고 있다. 예컨대 연구자들은 전국의 미국 표본에서 대학생들의 71%가 그들의 캠퍼스에서 학생들이 마신 술잔의 숫자를 과대추정했다는 것을 발견했다.[25] 이외에, 또래들에서의 알코올 섭취의 양에 관한 신념들은 개인 자신의 음주 행동과 강하게(그리고 정적으로) 상관있었다. 기본적으로 Darley와 Latené의 연기 연구와 똑같이, 대학생들은 그들의 행동에 대한 하나의 안내자로서 그들의 또래들에게 의지한다. 불행하게도, 이러한 과정은 대학생들의 음주 정도에 대한 틀린 과대추정을 일으킨다. 그 후의 연구들은 이러한 오지각을 감소시키고자 했던 중재들을 만들기 위해 다수의 무시의 기본원리들에 의지해왔다. 이 연구들로부터의 결과들은 고무적인 것이며, 규범적 피드백(다른 학생들이 무엇을 행하고 승인하는가에 관한 정보를 제공하는 것)이 과음의 정도를 낮추기 위한 하나의 효과적 도구일 수 있다는 것을 시사한다.

요약하면, 사회적 사고, 사회적 영향 및 사회적 관계는 사회심리학 이론의 세 개의 기초적 유형들이다. 이와 동시에, 각 영역의 이론들은 분리되어 작용하지는 않는다. 사회적 영향이 개인의 사회적 사고를 변화시킬 수 있으며, 사회적 사고가 개인이 영향 받는 양식에 영향을 줄 수 있다. 그리고 사회적 사고와 아울러 영향이 사회적 관계에 대해 영향을 준다. 이러한 이유로, 많은 응용사회심리학자들은 광범위한 이론들에 관해 많이 알고자 한다. 이것은 그들에게 상황을 분석하고, 그들이 취급하고자 하는 문제들에 대해 가장 적합한 방식으로 간여하고 평가할 수 있게끔 해줄 수 있다. 당신이 본서의 다음 장들을 읽어나갈 때, 저자들이 어떤 이론들을 사용하고, 문제를 이해하거나 진단하기 위해 그들이 어떻게 이론을 이용하고, 그들이 중재들을 개발하기 위해 어떻게 이론을 이용하는가에 주목하라. 끝으로, 연구나 중재의 결과들이 시초에 기술된 이론을 지지하는지 또는 의문을 제기하는지를 알아보라. 그렇게 하는 것이 당신을 응용사회심리학자들이 흔히 취하는 접근인, 이론에서 실제로, 그리고 다시 그 역으로 접근시킬 것이다.

사회문화적 이론들(sociocultural theories)

최근에, 사회심리학자들은 사람들의 다양한 사회적 배경들이 어떻게 그들의 사고, 감정 및 행동에 대해 영향을 주는가에 관해 관심의 증가를 보여왔다.[26] 생활의 속도를 고려해보자. 어떤 문화들에서, 시간의 엄수는 중요하고 일반적인 생활속도도 빠르다. 다른 문화들에서, 사람들은 시간과 일상생활의 더 느린 속도에 대해 더 무심한 태도들을 갖고 있다. Levine(1988)은 생활속도의 이러한 문화차이들을 연구해왔다.[27] Levine은 한 연구에서 미국과 브라질의 대학생에게 친구가 점심식사의 약속시간에 늦는 경우를 생각하라고 요구했다. 미국인들은 친구가 19분 늦을 것이라고 대답한 반면에, 브라질인들은 친구에게 거의 두 배나 긴 시간을 허용해서 약속시간의 34분 후까지는 친구가 늦은 것으로 생각하지 않는다.

Hall(1959)은 시간사용에 관한 말로 표현되지 않은 문화규칙들이 우리가 어떤 문화 속에서 경험을 통해 배우는 "하나의 침묵의 언어"라고 기술했다.[28] 시간에서의 문화차이들에 대해 익숙하지 못한 것이 사람들이 다른 나라로 여행할 때에 문제들을 일으킬 수 있다. 미국인 평화봉사단 자원자들은 그들이 낯선 음식들이나 상이한 생활기준들에 적응하는 것보다도 다른 나라들에서의 비교적 느린 생활속도와 시간엄수 부족에 대해 습관화되는 데에 더 많은 곤란을 갖는다고 보고했다.[29]

이것들과 같은 차이들을 이해하고자, 심리학자들은 "문화"(특정의 집단들의 공유된 신념들, 가치들, 전통들 및 행동패턴들)의 중요성을 인정해왔다. 이러한 집단들은 국가들, 종족집단들, 종교공동체들 또는 심지어 십대의 갱들과 대학서클들일 수 있다. 문화는 "사회화"라고 알려진 과정을 통해 한 세대에서 다음의 세대로 가르쳐진다. 예컨대, 아이들은 그들의 문화에 관해서 부모들과 친구들뿐만 아니라, 이야기책들과 TV프로들에서 배울 것이다. 신입의 남녀 사교클럽 멤버들은 그들의 선배 멤버들로부터 그들의 집단의 전통들, 노래들 및 비밀들을 배울 것을 기대받는다. 문화의 하나의 중요한 측면은 "사회규범들"(집단멤버들이 어떻게 행동해야만 되는가에 관한 규칙들과 기대들)이다. 사회적 규칙들은 우리가 친구와 대화할 때에 얼마나 가까이 서는가로부터 해변에서 우리가 무엇을 입는가(또는 입지 않는가)에 이르는 놀랄 정도로 광범위한 행동들을 지배한다. 어떤 규범들은 개인의 직위나 지위에 관계없이, 한 사회집단 속의 모든 사람에게 적용된다. 학교 캠퍼스에서, 모든 사람은 교통신호를 따르고 쓰레기 통에 쓰레기를 버릴 것이 기대된다. 하지만 흔히 적용되는 규범들은 예컨대, 그 사람이 교수인지 학생인지와 같이 개인의 직위에 달려 있다. 교수들은 시간에 맞추어 강의실에 오고, 강의실 토론을 주도하고, 시험의 출제와 채점을 행하고, 대학위원회들에서 일하는 등을 기대받는다. 상이한 규범들이 학생들에게 적용되는데, 이들은 강의 중에 노트를 하고, 시험준비를 하고, 보고서들을 쓰고, 학비를 내는 등을 기대받는다.

"사회적 역할"(social role)이라는 용어는 교사들이나 학생들과 같이 어떤 특정의 직위의 사람들에게 적용되는 규범들의 세트를 일컫는다. 사회적 역할들에 관한 한 관점은 극장에서 빌어온 이미지를 사용한다. 사회 속에서 행동하는 사람은 연극 속의 한 배우와 비슷하다. 극장에서, 각본이 무대를 정하고, 각 배우가 연기할 역할을 정의하고, 배우들이 말하고 행동하는 것을 지시한다. 이와 비슷하게, 문화들은 우리에게 많은 이전에 확립된 행동에 관한 사회적 규칙들을 제시한다. 예컨대, 아이들이 학교에 들어갈 때, 그들은 그들의 좌석에 조용히 앉아 있는 것이나 발언하기 위해 그들의 손을 드는 것과 같은 교실행동의 많은 규칙들을 배운다. 결혼생활에서, 전통적 역할들은 남편이 돈을 벌어오고 아내가 육아와 가정살림을 담당해야 된다고 규정한다.

사회문화적 관점은 어떤 특정의 사회적 또는 문화적 맥락 "내에서의" 행동을 이해하는 데에 유용하다. 술집을 털고 경찰관에게 칼을 휘두른 강도범의 예를 들어보자. 우리는 그가 칼을 휘두른 십대들의 갱에 속해 있다는 것을 발견할 수 있다. 아마 이 집단은 돈을 훔치는 것을 너그럽게 봐 주고 흉기를 소지하는 갱멤버들에게 더 높은 지위를 부여할 것이다. 그의 갱은 경찰과의 폭력적 조우들의 공유된 내력을 가질 수 있는데, 이것은 그에게 의심을 받게 되자 그의 칼을 재빨리 휘두르도록 만들었다. "갱문화"의 신념들, 전통들, 규범들 및 기타 측면들의 분석이 그의 행위들을 설명하는 것을 도울 수 있을 것이다. 사회문화적 관점은 또한 상이한 문화들이나 사회집단들 "사이의" 비교들을 강조한다. 우리가 문화적 영향에 대해 특별하게 주의를 기울이지 않는다면, 우리는 그것들의 중요성을 간과하기가 쉽다. 우리는 우리들 자신의 문화의 행동들이 "표준적"이거나 전형적이라고 가정하는 경향이 있다. 외국여행의 하나의 이점은 이것이 우리에게 시간엄수와 시간의 사용에 관한 우리의 신념들과 같이, 우리가 당연한 것으로 여기는 우리들 자신의 행동의 측면들에 대해서 하나의 신선한 시각을 취하게끔 만든다는 것이다. 이와 비슷하게, 사회심리학자들은 사회적 행동이 어떻게 문화적 가치들, 규범들 및 역할들의 차이들에 의해 영향받는가를 알아내는 한 방법으로서 문화비교연구를 수행하고 있다.

강도범의 행동은 일부 그가 살고 있는 더 큰 사회의 문화를 반영한다. 어린이들은 TV에서 무수한 살인과 신체 상해의 행위를 목격하고 학교와 스포츠에서 자주 맹렬한 경쟁을 행한다. 더욱이, 많은 도시지역의 생활은 분노의 표현을 치명적인 폭력행위로 전환시킬 수 있는 칼과 같은 무기에 대한 손쉬운 입수를 제공한다. 강도범의 태도들은 일부 폭력에 관한 문화적 메시지들에 대한 접촉에 의해 형성되었으며, 경찰관에게 칼을 휘두르는 그의 행위는 칼을 획득하기 위한 상황적 기회들에 대해 가능하게 되었다.

사회적 행동에 관한 문화비교연구의 하나의 목표는 문화들이 서로 차이 있는 중요한 방식들을 알아내는 것이다. "개인주의"를 강조하는 문화들과 "집단주의"를 강조하는 문화들 사이의 차이들이 유용한 구분들이다. 미국과 유럽 사회들의 문화 규범들과 가치들은 개인적 독립성과 개인주의의 중요성을 강조한다. 일리아드(Illiad) 에서 "허클베리 핀(Huckleberry Finn)의 모험들"까지의 서구의 문학작품들은 자기실현을 찾기 위해 집을 떠나는 자립적 영웅들을 이야기한다.[30] 개인주의 문화 속에서, 개인의 행동은 가족, 근무집단 또는 부족과 같은 집단들의 목표들보다도 개인적 목표들에 의해 크게 인도된다. 만일 개인의 개인적 목표들과 집단의 목표들이 불일치된다면, 자기 이익을 우선하는 것이 인정가능하다. 더욱이, 한 개인의 자기감은 사회집단들 내의 멤버십보다도 개인적 속성들과 성취들에 크게 기초된다.

이에 비해서, 집단주의 문화들은 가족에 대한 충성, 집단규범들의 준수 및 자기 자신의 집단의 멤버들과의 사회적 관계들에서의 화합의 유지를 강조한다. 많은 아프리카, 아시아 및 라틴 아메리카 사회들의 문화적 규범들과 가치들은 집단주의를 강조한다. 이것이 아시아 문학작품들에서 볼 수 있는데, 이것들은 흔히 때로는 더 유쾌한 여가들을 추구하는 강한 유혹들에 당면해서, 자기의 가족이나 왕에 대한 자신의 의무를 이행하는 어떤 영웅을 찬양한다. 집단주의

문화에서, 집단목표들이 개인적 선호들보다 우선시 되는 것이 기대되며, 자기는 집단멤버십에 의해 크게 정의된다. 집단주의 문화들은 집단과 편안하게 어울릴 수 있는 사람을 중시한다. 따라서 한국의 속담은 경고들을 말하고 있다; 모난 돌이 정 맞는다. 이에 비해서, 개인주의문화들은 사람들 중에서 두드러진 사람들을 칭찬한다; 미국인들은 “시끄러운 바퀴가 기름을 얻는다” 라고 지적한다.

때로는 동일한 개념인 것 같은 것이 개인주의와 집단주의 문화들에서 상이한 의미들을 갖는다. 미국에서, “자립(self-reliance)”은 대개 개인이 원하는 것을 행하는 자유와 집단의 제약으로부터의 자유를 의미한다. 집단주의 문화에서, 자립은 타인들에게 짐이 되지 않는것과 자기의 가족들이나 친구들에게 과도한 요구를 하지 않는 것을 의미하기가 더 쉽다.

미국과 캐나다와 같은 크고 복잡한 사회들에서, 사람들은 흔히 한 개 이상의 문화적 또는 종족적 집단에 접하고 있다. 몇 개의 연구들은 미국에서 스페인계 미국인들이 비-스페인계인들보다 더 집단주의적인 경향이 있다는 것을 나타낸다. 하지만, 스페인계 미국인들이 영국계 미국인 문화에 더 오래 접할수록, 그들이 더 개인주의적으로 되는 경향이 있다. 집단주의는 또한 아시아계 미국인들에게서 강한 경향이 있다.[31] 때로는 두 개의 문화적 세계 속에서 사는 사람들은 어느 쪽 문화패턴들을 따를 것인가를 걱정한다. 예컨대, 12세에 미국으로 이민 온 중국태생의 한 여학생은 중국인과 미국인 사이의 불편한 정체성 혼란을 경험한다.

사회문화적 접근들은 우리 자신의 문화 내와 문화들 간의 사회적 행동에 관해 하나의 유용한 관점을 제공한다. 본서는 다양성에 관한 별개의 장에서 문화적 다양성에 관한 연구들을 더 자세하게 취급하게 될 것이다.

진화 사회심리학(evolutionary social psychology)

“진화 사회심리학”이라는 새로 등장하는 분야는 진화와 자연선택의 원리들을 인간 행동과 사회생활의 이해에 적용한다.[32] 진화 사회심리학은 처음에 Charles Darwin에 의해 제시되었고 그 이후에 생물학자들에 의해 곤충들, 조류들 및 기타 동물들의 사회적 행동을 설명하기 위해 정교화된 아이디어들에 의지한다. 문화적 접근들이 지구상의 인간 행동의 놀라운 다양성을 강조하는 반면에, 진화적 접근들은 하나의 종으로서 우리의 대대로 물려받은 것의 일부분인 공유된 인간의 자질들을 강조한다.

먼 과거에, 뱀들의 회피나 단백질과 당분이 풍부한 식품들에 대한 좋아함과 같은 몇 개의 행동적 경향들이 우리의 선조들의 생존가능성을 증가시켰다. 이러한 경향성들을 보였던 사람들은 생식하도록 생존했던 더 많은 자녀를 갖었고, 따라서 이러한 패턴들은 점차 우리 인간의 유전적 유산의 일부가 되었다. 진화사회심리학자들에 의하면, 유사한 진화원리들이 유아들이 그들의 부모와의 강한 정서적 유대를 형성하는 경향, 특수한 이성들에 대한 우리의 선호들 및 도움을 필요로 하는 타인들을 도우려는 우리의 자발성을 포함하는 많은 사회적 행동들의 기원들을 또한 설명한다. 다시 말하면, 우리가 오늘날 인간에게서 보는 행동적 경향성들의 다수가 우리의 종에서의 자연선택의 내력의 최종 산물들이다.

몇 개의 아이디어들이 진화 사회심리학에서 중심이 된다.[33)]

1. 많은 인간의 경향성들과 선호들이 자연선택(natural selection)의 결과이다. 이것들은 "진화된 심리적 기제들"이라고 알려져 있다. 이것들은 우리의 선조들이 당면했던 특수한 문제들에 대한 적응적 반응들이라고 간주될 수 있다. 따라서, 뱀에 대한 두려움은 환경 내의 어떤 위험스러운 대상을 피하는 것의 문제를 해결해왔다.
2. 모든 인간 행동은 내부의 심리직 성향들(진화된 심리직 기제들을 포힘하는)과 외부의 상황적 요구들의 합동적 영향을 반영한다. 사람들은 특수한 사회적 맥락들 속에서 행동하는 생물학적 유기체들이다; 행동에 대한 생물학적 및 사회적 영향들이 모두 중요하다.
3. 우리의 선조들이 당면했던 몇 가지 가장 중요한 문제들은 성질상 사회적인 것이었다. 인간은 사회적 집단들 속에서 태어나고 그들의 생활을 보낸다. 결과적으로, 많은 진화된 심리적 기제들이 타인들과 관계 맺는 것에 관계되어 있다. 이것들은 집단에 의한 추방의 두려움, 타인들과 협동하는 능력, 자기의 자녀들에게 자원을 투자하려는 의향을 포함한다. 강도질하는 동안에 경찰관을 칼로 찔렀던 강도범의 케이스에 관해서 진화적 관점은 무엇을 말할 것인가? 진화 사회심리학자들은 공격이 위협에 대한 하나의 공통적인 인간의 반응이며 아마 수 천년 전에 적응적인 하나의 패턴이라는 것을 강조할 것이다. 그들은 또한 지구상에서, 폭력이 여자들보다 남자들에서 더 흔하고, 따라서 젊은 강도범이 남자라는 것이 놀라운 것이 못된다고 지적할 수 있다. 진화이론가들은 비록 어떤 위협에 대해 공격으로 반응하는 하나의 보편적 경향성이 있을지라도, 이러한 반응을 촉발시키는 위협의 식역이나 정도가 개인적 경험과 문화적 가치들에 따라 차이 있을 것이라고 덧붙일 수 있다.

자연선택의 진화론은 어떤 식으로 정신분석이론들, 행동주의 및 형태주의 이론들의 모두를 포함하는 이론들에 필적할 정도로 범위에 있어서 매우 일반적이다. 사회심리학 내에서, 연구자들은 대개 이러한 일반적인 진화적 관점에서 나오는 이론들에 대해 더 많이 초점을 두었다. 예컨대, 상호적 이타성에 관한 이론은 도움이 필요한 낯선 이들보다 친척들을 도우려는 우리의 더 큰 자발성에 관한 예측을 행한다. 성적 선택에 관한 이론은 남자들과 여자들이 후보 이성상대들에게서 상이한 자질들을 선호할 것이라고 예측한다.

오늘날의 사회심리학이론들

현대 사회심리학자들은 흔히 그들이 연구하는 주제들이 사회적 학습이론과 같은 어떤 단일한 일반 이론을 사용해서 충분하게 이해될 수 없다는 것을 발견한다. 그 대신에, 상이한 이론적 전통들에서 나오는 아이디어들을 종합하고 통합하는 것이 유용한 것으로 판명된다. 주로 외현적 행동, 사고 또는 정서에 초점을 두는 것 대신에, 더 새로운 이론가들은 행동, 사고 및 감정 간의 상호관계들을 이해하고자 한다. 예컨대, 사회적 학습이론가들은 인간행동을 이해함에 있어서 주관적 기대의 중요성을 인정하고 있다. 당신이 공격이나 동조와 같은 사회심리학의 특수한 주제들에 관한 연구들에 관해서 읽을 때, 최근의 사회심리학적 분석들이 어떻게 행동, 인지 및 동기를 포함하는 인간 경험의 모든 측면들을 포괄하려고 노력하는가를 고려하라.

사회심리학자들에 대한 다른 추세는 고통을 당하는 낯선 이를 돕는 것, 타인에 관한 긍정적 인상을 형성하는 것 또는 또래의 압력에 동조하는 것과 같은, 어떤 제한된 범위의 현상들을 설명할 수 있는 이론들을 발전시키는 것이다. 이것들은 이것들이 사회적 행동의 하나의 특수한 측면에 초점을 두고 사회생활의 모든 것을 포함시키려고 들지 않기 때문에 "중간범위의 이론들"(middle range theories)이라고 일컬어진다. 좌절－공격가설은 중간범위 이론의 한 예이다. 본서에서, 당신은 이러한 더 많이 초점을 둔 많은 이론들을 소개받을 것이다. 당신이 보게 되는 바와 같이, 이러한 특수한 이론들과 모형들은 기초적인 이론적 전통들의 영향을 계속 반영한다.

요 약

1. 이론은 기초와 응용연구들을 포함해서, 과학적 탐구에 있어서 필수적이다. 이론에 관련해서, 가설들, 원리들, 모형들 및 구성개념들의 용어들이 사용된다.
2. 과학의 목표는 기술, 예측, 인과성의 결정, 설명 및 통제이다. 이러한 목표들의 달성은 과학의 과정 속의 단계들을 이행하는 것에 달려 있다. 과학의 과정은 관찰, 이론발전, 가설의 유도 및 가설의 검증을 포함하며, 특히 응용사회심리학자들에 대해 과학의 다섯 번째 목표는 통제이다.
3. 과학의 과정 속에서, 이론은 관찰들의 조직화, 연구의 방향의 제시 및 중재나 프로그램의 인도의 기능들을 갖고 있다. 특히, 응용사회심리학에 대해서 이론들은 사회문제의 이해, 해결 및 평가(즉, 이론의 진위의 평가)의 기능들을 갖고 있다.
4. 사회심리학이론들은 범위(이론이 설명하고자 하는 상이한 인간행동의 숫자), 한계(이론이 설명하고자 하는 사람들의 범위), 검증가능성 및 절약성을 포함하는 몇 개의 특징들에서 차이가 있다.
5. 사회심리학이론들은 세 개의 역사적 뿌리들 즉, 정신분석이론, 행동주의 및 형태심리학으로 추적될 수 있다. 사회심리학의 연구주제들의 면에서 그 이론들은 사회적 사고, 사회적 영향 및 사회적 관계들에 속한다. 이러한 세 분야들 내에서 중요한 몇 개의 이론들이 개요되었다.
6. 사회문화적 관점은 행동이 문화적 가치들, 사회규범들 및 사회적 역할들에 의해 어떻게 영향받는가를 강조한다.
7. 새로이 등장하고 있는 진화적 사회심리학은 인간 행동과 사회생활의 이해에 대해 진화의 원리들을 적용한다. 진화적 접근들은 하나의 종으로서의 우리의 유전의 일부분인 공유된 인간적 성질들과 진화된 심리기제들을 강조한다.
8. 오늘날의 사회심리학이론들은 사회심리학적 주제들의 연구에 있어서 상이한 이론적 전통들의 아이디어들을 종합하고 통합하고자 하며, 중간범위의 이론들을 제시하고자 노력한다.

제3장

응용사회심리학의 연구법

연구목표의 확인

변인들의 정의와 측정
- 변인들의 정의
- 자기보고방법들
- 관찰법

연구설계들
- 실험
- 준실험
- 상관연구
- 기술 연구들
- 단일 방법의 편파를 피하기: 프로그램적 연구

연구의 상황

질적 연구법들

연구의 윤리적 및 실제적 고려사항
- 윤리적 고려사항들
- 실제적 고려사항들

자료분석
- 기술통계
- 추리통계

요약

청소년들과 일반 성인들의 폭력적 공격행위들이 하나의 사회문제로서 우리나라는 물론 다른 나라들에서도 큰 관심을 끌어왔다. 특히, 총기소지가 법적으로 합법화된 미국과 같은 나라들에서 총기의 무차별 난사에 의해 다수의 사람들이 희생되고 있다. 이러한 폭력적 행위들의 한 요인으로서 폭력적 게임 특히, 폭력적인 비디오게임의 영향이 지적되어왔다. 만일 우리가 폭력적 비디오게임이 공격행위의 증가를 일으킨다는 것을 증명할 수 있다면, 폭력적 비디오게임의 제작과 유통에 대해 어떤 조치를 내릴 수 있을 것이다. 하지만, 폭력적 비디오게임이 사람들의 공격행위를 조장시킨다는 것을 어떻게 증명할 수 있는가? 이러한 의문에 대한 해답은 지금까지 심리학에서 증명해 온 가장 강력한 방법 즉, 과학적 연구법에서 찾아질 수 있을 것이다.

과학적 연구법은 연구문제나 연구의문에서 출발해서 진행되는 하나의 다단계 과정이다. 이것은 연구목표의 확인, 변인의 정의와 측정, 연구방법이나 연구설계의 선정, 연구의 윤리적 고려사항과 실제적 고려사항의 확인 및 자료분석의 이슈들을 취급해야만 된다. 이 장은 이러한 5가지 사항을 주로 검토한다.

연구목표의 확인

과학적 연구는 발생될 수 있는 모든 가능한 문제를 고려하고서 미리 잘 설계되어야만 된다. 연구의 문제들이 피해질 수 있는 우선적인 길은 연구의문 즉, 연구의 목표를 명확하게 정의하는 것이다. 명확하게 진술된 연구목표들은 연구자에게 자신이 행하고자 하는 바를 정확하게 지시해 준다. 이것은 또한 관심을 두고 있는 주요 변인들과 이것들 간의 기대된 관계들을 확인해 준다.

흔히, 하나의 연구목표는 하나의 공식적 가설로서 진술된다. 예컨대, 우리는 "폭력적 비디오게임을 행하는 것이 아동들에게 미치는 영향"을 연구하고 싶을 수 있다. 하지만, 이러한 연구목적의 진술을 너무 애매하고 연구의 이유나 방법에 관해서 명백하게 알려 주지 않는다. 여기에서, 연구목표는 훨씬 더 명확하게 진술될 필요가 있다. 어떤 명백하게 진술된 연구목표는 "본 연구의 목적은 공격적 성질의 비디오게임을 행하는 것이 청소년들에게서 공격수준의 증가를 일으키는지를 결정하는 것이다"일 것이다.

위에서 지적된 바와 같이, 과학적 연구에서 연구목적을 진술하는 공식적 형식은 가설(hypothesis)의 형태로 연구문제를 진술하는 것이다. 가설은 어떤 연구문제에 대한 하나의 잠정적 설명이나, 하나의 가능한 해답으로서, 문제의 측면들 사이의 어떤 가능한 관계를 규정하는 것이다. 어떤 가설을 영국의 철학자인 Russell경이 제안한 바와 같이, "만일 …이라면, …일 것이다"(If …, then …)의 형식으로 진술하는 것은 어떤 가설이 인정받을 수 있게끔 만드는 데에 도움을 준다. 만일 그 연구가설이 문제의 측면들이나 변인들 간의 관계들을 규정하지 않는다면, 그 가설은 재규정되어야만 될 것이다. 실제로, 심리학의 연구논문들에서 "만일 …이라면, …일 것이다"라는 가설진술의 형식은 엄격하게 사용되지 않는 경우들이 많다. 하지만, 이러한 경우들에서도 그 진술들은 위와 같은 일반적 형태로 쉽게 전환시킬 수 있다. 가설진술의 다른 양식은 수학적 함수관계인 $Y=f(X)$로서의 진술이다. 이러한 진술은 Y변인을 X변인에 관련시키고 있으며, 기본적으로 이것은 일반적인 가설진술양식과 동일한 것이다.

변인들의 정의와 측정

변인들의 정의

모든 연구들은 연구물음에서 시작된다. 아동들이 다른 집단들에 대한 태도들을 그들의 부모로부터 배우는지, 집단들 간의 부정적인 집단 간 태도들이 집단들 간의 경쟁에서 생기는지, 그리고 심한 가뭄 동안에 사람들이 그들의 샤워용 물을 어떻게 감소시킬 것인지에 관한 의문들이 응용사회심리학자들의 연구물음들의 예가 된다. 연구물음들은 다음과 같이 가설의 형태로 진술될 수 있다: "만일 아동들의 부모들이 다른 집단들에 대한 부정적 태도들을 자기 자녀들에게 표현한다면, 아동들은 언급된 다른 집단들에 대한 부정적 태도들을 갖게 될 것이다."

각 연구물음과 따라서 각 가설은 관심을 두고 있는 변인들을 규정한다. 한 변인(variable)은 양(예: 수량, 정도)이나 질(예: 도와준다) 상에서 차이 있을 수 있는 사람, 물건 또는 사건의 어떤 성질을 일컫는다. 앞의 연구물음들에서 지적된 몇 개의 변인들은 집단들 간의 태도들, 부모로부터의 학습, 경쟁 및 물의 사용이었다. 연구자는 이러한 변인들을 명확하게 취급하기 위해서, 이것들이 무엇인가를 규정해야만 된다.

변인들을 명확하게 규정하기 위한 첫 번째 단계는 변인들에 대한 개념적 정의(conceptual definition)나 사전적 정의를 제시하는 것이다. 예컨대, 어떤 연구자가 공격적 비디오게임을 행하는 것이 청소년들에게 더 공격적으로 되게끔 만드는지에 대해 알아내고 싶다면, 연구자는 "공격적 비디오게임들"과 "공격성"이 무엇을 의미하는가를 제시해야만 된다. 예컨대, 연구자가 관심을 두고 있는 "공격성"은 무엇을 의미하는가? 이것은 분노, 좌절, 적대감, 신체적 폭력 또는 정서적 공격인가? 이러한 개념들이 각각 공격에 관련되어 있으므로, 연구자는 자신이 공격의 개념적 정의 속에서 사용하고 있는 이것들 중의 하나나 조합에 대해서 명확하게 지적할 필요가 있다. 연구자 자신이 변인들을 어떻게 생각하는가를 진술하는 것이 하나의 중요한 단계이다.

일단 연구자가 변인들을 개념화시켰다면, 각각에 대한 조작적 정의(operational definition)

가 규정되어야만 된다. 각각의 변인은 관찰가능하고 측정가능한 동시에, 모든 연구 참가자들에 대해 일관성있게 적용가능한 방식으로 정의되어야만 된다. 예컨대, 아동들에게 단순하게 어떤 비디오게임을 행하도록 만드는 것은 하나의 적절한 정의가 되지 못한다. 아동들이 그것을 어떤 기간 동안에 어떤 방식으로 플레이하는가가 규정되어야만 된다. 예컨대, 폭력적 비디오게임을 행하는 것은 "청소년들이 상호 주고 받기 식의 공격적 비디오게임을 10분 동안 행하는 것"으로서, 조작적으로 정의될 수 있다.

하지만, 응용사회심리학자들이 관심을 두고 있는 많은 구성개념들(constructs)이 직접 관찰가능하지는 않다. 예컨대, 우리는 공격성을 어떻게 정의할 수 있는가? 이러한 경우들에서, 연구자는 검토하고 있는 한 개나 그 이상의 행동지표들(behavioral indices)이나 변인의 표상(representation)을 찾아야만 된다. 청소년들의 공격성을 측정하기 위한 몇 가지 가능성들이 있다. 즉, 우리는 그들에게 그들 자신의 공격성 수준을 평정하도록 요구하거나 (예컨대, 그들에게 7점의 척도 상에서 그들이 얼마나 공격적으로 느끼는지를 평점하도록 요구한다), 부모들이나 교사들에게 그 청소년의 공격성을 평정하도록 요구하거나, 훈련받은 관찰자들에게 어떤 구성된 환경 속에서 그 청소년을 관찰하고서 그 청소년의 행동에 기초된 결정을 행하도록 할 수 있다.

변인들의 측정은 연구자들에게 그들의 연구물음들에 답변하기 위해 분석하는 자료나 정보를 제공해 준다. 자신의 연구물음을 취급하기 위해 응용사회심리학자들은 다양한 자료수집 도구들을 사용한다. 예컨대, 자료들은 우편조사, 대면이나 전화 면접, 포커스 집단들(focus groups) 및 자연 상황들에서의 행동의 관찰을 통해 수집될 것이다. 자료수집의 두 개의 기본적 범주들은 자기보고방법들과 관찰법들이다. 자기보고방법들에 의지하는 것들은 조사들, 성격검사들, 태도검사들 및 단일 문항의 평정들을 포함하며, 관찰법들에 의지하는 것들은 관찰자에 의한 시각적, 청각적 및 생리적 관찰들을 포함한다.

자기보고방법들(self-report methods)

자기보고에 의한 자료수집 절차들은 참가자들이 그들 자신에 관해서 관심을 두고 있는 변인들의 면에서 구두나 서면으로 보고하는 것을 요구한다. 자기보고 측정들의 예들은 조사들, 성격척도들, 직업흥미조사들 및 단일 문항으로 된 평정척도들을 포함한다. 이하에서, 우리는 응용사회심리학에서의 조사들의 다용도성과 광범한 사용을 고려해서 조사들에 대해 초점을 둔다.

조사(survey)는 개인의 태도, 견해 및 행동의 변인들에 관한 일련의 질문을 포함하고 있다. 대면 면접처럼, 조사는 심리측정에서 오랜 역사를 지녀왔으며, 사회적 연구자들에 대해 계속적인 하나의 인기 있는 선택지가 되고 있다. 조사가 응용사회심리학자들의 기본 도구들 중의 하나라는 것을 전제할 때, 조사가 어떻게 구성되어 있는가를 이해하는 것이 중요하다. 이하에서,

우리는 질문유형, 어법, 순서 및 반응양식을 취급할 것이다.

(1) 질문 유형(question type)

우리가 조사실시를 어떻게 계획하는가에 관계없이, 우리는 먼저 질문유형을 결정해야만 된다. 조사에서 사용된 세 개의 기본적 질문유형들이 있다. 즉, 사실유형, 태도유형 및 행동유형이다. "사실질문들"(factual questions)은 개인의 현재의 상황이나 개인의 과거에 일어났던 것에 관해서 알아내고 싶을 때에 사용된다. 이것들은 개인에 관한 인구통계자료(예: 연령, 성별, 교육수준)와 개인이 알 수 있는 사건이나 상황에 관한 정보를 포함한다. 비록 이러한 질문들이 객관적 정보를 취급하고 있을지라도, 이것들은 기억의 누락이나, 심지어 정보의 의식적인 제공 거부를 갖게 되기 쉽다. 이와 달리, 태도질문들(attitude questions)은 개인의 행동이나 기타의 정보소스들로부터 쉽게 확인될 수 없는 개인의 감정, 신념 또는 견해를 측정한다.[1] 태도들이 복잡하기 때문에, 태도질문들에 대한 반응들은 흔히 해석하기가 곤란하다. 예컨대, 어떤 사람은 어떤 주제에 관해 의견을 갖고 있지 않지만, 할 수 없이 어떤 반응을 제공할 압력을 느낄 수 있거나, 두 사람이 어떤 사건에 관해 동일하게 긍정적인 태도를 갖고 있지만, 그것에 대해 그들이 얼마나 강하게 느끼는가에 있어서 차이가 있을 수 있다. 태도질문들은 가능한 한 특수해야만 된다. 예컨대, 가정용품들의 재활용에 대한 태도에 관한 연구는 신문지, 깡통, 병 등의 재활용에 관한 별개의 질문들을 사용해서 조사되어야만 될 것이다. 행동질문들(behavior questions)은 행동의 빈도, 강도 및 시기와 같은 현재나 과거의 행동의 특수한 측면들을 취급한다. 이것들이 기억의 누락과 왜곡을 갖기 쉽기 때문에, 행동질문들은 최근의 행동에 관해서 질문하는 것이 가장 좋다.[2]

(2) 질문의 어법(question wording)

연구들은 심지어 질문어법의 사소한 차이들이 반응에 대해 중요한 영향을 줄 수 있다는 것을 보인다. 질문들은 편향이나 오해를 피하기 위해 주의 깊게 표현되어야만 된다. 이하에서 조사의 질문들을 발전시키기 위한 몇 개의 지침들이 열거되었다.

1. 어법(wording)은 이것이 원하는 측정을 정확하게 반영하게끔 정확해야만 된다. 예컨대 조사들에서 "자주", "으레" (보통) 및 "때로는"이라는 단어들이 흔히 사용된다. 만일 우리가 어떤 도시에서의 대중교통에 대한 잠재적 수요를 결정하기를 원할 경우에, 어떤 사람이 "때로는" 버스를 이용할 것이라고 아는 것만으로는 충분치 못할 수 있다. 이것은 이 단어가 정확하게 무엇을 의미하는지가 불확실하기 때문이다. 우리는 만일 우리가 그 사람이 어떤 기간(예: 한 달) 동안에 버스를 타게 될 횟수를 추정하도록 그 사람에게 질문한다면, 더 정확하고 유용한 정보를 얻을 것이다.

2. 좋지 못한 독해기술, 적은 교육 또는 상이한 배경을 가진 사람들이라도 쉽게 이해할 수 있게끔 어법과 용어가 단순해야만 된다. 특수한 용어, 약어 및 응답자들에 대해 생소할 수 있는 용어를 피한다.
3. 유도적 질문들(loaded questions)이나 암시적 질문들을 피해야만 된다. 이것들은 응답자들에게 어떤 반응을 택하게끔 만들어진 반응을 편향시키는 질문들이다. 예컨대, "시의회는 공원들에 있는 위험한 운동장시설들을 수리해야만 됩니까?"라는 질문운 질문 속의 "위험한"이라는 단어에 의해 "그렇다"는 응답을 요구하고 있다는 것을 암시할 것이다.
4. 질문들은 짧고 비교적 단순하게 해야만 된다. 이해하기 곤란할 수 있는 복잡한 긴 질문을 피한다. 그러한 질문은 다수의 질문들로 나누어서 제시하는 것이 더 좋을 것이다. 이러한 면에서, 한 문장 속에 한 개 이상의 질문이 들어 있는 것을 포함하는 이중적 의미의 질문들(double-barreled questions)을 피한다.
5. 응답자들의 경험이나 인구통계 상태에 관한 어떤 가정들이 포함된 질문들을 피한다. 예컨대, "당신은 얼마나 오래 동안 핸드폰을 소유했습니까?"라는 질문에 대해, 어떤 사람이 핸드폰을 소유하지 않고 있다면, 그 사람은 어떻게 반응할 수 있겠는가?

(3) 질문 순서

조사 질문들의 제시 순서가 세 가지 이유로 중요하다. 첫째로, 우리는 응답자들의 흥미를 처음부터 끝까지 유지시키기를 원한다. 이것을 실현하는 한 방법은 응답자들에 대해 비위협적이고, 중요하고, 또한 연구의 주제와 분명하게 관련있는 일반적인 응답하기 쉬운 질문으로 시작하는 것이다. 우리가 특수한 응답자들(예: 어떤 특수한 연령집단)을 확인하고자 하지 않는다면, 인구통계적 질문들로 조사나 면접을 시작하지 않는다. 이것들은 응답자들에 대해 지루한 것이며, 매우 개인적인 사항들이다. 인구통계적 질문들은 조사지의 끝부분에 둔다. 둘째로, 한 질문이 다음의 질문에 대한 반응들에 영향을 줄 수 있으므로(이것은 맥락효과, context effect라고 일컬어진다), 조사질문들의 순서효과를 고려한다. 예컨대, "폐품재활용"에 관한 질문이 제시되고 응답자가 주의깊게 반응한 다음에, "당신의 의견으로는 개인이 행할 수 있는 가장 중요한 환경을 이롭게하는 행동은 무엇입니까?" 라는 질문이 제시되는 경우를 생각해 보자. 이러한 경우에, 대다수의 응답자들이 "폐품재활용"이라고 응답하기가 쉬울 것이다. 선행되는 질문이 폐품재활용에 관해서 생각나게끔 "점화시키기"(priming) 때문에 다른 가능한 반응들(예: 대중교통의 이용)이 언급될 가능성이 더 적게 될 것이다. 일반적 질문들이 먼저 제시되고, 그 다음에 더 특수한 질문들이 제시되는 것이 더 바람직스러울 것이다. 위의 예에서 이것은 두 개의 질문 순서를 역순으로 즉, 환경 친화적 행동의 질문 다음에 폐품재활용의 질문을 제시하는 것에 의해 달성될 것이다.

셋째로, 민감하고 논란이 되는 주제들에 관한 질문들(예: 정신질환, 약물사용, 낙태)은 조사지의 끝부분에서 제시되어야만 된다. 조사지의 끝부분에 이르면, 우리는 응답자들과 더 좋은 친근한 관계(rapport)를 확립하게 되고, 그들은 이러한 질문들에 대해 응답하는 것에 대해 더 편안하게 느낄 것이다. 만일 이러한 질문들이 너무 일찍 제시된다면, 응답자들은 이것들에 대해 응답하지 않기로 작정하거나, 부정확하거나 사회적으로 바람직스러운 반응들을 제공하려고 들 수 있다. 응답자들이 불쾌하거나 당혹스러운 느낌을 갖고서 조사지를 끝마칠 수 있기 때문에, 민감하거나 논란이 되는 질문들로 조사지를 끝마치도록 만들지 않는다.

(4) 반응양식(response format)

조사 질문들에 대한 응답자들의 반응양식을 선정할 필요가 있다. 두 개의 기본적 반응양식들은 닫힌 응답형(closed－ended 또는 fixed alternatives) 반응과 열린 응답형(open－ended) 또는 자유 반응이다. 이 반응양식들은 상이한 목적으로 사용되며 장단점들을 갖고 있다.

닫힌 응답형 질문들(closed－ended questions)은 응답자들에게 사전에 결정된 가능한 반응들의 세트를 제시한다. 그 예들은 점검목록들(checklists), 선택형(multiple－choice) 문항들, 순위들 및 평정척도들을 포함한다. 아래에 선택형 질문의 한 예가 제시되어 있다.

대중교통을 이용하는 것은 가치있는 행동이다.
a. 매우 부동의한다
b. 부동의한다
c. 동의한다
d. 매우 동의한다

닫힌형 질문들은 일반적으로 응답자들에 의해 쉽고 신속하게 응답될 수 있으며, 연구자에 의해 쉽게 부호화되고 분석될 수 있다. 하지만, 응답자들이 제시할 수 있는 "의견이 없다", "잘 모르겠다"나, "나에게 해당되지 않는다"와 같은 선택지를 포함해서, 모든 가능한 반응범주들이 제시될 필요가 있다.

닫힌형 질문들은 예컨대, 평정척도들에서와 같이 몇 가지 고려사항들을 갖고 있다. 예컨대, 다음의 문항을 고려해보자.

"당신은 대중교통을 이용하는 것이 어느 정도로 가치있는 노력이라고 생각합니까?"
전혀 1 2 3 4 5 6 7 크게

만일 당신이 위에서와 같이 평정질문들을 사용한다면, 그것들은 위의 예에서처럼 7점 척도나, 5점 또는 9점 척도를 포함시켜야만 되는가? 양쪽의 끝 점들은 어떻게 명명해야 되는가? 중간에 중립점을 포함시켜야만 되는가? "모른다"라는 선택지를 포함시켜야만 되는가? 이러한 것들이 평정질문들을 고안할 때에 고려해야만 되는 사항들이다.

닫힌형 질문들의 반응 제약들에 대한 하나의 해결책은 시험에서 진술형 질문에 응답하는 것과 비슷하게, 열린형 양식을 사용함으로써 질문들에 대한 반응을 열어 놓는 것이다. 열린형 질문들(open-ended questions)은 응답자들에게 조사나 면접의 질문들에 대해 그들 자신의 말로 자유롭게 반응하도록 허용한다. 한 예는 다음과 같을 수 있다: "대중교통의 이용에 관한 당신의 견해들을 기술해 주십시오." 연구자는 열린형 질문에 대한 반응들을 핵심단어들, 범주들 또는 주제들의 면에서 부호를 매긴다. 이러한 반응양식은 우리가 어떤 주제나 이슈에 대한 가능한 반응들의 범위를 잘 알지 못할 때나, 응답자들 간의 태도들, 의견들 또는 신념들 상에서의 미묘한 구분들을 알아보고 싶을 때에 이상적이다. 하지만, 이 양식의 하나의 주요 단점은 이러한 질문들에서 나온 자료들을 해석하고 부호화하는 과정이 많은 시간을 요하고 곤란할 수 있다는 것이다.

(5) 인터넷 조사(internet survey)

최근에, 하나의 조사방식으로서 인터넷이나 전 세계적 웹(World Wide Web)의 사용에서의 눈에 띄는 증가가 있어왔다. 전자조사들의 많은 유형이 있으며, 각각은 그 자체의 방법론적 및 통계적 함의들을 갖고 있다.[3] 응용사회심리학에 대해 특별히 관련있는 것은 연구와 조직상담에서 사용되고 있는 전자 조사들이다. 전형적인 절차에서, 명확하게 정의된 모집단의 사람들의 한 표본이 e-메일에 의해서 하이퍼링크(hyperlink)나 첨부를 통해 접근된 질문지로 조사를 통지받는다. 한 예는 어떤 조직의 인사부서에 의해 수행된 직무만족에 관한 조사이다. 조사실시자들은 조직 내의 직원 수, 그들의 특징들 및 참가를 요구받은 사람들의 수를 알고 있다. 따라서, 그들은 반응율들(즉, 조사지를 완성한 표본의 백분율들)과 "반응편파"(즉, 조사결과들에 대한 비응답자들의 영향)와 같은 중요한 정보를 결정할 수 있다. 우편조사들과 대면면접들을 사용할 때의 질문의 어법과 반응양식에 관련된 이슈들이 인터넷조사들에서도 또한 적용된다.

전자조사들은 짧은 시간 내에 다수의 사람들에게 도달할 수 있는 것 (전화와 비슷하게), 더 상호작용적인 질문방식(대면과 전화 면접들과 비슷하게), 그리고 응답자들이 정확하게 반응하는 것을 돕기 위한 시각재료들의 사용(대면면접방식과 비슷하게)을 포함해서, 다른 조사방식들을 한 방식 속에서 종합하는 장점을 갖고 있다. 더욱이, 반응들이 전자적으로 수집되기 때문에, 자료의 부호화와 입력이 신속하게 실시될 수 있다.[4]

자료수집을 위한 인터넷조사의 사용이 응용사회심리학자들에게 다른 형태의 조사실시들에 비해서 많은 이점을 제공해 온 반면에(예: 더 낮은 비용, 더 적은 시간소모, 자료의 부호화 용이성), 우편, 전화 및 대면 조사들에 비해 몇 가지 단점이 있다. 예컨대, 대면조사의 응답자들에 비해서 웹(web)조사의 응답자들이 평정척도들 상에서 더 적은 변별(즉, 응답자들이 사용한 척도점수들의 숫자), 더 많은 "모른다" 반응 및 더 많은 무반응(즉, 응답하지 않은 문항들)을 포함해서, 더 낮은 질의 자료를 내놓았다.[5] 또한 웹(web)조사 표본에서 더 낮은 반응율이 발견되었다. 이러한 더 낮은 반응율(때로는 10% 이하)은 연구자들에 대해 하나의 우려사항이 되어왔다.[6] 낮은 반응율은 최종적 표본의 낮아진 대표성과 표본 편파의 증가의 추가적 문제들을 수반한다. 어떤 연구자들은 반응율과 표본범위를 향상시키기 위해 다른 조사방식들과 전자조사의 종합적 사용을 권고해왔다.[7]

관찰법

조사와 면접과 같은 자기보고방법들이 자료수집의 보편적 수단들이지만 유일한 것들은 아니다. 응답자들에게 자기 자신에 관해 보고하도록 요구하는 것 대신에, 연구자들은 연구참가자들의 기능의 어떤 측면들을 관찰하고 기록할 수 있다. 예컨대, 생리적 과정들을 측정할 수도 있다(예: 고위의 보안직을 위한 직무면접 동안에 거짓말탐지기를 사용하는 것). 연구자는 전화 대화를 녹음할 수도 있다(예: 직원들이 고객의 불평을 처리하는 방법을 알아보기 위해서). 또한 연구자는 실제의 행동이 일어날 때(예: 교차로에서 적색신호등에서 주행하는 자동차의 수를 세는 것)나 일어나 왔을 때에 그것들을 기록할 수 있다.

연구자는 자신이 관찰하고 있는 상황 속에 직접 참여하거나 참여하지 않을 수 있다. 참여관찰(participant observation)의 방법에서, 연구자는 자신이 관찰하고자 하는 사회적 상황 속에서 하나의 적극적 참여자이다. 어떤 경우들에서 연구자는 연구하는 상황 속의 다른 멤버인 척할 수도 있다(예: 갱 멤버들이 어떻게 상호작용하는가를 관찰하기 위해 갱단에 가담하는 것). 그 대신에, 연구자는 연구참가자들에게 자기 자신이 그 상황에 참가하고 있을뿐만 아니라 또한 그들의 행동을 연구하고 있다는 사실을 인식하게끔 만들 수도 있다. 참여관찰을 사용함으로써, 연구자는 연구하고 있는 행동을 변화시키거나, 만일 연구자가 상황 속에서 어떤 역할을 맡고 있다면, 객관성을 잃을 위험성이 있다. 하지만, 많은 사회적 상황들에서 방해함이 없이, 관심을 두고 있는 현상들을 연구하기가 곤란할 것이다.

다른 접근인 비참여 관찰(nonparticipant observation)에서, 연구자는 자연적인 행동과 상황의 역동에 영향을 주지 않게끔, 관찰되고 있는 사건들에서 분리되어 있다. 연구자는 관심을 두고 있는 행동들을 직접 관찰하거나, 간접적 수단을 통해 관찰함으로써 비참여적 관찰을 행할 수 있다. 직접(또는 체계적) 관찰(direct 또는 systematic observation)은 자연적으로 일어나는 행동들의 세트를 선정하는 것, 점검목록들이나 미리 만들어진 부호화 체계(coding system)를 사용해서 행동을 관찰하는 것, 그리고 분석을 위해 관찰들을 범주화시키는 것을 포함한다. 이 방법은 거짓말을 할 때의 사람들의 안면표정들, 종교적 소책자를 받는 것에 대한 사람들의 반응들 및 셀프 서비스 식당에서 계산대 줄을 선정하는데 대한 잠재적 편견을 포함해서, 다양한 행동을 연구하기 위해 널리 사용되어왔다.[8] 관찰자는 숨어 있거나 공개적일 수 있지만, 대개 어떤 식으로 관련있는 행동을 방해하는 것을 피하고자 노력한다. 이런 식으로, 참가자들은 관찰당하는 것을 완전히 인식하지 못하거나, 관찰자의 존재에 대해 신속하게 습관화된다.

체계적 또는 직접적 관찰은 우리가 행하고 있는 일상적인 "사람들이 보고 있는 것"과는 어떤 차이가 있는가? 직접 관찰들은 특수한 연구목적을 위한 것이며 (즉, 특수한 의문들이나 가설들을 취급하며), 미리 주의깊게 계획된 것이며, 체계적으로 기록된다. 이것은 또한 연구되고 있는 변인들에 관련있는 행동들에 초점이 두어진다. 우리가 아동들의 운동장에서의 공격을 연구하고 있다고 가정하자. 많은 의사결정이 이루어져야만 된다. 예컨대, 당신은 공격이 무엇을 의미하는가를 정확하게 결정하고 이것을 조작적으로 정의해야만 된다. 이것은 때리려는 의도나 욕설을 포함하는가? (이러한 모든 관찰가능한 행동들은 최소한 공격에 관한 몇 가지 정의들과 일치된다.) 부가적으로, 우리는 언제, 어디에서, 그리고 얼마나 자주 관찰을 행할 것인가를 결정해야만 될 것이다. 예컨대, 우리는 상이한 운동장들에 갈 것인가. 아니면 단 한 개의 운동장에서 행동을 관찰할 것인가? 우리는 하루 중의 어느 시간에 관찰을 행할 것인가? 우리는 행동을 계속적으로, 매시간마다, 또는 매 5분마다 기록할 것인가? 마지막으로, 우리는 행동을 지필, 캠코더(camcorder) 또는 마이크로폰을 사용해서 기록할 것인가?

비참여 관찰의 다른 유형인 간접 관찰(indirect observation)은 음주패턴들을 추적하기 위해 재활용상자들 속의 빈 술병들과 같은 표적 행동의 물리적 흔적들을 기록하는 것을 포함한다. 부가적으로, 우리는 관찰하기가 곤란하거나 드물게 일어나는 행동들을 조사하거나, 장기간의 행동패턴들을 결정하기 위해(예: 짜증이 기온에 따라 증가되는지를 알아보기 위해 범죄와 기온의 통계치들을 비교하는 것) 이전에 수집된 기록자료들을 검토할 수 있다.

사회심리학자들은 그들의 자기보고법이나 관찰법으로부터 얻은 자료에 기초해서 그들의 연구물음을 연구하고 가설을 검증한다. 다음 절은 연구물음을 연구하고 가설을 검증하기 위해서 사용된 4개의 기본적인 양적 연구설계들(quantitative research designs)을 살펴본다. 자기보고법과 아울러 관찰법은 4개의 양적 연구설계들의 모두에 대해서 사용될 수 있다.

연구설계들

네 개의 기본적 연구설계들은 실험(true-experiment; 진실험 또는 진짜 실험), 준실험, 상관 및 기술 설계들이다. 이 설계들의 각각은 독특한 장점과 단점을 갖고 있다. 연구자의 연구설계의 선택은 주로 제기되고 있는 연구질문의 유형에 달려 있으며, 연구질문의 유형은 연구자가 현상에 관해 현재 무엇을 알고 있는가에 달려 있다.

어떤 주제를 연구하기 위해 어느 설계가 선택되는가에 관계 없이, 그 설계는 제한점들을 갖는다. 이상적으로, 사회적 또는 실제적 문제를 포함하는 어떤 주제에 관한 연구프로그램 즉, 일련의 연구들은 상이한 설계들을 사용해야만 된다. 이러한 방식으로, 한 설계의 제한점들이 다른 설계들의 장점들에 의해 보완되게 될 것이다. 표 3.1은 4개의 설계에 관한 하나의 개관을 제공한다.

실험

(1) 실험의 특징

무엇이 사람들로 하여금 대중교통을 이용하지 않게끔 만드는가? 무엇이 사람들로 하여금 공공장소에 쓰레기를 버리게끔 만드는가? 정부가 건강증진 캠페인에 더 많은 돈을 투자한다면, 사람들이 더 건강한 생활스타일을 택할 것인가? 이러한 의문들은 어떤 현상의 배후의 이유들

표 3.1 연구설계들의 비교

설계유형	특징들	취급된 의문들
실험설계	· 독립변인의 조작 · 조건들에 대한 참가자들의 무작위적 배정 · 측정된 종속변인 상에서의 집단들의 비교	· 한 변인이 다른 변인에 대해 영향을 주는가? · 인과성을 증명할 수 있다.
준실험 설계	· 독립변인의 조작 또는 사람들의 범주들간의 구분 · 무작위배정이 없음 · 측정된 변인상에서의 집단들의 비교	· 한 변인 상에서 비동등한 집단들이 차이있는가? · 특히 조작이 사용될 때, 가능한 인과성을 시사할 것이다.
상관설계	· 조작 없이, 변인들의 측정 · 변인들 간의 관계의 조사	· 한 변인이 다른 변인과 상관되어 있는가? · 비인과적 관계를 증명한다.
기술설계	· 조작 없이, 변인들의 측정 · 변인들의 측정들의 요약	· 어떤 변인들의 면에서 어떤 것이 어떻게 기술되는가? · 정보의 요약

즉, 행동의 "원인"을 알아내고자 한다. 실험설계는 연구자에게 인과적 의문을 취급하게끔 해준다. 특히, 실험은 연구자에게 연구자에 의해 조작된 어떤 변인(가능한 원인)이 다른 변인 상에서의 변화(효과)를 일으키는지의 여부와 정도를 평가하게끔 해준다. 따라서, 연구자가 한 변인이 다른 변인을 변화시킨다고 추론하고 싶어할 때, 그 사람은 실험법을 사용하고 싶을 것이다. 실제로, 이것은 인과관계들을 탐구하기 위해 사용된 가장 강력한 연구도구들 중의 하나이다. 이 방법이 어떤 인과관계의 존재를 증명할 수는 없다. 하지만, 실험법의 절차들을 올바르게 따랐다고 가정한다면, 이것은 우리에게 어떤 인과적 추론(casual inference)를 행하게끔 해준다.

실험설계를 사용하는 것은 독립변인들과 종속변인들 사이를 구분짓는 것을 포함한다. 독립변인(independent variable)은 실험적으로 조작되는 변인이다. 이것은 실험자의 직접적 통제하에 있는 변인이며, 가설화된 결과를 일으킬 것으로 기대되고 있는 변인이다. 독립변인(예: 비디오게임의 폭력성 수준)은 대개 둘이나 그 이상의 집단들로 나뉘어질 수 있으며, 이 집단들에 대해 참가자들이 무작위적으로 배정되게 된다. 종속변인(dependent variable)은 독립변인의 조작의 결과로 생기는 변화들을 일컬으며, 이것은 실험에서 실험자에 의해 측정된다. 예컨대, 폭력적 비디오게임을 행하는 것이 아동들의 공격적 행동에 영향을 주는 것에 관한 연구에서, 종속변인은 아동들의 공격적 행동이다. 독립변인이 종속변인에 미치는 영향에 간여될 수 있는 제삼의 변인을 외재변인(extraneous variable)이라고 일컫는다. 이것은 종속변인 상의 변화들이 독립변인 이외의 변인들(예: 참가자들의 연령, 지능, 성격의 차이들 또는 관찰자들의 존재 유무)에 의해 일어났다고 주장될 수 있는 변인들이다.

실험자는 두 개의 기본적 통제유형들(types of control)을 사용함으로써 외재변인들의 가능한 편파시키는 영향을 배제시킨다. 한 형태의 통제는 실험조건들(즉, 독립변인의 수준들)에 대한 참가자들의 무작위 배정(random assignment)이다. 이것은 모든 참가자들이 각 조건들에 대해 배정될 "동일한" 확률을 갖는 것을 보장하는 절차(예: 동전던지기, 무작위 숫자들 즉, 난수표들)의 사용을 포함한다. 무작위 배정은 한 조건의 참가자들이 그들의 종속변인의 측정에 대해 어떻게 반응하는가에 대해 영향을 줄 수 있는 외재변인들(예: 지능, 성격) 상에서 다른 조건의 참가자들과 평균적으로 차이 있을 가능성을 최소화시킨다. 두 번째 형태의 통제는 실험통제(experimental control)인데, 이것은 상이한 실험조건들 속의 참가자들이 독립변인을 제외하고서 "동일한" 환경자극들(예: 실험실, 실험자, 지시들)에 당면하는 것을 보장하는 것을 포함한다. 따라서, 훌륭한 실험통제에서는 실험조건들 간의 행동의 차이들을 설명할 수 있는 비통제된 환경자극들(예: 친절한 실험자 대 퉁명스러운 실험자)이 없을 것이다.

(2) 실험의 장점

실험은 정밀성의 면에서 다른 연구설계들보다 더 우수하며, 응용문제들도 또한 이 방법으로 연구하는 것이 바람직스럽다. 실험은 몇 가지 방식으로 정밀성을 최대화시킬 수 있다. 첫째로, 실험은 혼동변인들(confounds)의 영향을 제거시킨다. 혼동변인은 독립변인과 함께 체계적으로 변화하고 종속변인에 대해 영향을 주는 어떤 부가적 변인이다. 혼동변인들이 연구 속에 존재할 때, 실험자가 종속변인의 변화들이 독립변인이나 혼동변인에 기인되는지를 결정할 수 없기 때문에 특히 문제가 된다.

혼동변인들은 개인적 혼동변인(person confound)과 절차적 혼동변인(procedural confound)으로 구분될 수 있으며,[9] 이 둘은 실험에 의해 가장 잘 처리될 수 있다. 개인적 혼동변인은 개인차의 존재가 종속변인에 영향을 줄 때에 일어난다. 실험이 무작위 배정을 사용하기 때문에 실험은 이러한 혼동변인에 대해 강력하게 보호된다. 예컨대, 폭력적 비디오게임들이 공격에 관련될 수 있는 하나의 이유는 공격적인 사람들이 폭력적 게임을 행하는 것을 선호한다는 것이다. 만일 이것이 사실이라면, 공격은 비디오게임의 유형이 아니라, 하나의 개인차 즉, 공격성(또는 공격성의 선호)에 의해 일어날 것이다. 참가자들을 실험조건들에 무작위적으로 배정함으로써 이러한 잠재적인 개인적 혼동변인이 제거될 것이다. 절차적 혼동변인(procedural confound)은 실험자가 부지중에 두 개나 그 이상의 변인들을 한꺼번에 변화시킬 때에 일어난다. 예컨대, 모든 참가자들에게 동일하게 녹음된 지시를 주는 것 대신에, 두 명의 연구조수가 각각 상이한 실험조건들에서 지시를 주게 된다면, 연구조수의 차이가 결과들에 대해 영향을 줄 수 있고, 이 차이는 하나의 절차적 혼동변인이 될 수 있다. 대부분의 실험들이 실험실 속에서 일어나고 실험자가 혼동변인들이 없는 실험절차를 주의깊게 만듦으로써 실험연구자들은 인과성에 관한 해석적 애매성을 피할 수 있다.

실험들이 실험실 속에서 수행될 때, 그것들은 혼동변인들을 감소시킬뿐만 아니라, 연구 내의 잡음(noise)을 최소화시킬 수 있다. "잡음"은 종속변인에 영향을 주는 변인들이지만, 혼동변인들과는 달리, 이것들은 실험조건들 간에 고르게 분포되어 있다.[10] 잡음의 존재는 이것이 종속변인 상에서의 변산성을 증가시키고, 따라서 독립변인의 진짜 영향을 탐지하기가 더 곤란하게끔 만들기 때문에 문제가 된다. 예컨대, 하루의 시간, 기온, 기분 및 배고픔과 같은 잡음변인들의 모두가 참가자들이 실험 속에서 어떻게 반응하는가(예: 공격행동)에 대해 영향을 줄 수 있다. 만일 이러한 특징들이 실험실 상황 속에서 일정하게 유지될 수 있다면, 관심을 두고 있는 인과관계들을 관찰하는 연구자의 능력이 크게 향상될 수 있다.

(3) 실험의 단점과 개선방법

실험연구의 장점인 높은 정밀성은 일반화가능성의 희생을 수반한다. 다른 연구설계들과 비교되었을 때, 실험은 대개 다른 사람들에 대해 일반화시키고, 다른 상황들에 대해 일반화시키는 능력들에서 낮다.

실험 연구들은 이것들이 대개 동질적인 모집단들에서 선정된 편의적 표본들(예: 대학생들)을 사용하기 때문에, 다른 사람들에게 일반화시키는 능력이 부족하다. 어떤 동질적인 대학생 표본을 사용함으로써, 많은 잠재적 영향요인들(예: 연령, 교육수준, 사회경제적 배경, 등)이 동질적으로 유지될 수 있다. 이것은 "잡음 요인들"(noisy factors)을 한정시킴으로써 연구의 정밀성을 최대화시킬 수 있지만, 그로 인해서 모집단들에 대해 일반화시킬 수 있는 능력을 제한한다. 동질적 표본들이 일반화가능성을 제한하기 때문에, 많은 사람들이 그러한 표본들에 의지하는 실험실연구들이 응용연구자들에 대해 한정된 가치가 있다고 주장해왔다.

실험은 또한 상이한 상황들에 대해 일반화시키는 능력에 있어서 매우 낮다. 이것은 일부 잡음을 제거시키려는 연구자들의 노력이 그들에게 일상생활 속에서 발견되는 것들보다 더 단순한 상황 속에서 일어나는 인과관계들을 연구하게끔 만들기 때문이다. 연구자들이 고안되었거나, 명백하게 인위적인 실험실 속에서 흔히 상황들을 만드는 것(예: 경쟁적 게임에서 소음 폭발들을 주는 것)이 또한 문제가 된다. 비록 이러한 고안된 형태의 행동의 사용이 연구수행에 있어서 도움이 될지라도, 이것은 일반화 가능성의 우려들을 낳을 것이다.

비록 편의적 표본과 고안된 상황의 사용이 많은 실험들의 일반화 능력을 제한할지라도, 이러한 우려를 최소화시키기 위해 여러 전략들이 사용될 수 있다. 상황들에 대해 일반화시키는 면에서, 연구자들은 관심을 두고 있는 다수의 응용상황들에서 실험을 실시할 수 있다. 사람들에 대해 일반화시키는 면에서, 연구자들을 일련의 단계들 속에서 연구표본들의 목록을 확장시킬 수 있다. 결국 실험연구의 일반화 가능성의 문제는 연구에서 취급된 변인들이 실제의 세상에 대해 일반화시킬 수 있는가의 의문에 관련되어 있다. 많은 사람들이 실험실에서 얻은 결과들이 실제의 생활에서도 또한 얻어지는가에 대해 의문을 갖고 있다. 이러한 의문을 취급하기 위한 하나의 논리적 방법은 실험실에서 나타난 현상들이 일상생활 속에서 나타난 현상들과 일치되는 정도 즉, 일상적 실재성(mundane realism)과 실험실에서 나타난 심리적 현상들이 직접 관심을 두고 있는 심리적 현상들을 닮는 정도 즉, 심리적 실재성(psychological realism)을 구분짓는 것이다.

실험실의 연구결과들을 일상생활에 일반화시키기 위해서, 우리는 실험실의 물리적 상황을 실제의 세상의 물리적 상황과 유사하게끔 만들 수 있다. 이러한 물리적 유사성은 어떤 실험연구의 일상적 실재성(mundane realism)을 높여 줄 수 있다. 예컨대, 폭력적 비디오게임들이 초등학생들의 학교운동장에서의 신체적 공격을 증가시키는지를 결정하고 싶어하는 연구자를 고려해보자. 이 연구자는 아동들을 폭력적 비디오게임을 행하거나 행하지 않는 조건들에 무작위적으로 배정하고, 학교운동장에서 일어나는 신체적 공격의 율들을 측정할 수 있다. 어떤 "현실적" 표본과 실제의 세상의 종속변인을 가짐으로서, 이러한 연구에서 나온 결과들이 일반화될 것으로 생각할 만한 충분한 근거가 있다. 하지만, 이러한 연구가 연구자의 일반화 가능성의 향상의 목표를 충족시킬 수 있을지라도, 이것은 큰 비용으로 수행될 것이다. 여기에서 연구자는 폭넓은 일반적 연구의문 대신에, 특수한 상황 속에서 특수한 모집단에서의 매우 좁은 이슈에 초점을 두었다. 이 경우에서, 연구자는 일상적 실재성보다 심리적 실재성(psychological realism) 또는 실험적 실재성(experimental realism)을 추구하는 것이 더 나았을 것이다.[11]

실험실연구자들은 어떤 연구가 관찰 가능한 차원들 상에서 실재적인(realistic) 것처럼 "여겨지는지를" 묻는 것이 아니라, 그 연구가 심리적 차원들 상에서 실재적으로 "느껴지는지를" 물음으로써, 심리적 실재성을 최대화시킨다. 비록 실험실상황들이 일상적 실재성을 일으키기가 곤란할지라도, 우리는 심리적 실재성을 높임으로써 폭넓은 이론적 의문들을 추구할 수 있다. 예컨대, 한 연구는 공격이 일어날 수 있는 어떤 특수한 집단, 특수한 행위, 또는 특수한 맥락에 대해 주의를 집중시키는 방식으로 연구의문을 좁게끔 만들지는 않았다.[12] 그들은 일상적 의미에서 실재적이지는 않았을지라도(참가자들이 게임상대에게 보였던 소음폭발들이 더 보편적인 공격형태들과 닮지 않았다는 점에서), 아마 심리적 의미에서 실재적인 공격형태(참가자들이 소음폭발들을 사용했을 때, 그들이 공격적인 것을 느꼈다는 점에서)를 만들었다. 실제로, 폭력적 비디오게임들과 공격에 관한 대부분의 연구들이 심리적 실재성의 면에서 높으며, 그 결과로 그것들은 흔히 외부타당도(external validity)에서 높은 것을 보이며, 비실험실 연구들에서 나온 결과들과 높게 상관되어 있다.[13] 연구의문들을 가능한 한 가장 폭넓은 용어들로 정의함으로써, 응용 실험실연구자들은 가장 인위적인 실험실연구들에서도, 심리적 실재성을 찾고 따라서 실험연구의 정밀성과 통제를 얻을 수 있다.

준실험(quasi-experiments)

(1) 준실험의 특징

앞에서 살펴본 바와 같이, 실험은 이것이 참가자들을 실험조건들에 대해 무작위적으로 배정하고 실험통제를 실시함으로써 대안적 설명들을 배제시키기 때문에, 인과적 결론들을 허용해준다. 하지만, 연구할 가치가 있는 많은 사상들(events)이 연구자의 통제 밖에 있다(예: 자연재해에 대한 사람들의 노출). 부가적으로, 사람들은 이미 특정의 집단들이나 범주들(예: 성별, 종교, 사회경제수준, 좌우의 손잡이)의 멤버들이고, 이러한 집단들이나 범주들에 대한 참가자들의 무작위 배정이 불가능하거나 비윤리적이다. 따라서 연구자는 사전에 배정된 집단들(preassigned groups)에 기초해서 독립변인의 영향을 탐구해야만 된다. 이러한 경우들에서, 연구자는 준실험이라고 알려진 연구설계들 중의 하나를 이용할 수 있다. 준실험(quasi-experiment)은 사용된 집단들이 동등하지 않다는 가정을 갖고서 시간들과 집단들 간의 관찰들을 비교한다.[14]

ⓐ 검사전-검사후 설계(pretest-posttest design): 이 설계는 독립변인의 효과를 알아보기 위해, 독립변인을 처치하기 전과 후의 독립변인의 측정치들을 비교해서, 독립변인의 효과에 대한 결론을 내리는 것을 포함한다. 예컨대, 음주운전자들은 많은 사회에서 하나의 큰 걱정거리이다. 음주운전은 심각한 사고와 교통사망에 연관되어 있다. 이 문제에 대한 하나의 대책으로서 많은 나라들에서 경찰이 음주운전에 대한 단속을 실시해 왔으며, 음주운전에 대한 처벌이 더 가혹해져 왔다. 여기에서 하나의 연구의문은 음주운전에 대한 경찰의 단속이 음주운전을 저지르는 사람들에 대해 어떤 효과가 있는가이다. 이와 같은 의문을 취급하기 위해, 우리는 검사전-검사후 설계를 사용할 수 있다.[15] 간단히 말하면, 시초의 관찰들(pretest)이 실시되고, 처치(예: 음주단속과 같은 어떤 중재)가 실시되고, 그 다음에 다시 관찰들이 실시되어서(posttest), 처치 전에 일어난 측정치와 처치 후에 일어난 측정치 사이를 비교할 수 있다.

만일 음주단속의 실시나 음주운전에 대한 엄한 처벌을 내리는 법률개정의 실시가 이 설계를 사용한 연구에서 통계적으로 유의한(의미있는) 효과를 내놓았다고 가정하자. 이러한 경우에, 우리는 음주단속의 실시나 음주운전에 관한 법률개정이 효과적이었다고 결론지을 수 있는가? 반드시 그렇지는 않다. 이 연구에서, 몇 개의 통제되지 못한 외재변인들이 효과에 대해 영향을 줄 수 있어서, 연구의 내부타당도에 대한 심각한 위협들을 제기한다. 예컨대, 지역사회 내의 한 사건(예: 특별하게 심각한 교통사고)이 음주운전의 단속과 함께 일치되게 발생해서, 사람들이 음주운전을 삼갔을 수 있다. 부가적으로, 자연적인 시간적 과정이 운전자들에 대해 그러한 효과를 낳을 수 있다. 즉, 음주운전의 단속 이전에도, 그 지역사회의 운전자들이 음주운전 행동을 감소시키기 시작해 왔을 수 있다. 따라서, 이 설계에서 처치효과는 외재변인들의 배제가 곤란하기 때문에 자신있게 결론지을 수 없게 된다.

ⓑ 중단된 시간계열설계(interrupted time series design): 이 설계는 검사전-검사후설계의 하나의 확장된 형태로서, 후자의 한계점들을 극복하기 위해 사용된다. 이 설계에서, 몇 개의 관찰들이 처치가 실시되기 이전에 실시되고, 처치가 실시되고, 그 다음에 몇 개의 관찰들이 이루어진다; 즉,

$$O_1 \quad O_2 \quad O_3 \quad O_4 \quad \text{처치} \; O_5 \; O_6 \; O_7 \; O_8$$

여기에서 O는 관찰이다. 이런 식으로, 처치 이전에 일어난 행동패턴들과 처치 이후에 일어난 행동패턴들을 비교함으로써, 처치가 이러한 패턴들에 대해 영향을 주었는지를 탐지할 수 있다. 하나의 추가적 이점으로서, 많은 처치 후 관찰들을 포함시킴으로써 우리는 또한 처치가 장기적으로 영향을 주었는지를 결정할 수 있다. 실제로, 한 연구는 몇 년 동안 알코올에 관련된

부상과 사망율들을 추적함으로써 법개정의 영향을 연구하기 위해 중단된 시간계열설계를 사용했다.[16] 그들은 법개정들의 더 낮은 율들을 일으켰다고 결론지었으며, 그들의 결론은 단순한 검사전－검사후 설계의 경우보다도 더 많은 확신을 갖고서 이루어질 수 있었다.

ⓒ 비동등 통제집단설계(nonequivalent control group design): 만일 우리가 중단된 시간계열연구를 수행할 시간이나 기회가 부족하다면, 어떻게 할 것인가? 검사전－검사후 설계에 대한 하나의 개선은 통제집단이나 비교집단을 사용하는 것일 것이다. 하지만, 실험과는 달리, 이 설계에서는 참가자들의 무작위배정이 사용되지는 않는다. 통제집단은 하나의 기존의 집단이며 처치집단과 동등한 것으로 가정되지는 않는다. (준실험설계들에서, 통제집단이 처치집단과 차이 있을 수 있으므로, "통제집단"이라는 용어보다 "비교집단"이라는 용어가 사용된다.) 이 설계는 "비동등한 통제집단"을 포함시키는데, 이 집단이 처치집단과 비교된다. 음주운전의 단속 연구에서, 연구자는 검시전 기간 동안에 경제수준, 인구규모 및 음주운전의 사례들의 숫자와 같은 특징들 상에서 처치 지역사회와 비슷한 다른 비교 지역사회를 선정할 수 있다. 처치집단과 비교집단이 시초와 추적 관찰을 받으면서, 처치집단 만이 중재(또는 개선프로그램)을 받는다: 즉,

처치집단: 검사전 → 중재 → 검사후
통제집단: 검사전 → 중재 없음 → 검사후

만일 통제집단은 아니지만, 처치집단이 검사전보다 검사후에 어떤 개선(예: 음주운전의 감소)을 보인다면, 우리는 이러한 변화가 처치 없이 일어나지 않았다는 증거를 갖고 있기 때문에, 더 단순한 검사전－검사후 설계에 대해서보다 이 연구의 내부타당도 즉, 처치가 효과있었다는 것에 대한 확신이 더 클 것이다.

또한 비동등한 통제집단은 중단된 시간계열설계에 대한 하나의 개선으로서 추가될 수 있다. 이것은 처치집단에 대해서처럼 처치 없는 비교집단에 대한 일련의 동일한 관찰을 포함한다.

비록 준실험이 실험과 비슷할지라도, 이것은 실험보다 내부타당도에 대한 위협들에 대해 더 취약하다는 것을 기억해 두는 것이 중요하다. 결과적으로, 준실험연구들은 실험연구들보다 인과관계에 관한 추론을 행할 수 있는 능력의 면에서 훨씬 더 많이 제한되어 있다.

(2) 준실험의 장점

준실험은 이것이 "엄격한" 실험과 "느슨한" 상관연구 사이의 하나의 타협을 제공하기 때문에 도움이 된다. 즉, 상관연구와 달리, 이 설계는 실험에 대해서 일어나는 혼동변인들과 외재변인들에 대한 많은 통제력을 유지한다. 실험과는 달리, 이 설계는 행동의 자연적 측정치들을 제

공해 주며, 이것은 실험실 속에서 조작하기가 불가능하거나 비윤리적일 수 있는 독립변인들을 연구하기 위해 사용될 수 있다. 따라서 이 설계는 연구결과들이 자연적인 유의미한 상황들에 대해 일반화될 것이라는 다소의 보장을 제공하면서, 중간수준의 정밀성을 추구한다.

(3) 준실험의 단점

준실험은 연구참가자들이 실험조건들에 무작위적으로 배정되는 실험과 달리, 기존의 집단들(예: 기존의 학년들이나 학급들)을 사용하기 때문에 집단들의 가능한 차이요인들을 잘 통제하지 못한다. 따라서 독립변인의 영향들에는 통제되지 못한 여러 외재변인들이 작용될 가능성이 있고, 연구는 내부타당도가 약할 수 있다. 하지만, 연구참가자들로서 기존의 집단들을 사용하고, 현장상황들에서 연구를 사용함으로써, 연구발견들의 상황들에 대한 일반화가능성은 다소 향상될 수 있다. 그럼에도 불구하고, 준실험에서 대개 제한된 기존집단들을 사용하기 때문에, 연구상황을 넘어선 일반화가능성은 불가피하게 제약되게 될 것이다.

상관연구

(1) 상관연구의 특징

상관연구를 수행할 때, 연구자는 한 집단의 사람들에 관한 관찰을 행한다. 예컨대, 우리는 폭력적 비디오게임에 대한 증가된 노출의 정도가 학교에서 청소년들이 저지르는 싸움의 숫자에 관련되어 있는지를 알아보고자 할 수 있다. 일단 이와 같은 연구 물음이 제기된다면, 연구자는 관심을 두고 있는 변인들을 측정해야만 된다. 실험과는 달리, 상관연구에서 모든 변인들은 자연적으로 변화되도록 허용되며 연구자는 단지 관심을 두고 있는 변인들을 측정한다. 이와 같이, 연구되고 있는 변인들이 실험실에서 엄격하게 통제되는 실험연구와는 달리, 상관연구에서 자연적으로 변화되도록 허용됨으로써, 상관연구는 상황들에 대한 일반화가능성이 증가되게 된다.

폭력적 비디오게임의 수행과 공격적 행동 사이의 상관을 연구하기 위해, 연구자는 청소년들에게 그들이 행했던 게임들의 유형과 이것들에 보낸 시간을 보고하도록 요구할 수 있다. 청소년들의 공격적 행동을 평가하기 위해서, 연구자는 청소년들의 공격적 행동에 관해서 담임교사들을 면접하거나 학교의 기록들을 찾거나 교실 내외에서 그들의 행동을 관찰할 수 있다.

일단 측정도구들이 개발되고 자료가 수집되면, 연구자는 측정된 변인들이 예측된 가설과 일치되거나 불일치되는 정도를 결정하기 위해 이것들 간의 관계를 통계적으로 분석한다. 상관연구에서 이것을 행하는 단순한 방법은 상관계수를 계산하는 것이다. 상관계수는 -1에서 $+1$까지의 범위를 갖는다. $-$와 $+$의 부호를 무시한 절대적 수치는 관계의 크기를 나타내서, 더 큰 수치들이 변인들 간의 더 강한 연관을 나타낸다. 부호는 관계의 방향을 나타낸다. 정적(+) 상관은 한 변인의 수치가 증가됨에 따라 다른 변인의 수치가 또한 증가된다는 것을 나타내며, 부적(−) 상관은 한 변인의 수치가 증가됨에 따라 다른 변인의 수치가 감소된다는 것을 나타낸다.

(2) 상관연구의 장점

상관연구의 일차적 장점은 이것이 상황들에 대한 일반화능력을 최대화시킨다는 것이다. 관심을 두고 있는 행동들이 자연적 상황들 속에서 측정되고, 따라서 연구의 발견들이 "실제의 세상" 속에서 자연적으로 일어나는 것들의 대표가 될 기회를 증가시킬 수 있다. 잘 실시된 상관연구들은 변인들 간의 자연적 관계들을 매우 잘 규명해 줄 수 있으며, 그 결과로 이것들은 어떤 연구프로그램의 시초단계에서 흔히 수행된다. 상관연구는 또한 실험실에서 확립된 어떤 변인의 영향이 실제의 세상 속에서 일어나는지를 검증함으로써, 실험에 대한 하나의 추적연구를 제공할 수 있다.

상관연구가 자연적으로 일어나는 변인들 간의 관계들에 대해 초점을 두기 때문에, 이 방법은 연구여건들이 조작의 사용을 막을 때에 특히 유용하다. 예컨대, 성별이나 성격과 같은 변인들은 실험적으로 조작하기가 불가능하다. 이와 비슷하게, 극단적 스트레스나 신체적 위험을 주는 것과 같은 변인들은 윤리적 이유로 조작될 수 없다. 예컨대, 청소년들이 실제로 폭력문제들을 갖고서 자라는지를 알아보기 위해, 그들에게 지속적으로 폭력적 비디오게임을 행하도록 만드는 것은 윤리적이지도 실제적이지도 않다. 하지만, 이러한 경우들이 "자연 속에서" 일상적으로 일어나며, 대부분의 심리학자들은 이러한 상황들 속의 청소년들을 윤리적으로 문제됨이 없이 연구할 수 있다.

(3) 상관연구의 단점과 개선방법

자연상황들에서의 연구에 의해 상황들에 대한 일반화능력을 증가시키기 위해서, 상관연구는 변인들의 엄격한 통제를 포기한다. 이러한 통제의 부족은 이 설계의 일차적 한계인 인과성의 추론을 막는다. 상관은 인과성과 동등하지 않다. 그 이유는 두 개의 변인들 간의 상관을 해석할 수 있는 다수의 방식이 있다는 것이다. 예컨대, 만일 A변인(예: 폭력적 비디오게임들을 행하는 데에 보낸 시간)과 B변인(예: 공격적 행동들) 사이에 어떤 정적(+) 상관을 증명한다면, 우리는 이것을 폭력적 게임을 수행하는 것이 공격적 행동을 일으킨다고 자신있게 해석할 수가 없다. 이것의 첫 번째 이유로서, 이러한 관계의 진짜 방향이 거꾸로 될 수 있을지도 모른다. 공격적인 청소년들이 비공격적인 청소년들보다 폭력적 비디오게임들을 행하는 데 대해 더 많은 관심을 두고 있다는 주장은 꼭 마찬가지로 가능하다. 즉, A변인이 B변인에 대해 영향을 주는 것이 아니라, B변인이 A변인에 대해 영향을 줄 수 있다. 이것은 하나의 역의 인과성(reverse causality)

의 경우에 해당된다.

두 번째 이유로서, “제삼의 변인”의 문제가 있을 수 있다. 즉, 두 변인들 간의 관찰된 관계에 대해 어떤 제삼의 변인들이 영향을 주었을 수 있다. 예컨대, 불량한 양육기술을 가진 부모 밑에서 양육되는 아동들이 공격적으로 되는 경향이 더 많고, 또한 폭력적 비디오게임을 행하도록 허용되게 될 가능성이 더 많을 수 있다. 이러한 경우에서 폭력적 게임수행(A)과 공격성(B) 사이의 관계는 “가짜”관계이고, 이것들 간의 관계의 진짜 원인은 이것들이 제삼의 변인 즉, 부모의 불량한 양육기술(C)을 공유하기 때문이다. 따라서, 모든 상관관계들에 대해 세 개의 잠재적 설명들이 존재한다. 즉, 두 변인들 간의 관계의 가능성은 인과관계, 역의 인과관계 및 제삼의 변인의 영향에 의한 상관의 세 가지이다. 상관연구법이 우리에게 관계의 이러한 여러 해석들을 해결하게끔 허용하지 않기 때문에, 우리는 이 연구법을 사용할 때에 어떤 관계가 존재하기는 하지만, 관계의 성질이나 방향을 자신있게 진술할 수 없다고 결론지을 수 있다.

비록 상관연구들이 자연상황들을 사용함으로써 상황들에 대한 일반화능력이 높을지라도, 이것들은 다른 사람들에 대한 일반화능력이 높지 않은 경향이 있다. 상관연구들은 실험연구들보다 편의적 표본들(예: 대학생들)을 사용할 가능성이 더 작지만, 많은 상관연구들이 실제로 편의적 표본들을 사용한다. 비록 상관연구들이 쉽게 “휴대가능한” 질문지들을 사용해서 다양한 집단들을 연구할 수 있을지라도, 연구되는 표본들은 그것들의 범위가 제한되기 쉽다. 결과적으로 이것은 상관연구의 결과들을 관심을 두고 있는 다른 모집단들에게 일반화시키는 데 대한 우리의 자신감을 제한한다.

상관연구자들은 상관연구법의 단점을 개선하기 위해 열심히 노력해왔다. 그들은 상관연구법에 연관된 제삼의 변인의 영향과 인과성의 문세들을 해결하기 위해 통계적 기법들을 발전시켜왔다.

첫 번째의 제삼의 변인의 영향 문제들에 대해서, 제시된 가장 보편적 방법은 “공변인들”(covariates) 즉, 두 변인과 공동으로 관련 있는 제삼의 변인들의 사용을 통하는 것이다. 예컨대, 연구자들은 폭력적 비디오게임들이 공격에 미치는 영향들을 공격적 성격, 성별 및 비디오게임들 전체를 행하는 데에 보낸 시간을 통계적으로 통제한 후에도 발견했다.[17] 이들은 제삼의 변인의 혼동변인들을 취급하기 위해 통계적 통제를 사용했다. 예컨대, 이들의 연구에서 공격적 성격이 행할 수 있는 역할을 고려해보자. 어떤 공격적 성격은 청소년들에게 더 많은 공격적 행동을 행하게끔 만들고, 또한 청소년들에게 폭력적 비디오게임들을 행하는 것을 좋아하게끔 만들 수 있다. 이러한 두 가지 원인적 영향들이 폭력적 비디오게임의 사용과 공격적 행동 간의 “가짜의” 상관을 일으킬 수 있다. 하지만, 하나의 공변인으로서 공격적 성격을 측정하고 이것이 공격적 행동에 미치는 영향들을 통계적으로 제거함으로써, 폭력적 비디오게임들의 사용과 공격 행동 사이의 관계가 이 변인에 기인되지 않았다는 강력한 증거가 제시되었다.

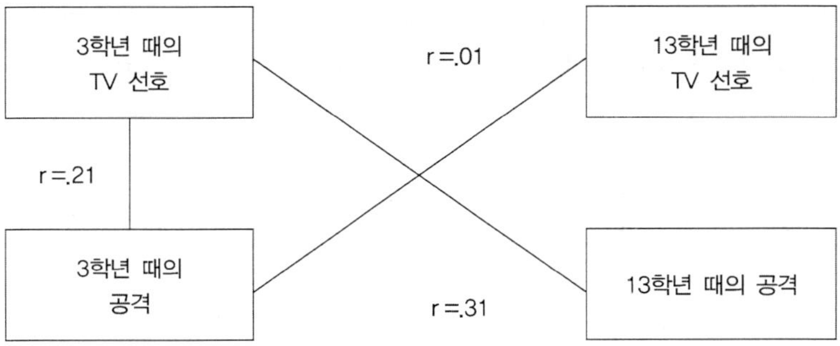

도 3.1 3학년과 13학년에서의 폭력적 미디어선호와 공격의 관계들(Eron 등, 1972)

그러면, 이러한 통계적 통제의 결과는 결론적인 것인가? 확실히 그렇지는 못하다. 예컨대, 만일 공격적 성격에 관한 매우 좋은 측정치가 사용되지 않았다면, 이 변인이 공격적 행동에 미치는 영향을 나쁘게 제거시켰을 수 있다. 또한 비록 좋은 공격적 성격의 측정치가 영향을 주지 않았을지라도, 또 다른 성격변인이 제삼의 변인으로서 작용하지 않았다는 보장이 없다. 예컨대, 자기존중이나 감각추구와 같은 다른 성격변인들이 폭력적 비디오게임의 수행과 공격적 행동 간의 가짜의 상관들을 일으킬 수 있다. 따라서 상관연구자들은 관련 있는 공변인들을 확인하려는 그들의 노력을 인도하는 강력한 이론들을 갖고 있어야만 된다. 하지만, 상관들을 증가시킬 수 있는 모든 제삼의 변인들을 생각해 내기는 결코 불가능할 것이다. 이것이 상관적 결과가 결코 인과성을 확립시킬 수 없는 한 가지 이유이다.

하지만, 상관연구에서 제삼의 변인의 문제는 일부분에 지나지 않는다. 상관연구들은 역의 인과관계에 기인되어서, 결과들에 대한 대안적 해석들을 가능하게 한다. 이러한 문제를 취급하기 위해, 연구자들은 공변인들에 의지하지만, 그들은 이것들과 설계 변화를 결합시킨다. 즉, 연구자들은 역의 인과관계에 관한 대안적 설명이 제시될 때에는 언제나, 그들의 상관연구 속에 종단설계들(longitudinal designs)을 포함시킬 수 있다. 종단설계에서, 관심을 두고 있는 변인들이 두 개(또는 그 이상)의 시점들에서 측정되고, 그 다음에 변인들 간의 상관들이 시점들 사이와 대각선 간에서 분석된다. 예컨대, 한 연구(Eron 등, 1972)는 3학년(8~9세)과 13학년(18~19세) 때의 200명 이상의 청소년들의 폭력적 미디어접촉과 공격적 행동을 측정했다. 3학년 때에, 폭력적 미디어선호와 공격 간에 유의한 상관이 있었다(r=.21). 비록 이것이 폭력적 미디어접촉이 공격을 일으킨다는 사실에 기인될 수 있을지라도, 역으로 공격적 성격(즉, 공격행동)이 폭력적 미디어선호를 일으킬 가능성이 또한 있다. 이러한 두 번째의 가능성을 배제시키기 위해, 3학년 때의 측정치들과 13학년 때의 측정치들이 상관되었다(도 3.1 참조). 그 결과들은 3학년 때의 폭력적 미디어선호와 13학년 때의 공격 간에 유의한 상관이 있었다(r=.31)는 것을 보였다.

이와 반대로, 3학년 때의 공격과 13학년 때의 폭력적 미디어선호 간에는 유의한 상관이 없었다(r=.01). 이 연구에서 상관연구와 종단설계를 종합함으로써 폭력적 미디어선호와 차후의 공격행동 간의 인과관계를 증명할 수 있었다. 부가적으로, 연구를 설계할 때, 종단연구 속에서 적절한 측정시기를 발견하는 것이 또한 중요하다. 예측변인의 효과가 존재하는 시기를 제대로 포착하지 못한다면, 그 영향을 탐지하기가 곤란할 것이다. 이를 위해 결과변인들을 시간에 걸쳐 반복적으로 추적하는 것이 필요할 것이다.

기술 연구들(descriptive studies)

당신이 어떤 새로운 유행병(예: 메르스유행병)에 대한 사람들의 반응을 연구하고 싶지만, 어디에서부터 시작할지를 모른다고 가정하자. 당신은 아마 이러한 주제에 관한 최초의 연구자일 수도 있다. 당신은 어떤 개인적 및 사회적 요인들이 이러한 유행병에 대한 반응들을 증감시키는가를 시사할 정도로 충분하게 이 주제에 관해서 알지 못할 수 있다. 이러한 경우에 실험은 시기상조인 것 같으며, 만일 당신이 어떤 변인들이 반응들에 관련되어 있을 것인지에 대한 가설조차 세울 수 없다면, 상관연구도 마찬가지로 수행하기 곤란할 것이다. 따라서 당신의 연구 목적들은 현상을 단순하게 기술하고 싶다는 점에서 탐색적인 성질의 것일 수 있다. 이러한 경우에, 당신은 하나의 기술연구를 수행할 것이다. 기술연구에서, 연구의 목적은 변인들을 관찰하고 그것들의 빈도, 평균치 및 백분율과 같은 기술통계치들을 사용함으로써, 관찰을 요약하는 것이다. 이러한 연구에서, 당신은 사람들에게 면접이나 조사를 사용해서 그들의 경험에 관해 질문하고, 그들의 활동을 관찰하고, 불안수준을 측정함으로써, 단순하게 관련 있는 반응들을 기록할 것이다. 이러한 연구에서, 당신은 그러한 반응들이 왜 일어나는지를 결정지을 능력이 부족하지만, 이러한 설계를 사용해서 연구할 수 있는 주제들은 매우 광범위하다. 예컨대, 한 연구는 대학생들을 대상으로 그들의 친구들이 이전에 음주운전한 일이 있었는지, 그리고 그러한 경우에 그들이 어떻게 간여했는지를 조사했다.[18] 결과들은 운전하기에 너무 술 취했던 친구들과 함께 차를 탔었다고 보고했던 학생들 중의 65%만이 그들이 친구의 자동차 키를 빼앗거나, 친구를 집으로 운전해 주었거나, 택시를 불렀다고 보고했다는 것을 보였다.

단일 방법의 편파를 피하기: 프로그램적 연구(programmatic research)

기초 및 응용 연구들에서 다수의 방법들의 사용이 요구된다. 첫째로, 이러한 요구는 연구방법들의 독특한 성질들에 기인되는 연구결과들의 차이들에서 비롯된다. 우선적으로, 이러한 요구는 단일한 방법의 사용에 기인되는 연구결과의 가능한 편파들을 감소시킬 필요성에서 비롯된다. 많은 경우들에서, 기초 및 응용 연구자들은 어떤 이론을 검증하거나, 어떤 변인의 영향을 연구하기 위해 하나의 좋은 방법을 알아내고서, 그 방법만을 반복적으로 사용하는 경향이 있다. 이러한 경우들에서, 관찰된 발견들이 독립변인(예: 폭력적 비디오게임의 수행)이나 사용된 연구방법의 결과인지가 불분명하게 된다. 이것은 단일 방법의 편파라고 일컬어지며, 이러한 편파를 피하기 위해서 한 개 이상의 연구방법을 사용하는 것이 바람직스럽다.

둘째로, 여러 연구방법들은 각각 장점과 단점을 갖고 있기 때문에, 장점을 증가시키고 단점을 감소시키기 위해 다수의 방법을 사용하는 것이 어떤 응용문제의 전체와 성질을 이해하는 데에 유익하다. 비록 단일 연구가 정밀성과 상황들과 사람들에 대한 일반화능력을 최대화시킬 수는 없을지라도, 다수의 방법을 사용하는 다수의 연구가 이러한 목표들의 달성에 대한 더 많은 보장을 제공할 것이다. 다수방법의 연구(multi-method research)는 연구자가 각 방법의 단점들에 유의하고, 개별적 연구들의 각각에서 이러한 단점들을 개선하기 위해 주의깊게 연구할 때에 특히 강력하다. 이러한 점이 폭력적 비디오게임의 수행과 공격행동 간의 관계에 관한 연구들에서 예시된다. 이 연구자들이 다양한 연구방법들과 설계들을 사용했기 때문에, 우리는 미디어 폭력이 몇 가지 방식으로, 그리고 몇 가지 기제들을 통해 공격을 일으키며, 이러한 효과가 실험실과 아울러 실제의 세상의 상황들에서 일어난다는 데 대해 매우 자신할 수 있다.

우리는 연구의 과정을 특정의 행동을 연구하기 위한 "올바른" 설계를 발견하려는 하나의 시도로서 보아서는 안 된다. 단일한 연구가 모든 연구의문들을 답변할 수는 없다. 그 대신에, 연구자는 이 과정을 한 세트의 협상들이라고 보아야만 된다. 연구방법들의 단점들을 모두 피하려고 드는 것 대신에, 훌륭한 연구자는 각 연구방법의 제한점들을 이해하고 그 다음에 각 연구방법이 다른 연구방법들의 단점들을 보완하는 강력한 연구프로그램을 발전시킴으로써, 단점들을 정면으로 취급해야만 된다.

연구의 상황

연구자가 행해야만 될 우선적 결정사항들 중의 하나는 연구를 실험실이나 실험실 밖의 실제의 세상(즉, 현장; field)에서 수행할지의 여부이다. 실험실에서 수행된 연구는 대개 현장에서 수행된 연구보다 이론들에 대해 더 확정적 지지를 제공한다. 이것은 연구에 대한 잡음(noise) 즉, 현상에 대한 원치 않는 외재변인들의 영향의 제거에 의해 성취된다.

하지만, 우리는 모든 연구들을 실험실에서 수행하지는 않는다. 그 이유는 실험실이 사람들에 대해 전형적 환경이 아니고, 따라서 사람들이 실험실에서 정상적으로 행동하지 않을 수 있기 때문이다. 그 대안은 연구들의 생태학적 타당도(ecological validity)를 높이기 위해 실제의 세상 속에서 연구들을 수행하는 것이다. 생태학적 타당도는 연구에서 관찰되는 경험들과 행동들이 일상생활 속에서 일어나는 것들과 유사한 정도를 의미한다. 즉, 연구자는 참가자들의 행동이 단순히 실험실 속에 있는 것의 어떤 인위성이나, 그들이 관찰을 당하고 있다는 것의 결과가 아니라는 것에 대해 더 많은 확신을 가질 수 있다.

자연환경 속에서 수행된 연구들은 현장연구들(field studies)이라고 일컬어진다. 현장연구들에서, 연구자는 대개 실험실에서 갖고 있는 것만큼 많은 원치 않는 영향들에 대한 통제력을 갖고 있지 않다. 만일 실험실에서 발견된 연구결과들(예: 돕기행동)이 실제의 세상 즉, 현장들에서도 동일하게 발견된다면, 연구의 발견들은 실험실을 넘어서 일반화될 수 있다. 이러한 일반화의 정도는 외부타당도(external validity)라고 일컬어지는데, 이것은 연구발견들이 특정의 연구를 넘어서, 다른 사람들, 시간들, 상황들 등 쪽으로 일반화될 수 있는 정도를 나타내준다.

실험실 연구들과 현장연구들 사이에 어떤 거래나 흥정이 있다. 이미 지적된 바와 같이, 실험실들은 우리에게 외재변인들의 영향을 확인하고 제거하는 것을 더 잘하게끔 해준다. 예컨대, 실험연구들에서 우리는 독립변인의 조작이 관찰된 행동의 차이들을 일으켰다는 것을 더 확신할 수 있다. 즉, 우리는 연구결과의 내부타당도에 관해 더 자신할 수 있다. 하지만, 통제의 증가, 따라서 내부타당도의 증가는 낮은 생태학적 타당도와 낮은 외부타당도에 관련된 문제들을 수반할 수 있다. 이러한 두 종류의 타당도에 대한 확신을 증가시키는 것은 실험실보다 현장 상황에서의 연구를 요구한다. 물론, 이러한 요구는 외재변인들에 대한 다소의 통제를 포기하는 것과 따라서 내부타당도를 해치는 것을 의미한다.

간단히 말하면, 훌륭한 연구자는 실험실연구와 현장연구가 각각 장단점을 갖고 있다는 것을 잘 이해해야 할 것이다. 따라서, 어떤 사회심리학적 현상에 대한 완전한 이해를 위해서 이들 둘이 모두 필요하다.

질적 연구법들(qualitative research method)

응용사회심리학에서 가장 자주 사용되는 자료수집과 분석의 방법들은 양적인 것이다. 이것은 이 방법들이 변인들 간의 이론적 관계들을 검증하기 위한 하나의 기초가 되어 줄 수 있는 구성개념들을 측정하는 것을 포함하고 있다는 점에서 그러하다. 예컨대, 연구들은 돕기행동이나 공격행동의 빈도수들, 백분율들, 평균치들, 총계들 등과 같은 양적 자료들을 취급한다. 이러한 양적 방법들은 일단 연구주제가 충분하게 이해되어서 객관적 자료가 수집되고 유의미하게 해석될 수 있게 되면, 유용하다. 하지만, 때로는 연구자들은 사람들이 상황들에 관해서 갖는 해석들과 그것들에 대해 부여하는 의미들을 알아내는 데에 더 많은 관심을 두고 있다. 이러한 경우들에서 질적 연구법들이 더 적절하다. 질적 연구법들은 개인들이나 집단들이 어떤 사회적이거나 인간적 문제에 대해 부여하는 의미를 탐색하기 위한 수단들이다.[19]

5개의 질적 연구법들이 제시되고 있다.[20] 이야기식의 연구(narrative research)는 한 사람이나 소수의 사람들에 관한 상세한 이야기들을 수집하는 데에 초점을 둔다. 이것은 관찰들, 면담들, 편지들 및 기타의 인공물들(또는 유물들)을 통해 자료를 수집하고, 그 다음에 맥락(개인적, 문화적, 역사적)을 고려하면서, 그 이야기들을 조리있는 틀 속으로 재조직화시키는 것 즉, 이야기의 재구성(restorying)을 포함한다. 이야기식의 연구는 예컨대, 개인의 전기를 만드는 데에 사용될 것이다.

현상적 연구(phenomenological research)는 한 집단의 사람들이 어떤 특수한 현상(예: 매몰되거나, 식상에서 괴롭힘을 당하는 것) 속에시 살 때에 공통으로 갖는 경험들을 알아내기 위해서 그들에 관한 이야기를 수집하는 것을 포함한다. 현상적 연구의 목적은 맥락적 기술이나 경험특징적 기술(textural description; 무엇이 경험되었는가)과 구조적 기술(structural description; 그것이 경험된 맥락)에 의지함으로써 경험의 본질에 관한 하나의 통합된 설명을 내놓는 것이다. 이것을 달성하기 위해, 연구자는 자신의 경험들을 배제시키려고 노력할 것을 기대받거나, 최소한 분석에 대한 이것들의 방해를 최소화시키도록 이것들을 명시한다. 자료수집은 대개 다수의 면담들의 형태를 취하지만, 또한 관찰들과 다양한 인공물들이나 유물들을 포함한다.

설명에 기초된 이론(grounded theory)의 목적은 사람들의 행위들, 상호작용들 및 사회적 과정들이 특수한 주제에 관계될 때에 이것들에 관한 어떤 이론을 세우기 위해 사람들 자신의 경험에 관한 설명들을 넘어서는 것이다. 기본적 아이디어는 그 이론이 인위적으로 발전된 것이 아니라, 연구하고 있는 현상을 경험해 온 사람들의 설명에 "기초되어 있다"는 것이다. 간략한 개요 속에서, 연구자는 그 경험의 기본적 측면들을 포착하는 범주들을 내놓으려고 노력한다. 일단 범주들이 발전되면, 범주들을 명료화시키는 것을 돕는 새로운 정보가 더 이상 나오지 않을 때까지 반복적으로 더 많은 면접들을 실시하고 그 이론은 충분하게 발전되게 된다. 만일 원한다면, 그 이론은 차후에 양적 방법들을 사용해서 검증될 수 있다.

문화기술적 연구(ethnographic research)는 특수한 문화집단들(예: 초등학교 교사들, 갱단원들)의 공유된 가치들, 신념들, 행동들 및 언어들의 기술과 해석에 초점을 둔다. 이 질적 연구법은 대개 참여관찰을 포함하며, 면접이 또한 일반적으로 사용된다. 연구자는 집단에 관한 문화적 묘사를 내놓기 위해 집단멤버들의 생활에서의 사건들의 패턴들, 사회적 관계들 및 기타의 문화적 주제들을 발견하려고 노력한다.

마지막의 질적 연구법은 사례연구(case study)이다. 사례연구들은 예컨대, 어떤 환자가 처방에 따라 약을 먹지 않아서 심각하게 아프게 된 이유를 조사하는 것과 같이, 특수한 맥락 속에서 특수한 이슈를 연구하는 것을 포함한다. 사례연구들은 이슈를 명료화시킬 수 있는 면접, 기록자료의 조사, 관찰, 등을 포함하는 다양한 자료수집기법들을 사용한다. 사례분석의 최종 산물은 이슈에 관해 알아내 온 바를 개요하는 보고서이다.

여기에서 강조되어야만 될 마지막 사항은 설명에 기초된 이론(grounded theory)에 관한 논의에서 시사된 바와 같이, 질적 연구법들과 양적 연구법들이 상호보완적으로 사용될 수 있다는 것이다. 이러한 혼합 방법적 접근(mixed-method approach)은 한 방법에만 의지함으로써 성취될 수 있는 것보다 더 강력한 연구들을 내놓을 수 있다는 것이다.[21] 응용사회심리학자들에 의해 취급된 많은 이슈들과 문제들은 복잡하고 다면적이며, 질적 및 양적 방법들에 의지하는 것이 흔히 연구자들에게 그것들에 대한 더 완전한 이해를 성취할 수 있게끔 해준다.

연구의 윤리적 및 실제적 고려사항

윤리적 고려사항들

심리학연구에서, 우리는 연구참가자들에게 불필요한 스트레스를 주지 않으면서, 잘 통제된 연구를 수행하고자 한다. 하지만 이 두 개의 목표는 흔히 일치되지 않을 수 있다. 예컨대, 권위에 대한 복종에 관한 Milgram(1974)의 실험들에서 연구자는 스트레스가 크고, 따라서 윤리적으로 문제가 될 수 있는 가혹한 명령들을 연구참가자들에게 내렸다.[22] 또한 연구참가자들이 연구목적을 미리 알게 되면, 그들의 행동이나 반응이 달라질 수 있다. 예컨대, 한 연구에서 연구참가자들에게 돕기행동에 관한 연구를 수행한다고 알려 주고 나서, 어떤 사람이 위험에 빠지는 장면이 제시된다면, 연구참가자들의 행동이 연구목적을 알지 못했을 경우와 다르게 될 것이다. 이러한 문제를 피하기 위해 연구자는 연구참가자들에게 연구목적을 은폐하거나 속이는 방법을 때때로 사용하고 이것들도 역시 윤리문제들을 제기한다. 이와 같은 연구의 윤리문제들을 취급하기 위해, 많은 대학들이나 심리학회들이 윤리지침들을 제정해서 윤리문제를 관리하고 있다. 심리학 분야에서 몇 가지 주요 윤리원칙들은 다음과 같다:

① **사람들의 존엄성의 존중**: 이것은 중심적인 윤리원칙으로서, 인간의 존엄성에 대한 심리학자들의 존중이 모든 다른 윤리원칙들의 바탕이 된다. 예컨대, 심리학문헌들에서 연구에 참가하고 있는 사람들은 "피험자들"(subjects)보다 "참가자들"(participants)이라고 일컬어진다.

② **해로움의 최소화와 위험의 감소**: 심리학자들은 참가자들에 대해 해를 입히는 행위를 피

하도록 조치해야만 된다.

③ **잘 알고서 행한 동의(informed consent)**: 연구자들은 참가자들이 어떤 연구에 참가하기 이전에 참가의사에 영향을 줄 수 있는 측면들이나 요인들을 포함해서, 연구절차를 설명해 주어야만 되며, 참가자들의 연구에 대한 참가의사를 문서로서 동의받아야만 된다.

④ **"자유로운 철수"**: 참가자들에게 아무런 부정적 결과들이 없이, 연구로부터 자유롭게 철수할 수 있다는 것이 통지되어야만 된다.

⑤ **프라이버시와 비밀의 보호**: 참가자들로부터 얻은 모든 개인적 정보는 엄격하게 비밀유지가 되어야만 된다. 비밀유지는 자료에 대한 접근을 제약하는 것과 개인의 프라이버시가 위반되지 않는 식으로 자료들을 방출하는 것을 일컫는다.

⑥ **속임(deception)의 최소 사용**: 연구의 목적을 속이는 것은 연구가 과학적, 교육적 또는 응용적 가치를 갖고 있고, 연구물음들이나 가설들을 연구할 그 밖의 실행가능한 수단이 없을 경우에만 사용될 수 있을 것이다. 또한 이것은 참가자들을 부당한 위험 속에 두지 않고, 연구가 종료되자마자, 참가자들이 연구의 진짜 목적에 관한 완전한 설명(즉, 사후설명), 속임의 필요성을 포함한 모든 절차에 관한 설명 및 그들이 자신의 자료를 회수할 수 있는 기회를 제공받을 경우에만 사용될 수 있다.

실제적 고려사항들

일단 모든 윤리적 고려사항들이 취급되었다면, 연구자는 자신이 그 지점까지 설계해 온 계획의 실제성을 결정할 필요가 있다. 주된 고려사항들은 대개 적절한 참가들에게 접근하고, 그들이 거치게 될 절차들을 점검하는 것을 포함한다. 아동들이나 성인들이 참가자로서 예정되게 되면, 연구자는 몇 가지 요인들을 알아볼 필요가 있다. 연구자는 참가자들이 동원될 방법, 얻어내야만 될 필요가 있는 참가자들 자신의 허락 이외의 허락들의 필요성 유무(예: 아동들이 참가하게 될 때에 부모의 허락이 필요할 수 있다), 참가자들이 그들의 시간과 노력에 대해 지불받게 될 여부 및 관찰이나 검사가 실시될 장소를 결정해야만 된다.

자료분석

연구에서 얻어진 자료를 처리하기 위한 통계법들은 이 장의 범위를 넘어서는 것이다. 하지만, 상술할 필요가 있는 하나의 핵심적 사항이 있다. 이것은 기술통계와 추리통계 사이의 구분을 포함한다. 연구자는 선택된 연구법들에 따라 하나나 다른 통계치에 주로 의지하게 될 것이다.

기술통계(descriptive statistics)

기술통계는 표본의 일반적 특징들과 종속변인들(즉, 반응들이나 행동들)의 측정치들을 기술하는 것을 취급한다. 연구자가 기술하고자 하는 변인들의 측정수준들이 정확한 통계절차들을 결정짓는 데에 있어서 중요하다. 만일 어떤 변인의 측정수준이 범주적인 것이라면(예: 성별), 연구자는 각 범주 내의 빈도들과 백분율들을 제시하고 싶을 것이다. 연속적 변인들(continuous variables) 즉, 7점 척도들과 같이 연속적 점수들을 갖는 측정치들은 몇 가지 종류의 기술통계치들에 의해 분석될 수 있다. 우리는 어떤 변인의 대표치(즉, 평균치, 중앙치 또는 최빈치)를 결정할 수 있다. 연속적 변인들을 기술하는 다른 방법은 그것들의 변산도(variability)를 제시하는 것이다. 모든 참가자들이 종속변인 상에서 동일한 점수를 받지 않을 것이기 때문에, 점수들의 범위(즉, 최대치 빼기 최소치)와 아울러 점수들의 표준편차(SD 또는 standard deviation)를 제시하는 것이 바람직스럽다. 후자의 통계치는 변인의 평균치 주위의 변산의 평균 정도를 기술한다. 표준편차가 더 클수록, 범위는 더 크다.

추리통계(inferential statistics)

연구자들은 어떤 연구에서 자기들의 가설들에 따라 집단들 간의 종속변인점수들의 차이들을 발견할 것을 기대한다. 따라서 연구자들은 관찰된 차이들이 실험조작이나 독립변인에 의해 일어났는지, 아니면 무작위적 차이들에 속하는지를 알아볼 필요가 있다. 추리통계의 목표는 실험집단과 통제집단 간의 종속변인 측정치들 간의 차이들이 독립변인의 결과인지를 즉, 그 차이들이 통계적으로 유의한지를 결정하는 것이다. 어떤 통계치(예: 평균치들의 차이)가 유의한지를 결정하기 위해, 연구자들은 관찰된 차이가 우연적으로 일어났을 수 있는 확률들을 결정하기 위해 확률의 개념을 사용하는 통계적 검증을 사용한다. 대부분의 연구자들은 5%($p<.05$)를 우연적 발생의 최소가능성으로서 택하는데, 이것은 연구자가 100번 중의 95번에서 관찰된 효과가 독립변인에 의해 일어났다고 확신한다는 것을 의미한다. 집단간 차이들(예: t검증들, 변량분석, 카이자승)이나 둘이나 그 이상의 변인들 간의 관계들(예: 상관, 회귀)을 검사하는 모든 통계적 분석들이 통계적 유의성을 검증한다. 검증이 $p<.05$ 준거에 합치될 경우에만, 집단들 간의 차이들이 독립변인의 결과이다라거나, 두 개의 변인들이 유의하게 상관되어 있다고 진술될 수 있다.

요 약

1. 연구의 문제들이 피해질 수 있는 우선적 길은 연구의 목표들을 명확하게 정의하는 것이다. 연구 목표들을 진술하는 공식적 형식은 가설의 형태로 연구문제를 진술하는 것이다.
2. 가설은 관심을 두고 있는 변인들을 규정한다. 변인들을 명확하게 규정하기 위한 첫 번째 단계는 변인들에 대한 개념적 정의나 사전적 정의를 제시하는 것이다. 그 다음에, 연구자는 변인들에 대한 조작적 정의(operational definition)를 제시해야만 된다.
3. 자료수집의 두 개의 기본적 범주들은 자기보고방법과 관찰법이다.
4. 자기보고방법의 하나인 조사(survey)는 개인의 태도, 견해 및 행동의 변인들에 관한 일련의 질문들을 포함한다.
5. 조사의 질문유형에는 사실, 태도 및 행동 유형들이 있다. 질문어법의 사소한 차이들이 반응들에 대해 중요한 영향을 줄 수 있다. 조사 질문들의 제시순서가 또한 조사에 대한 성실한 반응을 위해 중요하다.
6. 조사 질문들에 대한 응답자들의 두 개의 기본적 반응양식들은 닫힌 응답형(closed-ended) 반응과 열린 응답형(open-ended) 반응이다.
7. 최근에 하나의 조사방식으로서 인터넷의 사용이 크게 증가되어왔다. 인터넷 조사들은 다른 형태의 조사 실시들에 비해 많은 이점이 있지만, 몇 가지 단점이 또한 있다.
8. 연구자들은 연구참가자들의 기능의 어떤 측면들을 관찰하고 기록할 수 있다. 연구자가 관찰하고 있는 상황 속에 참여하는 여부에 따라, 참여관찰과 비참여관찰로 구분된다.
9. 기본적 연구설계들은 실험, 준실험, 상관 및 기술 설계들을 포함한다.
10. 실험법은 하나나 그 이상의 독립변인들을 조작해서 참가자들의 반응들(즉, 종속변인들)에서의 가능한 변화를 관찰하는 것을 포함한다. 실험에서 조건들에 대한 참가자들의 무작위적 배정과 외재변인들의 실험적 통제는 연구의 내부타당도를 높여준다(즉, 연구자들에게 독립변인과 종속변인 간에 어떤 인과관계가 있다는 것을 추론하게끔 해준다).
11. 준실험설계는 모든 외재변인들이 성공적으로 통제되지 못한 하나의 실험설계이다. 단순한 검사전-검사후 설계의 내부타당도는 외부요인들의 통제 부족에 의해 심각하게 위협받는다. 이러한 제한점은 중단된 시간계열설계와 비동등한 통제집단설계에 의해 취급된다.
12. 준실험설계들은 실험설계의 다소의 통제력을 유지하면서, 자연상황에서의 연구를 허용하는 장점이 있다. 준실험연구의 주요 단점은 참가자들의 실험조건들에 대한 무작위 배정이 없어서 외재변인들의 영향을 통제하지 못한다는 것이다.
13. 상관연구설계들은 변인들 간의 관계를 조사한다. 그 관계는 상관계수에 의해 측정되는데, 이것은 방향과 강도에서 차이 있을 수 있다. 연구자들은 상관적 증거로부터 인과적 결론을 내리지 않도록 조심해야만 된다.

14. 상관연구의 주요 장점은 연구결과의 상황들에 대한 일반화가능성을 최대화시킨다는 것이다. 상관연구의 단점은 변인들 사이의 인과관계가 애매하다는 것이다.
15. 기술설계들은 특정의 변인들이 일어나는 범위와 크기를 측정하는 것을 포함한다.
16. 질적 연구방법들은 많은 사회적 이슈들에 기저하는 주제들의 심층적인 비숫자적 분석을 제공한다.
17. 연구상황의 면에서, 연구자들은 실험실이나 현장에서 연구를 수행할 수 있다. 실험실연구는 대개 외재변인들에 대한 더 많은 통제를 제공하고, 따라서 실험설계에서 내부타당도를 증가시킨다. 현장연구는 대개 더 적은 통제를 제공하지만, 더 많은 외부타당도(즉, 다른 상황들과 참가자들의 집단들에 대한 발견들의 일반화가능성)를 제공한다.
18. 사회심리학적 이슈들과 문제들을 이해하고 취급하는 것이 중요할지라도, 연구참가자들의 안녕이 가장 중요하다. 심리학의 연구자들은 심리학회나 학과의 윤리지침들에 기초해서 연구를 수행한다. 주요 지침들의 몇 가지는 참가자들의 존엄성 존중, 위험과 해의 최소화, 잘 알고서 행한 동의의 사용, 벌칙 없이 연구로부터 철수할 자유, 비밀보장 및 속임의 최소화를 포함한다.
19. 심리학연구의 자료들을 분석하기 위해 기술통계와 추리통계의 방법들이 사용된다.

제4장

프로그램과 평가

중재의 설계
중재의 본질
중재의 설계와 실시의 핵심 과업들

중재들의 평가
중재평가의 이유들
중재평가에 있어서 연구설계의 중요성
평가의 두 가지 유형: 과정평가와 결과평가
평가에 대한 발전단계적 접근

프로그램의 필요성의 평가
지표접근들
조사접근들
지역사회 인상접근들
프로그램 평가의 한 예: 노르웨이에서의 약한 아이 괴롭히기 문제에서의 해결을 위한 프로그램

프로그램의 평가가능성의 사정
프로그램의 목표들
프로그램 활동들
프로그램의 논리 또는 이론

프로그램의 과정과 서비스의 평가
경영정보체계들

프로그램 결과의 평가의 두 가지 접근들
양적 접근
질적 접근
양적 접근 대 질적 접근

프로그램 결과에 관련된 비용의 평가
비용-이익분석
비용-효과분석

중재의 실제적 문제들
중재의 실시과정의 문제들
윤리문제들

사회정책에 영향을 주기

요약

사람들의 생활을 향상시키고 복지를 증진시키는 중재(또는 프로그램)의 개발에 기여하는 것은 응용사회심리학의 독특한 특징이며, 응용사회심리학자로서 가장 흥분되고 보람있는 일이다. 중재들이나 프로그램들이 응용사회심리학분야에 대해 매우 중심이 된다는 것을 전제할 때, 이 것들을 잘 이해하는 것이 이 분야 전체에 대한 이해에 대해서도 중요하다. 이 장은 중재의 설계와 평가의 두 가지 주제를 주로 취급한다.

중재의 설계

중재의 본질

중재(intervention)는 사회적 및 실제적 면에서 사람들의 기능을 향상시키려는 목적으로 그들의 행동에 대해 영향을 주고자 의도된 하나의 전략이나 절차라고 정의될 수 있다. 어떤 중재들은 사람들의 "행동"을 직접 겨냥하지 않을 수 있다. 예컨대, 폐품재활용의 이익에 관한 지식이나 인식을 증가시키기 위해 고안된 것들이나, 폐품재활용을 더 지지하는 태도를 변화시키기 위해 고안된 것들이 있다. 하지만, 대부분의 중재들의 궁극적 목표는 행동변화(예: 폐품재활용의 증가)이다. 또한 중재들은 상이한 분석수준들 예컨대, 개인, 집단, 조직 및 지역사회 수준들에서 수행될 수 있다. 비록 중재들이 상이한 수준들을 지향할 수 있을지라도, 어떤 집단이나 조직에서라도, 변화들이 일어나기 위해서 개별적 멤버들이 어떤 식으로든 간에 변화되어야만 된다는 점에서, 그것들은 궁극적으로 개인들에게 지향되어 있다고 볼 수 있다.

중재들을 이해하기 위해, 두 개의 폭넓은 중재유형들 즉, 개인적(personal) 유형과 프로그램적(programmatic) 유형을 구분짓는 것이 도움이 된다. 개인적 중재들(personal interventions)은 사람들이 일상생활 속에서 사회심리학에 관한 지식을 그들 자신이나 주위의 사람들의 상황을 향상시키기 위해 사용하는 것을 일컫는다. 사회심리학 지식의 개인적 사용을 통해 우리 모두가 이익을 얻을 수 있다. 예컨대, 접객업무를 수행하는 직원들은 자신이 받는 팁을 높이기 위해 사회심리학 지식을 사용할 수 있다. 개인적 중재들은 개인적 관계들과 낙천성의 향상들과 같은 주제들을 취급하지만, 본장의 초점은 아니다.

본장에서, 우리의 주된 관심사는 프로그램적 중재들(programmatic interventions)에 두어지는데, 이것들은 보통 단순하게 프로그램들(programs)이라고 일컬어진다. 본서에서 중재와 프로그램은 상호교환적으로 사용된다. 프로그램은 "어떤 목적을 달성하기 위해 고안된 활동들의 조직화된 모음"(Royse 등, 2006, p.5)이라고 정의된다.[1] 응용사회심리학에서, 프로그램을 구성하는 활동들은 어떤 사회적이거나 실제적 문제의 부정적 결과들을 예방하거나, 감소시키거나, 제거하는 목적을 갖고서 그 문제를 취급하는 것에 지향되어 있다. 하지만, 몇 개의 예들에서, 중재들은 어떤 긍정적 상황을 강화시키는 것에 지향되어 있을 것이다(예: 이미 효과적인 작업집단의 생산성을 향상시키는 것). 프로그램적 중재에 관한 대표적 예들로서, 두 개의 프로그램이 제시될 수 있다. 한 프로그램(Hodges 등, 2000)은 AIDS와 같은 성적 전염병을 예방하기 위해 여대생들에게 안전한 성관계에 관한 편안한 논의를 행하게끔 만들기 위한 절차들과 활동들을 포함했다.[2] Sherif(1966)의 프로그램은 서로 갈등적인 소년들의 집단들에게 우선적 목표들을 향해서 협동적으로 작업하도록 만들기 위한 절차들과 활동들을 사용했다.[3]

고안된 중재들이 실제로 의도된 긍정적 결과를 갖고 있는지를 결정하기 위해 실시되는 중재들을 시험중재(trial intervention)라고 일컫는다. 이것들은 또한 프로그램 효능연구들(program efficacy studies)이라고 알려져 있다.[4] 시험중재들은 개인적 중재들보다 프로그램적 중재들과 더 관련되어 있다. 시험중재들에는 두 개의 기본적 종류들이 있다. 하나는 연구자들이 한 개의 가능한 중재전략을 시험해 보기 위해 연구를 설계할 때이다. Sherif(1966b)와 Hodges 등(2000)의 중재들이 이러한 시험중재의 유형에 속한다. 시험 중재의 두 번째 종류는 어떤 조직이 프로그램을 더 영구적 기초에서 실시하기 이전에, 또는 프로그램을 더 광범위한 규모로 실시하기 이전에, 그것의 효과성을 결정하기 위해 어떤 예비 프로그램(pilot program)을 실시할 때이다. 예컨대, 북미의 몇 개의 경찰서들이 새로운 치안유지의 한 모형인 지역사회 치안유지(community policing) 즉, 경찰과 지역사회의 협동적 치안유지 쪽으로의 전환을 시도해 왔을 때, 그들은 흔히 한, 두 개의 지역들에서 지역사회 치안유지를 시험해 봄으로써 그 모형의 효과성을 검증한다. 우리는 이제 중재의 설계와 실시에서의 주요 과업들을 고려해보자.

중재의 설계와 실시의 핵심 과업들

중재의 설계와 실시의 과정은 응용심리학분야들에서 채택된 일반적 문제해결 접근을 반영하는 4개의 일반적 단계들을 따르며, 중재의 수혜자가 한 명이거나 다수이거나 간에 적용될 수 있다. 이 단계들은 문제의 확인, 해결책의 강구, 목표의 설정과 중재의 설계 및 중재의 실시이다.

(1) 1단계: 문제의 확인

프로그램들은 사회적 문제들과 실제적 문제들을 취급하기 위해 시작된다. 프로그램 설계에서의 첫 번째 단계는 문제의 존재와 심각성을 확인하는 것이다. 문제는 대개 이해당사자들에 의해 확인되고 정의된다. 이해당사자들(stakeholders; 또는 관련 당사자들)은 그들의 프로그램에 의해 어떤 식으로 영향 받을 수 있다는 점에서 어떤 프로그램의 가능한 개발에 대해 이해관계를 갖고 있는 개인들이나 집단들이다. 이해당사자들은 프로그램의 잠재적 수혜자들뿐만 아니라, 프로그램 투자자들, 프로그램 제공의 책임을 진 조직들의 관리자들, 프로그램 관리자들 및 일선담당자들(즉, 프로그램 활동을 실제로 수행하는 직원들)을 포함한다. 예상되는 바와 같이, 이해당사자들이 프로그램의 존재 여부, 어떤 문제의 심각성 정도, 또는 문제의 우선성의 순위부여에 대해 부동의할 때에 곤란들이 발생한다.

필요성평가(need assessment; 또는 요구평가)는 보통 어떤 프로그램의 개발을 충분하게 보증할 만한 어떤 필요성이나 문제가 있는 여부를 확립하는 과정을 일컫는 데에 사용된다. 필요성의 평가는 어떤 코치나 관리자가 개인적 경험에 근거해서 프로그램의 필요성을 결정할 때에, 성질상 "비공식적인" 것일 수 있다. 일반적으로, 우리는 문제의 심각성과 발생에 관련 있는 자료를 수집하기 위한 체계적 연구절차들을 사용한 공식적인 필요성평가에서 나온 결론들에 대해 더 많은 확신을 갖는다. 문제들은 예컨대, 여러 이해당사자 집단들의 대표들을 면접하거나 그들에게 질문지를 실시하고, 다양한 질적 및 양적 절차들을 사용해서 조사될 수 있다. 또한 공식적인 필요성평가는 기존의 프로그램들이나 서비스들의 가용성과 아울러 서비스 상에서의 가능한 장애들이나 결함들을 평가한다.

(2) 2단계: 해결책의 강구

어떤 문제나 필요성의 존재를 확인한 후에, 그것을 가장 잘 처리하는 방법 즉, 해결책을 발견해 내는 것이 매우 중요하다. 해결책을 발견해 내기 위해서, 문제를 일으키는 데에 책임있는 요인들을 확인하는 것이 우선적으로 중요하다. 원인요인들을 확인할 때, 우리는 문제의 촉발요인들(precipitating factors; 즉, 문제를 촉발시킨 요인들)과 영속화요인들(perpetuating factors; 즉, 문제를 지속시키고 해결을 막는 요인들) 사이를 구분해야만 된다. 촉발요인들과 영속화요인들 사이를 구분 짓는 것은 문제를 일으키는 요인들이나 사건들이 항상 문제의 지속에 대해 직접 관여되어 있지는 않기 때문에 중재의 설계에 있어서 매우 중요하다. 예컨대, 회사직원들이 한 이유로(촉발요인은 경기침체일 수 있다) 해고될 수 있지만, 다른 이유로 새로운 일자리를 구할 수 없다(즉, 영속화요인은 다른 직업들이 요구하는 기술의 부족일 수 있다). 이러한 경우에 우리는 문제(새로운 일자리를 찾지 못하는 것)를 해결하는 표적요인으로서 영속화시키는 원인(즉, 중요한 기술의 부족)을 확인해야만 된다.

일단 원인요인들이 확인되면, 그 다음의 단계는 동일한 필요성들을 효과적으로 취급해 온 중재들이 이미 존재하는지를 알아내는 (흔히 문헌고찰을 통해) 것이다. 그러한 중재들이 현재의 문제에 대한 해결책의 발전을 인도하기 위해 사용될 수 있다. 만일 이전의 중재들이 찾아질 수 없다면, 새로운 해결책이 개발되어야만 된다. 가능한 경우에, 해결책들은 관련 있는 사회심리학의 이론과 연구증거와 아울러 해결책에 대해 기여할 수 있는 다른 분야의 이론과 증거에 기초되어야만 된다. 연구자들은 상식적 예측들이 흔히 틀리고 너무 자신있게 이루어지기 때문에 관

습적인 상식적 이해와 직관에 기초된 중재개발에 대해 경고했다.[5)]

문제에 대한 해결책들은 개념화와 의사소통의 명료성을 위해서 중재가설들로서 표현되어야만 된다. 중재가설들(intervention hypotheses)은 중재와 기대된 결과들을 요약하는 "만일 … 이라면, …일 것이다"(If…, then…) 식의 진술들이다. 예컨대, 흡연압력에 대한 저항을 위한 프로그램에서, 중재가설은 "만일 중학교 1학년 학생들이 또래압력에 관한 시나리오의 역할연기 속에서 흡연의 권유들을 논박하는 것을 연습할 기회를 제공받는다면, 그들은 그들의 일상생활 속에서 흡연에 대한 또래압력들에 대해 저항하기가 더 쉽고 흡연을 시작하는 경향이 더 적을 것이다"라고 진술될 수 있다.

(3) 3단계: 목표의 설정과 중재의 설계

일단 프로그램의 필요성과 해결책의 제안이 이루어졌다면, 프로그램 활동들(program activities)을 발전시키는 것이 필요하다. 이것들은 프로그램의 특수한 요소들과 절차들을 일컫는다. 이 과정을 시작하기가 가장 좋은 곳은 중재의 목표들과 목적들을 정하는 것이다(도 4.1 참조). 목표들(goals)은 중재를 통해 달성하고 싶어하는 궁극적이거나 장기적 결과들을 일컫는다. 예컨대, 어떤 물질남용 프로그램의 한 목표는 내담자들이 알코올과 기타의 약물들을 삼가도록 만드는 것일 수 있다. 일단 목표들이 확립되면, 프로그램의 목적들을 정의하는 것이 중요하다. 목적들(objectives)은 중재의 결과로 일어나는 단기적 결과들(예: 중재 동안이나 직후의)과 중간 시기의 변화들(예: 한 달이나 두 달 후의)을 일컬으며, 프로그램 목표들의 달성을 위해 요구된다. 다시 말하면, 목표들은 최종 목적지들(ends)을 일컫고, 목적들은 최종 목적지들이 달성되는 수단들이나 단계들을 일컫는다. 예컨대, 만일 목표(goal)가 약물남용문제를 가진 내담자들이 계속 약물을 삼가는 것이라면, 하나의 목적(objective)은 그들이 시초에 약물들을 사용하는 이유를 이해하는 것이다.

일단 목표들과 목적들이 정해지면, 중재설계의 그 다음의 단계는 프로그램 활동들(program activities)을 결정하는 것이다. 활동들을 선정할 때, 가장 중요한 의문들 중의 하나는 제안된 활동이 어떤 목적(그리고 궁극적 목표)을 달성시키는 것을 돕는가이다. 예컨대, 내담자들이 그들의 약물사용의 이유들을 알기 위해서(목적), 그들은 카운슬러와의 개인적 상담세션들(활동)을 가질 필요가 있을 수 있다. 도 4.1은 중재활동들, 목적들 및 목표들에 관한 부가적 예들을 제시해 준다.

프로그램의 여러 요소들(목표들, 목적들 및 활동들)을 상세하게 규정하는 과정은 튼튼한 이론적 근거를 요하며, 흔히 프로그램 논리모형(program logic model)이라고 일컬어진다. 프로그램 논리모형은 프로그램 활동들이 어떻게 프로그램 목적들의 달성을 일으키고, 그 다음에 프로그램 목적들이 어떻게 프로그램 목표들의 달성에 논리적으로 그리고 조작적으로 기여하는가에 관한 하나의 설명이나 청사진이다.[6)] 논리모형들은 복잡성과 세부에 있어서 차이가 있지만, 이것

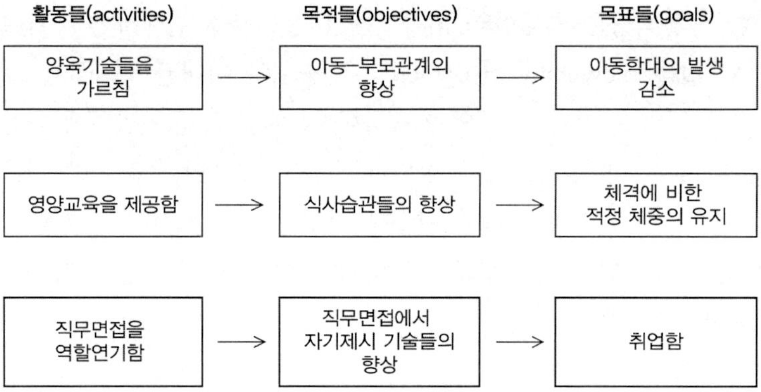

도 4.1 세 개의 프로그램들에 대한 활동들, 목적들 및 목표들의 예들

들은 모두 중재가설 속에서 표현된 "원인과 효과"의 흐름을 강조한다. 프로그램논리는 활동들, 목적들 및 목표들을 함께 묶어 주는 아교이다.

프로그램 논리모형에 대해 기본이 되는 것은 이것의 이론적 기초이다.[7] 즉, 논리모형은 이것의 여러 요소들 간의 인과적 연결들을 설명하는 하나의 이론적 근거(예컨대, 반박들을 연습하는 것이 흡연에 대한 또래압력에 대해 저항을 일으키는 이유가 무엇인가)에 기초되어야만 된다. 중재설계의 면에서, 이것은 우리가 중재의 어떤 요소를 지적하고, 이것의 기여가 무엇인가뿐만 아니라, 또한 효과가 왜 일어나야만 되는가를 지적할 수 있어야만 된다는 것을 의미한다. 프로그램 논리모형의 사용은 프로그램에 관한 주의 깊은 이론적 및 경험적으로 기초된 명시를 보장하고, 프로그램의 성공가능성을 증가시킨다. 물론, 이것은 프로그램 자원들이 가능한 한 효과적으로 사용되는 것을 보장하는 데에 도움이 된다. 불행하게도, 응용상황에서 프로그램들이 논리모형의 공식적 명시가 없이 설계되는 일이 너무 흔하다. 몇몇 평가자들은 프로그램논리 대신에 변화모형에 관한 이론(theory of change model)이라는 개념을 사용하기 시작해 왔는데, 이것은 원하는 변화에 이르는 경로에 따라 포함된 단계들, 이루어진 가정들 및 원하는 변화를 가능하게끔 (또는 억제하게끔) 만들 수 있는 사전 조건들을 포함하는 중재의 기저의 이론을 명시할 필요성을 강조하기 위한 것이다.[8]

(4) 4단계: 중재의 실시

이 용어가 암시하는 바와 같이, 실시(implementation)는 중재활동들을 실행하는 것 즉, 중재의 수혜자들에게 그것들을 실시하는 실제의 과정을 일컫는다. 프로그램들을 적절하게 실시하기 위해 포함될 필요가 있을 수 있는 많은 실제적 세부사항들이 있다. 중재의 규모와 구조에 의해 결정된 중재의 복잡성에 따라, 실제의 세부사항들은 적절한 시설의 확보, 직원의 채용, 적절한 훈련의 실시 및 운영예산, 관리구조들, 직무기술들, 수행평가방법들, 선전전략들, 기관 간의 의뢰안건들과 같은 사항들을 포함할 것이다. 더욱이, 중재는 그것의 효과성 정도가 평가될 수 있는 방식으로 설계되고 실시되어야만 된다.

중재의 평가

다양한 프로그램들이 사람들과 그들의 환경을 변화시키고자 설계되고 실시되어왔다. 이러한 프로그램들 중의 어떤 것들은 범죄, 교통 사고와 사망, 직무만족, 학교폭력, 학교아동들의 행동문세와 같은 다양한 문제들을 감소시키기 위해 고안되었다. 다른 것들은 봉급수준, 직무만족, 생활기술들 및 자기존중에 관련된 요인들을 증가시키거나 향상시키고자 시도했다. 평가자들은 그러한 변화들을 흔히 결과(outcome; 또는 성과)라고 일컫는다.

사회과학분야에서의 연구설계에 관한 권위자인 Campbell(1969)은 프로그램 평가의 필요성을 강력하게 주장하면서, 평가의 문화를 요구했다.[9] 그는 현대의 국가들이 사회개혁에 대한 실험적 접근에 대해 준비되어 있어야만 된다고 지적했다. 이것은 특수한 사회문제들을 치유하기 위해 새로운 프로그램들을 고안하고, 이것들이 효과있는 여부를 알아내고, 이것들의 분명한 효과성에 기초해서 이것들을 유지하거나, 수정하거나, 버리는 접근을 일컫는다.

그의 제안은 어떤 프로그램의 가설이 아무리 주의 깊게 개념화되고 설득력 있을지라도, 그 프로그램이 설계되고, 실시되고, 평가될 때까지 그것은 단지 하나의 명제에 불과하다는 인식으로부터 나온 것이다. 평가는 중재의 설계와 실시의 과정의 하나의 필수부분이며, 그 과정 속의 "5번째 단계"라고 간주될 수 있다. 실제로, 훌륭한 중재설계는 프로그램 평가(program evaluation)를 위한 계획을 포함한다. 중재들을 평가하는 것의 중요성에 대한 증명은 평가연구(evaluation research; 또는 프로그램 평가, program evaluation)라는 사회과학에서의 하나의 별개의 분야의 존재이다. 최근에 프로그램 평가가 심리학자들을 위한 하나의 특별하게 유망한 성장분야라고 지적되고 있다.[10] 평가연구는 사회적 프로그램들의 필요성, 그러한 프로그램들이 설계되고 실시되는 방식 및 원하는 변화들이나 결과들을 비싸지 않은 비용으로 생산하는 데 대한 이것들의 효과성에 관한 의문들에 대해 답변하기 위해 광범위한 사회연구방법들을 응용하는 것이라고 정의될 수 있다.[11]

중재평가의 이유들

모든 중재들은 개인적 중재들이건 프로그램적 중재들이건 간에, 그 효과가 평가되어야만 된다. 특히 프로그램적 중재들이 평가되어야만 되는 몇 가지 이유가 있다.

첫째로, 중재에 사용된 이론적 가정들을 검증하기 위해서 중재들이 평가되어야만 된다. Lewin은 모든 응용연구들이 이론에 의해 인도되며, 이것들이 이론발전에 기여하는 것으로 보았다. 따라서 평가연구의 하나의 주된 이유는 중재의 바탕이 되는 이론적 가정 즉, 변화에 관한 프로그램 논리모형이나 이론의 기초를 검증하는 것이다. 중재의 효과성은 중재의 기초가 되는 이론적 근거의 타당성에 관한 정보를 제공해 준다. 이러한 평가적 피드백이 응용분야들에서 유용성을 가진 이론들을 발전시키는 데에 중요하다.

둘째로, 중재를 평가하는 다른 중요한 이유는 윤리적인 것이다. 연구자들은 미국에서의 14개의 주요 사회문제들(예: 물질남용, 빈곤, 실업, 가정폭력, 청년임신, 문맹)을 열거했으며, 각 문제에 대해 수백 개나 수천 개의 프로그램들이 있다고 시사했다.[12] 이러한 많은 프로그램들의 존재는 여러 가지 방식으로(예: 신체적, 사회적, 교육적 및 경제적으로), 그리고 여러 정도로 프로그램 활동들에 영향을 받는 수백만 명의 수혜자들이 있다는 것을 나타낸다. 이러한 프로그램들의 목표들은 여러 가지 방식으로 수혜자들의 기능을 향상시키는 것인데, 이것을 보증하는 유일한 수단은 평가를 통한 것이다. 프로그램의 실시를 책임진 사람들은 이것이 수혜자들에게 의도된 이익을 제공하고 그들에게 어떤 의도되지 않은 부정적 결과를 제공하지 않도록 만드는 윤리적 책임을 진다. 윤리적 책임은 또한 비효과적 프로그램들의 중단과 효과적 프로그램들의 개선으로 확장된다.

셋째로, 재정적 책무성(financial accountability)의 이행을 위해 프로그램 평가가 필요하다. 존재하고 있는 수천 개의 사회적 프로그램들에는 막대한 예산이 투입되고 있으며, 그 대부분이 국민들이 낸 세금에 기초되어 있다. 따라서, 프로그램들이 의도된대로 사람들의 생활을 향상시킬 경우에는 다행스럽고 가치있는 일이 되지만, 그러한 돈이 비효과적 프로그램들을 위해 낭비될 경우에는 누가 그리고 어떻게 책임을 져야 될 것인가? 미국에서, 미디어캠페인들이 행동을 변화시키는 데에 효과적이라는 것을 보여 주는 통제된 연구들이 없었을 당시에, 정부후원으로 20억 달러의 예산을 들인 약물금지 미디어캠페인의 실패가 지적되었다.[13] 프로그램들은 프로그램 실시에 필요한 예산이나 기금을 제공하는 것을 결정하는 입법기관들이나 정부기관들, 또는 사설기관들의 책임자들을 설득하기 위해서, 프로그램의 효과에 관한 설득력 있는 증명을 제시할 수 있어야만 된다. 더욱이, 비록 어떤 프로그램이 효과적인 것으로 밝혀졌을지라도, 그것이 너무 고비용일 수 있다. 따라서, 프로그램들은 효과적인 동시에 저비용적으로 되는 것이 가장 바람직스러울 것이다.

넷째로, 그리고 마지막으로, 평가연구는 프로그램 발전(program development)을 위해 필요하다. 대부분의 프로그램들은 완전한 것이 아니며, 더 효과적 프로그램들이 되기 위해서 계속 수정되고 개선되어야만 된다. 평가연구는 이러한 목적을 위해서 기초적인 유용한 정보를 제공할 것이다.

요약하면, 프로그램들에 대한 평가 연구가 프로그램들이 경험적으로 검증된 튼튼한 이론적 가정들에 기초되어 있고, 적절한 윤리적 안전장치들을 갖고 있고, 재정적 책무성을 이행하고, 계속 수정되고 개선되는 것을 보장하기 위해 필요하다.

중재평가에 있어서 연구설계의 중요성

제3장에서, 우리는 인과관계를 규명하기 위한 연구에 있어서 실험설계의 이점들을 제시했다. 실험법은 연구의 내부타당도(internal validity) 즉, 독립변인이 실제로 종속변인의 변화를 일으켰다는 것에 대한 높은 확신을 제공한다. 이와 비슷하게, Campbell(1969)과[14] 그 밖의 연구자들이 주장한 바와 같이,[15] 만일 우리가 중재가 의도된 결과를 낳는지를 진정으로 알고 싶어한다면, 평가자들은 하나의 실험으로서 수행되는 중재에 대해서 확신 있는 결론에 도달할 수 있다. 실험으로서 수행되는 중재에서, 장래의 프로그램 참가자들이 중재집단이나 "무처치"의 통제집단에 무작위적으로 배정된다. 두 집단에 대한 모든 환경요인들이 유사하다고 가정하면서, 집단들 간의 차이들(예: 청년들의 자기존중의 증가들)이 다소의 확신을 갖고서 중재에 귀인될 수 있다.

준실험들로서 수행된 중재들의 경우에, 프로그램 효과에 대한 확신은 더 낮을 것이다. 예컨대, 준실험들에서 참가자들의 무작위배정이 사용되지 않으며, 중재집단에 대한 프로그램의 결과들이 연구자들이 중재집단과 유사하다고 생각했던(예: 소득수준이나 IQ와 같은 소수의 특징들 상에서 걸 맞추어진) 다른 비교집단에 대한 프로그램의 없음의 결과들과 비교되게 될 것이다. 이것은 준실험으로서 수행된 중재들의 평가가 가치 없다는 것을 의미하지는 않는다. 실제로, 일상생활 속에서 중재를 실시할 때, 실험법은 흔히 다양한 이유로 가능하지 않다. 실험법의 사용이 불가능할 때, 준실험법이 사용되어야만 된다. 하지만, 준실험법이 사용되었을 때, 프로그램 효과에 관한 결론들에 대해 더 조심해야만 된다.[16]

평가의 두 가지 유형: 과정평가와 결과평가

프로그램 평가의 두 가지 유형, 즉 과정평가와 결과평가가 구분되고 있다.[17] 과정평가(process evaluation; 또한 형성평가, formative evaluation이라고도 알려짐)는 프로그램이 그 대상자들(중재가설 속에서 확인됨)에게 도달했는지와 프로그램 활동들(프로그램의 논리모형 속에서 개요됨)이 규정된 방식으로 실시되어 왔는지를 결정짓기 위해서 실시된다. 기본적으로, 이것은 프로그램이 계획된 방식대로 실시된 여부를 결정짓고자 한다. 예컨대, 만일 알코올중독 프로그램의 활동들이 중독된 사람들에게 5회의 개인 상담세션과 5회의 집단 상담세션을 제공하는 것을 포함하고 있다면, 과정평가는 내담자들이 실제로 알코올에 중독되어 있으며 실제로 규정된 횟수와 유형의 상담세션들을 받았다는 것을 확인할 것이다.

결과평가는 대개 과정평가 후에 실시된다. 결과평가(outcome evaluation; 또한 총괄평가, summative evaluation이라고 알려짐)는 프로그램이 그것의 목적들(즉, 프로그램 논리모형 속에서 기술된 단기적 결과들)을 얼마나 잘 달성했는가를 평가하며, 더 포괄적인 평가 속에서, 이것은 또한 프로그램이 그 목표들을 얼마나 잘 달성했는가를 평가한다. 기본적으로, 결과평가의 가장 중요한 목적은 프로그램의 수혜자들에게서 일어나는 기능상의 가설화된 향상이 그 활동들에 대한 접촉의 결과인지를 결정하는 것이다. 예컨대, 어떤 알코올치료프로그램의 결과평가는 참가자들이 프로그램의 끝 무렵에 알코올의 장기적 자제에 대한 강한 약속을 공공연하게(예: 모든 다른 참가자들이 있는 속에서) 표현하는 여부를 평가할 수 있을 것이다. 실제의 장기적 자제의 목표에 대한 평가가 그 프로그램의 완료 후의 규정된 시간(예: 1년) 후에 일어날 것이다.

이미 시사된 바와 같이, 프로그램 평가는 프로그램 개발의 하나의 불가결한 부분이다. 프로그램 평가의 결과들은 흔히 우리에게 프로그램 논리모형을 재검토하고 개정하도록 만들 것이며, 따라서 목표들, 목적들 및 활동들 상에서의 변화를 일으킬 것이다. 예컨대, 어떤 알코올중독 프로그램에 대한 논리모형은 가족지원의 중요한 역할을 포함시키게끔 수정되어야만 될 수 있으며, 이것에 의해서 가족의 관여를 강조하는 새로운 프로그램 활동들(예: 가족상담)과 목적들을 포함시키는 것을 필요로 할 수 있다.

평가자들은 또한 평가가 조직 내의 혁신과 학습의 과정을 지원하는 데에 있어서 할 수 있는 중요한 역할을 인정해왔다. 이러한 평가유형은 발전적 평가(developmental evaluation)라는 용어를 만들어 왔으며, 중재들이 초기의 혁신단계 속에 있을 때나, 문제의 원인들이나 해결책들이 불분명하고 중재의 이해당사자들이 동일한 입장에 있지 않은 빈곤이나 무주택과 같은 매우 복잡한 상황들 속에 있을 때에 사용될 수 있다. 발전적 평가는 대개 과정과 결과 평가의 접근들이 적용될 수 있는 어떤 혁신적 해결책을 발전시키려는 의도를 갖고서, 문제에 대한 새로운 접근들을 검증하고 실험하는 것을 포함한다.

평가에 대한 발전단계적 접근

프로그램들은 이것들이 시초의 설계로부터 프로그램의 실시를 위해 직원들이 채용되고 서

표 4.1 프로그램 발전의 단계들과 이것들에 따른 평가유형들

프로그램 발전단계	취급될 주요 의문	평가유형
지역사회의 필요성의 평가	지역사회 주민들이 건강, 교육, 읽고 쓰기 등의 어떤 최저수준을 어느 정도로 성취하고 있는가?	필요성 사정 (needs assessment)
지역사회의 필요성을 충족시키기 위한 프로그램의 설계	건강과 복지의 어떤 최저기준을 달성시키는 데에 어떤 종류의 프로그램이 필요한가?	평가가능성 사정 (evaluability assessment)
프로그램의 실시와 운영	프로그램은 어떻게 운영될 수 있는가, 그리고 일단 이것이 운영되면, 우리는 이것이 계획대로 운영되고 있는지를 어떻게 결정할 것인가?	과정 평가 (process evaluation)
프로그램의 결과들을 내놓음	프로그램은 원했던 비용수준에서 의도된 효과들을 갖고 있는가?	결과 평가(outcome evaluation): 비용－이익 또는 비용－효과 평가

비스들이 안정적으로 제공되는 지점으로 이동할 때에, 몇 개의 단계를 통과해서 진행되는 것으로서 간주될 수 있다. 이러한 과정 속에서 각 단계는 다음의 단계 쪽으로의 이동 이전에 해결될 필요가 있는 주요 이슈나 의문이 제기되는 특징이 있다. 예컨대, 프로그램의 계획단계에서 취급되는 첫 번째 의문들 중의 하나는 얼마나 많은 사람들이 그러한 프로그램을 필요로 할 것인가이다. 필요성사정(needs assessments)이 이러한 의문에 답변하기 위한 가장 적절한 형태의 평가연구절차이다. 프로그램 개발 후의 훨씬 뒤에 프로그램이 어느 기간 동안 운영된 후에, 취급되는 핵심적 의문은 그 프로그램이 참가자들에 대해 원했던 영향을 주었는지 이다. 결과평가(outcome evaluation)가 프로그램 개발의 이 단계에서 사용되기가 가장 적절한 평가절차일 것이다.

발전단계접근(developmental stage approach)에 의하면, 사용될 평가의 유형은 프로그램의 발전단계와 그 단계에서 취급될 필요가 있는 핵심적 이슈들에 밀접하게 관련 지워져야만 된다.[18] 표 4.1은 프로그램들이 그것들의 발전과정 속에서 통과해 가는 주요 단계들을 제시하고 있다. 이것은 또한 각 단계에 연관된 핵심적 이슈나 의문과 그러한 의문들을 취급하는 데에 사용되는 평가의 유형을 상세화시키고 있다. 표에서 제시된 평가의 주요 유형들의 각각이 다음 절들에서 논의될 것이다.

프로그램의 필요성(needs)의 평가

프로그램들은 흔히 중요한 경제적, 사회적 및 건강적 문제들을 취급하기 위해 설계된다. 문제가 더 심각할수록, 그것을 취급하기 위한 프로그램을 만드는 것이 더욱 중요하다. 하지만, 이러한 문제들의 심함 정도를 어떻게 결정할 수 있는가? 이것을 행하는 첫 번째 단계는 경제적, 사회적, 신체적 및 정서적 복지의 최저기준들을 확립하는 것이다. 그러한 기준의 한 예가 "빈곤선"(poverty line)이다. 많은 지역사회들이 개인이나 가족이 큰 고생을 경험함이 없이 사는 데에 필요한 최저선이라고 간주되는 소득수준에 대해 동의해왔다. 이 수준 이하에 들어가는 소득수준을 가진 가족들은 적절한 생활용품, 식량 및 기타 필수품을 갖는 측면에서, 심각한 곤란을 겪기 쉽다. 이러한 기준의 가용성과 특정의 지역사회 내의 가정들의 소득수준에 관한 지식으로, 우리는 단순하게 최저 소득수준 이하에 들어가는 소득을 가진 가정들의 숫자나 백분율을 셈으로써 어떤 지역사회 내에 얼마나 많은 "빈곤한" 사람들이 있는지를 결정할 수 있다.

필요성사정(needs assessment)은 필요한 수준이라고 간주되는 것과 실제로 존재하는 수준 사이에 간격이 있는 지역들을 확인하는 것을 포함한다. 포괄적인 필요성사정은 특정의 모집단이나 지역사회에 의해 경험된 필요성의 종류들을 확인하는 것뿐만 아니라, 그러한 필요성을 취급하는 지역사회에서 이미 사용가능한 기존의 프로그램자원들의 정도를 포함한다.[19] 예컨대, 큰 숫자의 빈곤가정과 이러한 가정들을 돕는 적은 프로그램을 가진 지역사회가 비슷한 숫자의 빈곤 가정을 갖고 있지만, 이러한 가정들의 필요성을 취급하는 몇 개의 프로그램을 이미 갖고 있는 지역사회보다 더 큰 필요성 상태 속에 있기 쉽다.

필요성(needs)을 평가하기 위한 3개의 주요 접근들이 있다: 즉, 지표접근들, 조사접근들 및 지역사회 인상접근들이다.[20]

지표접근들(indicator approaches)

어떤 집단이나 지역사회의 필요성을 평가하는데 대한 지표접근들은 다양한 소스들(예: 병원과 학교의 기록들, 센서스자료, 범죄통계치로부터 얻어질 수 있는 "지표들"이나 정보의 검토를 포함한다. 지표접근의 한 유형은 현재 사용가능한 서비스들이 이용되고 있는 정도에 관한 기록들의 조사를 포함한다. 예컨대, 학교폭력을 감소시키기 위한 프로그램을 어떤 학교들에서 실시할 것인가를 결정하는 교육공무원들을 고려해보자. 어떤 학교들이 이러한 프로그램을 가장 많이 필요로하고 있는가를 결정하는 한 방법은 특정의 기간 동안에 각 학교에서 보고했던 폭력(예: 싸움, 약한 아이를 괴롭히는 것)의 발생숫자를 결정짓기 위해 각 학교에 있는 기존의 기록들을 조사하는 것이다. 이러한 접근의 명백한 제한점들 중의 하나는 이것이 사용가능한 기록들의 정확성과 타당성에 의존한다는 것이다. 약한 아이 괴롭히기(bullying)와 공격의 많은 사건들이 피해자들이 가해자들로부터의 보복의 두려움 때문에 학교직원들에게 신고되지 않는 경우가 충분히 있을 수 있다.

다른 지표접근은 보다 더 추론적이거나 간접적 방식으로 가용한 통계치의 사용을 포함한다. 이 접근은 대개 위험에 당면한 모집단을 정의하는 것을 수반한다. 다시 말하면, 모집단의 어떤 특정의 부분이 어떤 문제나 상태를 발전시킬 유의하게 더 큰 가능성을 갖고 있을 수 있다. 예컨대, 빈곤과 신체 및 정신건강문제들 사이에 관계가 있다는 것이 분명하게 확립되어왔다.[21] 따라서, 빈곤자들이 정신건강문제들에 대한 위험에 당면한 하나의 모집단을 이룰 것이다. 정신건강 프로그램을 어디에서 실시할 것인가를 결정함에 있어서, 우리는 저소득의 사람들의 높은 비율을 갖고 있고, 따라서 정신건강문제들을 갖기 쉬운 지역들을 알아내기 위해 센서스자료를 사용할 수 있다. 비록 이러한 접근들이 사용하기가 비교적 용이하고 비용이 적을지라도, 이것들의 간접적인 성질과 추론에 대한 의존은 이것들을 필요성의 유일한 지표로서 사용하는 데에 조심해야만 된다는 것을 함의한다.

조사접근들(survey approaches)

조사들은 특정의 모집단의 필요성의 훨씬 더 직접적인 지표를 제공한다. 조사에 의한 필요성사정(need assessment)을 실시함에 있어서, 우리는 문제들이나 상태들을 알아내기 위해 고안된 측정도구를 관심을 두고 있는 집단이나 모집단의 사람들의 한 무작위적 표본에게 실시할 것이다. 예컨대, 어떤 학교구역 내에 있는 학교들의 폭력문제의 정도를 결정하기 위해, 각 학교의 학생들의 한 무작위적 표본이 얼마나 자주 폭력사건들(예: 위협, 싸움, 약한 아이 괴롭히기)에 관여되어 왔는가를 묻는 질문지에 대해 응답할 수 있다. 이 접근이 노르웨이의 학교들에서 약한 아이 괴롭히기(bullying)의 발생정도를 결정짓기 위해 사용되었다.[22] 조사들은 이것들이 더 직접적이고 타당한 필요성지표를 제공한다는 점에서, 지표접근들에 대한 하나의 개선이다. 이것들의 주된 단점은 이것들이 대개 시간과 금전의 큰 소비를 요한다는 것이다.

지역사회 인상접근들

지역사회 인상접근들(community impressions approaches)은 핵심 정보제공자 면접들, 포커스 집단들(focus groups) 및 지역사회 공개토론회들(community forums)의 수단에 의해 가장 시급한 필요성들이 무엇인가에 관해서 사람들의 인상들을 질문하는 것을 포함한다. 핵심 정보제공자 면접들(key informant interviews)에 의해 필요성의 인상들을 수집함에 있어서, 우리는 평가받고 있는 집단의 필요성에 관해서 특별히 잘 아는 10 내지 15명의 사람들의 목록을 작성한다. 예컨대, 만일 우리가 학교폭력을 취급하는 프로그램을 고려하고 있다면, 핵심 정보제공자들의 목록은 학교상담자들, 학교직원들 또는 그러한 폭력의 빈번한 표적들인 집단들에서 뽑은 학생대표들을 포함시켜야만 될 것이다. 이들은 학교에서의 폭력사건들에 관여되어 왔던 많은 학생들을 잘 알고 있기 쉽고, 따라서 문제의 발생정도와 심각성에 관해서 잘 알고 있을 것이다.

전형적인 포커스 집단(focus group)에서, 8명 내지 12명의 사람들이 촉진자나 조정자의 지시 하에서 특정의 문제를 토의하기 위해 모인다.[23] 조정자는 모든 사람이 제시된 이슈들에 대한 의견을 제시할 기회를 갖는 것을 보장하고, 주제에 대한 토의를 계속하게끔 만들기 위해 모임에 참석한다. 이 집단은 이것이 대개 소수의 핵심질문들을 취급하기 위해 질문받는다는 점에서 초점이 두어져 있다(focused). 예컨대, 학교폭력에 관계된 포커스 집단에서, 8명 내지 10명의 학생들로 구성된 집단들이 "학교폭력이 이 학교에서 어느 정도로 문제가 되는가?"와 같은 초점적 의문들을 토의하도록 요구받을 수 있다.

지역사회 공개토론회들(community forums)에서 전체 지역사회의 사람들이 관심을 두고 있는 이슈를 토의하기 위해 한 모임에 초대받는다. 포커스 집단에서와 같이, 토론은 특수한 문제나 이슈에 초점이 두어지고, 조정자나 토론자단(panel)이 토의를 촉진시키기 위해 있다. 각자에게 발언할 제한된 시간이 주어지며, 그 주된 목적은 지역사회의 필요성들에 대해 가능한 한 많은 관점들이 제시되게끔 만드는 것이다.

핵심 정보제공자 면담들, 포커스 집단들 및 지역사회 공개토론회들과 같은 지역사회 인상 접근들의 주된 장점은 이것들이 이해당사자들에게 그들의 필요성들을 확인하는 데에 직접 관여하게끔 만들어 주는 것이다. 이러한 절차들이 갖는 주된 단점은 비교적 소수의 사람들(즉, 변접받는 핵심 정보제공자들, 포커스 집단들 또는 지역사회 공개토론회 참석자들)이 전체 지역사회의 필요성들을 확인하는 데에 관여된다는 것이다. 이것은 면접받지 않은 사람들이나, 집단면담들이나 공개토론회들에 참석하지 않았던 사람들의 큰 비율이 그들의 지역사회의 필요성들에 대해서 상이한 생각을 갖고 있을 경우에 문제가 될 수 있다.

프로그램 평가의 한 예: 노르웨이에서의 약한 아이 괴롭히기(bullying) 문제의 해결을 위한 프로그램[24]

범죄나 폭력과 같은 사회악의 피해자가 되는 사람들이 흔히 그 사회 내에서 가장 적은 힘(power)을 가진 사람들이라는 것은 하나의 불행한 일이다. 이러한 종류의 피해(victimization)는 약한 아이 괴롭히기와 아동공격에 관한 연구가 보이는 바와 같이, 매우 어린 연령에서 시작될 수 있다. 약한 아이 괴롭히기(bullying)는 가십(gossip)과 집단활동으로부터 피해 아동들을 은연적으로 따돌리는 것과 같은 간접적 행동들로부터 강탈, 언어적 공격 및 신체적 학대를 포함하는 더 직접적 행동들까지의 범위에 이를 수 있다. 노르웨이, 영국 및 캐나다에서의 연구들은 다수의 학교아동들이 그들의 또래들에 의해 괴롭힘을 당하거나 따돌림을 당한다는 것을 나타내 준다. 노르웨이에서 수행된 하나의 전국적 연구는 약 83,000명의 학생들(즉, 약 7명 중의 1명의 학생들)이 가끔 또는 더 자주 약한 아이 괴롭히기 사건들에 관여되었다는 것을 나타냈다.[25] 캐나다의 토론토시에서의 한 최근 연구는 15%의 학생들이 학교에서 전 학기 동안에 한 번이나 두 번 이상으로 다른 학생들을 괴롭혔다는 것을 나타냈고, 20%가 그 학기 동안에 한 번이나 두 번 이상의 괴롭히기의 피해자들이었다는 것을 나타냈다.[26]

괴롭히기의 결과들은 피해자와 가해자 모두에 대해서 해롭다. 괴롭히기의 피해자들은 상당한 정서적 및 신체적 고통을 경험한다. 그들은 흔히 피공격에 대해 그들 자신을 탓하며, 그들 자신을 무가치하고 매력 없다고 보게 된다. 이러한 느낌들은 참화를 일으키는 영향을 줄 수 있다. 1982년에, 10세 내지 14세의 3명의 노르웨이 소년들이 그들의 또래들의 심한 괴롭힘의 결과로 자살을 저질렀다. 이것은 우리나라에서도 마찬가지이다. 괴롭히는 학생들 자신들에 대한 결과들도 또한 매우 부정적일 수 있다. 연구자는 6학년 내지 9학년의 괴롭히는 학생들이라고 특징지어진 소년들의 60%가 24세에 도달했을 무렵에 어떤 범죄를 저질렀다는 것을 발견했다.[27]

1982년의 세 명의 노르웨이 소년들의 자살은 1983년 가을의 노르웨이 학교들에서의 전국적인 괴롭히기방지(antibullying) 프로그램의 개시에서 절정을 이루었던 몇 개의 반응을 자극시켰다. 이 프로그램의 주요 요소들은 학교들에게 괴롭히기에 관해서 알려주는 것, 교사들에게 이 문제를 처리하기 위해 사용할 수 있는 전략을 제공하는 간행물의 배부, 문제에 관해서 부모들에게 알려 주는 학부모－교사회의들 및 각 학급 내에서의 괴롭히기에 관한 규칙들의 수립과 그러한 행동이 처리될 수 있는 방법을 포함했다. 부가적으로, 괴롭히기에 관한 정보와 충고를 싣고 있는 4페이지의 소책자가 학교들을 통해 취학아동을 가진 모든 가정에게 배부되었고, 괴롭힘을 당한 두 명의 아동의 생활에서 있었던 에피소드들을 보여 주는 비디오를 전국적으로 널리 보여주었다.

이 프로그램의 평가는 몇 년의 기간에 걸친 약 2,500명의 4학년 내지 7학년 학생들로부터 정보를 수집하는 것을 포함했다. 가을학기에서의 중재의 시작 4개월 전인 1983년 봄학기에, 각 학생은 이전 학기에서의 괴롭히기에 관한 두 개의 주요 질문에 대해 반응하도록 요구받았다: (a) 당신은 학교에서 얼마나 자주 괴롭힘을 당했습니까? 그리고 (b) 당신은 학교에서 얼마나 자주 다른 학생들을 괴롭히는 데에 관여해 왔습니까? 반응들은 이것이 이번 학기에 일어나지 않았다(0점으로 채점됨)에서, 일주일에 한번(3점으로 채점됨), 매일 여러 번(6점으로 채점됨)의 범위에 이르는 한 개의 척도 상에서 이루어졌다. 이 질문들은 중재가 시작된지 8개월 후와 20개월 후에 다시 질문되었다.

이 프로그램이 국내의 모든 학교들에서 채택되었다는 사실은 적절한 평가설계를 개발할 하나의 도전거리를 제공했다. 만일 국내의 모든 아동들이 이 프로그램에 참가했다면, 평가자들은 관여된 아동들과 비교하기 위해, 이 프로그램에 관여되지 않았던 아동들의 집단을 어떻게 발견할 수 있는가? 그들이 결정했던 해결책은 "준실험설계"의 사용이었는데, 여기에서 아동들의 처치 후의 점수들이 1년 전에는 동일한 연령이었지만 그 당시에 중재에 관여되지 않았던 아동들의 중재 전 점수들과 비교하는 것이었다. 예컨대, 8개월의 프로그램을 방금 완료했던 5학년 학생들의 결과점수들이 그 연도에 5학년이었고 아직 그 프로그램에 노출되지 않았던 아동들의 전년도 점수들과 비교되었다.

평가결과들은 괴롭힘을 당하거나 다른 학생들을 괴롭히는 것에 관한 학생들의 보고들에서 약 50%의 감소와 더불어, 프로그램에 대한 관여 전의 동일한 연령의 아동들과 프로그램에 관여되었던 아동들 간의 뚜렷한 차이들을 나타냈다. 평가연구는 괴롭힘방지 프로그램의 개시와 개발과 다른 국가들에서의 이것의 사용에 있어서 중요한 역할을 했다. 노르웨이의 학교들에서의 괴롭히기의 발생에 관한 연구자의 필요성사정 연구는 정부당국자들에게 이 프로그램을 시초에 준비하도록 설득하는 데에 도움을 주었다. 이 프로그램의 결과들에 대한 평가는 정부와 학교계통에 있는 사람들에게 이 프로그램이 효과적이었다는 것을 말해 주었고 몇 개의 다른 나라의 사람들에게 노르웨이에서 개발된 것과 같은 정책들과 프로그램들이 진지한 고려를 받을 만하다는 것을 설득하게끔 도와주었다.

프로그램의 평가가능성의 사정

어떤 프로그램의 필요성에 대한 결정이 이루어진 후에, 결정된 프로그램에 관한 많은 다른 의문들이 제기될 수 있다. 그 프로그램은 어떤 종류의 목표들을 달성시키도록 노력해야만 되는가? 어떤 종류의 프로그램이 실시되어야만 되는가? 계획되고 있는 프로그램이 그 목표들을 달성시킬 가능성은 얼마나 되는가? 이러한 의문들은 프로그램들의 설계단계에서 적용될뿐만 아니라, 어느 기간 동안 실시되어 온 프로그램들에 대해서도 또한 관련이 있다. 평가가능성 사정(evaluability assessment)은 이러한 종류의 의문들에 답변하기 위해 고안된 하나의 절차이다.[28)29)]

평가가능성 사정은 프로그램의 세 가지 측면에 대해 초점을 둔다: 즉, 그것의 목표들과 의도된 효과들, 그러한 목표들이나 효과들을 달성하기 위해 사용된 프로그램 활동들이나 서비스들 및 목표들과 프로그램 활동들을 연결시키는 이론적 설명이나 논리이다.

어떤 프로그램이 "평가가능하다"고 즉, 그것의 서비스들에 대한 공식적 평가를 받기 위한 준비성이 있다고 간주 받게 되기 위해서, 다음의 세 가지 조건이 충족되어야만 된다:

① 프로그램 목표들은 명료하고, 특수하고, 측정가능해야만 된다.
② 프로그램의 주요 활동들은 조리있고 명확하게 진술되어야만 된다.
③ 프로그램 활동들이 프로그램의 주요 목표들을 달성시킬 것으로 기대되어야만 되는 이유에 관해 설득력 있는 이론적 설명이 제시되어야만 된다.

다음 절들에서 평가가능성의 이러한 요소들의 각각이 차례대로 고려될 것이다.

프로그램의 목표들

건전한 프로그램의 개발을 위해 한 세트의 명료하게 제시되고, 구체적이고, 측정가능한 프로그램 목표들보다 더 중요한 것은 아마 없을 것이다. 프로그램의 목표들이 그 프로그램이 달성시키고자 하는 것의 본질을 나타내 주기 때문에, 그것들은 프로그램의 존재 이유를 정당화시켜 준다. 일반적으로, 특수한 프로그램에 대해 두 종류의 목표들이 규정될 수 있다. 서비스나 활동의 목표들은 프로그램이 제공하는 서비스들의 종류들이나, 프로그램이 실시하는 활동들의 종류들에 관련짓는다.[30] 이것들은 프로그램이 수행하는 것을 일컬으며, 특정의 기간 동안의 프로그램 서비스들이나 활동들의 원하는 수준을 기술한다. 예컨대, 학교폭력을 감소시키기 위한 프로그램을 고려해보자. 어떤 학교가 학교폭력을 감소시키기 위해 폭력방지 프로그램을 개시해 왔다. 이 프로그램은 학부모들, 교사들 및 학생들에 대해 학교폭력에 관한 인쇄된 교육재료의 배부를 포함하며, 학생들에게 그들의 곤란들을 해결하는 비폭력적 방법을 제공하기 위해서 싸움과 괴롭히기에 관한 일련의 학급토의들을 실시하는 것을 포함한다. 이러한 프로그램에 대한 서비스나 활동 목표들은 프로그램이 의도하는 서비스나 활동의 양을 규정한다. 예컨대, 폭력방지 프로그램은 다음의 목표들을 세운다:

- 학교의 모든 아동들과 아울러 학부모들에게 교육재료를 배부한다.
- 학교의 모든 학급이 학교폭력에 관한 최소한 2회의 토의를 갖는다.

흔히, 프로그램들은 그것들이 달성시키고자 하는 것을 기술하는 계획서 속에 단지 서비스나 활동의 목표들만을 포함시킬 것이다. 비록 이러한 종류의 목표들이 중요할지라도, 만일 프로그램이 달성시키고자 하는 바를 지적하기 위해 서비스나 활동 목표들만이 제시되고 있다면, 프로그램 목적의 결정적 요소가 누락되어 있다. 앞에서 정의된 바와 같이, 프로그램의 주요 목적은 프로그램 참가자들이나 그들의 환경에서의 어떤 변화를 일으키는 것이다. 이것은 프로그램 목적들의 포괄적인 기술이 프로그램 실시의 결과로서 프로그램 참가자들이나 그들의 환경들에서 일어나게 될 변화의 종류들을 기술하는 목표들을 포함시켜야만 된다는 것을 시사한다. 이러한 변화들에 관련지우는 목표들을 변화(change)나 결과(outcome)의 목표들(goals)이라고 일컫는다. 학교의 폭력방지 프로그램에서, 핵심적 변화목표는 재학생들의 폭력사건들(예: 싸움, 위협, 괴롭히기)의 숫자를 감소시키는 것일 것이다.

프로그램의 목표들은 이것들이 구체적이고 측정가능한 것을 보장하기 위해, 프로그램이 변화시키고자 하는 것(예: 참가자들의 지식, 기술, 태도, 행동, 건강상태)뿐만 아니라, 변화의 크기, 기대되는 변화들의 시기 및 기대되는 변화들의 지속성을 상세하게 규정해야만 된다.

프로그램 활동들

흔히, 프로그램들은 비록 이것들이 포함하게 될 활동들에 관한 매우 적은 정보가 제시되어 있을지라도, 기금을 제공받는다. 이것은 프로그램을 평가하고자 하는 사람들에 대해 심각한 곤란을 제기시킨다. 폭력방지 프로그램에 참가해 왔던 학생들이 폭력사건에 관여되는 경향이 더 적다는 증거가 있다고 가정하자. 이러한 결과를 내놓은 것이 무엇인가? 어떤 사람이 다른 학교들에서 이 프로그램을 반복하기 위해 어떻게 해야 될 것인가? 이 프로그램이 비성공적인 것으로 판명되어왔다고 가정하자. 우리는 이 프로그램이 실패한 이유를 어떻게 결정할 것인가? 그것은 학생들, 학부모들 및 교사들이 문제를 처리하기 위한 불충분한 정보를 제공했기 때문이거나, 학급토의들이 학생들의 흥미를 끌기에 재미없었거나 충분하게 관련 있지 않았기 때문인가? 주요 프로그램 활동들의 구성에 관한 상세한 지식이 없이는 이러한 의문들에 대해 답변하기가 곤란하다.

프로그램 활동들에 관한 포괄적 기술은 프로그램 참가자들에 대해 무엇이 일어나는가에 관한 상세한 설명을 요한다. 프로그램 참가자들은 참가하기 위해 처음에 어떻게 오는가? 프로그램 서비스들이나 활동들은 누가 제공하는가? 프로그램에 누가 참가하는가? 서비스제공자들은 참가자들에 대해 무엇을 말하거나 행하는가? 예컨대, 학교에서의 폭력방지 프로그램에 관한 포괄적 기술은 교육재료들 속에 무엇이 들어 있었는가, 이것들은 얼마나 길었는가, 이것들이 누구에게 그리고 어떻게 배부되었는가에 관한 상세한 설명을 포함시킬 것이다. 학급토의에 관해서, 프로그램의 기술은 각 학급에서 개최된 토의 숫자, 각 토의의 길이, 토의의 주도자 및 토의에서 취급된 주제들과 의문들에 관한 정보를 포함할 것이다.

프로그램의 논리 또는 이론

프로그램을 개발하고 실시하는 데에 상당한 노력과 경비가 소요된다. 만일 프로그램이 실패한다면, 이러한 노력과 경비는 낭비되어 버린다. 불행하게도, 이러한 종류의 결과가 너무 흔히 발생한다. 왜 이것이 일어나는가? 많은 경우들에서, 프로그램 개발자들은 그들의 프로그램의 기초가 되는 논리나 이론에 대해 충분한 주의를 기울이지 않아 왔다.[31] 프로그램의 논리는 프로그램 활동들과 프로그램의 의도된 효과들 사이의 고리를 제공한다. 이것은 프로그램 활동들이 참가자들이나 그들의 환경들에서의 원하는 변화를 일으킬 것이라고 기대되는 것에 관한 어떤 정당화를 제공한다. 이러한 종류의 연결시켜 주는 이론적 기초가 유사한 필요성들이나 문제들을 취급하기 위해 설계된 프로그램들에 관한 평가보고서들이나, 취급될 문제의 원인들에 관한 이론들이나 연구들로부터 나올 수 있다. 후자에 관한 한 예가 또래들과 잘 지내는 데에 곤란을 갖고 있는 아동들을 돕기 위한 한 프로그램의 개발에서 찾아질 수 있다. 연구자들은 이전 연구들로부터 또래들과 관계 맺는 데에 곤란을 가졌던 청년들이 갈등들을 처리하는 하나의 방식에 "빠져"있는 것 같다는 것을 발견했다.[32] 이 연구자들이 갈등을 처리하는 상이한 방법들에 관해서 생각하는 방법에 관한 훈련을 그들의 문제해결기술 프로그램 속에 통합시켰을 때, 그들은 아동들이 또래들과 잘 지내는 능력을 향상시키는 것을 도울 수 있었다. 이 경우에서, 이전 연구는 더 나은 대인관계기술들을 습득시키기 위해 그러한 활동들을 포함시켰던 프로그램을 기대하기 위한 하나의 논거(이유)를 제공했다.

프로그램의 과정과 서비스의 평가

프로그램이 계획될 때, 제공될 서비스의 종류들과 그러한 서비스들을 제공받는 사람들에 대해서 상당히 많은 고려가 기울여진다. 프로그램이 성공을 거두기 위해서, 적당한 질의 서비스들이 진정으로 필요한 사람들에게 충분한 양으로 제공되어야만 된다. 불행하게도, 프로그램 서비스들이 충분한 양으로 제공되지 않았거나,[33] 그러한 서비스들의 질이 매우 나빠서 아무도 그것들로부터 이익을 얻을 것 같지 않은 경우들이 많다. 때로는, 높은 질의 프로그램들이 불충분한 양으로 제공되고, 이것들이 또한 진정으로 필요하지 않은 사람들에게 제공된다.

우리는 프로그램들이 적합한 사람들에게 충분한 양과 질로서 제공되는 것을 어떻게 보장할 수 있는가? 프로그램 평가가능성에 관한 앞 절에서 지적된 바와 같이, 첫 번째 단계는 일어나야만 되는 활동의 종류들과 이것들의 정도나 양을 상술하는 서비스나 활동의 목표들을 확립하는 것이다. 하지만, 일단 이것들이 상술되었을 경우에, 우리는 목표들이 달성된 여부를 어떻게 결정하는가? 이것을 행하는 한 가지 수단은 경영정보체계(management information system)를 사용하는 것이다.

경영정보체계들(management information systems)

경영정보체계는 프로그램의 관리를 돕기 위해서, 프로그램 참가자들과 그들이 관여된 프로그램 활동들에 관한 정보를 수집하는 한 방법이다. 프로그램 참가자들에 관한 정보가 하나의 "접수"(intake)의 형태로, 사람들이 어떤 프로그램에 처음으로 접하게 될 때에 흔히 수집된다. 이 시점에서, 프로그램에 참가하게 될 각 개인의 연령, 교육수준, 결혼상태, 소득수준 및 프로그램 참가 이유가 질문된다. 어떤 규정된 기간(대개, 1개월, 분기 또는 년) 동안에 프로그램에 참가했던 모든 사람들의 접수양식들(intake forms)로부터 얻어진 정보를 정리함으로써, 우리는 그들에 관한 상세한 양상(picture)을 파악할 수 있다. 예컨대, 규칙적 운동을 행하지 않는 사람들의 심혈관 건강을 향상시키고자 설계된 건강증진 교실들의 한 프로그램을 고려해보자. 참가자들에게 매주 얼마나 많이 운동을 해 왔는가를 질문하는 것이 중요할 것이다. 만일 프로그램 참가에 대해 서명했던 사람들의 대부분이 이미 규칙적 운동을 행하고 있는 것으로 판명되었다면, 이 프로그램은 프로그램이 시초에 돕기 위해 설계된 사람들을 참가시키지 못할 것이다. 이러한 정보는 프로그램 관리자들에 대해 유용한 것이다. 그들은 이 프로그램이 진정으로 필요한 사람들을 더 많이 확보하기 위해 다른 방식으로 프로그램을 광고하기로 결정할 수 있다.

프로그램이 제공하는 서비스들의 성질과 양을 점검하기 위해, 흔히 개인이 참가할 때마다 필요한 정보가 수집된다. 건강증진 프로그램에서, 이것은 개인에 대한 기록을 유지해서, 개인이 참가해 온 운동의 종류들과 각 운동세션의 시간에 주목할 수 있다. 이러한 정보는 특정의 기간 동안에 얼마나 많은 사람들이 프로그램에 참가할 것인가와 같은 정보를 얻기 위해 정리될 수 있다. 이러한 종류의 정보는 프로그램에 관한 의사결정들에서 유용할 수 있다. 예컨대, 만일 대부분의 사람들이 일주일에 단 한번 운동교실들에 참가하고 있다면, 이것은 어떤 심혈관 건강증진에 대해 불충분한 것으로 간주되고, 프로그램 참가의 빈도를 증가시키는 방법을 찾아야만 될 것이다.

프로그램 결과의 평가의 두 가지 접근들

프로그램을 평가하기 위한 궁극적이고 가장 중요한 기초는 그것이 변화나 결과의 목표들을 달성시켜 온 정도이다. 프로그램의 결과나 영향을 평가하는 가장 보편적인 방법은 양적 방법들의 사용을 포함한다. 평가자들과 프로그램 요원들로부터 점증하는 인정을 받아 온 더 최근의 접근은 질적이거나 자연적 방법들의 사용을 포함해왔다.

양적 접근

프로그램은 프로그램 참가자들과 그들의 환경에서의 어떤 규정된 변화를 일으키고자 설계된 활동들의 조직화된 세트이다. 양적인 결과평가를 실시함에 있어서, 첫 번째 단계들 중의 하나는 프로그램의 결과로서, 변화될 것으로 가정되는 행동들에 대한 적합한 측정도구를 발견하는 것이다. 예컨대, 학교폭력을 감소시키기 위해 설계된 프로그램을 평가하기 위해, 우리는 학교에서 폭력적이거나 공격적인 행동의 양을 측정하는 어떤 방법을 찾을 것이다. 이것은 몇 가지 방법으로 달성될 수 있다. 성공적 접근들은 다음을 포함할 수 있다: 학생들을 관찰하고, 관찰기간 동안에 일어나는 위협과 싸움을 포함하고 있는 사건들의 숫자를 기록하는 것; 학생들에게 그들이 관여된 어떤 위협들이나 싸움들에 관해 노트하도록 매일 일지를 쓰게끔 만드는 것; 또는 학생들에게 특징의 기간 동안에 경험해 온 공격적 사건들이 얼마나 많은가를 회고적으로 추정하도록 만드는 것이다.

일단, 어떤 적합한 측정도구가 발견된다면, 그 다음의 단계는 평가설계를 상술하는 것이다. 이 설계의 핵심 목적은 아래의 두 개의 의문에 대해 답변하는 것이다:

1. 프로그램 목표들에서 규정된 원하는 변화들이 어느 정도로 발생했는가?
2. 이러한 변화들은 프로그램에다가 귀인시킬 수 있는가?

평가설계는 선정된 결과 측정도구가 언제 그리고 누구에게 실시될 것인가를 상술하는 하나의 계획이다. 이 두 개의 핵심요소들은 우리가 프로그램 참가자들이 원하는 방식으로 변화되었으며 변화들이 프로그램에 대한 관여의 결과라고 말할 수 있는 확신성을 결정한다.

표 4.2는 학교에서의 폭력을 감소시키는 것을 돕기 위해 설계된 프로그램의 결과평가를 위한 두 개의 가능한 설계들을 제시하고 있다.

첫 번째 설계인 단일집단 검사전－검사후 설계에서, 폭력방지 프로그램에 자원했던 50명의 학생들이 1개월의 기간 동안에 자유놀이 시간들 동안에 관찰된다. 전체적으로, 이 학생들이 1개월 기간 동안에 73개의 공격적 사건들에 관여되었다고 가정하자. 그 다음에, 그들은 그들의 공격적 행동에 대한 태도들을 변화시키고, 그들이 폭력에 의지함이 없이 그들의 문제를 해결하는 것을 돕게 될 3개월의 프로그램에 참가한다. 프로그램이 끝날 때, 학생들은 1개월 동안 다시 관찰되는데, 이 기간 동안에 공격적 사건들의 숫자가 16으로 감소되었다. 이것은 우리에게 무엇을 말해 주는가? 이것은 프로그램이 일으키고자 설계 되었던 변화들의 종류가 실제로 발생되었다는 것을 나타낸다.

이러한 변화들은 프로그램에다가 귀인시킬 수 있는가? 불행하게도, 단일집단 검사전－검사후(pretest–posttest design)설계는 우리에게 발생된 변화를 일으킨 것이 프로그램에 대한 참가이었다는 것을 말하는 데에 있어서 많은 확신을 제공하지 못한다. 관찰된 공격적 사건들의 숫자의 감소를 일으켰을 수 있는 많은 일들이 프로그램이 운영되고 있었던 3개월 동안에 발생해 왔을 수 있다. 예컨대, 새로운 비폭력적 게임들이나 활동들이 3개월 동안의 프로그램 기간에 인기 있어 왔을 수 있으며, 아동들이 자유놀이시간 동안에 이 게임들에 대한 그들의 관여가 그들을 매우 바쁘게 만들어서 그들이 싸움과 괴롭힘에 관여하게 될 시간을 갖지 못하게끔 만들었을 수 있다. 따라서, 프로그램이 아니라, 인기 있는 게임들이 폭력적 행동의 감소를 일으켜 왔을 수 있다. 검사전–검사후 설계에다가 한 개의 비교집단(comparison group)을 추가시킴으로써(표 4.3 참조), 우리는 우리가 관찰했던 변화들이 프로그램의 결과이었는지를 훨씬 더 큰 확신을 갖고서 결정할 수 있다. 비교집단설계(comparison group design)에서, 프로그램에 참가하지 않았던 사람들이 관여했던 공격적 사건들이 프로그램 참가자들이 관찰된 것과 동일한 기간 동안에 기록된다. 만일 비교집단의 사람들이 공격적 에피소드들의 감소를 보이지 않는 반면에, 프로그램 참가자들이 감소를 보인다면, 우리는 프로그램 참가자들에 대해 폭력감소를 일으킨 것이 그 프로그램이었다고 더 확신할 수 있다. 프로그램집단의 사람들과 비교집단의 사람들이 서로 더 유사할수록, 관찰된 변화를 일으킨 것이 어떤 다른 요인이 아니라, 프로그램 자체이었다고 더 많이 확신할 수 있다. 프로그램 집단과 비교집단 사이의 동등성을 보장하는 가장 좋은 방법은 프로그램에 대해 자원했던 사람들을 두 집단들 중의 하나나 다른 하나에 무작위적으로 배정하는 것이다.

표 4.2 두 개의 평가설계들

단일집단 검사전-검사후 설계			
참가자들	검사 전	프로그램	검사 후
50명의 프로그램 참가자들	프로그램 전 달의 공격적 사건들의 숫자 (73개의 사건들)	3개월간의 폭력방지 프로그램	프로그램 후의 달의 공격적 사건들의 숫자 (16개의 사건들)

한 개의 비교집단을 가진 검사전-검사후 설계			
참가자들	검사 전	프로그램	검사 후
프로그램 집단: 50명의 프로그램 참가자들	프로그램 전 달의 공격적 사건들의 숫자 (72개의 사건들)	3개월간의 폭력방지 프로그램	프로그램 후의 달의 공격적 사건들의 숫자 (16개의 사건들)
비교집단: 프로그램에 관여되지 않았던 50명의 학생들	프로그램 전 달의 공격적 사건들의 숫자 (70개의 사건들)	프로그램이 없음	프로그램 후의 달의 공격적 사건들의 숫자 (72개의 사건들)

질적 접근

프로그램 평가에 대한 질적 또는 자연주의적 접근들은 프로그램이 관여된 사람들에게 영향을 주는 것에 관해 몇 개의 기본적 가정을 행한다. 이 접근들은 프로그램들이 이것들이 포함되어 있는 사회적, 역사적 및 시간적 맥락에 대해 독특하고 복잡한 실체들이라고 가정한다. 이것들은 또한 프로그램 속에 관여된 각 개인이 어느 정도 독특하며, 몇 개의 표준화된 측정도구들 상의 숫자적 점수들을 살펴봄으로써 적절하게 기술될 수 없는 경험을 가질 것이라고 가정한다. 프로그램을 경험하고 있는 사람들의 보다 더 완전하고 의미있는 이해를 발전시키기 위해, 자연주의적 평가자는 더 질적인 다른 접근들이 사용되어야만 된다고 주장할 것이다.

질적 평가연구에서, 세 개의 주된 자료수집방법이 사용된다: 즉, 심층적이고 열린 응답형 면접들, 직접 관찰 및 프로그램 문서들과 기록들의 검토이다.[34] 면담들, 관찰들 및 문서들이 질적 평가보고서 속에 들어 있는 "자료"를 구성하는 인용문들과 기술들의 소스들이다. 질적 평가보고서의 주된 목적은 독자에게 프로그램 속에 포함된 것이 무엇과 같이 보이는가와 그 프로그램이 참가자들에게 어떻게 영향을 주었는가에 관한 어떤 주관적 느낌들을 제공하는 것이다.

양적 접근 대 질적 접근

우리는 특정의 프로그램의 평가에 대한 양적 접근과 질적 접근 중에서 어느 것을 사용할 것인가를 어떻게 결정하는가? 만일 평가목적이 프로그램에 관여된 사람들의 관점들로부터 프로그램의 영향에 관한 전체적이고 심층적인 이해를 얻는 것이라면, 질적 접근이 선택될 것이다. 이와 달리, 만일 평가 목적이 모든 참가자들이 프로그램에 의해 수립된 목표들을 달성시킨 정도를 결정하는 것이라면, 양적 접근이 더 좋을 것이다. 하지만, 다수의 평가연구자들은 최선의 접근이 방법론적 다수주의(methodological pluralism)라고 주장해 왔는데, 여기에서는 양적 및 질적 방법들이 모든 평가에서 사용된다.[35]

프로그램 결과에 관련된 비용의 평가

정책수립자들, 정부들 및 서비스기관들이 당면한 가장 중요한 결정들 중의 하나는 그들의 권한 내에서 한정된 자원을 어떻게 배분하는가이다. 한정된 자원을 갖고서, 모든 프로그램들에다가 자금을 쓸 수는 없다. 우리는 프로그램들이 지원될 여부를 어떻게 결정할 것인가? 이러한 결정을 행하는 하나의 기초는 프로그램의 효과성이다. 다른 하나의 기초는 프로그램의 비용

(cost)이다. 비용－이익(cost－benefit) 또는 비용－효과 분석들(cost－effectiveness analyses)이 프로그램 결과들이나 효과들을 일으키는 데에 요구된 비용들과 관련해서, 프로그램들을 검토하게끔 해주는 방법들이다.

이러한 분석적 접근들에서 첫 번째 단계는 프로그램의 비용들을 결정하는 것이다. 비용들을 평가하는 데에 있어서 전형적 접근은 성분들 접근(ingredients approach)이다. 이것은 프로그램을 운영하는 데에 요구된 모든 "성분들"이나 투입들(inputs)을 열거하는 것을 포함한다. 이러한 성분들은 프로그램의 서비스들을 제공하는 데에 필요한 직원들이나 인력들, 프로그램 운영에 사용되는 시설들 및 요구되는 재료들이나 장비들을 포함한다. 일단 성분들이 상세화되었다면, 각각에 대한 비용이 결정될 수 있으며, 총 프로그램 비용이 각 성분들의 비용들을 총계함으로써 계산될 수 있다. 그 다음에, 이러한 총 비용이 프로그램 참가자당 비용(참가자들의 총수에 의해 나눔으로써), 또는 서비스시간당 비용(제공된 서비스의 총 시간수에 의해 나눔으로서)으로 전환될 수 있다.

비용–이익분석(cost–benefit analysis)

프로그램의 비용에 관련해서 프로그램의 결과를 살펴보는 한 방법은 결과들과 비용들을 모두 금액으로 표시하는 것이다. 이러한 접근이 미국의 미시간주의 한 프로그램(Perry Preschool program)의 평가에서 사용되었다.[36] 이 프로그램은 빈곤 아동들의 후기 인생에 대해 지장을 줄 수 있는 몇 가지 교육적 결핍들을 없애기 위해 그들에게 높은 질의 아동기교육을 제공하기 위해 설계되었다. 낮은 사회경제적 지위의 가정출신의 3세와 4세 아동들이 전문회된 취학 전 프로그램이나 통제집단에 무작위적으로 배정되었다. 전문화된 취학 전 프로그램집단의 아동들은 프로그램에 따라 그 해의 7개월 동안에 매주 5회의 아침반에 참가했으며, 그들의 부모들이 일주일에 1회의 가정방문을 받았으며, 그 비용은 1년 동안에 한 명의 아동당 약 5,000$이었다. 그 이후에, 취학 전 프로그램집단과 통제집단 속에 있었던 아동들이 7년 동안 추적되었다. 19세경에, 취학 전 프로그램에 참가했던 아동들이 통제집단의 아동들과 비교되었을 때, 특수한 교육서비스들을 받을 필요성(한 아동당 5,000$의 평균 절약임), 체포당하는 것(3,000$의 절약임) 또는 복지보조를 받는 것(16,000$의 절약임)의 경향이 더 적었다. 감소된 비용의 측면에서, 총 이익은 한 아동당 약 28,000$이었는데, 이것은 프로그램에 포함되었던 각 아동의 매년 프로그램 운영비의 5배 이상이었다.

비용-효과분석(cost-effectiveness analysis)

모든 프로그램들이 금전으로 측정될 수 있는 결과를 내놓지는 않는다. 예컨대, 정신건강이나 읽고 쓰기 프로그램들은 금전적 용어로 표현하기 곤란한 결과를 낳는다. 이것은 우리가 프로그램의 이익이 그 비용보다 더 큰지에 대해서 더 이상 말할 수 없다는 것을 의미하는데, 이것은 이익들이 비용들과 다른 단위들로 측정되기 때문이다. 하나는 금전적으로 측정되지만, 다른 것은 그렇지 않다. 하지만, 프로그램결과들이 그래도 비용-효과분석의 사용을 통해 프로그램 비용들과 비교해서 살펴볼 수 있다.

어린 아동들의 읽기기술을 향상시키고자 설계된 두 개의 프로그램이 있는 경우를 고려해보자. 한 프로그램은 주당 2시간 동안에 전문적인 선생과 함께 공부하는 아동들을 포함했고, 다른 프로그램은 매일 아동들과 함께 읽기를 수행하는 자원자인 "읽기 친구들"(reading buddies)의 배정을 포함했다. 두 개의 프로그램이 모두 아동들의 읽기기술을 향상시키는 데에 효과적이라고 판명되었지만, 선생조건의 프로그램이 약간 더 효과적이어서, "친구" 프로그램의 아동들의 1.5학년 수준의 향상에 비해서 2.0학년 수준의 향상을 낳았다. 하지만, 선생조건의 프로그램은 또한 각 아동에 대한 "친구"프로그램의 300$의 비용에 비해서, 각 아동에 대해 800$의 비용이 들어서, 더 비싼 프로그램이 되었다. 우리는 어느 쪽 프로그램을 지지하기로 결정할 것인가? 비용-효과분석을 사용함에 있어서, 비용-효과의 비율이 각 프로그램에 대해서 계산되며, 이 비율은 한 단위의 변화나 결과를 일으키는 데에 얼마나 많은 비용이 드는가에 관한 하나의 지표가 된다. 이것은 선생조건의 프로그램을 사용해서 읽기에 있어서 매 학년수준의 향상에 대해 400$의 비용이 들고, "친구"조건의 프로그램을 사용해서 매 학년수준의 향상에 대해 단지 200$의 비용이 든다는 것을 나타내 줄 것이다. 다시 말하면, 단위 향상 당 비용은 선생조건의 프로그램보다 "친구"조건의 프로그램이 더 적다.

중재의 실제적 문제들

중재의 실시과정의 문제들

이 장은 개인적 중재보다 프로그램적 중재에 대해 더 많이 초점을 두어왔다. 우리는 중재들의 설계의 기초단계들을 기술해왔다. 비록 이러한 단계들이 프로그램 개발에 대해 기본이 될지라도, 이것들이 진공 속에서 수행되지는 않는다는 것을 인식해야만 된다. 모든 설계들 따라서, 중재설계들은 많은 제약들 속에서 운영되어야만 되며, 이러한 제약들 속에서 일하는 동시에, 중재들의 통합성과 효과성을 유지시키기가 때로는 매우 힘든 일이다. 가장 흔한 제약은 예산이다. 다른 제약들은 더 미묘하다. 이하에서, 우리는 세 개의 일반적 제약들을 제시한다.

첫째로, 중재들은 예산이 있어야만 되며, 그 기금들은 대개 기금제공자(funder)의 더 폭넓은 정치 철학이나 이데올로기(보수적이건 진보적이건 간에) 속에 들어 있는 정책방향들에 기초되어 있다. 따라서, 중재들이 경험적으로 증명된 방법론의 등장에 의해 오로지 추진된다는 시각은 너무 순진한 것이다.[37] 확실히 경험적 증명이나 타당화가 사회심리학 이론과 지식의 성공적 응용에 대해서 결정적인 것이지만, 그러한 것들에 기초된 중재들은 상이한 정도로 기금제공자의 욕구와 소망에 따라야만 된다. 아무리 잘 증명되었다고 하더라도, 중재들에 관한 아이디어들은 이것들에 대해 기금을 제공하려는 사람들의 승인을 받기 위해서 항상 심사받아야만 된다.

둘째로, 중재설계는 그 책임이 관련자들 간에 공유되는 하나의 협력적 과정이다. 예컨대, 중재설계는 흔히 한 팀으로서 작성하는 상이한 학문의 전문가들(그리고 때로는 프로그램 참가자들)을 포함하다. 따라서, 물질남용진료소에서 재발의 예방을 돕기 위한 중재를 설계하는 것은 응용사회심리학자 이외의 의료전문가들과 임상심리학자들과 아울러 사회사업가들과 상담자들을 포함시키기가 쉽다. 각 전문가 집단은 중재설계에 대해 독특한 경험과 관점을 제공할 것이다. 따라서, 효과적이기 위해서 중재의 설계자들은 설계의 핵심요소들이 하나의 조리있고 통합된 전체를 이루기 위해 논리적으로 그리고 운영적으로 상호 연결되어 있는 것을 보장하는 동시에, 관련자들의 광범한 아이디어를 고려할 수 있어야만 된다. 또한, 듣기, 관계구축 및 협상이 중재설계에 관여된 모든 응용사회심리학자들의 필수능력들의 일부분이 된다는 것을 전제할 때, 도전은 지적인 것뿐만 아니라, 또한 인간관계적이라는 점에 대해서도 유의해야만 된다.

셋째로, 법률, 다양한 조직정책들과 기존의 절차들에 의해서 규정된 제약들이 또한 존재한다. 조정되어야만 될 조직적 제약들은 참가자들에 대한 접근에 대한 제약들, 시설들의 사용가능성, 운영시간들, 직원의 사용가능성 및 제약들에 대비한 계획수립을 포함한다.

이러한 제약들의 어느 것도 무시될 수 없고, 따라서 모두가 중재설계와 최종적 실시의 과정 속에서 처리되어야만 된다. 이것들은 때로는 처리할 수 있고, 때로는 처리할 수 없다. 예컨대, 어떤 제약들은 협상불가능한 반면에(예: 내담자의 기록의 비밀의 유지, 비자발적 참가자들의 수용을 요구당하는 것), 다른 제약들은 여러 정도로 협상가능 할 수 있다. 대개, 설계자들은 예컨대, 더 많은 사람들에 대한 접근을 얻기 위해서 더 융통성 있는 채용이나 소개의 준거들을 갖는 것과 참가자의 피드백에 대한 반응으로 프로그램 제공모형을 변화시키기 위해 관리자측의 동의를 받는 것과 같은 중재의 성공적 실시를 위해 필요한 업무들에 대해 대비해야만 된다.

윤리문제들

제3장에서, 사회적 현상들의 이해를 발전시키기 위한 연구들이 윤리기준들에 따라 수행된다는 것이 지적되었다. 기초연구의 수행에서 윤리문제들이 존재하는 것과 꼭 같이, 응용 상황에서의 연구 방법들과 발견들의 윤리적 사용에 관한 우려가 또한 제기될 수 있다. 실제로, 개인들, 집단들 및 조직들의 기능상의 변화를 일으키는 것에 대한 초점은 기초적 이해에 초점을 둔 연구들에서 전형적으로 나타나는 것들을 넘어서 다수의 윤리문제를 제기한다. 윤리문제들이 중재의 설계와 아울러 평가에서 제기될 수 있으며, 이것들은 실무자의 전문가정신과 도덕성에 대해 도전할 수 있다.

비록 심리학자들이 전국적 학회들의 윤리기준들과 같이 전문분야의 윤리기준들에 의해 인도되고 있을지라도, 어떤 사람들은 많은 응용심리학에 대한 윤리기준들이 심리학자와 개인적 내담자 사이에서 일어나는 이슈들에 집중된다고 지적했다.[38] 이들은 이러한 윤리기준들이 내담자들의 개인적 권리들 예컨대, 비밀유지와 성적 접촉의 금지를 보호하기 위해 특별하게 고안되어왔다고 지적한다. 이와 같이, 이것들은 다수의 관련자들(예: 프로그램 참가자들, 직원들, 기금제공자들 및 전체 지역사회의 멤버들)을 포함하는 프로그램적 중재들에 대해서 제기되는 이슈들을 완전히 적절하게 취급하지는 못한다.

프로그램의 설계와 평가에서 윤리적 딜레마들이 제기될 수 있다. 프로그램의 설계에 있어서, 응용사회심리학자를 고용한 조직체나 정부기관이 평가연구에서 의문스러운 평가를 받았던 정치적 인기에 치중된 중재를 지원할 경우에, 딜레마가 발생될 수 있다. 만일 응용사회심리학자가 프로그램 가설을 지지하지 않는 증거를 감추고 있다면, 비효과적 중재에 대해 상당한 자원들이 낭비되기 쉽고, 프로그램의 수혜자들도 도움 받지 못할 것이다. 다른 한편으로, 만일 그러한 정보를 누설한다면, 응용사회심리학자의 직업이 위험해 질 수 있다. 프로그램의 평가에 있어서 제기되는 딜레마는 더욱 심각할 수 있다. 어떤 사회봉사기관이 제공한 주요 프로그램의 결과평가를 수행하도록 채용된 응용사회심리학자가 그 프로그램이 비효과적이라는 결정을 내리는 경우를 가정해보자. 이러한 경우에, 그 기관은 기금의 삭감이나 취소를 당하고, 심지어 기관이 폐쇄될 수도 있다. 이렇게 되면, 기관의 관리측은 평가보고서 상에서 부정적인 것들보다 긍정적인 것들에 대해 더 많이 초점을 두도록 요구할 것이며, 이것은 결국 평가의 전반적 발견들을 왜곡시킬 것이다. 이러한 경우에, 관련된 응용사회심리학자는 큰 딜레마에 당면하게 된다. 만일 응용사회심리학자가 발견들을 왜곡시켜서 보고하기를 거절한다면, 그 사람의 기관과의 관계(그리고 가능한 장래의 계약들)와 그 기관의 생존이 위태롭게 될 것이다. 이와 달리, 만일 응용사회심리학자가 관리측의 요구에 따른다면, 서비스를 필요로하는 사람들이 제공받지 못할 것이고, 정부의 기금이나 기타 자원들이 낭비되게 될 것이다.

윤리적 딜레마들이 중재의 설계와 평가에 관련된 응용사회심리학자와 고용 조직체 간의 입장이나 관점의 차이에서 주로 제기되는 것은 아니다. 이것들은 관여된 사람들(예: 내담자집단들, 기금제공자들, 정책결정자들, 등)의 입장들과 대립되거나 경쟁이 되는 가치체계들(예: 가난한 아동 대 모든 아동에 대한 학교급식)과 같은 많은 요인들에서 나올 수 있다는 것을 유의하는 것이 중요하다. 어떤이들은 그러한 윤리적 딜레마들이 기본적으로 많은 욕구들의 존재와 부족한 자원들과 이들 자원을 차지하기 위해 결과되는 경쟁의 필요성에서 나오는 정치적 갈등들로부터 나온다고 주장한다.[39] 이러한 딜레마들을 해결하기 위해서, 프로그램의 설계나 평가 과업을 시작하기 이전에 다양한 관련자들 간의 솔직하고 열린 토의를 갖는 것이 제안되었다.[40] 이러한 토의의 목적은 심리학자의 역할을 명확히 하고 또한 직업적 및 윤리적 기준들, 평가의 목적과 부정적 발견들의 gka의들(예: 기금삭감, 발전적 정보로서의 사용), 등을 명확히 하는 것이다.

윤리적 딜레마들을 예방하거나 해결하기 위한 다른 접근은 중재의 설계와 평가의 관건적 결정들을 행하는 데에 다양한 관련자들(프로그램 수혜자들, 일선직원들, 관리자들, 이사회멤버들, 기금제공자들, 등)을 관여시키는 것이다. 다수의 관련자들로 구성된 운영위원회가 권력 불균형들을 취급하고, 여러 관련자들의 욕구들을 인정해 주고, 투명성을 증진시키고, 후원 조직이 결정에 대해서 책임을 지는 것을 보장할 수 있다.

응용사회심리학자가 직업의 윤리기준들과 모순되는 잠재성을 갖고 있는 과제들에 대한 참가를 거부하는 것이 가끔 필요하다고 지적되고 있다.[41] 응용사회심리학자에 대해서, 윤리적 딜레마들로부터 벗어나는 손쉬운 방법은 드물다. 개인의 전문성이 전문가 자신의 자기이익을 넘어서 가장 도움이 필요한 사람들의 이익에 기여할 수 있도록 행동할 책임성을 수반한다는 것을 항상 기억해야만 된다.

사회정책(social policy)에 영향을 주기

응용사회심리학은 중재의 개발과 평가뿐만 아니라, 사회정책이나 공공정책의 개발에 기여할 수 있다. 사회정책에 대한 심리학과 기타의 사회과학들의 기여의 잠재력이 오랜 동안 인정되어왔다. 또한 사회적 이슈들에 관한 사회과학적 지식의 양과 사회정책들에 대한 이러한 지식의 영향력 사이의 상당한 격차가 오랜 동안 인정되어왔다. 오래 전에, 두 명의 미국 심리학회장은 심리학자들이 공공정책개발에 더 많이 관여할 것을 독려했다.[42][43] Zimbardo는 미국이 당면하고 있는 가장 심각한 문제들 중의 다수(예: 미국에 대한 아랍세계의 증오, 교육의 실패들, 중독들)가 심리학적 원인들과 결과들을 갖고 있으며, 심리학자들이 다른 학문들의 멤버들보다 이러한 이슈들에 관해 말할 거리를 더 많이 갖고 있기 때문에, 심리학자들이 공공정책에 관해서 더

많이 발언하고, 영향력 있는 지도자들과 정책수립자들과 함께 테이블에 앉을 필요가 있다고 지적했다.[44)]

아마 정책형성에서 한 역할을 하는 사회심리학적 연구에 관한 가장 유명한 예가 1954년의 미국 최고법원의 Brown사건의 판결에서 공립학교들에서의 인종분리를 비헌법적인 것으로 만들었을 때에 일어났을 것이다. 그 판결을 내림에 있어서, 법원은 그 결정에서 한 역할을 한 것으로서 7개의 사회과학 출간물들을 인용했다. 사회과학적 주장의 주된 취지는 인종분리가 아프리카계 미국인 아동들의 자기존중에 대해 부정적 영향을 주었으며 또한 인종 간 편견을 조장했다는 것이었다. 이 사건은 이것이 최고법원의 판결에서 심리학적 연구를 인정했던 최초를 기록했기 때문에 특히 주목할 만하며, 그 판결은 20세기 동안에 이루어진 사회적으로 가장 중요한 것이었을 것이다.

정책개발에 기여하는 사회과학연구의 다른 예는 북미에서의 형시법분야에서 나오는데, 이것은 과거 25년 동안에 철학과 운영전략의 변화를 보여왔다. 그 변화는 치안유지(policing)에 관한 전통적인 법집행모형(하나의 반응중심적 접근)에 대한 더 적은 강조로부터 치안유지의 지역사회 중심적 모형(적극적인 경찰－지역사회의 파트너십 접근)에 대한 더 많은 강조 쪽으로 있어왔다. 이러한 이동을 채택함에 있어서, 치안유지의 리더들과 관련 있는 정부기관들은 전통적 치안유지에서 사용된 핵심 운영절차들의 제한된 효과성과 생활의 질의 이슈들에 대한 더 많은 관심과 경찰－지역사회 간의 관계들의 향상에 대한 요구를 지적했던 연구증거에 상당히 의지했다.[45)]

따라서, 사회심리학은 정책개발과 아울러 중재개발에 기여할 수 있다. 정책과 중재 사이의 차이는 정책(policy)이 어떤 조직에 의해 채택된 일반적 행동코스를 일컫는 반면에, 중재(intervention)는 조직이 정책을 실시하기 위해 선택하는 특수한 구체적 행동들을 일컫는다. 예컨대, 한편으로, 어떤 경찰기관의 리더십이 조직 전체의 기초에서 지역사회 치안유지(community policing)를 실시하는 정책을 결정할 수 있을 것이다. 이와 달리, 중재는 그 기관이 정확하게 정책의 실시 즉, 지역사회 치안유지의 정책을 수행하기 위해 취해진 실제의 조치들(예: 경찰관들에게 지역사회 치안유지의 원칙들에 관한 강의를 듣게끔 만드는 것, 지역 파출소를 건립하는 것, 도보순찰들을 실시하는 것)을 선택하는가에 관계된다.

의심의 여지 없이, 사회정책에 대해 영향을 주는 것은 사회심리학을 포함하는 사회과학들의 하나의 매우 중요한 응용적 기능이다. 하지만, 사회정책적 영향에 초점을 두는 대신에, 이 장과 본서의 전체는 응용사회심리학의 필수조건으로서 간주되는 중재의 설계에 대한 사회심리학의 역할에 초점을 둔다. 사회심리학적 지식으로부터 사회정책에 대해 영향을 주는 것 쪽으로의 경로는 직접적인 것이 드물다. 정책적 의사결정에서 지식의 직접적 사용을 막는 많은 요인들이 확인되어왔다.[46)] 이것들은 정책결정에 대해 연구발견들을 적절하게 전달하는 것에 대한 연구자들의 실패, 연구증거의 철저한 수용을 막는 의사결정자들에 대한 시간압력들, 현 상태의 편안함에서 나오는 변화에 대한 저항, 과학적 증거와 일치되지 않는 입장을 가진 관련자들로부터의 압력들 등을 포함한다. 중재들의 개발의 경우에서, 지식으로부터 실제로의 경로는 더 적은 장애물들을 갖게 되기 쉽다.

요 약

1. 이 장은 사회적 및 실제적 문제들을 취급하기 위해 설계된 중재전략의 개발에 포함된 몇 가지 핵심요소들을 개요했다. 비록 우리가 개인적 중재들을 설계할 수 있을지라도, 초점은 프로그램적 중재들 또는 프로그램들에 대해 두어진다.
2. 프로그램들의 개발에 포함된 4개의 단계들이 있다. 즉, 문제의 확인, 해결책의 개발, 목표설정과 중재의 설계 및 중재실시이다. 중재의 효과평가가 프로그램 개발과정의 다섯 번째 단계라고 간주될 수 있다.
3. 프로그램 평가의 두 개의 주요 유형이 있다. 과정평가는 프로그램이 계획된대로 실시되어 왔는지에 대해 초점을 두며, 결과평가는 프로그램이 그것의 목적들을 달성시켰는가에 대해 초점을 둔다. 프로그램들이 항상 효과적이지는 않으며 때로는 비의도된 바람직스럽지 못한 결과들을 일으키기 때문에, 프로그램들을 평가하는 것이 중요하다.
4. 프로그램들에 대한 평가연구가 경험적으로 검증된 튼튼한 이론적 가정들에 기초되어있고, 적절한 윤리적 안전장치를 갖고 있고, 재정적 책무성을 이행하고, 계속 수정되고 개선되는 것을 보장하기 위해 필요하다.
5. 중재평가에서 중재가 의도된 결과를 낳는지를 진정으로 알고 싶어한다면, 실험설계가 사용되어야만 된다. 준실험을 사용한 중재들의 경우에, 프로그램 효과들에 대한 확신은 더 낮으며, 그 결론들에 대해 더 조심해야만 된다.
6. 프로그램 평가에 대한 발전단계적 접근은 프로그램들이 시초의 설계로부터 안정적으로 제공되는 지점으로 이동할 때에 몇 개의 단계들을 통과해서 진행되는 것으로 간주한다. 이러한 단계들에 따라 평가의 유형들은 필요성 사정, 평가가능성 사정, 과정평가 및 결과평가로 구분될 수 있다.
7. 프로그램의 필요성에 대한 평가를 필요성 사정이라고 일컫는다. 필요성을 평가하기 위한 접근들은 지표접근들, 조사접근들 및 지역사회 인상접근들이 있다.
8. 프로그램 평가의 한 예로서 노르웨이에서의 약한 아이 괴롭히기(bullying) 문제의 해결을 위한 프로그램 설계와 평가가 소개되었다.
9. 프로그램의 평가가능성 사정은 프로그램에 관한 많은 의문들에 답변하기 위한 하나의 절차이다. 이것은 프로그램의 세 가지 측면들 즉, 그것의 목표와 의도된 효과, 이것들을 달성하기 위해 사용된 프로그램 활동들이나 서비스들 및 목표들과 프로그램 활동들을 연결시키는 이론적 설명이나 논리에 초점을 둔다.
10. 프로그램이 제공하는 서비스나 활동의 목표들이 확립된 후에, 이것들이 달성된 여부를 결정하기 위해 경영정보체계들이 사용된다. 이것은 프로그램 참가자들과 그들이 관여된 프로그램 활동들에 관한 정보를 수집하는 한 방법이다.
11. 프로그램의 결과들을 평가하기 위한 가장 보편적인 방법은 양적 방법의 사용을 포함한다. 더 최

근에, 이를 위한 질적이거나 자연주의적 방법들에 대한 점증하는 인정이 있다.

12. 프로그램들이 지원받게 될 여부를 결정짓는 요인은 프로그램의 효과와 비용이다. 비용-이익분석이나 비용-효과분석이 프로그램의 비용들과 관련해서, 프로그램들을 검토하게끔 해주는 방법들이다.
13. 중재의 실시과정의 문제들로서 예산, 관련자들 간의 협력 및 법률, 조직정책들과 기존의 절차들에 의해서 제기되는 제약들이 적절하게 취급되어야만 된다.
14. 프로그램의 설계와 평가에서 윤리적 딜레마들이 제기될 수 있으며, 응용사회심리학자는 윤리적 딜레마들에 당면할 때에 자기이익을 넘어서 도움이 필요한 사람들의 이익에 기여할 수 있도록 행동할 책임이 있다.
15. 응용사회심리학은 중재의 개발과 평가뿐만 아니라, 사회정책이나 공공정책의 개발에 기여할 수 있다. 사회정책에 대해 영향을 주는 것은 사회심리학을 포함하는 사회과학들의 하나의 매우 중요한 응용적 기능이다.

제5장

임상과 상담심리학에 대한 사회심리학의 응용

사회적 불안
- 사회적 불안의 사회심리학적 뿌리들
- 자기제시이론
- 자기제시이론에 대한 지지 연구들
- 자기제시이론: 사회적 불안을 치료하기 위한 하나의 접근

우울증에 관한 하나의 사회심리학적 모형
- 우울증에 관한 무희망이론
- 우울증의 치료에 대한 무희망이론적 접근

신체이미지 장애
- 신체이미지의 성차
- 신체이미지에 대한 불안의 결과
- 신체이미지 장애에 관한 이론적 설명들
- 신체이미지 장애의 예방

낮은 자기존중

공황발작

수줍음

고독

관계 문제들
- 애착이론
- 애착스타일과 관계의 질
- 사회적 교환과 상호의존 이론
- 관계 문제들을 예방하기

요약

정신건강장애들은 성인들이 당면하고 있는 가장 흔한 문제들 중의 하나이다: 12개월의 기간 동안에 약 30%의 인구가 몇 개의 진단가능한 정신건강장애를 경험한다. 정신건강장애들은 이것들로 인해 고통을 당하는 사람들에 대한 큰 정서적 짐과 아울러 특히, 일할 능력이 없음의 면에서 사회에 대한 큰 경제적 짐을 부과한다. 임상심리학자들은 사람들이 고통을 당할 수 있는 정신적 문제들의 원인을 분석하고, 그러한 문제들을 처리하도록 사람들을 돕는 것에 관계하고 있다. 정신건강문제들이 또한 사회심리학자들에 대해서도 관심있는 것이다. 정신건강문제들은 중요한 정도로 사람들이 그들이 사회적 세계를 어떻게 지각하는가와 사람들이 그들의 대인관계들에서 어떻게 기능하는가에 뿌리를 두고 있다. 예컨대, 우울증이 있는 사람들은 흔히 사회적으로 고립되어 있으며, 이것은 "소속욕구"(need to belong)에 관한 사회심리학에서의 최근의 연구가 우울증의 이해에 직접 관련 있게끔 만든다. 물론, 사회심리학자들이 정신건강분야에서 행하는 모든 것을 단 한 개의 장 속에서 기술하기는 불가능하다. 따라서, 이 장은 단지 소수의 주요 정신건강문제들에 초점을 둔다. 그것들은 사회적 불안, 우울증, 신체이미지 장애 및 관계문제들이다. 응용사회심리학자들은 이러한 정신건강문제들 이외에도, 다양한 장애들을 취급하고 있다. 이것들에는 낮은 자기존중, 공황발작, 수줍음, 고독, 적대성과 공격, 만성 통증장애 등을 포함한다(예: Savada와 McCreary, 1997). 이러한 문제들은 사회심리학자들에 대해 매우 관련있는 주제들인데, 이것은 이것들의 높은 발생과 이것들로부터 고통을 당하는 사람들과 아울러 그들의 사회적맥락에 대해서 무기력하게끔 만드는 결과들 때문이다. 예컨대, 결혼문제들은 배우자들에게 우울증, 불안 및 약물과 알코올 남용으로 고통을 당하게끔 만들뿐만 아니라, 그들의 자녀들도 또한 고통을 당하게끔 만들 수 있다. 이 장에서 우리는 어떤 사회심리학적 요인들이 이러한 문제들을 일으키는가, 사회심리학자들이 어떻게 이 문제들을 이해하기 위해 연구를 수행하는가 및 사회심리학이 어떻게 이것들의 예방과 치료에 기여할 수 있는가를 논의한다.

사회적 불안

타인들을 처음 만나는 상황에서, 자기 자신이 바보처럼 여겨지거나 부적절하게 여겨질 수 있다. 이전에 이러한 생각들이나 이와 비슷한 생각들이 새로 만난 사람들과의 사회적 상황들에서 당신의 머리 속에 떠올랐던 적이 있는가? 만일 당신이 대부분의 사람들과 비슷하다면, 이러한 유형의 사고들이 때때로 당신의 마음 속으로 들어올 것이다. 사회적 불안이 심한 사람들에 대해서, 이것들은 매우 높은 빈도로 일어나고, 매우 성가신 경향이 있어서, 극도의 불안과 강한 고통감을 일으킨다. 기술적으로, 우리는 이러한 유형의 고통을 사회적 불안(social anxiety; 또한 사회적 공포증이라고 알려짐)이라고 부른다. 사회적 불안의 잘 알려진 증후들은 긴장과 초조를 느끼는 것이다. 아는 사람들과 상대할 때에 당황하는 경향이 있고, 낯선 이들과의 대화 동안에 얼굴을 붉히고, 자신이 잘 알지 못하는 타인들과 이야기해야만 되는 것에 관해서 두려움을 느끼고, 새로운 사람들을 만나는 것에 대해 걱정을 느끼고, 사회적 모임들을 피하는 것을 포함한다.

대인적 상호작용과 연합된 불안은 매우 압도적이어서 어떤 사람들을 부자연스럽게 어색하고, 억제되고, "뻣뻣한" 방식으로 행동하게끔 만들 수 있다. 이러한 외견상의 냉담함은 타인들에게 친절성, 자신감 및 주저함에 관한 경멸적 추론들을 내리게끔 자극한다. 어떤 사람들에 대해서 예기적 두려움은 또한 그들에게 우선적으로 사회적 상황 속으로 들어가는 것을 부끄러워하도록 만들 정도로 매우 기를 죽이는 것일 수 있다. 만일 사회적으로 회피적 행동이 습관화된다면, 이것은 점차적으로 개인에게 점점 더 타인들로부터 초연해지고 고립되게끔 만들 수 있다. 그러면, 결과적인 소외가 고독과 우울의 증후들로서 경험되게 된다.

사회적 불안의 사회심리학적 뿌리들

일반적으로 말하면, 사회적 불안의 증후들은 이것들에 걸리기 쉬운 사람들이 타인들과 상호작용하고 있을 때에 경험하게 되는 불쾌한 정서들의 정도의 한 연속선상에 들어간다. 이와 같이, 사회적 불안은 그 강도의 차이가 있을 수 있는 한 유형의 정서적 고통이다. 불안의 느낌들은 타인들이 잘 알지 못하는 사람들인 사회적 상황들에서 특히 뚜렷해지는 경향이 있다. 고통 연속선의 최고의 끝점은 때로는 사회적 공포증이나 사회적 불안장애라고 알려진 무력화시키는 장애로 고통을 당하는 것으로서 진단된다. 이 상태의 가장 극단적 형태는 전문적 치료를 받기에 충분하게 심하다. 완전한 사회적 공포증을 가진 사람들은 대인관계 상황들에 관한 보편적이고, 자멸적이고, 무력화시키는 공포를 갖는다. 그들은 사회적 부적절성의 과장된 느낌을 가지며 심한 당황을 두려워한다. 미국 정신의학회(2000)의 정신장애의 진단과 통계편람(Diagnostic and Statistical Manual of Mental Disorders; DSM－IV－TR)의 4판에 따라, 사회적 공포증(즉, 사회적 불안장애)는 "개인이 알지 못하는 사람들이나 타인들에 의한 가능한 심사에 접하게 되는 하나나 그 이상이 사회적 또는 수행적 상황들에 대한 뚜렷하고 지속적인 공포"라고 정의된다. 그 사람은 자기 자신이 창피하거나 당황하게 될 방식으로 행동할 것을 (또는 불안증후들을 보이는 것을) 두려워한다.[1)]

만일 당신이 사회심리학자이고, 어떤 사람들이 다른 사람들보다 사회적 불안의 무력화시키는 수준이 더 높은 경향이 있는 이유를 설명하도록 요구받는다면, 당신은 무엇을 말할 것인가? 이제 사회심리학자들이 무엇을 시사해오고 있는가를 살펴보자. 사회적 불안의 증후들의 발생과 영속화에 포함된 특수한 인지적－사회적 원인들을 알아내는 것이 그것들의 확인이 증후들이 어떻게 발전하는가에 관한 우리의 이론적 이해를 향상시키기 때문에 중요하다. 더욱이 훌륭한 이론적 이해는 이것이 실무자들에게 이미 고통을 당하고 있는 사람들에게서 불안을 감소시키는 데에 효과가 있는 치료법들을 개발하기 위한 청사진을 제공하기 때문에 실제적 가치가 있다. 청사진을 갖는 것은 또한 불안하지 않은 사람들이 그 장애를 발전시키지 않게끔 면역시키고자 하는 예방적 중재를 일으킬 것이다.

자기제시이론(self-presentation theory)

Leary와 Kowalski는 사회적 불안의 기원, 유지 및 치료를 밝혀 주는 것에 관한 폭넓은 사회심리학적 청사진을 개발했다.[2] 다시 말하면, 이 이론은 이것이 사람들에게 불안을 경험하는 데에 취약하게끔 만드는 사건들의 심리적 고리를 설명할뿐만 아니라, 또한 사회적 불안의 증후들이 어떻게 감소될 (그리고 예방될) 수 있는가를 기술하기 때문에 유용하다. Leary와 Kowalski의 자기제시이론(SPT)은 사회적으로 불안한 사람들의 임상적 표본들을 이해하는 데에 응용되었던 인지-사회적 틀에서 나왔다. 이 틀은 사람들이 타인들이 그들에 관해서 형성하는 인상을 관리하거나 통제하고자 한다고 가정한다. 자기제시이론(SPT)에 따르면, 우리에 관한 타인들의 인상은 그들의 인상이 그들이 우리에게 보수를 주거나 처벌을 주는 방식으로 행동할 여부에 영향을 주기 때문에 중요하다. 더욱이, 우리가 타인들에 대해 어떻게 행동하는가가 어느 정도, 그들이 우리에 대해 어떻게 행동하는가에 영향을 준다. SPT는 사람들이 그들이 타인들에게 전달하는 인상에 대해 면밀한 주의를 기울임으로써, 그리고 전략적 영향을 위해 이러한 인상을 의도적으로 변경시킴으로써, 타인들에게 그들이 원하는 대로 그들을 대우하게끔 만들 수 있다고 주장한다.

더욱이, Leary와 Kowalsi에 의하면, 개인은 두 개의 조건이 존재할 때에 사회적 상황에서 무서운 반응을 경험하는 경향이 있게 된다: 즉, 높은 자기제시동기와 낮은 자기효능감(self-efficacy)이다. 이러한 사건들의 고리가 도 5.1에서 도식적으로 제시되어 있다. 자기제시동기(self-presentational motivation)는 사람들이 타인들이 그들을 어떻게 지각하는가에 대해 걱정하고 있는 정도를 일컫는다. 분명히, 어떤 사람들은 다른 사람들보다 더 많이 걱정하고 있다. 자기제시동기가 높을 때, 사람들은 타인들이 자신에 관해 어떤 특수한 이미지를 갖는 것을 보장하는 것에 대해 매우 관심을 두고 있다. 이에 비해서, 낮은 자기제시동기를 가지고 있는 사람들은 많은 관심을 두지 않는다. 하지만 사람들이 타인들이 그들에 관해 무엇을 생각하는가에 대해 마음을 써야만 되는 이유는 무엇인가? SPT에 의하면, 개인은 그 사람이 얼마나 많이 이해관계를 갖는가에 비례해서 특정의 인상을 전달할 동기를 갖는다. 예컨대, 만일 당신이 평직원이라면, 당신은 당신에 대한 당신의 감독자의 의견에 관해 불안하게 걱정할 수 있는데, 이것은 당신이 당신의 승진이나 봉급인상의 기회들이 당신이 유능하고 믿을 수 있다고 보이는 여부에 달려 있다는 것을 알기 때문이다.

자기제시이론은 사회적 불안을 발전시키는 데에 가장 취약한 사람들이 타인들에게 특정의 인상을 전하려는 가장 강한 동기를 가진 사람들이라고 주장한다. 하지만, 이것은 하나의 2단계 이론이다. 높은 자기제시동기가 높은 불안을 일으키기 위해서, 두 번째 과정이 또한 작용되어야만 된다. 특수하게 말하면, 개인은 또한 원하는 인상을 성공적으로 지을 자신의 능력을 의심해야만 된다. 따라서, 정서적으로 말한다면, "가장 나쁜 조합"은 한편으로는 타인들에게 인상을 주기를 원하고 있지만, 다른 한편으로 그렇게 할 능력이 없다고 느끼는 것이다.

사회적 자기효능감(social self-efficacy)은 타인에게 특정의 이미지를 전달하는 자신의 능력에 대한 개인의 확신 수준이라고 정의된다. 낮은 자기효능감을 가진 사람은 타인들의 지각들에 대해 영향을 주는 자신의 능력에 있어서 거의 자신이 없다. 높은 자기효능감을 가진 사람은 확실성과 자신의 느낌을 가질 것이다. 만일 어떤 사람이 특정의 이미지(예: 재미있고, 섹시하고, 신뢰롭고, 재능있고, 믿을 수 있고, 충직하고, 유능한 것)를 전달하는데 대한 자신의 능력을 강하게 의심한다면, 이 사람의 자기효능감이 낮다고 말할 수 있다. 이러한 상황에서, 만일 의심하고 있는 사람의 자기제시동기가 또한 높게 된다면, SPT는 이 조합이 높은 사회적 불안수준들을 일으킬 것이라고 예측한다.

요약하면, SPT에 의하면, 개인은 두 개의 인지-사회적 조건들이 동시에 존재할 경우에만 사회적 불안을 경험한다: 즉, 개인은 ① 특정의 인상을 짓기를 진심으로 원하고, ② 자신의 성공능력을 의심해야만 된다. 하지만, 이 두 조건이 사회적 불안을 직접 일으키지는 않는다; 이것들은 그것을 간접적으로만 일으킨다. 이것이 의미하는 것은 바로 첫 번째의 두 개의 조건이 인과의 고리 속에서 세 번째 조건을 일으킨다는 것이다. SPT에 의하면, 사회적 불안의 증후들을 직접 일으키는 것이 이 세 번째 조건이다. 이 세 번째 조건은 부정적 결과 기대들(negative outcome expectancies)이라고 일컬어진다. 부정적 결과 기대들이 불안에 대한 동기와 자기효능감의 연합을 매개시킨다고 말할 수 있다. 다시 말하면, 기대들이 동기와 자기효능감이 공포를 일으키

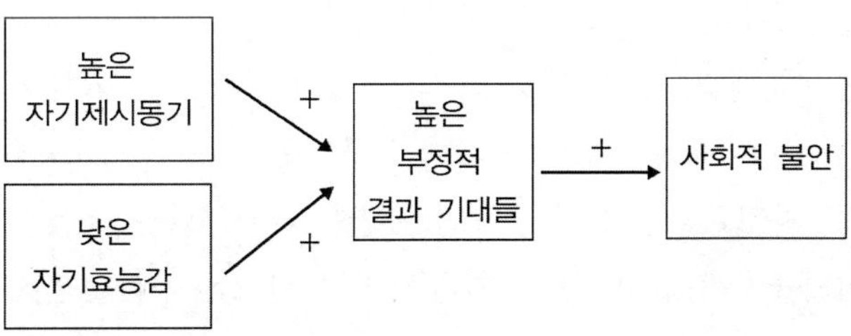

도 5.1 자기제시이론의 도식적 제시

기 위해 어떻게 그리고 왜 작용하는가를 설명한다. 높은 자기제시동기를 가진 사람들이 또한 낮은 사회적 자기효능감을 가질 때, 불안으로 반응한다고 가정된다. 이것은 그들이 그들의 장차의 안녕에 대한 비관적(부정적) 기대들을 갖고 있기 때문이다. SPT에 의하면, 무서워하는 사람의 직감적인 두려움의 느낌은 그 사람이 어떤 인상을 전달하는 데에 실패해왔기 때문에 나쁜 일들이 일어날 것 같다는 기대들에 의해 직접 일어난다. 따라서 부정적 결과 기대들은 바람직스럽지 못한 인상을 조성하는 것에 연계되어 있는 예상된 혐오적 영향들이라고 정의된다. 이러한 영향들이나 결과들은 바람직스러운 결과를 받지 않거나, 바람직스럽지 못한 결과를 받는 것을 포함할 수 있다. 사람들은 두 가지 이유로 장래를 두려워할 수 있다.

사회적 불안장애의 경우에서, 부정적 결과 기대의 내용(또는 초점)은 개인이 공공연하게 창피당하거나 당황하게 될 것이며, 이것이 취소할 수 없는 사회적 배척이나 기타 형태의 무서운 혐오적 결과들을 낳을 것이라고 확신하게 되는 것을 포함한다. 예상적 당황(anticipatory embarrassment)은 개인의 사회적 평판에 대한 단기적 해를 기대하는 것에서 생기는 정서의 명칭이다. 사회심리학자들(Tangney 등)은 예상적 당황이 사회적으로 불안한 사람들에서 흔하다는 것을 발견했다.[3] 당황이 특정의 대인적 상황에 대한 하나의 정서반응으로서 맥락적으로 정의되기 때문에, 이것은 하나의 상태(state)변인 즉, 상황에 의해 생긴 일시적 상태에 더 가깝다.

사회적 불안이 큰 청년을 생각해 보자. 만일 당신이 SPT를 지지하는 전문상담가라면, 당신은 이 청년의 사회적 자기효능감의 수준을 어떻게 판단할 것인가? 이 청년의 자기제시동기의 강도는 어떠한가? 사회－인지적 조건들이 부정적 결과 기대들과 사회적 불안의 발전을 일으키게 될 여부를 결정해 보라. 당신은 이 청년이 불안을 느끼는 이유를 아는 것이 이 청년이 이완하도록 돕는 데에 유용할 것이라고 생각하는가? 당신이 계속 읽어나가면서, 당신이 이와 같은 정서적 고통을 완화시키는 것을 돕기 위해 인지－사회적 개념들을 치료적으로 응용할 수 있는지를 알아보라.

자기제시이론에 대한 지지 연구들

연구 결과들은 사회적 불안증후들이 어떻게 발전하는가에 대한 Leary와 Kowalski의 2요인 설명을 지지한다. 예컨대, 과학적 연구들은 사회적 불안에 대해 사회적 자기효능감을 연결시키는 유의한 관계를 보고해왔다. 예상된대로, 이러한 연구들은 낮은 자기효능감이 높은 불안과 연합되어 있는 반면에, 높은 자기효능감이 낮은 불안과 연합되어 있다는 것을 발견해왔다. 이러한 연합은 이것이 “정상” 성인들,[4] 임상적으로 고통을 당하는 치료를 구하는 성인들,[5] 그리고 사회적 불안장애를 가진 청년들에서[6] 발견되어 왔기 때문에 외부타당도(즉, 일반화가능성)를 갖는 것 같다.

다른 연구들도 또한 SPT의 동기적 측면을 지지해왔다. 예컨대, 연구는 타인들에 대한 과잉

의존이 사회적 불안증후들과 부정적으로 연합되어 있다는 것을 발견해왔다.[7] 다른 지지는 정적인 대인적 상호작용들의 비용("해로움")을 과대평가하는 사회적 불안장애로 고통을 당하는 것으로 분류된 사람들의 임상적 표본들에 대한 부정적 기대연구로부터 나온다.[8] 이러한 결과들은, 다른 연구자들에 의해 보고된 다수의 유사한 발견들과 함께, 불안성향의 사람들이 재난이 사소한 사회적 실수들에서 올 수 있다고 예상한다는 것을 시사한다. Beck(1976)과 Ellis(1962)의 접근들과 같은 임상적 심리치료모형들의 맥락 속에서, 이러한 부적응적 사고스타일은 각각 부정적인 자동적 사고들(negative automatic thoughts)과 비합리적 신념들(irrational beliefs)이라고 명명된다. Leary와 Kowalski(1995)의 2 요인모형의 관점에서 볼 때, 과대평가하는 부정적 영향들(반격들)은 단순히 더 큰 자기제시동기를 내포한다. 이와 비슷하게, 사회적 불안을 사회적 인정에 대한 더 큰 욕구에 연결시키는 연구를 SPT를 지지하는 것으로 재해석하기가 쉬운데, 이것은 인정에 대한 욕망이 자기제시동기의 원리를 반영하기 때문이다. 따라서, 하나의 인과의 이론과 임상적 중재를 인도하는 하나의 모형이 되는 것(치료적 변화를 위한 표적들을 확인함으로써) 이외에도, SPT는 겉으로는 무관련한 광범한 연구들에 대해 조직화시키고 질서를 부여하는 하나의 유용한 일반원리적 도구가 되어준다.

SPT가 하나의 우아한 조직화시키는 이론적 틀을 제공한다는 사실에도 불구하고, 놀랍게도 인지－사회적 과정들을 사회적 불안에 연결시키는 소수의 연구들이 SPT에 의해 제공된 틀 속에서 명백하게 표현되고 있다. 이 분야에서 장차의 경험적 연구가 SPT에 기초된 아이디어들을 체계적으로 검증하는 데에 더 큰 관심을 기울일 필요가 있다.

자기제시이론: 사회적 불안을 치료하기 위한 하나의 접근

앞에서, 우리는 사회적 불안이 어떻게 발전되고 지속되는가에 관한 하나의 사회심리학 모형으로서 자기제시이론(SPT)을 논의했다. 이 모형은 사회적 불안장애의 치료를 위한 몇 가지 함의를 갖고 있다. 첫째로, 변화를 위한 표적들의 인지－사회적 성질을 확인함으로써, 이것은 치료적 중재를 인도하는 것을 돕는다. (훌륭한 이론들의 실제적 유용성에 관한 Lewin의 아이디어를 기억하라.) 예컨대, 이 모형은 중재들이 사회적 자기효능감과 자기제시동기를 수정하고자 해야만 된다고 시사한다. 특수하게 말하면, 중재들은 전자를 증가시키고, 후자를 감소시키고자 해야만 된다. 둘째로, 이 모형은 향상이 어떻게 그리고 왜 일어나는가 또는 일어나지 않는가를 이해하기 위한 하나의 유용한 청사진을 제공한다. 예컨대, 만일 사회적 불안에 대한 어떤 기존의 치료가 사용되어 왔고, 이것이 내담자의 불안을 감소시키지 않는다면, 우리는 왜 그것이 비효과적이었는가의 이유를 추론하기 위해 SPT를 사용할 수 있을 것이다. 특수하게 말하면, 이 모형은 치료가 타인들과 의사소통하는 데 대한 내담자의 자신감을 증가시키는 데에 실패했기 때문에, 그 치료가 비효과적이었다는 가설을 내놓을 수 있다. 부가적으로, 이 모형은 치료적 향상의 없음이 원하는 이미지를 전달하려는 내담자의 동기를 감소시키는 데 대한 치료의 실패에 귀인될 수 있다고 시사한다. 따라서, SPT는 치료적 중재를 위한 표적들을 시사해줌으로써 변화과정을 안내한다. 당신이 회상하는 바와 같이, 이 이론은 사회적 불안이 사회적 자기효능성이 부족하고 타인들에게 인상을 주려는 높은 자기제시동기를 가진 사람들에게서 일어나기가 가장 쉽다는 가설을 제시한다. 때로는 설계에 의해서 그리고 때로는 동시 발생에 의해서, 사회적 불안장애에 대한 기존의 인지-행동적 치료들은 사회적 인정에 대한 과잉적 욕구를 감소시키는 식으로 작용한다. SPT의 관점에서 볼 때, 사회적 인정에 대한 욕구를 감소시키는 중재들은 내담자들의 자기제시동기를 감소시킴으로써 그들에게 도움을 준다. 이런 면에서, 타인들에게 인상을 주려는 동기의 감소가 사회적으로 불안한 사람들에 대해서, 합리적-정서적 치료(rational-emotive therapy; RET)가 가진 주요 이점들 중의 하나이다.[9] RET는 내담자들의 비합리적이고 비현실적인 걱정들(이 케이스에서는 타인들이 그들에 대해 무엇을 생각할 것인가의 측면에서)을 감소시키거나 제거시킴으로써 그들을 돕고자 고안되었다. 사회적 불안에 대한 RET의 적용은 자기제시이론(SPT)이 어떻게 기존의 치료법들에서의 변화과정을 설명하는 것을 돕는가에 관한 하나의 좋은 예이다. 사회적 기술치료들(social skill therapies)과 같은 다른 중재들이 내담자의 사회적 자기효능감을 보강해줌으로써 사회적 불안의 증후들을 감소시킬 것이다.[10] 이것이 바로 Bandura의 자기효능감이론이 예측하는 것이다.[11] 특수하게 말하면, Bandura는 사회적으로 불안한 내담자들의 자기효능감을 증가시키는 가장 효과적인 방법은 그들에게 그들의 대인관계기술들을 성공적으로 연습할 수 있는 "통제성공 상황들"(mastery situations)을 제공하는 것이라고 시사할 것이다. 사람들이 타인들과의 사회적 상황 속에 관여하는 연습을 더 많이 할수록, 그것들은 덜 곤란하고 덜 불안을 야기시키게 될 것이다.

연구자들은 자기효능감의 개념을 사회적 불안장애를 겪고 있는 내담자들에게 엄밀하게 적용시키기 위한 최초의 중재연구들 중의 하나를 수행했다.[12] SPT와 일치되게 자기효능감(self-efficacy)은 타인들에게 호의적 인상을 전할 수 있게 되는 것에 대한 내담자의 자신감이라고 정의되었다. 연구참가자들은 직장인들의 대규모 표본으로서, 그들의 대부분이 무능력하게끔 만드는 사회적 불안의 수준들의 특징이 있는 하나의 심리장애인 회피적 성격장애로 고통을 당했다. 치료적 중재 동안에, 내담자들은 사회적 기술들을 가르침으로써 불안을 감소시키고자 하는 인지-행동적 치료법의 한 형태를 받았다. 치료의 핵심 특징은 곤란한 사회적 상호작용들이 연습되고 숙달되는 사회적 상황들에 관한 역할연기(role-play) 수행들을 포함했다. 사회적 기술들을 학습하는것이 자연히 내담자들의 사회적 자기효능감 수준을 보강할 것으로 추론되었다.

연구 내담자들은 치료프로그램의 시작 전에 자기효능감과 불안 수준들을 평가받았다. 그들의 자기효능감 수준들이 치료가 종료된 후에 또한 측정되었다. 당신은 제3장에서 이 준실험 연구법이 검사전－검사후설계(pretest－posttest design)라고 일컬어진다는 것을 회상할 것이다.

결과들은 치료가 어떻게 변화를 일으키는가를 이해하는 데에 있어서 SPT의 관련성을 지지해주었다. 검사전(pretest)에서 검사후(posttest) 쪽으로, 사회적 자기효능감의 평균치 수준들이 증가되었고 사회적 불안이 감소되었다. 더욱이, 처치전에서 처치후 쪽으로의 자기효능감 평정치들의 증가의 크기는 사회적 불안의 감소들의 크기와 연관있었다. 즉, 불안의 감소량은 자기효능감의 증가량과 평행되었다. 이러한 패턴은 SPT 치료가 어떻게 그리고 왜 내담자들의 증후감소를 일으키도록 작용하는가에 대한 하나의 타당한 설명을 제공했는지를 알아보기 위해 우리가 기대했던 바로 그것이기 때문에 중요하다.

인상적으로, 치료적 관여와 연합된 자기효능감의 변화들은 다른 잠재적인 편향시키는 외재적 영향들과는 독립적으로 사회적 불안의 감소의 하나의 유의한 예측요인으로 남았다. 이러한 후자의 발견은 자기효능감과 사회적 불안 사이의 연결이 진짜이며 사소하거나 다른 요인들에 비해 이차적이라고 설명해 버릴 수가 없다는 것을 시사한다. 이러한 연구의 주요 발견에 관한 하나의 열린 해석은 (이것이 준실험이었다는 것을 기억하라) 사회적 자기효능감의 변화들이 내담자의 관여에 미치는 치료관여의 영향들을 매개시켰다는 것이다. 다시 말하면, 치료가 효과 있었던 주요 이유가 이것이 사회적 자기효능감의 수준들을 보강시켰기 때문이라는 것을 시사하는 증거가 있다.

제2장에서 논의된 바와 같이, 중재연구들에서 나온 결과들이 어떤 이론적 모형에 기초된 기대들과 일치할 때, 그 결과들은 그 모형의 타당도에 대한 우리의 확신을 강화시킨다. 이러한 연관 속에서, 연구자들에 의한 치료연구는 이것이 사회적 불안에 관한 SPT모형의 타당성에 대한 경험적 지지를 제공하기 때문에 중요하다. 만일 우리가 이러한 발견들을 사회적 불안을 가진 여대생의 케이스에 적용한다면, 그녀 자신의 사회적 자기효능감을 향상시키도록 그녀를 돕는 것이 그녀에게 그녀가 오랜 동안 동경해온 가까운 관계들을 발전시키는 데에 있어서 그녀가 필요한 기술들을 제공할 것이다. 이 치료모형에서 이러한 기술 구축은 역할연기(role－playing)와 연습을 통해 이룩된다. 만일 이 여대생이 타인들과 관계 맺는 방법을 안다면, 그녀는 타인들이 그녀에 대해서 무엇을 생각하고 있는가에 관해 덜 걱정하게 될 것이다.

연구자들에 의해 보고된 발견들은 또한 임상심리학자들이 사회적 불안에 관한 이 모형을 내담자들을 치료하기 위한 하나의 실제적 청사진으로서 삼을 수 있다는 것을 시사한다. 특히, 이 연구는 이것이 내담자들의 사회적 자기효능감을 증가시킴으로써 그들의 대인불안을 감소시키게끔 그들을 돕기 위한 기법들로서 사회적 기술훈련(social skills training)과 역할연기의 실행들(role－play enactments)을 지적하기 때문에 정신건강 전문가들에게 관련이 있다. 장차의 연구들이 이 기법들을 더욱 타당화시킬 필요가 있다. 다수의 사회－인지적 요인들(예: 가치들, 신념들, 기대들, 귀인들)이 사회적 불안의 증후들의 유지에 관여되어 있는 것 같다는 것을 전제할 때,

장래의 임상연구가 치료에서 효과적인 부가적 치료기법들을 보여주게 될 것 같다.

우울증에 관한 하나의 사회심리학적 모형

당신은 이전에 어떤 교과목에서 기대 이하의 성적을 받았거나, 연애관계의 깨짐이나, 실직을 경험한 일이 있었는가? 대부분의 사람들이 바람직스럽지 못한 사건들이나 상황들을 경험해 왔다. 이것은 인간조건이 본래 스트레스를 주는 것이기 때문이다. 사회심리학적 이론과 연구는 사람들이 스트레스를 주는 사건들에 관해서 생각하는 방식이 어떻게 그들의 정신건강의 차이를 일으키는가를 살펴왔다. 중요한 것은 당신에게 무엇이 일어나는가가 아니다. 그 결과로 중요한 것은 당신이 그것을 어떻게 지각하는가이다. 이 절은 과거의 사건들에 대한 개인의 설명들이 어떻게 우울증의 증후들에 대한 취약성에 영향을 줄 수 있는가를 논의한다. 하나의 간단한 연습으로 시작해보자. 노트에 1에서 3까지의 숫자들을 써라. 과거 24개월 동안을 뒤돌아보고서 당신에게 일어났던 3개의 가장 나쁜 일을 기억하려고 노력하라. 또한 이러한 사건들이 일어난 이유를 생각해 보라. 이것들을 간단하게 설명해 보라. 각 숫자의 옆에, 무엇이 그리고 왜 일어났는가를 나타내는 문장을 써라. 더 읽어나가기 이전에 지금 이것을 수행하라.

당신은 당신의 곤란들에 대한 몇 개의 상이한 설명을 제시했을 것이다. 이러한 설명들은 앞장들에서 지적된 바와 같이, "원인귀속들 또는 귀인들"(causal attributions)이라고 일컬어진다. 때로는 사람들은 그들의 생활에서의 곤란들을 다소 비관적인 설명들로서 반응할 것이다. 예컨대, 당신 자신의 상황들을 설명함에 있어서, 당신은 다음과 비슷한 어떤 것을 썼을 수 있다: "이것이 일어나도록 만든 것은 결코 변화되지 않을 것이고 나의 전체 인생을 망칠 어떤 것이다." 실직에 대한 비관적 귀인들의 특수한 예들은 만성적 질환, 지능부족 및 차별대우를 포함할 수 있다.

이 절은 이와 같은 비관적 설명을 습관적으로 제시하는 사람들이 우울증후들을 발전시킬 위험에 처할 것이라는 것을 시사하는 이론과 연구를 고찰한다. 당신이 읽어나갈 때, 당신은 비관적 귀인스타일이 사람들을 우울의 증후들에 대해 취약하게끔 만드는 과정을 이해하게 될 것이다. 당신은 이러한 유형의 사고가 무기력과 무희망의 느낌들을 통해 우울증에 관련되어 있다는 것을 알게 될 것이다. 후에, 이 장은 상담자들이 사람들이 그들의 우울기간을 해결하는 것을 돕기 위해 무엇을 할 수 있는가와 발달적으로 취약한 젊은이들에서 우울이 발생되는 것을 막기 위해 무엇을 할 수 있는가를 논의한다.

사회심리학자인 Seligman은 사회심리학과 임상심리학 사이의 다리들을 건설하기 위한 선구적 노력들에서 앞장서왔다. 그의 경력의 초기에, 그가 스트레스를 주는 사건들에 개들을 노출시켰던 일련의 실험들에서, Seligman은 회피되거나 도피될 수 없는 고통스러운 전기쇼크들을 실시했다.[13] 이 개들은 고통스러운 상황들(쇼크들)이 통제불가능하다는 것을 배웠다. 그 후에 동일한 이 개들은 유사한 "스트레스를 주는 상황" 속에 두어졌지만, 이번에는 개들에게 대처할 더 큰 능력을 부여하게끔 상황들이 약간 변화되었다. 특수하게 말하면, 스트레스를 주는 상황에 대한 그들의 두 번째 노출 동안에, 개들은 전기쇼크를 피할 수 있었다.

이 실험들의 결과들은 이전에 통제불가능한 쇼크에 노출되었던 개들이 새로운 쇼크를 수동적으로 받는 것을 학습했다는 것을 보였다. 비록 개들이 만일 그들이 원한다면 새로운 쇼크를 도피했을 수 있을지라도, 그들은 심지어 시도조차 하지 않았다. 그들은 도피에 의해서 대처하는 것에 관한 아이디어를 포기해온 것 같았다. 그들의 상황을 변화시키기 위해 어떤 것을 시도하는 것 대신에, 그들은 새로운 계열의 고통스러운 전기쇼크의 충격들을 받고 있을 때에 수동적으로 고통을 당했다.

이 개들이 그들의 상황을 개선하기 위해 어떤 것을 행하려고 들지 않은 이유는 무엇인가? Seligman은 이전 경험이 개들에게 상황을 바꾸기 위해 그들이 할 수 있는 것이 전혀 없다는 것을 가르쳤다고 제안했다. 그는 우울증을 가진 사람들처럼, 개들이 심리적으로 무기력하게 되었다고 시사했다. Seligman의 모형은 "우울증에 관한 학습된 무기력 모형"(learned help-lessness model of depression)이라고 알려지게 되었다. 인간에게 적용되었을 때, 그 기본적 아이디어는 생활경험들이 때로는 사람들에게 그들이 대처 시도를 포기하도록 가르칠 수 있다는 것이다.

동물모형을 사람들에게 확장시킴에 있어서, Seligman과 그의 동료들은 인간 우울증에 관한 인지-사회적 모형(cognitive-social model)을 개발했다.[14] 이 새로운 모형은 동물모형에서 누락된 몇 개의 사고요소를 첨가시켰다. 1978년의 인간 모형은 우울증에 관한 학습된 무기력이론의 귀인적 재이론화라고 일컬어졌다. 이 귀인모형은 사람들이 불운한 일이 왜 일어나는가에 대해 행하는 귀인들 때문에 우울하게 된다고 제안했다. 이 모형에 의하면, 우울경향이 있는 사람들은 그들의 불운한 상황을 바꾸기 위해 그들이 말하거나 행할 수 있는 것이 전혀 없다고 믿게끔 만드는 비관적 귀인들을 행한다. 기술적으로, 이러한 마음상태는 "부정적 결과 기대"(앞에서 논의되었음) 또는 단순하게 "무기력"(helplessness)이라고 일컬어진다. Seligman과 그의 동료들에 의해 발전된 1978년 모형에 의하면, 장래에 관한 무기력한 사고들이 우울의 증후들을 촉발시킨다.

상담을 받기 위해 상담자를 찾아 온 사회적 불안이 심한 한 사례를 고려해보자. 비록 그녀가 생활에서 일반적으로 우울한 것 같이 보였을지라도, 그녀가 도서관에서 만났던 동료학생과의 데이트에 나간다는 예상에서 그녀는 특히 우울했고 풀이 죽었다. 그녀는 심지어 데이트가 일어나기도 전에 데이트를 포기하고 싶었다. 귀인적 이론화의 관점에서 볼 때, 그녀는 매우 강한 부정적 결과 기대들을 갖고 있었다. 그녀는 그 남자가 그녀를 거부할 것이라고 확신했으며, 그녀는 아마 또한 그녀가 이러한 결말을 변화시키기 위해 할 수 있는 것이 전혀 없다고 확신했을 것이다. 하지만, 그녀가 상황이 나쁘게 될 것이라고 매우 확신했던 이유는 무엇인가? 그녀는 왜 그러한 강한 부정적 결과 기대를 갖게 되었는가? Seligma과 그의 동료들의 귀인모형에 의하면 그녀는 아마 상상된 결과에 대해서 역기능적 원인귀속들을 행하고 있었을 것이다. 그녀는 아마 그녀의 예상된 거부당함을 다음과 같이 귀인시키고 있었을 것이다: 즉, ① 그녀에 관한 어떤 것(외부적 원인귀속과는 반대로 내부적인 원인귀속, ② 변화되지 않을 어떤 것(불안정한 원인귀속과는 반대로 안정적인 원인귀속, 그리고 ③ 그녀의 전체 인생(생활)을 해치는 어떤 것(특수한 원인귀속과는 반대로 총체적인 원인귀속)이다. 실제로, 그녀는 상담자에게 그녀가 재미없는 성격을 갖고 있고 귀엽지 않다고 말했다. 이것은 확실히 하나의 내부적, 안정적 및 총체적 귀인으로서 분류될 것이다. 만일 정말로 그녀가 이것이 그녀의 (예상된) 거부당함에 대한 이유이었다고 믿었다면, 당신은 그녀가 우울하게 될 수 있는 양식을 알 수 있을 것이다. 결국 재미있거나 애교있는 사람이 되지 못하는 것은 하나의 자기 자신에 관해서 받아들이기가 곤란한 일이며 변화시키기가 거의 불가능한 것이다. 이러한 자질들은 장래에 부가적인 연애실패들에 기여하고, 침울한 기대들을 일으키기 쉬울 것이다.

우울증에 관한 무희망이론

우울증에 관한 무희망이론(hopelessness theory of depression; HTD)이 우울증에 관한 학습된 무기력이론에 기초해서 연구자들에 의해 발전되었다.[15] 우울증에 관한 무희망이론은 우울증후들이 두 개의 요인이 동시에 존재할 때에 일어나기가 가장 쉽다고 시사한다: 즉, ① 취약성있는 개인, 그리고 ② 부정적인 환경적 상황들이다. 비록 어느 요인이든 간에 그 자체로 우울의 위험에 단지 느슨하게 연결될 수 있을지라도, 요인들의 동시적 발생이 사람들을 우울하게 되게끔 만들기가 특히 쉽다.

우울증에 관한 무희망이론(HTP)에 의하면 "취약한" 사람은 혐오적인 생활사건들의 원인들을 해석하는 어떤 성품적으로 부정적인 스타일을 가진 사람이다. 이러한 해석적 편향은 때로는 비관적 설명스타일 또는 우울증 발생 귀인 스타일이라고 일컬어진다. "스타일"이라는 용어는 다양한 유형의 스트레스를 주는 생활사건들에 대한 지각적 반응의 일관성을 뜻한다. "이러한 나쁜 일이 일어나게끔 만드는 근본 원인이 결코 변화되지 않을 것이고 또한 나의 전체 인생을 해치고 있다"고 믿고 있는 사람은 비관적 귀인스타일을 나타내고 있는 것이다. 이러한 설명은 안정적 및 총체적 원인귀속을 행하는 것을 포함한다. "안정적 귀인들"은 다음의 것을 공통으로 갖고 있는 다양한 원인들의 하나의 폭넓은 종류를 나타낸다: 즉, 그 사람은 그 원인이 시간적으로 지속될 것이고 장래에도 나타날 것이라고 생각한다. 안정적 원인은 시간이 지나도 변화될 것 같지 않은 것이다(예: 신체 매력). "총체적 귀인"(global attribution)은 또한 모든 형태와 크기로 온다. 하지만, 이러한 원인들의 종류의 각각은 한 가지 공통점이 있다: 즉, 사람은 그 원인이 자신의 생활의 많은 측면들에 대해 광범한 영향을 준다고 생각한다: 예컨대, 신체매력은 개인이 매력 없는 것이 자신의 생활의 많은 측면에 영향을 줄 것이라고 생각할 수 있기 때문에 하나의 총체적 귀인이 될 수 있다.

안정적이고 총체적인 귀인들에 관한 몇 개의 구체적 예들을 살펴보자. 잠시 동안 당신이 어떤 사람에게 당신의 지능 부족이 당신이 어떤 스트레스를 주는 학업적 사건(예: 어떤 심리학시험에서 나쁜 성적을 받는 것)을 경험하게끔 만든 것이라고 이야기하는 상황을 상상해보자. 당신의 지능 부족의 설명은 성질상 안정적인 동시에 총체적인 귀인의 한 예이다. 이것은 낮은 지능이 단지 나쁜 심리학과목의 성적을 넘어서 많은 상이한 스트레스를 주는 생활사건들을 또한 일으킬 수 있기 때문에 총체적인 것이다. 이에 비해서, 어떤 시험에서의 낮은 성적이 공부하는 것에 대해 불충분한 노력을 기울였는 데에 기인된다고 생각하는 것은 "불안정적"이고 "특수한" 원인 귀속의 한 예이다. 이것은 이것이 장차 당신이 이것을 통제함으로써 변화시킬 수 있기 때문에 불안정적인 것이다. 당신은 장래에는 공부하는 데에 더 많은 노력을 기울일 수 있고, 따라서 유사한 운명을 또 다시 겪는 것을 피할 수 있다. 이것은 또한 어떤 심리학시험을 위해 공부하는 데 대한 노력의 부족이 당신의 생활의 다른 영역들에서 광범한 나쁜 부작용을 가질 것 같지 않다는 점에서 "특수한" 것이다. 이러한 유형의 공부상의 스트레서(예: 나쁜 성적)의 발생과 충분하게 공부하지 않은 것 사이에 하나의 독특한 인과관계가 있기 쉽다. 따라서, 불쾌한 사건들에 대한 특수한 귀인들은 개인에게 장래에 대한 긍정적 기대들을 갖게끔 해준다. 이런 식으로 생각하는 사람들은 그들의 장래의 성공가능성들에 관해서 더 많은 희망을 느끼며, 그들의 희망은 그들에게 우울 속에 빠지는 것을 막아준다. 이와 반대로, 어떤 심리학시험에서의 나쁜 성적을 지능의 부족(하나의 안정적이고 총체적인 원인)에 귀인시키는 것은 정반대의 효과를 갖는다. 이것은 희망 없음을 포함하는 사고들을 증가시키고, 그러면 이것은 우울한 기분과 같은 정서들이 일어나게끔 만든다.

우울증에 관한 무희망이론(HTD)의 하나의 주된 장점은 이것이 연구자들에게 장기적인 우울적 에피소드들의 지속기간과 우울증의 심도를 모두 설명할 수 있게끔 해주는 유용하고 검증가능한 예측들을 제공해준다는 것이다. 몇몇 우울한 사람들은 우울증의 단기간 지속되는 에피소드를 갖는 반면에, 다른 사람들은 더 긴 에피소드를 갖는다. 이것의 이유는 무엇인가? 하나의 유용한 이론은 내담자들 간의 차이를 설명할 수 있어야만 된다. HTD에 의하면, 우울적 증후들의 에피소드의 지속기간은 촉발시키는 나쁜 사건들의 근본 원인의 지각된 안정성 수준에 의해서 영향을 받는다. 예컨대, 우울해있고 자신의 과거의 학업실패가 지능부족에 기인된다고 믿는 사람을 고려해보자. 정의에 의하면, 안정적 원인은 장래에 변화될 것 같지 않은 것이다. HTD

에 의하면, 이런 식으로 학업실패를 설명하는 우울한 사람은 자신의 학업실패가 불충분한 공부하기(불안정적이고 변화가능한 원인)에 기인된다고 믿는 학생보다 더 오래 우울하게 될 것이다.

또한, 임상적 관찰들의 면에서, 심리치료가들은 어떤 내담자들이 널리 영향을 주고 모든 것을 포괄하고 있는 우울증의 한 유형을 겪고 있다는 것을 주목해왔다. 이러한 내담자들은 매우 광범한 우울의 증후들을 경험한다. 그들은 그들의 학교공부에 대해서 희망 없음을 느낄뿐만 아니라, 또한 그들의 생활영역들(예: 연애, 건강, 경제)의 모두에서 침울한 장래를 예상한다. 이에 비해서, 다른 우울한 사람들은 우울증의 범위들을 한정해왔다. 예컨대, 그들은 그들의 학업실패에 대해서는 희망 없을 수 있는 반면에, 그들의 운동적 장래와 연애적 장래를 밝게 여긴다. 이것의 이유는 무엇인가? HTD에 의하면 우울증후들의 광범성은 개인이 과거의 부정적 사건들에 대해 특수하거나 총체적 설명들을 제시하는지의 여부에 관련되어 있다. 총체적 설명들은 성질상 더 특수한 설명들보다 장래에 관해서 훨씬 더 많은 비관주의를 일으킨다. 그러면, 장래에 관해서 더 부정적인 기대들을 갖는 것이 우울증의 더 많은 모든 것을 포괄하는 유형을 낳는 경향이 있다.

Seligman 등이 그들의 획기적 저서(Learned helplessness: A theory for the age of personal control)에서 지적한 바와 같이,[16] 설명스타일이 우울증후들의 개시와 유지에 대한 하나의 위험요인이라는 아이디어를 지지하는 다수의 연구가 있다. 연구 증거의 면에서, 이 저자들은 우울증후들의 크기와 존재와 나쁜 사건들이 일어난 이유를 설명하기 위한 안정적 및 총체적(그리고 때로는 내부적) 설명들을 행하는 경향 사이의 연결을 보이는 몇 개의 연구를 기술했다. 비록 비관적 귀인스타일과 우울증후들 사이의 한 매개요인으로서 부정적 결과 기대들의 가설적 역할을 검토해 온 연구들이 비교적 적을지라도, 이러한 연관을 검증해 온 연구들은 지지적 증거를 제시해왔다.[17]

HTD에 의해 확인된 귀인들이 일반화된 부정적 결과 기대들의 매개적 영향을 통해 우울증을 일으키기 위해 함께 작용한다고 생각되고 있다는 것을 강조하는 것이 중요하다. 이 이론은 이러한 예상적 인지들의 유형들을 "무희망 기대들"이라고 일컫는다. 때로는 무희망(hopelessness)이 하나의 약술어로서 사용된다. "무희망"은 매우 바람직스러운 결과들이 일어나지 않을 것이며 개인이 상황을 바꾸기에는 힘이 없다는 기대로서 정의되어왔다. 이러한 정의의 반대쪽은 무희망이 또한 매우 바람직스럽지 못한 결과들이 일어날 것이고 개인이 장래의 결과들을 바꾸기에는 힘이 없다는 기대를 포함한다. 어느 쪽이든 간에, 무희망을 겪고 있는 사람에 대한 인지적 문제의 핵심은 자기 자신이 힘이 없다는 신념이다. 이것은 우울한 사람들이 생활을 포기해온 것처럼 보이는 이유를 설명한다. 그들은 그들이 말하고 행하는 아무것도 결과의 차이를 일으키지 않을 것이라고 믿기 때문에 "패배를 인정하고 있다." 사회심리학자들은 포기해 왔거나 패배를 인정해 온 사람들은 그들이 생활 속에서의 그들의 장래의 보수들과 처벌들이 그들의 통제력을 넘어서고 있다고 믿기 때문에(올바르거나 그르거나 간에) 그렇게 한다고 말할 것이다.

일반화된 무희망 기대들에 의해 생긴 우울의 특수한 유형이 독특한 것으로 간주되고 있다. 이러한 독특한 유형의 우울은 하나의 특별한 명칭을 갖고 있다: 즉, "무희망 우울증"(hopeless-ness depression)이다. 비록 많은 증후들이 DSM-IV-TR에 의해 정의된 "정식의"(regular) 임상적 우울증과 중첩될지라도,[18] 다른 증후들은 무감각과 무기력에 부가해서 증가된 대인적 의존성과 감소된 자기존중을 포함해서 특수하다.[19] 이에 비해서, "정식의" 우울을 겪는 사람들은 뚜렷한 신경과민(흥분성), 식욕장애들, 신체적/의학적 불평들 및 비쾌락증(anhedonia; 즉, 즐거움을 즐기거나 경험할 수 없음)을 경험한다. 무희망 우울증이 존재하며 (비-무희망의) 우울증의 전통적 형태들과 구별가능하다는 가설을 지지하는 상당한 연구증거가 있다.[20] 최근의 연구는 비관주의적 귀인스타일이 우울증의 무희망 증후들의 증가를 예측한다는 것을 보인다.[21]

사람들이 우울증과 사회적 불안과 같은 정서문제들을 발전시키는 이유를 아는 것이 매우 유용할 수 있다. 예컨대, 만일 귀인들과 기대들이 어떻게 사람들이 우울하거나 불안해지게 되는가를 설명한다면, 또한 치료가들이 귀인들과 기대들을 수정함으로써 내담자들의 고통을 감소시키도록 그들을 도와줄 수도 있을 것이다. 따라서, 내담자들과 함께 일하는 정신건강 전문가들은 이러한 정보를 내담자들을 돕기 위한 치료적 중재들이 더 효과적이게끔 활용할 수 있다. 다음 절은 사회심리학적 지식이 어떻게 임상상황들에서 응용되어 왔는가를 기술한다.

우울증의 치료에 대한 무희망이론적(hopelessness theory) 접근

HTD는 또한 치료적 중재에 대해 함의들을 갖고 있다. 우울증의 치료의 면에서, 무희망은 항상 Beek에 의해 개발된 접근들과 같이,[22] 인지적 접근들에 은연적으로 관련있는 하나의 개념이 되어왔다. 기술적으로 말하면, 우울증에 관한 무희망이론(HTD)은 사람들이 시초에 우울하게 되는 이유를 설명하기 위해서 개발된 모형이었다. 후에, 이 모형이 우울증의 수정을 이해하기 위해 응용되기 시작했을 때, 치료목표는 무희망에서 유희망(hopefulness) 쪽으로 이동했다. "유희망"은 장래에 좋은 일들이 일어날 것을 기대하는 것으로서 정의된다. 이 유희망 원리는 Needles와 Abramson에 의해 강조되었는데,[23] 그들은 사람들이 더 희망을 갖게 됨으로써 우울증으로부터 회복한다는 것을 제안함으로써 HTD의 원리들을 확장시켰다. 이 절은 HTD에 관한 지식이 어떻게 내담자들이 우울증을 극복하는 것을 돕는 잠재력을 갖고 있는가를 기술한다.

이론적으로, 심리학적 중재가 어떻게 내담자들이 증가된 유희망수준을 발전시키도록 도와줄 수 있는가? Needles와 Abramson에 의해 개발된 유희망접근은 상담자들이 두 가지 일을 행하고자 해야만 된다고 시사한다. 첫째로, 그들은 내담자들의 사회적 환경을 긍정적 생활사건의 발생 빈도를 증가시키는 식으로 만들어야만 된다. 그들은 또한 레크리에이션 치료나 역할연기

수행들을 고려할 수 있다. 적당한 목표를 설정하고 매일 이것을 달성하는 것이 또한 유쾌한 경험들을 일으킬 것이다. 둘째로, 상담자들은 내담자들이 달리 생각하고 자기 고양적 귀인스타일을 사용하도록 격려해야만 된다. 이 스타일은 비관적 귀인스타일과 반대되는 것이다. 따라서, 내담자들은 긍정적 사건들에 대해 총체적 및 안정적 귀인을 행하도록 격려받는다.

최근의 연구는 우울증에 대한 희망치료의 효과를 검증해왔다.[24] 이 치료법은 병리를 치료하고자 의도하지는 않는다; 그 대신에, 이것은 사람들에게 목표를 설정하고 이것을 달성시키는 방법을 발견하는 것을 돕기 위해 고안되어 있다. 치료 전과 후에, 희망수준, 생활의 의미, 자기존중, 우울증 및 불안이 평가되었다. 치료집단에 있는 참가자들이 희망, 생활에서의 의미 및 자기존중에서 더 큰 향상들과 아울러 감소된 우울과 불안의 수준들을 보였다. 이러한 발견들에 비추어서, 우울증에 대한 희망증진치료법들의 효과에 대한 희망이 있는 것 같다.

긍정적 생활사건들과 자기 고양적 귀인들(즉, 긍정적 사건들에 대한 총체적 및 안정적 귀인들)이 종합해서 유희망의 성장을 증진시키는 것으로 믿어지고 있다. 그 다음에, 유희망은 우울증을 상쇄시켜서 개인의 기분이 좋아지게끔 만든다고 생각되고 있다. 따라서, 우울의 증후들을 감소시키기 위해, 우리는 내담자들이 생활 속에서 그들에게 일어나는 좋은 일들을 어떻게 설명하는가를 변경시킬 수 있다. Needles와 Abramson의 모형 속에서 누락되어 있는 것은 내담자들이 일어나는 나쁜 일들을 어떻게 설명하는가를 변경시키는 것의 중요성에 대한 어떤 언급이다. 우리가 보게 되는 바와 같이, 이 누락은 하나의 제한점이다.

Penn의 탄력성 프로그램(Penn Resiliency Program) 하에서 수행된 연구 이외에,[25] 몇 개의 다른 연구들이 우울증을 경감시키는데 대한 유희망 접근의 타당성을 지지하는 증거를 제공한다.[26] 예컨대, 한 연구는 정신과환자들의 한 임상적 표본에서 치료 전과 후의 우울의 변화를 점검했다. 이 환자들은 우울증에 대한 인지-행동적 치료를 받았다. 치료에 대한 유희망 접근에 기초된 기대들과 일치되게, 긍정적 생활사건들에 대한 귀인들이 시간적으로 우울증후들의 감소를 예측했다. 우울의 이러한 감소들은 유희망 기대들의 증가들에 직접 관련있었다. 긍정적 사건들에 대해 안정적, 총체적 및 내부적 귀인들을 행했던 환자들이 긍정적 사건들을 이러한 자기고양적 스타일과 일치되는 방식으로 귀인하지 않았던 환자들보다 치료 후에 더 많은 유희망과 더 적은 우울을 가졌다.

Needles와 Abramson의 모형을 검증하는 임상적 연구는 이것의 더 진전된 경험적 세련에 기여하고 있다. 예컨대, 우리는 "부정적 사건들에 대한 비관적 귀인스타일"이 우울을 일으킬 수 있고, "긍정적 사건들에 대한 자기고양적 귀인스타일"이 유희망을 증진시킬 수 있다는 것을 보아왔다. 이러한 두 개의 스타일들이 어떤 식으로 상호작용하는가에 대해 의문을 갖는 것이 이치에 맞을 것이다. 자기고양적 및 비관적 귀인스타일들의 종합적 효과를 검증했던 한 연구를 고려해보자.[27] 이 연구에서, 우울한 환자들이 정신과 병원의 접수시에 그리고 약 9일 후의 퇴원시에 다시 평가되었다. 환자들은 표준적 인지-행동적 치료를 받았다. 치료효과는 치료 전과 후 사이의 유희망과 우울에서의 변화들을 점검함으로써 평가되었다. 그 결과들은 부정적 사건들에 대한 비관적 귀인스타일이 유희망 상의 변화들을 예측하기 위해, 긍정적 사건들에 대한 자기고양적 귀인패턴과 상호작용한다는 것을 시사함으로써 Needles와 Abramson의 모형을 확장시켰다. 특수하게 말하면, 연구(Voelz 등)는 긍정적 사건들에 대한 자기고양적 귀인스타일의 높은 정도를 나타내는 환자들이 그들이 부정적 사건들에 대한 비관적 귀인스타일을 나타냈는지의 여부에 관계없이, 퇴원시에 단지 중간의 무희망 수준을 보고했다는 것을 보였다.[28] 이에 비해서, 자기고양적 귀인스타일의 낮은 정도와 비관적 귀인스타일의 높은 정도를 보이는 환자들은 퇴원시에 높은 무희망 수준을 보였다.

분명히, 이러한 자료들은 Needles와 Abramson의 유희망 모형이 수정될 필요가 있다는 증거를 제공한다. 특수하게 말하면, 유희망의 원인들에 관한 철저한 모형은 긍정적 사건들에 대한 자기고양적 귀인스타일과 아울러 부정적 사건들에 대한 비관적 귀인스타일의 통합을 요하는 것 같다. 만일 Voelz 등의 연구의 결과들이 반복적으로 획득될 수 있다면, 그것들은 우울한 환자들과 함께 일하는 정신건강전문가들이 그들이 수정하고자 하는 인지-사회적 표적들의 범위를 확장시키고 싶어 할 수 있다고 시사한다. 특히, 실무자들은 환자들에게 긍정적 사건들에 대해서 안정적 및 총체적 귀인을 행하고 부정적 사건들에 대해서 불안정적 및 특수한 귀인을 행하도록 고무시키고 싶어할 것이다. 따라서, 좋은 일들이 일어날 때, 만일 환자들이 그것들이 (그들 자신의) 성격들, 태도들 또는 지능에 기인된다고 믿게끔 만들어질 수 있다면, 우울을 감소시키는 데에 도움이 될 수 있을 것이다. 이와 반대로, 나쁜 일들이 일어날 때, 우울은 환자들이 그것들을 일시적인 참작할 수 있는 사정들(extenuating)을 탓하도록 설득될 수 있는 정도에 비례해서 감소될 수 있을 것이다.

현재로서, 당신은 사회심리학이론이 어떻게 사람들이 어떤 정서문제들을 발전시키는 이유를 설명하는 것을 도와줄 수 있는가에 대해 꽤 좋은 이해를 가졌을 것이다. 당신은 사회심리학적 이론과 연구가 임상적 중재들을 고안하는 데에 어떻게 응용될 수 있는가에 대한 향상된 이해를 가졌을 것이다. 특수하게 말하면, 당신은 사회심리학적으로 기초된 치료적 중재들이 내담자들이 불안과 우울의 증후들을 해결하는 것을 돕는 데에 얼마나 유용한가를 보아왔다.

신체이미지 장애(disturbed body image)

"신체이미지"(body image)라는 용어는 우리가 우리의 외모에 관한 내적 표상 즉, 우리의 자신의 신체에 관한 독특한 지각을 기술하기 위해 사용되고 있다.[29] 신체이미지는 하나의 연속선모형으로서 가장 잘 개념화 될 수 있는데, 장애의 수준들의 없음에서부터 심함까지의 범위이고, 대부분의 사람들이 이 범위의 중간 근처에 해당되어서 그들의 신체에 대한 경미에서부터 중간까지의 불만족을 경험한다. 하지만 상당히 많은 사람들이 그들 자신이 보이는 방식에 대해 불행을 느낀다. 미국의 "Psychology Today"라는 잡지의 독자들에게 1996년에 실시된 하나의 대규모의 질문지연구는 43%의 남자들과 56%의 여자들이 자신의 전반적 외모에 대한 불만족을 보고했다. 더욱이, 이 잡지에 의해 이전에(1972년과 1985년) 수행된 조사들과 비교되었을 때, 남자들과 여자들이 시간경과에 따라 그들의 신체에 대해 더 많은 불만족을 느껴 온 것 같다. 예컨대, 1972년에, 단지 15%의 남자들과 23%의 여자들이 그들의 외모에 대해 불만족을 느끼는 것을 보고했다. 우리의 신체이미지를 결정하는 것은 우리의 실제의 외모가 아니라, 오히려 우리가 어떻게 보이는가에 관한 우리의 지각이다. 예컨대 한 연구자는 개인의 외모에 관한 개인 자신의 시각의 6% 만이 객관적 평정자들에 의해 평가되었을 때에 개인의 실제의 매력성에 의해 설명된다는 것을 발견했다.[30] 몇 개의 연구들이 실제적 및 지각된 외모 사이의 차이를 예시해왔다. 한 연구에서, 식사장애가 없는 여성들이 그들 자신의 신체의 4개의 부분들 즉, 볼, 허리, 엉덩이 및 넓적다리의 크기를 추정하도록 요구받았다. 그들의 95% 이상이 이 신체부분들의 크기를 평균적으로 25% 과대평가했다.[31]

신체이미지의 성차

일반적으로, 여성들이 남성들보다 그들의 신체에 대해 더 많은 불만족을 느낀다. 신체이미지의 성차들은 8세와 10세 사이에서 나타나며, 특히 소녀들에 대해 연령의 증가와 더불어 신체 불만족이 더 뚜렷해진다. 비록 사람들이 또한 그들의 얼굴이나 신장에 대해 불행할 수 있을지라도, 일반적으로, 사람들 특히 여자들이 복부, 엉덩이, 허리와 같은 지방을 나타내는 신체속성들에 대해 가장 많은 불만족을 보고한다. 체중 불만족의 성차들에 관한 하나의 고전적 연구가 연구자들에 의해 수행되었다.[32] 각 성별의 몸매 그림들이 제시되었을 때, 남자들이 그들의 이상적 몸매, 그들의 현재의 몸매 및 그들이 여성들에 대해서 가장 매력적으로 생각된 몸매를 나타내는 매우 비슷한 몸매들을 택했다. 이에 비해서, 여자들은 그들의 현재의 몸매를 나타내는 것으로서 더 뚱뚱한 몸매를, 그리고 그들의 이상적 몸매로서 더 날씬한 몸매를 택했다. 부가적으로, 남자들에 대해 가장 매력있을 것으로 여자들에 의해 판단된 여자의 몸매는 남자들이 실제로 선호했던 것보다 훨씬 더 날씬했던 반면에, 남자의 몸매에 대해서는 정반대이었다.

이 연구자들의 연구는 반드시 남자들이 그들의 체중에 대해 비교적 만족한다는 것을 의미하지는 않는다. 체중 불만족은 여자들보다 남자들에 대해 다른 어떤 것을 의미한다. 많은 여자들이 체중을 빼는 것을 원하는 반면에, 남자들은 흔히 체중이 느는 것에 대해 관심을 두고 있다. 예컨대, 몇 개의 연구들은 남자들이 체지방의 면에서가 아니라, 근육 덩어리의 면에서, 특히 그들의 상체에 대해서 더 뚱뚱한 신체를 원한다는 것을 보여왔다. 하지만, 이 연구자들의 실험에서 사용된 몸매들의 세트는 체지방의 정도에서만 변화되었고, 근육덩어리의 정도에서는 변화되지 않아서, 남자들의 그들의 체격에 대한 불만족을 충분히 나타낼 수 없었다. 근육덩어리가 없는 극히 마른 것으로부터 극히 강건하고 근육적인 것에 이르는 몸매들의 새로운 세트를 사용함으로써, 다른 연구자들은 남자 대학생들이 그들의 현재의 몸매보다 더 크고 더 근육적인 것을 원한다는 것을 발견해왔다. 부가적으로, 자신의 이상적 체격을 선택하도록 요구받았을 때, 남자 대학생들은 여자들이 가장 매력적이라고 여기는 것보다 훨씬 더 큰 몸매를 선호하는 경향이 있다. 따라서, 여자들은 그들이 실제보다 더 날씬해지기를 원하고, 남자들이 매력있다고 여기는 날씬함의 정도를 과대평가하는 반면에, 젊은 남자들은 그들이 실제보다 더 근육적인 것을 원하고, 여자들이 매력있다고 여기는 근육성의 정도를 과대평가한다.

신체이미지에 대한 불안의 결과

자신의 신체에 대한 불만족감과 부정확한 지각이 실제로 반드시 문제가 되는 것은 아니다. 우리의 신체에 관한 정확한 이미지를 갖고 있지 않은 것과 우리의 외모에 대해 다소 불만족을 느끼는 것은 정상적인 것 같다. 신체이미지에 대한 낮음에서부터 중간까지의 불안은 심지어 유익할 수 있으며 사람들에게 운동과 건강한 식사습관들과 같은 건강한 행동에 참가하도록 만들 수 있다. 그럼에도 불구하고, 신체이미지 불안수준이 더 높을수록, 개인이 임상적 문제들에 당면하게 될 가능성이 더 많다. 신체이미지 불안들에서 생기는 가장 흔한 임상적 문제들은 신경성 무식욕증(anorexia nervosa)과 식욕 이상증진(bulimia nervosa)과 같은 식사장애들과 신체기형장애(body dysmorphic disorder; BDD)이다. 신경성 무식욕증은 설사 개인이 과소 체중일지라도 체중 증가와 살찌게 되는 것에 대한 강한 공포의 특징이 있다. 체중 증가를 막기 위해서, 무식욕증의 사람들은 심지어 그들이 이미 극히 과소 체중일 때에도, 그들의 칼로리섭취를 심하게 제한하고 과도하게 운동한다. 식욕이상증진(bulimia nervosa)으로 고통을 당하는 사람들은 어떤 제한된 시기 동안에 식사에 대한 통제력의 부족을 경험하면서, 다량의 식사를 한다. 그들의 과도한 음식섭취를 보상하기 위해서, 그들은 하제를 쓰기와 단식하기와 같은 부적절한 보상적 행동을 행한다. 신체기형장애(BDD)를 가진 사람들은 그들이 끔찍하고 싫은 것으로 지각하는 외모상의 어떤 상상되거나 약간의 결함에 대해 몰두되어 있다. 몰두들은 일반적으로 코, 피부 또는 머리털의 모양, 구조나 크기와 같은 얼굴이나 머리의 특징들을 포함한다. BDD를 가진 사람들은 다른 사람들이 그들의 주장된 외모상의 결함을 알아챘다고 믿으며, 그 결과로 부끄러움, 무가치, 불안, 우울을 느낀다. 신체기형장애(BDD) 환자들의 7% 내지 24%가 심지어 자살을 기도하고 많은 이들이 자기들의 지각된 결함에 대해 미용수술을 찾는다.

신체이미지 장애에 관한 이론적 설명들

(어떤 심리적 기제들이) 신체이미지장애에 기저하는가? 이하에서, 우리는 신체이미지장애에 대한 두 개의 이론적 설명을 제시한다: 즉, 사회적 비교이론과 도식이론이다.

(1) 사회적 비교이론(social comparison theory)

사회적 비교이론(Festinger, 1954)에 의하면, 사람들은 자신의 의견과 능력을 평가하려는 하나의 기본적 욕망을 갖고 있으며, 자기 자신에 관한 안정적이고 정확한 평가를 갖고자 노력한다.[33] 비록 사람들이 객관적이고 비사회적 기준을 사용해서 그들 자신을 평가하는 것을 선호할지라도, 그들은 그러한 객관적 정보가 가용치 않을 때에는 타인들과의 비교에 의해 그들 자신을 평가할 것이다. 사람들은 유사한 측면적 비교들, 더 좋은 상향적 비교들 또는 더 나쁜 하향적 비교들로서 타인들과 그들 자신을 비교할 것이다. 몇 개의 연구들은 자기지각된 매력성의 면에서 이른바 대비효과(contrast-effects)를 보여왔다.[34] 이 연구들은 대개 참가자들을 매우 매력적인 동성의 사람들(상향적 비교)이나 매우 매력적이지는 않은 동성의 사람들(하향적 비교)에 관한 자극들(예: 사진들이나 비디오들)에 노출시켜왔다. 상향적 비교 후에 사람들은 대개 신체만족에서의 감소를 경험하는 반면에, 하향적 비교 후에 사람들은 대개 신체만족에서의 증가를 경험한다. 비록 사회적 비교과정들이 사람들에게 그들의 신체에 대한 더 적거나 더 많은 만족을 느끼게끔 (비교표적에 따라) 만들 수 있을지라도, 일상생활에서 사회비교과정들은 디 흔히 긍정적 효과들보다 부정적 효과들을 갖는다. 여자들은 특히, 그들 자신을 미의 이상들과 비교하는 경향이 있으며, 그들 자신과 이러한 이상들 사이에 초점을 두고, 그 결과로 그들 자신에 대해 기분 나쁘게 느낀다. 하지만, 비록 우리의 사회 속의 모든 사람이 최소한 어느 정도로, 미의 이상에 노출될지라도, 모든 사람이 사회적인 미의 이상들에 의해 똑같이 영향받지는 않는다. 사회적 비교이론에 의하면, 불안감들을 감소시키고자 하는 사람들은 특히 그들 자신을 불확실감의 조건들 하에서 비교할 것이다.[35] 이러한 가정을 지지해서, 낮은 자기존중을 가진(그들 자신에 관해서 불확실감을 느끼는) 사람들이 높은 자기존중을 가진 사람들보다 사회적 비교를 행하기가 더 쉬우며 그들의 외모에 대해 덜 만족한다는 것이 발견되어왔다.

(2) 도식이론(schema theory)

도식이론은 사람들이 사용하는 도식들이 그들이 정보를 어떻게 해석하는가와 그들이 어떤 정보를 획득하는가를 결정짓는다고 제안함으로써 사회적 비교이론을 정교화시킨다. 도식적 관점에 의하면, 사람들은 기본적인 신체이미지도식들을 갖고 있는데, 이것들은 사람들의 인생에서의 행복과 성공에 대한 그들의 외모의 중요성과 영향에 관한 그들의 핵심적인 감정이 실린 가정들이나 신념들을 반영하고, 신체이미지에 관련된 정보의 처리를 조직화시키고 인도한다. 이러한 도식들의 예들은 "날씬한 것이 중요하다" 그리고 "나의 외모가 나의 인생에서 무엇이 일어나는가의 많은 것에 대해 책임이 있다"이다. 신체이미지의 면에서, 두 개의 중요한 도식들의 유형이 구분될 수 있다. "신체이미지 평가들"(body image evaluations)은 개인의 신체에 대한 만족이나 불만족의 느낌들을 일컫는 반면에, "신체이미지 투자들"(body image investments)은 개인의 자기평가에 대한 신체이미지의 인지적, 정서적 및 행동적 중요성을 일컫는다.[36] 사람들이 그들의 외모에 대해 불만족하고 있지만(즉, 부정적 신체이미지 평가들을 갖고 있음), 그들의 외모가 그들의 자기감에 대해 매우 중요하다고 느끼지 않을 때(낮은 신체이미지 투자들), 그들의 임상적 문제를 발전시키게 될 가능성은 낮다. 식사장애들과 신체기형장애(BDD)를 가진 사람들은 그들의 신체를 부정적으로 평가할뿐만 아니라, 또한 그들의 신체적 외모에 대해서 극도의 중요성을 부여한다. 그 결과로, 그들은 "외모 도식적이다." 즉, 그들은 외모에 대해 더 많은 관심을 기울이고, 더 많은 중요성을 부여하고, 외모에 관련된 정보를 우선적으로 처리한다. 부가적으로, 그들의 신체도식들이 부정적으로 평가되기 때문에, 그들은 흔히 자신의 모습에 관해서 비합리적이고 부정적인 사고와 해석을 갖고 있다. 예컨대, 그들은 오로지 극히 매력적인 사람들의 외모와 자신의 외모를 비교하며, 그들의 신체에 관한 과잉일반화를 행하는 경향이 있다(어떤 사람이 그들의 복장을 비평할 때, 그들은 "저 봐, 나는 정말로 추해"라고 생각한다).

신체이미지 장애의 예방

앞에서 지적된 바와 같이, 낮은 자기존중을 가진 사람들이 특히, 그들 사진을 미의 이상들과 비교하고 자신이 비매력적이라고 결론짓기 쉽다. 따라서, 자기존중을 구축하는 것이 신체이미지에 관련된 문제를 방지하는 최선의 방법들 중의 하나이다. 긍정적 자기이미지들은 사람들을 그들의 신체에 대해 만족하게끔 만드는데(그리고 반대도 마찬가지이다), 이것은 주로 만족이 그들 자신을 타인들과 비교할 필요성을 감소시키기 때문이다. 자기존중을 향상시키는 수단에 의해서 신체이미지 문제들을 예방하기 위한 가능한 정책들은 정부의 정보캠페인들과 학교 프로그램들과 같은 중재들을 포함한다. 이것들과 같은 중재들은 될 수 있으면, 아동들과 청년들에게 초점을 두어서, 소년들과 소녀들이 신체이미지에 대한 사회문화적 영향들을 완충시켜 주는 더 큰 자율성과 자신감의 느낌들을 갖고서 청년기에 도달하도록 해야만 된다. 최근의 연구들은 또한 청년들에서, 에어로빅 운동과 같은 규칙적 신체운동이 신체이미지의 불만족을 감소시키는 데에 (일시적으로) 효과적이라는 것을 나타낸다. 신체활동은 이것의 체중감량 효과들 때문에 직접적으로, 그리고 자기가치감을 향상시킴으로써 간접적으로 신체불만족을 막아준다.

낮은 자기존중

개인의 자기도식은 개인이 행하는 귀인들에 의해 크게 영향받는다. 낮은 자기존중으로 고통을 당하는 사람들은, 이들 중의 다소가 계속 만성적으로 우울하게 되는데, 부정적 사건들을 그들 자신의 부적절성이나 냉정하고 매정한 세상의 변화들을 탓하는 경향이 있다.[37] 이와 같은 잘못된 귀인들은 고통을 증가시킨다. 진행중인 경험들에 관한 주의깊은 고찰과 분석을 통해 개인을 체계적으로 관찰함으로써, 치료자는 흔히 내담자에게 그 자신의 부적절한 귀인들을 명확하게 증명할 수 있다. 그 다음에 치료자는 더 적절한 귀인들로 잘못된 귀인들을 대치시키는 방법들 속에서 내담자를 코치할 수 있다. 귀인과정이 변화함에 따라, 내담자는 자기 자신과 사회적 세계에 관한 더 명료한 시각을 갖기 시작하고 점차적으로 자기 자신이 중요하고 긍정적 방식으로 이러한 사회적 세계에 대해 영향을 줄 수 있다고 믿게 된다. 예컨대, 자신의 매력성과 바람직스러움의 면에서 자신에 관해 부정적 도식을 갖고 있는 한 남학생이 그의 학급에 있는 한 여학생에게 접근해서 그녀에게 그와 함께 영화구경을 가자고 요청한다고 가정하자. 그녀는 공부할 것이 너무 많다고 말하면서 정중히 거절한다. 만일 이 남학생이 이 거절을 자신의 비매력성의 탓으로 돌린다면, 이 반응은 거절로서 해석되고 많은 고통을 일으키고 그의 자기존중을 해칠것이다. 이와 달리, 만일 그가 귀인들에 관해 조심할 것을 배웠다면, 그는 그 대신에 자기 자신을 다음과 같이 생각할 수도 있다: “오늘 밤 그녀가 나와 함께 영화구경을 가고 싶지 않다고 말했던 이유가 나 때문이라는 것을 나타내는 정보가 전혀 없다. 그녀는 자기가 할 공부거리를 갖고 있다고 말했고 나는 그녀가 믿을 수 없는 사람이라고 생각할 아무런 이유를 갖고 있지 못하다.” 이와 같은 귀인과정의 간단한 변화는 시간이 지남에 따라, 개인의 안녕에서 극적 변화들을 일으켜서 데이트들을 일으키기 쉬운(적어도 때로는) 행동을 증진시키고, 이것은 그 다음에 좀 더 많은 자신감을 낳을 것이다. 더 적절한 귀인들과 더 효과적 행동으로 대치됨에 따라, 자기존중의 증가들이 뒤따르는 경향이 있다.

공황발작(panic attacks)

공황발작을 겪는 사람들은 일반적으로 이러한 형태의 발생에 의해 극도로 우울하다. 그들은 그들이 심장마비를 갖고 있었다거나, 기절하거나, 심지어 죽으려고 했다고 믿었다고 보고한다. 하나의 이러한 발작 후에, 또 다른 발작의 가능성에 대한 공포가 구축되고, 이 공포는 실제로 또 다른 발작이 일어나기가 더 쉽게끔 만든다. 그러한 환자는 대개 공황발작을 또 다시 더 많은 불안을 일으키는 어떤 발견되지 않은 신체장애나 어떤 정신적 악화(예: 나는 정신이상이 되고 있다)에다가 귀인시킨다. 이러한 공황에 대한 치료의 일부분은 거의 항상 존재하는 잘못된 "귀인" 과정들에 대한 작업을 포함한다. 내담자에게 자율신경계통의 흥분에 관해서 가르쳐주고, 그 사람이 느끼는 증후들(예: 심장이 뜀, 숨이 가쁨, 있을 수 있는 가슴통증들, 어지러움, 통제력을 상실한다는 느낌)이 바로 심한 자율신경적 흥분의 증후들이라는 것을 설명해줌으로써, 내담자는 이러한 반응들을 극도의 위험을 시사하지 않는 식으로 해석하는 것을 배운다.[38] 그 다음에, 자율신경적 흥분을 감소시키는 데에 도움이 되는 호흡기법들을 가르쳐줌으로써, 치료자는 환자에게 불안이 일어날 때에 그것을 극복하는 것을 돕는 데에 있어서 큰 진전을 이룰 수 있다. 이 시점에서 내담자기 불안에 대헤 책임있는 어떤 것을 탐색하고, 이해하고 궁극적으로 처리하는 것을 돕기가 훨씬 더 용이하다. 내담자가 갖고 있는 이러한 스트레서들은 매우 흔히 가까운 개인적 관계들에서의 인식되지 못한 문제들을 포함하는 것으로서, 성질상 사회적인 것이다.

수줍음(shyness)

비록 소수의 사회심리학자들이 임상문제들에 대한 사회심리학의 직접적 응용에 초점을 두어 왔을지라도, 수줍음의 영역은 하나의 대비되는 중요한 예를 제공한다. 수줍음에 대한 가장 중요한 연구들과 아울러 이것을 "치료"하기 위한 가장 의의깊은 시도들이 사회심리학자인 Zimbardo(1977)에 의해 수행되어왔다.[39] 한 사회심리학자가 수줍음의 문제와 씨름해온 것은 수줍음이 사회적 상호작용에서 첫 번째의 그리고 우선적인 하나의 곤란이기 때문에, 놀랄만한 것이 못 된다.

Zimbardo와 그의 동료들은 대학상황에서 수줍음치료소를 세웠다. 응용사회심리학 연구들을 사용해서, 그들은 사람들이 수줍음을 극복하는 것을 돕기 위한 기법들을 개발했다. 이러한 기법들은 사람들이 자기 자신에 대해 행한 귀인들을 변화시키는 것과 아울러 사회적 기술훈련을 포함했다.[40] 수줍음이 많은 사람들은 흔히 사회적 상황 속에서 그들이 경험하는 불안감들을 그들의 수줍음에 귀인시키며, 이것은 그들을 좀 더 부적절하고 불편하게 느끼게끔 만든다. 개인에게 이 증후들을 어떤 다른 것(예: 칵테일파티에서 군중을 헤치고 나가고 부산떠는 것)에다가 귀인시키도록 가르침으로써, Zimbardo는 부끄러워하는 사람들이 덜 수줍은 방식으로 행동하고 한 사회적 상황에서의 불안을 다음 상황에서의 불안의 기대와 결합시키는 부정적 피드백고리를 타파하기 시작한다는 것을 발견했다.

고독(loneliness)

고독은 많은 사람들에 대해 심리적 고통의 하나의 주된 원천이며 심한 우울반응들을 촉진시킬 수 있다. 고독에 관한 사회심리학적 연구에 관해 거의 알지 못하는 치료자는 이 문제를 적절하게 취급하는 데에 실패할 수 있으며, 때로는 고독이 다른 장애들에서 행하는 역할을 인식조차 못할 것이다. 예컨대, 최근에 결혼했던 어떤 내담자가 정서적 고통으로 도움을 찾는다면, 고독은 치료자나 내담자에 의해 하나의 가능한 문제로서 고려조차 되지 않을 수 있다. 그럼에도 불구하고, 연구는 최근에 결혼한 사람들의 한 표본에서 고독의 유의한 발생을 나타내와서, 혼자 있는 것보다도 관계의 질에 관한 문제들을 반영하고 있다.[41] 고독은 여성에 대한 남자의 공격성과 알코올 문제들과 같은 다른 심각한 문제들을 일으킬 수 있다.

부분적으로, 고독은 사람들이 행하는 귀인들의 측면에서 이해될 수 있다.[42] 만일 사람들이 고독의 느낌들을 사회적으로 배척당하는 것의 면에서나 개인적 부적절성의 면에서 해석한다면, 그들은 만일 그들이 동일한 느낌들을 사회적 환경 속에 적절한 사람들의 부족의 면에서 해석할 경우보다 그들이 훨씬 더 많은 고통을 느끼기가 쉽다. 후자의 귀인은 사람들에게 사회적 상황들을 찾아내게끔 만들 수 있는 반면에, 전자는 그들에게 우울반응을 일으키게끔 만들 수 있다.

한 연구자는 만성적 고독에 관련되어 있는 요인들을 연구했다.[43] 대학 1학년생들이 가을학기와 그 다음 해의 봄에 다시 고독성을 검사받았다. 연구자는 가을학기보다 봄학기에 덜 고독했던 학생들과 계속 고독했던 학생들을 비교했다. 고독이 감소되지 않았던 학생들은 더 흔히 자신의 고독에 관해 내부적이고 안정적 귀인들을 행했다. 즉, 그들은 문제를 자신의 성격에 귀인시켰으며, 고독한 것을 안정적인 불변하는 상황으로서 보았다. 더욱이, 이 동일한 학생들은 만족스러운 연애관계만이 자신의 고독을 치유할 수 있다고 믿는 경향이 있었던 반면에, 학년도 동안에 덜 고독하게 되었던 학생들은 비연애의 관계에서 오는 만족을 강조했다.

관계 문제들

이혼의 숫자는 결혼 문제들의 광범위한 성질을 예시해준다. 산업화된 국가들에서 이혼이 매우 보편적인 일이 되고 있으며, 이것은 "이혼유행병"이라고 일컬어질 정도가 되고 있다. 예컨대, 미국에서 초혼의 약 50%와 재혼의 약 60%가 이혼으로 끝장날 것으로 추정되고 있다(Cherlin, 1983). 또한 영국에서, 2004년에 결혼건수에 비한 약 50%의 이혼건수가 있었다. 한국에서 결혼에 대한 이혼율이 1998년에 32.1%로서(이종한과 이윤희), 1990년대의 후반에 이혼율이 급증하고 있다(유영주 등, 2000).[44] 결혼 스트레스에 기인되어서, 배우자들은 우울증, 불안,

약물과 알코올 문제들 및 증가된 자살수준과 같은, 정신적 및 신체건강적 문제들을 겪는다. 부가적으로, 이혼한 부모의 자녀들은 유사한 건강위험들과 학교에서 중퇴하거나 비행자로 되기가 더 쉽다. 결혼(의사소통) 문제들의 잠재적 원인들을 규명하기 위해서, 우리는 두 개의 관련된 이론들을 논의할 것이다: 즉, 애착이론과 사회적 교환과 상호의존이론이다.

애착이론(attachment theory)

애착이론에 의하면 아동들은 그들의 양육자들에 의해 대우받는 방식에 대한 반응으로, 특수한 애착스타일 즉, 부모로부터의 분리에 대해 반응하는 비교적 일관적인 방식을 무의식적으로 발전시킨다.[45] 양육자들과의 관계들에 대한 경험들은 정신적 표상들이나 "내적 실용모형들"(internal working models) 즉, 가까운 관계들이 어떻게 이루어지는가, 그리고 개인이 사랑과 지원을 받을 가치가 있고 타인들이 믿을 수 있는가에 관한 한 세트의 가정들의 발달을 일으킨다. 아동들에 대해 항상 가용(존재)하고 아동들이 고용을 당할 때에 그들의 욕구들에 반응적인 양육자들을 가진 아동들은 안심애착스타일(secure attachment style)을 발전시키기가 가장 쉽다. 즉, 그들은 타인들을 신뢰할 수 있고, 믿을 수 있고, 도와준다고 보고 그들 자신에 대한 긍정적 시각을 발전시킬 것이다. 이에 비해서, 아동들의 양육자들이 거부(배척), 반응성의 부족이나 신체적 및 정서적 학대를 보이는 아동들은 회피애착스타일(avoidance attachment style)을 발전시키기가 더 쉬운데, 이들은 타인들로부터의 거리와 비신뢰성과 믿을 수 없음과 같은 타인들에 대한 냉소적 시각의 특징이 있다. 아동들의 욕구들에 대해 비일관적으로 반응하는 양육자들의 아동들은 불안-양가적 애착스타일을 발전시키기가 더 쉬운데, 타인들이 자신의 욕망에 대해 반응하지 않을 것이라는 공포와 결합된, 타인들과 가까워지려는 강한 욕망의 특징이 있다. 애착이론에 의하면, 아동기의 애착스타일의 영향이 성인기로 연장된다. 사람들은 그들 자신이 어렸을 때에 그들의 부모에 대해 애착했던 방식으로 친밀한 파트너에 대해 자신을 애착시키는 경향이 있다. 그 결과로, 성인기의 관계가 아동기 때의 애착문제들 때문에 고통을 겪을 수 있다. 예컨대, 사람들은 그들의 파트너가 부정하거나 부정하려는 욕망을 갖기 때문이 아니고, 오히려 그들의 부모가 어렸을 적에 그들의 욕구들에 대해 비일관적으로 반응해서, 그들의 자녀의 타인들에 대한 믿음을 손상시켰기 때문에, 비합리적인 질투로 반응할 수 있다.

애착 전문가인 Bartholomew는 회피애착스타일이 대부분의 연구자들이 알고 있는 것보다 더 복잡하다고 주장해왔다.[46] 그녀는 사람들이 회피적일 수 있는 두 가지 길이 있다고 제안했다. 첫째로, 사람들은 타인들과의 친밀한 관계를 원하기는 하지만, 자신이 상처받는 것을 두려워하기 때문에 그들을 회피할 수 있다(이른바 공포 애착스타일). 둘째로, 사람들은 타인들과의 가까움보다도 자유와 독립을 진정으로 선호할 수 있다(이른바 무시 애착스타일). 그 결과로 4개의

자기에 관한 모형

타인에 관한 모형	(긍정적)	(부정적)
(긍정적)	– 안심적임(secure) – 친밀성과 자율성에 대해 편안함	– 몰두적임(preoccupied) – 과도하게 의존적임 – 관계들에 몰두됨
(부정적)	– 무시함 – 친밀성을 무시함 – 의존의 거부	– 두려워함 – 친밀성을 두려워함 – 사회적으로 회피적임

도 5.2 애착이론: 애착에 관한 4집단의 모형

애착스타일들이 구분될 수 있는데, 이것들은 두 개의 차원 즉, (1) 자기의 일반적 평가와 (2) 타인들의 일반적 평가에 따라 정리될 수 있다(도 5.2 참조).

애착스타일과 관계의 질

애착스타일과 관계문제들 간의 관계를 검토함에 있어서, 사회심리학자들은 대개 참가자들에게 관계의 질과 애착스타일을 평가하는 질문지를 제시한다. 애착스타일들은 흔히 관계질문지에 의해 측정되는데,[47] 이것은 4개의 애착스타일들을 기술하는 4개의 짧은 단락들로 구성되어 있다(도 5.3 참조). 이 연구들은 안심애착스타일을 가진 사람들이 몰두적이거나 회피적인 사람들보다 더 높은 관계만족, 관계몰입 및 그들의 관계들에 대한 신뢰를 보고한다는 것을 발견해왔다. 몰두적으로 애착된 사람들은 그들의 관계들에서 더 많은 갈등을 지각하고, 분노의 통제력이 부족하고, 갈등들의 심도가 점증하는 경향을 보고하고, 비효과적인 지원제공자들이다. 회피적으로 애착된 사람들은 갈등 동안에 높은 적대감과 도피적 반응들을 보이고 자신의 파트너로부터 지원을 받으려는 시도에 있어서 부루퉁하기가 더 쉽다.

상관연구들 이외에, 사회심리학자들은 애착스타일들이 어떻게 친밀한 관계들 속에서의 정보처리에 영향을 주는가를 증명하는 실험을 수행해왔다. 예컨대, 연구자들은 참가자들의 파트너가 대기실에 있는 동안에, 후에 비디오로 찍히게 될 연설을 행하기 위해 그들에게 준비하도록 요구했다.[48] 그 다음에 파트너는 연설을 준비하고 있는 파트너에게 전달되고 읽히게 될 지원적이거나 비교적 비지원적인 쪽지를 그들 자신의 필체로 복사하도록 요구받았다. 참가자들이

다음의 기술들 중에서 어느 것이 당신을 가장 잘 특징짓습니까?
안심애착스타일(secure attachment style): 나는 타인들과 정서적으로 가까워지기가 비교적 쉽다. 나는 타인들에게 의지하고 타인들이 나에게 의지하게 하는 것이 편안하다. 나는 혼자가 되는 것이나 타인들이 나를 수용하지 않는 것을 걱정하지 않는다.
무시애착스타일(dismissing attachment style): 나는 가까운 정서적 관계들이 없이도 편안하다. 나에 대해서 독립적으로 자기 충족적으로 느끼는 것이 매우 중요하며, 나는 내가 타인들에게 의지하지 않고, 타인들이 나에게 의지하지 않는 것을 선호한다.
몰두애착스타일(preoccupied attachment style): 나는 타인들과 정서적으로 친밀하게 되는 것을 원하기는 하지만, 나는 흔히 타인들이 내가 좋아하는 것만큼 가까워지기를 꺼린다는 것을 발견한다. 나는 가까운 관계들이 없는 것이 편안하지 않지만, 나는 때로는 타인들이 내가 그들을 소중히 여기는 것만큼 많이 나를 소중히 여기지 않을 것을 걱정한다.
공포애착스타일(fearful attachment style): 나는 타인들과 가까워지는 것이 다소 불편하다. 나는 정서적으로 가까운 관계들을 원하기는 하지만, 나는 타인들을 완전히 신뢰하거나, 그들에게 의지하는 것이 곤란하다는 것을 발견한다. 나는 때로는 만일 내가 타인들과 너무 가깝게 되는 것을 스스로 허용한다면, 내가 상처 입게 될 것을 걱정한다.

도 5.3 애착스타일을 평가하기

그들의 연설을 행했을 때에, 그들은 다른 똑같이 지원적이거나 비지원적 쪽지를 파트너로부터 받았다. 결과들은 안심적 참가자들에 비해서, 몰두적이거나 회피적 참가자들이 모두 안심되게 애착된 참가자들보다 자신의 파트너에 대해 훨씬 더 부정적으로 반응했다는 것을 보였다. 즉, 그들은 낮은 지원의 메시지들을 더 부정적으로 평가했으며, 그들의 파트너와의 상호작용을 덜 지원적이라고 평정했으며, 그들의 연설에서 유의하게 더 나쁘게 수행했다.

또한 결혼 스트레스의 생리적 결과들이 개인의 애착스타일에 의존할 수 있다. 관계 스트레스에 대한 반응에 있어서, 몰두적으로 그리고 공포적으로 애착된 사람들이 더 높은 혈압과 심박 반응성을 보이는 반면에, 무시적으로(dismissingly) 애착된 사람들이 더 낮은 혈압과 심박 반응성을 보여서, 전자를 심혈관병이나 고혈압증과 같은 질병들에 대해 더 취약하게끔 만든다: 부가적으로, 한 명의 몰입적이거나 공포적으로 애착된 부인과 특히 무시적인 남편으로 구성된 부부들이 아내가 피해자가 되는 신체적 폭력을 경험할 높은 위험성이 있다.

사회적 교환과 상호의존이론

사회적 교환과 상호의존이론은 사람들이 그들의 관계들에서 비용들(costs)과 보수들(rewards)에서의 상호성에 기초해서 관계들을 형성하고 지속한다고 가정한다.[49] 비용들과 보수들 사이의 교환을 평가함에 있어서, 사람들은 사랑, 성관계, 지원, 경제적 기여 및 가사일을 포함해서, 관계에 대한 다양한 투입들과 관계로부터의 결과들을 고려할 것이다. 사람들은 그들의 파트너가 자신에게 빚을 지고 있는 상황들에서 고통을 경험할뿐만 아니라, 또한 그들이 그들의 파트너에게 빚을 지고 있는 상황들에서 당황을 느낄 것인데, 이것은 빚을 갚을 수 없는 것의 죄책감, 의무 및 두려움 때문이다. 그 결과로, 관계 만족이 흔히 감소된다. 부가적으로, 성적 만족이 파트너들이 예컨대, 그들이 자신의 파트너가 그들 자신보다 성활동 동안에 성적으로 덜 흥분되고 있다고 지각할 때, 파트너들이 성영역에서 불형평성을 지각할 때에 낮아지게 될 것이다. 따라서, 사회적 교환이론에 의하면, 관계들은 그것들이 형평성 있을 때 즉, 각 파트너에 대한 결과들(보수들과 비용들)이 다소 동등할 때에 가장 만족스럽고 안정적이다.

자기들이 불형평한 관계 속에 있다는 것을 발견하는 사람들은 비용들과 보수들 사이의 지각된 균형을 회복시키려고 노력할 것이다. 이러한 시도들은 이것들이 흔히 갈등의 형태를 취하기 때문에 관계에 대해 여러 가지 심각한 결과들을 가질 것이다. 예컨대, 가사일이나 성영역에서 한쪽 파트너의 비용들과 보수들의 불평등한 분배를 변화시키려는 시도는 하나의 특히 파괴적인 갈등유형인 이른바 요구－철수 갈등(demand－withdraw conflict)들을 일으킬 것이다.[50] 자기의 파트너의 행동을 변화시키려는 하나의 시도에서, 한쪽 배우자는 상대방에게 불평, 비평 또는 요구로 압력을 가한다. 상대측 배우자는 이러한 불평들을 침입적인 것으로서 지각하고 방어성이나 수동적 상호작용으로 철수(후퇴)한다. 그러면, 이것은 불평자에게 상대측 파트너를 관여시키게끔 만들기 위한 노력을 강화시키게끔 만들고, 이것은 흔히 그 파트너를 좀 더 멀어지게 되게끔 만든다. 부가적으로, 이자관계 외의 성관계가 형평성을 회복시키는 한 방법이 될 것이다: 불형평한 관계들 속의 여자들(그러나 남자들은 아님)은 형평성 있는 관계들 속에 있는 여자들보다 혼외관계들을 갖는 것과 그러한 관계들에 더 자주 관여되는 것에 대한 더 강한 욕망을 갖는다. 불형평의 결과들이 무엇이고 얼마나 강한가는 또한 사람들이 교환들에 대해 갖고 있는 태도들(관점들)의 정도의 개인차들에 의해 결정된다.

예컨대, 가사일의 "어떤 비동등한" 분배가 "불형평적인 것"이거나 "불공정한 것"과 동일시되어서는 안 된다. 예컨대, 비록 많은 부인들이 더 많은 가사일을 수행할지라도, 대다수의 부인들이 가사일의 분배를 공정하다고 지각한다. 공정성의 지각들은 행동 자체 만에 기초되지는 않고, 또한 상호존중과 지원의 느낌들에 기초된다. 예컨대, 사람들이 더 많이 싫증나는 가정일을 수행하고 그들의 파트너를 위해 일할수록 즉, 비용이 더 클수록, 관계만족이 더 크지만, 그들의 노력들이 그들의 파트너에 의해 감사 받게 될 때에만 그러하다. 그들의 노력들이 감사받지 못할 때, 더 큰 비용이 낮춘다.

관계 문제들을 예방하기

초기의 부모-자녀 상호작용이 파트너들 간의 장래의 결혼 상호작용에 대해 영향을 준다고 가정하는 애착이론의 관점에서 볼 때, 우리는 자녀들에게 안정적이고 안전한 가정환경을 제공해 주고, 부모들에게 충분한 양육기술을 갖게끔 만듦으로써 결혼문제들을 예방할 수 있을 것이다. 스웨덴과 네덜란드와 같은 몇 개의 국가들에서 모든 새로운 부모들이 출산과 아동 건강관리 기관에 의해 제공되고 중앙 공공당국들에 의해 주도되는 한 훈련인 부모역할훈련의 기회를 제공받는다. 부모역할훈련은 10대들이나 혼자된 어머니들과 같이 취약성 있는 사회경제적 또는 심리적 조건들 속에 있는 부모들에 대해서 특별하게 관련 있을 것이다. 부가적으로, 최근에 건전한 육아의 중요성에 관한 일반대중의 인식이 매스 미디어에 기인되어서 엄청나게 증가해왔다. 매스 미디어에서 제공되는 육아의 기법들은 부모들에게 그들의 자녀를 적절하게 훈육하는 기술들을 제공하고 아이의 불복종에 기인되는 좌절감들을 감소시킬 것이다. 비록 이것들과 같은 정부와 상업적 시도들이 자녀들의 장래의 결혼만족을 증가시켜 주지 않을 수 있을지라도, 장기적으로 이것들은 아동기의 상태들을 개선시킴으로써 자녀들의 장래의 결혼생활에 대해 도움을 줄지도 모른다.

사회적 교환이론의 관점에서 볼 때, 정부는 성생활과 가사활동들과 같은 영역들에서의 형평성의 회복에 기여할 것이다. 예컨대, 2003년과 2004년에 네덜란드에서 배우자들에게 가사활동의 분배에 관해 토의하도록 장려하고 그러한 활동들을 그들이 공정하게 분배하도록 하기 위해서 한 TV토론, TV 삽입광고들 및 한 웹사이트를 개시했다. 12주간의 1시간짜리 TV프로들 속에서, 부부들은 “남자들은 아버지들이 되기로 선택하지 않으며, 그것은 단지 그들에게 우연히 일어난 것이다”와 같은 진술들을 토의하고, 그들의 가정에서, 그들이 지불받은 일, 가사 및 육아를 포함하는 과업들을 어떻게 분배하는가를 토의한다. 이러한 캠페인의 평가는 캠페인의 결과로서, 배우자들이 더 자주 가사일들의 분배를 토의하고 이러한 분배에 관해 합의들을 행한다는 것을 보여왔다. 그렇게 하는 중에, 이것들과 같은 캠페인들이 결혼문제를 예방할지도 모른다.

요 약

1. 정신건강장애들은 사람들이 당면하고 있는 가장 흔한 문제들 중의 하나이며, 임상 및 상담 심리학이 주로 관계하고 있다. 하지만 사회심리학이 또한 이러한 문제들에 관계하고 있다. 사회심리학은 심리장애들의 원인, 진단 및 치료와 예방을 연구하는 데에 응용될 수 있다.
2. 사회적 불안에 대해서, 자기제시이론은 무기력하게끔 만드는 사회적 불안의 증후들이 좋은 인상을 지으려는 매우 강한 욕망과 좋은 인상을 짓는 자신의 능력에 대한 의심의 종합적 영향에 바탕을 둔, 부정적 결과 기대들의 작용에서 나온다고 주장한다. 자기제시이론이 전문적인 치료적 중재들에서 내담자들에게 사회적 불안의 증후들을 경감시키는 데에 응용될 수 있다.
3. 우울증이 바람직스럽지 못한 결과들이 일어날 것이고, 바람직스러운 결과들이 일어나지 않을 것이라는 기대와 자기 자신이 상황을 변화시키기에 힘이 없다는 기대에 의해 일어날 수 있다는 것을 시사하는 이론과 연구가 있다. 무희망으로 고통을 당하는 사람들에 대한 인지적 문제의 핵심이 그들의 생활에서의 사건들과 여건들이 자신의 통제 밖에 있다는 주관적 신념이라고 시사되고 있다. 우울증에 관한 무희망이론이 치료적 변화를 위한 표적들을 확인하고, 치료들이 우울증후들을 감소시키는 데에 도움이 되는 인지–사회적 역동을 이해하는 것을 도울 수 있다고 주장되었다.
4. 신체불만족은 신체이미지에 관련된 문제들을 일컬으며, 이것은 비록 여성들이 남성들보다 더 많이 갖고 있을지라도, 오늘날 산업화된 국가들의 대다수의 인구에 의해 경험되고 있다. 사회적 비교이론과 일치해서, 사람들이 자기 자신과 미의 이상들을 대비시키는 사회적 비교들이 그들의 신체에 대해 불만족을 느끼게끔 만든다. 부가적으로, 높은 신체이미지 투자들 즉, 자신의 신체적 외모가 극히 중요하다고 여기고, 이것이 자기평가에 대해 매우 연관되어 있다고 지각하는 것이 신체불만족에 대해 강하게 기여한다.
5. 낮은 자기존중이 부정적 사건들에 대한 부적절한 귀인들에 기인될 수 있다. 귀인방식들의 변화로 자신감의 향상이 이루어질 수 있다.
6. 공황발작을 가진 사람들은 발작에 대한 공포를 갖고 있는데, 이 공포는 자신의 증후들에 대한 자율신경계통의 흥분의 귀인훈련과 흥분감소방법들을 가르쳐줌으로써 극복될 수 있다.
7. 수줍음에 관한 사회심리학적 연구를 통해 수줍음의 치료기법들이 개발되었다. 그 기법들은 귀인재훈련과 사회적 기술훈련을 포함한다.
8. 고독은 많은 사람들에 대해 심리적 고통의 하나의 주된 원천이며 심한 우울반응들을 촉진시킬 수 있다. 고독은 관계의 질의 문제를 반영할 수 있으며, 여성에 대한 남자의 공격성과 알코올 문제를 일으킬 수 있다. 만성적 고독을 가진 사람들은 고독에 관한 내부적 및 안정적 귀인 즉, 성격귀인을 행한다.
9. 결혼문제들이 애착이론의 시각에서 논의되었다. 더 특수하게, 몰두적, 공포적 및 무시적 애착스타일들이 갈등을 증폭시키는 것과 비이성적인 질투와 같은 결혼문제들에 연관되어 있는 것으로 발

견디어왔다. 부가적으로, 사회적 교환과 상호의존이론과 일치해서, 부정과 갈등과 같은 결혼문제들이 관계가 불형평할 때에 흔히 일어난다.

제6장

건강과 병의 사회심리학

건강심리학의 정의
- 생물심리사회적 모형
- 사회적 변인들과 건강

건강 증진과 병의 예방
- 매스 미디어의 건강보도의 설득과 사회적 영향
- 가족, 또래 및 학교의 영향

건강행동의 변화
- 건강신념모형
- 계획된 행동이론
- 변화단계들모형

스트레스, 대처 및 사회적 지원
- 스트레스 사건들의 특징들
- 스트레스와 발병
- 스트레스를 주는 사건들에 대한 대처
- 사회적 지원
- 스트레스 관리

증후들, 병 및 치료
- 병의 증후들의 인식과 해석
- 환자와 의사의 상호작용
- 심리적 통제력과 치료에 대한 적응

만성적 병에 대한 사회심리학적 관점들
- 병의 인지들
- 만성적 병과 환자들의 생활변화

요약

우리는 건강과 병에 대해 우선적으로 막대한 관심과 노력을 기울이고 있다. 이것은 생명체로서의 사람들의 기능이 건강이나 병의 상태와 직결되어 있기 때문이다. 전통적으로, 건강과 병의 문제를 취급함에 있어서 생물학적 및 의학적 접근이 취해져왔다. 즉, 건강이나 병의 상태는 생물학적으로 세포의 상태, 세균의 감염, 신체의 기능상태 등에 따라 판단되었고 대처되었다.

하지만, 흡연, 음주, 과식 등과 같은 생활스타일 요인들과 심리사회적 스트레스가 산업화된 국가들에서의 이환율과 사망률에 대해 상당히 기여한다는 인식의 증가가 1970년대 말경에 한 분야로서 건강심리학의 발전을 일으켰다. 생활스타일들이 건강에 대한 태도들과 신념들에 의해 결정되기 쉽기 때문에, 사회심리학이 이러한 노력에 있어서 하나의 중요한 기여를 해왔고 지금도 하고 있다. 효과적 예방은 생활스타일들에서의 큰 변화를 이룩할 필요가 있으며, 이러한 시도들은 매스컴과 따라서, 태도와 행동의 변화에 관한 사회심리학적 기법들의 응용에 의지해야만 될 것이다.

스트레스의 연구에 대한 사회심리학자들의 관심이 가장 큰 스트레스를 주는 생활사건들의 다수가 이혼이나 사별과 같이, 사회적 관계들의 깨짐을 포함하기 때문에 더 최근에 증가되었다. 더욱이, 스트레스 사건들의 건강적 영향이 그러한 사건들의 성질뿐만 아니라, 위기에 대한 사람들의 대처능력과 그들의 친척들, 친구들 등의 사회적 관계망의 다른 멤버들로부터의 사회적 지원을 받는 정도에도 또한 달려 있다. 또한 건강에 대한 스트레스의 영향은 비록 어느 정도로 신체의 면역반응과 같은 생리적 과정들에 기초될지라도, 대처전략들로서 건강을 악화시키는 습관들에 의해서도 또한 매개된다. 따라서, 사회적 요인들이 많은 생활사건들의 스트레스적 성질을 결정할뿐만 아니라, 또한 스트레스와 건강 간의 관계의 조절요인들로서도 중요하다.

사회심리학자들은 또한 건강심리학의 다른 주요 분야인 건강돌봄체계들에 대해 중요한 공헌을 해왔다. 이것은 의사와 환자 간의 관계, 의료절차의 준수, 의료절차에 관련된 불안 및 돕는 직업에서의 애로사항들과 같은 이슈들을 포함했다.

이 장에서 우리는 건강과 병에 관한 몇 가지 중요한 주제들을 취급한다. 그것들은 건강심리학의 정의, 건강증진과 병의 예방, 건강행동의 변화모형들, 스트레스, 대처 및 사회적 지원, 증후, 병 및 치료와 만성적 병에 대한 사회심리학적 관점들을 포함한다.

건강심리학의 정의

건강심리학은 신체건강에 대한 심리적 영향을 검토하는 것에 관계되어 있는 응용심리학의 한 분야이다. 심리적 요인들과 신체건강 사이의 관계에 대해 몇 가지 측면들이 있다. 가장 흔히 인용되고 있는 건강심리학에 관한 고전적 정의는 이러한 모든 측면들을 포함하고 있다. 즉, "건강심리학은 건강의 증진과 유지; 병의 예방과 치료; 건강, 병 및 관련된 기능장애의 병인적 및 진단적 상관요인들의 확인; 및 건강관리체계와 건강정책의 형성의 분석과 향상에 대한 심리학의 특수한 교육적, 과학적 및 직업적 기여들의 집합이다."[1] 다시 말하면, 건강심리학은 우리가 어떻게 더 좋은 건강습관을 증진시키고 병을 예방하는 것을 도울 수 있는가, 심리적 요인들이 어떻게 사람들이 병에 걸릴 가능성에 대해 영향을 줄 수 있는가, 그리고 심리학에서 나온 지식이 어떻게 특수한 병을 앓고 있는 사람들을 돕기 위해 활용될 수 있는가에 관계하고 있다. 부가적으로, 이것은 또한 우리에게 환자들에게 건강돌봄이 최선의 가능한 방법으로 제공될 수 있는 방법을 검토할 수 있게끔 해준다.

건강심리학은 심리학 내에서 비교적 새로운 연구분야이다. 이것은 1970년대에 처음 등장했으며, 1980년대 초에 자리를 잡았다. 이제 건강심리학 교과목들이 많은 대학에서 널리 개설되어 있으며, 건강에 미치는 심리적 및 사회적 영향들을 취급하는 몇 개의 연구지들이 있다.

20세기 말에 몇 개의 요인이 건강심리학의 인기상승에 기여했다.[2] 그 중의 하나로서, 의학적 및 기술적 발전들이 사람들이 더 오래 사는 것을 의도하기는 했지만, 소수의 노인들이 병이나 기능장애가 완전히 없는 반면에, 다수의 사람들이 고혈압, 당뇨병 및 심장병과 같은 만성질환들을 갖고서 산다. 비록 의학이 이러한 병들을 통제하는 것을 돕기 위한 약물치료와 기술을 개발하는 데에 관계하고 있을지라도, 심리학은 환자들이 그들의 생애를 통해 더 나은 생활의 질을 누릴 수 있게끔 만성 질환을 갖고서 사는 것에 관련된 심리적 측면들을 관리하는 것을 도와줄 수 있다. 부가적으로, 오늘날 가장 흔한 만성질환들(예: 심장병, 당뇨병, 암)은 한 세기 전에 사람들이 사망하는 경향이 있었던 급성의 감염질병들(예: 결핵, 인플루엔자, 폐렴)과는 다르다. 만성병들은 사람들이 흡연하는 여부, 그들의 다이어트와 신체활동수준 및 스트레스 수준과 같은 생활스타일 요인들에 의해 영향받는다. 따라서, 심리요인들이 감염질환들에 대한 경우보다도 만성병을 예방하고 관리하는 것을 돕는 데에 있어서 더 큰 역할을 할 수 있다. 건강심리학이 등장하기 위한 무대를 마련하는 데에 도움을 주었던 다른 요인은 건강돌봄의 높은 비용이다. 비록 엄청난 숫자의 하이테크(high-tech) 진단 및 치료 선택지들(예: CT-computed tomography 검사, MRI-magnetic resonance image, 방사선치료)이 오늘날 존재할지라도, 이것들은 매우 값비싸며, 병을 예방하기 위해 건강습관들을 증진하는 쪽으로 자원을 배정하는 것이 비용-효과적인 선택지인 것 같다. 또 다시, 심리학이 사람들이 나쁜 습관을 버리고 더 건전한 생활스타일을 선택하도록 돕는 데에 있어서 하나의 중요한 기여를 제공한다.

이러한 요인들 이외에, 20세기 말경에 건강과 병에 관한 전통적인 생물의학적 모형(biomedical model)에 대한 불만이 증가되고 있었다.[3] 생물의학적 모형은 생명을 위협하는 몇 개의 질병을 정복하는 능력을 이끌게끔 만들은 의학적 진보를 인도했던 이론적 틀이다. 생물의학적 모형은 병이 유기체의 생물학적 기능상에서의 문제들을 검토함으로써 완전하게 설명될 수 있다는 아이디어에 기초되어 있다. 이러한 접근은 또한 우리가 심리적 기능과 사회적 영향들을 포함하는 폭넓은 맥락 속에서 건강을 검토하기보다도 하위수준의 생물학적 과정들(예: 세포의 기능, 생화학적 불균형)에 초점을 두게끔 인도한다.[4] 생물의학적 모형은 또한 건강보다 질병에 대해 더 많이 초점을 두는 경향이 있으며, 이것은 건강을 질병이 없음으로써 매우 단순하게 개념화한다. 생물의학적 모형은 박테리아와 바이러스와 같은 특수한 질병을 일으키는 몇 개의 병인들(agents)을 발견하게끔 만드는 데에 중요했으며, 그 다음에 이러한 발견들이 생명을 위협하는 몇 개의 감염성 질병들을 치료하기 위한 의학기술의 진보들을 일으켰다. 생물의학적 모형의 중요성에도 불구하고, 이 모형은 이것이 동일한 바이러스에 노출되는 모든 사람들이 특정의 질병에 걸리지 않는다는 사실을 완전하게 설명하는 데에 실패했다는 점에서 제한된 것이다. 더욱이, 심지어 사람들이 병에 걸리게 되었을 때에 그들이 경험하는 증후들의 심도와 그들이 치료에 대해 반응하는 방식에 있어서 큰 개인차들이 있다. 더 폭넓은 모형이 건강과 병을 개념화하기 위해 필요했던 것이 분명한 것 같았으며, 이것은 생물심리사회적 모형(biopsychosocial model)의 등장을 일으켰는데, 후자는 건강심리학에 대해 기저가 되는 건강과 병에 관한 일차적 모형이다.

생물심리사회적 모형

생물의학적 모형에 비해서, 생물심리사회적 모형은 이것의 명칭이 의미하는 바와 같이, 건강을 생물학적, 심리학적 및 사회적 요인들에 의해 결정되는 것으로서 본다.[5] 생물심리사회적 모형의 사용은 우리가 생물의학적 모형을 완전히 거부한다는 것을 뜻하지는 않는다. 그 대신에, 이것은 우리가 생물의학적 모형이 건강과 병의 완전한 이해를 일으키지 못한다는 것을 인식한다는 것을 시사한다. 비록 생물학의 역할이 병을 설명하는 데에 있어서 항상 중요할 것이지만, 생물심리사회적 모형은 우리가 심리적 및 사회적 영향에도 또한 주의를 기울일 것을 요구한다. 결과적으로, 환자들이 그들의 병에 대해 부여하는 특정의 의미들, 환자들의 회복이나 비회복에 대한 동기, 환자들의 반응스타일들(환자들이 증후보고를 과장하는 경향이 있는 것보다도 사회적으로 병을 최소화시키는 것의 여부) 및 환자들이 아플 때에 타인의 지원을 받는 것으로부터 얼마나 이익을 얻는가와 같은 이슈들이 사람들의 병의 경험에 대해 중요한 결정요인들로서 간주된다.[6]

사회적 변인들과 건강

본서의 초점은 사회심리학의 응용에 두어지고, 따라서 이 장의 나머지 부분에서 생물심리사회적 모형 내에서 사회적 변인들에 대해 강조가 두어진다. 비록 언뜻 보기에 생물의학적 변인들(예: 유전요인들, 바이러스들에 대한 노출)과 심리적 변인들(예: 통증이나 기타 증후들의 경험의 개인차들)의 관련성을 이해하기가 더 용이할 것 같을지라도 사회적 요인들이 건강에 대해 영향을 줄 수 있는 몇 가지 방식이 있다: 우리가 이미 보아 온 바와 같이, 소득과 교육수준과 같은 사회경제적 요인들이 병에 걸릴 가능성에 대해 영향을 준다. 부가적으로, 때로는 우리가 또한 훌륭한 건강습관들(예: 운동)을 가진 친구들이나 가족들에 의해 영향을 받기 때문에 우리는 그것들을 택하려고 들거나, 우리가 우리의 생활 속에서 중요한 사람들이 이러한 행동들을 걱정하고 있거나 찬성하지 않는다는 것을 알기 때문에 우리는 나쁜 습관들(예: 흡연)을 버리려고 든다. 비록 항상 그럴 것 같지는 않을지라도, 우리의 의사들과 그 밖의 건강돌봄 제공자들과의 우리의 상호작용들이 사회적 관계들을 이루며, 이러한 사회적 상호작용들이 우리의 건강결과들에 대해 영향을 줄 수 있다. 사회적 요인들은 또한 우리가 병이나 스트레스에 대해서 어떻게 대처하는가에 대해 많은 관계가 있다. 일반적으로 다인들의 존재는 우리가 우리의 사랑하는 사람들로부터 받는 지원이 우리가 더 좋게 느끼는 것, 더 건전한 행동을 택하는 것, 그리고 일반적으로 우리의 스트레스 경험을 감소시키는 것을 도와줄 수 있다는 점에서, 유익한 효과들을 갖는다. 하지만, 때로는 타인들의 사회적 영향이 긍정적 효과보다도 부정적 효과를 가질 수 있다는 것이 사실이다. 예컨대, 만일 당신이 매우 경쟁적인 환경 속에서 근무한다면, 타인들의 사회적 존재가 당신의 스트레스를 줄이기보다도 증가시키기가 더 쉽다. 최근에, "보살피는 이의 스트레스"(caregiver stress) 즉, 노인이나 장애가족을 보살피는 것이 개인에 대해 스트레스가 큰 요구들을 부과시킬 수 있어서, 흔히 부정적 건강 결과들을 일으킨다는 아이디어에 대한 상당한 연구관심이 있어왔다.[7)]

건강심리학은 우리가 건강에 관련해서 심리적 및 사회적 요인들을 고려할 수 있는 거의 모든 방식들을 포함하는 하나의 매우 폭넓은 분야이다. 결과적으로, 건강심리학에 관한 어떤 짧은 취급(예: 건강교과목)은 이 분야 내의 특수한 주제들의 매우 한정된 선정을 포함한 것이고, 전체의 분야를 완전하게 취급하기보다도 단지 더 많은 공부의욕을 북돋우게 되기 쉽다. 건강심리학의 정의에 따라 이 장은 사회심리학이 건강에 응용되어 온 몇 개의 주요 분야들에 대해 초점을 둔다. 즉, 건강증진과 병의 예방, 건강행동의 변화; 스트레스, 대처와 사회적 지원; 증후, 병 및 치료; 그리고 만성적 병의 주제들이다.

건강 증진과 병의 예방

심리학이 건강에 기여할 거리를 가장 많이 갖고 있는 주요 분야들 중의 하나는 건강 증진과 병의 예방에 관계된다. 건강 증진(health-promotion)은 건전하고 균형된 식사를 하는 것,

규칙적으로 운동하는 것, 충분한 휴식을 갖는 것 및 흡연과 알코올 남용을 삼가는 것과 같은 건강에 이로운 행동들을 행하도록 고무시키는 노력들을 일컫는다. 최적의 건강과 행복을 달성하기 위해 취해지는 조치들은 개인들의 노력, 의료실무자들, 심리학자들, 지역사회와 정부의 건강정책수립가들 및 매스 미디어를 포함해서, 다수의 수준들에서 일어난다.[8]

예방(prevention)은 대개 우선적으로 병에 걸릴 확률을 감소시키거나, 일단 발생되면, 병이나 장애의 심도를 감소시키는 더 표적을 둔 노력들을 일컫는다. 예방은 또한 예방적 노력들을 누가 책임지는가(예: 개인, 의료실무자들, 정부)의 면에서, 그리고 또한 병의 결과들에 관련된 예방적 조치들의 시기의 면에서, 다수의 수준들에서 일어날 수 있다. 건강한 사람들이 건강을 유지하고 질병에 감염될 위험을 피하게끔 그들에게 겨냥되는 예방적 노력들을 일차예방(primary prevention)이라고 일컬어진다. 예컨대, 중학생들에게 흡연의 건강위험들에 관해서 가르치는 학교에 기초된 프로그램은 일차예방으로 간주될 것이다. 만일 이것이 건강증진과 매우 비슷하게 들린다면, 이것은 일차예방과 건강증진이 모두 건강한 사람들이 병이 없게끔 만드는 목표를 공유한다는 점에서, 크게 중첩되기 때문이다. 이차예방(secondary prevention)은 사람들이 이미 어떤 의학적 상태나 장애에 의해 영향받고 있을 때인 후기의 시점에서 일어나며, 그 목표는 그 상태가 더 심한 건강결과들을 일으키지 못하게끔 예방하는 것이다. 예컨대, 유방뢴트겐조영술(mammogram)을 받는 것은 여자들에 대한 하나의 이차예방전략이다. 만일 어떤 여자가 유방에 악성종양을 갖고 있다면, 유방검사를 실시하는 것이 암의 발생을 완전하게 예방하지는 않을 것이지만, 이것은 그녀가 그 병이 퍼지기 전에 성공적으로 치료받기에 충분하게 악성암이 일찍 탐지될 것이라는 것을 의미한다. 마지막으로, 삼차예방(tertiary prevention)에서 질병이나 장애가 예방되지는 못했지만, 환자들에 대한 장애의 영향정도를 감소시키기 위한 노력들이 이루어진다.[9] 삼차예방의 한 예는 어떤 환자가 뇌졸중의 결과로 잃었던 기술들과 능력들의 다소를 회복시키려는 시도에서 재활을 실시하는 것일 것이다.

건강에 대한 궁극적 책임의 면에서, 대부분의 사람들이 개인 자신이 건강에 대해 책임을 져야만 된다고 말할 것이지만, 그래도 많은 사람들이 계속 불건강한 선택을 행해서, 생활스타일에 의해 강하게 영향받는 병들의 이환율을 일으킨다. 통계치들은 선진국들에서 주요 사망원인들이 심장병, 암 및 뇌졸중이라는 것을 보이며,[10] 몇몇 추정치들은 약 절반의 현재의 사망이 흡연, 나쁜 다이어트 및 신체적 무활동과 같은 예방가능한 원인들에서 생긴다고 시사한다.[11] 분명히, 더 건강한 행동을 택하는 개인적 노력들은 완전하게 성공적이지는 못하다. 건강을 증진시키고 병을 예방하는 데에 겨냥된 다른 창의성들이 요구된다. 이러한 건강증진과 일차예방 활동들은 몇 개의 소스들에서 나올 수 있지만, 이 절은 이것들 중의 소수에 대해 초점을 둔다. 이 절은 매스 미디어를 통해 전달되는 건강메시지들과 가족들과 또래들의 영향을 살펴본다.

매스 미디어의 건강보도의 설득과 사회적 영향

사회심리학자들은 1950년대 이후에 사회적 영향의 이슈를 연구해왔다.[12] 사회적 영향(social influence)은 타인들과의 상호작용이 우리의 태도, 신념, 가치 및 행동의 변화를 일으킨다는 아이디어를 일컫는다. 어떤 유형의 중재들이건 간에, 사회적 영향의 한 형태로 간주될 수 있다. 설득(persuasion)은 어떤 사람의 태도나 신념을 변화시키려는 시도에서 특수한 메시지나 호소가 사용되는 사회적 영향의 하나의 특수한 종류이다. 매스 미디어의 메시지들은 다양한 방식으로 우리에게 영향을 준다. 건강심리학에서 특히 관심있는 것은 건강에 이로운 생활스타일 습관들을 택하게끔 사람들을 설득하는 데에 메시지들을 사용하는 것이다. 예컨대, 우리는 사람들이 더 많이 운동하거나, 흡연을 중단하거나, 음주나 운전을 삼가도록 납득시키려고 들 수 있다.

많은 사회심리학자들이 메시지들이 주의되고, 기억되고, 실행하게 될 여부에서 어떤 요인들이 차이를 내는가를 알아내기 위해 설득 커뮤니케이션들의 특징들을 검토해왔다. 일반적으로, 연구자들은 두 종류의 설득 메시지들을 연구해왔다. 즉, 정보적 호소들(informational appeals)과 공포 호소들(fear appeals)이다. 정보적 호소들은 사람들에게 특정의 건강행동들을 행하는 것이 왜 중요한가에 관한 사실들과 주장들을 제시한다. 비록 이것이 매우 간단한 일처럼 여겨질지라도, 정보적 메시지가 표적이 되는 시청자에게 실제로 그 메시지를 획득하기 쉽게끔 만드는 방식으로 작성되는 것이 매우 중요하다. 효과적이기 위해, 정보적 호소는 먼저 사람들의 주의를 끌고, 명료하고, 쉽게 이해되어야만 된다. 이것은 또한 시청자를 실제로 설득할 수 있어야만 되며, 사람들이 이것을 파지(또는 보유)하기에 충분하게 기억될 수 있어야만 된다. 끝으로, 그리고 가장 중요하게, 이것은 시청자가 적절한 조치나 행동을 취하도록 자극시켜야만 된다. 정보적 메시지가 사람들에게 조치를 취하도록 설득하기 위해서, 이것은 일반적으로 신빙성있는 것으로(예: 의사, 영양학자) 간주되고, 표적 시청자에게 매력있고, 시청자들과 유사하다고 지각되는 소스(또는 출처)로부터 나올 필요가 있다.[13]

메시지가 효과적이게 되기 위해, 이것은 우선적으로 주의되어야만 된다. 매일, 우리는 수많은 건강메시지들에 접하고 있지만, 우리는 아마 이러한 소스들의 소수에서 오는 정보를 파지하고 또한 더 적게 그것에 따라 행동할 것이다. 우리가 건강메시지에 접하게 될 때, 특히 그것의 내용이 이미 우리를 괴롭히는 나쁜 습관들에 관해 기분 상하게끔 만든다면, 우리는 잡지의 그 페이지를 넘기거나 TV에서 다른 채널로 돌리기가 쉽다. 정부들이나 자선단체들에 의해 광고주가 되는 미디어의 건강캠페인들은 사람들에 대해 주의를 끌고, 기억될 수 있고, 설득력 있는 건강캠페인들을 개발하기 위해 광고회사들에게 많은 돈을 지불한다.

사람들의 주의를 붙잡는 한 방법은 공포를 사용하는 것이다. 공포호소들(fear appeals)은 만일 사람들의 관련된 공포가 유발된다면, 그들이 메시지에 대해 관심을 두고, 차후에 그들의 건강행동을 변화시키기 위해 행동할 가능성이 더 많을 것이라는 아이디어에 기초되어 있다. 질병들, 사고들 및 사망들이 모두 내재적으로 공포를 유발시키기 때문에, 좋지 못한 건강선택을 행하는 것의 부정적 결과들에 관해서 사람들의 공포에 호소하는 것이 조금도 어렵지 않다.[14] 아마 우리의 대부분은 음주운전의 결과로 발생한 치명적인 자동차사고들의 후유증에 관한 묘사들과 흡연이 개인의 폐를 어떻게 손상시킬 수 있는가에 관한 사건들과 같은, 매스 미디어에서의 공포호소들을 잘 알고 있을 것이다.

이러한 종류의 겁주기 전술들은 효과가 있는가? 연구들에서 나온 증거들은 혼합된 결과들을 보여왔다. Hovland 등에 의한 초기의 연구들은 호소에 의해 생긴 공포가 더 클수록, 이것이 개인의 행동을 변화시키게끔 설득하는 데에 있어서 더 효과적이었다는 것을 시사했다. 하지만, Janis 등과 같은 다른 연구자들은 매우 높은 공포수준들이 매우 당혹스러워서 사람들이 매우 위협적인 메시지들을 단순하게 막아버릴 수 있다는 점에서 아마 역생산적일 것이며, 중간수준의 공포들이 사람들이 건강권고들에 따르도록 설득하기가 더 쉬울 것이라는 가설을 세웠다.[15] 공포호소들에 관한 몇 개의 연구들을 검토했던 더 최근의 메타분석은 첫 번째의 입장 즉, 공포 증가가 더 큰 설득을 일으킨다는 것을 지지하는 경향이 있었다. 하지만, 그들은 또한 공포호소들이 반드시 행동의 실제적 변화를 일으키기보다도 자신의 행동을 변화시키려는 사람들의 의도들(intentions)에 가장 큰 영향을 주는 것 같다는 것을 발견했다. 다른 우려는 공포를 일으키려고 의도된 메시지들이 실제로 슬픔과 같은 다른 부정적 정서들을 일으킨다는 것이다. 예컨대, HIV예방에 관한 공포호소들과 관련해서 이러한 가능성이 논의되었다.[16] 비록 공포가 사람들에게 조치를 취하게끔 동기화시키는 데에 설득력있는 것으로서 간주될지라도, 공포를 일으키려고 의도된 메시지에서 생기는 고통과 죽음을 당하는 것과 이것들에 부수되는 슬픔에 관한 사람들의 생각들이 정반대의 영향을 주어서, 더 건강한 행동을 택할 자기 자신의 능력에 대한 무희망의 느낌과 자신감 부족을 일으킬 것이다.

다른 접근들은 공포호소들의 효과성을 증가시키는 것 같은 조건들을 상세화시키는 데에 초점을 두어왔다. 공포메시지가 최대의 영향을 주기 위해서, 불건강한 행동을 행하는 것이나 건강한 행동들을 행하지 않는 것이 부정적인 건강결과들을 일으킬 것이라는 점을 분명하게 전해야만 된다. 메시지는 또한 사람들에게 이러한 부정적 결과들이 진정한 것이며 그들 자신에 대해 일어날 수 있다는 것을 강조해야만 된다. 공포메시지는 또한 매우 특수한 행동적 권고들을 포함시켜서, 사람들이 부정적 건강결과를 피하기 위해 어떤 조치(예: 콘돔의 사용, 선스크린의 사용)를 취해야만 되는가를 분명히해야만 된다. 메시지는 또한 사람들이 그것을 수행할 수 있다는 것 즉, 그들이 자신의 건강을 보호하기 위해 이러한 행동변화를 행할 수 있을 것이라는 점을 강조해야만 된다.[17] 다른 이슈는 메시지의 시기에 관한 것이다. 부정적 건강결과들이 매우 신속하게 일어나게 되고 이것들을 방지하기 위해 즉각적 조치가 취해질 수 있을 때, 공포 메시지들이 더 효과적이기가 쉽다. 식사의 콜레스테롤을 감소시키고 운동을 증가시키라는 권고들을 가진, 심장마비를 가진 중년의 사람들을 묘사하는 공포호소들은 20대 초반의 대학생들에 대해 즉각적 조치를 요하는 것으로서 지각될 가능성이 없다. 이와 달리, 연말 직전에 TV로 방영된 음주운전사고의 끔찍한 결과들을 묘사하는 TV로 방영된 공포호소들은 젊은이들에 의해 더 관련성 있다고 지각되기 쉽다. 비록 젊은이들이 망년회 후에 택시를 잡고서 귀가하도록 설득하기에 충분할 정도로 짧은 시간 동안 주의를 기울이더라도 그것들은 매우 유익한 효과를 얻게 될 것이다.

매스 미디어가 건강 걱정들에 관해 사회적 영향을 주는 다른 방식은 건강이슈에 관련된 뉴스들 속에서 극적인 사건을 보도하는 것이다. 2003년 봄 동안에, 미국의 매스 미디어의 머릿기사들은 중국과 토론토에서의 SARS(severe acute respiratory syndrome)의 발생에 관한 보도에 의해 지배되었다. 부가적으로, 광우병(mad cow discascs; 또한 bovine spongiform encephalop-athy라고도 알려짐)이 캐나다의 알버타에서 한 암소가 이 병에 대해 양성으로 검사된 것이 발견된 후에, 북아메리카와 특히, 한국의 일반대중의 관심을 사로잡았다. 비록 북미인들이 SARS나 광우병의 인간적 형태에 걸릴 확률이 엄청나게 낮고, 운전하는 것과 같은 일상적 활동들 중에 부상이나 죽음을 당할 확률보다 확실히 매우 더 낮을지라도, 이러한 건강위협들의 지각에 대한 공포와 공황의 대대적 반응들이 있었다. 한국정부와 아울러 미국정부는 캐나다산의 쇠고기의 수입을 금지했으며, 캐나다의 신문들에 의한 여론조사들은 다소의 캐나다인들이 쇠고기를 먹는 것을 중지하려고 했다고 시사했다. 토론토와 중국이 사람들이 이 지역들을 방문하지 않도록 공식적으로 경고받았던 세계보건기구(WHO)의 여행상담들의 대상이 되었다. 결과적으로, 이러한 건강위협들에 대한 행동적 반응들의 경제적 영향은 캐나다의 쇠고기산업과 토론토와 중국에 대한 여행에 대해 심한 영향을 주면서, 상당했다.

사람들은 통계적으로 매우 낮은 건강위험들에 당면해서 왜 겁을 먹는가? 만일 우리가 우리의 조기사망을 일으킬 수 있는 모든 종류의 일들에 관해서 진정으로 걱정했다면, 우리는 또한 흡연, 불안전한 성관계를 갖는 것 및 심지어 자동차운전과 같은 더 위험한 활동들을 계속 피해야만 될 것이 아닌가? 분명히, 사람들의 위험성지각들은 흔히 현실과 일치되지 않는다. 예컨대, 비행기여행을 두려워하는 많은 사람들은 그들의 치명적 사고의 위험성이 실제로 훨씬 더 큰 고속도로 운전에 대해서는 전혀 걱정하지 않는다. 범죄의 두려움에 관해서, 심리학자들은 때로는 "공포-피해역설(fear-victimization paradox)"이라는 한 현상을 언급해왔는데, 이것은 때로는 범죄를 가장 두려워하고 있는 사람들이 실제로는 피해를 당할 가능성이 가장 적다는 발견이다. 여자노인들이 범죄를 가장 많이 두려워하는 경향이 있지만, 피해를 당할 가능성은 가장 적다. 이와 달리, 젊은 남자들은 폭력범죄를 두려워할 가능성이 가장 적은 집단이지만, 그들은 피해자가 될 가능성이 가장 많다.[18] 이러한 역설(paradox)에 대한 하나의 가능한 설명은 매스 미디어의 영향들에 관계된다. 예컨대, 술집에서의 싸움들에서 폭행을 당하는 젊은 남자들의 경험은 미디어의 주목을 많이 받는 일이 드물은 반면에, 폭력적인 가정침입 강도의 피해자인 여자노인은 신문의 1면의 뉴스감이 되기 쉽다. 즉, 매스 미디어는 사건들에 대한 그들의 보도에 있어서 선택적이며, 더 유별난 즉, 통계적으로 가능성이 없는 사건들이 많은 주목을 받는 경향이 있다. 하지만, 매스 미디어의 소비자들의 마음 속에서, 이러한 사건들이 실제보다도 더 우세한 것으로 보이게 된다.

위험성지각에 관한 전문가들은 또한 SARS와 광우병과 같은 드물은 건강위험들에 대한 과도한 반응을 설명하는 몇 개의 다른 요인들을 확인해왔다.[19] 한 요인은 신기성(novelty)이다. 새로운 질병들이 우리가 이미 잘 알고 있는 질병들(예: 인플루엔자)보다 더 무서운 것으로 지각된다. 2009년 4월에 H1N1(또는 swine flu)라고 알려진 새로운 인플루엔자 변종이 나타났고, 이것이 세계적인 유행병을 일으킬 것이라는 광범한 우려가 있었다. 세계보건기구(WHO)는 H1N1 유행병에 대한 최고수준의 경보를 발령했고, 북미에서 공중보건관리들은 모든 시민들에게 이 병에 대한 예방접종을 받으라고 촉구했다.[20] 2009년 가을의 감기철에, 광범한 공중보건캠페인들이 있었는데, 사람들에게 열이 있을 때에는 집에 머물라고 말하고, 적절한 손 씻기 방법을 시범 보이고, 사람들에게 아픈 이들과의 일상적 포옹과 악수를 삼가라고 제안했다. 비록 많은 사람들이 병의 전염을 막기 위해 고안된 건강권고들에 따랐을지라도, 대다수의 미국인과 캐나다인 성인들이 H1N1 백신주사를 맞지 않았다. H1N1가 전 세계적으로 18,000명 이상의 사망을 일으킨 것으로 추정되었지만, 이것은 정기적인 계절적 인플루엔자에 의해 전형적으로 일어나는 것보다 더 낮은 사망률을 나타낸다. 비록 두려워했던 H1N1 유행병이 결코 현실화되지 않았을지라도, 공중보건관리들이 이 새로운 변종의 인플루엔자에 대해서 우려할 만한 충분한 이유들이 있었다. 예컨대, 정상적인 계절적 감기에 비해서, H1N1 바이러스는 훨씬 더 어린 연령집단을 공격하는 경향이 있어서 높은 율의 아동들의 사망에 대한 우려를 낳았다. 그 과정이 불확실한 새로운 병에 접하는 것은 보건관리들과 일반대중의 모두에 대해 공포를 일으킨다.

우리가 부정적 사건들을 통제할 수 있다고 믿는 정도가 또한 그것들에 대한 우리의 위험성 지각에 대해 영향을 주는 한 요인이다. 따라서, 우리는 계속 흡연하고 운동을 하지는 않지만, 우리가 통제력을 갖고 있으며 우리 자신이 택하기만 하면 언제나 그러한 습관들을 변화시킬 수 있다고 믿을 수 있다. 이와 동시에, 우리가 잘못된 시간에 잘못된 장소에 있음으로써, 또는 오염된 햄버거를 먹음으로써 죽을병에 걸릴 수 있다는 것은 단지 우연적 사고인 것처럼 여겨진다. 우리의 위험성지각을 높이는 다른 요인은 결과의 심함에 관련이 있다. 뇌를 공격하고, 치매, 마비 및 죽음을 일으키는 광우병의 인간적 형태와 같은 병은 특히 무섭게, 따라서 더 큰 위험성이 있는 것으로 여겨진다. 우리의 위험성의 전반적 지각은 널리 알려진 극적인 세계적 사건들(dramatic world events)에 의해 변화될 수 있다. 연구자들은 2001년 9월 11일의 테러리스트들의 공격 후에, 청년들이 자신이 죽을 위험성을 테러리스트들의 공격의 전 해들 동안에 위험성에 관해서 조사받았던 청년들보다 유의하게 더 높게 지각했다는 것을 발견했다.[21] 흥미있게도, 이러한 높아진 위험성 지각은 테러리스트의 공격의 위험성 자체를 훨씬 넘어 확대되어서, 지진이나 태풍 속에서 죽는 것을 포함해서 무관련한 위험들 쪽으로 일반화되었다. 비극적 사건들에 관한 극적인 매스 미디어의 보도가 우리의 건강에 대한 모든 종류의 위험들에 대한 우리 자신의 취약감을 증가시키는 것 같다.

가족, 또래(peer) 및 학교의 영향

분명히, 매스 미디어가 우리의 건강에 대한 태도와 의도를 형성시키는 데에 유일하게 책임이 있지는 않다. 학교들, 가족들 및 친구들을 포함하는 몇 개의 다른 사회적 영향원들이 있다. 이 절은 이러한 다른 영향원들 중의 몇 개를 고려한다. 비록 이러한 소스들이 모든 연령의 사람들에게 영향을 줄지라도, 여기에서의 일차적 초점은 10대들로부터 젊은 성인들까지의 젊은이들에게 영향을 주는 사회적 영향에 대해서 두어진다. 이 연령들에서, 개인이 택하게 될 행동의 종류들에 관한 결정적 선택이 이루어지며, 생애의 후기에 변화에 대해 매우 저항할 수 있는 습관들이 형성된다.

젊은이들의 건강행동에 대해 가장 큰 영향을 주는 것이 부모들인가, 아니면 또래들인가? 다수의 연구들이 젊은이들의 건강 신념들과 행동들에 대한 가족들과 또래들의 영향을 검토해왔으며, 연구된 상이한 모집단들에 따라 상이한 결과들이 나타나왔다. 예컨대, 도시의 소수인종의 중학생들에 관한 한 연구는 표본 내의 6학년생들 내지 8학년생들의 50% 이상이 알코올을 사용했고, 20%가 흡연했고, 13%가 성적으로 활동적이었고, 12%가 마리화나를 사용했다는 것을 발견했다. 알코올의 사용에 대해서 부모들의 영향이 가장 컸지만, 전반적으로 또래들의 영향이 위험한 건강행동들을 행하는 것에 대해 가장 일관성있게 관련되어 있는 것으로 발견되었다.[22]

대학교의 학생들에 관한 한 연구는 다른 패턴의 결과들을 보여서, 젊은 성인들의 건강 신념들과 행동들에 대한 부모의 영향의 훨씬 더 강력한 역할을 나타냈다.[23] 비록 음주와 식사습관들과 같은 건강행동들이 학생들이 대학에 다니기 위해 집을 떠났을 때에 더 나빠졌을지라도, 전체적으로 부모의 영향이 학생들이 더 이상 가정에서 거주하지 않았을 때에도 사라지지 않았다. 연구자들은 취약성 창문모형(model of windows of vulnerability)를 제안했는데, 여기에서 건강 신념들과 행동들에 대한 부모들의 영향이 생애 전체 동안에 중요할 것이지만, 어떤 결정적 시기들 동안에, 젊은이들이 그들에게 상이한 건강 신념들과 행동들에 접하게 할 수 있는 다른 중요한 사회적 영향들에 대해 취약하게 될 것이다. 연구자들은 이러한 결정적 시기들이 청년기 동안에(부모로부터의 독립을 추구하는 정상적 발달과정이 일어날 때), 혼자 살기 위해 집을 떠날 때,

그리고 그들이 중요한 타인과의 더 영구적 가정을 이룩할 때에 또 다시 후에, 일어난다고 생각했다.[24] 부가적으로, 부모의 영향이 부모들 자신이 그들의 건강 신념들, 행동들 및 자녀를 훈육시키는 방법 사이에서 많은 일관성을 보였던 행동들에 대해서 가장 컸다는 것이 발견되었다. 예컨대, 안전벨트사용의 중요성을 믿었고, 그들의 자녀가 항상 안전벨트를 사용하게끔 훈련시켰고, 또한 그들 자신이 안전벨트를 일상적으로 사용했던 부모들이 이러한 행동의 더 강한 훈련 효과들을 가졌다. 만일 부모들이 그들의 자녀가 건강한 습관들을 갖기를 바란다면, 부모들 자신이 그들이 가르치고 있는 것을 실천하는 것이 매우 중요하다.

청년들의 물질사용이 가족들과 아울러 또래들에 의해 영향받는 것 같다. 청년들이 또래압력에 대해 특히 취약하기 때문에, 많은 청년들이 그들의 친구들과 함께 시험해 봄으로써 흡연을 시작하고 점차로 중독되게 된다. 10대들이 처음 흡연을 시작할 때, 그것은 대개 그들의 또래들의 존재 속에서 일어나지만, 부모의 흡연이 또한 하나의 영향원이다.[25] 청년기는 물질남용 행동들에 대한 중재의 한 결정적 시기이다. 만일 젊은이들이 흡연습관을 발전시킴이 없이 21세에 도달하면, 그들이 성인으로서 흡연자가 될 가능성이 극히 적다.[26] 이른 알코올사용이 성인기 동안의 알코올 의존의 더 높은 율들을 예측한다. 몇 개의 연구들은 14세 때에 음주를 시작했던 사람들이 20세 때에 음주를 시작했던 사람들보다 4배나 더 큰 알코올의존율을 가졌다는 것을 보여왔다. 14세경에 음주를 시작했던 사람들은 또한 알코올의 영향을 받고 있는 동안에 유의하게 더 높은 부상율을 보였다.[27]

10대들이 후에 물질남용문제를 갖는 것을 예방하는 최선의 방법은 우선적으로 그들이 이러한 행동의 시작을 방지하려고 드는 것이다. 다시 말하면, 아동들이 알코올, 흡연 및 약물에 관련된 문제들을 발전시키기 이전에, 가능한 한 많은 젊은이들을 표적으로 삼는 일차예방이 매우 중요하다. 다양한 중재노력들이 어떤 것들을 학교들에 기초되고, 다른 것들은 가족들에 초점을 두면서, 시도되어왔다.

건강행동의 변화

앞 절에서, 우리는 건강행동을 증진시키고, 우선적으로 문제나 병이 발생하는 것을 예방하는 시도에 대한 사회적 영향의 소스들을 취급했다. 이 절에서, 우리는 사람들에게 건강에 이로운 행동 쪽으로 건강에 해로운 행동을 변화하도록 만들 수 있는 방법에 대해 더 특수하게 초점을 둔다. 몇 개의 이론들이 건강행동변화의 역동들을 설명하는 것을 돕고, 이 분야에서의 중재노력들을 인도하기 위해 개발되어왔다. 이하에서, 우리는 가장 영향력 있는 세 개의 이론을 취급한다. 즉, 건강신념모형, 계획된 행동이론 및 변화단계들 모형이다.

건강신념모형(health belief model)

인구통계적 요인들(즉, 사회경제적 지위), 건강습관들의 조기 사회화, 정서요인들, 건강돌봄 체계에 대한 접근 및 인지요인들을 포함하는 몇 개의 요인들이 사람들이 건강행동을 실천하게 될 여부에 대해 영향을 준다.[28] 인지요인들은 우리가 병을 갖게 될 가능성이 얼마나 되는가에 관한 우리의 신념들과 특정의 건강실천들이 병을 예방할 가능성이 얼마나 되는가에 관한 우리의 지각들을 포함한다. 건강신념모형(health belief model)은 이러한 인지들과 이것들이 사람들의 건강보호 행동을 어떻게 예측하는가에 관계한다.[29][30]

건강신념모형은 우리가 자신의 건강을 보호하기 위해 취하는 행동들이 몇 개의 요인들에 의해 영향받는다고 시사하는데, 이것들은 일반적 건강가치들, 병에 대한 감수성지각, 병의 심함의 지각들, 치료성공의 기대, 자기효능성, 지각된 장애들과 이익들 및 행동에 대한 단서들을 포함한다. 이들 각 요소가 다음 절들에서 간략하게 검토된다.

(1) 일반적 건강가치들(general health values)

건강신념모형은 우리가 자신의 건강에 대해 다소의 관심을 갖고 있으며, 우선적으로 좋은 건강을 유지하는 것에 대해 걱정한다고 가정한다.

(2) 병에 걸릴 가능성의 지각(perceived susceptibility to illness)

여기에서 우리는 자기 자신에게 "내가 이러한 특정의 건강문제를 발전시키게 될 가능성이 얼마나 되는가?"라는 질문을 제기한다. 어떤 건강위협에 대한 우리의 지각은 특정의 질병이나 장애에 관한 우리의 일반적 지식과 이러한 상태가 우리에게 개인적으로 연결될 수 있다는 특수한 지식에 달려 있다. 만일 당신의 흡연, 고혈압 및 높은 콜레스테롤이 관상동맥 심장병에 대한 위험요인들이라는 것을 알고, 당신이 또한 당신 자신이 고혈압과 높은 콜레스테롤을 가진 흡연자라는 것을 안다면, 이것은 당신에게 심장병의 위협에 대해 개인적으로 더 취약하다고 느끼게끔 만들 것이다. 매스 미디어의 건강캠페인들은 음주운전에 관련된 치사율과 같은 부정적 건강결과가 "우리들 자신에게 일어날 수 있다"고 직접 진술함으로써 건강위협들에 대한 우리의 개인적 취약성의 느낌에 영향을 주고자 한다.

(3) 병의 심함의 지각(perceived severity of illness)

우리가 특정의 질병이나 장애에 대해 취약할 수 있다는 것을 아는 것이 우리에게 자신의 행동을 변화시키게끔 만들기에 충분하지 못할 수 있다. 우리는 또한 우리 자신에게 "이 문제의 결과들이 얼마나 심각한가?"라고 질문할 것이다. 우리가 이러한 질문에 대답하는 방식은 우리가 그 건강위협이 자신의 조치를 취하는 것을 보증하기에 충분하게 심각하다고 생각하는 여부를 나타낸다. 만일 우리가 한 가족이 유방암에 걸린 것을 보아왔다면, 우리는 아마 이 병에 부수되는 대가를 잘 알고 이것을 매우 심각한 것으로 평가할 것이고, 정기적 유방검사를 받을 필요성에 대해 납득하게 될 것이다. 이와 달리, 우리는 감기에 걸리는 것을 하나의 심각한 건강위협이라고 보지 않기 때문에, 귀찮게 감기예방주사를 맞으려고 들지 않을 것이다.

(4) 치료성공에 대한 기대

여기에서, 우리는 자기 자신에게 "만일 내가 이러한 특정의 행동을 변화시킨다면, 이 행동변화가 특정의 건강위협을 감소시킬 가능성이 얼마나 되는가?"라고 질문한다. 때로는 우리는 자신의 건강습관이 자신이 병에 걸리게 될 가능성에 관련될 수 있는 정도를 과소평가한다. 만일 우리가 자신이 병에 걸릴 확률이 가족내력과 유전적 성향들에 주로 관련되어 있다고 생각한다면, 우리는 예컨대, 식사와 신체활동의 더 건강한 패턴을 발전시키는 것에 대해 설득되지 않을 것이다. 만일 우리가 자신의 조치가 차이를 일으킬 것으로 생각하지 않는다면, 우리는 아마 자신의 건강행동을 변화시킬 동기가 없을 것이다.

(5) 자기효능성(self-efficacy)

Bandura(1977)에 의해 시작된 이 개념은 당신이 이미 잘 알고 있는 것일 것이다.[31] 자기효능성은 우리가 어떤 행동을 수행하는 데에 필요한 것(예: 기술들, 자신감)을 실제로 갖고 있는 여부에 관한 우리의 지각을 일컫는다. 흡연하고 있는 대부분의 사람들은 흡연이 폐암과 기타의 심각한 병들에 대한 하나의 주요 위험요인이라는 것을 알고 있다. 그들은 또한 흡연의 중단이 이러한 병들에 걸릴 자신의 위험성을 상당히 낮추는 하나의 극히 효과적인 방법이라는 것을 안다. 문제는 이러한 것들을 아는 것이 만일 사람들이 자신이 흡연을 중단할 수 없다고 확신하게 된다면, 충분하지 못하다는 것이다. 우리가 자신의 건강습관을 변화시킬 수 있다는 다소의 확신을 갖고 있지 않다면, 건강신념모형이 우리의 건강한 조치들을 취하는 것을 예측할 것 같지는 않다.

(6) 지각된 장애들과 이익들

건강신념모형의 다른 요소는 우리가 일종의 비용-이익분석을 행해서, 건강행동들을 변화시키는 것의 비용들(costs)을 그러한 변화들이 가져올 수 있는 어떤 지각된 이익들(benefits)에 비추어서 저울질을 한다고 시사한다. 예컨대, 어떤 운동프로그램을 시작하는 사람은 충분한 시간이 없는 것, 운동할 좋은 장소를 갖지 못하는 것, 그리고 운동이 지루하다고 여기는 것과 같은 지각된 장애들을 극복해야만 될 것이지만, 신체활동의 건강이익들이 이러한 비용들을 능가한다고 결정할 것이다. 건강신념모형의 몇 개의 버전들(versions)에서, 자기효능성(또는 이것의 부족)이 이 모형의 하나의 별개의 부분이라기보다도 건강변화들을 행하는 데 대한 하나의 지각된 장애물(barrier)로서 간주된다. 비용–이익분석(cost–benefit analysis)의 아이디어는 다른 요점을 나타낸다. 즉, 매스 미디어의 건강캠페인들은 흔히 병의 결과들을 당하는 것의 높은 비용에 비교한 행동변화를 행하는 것의 낮은 비용에다가 초점을 둔다.

(7) 행동 단서들(cues to actions)

건강신념모형의 몇 개의 버전들(versions)은 또한 행동단서들의 아이디어를 통합시켜왔다. 행동단서들은 사람들에게 건강한 행동들을 택하게끔 촉발시키는 것들로서 작용하는 사건들이나 메시지들이다. 우리가 알고 있는 어떤 사람이 심각한 교통사고를 당했다는 것을 듣는 것은 우리가 그 결과로서 속도를 내기, 안전벨트를 사용하기 및 음주운전을 하지 않기에 관해서 조심할 수 있다는 점에서 행동(action)에 대한 하나의 단서가 되어 줄 것이다. 몇몇 건강중재들은 예컨대, 사람들이 치과검사의 만기가 될 때에 그것에 대해 생각나게끔 만드는 우편엽서를 보내는 것과 여자들에게 유방 자기검사를 행하는 방법을 지시해 주는 방수카드들(그들의 샤워를 위한)을 보내 주는 것과 같은 그러한 행동에 대한 단서들을 의도적으로 포함시켜왔다.

건강신념모형에 관한 연구들은 일반적으로 이 모형에 대한, 또는 최소한 그 요소부분들의 몇 개에 대한 지지를 발견했다.[32] 예컨대, 연구자들은 아기 인형을 사용한 한 연구를 수행했는데,[33] 이것은 아기 모의조종장치(simulator)에 대한 노출이 10대의 임신과 10대의 임신의 결과들에 대한 청년들의 태도들을 수정하는지를 알아보기 위한 진짜 아기의 기능들을 흉내내는 살아있는 것 같은 인형이다. 아기 모의조종장치에 대한 계속적인 노출(즉, 하루 24시간 동안 인형을 보살피는 것)의 2일 내지 3일 후에, 중재집단의 10대들은 비교집단의 10대들 (즉, 모의 아기인형에 노출되지 않았던) 보다 무계획적 임신에 대한 자신의 개인적 위험을 정확하게 평가하기가 더 쉬웠으며, 육아에 관련된 결과들의 구체적 예들을 제시하기가 더 쉬웠다. 다시 말하면, 부모역할을 연기하는 것이 10대들의 10대 임신의 지각된 가능성과 결과들의 심함에 관한 그들의 인식을 증가시키는 경향이 있었다. 다른 연구들은 햇볕타기 방지제사용,[34] 예방적 치과치료, 유방 자기검사, 체중감소를 위한 다이어트, 건강검진 프로그램에 대한 참가[35] 및 건강식사를 포함하는 다양한 건강행동들의 면에서 건강신념모형에 대해 최소한 부분적 지지를 발견해왔다.

몇 개의 연구들이 건강신념모형에 기초된 중재들을 평가해왔다. 연구자들은 노인시민센터들에서 실시된 지역사회에 기초된 신체활동 프로그램들을 평가했다.[36] 이 4개월간의 중재 프로그램은 건강신념모형에 기초되었으며, 감소된 신체활동과 연합되어 있는 노인들에게 공통적인 건강상태들(증가하는 지각된 병의 가능성과 심도), 노인들에 대한 신체활동의 이점들과 장애들, 운동들의 방법에 대한 지시를 제공하는 것과 같은 행동에 대한 단서들, 그리고 자기효능성을 높이기 위한 특수한 훈련을 강조했다. 그들은 이 프로그램이 신체기능의 객관적 측정치들, 매일의 신체활동과 걸음세기들에서의 시간(분)에서의 자기 보고된 증가 및 신체활동에 대한 더 적은 장애들의 지각에 있어서 유의한 향상이 일어났다는 것을 발견했다. 가장 주목할 만하게, 주당 최소한 5일 동안에 중간의 운동을 최소 30분 동안 실시하는 것을 보고했던 참가자들의 백분율의 55%에서 중재 후의 66%로 증가되었으며, 이러한 운동수준은 많은 신체적 및 정신건강적 이점들과 연관되어 있다.

비록 건강신념 모형이 직관적 센스를 갖고 있고 몇 개의 연구에 의해 지지받아 왔을지라도, 이것이 제한점들을 갖고 있지 않은 것은 아니다. 이 모형을 검증해왔던 모든 연구들이 지지되는 결과를 발견해 오지도 않았으며, 대부분의 연구들이 이 모형의 모든 요소들에 대한 증거보다도 단지 부분적 지지를 발견해왔다. 몇몇 비평가들은 비록 건강신념모형이 건강행동에 영향을 주는 관련있는 변인들의 한 목록을 제공해왔을지라도, 이것이 이 변인들 간의 기대된 관계들을 정확하게 설명하지는 않는다고 주장해왔다. 더욱이, 건강신념모형을 검증하는 각 연구가 변인들을 조작화하고 측정하는 데에 상이한 방법을 사용하는 경향이 있으며, 이것은 여러 연구들 간에 결과들을 의미있게 비교하기가 곤란하게끔 만든다.

계획된 행동이론(theory of planned behavior)

분명히, 건강증진 노력의 목표는 사람들에게 더 많이 운동하거나 흡연을 중단하거나, 햇볕타기 방지제를 사용하는 것과 같이, 그들의 실제의 행동을 변화시키도록 만드는 것이다. 계획된 행동이론에 의하면,[37] 사람들의 행동을 변화시키는 방법은 그들의 행동의도(behavior intention)를 변화시키는 것이다. 행동의도들은 대부분의 행동들에 앞서서 결정되며, 사람들이 무엇을 행할 것인가에 관한 가장 좋은 예측요인들이다. 사람들이 더 건강한 행동을 택하기 위해서, 그들은 그들의 행동의도를 변화시켜야만 된다.

계획된 행동이론에 의하면, 행동의도는 3개의 요인에 의해 영향받는다. 즉, 행동에 대한 태도, 행동에 대한 주관적 규범들 및 지각된 행동통제력이다(도 6.1 참조). 이 요소들을 예시하기 위한 한 예로서, 21세의 대학생인 김군이 흡연자라고 가정하자. 분명히 흡연중단은 김군에 대해서 더 긍정적인 건강결과들을 낳을 수 있는 하나의 표적행동이다. 흡연을 중단하려는 그의 행동의도는 계획된 행동이론의 요소들에 의해 영향을 받을 것이다. 김군의 흡연중단에 대한 태도들은 기본적으로 긍정적이다. 그는 흡연의 건강위협들에 관해서 알고 있으며, 중단이 궁극적으로 그의 건강을 위해 중요할 것이라고 믿고 있다.

김군의 흡연중단의 결정은 또한 주관적 규범들에 의해 영향받을 것인데, 이것은 그의 인생에서의 다른 중요한 사람들이 흡연에 대해서 어떻게 생각하는가에 관한 그의 지각들과 타인들이 생각하는 바에 따르려는 그의 동기이다. 김군은 그의 많은 가까운 친구들과 마찬가지로, 그의 부모가 그의 흡연을 찬성하지 않는다는 것을 안다. 이와 달리, 그가 일하고 있는 술집에 있는 그의 동료직원들의 대부분이 또한 흡연자들이며, 그들은 흡연중단이 매우 중요하다고 생각하지는 않는다. 따라서, 모형의 이 부분에 있어서, 김군은 그의 인생에서 그의 흡연행동을 지지하는 사람들을 갖고 있고, 이와 반대로 그가 중단하는 것을 원하는 다른 사람들을 갖고 있다는 점에서 약간 덜 분명하다. 그의 가장 가까운 사람들이 그의 흡연을 찬성하지 않는 사람들이기 때문에, 김군이 그들의 소망에 따르려는 동기도 더 크기 쉬우며, 따라서 그들은 그의 흡연중단에 대한 행동의도에 대해 긍정적 영향을 줄 것이다.

행동의도의 마지막 예측요인은 지각된 행동통제력(perceived behavioral control) 즉, 사람들이 특정의 행동에 대해 통제력을 갖고 있다고 믿는 정도이다. 지각된 행동통제력은 개인의 자기효능감에 의해 크게 영향받는다.[38] 김군의 사례에서, 그는 흡연중단에 대한 그의 능력에 대해서 꽤 자신이 있다. 비록 그가 이전에 중단시도들을 해 왔을지라도, 그는 그가 지금 더 적은 스트레스를 받고 있고 이 시점이 흡연을 중단할 더 좋은 처지에 있다고 믿는다. 그는 또한 그의 이전의 흡연의 재발들이 그가 다시 흡연을 중단하려고 시도하는 것을 좌절시키지 않기로 결심했다. 계획된 행동이론에서, 이러한 지각된 행동통제력의 요소가 특히 중요하다. 비록 어떤 사람이 표적이 된 행동변화를 행하는 것에 관해 긍정적 태도와 아울러 변화를 찬성하는 주관적 규범들을 갖고 있을지라도, 만일 지각된 행동통제력이 낮다면, 행동변화가 이루어질 것 같지는 않다. 몇 개의 이전 연구들은 지각된 행동통제력이 흡연중단의 의도와 아울러 실제의 흡연중단의 가장 강한 예측요인으로서 나타난다는 것을 발견해왔다.[39] 이와 동일한 것이 다른 건강행동

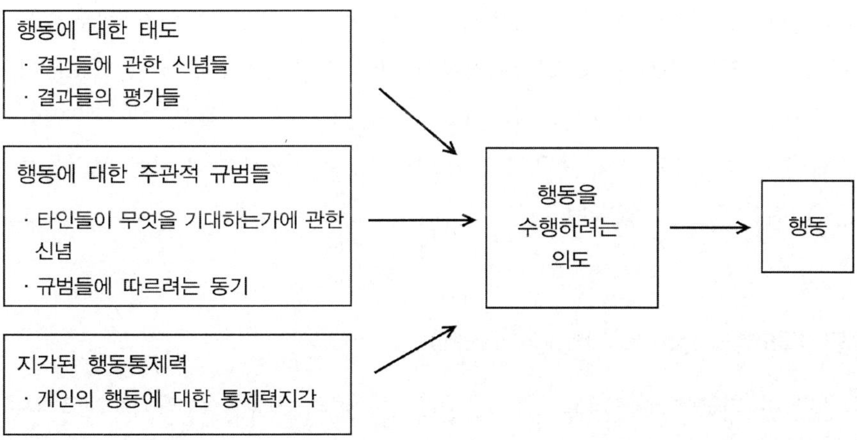

도 6.1 계획된 행동이론

들에 대해서도 사실이다.

계획된 행동이론은 HIV의 감염의 예방을 위해 콘돔을 사용하는 것, 일광욕 동안에 햇볕타기 방지제를 사용하는 것, 유방검사를 실시하는 것, 고환 자기검사를 실시하는 것 및 운동에 참가하는 것을 포함하는 몇 개의 건강행동들과 안전실천들에 대해 응용되어왔다.[40] 연구자들은 계획된 행동이론에 관한 한 검증에서, 대학생들이 운전 중에 문자정보 보내기를 하려는 의도와 아울러 그들의 실제의 문자정보 보내기 행동을 조사했다.[41] 운전 중의 문자정보 보내기는 대부분의 미국의 주들, 캐나다의 주들과 오스트레일리아와 아울러 우리 한국에서 불법적인 매우 위험한 행동이다. 이 연구에서, 그들은 문자정보를 보내려는 의도들과 아울러 실제의 행동(즉, 운전 중에 보내고 읽었던 문자정보의 숫자)을 예측하는 데에 있어서, 태도들, 주관적 규범들 및 지각된 행동통제력에 관한 통상적인 계획된 행동이론의 요소들을 측정했다. 그들은 이 모형의 주관적 규범요소를 집단규범(즉, 참가자들이 그들의 또래들의 특수한 준거집단의 멤버들이 그 행동을 수행할 것 같다고 믿었던 여부를 평가하는 것)과 도덕적 규범(moral norm), 또는 자기 자신의 원칙들에 반해서 운전 중에 문자정보를 보내는 경향에 관한 측정도구를 또한 포함시킴으로써 확장시켰다. 그들은 이 확장된 계획된 행동이론에 대한 상당한 지지를 발견했다. 이러한 위험한 행동에 대해 긍정적 태도들을 갖는 것이 운전 중에 문자정보를 보내고 읽는 의도들을 예측했다. 주관적 규점들과 지각된 행동통제력은 운전 중에 문자정보를 보내려는 의도들에 대해 영향을 주었지만, 읽는 것에는 영향을 주지 않았다. 그들이 운전 중에 문자정보를 보내는 것을 타인들이 찬성하지 않을 것이라고 믿었고, 그들이 운전 중에 문자정보를 보내는 그들의 능력에 대해 통제력이 있었다고 믿었던 학생들이 그렇게 하려는 더 큰 의도를 보고했다. 부가적으로, 그들의 또래집단의 멤버들이 운전 중의 문자정보 보내기를 찬성했다고 믿었고 그들 자신이 이러한 행동을 행했던 학생들이 운전 중에 문자정보를 보내고 읽으려는 의도를 보고하는 경향이 더 많았다. 이와 반대로, 이러한 행동이 도덕적으로 잘못이라고 보았던 학생들은 운전 중에 문자정보를 보내고 읽으려는 의도를 보고하는 경향이 더 적었다. 이 연구에서, 의도들이 실제의 운전 중의 문자정보 보내기를 예측했다. 전체적으로, 이 연구의 발견들은 이러한 위험한 행동을 행하려는 경향을 감소시키고자 하는 프로그램들이 계획된 행동이론의 모든 요소들을 취급하는 다면적 접근을 취할 필요가 있다는 것을 시사한다.

변화단계들모형(stages of change model)

당신은 아마 최근에 권고되고 있는 건강한 습관들의 종류들을 꽤 잘 알고 있을 것이다. 이것들은 규칙적인 힘찬 운동을 행하는 것, 흡연 중단, 알코올 섭취의 제한, 건강한 음식들(예: 과일, 채소, 완전 곡물)을 먹기 및 충분한 잠자기를 포함한다. 비록 당신이 자신의 건강을 지키기 위해 해야만 된다는 것을 인식하고 있을지라도, 당신은 개선될 수 있는 몇 가지 건강습관을 갖고 있기가 쉬울 것이다. 아마 당신은 운동을 바쁜 공부스케줄들과 파트타임일과 통합시키는 데에 곤란을 갖고 있거나, 당신이 자주 늦은 밤까지 공부하고 있고 충분한 잠을 자지 않는 것을 발견하고 있을 것이다. 잠시 멈추고서, 당신측에서 다소 개선의 여지가 있는 하나의 건강습관을 생각해 보라. 일단 당신이 다소 개선할 수 있는 건강습관을 확인했다면, 당신 자신에게 이러한 상황을 변화시키는 것에 관해 생각하고 있는지를 물어보라. 아마 당신은 심지어 어떤 변화를 행하려고 시도하는 것에 관해서 생각하지도 않았을 것이다. 당신은 당장 계속하고 있는 많은 다른 일들이 있어서 당신의 건강습관들 중의 하나를 변화시키려고 드는 일은 당신의 관심사들 중에서 가장 적은 것이다. 또는 아마 당신은 이러한 습관을 지금 당장에 변화시키기보다 당신이 이것에다가 기울일 더 많은 시간이 있을 때에 행하는 것에 관해서 생각하고 있을 것이다. 아마 당신은 이러한 습관을 곧 변화시킬 계획을 갖고 있지 않지만, 아직 적극적으로 시작하지 않아 왔을 수 있다. 또는 당신은 이미 이 건강습관을 변화시키는 것을 시작해 왔을 수 있으며, 따라서 당신은 이것에 대해 계속 작업하고 있을지도 모른다.

건강심리학자들은 사람들이 특정의 건강행동의 변화를 행하는 데 대해 상이한 준비성 단계들 속에 있는 경향이 있다는 것을 인정한다. Prochasta와 Diclemente(1983, 1986)는 건강행동들을 변화시키는 과정에서의 이러한 개인차들을 설명하기 위해 변화단계들 모형을 개발했다.[42)43)] 이 모형에 의하면, 사람들은 특정의 건강행동변화를 행하는 측면에서 5개의 단계들 중의 하나 속에 있는 것으로서 분류될 수 있다. 즉, 숙고전, 숙고, 준비, 실행 또는 유지이다. 이러한 변화단계들이 도 6.2에 제시되어 있으며, 이하에서 논의된다.[44)]

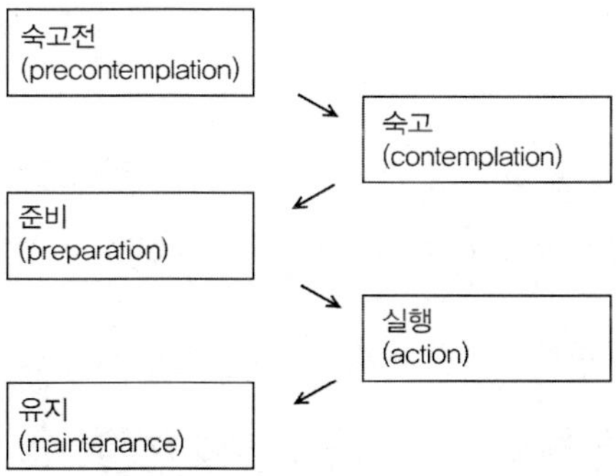

도 6.2 건강행동변화에 관한 변화의 5단계 모형

(1) 숙고전(precontemplation) 단계

숙고전 단계 동안에, 사람들은 자신의 건강행동을 변화시키려는 의도를 전혀 표현하지 않는다. 사람들은 어떤 특수한 건강행동에 대해 그들이 그 행동을 문제가 된다고 보지 않기 때문에, 또는 그들이 변화시키는 것을 고려해왔고 그에 반대되는 결정을 해왔기 때문에, 숙고전 단계 속에 있을 것이다.

(2) 숙고(contemplation) 단계

숙고단계 동안에, 사람들은 그들이 어떤 건강행동의 변화를 착수해야만 된다는 것을 인식하고, 그렇게 하는 것을 진지하게 고려하고 있다. 사람들은 만일 그들이 다음의 6개월 이내에 어떤 변화를 행할 것을 생각하고 있음을 나타낸다면, 이 단계 속에 분류되지만, 실제로 사람들은 흔히 그들의 건강행동을 변화시키는 쪽으로 더 특수한 실행들로 계속하지 않을 때에는 이 단계 속에 몇 년 동안 머문다.

(3) 준비(preparation) 단계

준비단계 속에 있는 사람들은 어떤 건강행동변화를 행할 준비가 되어 있고 다음 달 이내에 그렇게 행하기로 의도한다. 때로는 어떤 비성공적인 변화(예: 흡연중단 후에 그 습관을 다시 재발하는 것)를 행해 온 사람들은 이 단계 속에 있으며, 그들의 다음번의 변화시도를 준비한다. 준비단계 동안에, 사람들은 대개 그들의 궁극적 행동변화를 일으키게 될 어떤 조치를 취하기 시작한다. 예컨대, 그들은 아직 시작하지 않았던 운동반에 등록할 수 있거나, 아주 중단하기 이전에 그들이 하루당 피우는 흡연의 담배 개비 수를 줄일 수 있다.

(4) 실행(action) 단계

실행단계 동안에, 사람들은 그들의 건강행동을 성공적으로 수정하고 있다. 예컨대, 흡연자들은 이 단계 동안에 흡연을 중단해 왔을 것이며, 흡연을 완전히 금지하고 있을 것이다.

(5) 유지(maintenance) 단계

실행단계 동안의 성공적 행동변화의 6개월 후에, 사람들은 유지단계 속에 들어간 것으로 간주된다. 이 시점에서, 그들은 자신이 이룩해 온 건강행동변화를 유지시키기 위해 계속 애를 쓴다. 예컨대, 이 단계에서 이전의 흡연자들은 중단상태를 유지하려고 노력하거나, 운동자들은 그들의 신체활동의 규칙적 프로그램을 지키려고 노력한다. 유지단계가 얼마나 오래 지속되는가에 대해서 다소의 의견차이들이 있다. 변화단계들 모형의 어떤 공식화들은 6번째 단계인 종료

(termination)를 포함시키는데, 이것은 사람들이 유지단계 속에서 충분하게 오랜 시간 지내왔고 문제행동으로 되돌아가려는 유혹이 전혀 없을 때에 일어난다. 하지만, 중독들과 같이, 많은 문제행동에 대해서, 재발(비록 단지 일시적이더라도, 부정적 행동 쪽으로 되돌아가는 것)이 종종 일어난다. 이러한 이유 때문에, 대부분의 사람들에 대한 현실적 목표는 유지단계 속에 머무는 것이다.[45)]

건강행동변화를 이러한 단계들에 따라 개념화하는 것의 장점들은 무엇인가? 한 가지로서, 이러한 개념화는 사람들이 건강행동변화에 이르게 되고, 실제로 변화를 일으키고, 그 다음에 이것을 유지하기 위해 애쓰는 것을 통과하는 실제의 과정을 포착하고 있다. 이것은 또한 매우 많은 건강중재들이 성공을 거두지 못하는 이유를 설명해준다. 예컨대, 만일 어떤 건강프로그램의 목표가 모든 젊은 흡연자들에게 흡연을 중단하게끔 만들려고 한다면, 그 프로그램은 실패할 운명에 처해있다. 대부분의 흡연중단 프로그램들은 사람들이 그들의 행동을 변화시킬 준비가 되어있다는 점에서, 최소한 준비단계 속에 있는 사람들을 겨냥하고 있다. 하지만, 많은 흡연자들이 그러한 변화를 일으킬 준비가 전혀 되어있지 않다. Prochaska(1992)는 단지 약 10% 내지 15%의 흡연자들만이 어떤 특정의 시점에서 준비단계 속에 있는 반면에, 약 30% 내지 40%가 숙고단계 속에 있고, 50% 내지 60%가 계속 숙고전 단계 속에 있다고 보고했다.[46)] 흡연중단 프로그램들이 준비단계 속에 있는 사람들에게 맞추어져 있다는 것을 전제할 때, 그것들의 성공률이 매우 낮은 경향이 있는 이유가 이상할 것이 못 된다. 따라서, 이 모형의 다른 장점은 이것이 우리에게 중재의 설계와 실행에 있어서 개인차들을 고려하도록 촉구한다는 것이다.

변화단계들 모형의 다른 장점은 이것이 사람들이 변화시키려고 들었던 부정적 건강행동 쪽으로 되돌아가는 재발상황들의 결과에 대해 더 낙관적인 시각을 제공한다는 것이다. 재발을 "모두 아니면 없음"으로서 개념화하는 대신에, 변화단계들 모형은 재발을 단순히 이전 단계로의 회귀로서 보며, 이것이 매우 흔히 일어난다는 사실을 인정한다. 흡연중단을 시도하고 나서, 3주후에 실패하고 몇 개비의 담배를 피우는 사람들은 그들이 더 이상 흡연을 자제하지 않는다는 점에서 실행(action)단계를 분명히 떠나있다. 하지만, 어떤 단계가 그들을 기술할 것인가? 재발에 대한 "모두 아니면 없음"의 접근은 그들이 다시 시작부터 개시해야만 된다고 말할 것이다. 실제로, 이 모형에 의하면, 그들이 정말로 시작 쪽으로 회귀해온 것은 분명히 아닌 것 같다. 이것은 대부분의 흡연자들에 대해 숙고전 단계로의 회귀를 의미할 것이다. 하지만, 몇 주 동안 흡연을 성공적으로 자제해 왔던 사람들은 아마 최소한 숙고단계(즉, 다시 중단할 필요성을 인식하고 장래에 그렇게 하기로 계획하는 것)와 아마도 심지어 준비단계(즉, 꽤 즉시 다른 중단 시도를 행할 준비) 속에 있을 것이다. 이 모형에 의해 인도된 중재들은 어려운 건강변화들을 이룩하기 위해 애쓰고 있는 사람들이 모든 것을 잃는 것은 아니며, 좋은 것을 위해 중단하는 것이 그들이 준비단계를 몇 번 통과한다는 것을 뜻할 수 있다는 것을 알게끔 도와줄 것이다.

아마 변화단계들 모형의 가장 큰 이점은 이것이 어떤 단일 중재가 모든 사람에게 효과 있을 것이라고 가정하기보다도 건강행동변화를 행할 필요가 있는 각 개인의 현재의 단계에 일치되게끔 건강중재들을 맞추기 위한 하나의 틀을 제공하는 것일 것이다.[47] 측정도구들이 사람들을 5단계로 분류하기 위해 개발되어왔다. 일단 어떤 사람의 변화에 대한 준비단계가 밝혀지면, 그 사람의 변화를 촉진시키는 것을 돕기 위해 사용된 접근이 적용될 수 있다. 비록 숙고전 단계 속에 있는 사람들이 중재노력들에 대해 반응하는 것이 가능성이 전혀 없는 것처럼 여겨질지라도, 이것은 항상 그렇지는 않다. 예컨대, 그들은 숙고단계 쪽으로 이동시키는 목표를 갖고서, 그들의 건강행동의 비용들과 이것을 변경시키는 것의 이점들을 지적받을 수 있는데, 숙고단계에서 그들은 적절한 중재노력들에 대해 더 반응적으로 될 것이다. 각 단계에서, 사람들을 궁극적으로 행동변화를 이룩하기 위한 다음 단계 쪽으로 인도하는 데에 있어서 효과적일 수 있는 상이한 전략들이 있다.

변화단계들 모형에 기초되어 있는 중재들은 건강프로그램들을 개인의 현재의 변화준비단계에 맞게끔 메시지들과 재료들을 만들 수 있도록 해준다. Prochaska 등(1993)은 변화단계에 맞추어진 프로그램들이 다른 흡연중단 프로그램들보다 더 효과적인지를 결정하기 위한 연구를 수행했다.[48] 그들은 756명의 흡연자들을 4개의 조건에 무작위적으로 배정했다: (a) 표준조건 – 여기에서 참가자들은 흡연중단 설명서들과 책자들을 받았다; (b) 개인화된 조건 – 여기에서 참가자들은 그들의 현재의 변화단계와 따르게 되는 모든 단계들에 맞추어진 일련의 설명서들을 받았다(예: 숙고단계 속에 있는 사람은 숙고, 준비, 실행 및 유지를 위한 설명서들을 받을 것이다); (c) 상호작용적 컴퓨터 보고 조건 – 여기에서 참가자들은 그들의 단계들(그리고 개인화된 조건에서처럼 모든 다음의 단계들)에 적합한 설명서들과 아울러 컴퓨터보고서들을 받았는데, 후자는 그들의 변화단계에 관한 전체의 기술, 그들이 변화의 과정들 상에서 어떻게 수행하고 있었는가에 대한 개인화된 피드백, 그리고 그 단계 동안에 당면할 수 있는 유혹적 상황에 대한 대처방법에 관한 정보를 제공했다; 그리고 (d) 개인화된 상담자 조건 – 여기에서 참가자들은 상호작용적 컴퓨터 보고서 조건이 모든 재료들과 아울러 훈련받은 상담자들로부터 일련의 짧은 전화통화를 받았는데, 후자에서 상담자들이 그들이 다음 단계 쪽으로의 진행을 도우려고 시도할 때에, 참가자들의 진보의 신호들이 강화받았던, 개인화된 피드백이 상담자들에 의해 제공된다.

연구자들은 단계에 맞추어진 모든 조건들이 사람들을 흡연을 중단하고 금연을 유지하게끔 만드는 데에 있어서 표준조건보다 더 효과적이라는 것을 발견했다.[49] 상호작용적 컴퓨터보고서 중재가 가장 좋은 성공률들을 보였다. 이 조건의 사람들이 표준조건의 사람들보다 두 배 이상의 금연율을 보였다(금연 중재 후 6개월에 측정되었을 때). 그들이 장기적 금연을 조사했을 때(즉, 18개월에서), 그들은 컴퓨터조건의 참가자들이 표준조건의 참가자들보다 상당히 더 높은 율들(거의 3배나 높은)을 보였다는 것을 발견했다. 개인화된 상담자 조건이 또한 표준조건보다 사람들이 흡연을 중단하고 유지하게끔 만드는 데에 있어서 더 효과적인 것으로 발견되었지만, 이것은 그래도 상호작용적 컴퓨터 조건보다 덜 효과적이었다. 따라서 결과들의 전반적 패턴은 각 변화 단계 동안에 개인들의 특징들에 맞추어졌던 중재들이 표준적인 "모든이들에 대해 동일한" 접근보다 더 효과적인 것으로 발견되었다는 점에서 변화단계들 모형을 지지한다. 흥미있게도, 단계에 맞추어진 중재의 컴퓨터버전이 모든 것들 중에서 가장 효과적이었다－심지어 개인화된 상담자조건보다 더 우수했다. 사람들이 개인화된 피드백으로 잘 수행하지만, 이러한 피드백은 실제의 상담자보다도 컴퓨터가 내놓은 보고서와 같은 비개인적 소스로부터 나올 때에 더 우수할 것이다. 이러한 발견은 개인화된 피드백이 개인적 상담자들을 통한 피드백의 전달을 위해 요구된 자원들에 비해서, 꽤 비용－효과적이고 광범한 방식으로 컴퓨터보고서들을 통해 전달될 수 있다는 것을 시사한다.

변화단게들 모형은 시초에 중독행동들을 취급하기 위헤 개발되었으며, 이 모형을 사용하는 대다수의 연구가 흡연에 관한 것이었다. 하지만, 이 모형에 의해 이루어진 예측들은 식품지방의 감소, 체중조절, 유방 X선검사 받기, 운동프로그램들 택하기, 안전한 성실행 사용하기를 포함하는 몇 개의 다른 건강행동변화들에 관련해서지지 받아왔다.[50] 하지만, 몇 개의 연구들은 변화단계들 모형에 의해 이루어진 예측들에 대한 지지를 발견하는 데에 실패해왔으며, 사람들을 단계들 속으로 분류하는 데에 사용된 측정도구들과 단계들 자체가 정확하게 확인되고 있는지에 대한 의문들에 관한 비평들이 있어왔다.[51] 그럼에도 불구하고, 변화단계들 모형은 사람들이 그들의 건강행동들을 변화시키기 위해 통과하는 과정들의 복잡성을 기술하는 데에 극히 유용하며, 이것은 더 많은 연구와 중재 노력들을 인도하는 데에 있어서 계속 영향력 있을 것 같다.

스트레스, 대처 및 사회적 지원

비록 상당히 도움이 될 수 있을지라도, 좋은 건강습관들만으로는 병의 위협을 격퇴하기에 충분치 않다. 스트레스를 주는 생활경험들과 그러한 스트레스를 주는 사건들에 대한 사람들의 대처방식들이 또한 건강과 병에 대해서 영향을 준다.[52]

우리의 대부분은 스트레스에 대해서 많은 경험을 갖고 있다. "스트레스"란 예컨대, 당신의 자명종 시계가 중요한 시험이 있는 날 아침에 울리지 않았다는 것을 발견하는 것과 당신의 자동차가 당신이 취직 면접시험에 가는 것이 필요한 때에 시동이 걸리지 않는다는 것을 발견하는 것이다. 이러한 경험들은 생리적인 동시에, 심리적인 것이다. 당신의 신체는 높은 흥분상태로 되고, 당신의 입이 마르고, 심장이 더 빨리 뛰고, 두 손이 약간 떨리고, 더 깊은 숨을 쉴 수 있다. 당신은 스트레스를 주는 사건 이외의 것에다가 주의 집중하기가 곤란하고, 스트레스 사건

이 당신의 마음 속에서 거듭 재생된다.[53)]

우리의 대부분은 이러한 경험들을 자신을 지치게끔 만들기는 하지만, 어떤 지속적 손상을 일으키지는 않는 일시적인 것으로 생각한다. 하지만, 현재 연구자들은 스트레스가 장기적으로 신체를 약화시켜서, 병에 대해 더 취약하게끔 만든다고 믿는다.

스트레스 사건들에 대한 반복적 노출과 스트레스에 수반되는 생리적 변화들의 반복(예: 혈압, 혈당수준 및 호흡의 증가들)은 생리계통들을 소모시킨다. 그러면, 이러한 손상은 심장병, 고혈압 및 심지어 암을 포함하는 다양한 건강문제들에 대한 토대가 될 수 있다.[54)]

그러면, 스트레스란 무엇이라고 정의되는가? 스트레스는 스트레서를 변화시키기 위해 상황을 조작하거나 그 영향들을 조절함으로써, 스트레서를 감소시키거나 그것에 대해 적응하고자 고안된 예측가능한 생리적, 생화학적 및 행동적 변화들을 수반하는 부정적인 정서적 경험이다.[55)] 우리의 대부분은 스트레스를 교통이 막히는 것, 어떤 시험에서 노트를 잃어버린 것과 같은 특수한 사건들이라고 생각한다. 하지만, 스트레스 경험의 몇 가지 공통성들에도 불구하고, 모든 사람이 동일한 사건들을 스트레스를 많이 주는 것으로서 지각하지는 않는다. 예컨대, 어떤 사람은 취직면접을 위협을 주는 것으로서 경험하는 반면에, 다른 사람은 이것을 하나의 도전으로서 환영할 수 있다. 스트레스가 보는 자에 따라 어느 정도로 차이 있다는 사실은 이것을 분명하게 심리적 과정으로 만든다. 즉, 사건들은 그것들이 스트레스를 주는 것으로서 간주될 때에는 스트레스를 주지만, 그렇지 않을 경우에는 스트레스를 주지 않는다.[56)]

스트레스 사건들의 특징들

어떤 유형의 사건들은 다른 것들보다 스트레스를 주는 것으로 평가되기가 더 쉽다. 개인에게 적응하거나 변화를 행하거나, 자원을 소비하게끔 요구하는 모든 사건들은 스트레스를 줄 잠재력을 갖고 있다. 예컨대, 연말 연시는 대개 긍정적 사건들이 많은 것으로 간주될지라도, 매우 스트레스를 주는 것일 수 있다. 이것은 이 시기가 친지들과 친척들과의 사회적 행사들, 과음과 폭식, 수면부족, 시장가기, 장기간 여행 등을 포함할 수 있기 때문이다.

불쾌하거나 부정적인 사건들은 더 긍정적인 스트레스 사건들보다도 사람들에게 더 많은 심리적 고통을 일으키고 더 많은 신체적 증후를 일으킨다.[57)] 예컨대, 동일한 50,000원을 주차위반이나 동생을 위한 선물비로 사용할 경우에, 전자가 후자보다 더 많은 고통을 줄 것이다.

예측 불가능하고 통제 불가능한 사건은 개인에게 문제에 대한 대처방법들을 발전시키게끔 스트레스를 경험하는 것을 허용하지 않는다. 예컨대, 당신 자신의 라디오의 소잡음은 이웃의 라디오의 소음보다도 덜 고통을 줄 수 있는데, 이것은 당신의 라디오를 항상 끌 수 있는 반면에, 당신이 이웃집의 라디오에 대한 이와 동일한 통제력의 정도를 갖지 못할 것이기 때문이다.

애매한 사건들은 흔히 명확한 사건들보다 더 많은 스트레스를 주는 것으로 지각된다. 예컨대, 만일 당신이 어떤 교과목을 함께 수강하고 있는 이성의 다른 학생에 대해 매력을 느껴왔는데, 어느 날 그 학생이 당신을 차갑게 대한다면, 당신은 그 이유를 반추할 것이다. 당신이 이 학생에게 기분 나쁘게끔 만드는 어떤 일을 저질렀는가? 이 학생은 단지 그 날 재수없는 날이었는가? 명확한 스트레서들은 사람들에게 해결책을 발견할 수 있게끔 만들고, 따라서 그들에게 문제해결단계 속에서 막혀 있게끔 만들지는 않는다.

해결 불가능한 사건들은 해결 가능한 사건들보다 더 많은 스트레스를 준다. 비록 이러한 점이 분명하게 여겨질지라도, 연구자들은 사람들이 그들의 문제를 극복하려고 노력하는 의식적이고 적극적인 주체들이라는 사실을 무시하는 경향이 있어왔다. 따라서, 스트레스 경험들과 스트레스, 생리적 변화들 및 심지어 병과 같은 나쁜 심리적 반응들 사이의 관계는 개인이 해결할 수 없어왔던 스트레스 사건들에 의해 크게 설명될 것이다.[58]

스트레스와 발병

스트레스 경험은 이것이 심리적 고통과 생리적 긴장을 일으키기 때문만이 아니라, 또한 장기적으로 이것이 병에 대한 토대를 만들 수 있기 때문에, 사람들에 대해서 문제가 된다.[59] 더욱이, 스트레스의 영향은 장기간 지속되어서, 흔히 스트레서가 사라진 오랜 후까지 지속된다. 환경적 스트레스에 관한 연구들은 사람들이 소음이나 범죄로 고통을 당하는 이웃들과 같은 스트레스 사건에 노출될 때, 그들이 더 적은 친사회적 반응들(타인들을 돕는 것과 같은)을 보이고, 때로는 그들이 그렇지 않았더라면 수행할 수 있는 인지적 과제들을 수행하는 것에 대해 곤란을 경험한다는 것을 발견해왔다.[60] 스트레스가 행동과 건강에 미치는 영향은 어떻게 연구되어 왔는가?

(1) 스트레스를 주는 주요 생활사건들

스트레스와 건강 간의 관계를 증명하려는 초기의 연구들은 병의 발생에 있어서 주요 스트레스 생활사건들의 역할을 검토했다. 신문들이나 잡지들은 흔히 큰 스트레스 사건들을 경험해왔던 사람들이 갑자기 심각한 병에 걸리거나 사망하는 특출한 사례들을 강조한다. 하나의 극적인 예는 케네디 대통령의 장례식에서 의장대를 지휘했던 27세의 육군대위의 죽음이다. 그는 대통령의 사망 후 10일째 날에 심장의 불규칙과 급성출혈로 죽었다고 보도되었다.[61]

병의 발생에 있어서, 주요 생활사건들의 중요성을 증명하려고 설계된 연구들 중의 다수가 사람들에게 결혼하는 것과 배우자가 죽는 것과 같은 그들의 생활을 변화시키는 것을 요구하는 잠재적으로 스트레스를 주는 다양한 사건들을 열거한 질문지들을 사용해왔다. 점수를 얻기 위해, 개인은 지난 1년 이내에 일어났던 사건들을 체크한다. 사건들의 각각은 한 개의 점수치를 갖는데, 이것은 개인이 그 사건에 적응하기 위해 해야만 되는 변화의 양을 반영한다. 따라서 예컨대, 만일 개인의 배우자가 사망하면, 생활의 거의 모든 측면이 혼란되고, 이에 따라 이 사건은 생활변화단위들의 매우 높은 숫자(예: 100점)가 배정되게 된다. 이와 달리, 주차위반딱지를 받는 것은 괴로운 일일 수 있겠지만, 개인의 생활에서 많은 변화를 일으킬 것 같지는 않다. 비록 모든 사람이 그 해 동안에 몇 개의 스트레스 사건들을 경험할지라도, 다소가 많은 것을 경험할 것이며, 이 집단이 가장 병에 취약할 수 있다. 생활사건 질문지들의 채점체계는 사람들에게 생활경험의 영향이 현저하게 긍정적이거나 부정적인지를 평정할 수 있게끔 해주는데, 이것은 스트레스를 주는 생활사건들을 차후의 신체건강이나 정신건강의 문제들에 관련시키기 위한 정확성을 제공한다.

(2) 매일의 골칫거리들

더 최근에, 심리학자들은 더 많은 사소한 스트레스 사건들이나 매일의 골칫거리들이 또한 건강에 대해 누가적 및 부정적 영향을 줄 것이라고 의심하기 시작해왔다. 그러한 골칫거리들은 교통마비에 갇혀 있는 것, 집안일들을 하는 것 또는 사소한 곤란한 결정을 내리는 것을 포함한다. 대인관계적 갈등들이 가장 고통을 주는 일상적 골칫거리들이다.[62] 비록 연구들이 아직 결론적이지는 않을지라도, 매일의 생활의 작은 초조함들의 누가적 효과와 아울러 덜 흔한 큰 스트레스 사건들이 병과 심리적 스트레스를 예측한다.[63]

(3) 만성적 스트레스

점점 더, 연구자들은 건강에 대한 만성적 스트레스의 중요성을 인식하고 있다. 시끄럽고, 과밀되고, 범죄가 많은 환경은 매일 스트레스가 많을뿐만 아니라, 또한 장기적으로 건강에 대해 누가적인 나쁜 영향을 줄 수 있다. 사회계층과 사망률 사이의 잘 알려진 관계는 만성적 스트레스에 관련해서 설명되어왔다.[64] 즉, 개인의 소득과 교육수준이 높을수록, 그 사람은 더 오래 살 것이며, 이것들이 더 낮을수록, 그 사람은 사고, 살인, 약물과 알코올 소비와 같은 나쁜 건강에 관련된 습관들 및 심장병과 암과 같은 병들에 대해 더 취약하다. 따라서, 우리가 살고 있는 환경들과 환경들 쪽으로 우리가 가져 오는 자원들이 병에 대한 취약성과 심지어 우리의 기대수명(life expectancy)에 대해 실질적으로 영향을 준다.[65]

더 특수하게, 연구자들은 그들의 관심을 점점 더 장기적 스트레서가 사람들의 건강에 미치는 영향에 돌리어 왔다. 이러한 연구들은 잘 수행하기가 곤란하다. 이것은 장기적 스트레서가 나쁜 건강습관들과 우울증과 같은 그 자체로서 병의 가능성을 증가시킬 수 있는 다양한 생활변화를 일으키기 때문이다. 그럼에도 불구하고, 연구들은 점점 더 질병에서 만성적 스트레스의 하나의 중요한 역할을 시사하고 있다. 예컨대, 비록 1개월 이하로 지속되었던 심한 급성이 스트레스 사건들이 감기 발생의 가능성 증가와 연관되어 있지 않았을지라도, 1개월이나 그 이상 지속되었던 심한 만성적 사건들이 감기 발생 위험의 실질적 증가와 연관되어 있었다.[66]

스트레스를 주는 사건들에 대한 대처

일단 우리가 스트레스 사건을 경험하면, 우리는 대개 그 사건에 대해 대처하려는 노력을 개시한다. 대처(coping)는 우리의 자원을 소모시키거나 초과한다고 간주되는 요구들을 관리하고자 시도하는 과정이다.

스트레스 사건에 대한 대처는 하나의 역동적 과정이다. 이것은 사람들이 대처해야만 되는 상황에 대해 행하는 평가로부터 시작된다.[67] 이러한 평가는 스트레스 상황을 관리하기 위한 차후의 노력에 대해 중심이 된다. 어떤 도전을 잠재적으로 사소한 스트레스를 주는 사건이라고 평가하는 것은 자신있는 대처, 적은 위협감 및 긍정적 정서들을 일으킬 수 있는 반면에, 잠재적 스트레서를 위협적이라고 평가하는 것은 개인의 대처능력에 대한 자신감을 낮추고 부정적 정서를 증가시킬 수 있다.[68] 예컨대, 닥쳐오는 연애관계의 파탄은 화해의 노력들이나, 슬픔이나 분개와 같은 정서들로부터 주의를 분산시키게 될 활동을 찾는 시도들을 포함하는 다양한 반응을 일으킬 수 있다.

일반적으로, 연구자들은 두 가지 유형의 대처노력을 구분 짓는다. 즉, 문제해결노력들과 정서조절 노력들이다. 문제해결 노력들은 스트레스 상황을 변화시키는 데에 도움이 되는 어떤 것을 행하려는 시도들이다. 정서에 초점을 둔 대처는 스트레스 사건에 대한 개인의 정서반응들을 조절하거나 철저하게 검토하는 노력을 포함한다. 이 두 가지 유형이 동시에 일어날 수 있다. 예컨대, 연애파트너들이 헤어질 때, 두 사람은 그들 자신의 원기를 북돋움으로써, 그리고 새로운 사람들을 만나기 위한 조치를 취함으로써 반응할 수 있다. 일반적으로, 개인의 대처전략들을 사용하는 데에 있어서 융통성있게 되는 능력은 더 성공적인 대처와 연관되어 있다.[69]

심리학자들은 또한 더 특수한 대처전략들을 연구하고 있는데,[70] 이것들은 정보를 얻기, 타인들로부터 도움을 얻는 것을 계획하기나 시도하기와 같은 적극적 대처방법들과 긍정적 재해석, 수용 또는 종교에 의지하는 것을 포함하는 정서에 초점을 둔 대처방법들을 포함한다. 적극적 대처가 더 흔히 사용되며 변화 가능한 상황들에서 더 적응적인 반면에,[71] 정서에 초점을 둔 대처는 변화 불가능한 상황들에서 더 적절할 것이다.[72] 심리학자들은 또한 회피적 대처전략들을 연구하는데, 이것은 스트레스를 피하기 위해 약물남용이나 멀리 피하는 것과 같이, 스트레스 사건으로부터 행동적으로나 정신적으로 멀어지는 것을 포함한다. 이러한 대처전략들은 신체건강과 정신건강에 대해 부적응적이다.

(1) 성공적 대처

무엇이 성공적 대처를 이루고 있는가? 대처노력들은 만일 그것들이 심박, 맥박 및 피부전도성과 같은 생리적 흥분과 그 지표들을 감소시킨다면, 일반적으로 더 성공적이라고 간주된다. 성공적 대처의 두 번째 준거는 사람들이 그들의 이전의 생활활동들로 복귀할 수 있는 여부와 신속성이다. 많은 스트레스 사건들이 진행 중인 일상적 활동들을 혼란시켜서, 일이나 여가를 방해한다. 대처노력들이 개인에게 그러한 활동들을 회복하게끔 만드는 한, 대처는 성공적이라고 판단될 것이다. 끝으로, 그리고 가장 흔히, 연구자들은 불만과 우울과 같은 심리적 고통을 감소시키는 데 대한 대처의 효과성에 따라 성공적 대처를 판단한다.[73]

성공적 대처는 다양한 대처자원들에 달려 있다. 내적 자원들은 대처스타일들과 성격속성들로 구성된다. 외적 자원들은 금전, 시간, 사회적 지원 및 동시에 일어날 수 있는 다른 생활사건들을 포함한다. 이러한 모든 요인들이 서로 상호작용해서 대처과정을 결정짓는다.[74] 이하에서 우리는 이러한 대처자원들의 몇 개를 자세하게 고려한다.

(2) 대처스타일(coping style)

대처스타일은 하나의 내적 대처자원이다. 이것은 개인이 스트레스 사건을 특수한 방식으로 처리하는 하나의 일반적 경향성으로 구성된다.

(가) 회피 대 대결

어떤 사람들은 스트레스 사건들을 정면으로 대하고서 문제들에 대해 직접적으로 대결하는 반면에, 다른 사람들은 그것들의 중요성을 경시하거나 알코올, 약물들 또는 TV시청을 통해 그것들로부터 후퇴함으로써 스트레스 사건들을 피한다.

스트레스를 경시하거나 피함으로써 대처하는 사람들은 단기적 위협들에 대해 효과적으로 대처하는 것처럼 보인다. 하지만, 만일 위협이 반복되거나 장기적으로 지속된다면, 회피는 성공적 전략이 되지 못할 것이다. 예컨대, 회피자는 치과에 가는 것에 대해 잘 적응할 수 있는데, 이것은 그가 그 일이 일어나기 직전까지 그 일을 유념하지 않기 때문이다. 하지만, 회피자는 계속되는 직무스트레스에 대해 나쁘게 대처할 수 있는데, 이것은 이 사건이 쉽사리 유념하지 않을 수가 없는 일이기 때문이다. 이러한 스트레스는 이것을 회피하려고 노력하는 데에도 불구하고 매일 재현된다. 회피자는 장래의 위협가능성을 처리할 수 없을 수 있으며, 장래의 문제들을 예상하고 관리하기 위한 충분한 노력을 기울이지 않을 것이다.[75] 그들은 또한 생리적 흥분과 나쁜 건강의 형태로 대가를 치를 것이다.[76]

이에 비해서, 위협이 되는 사건들을 대결을 통해 대처하는 사람들은 장기적 위협에 대해 효과적으로 처리할 것이다. 그러나 단기적으로, 그들은 그들이 스트레서들을 직접 처리할 때에 더 많이 불안을 느낄 수도 있다. 방심하지 않는 대처자는 치과에 가는 것에 대해 초조할 수 있고 내적 고통을 가질 것이다. 하지만, 그 사람은 자신의 직업에 관한 스트레스를 감소시키기 위해 건설적 노력을 기울일 것이고, 따라서 상황을 개선할 것이다. 일반적으로, 적극적 대처는 회피적 대처보다 더 효과적이며, 후자는 실제로 스트레스를 주는 상황들을 더 악화시키는 것 같다.

(나) 적의(또는 적개심; hostility)

스트레스를 처리하기 위해 사용된 어떤 대처스타일들은 건강에 대해 악영향을 준다. 스트레스를 주는 상황들에 대한 한 패턴의 적의적 반응들이 관상동맥질환의 발전에 연관되어 있는 것 같다. 적의의 하나의 특수한 유형 즉, 냉소적 적의(cynical hostility)가 관련되어 있는데, 의심, 분개, 빈번한 분노, 적대 및 타인들에 대한 불신의 특징이 있다.[77] 티인들에 관해 이러한 부정적 신념들을 가진 사람들은 흔히 언어적으로 매우 공격적이고, 타인들에 대해 통제적이고 미묘하게 적대적 행동들을 보인다.[78]

대인적 적의가 몇 가지 방식으로 관상동맥 심장병의 발전에 기여할 수 있다.[79] 첫째로, 이러한 적의적 반응을 보이는 사람들은 증가된 혈압과 빠른 심박과 같은 스트레스 사건들에 대한 높은 수준의 심혈관 반응들을 갖기가 더 쉽다. 이러한 사람들은 또한 스트레스 사건들로부터 생리적으로 회복하는 데에 더 오래 걸릴 것이다. 셋째로, 이러한 패턴을 보이는 사람들은 사회적 지원으로부터 더 적은 혜택을 받는 것 같다.[80] 결과적으로, 그들은 그렇지 않았더라면 얻을 수 있는 사회적 지원의 건강적 이익들을 얻을 수 없을 것이다.

냉소적 적의가 관상동맥 심장병에 대한 하나의 위험요인이라는 발견(최소한 남자들에서)은 미국과 기타의 가장 발전된 국가들에서 사망의 첫 번째 원인으로 남아있는 관상동맥 심장병에 관한 연구에서 하나의 중요한 획기적 전진이다. 이러한 형태의 적의는 초기 아동기에서 발견되고,[81] 따라서 이것은 생애의 초기에 중재될 수 있을 것이다.

(3) 내적 대처자원들

심리학자들은 사람들이 심리적 적응을 향상시키기 위해 스트레스 사건에 대해 가져 올 수 있는 몇 개의 성격자원들을 확인해왔다.[82] 성향적 낙관주의(dispositional optimism)는 생활 속에서 좋은 결과들이 일어날 것이라는 하나의 일반적 신념이다. 이러한 낙관주의는 사람들에게 스트레스 사건들을 더 긍정적으로 평가하고 스트레서에 대한 반응으로 직접적 조치를 취하기 위해 그들의 자원을 동원할 수 있게끔 만들 수 있다.[83] 낙관주의자들은 덜 낙관적인 사람들보다 또한 스트레스에 대한 더 적은 나쁜 면역변화들과[84] 아울러 더 낮은 혈압을 보인다.[85] 낙관주의는 사람들을 병 자체로부터 완충시킬 것이다.[86]

성실하고, 사회적으로 신뢰할 수 있는 아동들이 성인기까지 더 오래 사는 경향이 있는 반면에,[87] 충동적이고 과소 통제된 성격들을 가진 사람들이 젊어서 죽기가 더 쉽다.[88] 특수하게 말하면, 성실한 사람들은 사고를 저지르고, 알코올, 담배 및 약물들과 같은 불건전한 물질들을 사용하는 경향이 더 적다. 성실한 사람들은 또한 이러한 성격특성이 부족한 사람들보다 자신의 건강에 대해 더 적극적이고 자의식적 접근을 취할 것이다.

내구력(hardiness)이나 꿋꿋함은 사람들을 스트레스에 대해 저항력있게끔 만드는 한 세트의 태도들이다.[89] 이러한 태도들은 몰입감, 도전에 대한 긍정적 반응 및 내적 통제감을 포함한다. 이러한 신념들은 내구력있는 사람들을 스트레스나 변화에 대한 대처의 부정적 영향들로부터 완충시킨다고 믿어지고 있다.[90] 개인적 통제감을 가진 사람들은 대개 스트레스 사건들에 대해 더 성공적으로 대처한다.[91]

카타르시스 즉, 정서적 외상들을 털어놓는 과정이 심리적 이점들을 가질 것이라고 시사되어 왔다.[92] 연구들에서, 사람들이 겪어 왔던 외상적 사건들에 관해서 글을 쓰거나 이야기하도록 지시받은 사람들에게서, 심리적 적응과 면역기능 상에서의 유익한 장기적 변화들과 더 적은 건강 서비스들의 방문이 발견되어왔다.[93] 종교가 또한 많은 사람들에게 스트레스 사건들을 처리하는 데에 있어서 힘과 위안을 제공한다.[94]

이와 달리, 신경증(neurotics)과 같은 성격문제들은 사람들에게 사건들을 스트레스를 더 많이 주는 것으로서 평가하고, 문제들로 인해 더 고통스럽게 되고, 더 강하게 반응하게끔 만든다.[95] 부가적으로, 신경증자들은 비록 어떤 경우들에서 그들이 더 많이 아프지 않을지라도, 더 많은 신체적 증후들을 보고한다. 신경증자들은 또한 더 많은 사회적 갈등을 경험하고 그것에 대해 더 강하게 반응하는데, 이것은 스트레스 사건들을 처리하는 데에 있어서 그들을 도와 줄 사회적 지원을 감소시킨다는 것을 시사한다. 이하에서, 우리는 사회적 자원의 가치를 고려한다.

사회적 지원

사회적 관계들이 사람들의 사회적 욕구들을 충족시키는 데에 있어서 매우 중요하다. 건강심리학자들에 의한 최근의 연구는 사회적으로 지원적인 관계들이 또한 스트레스의 영향을 차단시키고, 사람들에게 스트레스에 대처하는 것을 도와주고, 건강을 향상시킨다는 것을 나타낸다.[96] 사회적 지원은 몇 개의 방식들 중의 하나로서 제공될 것이다. 첫째로, 호감, 사랑 또는 공감을 통해 표현된 정서적 걱정이 지원적일 수 있다. 예컨대, 만일 당신이 연애파트너와의 어려운 파탄을 통과하고 있다면, 친구들로부터의 위로의 표현들이 매우 고마울 수 있다. 둘째로, 스트레스의 시기 동안의 물질들과 서비스들의 제공과 같은 도구적 도움이 하나의 사회적 지원의 행위일 수 있다. 예컨대, 만일 당신이 어떤 시험을 나쁘게 준비하고 있다고 느끼고 있는데,

지난해에 이 과목을 수강했던 사람이 당신에게 중간시험과 기말시험 때의 문제의 유형들에 관해서 당신에게 정보를 제공한다면, 이 정보는 당신의 시험공부에 대해 유용할 것이다. 끝으로, 정보는 이것이 자기평가에 관련 있을 때에 지원적일 수 있다. 예컨대, 만일 당신의 이성친구와의 결별에 대해서 자신이 올바른 결정을 행해 왔는지에 대해서 불확실하게 느끼고 있다면, 당신은 올바른 이유들로 올바른 결정을 행했다고 당신에게 말해주는 당신의 친구들의 정보가 매우 위안이 될 수 있다. 사회적 지원은 배우자나 파트너, 가족들, 친구들, 사교적 및 지역사회의 접촉자들, 친목회 멤버들, 교회의 교인들 및 직업상의 동료들이나 감독자들에게서 얻을 수 있다.[97]

병의 위협을 이기는 데에 있어서, 사회적 지원의 중요성에 대한 다소의 인상적 증거가 성인들에 대한 한 조사에서 나온다.[98] 약 7,000명의 사람들이 그들의 개인적, 사회적 및 지역사회의 유대들에 관해서 면접 받았고, 그들의 사망률이 9년 동안 추적되었다. 결과들은 소수의 사회적 및 지역사회의 유대들을 갖었던 사람들이 그러한 유대들을 더 많이 갖었던 사람들보다 이 기간 동안에 사망하기가 더 쉬웠다는 것을 나타냈다.

사회적 지원은 스트레스 시기 동안에 심리적 고통을 효과적으로 감소시킨다.[99] 예컨대, 이것은 대학생들의 학교생활의 스트레서에 대해 대처하는 것을 돕는다.[100] 사회적 지원은 또한 보통의 감기로부터[101] 심장병의[102] 범위에 이르는 병의 가능성을 낮추고 병으로부터의 회복을 빠르게 하는 것 같다.[103] 결혼생활로부터의 사회적 지원은 개인이 위험한 생활스타일을 행할 가능성을 감소시키고 좋은 건강행동의 실행을 증가시키고, 그러면 이것들이 더 좋은 건강과 연관된다.[104] 사회적 지원은 또한 더 좋은 면역기능,[105] 스트레스에 대한 감소된 생리적 반응들[106] 및 다양한 만성적 질병에 대한 반응에서의 더 효과적인 기능에[107] 연관되어왔다. 사회적 지원은 건강습관들과 건강행동들에 대해 영향을 준다.

하나의 분명하지만 중요한 점은 사회적 관계들은 그것들이 지원적일 때에만 심리적 적응, 좋은 건강행동의 실행 및 병으로부터의 회복을 도울 수 있다.[108] 싸우거나 이혼하는 부부들에서 발견될 수 있는 것과 같이, 갈등적인 대인적 상호작용들은 적응과[109] 건강에[110] 대해 나쁜 영향을 줄 수 있다.

사회적 지원은 이것이 "눈에 띄지 않을 때"(invisible)에 가장 효과적일 것이다. 우리가 타인들이 자기 일을 제쳐 놓고서 우리를 돕고 있다는 것을 알게 될 때, 우리는 정서적 부담을 경험하고, 이것은 우리가 받는 사회적 지원의 효과를 상쇄시킨다. 하지만, 사회적 지원이 우리가 갖고 있는 관계들의 한 결과로서, 조용히, 거의 자동적으로 일어날 때, 이것은 스트레스를 줄이고 건강을 향상시킬 수 있다.[111]

스트레스 관리

어떤 사람들은 스스로 스트레스 사건에 대처하는 데에 있어서 곤란을 갖고 있다. 스트레스 관리 프로그램들이 사람들이 이러한 사건들을 더 효과적으로 처리하는 것을 돕기 위해 개발되어왔다. 이러한 프로그램들은 사람들에게 다양한 스트레스 사건들에 대해 대처하기 위해 사용될 수 있는 기법들을 훈련시키거나 특수한 스트레스 사건에 대해 대처하는 데에 초점을 둘 수 있다. 예컨대, 대학생활의 시작에서 부딪치는 많은 문제들이 있다. 가정을 처음으로 떠나는 것, 낯선 이들과 함께 기숙사에서 거주하는 것, 배경과 습관이 매우 다른 사람들과 함께 한 방을 써야만 되는 것, 높은 소음수준, 공동목욕실, 입에 맞지 않는 음식, 어려운 공부스케줄 등이 새내기 대학생들에 대해 기를 꺾고 불안을 유발시키는 경험이 될 수 있다.

몇몇 대학들은 학생들이 스트레스 관리기법들을 배움으로써 이러한 스트레스를 주는 사건들에 대해 대처하는 것을 돕기 위한 프로그램들을 실시해왔다. 흔히, 이러한 프로그램들의 첫 번째 단계에서, 학생들은 스트레스가 무엇이며 이것이 어떻게 개인을 소모시키는가를 배운다. 학생들은 스트레스가 주관적인 것이며, 대학생활이 본래 스트레스가 많은 것이 아니라, 오히려 학생이 그것을 어떻게 지각하는가에 따라 스트레스가 많게 될 수 있다는 것을 배운다. 이러한 메시지들을 통해, 학생들은 만일 그들이 적절한 스트레스 관리기법들을 습득한다면, 그들이 스트레스 사건들을 더 적게 경험할 것이라는 것을 알기 시작한다. 자기들의 스트레스 경험들을 함께 나눔으로써, 많은 학생들이 다른 학생들도 비슷한 경험들을 갖고 있다는 사실에서 안심하게 된다.

그 다음의 단계에서, 학생들은 그들 자신의 행동을 면밀하게 관찰하고 자신이 가장 많이 스트레스를 준다고 여기는 상황들을 기록하는 것을 훈련받는다. 그들은 또한 대개 스트레스 사건들에 대한 그들의 생리적, 정서적 및 행동적 반응들을 기록한다. 그들은 잠자기, 먹기, TV 보기 또는 약물들이나 알코올 사용하기와 같은 그들이 스트레스 사건들에 대처하기 위해 행하는 모든 노력들을 기록한다.

일단 학생들이 그들의 스트레스 반응들을 표화하는 것을 배우면, 그들은 무엇이 그러한 반응들을 촉발시키는가를 검토하도록 고무받는다. 예컨대, 한 학생은 그녀가 수강 중에 발표하는 것을 취급해야 될 때에만 학교생활에서 위압당하는 것을 느낄 수 있는 반면에, 다른 학생은 특히 따라가기가 힘든 과목에서 컴퓨터를 사용해야만 된다는 것에 관해 생각할 때에 주로 스트레스를 경험할 수 있다. 자신의 스트레스 느낌들을 개시시키는 상황들을 정확하게 파악함으로써, 학생들은 그들의 특수한 곤란사항들을 더 분명하게 확인할 수 있다.

그 다음에, 학생들은 스트레스 사건에 당면할 때에 그들이 행하는 부정적 자기대화(self－talk)를 인식하도록 훈련받는가. 예컨대, 수강 중에 발표하는 것을 두려워하는 학생은 그녀의 자기진술들이 그녀가 느끼는 스트레스에 어떻게 기여하는가("나는 질문하는 것이 몹시 싫다", "나는 항상 혀가 굳는다")를 인식하게 될 수 있다. 이러한 부정적인 자기대화는 자기효능감을 해치며, 중재의 후기에 수정의 한 표적이 될 것이다.

전형적으로, 학생들은 그 다음에 대학생활의 스트레스를 감소시키기 위한 특수한 목표들을 세운다. 한 학생의 목표는 위압을 주는 불안을 경험함이 없이 수업시간에 발언하는 것을 배우는 것일 수 있다. 다른 학생에 대해, 그 목표는 교과목에 관련된 문제에 관해서 특정의 교수와 상담하는 것일 수 있다. 일단 목표들이 세워지게 되면, 학생은 자신이 이러한 목표들을 달성시키는 것을 도울 수 있는 몇 개의 행동을 확인한다. 예컨대, 수업 중에 발언하는 것을 두려워하는 학생은 그녀가 한 두 마디만의 응답을 요하는 사실적 질문들에 관한 해답을 그녀가 알고 있을 때는 언제나 손을 들 것이라고 결정할 수 있다. 강의 중에 비교적 적은 발언으로 시작함으로써, 그녀는 더 긴 대답들을 제시하고 궁극적으로 더 효과적으로 발언하게끔 자기 자신을 훈련할 수 있다.

일단 이 학생이 몇 개의 현실적 목표들을 세우고 몇 개의 표적 행동들을 확인하게 되면, 그녀는 긍정적 자기대화를 행하는 방법을 배울 것이다. 예컨대, 구두발표들에 대한 두려움을 극복하고 싶어하는 학생은 그녀가 여러 사람들의 앞에서 성공적으로 발언해 온 경우들을 생각할 수 있다. 일단 그녀가 공적으로 말하는 것에서 다소 성공하게 되면, 이 학생은 그 경험의 긍정적 측면들(예: 청중의 주목을 끄는 것 또는 몇 가지 훌륭한 지적들을 행하는 것)을 강조함으로써 자기 자신을 격려할 것이다. 그녀가 더 효과적으로 될 때, 그녀는 공적으로 발언할 기회들을 조성하고 그녀가 그렇게 할 때마다 영화구경을 가는 것과 같은 어떤 바람직스러운 활동을 행함으로써 그녀 자신에게 보상을 주고자 할 수 있다.

전형적으로, 학생들은 또한 스트레스와 연합된 생리적 반응들을 수정하는 몇 가지 방법을 배운다. 대개 이러한 방법들은 이완훈련기법들을 포함하며 깊은 숨쉬기, 근육이완, 지도받은 심상이나 명상을 포함할 것이다.[112] 이러한 방법들은 심박, 근육긴장 및 혈압을 감소시키는 것을 도울 수 있다. 만일 어떤 학생이 어떤 과업이 위압적이라고 여겨진다면, 그녀는 5분 내지 10분의 휴식을 취하고, 깊게 숨을 쉬고, 완전히 이완하고, 그 다음에 긴장들이 없 그 과업으로 복귀할 것이다.[113] 대부분의 스트레스 관리 프로그램들은 개인이 스트레스를 극복하는 데에 사용할 수 있는 다양한 기법들을 포함한다. 학생들에 따라 프로그램들의 효과가 다를 수 있다.

증후들, 병 및 치료

개인이 병이 있다고 결정하는 것은 하나의 사회적인 동시에 하나의 심리적 과정이다.

병의 증후들의 인식과 해석

당신 자신이 병이 있다고 명명하기 위해서, 당신은 먼저 증후들을 인식해야만 되며, 이것은 일부 주의의 초점에 좌우되는 하나의 심리적 과정이다. 주의가 자기 자신에게 만성적으로 두어지거나, 사회적으로 고립되거나 혼자 살거나, 비교적 비활동적 생활을 가진 사람들이 그들 자신에게서 증후들을 인식하기가 더 쉽다. 이와 반대로, 자신의 환경과 활동들에 대해 외부적으로 초점을 두고 있거나, 적극적인 사회생활과 가정 밖에서의 일을 갖고 있거나, 타인들과 함께 사는 사람들은 증후들을 인식하는 경향이 더 적다.[114)]

상황요인들이 개인이 자신의 관심을 내부나 외부로 지향하는 여부에 대해 영향을 준다. 지루한 상황들은 사람들에게 그들의 내부상태에 대해 더 많이 주의하도록 만드는 반면에, 흥미있는 상황들은 그것들에 대한 주의를 분산시킨다. 예컨대, 조깅하는 사람들은 흥미있는 코스보다 단조로운 코스를 달리고 있을 때에, 피로를 경험하고 달리기에 관련된 그들의 증후들을 인식하기가 더 쉽다.[115)]

사람들의 기대들이 정보의 해석을 인도하며, 따라서 증후 정보에 대해서도 마찬가지이다.[116)] 예컨대, 월경이 심리적 고통과 생리적 증후들을 일으킨다고 믿는 여성들은 그것들의 경험을 보고하기가 더 쉽다. 실제로 고통과 증후들을 가질 것으로 기대했던 여자들이 그들의 고통과 증후들에 관한 회고적 보고들이 그들이 월경주기 동안에 썼던 실제의 일기보고들과 비교되었을 때, 그들이 그것들을 경험했던 정도를 과장했다.[117)]

문화가 증후들의 의미에 관한 기대들의 하나의 중요한 소스가 될 수 있다. 많은 문화들이 무엇이 증후들을 일으키는가에 대해 특수한 설명을 제시하며, 이러한 해석들이 사람들이 자신의 병을 어떻게 명명하고, 어떤 치료를 찾는가에 영향을 준다.[118)]

기분이 증후들의 경험에 영향을 준다. 나쁜 기분 속에 있는 사람들은 행복한 사람들보다 더 많은 아픔들과 통증들과 더 큰 불쾌감을 보고한다.[119)] 이와 비슷하게, 일과 가정을 포함하는 개인의 생활의 중요한 영역들에 대한 만족은 대개 낮은 수준의 증후들에 연관되어 있다. 이와 반대로, 직무과중과 많은 타인들을 부양하는 책임은 증후들을 증가시키고 신체건강을 손상시킨다.[120)] 여자들이 남자들보다 더 많이 증후들을 경험한다. 그리고 실제로 더 많은 병들을 갖는다.[121)]

경험이 또한 증후들에 대한 반응을 형성한다.[122)] 예컨대, 당신이 목이 쑤시는 오랜 내력을 갖고 있다면, 그것이 당신에 대해 특이한 증후일 경우보다도 어떤 특별한 쑤심을 무시하기가 더 쉬울 것이다.

사회적 인지에 관한 연구들이 보이는 바와 같이, 사건들에 관한 인지적 이론들이나 도식들이 흔히 그러한 사건들이 어떻게 지각되고 해석되는가에 대해 강하게 영향을 준다. 연구들은 그러한 신념들이 증후해석과 아울러 병의 관리에서 중요할 수 있다고 시사한다. 사람들은 그들의 병에 관련된 활동들에 영향을 주는 그들의 증후들에 관한 조직화된 인지적 그림들을 형성한다.[123] 기본적으로, 이것들은 병 도식들이다. 이것들은 병의 명칭과 증후들(즉, 병의 정체성), 원인, 지속기간 및 결과들과 같은 요인들을 포함한다.

사람들은 최소한 세 개의 병에 관한 모형을 갖고 있다.[124] 급성병은 장기적 결과들 없이 지속기간이 짧으며, 특수한 바이러스나 박테리아에 의해 일어난다고 믿어진다. 하나의 예는 감기이다. 만성병은 나쁜 건강습관들을 포함하는 많은 요인들에 의해 생기며, 지속기간이 길고, 흔히 심한 결과들을 갖는다. 암이 한 예이다. 주기적 병은 증후들과 무증후들의 교대하는 기간들의 특징이 있다. 재발하는 포진들의 에피소드들이 한 예이다.

때로는 환자들은 자신의 병에 대한 부적절한 모형들을 택한다.[125] 예컨대, 고혈압으로 고통을 당하는 환자들은 그 병이 실제로는 만성적일 때에 급성이라고 믿을 수 있다. 결과적으로, 그들은 만일 그들이 기분이 좋다면, 혈압이 통제되고 있음이 틀림없고, 따라서 그들이 더 이상 약을 먹을 필요가 없다고 생각한다.[126] 실제로, 고혈압은 환자들이 흔히 아무런 증후를 경험하지 않고 그들이 더 이상의 치료가 필요없다고 잘못된 결론을 내리기 때문에, 소리없는 킬러(kiler)라고 일컬어진다. 건강돌봄에 관여된 실무자들과 기타의 사람들이 환자들이 그들의 장애와 치료를 이해하는 데에 있어서 적절한 병 모형을 사용하고 있는지를 알아보기 위해 그들의 병에 관한 도식들을 탐색하는 것이 중요하다.[127]

사회적 상호작용이 또한 사람들이 증후를 어떻게 해석하는가에 대해 영향을 준다. 때로는 우리가 아플 때, 우리는 우리의 친구들과 가족들이 유사한 증후들을 갖었던 일이 있었는지를 알아내고 증후들이 무엇을 의미할 수 있는지에 대한 그들의 의견을 구하기 위해 그들과 상의한다. 사소한 목의 쑤심이 심한 감기의 첫 증후라고 경고받게 되면, 당신은 타인들이 유사한 증후를 경험했고 그것을 대기오염에 귀인시켰다는 것을 알았을 경우보다 자신을 더 잘 돌볼 것이다. 끝으로, 통증은 사람들이 증후들을 인식하고 그것들을 심각하다고 해석하는 여부의 하나의 중요한 결정요인이다.

지금까지, 우리는 사람들이 증후들을 경험하고 인식하고, 이것들을 병의 신호들로서 해석할 때에 영향을 주는 심리요인들을 강조했다. 하지만, 증후들의 경험과 치료를 받아야 되는지를 결정하는 것이 생활의 질에 의해 크게 영향을 받는다는 것을 인식하는 것이 중요하다. 예컨대, 여자들이 남자들보다 더 많이 아프게 되는데, 이것은 저임금노동, 가사일에 대한 더 많은 시간사용, 육아, 가족들 돕기 및 더 적은 여가와 수면 시간에 귀인되어왔다. 일반적으로, 여자들보다 남자들이 더 높은 사회적으로 보수를 주는 사회적 역할들을 맡는다. 하지만, 사회적 역할들의 성차들이 동등할 때, 남자들이 여자들보다 더 나쁜 건강을 갖는다.[128] 따라서, 만일 성역할들(gender roles)이 특히, 이것들이 일으키는 스트레스에서 더 동등했다면, 여자들이 남자들과 최소한 동등하고 아마 더 좋은 건강을 경험할 것이다.

이와 비슷하게, 미국의 흑인들의 고혈압과 뇌졸중에 대한 취약성이 최소한 부분적으로 매우 스트레스를 주는 거주조건들, 낮은 소득 및 인종편견의 한 조합에서 생긴다고 해석되어왔다.[129] 따라서, 심리요인들에 대한 어떤 강조가 증후들과 질병율들의 경험에 대한 사회적 역할들과 사회경제적 요인들의 매우 중요한 영향을 가리워서는 안 된다.

환자와 의사의 상호작용

때로는 증후들은 우리에게 병원을 찾아가게끔 만든다. 의료에 관해서 의사나 간호사와의 상호작용은 대인적 의사소통, 대인지각, 사회적 판단 및 사회적 영향을 포함하는 하나의 복잡한 사회적 과정이다. 대부분의 환자들이 행하는 최초의 판단들 중의 하나는 그들이 의사를 기술적으로 유능하다고 생각하는 여부이다. 하지만, 대부분의 사람들이 의학과 실무의 기준들을 거의 알지 못하고, 따라서 그들은 그들이 갖고 있는 정보만을 갖고서 의료를 평가한다. 즉, 그들이 의사를 좋아하는지, 그리고 의사가 따뜻하고 친절하거나 냉담하고 비의사소통적인지에 따라 평가한다. 사람들이 그들의 의료에 있어서 자기들에 대해 무엇이 중요한가를 질문 받았을 때, 그들은 의료가 실시되는 매너를 최소한 의료의 기술적 질만큼 높게 평정한다.[130]

심지어 환자들과 의사들이 서로 다소의 기본적 신뢰를 갖고 있을 때라도, 의사들과의 상호작용들에서, 생기는 문제들 중의 하나는 잘못된 의사소통이다. 의사들은 흔히 환자들이 이해하지 못하는 전문적 용어나 기술적 언어를 사용하며, 한 사람으로서의 환자보다도 환자의 증후들을 언급함으로써 무심코 환자를 비인격화시킬 수 있다.[131]

환자들은 또한 자신이 듣고 있는 말에 대해 주의를 기울이지 못함으로써, 그리고 상황 속에 있는 잘못된 단서들에 반응하고 의사의 말을 많이 곡해함으로써 잘못된 의사소통에 기여한다.[132] 예컨대, 어떤 환자는 부은 임파선들로 너무 고통을 느껴서, 규칙적으로 약을 먹으라는 의사의 지시에 귀를 기울이지 못할 수 있다.

치료상황이 효과적 의사소통을 해치는 데에 기여한다. 예컨대, 어떤 의사는 대기실에 많은 환자들을 갖고 있고, 따라서 가능한 한 적은 시간 동안에 각 환자를 보아야만 되는 압력을 받는다.

환자와 의사 사이의 잘못된 의사소통은 몇 가지 이유로 하나의 문제가 된다. 첫째로, 이것은 장차의 건강서비스들의 이용을 해칠 수 있다. 자신의 정서적 욕구들이 자신의 의사와의 상호작용에서 충족되지 못한 환자들은 그 의사에게 다시 돌아올 가능성이 더 적다.[133] 더 중요하게, 환자들은 의사가 권고한 행동들과 치료들을 택하지 않을 수 있다.

(1) 의료적 치료의 준수

치료권고들에 대한 비응종이 알약들과 연고들과 같은 치료제들에 대해 15%로 낮은 것에서부터 흡연중단이나 체중감소와 같은 생활스타일 권고에 대해 93%로 엄청나게 높은 범위까지 이른다.[134] 의료적 권고를 따르지 못하는 것은 몇 개의 요인들에 기인될 수 있다.[135] 첫째로, 자신에 대한 의료돌봄의 질에 대해 불만족하는 환자들이 권고에 따르지 않기로 작정한다. 둘째로, 어떤 치료를 완전하게 받기 위해서, 환자는 그것을 이해해야만 되지만, 흔히 이해가 부족하다. 치료의 준수는 환자가 병에 관련된 원인, 진단 및 치료 권고사항들에 관한 명확하고 일상적 용어를 사용한 설명을 받을 때에 높다.[136] 준수는 또한 지시들이 글로 되었을 때, 환자가 지시들을 반복해서 말했을 때, 어떤 불분명한 부분들이 명료화 되었을 때, 그리고 지시들이 한 번 이상 반복되었을 때에 증가된다.[137] 불행하게도, 이러한 겉으로 보기에 간단한 단계들이 이행되지 않고 있다.

치료의 성질이 또한 환자의 행동에 영향을 준다. 예컨대, 처방된 약을 먹는 것처럼, "의학적인" 것으로 여겨지는 치료들이 처방없이 판매되는 연고를 사용하는 것처럼, 그렇지 않은 것들보다 더 높은 준수율들을 갖는다. 몇 가지 약들의 복잡한 종합들이 단일한 약보다 정식으로 처방된 것으로서 간주되는 경향이 더 적다.[138] 환자들은 단지 며칠 동안 계속되는 치료들에 따르는 것보다 몇 개월 동안 계속되는 치료들에 따르는 경향이 더 적다. 즉, 시간경과에 따라 준수는 떨어진다. 일상적 활동들을 방해하는 치료들이 비교적 쉽게 실시될 수 있는 것들보다 더 낮은 준수율을 갖는다.[139] 예컨대, 바쁜 근무일의 중간에 휴식하도록 권고받는 환자는 그렇게 하기가 불가능하다는 것을 알게 될 것이다.

생활스타일 행동들을 바꾸라는 의사들의 권고들이 낮은 응종율을 보이는 다른 이유는 생활의 이러한 측면들이 수정하기가 곤란하다는 것이다.[140] 과식, 흡연 또는 과음과 같은 행동들이 습관적으로 되어 왔을 수 있고, 사회적 환경 속의 어떤 단서들과 자극들과 결부되어 있을 수 있다. 심지어 행동을 바꾸려는 동기가 있을 때라도, 이러한 단서들만으로 어떤 행동이 유지될 수 있다.

(2) 의사와 환자 간의 의사소통의 향상

환자와 의사 간의 의사소통이 어떻게 향상될 수 있는가? 의사들을 효과적으로 의사소통하게끔 훈련하는 것이 하나의 좋은 시작 방법이다. 예컨대, 의과대학에서, 의사들은 단순하게 됨이 없이 이해가능하고, 전문적 용어 없이 환자들에게 정보를 제공하도록 훈련받을 수 있다. 훈련프로그램은 또한 정보를 분명하게 전달하는 것과 환자가 정보를 이해하는 것을 확실하게 하기 위해서, 환자에게 정보를 반복하도록 요구하는 것의 중요성을 강조한다. 미소짓기, 몸을 앞

쪽으로 기울이기 및 악수하기와 같은 간단한 비언어적 행동들을 통해 환자에게 온정과 친절함을 전달하는 방법들이 또한 의사소통 과정을 향상시킬 수 있다.[141]

사회적 영향기법들의 효과적 사용을 의사들에게 훈련하는 것이 또한 의사소통을 향상시키고 궁극적으로 치료에 대한 준수를 증가시킬 수 있다. 의사들은 높은 지위를 가진 사람들이며 의학적 전문성으로 높은 권위를 갖고 있다. 이러한 유형의 권력(power)은 합법적 권력(legitimate power)이라고 일컬어진다. 의사들은 또한 그들의 환자들의 생활에 있어서 중요한 사람이 됨으로써 그들의 준거권력(referent power)에 의지할 수 있다. 만일 환자가 의사의 인정과 수용을 보수를 주는 것으로서 느낀다면, 의사는 추가적인 영향원이 된다. 의사가 준거권력과 합법적 권력을 사용할 수 있을 때, 준수는 증가된다.[142]

심리적 통제력과 치료에 대한 적응

이미 지적된 바와 같이, 개인의 건강과 치료 식이요법에 대한 통제감들이 좋은 건강행동과 치료에 대한 준수에 있어서 중요한 것 같다. 심리적 통제력이 매우 중요해서, 많은 심리학자들이 이것을 병원환자들에 대한 중재를 설계하는 데에 사용해왔다.[143] 그 아이디어는 만일 환자들이 불쾌한 의학적 절차 동안에 통제감을 제공받는다면, 그들이 이러한 통제감을 갖지 않을 경우보다 이것이 그들에게 절차에 대해 더 성공적으로 적응할 수 있게끔 해줄 것이다. 이제 상당한 양의 연구가 불쾌한 절차들을 예상하고 있는 병원환자들이 그들이 절차의 불쾌함을 통제하거나 그것에 대한 그들 자신의 반응들을 통제하기 위해 취할 수 있는 조치들에 관해서 설명을 들었을 때, 그들이 더 적은 고통의 신호를 보이고, 절차들에 대해 더 성공적으로 적응한다는 것을 나타낸다.[144]

환자들에 대해 치료의 준비가 매우 유익하다는 것이 발견되어서, 많은 병원들이 환자들에게 다가오는 절차들에 대해 준비시키기 위해 비디오테이프를 틀어준다. 한 연구에서, 관상동맥 바이패스(bypass) 이식(ABG)을 기다리고 있는 환자들이 3개의 준비 비디오테이프들 중의 하나나 준비 없음에 해당되었다.[145] 한 비디오테이프는 건강관리 전문가들을 통해 정보가 전달되었고, 두 번째 것은 건강관리전문가를 등장시켰고 또한 자신의 진전을 보고하는 환자들에 대한 면접들을 포함시켰고, 세 번째 것은 건강관리전문가 더하기 기복이 있는 자신의 회복에 관해서 보고하는 환자들에 대한 면담들로부터 정보를 제공받았다. 전반적으로, 어떤 것이든 간에, 비디오테이프를 보았던 환자들이 그렇지 않았던 환자들보다 회복기간에 대해 유의하게 더 잘 준비된 것을 느꼈고, 회복기간 동안에 더 높은 자기효능성을 보고했고, 회복기간 동안에 권고된 식사와 운동 변화들을 더 많이 따랐고, 더 빨리 퇴원했다.[146]

만성적 병에 대한 사회심리학적 관점들

어느 시점이든 간에, 50%의 인구가 의료적 관리를 요하는 어떤 만성적 조건 즉, 암이나 심장병과 같은 큰 병들과 아울러 부분적 청각상실이나 재발하는 포진들과 같은 더 사소한 병들을 갖고 있다. 아마 더 놀라운 통계치는 우리들 중의 대부분이 결국에 가서 수년 동안 우리의 일상생활을 바꾸고 마침내 우리의 사망의 원인이 되는 최소한 한 개의 만성적 장애나 병을 발전시킬 것이라는 것이다. 현재 만성적 병들은 사람들이 흔히 많은 연수 동안에 갖고서 사는 상태들로서, 주된 건강문제들이 되고 있다. 만성적 병들이 장기적인 것이기 때문에, 이것들은 흔히 이것들을 갖고서 사는 사람들의 사회적 및 심리적 생활에 대해 큰 영향을 준다.

병의 인지들

연구자들은 만성적 병을 앓는 대부분의 사람들이 그들의 병의 원인에 관한 이론을 발전시킨다는 것을 발견해왔다.[147] 만성적 병의 원인에 관한 이러한 이론들은 스트레스, 신체부상, 병을 일으키는 박테리아 및 신의 뜻을 포함한다. 아마 더 큰 관심이 가는 것은 환자들이 궁극적으로 그들의 병에 대한 탓을 어디에다가 두는가이다. 그들은 그들 자신, 타인, 환경 또는 운명의 장난을 탓하는가?

병에 대한 자기비난이 광범하다.[148] 환자들은 흔히 자기 자신이 흡연이나 심지어 단순히 자신을 스트레스에 노출시키는 것과 같은 나쁜 건강 실행들을 행함으로써 자신의 병을 가져 왔다고 지각한다. 자기비난의 결과들은 무엇인가? 몇몇 연구자들은 자기비난을 행하는 환자들이 그들이 그것을 예방하기 위해 수행해 왔을 수 있거나 했어야만 되는 것에 초점을 두기 때문에 자신의 병에 대해 나쁘게 적응할 것이라고 시사해왔지만,[149] 모든 연구들이 이러한 효과들을 발견하지는 않는다. 자기비난은 어떤 장애들에 대해 부적응적일 수 있지만, 다른 장애들에 대해서는 그렇지 않을 수 있다.

하지만, 자신의 장애에 대해 타인들을 비난하는 사람들이 흔히 더 나쁘게 적응하는 것 같다.[150] 아마 나쁘게 적응된 사람들은 자신의 병을 비난하기 위해 타인들을 지목하거나 타인들을 비난함으로써, 이 환자들이 자신의 병에 대해 책임이 있다고 믿는 사람들에 대해 경험하는 미해결된 분노와 적의 때문에 그들의 병에 대해 더 부적응할 것이다.

연구자들은 또한 자기 자신의 병을 통제할 수 있다고 믿는 환자들이 자신의 병을 개인적 통제력 하에 있지 않다고 보는 환자들보다 더 잘 적응하는지를 검토해왔다. 예컨대, 암환자들은 그들이 좋은 습관이나 심지어 단순한 의지력을 통해 병의 재발을 막을 수 있다고 믿을 수 있다.[151] 자기가 일으킨 통제감들은 비록 심리적 적응에 영향을 주는 것이 통제력 자체인지,

아니면 긍정적 결과에 기인되는지가 완전히 분명하지는 않을지라도, 만성적 병을 가진 사람들에 대해 적응적인 것 같다.[152]

만성적 병과 환자들의 생활변화

암이나 당뇨병과 같은 만성적 병은 환자들의 생활의 모든 측면에 영향을 줄 수 있다.[153] 장기적 필요에 의해서 또는 장애의 무능하게끔 만드는 부작용들에 의해서, 직업이 위협받거나 종식될 수 있다. 환자의 심리상태가 거의 확실하게 영향받는다. 만성적 병의 진단은 환자가 자신의 활동들이 그 장애에 의해 영구적으로 박탈될지도 모른다는 것을 깨달음에 따라 극도의 공포와 불안 또는 우울을 일으킬 수 있다.[154] 부가적으로, 많은 환자들이 그들의 장애관리를 돕기 위해서 복잡하게 다양한 자기돌봄 활동들을 배울 필요가 있다.[155]

만성병에 수반될 수 있는 신체적 변화들 때문에, 직업적 제약에 기인되는 소득의 손실이나, 가족들과 친구들과 같은 타인들로부터의 도움의 필요가 생길 수 있다. 환자의 배우자가 현재 병에 걸린 배우자에게 속했던 부가적 책임들을 떠맡아야만 될 것이다. 때로는 어린 자녀들이 그들의 연령 또래들에게 기대될 수 있는 것보다 더 많은 책임을 맡아야만 된다. 따라서, 흔히 이러한 변화들에 적응해야만 되는 것은 심리적 곤란을 직접 경험하고 있는 환자뿐만 아니라, 또한 환자의 배우자, 자녀들 및 그 밖의 사람들이다.[156]

지금까지, 우리는 만성적 병에 의해 생긴 문제들과 스트레서들에 대해 주로 초점을 두어왔다. 이러한 초점은 한 가지 중요한 점 즉, 만성적 병이 긍정적 및 부정적 결과들을 제공할 수 있다는 점을 간과하게끔 만들 수 있다.[157] 한 연구에서, 암환자들의 90% 이상이 암의 결과로서 그들의 생활에서 다소의 유익한 변화들을 보고했다.[158] 그들은 더 강한 느낌, 더 많은 자신감 및 불운한 사람에 대한 더 많은 동정을 보고했다. 이와 비슷한 결과들이 심장마비, AIDS 및 신체장애들을 가진 사람들에게서 보고되어왔다.[159] 따라서, 분명한 것 같은 점은 때로는 사람들이 병에 의해 제기된 나쁜 변화들에 대해 자신의 생활을 적응시키는 동시에, 만성적 병의 경험으로부터 가치와 이익을 얻을 수 있다는 것이다.

요 약

1. 건강심리학은 건강의 증진과 유지, 병의 예방과 치료, 건강, 병 또는 기능장애의 원인들과 상관요인들의 확인 및 건강관리체계와 건강정책형성의 향상에 있어서, 심리적 요인들의 역할을 검토한다.
2. 개발된 국가들에서 주된 건강문제들은 암, 당뇨병, 심장병, 약물과 알코올 남용 및 교통사고를 포함하는 생활스타일 장애들을 포함한다. 생활스타일 장애들은 예방가능하며 심리학적 중재들에 의해 영향 받을 수 있다.
3. 건강과 병에 관한 생물의학적 모형에 비해서 생물심리사회적 모형은 건강을 생물학적, 심리학적 및 사회적 요인들에 의해 결정되는 것으로서 본다.
4. 사람들의 건강을 향상시키는 최선의 방법은 건강선택들을 증진시키고 사람들이 우선적으로 병에 걸리는 것을 예방하는 것이다. 심리학자들은 설득에 관한 지식을 건강증진 노력들을 향상시키기 위해 응용해왔다. 예컨대, 공포호소들은 이것들이 사람들에게 메시지들에 대해 주의를 기울이고 그 다음에 그들의 건강행동을 변화시키기 위해 행동하게끔 고무시키는 방식으로 부정적 건강결과들에 관한 공포를 유발시킬 수 있게끔 주의깊게 고안되어야만 된다.
5. 가족, 또래들 및 학교의 영향들이 또한 젊은이들의 건강에 관련된 행동들에도 영향을 주는 것으로 증명되어왔다.
6. 건강행동변화에 관한 세 개의 영향력 있는 이론적 모형들이 있다. 건강신념모형은 건강행동들을 실행하려는 결정들이 병에 대한 감수성지각, 병의 지각된 심함, 치료성공에 대한 기대들, 건강행동들의 비용들과 이익들 및 행동에 대한 단서들에 의해 영향받는다고 시사한다. 계획된 행동이론은 사람들의 행동이 행동의도들, 행동에 대한 사람들의 태도들, 주관적 규범들 및 지각된 행동통제력에 의해 영향받는다고 주장한다. 변화단계들 모형은 특정의 건강행동을 변화시키려는 숙고전, 숙고, 준비, 행동 및 유지의 단계들을 기술한다.
7. 스트레스는 이것이 심리적 고통을 일으키고 건강에 대해 나쁜 영향을 줄 수 있기 때문에 하나의 주요한 건강이슈이다. 하지만, 스트레스는 상황에 내재적인 것이 아니라, 개인의 평가과정의 결과이다. 부정적이고, 통제 불가능하고, 애매하고, 해결 불가능한 사건들이 스트레스를 주는 것으로 지각되기가 가장 쉽다.
8. 스트레스에 대한 대처는 문제해결 노력들과 스트레스 사건들이 일으키는 스트레스를 감소시키려는 정서조절 노력들로 구성된다. 대처 자원들과 취약성들은 대처스타일, 사회적 지원, 시간, 금전 및 개인의 생활에서의 다른 스트레스 사건들의 존재를 포함한다. 스트레스 관리 프로그램들은 사람들이 스트레스 사건을 취급할 때에 그들의 대처자원들을 더 효과적으로 사용하는 것을 돕는다.
9. 사회적 지원은 스트레스의 시기들에서 하나의 효과적 자원이 될 수 있다. 이것은 심리적 고통과 병의 가능성을 감소시킨다.
10. 증후들의 인식과 해석은 사회심리학적 요인들에 의해 영향받는다. 사람들은 주의가 내부로 지향

될 때보다 외부로 지향될 때에 증후들을 인식할 가능성이 더 적다. 증후들의 해석은 이전의 기대들, 경험들 및 병 도식들에 의해 영향을 받는다. 타인들과의 의사소통이 사람들이 증후에 대한 치료를 찾게 될 여부에 영향을 준다.

11. 치료의 준수는 일부 환자와 의사 간의 의사소통의 곤란들 때문에 흔히 매우 낮다. 의사들은 흔히 전문용어로 된 가장 단순한 설명을 제공하는 반면에, 환자들은 흔히 치료권고들을 모르거나 따르지 못하는 것에 대해 죄의식을 느낀다. 사회적 영향의 원리들에 의지하는 중재들이 이러한 상황을 개선하는 데에 도움이 될 수 있다.
12. 불쾌한 의료절차들을 대기하고 있는 환자들에 대해 심리적 통제력의 원리를 사용하는 중재들은 환자들이 이러한 절차들에 대해 적응하는 것을 돕는 데에 있어서 매우 성공적이어왔다.
13. 만성적 병에 대한 적응은 일부 병의 원인이 무엇이었는가와 환자들이 이것을 통제할 수 있다고 느끼는 여부와 같은, 환자들이 자신의 병에 대해서 갖고 있는 인지들에 달려 있다.
14. 의사소통 문제들이 흔히 만성적 병이 있는 환자들과 그들의 가족들 사이에서 생긴다. 친구들과 가족들은 자신의 생명에 대한 병의 영향을 직접 이겨내야만 되는 만성적 병이 있는 환자들을 이해하지 못하거나 그들의 의사소통 욕구들을 이해하지 못할 수 있다.
15. 만성적 병은 비록 이것이 또한 나쁜 변화들을 일으키고 적응문제들을 제기할지라도, 환자들에게 의미와 가치를 제공할 수 있다.

제7장

교육과 교실의 사회심리학

학업성취의 영향요인들과 향상방법들
학생들의 '학업'성적에 영향을 주는 요인들
학생들의 학업성적의 향상방법들

인간관계 과정들: 교사들과 학생들의 상호작용
교사의 기대들과 학생의 성취
다른 학생들과의 상호작용
학생들 간의 최악의 상호작용: 학교폭력

요약

교육은 거의 모든 사람들이 다년간 또는 평생 동안 관여되는 인간의 사회화의 기본적 수단이다. 대부분의 어린이들과 청소년들은 정규 교육과정뿐만 아니라, 과외의 형태로 받는 특기교육이나 보충학습의 이수를 위해 힘든 하루를 보낸다. 그리고 대부분의 정규의 교육과정들은 교실상황에서 실천된다. 따라서, 교실은 교육이 이루어지는 기본적 장이 된다. 여기에서 교육과 교실의 주제들과 관련해서, 우리의 관심을 끄는 측면은 교육과 교실이 많은 사회심리학적 현상들을 내포하고 있다는 것이다. 따라서, 우리가 사람들의 집단들을 학습의 목적을 위해 함께 모을 때는 언제나 우리는 우리의 교육목표들을 달성시키게 될 사회심리학적 원리들을 응용할 기회를 갖는다. 교육과 교실에 대한 이러한 원리들의 응용은 학생들의 학습에 대한 몰입을 증가시키는 것을 도울 수 있고, 그들의 학교에 대한 태도를 더 긍정적으로 만들고, 그들의 실패감과 관련된 부정적 감정들과 정서들을 감소시키고, 그들의 포부와 아울러 성적의 수준을 향상시키고, 그 밖의 많은 도움을 줄 것이다. 분명히, 교육은 최소한 부분적으로 응용사회심리학이다.

지난 30년 동안에, 점점 더 많은 연구자들이 사회심리학과 교육 사이의 간격을 연결시키는 데에 기여해서, 이른바 "교육의 사회심리학", "교육적 사회심리학" 또는 때로는 심지어 "사회적 교육심리학"이라는 새로운 과학분야의 출현을 일으켰다. 그러면, 이 분야는 단지 특수한 관심영역에 응용된 사회심리학인가? 그렇지 않으면, 이것은 사회심리학자의 견지에서 본 교육분야의 한 하위 학문인가? 연구자에 의해 지적된 바와 같이, 가장 적절한 답변은 이것이 두 분야의 한 합병을 나타낸다는 것이다;[1] 이것은 단순히 사회심리학이 아니며, 단순히 교육도 아니다. 이것이 무엇이라고 일컬어지든 간에 관계없이, 이 새로운 영역은 두 분야들의 한 접촉면으로서, 이것은 교육자들과 심리학자들의 관심들을 취급하는 광범한 이론들, 연구들 및 자료들을 산출해왔다.

여기에서 우리의 목적은 이 접촉면을 특징짓는 모든 최근의 관심 주제들을 기술하는 것이 아니다. 이것은 단 한 개의 장으로는 불가능하다. 그 대신에, 우리의 목적은 교육과 교실의 주요 요소와 관련해서 한정된 사회심리학적 개념들과 현상들에 초점을 두는 것이다. 즉, 그것들은 학업성취의 영향요인들과 향상방법들과 학생들의 인간관계들이다.

학업성취의 영향요인들과 향상방법들

학생들의 '학업'성적에 영향을 주는 요인들

심리학 전공생인 S양은 통계학과목에서의 그녀의 성적에 관해 걱정하고 있다. 그녀는 자신이 "수학을 잘하지 못한다"고 걱정한다. 그녀의 부정적 감정들을 처리하기 위해서, 그녀는 그녀의 통계학시험 전날 밤에 친구들과 함께 외출하는 것과 같이 교과목의 요구사항들로부터 그녀를 주의분산 시키는 것을 돕는 활동들을 행한다. 그녀는 "컴퓨터 문제들"과 같은 그녀의 과제물들을 제 때에(또는 전혀) 제출하지 못하는 데 대한 이유들을 미리 찾아낸다. 그 결과로, S양은 학점취득에 실패한다. "지금 S양은 통계학에 대해 어떻게 느끼는가?" 그녀가 실패했기 때문에, 그녀는 자신의 능력에 대한 그녀의 원래의 생각이 맞는다고 믿는다: "그녀는 수학을 지독하게 못한다." 학생들의 자신의 학업능력에 관한 신념들은 변화될 수 있는가? 이러한 변화는 더 좋은 학업성취와 학습동기를 낳을 수 있는가? 이러한 주제들에 관한 사회심리학의 몇십 년 동안의 연구들은 이러한 변화가 일어날 수 있다는 것을 보여왔다.

앞의 사례에서 S양에게 통계학에서 나쁜 성적을 일으켜 온 것은 그녀의 무엇 때문이겠는가? 이것은 수학에 대한 그녀의 부정적 태도인가, 아니면 수학과목에 대한 그녀의 이전의 부정적 경험들인가? S양은 그녀의 성적을 내부적인 안정적 특징들(즉, 낮은 능력)에 귀인시킨다. 이러한 귀인은 그녀에게 다른 유사한 과목에서 동일한 부적응적인 행동을 행하게끔 만들을 것인가? 이 절은 학업성적에 대해 긍정적이거나 부정적으로 영향을 줄 수 있는 몇 가지 요인들과 관련된 사회심리학이론들을 고찰한다.

(1) 태도들과 학업행동

태도들과 행동 사이의 연관을 검토하는 연구들의 한 고찰에서, 연구자는 태도들과 행동들이 항상 일치하지 않을 수 있다고 지적했다.[2] S양은 심리학에서의 그녀의 훈련의 일부분으로서 통계학을 중시할 수 있지만, 그녀의 행동(즉, 공부하는 것 대신에 외출하는 것)은 그녀의 긍정적 태도와 비일관적인 것 같다. 이와 같은 비일관성들을 취급하려는 한 노력에서, 계획된 행동이론(theory of planned behavior)이 세워졌다.[3] 이 이론은 특정의 방식으로 행동하려는 개인의 의도를 예측하는 행동의 다수의 결정요인들(태도들, 주관적 규범들 및 지각된 행동통제력)을 고려한다. 종국적 행동을 예측하는 것은 그러한 행동의도들이다. 행동적 신념들(즉, 어떤 행동이 어떤 결과를 일으킬 것이라는 신념들)과 결과의 평가가 모두 "행동에 대한 태도"를 구성한다. 예컨대, 당신은 대학에서 열심히 공부하는 것이 학업적 성공을 일으킬 것이며, 학업적 성공이 중요하다고 믿을 수 있다; 이 두 개의 신념들이 교과목공부를 행하는 것에 대한 당신의 긍정적 태도를 형성한다. 하지만, 많은 행동들이 어떤 사회적 맥락 속에서 수행된다. 즉, 우리는 타인들이 우리에게 무엇을 기대하는가를 인식하며, 우리는 이러한 기대들에 따르려는 동기가 있을 수(또는 없을 수) 있다. 따라서, 우리의 태도들 이외에, "주관적 규범들"이 또한 행동의도와 행동에 대해 영향을 줄 수 있다. 당신은 당신의 부모가 당신에게 대학에서 열심히 공부하고 성실한 학생이 될 것을 기대한다는 것을 알고 있을 수 있다. 당신이 그들을 실망시키는 것을 원치 않기 때문에, 당신은 그들의 기대들을 충족시키려는 동기가 있다.

하지만, 우리는 우리가 원하는 결과를 일으키게 될 의도된 행동을 실제로 수행할 수 있는 여부에 대해 항상 통제력을 갖고 있지는 않다. 예컨대, 당신은 대학에서 좋은 성적들을 얻고 싶어 할 수 있으며 당신은 좋은 성적들이 당신의 가족들, 친구들 및 교수들에 의해 호의적으로 간주된다는 것을 안다. 당신은 이것을 달성하기 위해서, 당신이 자신의 공부들을 계속하고, 규칙적으로 공부하고, 모든 과제물을 이행하는 것과 같은 행동을 수행함으로써 열심히 공부해야만 된다. 하지만, 당신은 그래도 C평균을 받을 수 있는데, 이것은 단순히 당신이 좋은 공부기술들을 갖지 않거나, 재료를 이해하는 능력이 부족하거나, 시끄러운 "파티"의 기숙사에서 살기 때문이다. 당신이 자신의 통제력을 넘어선 것이라고 믿는 요인들에 기인되어서, 자신이 원했던 결과들을 달성할 수 없다는 것을 알 때에 당신에 대해 무엇이 일어나는가? 만일 당신이 대학에서 좋은 성적들을 얻는 데에 필요한 공부기술이 부족하다면(또는 당신이 그러한 기술을 발전시킬 수 없다고 믿는다면), 당신은 매우 열심히 공부하지 않을 수 있다. 즉, 열심히 공부하려는 당신의 의도와 당신이 실제로 열심히 공부하는 정도는 당신의 통제력 부족의 지각에 의해 감소될 것이다.

계획된 행동이론을 하나의 이론적 틀로써 사용해서, 연구자들은 높은 읽기 성적을 가진 초등학생들의 좋은 성적들을 얻는 것의 중요성을 낮은 읽기 성적을 가진 초등학생들의 것과 비교했다.[4] 특수하게 말하면, 연구자들은 좋은 성적을 얻으려는 아동들의 동기가 어떻게 계획된 행동이론의 핵심요인들에 관련되어 있는가를 알아보고 싶었다: 즉, (a) 높은 학업성취에 대한 태도들(공부의 결과들에 관한 신념들과 학교에서 공부를 잘하는 것의 중요성에 대한 평가), (b) 높은 학업성적에 관한 주관적 규범들(타인들이 아동들의 학업성적에다가 두는 중요성과 아동들이 타인들의 기대들에 따르려는 동기가 얼마나 되는가?), (c) 지각된 행동통제력(아동들이 공부가 얼마나 쉽거나 어렵다고 보는가), (d) 행동의도(아동들이 높은 성적들을 얻기 위해 공부하기로 얼마나 결심했는가?), 및 (e) 언어와 수학에서의 실제의 학업성적이다.

그들은 높고 낮은 성적의 읽기 아동들이 계획된 행동이론에 기초된 매우 상이한 양상들을 가졌다는 것을 발견했다. 높은 성적의 읽기 아동들에 비해서, 낮은 성적의 읽기아동들은 훌륭한 학생이 되는 것의 중요성을 경시했고, 성취하기 위해 열심히 공부하려는 더 약한 의도들을 나타냈고, 학업성취의 중요성에 관한 더 약한 주관적 규범들을 지각했고, 더 나쁜 학업성적을 보였다. 학교에서 공부를 잘하는 것의 지각된 중요성이 공부하기에 대한 태도들과 열심히 공부하는 것의 결과들에 관한 신념들을 예측했고, 좋은 성적들을 얻는 능력에 대한 지각된 통제력에 연관되었고, 또한 주관적 규범들의 지각에도 또한 관련될 수 있는 것 같았다. 이것은 교사들, 학생들 및 그들의 부모들에 대해 무엇을 의미하는가? 이것은 만일 우리가 학생들에게 학습의 중요성을 증가시킬 수 있고 또한 자신의 능력들에 대한 학생들의 신념들과 자신의 학업결과들에 대해 학생들이 갖고 있는 통제력의 양을 증가시킬 수 있다면, 학생들이 더 좋은 성적을 얻기 위해 더 열심히 공부하고 싶어할 것(행동의도)이라는 것을 의미한다.

(2) 학업적 자기개념과 성적

언뜻 보기에, 자신의 전공공부에 대해 높은 동기를 갖고서 열심히 공부하는 학생들과 통계학에 대해 무기력한 S양은 거의 공통점이 없을 것이다. 즉, 하나는 성공적 스토리이고 다른 하나는 그렇지 않다. 하지만, 두 사례들에서, 학생들의 학교에서의 경험들이 그들의 자기 자신을 보는 방식을 변화시켰다. 연구자들, 전문가들, 그리고 멘터 관계 프로그램(mentorship program) 속의 다른 학생들과의 그들의 긍정적 상호작용들에 기인되어서, 어떤 학생들은 이제 그들 자신을 건강이나 과학의 직업들 속에 있는 것을 상상할 수 있었으며, 그들이 대학에서 성공할 수 있다고 믿었다. 그들이 그들 자신을 보는 방식이 변화되었으며, 그들의 성적들과 포부들이 그에 따라 변화되었다. 이와 대조적으로, S양은 그녀가 단지 "수학을 잘할 수 없다"고 믿는다. 그녀는 그녀의 나쁜 성직을 수학직성의 부족에다가 귀인시키며, 통계학에서의 디기오는 시험들에 실패할 것을 기대하며, 그녀의 성적에 의해 당혹감을 느낄 것이다(특히 만일 다른 학생들이 잘한다면). S양은 더 열심히 공부할 동기를 갖게 될 것인가? 아마 그렇지 않을 것이다. 그녀가 그것에 대한 요점을 거의 파악하고 있지 못하므로, 그녀는 심지어 그 과목을 포기하고 싶어할 수 있거나 그녀의 공부분야를 아주 바꾸고 싶어 할 수 있다.

학생들이 그들의 학업능력에 관해서 갖는 감정들, 태도들 및 지각들은(특히 다른 학생들의 것들과 비교되었을 때에) 학업적 자기개념(academic self-concept)이라고 일컬어진다.[5] 학업적 자기개념이 학교상황에서 동기와 수행에 영향을 주는 것으로(기술발전효과) 발견되어 왔으며, 학교에서의 좋은 수행은 더 긍정적인 자기개념을 일으킨다(자기향상효과). 학업적 자기개념과 학업적 성취는 상호관계를 갖고 있어서, 학업적 자기개념이 학업적 성취의 원인인 동시에 효과이다.[6] 더욱이, 학업적 자기개념이 학생의 연령, 성별 또는 인종에 따라 다를 수 있다. 예컨대, 초등학교 아동들의 한 표본에서, 연구자들은 아동들이 나이가 들음에 따라, 그들의 학업적 자기개념이 더 안정적으로 되고 학업성취와 더 강하게 연결된다는 것을 발견했다.[7] 이것은 교사들에 대해 학생들 자신의 학업기술에 관한 긍정적 신념들을 높일뿐만 아니라, 또한 학생들에게 자신의 수행에 관한 건설적 피드백을 제공하는 교실환경을 조성하는 것이 중요하다는 것을 함의한다.

비록 초등과 중등 학생들이 그들이 학교에서 잘하고, 과업들에 대해 더 많은 노력을 들이고, 더 높은 목표들을 세우도록 긍정적인 학업적 자기개념을 발전시키도록 돕는 것이 극히 중요할지라도, 이것은 학생들이 대학에 들어갈 때의 즉, 성인이 되었을 때의 학업적 자기개념에 관해서 우리가 잊어야만 된다는 것을 의미하지는 않는다. S양은 확실히 그녀의 수학능력에 관한 신념들과 기대들(유사한 상황들에서의 이전의 부정적 경험들에서 발전되기가 아주 쉬운)에 의해 영향받아왔다. 이러한 신념들이 그 다음에 그녀가 그녀의 통계학과목의 요구사항들에 대해 기울이는 노력의 양에 영향을 주었고, 아주 가능하게, 그녀의 전공에 관한 결정들에 영향을 줄 것이다. 그녀의 학업적 자기개념(특히 수학능력에 대해서)은 만일 그녀가 그녀의 반에 있는 다른 학생들이 통계학에 대해 더 적은 곤란을 갖고 있다는 것을 알게 된다면, 더욱 영향 받게 될 것이다. 연구자는 학업적 자기개념과 결과 기대들이 학부의 경영학과 학생들에서 학업적 태도들(교과목 재료의 지각된 유용성과 중요성)과 학업성적을 예측한 정도뿐만 아니라, 또한 학업적 자기 개념이 어떻게 이 학생들이 사용하기로 선택한 학습전략들을 예측했는가를 검토했다.[8] 그는 높은 학업적 자기개념을 갖었던 학생들이 학습재료의 더 많은 심층적 이해, 개념들의 통합 및 교과목 내용에 대한 더 비판적 접근을 촉진시킨 학습전략들을 사용하는 경향이 더 많았다는 것을 발견했다. 당연하게도, 이러한 전략들은 유의하게 더 좋은 학업 태도들과 성적을 예측했다. 따라서, 대학강의자들은 학생의 공부프로그램의 초기에 더 긍정적인 신념들과 유능감을 증진시키는 교과목들과 학습과제들을 고안해야만 된다. 그러면 이것들이 학생들에게 그 모두가 더 큰 학업적 성공을 일으키는 더 효과적 학습전략들을 사용하고, 더 높은 학업목표들을 세우고, 그들의 교육의 가치에 대해서 더 큰 중요성을 두게끔 동기화시킬 것이다. 긍정적인 학업적 자기개념을 발전시키지 않는 학생들은 S양처럼 모두가 좀 더 부정적인 학업적 자기개념을 부추기는 그들의 교육에 대해 흥미를 잃게 되고, 더 많은 비효과적인 학업전략들을 사용하고, 더 나쁜 학업성적을 보인다.[9]

(3) 교실에서의 자기핸디캡조성(self-handicapping)

학교에 대한 부정적 태도를 발전시키는 것과 학업적 성공의 중요성을 경시하는 것이 학생들에게 그들의 자기개념을 보호하거나 그들의 자기이미지를 고양시키는 다양한 행동을 행하게끔 만들 수 있다. 이러한 자기우대전략들(self-serving strategies)은 처음에는 무해하고, 긍정적이고, 심지어 적응적으로 여겨질 수 있지만, 많은 사회심리학자들은 장기적으로 자기우대적 전략들이 자멸적일 수 있다고 믿는다.[10] 학생들에 의해 흔히 사용된 궁극적으로 자멸적인 전략에 관한 한 예는 자기핸디캡조성(self-handicapping)이다. 자기핸디캡조성(self-handicapping)은 어떤 성취과업 이전에(또는 동시에) 성공적 수행에 대한 장애들을 조성하는 것을 일컫는다. 기본적으로, 사람들은 그들이 실패에 대한 어떤 손쉬운 변명거리를 갖게끔 어떤 과업에 대한 그들 자신의 수행에 대한 핸디캡을 조성한다. 이런 식으로, 자기핸드캡조성은 개인들을 비난에서 벗어나게끔 만듦으로써 실패의 비용(cost)을 감소시킬뿐만 아니라, 또한 성공이 핸디캡에도 불구하고 일어났기 때문에 성공의 가치를 높여 준다. S양과 그녀의 통계학과목의 예로 다시 돌아가자. S양이 통계학 시험을 치를 날짜가 다가오고 있고, 아무리 공부를 열심히 하더라도, 그녀가 시험을 잘못 치를 것 같다고 두려워한다고 가정하자. 따라서, 그녀는 시험 전날 밤에 친구들과 외출하고 단지 몇 시간만 공부하기로 결정한다. 그녀 자신의 성적에 대해 핸디캡을 미리 조성하는 것은 S양에 대해 두 가지 이점을 갖고 있다: 만일 그녀가 시험에 실패한다면, 그녀는 나쁜 성적을 충분히 공부하지 않은 것과 전날 밤에 친구들과 함께 외출한 것에다가 귀인시킬 수 있다. 만일 그녀가 우연히 시험을 잘 치른다면 그녀는 그녀가 이 점수를 핸디캡이 있었던 조건들 하에서 얻었기 때문에 그녀의 좋은 성적에 대해 특별하게 즐거운 것을 느낄 수 있다. 어느 쪽으로든 간에 S양은 그녀의 수학에 대한 무능력의 또 따른 확증으로부터 그녀의 자기존중을 보호한다.

비록 이것이 하나의 훌륭한 전략처럼 여겨질지도 모르지만, 몇 명의 연구자들은 자기핸디캡조성의 반복적 사용이 장기적으로 학업적 자기개념, 학업성적 및 성취의 다른 측정치들에 대해 부정적 영향을 줄 수 있다고 지적했다.[11] 연구자들은 학업상황들에서 하나의 전략으로서 자기핸디캡조성에 의지하는 것이 심지어 개인의 성적이 성공적 결과일 때에도 그것에 대해 책임을 질 수 있게 되는 것을 방해할 수 있다고 경고했다.[12] 다른 연구자들은 자기핸디캡조성과 학업성적, 내저전략들 및 자기존중과 같은 학업적 적응에 관한 몇 개의 측정치들 사이의 관계를 1년의 기간에 걸쳐 대학생들의 큰 표본에서 조사했다.[13] 높은 자기핸디캡조성자들이 낮은 자기핸디캡조성자들보다 더 부정적인 대처전략들(예: 심리적 및 행동적 비관여, 부정적 자기초점)을 사용하고 학업적으로 더 나쁘게 수행했다는 것이 발견되었다. 높은 자기핸디캡조성자들이 낮은 자기핸디캡조성자들보다 학업적으로 더 나쁘게 수행했을뿐만 아니라, 그들은 또한 덜 효과적인 공부습관들을 사용했다. 마지막으로, 높은 자기핸디캡조성자들이 장기적으로 대학에 대한 더 나쁜 적응을 보였으며, 이것은 그들을 대처의 한 방법으로서 자기핸디캡조성에 더욱 의지하게끔 만들었다. 따라서, 학업적 상황에서 자기핸디캡조성과 나쁜 적응이 서로를 강화시키는 하나의 주기가 생성되었다.

자기핸디캡조성이 나쁜 장기적 효과를 가질 수 있다는 것을 전제할 때, 교육자들은 설사 학생들이 어떤 과업에서 실패할 수 있을지라도, 그들이 자신의 학업적 공부에 노력을 기울이게끔 학생들을 격려하기 위해 무엇을 할 수 있겠는가? 교사들은 어떻게 학생들이 나쁜 성적을 능력부족에다가 귀인시키는 것을 피하고, 그 대신에, 이것을 학습과정의 하나의 정상적 부분이라고 보게끔 도와줄 수 있겠는가? 놀랍게도, 어떤 교실환경들이 실제로 자기핸디캡조성의 사용을 조장시킬 수 있다.[14] 연구자들은 능력과 경쟁이 강조된 교실들에 있는 학생들이 개인적 숙달, 노력 및 학습이 강조된 교실들에 있는 학생들보다 자기핸디캡조성 전략들을 사용하는 것을 보고하는 경향이 더 많다는 것을 발견했다.[15] 교실구조가 성적이 능력에 관련되어 있다는 생각을 강조하도록 고안되었을 때, 자신이 매우 훌륭하지는 않다고 믿는 학생들이 그들의 학업적 자기개념을 보호하는 전략들(예: 자기핸디캡조성)을 사용하기가 더 쉬울 것이다.

능력과 성적보다도 개인적 숙달과 노력을 강조하는 교실을 조성하기 위해서, 교사들은 학생들에게 학습과제들 중의 선택을 제공하는 것, 학생들이 어떤 주제에 관한 그들의 지식을 보여 줄 수 있는 다수의 방법을 만들어 내는 것 및 학생들에게 단기적인(하지만 그래도 도전적인)

학습목표를 정하도록 도와주는 것과 같은 수업전략들을 사용해왔다. 예컨대, 연구자들은 수학 교실들에 있는 6학년 학생들이 그들이 교사들이 학습을 강조했고, 학생들에게 새로운 기술들을 보이도록 동기화시켰고, 재료의 즐김을 강조했던 교실들에 있었을 때에, 자기핸디캡조성과 기타의 회피행동들을 행하는 경향이 더 적었다는 것을 발견했다.[16] 이러한 교실들에 있는 교사들은 학생들에게 그들이 수학의 어떤 것들을 이해할 수 없었을 때에 부끄럽게 느끼지 않도록 그리고 실수를 저지르는 것이 괜찮다고 지시했다.

학생들의 학업성적의 향상방법들

자기핸디캡조성과 학업적 자기개념에 관한 연구들은 학생들의 성적을 향상시키는 것이 교실에서의 보수 연계성들과 수업전략들에 의해 달성될 수 있다는 것을 시사한다. 다시 말하면, 만일 교사가 어떤 학생의 행동을 변화시키기를 원한다면, 오로지 개인에 대해서 보다도 상황이나, 개인과 상황의 상호작용에 대해 초점을 두는 것이 건설적일지도 모른다. 물론, 이것은 사회심리학적 관점을 반영한다. 이하의 절들은 교실에서 성적들과 경쟁에 대한 강조가 어떻게 학생들의 공부하려는 동기에 대해 나쁘게 영향을 주는가와 교육자들이 이것이 일어나는 것을 방지하기 위해 무엇을 할 수 있는가를 기술한다.

(1) 내재적 동기와 외부 보수들

내재적으로 지향된 체제 속에서, 사람들이 그것이 취미, 운동 또는 학습되게 되는 어떤 새로운 것이든 간에, 어떤 활동에 관여될 동기를 갖게 될 것이라고 일반적으로 믿어지고 있다. 즉, 사람들은 외부 보수들(예: 성적, 인정, 명성) 때문이 아니라, 오히려 그들이 단지 그 활동에 관여되는 것 자체를 즐거워하기 때문에, 그 행동에 관여할 것이다. 어떤 활동에 대해 큰 가시적인 보수를 제공하는 것이 역효과를 내고 사람들의 그 활동에 대한 내재적 동기를 해친다는 것이 또한 알려져 있다.[17]

왜 이러한 해로움이 일어나는가? 사람들이 어떤 활동을 행하는 데 대해 외부 보수들을 받을 때에 그들이 그 활동에서 더 적은 내재적 즐김을 갖는 이유는 무엇인가? 그리고 이것은 학교에 대해 그리고 우리가 아동들을 교육하는 방법에 대해 어떤 관련이 있는가? Deci와 그 밖의 연구자들은 학교들이 매우 외재적으로 지향되어 있다고 주장해왔다.[18][19] 당신은 아마 어떤 교사가 당신이 학교 과제에서 잘했을 때에 당신에게 금별상(gold star)을 주는 것을 기억할 수 있거나, 당신은 당신이 나쁘게 수행했을 때에 타인들의 면전에서 당황했던 것을 기억할 수 있을 것이다. 금별상들, 성적들, 학급 내의 순위 및 경쟁은 모두 아동들에게 학습의 외재적 측면들에 대해 초점을 두게끔 해준다. 학생들에게 전달된 비의도된 메시지는 학업적 과업들을 공부하는 것이 흥미없는 것이거나 거의 가치가 없다는 것이며, 보수들이 사람들을 학습하도록 만드는 데에 필요하다는 것이다.[20] 더욱이, 이러한 메시지는 아동들이 학교체제를 통과해 감에 따라 더 뚜렷해져서, 성취목표들의 하나의 부적응적 이동(내재적 자세에서 외재적 자세로)을 일으킨다.

Bem의 자기지각이론(self-perception theory)은 동기의 변화가 어떻게 일어날 수 있는가에 대해서 하나의 설명을 제시했다.[21] 그의 이론에 의하면, 우리는 우리 자신의 태도들과 신념들을 객관적이고 논리적인 방식으로 우리의 행동을 관찰함으로써 추론한다. 우리가 타인들이 행동하는 방식으로부터 그들의 태도들에 관한 결론을 내리는 것과 꼭 마찬가지로, 우리는 또한 우리의 태도를 우리 자신의 행동을 관찰하는 것으로부터 추론한다. 예컨대, 당신은 최근에 이 책을 읽고 있으며, 따라서 당신이 행하고 있는 바를 좋아한다고 추론할 것이다. 자기지각이론에 의하면, 우리가 심지어 아무런 보상이 없이 즐기는 어떤 것을 행하는 데 대해 어떤 보수(특히 큰 보수)를 받기 시작할 때, 우리는 우리의 행동(활동을 행하는 것)을 즐김(내재적 요인)보다도 보수(외재적 요인)에다가 귀인시키기 시작한다. Bem은 보수(특히 큰 보수)가 우리에 대해 하나의 특출한 단서이며, 우리의 행동을 설명하는데 대한 우리의 초점이 내부요인으로부터 외부요인 쪽으로 이동한다고 제안했다. 그 결과로, 즐김과 흥미와 같은 내부요인들은 그 활동을 행하는 것에 대한 충분한 정당화를 더 이상 제공하는 것 같지 않다. 이것은 과잉정당화효과(overjustification effect)라고 일컬어지는데, 이것은 어떤 과도한 외부 보수를 받는 것의 한 결과로서 동기와 흥미를 잃는 것을 일컫는다.[22]

학생들의 동기와 성취행동 사이의 연결을 설명하는 데에 더욱 도움이 되는 더 최근의 이론은 Deci와 Ryan의 자기결정이론(self-determination theory)이다.[23] 자기결정은 개인이 특정의 방식으로 행동하는 것에 대해 압력 받는 것을 느낌이 없이, 자기 자신을 자율적이며 행위들과 행동들에서 어떤 선택권을 갖고 있다고 보는 정도이다.[24] 다시 말하면, 어떤 학생의 어떤 과제를 학습하려는 욕망이 학생 자신의 내부에서 나오는가, 아니면 그것이 교사들, 부모 또는 사회에 의해 외부로부터 부과되는가? 자기결정은 분명히 내재적으로 동기화된 행동으로 간주된다. 예컨대, 어떤 학생은 어떤 보수(예: 과목에서의 더 좋은 점수에 관한 생각이 없이 어떤 주제에 관해서 다소의 가외의 읽기를 하기로 자발적으로, 또는 그녀가 타인들에 의해 그렇게 하도록 강요당한 것(예: 교사가 그녀에게 그렇게 하도록 지시함)을 느끼기 때문에 그렇게 할 수 있다. 하지만, 내재적 동기는 자기결정 연속선의 한쪽 끝만을 차지하며, 우리는 덜 내재적으로 동기화되고(즉, 자기결정되고) 더 외재적으로 동기화된 행동들에 당면한다(표 7.1 참조). 외부조절(external regulation)은 이 연속선의 다른 쪽 끝에 있으며, 이것은 보통 우리가 순수한 외재적 동기라고 생각하는 것이다. 이 경우에서, 학생은 어떤 숙제를 단순히 좋은 성적을 얻고 처벌을 피하기 위해서 할 것이며, 그 일을 행하는 것으로부터 아무런 즐거움을 갖지 않을 것이다.

내재동기와 외부조절 사이에서, 연구자들은 외재적 동기의 3개의 중간 수준들을 확인했다;

즉, 통합된 조절(integrated regulation), 동일시된 조절(identified regulation) 및 당위적 조절(introjected regulation)이다.[25][26] 통합된 조절은 가장 자기결정된 외재 동기의 형태인데, 여기에서 사람들은 내부와 아울러 외부 정보를 하나의 조리있는 가치들, 목표들, 우선사항들의 세트로, 또는 그들의 자기감 속으로 통합시킨다. 이 경우에서, "훌륭한 학생"이 되는 것은 개인의 자기개념의 일부분이 되며, 그 사람은 외부적 우선사항들을 내면화시켜왔다. 동일시된 조절에서, 사람들은 그들에게 중요해져 온 목표들을 달성하는 것을 도와주는 활동들을 행한다. 이것은 교육에 관한 더 공리적인 관점이다. 어떤 학생은 숙제들을 완료하고 시험들을 위해 열심히 공부하기로 작정할 수 있는데, 이것은 이것이 개인을 어떤 목표(예: 학위를 받는 것)를 달성하는 쪽으로 이동하는 것을 돕기 때문이며, 그 사람이 학습에 대한 내재적 흥미를 갖고 있기 때문에 아니다. 당위적 조절에서, 그 사람은 "해야만 된다"(should)와 "당연히 해야 된다"(ought)의 느낌들에 의해 지배된다.[27] 이 경우에서, 개인의 선택들은 자기 속으로 통합되어 있지 않으며, 선택들은 계속 개인의 외부에 의해 매우 많이 통제된다. 따라서, 어떤 학생은 나쁜 성적을 피할뿐만 아니라 그녀가 그녀의 부모를 실망시키는 것에 관해 기분 나쁜 것을 느낄 것이기 때문에, 어떤 시험을 위해 공부할 것이다. 끝으로, 무동기(amotivation)가 있는데, 이것은 자기결정 연속선의 다소 밖에 있다. 여기에서 학생은 낮은 자기효능성, 무능력의 느낌들 및 자신의 행위들과

표 7.1 자기결정이론(self-determination theory): 내재적 및 외재적 동기의 예들

조절스타일들	무동기	외재동기				내재동기
		외부조절	당위적 조절	동일시된 조절	통합된 조절	
연관된 과정들	낮은 지각된 유능성; 낮은 자기 효능성	외재적 보수들이나 처벌들의 특출성; 응종	자기와 타인들로부터의 승인에 초점을 둔다.	활동들과 목표들을 중시함.	자기도식들 내에서 목표들의 일치	활동에 대한 순수한 흥미; 내재적 만족
질문에 대한 반응: 나는 왜 대학에 가는가?	나는 내가 대학에 있는 이유를 정말로 모르며, 나는 이것에 대해 마음을 쓰지 않는다.	나는 봉급이 높은 직업을 위해 학위가 필요하다.	나의 가족은 내가 대학에 다닐 것을 기대하며, 나는 그들을 실망시키고 싶지 않다.	대학교육은 내가 나의 원하는 경력을 준비하는 것을 도와줄 것이다.	우리의 사회 속에서 충분하게 참가하기 위해 대학교육을 받는 것이 중요하다.	나는 새로운 것들을 배우는 것을 매우 좋아한다.

결과들 사이에 거의 연결이 없다는 느낌에 의해 괴로워할 것이다.

자기결정이론(self-determination theory) 속에서 제시된 동기에 대한 접근은 우리가 교실 환경을 조성하는 방식을 위해, 우리가 어떻게 학생들이 학습에 대해 흥미를 갖게 되게끔 격려하는가에 대해, 그리고 학생들이 학교에 머물게끔 만드는 것을 위해서 중요한 함의들(그리고 응용들)을 갖고 있다. 예컨대, 연구자들은 위에서 개요된 동기의 상이한 유형들이 어떤 대학수준의 교과목에서의 끈덕짐에 어떻게 관련있었는가를 조사했다.[28] 학년도의 시작 무렵에, 필수과목에 등록했던 약 1,000명의 3학년 대학생들이 학교에 다니고, 숙제를 하고, 다양한 다른 학업적 과제들을 행하는 그들의 이유들을 측정하는 한 질문지에 반응하도록 요구받았다. 그 과목을 이수했던 학생들은 그 과목을 포기한 학생들보다 학업적 활동들에 대한 더 높은 내재적 동기수준을 가졌다. 더욱이, 두 가지 유형의 자기결정된 외재적 동기(즉, 동일시되고 통합된 조절)에서 더 높은 점수들을 받았고, 무동기(amotivation)에서 더 낮은 점수를 받았던 학생들이 또한 그 과목을 포기했던 학생들보다 더 높은 끈덕짐을 보였다.[29] 연구자들은 고등학생들에 대해서도 이와 유사한 결과들을 얻었다.[30] 더 낮은 자기결정된 동기의 수준들(즉, 내재동기, 통합된 조절 또는 동일시된 조절)을 보였던 학생들이 고등학교를 중퇴하는 것에 대한 의도를 표현하는 경향이 더 많았을뿐만 아니라, 또한 그들의 의도를 관철시키려는 경향이 더 많았다. 이 연구자들의 연구에서 하나의 매우 중요한 요소는 학교에서 열심히 하려는 학생들의 동기가 어떻게 학교환경 내의 타인들(교사들, 부모, 학교경영자들)에 대한 그들의 지각들에 의해 영향받았는가 이었다. 만일 학생들이 예컨대, 그들의 교사들이 그들을 학업적 활동들에 관한 그들 자신의 결정을 행하도록 고무시켰다고 느꼈고, 그들이 학교공부에 대한 어느 정도의 통제력을 가졌다고 믿었다면, 학생들은 더 많은 능력을 느꼈고, 더 높은 자기결정수준과 결과적으로 학교를 그만두려는 더 낮은 의도를 보였다.

그렇다면, 이것은 교사들이 학생들에게 학습활동을 행하는 것에 대한 외재적 보수를 제공하지 말아야만 된다는 것을 의미하는가? 그렇지 않다. 외재적 보수는 학생들의 흥미와 동기를 유지시키는 방식으로 계속 사용될 수 있지만, 교육자들이 이것을 사용하기 이전에 고려할 필요가 있는 몇 가지 조건들이 있다. 연구자들은 과업에 대한 시초의 흥미수준, 과업완수에 대해 보수를 받는 것의 기대 및 심지어 보수의 특징들이 또한 과잉정당화효과가 어떤 교육상황에서 일어나는지를 예측하는 데에 있어서 또한 중요하다고 지적했다.[31] 앞에서 진술된 바와 같이, 만일 학생들이 학습과제가 어떤 보수 없이 흥미 있다는 것을 발견한다면(예: 태양계에 관한 한 모형의 구성), 보수를 받는 것이 동기를 감소시킬 것이며 특정의 과제에 대한 차후의 수행을 감소시킬 것이다; 하지만, 만일 과제가 학생들에 대해 시작부터 흥미 없는 것이라면, 내재적 동기가 영향 받지 않은 채로 유지되거나 심지어 어떤 보수가 통합될 때에 증가할 수도 있다.[32] 또한, 연구에서 기대치 못한 상을 받았던 아동들이 매직펜들을 가지고 노는 데 대한 그들의 흥미의 감소를 보이지 않았고, 또한 어떤 상을 기대했던 아동들에게서 보여진 바와 같이, 그들의 그림의 질의 감소를 보이지도 않았다는 것을 기억하라.[33] 어떤 과제를 완수하는 데 대해 상을 받을 것을 기대하는 것은 과제와 보수를 연결시킨다; 다시 말하면, 학생들은 활동이 내재적으로 흥미 있기 때문이 아니라, 그들이 어떤 상을 받을 것을 기대할 것이기 때문에 그 활동을 행한다고 가정한다. 하지만, 교사들은 주의해야만 된다. 기대치 못한 보수들은 만일 어떤 과제를 완수하거나 잘하고 있는 것에 대해 자주 주어진다면, 과잉정당화효과(overjustification effect)에 기인되어서 내재적 동기의 동반적 하락이 있을 수 있다.

마지막으로, 만일 우리가 교실상황에서 보수들을 구성하는 한 기초로서 자기결정이론(self-determination theory)을 사용한다면, 연구자들은 교사들이 학생들의 자율성과 자기조절된 학습을 증진시키기 위해, 그리고 그에 따라 그들의 내재적 동기를 유지시키기 위해 사용할 수 있는 전략들을 제안했다.[34] 예컨대, 학생들에 의해서 통제하고 있다고 지각될 수 있는 방식들로 행동하는 것 대신에, 교사들은 다음과 같이 할 필요가 있다: 학생들에게, 독립적 공부를 행할 더 많은 시간을 제공하고, 내놓은 작업의 질(그것의 완료와 마감시간들을 어기지 않는 것 대신에)을 칭찬해 주고, 학생들의 질문을 들어 주는 더 많은 시간을 사용하고, 특정의 과제를 수행하는 것에 대한 더 많은 이유들을 제시해 주고, 어떤 과제의 숙달을 향상시키는 것에 초점을 두는 피드백을 제공하는 것이다. 심지어 교실의 물리적 환경이 학생들의 학습동기에 대해 영향을 줄 수 있다. 예컨대, 자율성지향의 교실들에서 교사보다 학생들이 학습재료들에 더 가깝게 자리 잡아서 그들이 이 재료들에 자유롭게 접근할 수 있도록 만든다.[35] 이러한 모든 조치들이 학생들이 그들의 학습에 대한 통제감을 유지시키고, 그들이 행위들(그리고 결과들)이 그들 스스로에게서 나오고 타인들에 의해 부과된 것이 아니라고 믿고, 학업적 과제들에서의 유능감을 발전시키는 것을 돕는다. 기본적으로, 교실환경과 학습 자체가 학생들에 대해 보수를 주는 것으로 된다.

(2) 다른 학생과 자기 자신을 비교하고 있는 학생들

우리의 수행과 능력을 평가함에 있어서 Festinger의 "사회적 비교이론"에 의하면,[36] 우리는 두 가지 유형의 기준을 사용할 것이다. 즉, 객관적 기준과 사회적 기준이다. 이 이론에 의하면, 객관적 기준(예: 어떤 검사에서 정답반응들의 비율)이 없으면, 우리는 우리의 수행과 능력(또한 우리의 성격특징)을 우리의 환경 속에 있는 타인들의 것들과 비교해서(예: "나는 똑똑한가?" "나는 많은 친구들을 갖고 있는가") 판단하는 경향이 있다. 보통, 비교들은 문제의 특징들의 면에서 우리와 비슷하거나 가까운 타인들에 대해서 이루어진다. 더욱이, 이러한 비교들은 특정의 능력들과 특성들 상에서 우리보다 약간 더 우수한 사람들에 대해서(상향적 사회적 비교들이라고 일컬어짐) 또는 우리보다 못한 사람들에 대해서(하향적 사회적 비교들이라고 일컬어짐) 이루어질 것이다. 하향적인 사회적 비교들은 우리가 위협당한 것을 느낄 때, 그리고 우리의 현재의 능력들, 성취들 및 개인적 속성들에 관해서 우리를 더 좋게 느끼도록 만듦으로써 자기보호의 목적을 달성하려고 할 때에 일어날 것이다. 이와 달리, 상향적 사회적 비교들은 우리의 수행을 향상시키기 위해 우리를 동기화시키며, 우리에게 무엇을 달성할 수 있는가에 관한 정보를 제공함으로써 더 높은 목표를 세우도록 도와준다.[37]

당신이 상상할 수 있는 바와 같이 교실은 사회적 비교과정을 행하는 데에 즉각 도움이 되는 하나의 환경이다. 당신이 어떤 수학시험에서 75%의 정답을 받은 반면에, 당신의 교실의 한 급우는 그 시험에서 93%를 받았다고 하자. 당신의 성적을 당신의 급우의 것과 비교하고서, 당신은 설사 당신이 받은 성적이 꽤 좋은 것이었을지라도 기분 나쁜 것을 느끼게 될 것이다. 아마 당신은 당신이 75%보다 더 잘할 것을 기대했기 때문에 당신 자신에 대해 실망하고 있을 것이다. 그 결과로, 당신은 단순하게 당신 자신을 다른 급우(82%를 받았던)와 비교하기로 작정할 것이다. 그렇지 않으면, 당신은 더 높은 성적을 받고 있는 당신의 급우들과 함께 시험결과들을 토의하고 다음번의 시험에서 당신의 성적을 향상시키는 방법에 관한 유용한 정보를 얻을 수 있다. 당신이 받았던 75%의 정답은 당신에게 자신이 무엇을 성취할 능력이 있다는 느낌을 제공함으로써 그리고 당신의 자신감과 자기효능감들을 높임으로써, 당신을 다음번에 더 열심히 노력하게끔 동기화시킬 것이다. 그렇지 않으면, 마침내, 당신은 수학능력의 중요성을 평가절하하고 그 대신에, 당신이 글쓰기능력의 면에서 당신의 급우들에 비해 어떠한가에 대해 초점을 두기로 작정함으로써, 단순하게 당신의 수학성적에 대해 더 이상 걱정하지 않기로 결정할 수 있다.

이러한 모든 것이 의미하는 것은 학생들이 상향적이거나 하향적인 사회적 비교들을 단순하게 행할 때에 몇 개의 가능한 결과들이 있다는 것이다. 최근의 연구들은 학생들의 비교의 선택이 정태적이 아니며, 특수한 여건들(즉, 학업성적에 관한 긍정적이거나 부정적 피드백), 교실의 맥락(학생들의 동질적 대 이질적 집단), 또는 학생의 기대들이나 목표들에 따라 변화될 수 있다는 것을 보여왔다.[38] 어떤 학생이 행하는 비교의 유형과 수준은 사용가능한 비교표적들뿐만 아니라, 학생의 자신의 자기존중과 자기개념을 유지시킬 욕구에도 또한 매우 흔히 연관되어 있다. 두 개의 연구 예를 살펴보자.

비록 교실이 언뜻 보기에 모든 학생들이 능력들상에서 비슷하고 성취할 유사한 기회들을 갖고 있는 동질적인 학생들인 것으로 여겨질 수 있을지라도, 실제로 교실들은 흔히 매우 상이한 배경들, 학습능력들 및 성공기회들을 가진 학생들로 구성되어 있다. 예컨대, 어떤 교실이 상이한 종족과 사회경제적 배경들 출신의 학생들로 구성되어 있을 때에, 무엇이 일어나는가? 대다수의 학생들이 중류계층이나 부유한 배경출신의 높은 성취자들인 교실들에서, 혜택 받지 못한 집단들 출신의 소수인종집단의 학생들이 주로 그들 자신의 인종집단으로 구성된 교실들 속에 있는 소수인종집단의 학생들보다도 더 높은 학업성취수준을 갖는 경향이 있다는 증거가 있다.[39] 하지만, 성취에서의 이득들에도 불구하고, 소수인종집단의 학생들의 학업적 자기개념들은 인종적으로 그리고 종족적으로 동질적인 교실들에서보다 통합된 교실들에서 더 부정적이다.

이러한 일이 왜 일어나는 것인가? Festinger의 사회적 비교이론의 가정들 중의 하나는 우리가 우리와 "유사하다"고 지각하는 타인들과 자기 자신을 비교하는 경향이 있다는 것이다. 우리의 집단 밖의 사람들에 대해 사회적 비교를 행하는 것은 우리의 환경 속에서 비유사한 타인들과 접촉할 가능성과 우리가 타인들을 어떤 관련 있는 영역에서 우리와 유사하다고 지각하게 하는 정도에 달려 있다. 비교들이 일어나기 위해서, 소수인종집단의 출신의 아동들은 다수인종집단의 아동들을 관련 있는 비교 인물들로서 보아야만 된다.[40] 동일한 학습재료들을 사용하면서 동일한 교실 속에 있더라도, 더 낮게 성취하는 아동들에 의해서 더 높게 성취하는 아동들이 자기들과 유사하고, 따라서 적절한 비교인물들이라고 간주되게 될 것을 보장하지는 않는다. 즉, 소수인종집단의 아동들은 다수인종집단의 아동들이 보였던 유능성의 분야들을 그들 자신의 자기개념들의 관련있고 중요한 부분들로서 보아야만 된다.

학업성취에 미치는 사회적 비교들의 영향을 검토할 때에 고려할 다른 요인은 개인의 수행과 능력에 대한 지각된 통제력의 개념이다(계획된 행동이론을 회상하라). 학생들이 향상하는 것이 중요할뿐만 아니라, "향상할 수 있다"는 것으로 지각하는 것이 결정적이다.[41] 연구자들은 교육상황들에서 사회적 비교의 기준들과 절차들에 대한 강조가 그들의 또래들보다 일관되게 더 나쁘게 수행하는 아동들에게 유해할 것이라고 주장했다.[42] 그들의 학업성적에서 반복적인 향상부족 후에, 이 학생들은 그들의 능력들에 대해서 더 적은 자신감을 경험하고, 학업적 과제들에 대한 그들의 동기를 잃고, 낮아진 자기가치의 느낌들을 경험할 수 있고, 결과적으로 더 낮은 학업성취를 일으킬 것이다.

학교에서 항상 도전에 당면되고 있는 학생들의 한 집단은 학습장애를 가진 아동들이다. 연구자들은 사회적 비교과정들이 학습장애를 가진 초등학생들이 그들이 자신을 정규교실에 있는 정상적 성취를 가진 그들의 또래들과 비교했을 때와 그들이 자신을 그들의 특별한 필요들을 위한 교실에 있는 학습장애를 가진 그들의 또래들과 비교했을 때에, 그들의 학업능력을 어떻게 지각했는가에 있어서 하나의 중요한 역할을 했다는 것을 발견했다.[43] 이 연구자들은 또한 학습장애를 가진 학생들이 하나의 비교집단으로서 자발적으로 사용했던 집단(정상적 성취를 가진 또래들 또는 학습장애를 가진 또래들)에 대해 관심이 있었다. 학습장애를 가진 학생들은 그들이 정규교실보다도 특별한 필요들을 위한 교실 속에서 그들 자신을 더 학업적으로 능력있다고 지각했으며, 그들이 그들 자신을 그들의 정규교실 또래들과 자발적으로 비교했다고 보고했다. 하나의 불안을 주는 발견은 학습장애를 가진 학생들의 그들 자신의 학업적 능력에 관한 지각들이 연구에서 검사된 학년들(3학년 내지 8학년)에 걸쳐서 감소해서, 이 학생들이 학교에 계속 다니면서, 그들 자신의 학업성적과 정상적 성취를 가진 그들의 또래들의 것 사이에 어떤 격차가 있다는 것을 점점 더 인식하게 된다는 것이었다. 이 연구자들에 의하면, 학습장애를 가진 아동들의 자기지각들과 자기가치감들에 대해 해로운 영향을 줄 수 있는 것이 바로 이러한 지식이다.

사회적 비교과정들이 교실에서 긍정적 및 부정적 영향을 줄 수 있다는 사실에 비추어서, 교육자들은 비교를 행하는 것의 자아고양적 측면들을 이용해서, 그리고 따라서 학생의 성취를 증가시키기 위해서 무엇을 할 수 있겠는가? 다음 절은 교실의 인간관계적 역동들을 탐구함으로써 몇 가지 답변을 제시할 것이다.

인간관계 과정들: 교사들과 학생들의 상호작용

사람들은 자라는 동안에 학교에서 많은 년수를 보낸다. 대학에 입학하기 이전에, 그들은 학교에서 매일 약 6시간 이상 주 5일 동안, 1년 중에 10개월 약 12년간을 보낸다. 비록 많은 학교관리자들, 교육자들 및 연구자들이 그들의 관심을 학교환경이 기초적 학업기술들의 발전, 지식을 획득하는 능력 및 전반적인 학업성취에 어떻게 영향을 주는가에 초점을 둘지라도, 학교는 또한 사회적 및 정서적 발달을 위한 하나의 매체를 제공한다. 연구자들은 학교를 가장 널리 영향을 주는 사회화기구(가족 밖의)라고 일컬었다.[44] 따라서, 사회심리학자들이 교사들과 학생들이 학교환경 속에서 어떻게 상호작용하는가와 이러한 상호작용들이 어떻게 학생들의 발달에 영향을 주는가에 대해 오래 동안 관심을 두어 온 것은 하등 놀라운 일이 못될 것이다.

교사의 기대들과 학생의 성취

많은 연구, 흥분 및 비평을 일으켜 온 사회심리학에서의 한 연구(Rosenthal과 Jacobson)는 교실 속의 피그말리온(Pygmalion in the classroom)이다.[45] 이들은 교사들이 그들의 교실에서 훌륭한 학생들의 성취에 대해 더 높은 기대를 가졌다는 것을 알았고, 이러한 기대가 학생들의 학업성적에 대해 영향을 주는지에 의문을 품었다. 그들의 고전적 실험에서, 그들은 교사들에게 학년도의 초기에 IQ테스트의 결과들에 기초했을 때에, 그들의 학생들이 평균 이상의 학업잠재능력을 가졌다고 말했다("잠재능력소유자들"이라고 명명된 집단임). 실제로, 이 "잠재능력소유자들"은 무작위적으로 선정되었으며, 평균적으로 그들의 학급들 내에서 다른 학생들보다 더 똑똑하지는 않았다. 교사들은 그들에게 제공된 정보가 가짜이었다는 것을 알지 못했으며, 학생들은 그들에게 부여된 명칭에 관해서 이야기를 듣지 못했다. 그 학년도의 끝 무렵에, 잠재능력소유자들은 통제조건의 학생들과 비교되었을 때에 그들이 IQ점수들에서 유의한 증가를 보였다. 현저하게, 교사들의 기대들이 사실로 되었다. 이 향상이 어떻게 나온 것일가? 이 연구자들은 교사들이 잠재능력소지자들이 평균 이상의 학생들일 것이라고 믿었기 때문에, 그들은 이 학생들을 다르게 대우하기 시작했다고 시사했다. 교실 내의 관찰들은 교사들이 그들에게 아래의 것들을 제공했다는 것을 나타냈다.

- 그들에게 더 많은 관심, 지원 및 격려를 제공함으로써 더 따뜻한 분위기
- 학습할 더 많은 도전적 재료
- 그들의 학교공부에 대한 더 많은 긍정적 및 부정적 피드백
- 수업에서 반응할 더 많은 기회와 반응해 주는 더 긴 시간

하지만, 교사들이 그들의 교실에서 고의적으로 이 학생들을 다른 학생들과 다르게 대하지도 않았다는 것에 유의하는 것이 중요하다. 정말로, 이 연구의 결과들이 발표되었을 때, 그것들은 상당히 많은 놀라움과 비평을 일으켰다. 한 연구자에 의하면[46] 피그말리온 연구(Pygmalion study)는 교사들과 기타의 교육자들로부터 그 결과들이 어떤 학생들의 나쁜 학업성적에 대해 교사들을 비난하기 위해 사용될 수 있다는 우려들을 낳았다(만일 당신이 나쁜 성적을 기대한다면, 당신은 나쁜 성적을 얻는다). 이 연구가 출간되었을 때, 미국은 학교 흑백인종 비분리와 관련된 공동버스통학 이슈들, 그리고 사회기관들의 많은 측면들이 의문시되고 있는 와중이었다는 것을 회상하라.

비평들은 제쳐놓고서 연구자들(Rosenthal과 Jacobson)의 연구로부터 교사들의 기대가 학생들의 학업성적에 대해 영향을 줄 수 있는 것이 분명한 것 같았다. 하지만, 교사들의 기대와 학생들의 차후의 수행 사이의 관계의 배후에 어떤 기제들이 작용하고 있었을가? 이 연구자들의 연구는 실제로 자기실현적 예언(self-fulfilling prophecy)의 개념의 하나의 예시이었다.[47] "자기실현적 예언"은 당신이 타인에 대해 어떻게 지각하고 행동하는가에 영향을 주는 타인에 관한 기대를 갖고 있다는 것을 일컫는다. 당신의 기대들과 그 다음에 이것들에 기초된 행동은 그 사람이 당신과 함께 상호작용하고 있을 때에 행동하는 방식에 영향을 준다. 기본적으로 타인은 당신의 기대들을 확증하는 방식으로 행동해서, 그 타인에 관한 당신의 신념들과 선입견적 생각들을 강화시키게끔 만들을 것이다. 한 예를 들어보자. 당신이 한 사교모임에 참석하고 체육교육이 전공이라는 것을 당신이 알게 된 "조"씨에게 소개되고 있다. 당신은 "체육교육" 전공인 사람의 유형에 관해서 몇 가지 아이디어를 갖고 있을 수 있다: 보디빌딩(bodybuilding)에 초점을 두고 있고, 스포츠에 대해 흥미가 있고, 덜 학문적인 성향이 있고 등이다. 이러한 아이디어들은 당신이 조씨와 어떻게 상호작용하는가에 대해 영향을 줄 것이다(당신은 대학 축구팀의 성공에 관해서 토의할 수 있거나, 당신은 그에게 효과적인 신체훈련전략들에 관해 물어 볼 수 있거나, 당신은 스포츠에서 스테로이드들의 사용에 관해서 그가 무엇을 생각하는지를 알고 싶어 할 수 있다). 조씨는 다른 선택지를 갖지 못하고서, 당신의 질문들과 주제들의 선택에 대해 반응해야만 될 것이며, 당

신은 조씨에게 고전음악에 대한 그의 흥미를 논의할 기회를 줄 가능성이 없다. 그 결과로 체육교육의 사람들에 관한 당신의 기대들과 신념들이 확증되게 되며, 하나의 자기실현적 예언(self-fulfilling prophecy)이 된다. 조씨는 어떠할 것인가? 드디어, 그의 자기개념이 그에 대한 타인들의 기대들과 일치되게끔 또한 영향 받게 될 것이다.

이제, 이것이 교실상황 속에서 어떻게 작용하는가를 알아보자. 어떤 학생이 교사의 높은 기대에 대해 학교공부에 더 많은 흥미를 갖고 더 열심히 공부함으로써 반응할 수 있고, 이에 따라 더 좋은 학업성적을 낳을 것이다. 그 교사는 학생의 행동을 관찰하고 그 학생에 대한 자신의 기대가 올바르고 정확하다고 결론을 내리기 쉽다. 따라서, 이 주기가 완성되고 강화되게 된다. 기본적으로, 교사는 학생의 학업적 자기개념을 교사 자신의 학생에 관한 기대들과 신념들에 합치되게끔 변화시키고 있다. 물론, 이것은 학생의 학업적 자기개념과 성취뿐만 아니라, 학생의 인생의 후기에 행할 수 있는 선택들과 결정들(예: 직업선택)에 대해서도 또한 큰 함의들을 갖고 있다.

Rosental과 Jacobson의 시초의 연구 이후로, 교육상황들에서의 교사의 기대효과들에 관한 수백 개의 연구가 있어왔다. 하지만, 그들의 연구는 해답들보다도 더 많은 의문을 제기시켰다. 예컨대, 교사들의 기대는 학생들의 자기개념에 대해 장기적 영향을 갖는가? 긍정적 및 부정적 기대들은 유사한 과정들을 통해서 학생들에게 영향을 주는가? 더욱이, 연구들은 학생들의 학업성취에 대한 교사들의 기대의 단지 작은 효과를 일관되게 발견해 왔는데, 학생들의 성적의 약 5% 내지 10%를 설명했다.[48] 연구자들은 학생들의 성적과 자기개념에 영향주기 위해 교사의 기대와 상호작용하는 교실환경이나 학생들의 특징과 같은, 다른 요인들이 있을 수 있다고 시사했다.[49] 연구자들은 또한 어떤 조건들이 학생들에 대한 교사의 기대의 영향을 증가시킬 수 있다고 주장했다.[50] 98명의 교사들과 6학년의 수학과목들에 등록했던 약 1,500명의 학생들에 관한 연구에서, 그들은 교사들의 기대들(긍정적이거나 부정적인)과 어떤 유형의 학생들에서의 자기실현적 예언의 발전 사이의 관계를 조사했다. 예컨대, 부정적 자기개념들을 갖고 있거나, 학교에서 나쁘게 수행하는 학생들(낮은 성취자들)이 긍정적 자기개념들을 갖고 있고 학교에서 잘 수행하는 학생들(높은 성취자들)보다 교사의 기대에 더 많은 영향을 받기 쉬운가? 이러한 의문을 취급하기 위해서, 교사들이 그들의 학생들의 자기 개념들과 수학에 관한 그들의 능력, 노력 및 성적에 관한 지각들이 조사되었고 그들의 학생들의 수학성취와 관련해서 검토되었다.

그 결과들은 교사들의 지각들과 기대들(긍정적이거나 부정적인)이 높은 성취자들보다 낮은 성취자들에 대해 더 강하게 성취를 예측했다는 것을 나타냈다. 즉, 낮은 성취자들이 높은 성취자들보다 교사들이 그들에 대해 무엇을 생각했는가에 더 많이 영향을 받았다. 이것이 일어나는 이유는 무엇인가? 연구자들은 과거 학교 경험들의 내력이(대부분이 부정적인) 낮은 성취의 학생들을 교사들의 기대에 더 민감하게끔 만들고, 따라서 그들의 동기와 자기개념에 대해 더 예민하게 영향을 줄 것이라고 시사했다.[51] 특히 수년 동안에 보수를 주는 학교 경험이 없어왔던 낮은 성취의 학생들이 교사들의 긍정적 기대들에 의해 고무받았을 것이다. 이와 달리, 학업적으로 더 성공적인 학생들은 심지어 교사들의 부정적 기대에 당면했을 때에라도 의지할 매우 많은 심리적 자원을 갖고 있을 수 있고, 따라서 교사들의 지각에 의해 크게 영향 받지 않을 것이다.

교사들의 기대가 인종이나 성별에 대한 고정관념들과 일치될 때에 학생들의 학업성적에 대해 무엇이 일어나는가? 어떤 특수한 공부영역(예: 수학, 과학, 스포츠)에서의 성적이 만일 그 영역이 학생의 사회적 정체성에 결부된 다소 특별한 중요성을 갖는다면, 영향 받을 수 있을 것이다. 예컨대, 교사들은 흔히 수학과 과학에서 여학생들의 성취에 관해 부정적 기대를 갖는다. 이와 비슷하게, 교사들은 아프리카계 미국인이나 라틴계 학생들이 백인 학생들과 비교되었을 때에 몇 개의 학업영역들에서 더 나쁘게 수행할 것이라고 기대할 수 있다. 우리가 연구자들의 연구에서 본 바와 같이, 다소의 학생들이 그들의 학업능력에 관해서 타인들이 갖고 있는 견해들에 특히 민감하다. 학생들이 그들의 집단에 관한 고정관념들과 일치되는 기대에 당면하게 될 때, 그들이 느끼는 불안은 고정관념 위협(stereotype threat)이라고 일컬어진다.[52] 그들이 타인들의 시각들에서 어떤 고정관념을 확증시킬 것이라는 두려움이 학생들의 학업동기, 자기개념 및 학업성적에 대해 나쁘게 영향을 주는 것으로 밝혀져 왔다.

세 개의 초등학교 학년들(1, 3 및 5학년들)의 아동들을 사용해서 연구자들은 상이한 유형의 교사의 기대들(학생들의 학업능력들의 과소나 과대평가들)이 어떻게 학업적으로 낙인찍힌 집단들(예: 수학에서의 여자들, 모든 과목들에서의 아프리카계 미국인들)과 비낙인찍힌 집단들(백인 아동들과 남자들)에서의 학생들에 대해 수학과 읽기에서의 성취에 관련 있었는가를 결정짓기를 원했다.[53] 특히, 그들은 학년도의 시작에서의 아동들에 대한 교사들의 기대가 어떻게 학년도의 말에서의 아동들의 학업성적에 관련있는가를 검토했다. 그들은 낙인찍힌 집단들의 아동들의 학업성적이 교사들의 그들의 능력에 관한 과소평가들에 의해 부정적으로 영향 받았지만, 교사들의 그들의 능력에 관한 과대평가들에 의해 긍정적으로 영향받지 않았다는 것을 발견했다. 예컨대, 3학년에서, 아프리카계 미국인아동들이 그들의 읽기능력에 관한 교사의 과대평가들에 비해서 그들의 읽기능력에 관한 교사의 과소평가들을 2.5배나 확증시켰다. 이와 달리, 3학년의 백인아동들은 그들의 읽기능력에 관한 교사의 과소평가들을 단지 0.5배 확증시켰다(과대평가들에 비해서). 따라서, 비낙인찍힌 집단들의 아동들이 그들의 능력에 관한 교사들의 과대평가로부터 이익을 얻었으며, 그들의 능력에 관한 교사들의 과소평가들에 의해 영향 받지 않았다. 하나의 좀 더 흥미있는(그리고 불안하게 하는) 발견은 학생들의 성취에 대한 기대의 영향들이 초등학교 학년들에 걸쳐 일관성있었거나(읽기의 영역에서), 시간경과에 따라 더 크게 되었다(수학영역에서)는 것이었다. 연구자들은 아동들이 더 나이먹고, 학교상황에 친숙해짐에 따라, 그들이 자신에 관한 타인들의 기대를 더 잘 지각하고 그러한 신념들의 정확성을 판단할 수 있게 된다고 시사한다.

불행하게도, 이것은 그들이 또한 그들의 사회적 집단에 관한 편견과 일반적 기대를 인식하게 된다는 것을 의미한다.

(1) 부정적인 교사의 기대의 영향을 감소시키기

우리가 학생들의 학업성취에 미치는 교사들의 기대의 영향에 관해서 알고 있는 것을 전제한다면, 우리는 이것에 대해 어떻게 해야 되겠는가? 우리가 교사들의 기대가 학업성적, 특히 낮은 성취의 집단들에 대해 줄 수 있는 부정적 영향을 상쇄시킬 수 있는 방법이 있겠는가? 교육상황에서 사용될 수 있는 중재들을 고안하기 위해 교사들의 기대에 관한 개념들과 경험적 증거를 이용하려는 다소의 시도가 있어왔다.

하나의 접근은 교사들에게 그들이 높은(그리고 낮은) 성취의 학생들에 대해 갖고 있을 수 있는 차이있는 기대를 인식하도록 돕고, 그들에게 학생들의 성취의 차이를 감소시키는 행동을 수행하는 방법을 가르치기 위한 훈련을 교사들에게 제공하는 것이다. 이 훈련의 목표는 "모든" 학생들의 학업성취를 향상시키는 것이다. 교사의 기대와 학생의 성취(TESA) 프로그램은 교사들에게 그러한 훈련을 제공한다. Rosenthal과 Jacobson(1968)은 학생들의 능력에 관한 교사들의 기대를 반영했던 교사의 몇 가지 행동들을 확인했다(예: "잠재능력소유자들"에게 학급에서 반응할 더 많은 기회를 주는 것)는 것을 회상하라. TESA 프로그램은 교사들이 상이한 성취수준의 학생들과 상호작용할 때에 일반적으로 보이는 15개의 교실행동들에 초점을 둔다. 이 행동들은 Rosenthal과 Jacobson에 의해서 교사들의 학생들에 대한 기대의 지표가 되는 것으로서 관찰했던 것들과 유사하다. 행동들은 3개의 범주로 나뉘어진다: ① 반응기회들(예: 학생들이 대답하는 것을 기다리는 시간, 학생들에게 제시된 질문들의 복잡성), ② 학생들에 대한 피드백(예: 성공에 대해 제공된 칭찬의 양, 시험들과 과제들에 관해 제공된 피드백) 및 ③ 개인적 존중이다(예: 긍정적 상호작용의 숫자, 학생들과의 눈 마주침의 양). 교사훈련은 5개의 3시간의 세션들 속에서 제공되는데, 각 세션은 각 범주로부터의 한 개의 행동에 대해 초점을 두고 있다. 세션들 사이에서, 각 교사는 최소한 3명의 다른 교사들의 교실행동을 관찰하고 피드백을 제공하며, 그 교사도 또한 가르치는 것을 관찰받고 피드백을 제공받는다. 이 훈련의 주된 목표는 교사들에게 학생들에 관한 그들의 기대를 더 많이 인식하게끔 만들고, 그들에게 자신이 학생들에게 반응하는 방식에 대해 더 민감하게끔 만드는 것이다.

TESA 프로그램에 관한 평가들은 교사들과 학교직원이 이 훈련이 매우 도움이 된다고 여기고 교사들이 이 프로그램 속에서 개요된 전략들을 활용한다고 보고한다는 것을 나타낸다. 부가적으로, 이 프로그램은 낮은 성취의 학생들과의 교사들의 긍정적 상호작용을 증가시키는 것을 보여왔다. 비록 이 훈련의 효과들이 소수인종집단의 학생들이나 나쁘게 수행하는 학생들의 성취의 증가를(이론과 연구가 시사하는 바와 같이) 항상 일으키지는 않을지라도, 교사들은 학생들이 그래도 학습에 대한 더 긍정적 태도를 발전시킨다고 보고한다.

다른 학생들과의 상호작용

친구관계를 형성하고 유지하는 것, 리더십기술을 발전시키는 것, 갈등을 해결하고 타인들과 함께 협동하는 방법을 배우는 것, 그리고 긍정적 자기개념을 발전시키는 것은 모두 학교에 다니는 것의 부산물들이다. 교실에서 아동은 한 학생이 되는 것뿐만 아니라, 또한 집단의 한 멤버나 리더가 되는 방법을 배우며, 공동체의 규범들, 언어 및 가치들에 접하게 된다.[54] 연구자들과 교육자들의 관점에서 볼 때, 이러한 사회적, 인지적 및 정서적 기술들은 학교 밖의 생활에 대해 개인을 준비시키며 또한 학업성취를 향상시킨다.

(1) 또래 간의 상호작용의 학업적 영향들

학교에서 사회적, 행동적 및 정서적 곤란들을 경험하는 아동들은 그들의 학업적 잠재력에 도달하는 데에 불리하다. 특히, 아동들이 그들의 또래들에 의해 적극적으로 거부당하거나 무시당하는 나쁜 또래관계를 가질 때, 그들은 학업성취를 포함해서 그들의 생활의 많은 영역들에서 능력을 발전시키는 데에 실패한다.[55] 단순하게 타인들과 함께 노는 것도 아동이 사회적으로 유능하게 되고, 더 많은 자신감을 갖고, 학교에서 더 잘하는 것을 돕는다. 정말로, 취학 전과 같이 일찍이 긍정적 또래 상호작용들이 학업적 성공을 포함해서 후기의 전반적 적응에 대해 중요한 영향을 줄 수 있다.[56] 더욱이, 몇몇 연구자들은 그 반대가 일어날 수 있다는 것을 또한 발견했다; 즉, 초기 학년도들 동안의 학업적 성공이 후기의 사회적 유능성을 낳을 수 있다.

따라서, 결국, 학업적으로 잘하는 것이 자기의 또래들과의 상호작용에서 훌륭한 것에 매우 많이 관련되어 있으며, 학업적 성공과 사회적 유능성 사이의 관계가 상호적일 수 있는 것 같다.[57] 하지만, 아무도 어떤 아이의 친구가 되기를 원치 않을 때에 무엇이 일어나는가? 자기의 또래들에 의해 계속 배척을 경험하는 청년들은 비록 많은 청년들이 최소한 지능에서 평균이고 졸업할 능력을 갖고 있을지라도, 학교에서 탈락될 더 큰 위험에 처해있다. 비록 그 영향들이 여자들보다 남자들에 대해 더 강한 것 같을지라도, 그 패턴은 양성에 대해서 동일하다: 즉, 초기의 나쁜 사회적 적응이 장차의 학업적 곤란들, 학교환경이 혐오적이라는 지각 및 학교에서의 종국적 실패를 일으킨다.[58]

인종적 소수집단들, 빈자 및 정신적이거나 신체적인 장애들과 같은 핸디캡을 지닌 집단들의 아동들과 청년들은 "부적합하고" 따라서 학교에서 곤란을 경험하는 데 대해 특히 위험하다. 연구자들은 또래 상호작용들이 어떻게 가난한 가정출신의 아동들에서 학습준비성에 연결될 수 있는가를 연구했다.[59] 조기교육 프로그램에 등록했던 500명 이상의 아동들을 사용해서, 그들은 또래놀이의 다차원들과 이들 요인들이 어떻게 성취지향적 변인들(예: 학습에 대한 흥미, 과업들에 대한 지속성, 협동적 태도)과 문제행동들(예: 공격적 폭발들, 혼란스러운 놀이)에 관련있는가를 살펴보았다. 3개의 일반적 관계들이 나타났다: (a) 긍정적 놀이행동들을 보였던 아동들이 교실 학습활동들에도 또한 참가했다. (b) 놀이활동들에서 주위를 배회했지만, 다른 아이들과 매우 많이 상호작용하지 않았던 아동들은 수업에서 태만했고 학습할 동기가 더 적었다. 그리고 (c) 그들의 또래놀이에서 혼란되었던 아동들은 또한 수업활동들 동안에 행동문제들을 나타냈다.

연구자들은 장애들과 행동적 곤란들을 가진 아동들과 청년들에 대한 학업적 능력의 발달에 있어서 긍정적 또래관계들을 확립시키는 것의 중요성을 지적해왔다. 주의결핍 과잉활동장애(ADHD)를 가진 아동들은 그들의 행동이 교사들에게 주의를 기울이고 집단토의들에서 역할을 하는 그들의 능력을 방해하기 때문에, 흔히 학업적 성취 불량의 위험이 있다.[60] ADHD 학생들의 학교과제들에 대한 주의를 증가시키려는(따라서 그들의 학업성적을 향상시키려는) 한 노력에서, 연구자들은 ADHD로 진단된 초등학생들의 소집단을 ADHD가 없는 그들의 또래들에 의해 다양한 학교 주제들(예: 수학, 철자)에 대해 가르쳐 주도록 만들었다.[61] 그 결과들은 ADHD를 가진 아동들의 혼란된 과제 밖의 행동이 감소되었으며, 그들의 학습재료에 대한 주의가 증가되었다는 것을 보였다. 또한 ADHD를 가진 아동들의 학업시험점수들의 증가에 기여해서, 또래 간의 가르쳐 주기가 행동장애를 가진 학생들의 학업성취를 높이는 데에 효과적일 수 있다는 것을 시사했다.

그렇다면, 또래 상호작용과 학업행동에 관한 연구들의 함의들은 무엇인가? 발견들은 만일 우리가 학교에서 아동들의 학업성적을 초기에 향상시킬 수 있다면(예: 수학과 읽기 가르침을 제공해 줌으로써), 이것이 그들의 그 후의 학업적 및 사회적 발달에 대해 긍정적 영향을 줄 수 있다는 것을 시사한다. 더욱이, 타인들과의 성공적 상호작용들이 그 후의 학년들에서 더 강한 학업동기와 성적을 일으킬 수 있다는 것을 전제한다면, 유익한 효과들이 만일 사회적 기술훈련이 학업적 프로그램 속으로 통합되게 된다면, 얻어질 수 있다.[62] 앞의 연구에서 보인 바와 같이,[63] 학생들이 서로 학습을 돕게끔 고무시키는 것이 학업성취를 향상시키고, 사회적 및 개인적 발달을 증진시키고, 대인관계기술들을 향상시키는 데에 효과적일 수 있다. 다음 절에서 개요된 교실중재전략들은 또래 상호작용들이 학습목표들 이외의 아동들이 사회적 및 발달적 목표들을 달성하는 것을 어떻게 도울 수 있는가를 기술한다.

(2) 또래 보조학습(peer-assisted learning)

또래 상호작용들과 학업성취 사이의 관계가 또래 보조학습(peer-assisted learning)에서 보다 더 분명하게 증명된 곳은 없어 왔다. 또래 보조학습(PAL)은 이것이 1대 1의 기초나[64] 소집단 양식(예: 협동학습, 학습공동체들)이거나 간에, 또래 간의 가르쳐 주기를 포함하는 교실에 기초된 전략에 대한 하나의 일반 용어이다. PAL은 향상된 학업적 자기개념, 학습하려는 동기 및 사회적 행동들과 같은 학생들의 결과들에 유의한 영향을 주는 것을 보여왔다.[65] 더욱이, PAL의 긍정적 영향들이 가르침을 주고 받는 학생들의 모두에 대해서 보여지며, 이 전략은 주변인화되거나 불우한 흑인배경 출신의 학생들에 대해 특히 유익하다.[66]

하나의 일반적(그리고 효과적) PAL방법은 조각그림맞추기식 수업기법(jigsaw classroom technique)이다.[67] 이 절차에서, 학급의 학생들은 5명이나 6명의 멤버들로 된 작은 집단들로 나뉘어진다. 집단들은 대개 이질적이어서, 상이한 성적수준들과 인종배경들 출신의 학생들로 구성되어 있다. 각 집단은 어떤 특정의 주제에 관해서 배우는 것에 관한 과제를 부여받으며, 집단 내의 각 학생은 그 주제의 작은 부분을 배우는 것에 대해 책임을 진다. 집단의 각 학생은 동일한 하위 주제를 부여받은 다른 교실의 집단들의 멤버들과 만난다; 이 아동들은 하위 주제를 배우기 위해 함께 공부한다. 그 다음에 학생들은 그들이 배운 정보를 그들의 집단들로 가지고 가고, 그들의 집단들의 다른 멤버들에게 그 재료를 가르친다. 각 학생이 개인적으로 평가되기 때문에, 모든 집단멤버들이 그들의 또래 집단멤버들이 제시하는 것에 대해 주의를 기울이는 것이 중요하다. 다시 말하면, 집단의 멤버들은 부여받은 재료의 모든 부분들을 배우기 위해 서로 의지하며, 한 학생이 다른 학생보다 더나 덜 중요한 것으로 간주되지 않는다. 조각그림맞추기식 수업기법을 장기적으로 행하는 것은 학생들이 그들의 학습목표들을 달성할 수 있게끔 그들이 서로 긍정적이고 건설적 방식으로 서로 상호작용하도록 함으로써 교실의 전반적 분위기를 향상시키는 것이다.[68] 부가적으로, 학생들은 그들이 보통 상호작용하지 않을 급우들(예: 상이한 인종의 또래들, 사회적으로 배척당하는 또래들)과 상호작용할 기회를 제공받는다.

하지만, 학습과 같은 개인적 과정이 어떤 집단활동에 의해 어떻게 향상될 수 있는 것인가? 사회심리학은 PAL방법이 학습을 향상시키는 데에 있어서 효과적인 이유에 관해서 무엇을 말해줄 수 있는가? PAL과 특히 조각그림맞추기식 수업기법은 몇 가지 방식으로 작용한다. 첫째로, 개인의 자기존중과 성적에 대해 유해할 수 있는 개개 학생들 간의 경쟁이 감소된다. 둘째로, 교실에 소속하고 있다는 느낌이 증가되며, 이것은 특히 이유가 무엇이든 간에, 시초에 배제되었을 수 있는 학생들에 대해 긍정적 영향을 줄 수 있다. 팀워크가 또한 재미의 요소를 더해 주고 학습이 중요하고 가치 있다는 것을 강조하는 것을 도와서 전체의 긍정적 풍토를 조성시킨다.[69] 특히 또래들이 서로 피드백과 격려를 제공하고, 상이한 사고수준들을 모델링하고, 상이한 관점들을 집단으로 가져올 수 있다. 이러한 모든 것이 교실에서 제시하는 다양한 기술들과 사고들에 대한 존중과 긍정적 기대를 일으킨다.[70]

지금까지, 우리는 학생－교사와 학생－학생의 상호작용들이 긍정적 및 부정적으로, 학생들의 학업성적과 전반적 발달에 어떻게 영향을 줄 수 있는가를 논의해왔다. 예컨대, 조각그림맞추기식 수업기법과 같은 PAL방법은 더 좋은 학업성적과 더 좋은 학생들 간의 사회적 상호작용을 일으킬 수 있다. 사람들이 학교의 사회적 환경 속에서 매우 많은 시간을 보내기 때문에, 편견과 폭력과 같은 우리 사회에 대해 재난이 되는 부정적인 사회적 행동들의 다소가 학교상황으로 들어갈 것이다. 그 결과로, 사회심리학자들은 학교체제를 공격과 같은 더 폭넓은 사회적 이슈들을 연구하고 취급하는 하나의 적절한 매체라고 본다.

학생들 간의 최악의 상호작용: 학교폭력

당신이 중·고등학교 시절의 학교와 교실을 돌이켜 생각할 때, 무엇이 머리에 떠오르는가? 그것은 잘 알지 못하는 교과목들의 내용을 학습하고자 애를 쓰는 것과 또래들과 재미있게 지내는 것들을 포함할 수 있다. 이러한 추억들은 건설적인 동시에 긍정적 성질의 것들이다. 하지만, 학교생활이 학생들에 대해 긍정적인 것만은 아니다. 학교생활도 성인들의 생활과 마찬가지로 어두운 측면들이 있으며, 이것들 중의 두드러진 것이 학생들 간의 폭력이다(물론, 교사들에 의한 학생들에 대한 폭력도 이것들 중에 포함될 수 있다). 총기의 개인적 소지가 허용되는 외국들에서, 학교에서의 총기를 사용한 사건들이 가끔 매스컴에서 대대적으로 보도되고 있다. 그러한 나라들은 미국을 비롯한 캐나다, 독일, 핀란드를 포함하는데, 학생들에 의한 총기 난사로 인해서 다수의 학생들과 교사들의 사망과 부상이 발생되고 있다.

우리는 그러한 사건들을 알게 될 때에 큰 쇼크를 받는다. 우리는 학교들에서 무엇이 진행되고 있는가를 의심할 수 있다. 학생들, 특히 10대들이 이전보다 더 폭력적인가? 전형적으로, 그들의 급우들은 학교폭력의 젊은 가해자들의 다수가 추방당한 자들이나 배척당한 자들이라고 기술한다. 총을 쏜 자들의 몇몇은 타인들에 의한 배척이나 괴롭힘의 사건들을 보고한다. 비록 학교폭력의 극단적 사건들이 미디어가 우리에게 믿게끔 만드는 것만큼 광범하지는 않을지라도, 그것들의 비극적 결과들을 부인할 도리는 없다. 비록 언쟁들을 해결하기 위해 아동들과 청년들에 의한 무기의 사용의 증가에 대한 정당한 우려가 있을지라도, 다른 유형의 공격과 폭력(예: 괴롭힘, 싸움)이 훨씬 더 흔하다. 사회심리학은 무엇이 몇몇 어린 사람들에게 타인들에 대한 그러한 해로운 행위들을 행하게끔 만드는가를 설명하는 것을 도와줄 수 있는가? 만일 우리가 학교폭력을 일으키는 요인들을 알아낼 수 있다면, 아마 우리는 그러한 사건들이 시초에 발생하는 것을 막기 위한 정책들과 중재들을 개발할 수 있을 것이다.

(1) 청년들의 공격의 원인

학교에 관련된 공격은 매우 많이 연구된 주제이다. 이 분야의 문헌들에 관한 한 평론에서, 연구자들은 몇 가지 일반적 발견들을 확인했다:[71]

- 남자들이 여자들보다 가해자들로서나 피해자들로서, 학교폭력의 실례들에 관여되는 경향이 더 많다.
- 괴롭힘(bullying)은 고등학생들보다도 초등학생들에서 더 흔하다.
- 무기들의 사용은 초등학생들보다도 고등학생들에서 더 흔하다.
- 폭력의 수준들에서 도시, 교외지역 및 농촌 학교들 사이에 매우 작은 차이가 있다.
- 총기들이 학생들의 비교적 작은 비율로 학교로 가져가고 있다(추정치들은 보통 15% 이하이며 큰 차이가 있다).
- 학교로 총기를 가지고 가는 학생들은 남자인 경향이 있고, 알코올과 약물들의 잦은 사용을 보고하고, 그들 자신을 갱멤버들이라고 자칭하고, 공격적 행동(예: 학교에서의 폭행들, 청소년범죄들)에 관여되는 경향이 더 많다.

그렇다면, 무엇이 젊은이들을 폭력적으로 행동하도록 만드는가? 그들은 어떤 신체의 신경화학적 불균형을 갖고 있는가? 정신병이나 성격장애가 원인이 될 수 있는가? 물론, 이것들은 가능한 답변들이다. 학교폭력에 대한 최근의 설명들은 이 문제를 검토하는 데 대해 다수준 접근을 취해왔다.[72] 즉, 개개 학생들은 그들의 가정, 문화, 이웃 및 더 큰 사회로부터의 규범들과 경험들과 더불어, 특수한 특성들, 기술들 및 능력들을 학교로 가지고 올 것이다. 이러한 요소들이 학교환경과 상호작용할 것이며, 학교환경은 동료학생들, 교사들, 행정가들, 기관적 정책들 및 물리적 환경을 포함하며, 궁극적으로 학생의 행동과 성취에 영향을 줄 것이다. 따라서, 그것이 괴롭힘이건, 언어적 학대이건, 사회적 배척이건, 총격이건 간에, 어떤 특정의 학교에서의 학교폭력의 문제를 연구하기 위해, 우리는 많은 상이한 변인들(개인적 및 대인적)의 상호작용을 살펴보아야만 된다. 예컨대, 학습장애들이나 심리적 문제들을 지닌 학생들은 또래들에 의해 배척당하는 것과 학업적 실패의 위험이 더 클 수 있어서, 학교, 교사들과 또래학생들에 대한 소외와 분노를 일으킬 것이다. 이러한 학생들은 공격이 고립감들을 처리하는 유일한 효과적 방법이며 그들의 폭력행위들이 정당화된다고 믿게 될 것이다. 그들은 그들에게 지향된 해로운 반사회적 행동에 대해 효과적으로 대처하는 아무런 대안적 수단들을 찾지 못할 수 있다. 불행하게도, 그들의 공격적 행동은 또한 그들을 그들이 또래들과 교사들로부터 더욱 소외시켜 줄 것이며, 이런 식으로 그들을 학교에 관련된 공격의 가해자들인 "동시에" 피해자들로 만들 것이다.[73]

이러한 다수준의 접근을 취하면서, 연구자들은 한 개의 원인요인이나 요인들의 조합이 청년폭력의 모든 실례를 설명하지 못하는 것을 강조하는 청년폭력과 연관된 몇 개의 심리사회적 위험요인들을 확인했다.[74] 위험요인들은 개인, 가족, 또래집단, 학교 및 지역사회와 문화의 수준들에서 일어난다. 예컨대, 더 낮은 수준의 도덕적 추리와 더 나쁜 언어적 기술들과 같은 개인수준의 인지적 결함들이 아동들과 청년들의 공격적 행동과 연관지어져 왔다. 부가적으로, 물질남용의 가족내력, 가정폭력 그리고 부모들에 의한 친사회적 행동들의 모델링이 적음과 같은 가족의 역기능이 또한 하나의 기여요인이다. 문제들을 더 악화시키는 것은 무기들의 접근과 사용에 관해서 이루어지는 더 큰 사회적 이슈와 문제해결의 한 수단으로서 폭력에 대한 미디어의 미화이다.

아동들과 청년들이 학교환경 속에서 매우 많은 시간을 보내기 때문에, 신체적 및 심리적 해를 일으키는 공격의 사건들은 사건들에 관여된 학생들뿐만 아니라, 또한 모든 학생들, 교사들 및 직원들에 대해 부작용들을 갖는다. 전반적인 학교풍토가 깊게 영향 받을 수 있다. 학생들은 더 이상 오로지 그들의 학습에 집중할 수 없는데, 이것은 그들이 또한 그들이 누구와 상호작용하는가, 어디로 걸어가는가 등에 관해서 매우 경계해야만 되기 때문이다. 더욱이, 만일 학생들이 교사들, 직원들 및 권위의 직위들을 가진 타인들이 폭력적 행동을 묵살한다는 것을 알아챈다면, 학생들은 그들이 혼자이며 폭력이 갈등을 처리하는 하나의 인정받는(또는 적어도 관용받는) 수단이라고 느끼기 쉽다. 따라서, 학교는 단순히 폭력과 공격이 널리 행해지고 규범이 될 수 있는 지역사회와 가정환경의 한 연장이라고 여겨질 것이다.[75]

사회심리학자들은 학교에서의 아동의 행동이 그 아동이 전형적이고, 기대된 것이고, 정상적이라고 지각하는 바에 의해 영향 받을 것이라는 것을 지적해왔다. Bandura의 사회인지적 학습이론에서 개요된 바와 같이[76] 아동은 어떤 행동들이 바람직스러운(또는 바람직스럽지 않은) 결과들을 낳을 수 있다는 것을 타인들을 관찰함으로써 배울 것이다. 예컨대, 아동은 공격적 행동이 항상 처벌받지는 않으며 실제로 때로는 보수받는다는 것을 배울 수 있다. 아동은 타인들을 관찰함으로써 어떤 행위들의 결과들을 지각하고, 그 다음에 그에 따라 행동한다. 몇 명의 연구자들은 사회적 상황 속에서 작용할 수 있는 3개의 규범적인 사회적 과정들을 확인해왔다:[77] 즉, (a) 기술적 규범들(descriptive norms 즉, 개인이 어떤 상황에서 "전형적" 행동이라고 지각하는 것), (b) 명령적 규범들(injunctive norms 즉, 어떤 상황에서 사람들이 "기대받거나" "해야만 되는" 것), 그리고 (c) 규범 특출성(norm salience 즉, 상황 속에서 규범들이 어느 정도로 명확하게 "전달되어" 있는가)이다.

기술적 규범들은 개인이 상황을 정의하고 상황에서 오는 정보를 효과적으로 처리하는 것을 돕는다; 특히 만일 개인이 친숙치 않은 환경 속에 있다면, 어떤 상황에서 타인들이 행하고 있는 것을 단지 따르기가 더 쉬울 것이다. 명령적 규범들은 어떤 상황에서 무엇을 해야만 되는가를 명령하며 규범들에 따르는 것(또는 따르지 않는 것)과 연합된 보수들이나 처벌들을 개인에게 알려 준다. 기술적 및 명령적 규범들은 만일 개인이 그것들을 알게 된다면, 개인의 행동에 영향을 준다고 진술되고 있다; 만일 어떤 상황에서의 규범들이 특출하게 되면, 개인은 규범에 일치되는 식으로 행동하는 방법을 안다. 우리는 이러한 과정들이 어떻게 Bandura의 사회인지적 학습이론에 관련있는가를 생각할 수 있다: 즉, 타인들의 행동과 그 행동에 결부된 결과들의 관찰이 개인에 대한 중요한 영향들이다.

그러면, 사회규범들은 공격과 관련해서 교실환경 속에서 어떻게 작용할 수 있는가? 교실에서의 공격적 행동은 하나의 일상적 발생일 수 있다(기술적 규범). 교사는 공격적 행동이 교실에서 적절치 않다는 것을 나타내는 눈초리, 제스처 또는 말들(명령적 규범)에 의해 학생의 그러한 행동을 저지할 것이다. 교사는 또한 상황에서 공격해 왔던 학생을 쫓아냄으로써 다른 학생들에 대해 그러한 규범들을 명시할 것이다(높은 규범 특출성). 학급 내의 다른 학생들도 또한 공격적인 또래들을 적극적으로 포함시키거나 배제시킴으로서 행동의 규범들을 전달할 수 있다(매우 특출한 명령적 규범들).

한 연구자는 교실환경 속에서의 규범적인 사회적 과정들이 어떻게 아동들의 공격적 행동에 영향을 주는지를 연구했다.[78] 초등학생들의 큰 표본을 사용해서, 그는 아동들에게 급우들에 관한 그들의 지각들(즉, 또래들의 공격적 행동, 공격적 또래들의 인기도와 배척)과 신체적 공격과 언어적 공격의 적절성에 관한 그들의 신념들을 보고하게 했다. 아동들의 자기보고들 이외에, 연구자는 교실에서의 교사와 학생의 행동들을 평가하기 위해 관찰법들을 사용했다. 그는 이러한 측정치들을 교실에서의 기술적 규범들(아동의 급우들의 평균적 공격수준의 지각), 명령적 규범들(교실에서의 공격에 관한 아동의 기대들) 및 규범 특출성(공격적 급우들의 인기도에 관한 아동의 견해들과 공격적 행동에 대한 교사의 반응들)을 조사하기 위해 사용했다.

발견들은 교실 내의 공격수준에 관한 아동들의 지각들(기술적 규범들)이 그들의 실제의 공격적 행동에 관련이 없었지만, 그들이 공격적 행동에 대해서 교실 내에서 어떻게 행동해야만 되는가에 관한 아동들의 "기대들"(명령적 규범들)이 그들의 공격적 행동과 유의하게 연관있었다는 것을 보였다. 즉, 교실 내에서 무엇이 적절했는가에 관한 학생들의 신념들이 교실 내에서의 실제의 공격적 행동에 관한 그들의 관찰들보다 더 많이 그들의 공격적 행동에 영향을 주었다. 더욱이, 규범적 사회적 과정들에 관한 이론이 시사하는 바와 같이, 아동들은 만일 그들이 그것을 행했던 급우들이 징계되었거나, 그들의 또래들 사이에서 인기 없다는 것을 보았다면, 공격적 행동을 인정할 수 없었다고 믿었다. 하지만, 만일 아동들이 공격이 교실 내에서 승인되었고 관용되었다고 믿었다면, 그들은 그것을 인정가능하다고 간주했으며, 따라서 공격적 행동이 더 우세했다. 연구자는 학교 공격의 수준에 정말로 영향을 주는 것이 관찰된 급우들의 행동보다 "공격적 행동에 대한 교실의 도덕적 풍토"라고 주장했다. 도덕적 풍토(moral climate)는 교실에서 타인들에 관한 신념들에서 나오는 공격의 적절성에 관한 아동들의 신념들을 일컫는다. 따라서, 이러한 결과들은 교사들과 아울러 학생들이 교실상황에서의 공격적 행동에 관련된 규범들의 발전에 있어서 중요한 역할들을 한다는 것을 의미한다.

(2) 폭력 없는 학교 환경의 조성

폭력을 조장하는 학교환경의 측면들을 최소화시키기 위해서 무엇을 할 수 있겠는가? 학교폭력과 괴롭힘 예방프로그램들에 관한 고찰에서, 연구자들은 그러한 노력들이 (앞에서 논의된 접근과 일치되게) 다수준들에서 사용되어왔다고 지적했다.[79] 예방프로그램들은 전반적인 학교환경과 실천들(예: 운동장, 복도 및 식당에서의 성인의 감독 양), 학업성적(예: 학습곤란을 가진 학생들이 공격적 행동을 저지르는 것과 피해자들이 되는 것의 더 큰 위험성이 있음), 행동관리기법들(예: 괴롭힘에 대한 교사들의 인식과 반응), 및 학업적 분위기와 기대들(예: 학생들 간의 협동보다 경쟁을 강조하기)을 취급하기 위해 고안될 수 있을 것이다. 기본적으로, 효과적 전략들은 공격적 행동이 일어나는 사회적 맥락에 초점을 둘 필요가 있다.[80]

조각그림맞추기식 교실기법과 같이, 어떤 유형의 또래 보조학습전략들이 교실에서의 개인 간 및 집단 간 관계들을 향상시키고, 따라서 학생들 간의 갈등과 기타의 반사회적 행동을 감소시키기 위한 효과적 접근들의 예들이다.[81] 상이한 문화적 배경들, 사회계층들 및 능력들을 대표하는 학생들에게 공동과제를 함께 수행하게 하는 것은 학습을 향상 시킬뿐만 아니라(앞에서 논의된 바와 같이), 또한 교실의 규범을 경쟁과 갈등보다도 협동과 상호의존의 것으로 되는 결과를 낳는다. 정말로, 학생들 사이에서, 조각그림맞추기식 수업기법은 다양성에 대한 더 큰 관용, 타인들에 대한 더 큰 공감과 감정이입 및 증가된 자기존중을 증진시키는 것을 보여왔다.[82] Aronson은 조각그림맞추기 접근의 사용이 학교들에서의 총격사건들에서 일어났던 비극들을 예방했을 것이라고 시사했다.[83] 결국, 당신의 타인에 대한 감정들과 상호작용들이 긍정적이어왔을 때에 그 사람을 공격하기는 곤란하다. 일반적으로, PAL은 또래상호작용들을 향상시키고, 학교에 대한 더 긍정적인 지각을 고무시키고, 학생들에 대해 어떤 소속감을 조성하는 것을 보여왔다.

(3) 학교들에서의 폭력을 감소시키기 위한 다른 프로그램

조각그림맞추기식 수업기법(jigsaw classroom technique)은 학교 자체 속에서 일어나고, 폭력을 용인하고 지지하지 않는 학교 풍토를 발전시키는 데에 지향된 한 중재를 대표한다. 다른 중재전략들은 학교에 관련된 폭력에 기여할 수 있는 학교환경의 밖에서 일어나는 요인들을 취급한다.[84] 연구자들(Eddy 등)은 청년기 동안에 비행적이고 폭력적인 행동을 발전시킨 위험성이 있는 아동들을 겨냥한 하나의 초등학교 프로그램을 기술한다.[85] 가정들과 교사들의 관심들을 연결시키기(Linking the interest of Families and Teachers; LIFT)라고 일컬어지는 이 프로그램은 아동들과 그들의 부모들에게 분노, 좌절 및 갈등을 처리하는 것에 관한 비공격적 방법들을 가르침으로써 Bandura의 사회인지적 학습이론의 요소들을 통합시켰다. 부모들이 그들의 자녀들의 생활 속에서 중요한 역할모형으로서 작용하기 때문에, 그들이 포함되었다. LIFT 프로그램은 3개의 요소를 갖고 있다: 즉, (a) 아동들을 위한 교실에 기초된 사회적 및 문제해결 기술들의 훈련요소, (b) 아동들을 위한 운동장에 기초된 행동수정요소 및 (c) 부모들을 위한 집단 실시적 훈련요소이다.

교실요소를 위해서, LIFT 교실강사들은 10주 동안 1주일에 2회, 1시간 동안 한 교실의 모든 학생을 만났다. 각 세션은 사회적 및 문제해결 기술들에 관한 강의들을 듣고 역할연기하는 것, 또래들과 상호작용하기 위한 기술들을 연습하는 것, 및 운동장에서 비구성된 자유놀이를 행하는 것을 포함했다. 학생들은 감정들을 확인하는 것, 분노를 처리하는 것, 타인들에 대해 적절하게 반응하는 것, 및 또래집단들 속에서 협동하고 문제해결하는 것을 배웠다.

운동장요소를 위해서, 학생들은 소집단들로 나누어졌다. 집단들은 함께 다양한 활동들을 행해서, 그들에게 친사회적 행동들과 아울러 놀이 동안에 또래들과의 부정적 상호작용들의 억제를 보이도록(그리고 그에 대해 사회적 인정을 받도록) 해 주었다.

세 번째 요소를 위해서, 자기들의 자녀가 프로그램요소들을 받고 있었던 동일한 10주의 기간 동안에 부모들에 대해 세션들이 실시되었다. 각각의 부모세션은 훈육의 기본요소들(예: 작은 긍정적 및 부정적 결과들을 이용하기, 문제행동들의 초기 신호들에 주의를 기울이기)과 가정관리기술들(예: 격려해 주기, 부정적 정서들을 통제하기, 자녀들과의 행동교환계약을 맺기)에 겨냥된 정보와 역할연기 활동들을 포함했다. 이 활동들은 친사회적 행동의 모델링과 원하는 행동의 증가를 일으킬 것이라는 사회적 학습과 행동수정 원리들에 기초되었다.

LIFT 프로그램은 3개의 학교구역들의 학교들을 사용해서 Oregon주의 도시지역에서 실시되었다. 프로그램이 실시된 3년 동안에, 이 프로그램을 위해 무작위적으로 선정된 학교들이 동일한 구역에 있는 통제학교들과 비교되었다. 이 프로그램은 학교와 아울러 가정에서 다양한 질문지들과 관찰들을 사용해서 평가되었다. 연구자들은 무엇을 발견했는가? 첫째로, LIFT 프로그램에 기인되어서, 아동과 부모의 행동들에서 유의한 즉각적 변화들(첫 해의 가을과 봄 사이에)이 있었다. 예컨대, LIFT프로그램 속의 아동들은 통제집단 속의 아동들보다 운동장에서 덜 공격적이었으며, 그들의 교사들에 의해 더 긍정적인 것으로 지각되었다. 부가적으로, LIFT 아동들의 부모들은 부모-자녀 문제해결 세션들에서 그들의 자녀와 덜 부정적으로 행동했다. 이 프로그램의 장기적 영향은 무엇인가? 3개의 결과들이 또한 긍정적이었다. 프로그램 이후 3년 동안에, LIFT 학생들은 통제집단의 학생들보다 비행또래들과 어울리는 경향이 더 적었고 알코올과 약물 사용을 행하는 경향이 더 적었다.

LIFT와 같은, 중재들은 우리의 학교들에서 폭력이 하나의 심각한 문제이지만, 극복 불가능한 것은 아니라는 것을 나타낸다. 앞에서의 논의로부터, 교장들, 교사들 그리고 학교관리자들이 협동(경쟁보다도) 학습을 증진시키고, 나눔과 동정과 같은 친사회적 행동에 대해 보수를 주고,

학생들에게 효과적인(그리고 비공격적인) 문제해결과 의사소통을 행하는 방법을 가르치는 분위기를 제공해야만 된다는 것이 분명하다.[86] 간단히 말하면, 우리는 "우리의 학교들이 모든 학생들을 위해서 더 인간적인 사회적 환경들로 스스로 변형할 수 있도록, 전형적인 교실과정들을 변화시킬" 필요가 있다.[87]

요 약

1. 교육과 교실에 대한 사회심리학의 응용은 교육목표들을 달성하는 데에 큰 도움을 줄 수 있다.
2. 학업성취와 연관된 개인적 요인들이 학생들의 자신의 능력에 대한 지각들과 학업성적에 대해 영향을 줄 수 있다. 학업에 대한 태도들, 주관적 규범들 및 행동통제력이 학생들의 학업성적에 기여할 수 있다.
3. 학교에 대한 태도들, 자기 자신의 학업능력들에 대한 신념들 및 학생으로서의 자신에 관한 지각들이 학생들의 학업적 자기개념을 이룬다. 긍정적인 학업적 자기개념은 더 큰 학업적 동기, 더 높은 학업적 노력들, 그리고 더 좋은 학업성적에 관련되어 있다.
4. 학교에 대한 부정적 태도들과 학업적 성공의 중요성을 경시하는 것은 자기핸디캡조성(self-handicapping) 즉, 자기 자신의 수행에 대해 핸디캡을 조성하는 것(자기 자신의 수행에 대해 핸디캡을 조성해서 실패에 대한 변명거리를 갖는 것)과 같은 자기 우대적 전략들의 사용과 연관되어 있다. 불행하게도, 자기핸디캡조성에 대한 의존은 장기적으로 학업적 자기개념, 학업성적 및 기타의 성취들에 대해 부정적 영향을 줄 수 있다.
5. 학교에서 학생들에게 매우 흔히 제공하는 외적 보수들이 학생들의 학습동기와 학업적 수행의 질을 감소시킬 수 있다. 이런 식으로 운영되는 교실은 학생들에게 자기 자신이 학업적 행동에 대해 거의 통제력이 없으며, 타인들을 기쁘게 하기 위해 과제들을 수행하고 있으며, 성취감을 발전시키는 것보다 어떤 보수를 받는 것이 더 중요하다고 믿게끔 만들 수 있다. 이러한 환경은 학생의 자기-결정 즉, 내재적 동기를 해치게끔 만든다.
6. 학생들의 사회적 비교는 학생들의 자기존중과 성취동기에 대해 혼합된 영향을 줄 수 있다.
7. 학교상황이 하나의 사회적 환경이므로, 사회심리학자들은 교실에서 일어나는 대인관계과정들을 집중적으로 살펴왔다. 교사들의 기대들이 자기실현적 예언들(self-fulfilling prophecies)이 될 수 있다. 즉, 교사들의 학생들에 대한 기대가 학생들의 행동방식에 대해 영향을 줄 수 있고, 그 다음에 학생들이 자기 자신을 보는 방식을 변화시킬 수 있다.
8. 또래들과의 상호작용이 또한 학생들의 학업적 성취와 사회적 및 인지적 기술들의 발전에 대해 영향을 줄 수 있다. 또래보조학습 즉, 학생들이 다른 학생들과 함께 집단들 속에서 공부하는 것이 학생들의 학업적 및 사회적 능력을 향상시키기 위해 널리 사용되어왔다. 이러한 방법들은 학생들의 경쟁과 갈등을 감소시키고, 소속감을 증가시키고, 학교공부에 대한 동기를 증가시키고, 학습의 중요성을 강조한다.
9. 사회심리학자들은 학교폭력이 사회적 학습(타인들의 행동의 관찰)과 규범적 과정들(개인이 어떤 상황에서 무엇을 행할 것이 기대되는가)을 통해 무심코 강화될 수 있는가를 연구한다. 성공적 프로그램들은 학교폭력에 영향을 주는 다양한 요인들을 취급하고자 한다. 이러한 노력들은 학생, 가족, 학교 및 더 큰 사회의 요인들에 관련되어 있다.

제8장

조직의 사회심리학

인사 선발
- 전통적인 채용면접들
- 전통적인 면접들에 대한 “과학적인” 대안들

업무수행의 평가
- 감독자의 평정
- 자기 평가
- 새롭고 향상된 평가방법들
- 공정한 절차의 고려

직무 만족: 선행요인들과 결과들
- 직무만족의 결정요인들
- 직무만족의 결과들

동기
- 경제적 보수모형들
- 보너스, 매수 및 내재적 동기
- 형평성의 고려

리더십
- 고전적인 특성적 접근
- 리더십에 관한 연계모형들
- 교류적 리더십
- 변형적 리더십
- 여성들의 리더십

기업가정신의 사회심리학
- 기업가가 되는 사람들의 사회적, 인지적 및 개인적 요인들
- 성공적 기업가들의 특징

요약

직업상황들은 사회적 상황들이다: 즉, 사람들이, 매일, 흔히 몇 달 간이나, 심지어 몇 십년 동안 서로 상호작용하는 상황들이다. 실제로, 우리가 엄청난 부자로 태어날 정도로 많은 행운이 없다면, 우리의 대부분은 많은 다른 사람들과 긴밀하게 함께 일하면서, 어떤 다른 곳보다 직장에서 우리 인생의 더 많은 시간을 보낸다. 이러한 기본적 사실을 전제할 때, 사회심리학의 원리들과 발견들이 직업상황들과 이것들 속에서 진행되는 거의 모든 일들과 직접 관련있는 것이 분명한 것 같다. 그리고, 실제로, 사회심리학은 직업의 세계에서의 사람들의 행동과 사고의 많은 측면들의 이해에 응용되어왔다. 이러한 연구들 중의 많은 것이 산업－조직 심리학자들 즉 직업상황들에서의 모든 형태의 행동과 인지를 전문적으로 연구하고 있는 심리학자들에 의해 수행되어왔다.1) 하지만, 사회심리학자들도 또한 이러한 연구들에 적극적으로 관여해 왔으며, 최근에 매우 증가하고 있다.2) 그들은 직업의 사회적 측면에 관해서 무엇을 알아내 왔는가? 매우 많이 때문에, 우리는 여기에서 그 모두를 기술할 수는 없을 것이다. 따라서, 그 대신에 우리는 본서에 밀접하게 관련된 몇 개의 주제들에 대해 초점을 둔다. 즉, 사회심리학의 발견들과 원리들이 우리의 직업상황에 관한 실제적 의문들에 대해 어떻게 응용될 수 있는가를 명확하게 예시해주는 주제들이다. 이것들은 인사 선발, 업무수행의 평가, 직무만족, 직무동기, 리더십 및 기업가정신을 포함한다.

인사 선발

모든 종류의 조직들에 대해서, 성공의 비결은 유능한 직원의 충원과 발전으로 시작한다. 이런 이유로, 인사 선발이 조직운영의 첫 번째로 중요한 단계이다.3)

전통적인 채용면접들

이전에 원하는 직무에 응시해 왔던 누구나 간에, 때로는 자신이 채용되기 위해서 수 많은 난관을 극복해야만 된다는 것을 알고 있다. 일상적 과정은 잘 알고 있는 것이다: 당신은 이력서를 제출하고, 응모원서에 기입하고, 아마 당신의 근무에 관한 표본들을 제출하거나, 당신의 능력들, 성격특성들 또는 정직성에 관한 어떤 표준화된 검사를 받는다. 당신은 심지어 실제의 대면면접에서 심층적 조사를 받게 될 수도 있다. 전통적 면접에서, 조직의 어떤 대표와 응모자가 직무에 관해 논의하기 위해 직접 만난다. 따라서 면접들은 응모자와 채용자가 서로를 평가하기 위한 양방적 기회를 제공한다. 이러한 가치들은 사회적 지각의 큰 딜레마를 제기한다. 한 응모자로서, 당신은 단지 30분 정도를 호의적 인상을 짓기 위해서 사용한다. 한 면접자로서, 당신은 응모자의 자기제시를 간파하고 합당한 채용결정을 행하기 위해 동일한 짧은 시간을 사용한다.

매우 소수의 채용자들이 면접 없이 책임있는 직위에 대해 완전히 낯선 이를 채용하는 것을 고려할 것이다. 이것에 관해 생각해 보자. 당신이 그럴 것인가? 우리의 대부분처럼, 당신은 아마 사람들을 간파하는 자신의 능력을 믿을 것이다. 한 전문적인 헤드−헌터(head−hunter; 회사들에게 자격있는 간부임원들을 찾는 것을 도와 주는 자문가)의 말을 빌면, 훌륭한 면접자는 후보자의 기본적인 정신적 및 정서적 패턴들을 탐사하고 그 사람이 직무뿐만 아니라, 회사에 대해 적합할 것인지를 결정할 수 있다.[4] 하지만, 몇 가지 의문이 남아 있다: 즉, 면접들(여러 개인적 특징들에 의해 편향되어 있는)은 건전한 채용이나 결정을 향상시키는가? 인권법들은 채용자들이 성별, 인종, 연령, 종교, 국적 또는 장애에 기초해서 차별대우하는 것을 분명하게 금지한다. 면접과정 자체는 이러한 가능한 편향원들을 강화시키거나 감소시키는가? 그리고 면담들은 업무수행에 관한 타당하고도 예측력있는 것인가?

연구들은 면접이 혼합된 효과를 갖는다는 것을 시사한다. 긍정적 측면에서, 직접 면접들은 단순한 고정관념화된 판단들을 행하는 경향을 실제로 감소시킬 수 있다. 성별의 효과들에 관한 연구들은 채용자가 될 사람들이 이력서들과 기타의 서류들로부터 응모자들을 평정할 때, 그들이 비등한 여자들보다 남자들을 최소한 고정관념적으로 여성적인 것이 아닌 직업들에서,[5] 더 높게 평가하는 경향이 있다는 것을 보여왔다.[6] 하지만, 채용자들이 응모자의 자격인정물들에 관해서 더 많은 정보를 입수할 때, 이러한 편견은 감소된다. 직접 면접에서는 무엇이 일어나는가? 성별이 더 특출하게 되는가, 아니면 직무에 관련있는 속성들이 중시되는가? 이러한 의문에 답변하기 위해서 연구자들은 입문수준의 회사직무들을 위해 예비 졸업생들을 충원하기 위해 대학캠퍼스들을 방문했던 다수의 면접자들을 연구했다.[7] 캠퍼스에 머물으는 동안에, 각 면접자는 한 학생을 평정했고 다음의 질문에 대답했다: 이 응시자가 당신의 회사에 취직할 가능성은 얼마나 됩니까? 표본추출된 응시자들 중에서, 53%는 남자였고, 47%는 여자였다. 요지에 더 관련해서, 남자들과 여자들이 똑같게 취업할 것이었으므로, 성차별에 대한 아무런 증거가 없었다. 아마 대면적 상호작용이 서면상으로는 나타나지 않는 응시자의 말하기 능력, 사회적 기술들, 회사에 대한 관심 및 기타의 관련 속성들을 소생시켰을 것이다.

비록 채용자들이 차별적 채용관행들에 대해 점점 더 민감해져 왔을지라도, 규제하기가 더 곤란한 하나의 가능한 편향원이 있다: 즉, 신체매력성이다. 어떤 직무유형들(모델과 같은)을 제외하고서, 아름다움은 직무상의 수행에 대해 관련이 없다. 연구들이 증명한 바와 같이, 사람들은 잘생긴 사람들에 대해서 호의를 갖는다. 이러한 편향이 채용상황들에서 작용되는가? 이러한 의문에 답변하기 위해서, 연구자들은 재정기관의 남녀 관리자들에게 한 세트의 응모서류들(이력서들, 자료지들 및 사진들을 포함하는)을 제시했다.[8] 자기들이 실제의 후보자 직원들을 평가하고 있다고 믿으면서, 각각의 관리자는 4명의 동등하고 자격있는 응시자들(두 명의 남자와 두 명의 여자 그리고 남녀 중의 한 명이 매우 매력있는)을 순위매겼다. 그러면 누가 선정되었을 것인가? 선호하는 약간의 개인적 경향이 있었지만, 신체적 외모가 좀 더 큰 영향을 주었다: 모든 관리자들의 62%가 그들의 최상위 선택으로서 매력있는 응시자를 선정했다. 하나의 긍정적인 점은 결과들이 가장 많은 경험을 가진 관리자들이 잘생긴 것에 대한 편향을 보이지 않았다는 것이다. 하지만, 신체매력이 대면적 채용상황들에서 더 크거나 더 작은 역할을 할지는 두고 볼 일이다.

비록 면담들이 때로는 올바른 직원선발을 일으킬지라도, 이것들은 흔히 예측타당도가 부족하다.[9] 문제의 일부분은 당신이 기대하는 바와 같이, 직무응시자들이 자기 자신을 긍정적 측면에서 제시하고, 가장 많은 자기선전을 행하는자들(반드시 가장 자격있는 자들은 아닌)이 가장 취업하기 쉽다는 것일 것이다.[10] 다른 문제는 어떤 응시자에 대한 채용자의 선입관들이 전체의 면접과정을 왜곡시킬 수 있다는 것이다. 예컨대, 한 연구에서 백인 참가자들이 백인보다 흑인의 응시자에게 질문했을 때, 그들은 더 멀리 앉았고 더 짧은 면담을 가졌다. 이것들은 피면접자들에게 더 신경과민적이고 어색한 방식으로 행동하게끔 만드는 소원한 대인관계스타일들이다.[11] 그리고 다른 실험에서, 연구참가자들이 어떤 응시자가 특정의 직무에 적합하지 않다고 믿게끔 만들어졌을 때에 그들은 긍정적 정보보다 부정적 정보를 찾는 면접 질문들을 준비했다.[12]

이 문제를 예시하는 한 현장연구에서, 연구자들은 한 큰 회사의 상이한 부서들의 관리자들과 이 관리자들이 면접했던 취업응모자들을 조사했다.[13] 그들은 서류 응시재료들에 기초되었던, 관리자들의 면접 전의 기대들이 그들이 수행했던 면접의 종류들과 아울러 결과들에 대해 영향을 주었다는 것을 발견했다. 그들의 기대가 더 높을수록, 그들이 평가하기보다도 "충원하는 것"에 대해 더 많은 시간을 보냈고 그들이 호의적인 채용결정을 행하는 경향이 더 많았다. 이와 비슷하게 연구자들은 부정적 기대들보다 긍정적 기대들을 가진 면접자들이 더 따뜻하게 대했고, 더 사교적이었고, 더 명랑했다는 것을 발견했다.[14] 그들은 또한 더 많은 정보를 제공했고 회사를 선전하는 데에 더 많은 시간을 보냈다. 직무면접들이 하나의 악순환이나 자기실현적 예언(self-fulfilling prophecy)의 일부가 될 수 있는 것 같다. 이것을 인식하지 않는다면, 채용자들은 그들의 기존의 신념들을 지지해 주는 현실들을 생성하는 데에 그들의 기회를 사용한다.

전통적인 면접들에 대한 '과학적인' 대안들

대면면접들은 직무에 유관련하고 무관련한 개인적 특징들을 포착한다. 그 과정이 매우 변화가능하다면, 면접들은 폐기되어야만 되는가? 아마 그것들은 컴퓨터화되어야만(응시자들에게 컴퓨터 상에서 실시된 질의와 응답들의 하나의 프로그램된 순서를 통해 회사들과 상호작용하게끔 만드는 것) 되는가? 사이버 면접들이 응시자들의 시초의 선별을 위한 하나의 장을 제공할 것이다. 하지만, 많은 이들이 그러한 비개인적 방식으로 중요한 인생 결정들을 행하는 것에 대해 편안하게 느끼지 않을 가능성이 있다. 그러면, 편향과 오류를 제거시키면서, 면접의 인간적 만남을 유지시킬 수 있겠는가? 직무수행의 예측을 향상시키기 위해서, 조직들은 더 “과학적인” 선발방법들을 추구해왔다. 미국과 유럽에 있는 몇몇 회사들은 정직성, 세일즈능력, 리더십잠재력과 같은 직무에 관련있는 특성들을 예측하기 위해서, 필기분석(graphology)을 사용한다.[15] 하지만, 통제된 연구들은 필기가 이런 식으로 사용될 수 있다는 주장을 지지해 주지 않는다. 예컨대, 한 연구에서, 전문 필기분석가(graphologist)들이 은행직원들의 자서전적 묘사들 속에 들어 있는 필체를 분석함으로써 직무수행의 여러 측면을 예측하고자 했다. 그러한 동일한 재료들 속의 정보로부터, 연구자들은 이 직원들에 관한 예측을 행했다. 예측된 그리고 실제의 수행의 한 비교는 필기분석가들이 연구자들보다 더 잘하지 않는다는 것을 나타냈다. 실제로, 그들은 그들이 동전을 던짐으로서 그들의 예측을 행했던 것보다 더 정확하지 않았다.[16]

몇몇 조직들은 하나의 선발도구로서 폴리그래프(polygraph)나 거짓말탐지기를 사용한다. 폴리그래프는 신체의 상이한 부분들에서의 생리적 흥분을 기록하는 도구이다. 거짓말하기가 스트레스를 일으킨다는 가정에 기초해서, 폴리그래프 검사자는 면담을 실시하고 여러 질문에 대한 반응으로 피면담자의 흥분수준을 비교한다. 거짓말탐지기를 실시하는 사람들은 이것이 정직성이 있는 후보직원들을 알아내는 그들의 능력을 향상시킨다고 주장한다. 하지만, 반대자들은 이 검사가 개인의 사생활을 침해하고, 이것이 너무 쉽게 오용되고, 이것의 결과들이 충분하게 정확하지 않다고 주장한다.[17] 이러한 이유들로, 미국정부는 1988년에 직원 폴리그래프 보호법을 통과시켰는데, 이것은 법집행, 국가안보 및 공공안전의 직무들에서 거짓말탐지기검사들을 사용하는 법안이다.

(1) 표준화된 검사들

오늘날, 많은 회사가 선발과정에서 표준화된 자필검사를 사용한다. 3개의 일반적인 검사유형들이 이 목적을 위해 사용되고 있다. 몇 개는 일반지능이나 성취, 직무에 관한 지식과 기술, 또는 일상생활의 지혜와 상식과 같은 여러 인지능력들을 측정하고자 고안되어 있다(이것들 모두는 직무 상의 성공에 기여할 수도 있다).[18] 이 범주 속에는 어떤 문제가 일어나 온 관련된 업무상황들을 기술하는 가상적 시나리오들을 포함시키고 있는 “상황판단검사들”이 있다. 선택형질문 속에서, 응시자들은 가장 효과적인 조치과정을 택해야만 된다.[19]

다른 검사들은 리더십잠재능력, 도움성, 지각, 결근 및 절도와 같은, 직무에 관련된 결과들에 대한 가능한 관련성있는 성격특성들을 측정하기 위해 고안되어 있다. 예컨대, 연구들은 성실성의 특성에서 낮기보다 높은 사람들이 일반적으로 직무에서 잘 수행하는 경향이 더 많으며, 더 특수하게, 내향적이기보다 외향적인 점수를 받은 사람들이 사업관리자들과 외판원들로서 성공하는 경향이 더 많다는 것을 보인다. 점점 더, 어떤 성격특성들이 직장에서의 성패를 예측하

기 위해 유용하다는 것이 분명하다.[20]

셋째로, 많은 회사들이 최근에 약물남용, 들치기, 사소한 절도 및 기타의 위반들에 관한 질문들을 통해 응시자의 정직성과 성품을 측정하기 위해 특별하게 고안된 질문지들인 도덕성 검사들을 실시하기 시작해왔다. 반응들은 컴퓨터에 의해 채점된다. 서술적 프로파일들이 제공되며, 임의적인 당락점수들이 어떤 응시자가 패스나 실패했는지를 결정하기 위해 흔히 사용된다.[21]

도덕성 검사들에 대한 하나의 주된 우려는 응시자들이 그것들에 대해 거짓 답변을 행할 수 있다(그들 스스로나 코치하기의 도움을 받아서)는 것이다. 하지만, 이것이 사실인가? 최근에 사용되는 두 개의 상이한 검사유형들을 고려해보자: 즉, ① 수검자에 대해서 그 목적이 분명한 명백한 도덕성검사들과 ② 문항들이 직장에 명확하게 관련있지 않은 일반적인 성격특징들을 측정하는 은연적인 검사들이다. 이러한 검사들의 거짓 답변의 가능성을 검사하기 위해, 연구자들은 대학생들에게 두 유형의 검사들을 모두 실시했다.[22] 몇몇에게는 단순하게 검사들을 받으라고 지시했고, 몇몇에게는 "좋게 보이도록" 가장하라고 지시했고, 또 다른 이들에게는 검사들에서 좋은 성적을 얻기 위해서 코치를 받는 것과 특수한 전략들을 제공했다. 명백한 검사에서, 좋게 가장하도록 지시받은 자들의 점수들이 올라갔고, 특수하게 코치받은 자들에서 다시 증가했다. 하지만, 은연적 성격검사에서, 점수들은 처치들에 의해 영향 받지 않았다. 거짓답변의 문제에 관련해서, 은연적 검사들이 매우 실질적으로 테스트를 통과했다.

하지만, 이러한 도구들이 인사 선발에서 사용하기에 충분하게 타당한가? 비록 회의를 품을 만한 이유가 있을지라도, 지금까지의 연구들은 두 유형의 검사들이 여러 직무에 관련된 행동들을 예측한다고 시사한다.[23] 명백한 도덕성검사들을 사용하는 한 실험에서, 연구자들은 실제의 취직 응시자들이 비동기화된 연구참가자들보다 검사들 상에서 더 높은 점수를 받았으며, 그들의 점수들이 좋게 보이게끔 가장하라고 특수하게 지시받은 참가자들에서 얻은 점수들과 대등하다는 것을 발견했다.[24] 이러한 자기제시편향이 검사의 타당도를 떨어트리는가? 반드시 그렇지는 않다. 두 번째 실험에서, 동일한 연구자들은 참가자들에게 5달러를 과잉 지불했고 낮은 점수들보다 높은 검사점수들을 가진자들이 과잉 지급된 돈을 반환하는 경향이 더 많다는 것을 발견했다. 또한, 다른 연구자들도 이러한 결과를 발견했다.[25] 따라서, 연구자들이 수 천명의 직원들에게 실시된 검사들에 대해 메타분석을 실시했을 때, 그들은 검사점수들이 직무수행과 절도, 결근, 지각 및 규율문제들과 같은 역생산적 행동을 매우 잘 예측한다는 것을 발견했다.[26]

(2) 구성적 면접들

선발 판단을 향상시키기 위한 다른 방법은 구성적 면접들(structured interviews)의 사용을 통한 것이다. 구성적 면접은 동일한 정보가 모든 응시자들로부터 동일한 상황에서 얻어진다는 점에서 하나의 표준화된 검사이며, 그들은 그 다음에 공통적인 관련있는 차원들의 세트 상에서 비교되게 된다.[27] 동일한 질문들을 실시하거나 동일한 과제들을 사용해서, 채용자들은 그들이 자기 자신도 모르게 단순히 그들의 선입견들을 확증시키는 편향된 면접을 실시하는 것을 방지할 수 있다. 수 년 간, 연구자들은 보험외판원들, 세일즈직원들 및 기타의 직원들의 선발에 있어서, 구성적 면접들이 관습적인 면접들보다 더 우수하다는 것을 보여왔다.[28] 이러한 맥락 속에서, 연구자들은 과거중심적 질문들(…이었을 때, 당신은 어떻게 반응했었습니까?)이 미래중심적 질문들(만일 …이라면, 당신은 무엇을 할 것입니까?)보다 더 예측력있는 정보를 낳는다는 것을 발견했다.[29]

선발과 평가 목적들을 위한 하나의 구성적 상황을 조성하기 위해, 많은 조직들이 현재 평가센터들(assessment centers)을 사용하는데, 여기에서 몇 명의 응시자들이 일단의 평가자들에 의해 모니터되는 일군의 활동들(지필검사들, 역할연기 연습들 등)에 참가한다. 한 방법(한 면접)과 한 명의 평가자(한 면접자) 대신에, 다수의 방법들과 평가자들이 사용된다. 평가센터들은 특정의 직위에서 성공하게 될 응시자들을 알아내는 데에 있어서 전통적 면접들보다 더 효과적이라고 널리 가정되고 있다.[30] 하지만, 회사들이 그들의 채용비용을 감소시키려고 노력함에 따라, 이러한 평가들은 흔히 간소화되고(더 적은 수의 평가자들, 더 적은 수의 연습들, 더 짧은 연습들 및 기타의 단축유형들을 포함하는) 있다.[31]

오랜 동안, 연구자들은 상이한 선발절차들이 채용자들을 만족시켜 온 방식들에 초점을 두었다. 하지만, 우리가 앞에서 지적한 바와 같이, 채용과정은 조직들과 응시자들 모두가 서로에 대해 인상을 형성시키는 인간관계적인 쌍방적 길이다. 따라서, 취업지망자들은 방금 기술된 방법들에 대해서 어떻게 느끼고 있는가? 연구들은 사람들이 일반적으로 구체적이고, 직무에 특수한 검사들과 면접상황들을 가장 공정하다고 보며, 지능, 성격 및 정직성에 관한 더 일반적이고, 표준화된 검사들에 의해 평가당하는 것을 싫어한다는 것을 보인다.[32]

업무수행의 평가(performance appraisal)

어떤 사람이 직무에 채용된 후에도 평가과정은 계속된다. 누구라도 상사에 의해, 또는 이 문제에 관해 누구에 의해 상세하게 조사당하는 것을 즐거워하지는 않는다. 그래도, 업무수행평가(performance appraisal), 즉 직원의 근무를 평가하고 그 결과들을 그 사람에게 전달하는 과정은 직장에서 하나의 불가피한 생활의 사실이다. 업무수행평가들은 배치결정, 전보, 승진, 봉급, 보너스 및 일시해고 상에서의 변화들을 위한 하나의 기초를 제공한다. 이것들은 또한 직원들에게 조직내의 그들의 지위에 관한 피드백을 제공한다. 심리학자들이 이러한 과정을 매우 상세하게게 연구해온 것은 당연한 일이다.

만일 직원의 수행이 객관적인 수량화 가능한 기준들에 의해(타이피스트들이 분당 타이프하는 단어들의 숫자, 자동차판매원들이 그들이 판매하는 자동차의 대수, 그리고 의사들이 그들이 치료하는 환자들의 숫자에 의해 판단될 때처럼) 측정될 수 있다면, 이것은 쉬운 일이 될 것이다. 이것들과 같은 양적 측정치들은 흔히 사용가능하지는 않으며, 또한 이것들은 근무의 질을 고려하지도 않는다. 따라서, 필요에 의해, 업무수행평가들은 대개 "주관적" 측정치들(상사들, 동료직원들, 고객들, 내담자들, 그리고 때로는 그들 자신에 의한 직원들에 관한 지각들)에 기초된다.[33]

감독자의 평정

감독자들이 그들의 부하들의 수행에 관해 잘 알고 있다는 가정에 기초해서, 그들은 가장 흔히 평가를 행하도록 요청받는다. 하지만, 이러한 평정들이 정확한 것인가? 그리고 그 과정은 공정한 것인가? 그 과정은 장점들과 아울러 단점들을 갖고 있다. 한편으로, 연구들은 감독자들이 친근성과 같은 덜 관련 있는 요인들보다도 직원의 직무지식, 능력, 기술숙련도 및 신뢰가능성에 의해 더 많이 영향받는다는 것을 보인다. 다른 한편으로, 우리가 보게 되는 바와 같이, 평가자들은 본서의 다른 곳에서 기술된 사회적 지각편향들의 많은 것들에 의해 예측가능하게 영향을 받는다.

수 년 동안, 평가에 관련된 몇 개의 문제들이 확인되어왔다. 하나는 후광효과(halo effect)로서, 직원의 수행의 별개의 측면들 사이를 변별하지 못하는 것이다. 사람들의 상호에 대한 인상들이 여러 은연성격이론들(implicit personality theories)에 의해, 즉 여러 특성들 사이의 관계에 관한 우리가 갖고 있는 선입견들에 의해 인도된다는 것이 밝혀졌다. 어떤 사람이 온정성있다고 믿게 되면, 우리는 그 사람이 또한 관대하고 마음씨가 착하다고 가정한다. 이와 비슷하게, 어떤 직원이 비생산적이라고 믿는 감독자들은 또한 그 직원을 팀워크, 충성심, 독립성, 창의성 및 기타의 구별되는 차원들 상에서 부정적으로 평정할 것이다. 후광효과들은 평가자들이 그들이 잘 알지 못하는 어떤 사람을 평정할 때나, 시간지연이 업무수행에 관한 그들의 기억을 희미하게 만들어 왔을 때에 가장 뚜렷하다.[34] 구체적 정보가 없게 되면, 사람들은 과거의 인상들과 주관적인 은연적 이론들에 의지하고, 수행의 한 측면이 다른 측면을 마찬가지로 함의한다고 가정한다. 하지만, 비록 이러한 효과가 흔히 사람들에게 오류가 되는 판단들을 행하게끔 만들지라도, 우리가 타인들에 대해서 보는 후광(halo)이 실제일 때가 있다.[35]

둘째로, 감독자들에 대해서 동일한 직원을 매번 새로운 안목으로 반복적으로 평가하는 것이 곤란할 수 있다. 일련의 실험들에서, 참가자들은 한 교사에 의한 3개의 비디오로 찍힌 강의들을 보고나서, 그 교사의 말하기능력, 명료성, 준비성, 라포르 등을 평가하도록 요구받았다.[36]

일부의 참가자들에 대해 첫 두 개의 강의들은 질이 낮았으며, 다른 참가자들에 대해 그것들은 질이 높았다. 세 번째, 테이프에서, 모든 참가자들이 동일한 평균수행을 시청했다. 결과는 어떠했을까? 비록 참가자들이 각각의 강의를 독립적으로 평정했을지라도, 그들의 마지막 평가들은 대비효과(contract effect)를 보였다: 즉, 처음에 부정적 업무수행들을 보았던 참가자들은 긍정적 업무수행들을 보았던 참가자들보다 평균적 강의를 더 호의적으로 판단했다. 역설적으로 말하면, 이러한 발견들은 다수의 업무수행평가들을 행하는 감독자들이 어떤 직원의 근무를 이전의 관찰들에 비추어서 판단할 것이라는 것을 시사한다. 하나의 수행이 다른 수행에 대한 기준을 설정한다.

세 번째 문제는 평가자들이 흔히 타인들에 관한 그들의 숫자적 평정들에서 무분별하다는 것이다. 범위제한의 문제(restriction of range problem)라고 알려진 것 때문에, 다소의 사람들은 일관되게 높은 관대한 평정치들을 매기고, 다른 사람들은 부정적인 낮은 평정치들을 매기고, 또 다른 이들은 숫자척도의 중심 쪽으로 이끌린다. 모든 케이스들에서 평정치들의 한정된 범위를 사용하는 사람들은 적절한 구분들을 실행하지 못한다. 때로는, 평정자들 간의 차이들이 상당하다. 25개의 연구들(어떤 것들은 직장에서 수행되었고, 다른 것들은 실험실에서 수행된)의 한 메타분석(meta-analysis)은 권력의 직위에 있는 사람들이 그렇지 않은 사람들에 비해서, 부하의 직위들에 있는 사람들에 대해 낮은 업무수행평정치들을 일관되게 매긴다는 것을 발견했다.[37]

자기 평가

비록 업무수행평가들이 가장 흔히 감독자들에 의해 이루어질지라도, 평가들이 흔히 동료직원들, 의뢰인들, 고객들 등의 관련있는 사람들에게서 구해진다. 학생들 자신은 깨닫지 못할지 모르지만, 학생들은 대학에서 교과목평가 조사들을 실시함으로써, 교수들의 종신재직권(tenure)과 승진 결정에 대해 영향을 주어왔을 수 있다.

하나의 특히 흥미있는 정보출처가 자기평가들에서 나온다. 만일 당신이 이전에 어떤 직무응모에서 당신 자신을 기술한 일이 있었다면, 당신은 자기평가가 너무 겸손해서는 안 된다는 것을 알 것이다. 사람들은 일반적으로 자기 자신을 과도하게 칭찬하는 측면에서 지각해서, 성공에 대한 영예를 차지하고, 실패에 대한 비난을 거부하고, 과장된 통제감을 갖고, 미래에 대한 비현실적인 낙관주의를 나타낸다. 사람들이 자기 자신을 타인들에게 호의적으로 제시하기를 좋아한다는 사실을 추가시키면, 직장에서의 자기평가들이 감독자들에 의한 평정들보다 일관되게 더 긍정적이고 직무성공을 덜 예측한다는 것이 당연할 것이다.[38] 예컨대, 최근의 연구들은 직원들이 그들의 동료직원들에 비해서 자신이 결근했던 회수를 과소 추정한다는 것을 보여왔다.[39]

자기평가들이 다소 조심스럽게 이루어져야만 하는 다른 이유는 사람들이 긍정적 측면에서 자기 자신을 제시하는 경향의 정도에 있어서 차이가 있다는 것이다. 연구들은 사람들이 조직내에서 더 많은 권력을 가질수록, 그들의 자기평가가 더 높다는 것을 보인다.[40] 이와 비슷하게, 연구들은 남자들이 여자들보다 일반적으로 더 자기자랑을 하고, 그들 자신의 수행을 과대평가하는 경향이 더 많다는 것을 보여왔다. 따라서 근무평가들이 자기평가에 기초되는 한, 이러한 차이들이 부하들과 여자직원들 모두에 대해 불리하게 작용한다.

새롭고 향상된 평가방법들

업무수행평가들을 항상 신뢰할 수는 없다. 하지만, 근무실적에 관한 더 객관적인 측정치들이 사용가능하지 못할 때, 조직들은 선택권이 전혀 없고 불완전한 인간 판단에 의지해야만 된다. 연구자들에 대해, 이루어지는 평가들의 정확성을 향상시키는 방법을 찾는 것이 하나의 도전거리이다.

하나의 해결책은 업무수행의 관찰에 관련해서 평가의 시기에 관한 것이다. 평가들은 날짜, 주 및 개월의 지연이 있을 때보다 수행 직후에 이루어질 때에 오류가 더 적은 경향이 있다. 대안적으로, 평가자들은 그들의 관찰들을(아마 행동 점검목록들을 사용해서) 노트하고 명료한 기록을 유지해야만 된다. 문제의 일부분은 일단 세부사항들에 대한 기억이 희미해지기 시작하면, 평가자들이 고정관념들과 기타의 편향들에 의지한다는 것이다.[41] 두 번째 해결책은 사용된 평가자들의 숫자를 증가시키는 것이다. 사정센터(assessment center)들에서 처럼, 다수 평점자체계(multiple rater system; 여기에서 최종 평가는 상이한 시각을 가진 독립적 소스들에 의해 이루어진 평정치들의 평균을 나타낸다)가 단일 평점자보다 더 우수하다. 따라서 단일 개인이 자신의 수행평정치들 속으로 가져오는 편향은 무엇이건 간에, 어느 정도로 타인들의 평정들에 의해 상쇄될 수 있다. 셋째로, 정확한 평가를 행하기 위해 필요한 몇 개의 기술을 가르칠 수 있다. 여러 훈련프로그램들이 개발되어 왔으며, 연구는 정확성이 그들의 주의를 직무에 관련된 행동들에 집중시키고, 그들의 기억기술들을 연마하고, 그들에게 조직내의 준거틀이 되어 주는 수행기준들을 알려 주고, 그들에게 평정척도들의 사용에 대해 연습과 피드백을 제공해서, 사회적 지각의 편향들에 대해 경계시킴으로써 향상될 수 있다는 것을 보인다.[42] 완전한 체계가 없을 것이지만, 많은 향상이 가능하다(특히 사람들이 정확하려는 동기를 갖고 있을 때에).[43]

공정한 절차의 고려

업무수행평가에 대한 문제의 일부분은 사람들이 흔히 정확성의 손실을 일으키는 사회적 지각편향들을 보인다는 것이다. 하지만, 이러한 너무나도 인간적인 특성에서, 또한 다른 문제가 있다: 즉, 공정성이다. 직무수행의 평가들은 (이것들이 인사결정들에 대해 영향을 주기 때문에) 직장 내의 정치적이고 자기이익적인 고려사항들에 의해 동기화된 사람들에 의해서, 흔히 편향되고, 때로는 고의적으로 왜곡된다. 특히 고위간부수준에서, 사무실 정치들이 하나의 조직생활의 사실이다.[44] 공정성을 높이기 위해서, 연구자들은 수행평가에 관한 공정한 절차모형(due process model)을 제안했다.[45] 일반적으로, 이 모형은 형사재판체계가 형사피고인을 보호하고자 하는 것과 동일한 방식으로 직원들의 권리를 보호하고자 고안되어 있다. 이 모형은 3개의 원칙으로 구성되어 있다. 첫 번째 원칙은 적절한 알림(adequate notice), 즉 직원들이 이해하고 질문할 수 있는 분명한 수행기준들이 있어야만 된다는 것이다. 두 번째 원칙은 직원들이 공정한 청문(fair hearing)을 받아야만 된다는 것인데, 여기에서 그들은 그들의 근무를 아는 감독자에 의해 평가받으며, 그들은 시의적절한 피드백과 아울러 그들 자신의 주장을 제시할 기회를 제공받는다. 세 번째 원칙은 평가가 편견, 부패 또는 기타의 외부적 고려사항들이 아니라, 직무수행의 "증거"에 기초되어야만 된다는 것이다. 사람들이 임금인상들과 차별폐지조치정책들의 실시에 대해 어떻게 반응하는가에 관한 연구들에 의해 나타낸 바와 같이, 절차적 공정성(결정들이 어떻게 이루어지는가)이 좋은 결과(어떤 결정들이 이루어지는가)와 꼭 마찬가지로 중요할 수 있다.[46][47] 따라서, 자신의 임금에 대해서 불만족하는 직원들은 그들이 임금을 결정짓기 위해 사용된 절차들을 불공정하다고 볼 때, 그리고 그들이 그 결정에 대해서 의논받지 않았을 때, 보복하기(예: 병이 났다고 말하기, 회사의 공급품들을 훔치거나 낭비하기, 또는 장비를 손상시키기에 의해)가 더 쉽다.[48]

직무 만족: 선행요인들과 결과들

조직들 내의 개인들은 그들의 봉급, 승진기회, 동료직원들, 상사들 및 직무들을 포함하는 많은 상이한 사항들에 관해서 태도를 형성한다. 자신의 직무에 관한 이러한 느낌들은 직무만족이라고 알려져 있다. "직무만족"은 자신의 전반적 직무와 아울러 직무의 여러 측면들에 대한 개인의 태도라고 정의될 수 있다; 이것은 개인의 근무환경에 대해 호의적이거나 비호의적 방식으로 반응하려는 하나의 성향이다.[49]

당신이 지금 인식하거나, 하지 않거나 간에, 직무만족은 당신에게 중요할 것이다. 실제로, 이것은 당신이 대학에 다니는 이유의 바탕이 될 것이다; 즉, 당신이 졸업 후에 원하는 직무의 종류를 얻기 위한 지식들, 기술들 및 능력들을 당신이 갖게 될 가능성을 최대화시키는 것이다. 만일 당신이 학교에 영구히 다녀왔던 것 같이 여겨진다면, 당신의 인생과정 전체 동안에 당신이 얼마나 오래 일할 것 같은가를 생각해 보라(약 65세 때까지 하루 8시간, 주당 5일이다). 말할 필요도 없이, 당신은 만일 당신이 그 시간 동안에 당신이 가진 직무에 때해 만족하게 된다면, 훨씬 더 행복할 것이다.

직무만족을 측정하기 위해 가장 널리 사용된 두 개의 접근들은 전반적 접근(global approach)과 측면적 접근(facet approach)이다. 전반적 접근은 전반적인 직무만족을 고려하며 단순하게 직원들에게 다음과 같은 한 개의 일반적 질문에 반응하도록 요구한다. "모든 것을 고려했을 때, 당신은 당신의 직무에 대해 얼마나 만족하고 있습니까?" 응답들은 대개 '매우 만족했다'에서 '매우 불만족했다'까지의 범위의 한 개의 5점 평점척도 상에서 제공된다. 측면적 접근은 더 복잡하다. 이 접근에서, 직무만족은 직무의 몇 개의 상이한 핵심측면들에 관한 느낌들과 태도들로 구성된 것으로 간주된다. 포함되게 될 대표적 측면들은 업무의 성질, 감독의 질, 봉급, 가외의 혜택들, 승진기회, 직무조건들 및 감독자들과 동료직원들과 같은 타인들과의 관계들이다. 이러한 측면들이 표준화된 척도 상에서 평정되고 그 다음에 전체 직무만족 점수를 내놓기 위해 합계된다.[50] 직무만족에 관한 연구들 중의 많은 것이 그 측정에 있어서 측면적 접근을 사용한다.

이 절은 지난 몇십 년 동안 연구자들의 관심을 끌어 왔던 직무만족의 두 영역을 논의한다: 즉, (a) 직무만족을 결정짓는 요인들과 (b) 개인과 조직의 결과들에 미치는 직무만족의 영향들이다. 불행하게도, 이 재미있고 중요한 주제에 관해서 단시 표면만을 취급할 수밖에 없는데, 이것은 직무만족에 관한 연구들이 수천 개나 되고,[51] 이 분야에서의 최근의 이론적 및 경험적 발전들을 전제할 때, 앞으로도 한 동안 계속될 것 같기 때문이다.

직무만족의 결정요인들

이제 우리가 직무만족이 무엇이고 이것의 측정방법에 관해서 조금 알고 있으므로, 직무만족의 결정요인들을 고려해보자. 다시 말하면, 무엇이 사람들에게 그들의 직무를 좋아하게끔 "만드는가?", 그리고 왜 어떤 사람들은 동일한 조직내의 동일한 직무에 대해 상이한 태도를 갖는가? 이러한 의문들이 수백 개의 경험연구들과 만족의 비교수준모형(comparison level model of satisfaction),[52] 직무특징들모형(job characteristics model)[53] 및 사회적 정보처리모형(social information processing model)[54]과 같은 몇 개의 이론적 모형들에서 취급되어왔다.

경험연구의 면에서, 문헌들에 관한 하나의 초기의 고찰은 직무만족에 기여하는 가장 중요한 요인들이 직무와 근무환경의 특징들(정신적으로 도전적인 일, 형평성있는 보수들, 지원적 근무환경 및 지원적 동료들)을 반영한다는 것을 나타냈다.[55] 더 최근의 연구는 개인적 성향들이 또한 사람들이 그들의 직무에 대해서 얼마나 만족하기 쉬운가를 결정짓는 데에 있어서 큰

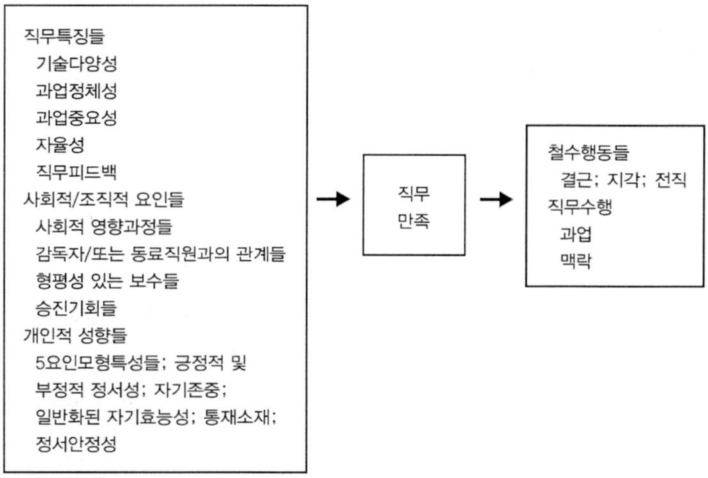

도 8.1 직무만족의 선행요인들과 결과들

역할을 한다는 것을 나타내왔다.[56] 이러한 요인들의 몇 개에 관한 요약이 도 8.1에 제시되어 있다. 그림의 왼쪽은 개인이 자신의 직무에 대해 만족하게 될 정도에 관련되어 있다고 간주된 요인들을 보여준다: 즉, 직무의 지각된 특징들, 근무환경의 사회적 및 조직적 측면들, 및 개인의 개인적 특징들이다. 그림의 오른쪽은 직무만족의 결과들이나 성과들을 보여준다. 지면의 제약 때문에, 직무만족의 소수의 요인들만이 고려된다: 즉, (a)Hackman과 Oldham(1976)의 직무특징들 모형에 의해 제안된 직무의 핵심특징들, (b)Salancik과 Pfeffer(1978)의 사회적 정보처리 모형에 의해서 제안된 사회적 맥락의 역할 및 (c)개인적 성향들이다.[57]

(1) 직무특징들

"직무 특징들"은 직무 과업들 자체의 내용과 성질을 일컫는다. 도 8.1에 제시된 5개의 그러한 특징들은 Hackman과 Oldham(1976)의 영향력있는 직무특징들모형에 대해 중심이 되는데, 이 모형은 근로자들이 직무 과업들의 내재적 성질에 의해 동기화될 수 있다는 전제에 기초되어 있다. 5개의 직무특징들과 직무만족사이의 관계에 대한 상당한 경험적 지지가 있다. 한 세트의 관련된 연구가설들을 취급하는 많은 연구의 결과들을 종합하는 통계적 기법인 메타분석(meta-analysis)을 사용해서, 연구자들은 5개의 직무특징들과 전체적 직무만족 사이의 평균 상관들이 다음과 같다고 추정했다:[58]

- 기술다양성(직무가 근로자들에게 상이한 과업들을 수행하는 것을 허용하는 정도): +.29
- 과업정체성(개인이 시작부터 끝까지 자신의 작업을 볼 수 있는 정도): +.20
- 과업중요성(개인의 일이 중요하고 의의있는 것으로서 여겨지는 정도): +.26
- 자율성(개인이 자신의 직무를 수행하는 방법에 대해 통제력을 갖고 있는 정도): +.34
- 직무피드백(일 자체가 개인의 효과성에 관한 피드백을 제공하는 정도): +.29

직무특징들과 직무만족 간의 위의 관계들은 주요 직무만족측면들(봉급, 승진기회, 동료직원들, 감독, 및 일 자체) 중에서, 일 자체에 대한 만족이 대개 전반적 직무만족에 대해 가장 중요한 측면으로 나타나는 더 일반적인 발견과 일치된다.[59] 당연하게, 우리의 대부분에 대해 우리의 일은 그것이 만족스러운 것이 되기 위해서는 개인적으로 흥미있고 의미있는 것이어야만 된다. 더욱이, Hackman과 Oldham(1976)에 의하면, 직무특징들과 직무만족 간의 관계는 높은 성장욕구강도(growth need strength; GNS)를 가진 근로자들에 대해 좀 더 강할 것이다. GNS는 근로자들의 도전적인 직무특징들에 대한 수용성 즉, 그들이 자신의 직무들이 자신의 개인적 성장과 발전에 기여하기를 원하는 정도로서 정의된다. 이것은 사실인 것 같다. 직무특징들과 직무만족 간의 평균 상관들이 높은 GNS 근로자들에 대해서 .68, 그리고 낮은 GNS 근로자들에 대해서 .38이 보고되었다.[60]

직무만족의 잠재적 결정요인들로서 직무특징들에 관한 우리의 논의를 끝내기 이전에, 몇 개의 경고의 지적들이 적절하다. 직무만족에 있어서 직무특징들의 역할을 연구해 온 대부분의 연구들의 한 가지 제한점은 직무특징들이 자기보고 질문지들의 수단에 의해 평가되었다는 것이다. 즉, 근로자들이 직무만족 측정도구와 아울러 그들의 직무의 특징들을 기술하는 측정도구에 응답하고, 후자를 기술 다양성, 자율성, 등 상에서 평정한다. 하지만, 변인들이 상관되어 있다는 것을 단순하게 증명하는 것은 한 변인이 반드시 다른 변인의 원인이 된다는 것을 의미하지는 않는다. 비록 더 흥미있고 의미있는 직무들이 더 높은 직무만족을 일으키기 쉽다고 결론짓는 것이 직관적으로 호소력이 있을지라도, 자신의 직무를 좋아하는 사람들이 자신의 직무에 대해 불만족하고 있는 사람들보다 직무를 더 호의적으로 기술하는 경향이 있다는 것도 또한 사실일 수 있다. 따라서, 직무만족이 근로자들에 의해서 질문지 상에서 평정된 직무특징들이 결과이기보다도 원인일지도 모른다. 그렇지 않으면, 직무특징들의 지각들과 직무만족 간의 관계가 각각이 서로 영향을 준다는 점에서 양방향적일지도 모른다.

(2) 사회적 및 조직적 요인들

도 8.1에서 보이는 바와 같이, 다양한 사회적 및 조직적 요인들이 근로자들이 그들의 직무에 대해 만족하는 정도를 결정짓는 데에 있어서 중요한 역할을 한다. 예컨대, 근로자의 감독자들과 동료직원들과의 관계들의 성질과 개인이 자신의 근무보수들(예: 봉급, 승진, 근무시간)이 다른 근로자들이 얻은 보수들에 비해서 형평성있다고 지각하는 정도가 개인의 직무만족의 느낌들에 대해 중요한 영향을 준다.

사회적 영향과정들이 또한 개인의 직무만족 수준에 영향을 준다. 예컨대, 직무만족에 관한 사회적 정보처리모형은 사람들이 "그들의 사회적 맥락과 그들 자신의 과거와 현재의 행동과 상황에 태도들, 행동들 및 신념들을 순응(적합)시킨다는 전제에 기초되어 있다. 다시 말하면, 근로자들은 즉각적인 사회적 환경을 포함해서, 그들이 사용가능한 정보에 기초해서 그들의 직무만족의 수준들을 발전시킨다. 연구자들에 의하면, 사회적 환경은 개인들이 그들의 직무의 성질을 구성하고 해석하기 위해 사용하는 단서들을 제공한다. 하나의 그러한 과정은 다른 직원들의 동기와 만족의 수준들을 관찰하고 그러한 수준들을 모델링하는 근로자들을 포함한다. 이러한 모델링은 직무들이 흔히 복잡하고 애매한 자극들이며 근로자들이 그들의 직무의 다차원적 요소들(예: 직무특징들, 감독자들, 봉급)에 대해 반응하는 방법에 관해서 불확실 할 수 있기 때문에 일어난다. 한 근로자의 동료직원들이 그들의 직무를 어떻게 평가하는가에 관한 지식은 그 근로자에게 어떻게 반응하는가에 대한 어떤 아이디어를 제공한다. 예컨대, 만일 당신이 당신의 동료직원들로부터 그들의 의사결정권의 부족에 관해서 계속 부정적 진술들에 접하게 된다면, 당신도 역시 당신의 직무를 그러한 자율성이 부족하고, 따라서 덜 만족스럽다고 지각하게 된다. 이와 반대로, 만일 당신의 동료직원들이 긍정적으로 이야기한다면, 당신은 이러한 긍정적 평가들에 의해 영향 받게 되고, 따라서 당신의 직무에 대해 더 만족하기 쉽다.

요약하면, 직무특징들 모형은 직무만족이 직무를 수행하는 데에 요구된 기술들의 다양성과 수행된 직무의 중요성과 같은, 직무의 객관적 특징들에 의해 주로 결정된다고 주장한다. 이와 달리, 사회적 정보처리모형은 직무만족이 직무환경 속에서의 사회적 영향의 효과들에 기초되어 있다고 가정한다. 앞에서 지적된 바와 같이, 직무특징들모형에 대한 상당한 경험적(비록 상관적일지라도) 지지가 있다. 일반적으로, 연구들은 또한 사회적 정보처리모형을 지지해왔다. 예컨대, 한 실험실실험에서,[61] 연구자들은 참가자들이 그들의 과업에 관한 실험협조자의 부정적 논평들에 접했을 때보다도 과업에 관한 실험협조자의 긍정적 논평들에 접했을 때, 과업이 더 즐겁다고 평정했다는 것을 발견했다. 미국의 군사기지에서의 66명의 민간인 근로자들에 관한 한 현장연구에서,[62] 연구자들은 사회적 환경(즉, 동료직원들 간의 의사소통과 친구관계)에서 오는 정보가 사람들의 직무만족에 대해 유의한 영향을 주었다고 보고했다. 따라서, 사회적 환경과 아울러 직무특징들이 사람들이 자신의 직무에 대해 만족하는 정도에 있어서 중요한 요인들인 것 같다. 이하에서 논의되는 개인적 성향들도 또한 마찬가지이다.

(3) 개인적 성향들

1980년대 중반 이전에, 소수의 연구들이 직무만족의 소스들로서 개인차들, 그리고 훨씬 더 적게 성격에 대해 초점을 두었다.[63] 하지만, 그 이후로 두 개의 창시적 연구들이 직무만족의 결정요인들로서 성향요인들의 역할에 관한 연구들에 대해 상당한 자극을 제공해왔다.[64][65] Staw 등(1986)은 1920년대에 시작된 세대간 연구들에서 나온 자료를 사용했다. 청년기에 시작해서, 참가자들은 그들의 생애 동안에 몇 번을 면담들과 질문지들을 사용해서 몇 개의 특징들 상에서 평가받았다. 17개의 특징들 상의 점수들이 종합되어서 감정적 성향에 관한 한 측정치가 되었다. 그들은 초기 청년기 때와 같이 젊었을 때에 평가된 긍정적 정서 성향이(예: 쾌활하다, 온정적이다, 부정적이다) 54세 내지 62세 때에 평가된 전반적 직무만족과 유의하게 상관있다(.34)는 것을 보이는 뚜렷한 결과들을 보고했다.

하나의 좀 더 호기심을 돋우는 연구에서, Arvey 등(1989)은 초기 아동기부터 떨어져서 양육된 34쌍의 일란성 쌍둥이들(즉, 각 쌍은 유전적 구성이 동일했지만, 다른 환경에서 살았다)의 직무만족수준들에서의 유의한 유사성을 발견했다. 쌍둥이들의 직무만족의 평정치들 간의 상관은 .31었으며, 이것은 만일 한 한국사람이 자신의 직무에 대해 만족하는 경향이 있었다면, 그 사람의 일란성 쌍둥이도 그러했다는 것을 의미한다. 사람들은 그들에게 자신의 일에 대해 더나 덜 만족하게끔 만드는 특징들을 지니고서 태어나는 것 같다. 연구자들의 말을 빌면,[66] 직무만족의 유전성은 성격이나 기타의 성향들에서의 유전성을 통해 작용하는 것으로서, 간접적이기가 매우 쉽다. 하지만, 연구자들에 의해 지적된 바와 같이,[67] Staw 등(1986)의 연구도 Arvey 등(1989)의 연구도 특수한 성격특성들과 직무만족 간의 관계에 대한 직접적 증거를 제시한 것은 아니다.

그 후의 연구들은 이러한 문제를 취급하고자 했으며, 5요인 성격모형(예: 신경증), 핵심적 자기평가특성들(예: 자기존중), 긍정적 정서성(열성, 자신, 명랑성 등을 경험하는 경향) 및 부정적 정서성(불안, 적대감, 분노 등을 경험하는 경향)에 대해 중심이 되는 것들을 포함해서, 다양한 성격특성들에 초점을 두어왔다. 이 연구들의 발견들에 관한 다양한 메타분석이 수행되어 왔으며, 그 결과들(Hulin과 Judge, 2003에 의해 요약됨)이 표 8.1에 제시되어 있다.[68] 표 8.1에서 보인 압도적 대다수의 상관들이 유의했는데, 이것은 직무만족에 대한 성격의 관련성을 분명하게 지지한다. 일반화된 자기효능성과 긍정적 및 부정적 정서성이 직무만족과 가장 높게 상관되어 있는 것 같다. 따라서, 사람들이 그들 자신의 유능성과 효과성을 더 많이 믿을수록, 그리고 그들이 부정적 정서들보다 긍정적 정서들 쪽으로 더 많은 성향이 있을수록, 그들이 자신의 직무에 대해 만족하게 될 가능성이 더 많다.

비록 성격의 개인차들이 직무만족에 영향을 주는 정도를 연구하는 연구들이 계속될 것 같을지라도, 환경적 및 사회적 요인들(예: 직무특징들, 사회적 영향과정들)이 직무만족에 미치는 영

표 8.1 성격과 직무만족 간의 관계에 관한 평균 추정치들

성격특성	평균 수정된 상관
5요인 모형 특성들	
신경증	−.29
외향성	.25
경험에 대한 개방성	.02
상냥성	.17
양심성	.26
핵심 자기평가 특성들	
자기존중	.26
일반화된 자기효능성	.45
통제 소재	.32
정서 안정성	.24
긍정적 및 부정적 정서성	
긍정적 정서성	.49
부정적 정서성	−.33

출처: Hulin과 Judge(2003)에서 개작됨.

향을 경시하지 않는 것이 중요하다. 이러한 면에서, 개인−직무 적합모형들(person−job fit models)은 직무만족이 개인적 성향들과 환경적(직무의) 특징들 간의 복잡한 상호작용들에서 나온다고 가정한다.[69] 이러한 접근을 추구하는 연구자들은 개인의 직무만족이 자신의 개인적 특징들과 직무의 성질 사이에 좋은 걸맞춤이 있는 한 더 높을 것이라고 주장한다.[70] 예컨대, 경험적 증거는 사람들이 그들이 자신의 직무에서 무엇을 '원한다'고 말하는가(예: 자율성)와 자신의 직무에서 그들이 무엇을 '갖고 있다'고 말하는가 사이의 일치가 더 가까울수록, 그들의 직무만족이 더 크다는 것을 보이는 데에 있어서 꽤 일관성이 있다.[71]

직무만족의 결과들

자신의 직무에 대해 만족하거나 불만족하는 근로자들로부터 어떤 결과들이 기대될 것인가? 이러한 의문은 직무만족이 직무수행에 어떻게 영향을 주는가에 대해 특별한 관심이 두어지면서, 지난 몇 십년 동안에 막대한 양의 연구를 내놓아 왔다. 부가적으로, 직무만족이 많은 다른 중요한 조직적 및 개인적 결과들에 미치는 영향이 잘 입증되어왔다. 그러한 결과들은 근로자의 철수 행동들(예: 결근, 전직), 역생산적 행동들(예: 절도, 태업, 대인적 폭력), 및 근로자의 복지(예: 신체적 및 정신적 건강, 일반적 생활만족)를 포함한다. 이 절은 근로자의 철수행동들에 관한 연구

들을 간략하게 고찰하고 나서, 직무만족과 직무수행간의 관계에 대해 관심을 돌린다. 이 절은 이러한 관계의 가능한 인과적 성질에 관한 논의로 끝맺는다.

(1) 직원의 철수행동들(withdrawal behaviors)

당신이 예상할 수 있는 바와 같이, 자신의 직무를 싫어하는 사람들은 결근(즉, 근무에 빠짐)이나 자의적 전직(즉, 사직)의 형태들로 직무를 회피하거나 '철수하기'가 더 쉽다. 결근은 북미에서 하나의 값비싼 행동이다. 예컨대, 십 년 이상 전에, 한 연구자는 병가 중의 수당, 생산성 손실 및 결근 직원들을 보충하기 위한 잉여직원이 매년 미국과 캐나다 조직들에서 각각 460억 달러와 100억 달러의 비용에 이른다고 추정했다.[72] 분명히, 모든 결근을 직무불만족에 귀인시킬 수는 없다. 사람들은 병, 가정문제들 및 기후조건을 포함하는 많은 불가피한 이유로 결근한다. 그럼에도 불고하고, 몇 명의 연구자들은 결근과 직무만족 간의 관계를 연구해왔다. 문헌들에 대한 하나의 초기의 고찰에서, 연구자들은 자의적 전직과 아울러 결근이 직무만족이 감소함에 따라 증가한다고 결론지었다.[73] 하지만, 이러한 관계들은 특별하게 강하지는 않다. 예컨대, 결근에 관련된 연구발견들에 관한 하나의 메타분석적 고찰에서, 연구자들은 결근과 직무만족 간의 단지 −.09의 평균 상관을 보고했다. 그들은 또한 결근이 직무만족의 다른 측면들보다 어떤 측면들 특히, 근무 자체의 성질에 대한 만족과 더 밀접하게 관련되어 있다는 것을 발견했다.

자의적 전직은 또한 조직들에 대해 값비싼 것이다. 한 직원이 충원되고, 채용되고, 훈련되고, 평가될 무렵에, 조직은 상당한 양의 시간과 돈을 그 사원에게 투자해왔다. 연구자에 의해 지적된 바와 같이,[74] 한 직원이 사직할 때, 그 사람에 대한 시초의 투자가 상실될뿐만 아니라, 또한 조직은 새로운 충원, 선발 및 훈련의 새로운 주기에 부가적인 돈을 써야만 된다. 연령, 교육수준, 결혼상태 및 부양하는 자녀수와 같은 전직에 기여하는 많은 요인들이 있다.[75] 젊고, 잘 교육받았고, 부양할 가족들이 없는 직원들이 더 유동적이고, 따라서, 대안적 취업기회들을 찾기가 더 쉽다. 이동의 지각된 용이성 이외에, 연구자들은 또한 직무만족이 조직을 떠나려는 결정들에서 행하는 역할을 살펴 왔다. 일반적으로, 연구들은 덜 만족한 근로자들이 사직하는 경향이 더 많으면서, 직무만족과 전직 사이의 다소 강한 관계를 나타낸다.[76]

요약하면, 경험적 증거는 비록 직무만족이 여러 유형의 근로자의 철수행동에 관련되어 있을지라도, 이것은 결근경향보다도 전직경향을 더 많이 예측한다. 말할 필요도 없이, 자신의 직무를 싫어하는 모든 근로자들이 사직하지는 않으며, 따라서 그 다음의 의문을 제기한다: 즉, 불만족하고 직무에 머무는 근로자들이 더 나쁘게 수행하는가? 다음 절은 이러한 의문에 답변하고자 한다.

(2) 수행

연구자들에 의해 지적된 바와 같이,[77] 직무수행과 직무만족 간의 관계의 연구는 응용심리학에서 가장 존경할 만한(훌륭한) 연구 전통들 중의 하나이다. 1920년대와 1930년대의 호손연구들 이후로,[78] 연구자들과 관리자들은 "행복한 근로자가 생산적인 근로자"라는 직관적으로 호소력있는 생각에 사로잡혀 왔다. 하지만, 최근까지, 이러한 생각은 거의 경험적 지지를 받지 못했다. 예컨대, 연구문헌들에 관한 하나의 영향력있는 메타분석적 고찰 속에서, 연구자들은 직무수행이 기껏해야, 직무만족에 단지 약하게 관련되어 있다고 결론지었다.[79] 그들의 만족과 수행 간의 .17의 추정된 상관은 특수한 직무만족측면들(예: 봉급, 동료직원들, 승진기회들)과 직무수행 사이의 상관들의 평균에 기초되었다.

최근에, 그들의 메타분석이 통계적 및 개념적 근거들에서 비평받아왔다.[80] 통계적 결함들은 우리의 현재의 목적의 범위 밖에 있으며, 따라서 여기에서는 단지 후자만이 취급된다. 비평가들은 직무만족과 직무만족의 특수한 '측면들' 사이의 상관들을 평균하는 것이 수행과 '전반적 직무만족' 사이의 관계와는 개념적으로 다르다고 주장했다.[81] 따라서, 그들은 우리가 각 측면과 직무수행 사이의 개별적 상관들을 평균하는 것과는 반대로, 직무만족 측면들의 한 종합을 만들어야만 된다고 시사했다. 그들 자신의 메타분석에서 이러한 접근을 사용해서, 비평가들은 직무만족과 직무수행 사이의 수정된 상관이 .30이라고 추정했는데, 이것은 메타분석을 수행한 연구자들에 의해 보고된 이전의 추정치보다 거의 두 배나 높은 것이다.

수행의 다른 측면은 조직내 시민행동이다. 조직내 시민행동(organizational citizenship behavior)은 공식적인 보수체계에 의해 직접적으로나 명백하게 인정되지 않은 자유재량적인 것이며, 전체적으로 조직의 효과적 기능을 증진시키는 근로자의 행동을 일컫는다.[82] 조직내 시민행동은 규정된 직무요구사항들 즉, 근로자가 자신의 직무기술(記述)에 따라 무엇을 해야만 되는가와는 구분될 수 있다. 예컨대, 조직내 시민행동은 동료직원들을 자발적으로 돕는 것, 타인들에게 직무에 관련된 문제들을 경고해 주는 것, 개인 자신의 일을 성실하게 수행하는 것(예: 조직의 자원들을 낭비하지 않는 것, 회의들에 참석하는 것과 조직에 영향을 주는 더 큰 이슈들을 파악하는 것과 같은 조직의 생활 속에 자기 자신을 몰입시키는 것), 그리고 불평함이 없이 불가피한 불편들과 업무의 부과를 감수하는 것과 같은, 수행행동들을 포함한다. 직무만족이 확실히 어떤 근로자가 직무를 완수하게끔 만들기 위해서 "의무의 요구를 넘어서 수행하게 될" 정도에 대해 다소의 영향을 줄 것이다.

실제로, 연구는 사람들이 자신의 직무에 대해 더 많이 만족할수록, 그들이 더 많은 훌륭한 시민적 기여를 행하는 경향이 있다는 것을 보여왔다.[83] 하지만, 그 관계는 공정성의 지각들에 의해 조절되는 것 같다. 공정성이 통제될 때, 직무만족은 조직내 시민행동에 관련되어 있지 않다.[84] 다시 말하면, 근로자들이 조직의 과정들과 결과들이 공정하다고 지각할 때, 그들은 그들의 사용자를 신뢰하기가 더 쉽다. 그리고 근로자들이 그들의 사용자를 신뢰할 때, 그들은 그들의 공식적인 직무요구사항을 넘어서는 행동을 수행할 더 많은 의향을 갖는다.[85]

(3) 만족이 수행을 "일으키는가"에 관한 의문

비록 당신이 상관이 두 개의 관련된 변인들 사이의 어떤 인과관계를 함의하지 않는다는 것을 알고 있을지라도, 몇몇 사람들은 직무만족이 직무수행을 '일으킨다'고 가정할 것이다. 결국, 앞에서 언급된 바와 같이, 오랜 동안 관리자들과 아울러 사회과학자들이 행복한 근로자가 생산적인 근로자였다고 가정했고, 이것은 만족이 수행을 "일으킨다"는 신념을 반영한다. 표면상으로, 자신의 직무에 만족하고 있는 사람들이 차후에 자신의 직무에 대해 더 큰 노력을 경주하기 쉽다는 생각은 논리적인 것 같다. 하지만, 단순한 '만족이 수행을 일으킨다'는 관계가 반드시 진실은 아닐 수 있다. 다른 가능성들이 있다. 연구자들은 만족-수행관계를 기술하는 데에 사용되어 온 7개의 이론적 모형들을 고찰했다.[86] 5개의 모형들에 관한 단순화시킨 기술이 표 8.2에 제시되어 있다. 지면의 제약 때문에, 첫 번째 두 개의 모형 만이 자세하게 기술되어 있다. 이것은 당신에게 최소한 이 분야의 탐구를 둘러싸고 있는 이론적 복잡성의 맛을 제공해 줄 것이다.

흔히 인간관계운동에 귀속된 모형은 자신의 직무를 좋아하는 사람들이 더 열심히 일하고, 따라서 더 훌륭하게 수행한다는 전통적인 관점(즉, 모형1) 대표한다. 이 연구자들이 지적한 바와 같이, 이 모형은 사회심리학의 태도연구의 폭넓은 흐름 속에 기초되어 있는데, 여기에서 연구자들은 태도들(직무만족)이 행동에 대해 직접적 함의들을 갖고 있다고 가정해왔다. 예컨대, 연구자들은 우리가 어떤 대상을 호의적으로나 비호의적으로 평가하는지에 따라, 우리는 그것을 각각 돕고 지지하거나, 방해하고 반대하는 행동들을 행하는 경향이 있을 것이라고 진술했다.[87]

이러한 태도-행동 관점 내에서, 만일 어떤 사람이 자신의 직무를 호의적으로 평가한다면(즉, 높은 직무만족을 갖고 있다면), 그 사람은 잘 수행하기 위해 더 큰 노력을 기울일 것이 귀결된다. 분명히, 그 반대도 또한 사실이다. 소수의 연구들이 일방향적인 "만족이 수행을 일으킨다."는 관계를 실제로 가설화해왔으며, 그러한 연구들의 결과들은 비결론적이다.[88]

모형2에서, 만족과 수행 간의 암시된 인과관계는 거꾸로 되어 있다. 수행은 잘 수행하는 사람들이 그 수행으로부터 이익을 얻기 쉽고, 그러한 이익들이 만족을 높일 수 있다는 의미에서, 만족을 일으키는 것으로 간주되고 있다. 이러한 면에서, 연구자들은 수행이 내재적 및 외재적 보수들의 제공을 통해 직무만족을 일으킨다고 시사했다.[89] 예컨대, 만일 효과적 직무수행이 외재적 보수들(예: 봉급의 인상, 승진)이나 내재적 보수들(예: 어떤 성취감)을 일으키고, 이러한 보수들이 공정한 것으로 지각된다면, 이러한 보수들을 받는 것이 직무만족을 일으킨다. 비록 몇 개의 연구들이 이 모형을 검증해 왔을지라도, 결과들은 혼합되어 있어서, 어떤이들은 "수행이 만

표 8.2 직무만족과 직무수행 간의 관계에 관한 모형들

모형	기술
1	직무 만족이 수행을 일으킨다(즉, 태도들이 행동을 일으킨다).
2	직무수행이 직무만족을 일으킨다(즉, 태도들이 행동에 뒤따른다).
3	직무만족과 직무수행이 상호적으로 관련되어 있다(즉, 태도들이 행동을 일으키고, 그 다음에 태도들이 행동에 의해 변화된다).
4	직무만족과 직무수행이 단지 거짓되게 관련되어 있다(즉, 만족－수행관계는 이 변인들의 각각의 측정되지 않은 한 개나 그 이상의 변인들에 대한 관계에 기인된다).
5	직무만족－직무수행관계는 다른 변인들에 의해 조절된다(즉, 관계는 다른 요인들이 존재하는 한에서만 존재한다; 예: 직무수행은 만일 이것이 봉급과 같은 중요한 직무보수들을 일으킨다면, 직무만족에 영향을 준다).

족을 일으키는" 유의한 관계를 주장하고,[90] 다른 이들은 아무런 인과관계를 보여 주지 않는다.[91]

이 절을 떠나기 전에, 다소 한정된 직무태도들과 수행 간의 관계에 관한 메타분석의 결과들을 언급하는 것이 가치 있다. 수행과 직무만족과 조직몰입을 반복적으로 측정했던 16개의 연구들의 메타분석적인 회귀분석들에 기초해서, 직무태도들이 수행에 영향을 준다는 보편적 가정에 대한 다소의 지지가 발견되었다.[92]

이 절을 결론지음에 있어서, Judge 등(2001)은 문헌들에 관한 그들의 광범한 고찰 후에, 직무만족과 직무수행 간의 관계에 관한 하나의 통합적 모형을 제안했는데, 이것은 그들이 모형들 중의 몇 개가 통일된 틀 속에서 가장 잘 고려된다고 믿었기 때문이다. 그들의 통합적 모형 속에서, 그들은 만족과 수행 간에 양방적 인과관계가 있기 쉽다고 시사했다(즉, 표 8.2의 모형3). 하지만, 그 관계는 성격과 같은 다른 변인들에 의해 조절될 수 있다(즉, 모형5). 예컨대, 연구자들은 직무만족이 성실한 근로자들보다도 덜 성실한 근로자들에 대해 직무수행에 더 강하게 관련되어 있다는 것을 발견했다.[93] 아마, 불만족한 성실한 근로자들이 그들의 수행수준을 감소시킬 의향이 더 적을 것이다(즉, 그들이 비록 그들의 직무에 대해 행복하지 않을지라도, 계속 성실하기 때문에). 부가적으로, Judge 등(2001)은 만족과 수행 사이의 인과적 효과들이 긍정적 정서와 같은 다른 변인들에 의해 매개될 수 있다고 시사했다. 따라서, 직무만족이 더 좋은 직무수행을 일으킬 수 있는데, 이것은 자신의 직무를 좋아하는 근로자들이 근무에 있어서 좋은 기분 속에 있기가 더 쉬우며, 그러면 이것이 더 높은 동기수준을 통해 직무수행을 촉진시키기 때문이다.[94]

동기

사람들을 열심히 일하고, 잘 일하도록 동기화시키는 것은 무엇인가? 무엇이 '당신의' 직무상의 수행을 결정짓는가? 당신은 엄격하게 경제적인 이익에 의해 수행하는가, 아니면 충족시킬 다른 개인적 욕구들을 갖고 있는가? 단일한 답변은 없다. 생활의 다른 부분들에서처럼, 직업에서 우리의 행동은 흔히 많은 상이한 동인들(motives)의 수렴에서 나온다.

경제적 보수모형들(economic reward models)

필요에 의해, 사람들은 살아가기 위해 일한다. 하지만, 엄격하게 경제적인 용어들에서, 지불(payment)은 겉으로 보이는 것보다 더 복잡하다. 우선 첫째로, 자신의 보수에 대한 직원의 전반적 만족은 봉급(총수입, 실수령액)뿐만 아니라, 승급들(임금의 상향이나 하향변화들), 이러한 변화들이 결정되는 방법, 분배방법(수령한 수표의 숫자, 회사 내의 봉급 차이들) 및 혜택들(휴가시간, 병가, 보험, 연금 및 기타 서비스들)에도 또한 달려 있다. 이러한 각각의 요인들이 만족에 대한 공식의 한 부분이다.[95] 실제로, 많은 보수들(직함들, 사무실 크기와 위치, 카피트를 깔기, 집기들, 창문들 및 타인들의 접근을 규제할 수 있는 능력)이 금전적인 것이 아니고 상징적인 것이다.

아마 근로자동기(worker motivation)에 관한 가장 인기있는 이론은 Vroom(1964)의 기대이론(expectancy theory)일 것이다.[96] 그에 의하면, 사람들은 가능한 행동코스들의 이익들과 손실들을 분석하는 이성적인 의사결정자들이다. 따라서, 그는 근로자들이 그들이 다음을 믿을 때에 동기화되고 노력을 기울이게 된다고 주장한다: (1) 그들의 노력이 수행향상을 일으킬 것이다. (2) 그들의 수행이 인식되고 보수를 받게 될 것이다. 그리고 (3) 제공되는 보수들(금전적 및 상징적인 것들)이 가치있고 바람직스럽다. 수 년 동안, 기대이론은 근로자의 출근, 생산성 및 기타 직무에 관련된 행동들을 예측하는 데에 다소 성공을 거두면서 사용되어왔다.[97] 연구들은 또한 사람들이 그들이 단순하게 "당신의 최선을 다하시오"라고 지시받을 때보다 특수한 목표들과 성패의 분명한 기준들을 제시받을 때에 직무에서 더 우수하게 수행하고 더 생산적이라는 것을 보여왔다.[98]

기대이론의 실제적 함의들은 무엇인가? 최근에, 조직들은 몇 개의 새롭고 혁신적인 동기향상 프로그램들을 고안해왔다. 1,000 개의 회사들에 관한 한 조사는 그들 중의 다수가 다음을 사용한다는 것을 나타냈다: 즉, (1) 휴가나 가외의 임금을 얻기 위한 기회를 제공하는 개인적 유인프로그램들; (2) 한 작업단위의 멤버들이 특정의 목표를 달성하는 데 대해 보너스를 받을 수 있는 소집단 유인계획들(incentive plans); (3) 근로자들이 회사의 이익으로부터 돈을 받는 이익공유계획들(profit-sharing plans); (4) "그 달의 직원들"에게 선물이나 트로피를 주게끔 선발하는 업적 인정프로그램들(recognition programs); 그리고 (5) 한 작업단위 내에서 융통성있고 상이한 직무들을 수행할 수 있는 직원들에 대해 봉급을 인상하는 지식에 대한 지불계획들(pay-for-knowledge plans)이다.[99]

보너스, 매수 및 내재적 동기

사람들은 보수를 얻으려고 애를 쓸 수 있지만 금전은 경제적인 것들 이상을 의미할 수 있으며, 동기에 대해 임금의 크기 이상이 작용한다. 어떤 조건들 하에서, 외재적 동기(extrinsic motivation)를 증가시키는 보수체계가 내재적 동기(intrinsic motivation)를 해칠 수 있다. 사람들은 그들이 금전, 인정 또는 기타의 가시적 보수들을 얻기 위해 어떤 활동을 수행할 때에 외재적으로 동기화되어 있다고 일컬어진다. 이에 비해서, 사람들은 그들이 흥미, 도전 또는 단순한 즐거움을 위해 수행할 때에 내재적으로 동기화되어 있다고 일컬어진다. 기업체 리더들은 직원들이 내재적으로 동기화되고 자신의 일에 대해 몰입된 것을 느끼기를 원한다. 그렇다면, 기대이론과 유인프로그램들은 어디에 부합되는가? 가시적인 보수가 결정적인 것인가?

연구들은 사람들이 이미 즐거워하는 어떤 과업에 대해 지불받기 시작할 때, 그들이 때로는 그 과업에 대한 흥미를 잃는다는 것을 보인다. 이러한 효과의 시초의 증명에서, Deci(1971)는 대학생들이 흥미있게 느끼는 블록맞추기퍼즐들에서 3개의 1시간의 세션들을 위해 작업하게끔 그들을 동원했다.[100] 첫 번째와 세 번째 세션들 동안에, 모든 참가자들이 동일한 방식으로 행하도록 처치되었다. 하지만, 두 번째 세션에서, 절반이 그들이 완성한 각 퍼즐에 대해 1달러를 지불받았다. 내재적 동기를 측정하기 위해, Deci는 첫 번째와 세 번째 세션들에서의 휴식 동안에 참가자들을 혼자 두었으며, 그들이 다른 가능한 활동들보다 퍼즐들에 대해 보낸 시간의 길이를 기록했다. 보수를 받지 않은 집단의 참가자들에 비해서, 두 번째 세션에서 보수를 지불받았던 참가자들이 그 후에 금전이 더 이상 지불되지 않았을 때에 퍼즐들에 대한 더 적은 흥미를 보였다.

이러한 역설적 발견(보수들이 내재적 동기를 해치는 것)이 많은 연구들에서 관찰되어왔다.[101] 사람들을 자율적이기보다 통제당한다고 느끼게끔 만듦으로써, 직장에서 발견된 여러 외재적 요인들(처벌, 면밀한 감독, 평가, 마감시간들 및 경쟁)이 또한 동기와 수행에 대해 나쁜 영향을 준다. 따라서, Amabile(1996)은 미술활동들에 대해 지불받았던 사람들이 지불받지 않았던 사람들에 비해서, 덜 창의적인 작품을 내놓는 것을 발견했다.[102] 이것은 창의적 문제해결에도 또한 적용되는 발견이다. 최대로 생산적으로 되기 위해서, 사람들은 외부적 힘들에 의해 강제되지 않고, 내적으로 수행했다고 느껴야만 된다.

하지만, 만일 금전이 내재적 동기를 해친다면, 사용자들은 금전적 유인을 사용하지 '말아야'

되는가? 몇몇 사람들이 시사해 온 바와 같이,[103] 직장에서 흔히 사용된 수행당 임금지불 프로그램들은 실패할 운명에 처해 있는가? 반드시 그렇지는 않다. 이러한 의문에 답변하기 위해서, 보수가 이것이 어떻게 제공되는가에 따라, 두 가지 방식으로 해석될 수 있다는 것을 인식하는 것이 중요하다. 한편으로, 보수를 제공받는 것은 개인에게 매수당하고, 통제당한다고 느끼게끔 만들 수 있으며, 이것은 방금 기술된 나쁜 효과들을 낳을 수 있다. 이와 달리, 보수들은 흔히 사람들에게(사람들이 그들이 존경하는 타인들로부터, 보너스, 장학금 및 언어적 칭찬을 받을 때처럼) 그들의 수행의 질에 관한 긍정적 정보를 제공해 준다. 연구들은 현재 보수들을 통제하는 것이 내재적 동기를 낮출 수 있는 것과 꼭 마찬가지로, 정보적 보수들이 정반대의 긍정적 효과를 가질 수 있다는 것을 보인다.[104] 한 사무기기 회사를 연구하면서, Deci 등(1989)은 관리자들이 덜 통제적일수록 직원들이 전체적으로 회사에 대해 더 만족했다는 것을 발견했다.[105] 정말로, 연구자가 비서들, 주식중개인들, 야구선수들, 청소부들 및 기타 근로자들을 면접했을 때, 거듭해서 그는 두 가지 불평을 들었다: 직원들은 너무 심하게 감시받거나 “스파이를 당했으며”, 너무 적은 긍정적 피드백(다시 말하면, 너무 많은 통제와 충분치 못한 칭찬이다)을 받고 있었다.

형평성(equity)의 고려

동기에 영향을 주는 보수의 지불의 두 번째 측면은 공정하다는 지각이다. 형평성이론(equity theory)에 의하면, 사람들은 보수들이 형평성있기를 원한다. 다시 말하면, 투입들(inputs)과 결과들(outcomes) 간의 비율이 자기와 아울러 타인들에 대해 동일해야만 된다. 따라서, 동료직원들에 관련해서, 당신이 더 많은 노력을 기울일수록 그리고 당신이 더 많이 기여할수록, 당신은 더 많은 돈을 받아야만 된다. 하지만, 당신이 과잉 지급이나 과소 지급받은 것을 느낀다면, 당신은 고통(불쾌)을 경험할 것이고, 다음에 의해 이것을 경감시키려고 들 것이다: (1) 실제적 형평성을 회복시킴으로써 즉, 덜 일하거나 승급을 받거나, (2) 스스로 형평성이 이미 있다고 납득함으로써.[106]

형평이론은 직장에서의 행동에 대해 몇 가지 재미있는 함의를 갖고 있다. 큰 보험회사의 직원들에 관한 연구를 고려해보자.[107] 회사를 새로 설비하기 위해서, 약 200명의 직원들이 일시적으로 한 사무실에서 다른 사무실로 이사해야만 되었다. 무작위적으로, 직원들은 서열에서 더 높거나, 더 낮거나, 동등한 타인들에게 속한 사무실들에 배정되었다. 예측가능하게, 서열이 높을수록, 사무실의 공간이 더 많고, 직원들의 숫자가 더 적고, 책상이 더 크다. 이러한 무작위적인 사무실 배정들이 직원들의 직무수행에 영향을 줄 것인가? 처리된 보험건수들의 숫자를 점검하고, 케이스들의 복잡성과 이루어진 결정들의 질을 평정함으로써, 연구자는 각 직원에 대해 사무실변동의 이전, 동안 및 이후의 직무수행의 한 측정치를 얻어낼 수 있었다. 그는 형평성을 회복시키기 위해, 더 높은 지위의 사무실들에 배정된 직원들이 과잉 보상받았다고 느끼고 그들의 직무수행을 향상시킬 것이고, 더 낮은 지위의 사무실들에 배정된 직원들이 과소 보상받았다고 느끼고 그들의 수행을 낮출 것이라고 생각했다. 이것이 바로 일어났다. 결과들은 형평성이론에 대해 확실한 지지를 제공했다.

만족은 형평적 결과들뿐만 아니라, 또한 그러한 결과들을 결정하기 위해 사용된 것이 공정하고, 명확하게 전달되었다는 신념에 의존한다.[108] 예컨대, 연구자는 동일한 회사가 소유한 3개의 제조공장의 직원들을 연구했다.[109] 사업은 부진했고, 따라서 회사는 일시적 임금 삭감을 통해 급료를 줄였다. 임금의 삭감이 직원들에게 과소 지불 받았다고 느끼게끔 만들 것인가? 그 정책이 직원의 절도를 촉발시킬 수 있다고 걱정하고서, 연구자는 3개의 공장에서 조건들을 무작위적으로 변화시켰다. 한 공장에서, 직원들은 설명이 없이, 그들이 10주 동안에 15%의 임금 삭감을 받을 것이라는 지시를 받았다. 두 번째 공장에서, 동일한 임금삭감이 설명과 유감의 표명과 함께 있었다. 세 번째 공장에서, 임금들이 삭감되지 않았다. 임금삭감의 이전, 동안 및 이후의 10주 동안에 질문지들을 실시함으로써, 연구자는 직원 절도율을 추정할 수 있었다. 그 결과는, 자신의 임금이 삭감되었던 직원들이 아마 형평성을 회복시키기 위해서, 회사로부터 더 많이 훔쳤지만, 그들의 임금삭감에 대한 적절한 설명이 제공되지 않았을 때에만 그러했다. 실험실연구에서도, 역시 그들의 시간에 대해 과소 지불받았던 연구참가자들이 훔침으로써 흔히 형평성을 회복시켰으며, 특히 그들이 어떤 타당한 설명을 제공받지 않았을 때에 그러했다.[110]

직장에서의 형평성이 중요하며, 아마 여자들보다 남자들에 대해 더 중요할 것이다. 보수분배에 관한 연구들에서, 사람들이 그들과 한 명의 파트너가 보수받게 될 과업에서 일하고 있다고 믿게끔 만들어졌다. 그들은 분리되어서 작업했고, 그들의 수행에 대해 거짓 피드백을 받았고, 그 다음에 그들이 공동보수를 분배하는 방법을 결정해야만 된다는 지시를 받았다. 이러한 상황에서, 여자들은 대개 남자들보다 자신에게 더 적은 보수를 주며, 그들이 타인들에 의해 과소 지불받게 될 때에. 덜 강하게 반응한다.[111] 자기지불에서의 성차는 심지어 그들의 여름방학 직무들에서 유사한 지불경험을 갖었던 남자와 여자 대학생들에서 발견된다.[112] 경영대학의 남자와 여자 졸업생들에 관한 한 연구는 남자들이 시초에 제안되었던 봉급보다 더 높은 출발 봉급을 협상하는 경향이 더 많았다는 것을 보였다.[113]

성별 임금격차는 최근에 좁혀져 왔지만, 매우 느린 속도이다. 1980년에, 미국의 여성들은 남자들이 받는 1달러 당 단지 60센트만을 받았다. 1990년 경에, 이 수치는 약간 상승해서 68센트이었다. 1996년경에, 이것은 75센트로 올라갔다. 이러한 차이는 남자와 여자 대학4년생들의 경력기대들에 관한 한 조사에서 직업시장에 들어갈 때에 여자들이 남자들보다 1,238달러 더 적게 그리고 그들의 경력의 정점에서 18,659달러 더 적게 벌 것이 기대되는 이유를 설명할 것이다.[114]

이러한 성별 간 임금격차에 대한 몇 개의 가능한 설명이 있다. 첫 번째 것은 여자들이 심지어 꼭 마찬가지로 자격이 있을 때에도, 남자들보다 더 낮은 임금을 기대한다는 것이다(아마 차별의 역사에서 나오는 하나의 기대일 것이다).[115] 둘째로, 여자들이 금전에 덜 관심을 두고 인간관계들에 더 많이 관심을 두는 경향이 있다는 것이다.[116] 셋째로, 여자들이 더 많은 급료를 받는 그들의 남자동료들이 아니라, 다른 여자들과 자기자신을 비교하기 때문에 더 적은 급료에 대해 만족할 수도 있다.[117] 넷째로, 여자들이 남자들보다 자기 자신을 덜 호의적으로 평정하는 경향이 있다; 따라서 그들이 더 열심히 일하고 더 잘 수행할 때에도, 그들은 계속 더 적은 자격이 있다고 느낀다.[118] 설명이 무엇이든 간에 이러한 발견들은 당신을 의아하게끔 만들 것이다. 미래의 일하는 여성들이 남자들에 비해 계속 과소 지급받는 것에 대해서 만족할 것인가? 성별 임금격차가 그대로 머물러 있을 것인가? 반드시 그렇지는 않다. 만일 보수기대들이 경험에 뿌리를 두고 있다면, 이것은 여성들의 계속적 세대들이 높은 임금의 직위들에 더 많이 자리잡게 됨에 따라 감소할 것이다.

리더십

당신이 취업하고 있는 곳이 어디인가에 관계없이, 근무경험의 큰 부분이 조직 내의 리더십의 질에 달려 있다. 리더는 일군의 사람들을 어떤 공동 목표 쪽으로 이동시킬 수 있는 사람이다. 어떤 개인적 및 상황적 요인들이 효과적 리더들을 만드는가? 단일한 공식은 없다. 어떤 리더들은 지원자들을 얻음으로써, 다른 리더들은 관계망들을 개선하거나, 라이벌들과 손을 잡거나, 거래들을 협상하거나, 동맹들을 구축하거나, 문제들을 해결하거나, 정서들을 유발시킴으로써 성공한다. 그 전략이 무엇이건 간에, 하나의 공통분모가 있다: 훌륭한 리더십은 사회적 영향을 요한다.[119]

고전적인 특성적 접근(trait approach)

리더십연구에 대한 하나의 접근은 '올바른 자질'을 갖고 있는 '천부적인' 리더들을 특징짓는 특성들을 알아내는 것이다. 역사에 관한 위인이론(Great Person Theory)에 의하면, 예외적인 인물들이 인간사건들의 코스를 결정짓기 위해 등장한다. 이러한 접근은 어떤 특성들(야망, 지능, 권력욕구, 자신감, 높은 정력수준 및 융통성 있고 변화에 적응하는 능력과 같은)이 리더로 되는 사람들의 특징이므로, 오랜 동안 다소의 지지를 받아왔다. 심지어 신체적인 신장이 한 역할을 할 수도 있다(어떤 회사의 남자와 여자 관리자들이 평균적으로 비관리직 직원들보다 1인치 더 키가 컸다는 것을 보이는 연구에 의해 시사된 하나의 가능성임).[120] 이러한 면에서, 1900년과 1996년 사이에서, 미국 대통령직에 대해 가장 키가 큰 후보자가 24개 선거 중의 놀랄 만한 22개 선거를 승리했다(1972년과 1976년이 예외들이다).

과거의 연구에 기초해서, 연구자들은 어떤 성격특징들이 기업체 간부임원들에서의 성공적 리더십과 예측가능하게 연합되어 있다고 주장한다.[121] 특히, 그들은 '인지능력'(지능, 다량의 정보를 신속하게 처리하는 능력), '동기'(성취욕구, 야망 및 높은 에너지수준), '리더십 동기'(공동목표에 도달하는 목적을 위해 타인들에게 영향을 주려는 욕망), '전문성'(조직에 관련있는 기술적 문제들에 관한 특수한 지식), '창의성'(독창적인 아이디어를 내놓는 능력), '자신감'(자기 자신의 능력들과 아이디어들에 대한 믿음), '도덕성'(의사소통의 솔직성, 신뢰성 및 정직성) 및 '융통성'(부하들의 욕구와 상황의 변화에 대한 적극적 적응)의 중심적 중요성을 지적한다. 연구자들은 리더들이 선천적이거나 후천적인지에 관계없이, 그들이 다른 사람들과 비슷하지 않다는 것이 매우 명백하다고 주장한다.[122]

이러한 접근과는 달리, 더 상황적으로 지향된 이론들이 특정의 리더의 등장이 시간, 장소 및 여건에 달려 있다(즉, 상이한 상황들이 상이한 유형의 리더들을 요구한다)는 개념에 기초되어서 도입되었다. 따라서, 어떤 집단의 욕구들, 기대들 및 자원들이 변화함에 따라, 가장 적합한 사람이 집단을 리드할 것이다. 대통령리더십에 관한 연구들이 이 점을 예시해준다. 한 연구자는 대통령후보자들이 그들의 주된 인생의 동기(이것이 성취, 권력 또는 친화이건 간에)가 미국인들이 그 당시에 가장 많이 원하는 것과 일치될 때에 선출되고 재선되기가 더 쉽다는 것을 발견했다.[123] 따라서, 특성적 관점에 대한 하나의 대안은 리더십이 개인적 및 상황적 요인들 간의 독특한 상호작용의 산물이라는 시각이다.

리더십에 관한 연계모형들(contingency models)

이러한 상호작용적 관점의 한 예는 Fiedler(1967)의 리더십에 관한 연계모형(contingency model of leadership)이다.[124] Fiedler는 리더들 간의 하나의 핵심적 차이는 그들이 주로 과업중심적(task oriented; 오로지 직무에 초점을 둠)이거나 관계중심적인(relations oriented; 직원들의 감정들에 관심을 둠) 여부라고 주장한다. 리더가 갖고 있는 통제력의 양이 어느 유형의 리더십이 더 효과적인지를 결정한다. 리더들은 그들이 그들의 직원과의 좋은 관계들, 권력의 직위 및 명료하게 조직화된 과업을 갖고 있을 때에 높은 상황통제력을 즐긴다. 이에 비해서, 리더들은 그들이 그들의 직원들과의 나쁜 관계들, 한정된 권력 및 명료하게 정의되지 않은 과업을 갖고 있을 때에 낮은 상황통제력을 보인다.

이러한 개인적 및 상황적 요소들을 종합해서, 여러 작업집단들에 관한 연구들은 과업중심적 리더들이 낮거나 높은 통제력이 있는 명료한 상황들에서 가장 효과적이고, 관계중심적 리더들이 중간정도의 통제력을 제공하는 상황들에서 더 우수하다는 것을 시사한다. 낮은 통제력의 상황에서, 집단들은 지도를 원하며, 과업중심적 리더들이 직무에 계속 초점을 둠으로써 이것을 제공한다. 조건들이 이미 유리한 높은 통제력의 상황들에서, 이러한 리더들은 이완된 자세를 유지한다. 관계중심적 리더들은 다르다. 그들은 낮은 통제력의 상황들에서 너무 적은 지도를 제공하며, 높은 통제력의 상황들에서 너무 많이 참견한다. 하지만, 애매한 상황들에서, 관계중심적 리더들은(바로 그들이 개방적이고, 참여적이고 사교적인 스타일 때문에) 직원들이 창의적 방식으로 문제를 해결하게끔 동기화시킨다.

모두는 아니지만, 많은 군부대들, 스포츠팀들, 병원들 및 기타의 조직체들에 관한 연구들이 Fiedler의 연계모형을 지지한다. 하지만, 비록 이 모형에 대한 지지가 모두 일치되지는 않을지라도, 주 요점은 잘 잡고 있다: 즉, 훌륭한 리더십이 개인적 스타일과 특수한 상황의 요구들 사이의 합치를 요한다.[125] 잘못된 합치, 즉 상황에 대해 잘못된 개인유형이 리더와 아울러 조직에 대해 부정적 결과들을 가질 수 있다. 예컨대, 연구자들은 학교행정가들의 리더십스타일과 아울러 그들의 상황통제력을 결정하기 위해 그들을 조사했다. 그들은 비합치들이 증가된 직무스트레스, 스트레스에 관련된 병 및 비근무(즉, 리더의 생산성과 유능성을 감소시키는 증후들)와 연관있다는 것을 발견했다.[126] 리더에 대한 가장 중요한 과업들 중의 하나는 의사결정을 행하는 것이다. 하지만, 리더들과 부하들 간의 양방향적 관계들에서, 타인들의 의견을 구하는 것이 흔히 중요하다. 리더들은 얼마나 많은 참가를 요청해야만 되는가? Vroom과 Yetton(1973)에 의한 리더십에 관한 규범적 모형(normative model of leadership)에 의하면, 리더들은 이 면에서 큰 차이가 있다.[127] 다소는 매우 독재적이고 지시적인 반면에 (그들은 직원으로부터 전혀 피드백을 청하지 않는다), 다른 리더들은 매우 참여적이다(그들은 자주 직원들로부터의 제안을 구하고 사용한다). 효과적인 장기적 리더십을 위해서, 관건은 직원의 참여 적정양이다. 즉, 너무 많지(이것은 흔히 효율적이 아니다) 않고, 너무 적지도(이것은 사기를 저하시킬 수 있다) 않은 참여를 구하는 것이다. 적정양에 대해서, Vroom과 Yetton은 이것이 여러 요인에 달려 있다고 주장했다. 즉, 문제의 명료성, 리더와 부하들이 사용가능한 정보 및 결정이 옳은 것이나 지지를 받는 것 중에서 어느 것이 더 중요한가에 달려 있다.

비록 이상적인 리더가 자신의 스타일을 상황에 맞게 조정하는 사람일지라도, 사람들은 일반적으로 자기들을 중요한 결정에 포함시키는 것을 좋아한다. 따라서 연구들은 참여적 의사결정이 직원의 사기, 동기 및 생산성을 향상시키고 전직과 결근율을 감소시킨다는 것을 보인다. 이와 같은 이점들이 직원들이 간여하기를 원하는 상황들에서,[128] 그리고 그들이 선출된 대표자들을 통해서보다 의사결정에 직접적으로 관여될 때에 발견되어왔다.[129]

교류적 리더십(transactional leadership)

비록 연계모형들이 사람들과 아울러 상황들을 고려하고 있을지라도, Hollander (1985)는 이러한 리더십에 관한 상하적(top-down) 시각들을 비평하는데,[130] 여기에서 직원들은 비활발하고, 수동적이고, 관리자의 임의대로 진정되고 흥분되는 얼굴 없는 생물들로서 묘사되고 있다. 그 대신에, 리더십은 리더와 부하들 간의 상호적인 영향이 있는 양방향적 교환이라고 간주된다. Hollander에 의하면, 훌륭한 교류적 리더(transactional leader)는 부하들에 대해 분명한 목표를 설정하고, 가시적인 보수를 제공하고, 도움을 제공해 주고, 기대된 직무수행수준에 대한 교환으로 심리적 욕구를 충족시켜 줌으로써, 부하들로부터 응종과 지원을 얻는 사람이다. 따라서 교류적 리더십은 임무를 완수하는 부하들에게 보수를 주고, 그렇지 못한 부하들을 교정하는 리더의 자발성에 기초되어 있다.

변형적 리더십(transformational leadership)

20세기의 가장 위대한 지도자들 중의 몇 명, 즉 지지자들에게 어떤 것이든 간에 가능하다고 믿게끔 만듦으로써 현상태를 변행시킬 수 있었던 리더들에 관해서 생각해 보자. 미국에서 마틴 루터 킹이 그런 종류의 리더이었다. 또한 루즈벨트, 간디, 존 F.케네디와 넬슨 만델라가 그러한 사람들이다. 연구자들은 62개의 미국의 최고 기업체들을 연구했고,[131] 그들의 성공이 주로 보통의 인간들로부터 비상한 노력을 유도했던 리더들의 능력에 기인되었다는 것을 발견했다.

아마 그러한 리더십의 가장 걸출한 최근의 모델은 마이크로소프트회사의 회장인 빌 게이츠인데, 이 회사는 개인용 컴퓨터를 위한 소프트웨어(software)의 세계적인 일류 제공사이다. 1975년에, 게이츠는 하버드대학교를 중퇴하고서 마이크로소프트회사를 창립했다. 대부분의 사람들에 대해 가능할 것으로 여겨지기 오래 전에, 그는 모든 가정과 사무실에 PC가 있게 될 날을 마음 속으로 생각했다. 그후 1996년에, 컴퓨터들의 장래의 약속이 사이버스페이스(cyber space) 속에 있다는 것이 분명해지게 되자, 그는 인터넷에 대해, 마이크로소프트를 완전히 재초점화시킴으로서 업계에 쇼크를 주었다. 미래를 예측하는 능력을 요하고, 변화에 대해 신속하게 적응하고, 큰 위험을 무릅쓰고, 타인들로부터 지원을 얻어내는 산업계에서, 빌 게이츠는 한 명의 리더이다. 오늘날, 그는 또한 세계에서 가장 부자이다. 빌 게이츠와 그 밖의 위대한 리더들에 대해 매우 특별한 것은 무엇인가? 정치학자인 Burns(1978)의 연구에 기초해서,[132] Bass(1998)는 그들을 변형적 리더들(transformational leaders)이라고 일컬었다.[133] 변형적 리더들은 특히 성장, 변화 및 위기의 시대에서, 추종자들에게 어떤 공통적 대의에 대한 관심에서 그들의 개인적 욕구를 초월하도록 동기화시킨다. 의식의 향상과 원초적인 정서적 영감을 통해, 그들은 미래에

표 8.3 변형적 리더들의 특징들: 사람들이 그들이 알고 있는 최고의 리더들을 기술하도록 요구받았을 때, 4개의 특징들이 가장 자주 제시되었다: 즉, 카리스마, 타인들을 분발시키는 능력, 지적 자극 및 개인적 배려이다. 이 속성들은 이하에서 제시된 자기기술들(self-descriptions)에서 분명하다.

특징	기술	표본 문항들
카리스마 (charisma)	어떤 비젼을 갖고있다; 존경, 신뢰 및 확신을 받는다; 추종자들(부하들)의 강한 동일시를 증진시킨다.	나는 내가 그들에게 전달할 어떤 사명감을 갖고 있다. 그들은 나와 함께 손잡게 되는 것을 자랑으로 여긴다.
분발 (inspiration)	격려하는 말을 해 주고, 낙관주의와 열의를 증가시키고, 의사전달에서 정서를 유발시킨다.	나는 그들을 격려하기 위해 어떤 비젼을 제시한다. 나는 그들의 노력을 모으기 위해 상징들과 이미지들을 사용한다.
지적 자극 (intellectual stimulation)	기존의 가치들과 가정들의 재검토를 적극적으로 고무시킨다; 창의성과 지성의 사용을 촉진 시킨다.	나는 그들이 이전의 문제들을 새로운 방식으로 생각하게끔 만들 수 있다. 나는 행동을 개시하기 이전에 주의 깊은 문제해결에 대해 큰 강조를 둔다.
개인적 배려 (individualized consideration)	모든 멤버에게 개인적 관심을 제공하고, 충고자로서 행동하고, 개인적 발전을 위해 쉽게 수용하고, 이해하고, 사용하는 방식으로 피드백을 제공한다.	나는 필요로 하는 사람들을 코치해 준다. 나는 그들이 임무를 잘 수행할 때에 감사를 표시한다.

대한 명확한 비전을 분명히하고 나서, 타인들이 그러한 비전에 가담하게끔 동원한다. 수 년 동안, Bass와 그의 동료들은 기업체 관리자들과 간부임원들, 군대장교들, 교장들, 정부관료들, 소방서장들 및 가게주인들로서 일하는 사람들에게 그들이 알고 있는 가장 뛰어난 리더들을 기술하도록 요구해왔다.[134] 표 8.3에서 보이는 바와 같이, 이러한 기술들은 4개의 속성들을 나타냈다: 즉, 카리스마, 영감에 의한 동기화, 지적 자극 및 타인들에 대한 개인적 배려이다.

사람들이 교류적 및 변형적 리더십 스타일들의 속성들을 갖고 있는 정도를 측정하기 위해, Bass(1985)는 다요인 리더질문지(Multiactor Leader Questionaire)를 고안했다.[135] 이 도구를 사용해서, 많은 연구자들이 상이한 문화들과 상이한 조직유형들(자동차제조사들, 속달우편 회사들, 다국적 회사들, 은행들, 정부기관들 및 군대집단들을 포함하는)에서의 리더십을 연구해왔다.

다른 연구자들은 통제된 실험실상황들에서 상이한 리더십스타일들의 사용을 변화시켜왔다.

영감이 보수보다 보편적으로 더 강력한 동기화요인이라는 것을 나타내면서, 결과들은 변형적 리더들이 교류적 리더들보다 더 효과적이라는 것을 일관되게 보여왔다.[136]

여성들의 리더십

미국의 포춘(Fortune)지의 500대 회사들의 리더들을 살펴보면, 당신은 모든 이사임원들의 5% 이하가 여성인 것을 발견하게 될 것인데, 이것은 보건산업, 정부 또는 교육 기관들에서보다 훨씬 더 높지 않은 백분율이다. 동일한 기관들의 상위 순위들 속에서의 흑인 미국인들, 히스패닉스 및 아시아계들의 백분율을 살펴보면, 당신은 그들이 좀 더 나쁘다는 것을 발견할 것이다. 심지어 오늘날, 여성인 미국 상원의원들의 숫자나 흑인인 메이저 리그의 야구 관리자들의 숫자를 한 손만으로 셀 수 있다. 신입과 중간 수준의 지위들에서 이루어진 향상에도 불구하고, 지도직의 직위들을 추구하는 근로여성들과 소수인종집단들은 유리천장(glass－ceiling)에 의해 아직도 제지받고 있는 것 같은데, 이것은 그들이 위계의 최상위에 도달하는 것을 막을 정도의 매우 강할 정도로 투명한 매우 미묘한 장벽이다.[137] 여성들은 또한 그들에게 조직 내에서 측면으로 이동하는 것(예컨대, PR의 직위로부터 생산, 마케팅 및 세일즈와 같은 핵심분야들의 직위들 쪽으로)을 막는 유리벽들(glass walls)에 당면할 수 있다.[138]

많은 여성들이 권력있는 직위에 대해서 매우 자격이 있다. 연구들은 남자와 여자 관리자들이 비슷한 포부들, 능력들, 가치들 및 직업에 관련된 기술들을 갖고 있다는 것을 보인다. 정말로, 연구자들은 리더십의 성차들에 관한 150개의 연구들의 결과를 메타분석했고,[139] 직장에서의 여성리더들이 그들의 남성상대들 만큼 과업 중심적이라는 것을 발견했다. 이와 비슷하게, 연구자들은 남자와 여자 리더들이 똑같이 효과적이라는 것을 발견했다.[140] 유일한 차이는 접근들에 있어서 남자들이 더 통제적이고 여자들이 더 민주적인 것 같다. 그 결과로, 남자들은 더 많은 지시적 스타일을 요하는 직위들에서(예: 군대에서) 더 효과적일 수 있는 반면에, 여자들이 개방성(솔직성)과 협동을 요하는 관리상황들에서 더 효과적일 수 있을 것이다.

여성 리더들에 대한 이러한 묘사는 비록 여성간부임원들이 그들이 강인한(tough) 것을 증명할 필요를 평소에 느꼈을지라도, 오늘날의 세대의 지도직 여성들이 전통적으로 여성적인 것으로서 간주되는 자질들에 성공적으로 의지하고 있다는 것을 나타낸다. 이것은 또한 여성 관리자들이 부하들과 더 많이 상호작용하고, 의사결정과정에서 그들의 참가를 초청하고, 정보와 권력을 나누어 갖고, 더 광범한 관계망을 만든다는 관찰과 일치된다.[141]

그러면 무엇이 잘못되어 있는가? 만일 여자들이 리더십에서 유능하다면, 왜 매우 소수가 최고위직에 이르는가? 여자들에 대해서, 권력에 이르는 길(그들의 노동시장으로의 진입, 한 조직에서의 충원 및 승진사다리에 오르는 것)은 하나의 장애물코스에 속한다.[142] 하나의 문제는 경력을 향해 온 힘을 기울여야만 되는 것과 가정 내 책임들에 관해서 큰 갈등을 겪고 있다는 것이다.[143] 그 결과로, 여자들은(심지어 고위임원들의 층들에서도) 더 많은 결근을 하고 다소 더 적은 기동성을 갖는다.[144] 다른 문제는 사회적인 것이다. 오래 지속되는 고정관념들은 여자들을 리더들보다 부하들로서 묘사하며, 많은 사람들이 리더십역할을 맡은 여자들에 대해 불편해 한다. 한 연구에서, 전남성이나 전여성 집단들에서 테이블의 상석에 앉아 있었던 남자들과 여자들이 자동적으로 리더로서 지칭되었다. 하지만, 혼성집단들에서, 이러한 테이블 상석의 편향은 그 위치에 앉았던 남자들에 대해서만 적용되었다.[145] 다른 연구에서, 참가자들이 그들이 한 토의집단에 참가했을 때에(비슷하게 행동하도록 훈련받았던 남자와 여자 실험협조자들과 함께) 관찰되었다. 그들의 성별에 관계 없이, 주장적 역할을 행했던 모든 실험협조자들이 아주 상당히 리더들로서 지각되었다. 하지만, 참가자들은 여성리더들에 대한 반응에 있어서, 덜 자주 미소짓고 고개를 끄덕였고, 더 자주 낯을 찌푸렸다(하나의 미묘하지만 불인정의 확실한 신호이다). 61개의 연구의 결과를 종합하고서, 연구자들은 여성리더들이 “남성적” 리더십스타일을 택하거나(지시적 및 과업중심적), “남성적” 직위들을 갖고 있을 때에(예: 기업의 관리자나 운동코치로서) 동등한 남자들에 비해서 평가절하된다고 결론지었다.[146]

기업가정신(entrepreneurship)의 사회심리학

1990년대 동안에, 미국의 큰 회사들이 생존을 위해서 600만 개 이상의 직무들을 감축시켰다. 하지만, 번영은 급속한 속도로 증가되었으며 실업률은 실제로 “감소”되었다. 이러한 당혹스러운 실태를 어떻게 설명할 수 있었겠는가? 그 답변은 분명한 것 같다: 새로운 회사들이 조직을 쇄신하는 것보다도 “기업가들”(entrepreneurs), 즉 새로운 사업의 기회를 인식하고 실제로 시작하는 사람들에 의해 출발되었다. 실제로, 현재, 다음과 같은 사실에 대해서 경제학자들, 기업전문가들 및 사회심리학자들 사이에서 광범한 인식이 있다: 즉, 기업가들이 그들의 도시, 지역 또는 심지어 전체의 국가의 경제에서 하나의 핵심적 역할을 수행한다. 더욱이, 그들은 단지 그들 자신을 위해 부를 창출하지도 않는다; 그 대신에, 그들은 다수의 타인들을 위해 새로운 일자리들과 부를 창출한다.[147]

이러한 기본적 사실들을 전제할 때, 증가하는 숫자의 사회심리학자들이 이러한 독특한 집단의 사람들, 즉 어떤 의미에서 시초에는 무(nothing)에서 유(something; 즉 성공적인 새로운 기업들)를 창출하는 사람들을 이해하는 데에 그들의 관심을 돌리기 시작해온 것은 아마 당연한 일일 것이다. 하지만 당신이 의문을 가질 수도 있는 것은 기업가정신의 연구에 대한 사회심리학의 관련성이다. 그 답변은 이렇다: 사회심리학의 발견들, 이론들 및 원리들이 기업가들에 관한 핵심의

문들에 대해 중요한 해답을 제시할 수 있다. 예컨대, 연구들은 사회심리학이 다음과 같은 이슈들을 이해하는 것을 도울 수 있다는 것을 나타낸다: (1) 다른 사람들이 아니라, 특정의 사람들이 시초에 기업가가 되기로 작정하는 이유는 무엇인가? (2) 다른 사람들보다 특정의 사람들이 이러한 역할에서 훨씬 더 많이 성공을 거두는 이유는 무엇인가? 우리는 이제 사회심리학의 지식기반이 실제로 이러한 의문들에 대한 답변노력에 대해 크게 기여해 온 방식들을 요약한다.

기업가가 되는 사람들의 사회적, 인지적 및 개인적 요인들

오늘날, 전체주의 국가들을 제외한 대부분의 국가들이 기업들을 중심으로 산업활동을 수행하고 있다. 기업들은 대기업이든 중소기업이든 간에, 기업가들에 의해 운영되며, 이들의 능력과 활동에 따라 기업들은 번영하거나 실패하게 된다. 그러면, 기업활동을 출발하고 주도하는 핵심 인물들, 즉 기업가들은 어떻게 해서 그러한 직위를 갖게 되는가? 도대체 어떤 사람들이 기업가들로 되는가? 많은 사람들 중에서, 기업가가 되는 사람들은 개인적 관계들이나 직업적 관계들에서 기업가들과 관련을 맺고 있다. 대기업들만 보더라도, 기업주들은 대개 몇 세대에 걸쳐서 그 직위를 승계하고 있다. 기본적으로, 대기업들의 경영자들은 가족관계들에 기초되어서 그 직위를 잇게 된다. 이것은 중소기업들도 마찬가지이다.

따라서, 기업가가 되려는 결정에 있어서 하나의 중요한 요인은 모델링(또는 사회적 학습)이라고 알려진 일종의 "사회적 영향"이다. 다시 말하면, 기업가들인 타인들에 대해 접촉하게 되는 것은 사람들에게 그들이 기업가가 되는 데에 필요한 지식과 기술을 제공할 수 있다. 많은 연구들이 실제로 자신의 가족 중에서 기업가들을 갖는 것이 기업가가 되려는 결정에 있어서 한 역할을 한다는 것을 시사한다.[148] 따라서, 분명히 사회적 요인들이 이러한 결정에 포함되어 있다.

다른 발견들은 사회심리학자들이 오래 동안 연구해 온 인지과정들이 또한 한 역할을 한다는 것을 나타낸다. 사람들의 인지적 편향들 중의 몇 개가 기업가가 되려는 결정에 관련되어 있다. 예컨대, 이성적으로 기대할 수 있는 것보다 거의 어떤 상황에서나 더 긍정적 결과들을 기대하는 일반적 경향인 낙관적 편향(optimistic bias)을 고려해보자. 연구발견들은 기업가들이 다른 사람들보다도 이러한 편향을 갖기가 더 쉽다는 것을 나타낸다.[149] 이와 비슷하게 사람들은 계획오류(planning fallacy), 즉 우리가 실제로 할 수 있는 것보다도 주어진 시간 내에 더 많이 달성할 수 있다고 믿는 경향을 갖고 있다. 연구는 또 다시 기업가들이 다른 사람들보다 이러한 편향을 갖기가 더 쉬울 수 있다는 것을 시사한다.[150]

이것에 밀접하게 관련된 것은 위험의 지각이다. 많은 연구들이 비록 기업가들이 다른 사람들보다 반드시 모험을 행하는 경향이 더 많지는 않을지라도, 그들이 어떤 상황에서나 더 낮은 위험수준들을 지각하는 경향이 있다는 것을 나타낸다.[151] 그러면, 이것이 그들에게 더 행하려는 것을 일으키고 새로운 사업의 불확실성을 위해서 안전한 직업들을 떠나게끔 만든다. 새로운 모험적 창업들은 불확실하다－절반 이하가 1년 이상 생존한다.[152] 요약하면, 사회심리학자들에 의해 오래 동안 연구되어온 인지요인들이 기업가가 되려는 결정에 있어서 한 역할을 하며, 기업가분야의 연구자들은 이러한 중요한 의문에 답변하려는 그들의 노력들에서 이러한 발견들에 의지해왔다.

성격의 측면들과 같은 개인적 특징들은 어떠한가? 이것들이 또한 기업가로 되려는 결정에 있어서 한 역할을 하는가? 정말로 그렇다. 증가하는 증거는 성격의 5개의 대형(Big Five) 차원들 중의 어떤 측면들이 이러한 결정에서 한 역할을 한다는 것을 시사한다. 예컨대, 외향성에서 높은 사람들이 이 차원에서 낮은 사람들보다 새로운 사업을 시작하는 경향이 더 많다.[153] 아마 더 놀랍게도, "경험에 대한 개방성"에서 높은 사람들이 실제로 이 특성에서 낮은 사람들보다 새로운 사업을 시작하는 경향이 더 적다.[154] 이것의 이유는 무엇인가? 그러한 사람들은 새롭고 혁신적인 활동들을 즐기는 경향이 있고, 한 활동에서 다른 활동으로 전환하기를 좋아한다. 따라서, 그들은 새로운 사업을 시작하는 데에 요구되는 집중적으로 초점을 둘 필요성을 매력 없는 것으로 여기고, 따라서 기업가들이 되는 것을 피하는 경향이 있다.

요약하면, 사회심리학의 몇 개의 개념들과 발견들이 다른 사람들이 아니라, 어떤 사람들이 기업가가 되려고 결정하는가의 이유에 대한 새로운 통찰들을 제공해왔다. 분명히, 이것은 사회심리학이 중요한 실제적 이슈들에 응용되고 있는 하나의 중요한 새로운 길이다.

성공적 기업가들의 특징들

기업가들에 관한 다른 중요한 의문은 어떤 기업가들이 다른 기업가들보다 훨씬 더 성공적인 이유이다. 예컨대, 빌 게이츠와 같은 어떤 사람들은 세계를 바꾸어 가는 회사를 만들은 반면에, 다른 사람들은 실패하거나 많은 성공이 없이 여러 해 동안 지지부진한 회사를 만든다. 한 가지 가능성은 성공적 기업가들이 예외적으로 훌륭하거나 유용한 아이디어를 갖고서 시작한다는 것이다. 하지만, 다른 해석은 또다시 사회적, 인지적 및 개인적 요인들이 중요한 역할을 한다는 것이다.

기업가들의 성공에 있어서 한 역할을 하는 사회적 요인들의 측면에서, 최근의 발견들은 기업가들의 사회적 기술들(social skills), 즉 타인들과 효과적으로 상대하는 그들의 능력(예: 사회적 지각, 설득력 있는 것, 좋은 첫인상을 주는 기술)이 하나의 관건적 역할을 한다는 것을 나타낸다. 이러한 예측에 대한 증거가 최근에 연구자들에 의해 보고되었다.[155] 그들은 두 개의 다른 산업체(화장품과 하이테크)에서 일하는 기업가들에게 몇 개의 사회적 기술들을 측정하기 위해 고안된 질문지에 응답하도록 요구했다. 이와 동시에, 그들은 기업가들의 재정적 성공, 즉 그들의 새로운 기업들에서 버는 소득에 관한 정보를 얻었다. 결과들은 사회적 유능성의 한 측면, 즉 타인들을 지각하는 데 대한 정확성이 두 집단의 기업가들에 대한 재정적 성공에 정적으로 관련있다는 것을 나타냈다. 부가적으로, 다른 사회적 기술, 즉 새로운 사회적 상황들에 대해 신속하고도 잘 적응하는 능력(사회적 적응성)이 화장품업계의 기업가들에 대한 재정적 성공에 관련있었다. 끝으로, 표현성(이것은 "Big Five"의 외향성 차원에 밀접히 관련되어 있다)이 하이테크(high-tech)업계의 기업가들의 재정적 성공에 정적으로 관련있었다. 사회적 유능성을 평가하기 위해 사용된 질문지는 이것을 스스로 응답했던 제삼의 집단의 기업가들에 대해 교차-타당화되었으며, 이들의 사회적 유능성이 또한 이들을 잘 알고 있는 사람들에 의해 평정되었다. 두 세트의 평정치들이 밀접하게 일치되어서, 연구자들에 의해 사용된 측정도구의 타당성에 대한 증거를 제공한다.[156]

왜 기업가들의 사회적 기술들이 그렇게 강한 영향을 주거나 기업가들에 대해 매우 유용한가? 아마 새로운 벤처 창업의 과정 동안에, 기업가들이 많은 상이한 사람들(예: 고객들, 납품업자들, 신입직원들)과 처음부터 새로운 사회적 관계들을 형성해야만 되기 때문일 것이다. 더욱이, 그들은 매우 불확실하고 비구성된 환경들 속에서 그렇게 해야만 된다.[157] 사회적 기술들이 가장 유용하게 될 수 있는 것은 바로 이러한 맥락들, 즉 사람들이 확립된 관계들이나 명확하게 규정된 규범들과 역할들에 의지 할 수 없는 맥락들에서이다.

인지요인들이 또한 기업가들의 성공에서 하나의 중요한 역할을 한다는 것이 발견되어왔다. 예컨대, 기업가정신의 분야에 대한 연구는 기업가들의 성공에 있어서 반사실적 사고(counterfactual thinking)의 잠재적 역할을 검토해왔다. 반사실적 사고는 특정의 상황에서 실제로 일어난 것과는 다른 결과들을 상상하는 경향을 일컫는다(예: 친척이 도와주기만 했더라면, 성공했을 것이다).[158] 반사실적 사고의 영향들에 관한 연구는 이것이 사업상황들을 포함하는 많은 맥락들에서 이익들과 잠재적 비용들의 혼합된 결과들을 제공한다는 것을 시사한다. 부정적 측면에서, 이러한 사고를 행하는 것은 흔히 수행되지 않은 행위들이나, 수행되기는 했지만 부정적 결과를 낳았던 행위들에 대한 후회의 느낌들을 일으킨다. 이러한 감정들은 불쾌하며 광범한 상황에서 과업수행을 방해할 수 있다.[159] 긍정적 측면에서, 반사실적 사고를 행하는 것은 사람들에게 더 효과적인 전략들, 즉 과거에 실제로 택했던 조치들이나 전략들보다 미래의 경우들에서 더 긍정적 결과들을 내놓기 쉬운 것들을 구축하는 관점에서 과거의 일들을 고려하게끔 만든다. 새로운 사업이 한정된 자원들을 갖고 있기 때문에, 이런 식으로 기업가들이 그들의 실수로부터 배우지 못하는 것은 재난이 될 수 있다.

기업가들의 반사실적 사고에 관한 한 연구는 자신의 기업을 개업했고 현재 운영 중인 사람들(기업가들)과 그렇게 하는 것에 대해 관심이 없었고 실제로 개업하지 않았던 다른 사람들(학교교사들, 정부공무원들)을 비교했다.[160] 두 집단은 광범한 사회경제적 변인들(연령, 교육, 소득) 상에서 걸맞추어졌다. 두 집단은 실망스러운 결과들 후에 그들이 행했던 반사실적 사고의 빈도와 그들의 정서상태들에 대한 그러한 사고들의 영향을 나타내도록 요구받았다. 결과들은 분명했다; 반사실적 사고를 행하는 것을 보고했던 기업가들이 비기업가들보다 유의하게 더 빈도가 적었다. 더욱이, 그들은 그러한 사고의 결과로 더 적은 부정적 감정을 보고했다. 실제로, 그들이 가장 많이 후회했던 그들의 인생에서의 3개의 사건들을 제시하라고 요구받았을 때, 기업가들은 흔히 3개의 그러한 사건들을 확인하지 못했으며 비기업가들보다 유의하게 더 적은 숫자를 보고했다. 이 연구에 참가했던 몇 명의 기업가들이 말한 바와 같이, 그들은 미래에 초점을 두는 것을 훨씬 더 선호했으며, 일어날 수 있었지만 실제로 일어나지 않았던 사건들에 관해서 생각하는 것을 시간낭비라고 보았다.[161)]

이러한 발견들을 위에서 지적된 추론과 종합할 때, 비록 기업가들이 다른 사람들보다 일반적으로 덜 자주 반사실적 사고를 행할지라도, 성공적인 사람은 향상된 과업전략들을 발전시키기 위해 그러한 사고들을 사용하는 데에 더 능숙할 수 있는 것 같다. 다시 말하면, 그들은 그들의 과거의 실수들로부터 더 많은 이익을 얻을 것이다. 이것은 하나의 흥미있는 가능성이며, 장차의 연구에서 곧 연구될 수 있는 것이다.

앞에서, 우리는 여러 인지적 성향들이나 편향들이 기업가가 되는 것의 결정에서 한 역할을 할 수 있다는 것을 보았다. 그러한 편향들의 감수성이 또한 기업가들의 성공을 형성하는 데에 있어서 한 역할을 할 것이다. 특수하게 말하면, 비성공적 기업가들에 비해서, 성공적 기업가들이 정보처리를 왜곡시키고 최적 이하의 결정들을 일으킬 수 있는 광범한 인지적 오류들이나 편향들을 덜 갖게 될 수 있는 것 같다.[162)] 이러한 오류들 속에 포함된 것은 앞에서 논의된 몇 가지 일 수 있다(예: 낙관적 편향[163)]; 계획오류와 감정유발[164)]). 이것들은 더 성숙한 조직의 자원들이 일반적으로 부족한 새로운 벤처기업들에 대해 특히 치명적인 것으로 판명될 수 있다.

기업가들의 성공에 대해 특히 관련 있을지도 모르는 하나의 부가적인 인지적 성향(tilt)은 매몰된 비용들(sunk costs) 또는 몰입의 확대(escalation of commitment), 즉 시초의 부정적 결과들을 일으키는 결정을 고집하는 경향이다.[165)] 기업가들이 이러한 인지적 편향의 희생자가 되는 한, 그들은 그들의 새로운 벤처들의 생존을 위험에 빠뜨릴 것이다. 이와 달리, 새로운 기업들은 즉각적으로 긍정적 결과를 드물게 얻는다; 따라서, 시초의 부정적 결과에 당면해서 코스를 유지하는 경향이 최종적 성공을 얻는 데에 하나의 필수요소가 될 수도 있다. 이러한 고려사항들은 성공적 기업가들이 인내할 때와 대안적 전략들로 전환할 때를 아는 데에 있어서 훌륭한 사람들일 수 있다는 가능성에 이르게 한다.[166)]

기업가들의 성공에 있어서 매몰된 비용들(sunk costs)의 잠재적 역할에 대한 부가적 통찰들이 연구자들에 의해 제시되었는데,[167)] 이들은 이러한 인지적 오류를 조절초점이론(regulatory focus theory)에 관련시킨다. 이 이론은 원하는 최종 결과를 달성시키기 위해 자기 자신의 행동을 조절함에 있어서, 사람들이 두 개의 대비되는 관점들 중의 하나를 택한다는 것을 이해하기 위한 하나의 중요한 이론적 틀이다.[168] 추진초점(promotion focus)이라고 알려진 첫 번째 것에서, 사람들이 추구하는 궁극적 목표는 성취, 즉 긍정적 결과들을 얻는 것이다. 그들이 이러한 조절초점을 택할 때, 사람들은 많은 가설들을 내놓고서, 그들이 원하는 목표에 도달하기 위한 모든 가능한 수단을 찾으려고 든다. 이에 비해서, 예방초점(prevention focus)에서, 추구되는 궁극적 목표는 "안전", 즉 부정적 결과를 피하는 것이다. 따라서, 사람들이 이러한 조절초점을 택할 때, 그들은 더 적은 가설들을 내놓고 실수들, 즉 부정적 결과를 일으키게 될 조치들이나 결정들을 피하는 데에 초점을 둔다. 많은 연구들은 사람들이 추진초점이나 예방초점에 대한 그들의 만성적 선호들에서 차이가 있다는 것을 나타낸다. 부가적으로, 사람들은 상황요인들에 의해(예: 이익을 달성하는 것이나 손해를 피하는 것에 초점을 두라는 지시들) 이 두 개의 초점들 중의 하나나 다른 것을 택하도록 유도될 수 있다.[169]

매몰된 비용들(sunk costs)에 대한 조절초점이론의 관계는 무엇인가? 연구자들은 추진초점이나 예방초점이 기업가들에게 매몰된 비용들의 위험들을 피하도록 도와 주는 관점에서 더 효과적인 여부가 기업가들이 시초의 부정적 결과들을 어떻게 해석하는가에 강하게 달려 있다고 시사한다.[170] 만일 이것들이 현재 사용가능하지만 기업가들이 추구하고 있지 않은 더 나은 선택지들로부터 나오는 것으로 간주된다면, 추진초점을 가진 사람들이 이점을 가질 것이다: 그들은 예방초점을 가진 사람들보다 실패하고 있는 결정들로부터 손을 떼는 데에 더 잘할 것이다. 왜 그런가? 추진초점을 가진 사람들이 주로 긍정적 결과를 얻는 것에 관심을 두고 있고, 그렇게 하는 최선의 방법이 현재 사용가능한 새롭고, 더 좋고, 사용가능한 행동코스 쪽으로 바꾸는 것이기 때문이다. 이에 비해서, 예방초점을 가진 사람들은 손해를 피하는 것에 주로 관심을 두고 있고, 그들의 현재의 행동코스를 포기하는 것은 그들이 그러한 결과(즉, 손해)를 경험하는 것을 확신하고 있다는 것을 의미한다.

이에 비해서, 만일 우수한 선택지가 없으면, 예방초점을 가진 사람들이 이점을 가질 것이다. 그들은 매몰된 비용들(sunk costs)의 덫으로부터 자신을 벗어나게끔 만들기가 더 쉬울 것이다. 예방초점을 가진 사람들은 주로 손실을 최소화시키는 데에 관심을 두고, 따라서 그들은 그들이 추구하고 있는 실패하고 있는 행동코스를 신속하게 포기할 것이다. 이에 비해서, 추진초점을 가진 사람들은 그들이 어떤 더 좋은 행동코스를 보지 못하기 때문에 그들이 경험하고 있는 부정적 결과를 계속 역전시키려고 들 것이다. 연구발견들은 두 개의 예측들에 대한 분명한 지지를 제공하고, 따라서 조절초점(추진 또는 예방)이 사람들이 매몰된 비용들의 문제를 취급하는 방법에 정말로 밀접하게 관련되어 있는 것 같다.[171]

우리는 계속할 수 있겠지만, 이제 요점을 분명히 해야만 될 것이다: 사회심리학의 발견들, 이론들 및 원리들이 기업가들이 어떻게 생각하고 어떻게 행동하는가에 대한 많은 중요한 통찰들을 제공한다는 것이다. 기업가들이 수 백만 명의 사람들에게 유익한 새로운 제품들과 서비스들을 개발하고 그러한 강력한 경제적 효과들을 갖고 있기 때문에, 우리는 이것이 사회심리학을 최선으로 응용하는 것의 한 예라고 믿는다: 이것은 우리의 기초지식을 보태 줄뿐만 아니라, 또한 인간의 복지를 향상시킨다. 정말로, 이것보다 더 좋은 일은 없을 것이다.

요 약

1. 유능한 직원을 충원하는 것이 성공적인 조직 발전에 있어서 첫 번째로 중요한 단계이다. 채용면접들은 단순한 고정관념적 판단을 행하는 경향을 감소시킬 수 있을 것이다. 하지만, 면접들은 흔히 좋지 못한 선발결정을 일으키는데, 이것은 일부 응시자의 자기제시와 일부 면접을 편향시키는 면접자의 기대에 기인된다.
2. 많은 회사들이 선발과정의 일부분으로서, 인지능력, 성격 및 도덕성에 관한 표준화된 검사들을 사용한다. 비록 도덕성검사들이 거짓으로 응답하기가 쉬울지라도, 그 결과들은 직무상의 수행을 예측한다. 더 효과적인 선발방법은 구성적 면접(structured-interview)인데, 여기에서 다수의 응시자들이 한 집단의 평가자들의 집단에 의해 모니터되는 다수의 활동에 참가한다.
3. 연구들은 감독자의 평정들이 대체로 직무에 관련 있는 특징들에 기초된다는 것을 보인다. 하지만, 이러한 평정들은 후광효과, 대비효과 및 평정척도 상에서 한정된 범위를 사용하는 경향에 의해 편향될 수 있다.
4. 자기평가들이 또한 업무수행평가 속으로 포함되어 계산될 수 있지만, 이것들은 자기이익적이고 부풀려지는 경향이 있다. 자기 평가들은 조직 내에서 권력을 갖고 있는 사람들에서 더 높고, 여성들보다 남성들에서 더 높다.
5. 업무수행평가들은 관찰 직후에 평정을 실시하거나, 주의 깊은 노트를 해 두고, 다수의 평정자들을 사용하고, 평정자들에 대해 필요한 기술들을 훈련시킴으로써 향상될 수 있다. 사람들이 자신의 업무수행의 평가에 대해 반응하는 방식에 있어서, 단지 결과들이 아니라, 절차의 공정성이 중요한 요인이다.
6. 직무만족의 주제가 오랜 동안 연구들의 초점이 되어왔다. 직무만족은 질문지를 통해 측정되어왔다. 직무만족에 관련되어 있다고 간주되는 몇 개의 변인들이 제시되었는데, 이것들은 직무 자체의 특징들, 직무가 수행되고 있는 사회적 및 조직적 환경들 및 직무수행자의 개인적 성향들을 포함한다. 근로자의 철수행동들과 직무수행에 대한 관계를 포함해서, 직무만족의 몇 가지 잠재적 결과들이 있다. 또한 직무만족과 직무수행 간의 인과관계의 성질에 관한 복잡한 의문이 논의되어왔다.
7. 경제적 및 사회적 변인들이 직장에서의 직무동기에 대해 영향을 준다. 경제적 측면에서, Vroom의 기대이론은 근로자들이 가장 바람직스러운 결과를 일으키고자 고안된 방식들로 행동한다고 진술한다. 따라서, 다양한 유인프로그램들이 보수에 의한 동기화를 위해 사용된다. 사람들은 어떤 보수를 하나의 매수로서 그리고 자신의 행동을 통제하는 한 수단으로서 지각할 때, 그들은 일 자체에 대한 흥미를 잃는다. 하지만, 어떤 보수가 업무수행의 질에 관한 긍정적 정보를 제공하는 하나의 보너스로서 제공될 때, 이것은 내재동기를 향상시킬 수 있다.
8. 형평이론은 투입들(inputs)과 결과들(outcomes) 사이의 비율이 모든 직원들에 대해 동일해야만

된다고 주장한다. 이 이론과 일치해서, 연구들은 근로자들이 그들이 과잉 지급받았다고 느낄 때에 상향적으로, 그리고 그들이 과소 지급받았다고 느낄 때에 하향적으로 그들의 생산성을 조절한다는 것을 보인다. 여러 가지 이유로, 여성들은 남성들보다도 더 낮은 수준의 봉급을 형평성 있다고 받아들인다.

9. 모든 사람들이 리더십이 사회적 영향을 요한다는 데 대해 동의한다. 고전적인 특성적접근(trait approach)은 천성적으로 리더십의 자질들을 갖고 있는 것 같이 보이는 사람들을 특징짓는 특성들을 알아내고자 했다. 이에 비해서, 상황이론들은 상이한 상황들이 상이한 유형의 리더들을 요구한다는 생각에 기초되어 있다. Fiedler의 연계모형(contingency model)에서, 과업중심적 리더들은 높고 낮은 통제력의 상황들에서 우수한 반면에, 관계중심적 리더들은 중간의 통제력의 상황들에서 효과적이다. 규범적 모형(normative model)에 의하면, 리더들이 독재적에서부터 참여적까지의 범위에 걸쳐 있으며, 훌륭한 리더십에 대한 관건은 직원들의 적정양의 참여를 초청하는 것이다.
10. 교류적 리더십(transactional leadership; 또는 거래적 리더십)을 가진 리더들은 업무를 완수하는 부하들에게 보수를 주고, 그렇지 않은 부하들을 교정한다. 변형적 리더십(transformational leadership)을 가진 리더들은 그들의 카리스마, 영감, 지적 자극 및 타인들에 대한 개인적 관심을 통해서 추종자들이나 부하들을 동기화시킨다. 연구들은 변형적 리더들이 교류적 리더들보다 더 효과적이라는 것을 보인다.
11. 사회심리학의 몇 개의 개념들과 발견들이 어떤 사람들이 기업가가 되려고 결정하는 이유에 대한 새로운 통찰을 제공해왔다. 사회적 요인들, 인지적 요인들 및 개인적 요인들이 기업가가 되려는 결정에서 한 역할을 한다. 이와 비슷하게, 사회적 요인들과 인지적 요인들이 기업가들의 성공에 대해 영향을 준다.

제9장

정치의 사회심리학

정치심리학연구의 역사적 단계들
- 지도자들의 성격
- 태도와 투표행동
- 정치적 인지와 정보처리
- 최근의 연구추세들

여론

이데올로기
- 이데올로기 종말에 관한 의문
- 이데올로기와 가치들
- 편견

투표행동
- 정당동일시
- 경제적 투표
- 일관성과 이데올로기
- 투표 참가
- 추론적 행동이론
- 투표에 관한 미시간모형
- 후보자 평가에 관한 온라인모형

정치적 사회화
- 초기의 획득
- 지속성

집단 갈등
- 성차
- 정치적 관용

정치적 리더십
- 5개의 대형 성격요인들
- 정치지도자들의 프로파일링
- 위기 의사결정
- 집단 사고

매스 미디어와 정치적 설득
- 한정된 영향들
- 설득의 장애를 극복하기
- 미디어에 대한 새로운 시각

국제적 갈등
- 적에 대한 이미지들
- 신념체계들
- 위기 관리

요약

정치는 사람들의 일상생활의 많은 측면에 대해 큰 영향을 준다. 예컨대, 정치는 사람들의 기본적인 의식주 생활에 영향을 주고, 가정과 자녀를 갖는 것, 취업이나 공부하는 것, 술 마시거나 노는 것 및 병의 치료에 영향을 준다. 정치는 또한 사람들의 사상과 종교에 영향을 주고, 심지어 범죄, 폭력, 마약사용, 절도, 교통위반 등과 같은 부정적 행동들에도 영향을 준다. 이와 같은 정치의 연구에 대해 사회심리학을 응용하는 학문분야를 "정치심리학"이라고 일컫는다. 정치심리학은 "정치연구에 대한 인간 심리학에서 밝혀진 것의 응용"이라고 정의되어왔다.[1] 사회심리학은 심리학 내의 어떤 다른 하위분야보다도 정치연구에 대해 더 큰 영향력을 가져왔다. 사회심리학에서 나온 통찰들은 엘리트들과 아울러 대중의 정치적 행동의 연구에서 가장 중요한 소스로 활용되어 왔다. 연구되어 온 많은 주제들은 정치적 사회화, 여론, 투표행동, 집단적 정치활동, 이데올로기, 편견, 정치적 유세들, 대통령직의 수행, 정책결정, 갈등해결, 테러리즘과 대학살, 국제갈등 등을 포함한다.[2] 포함된 심리과정들에 관한 통찰들을 제공함으로써, 사회심리학은 정치의 이러한 모든 측면들에 관한 우리의 이해에 기여해왔다. 그러한 통찰들 중의 몇 개가 인종편견, 낮은 투표율 및 정치적 폭력과 같은 바람직스럽지 못한 것으로서 간주되는 정치적 태도들과 행동들을 변화시키려는 시도에서 사용되어왔다.

이 장에서, 우리는 정치심리학에서 중요한 몇 개의 주제를 취급한다. 그것들은 여론, 이데올로기, 투표행동, 정치사회화, 집단갈등, 정치적 리더십, 매스 미디어와 정치적 설득 및 국제적 갈등을 포함한다.

정치심리학연구의 역사적 단계들

정치심리학연구의 추세들을 파악하기 위해, 정치심리학연구의 발전의 주요 단계들을 살펴보는 것이 도움이 될 것이다.

지도자들의 성격

1940년대와 1950년대에, 대부분의 연구들이 정치지도자들에 대해 특별한 강조를 두면서, 정치적 권력의 행사에 있어서 성격요인들의 역할에 초점을 두었다. 정치적 행동이 안정적인 성격특성들과 욕구들의 표현이라고 간주되었으며, 이것들의 기원들은 초기 아동기발달로까지 거슬러 올라갔으며 주로 정신분석적 용어들로 설명되었다. 한 예가 Lasswell(1948)의 연구이었는데, 그는 공적인 일들에 대한 정치가들의 개입의 기원들을 개인의 미해결된 자아불안들을 몰아내고 낮은 자기존중을 수리하기 위한 외부적 안심에 대한 그들의 욕구 속에 위치시켰다. 그 방법은 질적인 동시에 양적인 것이었다.[3] 질적인 면에서, 관건적 고려는 초기 아동기부터 시작하는 정치가들의 상세한 개인적 전기들에 기초된 역사적 재구성 또는 심리내력(psychohistory)이다. 이러한 접근이 연구자들에 의해 아직까지도 사용되고 있다. 한 예가 미국 대통령들에 관한 연구인데,[4] 이 연구는 낮은 자기존중을 가진 대통령들이 존슨 대통령의 미국의 월남전 개입에서와 같이, 심지어 정책들이 잘못된 것으로 판명되었을 때에도, 그들의 임기 동안에 그들의 정책을 바꿀 수가 없었다고 결론짓는다. 다른 더 양적인 연구들은 폭넓은 연구 참가자들의 표본들에 대해 실시된 척도들과 질문지들을 사용해서, 보통 사람들의 정치적 견해들을 조사해왔다. 한 예는 권위주의성격에 관한 연구이다.[5]

태도와 투표행동

1960년대와 1970년대는 여론과 투표패턴들에 관한 연구의 폭발을 보였다. 대규모 조사들은 사람들이 정치적 선택을 행할 때에 실제로 얼마나 적은 정보를 사용하는가를 보여 주었으며, 사람들이 주로 비이성적 방식으로 행동한다고 결론지었다. 이것에 관한 그 당시의 지배적인 설명은 가족의 영향과 더 일반적으로 사회화과정에 귀인시켰다.[6] 몇 개의 연구들은 정치적 태도들을 발달적 측면에서 설명할뿐만 아니라, 또한 정치적 태도들을 동기에 관련시키는 기능주의와 개인의 기본 욕구가 모순적 태도들에 당면했을 때에 인지적 균형을 회복하는 것이라고 가정하는 인지적 스타일과 같은, 그 당시에 지배적인 이론들을 사용했다.

정치적 인지와 정보처리

1970년대부터 1980년대 말까지, 연구자들은 그들의 관심을 태도들과 행동들로부터 이것들에 기저하는 정보처리기제들 쪽으로, 그리고 동기에 기초된 설명들로부터 사람들의 인지적 능력들에 기초된 설명들 쪽으로 전환시켰다. 사회적 인지의 연구들에서 얻어진 결과들을 사용해서, 그들은 정치적 인지에 기초된 한 선의 연구들을 발전시켰는데,[7] 여기에서 그 가정은 이전과 마찬가지로, 정치적 행동이 주로 비이성적인 것은 아니고, 심지어 경제학이론들이 시사하는 바와 같이 완전히 이성적인 것도 아니고, 그것의 이성성이 개인들의 제한된 정보처리능력에 의해 좌우된다는 것이었다.

최근의 연구추세들

진행되고 있는 현재를 평가하는 것이 곤란한 일이지만, 우리는 현재 상당한 확신을 갖고서,

최근의 연구추세들이 무엇인가, 또는 최소한 어떤 추세가 정치심리학의 인지적 접근들의 최근의 난국들을 극복하게 할 것인가에 관해서 말할 수 있다. 하나의 중요한 추세는 정치심리학이 이제 정치적 인지가 허용하는 것보다 더 사회적 성질을 갖고 있다는 인식의 증가이다. 이러한 추세의 이유들은 사회적 지식과 정치적 지식에 적용되는 4개의 고려사항들로부터 나온다.[8)9)]

① 정치적 지식은 그 뿌리에 있어서 사회적인 것이다. 이것은 상호작용에 의해서 생성되고 강화되며, 다른 지식영역들에서보다도 직접적이 아니라, 신문, TV, 여론지도자들 및 정치가들에 의해 강력하게 영향을 받는 중간 소스들을 통해 획득된다.

② 사회적 및 정치적 인지에 관한 연구들은 사회적 및 정치적 차원들을 지각의 대상들로서, 그리고 지각하는 개인에 대해 영향을 주는 차원들이 아닌 것으로서 취급해 왔으며, 그 결과로 개인내의 과정들이 대인관계적 및 집단적 과정들보다 더 많은 관심을 끌어왔다. 하지만, 인지자들이 타인들에 대해서 갖는 관계들과 그들이 특정의 집단에 소속한다는 사실은 인지과정들에 대해 중요하게 영향을 주는 요인들이며, 이것들 자체는 정치심리학에서 중요한 연구주제들이다.

③ 정치심리학의 연구는 미시적 차원에 한정될 수는 없다. 이것은 또한 개인적 정신기능과 사회적 및 정치적 현실 사이의 관계들을 포괄하는 거시적 차원 쪽으로 확장되어야만 된다. 이러한 방식으로, 이민이나 이주, 사회변화, 권력분배, 공적 및 사적 영역들 간의 관계들 등과 같은, 이 학문에 대해서 매우 중요한 이슈들이 연구될 수 있다.

④ 기본적 인지과정들에 관한 연구가 필수적인 것이지만, 다양한 사회적 및 정치적 맥락들 속에서, 이것들의 연결을 연구하는 것이 또한 유용할 수 있을 것이다. 이것은 다른 것들 중에서, 지식의 내용들과 과정들 간의 복잡한 관계들에 대해 주의를 돌려 줄 것이다.

정치심리학의 현재의 주요 이슈들에 관한 이러한 간략한 요약은 궁극적으로 정치적 지식의 획득과 의사결정을 지배하는 기본적 인지과정들에 관계될 것이다.

이제, 우리는 정치심리학의 중요한 주제들을 차례대로 취급해 보자.

여론

민주정치에서 여론보다 더 중심이 되는 개념들은 드물다. 오늘날 여론은 정치현상의 일부분으로서 인정받고 있다. 하지만, 전문가들에 대해서 여론을 이해하는 것은 쉬운 일이 아니다. 일찍이 이 분야의 한 전문가(Converse, 1975)는 여론이 감지불가능하고, 무정형적이고, 변덕스러운 것(p.77)이라고 진술한 바 있다.

여론은 하나의 현대의 발명품으로서, 18세기와 19세기에 서구에서 일어났던 큰 전환들에 의해 가능해진 것이다. 그것들은 중산계층의 증가, 문맹의 감소, 매스컴들의 성장, 및 민주적 기관들과 이데올로기의 확산을 포함한다.[10] 여론의 정확한 기원들은 흔히 18세기 말의 프랑스와 파리의 살롱들(salons)로까지 추적된다. 그곳에서 현대 세계에서 최초로 "공공 구역"(public sphere)이라고 일컬어진 것이 발전되었다.[11] 그 곳은 국가로부터 분리된 하나의 공간으로서 시민들이 그들의 공동 관심사들에 관해 숙고할 수 있고, 정부에 대해 비판적 아이디어들을 발전시키고 교환하는 장소였다. 그곳에서의 토론은 공개적이었고, 개인적 이익의 추구가 배제되었고, 사회적 지위와 신분의 불평등들이 배제되었고, 참가자들은 동등한 사람들로서 공공문제들에 대한 제약받지 않는 이성적 토론을 제공하는 곳이었다. 토론의 결과는 강력한 의미에서의 여론이 될 것이다. 즉, 자유롭고 공개적인 토론의 한 결과로서 도달된 공익(common good)에 관한 하나의 합의인 것이다.[12] 여론은 그 당시에 위험하고 파괴적인 것으로서 간주되기도 했으며, 여론은 하나의 혁명적 이이디어였다고 할 수 있다.

여론(public opinion)은 일반시민들의 의견들로서 정의될 수 있으며, 정부들이 조심하는 것들이다.[13] 이러한 정의는 민주적인 동시에 개인주의적인 여론의 개념으로서, 오늘날 지배적인 견해이다. 이러한 개념은 20세기의 기술발전들과 특히 여론조사의 광범한 발전에 의해 크게 영향 받았다. 지난 반세기 동안에, 여론의 적합한 연구는 의견(opinion)이어 왔다. 그리고 의견들은 어떤 인지 대상에 대한 감정(affect)으로 구성되어 있다.[14] 의견들은 정보와 성향의 결합으로 구성되어 있다(Ziller, 1992). 즉, 의견들은 특정의 이슈에 관한 어떤 심적 그림을 형성하기 위한 정보와 이것에 관한 어떤 결론들을 동기화시키는 성향으로 구성되어 있다. 시민들은 이러한 방식으로 정의된 다양한 정치적 주제들에 관한 의견들을 발전시킨다. 그들은 경기침체가 국민들의 저금을 먹어버렸다고 분노할 수 있고, 대통령이 바보이고, 주요 정당들이 부패되어 있고, 복지체계가 개혁되어야만 되고, 여성들이 직업상으로 차별대우받지 말아야만 된다고 생각할 수 있다. 이것들의 모두가 의견의 실 예들이다. 이것들은 모두 감정(affect) 더하기 인지(cognition)로 구성되어 있으며, 여론에 관한 연구들은 이것들을 연구해야만 될 것이다.

이러한 방식으로 여론이 정의된다면, 여론은 어떤 방법으로 측정되어야만 되는가? 단일하고 거듭된 답변은 표본조사(sample survey)의 사용을 통하는 것이다. 한 전문가(Converse, 1987)는 망원경이 우주의 과학적 탐구에서 입증해온 것만큼, 표본조사가 사회 내의 정보, 의견 및 감정의 흐름들의 측정에 대해서 불가결하고 대체 불가능한 사회과학의 망원경이 되어왔다고 결론지었다.[15]

표본조사의 전문화의 이점들이 분명하지만, 표본조사의 지배는 방법론적 약점들을 지니고 있다.[16] 하지만, 이러한 약점들은 표본조사의 오류 자체보다 오히려 이것의 기술적 탁월성에 있다. 과학적 방법들이 그 자체의 결점을 지니고 있다는 가정에 비추어 볼 때, 신뢰로운 지식은 단일한 방법이 아니라 다수의 방법들의 종합적 사용에 그 기초를 둔다. 따라서 여론의 과학을 발전시키기 위해서는 표본조사 이외의 방법들을 사용할 것이 요구된다. 그것들은 소수의 시민들에 대한 심층적인 광범한 대화를 사용하는 심층면접(intensive interview), 모든 종류와 조건의 사람들을 자유롭게 연구하는 민속학적 방법들(ethnographic methods), 득표의 분석, 사회운동들과 주장적인 집단행동의 형태들의 연구, 소집단들의 연구 및 여론의 실험적 평가 등을 포함할 수 있다.

이데올로기(ideology)

여론들이나 정치적 태도들은 흔히 분리되어서 연구되고 있다. 어떤 연구자들은 정치후보자들에 관한 평가에 대해 초점을 두는 반면에, 다른 연구자들은 인종태도들에 대해 초점을 둔다. 어떤 연구자들은 사형에 관한 여론에 대해 관심을 두고 있는 반면에, 다른 연구자들은 시민들이 대외정책에 관해서 어떻게 생각하는가를 연구한다. 하지만, 우리는 이러한 모든 정치적 태도들이 최소한 다소 상관되어 있다고 기대할 수도 있다. 정치심리학에서 하나의 중심적 의문은 그러한 상관들이 실제로 존재하는 방식과 정도이어 왔다.[17)]

정책들에 대한 태도들은 예컨대, 좌익이나 우익과 같은 정치적 지향성의 면에서 조리있게 구성되어 있는가? 다른 뜨겁게 논쟁된 의문들은 일반대중의 이데올로기적 관점들이 시간에 걸쳐 변동되어 온 여부와 방식들(오늘날의 시민들은 이전의 세대들보다 상이한 이데올로기적 신념들과 정치적 입장들을 지지하고 있는가?), 그리고 이데올로기가 오늘날 아직도 중요한 것인지의 여부여 왔다.

이데올로기의 종말에 관한 의문

하나의 고전적 논문 속에서, Converse(1964)는 우리가 개별적 이슈들에 관한 의견들이 서로 관련되어 있는 것으로서 기대할 수 있다고 주장했다.[18)] 개별적 이슈입장들 사이의 관계가 개인의 기본적 이데올로기적 입장에서 나온다. 예컨대, 한 이슈에서 진보적인 사람은 다른 이슈에서도 또한 진보적일 것이라고 가정된다.

하지만, Converse(1964)의 경험적 분석들은 미국의 유전자의 10%만이 그들의 의견들을 구조화시키기 위해서 진보주의와 보수주의 또는 자본주의와 사회주의와 같은 이데올로기적 개념들을 사용한다는 것을 시사했다. 더욱이, 많은 사람들이 일관성 없는 신념들을 갖고 있었다. 예컨대, 그들은 세금감소를 좋아했고, 이와 동시에 공공예산의 증액을 좋아했다. 다른 발견은 사람들의 이슈들에 대한 입장들이 시간에 걸쳐 다소 불안정했다는 것이었다. Converse는 비록 응답자들이 이러한 이슈들에 관한 질문들에 대해 일반적으로 성실하게 응답했을지라도, 이것들이 그러한 이슈들에 대한 안정적인, 토대가 튼튼한 의견들을 드러내 주지는 않았다고, 따라서 사회과학자들이 "비태도들"(면담 밖의 세상에서는 거의 의미가 없는 분명한 태도들)을 연구하고 있었다고 결론지었다. 그 이후에 신념체계들을 연구해 온 많은 학자들이 유권자들의 정치적 세련성에 관한 유사하기는 하지만, 매우 낙관적이지는 않은 결론들에 도달해왔다.

이러한 발견들은 "이데올로기의 종말"(end of ideology)의 명제, 즉 2차세계대전 이후에 좌익과 우익의 이데올로기적 차이들이 더 이상 대중정치에서 하나의 중요한 역할을 하지 않았다는 생각에 관한 심리학자들의 일반적 수용에 기여했다.[19] 이 명제는 4개의 주장들에 기초되어 있다: 즉, (1) 사람들의 정치적 태도들은 논리적 일관성이 부족하다. (2) 대부분의 사람들이 이데올로기적 호소들에 의해 움직이지 않고 있다. (3) 좌익(미국에서 진보주의)과 우익(미국에서 보수주의)의 이데올로기들의 주장자들 사이의 근본적인 심리적 차이들이 없다. 그리고 (4) 좌익과 우익의 견해들 사이에 실질적 차이들이 없다. Jost(2006)는 이러한 주장들을 철저하게 조사했으며 각각이 "이데올로기의 종말"의 명제의 한 방어로서 문제가 있었다고 결론지었다.[20] 우리에게 앞의 결론들을 재고하도록 요구하는 몇 개의 연구들을 간략하게 살펴보자.

첫째로, 정치적 태도에 관한 질문들에 대한 반응들 사이의 약한 상관들은 부분적으로 방법론적 취약성의 결과이었다. 예컨대, 정당 동일시와 정책선호들 간의 상관이 학자들이 이 두 개념들에 대한 평행적 측정도구들을 사용했을 때에 상당히 증가되었다. 둘째로, 비록 아마 소수의 투표자들이 모든 주제들에 관해 잘 알고 있을지라도, 많은 사람들이 어떤 하위세트에 관해서 꽤 잘 알고 있다. 더욱이, 증가된 교육수준이 시민들에게 정치적 정보를 처리하고 구축하기 위한 더 좋은 기초를 제공해 온 한편으로, 매스 미디어의 보급(처음에 라디오와 TV, 오늘날 인터넷)이 시민들에게 정치에 관한 더 많은 정보(또한 오정보)를 제공해왔다. 더욱이, 좌익–우익 연속선상의 투표자들의 이데올로기적 자기–위치부여가 유렵의(또한 미국의) 선거연구에서 하나의 관건요인으로 남아있는 한편으로, 주요 성격특성들이 정당과 후보자의 선호들과의 분명한 관계들을 보인다.[21] 이것은 주요 정당들과 후보자들 사이의 이데올로기적 차이들에 관한 의문을 남긴다. 어떤 이데올로기의 차이들이 예컨대, 공산주의가 동유럽에서 존재했을 때인 이전의 몇 십년 동안보다 덜 뚜렷한 것이 사실일 수도 있다. 하지만, 오늘날의 정치가 이데올로기적 차이들이 부족하다고 시사하는 것은 비현실적인 것 같다.[22] 이데올로기는 아직 끝나지 않은 것 같다.

이데올로기와 가치들

비록 이데올로기가 대개 가치들의 사회심리학적 개념에 대한 관련 없이 연구되고 있을지라도, 두 개념은 분명히 관련되어 있다. 가장 영향력 있는 가치들에 관한 연구는 아마 Rokeach(1973)에 의한 것일 것이다.[23] 그의 목적은 인간 문화들에서의 모든 주요 가치들을 확인하는 것이었다. 사람들의 가치지향들은 그들에게 가치들의 한 목록에서 그들이 개인적으로 가장 중요하다고 여기는 것을 나타내도록 요구함으로써 측정되었다. Rokeach는 확인된 가치들 중의 두 개가 좌익과 우익의 이데올로기, 즉 평등과 자유에 밀접하게 관련되어 있다고 주장했다. 평등에 대해 부여된 중요성(낮음 대 높음)과 자유에 대해 부여된 중요성(낮음 대 높음)을 종합하는 것이 4개의 이데올로기들과 합치되는 4개의 범주들을 가진 2차원적 공간을 낳는다: 즉, 사회주의(높은 평등성, 높은 자유), 공산주의(높은 평등, 낮은 자유), 자본주의(낮은 평등, 높은 자유) 및 파시즘(낮은 평등, 낮은 자유)이다. Rokeach는 만일 어떤 사회가 거의 모두 하나나 둘이 가치들에 대해 높은 중요성을 부여한다면, 이데올로기는 일차원적 개념으로 된다고 주장했다. 이것은 이데올로기가 오늘날 흔히 간주되고 있는 방식, 즉 반대쪽 극단들로서 좌익(left)과 우익(right)(유럽) 또는 진보(liberal)와 보수(conservative)(미국)를 가진 한 연속선으로서 보는 방식과 잘 합치된다.

가치들의 개념은 또한 유물론(materialism)과 유물론후(postmaterialism)에 관한 Ingelhart(1977)의 연구에 대해 중심이 된다. Ingelhart는 세대갈등들이 좌익－우익 구분의 측면뿐만 아니라, 유물론과 유물론후의 측면에서 일어난다고 주장했다. 그는 개인이 어떤 특정의 가치에 대해 얼마나 많은 중요성을 부여하는가가 다른 요인들 중에서도 욕구들을 충족시키기 위해 요구된 물질들(goods)의 부족에 달려 있을 것이라고 가정했다. 당연하다고 여기는 것들(things that are taken for granted)은 부족하고, 비충족된 욕구들을 충족시키게 될 것들만큼 높게 평가되지 않을 것이다. Ingelhart가 Maslow의 이론에 의해 영감을 얻은 것을 알기는 어렵지 않은데, 후자의 이론은 욕구들이 하나의 위계로서 순위지을 수 있으며 사람들이 더 기본적인 욕구들이 어느 정도 충족되었을 경우에 비로소 특정의 욕구들을 충족시키고자 할 것이라고 가정한다. Ingelhart는 일단 어떤 기본적 성품이 아동기와 청년기 동안에 형성되어왔다면, 개인은 확립된 가치위계를 성인기생활 전체 동안에 유지시킬 것이라고 주장했다.

이러한 전제들은 Ingelhart(1977)에게 세대들 간에 상이한 가치지향들이 관찰될 수 있다는 가설을 세우게끔 만들었다. 경제적 안전의 시기에 자란 사람들은 경제적 고생을 겪었던 사람들보다 안전을 가져다 주는 것에 연합된 가치들에 대해 더 적은 중요성을 부여할 것이다. Ingelhart는 최근의 세대들에 의해 비교적 높은 중요성이 부여되고 있는 가치들을 유물론후주의자(postmaterialist)라고 일컬었다. 이러한 가치들은 물가인상에 대해 반대하고 질서를 유지하는 것에 반대되는 것으로서 언론자유와 의사결정에 대해 참여하는 것을 포함한다. 이러한 세대 변화는 Ingelhart에 의하면, 정당들과 정책들에 대한 지지 속에서 반영될 것이다.

경험적 분석들은 세대들 간에 가치지향들에서의 차이들이 실제로 일어났다는 것을 보여왔다. 더욱이, 가치지향들은 정치적 선호들과 투표선택과 상관되어 있다. 녹색(Green) 정당들이 하나의 분명한 예를 제공한다. 즉, 그들은 유물론후주의자(postmaterialist)의 가치들에 대해 높은 중요성을 부여하는 투표자들로부터 비교적 큰 숫자로 지지를 받는다. 하지만, Ingelhart의 결론들은 논쟁의 여지가 없이 유지되어 오지는 않았다. 몇 명의 연구자들이 가치변화가 Ingelhart에 의해 확인된 한 개 이상의 차원들로 구성된다고 주장해왔다. 더욱이 유물론후(postmaterialism)와 유물론(materialism) 사이의 대비는 좌익과 우익 사이의 대비만큼 중요한 것으로 되어 오지 않는다. 후자의 이데올로기적 입장들에 관련된 이슈들이 정치적 행동을 이해하는 데에 최고의 중요성을 유지해왔다.

편견

이데올로기적 지향성들이 또한 편견에서 하나의 중요한 역할을 하는 것을 보여왔다. 이 분야의 연구는 Adorno 등(1950)의 권위주의(authoritarianism)에 관한 시원적 연구에 의해 강하게 영향받아왔다. 그들은 반유태인적 태도들이 분리되어서 소지되지 않고, 내집단 찬미(미화), 외집단들에 대한 편견 및 표면상의 보수주의(pseudo-conservatism)을 포함하는 더 일반적인 심리적 지향성의 일부분이었다고 주장했다. Adorno 등은 이러한 지향성이 그들이 "권위주의적 성격"이라고 명명했던 하나의 특수한 성격구조의 한 표현이라고 생각했다. 몇 개의 연구들이 우익적 권위주의의 측정치들이 정말로 편견의 측정치들과 상관있다는 것을 보여왔다. 편견과 상관있는 다른 관련된 측정치는 "사회적 지배지향성"(social dominance orientation)인데, 이것은 개인이 내집단들과 외집단들 사이의 관계들이 평등적이거나 위계적인 것을 선호하는지의 여부에 관한 것이다.[24)]

우익적 권위주의와 사회적 지배지향성이 대개 성격변인들로서 간주되어온 반면에, Duckitt (2001)는 두 개의 척도들이 보수주의와 상관되어 있는 이데올로기적 신념차원들로서 더 적절하게 간주된다고 주장해왔다.[25)] 우익적 권위주의가 사회적 보수주의에 관련되어 있는 반면에, 사회적 지배지향성이 경제적 보수주의에 관련되어 있다. Duckitt는 두 개의 지향성들에 기저한다고 여겨지는 두 개의 세계관들을 확인했다. 즉, 우익적 권위주의는 위험하고, 예측할 수 없고, 위협을 주는 것으로서의 세계관에 대한 하나의 반응인 반면에, 사회적 지배지향성은 강한자가 이기고 약한자가 지는 "무자비하게 경쟁적인 정글"로서의 세계관에 대한 하나의 반응이다. 그는 또한 이러한 세계관들이 성격과 아울러 사회적 상황들에 의해 영향받는다고 주장했다. 예컨대, 어떤 위협에 당면하는 것이 위험한 세상의 세계관과 따라서 우익적 권위주의를 일으킬 것이다. 이것이 우익적 권위주의와 사회적 지배지향성 측정치들이 실험들에서 위협조작들에 대해 민감한 이유를 설명한다.[26)] 사회적 상황들이 성격보다 더 쉽게 조작될 수 있다는 사실을 고려할 때, 이것은 사회심리학에 기초된 중재들에 의해 편견을 퇴치하고 싶어하는 사람들에게 희망을 제공한다.

투표행동

정치심리학에서 하나의 주요 초점은 여론과 투표행동이어 왔다. 이러한 주제들을 연구하기 위한 주요 방법은 여론조사이어 왔다. 선거유세들 동안에 실시된 급속한 여론조사들은 그것들의 정확성에 관한 우려를 일으킬 수 있다. 하지만, 실제로 비일관성과 변동의 많은 부분이 다수의 투표자들이 유세기간 동안에 비교적 늦게까지 확고한 결정에 이르지 못한다는 사실에 기인된다.[27] 실제로, 선거날에 가깝게 실시된 여론조사들은 일반적으로 꽤 정확한 것으로 판명되었다. 1996년 11월 5일에 실시된 미국 대통령선거 결과는 클린턴(49%), 돌(41%) 그리고 페롯(8%)의 순의 득표를 나타냈다. 이에 대한 여론조사들은 평균적으로 각각 1% 내지 3%의 오차를 보였다.

우리는 투표행동을 어떻게 이해할 수 있겠는가? 1940년 대통령 선거유세 동안에 실시된 가장 영향력 있는 초기의 연구는 비교적 소수의 투표자들이 그들의 선호를 바꾸었다는 것을 발견했다.[28] 약 80%가 심지어 유세가 시작되기도 전에, 한쪽이나 다른쪽 후보자에게 안정되게 결정했다. 더욱이, 사람들은 그들의 사회적 배경에 따라 일관되게 투표했다. 미국에서, 노동계층, 도시주민 및 가톨릭 투표자들이 민주당원들을 지지했고, 중산계층, 농촌주민 및 신교도 투표자들이 공화당원들을 지지했다. 심지어 시초에 무결정했던 대부분의 투표자들도 후에 이러한 성향들에 따라 결정했다.

비록 이 연구가 오래 전에 실시되었을지라도, 대부분의 투표자들이 선거유세 동안에 매우 안정적인 선호들을 갖고 있다는 기본적 발견은 오늘날에도 잘 지지받고 있다. 정말로, 최근에 심지어 선거유세가 시작하기 이전에도, 주로 현재의 경제상태들과 후보자들이 주요 이슈들에 대해 취했던 상대적 입장들에 기초해서, 1%나 2% 이내에서 대통령선거들의 결과를 성공적으로 예측하는 통계적 모형들이 개발되어왔다.[29] 이것은 선거유세들이 영향력이 전혀 없다고 말하고 있는 것은 아니다. 때로는 최종의 승자가 선거유세 자체가 투표자들에게 경제상태들과 후보자의 입장들에 관한 필요한 정보를 전달할 것을 요하기 때문에, 초기의 여론조사들에서 뒤쳐진다. 실제로, 양측의 선거유세들은 대개 그것들이 대체로 서로 상쇄시키는 효과들을 가질 정도로 매우 전문적으로 실시되고, 따라서 바로 그러한 결과를 달성시키는 데에 있어서 중대한 요소들이 될 것이다.

정당동일시(party identification)

Campbell 등(1960)의 "미국인 투표자"(The American Voter) 속에 출간된 투표행동이론이 그 후에 지배적 모형이 되었다.[30] 이것은 두 개의 주요 아이디어를 포함시켰다. 첫째로, 이것은 투표자들이 그들 자신의 정당동일시, 즉 다른쪽 정당보다도 한쪽 정당을 애호하려는 하나의 변치 않는 지속적 결정이 되어 주는 동일시를 적용함으로써 주로 결정한다고 주장했다. 단순한 일지일관성의 과정에 의해, 정당동일시는 후보자들과 현재의 선거이슈들에 대한 투표자의 태도에 대해 영향을 준다. 예컨대, 평생의 공화당지지자들은 1996년 선거에서 돌 후보자를 호의적으로, 그리고 클린턴 후보자를 비호의적으로 평가하는 경향이 있어서, 다른 이슈들 중에서 돌 후보자의 세금 증액들과 낙태 반대에 대해서 찬성했다. 후보자들과 선거이슈들에 대한 이러한 태도들은 안정적이고 강력한 정당동일시에 의해 형성되고, 그 다음에 개인의 투표를 매우 정확하게 예측할 수 있게끔 해준다.

오늘날에도, 반대되는 보편적인 인상에도 불구하고, 투표자들은 그들의 전통적인 정당유대들에 대해서 계속 매우 충성하고 있다. 두 정당에 대해 강하게 동일시하는 사람들의 숫자는 최근에도 많이 변화하지 않아왔다. 더욱이, 투표의 면에서 그들의 정당충성도는 높게 유지된다. 1996년 선거에서, 98%의 애당심이 강한 민주당지지자들이 클린턴에게 투표했으며, 97%의 애당심이 강한 공화당지지자들이 돌에게 투표했다.[31)]

만일 정당동일시가 투표결정에서 이와 같이 강력한 요인이라면, 최근 수 십년 동안의 대부분에서 대통령과 의회가 반대 정당들에 의해 차지하게 된 것은 어떻게 된 일인가? 실제로, 클린턴대통령 임기의 첫 2년 동안은 4반 세기에서 대통령이 소속한 정당이 상원과 하원을 모두 장악한 첫 번째였다. 많은 투표자들이 어느 한쪽의 손아귀에 과도한 권력을 부여하는 것을 막기 위해서, 권력이 나뉘어진 정부를 택하기로 결정했는가? 이것을 검증하기 위해서, 연구자들은 투표자들에게 "한 정당이 대통령직과 의회 모두를 장악할 때, 통제력이 양당으로 나뉘어 질 때, 또는 이것이 문제가 되지 않는다." 중에서 그들이 어느 것을 더 좋아하는지를 질문했다.[32)] 정말로, 39%가 그들이 정부의 분할 통제를 선호한다고 응답했다. 하지만, 분할된 정부를 선호한다고 응답했던 사람들 중의 24%만이 대통령과 의회에 대해 투표할 때에 그들의 양당에 대한 투표들을 분할했다. 따라서 10% 이하가 나뉘어진 통제력에 대해 응답했고 또한 실제로 이것을 지지하는 투표를 했다. 투표자가 분할되거나 통일된 정부를 선호했는지의 여부는 개인의 투표행동에 대해 전혀 효과가 없었다. 그 대신에, 개인적 투표들의 가장 좋은 예측들은 정당 동일시, 이슈선호들 및 후보자들 개인에 대한 호감이었다.

정당 동일시에 관한 "미국인 투표자"의 견해는 이 책이 출간된 이후에 몇 가지 방식으로 도전받아왔다. 수정주의자들의 주된 주장은 투표선택들이 단순히 정당동일시와 같은 장기적으로 지속되는 심리적 성향들에 의해서가 아니라, 최근의 정치적 및 경제적 현실들에 의해서 영향받는다는 것이다. 그들은 투표자들이 매년 동일한 정당의 후보자들에게 습관적으로 그리고 아무런 생각이 없이 투표하는 것이 아니라, 매 선거년도에 현직자의 과거의 수행에 관한 센스 있는 판단을 행하고 나서, 그에 따라 그 정당을 지지하거나 반대하는 투표를 행한다고 주장한다.[33] 개인의 정당 동일시도 또한 전쟁, 범죄율, 경제적 불황 또는 비인기의 후보자들과 같은 진행중인 정치적 이슈들과 사건들에 반응해서 변동될 수 있다.[34] 개인적 정당 동일시들에서의 많은 그러한 변화들의 누가적 영향이 전체의 정당지지의 균형을 변동시킬 수 있다. 이와 비슷하게, 그들은 정당동일시가 국회의원 투표에서 유일한 요인이 아니라고 주장한다. 사회안전이나 기타의 연방 관료제도들에 관한 문제들에서 동료 의원들을 돕고자 노력하는 것과 같이, 다른 의원들에 대한 효과적 서비스가 현직 의원들의 재선에 기여한다.[35] 따라서, 정당 균형에서의 큰 장기적 변화들은 흔치 않다. 하지만, 최소한 하나의 그러한 변화에 대한 의견일치가 있다. 즉, 1950년대의 대통령선거들에서부터 시작하는 남부 백인 투표자들의 공화당쪽으로의 장기적 이동이다. 그리하여, 이 이동은 기본적인 정당충성들에 대해 점차 영향을 주었다. 1952년에 약 80%의 백인 남부인들이 민주당지지자들이었던 반면에, 1994년에 40%를 약간 넘는 사람들이 그러했다.[36]

경제적 투표

연구자들은 또한 사람들이 인생의 후기에 변화하는 현실에 순응하기 위해 그들의 선호를 어떻게 조정하는가에 대해 관심을 두고 있다. Kramer(1971)는 선거결과들이 일반적 경제의 건전성과 강하게 상관되어 있다는 것을 관찰했다.[37] 대통령의 소속정당은 경제가 선거년도의 가까이에서 약할 때에 기반을 상실하는 경향이 있고, 경제가 강할 때에는 잘한다. 한 연구자는 대통령선거 전년도에 1인당 개인적 소득의 1%의 성장이 현직자의 투표에 대해 약 2%를 추가시킨다고 추정했다.[38]

이러한 발견은 사람들이 돈지갑투표(pocketbook voting)를 행하고 있다는 것을 시사한다. 즉, 사람들은 집권정당이 경제적으로 잘하고 있을 때에 그 정당을 지지하고, 그 정당이 잘못하고 있을 때에 "악당들을 쫓아낸다." 하지만, 이러한 경제적 투표는 투표자들이 자기이익적으로 행동하고 있다고 가정함이 없이도 설명될 수 있을 것이다. 심지어 "개인적으로" 잘되고 있는 사람들이라도 "국가적으로" 경제상태가 나쁘게 되고 있을 때에 현직대통령의 소속정당에 대해 반대투표를 할 수 있다. 이것은 사회지향성투표(sociotropic voting)이라고 일컬어지며, 현직 대통령이 전반적으로 국가를 위해 얼마나 잘하고 있는가에 관한 투표자들의 지각들에 기초되어 있다.

상당히 주의깊은 연구가 이러한 대안적 가설들을 검증하기 위해 수행되어왔다. 일반적으로, 사회지향적 투표는 훨씬 더 흔하다.[39] 작지만, 통계적으로 유의한 양의 돈지갑투표가 미국 대통령선거들에서 일어나지만, 비교적 작은 것이 미국의 의회선거들이나 유럽의 의회선거들에서 일어난다.[40] 자기이익(self-interest)이 범죄와 법과 질서, 정부보증의 직업들이나 건강돌봄, 전쟁 또는 에너지부족들에 대한 반응과 같이, 매우 다양한 기타의 정치적 태도들을 결정짓는 데에 있어서도 또한 하나의 작은 역할을 하는 것 같다.[41] 이러한 모든 것은 물질적인 자기이익이 인종과 종족 편견들에서 하나의 작은 역할을 행하는 경향이 있다는 발견과 유사하다.

이것은 자기이익이 전혀 중요하지 않다고 말하는 것은 아니다. 흡연자들이 비흡연자들보다 흡연에 대한 제약들에 대해 더 많이 반대하고, 총기소지자들이 총기통제에 대해 특히 반대하고, 세금을 가장 많이 내는 사람들이 세금삭감안들을 가장 많이 지지하는 것으로 발견되어 온 바와 같이, 몇 개의 예외들이 발견되어왔다.[42] 하지만, 이것들은 예외들이다.

자기이익이 매우 작은 영향을 준다는 것은 다소 놀라운 것이다. 하지만, 사람들은 일반적으로 타인들이 이기적 동기를 얼마나 많이 갖고 있는가를 과대추정하는 것 같다. Miller와 Ratner는 이것을 "자기이익의 신비"(the myth of self-interest)라고 일컬었다.[43] 한 실험에서, 그들은 사람들에게 그들 자신이 혈액을 기증할 여부와 아울러 두 개의 조건들 중의 하나에서 혈액을 기증힐 여부를 질문했디: 즉, 기증에 대해 15$가 지불되거나 지불이 전혀 없는 것이다. 대부분의 사람들이 자기 자신이 지불받는 것의 여부에 관계없이 혈액을 기증하려고 했고, 지불의 약속은 그들의 기증의사를 매우 많이 증가시키지는 않았다. 이러한 의미에서, 그들은 매우 많이 자기 이익적 동기를 갖지는 않은 것 같다. 하지만, 그 대신에, 그들은 타인들이 무료로 혈액을 기증하려는 의사를 꽤 과소추정해서, 대부분의 사람들이 금전적 동기를 갖고 있다고 가정했다. 간단히 말하면, 그들은 사람들이 실제보다도 훨씬 더 자기이익적으로 행동한다고 기대했다.

그러면, 자기이익적 투표가 비교적 드문 이유는 무엇인가? 하나의 답변은 정부정책들의 사람들에 대한 개인적 영향들이 그들의 투표에 대해 영향을 줄만큼 개인에 대해 충분하게 크거나, 충분하게 직접적이거나, 충분하게 분명하지 않다는 것이다. 그러한 이해관계들이 크고 분명할 때, 자기이익이 하나의 더 강력한 동인이 된다. 하나의 좋은 예가 1973년의 캘리포니아주에서의 세금삭감안이었다. 이것은 재산세들의 크고 특별한 삭감들을 약속했다. 비록 정당동일시, 이데올로기 및 인종태도들과 같은 다른 요인들이 똑같이 중요한 역할을 행했을지라도,[44] 이 안에 대한 지지는 더 많은 돈을 절약할 것으로 기대했던 납세자들에게서 상당히 더 높았다.

두 번째의 답변은 투표자들이 그들의 개인적인 경제상태의 변화들을 정부나 대통령보다 그들 자신의 개인적 상황, 능력 및 노력에 귀인시키기가 더 쉽다는 것이다. 만일 우리가 실직한다면, 우리는 상사, 경영실패를 저지르는 어리석은 회사, 또는 우리 자신의 기술부족이나 게으른 근무습관을 탓할 수 있다. 우리는 대개 자신의 실직에 대해 대통령이나 자기 지역의 국회의원을 비난하지는 않는다. 그 결과로, 우리가 좋지 못하게 행동한 것 때문에 그들에 대해서 불리한 투표를 행할 이유가 없다. 하지만, 사람들은 전체로서의 국가경제에 대한 책임을 정치지도자들 특히, 대통령에게 귀속시키는 경향이 있다.[45] 그리고 이것이 사회지향적 투표에 대한 충분한 이유를 제공한다.

일관성(consistency)과 이데올로기

"미국인 투표자"의 책 속에서 제시된 다른 주요 주장은 비교적 소수의 사람들이 자신의 투표를 잘 알고, 일관성있고, 세련된 정치적 사고에 기초해서 행한다는 것이었다. 대부분의 시민들은 진행중인 정치과정에 관해서 매우 잘 알고 있지는 않다. 예컨대, 대부분의 미국인들은 미국의 상원의원들의 임기가 6년이라는 것을 알지 못하고, 대부분이 정부가 의료보다 대외원조에 대해 더 많이 소비한다고 부정확하게 믿고 있으며, 1980년대 말의 미국의 니카라과에서의 역할에 관한 수년 동안의 격렬한 논쟁에도 불구하고, 대부분의 미국인들이 심지어 그 나라가 중앙아메리카에 있는지도 모른다.

비록 대부분의 미국인들이 정치에 관한 세부사항을 자세하게 이해하지 못할지라도, 그들은 아마 정부가 무엇을 해야만 되는가에 관해서 분명한 선호들을 갖고 있을지도 모른다. 하지만 불행하게도, 이것은 사실이 아닌 것으로 판명되었다. Converse(1970)는 많은 사람들이 정부가 어떤 정책들을 추구해야만 되는가에 관한 상세한 질문을 받았을 때에 다소 무작위적으로나 아무렇게나 반응하는 것 같다는 사실을 기술하기 위해서 "비태도들"(nonattitudes)이라는 용어를 만들어냈다.[46] 그들은 한 경우에서 질문 받았을 때에 하나의 답변을 제시한다; 그 후에 다시 질문 받았을 때에 많은 사람들이 답변을 바꿀 것이다; 그리고 세 번째로 질문 받았을 때, 이전에 답변을 바꾸었던 사람들 중의 다수가 그대로 머물기보다도 다시 바꿀 것이다.

더욱이, 소수의 투표자들이 진보주의나 보수주의와 같은 폭넓고 추상적인 정치적 "이데올로기"의 면에서 정치에 관해서 생각한다. 소수의 투표자들이 정치이론가들과 정치지도자들에 의해 사용되고 있는 면에서, 이데올로기의 추상적인 개념을 이해한다.[47] 일반대중들의 태도들은 또한 흔히 이슈들 간에 매우 일관성이 있지는 않다.[48] 예컨대, 열렬한 환경주의자들은 비록 그들의 모두가 진보적 입장들일지라도, 반드시 육아에 대한 정부보조를 찬성하지는 않는다. 많은 사람들이 세금의 감면을 원하지만, 공립학교들과 같은 분야들에서의 정부지출을 삭감하는 것에 대해 반대한다. 거의 모든 사람들이 모든 사람들에 대한 언론의 자유(free speech)의 일반원칙을 신봉하지만, 많은 이들이 언론의 자유를 공산주의자들, KKK 또는 나치당과 같이 그들이 싫어하는 집단들에게 연장시키지는 않을 것이다. 이와 같은 비일관성들은 일반대중들에서의 이데올로기적 사고의 낮은 수준을 시사한다. 사람들은 만일 그들이 이슈들 간에 일관성이 없다면, 폭넓은 추상적 이데올로기들을 가질 가능성이 없다.

투표하는 일반대중을 흔히 비일관적이라고 보는 것은 시민들이 이성적 방식으로 정치적 현실들에 대해 반응한다고 믿는 학자들에 의해 광범하게 도전받아왔다. 그들은 환경과 육아가 서로 관계가 거의 없고, 따라서 이것들에 대해 상이한 입장들을 취하는 것이 비이성적인 것이 아니라고 주장한다. 세금삭감을 지지하는 대부분의 사람들이 필요한 정부의 서비스들을 삭감시키기보다도 정부의 낭비를 감소시키기를 원한다고 주장한다. 그리고 비인기 집단들에 대한 언론 자유가 그 집단들이 공산주의자들이 1950년대 초에 냉전의 절정에서 지각되었던 것과 같이, 위험한 것으로서 지각될 때에만 거부당한다고 주장한다. 하지만, 우리가 이러한 비일관성들을 이성적이거나 비이성적인 것들로서 해석하는 여부에 관계없이 이것들이 존재한다는 일반적 의견일치가 있다.

이러한 모든 것에도 불구하고 이데올로기적인 자기동일시가 정당정치에서 점점 더 중요해져왔다. 정당 동일시와 이데올로기 사이의 연관은 지난 20년 동안에 뚜렷하게 증가되어왔다. 진보적 투표자들이 민주당지지자들로 되고 있고, 보수적 투표자들이 공화당지지자들로 되고 있다.[49] 즉, 진보주의자나 보수주의자로서의 자기동일시는 이것이 사람들에 대해 무엇을 의미하든 간에 투표결정들에 대한 하나의 유용한 가이드이다. 특히, 더 젊은 투표자들이 이데올로기적 관계에 기초된 정당들을 점점 더 많이 선택하고 있는 것 같다. 그 결과로, 젊은 세대는 이전 세대들보다 이데올로기적으로 더 양극화되어서, 민주당지지자들이 공화당지지자들보다 낙태, 소수인종집단의 권리, 국방비 삭감과 같은 이슈들에서 더 뚜렷하게 진보주의이다.

더욱이, 어떤 특정의 이슈에서 최소한 소수의 사람들이 확고한 생각들을 갖고 있다. 그들이 그 분야에서 "이슈 대중"(issue public)이라고 기술되어왔다. 그들이 그 이슈에 대해 잘 알고 있고 명확한 선호를 갖고 있으므로, 그들은 새로운 정부 제안들에 대해 매우 중요한 청중이다. 그리고 국회의원들이나 정당대회 대의원들과 같은 정치엘리트들이 보통 시민들보다 훨씬 더 일관성있고 이데올로기에 기초된 태도들을 갖고 있는 것이 분명하다.

둘째로, 낙태나 인종의 이슈들에 대해서와 같이, 소수의 이슈들에서 많은 사람들이 확고한 선호를 갖고 있다. 한 가지의 이유는 그러한 이슈들이 유의미한 기본적 가치들에 기초되어 있다는 것이다. 예컨대, 어떤 이들은 큰 정부를 중시하고, 다른 이들은 제한된 정부를 중시한다. 이러한 차이가 그들이 특수한 정부 정책들에 대해 어떻게 느낄 것인가를 예측함에 있어서 중심이 되는 것으로 판명되고 있다.[50] 전통적 도덕성과 종교성이 또한 최근에 주요 정치적 힘들이 되어왔다. 예컨대, 그것들은 합법적 낙태에 관한 토론들에서 중심이 된다.[51]

개인주의가 또한 사람들을 나눈다. 즉, 모든 개인이 독자적이며 자신의 힘든 노력과 개인적 투자들에 관련해서 결과들을 받아야만 된다고 믿는자들과 사회나 공동체가 멤버들 모두에 대해 중요한 책임이 있으며 그들에 대해 개인적으로 행한 기여를 넘어서 제공해야만 된다고 믿는자들 사이가 나눠어진다.[52] 유럽 지배적인 문화들은 상당히 더 개인주의적이고 아시아 문화들은 더 집단주의적인 것 같다.[53] 하나의 관련된 가치차원은 평등(equality)이다. 비록 미국인들이 모든 사람들에 대해 동등한 기회를 제공하는 것을 매우 지지할지라도, 그들은 동등한 결과들이나 부의 재분배의 보장들을 포함하는 의문들 상에서 큰 차이가 있다. 평등의 가치를 어디까지 추구하는가에 대한 구분들이 또한 정치적 선호들에 대해 상당한 영향을 준다.

투표 참가

정치인들과 아울러 정치학자들은 민주주의에서 많은 시민들이 선거에 참가하는 것이 필수적이라고 강조해왔다. 어떤 사람들에 의하면, 대중의 선거참여가 민주주의의 하나의 필수요인이다. 다른 사람들은 민주주의의 이상이 시민들이 기권하는 이유와 특정의 시민들이 다른 시민들보다 다수 기권하는 여부에 따라, 기권들에 의해 위배되거나 위배되지 않을 수 있다고 주장한다. 주된 걱정은 경제적으로 덜 부유한 사람들이 비교적 흔히 기권하고, 따라서 그들의 이익이 정치가들에 대해 투표하고, 따라서 정치 캠페인들에 기여하는 사람들의 이익만큼 심각하게 고려되지 않는다는 것이어 왔다. 이것은 각 개인이 동등한 영향력을 가져야만 된다는 민주원칙을 위반할 것이다. 높은 투표수준이 이러한 걱정스러운 영향들을 경감시킬 것이다.

비록 투표 여부의 결정이 사회심리학자들에 의해 연구되어 왔을지라도, 이것은 경제학자들로부터 더 많은 관심을 받아왔다. 주된 이유는 매우 많은 사람들이 투표한다는 단순한 사실이 합리적 선택이론에 대해 하나의 주된 도전을 제기한다는 것이다. 이것은 시민들이 한 개인의 투표가 영향을 주게 될 가능성이 거의 영이기 때문에, 귀찮게 투표하지 않을 것이라는 예상을 낳는다. 연구자들은 경제학적 및 심리학적 접근들을 비교했고 후자가 투표자들이 그들의 투표결정을 기대된 유용성에 기초하지 않기 때문에, 투표결정에 기저하는 이유들에 대한 더 많은 통찰을 분명하게 제공한다고 결론지었다.[54] 사람들이 투표소에 가는 주된 이유는 그들이 이것을 하나의 시민적 의무라고 여기는 것이다. 투표하게끔 만드는 것은 선거결과에 대한 영향보다도 사회규범들의 존재이다. 따라서, 투표하는 것의 결정은 경제학적 의사결정모형에 기초해서 좋지 못하게 이해되고, 사회심리학자들이 그것의 이해에 기여할 수 있는 기회의 하나의 훌륭한 예이다. 선거참가에 부여된 중요성을 고려할 때, 학자들이 투표자수를 증가시키는 여러 수단들을 연구해온 것은 당연한 일일 것이다. 연구들은 비록 많은 유권자들이 투표소에 가지 않는 것을 방지하기에는 너무 작을지라도, 그러한 중재들이 영향을 준다는 것을 보인다. 한 예는 유권자들에 대한 선거 직전의 개인적 호소들의 영향에 관한 하나의 현장실험이다.[55]

추론적 행동이론(theory of reasoned action)

사람들은 어떻게 투표를 행할 정당이나 후보자를 선택하는가? 이러한 의문에 대해 답변하기 위해서, 하나의 연구전략은 일반적인 심리학적 이론들을 적용하고 사회심리학에서 중심이 되는 개념들을 이용하는 것일 것이다. 대다수의 사회심리학자들은 태도들이 하나의 기본적 개념이라고 주장할 것이다.[56] 당신이 어떤 것을 좋아하고 어떤 것을 싫어하는 것, 즉 태도보다 당신에 대해 더 중심적인 것을 생각해내기가 곤란할 것이다. 더욱이, 호감들과 비호감들은 사람들이 행하는 결정에 대해 강하게 영향을 준다. 사회심리학에서 이것들의 중심적 지위를 고려할 때, 태도·행동모형들이 선거들에 대해 응용되어 온 것은 당연한 일일 것이다.

Ajzen과 Fishbein은 태도들과 행동에 관한 가장 영향력있는 이론을 개발했다.[57] 그들이 개발한 기본 이론은 추론적 행동이론(theory of reasoned action)인데, 이것을 약간 수정한 수정판은 계획된 행동이론(theory of planned behavior)이라고 알려진 것이다. 추론적 행동이론에 의하면, 행동의 직접적 결정요인은 그 행동을 수행하려는 의도(intention)이다. 의도는 행동의 결과들에 관한 개인의 평가들의 종합과 개인이 행동에 대한 사회적 영향에 응종하는(또는 따르는) 정도에서 나온다. Ajzen과 Fishbein은 그들의 이론을 미국의 대통령선거, 영국의 의회선거 및 미국의 오레곤주에서의 국민(일반)투표를 포함하는 몇 개의 행동들에 응용했다. 그들은 이 선거들에서의 심리과정들이 동일했다고 결론지었다. 즉, 특출한 신념들이 투표선택지들에 대한 태도들을 낳았고, 이것들이 투표의도들과 따라서 투표선택을 꽤 정확하게 예측했다. 사회적 영향의 요인은 매우 중요하지는 않았다. 하지만, 신념들의 내용은 차이 있었다. 미국의 경우에서, 정책결과들에 관한 신념들이 중요했던 반면에, 영국의 경우에서는 특정의 후보자에 대한 투표가 어떤 정부의 등장 가능성들을 증가시키게 될 확률에 관련 있는 특출한 신념들이 중요했다.

태도-행동모형들에 기초된 투표연구들은 가치 있는 통찰들을 제공해왔다. 예컨대, 대상들(즉, 정당들)에 대한 태도들과 행동(즉, 그러한 정당들에 대해 투표하기)에 대한 태도들 사이의 구분이 선호하는 정당이 의석을 받을 가능성이 없기 때문에, 어떤 비선호하는 정당에 대해 투표하는 것과 같은, "전략적 투표하기"를 연구하기 위한 하나의 우수한 기초를 제공한다. 하지만, 주류의 선거연구에 있어서 태도-행동모형들은 매우 작은 영향력을 가졌다. 선거연구자들은 시민들이 특정의 후보자들에 대한 투표가 그들의 정당이 집권하게끔 도와주기 때문에 그러한 후보자들에게 투표한다는 결론으로부터 인상을 받아 오지 못했다. 그러한 발견은 동의어 반복적인(tautological) 것으로 간주되었다. 더욱이, 추론적 행동이론과 같은 이론들은 어떤 신념들이 정당들과 후보자들에 대한 태도를 결정짓는가와 신념들이 긍정적으로나 부정적으로 평가되는 이유를 상술하지 않는다. 결과적으로, 태도-행동 모형들은 선거연구자들이 답변을 구하고 싶어하는 의문들의 종류에 대한 답변을 제공하지 않는다.

투표에 관한 미시간모형(Michigan model)

투표선택에 대해 영향을 주는 태도들의 종류와 아울러 그것들의 근원들(origins)을 확인하는 투표행동들에 관한 가장 중요한 이론이 미시간대학교의 Campbell 등에 의해 개발되었다.[58] 그들의 출발점은 태도-행동모형들의 것과 유사했다. 즉, 그들의 이론에서, 후보자들과 이슈들과 같은 정치적 대상들은 지각될뿐만 아니라 평가된다. 미시간모형에 의하면, 긍정적이거나 부정적이거나 간에, 결과되는 관점들은 투표자들은 정당들 중의 하나(미국에서 민주당이나 공화당)의 후보자쪽으로 지향시키는 힘들의 한 체계를 이룬다(도 9.1).

Campbell 등(1960)은 이른바 정당태도를(partisan attitudes)이라는 그러한 6개의 힘들을 구분지었다. 이것들은 민주당후보자의 개인적 속성들, 공화당후보자의 개인적 속성들, 국내정책의 이슈들, 대외정책의 이슈들, 정치에 관여된 집단들 그리고 정부운영에서의 정당들의 성적들에 관계되었다. 이러한 태도들은 투표자들의 정당동일시(party identification)에 의해 영향을 받는다. 즉, 초기 성인기에 가족들의 영향을 통해 확립되었고, 집단멤버십들을 통해 강화되었던 미국의 두 개의 주요 정당들 중의 하나에 대한 동일시이다(도 9.1 참조). 정당동일시가 투표선택에 대해 직접 영향을 줄 수 있지만, 이것은 정당태도들에 대한 영향을 통해 간접적으로 영향을 주었다. 정당동일시가 다소 안정적인 것 같았기 때문에(비록 이것이 다른 연구자들에 의해 의문시되어 왔을지라도), 이 모형은 장기적 요인들과 단기적 요인들을 구분지을 수 있게끔 만든다.

정당태도들(partisan attitudes)의 개념은 사회심리학에서 보편적으로 사용되는 태도들의 개념과는 차이가 있다. 일반적으로, 태도들은 매우 긍정적에서부터 매우 부정적까지의 범위를 갖는 단일 차원상의 위치들이라고 개념화되고 있다. 태도들은 어떤 것들을 좋아하거나 싫어하는 것을 일컫는다.[59] 정당태도들은 미국의 경우에서, 강하게 친공화당에서부터 강하게 친민주당까지의 범위에 걸치는 한 차원상에서의 위치들이다. 더욱이, 확인된 정당태도들은 투표자의 마음이 어떻게 조직화되어 있는가에 관한 정확한 기술이라고 간주되지 않았다. 이 구분은 단지 분석의 목적을 위해서만 이루어져서, 후보자의 이미지들과 특출한 이슈들과 같은 요인들의 영향평가를 가능하게끔 만들었다. 따라서, 미시간모형은 투표행동에 관한 이것의 설명이 투표자들의 마음 속에 있는 정보에 기초되어 있다는 의미에서 심리학적인 것이다. 하지만, 이 모형은 이것이 투표에 기저하는 특수한 정신적 과정들을 기술하거나, 사용된 개념이 심리적 실체들이라는 의미에서는 매우 심리적인 것은 아니다.

Campbell 등의 연구는 이론적 및 방법론적으로, 유럽에서의 선거연구에 대해 강한 영향을 주어왔다.[60] 유사한 연구들이 매번의 전국적 선거에서 실시되는 선거에서(예: 영국, 노르웨이, 스웨덴, 덴마크, 독일 및 네덜란드에서) 정규적으로 수행되어왔다. 몇몇 경우들에서, 이 국가들의 학자들은 미시간모형의 설명력에 대해 열광적이었던 반면에, 다른 연구자들은 대서양 국가들에서의 이것의 유용성을 의문시해왔다. 가장 심각한 의문들은 정당동일시의 개념에 관계된다. 몇개의 유럽 국가들에서 투표자들은 그들이 지지적 투표를 행했던 정당과 동일시하고, 그 반대도 마찬가지라는 것이 발견되어왔다. 더욱이, 정당동일시의 안정성의 가정이 의문시되었다. 결과적으로, 유럽에서 미시간모형에 기초해서 장기적 및 단기적 힘들 사이의 구분이 가능하지 않은 것 같다. 이것은 한 맥락(또는 국가) 속에서 개발된 이론들이 다른 맥락(또는 국가)에 대해 항상 성공적으로 적용될 수 없다는 것을 보여준다.

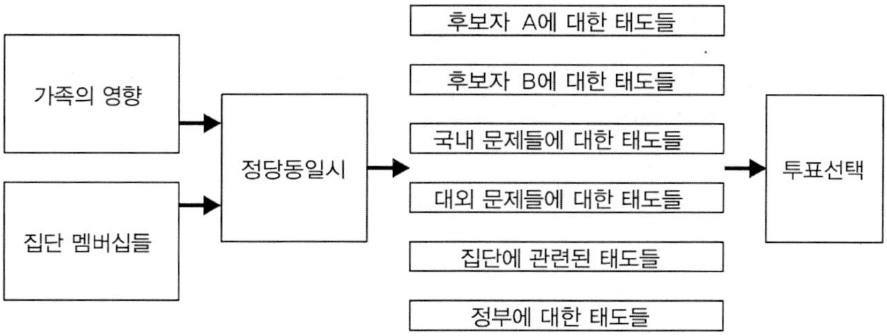

도 9.1 투표에 관한 미시간모형(Michigan model)

후보자 평가에 관한 온라인모형(online model)

미시간모형과 추론적 행동이론은 관련된 신념들의 평가들이 태도들 속으로 통합되고, 그 다음에 이것들이 투표행동을 결정짓는다는 가정에 기초되어 있다. 태도형성에 관한 이러한 견해가 Lodge 등에 의해 도전받아왔다.[61]

이들의 출발점은 기억에 기초된 판단들과 온라인(online) 판단들 사이의 구분이다. "기억에 기초된 판단들"은 기억으로부터 인출되는 정보에 기초해서 이루어진다. "온라인 판단"들은 그 판단에 관련 있는 정보가 처리되고 그 다음에 기억 속에 저장될 때마다 이루어지고 변화된다. 후보자평가들에 관한 온라인모형에 의하면, 후보자평가들에 기저하는 과정은 온라인 판단들의 과정이다. 투표자들이 어떤 후보자에 대한 정보를 처리할 때마다, 그들은 이른바 "계산 수행"(running tally)이라는 후보자의 전반적 평가를 경신한다(update). 투표를 행할 때, 투표자들이 행하는 유일한 것은 "온라인 계산"(online tally)을 인출하는 것이다.[62]

요점은 후보자평가들의 형성과 변화에 기거하는 정보가 잘 잊혀질 수 있는 반면에, 그것의 영향력이 지속될 수 있다는 것이다. 사람들이 개인의 정당소속, 정책선호들 및 전기(일대기)에 관한 정보를 가진 어떤(가상적인) 후보자에 관한 소책자를 평가하도록 요구받았던 실험들은 가설을 지지했다. 혁신적 방법을 사용했던 다른 연구도 또한 온라인모형에 대한 부분적 지지를 제공했다.[63]

이 연구의 하나의 중요한 함의는 투표자들의 지적 능력들에 관한 것이다. 현대 선거연구의 도입 이래로, 선거인의 능력에 관한 비관주의가 존재해왔다. 예컨대, Campbell 등의 연구에서 나타난 양상은 긍정적인 것으로 간주되지 않았다.[64] 투표자들의 선택들은 "맹목적 정당충성"의 한 표현인 것 같았다. 투표에 관한 초기의 연구들은 또한 투표자들이 이상적 시민과는 다소 비유사하다는 것을 발견했었다. 이와 동시에, 다른 연구자들은 많은 주장들만큼 투표자들이 잘 알지 못하는 것은 아니라고 주장해왔다. 이러한 전체의 논쟁은 이 문제가 투표자들이 무엇을 아는가에 기초해서 평가될 수 있다는 가정에 기초되어왔다. 하지만, Lodge 등의 연구는 투표자들이 그들의 선택의 기초가 되는 정보가 그들의 기억 속에 있는 정보보다 더 광범하다는 것을 시사한다. 이것은 투표행동에 있어서 정치적 능력과 지적 교양의 역할에 관한 사고의 하나의 근본적 전환을 요구한다.[65)]

정치적 사회화(political socialization)

우리의 정치생활은 아동기부터 시작된다. 정당동일시, 기본적인 사회적 및 도덕적 가치들, 지역적 태도들 및 기타의 중요한 성향들과 같은, 기본적인 정치적 태도들이 성인기 이전에 획득되는 것 같다.[66)] 따라서, 성인기 이전의 정치적 사회화를 면밀하게 살펴보는 것이 필요하다.

초기의 획득

태도들은 연합, 강화 및 모방의 기본적 학습과정들을 통해, 어떤 다른 성향들과 마찬가지 방식으로 학습되는 것으로 간주되고 있다. "미국인 투표자"의 저서는 정당동일시가 전형적으로 성인기 이전에 발달하며, 개인의 가족에 의해 유의하게 영향 받으며, 대부분의 성인들이 많은 해 동안에 그들의 정당동일시를 변화시키지 않아 왔다고 결론지었다. 비록 이러한 의문들에 관한 많은 연구가 수행되어 왔지만, 이러한 기본적 결론은 아직도 꽤 잘 지지받는다. 따라서 정당동일시는 정치사회화 과정을 검토함에 있어서 하나의 중요한 출발점이다. 고등학교 3학년생들에 관한 하나의 주요 전국조사는 그들이 자기 부모가 지지하는 정당을 좋아하는 강력한 경향이 있다는 것을 보였다. 단지 10%만이 반대되는 정당을 좋아했다.[67)] 동일한 조사는 이전의 선거에서, 83%의 고교생들이 그들의 부모와 동일한 대통령후보자를 좋아했다는 것을 나타냈다. 하지만, 부모-자녀 간의 의견일치는 많은 다른 영역들에서 훨씬 더 낮다. 예컨대, 절반 정도의 학생들이 얼마나 많은 정부 내의 사람들이 신뢰 받을 수 있는가에 대해서 그들의 부모에 대해 부동의할 가능성이 있었다.

부모들이 때로는 그들의 자녀의 태도들에 대해서 큰 영향을 주고, 때로는 그렇지 않은 이유는 무엇인가? 주된 이유는 부모들의 영향이 그들이 분명하게 그리고 반복적으로 전달하는 이슈들에 대해서 가장 크다는 것이다. 예컨대, 1960년대의 가장 강한 학생운동가들은 그들의 부모의 정당선호를 거의 완전하게 반영했다. 또한, 대부분이 그들 자신의 신념들에 대한 부모의 옹호를 강조했던 매우 강한 정치사회화에 접해왔었다.

하지만, 아동들은 어떻게 그리고 언제 그들의 집단동일시를 습득하는가? 이것은 "나는 공화당지지자이다. 너는 공화당지지자이다. 이제 두 말을 하지 말아라."라고 부모가 말하는 것과 같이, 단순히 저녁 밥상에서의 한 의례적인 일의 문제인가? 만일 그렇다면, 이것은 정당이 실제로 그 정책들과 업적들에 기초해서 지지받아야만 된다는 것과 거의 관계가 없는 다소 비합리적이고 무의미한 과정인 것처럼 여겨질 수 있다.

최근의 증거는 정치사회화의 과정이 상상된 부모의 명령이 시사하는 것보다 실제의 세상의 정치에 더 밀접하게 연관되어 있다는 것을 나타낸다. 정말로, 정치적 사건들 자체가 사회화과정을 촉발시키는 기폭제들일 수 있다. 이것을 검증하기 위해서 연구자들은 1980년도 대통령선거 동안에 수행된 청년들과 그들의 부모들에 관한 3차의 패널조사를 사용했다.[68] 첫 면접은 시초의 대통령 일차선거(primary) 전의 2월에 실시되었고, 두 번째 면접은 선거 직전인 10월에 실시되었고, 세 번째 면접은, 선거 1년 후에 실시되었다. 아마 정치에 관한 정보가 대통령유세 동안에, 즉 첫 두 개의 면접들 사이의 기간 동안에 가장 강했을 것이고, 따라서 그 기간이 청년들의 정당동일시가 가장 많이 강화되었던 기간이었을 것이다. 정당동일시의 강도는 이것의 시간에 따른 안정성(그 사람은 두 개의 면접에서 동일한 응답을 제시했는가?)과 이것과 후보자선호들과의 일치성과 같은, 몇 가지 방식으로 지수화되었다. 실제로, 정치적 유세는 청년들의 정당동일시를 뚜렷하게 강화시켰다. 그러한 태도들은 유세의 시작보다 끝에서 상당히 더 안정적이었으며, 그들의 후보자 선호들과 상당히 더 일치되었다. 이러한 증가들이 유세 다음 해에 청년들에서 일어나지 않았으며, 선거에 무관련한 유세들에서 유세 동안에 증가들이 일어나지 않았다. 자신의 지지 정당이 이미 꽤 잘 확립되었던 성인들도 또한 아무런 큰 증가들을 보이지 않았다. 그 함의는 유세가 유세에 연합된 모든 요란한 선전들과 함께, 정당동일시의 사회화에 대한 하나의 강력한 기회를 제공했다는 것이다. 실제로, 추적연구는 정당지지의 이러한 증가된 강화가 유세에 관한 가장 많은 대인적 의사소통에 접해 왔던 청년들에서 가장 컸다는 것을 발견했다.[69] 따라서, 유세들과 같은 정치적 사건들이 사회화과정에서 결정적인 요소이다. 이것은 이것들이 사람들 간의 대화를 자극시키고, 이러한 토론이 젊은이들의 태도들을 강화시키기 때문이다. 사회화는 어떤 정치적 진공 속에서 일어나지도 않는다.

지속성

"미국인 투표자"의 저서가 시사하는 바와 같이, 그러한 초기에 습득된 성향들이 정말로 대개 전생애 동안 지속되는가? 세 개의 일반적 가설들이 대비될 수 있을 것이다. 즉, (1) 성인기 이전의 태도들이 우리의 생애 동안에 다소 유지되거나, (2) 우리의 태도들이 우리가 결혼해서 출가하고 우리 자신의 정체성을 확립하기 시작할 때, 청년기와 초기 성인기 사이에서 계속 변화되거나, (3) 우리의 기본적 태도들이 항상 변화할 수 있다.[70)]

수 년 동안 사람들의 정치적 태도를 추적해 온 종단연구들은 이러한 가설들에 대한 좋은 검증을 제공한다. 이것들은 정당동일시, 인종태도들 및 정치적 이데올로기와 같은 기본적인 정치적 태도들이 대개 초기 성인기 이후에 많이 변화되지 않는다는 것을 발견해왔다. 예컨대, 미국의 캘리포니아 주민들에 대한 한 연구는 비록 공화당 쪽으로의 약간의 이동과 아울러, 대부분의 사람들이 1940년부터 1977년까지 그들의 시초의 선호들을 유지했다는 것을 발견했다.[71)] 이와 유사한 안정성수준들이 더 짧은 기간 동안 추적된 전국적인 대표적 표본들에 대한 연구들에서 나온다.[72)]

이와 비슷하게, 1960년대의 학생운동가들은 대개 많은 년수 후에도 그들의 시초의 정치적 이상들에 대한 매우 강한 몰입을 유지시켰다. 예컨대, 백인 인권운동가들이 흑인 미국인들이 투표에 등록하는 것을 돕기 위해서 남부로 갔던 20년 후에도, 그들은 계속 인종적 진보를 가장 중요한 정치적 목표로서 순위지었으며, 거의 모든 정치적 이슈들에 대해 진보적이거나 급진적 입장을 유지했다.[73)] 다른 연구는 1965년에 면접했던 고3 학생들의 전국적 표본에서 나온 자료를 사용했다.[74)] 1973년에 재면접되었을 때, 최소한 몇 개의 정치적 데모에 참가했던자들이 놀랄 것도 없이, 비시위자들보다 뚜렷하게 더 정치적 좌파였다. 거의 10년 후인 1982년에 다시 면접되었을 때, 그들은 이전의 비시위자들보다 계속 뚜렷하게 더 진보적이었다.

잠재적 변화의 하나의 특히 흥미있는 케이스가 젊은이들이 대학에 입학할 때에 일어난다. 자신의 생애를 부모의 가정 속에서 보냈고 아동기의 친구들에 둘러싸여 있었던 젊은이들은 대학에서 새로운 생각들과 새로운 사람들을 만날 수 있다. 어떤 경우들에서, 이것은 깊은 영향을 줄 수 있다. 하나의 고전적 증명이 Newcomb의 베닝턴대학생들에 관한 연구에서 제공되었다.[75)] 이 작은 여자대학은 1930년대 초에 매우 진보적인 교수들을 갖고서 개설되었다. 대부분의 학생들은 부유하고 보수적인 가정출신이었다. 정말로, 부모들 중에서 공화당지지자들이 민주당지지자들을 2대 1 이상으로 능가했다. 학생들은 그들의 부모와 동일한 많은 견해들을 갖고서 입학했다. 하지만, 대학의 지배적인 진보적 규범들이 많은 학생들이 학교에 다님에 따라 상당히 더 진보적으로 되게끔 만들었다. 졸업 무렵에, 많은 학생들이 이전의 보수적 다수당인 공화당으로부터 민주당 쪽으로 이탈한 반면에, 진보적 가정출신인 소수당 지지자 중에서 공화당원들 쪽으로의 이탈은 거의 없었다. 학생들이 졸업한 후에 그들의 태도들 상에서 무엇이 일어났을가? 그들의 새로 발전된 진보주의가 지속되었는가, 아니면 그들은 그들의 부모의 보수주의 쪽으로 되돌아갔는가? 실제로 그 후의 추적조사들은 그들의 정치적 선호들이 심지어 학생들이 졸업한 거의 50년 후에도, 시간적으로 "믿을 수 없을 정도로 안정적이었다."는 것을 발견했다.[76)]

안정성이나 변화를 결정짓는 가장 중요한 요인은 여성들이 대학졸업 후에 들어간 사회적 환경이었다. 진보적으로 된 여자졸업생들은 일반적으로 진보적인 남편과 결혼했으며, 진보적인 가까운 친구들을 가졌다. 약 80%가 1940년, 1960년 및 1980년 선거들에서 그들의 남편과 동일한 대통령후보자에게 투표했으며, 단지 10%정도의 사람들이 그들의 가장 친한 친구가 그들 자신과 상이한 정당선호를 가졌다고 보고했다. 그들 자신의 정치적 선호들은 만일 그들이 그들과 일치된 남편과 친구들을 가졌다면, 오랜 년수 동안에 거의 완전하게 안정적으로 유지되었다. 그들의 부모의 보수주의 쪽으로의 가끔의 복귀들은 그 여자들이 은행이나 회사법과 같은 직업을 가진 남편과 결혼했고 따라서 주로 정치적으로 보수적인 사회적 세계 속으로 이동했을 때에 일어났다.

베닝톤 대학에서의 경험은 대학생들에서 보통 일어나는 것보다 더 적극적인 것이었다. 하지만 정당동일시와 인종태도들과 같은 기본적 태도들 상에서의 유의한 변화들이 이러한 태도들이 아직 완전하게 결정되지 않을 때인 초기 성인기 동안에 가장 흔하다. 예컨대, 1960년대 말에 다소의 젊은 성인들의 정당동일시가 월남전이나 인종갈등과 같은 주요 정치적 사건들에 대한 반응으로 변화했다.[77] 그러한 초기의 변화들은 개인의 환경의 지배적인 정치적 양상이 변화될 때에 가장 일어나기 쉽다.

집단 갈등(group conflict)

오늘날 인종 및 성 갈등에 특히 초점을 두고서, 정치에서의 집단들에 대한 관심이 새로워지고 있다. 인종태도들은 흑백 공동 버스통학과 차별철폐조치와 같은 분명하게 인종적인 이슈들, 흑인 미국인 정치후보자들의 평가들 및 복지, 심지어 세금 및 정부지출의 감소들과 같은 겉으로는 비인종적인 이슈들에 대한 사람들의 정책선호들에서 하나의 중요한 역할을 분명히 한다. 이러한 인종태도들이 주로 성인기 이전의 사회화에서 나오는지, 아니면 권력, 지위 및 돈에 대한 현실적인 집단 간 경쟁에 대한 하나의 반응인지에 관해서 의견불일치가 있다. 그러나 대부분이 인종태도들의 정치적 중요성에 관해서 동의한다.

성차(gender gap)

여성운동과 사회 내에서의 여성의 역할에서의 전후의 많은 변화들이 정치에서의 성갈등(gender conflict)에 대한 새로워진 관심을 촉진시켜왔다. 정말로, 정치적 태도들에서의 성차들이 점점 더 두드러져 왔다. 이제 미국의 여성들은 남성들보다 일관되게 더 진보적이며 민주당에게 투표하는 경향이 더 많다. 부가적으로, 여성들은 일반적으로 확장된 사회적 서비스들에 대해 더 호의적이며, 전쟁과 군대의 사용에 대해 덜 호의적이다.[78] 이러한 차이들은 일반적으로 성차(gender gap; 또는 남녀 차이)라고 기술되고 있다.[79] 이것들은 미국을 넘어서 있다. 예컨대, 유사한 변화들이 서부 독일과 덴마크에서 제시되어왔다.[80]

가장 가용한 증거에 의하면, 정치적 성차는 시초에 무력의 사용, 전쟁, 강한 군대의 육성, 사형 또는 범죄에 대한 그 밖의 가혹한 반응에 대한 여성의 더 큰 혐오에서 가장 분명하게 나왔다.[81] 시간이 지남에 따라, 다른 이슈들이 점점 더 두드러져 왔다. 예컨대, 교육과 합법화된 낙태에 관련된 이슈들이 여성들의 정치적 참여를 자극시키는 데에 있어서 특히 중요한 것 같다. 낙태, 성적 괴롭힘, 육아 및 육아휴가와 같은 이슈들이 여성들이 여자후보자들에게 투표할 때에 특히 중요하다.[82][83]

미국에서 성차는 30년 전보다 오늘날 상당히 더 크다. 이것이 증대되어 온 이유는 무엇인가? 우선 첫째로, 이것은 여성들과 남성들의 변화들 때문에 증대되어왔다. 여성들은 그들의 대통령선거 투표, 의회선거 투표 및 정당동일시에 있어서 더 친민주당으로 되어왔다. 그러나 이와 동시에 남성들은 세 개의 모든 측면들에서 더 친공화당으로 되어왔다. 그럼에도 불구하고, 대부분의 연구들이 여성들의 변화에 초점을 두어왔다. 하나의 가설은 여성들의 사회적 역할들에서의 변화들이 그들의 집단의식을 증가시켜왔다고 제안한다. 오늘날의 여성들은 더 많은 교육을 받는 경향이 있고 더 많은 여성들이 과거보다 더 많이 취업하고 있다. 그들은 또한 장기적 결혼생활에 머무는 경향이 더 적으며 평균적으로 낮은 출산율과 더 많은 아기돌보기 지원 때문에 어린 아이들에 대해 더 적은 온종일의 돌봄을 수행한다. 이러한 가정에서 직장 쪽으로의 초점의 변화가 성 불평등에 대한 민감성을 증가시키고, 따라서 또한 더 여성해방론적이고 진보적인 정치적 안건에 대한 증가된 지지를 갖게 되었을 것이다.[84]

이러한 가설은 우리에게 젊고, 독신이고, 잘 교육받은 일하는 여성들이 주부들과 더 나이 먹고, 결혼했고, 덜 교육받은 여성들보다 정치적 성차에 더 많이 기여할 것이라고 기대하게끔 만들 것이다. 그리고 전자가 실제로 아동들, 노인들 및 기타의 불우한 사람들을 돕는 사업들을 지지하고, 정치적 및 군사적 힘의 사용에 대해 반대하기가 더 쉽다.[85][86] 이와 비슷하게, 자기 자신을 여성해방론자(feminist)라고 보는 여성들이 남자들이나 비여성해방론적 여성들보다 정치적으로 더 진보적이다.[87]

그럼에도 불구하고, 미국에서 여성들의 선거권이 통과된지 80년 후에도, 여성들의 목소리는 아직도 남성들의 목소리만큼 정치에서 크게 들리지 않는다. 확실히 그들은 현재 남성들과 정확하게 동일한 비율로 투표하러 나간다. 하지만, 그들은 유세들이나 공무원들을 접촉하는 것과 같이, 다른 방식들로 정치에서 동일하게 적극적으로 참여하지는 않는다.[88] 이것은 필연적으로 그들의 정치적 영향력을 감소시킨다. 이것은 여성들이 가정일이나 직업에서 너무 바쁘기 때문은 아니다. 이것은 여성들이 자녀를 가진 여부에 관계없이 사실이다. 그 대신에, 여성들은 대개 남성들 만큼 정치에 관심을 두고 있지 않다. 한 대규모의 전국적 조사에서, 여성들은 그들이 정치적 토론들을 즐겁게 시청했다고 보고하거나 신문들에서 국내 정치에 대해 상당한 관심을 기울였을 가능성이 상당히 더 적었다. 정치에 대해서 남성들 만큼 관심을 둔 여성들에서 정치적 참여는 아주 똑같이 크다.[89] 따라서 상당한 진전이 이루어져 왔지만, 아직 가야할 길이 멀다.

정치적 관용(political tolerance)

정치적 생활에서 갈등은 불가피한 것이다. 하지만, 사람들은 어느정도의 갈등을 인내할 수 있는가? 민주국가의 헌법은 사상이 정말로 부동의할 만한 자들에 대해서까지도, 모든 사람에 다한 자유언론을 보장한다. 하지만, 사람들은 또한 그들 자신의 견해와 매우 상위한 메시지들을 거부하고 격하시키는 경향이 있다. 그렇다면, 언론자유와 반대되게, 우리가 좋아하지 않는 견해들의 표현을 억제하고 싶은 선천적 경향이 있을지도 모른다. 정말로, 오늘날 보수주의자들은 "정치적 정의"에 대해 주장하고, 대학 캠퍼스들에서 보수주의자들의 생각들을 듣게끔 허용하지 않는 것에 관해서 좌파들을 비난한다. 전후의 매카시즘(극단적 반공주의) 기간에, 미국에서 공산주의자들, 사회주의자들 및 무신론자들이 그들의 사상이 파괴적이라고 생각되었기 때문에 교직에서 정식으로 해고되었다. 사람들은 자기들이 기본적으로 동의하고 있는 사람들에 대해서만 자유표현의 권리를 지지하는가?

초기의 발견들은 매우 실망스러웠다. 전후의 반공주의의 히스테리의 정점에서, 전국적 조사들에서 2/3의 응답자들이 공산주의자들이 공적으로 발언하도록 허용되지 말아야만 된다고 생각했으며, 3/4이 공산주의자들의 시민권이 취소되어야만 된다고 생각했다.[90] 이와 유사하지만, 더 적은 관용수준들이 사회주의자들과 무신론자들에 대해 표현되었다.

1970년대 말에, 연구자들은 사람들이 계속 그들이 매우 싫어하는 집단들에 대해 완전한 시민적 자유들을 허용하는 것을 꺼린다는 것을 발견했다.[91] 응답자들은 먼저 그들이 가장 싫어하는 집단이 무엇인가를 질문 받았고, 그 다음에 그 집단에 대한 언론자유에 관해서 질문 받았다. 절반 이하의 응답자들이 그것이 공산주의자들, 나치스 또는 Ku Klux Klan이건 간에, 그들이 가장 싫어했던 집단에게 자유언론을 허용할 의사가 있었다. 그리고 그들이 그 집단을 더 많이 싫어했을수록, 그들은 덜 관용적이었다. 따라서, 시민적 자유들을 제약하는 것이 정말로 문제의 사람들이나 집단들을 싫어하는 것으로부터 나온다. 한편, 그러한 싫어함은 그 집단이 게이들이나 레즈비언들을 용납하지 않을 다소의 사람들이 믿고 있는 것과 같이, 싫어하는 생활스타일을 조장시킨다는 지각에서 나올 것이다. 그렇지 않으면, 이것은 그 집단이 위협을 주거나 위험하다는 지각에서 나올 것이다. 예컨대, 공산주의자들에 대한 언론자유에 관한 지지가 공산주의자가 매우 위협적인 것으로 널리 지각되었을 당시인 1950년대에서 낮은 지점에 있었다. 소련과의 긴장완화가 증가되었고 반-소련의 선전이 덜 맹렬해졌을 때, 관용이 높아져서, 마침내 1980년대 말 동안의 고로바초프의 개방시대에서 높은 지점에 이르렀다.[92)]

대부분의 조사들이 추상적이고 일반적인 언론자유의 원칙들에 대한 광범한 지지를 항상 발견해왔다.[93)] 주된 문제는 이러한 기본적인 시민적 자유들에 관한 원칙들을 나치의 시가행진을 허용하는 것과 같이, 구체적 케이스들에서 비인기의 집단들에 대해 적용하는 것이다. 하지만, 이러한 구체적 상황들에서, 시민적 자유들에 대한 지지는 추상적인 민주적 원칙들의 지지자들에서 더 크다.[94)] 더욱이, 젊은이들과 더 많이 교육을 받은 사람들이 일반적으로 가장 관용적이다.

가장 분명한 해석이 이들 두 개의 발견들을 연결시킨다. 사람들은 일반적인 민주적 원칙들을 배우며, 더 중요하게, 그들이 더 많이 교육을 받게 됨에 따라 그것들의 이유 등에 관해서 배운다. 그러면, 그들은 싫어하는 사람들과 집단들에 대한 그들의 자동적 혐오를 통제할 수 있다. 교육받은 사람들은 부정적 집단고정관념들을 갖고서도, 이것을 할 수 있는 것 같다. 하지만 그들이 냉전기간 동안에 공산주의자들에 대해서 했던 것처럼, 적대감들이 높아질 때, 추상적인 민주적 원칙들에 대한 단순한 지지가 구체적 상황들에서 이것들의 적용에 대한 지지를 보장하기에 항상 충분하지 않을 수 있다. 따라서 당연하게도, 미국시민권협회(American Civil Rights Union)의 모토(motto)는 "자유의 대가는 영원한 조심이다."이다.

정치적 리더십

역사 속에서, 정치지도자들이 개인적으로 큰 차이들을 일으켜왔다. 비록 만일 다른 정치가들이 최고위직을 차지했을 경우에 무엇이 일어났을 것인가에 대해 확실하게 예측하기가 불가능할지라도, 일들이 다르게 진행되었을 것이라고 가정할 만한 충분한 이유들이 있다. 한 예는 냉전을 종식시키고 공산주의 정권을 폐지하게끔 만들은 소련의 변환기 속에서의 고르바초프의 역할이다. 그의 경제와 정부 개혁(perestroika)과 개방(glasnot)의 정책들에 대해 아마 영향을 주었을 수 있는 많은 요인들 중에 그의 성격이 있었을 것이다. 그는 아마 새로운 경험에 대해 더 개방적이었고, 타인들에 대해 동조하는 경향이 더 적었고, 모험을 행하려는 의사가 더 많이 있었을 것이다. 이러한 면에서 몇 가지 의문이 제기된다. 정치지도자들의 성격은 어떻게 개념화되어야 되는가, 그들의 성격은 어떻게 측정될 수 있는가 그리고 지도자의 성격은 언제 그리고 어떻게 해당 직위 상에서의 행동에 대해 영향을 주는가? 그리고 일단 이러한 의문들이 답변된다면, 도달된 통찰들이 최선의 지도자들을 선정하는 데에 도움을 줄 수 있는가? 이러한 의문들이 정치심리학에서 중심이 되어왔다.

5개의 대형 성격요인들(Big Five)

일반적인 심리학이론을 정치분야에 대해 응용하는 연구분야에서 출발해보자. 정치지도자들을 연구하기 위한 하나의 접근은 일반적 성격이론들을 갖고서, 이것들을 개별 사례에 적용하는 것이다. 5요인 특성이론(Big Five)이라고도 알려진 것이 어떤 다른 성격이론보다도 더 널리 수용받아왔다. 이 이론에 의하면, 성격은 5개의 주요 차원들로 구성되어 있다. 즉, 신경증(neuroticism, 또는 정서안정성), 외향성(또는 에너지), 상냥성(또는 친절성), 새로운 경험에 대한 개방성 및 성실성(conscientiousness)이다. 연구들은 정치적 지향성(orientation)이 이러한 차원들 중의 두 개와 일관되게 상관되어 있다는 것을 시사한다.

사람들의 성격은 그들에게 그러한 성격특성들을 측정하고자 하는 질문들에 대해 응답하도록 요구함으로써 연구하는 것이 통상적이다. 만일 우리가 정치지도자들의 성격을 측정하고 싶어한다면, 동일한 질문지들이 쉽게 사용될 수가 없다. 대부분의 리더들, 특히 정부의 최고위수준에 있는 정치인들이 그것들에 대해 응답하려고 들지 않을 것이다. 이러한 방법은 흔히 연구의 초점이 되는 사망한 정치지도자들의 성격을 연구하는 데에 분명히 좀 덜 적합할 것이다. 따라서, 다른 방법들이 요구된다. 하나의 잠재적 해결책은 다른 사람들에게 문제의 정치인을 "위한" 질문지들을 실시하도록 만드는 것이다. 이것을 연구자들이 실시했다.[95] 그들은 모든 미국 대통령들의 성격을 그러한 대통령들을 면밀하게 연구했거나 접촉했던 전기작가들 등에 의해 제공된 평정치들에 기초해서 평가했다.

그들은 각 대통령의 성격을 결정한 후에, 특성점수들이 대통령의 지각된 "위대성"(저명한 역사가들에 의해 판단됨)에 관련이 있었는지를 조사했다. 발견된 가장 강한 관계는 개방성에 관계되었다. 개방성과 아울러 위대성에서 높은 점수를 받았던 대통령들의 대표적 예들은 토바스 제퍼슨과 아브라함 링컨이었다. 다른 결론이 어쨌든 간에 중요하다. 즉, 전반적 상관들이 약했고 대부분의 성격특성들이 지각된 위대성과 상관되지 '않았다'. 전체적으로 5개 요인(Big Five)의 면에서 성격이 어떤 대통령들이 다른 대통령들보다 더 성공적이었던 이유를 이해하는 데에 거의 기여하지 않았다.

정치지도자들의 프로파일링(profiling)

정치적 리더십을 연구하기 위한 더 널리 사용된 방법은 내용분석이다. 내용분석을 사용했던 몇 명의 연구자들은 성격특징들에 관련된 전기적 소스들, 특히 특수한 문장들에 초점을 두었다. 다른 연구자들은 연설들과 면담들을 연구하기 위해 내용분석을 사용했다. 비록 이것들이 정치지도자들 자신에 의해 전부 쓰여지지는 않았을지라도, 이것들은 그래도 지도자들의 특징들을 정확하게 반영할 수 있는데, 이것은 지도자들 자신이 연설문작성자들을 선정하고, 연설문작성자들이 그들의 고객인 정치가들을 알고 있고, 지도자들이 원고를 검토하기 때문이다.

이러한 학자들 중의 하나가 Winter(1987)이다.[96] 그는 미국 대통령들의 취임연설을 그들의 동기들, 특히 성취, 친화 및 권력 동기의 면에서 분석했다. 그는 각 대통령의 연설을 부호화시켰고, 이것을 동시대인들(contemporaries)에 대한 점수들과 비교함으로써 표준화시켰다. 그는 대통령의 동기 프로파일들이 인기도(선거에서 승리한 득표차이에 의해 나타남)와 지각된 위대성(역사가들이 부여한 점수들에 의해 나타남)에 미친 영향을 검토했다. 그는 인기도가 그 당시의 사회의 것에 비교되었던 대통령의 동기점수들 사이의 합치에 의해서 영향 받았던 반면에, 대통령의 업무수행이 지도자의 특징들에 의해 영향 받았다는 것을 발견했다. 권력동기가 지각된 위대성과 아울러 위기중심적 정책결정을 나타내는 측정치들과 정적으로 상관있었다.

상기의 연구들이 특성들과 동기들에 초점을 둔 반면에, 다른 연구자들은 더 인지적인 접근을 취했다. 정치적 운용 코드(operational code)의 개념은 지도자들의 세상에 관한 신념체계들, 즉 정치생활의 성질이 조화나 갈등 중의 하나인지의 여부, 미래가 예측가능하고 통제가능한지의 여부 및 정치적 목표들이 어떻게 가장 효과적으로 달성되는가와 같은 것들을 일컫는다. 이러한 신념들이 예측가능한 방식으로 정치적 조치들에 영향을 준다고 가정되고 있다. 예컨대, 러시아의 대통령인 브라디미르 푸틴의 운용 코드에 관한 연구는 그가 정서적으로나 충동적으로 반응할 가능성이 없을 것이고, 그가 적대적 및 우호적 행동들을 상호 교환할 것이며, 협조의 실패들이 재발할 것이라고 결론지었다.[97]

성격과 정치적 리더십에 관한 대부분의 연구가 미국 대통령들과 권위주의적 정권들(예: 나치독일, 소련 및 이라크)의 지도자들에 대해 초점을 두어왔다. 하나의 예외가 4명의 유립의 총리들을 연구한 것인데, 4명의 유럽의 총리들은 독일의 총리들인 아데나워(1949－1963)와 콜(1982－1998), 그리고 영국의 총리들인 대처(1979－1990)와 메이저(1990－1997)이다.[98] 그들은 5개의 특징들의 면에서 100개의 기자회견들과 의회 질문회기들에 관해서 부호화시켰다. 즉, 개념적 복잡성(정보에 대한 개방성), 일어나는 일들을 통제할 수 있다는 신념, 권력욕구, 친화욕구 및 과업지향성이다. 특징들의 세트는 정치적 리더십에 관한 많은 연구들이 특성들, 동인들, 인지적 지향성들 및 행동경향들과 같은 요인들을 종합하는 표로파일들을 구성한다는 것을 예시해준다.

이 연구의 첫 번째 결론은 4명의 리더들이 상이한 리더십스타일을 갖고 있다는 것이었다. 대처는 개혁가(전사)들이어서, 책임을 지고 정치체제를 지배하고 있다. 이들은 이들이 정치적 환경에 의해 형성되는 것 대신에 자기들이 스스로 형성시켰으며, 영향력을 갖는 기회를 이용했다. 이들은 어떤 정치적 제약을 이들이 할 수 있는 것을 제한하고 있는 것이라기보다도 하나의 더 골치 아픈 일이라고 해석했다. 콜은 더 전략가이며, 정치적 시기를 중시했고, 흔히 정치적 맥락의 성질에 의해 결정되고 있었다. 메이저는 더 실제적이어서, 수행해야 될 필요가 있는 것에 관한 단서들을 자신의 환경으로부터 얻고 있다. 그는 그의 주위에 있는 여러 중요한 타인들과 문제를 해결하거나 위기를 처리하는 데에 도움을 줄 어떤 합의를 향해서 공동 연대하는 것에 대해 관심을 두었다. 이 연구자들은 리더십스타일이 대외정책결정에 영향을 주었는지를 검토했다. 그들은 전사들이 국제무대에 있어서 극단적인 갈등추구활동을 택하는 경향이 더 많다고 주장했다. 이것이 바로 그들이 관찰한 것이었다. 분명한 예들은 1982년에 아르헨티나의 포크랜드제도(Malvinas) 침공과 1990년의 이라크의 쿠웨이트 침공에 대해 군사력으로 반응하는 대처의 결정들이다.

위기 의사결정(crisis decision making)

정치적 리더십은 아마 위기의 시기에 가장 중요할 것이다. 포크랜드제도의 점령에 대한 대처의 반응이 지도자가 어떻게 개인적으로 위기 의사결정에 대해 영향을 줄 수 있는가에 관한 한 예이다. 하지만, 리더의 성격은 전혀 그렇게 중요하지는 않다. 정치지도자들은 진공 속에서 업무를 수행하지는 않는다. 첫째로, 여론이 정치지도자들이 택하는 행동코스에 대해 영향을 줄 것이다. 둘째로, 정치지도자들은 혼자서 그들의 결정을 행하지는 않는다. 대통령들과 총리들은 장관들, 공무원들, 정치 고문들 그리고 때로는 군사고문들에 둘러싸여 있다. 따라서 정치지도자들에 의한 위기 의사결정을 이해하기 위해서, 우리는 또한 여론을 처리하는 방식들과 정치지도자들이 관여되고 있는 집단과정들에 대한 통찰이 필요하다.

아마 틀림없이 위기 의사결정과 여론의 영향에 관한 연구에서 나오는 가장 중요한 교훈은 유화적 조치들보다 공격적 조치들에 대한 지지를 동원하기가 더 쉽다는 것이다. 그 결과로, 의사결정자들은 만일 그들이 갈등상황 속에 머무는 것보다도 만일 그들이 타협과 화해 쪽으로 조치를 취한다면, 국내적으로 더 취약하게 된다. 우리가 이것이 왜 그런가를 이해하는 것을 도울 수 있는 심리학(그리고 경제학)의 이론들 중의 하나는 예상이론(prospect theory)이다.[99] 이 이론은 기대된 유용성이론(expected utility theory)에 대한 하나의 반응이라고 간주될 수 있다. 기대된 유용성이론에 의하면, 대안적 결정들의 가능한 비용들과 이익들이 그것들이 일어날 가능성들에 의해 곱해진다. 그리고 "최고의 유용성"을 가진 선택지가 선택되게 된다. 예상이론에 의하면, 결정들은 만일 의사결정자들이 손실들을 경험하는 것을 두려워한다면, 그리고 위험이 중간에서 높은 범위에 있을 때에, 기대된 유용성에서 이탈한다. 따라서, 의사결정자들은 잠재적 손실들을 방지하기 위해서 더 많은 모험을 행하려고 든다.

이 이론은 대인관계의 분야에 대해 반복적으로 응용되어왔다. 정치지도자들에 의한 타협적(또는 화해적) 조치들이 여론의 지지를 상실하는 위험성을 포함하기 때문에, 손실혐오는 지도자들에게 달리 선택하기보다도 더 갈등적 입장을 취하게끔 만든다. 다른 연구들은 또한 위기 의사결정이 경제적 이론에서 나온 기대된 유용성모형들에 항상 따르지는 않는다는 것을 보여왔다. 예상이론이 이러한 이탈들을 설명하는 것을 도와준다.

집단 사고(groupthink)

여론 이외에, 정치지도자들은 그들의 주위에 있는 사람들에 의해서도 또한 영향을 받는다. 정치적 리더십과 집단과정에 관한 가장 중요한 이론은 아마 틀림없이 집단사고이론인데, 이것은 Janis에 의해 개발되었다.[100] 그는 미국 정부가 좋지 못한 결정들을 분명하게 저질렀던 몇 개의 주요 정치사건들(픽스만 침공, 진주만 습격, 월남전 확전)을 연구했다. 그는 집단과정들이 좋지 못한 의사결정들을 이해하는 데에 관건이었다고 결론지었다. 그러한 결정들에 관한 새로운 자료에 기초된 그 후의 연구들은 그가 몇 개의 효과들을 과장했으며 개인적 리더십스타일들이 또한 중요했다는 것을 시사했다.

집단사고이론에 의하면, 특수한 여건들이 소집단들에게 좋지 못한 결정을 일으킬 수 있다. 이러한 여건들은 집단응집성, 외부의 영향들로부터의 고립, 지시적 리더십 및 스트레스이다. Janis는 생길 수도 있는 의사결정과정 상에서의 결함들을 확인했다.[101] 첫째로, 집단 토의들이 소수의 대안들(대개 두 개)에 한정되고 시초의 결정들이 새로운 고려사항들에 기초해서 비판적으로 평가되지 않게 될 것이다. 더욱이, 관련된 전문적 정보가 적극적으로 인출되지 않고 정보를 그 자체의 가치에 기초해서 판단하기보다도 시초의 결정을 지지하는 정보가 가장 많은 비중을 부여받게 된다. 마지막으로, 결정이 실행되게 되었을 때에 일어날 수 있는 장애들이 고려되지 않는다. 종합적으로, 이러한 과정들이 좋지 못한 의사결정이 만일 규칙적으로가 아니더라도, 최소한 필요한 것보다 더 많이 일어나기 쉬우며, 시민들이 그들의 정부로부터 기대할 수 있는 것보다 확실히 더 많이 일어나기 쉽다.

집단사고에 관여된 심리과정들이 우리가 위에서 대통령들의 위대성에 기여했던 성격특성들에 관해서 관찰했던 것과 정반대라는 것을 아는 것이 흥미있는 일이다. 성공적인 대통령직에 미치는 가장 강한 영향력을 가진 성격요인이 개방성(또는 솔직성)이었다. 그리고 개방성(openness)이 바로 집단사고에서 결여되고 있는 것이다.

Janis의 관찰들로부터 배울 수 있는 최소한 두 개의 교훈이 있다. 첫째로, 내집단 멤버들과 아울러 그 밖의 사람들에게 지배적 견해들에 대해 이의를 제기하도록 격려하는 것이 현명할 것이다. 둘째로, 시초의 의견일치가 도달된 후에 "두번째 회의"를 갖는 것이 합리적일 것이다. 이러한 지혜에 관한 하나의 뚜렷한 예는 이전의 제너럴모터스(GM)의 회장(Alfred Sloan)이 업무회의 동안에 행했던 많이 인용된 진술인데, 그는 이러한 진술 속에서, 이루어진 결정들을 확인하고, 이것들에 대한 부동의를 발전시키고, 결정에 대한 이해의 증진을 위해서 차후의 토의를 제안하고 있었다. 비록 이것이 반직관적인 것일 수 있을지라도, 이러한 접근을 취하는 정치가들이 아마 위대한 지도자로 될 더 좋은 기회를 갖게 될 것이다.

매스 미디어와 정치적 설득

정치심리학연구의 다른 주요 연구분야는 정치에서의 매스 미디어의 역할에 초점을 둔다. 모든 사람들이 TV상에서 대통령을 보는 것, 야간에 뉴스를 시청하는 것, 신문과 잡지를 구독하는 것 또는 어떤 선거 전의 계속적인 유세광고들에 대해 익숙해져 있다. 우리는 TV시대 속에서 살고 있다고 일컬어지고 있는데, 여기에서 사람들은 아마 그들이 다른 일들을 행하는 것보다 더 많은 시간을 TV시청에 보낼 것이다. 때로는 만일 정치가 TV상에서 보도되지 않는다면, 정치에서 아무런 중요한 일이 일어나지 않을 것 같이 여겨진다. 사람들의 태도들은 흔히 가정되고 잇는 것만큼 정치적 TV에 의해서 영향받는가?

한정된 영향들(limited effects)

정치에서 매스 미디어의 영향에 관한 연구들은 3개의 단계를 통과해왔다. 첫 번째 단계는 1920년대와 1930년대에 시작되었다. 라디오가 서구세계 전체에 널리 보급되었고, 발성영화들(talking movies)이 뉴스영화들을 수반하면서, 대중오락의 한 소스가 되었다. 처음으로, 히틀러, 무솔리니, 처칠과 루즈벨트와 같은 카리스마적인 정치지도자들이 인쇄된 글을 통해서뿐만 아니라, 라디오와 뉴스영화들을 통해 엄청난 숫자의 사람들에게 도달될 수 있었다. 이 지도자들은 일반대중을 흔들 수 있는 거의 마술같은 힘을 지니고 있는 것 같았다. 비록 사회과학자들이 경험적 분석을 거의 수행하지 않았을지라도, 그들은 이러한 공적 인물들이 전달한 정치적 메시지들이 극히 설득력 있었다고 가정했다. 왜 그랬겠는가? 이것은 그들이 청중이 사로잡혀 있고, 주의를 기울이고, 속기 쉬웠다고 가정했기 때문이다.

이러한 생각들은 미디어의 영향에 관한 더 체계적인 검증의 필요성을 제고시켰다. 따라서, 연구의 두 번째 단계는 새로운 여론조사방법을 사용하는 매스 미디어의 영향에 관한 체계적인 경험적 연구들로 구성되었다. 우리는 이미 1940년 선거에서의 투표에 관한 중요한 초기의 연구와 유세과정 동안에 비교적 작은 변화에 관한 이러한 연구들의 발견들을 언급한 바 있다.[102] 일어난 변화들은 매스 미디어 접촉에 밀접하게 연관되어 있지 않았다. 각 후보자의 유세 커뮤니케이션들은 주로 이미 그를 지지했던 사람들에게 도달했는데, 이것은 선택적 접촉(selective exposure)이라는 현상이다. 실제로, 미디어의 선전보다도 친구를, 동료직원들 및 가족들과의 대인적 접촉들이 일어난 태도변화들의 원인이 되는 경향이 있었다. 주된 결론은 투표결정이 하나의 "사회적 경험"이며, 미디어가 사람들을 한 쪽에서 다른 쪽으로 전환시키기보다 이전의 성향들을 강화시켰다는 것이다. 1940년대와 1950년대의 상당히 많은 다른 연구들이 유사한 발견들을 내놓았다.[103] 이것들은 흔히 하나의 "최소영향모형"(minimal effects model)에 부합되는 것으로서 흔히 기술되었다.

현재의 시대는 정치에서의 미디어의 힘에 대한 새로워진 존중의 시대이다. 많은 이들이 특히 TV가 강력한 설득효과를 갖고 있어서, 옛날의 최소영향모형을 구식으로 만들었다고 믿는다. 몇 가지 종류의 증거들이 이러한 변화된 관점을 지지하기 위해 제시되어왔다.[104] TV에 대한 미국의 일반대중의 외견상의 몰입이 있다. 아마 평균 성인들이 일하는 것만큼 많은 시간을 TV 시청에 보낼 것이다. TV의 정치적 이용이 더 세련되어왔다. 유세자문가들은 재간있는 정치광고를 제작하는 데에 있어서 세련되어왔다. 정치적 "광고전문가들"(spin doctors)이 정치행사들에 대해 긍정적 측면을 투입시켜서, 미디어가 그들의 후보자를 호의적으로 해석하게끔 후보자들에 의해 고용되고 있다. 이러한 새로운 TV세계에서, 선택적 접촉은 더 이상 장애가 되지 않는데, 이것은 짧은 정치광고들이 주요 시간대 동안에 제시되고, TV뉴스가 유세의 모든 측면을 다루고, TV로 방영된 토론들이 대규모의 시청자들에게 모든 후보자들을 제시하고, 유명한 TV의 인기있는 사회자들이 그들의 오락프로들 속에 포함시키기 때문이다.

하지만, 오늘날에도 미디어가 태도변화를 성공적으로 일으키는 케이스들을 입증하기가 곤란하다. 많은 외견상의 대량의 설득의 케이스들이 면밀한 연구에서 괄목할 만하게 작은 실제의 변화를 일으켜 왔다. 대개 현대의 정치에서 가장 큰 시청자를 끌어 모은 미디어행사들은 주로 대통령후보자들 사이의 TV로 방영된 토론들이다. 1992년의 미국의 대통령선거유세에서 9,000만 명의 사람들이 세 개의 대통령선거토론들 중의 첫 번째 것을 시청했다고 보고되었다.[105] 선거 전 주에 실시된 1980년의 카터-레이건 토론은 흔히 레이건의 마지막 순간의 승리의 큰 파도에 대한 하나의 큰 영향으로서 간주되어왔다. 하지만, 이것은 토론 직후에 실시된 CBS뉴스 여론조사에 의하면, 단지 7%의 카터의 이전 지지자들을 레이건 쪽으로 이끌었다. 박빙의 경선 속에서 이러한 변화들이 중요했지만, 이것들이 다량이었다고 말할 수는 없다. 1998년에, 클린턴 대통령은 모니카 르윈스키 스캔들에 대한 반응으로 3회의 TV출연을 했했다. 2월에는 이것을 부인하기 위해, 8월에는 대배심 앞에 나타난 직후에, 그리고 10월에는 그의 대배심의 비디오테이프가 방송되었을 때이다. 이것들 역시 엄청난 시청자들을 끌었다고 간주되었다. 하지만, 그가 말했던 재료의 불미스러운 성질에도 불구하고, 클린턴의 지지도는 실제로 약간 강화된 것으로 간주되었다.

이러한 사례들은 매스 미디어가 태도들을 변화시키려는 노력들에서 큰 장애들에 계속 당면한다는 것을 시사한다. 첫째로, 낮은 접촉수준들이 하나의 문제로서 남아있다. 일반대중의 태도들에 대해 영향을 주는 일을 하고 있는 사람들은 그들의 가장 중요하고 곤란한 문제가 그들이 영향을 주고 싶어하는 사람들에게 도달하는 것이라는 것을 알고 있다. 예컨대, TV뉴스는 매우 많은 사람들이 이것을 시청하기 때문에 영향력있다고 흔히 간주되고 있다. 하지만, 이것은 실제로 그러한가? 하나의 전형적 연구는 평균 주의 야간에, 단지 23%의 성인인구가 야간 전국 네트워크의 뉴스프로들 중의 하나를 시청했다는 것을 발견했다. 대부분의 성인들(53%)이 그 주 동안에 심지어 하나의 그러한 프로를 전혀 시청하지 않았다.[106] 다른 연구는 이러한 비교적 작은 시청자들 조차 매우 주의깊게 시청하고 있지 않은 것 같다는 것을 보였다. 저녁 네트워크 뉴스프로를 시청했던 사람들은 그 후에 저녁 뉴스가 보도했던 이야기들의 평균 6%만을 회상할 수 있었다. 지방 TV 뉴스는 더 큰 시청자들을 갖지만, 비교적 적은 정치와 경제뉴스를 제시하고, 그 대신에 범죄, 날씨, 스포츠 및 인간적 흥미의 이야기들을 강조한다.

대통령후보자 토론들과 같은, 큰 정치적 행사들은 예외인 것 같다. 하지만, 일반대중의 관심은 이것이 넓은 것만큼 깊은 것 같지는 않을 수 있다. 예컨대, 1976년에 8,000만 명의 사람들이 4개의 토론들 중의 첫번째 것을 시청했지만, 단지 소수가 한 개 이상의 토론을 시청했으며, 일반대중의 단지 1/4만이 한 토론을 끝까지 시청했다. 대부분의 시청자들이 연속 코미디극, 미식축구게임 또는 좋은 영화가 정치적 연설보다 더 재미있다고 생각한다.

두 번째 문제는 심지어 표적에게 메시지를 전달하는 데에 성공을 거둔 의사전달자라도, 표적의 의견을 변화시키는 데에는 긴 과정이 남아있는 것이다. 예컨대, 약 9,000만 명의 사람들이 1992년의 첫번째 대통령후보자 토론을 시청했다고 한다. 페롯(Ross Perot)후보가 시청자들이 그가 토론에서 "승리했다."고 말한 시청자들의 숫자의 면에서, 부시나 클린턴보다 더 잘한 것으로 간주되었다. 그의 일반대중의 지지는 다음 날에 4% 정도 증가되었다. 하지만, 그는 또한 가장 흔히 세 번째 토론의 "승자"라고 흔히 인용되었지만, 그 결과로 단지 1%의 지지 증가만 있었다.[107]

증가가 매우 근소한 이유는 무엇이었는가? 레이건과 카터의 1980년의 토론의 한 주의깊은 분석이 다소의 실마리를 제공한다. 앞에서 언급된 바와 같이, 압도적인 언론의 의견일치는 레이건이 그 토론에서 "승리했으며", 이것이 며칠 후의 그의 승리에서 매우 중요했다고 했다. 민주당지지자들과 아울러 공화당지지자들이 모두 시청했고, 따라서 선택적 접촉은 거의 없었다. 하지만, 그들은 그들이 적에 대한 평가에 있어서 엄청난 차이가 있었다. 단지 10%의 이전의 친카터의 시청자들 만이 레이건이 이겼다고 생각했다. 단지 5%의 이전의 친레이건 시청자들이 카터가 이겼다고 생각했다. 새로운 정보는 흔히 그것들을 매우 변화시킴이 없이, 기존의 태도를 속으로 통합되는 것 같다.

이것이 대부분의 그러한 매스컴들에 대한 하나의 전형적인 반응인 것 같다. 만일 많은 외견상의 태도들이 정말로 단지 "비태도들"(nonattitudes)이라면, 그러한 이유는 무엇인가? 그 이유는 시청자를 끌어당기는 소수의 커뮤니케이션들이 또한 매우 많은 사람들에서 강한, 매우 몰입된 태도들에 당면하게 될 것들인 경향이 있다는 것이다. 가장 큰 광고비들이 대통령선거유세들에 쓰인다. 하지만, 모든 그러한 광고들이 강한 당파적 태도들에 당면하는 경향이 있다. 무관심의 벽이 깨지게 될 때, 사람들은 인지적 일관성을 회복시키기 위해 태도변화 이외의 다양한 해결방식을 사용하기 쉽다. 그들은 그들 자신의 이전에 갖고 있었던 태도들과 상위한 명백한 주장들을 거부하고, 반대되는 정보의 소스인 상대방을 평가절하하고, 그것들을 그들 자신의 선호들과 더 일치되게끔 만들기 위해서 후보자들이 취한 이슈들 상의 입장들을 왜곡시킨다. 이에 비해서, 소수의 사람들이 이전에 특정의 후보자들에 관해서 들어 왔으며, 따라서 모든 투표자들이 아마 영향에 대해 개방적일 것이다. 하지만, 어느 쪽의 후보자도 많이 광고하기 위한 충분한 돈을 갖고 있지 않고, 따라서 선거날은 투표자들이 어느 쪽으로부터의 단 한번의 광고를 보기 이전에 왔다가 가기 쉽다.

따라서, 정치와 공적인 일들에서, 어떤 메시지에 의해 도달되는 잠재적 시청자의 비율은 대개 매우 작다. 또한 이것에 의해 도달된 사람들의 비교적 나쁜 주의와 회상을 전제할 때, 다량의 태도변화는 없는 것 같다. 그리고 비록 많은 사람들이 시청하고 면밀한 주의를 기울일지라도, 그들은 태도변화 이외의 해결방식들을 사용함으로써 설득에 대해 잘 저항할 것이다.

설득의 장애를 극복하기

항상 예외들이 있는 법이다. 모든 정치적 사건들이 일반대중의 비주의를 받지는 않는다. 그리고 모든 정치적 커뮤니케이션들이 다량의 저항에 당면하지는 않는다.

(1) 다량의 접촉(massive exposure)

정말로 일반대중의 정치적 사건들에 대한 다량의 접촉이 더 큰 효과를 낼 수 있다. 예컨대, 3개의 주요 TV 네트워크들이 거의 4일 동안 중단없이 케네디 대통령(John F. Kenedy)의 저격 직후에 사건들을 보도했다. 그들은 죽어가는 대통령이 실려 간 병원에서의 혼란, 그의 후임자인 존슨의 선서, 추정된 암살범인 오스왈드의 살인, 장례식들, 알링톤 국립묘지로의 행렬, 장례식, 워싱톤의 시가지들을 통과하는 몇 개의 행렬들, 그리고 저명인사들과의 무수한 회고담들과 면담들을 보도했다. 방송국들은 평균적으로 이러한 사건들에 대해 거의 70시간을 사용했다.[108] 미국에서, 평균 미국인 성인이 이러한 보도중의 34시간을 시청했다.

이러한 다량의 접촉의 정서적 영향은 엄청났다. 케네디의 사망 다음 주에 실시된 조사에 의하면 53%가 그들이 울었다고 응답했고, 30%가 대부분의 사람들보다 더 많이(그리고 8%만이 더 적게) 정신적 쇼크를 느꼈다고 응답했다.[109] 단지 18%의 사람들이 그들이 "통상과 거의 같게" 보냈다고 응답했다.[110]

태도변화들이 마찬가지로 인상적이었다. 암살 전에 케네디는 특별하게 예외적인 대통령으로 간주되지 않았다. 그는 선거를 가까스로 근소한 차이로 승리했으며, 일반 대중에 의해 대부분의 대통령들과 마찬가지로 직무를 수행한 것으로 평가받았고, 역사가들에 의해 미국의 대통령들 중에서 평균을 약간 넘어서는 것으로 판단받았다. 하지만, 암살 후의 조사에서, 절반의 사람들이 케네디를 역사에서 가장 훌륭한 두, 세명의 대통령들 중의 하나라고 평정했으며, 단지 2% 만이 그를 "약간 평균 이하"라고 평정했다. 이러한 변화들을 일으킴에 있어서 암살 자체의 영향들을 이 사건의 TV보도의 영향들로부터 분리시키기는 불가능하다. 하지만, TV보도가 이 사건을 미국의 역사에서 가장 기억할 만한 것에 속하게끔 만들음에 있어서 도움이 되었다고 널리 동의하고 있다.

국내의 스캔들들에 관한 미디어보도가 일반대중의 주의를 끌게끔 만들고 큰 태도변화를 일으킬 수 있다. 그의 정치적 행운들의 정점에서, 1972년의 굉장한 재선 승리 직후에, 닉슨 대통령은 그의 선거참모들 중의 몇 명에 의해 수행된 민주당본부들의 절도를 은폐하기 위한 노력에 관여해온 것으로 천천히 그리고 확실하게 밝혀졌다. 그의 고위보좌관들의 대부분이 마침내 워터게이트 스캔들에 관련되었으며, 수감되었고, 닉슨 자신은 마침내 사직한 최초의 미국 대통령이 되었다. 이 사건들은 닉슨의 사적 대화들의 녹음테이프가 공표되었을 때에 무르익었다. 이것은 은폐에 대한 그의 적극적 가담을 드러냈다. 이러한 명백한 증거에 대한 다량의 미디어 보도가 단지 3일의 기간 동안에, 닉슨의 탄핵을 바라는 사람들에서 15%의 증가를 일으켰다.[111] 이러한 큰 태도변화가 의회에서의 그의 핵심 공화당 동맹자들의 지지에 대해 부담을 주었고 그를 사임하게끔 강요했다.

대통령후보자 토론들은 가장 많이 시청된 통상적인 정치적 행사들에 속한다. 하지만, 앞에서 언급한 바와 같이, 이것들의 가장 보편적인 효과는 단순하게 이전의 선호들을 강화시키는 것이다. 이것은 크게 놀라워할 거리가 못된다. 대통령후보자들은 대개 매우 능숙한 정치자들이며, 일반대중에게 비밀의 사실들, 특수 용어 및 애매한 출처들로 계속 주장할 수 있다. 보통의 시청자가 한쪽이나 다른쪽의 분명한 장점을 이해하기가 흔히 곤란하며, 따라서 그들에 대해서 그들의 길잡이로서 이전의 선호를 사용하는 것이 자연스러운 일이다. 그리고 심지어 다량의 접촉의 설득적 효과들에 대한 한계들이 클린턴대통령에 대한 태도들이 그의 모니카 르윈스키와의 관계에 관한 1년 이상의 부정적 보도의 결과로서 매우 작게 변화했다는 사실에 의해서 명백하게 예시되었다.[112]

그럼에도 불구하고, 대통령선거토론들에 관한 언론인들의 보도가 때로는 심지어 이것에 대한 일반대중의 접촉이 효과를 갖지 않았을 때에도, 어떤 효과를 갖는다. 그들의 보도는 일반적으로 "누가 이겼는가?"의 의문에 대해 크게 초점을 둔다.[113] 그리고 때로는 승자가 누구이었는가에 관해 미디어의 강한 의견일치가 있다. 따라서, 정치적 토론들은 이전의 선호들을 강화시킬 수 있으며, 만일 그러한 미디어의 의견일치가 있다면, 여론을 추정상의 "승자"인 후보자쪽으로 더 많이 기울게끔 만든다.[114]

갑작스러운 국제갈등들이 또한 다량의 미디어의 관심을 끈다. 놀랍게도, 일반대중의 대통령에 대한 찬성은 흔히 비록 그 위기가 국가와 아울러 대통령에 대해 약하게 나쁜 영향을 미칠지라도, 증가된다. 1961년에, 케네디 대통령에 대한 찬성평정치들은 CIA가 주도한 쿠바의 픽스만침공의 창피스러운 패배 후에 증가되었다. 그리고 부시대통령의 걸프만에서의 이라크에 대한 공격적 반응은 최소한 전쟁기간 동안에, 그의 인기를 크게 증가시켰다.[115] 1998년 말의 클린턴 대통령의 이라크폭격도 또한 그의 직무 찬성평정치들을 약간 상승시켰다. 1950년부터 1985년까지의 기간에, 국가적 위기에 대한 대통령의 반응은 표제(headline) 뉴스가 될 정도로 충분히 중요해서, 그의 직무 찬성 평정치들을 평균 8% 증가시켰다.[116]

시초에, 학자들은 이러한 증가된 일반대중의 찬성을 "깃발 아래에 모이는 대회효과(rally round the flag effect)라고 기술했으며, 이것을 애국심에 귀인시켰다. 미국이 도전받게 될 때, 미국의 일반대중은 대통령을 지원하기 위해 달려간다.[117] 하지만, 한 연구자의 분석은 만일 몇 명의 저명한 정치지도자들이 대통령의 조치들에 대해 반대하고 조치의 결과가 부정적이라면, 일반대중이 대통령을 지원하기 위해 집결하지 않을 수 있다는 것을 발견했다.[118] 1986년에 이란-콘트라(Iran- Contra) 스캔들이 돌발했을 때, 반대당인 민주당지지자들은 레이건 대통령과 그의 정부에 대해 매우 비평적이었다. 레이건에 대한 지지에 있어서 실질적인 하락이 있었다. 그의 이전의 지지자들의 1/3이 그의 전반적 직무수행을 불찬성했다. 하지만, 더 통상적인 케이스는 양당의 지도자들이 주요 국제갈등에 있어서 대통령을 지지하는 것이다. 만일 그렇다면, 그의 분석에 의하면, 반대당인 민주당지지자들은 이라크의 쿠웨이트 침공에 대한 부시대통령의 맹렬한 반응에 관해서 그들의 보류들을 제시하지 않았다. 그 결과로, 전쟁이 발발했을 때 강한 대회효과(rally effect)가 일어났다. 부시의 그 상황에 대한 처리의 찬성이 28% 증가되었고, 그의 직무수행의 찬성이 18% 증가되었다.

이러한 대회효과를 일으키는 데에 있어서 TV의 역할은 앞에서 진술된 바로부터 예측가능할 것이다. 레이건대통령이 1986년에 테러리스트 활동에 대한 반응으로 리비아의 폭격을 명령했을 때, 그의 TV로 방영된 연설을 시청했던 사람들은 그 조치를 찬성할 가능성이 가장 많았다.[119] 하지만, 폭격과 레이건의 직무수행에 대한 찬성은 이미 그의 지지자들이었고 또한 가장 친군사적이고 반테러리스트이었던 사람들에서 가장 컸다. 그 사건과 그의 연설은 그들의 이전의 태도들을 강화시킨 경향이 있었다.

정치에 대한 낮은 접촉을 극복하기 위한 다른 표준적 방법은 다른 정규 프로들의 중간에

30초 삽입(spot) 광고들을 몰래 삽입하는 것이다. 이러한 짧은 광고들 조차 효과적일 수 있다. 몇 개의 실험에서 연구자들은 상원위원, 주지사 또는 대통령후보자들의 선거운동을 위해, 짧은 광고들을 정규 뉴스프로 속에 삽입시켰다.[120] 이 짧은 접촉은 뉴스를 보았지만, 광고를 보지 않았던 성인들보다 시청자들에서 5% 내지 10% 이상의 후보자 지지를 증가시켰다. 하지만 최소효과모형(minimal effect model)과 일치해서, 이러한 광고하는 삽입광고들은 반대당으로부터 정당지지자들을 전향시키는 것보다 후보자 자신의 정당 내에서 지지를 공고히 하는 데에 더 성공적이었다.

(2) 장기적 접촉

미디어의 영향에 관한 대부분의 연구들이 비교적 짧거나 단기적인 매스컴들(TV 상에서의 단일한 프로들, 특정의 유세에서의 신문의 선전, 또는 특정의 유세광고)을 취급한다. 하지만, 많은 중요한 태도변화들이 장기간에 걸친 미디어접촉으로부터 나올 것이다. 하나의 주의깊은 연구는 여론조사들이 몇 개월이나 그 이상의 기간에 걸쳐서 정확하게 동일한 질문을 반복해서 많은 이슈들에 대한 태도들을 연구했다.[121] 절반의 이슈들이 이슈의 뉴스보도의 양과 방향의 함수로서, 시간에 걸친 다소 체계적인(비록 대개 비교적 작지만) 태도변화를 보였다.

하지만, 정치적 미디어에 대한 장기적 접촉의 영향들은 정치지도자들이 경쟁적인 메시지들을 제안하고 있는지, 아니면 대체로 어떤 공통적 입장에 대해 동의했는지에 달려 있다. 만일 양측이 부동의한다면, 그들의 메시지들은 사람들의 태도들과 그들의 성향들을 합치시키는 경향이 있어서, 투표자들의 태도를 한쪽이나 다른쪽으로 변화시키기보다도 그들을 정당캠프들 속으로 양극화시킬 것이다. 만일 정치지도자들이 대체로 동의하고 있다면, 매우 많은 접촉이 사람들을 공통적 입장 쪽으로 몰아갈 것이다.

한 연구자는 이러한 과정을 기술하기 위해서 월남전에 대한 일반대중의 반응을 연구했다.[122] 전쟁의 초기단계들에서, 1964년에 양쪽 정당들이 월남에서의 개입을 지지했다. 개인이 전쟁에 관한 미디어 보도에 다이얼을 맞추었을수록, 전쟁에 대한 그 사람의 지지는 더 컸다. 하지만, 1960년대 말에, 증가하는 발전시위가 친전쟁과 반전쟁 엘리트들 간의 큰 분열을 일으켰다. 그 결과로, 사람들이 미디어에 더 많이 접했을수록, 그들은 그들의 성향들을 중심으로 더 많이 극화되었다. 즉, 다소는 대외전쟁들을 지지하는 일반적 경향을 갖었고(매파들), 다른 사람들은 협상과 홍정을 통해 타국들과의 불일치들을 해결하는 것을 선호했다(비둘기파들). 미디어에 대한 더 큰 접촉들이 매파들을 그들의 저변의 공격성과 일치되게 전쟁에 대해 더 지지적으로 되게끔 만들었고, 비둘기파들을 그들의 공격에 대한 혐오와 일치되게 전쟁에 대해 더 많이 반대하게끔 만들었다.

(3) 약한 태도들

미디어는 어떻게 설득에 대한 다른 주요 장애물인 태도들이 변화에 대해 저항한다는 현실을 극복할 수 있겠는가? 그 중의 하나로서, 모든 태도들이 정서적 의미를 갖고, 깊게 지니고 있는 것은 아니라는 것이다. 미디어는 시초에 약한 태도들을 지니고 있는 시청자들에 대해 큰 설득적 영향력을 가질 수 있을 것이다. 비교적 새롭고 생소한 태도대상들(예컨대, 정치에 뛰어들기로 결정하는 비교적 모호한 군대장교나, 아프리카국가의 쿠데타리더들과 같은)에 대한 태도들이 미디어 보도에 의해 또한 크게 영향을 받게 될 것이다. 이와 동일한 이유로, 미디어는 설득 노력들이 정당동일시의 장애와 싸워야만 되지는 않을 때인 일차선거와 비정당적 선거들에서 더 영향력있는 요인이 될 수 있을 것이다.

하나의 흥미있는 예가 1992년 페롯(Perot)의 대통령선거운동인데, 그는 그가 후보자를 선언하고 공화당원이나 민주당원으로서 출마하지 않기 이전에는 매우 잘 알려지지는 않았다. 5월 중순경에 그는 여론조사들에서 투표의 37%를 갖고서, 현직대통령인 부시와 클린턴을 실제로 리드했다. 그 후에 그의 지지가 떨어졌고 그는 유세에서 철수했다. 그 다음에 그는 10월 중순경에, 유세에 다시 뛰어들었다. 그는 마침내 19%의 투표를 받았는데, 이것은 1912년 이래로 어떤 제 3당 후보자보다 더 많을 것이다. 우리는 그의 성공을 어떻게 이해할 수 있는가?

연구자는 페롯(Perot)의 유세에 관한 가장 좋은 분석을 개발해왔다.[123] 페롯은 직접적인 미디어출연들에 대해 돈을 들임으로써 시작했으며, 유명한 미디어 사회자들이 주관하는 라디오 전화프로와 TV프로들에서 정규적으로 출연했다. 그의 호소력이 증가되자, 그는 표준 면담프로들에서의 개인적 출연들을 가졌다. 그의 유세의 첫 달에, 2000만 명이나 되는 미국인들이 이 공개토론회에서 페롯을 시청해왔을 것이다. 그는 이 기간 동안에 비교적 경미한 비평을 받았다. 그러나 페롯의 선거운동의 두 번째 단계 동안에, 그는 두 정당 중의 한 정당의 주요 후보자식으로 표준 뉴스 미디어에 의해 보도되었다. 언론인들은 그의 후보자 자격에 대해 더 비판적인 검사를 적용하기 시작했다. 비판수준이 높아짐에 따라, 그의 여론조사는 계속 떨어졌다. 이러한 뉴스보도의 폭등과 폭락의 주기(boom-and-bust cycle), 즉 시초의 증가기간, 그리고 긍정적인 언론보도, 그 다음의 더 비판적인 보도기간은 유력한 후보자들로서 기대치 못하게 등장하는 후보자들에 대한 표준적 각본이다. 일반대중의 지지는 새로운 보도를 뒤쫓는데, 이것은 "폭등"단계(boom phase)에서 급속하게 증가하고, 그 다음에 "폭락"단계(bust phase)에서 뒷걸음친다. 그 결과로, 페롯은 강한 정단지지자들에서 지지를 잃기 시작하고, 미디어의 비평은 그의 부정성들을 일반대중의 의식 속에서 높게 유지시켰다. 마침내, 그는 그의 시초의 기반을 훨씬 넘어서 자신의 지지를 확대시킬 수가 없었다.

미디어에 대한 새로운 시각

연구자들은 TV가 설득과 태도변화를 통하는 것 이외의 정치에 대해 영향을 줄 수 있는 방식들을 점점 더 많이 고려해왔다.

(1) 정보의 전달

대부분의 사람들이 그들의 정치적 정보의 일차적 소스가 TV뉴스라고 말한다. 그리고 미디어는 정말로 정보를 제공하는 데에 있어서 상당한 성공을 거두고 있다. 아동들은 아동용 프로들로부터 일기예보들에 이르는 TV프로들로부터 상당히 많이 배운다.[124] 성인기 전의 사람들은 만일 그들이 특히 대통령선거유세 동안에 TV뉴스를 시청하거나 신문을 읽는다면, 정치에 관해서 배우게 되기가 쉽다.[125][126] TV뉴스에 대한 정기적 주의가 또한 성인들의 후보자들의 입장들에 관한 지식에 유의하게 기여한다. 이와 비슷한게, 대통령선거 토론들에 대한 접촉이 유세 이슈들에 관한 후보자들의 입장에 대한 성인들의 친숙성을 증가시킨다.[127]

하지만, TV뉴스의 정보전달기능은 과장되어서는 안된다. 시청자들은 흔히 이것에 대해 면밀한 주의를 기울이지 않는다. 우리는 이미 시청자들이 그들이 그 날 저녁의 앞부분에서 전국적 뉴스상에서 보았던 이야기들의 6%만을 회상할 수 있었다는 것을 나타내는 연구를 언급한 바 있다.[128] 또한 TV뉴스는 그 날의 사건들의 더 "오락적인" 특징들을 강조하는 경향이 있다. 심지어 이것의 선거보도는 경선의 경쟁적 측면에 초점을 두는 경향이 있다. 즉, 누가 이기고 있는가, 유세 청중들의 규모, 광고전략들 및 누가 최근에 실수를 저질렀는가이다. 1988년 일차선거들에 관한 모든 TV뉴스 스토리들 중의 1/3이 후보자의 여론조사상태들을 언급했다.[129] 복잡한 정책적 입장들은 대개 상세한 미디어보도를 받지 않는다. 후보자들의 30초 간의 삽입 TV광고들이 흔히 비록 그러한 효과들이 매우 한결같지도 않을지라도, 그들의 입장들에 관해 놀라울 정도로 정보를 제공한다. 정말로 유세광고는 과비용의 유세들에서 특히 뉴스보다 더 많은 정보를 제공할 수 있다.[130] 1992년 유세에서, 투표자들이 후보자들의 광고의 다소를 회상할 수 있었던 후보자들의 이슈입장들을 아는 경향이 더 많았다.[131]

(2) 의제설정(agenda setting)

최근에, 많은 관심이 정치적 의제설정에 있어서의 미디어의 역할에 대해 두어져 왔다. 상당한 미디어보도가 주어진 이슈들이 국가가 당면하고 있는 가장 중요한 문제들이라고 간주되는 경향이 있다. 이러한 의미에서, 미디어가 정치적 토론에 대한 의제(agenda)를 설정한다고 말해지고 있다. 그것들은 일반대중이 "무엇을" 생각하는 것이 아니라, 무엇에 "관해서" 생각하는 것에 대해 영향을 준다. 이것은 페르시아만 위기에 대한 일반대중의 반응에 관한 연구에서 분명하게 볼 수 있다. 약물들, 경제 및 예산부족이 이라크의 쿠웨이트 침공 이전에 미국이 당면하고 있는 가장 중요한 문제들이라고 인용되었다. 하지만 1990년 8월의 침공은 즉각 거의 모든 방송국의 뉴스시간을 차지해버렸다. 11월 경에, 갤럽 여론조사에 의하면, 이것이 국가가 당면하고 있는 가장 많이 인용된 문제가 되어 버렸으며, 이것은 미디어의 의제설정의 힘을 분명하게 보여준다.[132]

다른 흥미있는 예는 범죄에 관한 것이다. 1991년에 성인들에 대한 전국적 조사들은 단지 1%가 범죄가 미국에서 가장 중요한 문제라고 믿는다는 것을 보였지만, 1994년 8월 경에 52%가 그러했다.[133] 왜 그랬는가? 범죄 자체의 실제의 폭증이 그 이유이었는가? 실제로 범죄율에서 장기적 상향추세가 있어 왔지만, 1990년대의 초와 중반 동안에 심각한 범죄의 율이 실제로 약간 감소되었다.[134] 사람들이 이것을 그렇게 중요한 문제라고 계속 간주한 이유는 무엇이었는가? 많은 사람들이 폭력범죄, 특히 지방 TV 뉴스프로들에서의 미디어 보도를 지적했다. 예컨대, 로스앤젤레스에 있는 절반 이상의 지방 뉴스방송국들이 범죄를 첫머리 기사로서 사용했으며, 모든 범죄기사들의 78%가 폭력범죄에 초점을 두고 있었다. 로스앤젤레스에서, 모든 범죄의 단지 30%가 폭력적인 것이었다.

이러한 연구들은 단순하게 미디어보도가 일반대중의 우선순위들에 대해 영향을 주는 하나의 표시라기보다도, 이미 일반대중을 걱정시키는 문제들을 보도하려는 미디어에 의한 하나의 결정을 반영하는가? 의심의 여지 없이, 이것은 때로는 사실이다. 그리고 비록 범죄율이 1990년대 초에 소강상태가 되었을지라도, 이것은 계속 많은 사람들에 대해 하나의 심각한 위험인 것처럼 여겨져 왔음에 틀림없다. 하지만, 몇 개의 주의깊은 실험들은 더 많은 TV 뉴스보도가 시청자들의 이전의 우선순위들에 관계없이, 어떤 이슈에 대한 걱정을 증가시킬 수 있다는 것을 보였다. 이 연구들에서, 성인들이 TV 뉴스방송들을 시청했는데, 여기에서 특정의 이슈들에 대한 보도의 양이 실험적으로 변화되었다. 이러한 조작들은 심지어 24시간 후에 실시된 질문지들에서, 이러한 이슈들의 지각된 중요성에 유의하게 영향을 주었다.

이러한 실험들은 미디어가 일반대중의 의제(public agenda)를 설정할 수 있다는 것을 보여준다. 그러나 이것들은 우리에게 그것들이 정상적으로(normally) 이것을 설정하는지를 말해 줄 수는 없다. 그렇지 않으면, 그것들은 일반대중이 흥미를 두고 있는 이슈들을 주로 보도할 수도 있다. 일반적으로 세 가지의 형태의 모두가 보통 꽤 조화롭게 함께 진행하는 것 같다.

연구자들은 1992년 대통령선거 유세에 관한 연구에서 이것을 보여주었다.[135]

그들은 "가장 중요한 국가적 문제에 관한 일반 대중의 의견, 대통령선거 유세들에서 나온 뉴스기사들(연설들이나 뉴스보도물들과 같은)의 이슈내용, 그리고 미디어주도의 뉴스(언론인들의 유세에 관한 보고서들, 그들의 후보자들과의 면담들 및 그들의 뉴스분석들)를 비교했다. 비록 미디어가 일반대중보다 대외정책과 국방에 관해서 훨씬 더 많이 초점을 두었을지라도, 세 개가 꽤 가깝게 일치한다.

(3) 점화(priming)

주체설정에서의 미디어의 역할은 그것이 어느 이슈가 생각나게끔 만드는가와 따라서 어떤 저변의 태도가 사람들이 그들의 정치적 선택에 도달할 때에 가장 무거운 비중을 받는지를 결정할 수 있기 때문에 중요하다. 이것은 점화에 관한 다른 예이다. 이것을 예시하기 위해서 연구자들은 어느 이슈가 TV뉴스방송에서 가장 특출했는지를 실험적으로 변화시켰다.[136] 시청자들은 대통령의 "전반적" 업무수행에 대한 그들의 인정을 뉴스방송에서 특출하도록 만들어진 "특수한" 이슈에 대한 취급에 기초하는 경향이 있다. 예컨대, 뉴스가 에너지부족을 보도했을 때, 시청자들은 대통령의 전반적 업무수행을 그가 에너지문제들을 얼마나 잘 처리하고 있다고 그들이 믿었는가의 면에서 주로 평가하는 경향이 있었다.

실제의 예는 부시대통령의 페르시아만 전쟁의 처리였다. 이 사건은 엄청난 양의 미디어의 주목을 받았다. 한 전국적 표본이 미국이 어떤 군사적 조치를 취하기 전과 아울러 몇 개월 후에 전쟁이 끝났을 때에 다시 면접되었다. 그 시기 내내, 부시대통령의 평가들은 걸프만위기에서의 그의 특수한 수행의 평가들에 더 많이 의존하게 되었다. 하지만, 그것들의 그의 업무수행에 대한 연관은 더 일반적으로 대외관계들에서나, 경제에서는 변화되지 않았다.[137] 최소한 그 기간 동안에, 그의 인기도는 그 국제위기에 대한 그의 관리에 매우 의존했다.

앞에서 언급된 바와 같이, 미디어가 범죄에 대한 일반대중의 걱정의 높은 수준에 대해 다소 기여해온 것 같다. 흑인과 라틴 아메리카 남자들이 폭력범죄들의 불균형된 몫을 저지르기 때문에, 범죄에 관한 TV뉴스보도는 인종태도들을 잘 점화시킬 것이다. 한편으로, 정치후보자들은 더 많은 백인의 지지를 얻어내기 위한 한 수단으로서 흑인범죄를 이용할 수 있을 것이다. 그렇게 하는데 대한 가장 논란이 되는 최근의 노력은 조지 부시의 1988년 대통령 선거유세에서의 흑인인 홀톤사건의 이용이었다. 부시는 그의 민주당 경쟁자인 두카키스를 범죄에 대한 극단의 진보적이고, 극단의 관용적인 접근을 갖고 있다고 공격하고 있었다. 그는 교도소에서 주말휴가 동안에 여성을 강간했고 그녀의 남편을 폭행했던 유죄선고를 받은 살인자인 홀톤사건을 이야기했다.

연구자는 부시의 홀톤사건의 사용이 인종태도들을 점화시킬 것이라는 가설을 세웠는데,[138] 이것은 이것이 흑인 폭력에 관한 인습적인 고정관념들과 일치했기 때문이다. 이것을 검증하기 위해서, 그녀는 다소의 학생들에게 부시의 연설들에서 그의 홀톤사건의 사용을 보도했던 한 방송국의 뉴스방송을 보여주었다. 다른 조건에서, 그녀는 완전히 비인종적인 광고로서, 보스턴 항구의 과도한 오염에 대해서 두카키스를 비판하는 부시의 선거운동 광고를 보여주었다. 종속변인은 흑인 미국인들에 대한 특별한 정부보조와 차별철폐조치와 같은 인종정책들에 대한 지지이었다. 주요 발견은 홀톤사건의 뉴스방송을 시청하는 것이 편견과 인종정책들에 대한 반대 사이의 연합을 강화시켰지만, 비인종적인 진보적 정책에 대한 반대에 대한 이것의 연결은 그렇지 않았다는 것이었다. 다시 말하면, 뉴스방송에서의 인종단서들이 인종태도들을 점화시켰으며 그것이 더 큰 정치적 영향을 갖게끔 만들었지만, 단지 인종이슈들에 대해서만 그러했다.

(4) 프레이밍(framing)

미디어 영향의 의제설정 측면의 함의는 어떤 이슈의 특출성이 그것의 정치적 영향력에 대해 매우 중요하다는 것이다. 이것은 또한 어떤 특정의 이슈의 프레이밍(framing 또는 구성)이 중요할 수 있다는 것을 함의한다. 프레이밍은 문제의 이슈의 특수한 해석을 촉진시키기 위해서 메시지의 어떤 측면을 특별하게 특출하게끔 만든다. 하나의 고전적인 예는 1950년대 초의 한국에서의 미국의 군사개입에 대한 일반대중의 태도들에 관한 것이다.[139)]

일반대중은 "당신은 미국이 남한에 대한 공산주의자의 침략을 중단시키기 위해서 미군을 보내는 것이 옳았거나 글렀다고 생각하는가?"라고 질문받았을 때에 개입을 강하게 지지했다. 하지만, 질문 속에 "공산주의자의 침략"이 포함되지 않았을 때, 일반대중의 대부분이 개입에 대해 반대했다. 분명히 공산주의자의 침공의 프레임(frame)은 그 당시의 강한 반공산주의자의 정서를 자극시켰고 따라서 군사행동에 대한 훨씬 더 많은 일반대중의 지지를 일으켰다. 이와 비슷하게, 1980년대 중반 동안에, 니카라과에서의 콘트라 반군들에 대한 미국의 재정지원에 대한 지지가 미국인들 이외의 병사들이 전투를 수행하게 될 것이라는 사실을 특출하게끔 만듦으로써 크게 증가되었다.[140)]

국내문제에서, 핸디캡을 지닌 자들에 대한 정부보조를, "복지"보다도 "가난한 자에 대한 도움"으로서 프레이밍하는 것이 비록 그 용어들이 거의 동일한 사업들을 일컫고 있을지라도, 그러한 사업들에 대한 일반대중의 지지를 두 배 이상 일으켰다. 다른 실험들에서, 하나의 자유언론의 이슈로서 한 Ku Klux Klan 집회에 관한 TV 뉴스보도를 프레이밍하는 것이 그것을 공공질서의 한 문란으로서 프레이밍하는 것보다 KKK 집회들과 연설들에 대한 더 많은 관용을 일으켰다.

다른 중요한 구분은 이슈들의 실례중심적(episodic)과 주제중심적(thematic) 프레이밍 사이이다. 실례중심적 뉴스 스토리들은 공공이슈들은 구체적 실례들의 면에서 묘사해서, 대개 특수한 한 사람에게 초점을 두고 흔히 사람의 사진들을 사용한다. 하나의 좋은 예는 어떤 특수한 집없는 사람의 공경에 초점을 두는 무주택의 일반적 문제에 관한 하나의 스토리일 것이다. 이에 비해서 주제중심적 프레임들은 이슈들을 더 일반적이거나 추상적 맥락들 속에 두고서, 흔히 일반적 상태들을 토의하고 있는 보도기자들을 보여준다. 놀랄 것도 없이, TV뉴스는 시간적 제약들과 아울러 대부분의 시청자들이 이것을 더 재미있게 여기기 때문에, 실례중심적 구성에 의해 지배되는 경향이 있다.

두 종류의 프레이밍은 시청자들에게 사회적 및 정치적 문제들에 대한 매우 상이한 귀인들을 행하게끔 만든다. 실례중심적 프레이밍은 시청자들에게 그것들을 개인적 시민들의 책임으로서 설명하도록 만드는 경향이 있다. 즉, 이것은 성향적 귀인들을 일으킨다. 에컨대, 도시빈민가들에서의 가난에 관한 실례중심적으로 프레이밍된 뉴스스토리들은 흔히 개별적인 복지수혜의 어머니들과의 면담들을 포함한다. 시청자들은 가난한 개인들 자신이 그들 자신의 가난을 일으킨다고 믿고, 따라서 이것을 처리하기 위한 정부의 조치에 대해 덜 지지적이게 되기 쉽다. 하지만, 정부의 연구의 결과들을 기술함으로써 통일한 이슈를 주제중심적으로 프레이밍하는 것은 시청자들에게 가난을 더 큰 사회적, 경제적, 또는 정치적 힘들에서 생기는 것으로서 설명하고, 따라서 정부가 그 문제를 해결하기 위해 책임을 질 것을 기대하게끔 만들 것이다.[141]

끝으로, 어떤 이슈를 공공적 의제가 되게끔 만들기 위해서, 미디어가 이것에 대해 단순하게 많은 관심을 기울이는 것으로 충분하지 않을 수 있다. 어떤 종류의 관심들이 일반대중에게 다른 이슈들보다 더 중요하다고 생각하게끔 만들기가 분명히 더 쉬울 것이다. 연구자들은 이것을 공화당의회와 클린턴대통령 사이의 예산투쟁들로 1995년 말과 1996년 초에 두 번 연방정부를 폐쇄시키게끔 만들은 케이스에서 보여주었다.[142] 우선 첫째로, 1994년부터 대결기간까지의 증가된 미디어의 관심 자체가 일반대중에게 국가의 가장 중요한 문제로서 예산문제들을 언급하는 것을 증가시키게끔 만들었다. 이것은 표준적인 의제설정(agenda setting)현상이다. 하지만, 두 번째 발견은 이슈를 반대하고 있는 양측들 사이의 단순한 대화들에 반대되는 하나의 "싸움"으로서 또는 심지어 하나의 "난국"이나 하니의 "위기"로서 프레임하는 것이 이것의 지위를 일반대중의 의제(public agenda) 위로 격상시키는 데 대해 특히 중요했다는 것이었다. 사람들에게 "무엇에 관해서 생각하는가?"를 말하는 미디어의 능력은 그것들이 어떤 이슈에 대해 두는 관심의 단순한 양에 일부 달려 있다. 간단히 말하면, 미디어는 흔히 접촉이 다량이거나 장기적인 때를 제외하고서, 큰 정치적 태도변화들을 일으키는 것 같지 않다. 그것들은 정보를 제공하거나, 어느 이슈들이 특출한가, 어느 태도들이 점화되는가, 또는 이슈들이 어떻게 프레임되는가에 영향을 주는 데에 있어서 중요한 역할을 하기가 더 쉽다.

국제적 갈등(international conflict)

정치심리학에서 다른 주요 관심의 초점은 국제적 갈등이어 왔다. 근래에, 많은 연구가 중동과 발칸제국들 내와 주위에서의 국제적 긴장에 초점을 두고 있는 것과 꼭 마찬가지로, 1950년대와 1960년대 동안에는 냉전이 국제적 갈등에 관한 많은 심리학적 연구를 고무시켰다. 특수한 위기들이 또한 쿠바의 미사일위기나 히틀러에게 체코슬로바키아의 일부의 접수를 일으켰던 1938년의 뮤니히 협상들과 같이, 관심의 초점이 되어 있다. 하나의 편리한 출발점은 적대관계의 적수들이 그들 자신과 상대방에 관해서 갖고 있는 이미지들이다. 이러한 이미지들은 국가들, 정치지도자들, 또는 대중들에 대해 초점을 둘 수 있다. 예컨대, 냉전 동안에 미국의 의사결정자들은 소련정부를 기본적으로 미국에 대해 적대적인 것으로 보았는가? 이와 비슷하게, 우리는 소련의 의사결정자들이 미국의 지도자들의 의도에 관해서 갖고 있었던 이미지들에 대해 흥미를 가질 수도 있다.

적에 대한 이미지들

사회심리학자들은 오지각의 패턴들에 대해 특히 관심을 두고 있다. 우선 한 예를 든다면, 사람들은 대외의 적을 갖는 것을 즐거워하는 것 같다. 결과적으로, 그들은 열정적으로 갖는 적의 이미지들(enemy images)을 발전시킨다. 인지일관성이론들은 지각들이 기본적 태도들과의 일관성 쪽으로 편향될 것이라고 예측한다. 사람들이 다른 나라를 적으로서 보는 것에 대해 강한 몰입을 가질 때, 그들의 다수의 다른 지각들이 수반된다. 예컨대, 페르시아만 전쟁 동안에, 미국의 의사결정자들은 이라크의 사담 후세인을 팽창주의자, 무자비함, 무정함 및 사기꾼으로의 지각하는 경향이 있었다. 그는 우세한 힘에 당면했을 때에만 갈등에 대한 평화적 해결책을 수용한다고 간주되었다. 일반적으로, 적들은 나쁜 의도를 갖고 있고, 도덕성이 부족하고, 부정적 특성들을 가진 것으로서 지각된다.[143)]

집단이기적 편향들(group－serving biases)이 또한 나타난다. 적에 관한 이미지들은 지기 자신의 나라가 취한 조치에 대한 호의적 귀인들을, 그리고 적이 취한 조치들에 대한 부정적 귀인들을 일으킨다. 이것은 공격적이거나 인도적인 조치들에 대한 설명들에서 찾아질 수 있다. 첫째로, 우리 자신의 나라의 군사행동을 방어적인 것으로서, 그리고 적의 군사행동을 공격적 요망으로서 보는 경향이 있다.[144)] 예컨대, 캘리포니아주의 성인들의 57%가 소련의 아프가니스탄 침공에 대해 부정적 귀인들을 제시한 반면에, 단지 27%가 미국의 그레나다(Grenada)침공에 대해 부정적 귀인들을 제시했다.[145)] 둘째로, 만일 우리나라가 어떤 긍정적 행위를 한다면, 우리는 이것을 긍정적으로 설명하지만, 만일 적이 이것을 행한다면, 그렇지 않다. 한 연구에서, 한 신문기사는 1,000마리의 얼음에 갇힌 고래들이 빠져 나가도록 북극해의 얼음을 깨고 있는 한 쇄빙선의 영웅적 행위를 기술했다. 그 배가 미국의 보트라고 기술되었을 때, 미국의 독자들은 그 행위를 이타적 용어들(예: 고래들을 구출하기 위해서)로서 설명했다. 그 배가 소련의 보트라고 기술되었을 때, 그 행위는 이기적인 것(예: 호의적인 보도를 일으키기 위해)으로서 설명되었다. 일반적으로, 미국은 그 당시에 소련보다 더 도덕적인 기반에서 행동하는 것으로서 평가되었다. 이것은 거울상(mirror image)이라고 일컬어진다.[146] 즉, 우리는 우리의 적이 공격적이고 비도덕적이라고 믿으며, 상대측도 또한 우리에 대해서 동일한 것을 믿는다. 각측은 자기측이 평화적 의도를 갖고 있다고 믿으며, 각각은 상대측을 두려워한다. 상대측이 공격적이고 위협적이라고 지각되고 있기 때문에, 자기 자신의 군국주의는 자기방어라고 정당화된다.

또 다른 적의 이미지는 아스팔트적 착각(blacktop illusion)이라고 일컬어진다. 즉, 적의 정부를 악으로서 보지만, 그 나라의 국민들을 기본적으로 선하다고 보는 경향이다.[147] 이것을 검증하기 위해, 연구자들은 캘리포니아 주민들의 한 표본에게 소련과 미국의 국민들과 정부를 우호적이다, 평화를 사랑한다, 나쁘다와 같은 일련의 형용사들 상에서 평정하도록 요구했다.[148] 그들은 일반적으로 연구참가자들이 소련보다 미국을 더 호의적으로 평정했지만, 소련의 국민들을 그들의 정부보다 더 호의적으로 평정했다는 것을 발견했다.

간단히 말하면 연구자들이 지적한 바와 같이, "우리는 항상 적들과 희생양들이 필요해온 것 같다. 만일 그들이 쉽게 찾아질 수 없다면, 우리는 그들을 만들어 내 왔다(p. 7)."[149] 적의 이미지들은 지도자들과 추종자들에 대해 똑같이 다양한 기능들을 제공해서, 때로는 만일 그렇지 않으면, 부적절하거나 불법적일 수 있는 행위들을 정당화시키고, 다른 경우들에서는 압박을 주고 더 곤란한 다른 문제들로부터 주의를 돌려 준다.

신념체계들(belief system)

심리학에서 사회적 인지이론들의 하나의 중심적 원리는 정보처리가 "자료중심적"(data-driven)보다도 "이론중심적"(theory-driven)인 경향이 있다는 것이다. 의사결정자들이 갖고 있었던 하나의 특히 흥미있는 이론들의 세트는 그들이 "역사로부터 배워 온 교훈들"을 포함한다.[150] 1차세계대전이 끝날 무렵에, 해군장관이었던 프랭크린 루즈벨트는 미국을 국제평화유지기구에 가담시키는 데 대한 우드로우 윌슨의 실패에 의해 많은 인상을 받았으며, 따라서 2차세계대전이 끝날 무렵에 그는 모든 국가들이 UN에 가입하는 것을 보장하기 위해서 소련에 대해 중요한 양보를 행하려고 들었다. 이와 달리, 자기의 아버지가 영국정부가 뮤니히에서 히틀러를 달래고 있었던 당시에 영국대사이었던 존 F. 케네디는 생애의 후기에 소련에 대해 양보를 행하는 것에 대해 단호하게 반대했다. 각각이 그들의 성장시기들 동안에 "역사로부터 배웠지만", 매우 다른 교훈들을 배웠다.

역사에 관한 지식은 모든 의사결정자들에 대해 분명히 중요하다. 하지만, "역사로부터의 교훈"은 위험성들을 제기할 수 있다. 그 중의 하나는 너무 흔히 그러한 교훈들이 어떤 특정의 역사적 맥락 속에서 생애의 초기에 학습되었고 그러한 원래의 맥락이 무관련할 수 있는 훨씬 뒤에 적용된다는 것이다. 다른 위험은 인지적 편향들 일반에 대해서와 같이, "역사의 교훈들"이 직접적이거나 생생한 경험들이나, 단지 우연적으로 성공적이었던 노력들에 대하여 너무 많은 무게를 둔다는 것이다.[151)]

국제갈등의 심리학에 관한 많은 연구들을 동기화시키는 하나의 중심적 의문은 대외정책 의사결정자들이 이성적이거나 비이성적 의사결정을 행하는지의 여부이다. 의사결정자들의 가치들과 논리적으로 일관성있고 충분한 정보에 기초된 결론을 포함하는, 합리성(또는 이성성)의 하나의 공식적 정의는 우리가 논의해 온 대부분의 케이스들과 확실히 부합되지 않을 것이다. 많은 오류들과 편향들이 침입한다. 더 융통성있는 합리성의 정의가 필요하다. Simon은 "제한적 합리성(bounded rationality)이라는 개념을 제안했는데, 이것은 실제의 의사결정자들이 그들의 한계들 내에서 합리적인 경향이 있다는 것을 시사한다.[152)] 그들은 모든 정보를 갖고있지는 않으며, 가용한 정보를 평가하는 데에 필요한 모든 시간을 갖고 있지 않으며, "완전하기"보다도 "충분히 좋은" 대안들을 선택하며, 광범한 종류의 비합리적 압력들을 받는다. 하지만, 그들은 흔히 여건들 하에서 기대될 수 있는 만큼 합리적이다. 이러한 견해는 사회적 인지에 관한 연구들에 의해 많은 영향을 받아왔다.

위기 관리(crisis management)

정치지도자들은 어떻게 국제적이거나 국내적 위기들을 처리하는가? 1962년에, 케네디정부는 소련이 쿠바에 핵미사일들을 배치했다는 것을 발견했다. 이것은 세계를 핵전쟁의 위기에 몰아넣는 미국과 소련(USSR)간의 대결을 일으켰다. 존 F 케네디와 그의 고문들이 이 위기를 처리하고자 했을 때, 무엇이 그들이 성공을 거두게 될 여부를 결정했는가? 분명히 그들은 전쟁을 촉발시킬 수도 있었지만, 그렇게 하지는 않았다. 이와 반대로, 그들은 전쟁을 모험함이 없이 위기를 완화시켰을 수도 있었으며, 그들은 그렇게 하지 않았다. 무엇이 지도자들에게 위기를 처리하는 데에 있어서 다소 성공하게끔 만드는가?

국제적 위기들에 내재하는 한 요인은 심리적 스트레스이다. 이러한 스트레스는 정보처리의 복잡성을 감소시키는 것이나, 방어적 회피와 소망적 사고를 일으키는 것과 같은, 몇 개의 부정적 영향들을 줄 수 있다. 연구자들은 이슈들이 강한 정서적 부하들을 가질 경우들에 대한 하나의 의사결정이론을 개발했다.[153)] 그들은 이러한 갈등들에서 공통적인 대처행동의 여러 패턴들과 결정의 합리성에 대한 이것들의 결과들을 기술했다. 그들은 주로 경계(vigilance; 또는 조심)에 의지하는 스트레스에 대해 건설적으로 대처하기 위한 여러 기법들을 제시했다. 의사결정자들은 결정에 관해서뿐만 아니라, 또한 결정에 수반되기 쉬운 정서들과 이것들의 여파들(영향들), 그리고 이것들에 대해 맞서서 싸우는 것에 관해서도 미리 적절하게 알 필요가 있다.

대부분의 대외정책결정들이 또한 광범한 소집단협의로 이루어지고, 따라서 한 정치심리학자(Janis 1982)에 의한 가장 영향력있는 노력들 중의 하나가 "집단사고"(groupthink)를 포함시키고 있는 것은 아마 놀랄 만한 일이 못될 것이다.[154] 집단사고는 함께 작업하고 있는 한 집단의 사람들이 높은 사기를 가진 매우 응집력 있는 집단을 형성할 때에 일어난다. 기묘하게도, 그들은 차이있는 아이디어들을 거부하기 시작하고, 집단에 대해 동의하지 않는 사람들을 배척하고, 자기들의 집단이 취약성이 없다고 지각한다. 그 다음에 그들은 대안적 가능성들을 불완전하게 조사하는 것, 선호하는 선택의 위험성들을 검토하는 데에 실패하는 것, 그리고 정보를 평가하고 있을 때에 선택적 편향들을 채택하는 것과 같은, 나쁜 의사결정의 많은 증후들을 보이기 시작한다.

Janis는 이 이론을 수 많은 대의정책결정의 사례들에 대해 적용시켰다. 그는 진주만에 대한 다가오는 일본의 공격에 관한 정보에 대한 미국정부의 반응 부족이 집단사고, 즉 현재의 미국 정책들의 기초를 위협하게 될 정보를 심각하게 여기지 않으려는 것을 통해 나왔다고 시사했다. 그는 또한 집단사고가 1961년에 픽스만에서의 카스트로의 쿠바에 대한 미국의 침공의 재난을 일으켰던 착각들을 조장시켰다고 시사한다. 다른 한편으로, 집단사고를 예방하거나 최소화시키기 위한 조치들이 취해질 수 있다. 외부 전문가들이 집단의 결정에 대해 이의를 제기하기 위해 초빙될 수 있다. 그럴듯한 대안들을 내놓기 위해 집단 내에 트집장이들이나 하위 위원회들이 형성될 수 있다. 정말로, Janis는 케네디행정부의 쿠바미사일 위기의 취급이 이러한 바람직스러운 특징들의 몇 가지를 보였다고 시사한다. 심지어 대통령이 몇 개의 중요한 회의들에 참석하지 않도록 만들어서, 다른 사람들은 대통령이 말하는 것은 무엇이거나 동의함으로써 그를 기쁘게끔 만들을 압박을 느끼지 않았을 것이다.

정치에 대한 심리학적 접근은 두 가지 측면에서 독특하다. 첫째로, 이것은 하나의 포괄적 접근이 되는 경향이 있다. 정치심리학자는 인간 행동에 대한 어떠한 그리고 모든 힘들을 고려하고자 노력한다. 둘째로, 정치심리학자는 스트레스, 인지일관성, 인지적 편향들 및 집단의 영향과 같은 독특하게 심리적인 요인들을 강조한다. 이러한 요인들은 개인의 행동에 대한 비이성적 영향을 강조하는 경향이 있다. 많은 면에서, 하나의 경쟁이 되는 관점은 경제학적 접근인데, 이것은 사람들을 물질적 이익들의 합리적 추구에 의해 더 폭좁게 동기화된 것으로서 본다. 본서에서 논의된 많은 다른 주제들에 대해서처럼, 관점들의 대비는 인간의 많은 복잡한 측면들에 대한 우리의 이해를 촉진시키는 것을 돕는 하나의 창의적 긴장을 제공한다.

요 약

1. 정치는 사람들의 일상생활의 많은 활동에 대해 영향을 준다. 정치심리학은 "정치연구에 대해 인간 심리학에서 밝혀진 것의 응용"이라고 정의되어왔다.
2. 정치심리학연구들은 역사적으로, 지도자들의 성격, 태도와 투표행동, 정치적 인지와 정보처리 및 정치적 현상의 사회적 성질에 관한 최근의 연구추세의 과정들을 거쳐서 수행되어왔다.
3. 민주정치에서 여론보다 더 중심이 되는 개념들은 드물다. 여론은 일반시민들의 의견들로서 정의될 수 있으며, 의견들은 정보와 성향으로 구성되어 있다. 여론은 표본조사에 의해 측정되지만, 심층면접, 민속학적 방법들, 득표분석, 사회운동들과 집단행동의 형태들 등의 다수의 종합적 방법들을 사용할 것이 요망된다.
4. 이데올로기의 연구는 정치적 태도들의 상호 관련성의 정도에 초점을 둔다. 소수의 사람들이 이데올로기적 개념들을 사용한다는 것이 시사되었다. "이데올로기의 종말"에 대한 찬·반 주장들이 있어 왔으며, 이데올로기가 아직 끝나지 않은 것 같다는 것이 시사되고 있다. 이데올로기는 가치들과 관련되어 있다. 예컨대, 평등과 자유의 가치는 좌익과 우익의 이데올로기들과 밀접하게 관련되어 있다고 주장되고 있다. 이데올로기적 지향성들이 또한 편견에서 하나의 중요한 역할을 하는 것을 보여왔다.
5. 투표행동에 관한 지배적 이론은 초기에 획득하는 오래 지속되는 정당동일시를 투표에 대한 주요 영향원이라고 본다. 투표자들은 일반적으로 잘못 알고 있고, 비이데올로기적이고, 대부분의 이슈들에 대해 다소 약한 태도들을 갖고있는 것으로 간주되고 있다.
6. 상기의 이론은 최근에 투표자들이 경제조건들, 후보자들 간의 이슈차이들 및 대통령의 업무수행의 실적들에 대해 다소 알고 있는 것으로 반응한다는 견해에 의해 도전받아왔다. 이데올로기가 또한 이전보다 더 중심적 역할을 한다고 간주되고 있다.
7. 민주주의에서 시민들의 투표참가가 필수적이다. 투표참가는 기대된 유능성이론보다도 사회규범들에 관한 사회심리학적 이론에 의해 더 잘 설명될 수 있다.
8. 추론적 행동이론과 같은 태도-행동 모형이 투표행동을 예측하기 위해 연구되어 왔으며, 다소의 지지를 받아왔다. 하지만, 이 모형은 투표행동에 관한 충분한 설명을 제공하지는 않는다.
9. 투표행동에 관한 미시간모형은 6개의 정당태도들이 투표선택에 대해 영향을 주며, 이러한 태도들은 가족의 영향과 집단멤버십들의 영향을 받는 정당동일시로부터 영향을 받는다고 주장한다. 하지만 이 모형은 일관성있는 지지가 부족하다.
10. 기본적인 정치적 태도들은 흔히 성인기 이전에 획득된다. 이것들은 흔히 초기 성인기에 변화에 대해 취약하지만, 그 이후에는 매우 지속적이다. 정당동일시는 생각했던 것만큼 전적인 것은 아니지만, 개인의 부모에 의해 영향받는다.
11. 집단간 갈등, 특히 인종적 및 성별 간 갈등이 최근에 많은 관심을 받고있다. 성차(gender gap)가

하나의 중요한 정치적 현실이 되고 있다.

12. 사람들은 그들이 싫어하는 신념들이나 태도들을 지닌 사람들에 대해 관용적이지 않다. 하지만, 젊은이들과 더 많이 교육받은 사람들이 일반적으로 더 관용적이다.
13. 전체적으로, 대형 성격요인(Big Five)의 면에서, 성격이 대통령의 성공을 이해하는 데에 기여하지 않았다.
14. 정치지도자들의 전기적 문장들, 연설들 및 면담들의 내용분석들과 인기도, 지각된 위대성 및 업무수행 사이의 관련성이 연구되었다. 정치지도자들의 정치적 운영코드가 또한 연구되었다.
15. 정치지도자들의 위기 의사결정을 이해하기 위해, 그들이 여론을 처리하는 방식들과 그들의 집단들의 집단과정들에 대한 이해가 필요하다. 위기 의사결정들은 유화적이기보다 공격적 조치들 쪽으로 이루어지기 쉬우며, 이것들은 예상이론에 의해 설명된다.
16. 집단사고이론에 의하면, 집단응집성, 외부의 영향들로부터의 고립, 지시적 리더십 및 스트레스가 정치집단들에게 좋지 못한 의사결정을 일으킬 수 있다.
17. 1930년대에, 매스 미디어는 강력한 새로운 무기인 것으로 간주되었던 반면에, 1940년대와 1950년대에 이것들은 단지 최소의 영향을 주는 것으로 간주되었다. 오늘날, 이것들의 역할에 대한 새로워진 존중이 있다. 그럼에도 불구하고, 광범위한 태도변화들이 미디어에 의해 드물게 일어난다.
18. 미디어를 통한 태도변화에 대한 주요 장애들은 상위한 정보에 대한 접촉부족과 매우 몰입된 태도들이 변화에 대해 저항한다는 사실을 포함한다.
19. 미디어는 정치적 주제에 대한 다량의 접촉이 있을 때에 드물은 경우들에서 정치적 태도들에서의 큰 변화를 일으킬 수 있다. 미디어는 또한 장기간의 반복적 접촉, 낮은 몰입의 태도들을 변화시키는 것, 정보 제공, 의제를 설정하는 것, 강한 성향들을 점화시키는 것 및 이슈들을 프레임하는 것(framing)을 통해서 효과적일 수 있다.
20. 국제적 갈등이 몇 개의 보편적인 오지각들을 일으키는데, 이것들은 적을 확인할 욕구, 경쟁하는 세력들이 서로에 대하여 갖고 있는 거울상들, 그리고 "역사의 교훈들"을 과용하는 경향을 포함한다.
21. 국제관계들에서의 엘리트의 의사결정이 또한 편향될 수 있는데, 이것은 불완전한 정보처리, 그 활동에 필연적으로 연합된 스트레스와 정서성 및 의사결정을 행하는 엘리트들의 집단역학 때문이다.

제10장

법의 사회심리학

범죄와 범죄인
범죄의 사회심리학
범죄행동의 근원들

범죄의 수사
경찰의 수사
목격자 확인과 증언

배심원 선정과 의사결정
배신원 선정
배신원 의사결정에 관한 이야기모형
배심원 의사결정에 영향을 주는 요인들
인정불가능한 증거
배심의 심의

법체계에 대한 사회심리학자들의 기여
전문가 증언
법정고문의 소송사건적요서들

교도소 상황
교도소의 목표들
교도소들의 사회적 풍토
교정에 대한 교도소의 접근들: 치료적 공동체들

요약

본서를 통해 지적된 바와 같이, 사회심리학자들은 사회적 사고와 행동에 관련된 광범한 주제들을 연구한다. 따라서, 사회심리학연구가 마찬가지로 사람들의 사회적 행동들과 그 규범들을 취급하는 중요한 법적 주제들에 관해 수행되어 온 것은 하등 놀랄 만한 일이 못된다. 법체계는 실제의 세상의 상황 속에서 사회심리학자들이 기초 이론들을 검증하기 위한 하나의 독특한 기회를 제공한다. 당신이 보아 온 바와 같이, 상당히 많은 사회심리학연구가 실험실상황에서 수행되고 있다. 하지만, 법체계를 연구하는 것은 심리학자들로 하여금 행동들이 복잡하고, 개인적으로 관련있고, 정서적으로 흥분된 맥락들 속에서 어떻게 일어나는가를 이해하는 것을 도와준다. 몇몇 사회심리학자들은 또한 그들이 사회정의에 관심을 두고 있기 때문에 법적 이슈들을 연구한다. 예컨대, 강간에 관한 오해들이나 잘못된 목격자증언과 같은 법적 주제들(예컨대, 피해자의 잘못된 증언에 의해 18년간 억울한 감옥살이를 한 사건; Taylor 등, 2006)에 대해 과학적으로 엄밀한 연구를 수행함으로써, 사회심리학자들은 사회정의가 실현되는 것을 도울 수 있다.[1)]

본장의 목적은 범죄에 관련된 사회심리학적 주제들을 소개하는 것이다. 그것들은 범죄행동이론들, 경찰의 수사면접, 목격자증언의 정확성, 배심원운영, 교도소의 사회적 풍토 등과 같은 이슈들을 포함한다.

범죄와 범죄인

범죄의 사회심리학

많은 폭행, 살인 및 강간 사건들이 사회심리학적으로 분석될 수 있다. 학문적으로 큰 주목을 받았던 사건은 미국의 뉴욕에서의 키티 제노베스라는 젊은 여자의 피살사건이다. 이 사건은 사회과학문헌들과 아울러 대중매체에서 상당한 관심을 받아왔는데 이것은 비록 그 사건의 목격자들이 정확한 숫자가 의문으로 남아있을지라도, 몇 명의 피해자의 이웃들이 폭행을 목격했지만 간여하지 않았다는 시초의 보도들 때문이다.[2)]

주변인개입(bysytander intervention)에 관한 연구는 상황의 애매성과 잠재적 돕는이에 대한 피해자의 지각된 유사성을 포함해서, 여러 요인들이 위급상황에서의 개인의 도움결정에 대해 영향을 준다는 것을 보여왔다.[3)] 포함된 다른 요인은 위급을 목격하는 주변인의 숫자이다. 주변인효과(bysytander effect)라고 알려진 현상에 관한 상당한 연구증거가 있는데, 이것은 사람들이 사건현장에 주변인들이 존재할 때에 위급상황에서 돕는 경향이 더 적다고 진술한다. 주변인효과에 대한 하나의 설명은 타인들의 존재가 주변인의 개인적 책임감을 낮춘다는 것이다. 예컨대, 사건당일의 도시의 공원을 지나가면서 피해자의 비명소리를 들었던 운전자들은 붐비는 도로 근처를 전제할 때, 그들은 타인들이 간여할 것이라고 생각했기 때문에 사건에 대해 간여하지 않았을 것이다. 더욱이 이러한 책임의 분산(diffusion of responsibility), 즉 타인들이 간여하거나 간여해야만 된다고 개인이 믿을 때에 개인이 느끼는 책임감의 감소가 어떤 주변인이 익명성을 유지할 수 있을 때(그 운전자는 자신의 차 속에서 남아서, 많은 주의 없이 계속 운전할 것이다.), 비교적 소수의 피해자들이 있을 때 (단지 한 명의 피해자의 비명소리 만이 들렸다), 그리고 피해자가 잠재적 돕는이와 비유사하다고 지각될 때 (외국인의 말소리가 들렸다.)에 일어나기가 더 쉽다. 만일 당신이 사건당일 저녁에 한 행인이었다면, 당신은 무엇을 했을 것인가? 불행하게도 우리 중의 많은 이들이 도움을 제공하지 않았을 것이다.

다른 예로서, 얼굴을 마스크로 가린 4, 5명의 청년들이 집단 패싸움을 벌이기 위해 공원에 나타났다. 그들은 그들의 적수들을 기다리다가, 그들이 나타나지 않자, 그들보다 나이어린 한 소년에게 시비를 걸고서, 집단폭행하고 그 소년은 사망했다. 이 사건에 관여된 폭행자들의 행동을 고려해보자. 이 사건에서 어떤 상황요인들이 그들의 집단폭력행위를 설명할 것인가? 우리는 다음과 같은 질문을 제기함으로써 시작할 수 있다. 첫째로, 이 젊은 남자들은 만일 그들이 얼굴에 마스크를 쓰고 있지 않았다면, 그들보다 어린아이를 공격했을 것인가? 그들은 만일 그들이 집단 속에 있지 않았다면, 즉 만일 그들이 혼자서 피해자와 그의 친구들과 함께 있었다면, 폭력행동을 저질렀을 것인가? 이와 같은 요인들이 어느 정도로 피해자에 대한 구타에 기여했을 것인가? 비록 우리가 확실히 알 수 없을지라도, 우리는 잘 통제된 사회심리학연구로부터 나온 튼튼한 원리들에 기초해서 생각할 수 있다.

그들의 얼굴에 얼굴가리개를 착용한 것이 두건이 있는 큰 겉옷을 착용하고 있는 백인 폭력단체인 Ku Klux Klan의 멤버들과 아주 비슷하게, 젊은 남자들에게 익명성의 느낌과 개인적 정체성의 상실을 제공했다. 몰아(deindividuation), 즉 감소된 자기인식의 느낌에 관한 연구는 자신들의 정체가 은폐되는 익명성의 덮개 하에서, 사람들이 공격을 포함에서 그들이 그렇지 않았다면 자제했을 수 있는 행동을 고의적으로 택한다는 것을 시사한다. 예컨대, 연구자는 한 실험실실험에서 Ku Klux Klan유형의 두건과 복장을 착용했던 여자연구참가자들이 자신의 정체가 큰 이름표에 의해 드러났던 다른 연구참가자들보다 실험협조자에 대해 두 배 길게 쇼크(즉, 공격)를 준다는 것을 증명했다.[4]

둘째로, 집단폭행사건에서 젊은 폭행자들은 또한 혼자 행동하고 있지 않았다. 더욱이 그들은 싸울 준비를 하고서 공원에 왔을 수도 있다. "사회적 촉진"의 개념은 우리에게 잘 학습된 과업에 대한 개인의 수행이 타인들의 존재에 의해 일어난 높아진 흥분에 의해 촉진될 수 있다고 알려 준다.[5] 아마 이들 젊은 남자들의 공격적 행동은 잘 학습된 것이었을 것이다. 이것은 그들이 습관적으로 행하고 있었던 어떤 것이며, 정말로 그들이 그 날 저녁에 행하는 것이 점화되었던 어떤 것이었다. 그들의 반사회적 또래집단 내에서, 그러한 행동은 심지어 "규범적"이라고 간주되었던 것일 수 있다. 그 결과로, 집단의 존재는 젊은 남자들의 흥분수준을 높여 왔을 것이며, 그 다음에 이것이 악의적인 공격을 행할 그들의 경향성을 높였을 것이다.

더욱이, 폭행자들은 다른 집단과 싸우려는 의도에서 공원에 왔고, 그들이 나타나지 않았다고 주장되었다. 이러한 대결의 좌절이 젊은 남자들에게서 높아진 좌절과 분노감을 일으켜 왔을 수 있다. 좌절－공격가설에 의하면, 좌절(개인의 어떤 목표의 달성을 막는 어떤 것으로서 정의된)이 새로운 잠재적 피해자들의 존재 속에서 그들의 공격행동에 대한 하나의 자극제가 되었을 것이다.[6]

반사적 행동, 특히 공격에 영향을 줄 수 있는 네 번째 요인은 행동을 부추기는 "상황 단서들"의 존재이다. 배드민턴 라켓보다 총의 존재가 연구참가자들의 공격적 행동을 증가시킨다는 것이 실험실실험에서 예언대로 지지되었다.[7] 더욱이, 연구자들에 의하면, 어떤 사회적 맥락들은 공격적으로 행동할 기회를 제한하는 반면에, 다른 것들은 많은 기회를 제공한다. 예컨대, 교회 예배는 공격에 대한 많은 장애물들을 갖고 있다. 예컨대, 목격자들, 공격에 반대하는 강한 사회규범들, 그리고 참석한 모든 사람에 대한 특수한 비공격적인 행동적 역할들이 있다. 토요일 밤의 한적한 뒷골목의 술집들은 공격에 대한 더 좋은 기회를 제공한다.[8] 많은 공격 촉진요인들이 있다. 예컨대, 알코올, 공격적 단서들, 공격성향의 사람들, 여자들의 관심을 끌기 위해 경쟁하고 있는 남자들, 그리고 익명성이 있다. 아마 공원의 격리된 지역에서의 야간의 어슴프레한 시야 속에서, 몰아화되고, 좌절되고, 공격적인 젊은 남자들의 한 집단이 그들의 눈길을 더 나이어린 피해자와 그의 친구들 쪽으로 돌렸을 때에 폭력이 발생하기 위한 무대가 마련되었을 것이다.

하지만, 이러한 요인들은 그 날 저녁의 사건들의 모두를 설명하지 않으며, 또한 이것들은 피해자에 대한 공격을 촉발시킨 것이나 그 후의 사건들을 설명하지 않는다. 실제로, 비록 몰아와 사회적 촉진이 범죄행동에 영향을 줄 수 있는 몇 개의 근접변인들(proximal variables), 즉 사건에 대해 시간적으로 가깝게 일어나는 것들에 관한 좋은 예들일지라도 원격변인들(distal variables)이라고 일컬어지는 것들, 즉 사건에 대해서 먼 과거에 일어나는 것들인 다른 세트의 요인들이 또한 중요하다. 우리가 보게 되는 바와 같이, 범죄행동에 관한 포괄적인 사회심리학 이론은 두 세트의 결정요인들을 포함시켜야만 된다.

범죄행동의 상황적 결정요인들의 인정이 반사회적 행위를 행하는 것에 대한 개인의 "개인적 책임"이 어떤 식으로 감소되거나 줄어들어야만 된다는 것을 암시하지는 않는다. 그 대신에, 이것은 많은 요인들(즉, 상황요인들과 개인차들)이 범죄를 충분하게 설명하기 위해 필요하다는 것을 의미하고자 한다.

범죄행동의 근원들(origins)

범죄행동에 관한 이론들은 개인, 개인의 직접적 환경 및 폭넓은 사회적 맥락의 광범한 변인들을 관련시킨다. 이하에서 제시된 것은 범죄행동을 설명하기 위해 제시되어온 생물학, 사회학 및 사회심리학에서 나온 주요 이론적 패러다임들 중의 몇 가지이다. 비록 이 장이 사회심리학적 관점을 강조할지라도, 다른 학문들의 관점들이 범죄행동의 원인들을 포함해서, 심리적 형상들의 더 완전한 이해에 기여한다는 것을 항상 기억하는 것이 중요하다. 생물학적 및 사회학적 이론들에 관한 일반적 논의가 먼저 제시된 다음에, 몇 개의 사회심리학적 접근들이 고려된다.

(1) 생물학적 이론들

생물학적으로 기초된 이론들은 범죄행동을 유전, 심리생리학, 신경학적 기능, 및 생화학의 결과들로서 본다. 예컨대, 유전적 영향에 관한 연구들은 생물학적 부모들이 또한 범죄자들이었던 사람들에서 범죄자들의 더 큰 발생을 지적해왔다. 남자들이 여자들보다 신체적 공격에 대한 더 큰 성향을 갖고 있다는 잘 입증된 발견은 비록 그러한 관찰들이 논란되어 왔을지라도, 더 높은 테스토스테론 수준들과 여분의 Y염색체 (XYY)의 존재에 귀인되어왔다.[9][10] 이러한 유전된 생물학적 특징들 이외에, 획득된 생물학적 결함들이 범죄행동에 영향을 줄 것이다. 심지어 출생 전에도, 생물학적 요인들이 발달하고 있는 태아에게 작용해서, 태아가 충동적이거나, 과잉활동적이거나, 공격적 행동의 성향을 갖게끔 만든다. 예컨대, 출생 전 발달의 결정적 시기들 동안의 적절한 영양소들의 부족이나, 출생 전이나 후의 유독물질(예: 알코올, 담배, 납, 약물들)에 대한 노출이 경하거나 심한 인지(예: 학습능력부족들, 사회적 정보처리 결함들)와 행동(예: 나쁜 운동조정, 나쁜 자기통제) 상에서의 결함들(아동들에서의 공격적 행동의 지표들이라고 알려진 요인들)을 일으킬 것이다.

(2) 사회학적 이론들

가장 오래 지속되고 있는 범리이론들 중의 몇 개가 사회학적 원리들에 기초되어 있는 것들이다. 이러한 전통적 이론들(예: 아노미, 긴장, 통제, 하위문화)은 비록 광범하게 다양할지라도, 사회계층, 빈곤 및 사회적 불형평과 같은 사회 내의 여러 요인들에 관련해서 범리를 설명하고자 한다. 따라서 교육, 직업, 소득 및 지역의 특징들에 의해 결정된 개인의 사회경제적 지위가 범죄행동에서의 상당한 변산을 설명한다. 하지만, 이러한 변인들을 연결시키려고 의도된 인과적 기제들은 특정의 이론에 따라 다를 것이다. 예컨대, 긴장이론(strain theory)에 의하면, 범죄행동은 개인이 물질적 성공에 대한 중류계층의 기대를 성취시키는 것을 막는 병리적인 사회구조들

(예: 사회적 불평등, 빈곤)의 한 결과로서 경험된 심한 긴장에 의해서 일어난다.[11] 이 긴장은 개인에게 제물과 사회적 권위를 얻기 위해 범죄와 같은 사회적으로 일탈된 행동을 저지르게끔 만든다. 하위문화이론은 범죄활동을 행하는 사람들이 단지 하류계층문화의 쾌락주의적, 적대적 및 파괴적 가치들에 동조하고 있다고 진술한다.[12] 정말로, 일탈된 하위문화 속에서, 절도, 약물 사용 및 갱가입을 행하지 않는 비동조주의자들이 진짜 일탈자들이라고 일컬어진다.

(3) 사회심리학적 이론들

사회심리학적 관점에서의 범죄행동에 관한 이론들은 성향적 및 상황적 요인들의 영향을 고려하는 경향이 있다. 예컨대, Hoge(2001)가 지적한 바와 같이, 사회-생태학적 모형들은 범죄를 개인수준, 범죄자들의 직접적인 사회적 환경 및 더 큰 사회적 환명 내의 더 원격적 요인들에서 일어나는 다수의 힘들 사이의 상호작용이 함수라고 설명한다.[13]

Bandura의 사회적 학습이론에 의하면, 범죄활동이 개인의 사회적 환경과의 상호작용과 경험을 통해 발달하는 학습된 행동들을 나타낸다.[14] 이러한 학습은 타인들의 범죄행동의 관찰과 모방, 범죄행동을 행하는 데 대해 긍정적 결과들을 받는 것(예: 또래의 인정), 그러한 행동이 원하는 결과들을 효과적으로 일으킬 수 있다는 인식 및 개인의 목적을 달성하기 위해 반사회적 수단을 사용하는 것에서의 높은 자기효능감의 발전을 포함하는 여러 과정들의 결과로서 일어난다. 우리가 보게 되는 바와 같이, 이러한 생각들이 범죄에 관한 현재의 사회심리학 이론들의 발전에 크게 영향을 주어 왔다.

이 절은 Andrews와 Bonta에 의해 개발된 범죄행동에 관한 일반적 성격 및 사회심리학적 모형에 대해 초점을 둔다.[15] 그들에 의하면, 개인이 범죄행동을 저지르게 될 가능성은 그 사람의 생활 속의 위험요인들의 존재에 의해 증가된다. 위험요인들의 8개 범주들(어떤 것은 개인적이고 어떤 것은 환경적임)이 제안되었다.

① 반사회적 행동의 이른 연령에서의 발생
② 범죄활동을 일으키는 기질적 및 개인적 특징들(예: 충동성, 공격적 에너지, 약한 문제해결능력들)
③ 반사회적 태도들, 가치들 및 신념들
④ 친범죄적 또래들과의 어울림과 비범죄 또래들로부터의 격리
⑤ 부정적인 양육과 가족 경험들(예: 가혹하고 학대적인 훈육, 나쁜 부모적 감시와 감독, 낮은 가족응집성)
⑥ 학교나 직업적 성취의 낮은 수준들
⑦ 여가시간의 나쁜 사용과 친사회적 여가추구들과 리크리에이션 활동들에 대한 낮은 관여

수준들

⑧ 약물들과 알코올의 남용

부가해서, 직접적 상황의 특징들이 범죄활동의 가능성을 증가시키기 위해 개인의 특징들과 상호작용한다고 간주되고 있다.

그들의 모형 속의 요인들은 개인의 인생에서 일찍 나타나거나(예: 기질요인들, 가족요인들) 중기 아동기와 청년기를 통해 장기적으로 나타나는(예: 반사회적 태도들, 부정적 또래영향들) 하나의 발달적 관점으로부터 나온다. 부가적으로, 반사회적 행위를 저지를 가능성에 미치는 각 세트의 요인들의 영향의 양은 개인의 생활의 단계에 따라 다를 것이다. 예컨대, 가정요인들의 영향은 아동기 동안에 더 클 것이며, 또래요인들의 영향은 청년기 동안에 더 클 것이다.[16] 분명히, 그들의 모형은 범죄활동의 성향이 있는 사람들의 발달에 영향을 주는 요인들이 다수이며, 이것들의 상호관계들이 복잡하다는 것을 인정한다.

Andrews와 Bonta의 모형과 아울러 사회적 학습관점에 의지해서, 우리는 반사회적 태도들과 지각된 자기효능성과 같은, 상황쪽으로 개인이 가지고 오는 요인들이 반사회적 행위들에 대한 또래의 지원과 같은, 직접적 상황 속의 요인들과 상호작용해서 어떻게 범죄행동에 관련되어 있는가를 알 수 있다. 예컨대, 어떤 목적들(예: 개인적 점수를 정하는 것, 돈을 획득하는 것)을 달성하는 한 수단으로서 반사회적 행동의 사용을 중시하는 사람, 행동을 수행할 유능성을 느끼는 사람(즉, 높은 지각된 자기효능성), 그리고 반사회적 방식으로 행동하는 것에 대해 아무런 제약을 느끼지 않는 사람이 특히 기회와 반사회적 또래들의 존재 속에서, 범죄를 저지를 비교적 높은 가능성을 갖고 있다. 몰아와 좌절과 같은 앞에서 논의된 다른 사회심리적 요인들이 추가되어서 범죄에 대한 길이 열리게 될 것이다. 그들의 모형의 두 개의 요소들(반사회적 태도들과 반사회적 또래들)이 이하에서 더 자세하게 검토된다.

(가) 반사회적 태도들과 범죄행동

반사회적 태도들을 포함하는 태도들과 행동에 대한 태도들 간의 관계에 관한 연구가 사회심리학에서 하나의 중요한 연구주제이다. 태도들은 일반적으로 개인이 어떤 이슈, 사건 또는 사람에 관해서 행하는 평가적 판단들로서 간주된다. 따라서, 범죄에 대한 개인의 태도들이 범죄를 저지를 그 사람의 경향에 관련되어 있을 것이다.

Andrews와 Bonta는 태도들(가치들과 신념들을 포함하는)의 반사회적 패턴을 구성하는 5개의 요소들을 확인했다.[17] 즉, (a) 일탈 일반에 대한 높은 관용, (b) 법적 권위와 기관들의 정당성의 거부, (c) 자신의 반사회적 행동을 수용가능하게끔 만드는 인지적 왜곡들(예: 합리화, 부인)의 사용, (d) 분노에 대한 한 이유로서 광범한 환경적 자극들의 해석 및, (e) 일반적인 반사회적 사고

표 10.1 범죄적 태도들과 관련 요인들의 측정도구들에서 뽑은 표본문항들[18)]

	반응선택지들	
당신을 모욕하는 어떤 사람을 때리는 것은 이해할 만하다.	동의	부동의
나는 법을 어기는 사람들과 많은 공통점을 갖고 있다.	동의	부동의
나는 나 자신이 경찰에게 거짓말을 하고 있음을 알 수 있다.	동의	부동의
내가 원하는 것을 행하는 것을 규칙들이 막지 못할 것이다.	동의	부동의
만일 내가 해낼 수만 있다면, 사기를 칠 것이다.	동의	부동의

주: 이것들과 이와 유사한 형태의 문장들에 대해 동의하는 사람들이 반사회적 태도들 상에서 높은 점수를 받는다.

방식이다. 반사회적 태도들에 관한 46개 문항의 자기보고 질문지인 범죄적 태도들과 관련 요인들의 측정도구들(Measures of Criminal Attitudes and Associates)에서 나온 표본문항들이 표 10.1에 제시되어 있다.[19)] 종합적으로 볼 때, 반사회적 태도들, 가치들 및 신념들은 일단 안정화되면, 사회계층, 개인적 고통변인들(예: 낮은 자기존중, 불안)과 가정-양육의 특징들보다도 더 범죄행동의 가장 강력한 예측요인들에 속한다는 것을 보여왔다. 반사회적 태도들과 범죄행동 사이의 상관들은 .35내지 .40의 범위라는 것이 발견되어왔다.[20)]

(나) 반사회적 또래집단과 범죄행동

연구들도 범죄행동(특히 청소년들에서의)이 반사회적 또래집단 속에 깊게 들어 있기 쉽다는 것을 보여 왔는데, 이것은 우리가 초점을 두고 있는 Andrews와 Bonta의 모형의 두 번째 요소(즉, 위험요인)이다. 또래집단의 영향은 두 가지 방식 중의 하나로 나올 수 있다: 즉, (1) 비행또래들과의 비교적 우연적이고 시간이 제한된 어울림을 통해서, 또는 (2) 거리의 갱 속의 멤버십과 같이, 다른 반사회적 청년들과의 분명하게 규정된 장기적 관계를 통해서 나온다. 첫 번째 경로를 따라가는 청년들은 청년기에 한정된 집단(adolescence-limited group)이라고 확인되고, 두 번째 경로를 따라가는 청년들은 생애 동안 지속되는 집단(life-course-persistent group)이라고 확인된다.

청년기에 한정된 사람들(adolescence-limited individuals)에 대해서, 반사회적 행동은 이 명칭이 시사하는 바와 같이, 10대들에 한정되어 있다. 그들의 문제행동의 발생은 주로 비행또래들과의 어울림에서 나오는 것으로 설명된다. 이들은 소수의 발달적 위험요인들(예: 가혹하고 처벌적인 양육, 학업문제들)을 경험하며, 남자들만큼 많은 수의 여자들을 포함한다. 이들의 범죄행동은 대개 성질상 경미해서 폭력범죄들보다 주로 비폭력적 범죄들(예: 재물파손, 약물사용 및 들치기)을 포함한다. 범죄활동은 발생 후 몇 년 이내에 끝나는 경향이 있다.

정말로, 청년기에 한정된 집단은 규칙을 어기는 행동이 생애의 이 기간 동안에 보편적이라는 것을 전제할 때, 대다수의 청년들로 구성된다. 예컨대, 연구자들은 그들의 조사에서 단지 6%의 남자 청년들이 어떤 형태의 비행활동(예: 약물사용, 미성년 음주, 흡연)을 행하지 "않음"을 보고했다는 것을 발견했다.[21]

비행 또래집단과의 어울림과 청년기에 한정된 집단의 차후의 범죄성이 연합되는 과정은 이러한 젊은이들이 경험한 성숙 격차(maturity gap)의 지각에 관련되어 있다. 이것은 그들이 더 큰 자율성과 자기의존을 얻기 위해 노력할 때에, 그들이 하고 싶은 것과 그들의 행동에 대한 사회적 및 법적 제약들 하에서 그들이 행하는 것을 허용받은 것 사이의 상위이다. 청년기에 한정된 집단에 비해, 규칙들에 대한 지독한 무시를 포함하는 반사회적 특징들을 이미 보이는 소수의 청년들이 그들과 동일한 정도로 성숙격차를 경험하지는 않는다는 것이 점점 분명해지고 있다. 결과적으로, 이러한 반사회적 조숙성이 몇몇 젊은이들에게 반사회적 집단의 반사회적 행동들과 태도들을 모방하게끔 만든다. 발달의 이 기간 동안에, 비행활동들에 대한 참가는 규범적인 사회적 행동으로 된다. 연구자가 설명한 바와 같이, 청년기에 한정된 비행자들로 되는 젊은이들에 대해서, 그들의 반사회적 활동은 아동기의 턱받이 끈을 잘라버리고서 그들이 새로운 도전들을 정복하기 위해 독립적으로 행동할 수 있음을 증명하는 하나의 효과적 수단이다.[22] 건전한 청년들에 대해, 반사회적 행동은 다가오는 사회적 및 정서적 성숙과 초기 성인기의 책임들과 더불어, 이것의 발생 후 몇 년 이내에 중지되게 된다.

생애 동안 지속되는 집단(life-course-persistent group)에 대해서, 비행 또래집단의 영향은 더 길고 복잡한 발달경로를 따른다.[23] 이 무모한 반사회적 집단은 10% 이하의 청년들로 구성되는데, 여자들보다 남자들로 구성되기가 더 쉽고, 많은 발달적 위험요인들을 경험하고, 문제행동들에 대한 이른 연령(즉, 12세 이전의)의 개시를 보인다. 이들은 다방면성(versatility)이라고 일컬어지는 광범하게 다양한 반사회적 행위들을 저지르는 경향이 있다(예: 폭력, 약물사용, 기물파괴) 이들은 또한 긴 범죄적 경력을 가진 만성적이고 심각한 범죄자들로 될 특별한 위험에 처해 있다. 이들의 궤적은 흔히 아동기 동안의 가혹하고 처벌적인 훈육실시들에 대한 노출, 부모의 효과적 감시의 부족, 부모의 범죄성 또는 정신병리, 학교에서의 실패 및 비일탈 또래들에 의한 배척으로 시작한다. 이러한 요인들이 그들에게 유사한 운명의 사람들의 일단 속으로 들어가게끔 만든다.[24] 생애코스의 청년들의 지속적인 반사회적 행동은 그들의 비행 또래집단 내에서 더욱 강화받는데, 그곳에서 그것은 성질이 더 심각하고 다양해지고, 흔히 폭력을 포함한다. 이러한 또래의 강화가 일어나는 과정은 일탈훈련(deviancy training)이라고 일컬어진다.

(4) 치료의 함의들(treatment implications)

일반적 성격과 사회심리학적 접근과 일치해서, 반사회적 행동의 효과적 치료는 범죄행동을 지원하거나 유지시키는 요인들을 표적으로 삼는 것을 포함한다. 모형에서 개요된 바와 같이, 이것은 반사회적 태도들, 신념들 및 또래교제들과 아울러 가정요인들과 같은 요인들을 목표로 삼는 것을 포함한다. 예컨대, 재활전략의 한 요소로서 반사회적 사고를 목표로 삼는 치료프로그램들이 재범이나 상습범의 위험을 감소시키는 데에 긍정적 효과들을 낸다는 것이 증명되어왔다.

심하게 폭력적인 젊은이들을 위한 하나의 성공적인 중재전략인 다체제적 치료(Multisystemic Therapy; MST)프로그램은 범죄행동을 감소시키기 위해 다수의 사회체제들(예: 가정, 학교, 또래, 이웃, 법계통)에 영향을 주고자 한다.[25] 따라서, 프로그램 실시 멤버들은 몇 가지 방식과 분야에서 중재하는데, 젊은이들의 가정 내에서의 양육실행들과 역기능적 역동들을 수정하기 위해 가정들과 함께 작업하고, 가정들을 지역사회 지원자들에게 연결시키고, 젊은이들을 부정적 또래교제들로부터 막아 주고, 개인상담을 제공하고, 학교에서 지원을 제공하는 것을 포함한다.

실험 및 준실험 설계를 사용하는 MST 프로그램들의 결과평가들은 이 중재가 전망이 좋다는 것을 발견해왔다. 이것의 임상적 유용성을 나타내서, 이 프로그램은 정신과적 입원들과 개인상담과 같은 범죄자들을 위한 통상적 서비스들보다 더 우수하다는 것을 보여왔다. 누범율들의 감소에서의 긍정적 이익이 치료 후 5년까지 관찰되어왔다. 예컨대, 연주자들은 치료프로그램을 끝낸 4년 후에 누범율이 개인적 상담을 받았던 젊은이들의 72%와 어느 쪽 유형의 치료를 거부했던 젊은이들의 87%에 비해서, 이 프로그램의 젊은이들에서 단지 22%이었다는 것을 발견했다.[26] 이것은 프로그램 효과에 있어서 상당한 차이이다. 마지막으로, 연구자들에 의하면, MST는 공공안전에 대해서 1달러 비용에 비해 13달러 이상의 이익을 낳는다. 이러한 발견들은 범죄행동에 영향을 주는 개인적 및 사회적 요인들을 취급하는 접근의 가치에 대해서 분명하게 말해 주고 있다.

일반적 성격 및 사회심리학적 접근은 또한 반사회적 및 비행 행동의 발생을 "예방하기" 위한 노력들이 초기 아동기 동안에 시작할 수 있다는 것을 시사한다. 예방과 초기 중재 전략들을 위한 적절한 표적들은 다음을 포함한다; (a) 공격, 충동성 및 나쁜 사회적 기술의 징후들을 보이는 어린 아동들; (b) 처벌적 훈육기법들(예: 때리기, 고함치기)보다도 귀납적 훈육기법들(예: 가르쳐 주기, 설명하기)의 사용에 대해 부모훈련을 제공하기 위한 가정환경; 및 (c) 학업적 및 행동적 문제를 보이는 아동들을 지원하기 위한 학교환경이다.

범죄의 수사

앞 절은 근접적 및 원격적인 수 많은 요인들이 범죄자들의 범행을 결정지을 수 있다는 것을 시사했다. 일단 어떤 범죄가 저질러졌다면, 형법체계의 여러 영역들이 관여하게 된다. 예컨대,

어떤 사건을 적절하게 해결하려는 노력에서, 경찰이 목격자들과 피의자들을 알아내고 면접해야만 하고, 검찰이 법원에 제시하기 위한 강한 논거를 구축하기 위해 증거를 수집해야만 한다.

경찰의 수사

일단 경찰이 어떤 범죄가 일어났다고 결정하면, 그들은 수사를 개시한다. 이것은 범죄에 관한 증거가 충분한 증거에 기초되어서 법원에서 재판받게 될 수 있는 한 명이나 그 이상의 피의자들에 대한 어떤 주장을 입증하려는 노력에서 주의깊게 그리고 체계적으로 수집되어야만 된다는 것을 의미한다. 수사를 실시하는 과정은 극히 복잡할 수 있다. 목격자들, 피해자들 및 피의자들이 적절하게 면접되어야만 하고 증거가 법과 일치되는 방식들로(예: 무함정, 무구타－피의자에세서의 자백을 위한, 무부직질한 수색, 머리털, 지문들과 체액들과 같은 흔적증기의 무오염) 수집되어야만 한다.

적절한 경찰의 조사절차를 따르는 데에 요구된 세부사항에 대한 최대한의 주의는 수사관들에 대해 상당한 요구를 부과한다. 이러한 면에서, 사회심리학 이론에 의해 인도된 사회심리학적 연구가 경찰수사 동안에 일어나는 편향과 오류의 가능한 근원들을 알아내고 경찰관들의 업무의 정확성과 통합성을 증가시키기 위한 절차들을 개발하는 데에 있어서 하나의 중요한 역할을 해왔다. 이러한 연구의 실체적 유용성은 경찰의 수사를 무효화할 수 있는 체계적 편향들을 경계하고 예컨대, 수사면접을 수행하고 경찰의 라인업들, 즉 용의자목록을 작성하기 위한 경험적으로 타당한 절차들을 적용함에 있어서 경찰을 돕는 것이어왔다.[27] 이러한 문헌의 다소가 목격자 증거: 법집행 지침서(Eyewitness Evidence: A Guide for Law Enforcement)라고 일컬어진 문서의 개발에 상당히 기여해 왔는데, 이것은 미국의 법무장관에 의해 소집된 전문가들의 한 패널에 의해 작성된 것이었다.[28] 이 패널은 사회과학자들, 검사들, 변호사들 및 법집행공무원들을 포함했다. 이 지침서는 "형사사건들을 위한 목격자증거의 수집과 보존"을 위한 한 세트의 국가적 지침들을 제공하며 미국과 캐나다에서 17,000명 이상의 경찰관들에게 배부되어왔다.

경찰의 수사절차들의 효과를 향상시키는 데 대한 몇 가지 사회심리학적 기여를 고려해보자.

(1) 수사 면담(investigative interview)

증인들, 피해자들 및 용의자들을 면담하는 것이 범죄수사의 중요한 한 부분이다. 때로는 증인이나 피해자를 면담하는 것(interviewing)과 용의자를 심문하는 것(interrogating) 사이에 구분이 지어진다.[29] 비록 두 유형의 면담들의 목적이 범죄에 관한 정보를 얻기 위한 것일지라도, 심문의 독특한 목표는 용의자로부터 자백을 얻어내는 것이다.[30] 실제로, 북미에서 경찰은 그들이 죄가 있다고 믿는 사람들에 대해서만 심문을 실시하도록 훈련받는다.[31] 이것은 때로는 용의

자가 신뢰로운 증거에 기초되어서 죄가 있다고 경찰에 의해 "결정되지만", 때로는 그러한 결정이 예감 정도에 기초되기 때문에 문제가 될 수 있다. 훌륭한 면담기술들이 두 유형의 면담에서 사용되어야만 되기 때문에, "수사 면담"(investigative interview)이 증인들이나 용의자들에 대한 면담들을 논의할 때에 이 절에서 사용될 것이다.

수사면담은 가장 정확하고, 완전하고, 상세한 정보를 일으키기 위해 어떻게 수행되어야만 되는가? 면담 맥락의 사회적 역동들은 어떻게 면담의 효과성에 대해 영향을 줄 것인가? 면담자가 행동하는 방식이 피면담자의 행동을 변경시킬 수 있는 것이 분명하다. 예컨대, 연구자들은 수사관에 의한 안절부절 못하는 행동(예: 펜을 계속 만지작 거리는 것)이 피면담자에게서 안절부절 못하는 신체운동을 일으킬 수 있다는 것을 증명했다.[32] 이러한 평행적 행동은 상호작용적 동시성(interactional synchrony)의 개념, 즉 사람들이 대화 동안에 그들의 신체운동들을 동등하게 행하는 경향과 일치된다. 물론, 이 예에서, 위험은 피면담자의 안절부절 못하는 것이 수사관에 의해서 의심이 가고 아마 거짓말과 속임의 한 신호라고 해석될 수 있다는 것이다. 이것은 거짓말을 하고 있는(즉, 인지적으로 복잡한 과제에 몰입된) 사람들이 정말을 하는 사람들보다 대개 더 적은 신체운동을 행한다는 것을 시사하는 증거에도 불구하고 그러하다.[33] 면담자의 기대가 또한 행동이 면담자의 기대를 확증시키는 식으로 피면담자의 행동에 대해 영향을 줄 수 있다. 예컨대, 한 연구에서 모의범죄의 용의자들의 면담자들(연구참가자들임)에게 용의자가 아마 유죄일 것이라거나 용의자가 아마 무죄일 것이라는 지시를 주었다.[34] 면담들이 녹음되었고, 그 다음에 이러한 사실을 알지 못하는 연구참가자들인 관찰자들이 녹음을 들었고 용의자들의 유죄나 무죄의 판단을 행했다. 관찰자들은 면담자가 용의자가 유죄라는 선입관적인 생각을 가졌을 때에, 면담자가 용의자가 무죄라는 선입관적인 생각을 갖고 있었을 때보다 용의자가 유죄라고 믿는 경향이 더 많았다. 결과들에 관한 특별하게 주목할 만한 것은 관찰자들이 녹음을 들었지만, 그들은 면담자의 목소리를 들을 수 없었고, 단지 용의자의 목소리만을 들었다는 사실이다. 따라서, 관찰자들은 면담자의 기대들에 의해 영향받았지만 단지 간접적 방식으로 영향받았다; 즉, 면담자들의 기대들이 용의자들의 반응들에 영향을 주었고, 그 다음에 이것이 관찰자들의 판단에 영향을 주었다. 이 연구는 범죄수사의 맥락 속에서, "자기실현적 예언들"(self-fullfilling prophecies)의 함정들, 즉, 개인의 기대들이 그 자신과 타인들의 행동들에 대해 개인의 신념들을 확증시키게 될 방식으로 영향을 줄 수 있다는 것을 멋지게 증명한다.

거짓되고 아마 죄를 씌우는 정보가 부적절하게 수행된 면담에서, 특히 용의자가 어떤 식으로(예: 젊은 나이, 낮은 지능, 또는 불안한 정신상태) 취약하다면, 또는 만일 면담자가 이미 개인의 유죄나 무죄에 관해서 자신의 마음을 정했다면, 용의자로부터 일으킬 수 있다. 연구자들의 원래의 연구와 그 후의 허위자백들에 관한 연구가 상황의 힘에 관한 다른 예가 된다.[35] 이것은 허위자백들을 일으키는 데 대한 사회적 맥락, 특히 용의자들에 대한 심문 동안에 경찰이 보편적으로 사용하는 책략인 거짓된 죄를 씌우는 증거를 제공하는 것의 사용과 범죄행위의 심각성의 최소화의 사용의 강력한 영향을 강조한다. 캘리포니아주에서, 19세 된 청년(Bradley Page)이 16시간의 심문 동안에 형사들이 그에게 그가 거짓말탐지기 검사에 실패했고, 그가 범죄의 장면 근처에서 목격되었고, 경찰관들이 근처에서 그의 지문들을 발견했다고 말한 후에 그의 여자친구의 살해를 자백했다. 이러한 세부사항들의 어느 것도 사실이 아니었다. 용의자는 자신의 두 팔을 그에게 얹고서 그를 아들이라고 불렀던 그리고 용의자가 그의 신뢰를 무척 원했던, 형사에 의해 돌봄을 받은 후에 범죄를 자백했다. 그의 자백은 그것에 대한 아무런 증거도 없었다는 사실에도 불구하고 나왔다. 그는 튼튼한 알리바이를 갖고 있고 범행의 동기가 없는 것 같이 여겨졌다. 그럼에도 불구하고, 그는 그의 진술의 결과로 9년형을 선고받았지만, 2년 8개월의 복역 후에 방면되었다. 그의 의문스러운 자백, 이것에 대한 증거의 부족, 그리고 다른 용의자(유죄판결을 받았던 연쇄실인범)를 지목하는 새로운 증거에도 불구하고, 이 사건은 결코 재심되지 않았고, 그의 가능한 무죄는 결코 인정받지 못했다. 이와 비슷한 사례가 우리나라에서도 보도되고 있다.

응용사회심리학연구는 생산적 면담과 비생산적 면담을 구분짓는 몇 개의 핵심 변인들의 확인을 내놓아왔다. 지난 40년 동안 수행된 많은 연구들에서, 연구자들은 경찰이 면담을 행하는 데에 있어서 저지르는 더 "공통적인 오류들" 중의 몇 개를 확인해 왔는데, 이것들의 모두가 증인들에게서 얻어진 정보의 양과 질을 제한할 수 있다.[36] 20년 전에 플로리다주의 한 경찰서에서 무작위로 선정된 11개의 경찰면담들의 내용분석은 경찰이 흔히 너무 많은 종결형(closed-ended) 질문(예: 범인은 키가 컸는가, 작았는가?)을 행하고, 너무 적은 열린형(open-ended) 질문(예: 당신이 보았던 모든 것을 말해 주시오)을 행하고, 증인들의 이야기 중간에 그들의 말을 막고, 유도질문을 행하고("당신은 칼을 보았습니까?"), 고정되고 경직된 순서로 질문을 행하는 것과 같은 실수들을 저지른다는 것을 나타냈다.[37] 이러한 질문기법들은 적은 세부사항들과 피면담자에게 다른(아마 더 중요한) 측면들을 배제시키고 사건의 어떤 측면들에 선택적으로 주의하게끔 유도하는 짧고 간결한 답변들을 만들어내는 효과를 가질 것이다.[38] 종결형질문과 유도질문은 또한 증인에게 추측하고 부정확한 정보를 제공하게끔 고무시킬 수 있다.

다행하게도, 연구는 훌륭한 면담의 몇 가지 기법들을 결정해왔다. 심리학자들에게서 가장 널리 수용받는 면담기법들 중의 하나는 인지적 면담(cognitive interview; CI) 이다.[39] CI는 열린형과 비유도적 질문들을 행하고 전략적 침묵을 사용하는 것을 포함한다. 면담자들은 캐어묻기(follow-up) 질문들(예: 당신은 앞에서 학생을 칼로 찔렀던 사람이 화난 것처럼 보였다고 말했습니다. 당신에 대해서 그것이 무엇을 의미하는가에 관해서 이야기해 줄 수 있습니까?)과 질문들을 표현하는 피면담자 자신의 말들을 사용하도록 고무받는데, 이것들은 훌륭한 듣기기술들을 전달하고, 라포르(rapport)를 촉신시키고, 신뢰를 증가시키고, 면담자에게 부가적이고 더 정확한 정보를 일으킬 기회를 제공하기 위한 것이다. 증인들이 추측함이 없이 가능한 한, 많은 세부사항을 기술하도록 명백하게 고무시키는 것과 피면담자들에게 최소의 중단으로 그들의 이야기를 말하도록 허용하는 것을 포함하는 절차는 연속적 질문들을 행하는 것을 포함하는 절차보다 더 좋은 정보를 일으킨다. 기억을 돕는 지시들이나 상황단서들의 사용이 사건들의 회상을 촉진시킬 것이다. 피면담자들을 물리적으로나 심리적으로 범죄의 현장으로 데려가는 것은 중요한 기억들을 촉발시킬 수도 있는 하나의 가치있는 기법이다. 인지적 면담(CI)으로부터의 기법들을 사용하는 것 이외에, 수사관들은 또한 새로운 정보에 비추어서 작업 가설들을 계속 재평가해야만 된다.

전반적으로, 실험실과 아울러 현장에서 수행된 연구들은 전형적인 경찰면담에 비해서, 면담자와 피면담자 사이의 의사소통의 사회적 역동과 패턴을 취급하는 것이(즉, CI의 면담 원리들을 적용함으로써) 정확성을 희생시킴이 없이, 증인의 회상을 20% 내지 50% 증가시킬 수 있다는 것을 보여왔다.[40] CI는 또한 상이한 연령, 인지능력 및 사회경제적 및 교육적 배경을 가진 사람들에 대해 유용한 것으로 판명되었다. 예컨대, 한 연구에서, 연구자들은 두 개의 다른 방식으로 면담자들로서 훈련받았던 대학생들에 의해 모의범죄의 증인들로부터 수집된 정보 양을 비교했다.[41] 두 명의 면담자는 CI기법을 훈련받은 반면에, 두 명의 다른 면담자는 지방 경찰서에 의해 사용된 면담방법을 훈련받았다. 4명의 면담자들에 의해 실시된 61개의 녹음된 면덤의 내용들이 수집된 관련 정보의 양에 대해서 분석되었다. 결과들은 CI훈련을 받았던 면담자들이 CI 훈련을 받지 않았던 면담자들보다 47% 더 많은 정확한 정보를 일으켰고 증인들에 의해 제공된 부정확한 정보의 비율의 증가가 없었다는 것을 나타냈다. CI의 우수성을 증명하는 몇 십년의 경험적 연구에도 불구하고, 플로리다주의 23명의 유경험의 형사들의 수사면담에 관한 최근의 분석은 경찰이 사용한 연구실제의 면담기법들이 향상되어왔다는 증거를 거의 제공하지 않있다. 비록 경찰관들의 표본이 적었을지라도, 결과들은 이 절의 앞에서 기술된(Fisher 등)를 생각나게끔 만들었다.[42] 즉, 증인과의 라포르(rapport) 구축이 최소이었고, 열린형 질문들이 드물었고, 암시적 질문이 보편적이었고, 면담자들이 그들의 증인들의 말을 자주 막았다. 하나의 더 희망적인 지적으로서, 연구자들은 다른 나라들의 경찰들(예: 영국, 오스트레일리아, 뉴질랜드, 및 기타의 서유럽 국가들)이 CI기법들을 그들의 훈련프로그램들 속에 더 열심히 그리고 성공적으로 통합해왔다고 보고한다.[43] 아동 증인들이나 피해자들 특히, 취학전 아동들과 같이 어린 아동들을 면담할 때에 특별한 조치가 취해져야만 된다. 이것은 그들이 면담맥락의 요구특징들에 의해 특히 영향받기 쉬울 수 있기 때문이다. 예컨대, 아동에게 어떤 질문을 반복하는 것은 아동에게 자신의 첫 번째 대답이 인정될 수 없었다는 것을 신호할 것이다. 그러면 그 아동은 비록 첫 번째 반응이 올바른 것이었을지라도, 자신의 대답을 바꿀지도 모른다.[44] 그 결과로, 아동들의 증언의 신뢰성이 부적절한 절차의 사용을 통해 오염되게 될 수 있고, 따라서 정의(justice)의 실패를 일으킬 것이다. 이와 동시에, 아동들이 "만일 그들이 중립적이고, 비암시적 방식으로 질문받게 된다면", 정확하고 신뢰로운 증언을 행할 수 있다는 문원들의 광범한 일치가 있다.[45] 국립 아동건강과 발달연구소(National Inatitute of Child Health and Development; NICHD)의 수사면담 원안과 같은 구조화된 법적 면담의 사용이 만일 면담자들이 그 도구를 사용하는 데 대해 잘 훈련받았다면. 아동들에 대한 수사면담의 효과를 향상시킨다는 것을 보여왔다.[46]

목격자 확인과 증언

자신이 저지르지 않은 강간죄로 인해서 18년간 옥살이를 했던 사건에 관한 실생활의 이야기와 같은 잘못된 목격자확인은 드문 사건이 아닐 것이다. 몇몇 학자들은 목격자 오류가 잘못된 유죄판결의 주된 원인이 되어서, 수 천명의 무고한 사람들의 투옥을 일으킨다고 믿는다. 상당한 양의 연구가 목격자확인들이 흔히 부정확하다는 것을 증명해왔다.[47] 한 연구에서, 두 명의 연구협조자들이 고객을 가장해서 63개의 편의점에 들렀다.[48] 점원들이 그들을 인식하는 것을 확실하게 하기 위해서, 그들은 특이한 방식으로 행동했다. 예컨대, 한 실험협조자도 담배 한 갑을 10원짜리 동전으로 지불하고 나서, 먼 지점으로 가는 길을 물었다. 2시간 후에, 신사복을 입은 두 명의 남자가 가게로 들어와서, 그들 자신을 사법연수생들이라고 소개하고서, 점원들에게 6개의 사진들 중에서 각각의 실험협조자를 확인해달라고 요구했다. 점원들은 34%의 경우에서만 그들을 정확하게 확인했다. 다시 말하면, 특이한 사람들과의 상호작용의 단지 2시간 후에, 점원들은 그들을 65% 이상의 경우에서 오확인했다.

목격자확인들이 때로는 매우 비신뢰적인 이유는 무엇인가? 사회심리학자들은 목격자확인에 대해 영향을 주는 두 집단의 요인들을 구분한다. 즉, 추정자변인들(estimator variables)과 체계변인(system variables)이다.[49] 추정자변인들은 목격자나 사건이 목격된 상황에 관련된 요인들이다. 증인이 사건을 보았던 거리, 증인이 경험했던 공포의 양, 증인과 가해자의 인종이 모두 추정자변인의 예들이다. 이에 비해서, 체계변인들은 형사재판이나 법체계의 직접적 통제 하에 있는 요인들이다. 경찰의 용의자의 열들에서의 편향들과 경찰이나 검사의 암시적 심문이 체계변인들의 예들이다.

개별적인 체계와 추정자 변인들을 논의하기 이전에 목격자확인 속에 포함된 세 개의 심리과정들을 생각하는 것이 유용하다. 즉, 정보의 획득, 저장 및 인출이다. "획득"은 정보를 지각하고 해석하는 과정이다. 신뢰로운 증언을 제공하기 위해서, 증인은 가해자의 신체특징들과 가해자의 행동의 정확한 순서와 같은 사건의 중요한 측면들을 인식해야만 된다. 증인은 또한 이러한 사건들을 정확하게 해석해야만 된다. 어떤 증인이 길거리 위에서 누워있는 다른 사람의 목 위의 그의 두 손을 둔 한 남자를 보는 것을 가정하자. 증인이 그 행동을 그 사람을 교살하고 있다거나, 그 사람이 맥박이 뛰고 있는지를 알아보고 있다고 해석하는지는 큰 차이가 있다. "저장"은 획득된 정보를 기억 속에서 유지시키는 과정이다. 법적 사건들은 흔히 느리게 진행되어서, 사건의 목격, 경찰의 심문 및 법정 증언 사이에 많은 시간이 경과될 수 있다. 따라서 증인들이 그들이 획득했던 정보를 유지시키는 것이 매우 중요하다. 끝으로, "인출"은 그들이 기억 속에 저장했던 정보를 회상하는 과정이다. 증인들은 그들이 알고 있는 정보를 경찰심문, 용의자열의 확인 및 법정증언을 포함하는 몇 번의 시점들에서 인출해야만 될 것이다. 추정자와 체계변인들에 관한 연구에 관해서 읽을 때에 이러한 세 개의 과정들을 유념하고 어느 과정이 각 변인에 의해 영향받는가를 생각하도록 노력하라.

(1) 추정자의 변인들(estimator vaviables)

(가) 목격의 기회

증인이 사건에 관한 안전하고 정확한 정보를 획득하기 위해서, 증인은 그것을 명료하게 보고 들을 수 있어야만 된다. 맑은 날에 20m 떨어진 곳에서 일어나는 사건을 목격한 사람은 비 오는 밤에 100m 떨어진 곳에서 일어나는 사건을 목격한 사람보다 더 좋은 정보를 제공할 수 있을 것이다. 따라서, 미국 최고법원이 사건을 목격하는 증인의 기회와 사건에 대한 증인의 주의 정도를 목격자증언을 평가할 때에 고려되어야만 되는 요인들이라고 정한 것은 당연한 일일 것이다.[50] 목격자확인과 얼굴인식에 관한 100개 이상의 연구들에 대한 메타분석은 이러한 통찰을 확증한다. 증인들은 그들이 사건을 더 오래 바라볼 수 있을 때, 그리고 획득단계 동안에 얼굴에 더 큰 정도의 주의를 기울 일 수 있을 때, 정확하게 얼굴들을 확인하기가 더 쉽다. 불행하게도, 증인들은 흔히 나쁜 목격조건들의 영향을 인식하지 못한다. 연구자들은 나쁜 목격조건들 히에서 사건을 목격했던 사람들이 디 좋은 목격조건들 하에서 사건을 목격했던 사람들과 꼭 마찬가지로 확인을 행한다는 것을 발견했다.[51]

(나) 스트레스와 흥분

범죄를 목격하는 사람들은 흔히 스트레스나 기타의 부정적 정서들을 경험한다. 목격자들은 범죄가 일어나고 있는 것에 대해 분노할 수 있고, 피해를 당하고 있는 사람들에 대해 걱정할 수 있거나, 그들 자신이 해를 입을 수 있다고 두려워할 수 있다. 이러한 부정적 정서들이 목격자들의 기억에 영향을 준다. 부정적인 정서적 사건을 목격하는 사람들은 사건 자체에 관한 정확한 기억을 갖는 경향이 있지만, 사건의 전과 후에 무엇이 일어났는가에 관해 덜 정확하거나 덜 완전한 기억을 갖는 경향이 있다.[52] 예컨대, 폭력적인 노상강도를 목격하는 사람은 실제의 범행에 대해 정확한 기억을 갖는 경향이 있지만, 강도가 범행 후에 무엇을 했는가에 관해서 덜 정확한 기억을 갖는 경향이 있다.

(다) 무기 초점(weapon focus)

당신이 당신의 뒤에 있는 사람이 총을 꺼낼 때에 당신의 은행계좌에 돈을 입금하고 있다고 가정하자. 그 사람은 당신에게 총을 겨누고서 만일 은행원이 모든 돈을 즉각 내놓지 않는다면, 총을 쏠 것이라고 위협한다. 이 상황에서 당신은 은행원이 돈을 받고 있는 동안에 당신의 두 눈을 총에 고정시킬 것이다. 그 결과로, 당신은 실제의 은행강도보다도 총에 관해서 더 많이 기억하게 될 것이다. 무기초점효과(weapon focus effect)라고 알려진 이러한 현상은 몇 개의 연구들에서 증명되어왔다.[53] 무기초점효과는 자신의 위험수준을 평가하고자 하는 목격자들이 어떤 무기에 대해 그들의 두 눈을 고정시키는 것이 유용하다는 것을 발견하기 때문에 일어날 것이다. 부가적으로, 무기들의 신기성이 사람들의 주의를 끌 것이다.[54]

주목할 만하게, 무기초점효과는 목격자가 신체적 위험을 당하는지에 관계없이 일어난다. 한 연구에서, 참가자들은 어떤 사람이 피묻은 고기를 자르는 칼이나 잡지를 갖고서 방을 걸어가는 슬라이드 제시를 보았다.[55] 심지어 이러한 비흥분되는 상황에서도, 정육점용 칼 조건의 참가자들이 잡지조건의 참가자들보다 걷는 이에 관한 더 적은 세부사항을 기억했다. 무기초점효과는 무기들이 기대치 못했거나, 놀라운 맥락들에서 일어나기가 더 쉽다.[56] 예컨대, 목격자들은 무기들이 기대되지 않는 교회에서 그것들이 기대되는 사격장에서보다 무기들에 초점을 두기가 더 쉽다.

(라) 자기인종편향(own-race bias)

목격자들은 다른 인종보다도 그들 자신의 인종의 멤버들인 사람들을 확인하는 데에 있어서 더 정확한 경향이 있다.[57] 이러한 자기인종편향은 집단심리에서 논의되는 외집단 동질성효과의 한 예이다. 사람들은 그들 자신의 인종집단의 멤버들 사이를 구별할 수 있지만, 흔히 다른 인종집단의 사람들을 “모두 비슷하게 생긴 것으로” 경험한다. 이러한 효과는 흑인들보다 백인들에서 더 강한 경향이 있다.[58] 하지만, 연구는 인종 간의 접촉이 자기인종편향을 감소시킨다고 시사한다.[59] 이 발견은 흑인들이 백인들을 확인하는 데에 있어서 백인들이 흑인들을 확인하는 것에서 보다 더 정확한 이유를 설명하는 것을 도울 것이다. 흑인들은 그 반대보다도, 백인들에 대해 더 많은 접촉을 갖는 경향이 있다; 그 결과로, 흑인들은 백인들 사이를 구별하는 더 큰 능력을 발전시킬 것이다.

(마) 파지 간격(retention interval)

사건의 목격과 확인의 실시나 증언의 제시 사이의 경과시간은 파지간격 또는 기억유지간격이라고 알려져 있다. 당신이 목격자확인의 정확성이 시간에 따라 감소된다는 것을 아는 것은 놀라운 것이 없다. 사건의 목격과 확인의 실시 사이의 시간간격이 더 길수록, 확인이 덜 정확한 경향이 있다.[60] 정확성이 시간이 지남에 따라 감소하는 하나의 이유는 망각이다. 시간이 지남에 따라, 사람들은 그들이 정확한 확인을 행하는 것을 도울 수 있는 세부사항을 망각한다. 정확성은 사건 직후에 급격하게 떨어지고, 그 다음에 훨씬 더 천천히 감소된다.[61] 예컨대, 당신이 어떤 강도를 목격했다고 가정하자. 당신은 사건 직후에는 대부분의 정보를 기억할 수 있을 것이다. 24시간 후에, 당신이 기억할 수 있는 정보의 양은 급격하게 떨어질 것이다. 하지만, 당신의 기억의 감퇴는 곧 안정상태로 될 것이다. 1년 후에, 24시간의 경과는 당신이 회상할 수 잇는 정보의 양에서 큰 차이를 내지는 않을 것이다. 정확성이 시간경과에 따라 감소되는 다른 이유는 사람들이 그들의 기억에 영향을 줄 수 있는 일들에 노출되기가 더 쉬울 것이라는 것이다. 예컨대, 목격자들은 서로 이야기함으로써 서로의 기억들을 "오염시킬" 것이다. 만일 한 목격자가 그 자신이 머리털의 색깔과 같은 어떤 세부사항을 기억한다고 말한다면, 다른 목격자들이 또한 흔히 그 세부사항을 "기억한다."고 주장한다.[62]

(2) 체계변인들(system variables)

(가) 암시적 심문

앞에서 논의된 바와 같이, 체계변인들은 형사재판이나 법률체계의 직접적 통제 하에 있는, 목격자의 정확성에 영향을 주는 요인들이다. 특히 중요한 것은 범죄수사관들에 의해 사용된 심문기법들이다. 상당양의 연구가 목격자들이 심문받는 방식이 그들이 제공하는 반응들뿐만 아니라, 사건에 관한 그들의 장기적 기억들에도 또한 영향을 준다는 것을 증명해왔다.[63]

어떤 질문들은 비록 이것들이 고의적으로 오도하고 있지는 않을지라도, 암시적이다. 예컨대, 어떤 질문의 어귀의 사소한 변화들이라도 사람들이 그것에 대해 반응하는 방식에 영향을 줄 수 있다. 하나의 고전적 연구에서, 참가자들은 자동차사고에 관한 비디오를 시청했다.[64] 그 다음에, 그들은 사고 당시의 자동차들이 속도를 추정하도록 요구받았다. 그들은 사고 당신의 자동차들의 속도를 추정하도록 요구받았다. 결정적 변인은 사고를 기술하기 위해서 사용된 단어이었다. 특수하게 말하면, 참가자들은 자동차들이 "접촉되었거나", "부딪혔거나", "충돌했거나", "박살났다."고 질문되었을 때의 속도를 추정했다. 표 10.2에서 보이는 바와 같이, 자동차들이 접촉되었을 당시에 속도에 관해서 질문받았던 참가자들이 자동차들이 "박살났을" 당시의 속도에 관해서 질문받았던 참가자들보다 시속 9마일 더 느린 추정치들을 제시했다. 따라서, 자신이 보았던 것에 대한 목격자들의 해석은 사건이 기술된 방식에 의해 영향받았다.

어떤 질문들은 고의적으로 암시적이다. 예컨대, 사람들은 목격자들에게 오도하는 사건 후 정보, 즉 실제로는 일어나지 않았던 비존재하는 세부사항이나 사건들에 관한 정보를 포함시키는 질문을 행할 수 있다. 다른 연구에서 참가자들은 자동차사고에 관한 비디오를 시청했다.[65] 그 다음에, 참가자들은 두 개의 질문 중의 하나를 질문받았다. 즉, "흰색 스포츠카는 시골길을

표 10.2 연구에서 참가자들이 행한 속도추정치들

질문: "자동차들이 ~했을 때, 얼마나 빨리 달렸는가?"	추정된 시속 마일
접촉했을 때	31.8
부딪쳤을 때	34.0
쿵하고 부딪쳤을 때	38.1
충돌했을 때	39.3
박살났을 때	40.8

달리는 동안에 얼마나 빨리 달리고 있었는가?" 또는 "흰색 스포츠카는 시골길을 따라 달리는 동안에 헛간을 지났을 때 얼마나 빨리 달리고 있었는가?" 실제로, 비디오에서 헛간은 없었다.

하지만, 두 번째 질문을 받았던 참가자들의 17%가 첫 번째 질문을 받았던 3%의 참가자들에 비해서, 그 후에 헛간을 보았다고 보고했다. 따라서 사건 후의 정보를 포함하는 질문들이 우리에게 실제로는 존재하지 않았던 어떤 것(심지어 헛간과 같이 큰 것)을 기억한다고 믿게끔 만들 수 있다.

사건 후의 정보가 어떻게 기억에 영향을 주는가에 관한 세 개의 주요 설명들이 있다. 첫 번째 것은 겹쳐쓰기가설(overwriting hypothesis)이다. 이 가설은 사건 후의 정보가 목격자들이 사건에 관해서 부호화했던 정보를 대치시켜서, 기존의 기억들을 영구적으로 변화시킨다고 가정한다.[66] 겹쳐쓰기가설은 칠판에 쓰여진 어떤 것과 비슷하다고 시사한다; 이것은 지워질 수 있고 어떤 것에 의해 대치될 수 있다. 하나의 대안적 설명은 망각가설이다. 이 가설에 의하면, 시간이 지남에 따라, 사람들은 목격했던 재료에 관한 질문을 받게 될 때, 그들은 그러한 질문에 대해 답변하기 위해 사건 후의 정보를 포함하는 다른 가용한 정보를 사용한다. 따라서, 망각가설에 의하면, 사건 후의 정보는 기존의 기억들을 변화시키지 않고, 망각에 의해 남겨진 간격들을 메운다.[67] 세 번째 설명은 출처검색이론(source monitoring theory)으로서, 사람들은 원래의 사건과 사건 후의 정보의 모두에 관한 기억들을 보유한다. 문제는 목격자들이 흔히 출처검색(source monitoring), 즉 사람들이 자신이 어디에서 여러 정보들을 획득했는지를 결정하는 하나의 과정에 대해 곤란을 갖고 있다는 것이다. 그 결과로, 목격자들은 사건 후의 정보들이 원래의 사건에 대한 자신의 관찰로부터 나왔다고 잘못 결론지을 것이다.[68]

출처검색이론(source monitoring theory)은 목격자들이 만일 그들이 자신의 지식의 소스들을 확인하는 것을 도움받는다면, 그들의 원래의 기억들과 사건 후의 정보를 구별할 수 있다고 시사한다. 이러한 예측이 최소한 성인 목격자들에 대해 타당하다는 증거가 있다. 한 연구에서, 참가자들은 많은 물건들이 있는 한 사무실의 사진을 검사했다.[69] 그 다음에 그들은 사진 속에 실제로 있지 않았던 물건들이 포함된 사무실에 관한 오도하는 기술을 읽었다. 마지막으로, 참가자들은 그들이 실제로 보았던 물건들을 확인하도록 요구받았다. 이 연구는 예－아니오식의 질문들을 받았던 참가자들이(예: “당신은 커피잔을 보았습니까?”) 다수의 착오를 저질렀다는 것을 발견했다. 그들은 자신이 글 속에서만 기술되었던 물건들을 보았다고 주장했다. 이에 비해서 출처검색(source monitoring) 질문들을(예: 당신은 그림 속에서 커피잔을 보았습니까? 아니면 당신은 글 속에서 그것에 관해서 읽었습니까?) 받았던 참가자들은 그 물건에 관해서 그들이 알았던 곳을 확인하는 데에 있어서 훨씬 더 큰 정확성을 보였다.

특수하게 질문받았을 때에 원래와 아울러 사건 후의 정보를 보고하는 사람들의 능력은 겹쳐쓰기(overwriting)가설이 목격자증언에서의 오류들에 대한 가장 좋은 설명이 아니라는 것을 나타낸다. 비록 기억 변화와 망각이 어떤 경우들에서 목격자증언에 대해 확실히 영향을 줄지라도, 출처검색이론(source monitoring theory)은 최근에 목격자 피암시성 효과들에 대한 가장 좋은 설명을 제공한다.

(나) 용의자열 편향들(lineup biases)

경찰수사관들은 흔히 목격자들에게 범죄의 범인으로서 용의자를 확인하도록 요구한다. 목격자들은 대개 사진제시(photospread)라고 알려진 경찰의 사진들의 한 집단이나, 한 명이나 그 이상의 가능한 용의자들의 인물제시로부터 용의자를 확인한다.

실제의 확인절차들은 대질들(showups)과 용의자열들(lineups)을 포함한다. 대질은 목격자가 한 명의 용의자가 범죄자인지를 결정하도록 요구받는다. 예컨대, 어떤 범죄장면에서 도주하는 어떤 사람을 붙잡은 경찰관은 그를 목격자에게 데리고 가서 “이 사람이 당신을 강도질한 남자입니까?”라고 묻는다. 이에 비해서 용의자열들(lineups)은 범죄자를 확인하기 위해서 목격자에게 몇 명의 사람을 보여 주는 것이다. 오랜 동안 대질들이 용의자열들보다 더 암시적이라고 간주되어 왔는데, 이것은 목격자에게 한 명의 사람을 제시하는 것이 제시된 인물이 실제의 범인이라는 것을 강력하게 암시하기 때문이다. 하지만, 최근의 메타분석은 정확한 목격자확인율이 대질들과 용의자열들 사이에서 유사하다는 것을 발견했다.[70] 더욱이, 범죄자가 없을 때(즉, 대질이나 용의자열 속에서 없는 것) 목격자들은 실제로 용의자열보다 대질에서 틀린 확인을 하는 경향이 더 적다.

용의자열이 구성되고 실시되는 방식들이 목격자확인의 정확성에 대해 상당한 영향을 준다. 동시적 용의자열들(simultaneous lineups)은 몇 명의 후보 용의자들을 한꺼번에 보여 주고 나서, 범죄자를 고르도록 요구한다. 동시적 용의자열들로부터의 확인은 문제가 될 수 있는데, 이것은 이것들이 절대적이기보다 상대적인 판단들, 즉 범죄자가 용의자열 속에 실제로 있는지에 대한

결정들보다도 어떤 사람이 범죄자와 가장 비슷한가에 관한 결정들이기 때문이다.[71]

비록 이러한 과정이 범죄자가 있을 경우에, 정확한 판단을 일으킬 수 있을지라도, 범죄자가 용의자열 속에 있지 않을 때에 매우 문제가 될 수 있다. 순서적 용의자열(sequential lineup)은 이 문제를 처리하기 위해 개발되었다. 순서적 용의자열들에서, 후보범죄자들은 한 번에 한 명씩 제시되며, 목격자들은 다음 사람을 보기 전에 한 사람이 범죄자인지를 결정해야만 된다. 이러한 유형의 용의자열은 각 사람에 대한 더 많은 주의를 일으키고 상대적 판단들의 사용을 감소시킨다. 순서적 용의자열들을 행했던 목격자들은 동시적 용의자열들을 행했던 목격자들보다 더 적은 틀린 확인들을 보였다.[72]

용의자열의 구성 이외에도, 용의자열들의 제시 동안에 목격자들에게 실시된 지시들이 확인의 정확성에 영향을 줄 수 있다. 어떤 용의자열 지시들은 매우 암시적일 수 있다. 예컨대, 만일 경찰관이 목격자에게 "어느 사람이 당신을 해친 사람입니까?"라고 질문한다면, 목격자는 진짜 범인이 용의자열 속에 있을 것이라고 해석하고서, 어떤 확인을 행하게 되기가 더 쉽다.[73] 그 결과로, 용의자열들로부터의 확인은 목격자들이 실제의 범인이 그 용의자열 속에 있거나 있지 않을 수 있다고 분명하게 지시받을 때에 더 정확하다.

연구에서 요구특징들이 참가자들의 반응들에 대해 영향을 준다. 다시 말하면, 요구 특징들은 실험자가 참가자들이 실험자 자신의 가설을 확증하게끔 만드는 미묘한 단서들을 그들에게 제공할 때에 일어난다. 경찰의 용의자열들과 연구용 실험들 사이에 많은 유사성이 있다.[74] 경찰의 용의자열들은 어떤 가설, 즉 특정의 용의자가 범죄의 범인이라는 신념을 포함한다. 이 가설은 자료를 수집함으로써 검증된다. 특수하게 말하면, 경찰관들은 목격자들이 용의자열 속의 개인을 확인하는 여부에 기초해서 범죄의 범인들에 관한 그들의 가설을 수용하거나 거부한다. 경찰의 용의자열들과 실험들 사이의 이러한 유사성들은 사회심리학자들에게 요구특징들이 목격자 확인절차들 속에서 또한 존재하는지를 연구하도록 만들었다.[75] 한 연구에서, 참가자들은 목격자들에 대해서 사진 용의자열(사진제시)을 실시했다.[76] 참가자들은 특정의 사진이 "정확한" 선택이라는 지시를 들었지만, 실제로 범인은 사진들의 세트 속에 포함되어 있지 않았다. 이 연구는 목격자들이 연구실시자가 정확하다고 믿었던 사진을 골랐을 때에 그들의 선택에 대해 더 많은 자신감을 표현했다는 것을 발견했다. 이러한 발견은 연구실시자들이 목격자들이 정확한 사진을 골랐다는 미묘한 단서들을 전달했다는 것을 시사한다. 그 결과로, 현재 많은 사회심리학자들이 이중 맹목(double-blind) 또는 이중모르기의 확인절차들을 권고하는데, 여기에서 수사관도 목격자도 용의자열이나 사진제시 속의 사람이 실제의 용의자인지를 알지 못한다.

(다) 목격자 정확성의 평가

목격자 확인과 증언의 정확성에 대해 영향을 줄 수 있는 요인들의 숫자를 전제할 때, 우리는 어떻게 특정의 목격자가 정확한 정보를 제공하고 잇는지를 결정할 수 있는가? 하나의 가능성은 자신의 확인이나 증언에 대한 목격자의 확신을 고려하는 것을 포함한다. 미국 최고법원은 증인의 확신이 증인의 증언에 대해 주어진 무게의 양에 대해 영향을 준다고 판결했다.[77] 이와 비슷하게, 몇 개의 연구들은 경찰관들, 검사들 및 배심원들이 더 적은 확신을 표현하는 목격자보다도 자신의 확인에 대해 매우 확신한다고 주장하는 증인을 믿기가 더 쉽다는 것을 보였다.[78] 하지만, 증인의 확신과 정확성 사이의 관계는 매우 작은 경향이 있으며, 특히 목격하는 조건들이 나쁠 때에 그러하다.[79] 다시 말하면, 자신의 확인이나 증언에 관한 목격자들의 확신은 흔히 그들의 주장의 정확성과 거의 관계가 없다.

최근에, 연구자들은 목격자들의 정확성을 평가하는 다른 방법들을 연구해왔다. 하나의 가망성있는 방법은 목격자들이 어떤 확인을 행하는 데에 소요되는 시간을 측정하는 것을 포함한다. 용의자를 신속하게 확인하는 목격자들은 확인하는 데에 더 오래 걸리는 목격자들보다 정확하기가 더 쉽다.[80] 하나의 일련의 연구들에서, 10초나 그 이하에서 범인을 확인했던 목격자들은 87%의 경우에서 정확했던 반면에, 10초 이상이 걸렸던 목격자들은 46%의 경우에서만 정확했다.[81] 이 연구들은 정확한 목격자확인들이 통제된 과정들보다도 자동적인 과정들의 사용에 연관되어 있을 것이라는 것을 시사한다.

다른 접근은 목격자들에게 용의자의 상이한 특징들을 분리해서 확인하게끔 만드는 것을 포함한다. 예컨대, 어떤 참가자는 한 세트의 사진들에서 범인의 얼굴을 확인하고, 두 번째 세트의 사진들에서 그의 몸을 고르고, 마지막으로 한 세트의 청각적 녹음들에서 그의 목소리를 확인할 수 있다. 연구자들은 상이한 특징유형들의 용의자열들로부터 동일한 인물을 일관성있게 확인했던 목격자들이 상이한 특징들에 대해 상이한 인물들을 선정했던 목격자들보다 더 정확했다는 것을 발견했다.[82]

배심원 선정과 의사결정

공정한 배심원제도는 시민들에게 자기와 동등한 지위의 공정한 배심원들 앞에서 재판받을 권리를 부여한다. 법체계에서 배심원에 의한 재판의 중요성을 전제할 때, 사회심리학자들이 배심원의사결정에 관한 상당한 양의 연구를 수행해온 것은 놀랄 만한 일이 못된다. 이 절에서, 우리는 이 연구에서 나타난 배심원 선정과 의사결정에 대한 통찰들 중의 몇 개를 논의한다.

배심원 선정(jury selection)

각 공판의 시작에서, 배심원후보 심문(voir dire)이 배심원들을 선정하기 위해서 수행된다. 배심원후보 심문 동안에, 판사들이나 검사들이 공정한 판결을 내릴 능력을 해칠 수 있는 의견들이나 편향들에 관해서 후보배심원들에게 질문을 행한다. 만일 어떤 배심원이 사건을 공정하게 결정할 수 없다는 믿을 만한 이유가 있다면, 그 배심원은 재판에 대한 더 이상의 참가가 배제된다. 부가적으로, 검사들은 이유를 제시함이 없이 배심원들을 배제시키기 위한 제한된 숫자의 절대적 기피(peremptory challenge)를 사용할 수 있다. 절대적 기피들은 직업과 지각된 성격특성들을 포함하는 몇 개의 이유로 배심원들을 배제시키기 위해 사용될 수 있다; 하지만, 이것들은 인종이나 성별에 기초해서 배심원들을 배제시키기 위해 사용될 수는 없다.[83)]

절대적 기피들의 배후에 있는 이론적 기초는 검사들이 사건에 관한 그들측에 대해 비호의적으로 반응하게 될 배심원들을 배제시킬 수 있을 것이라는 것이다. 그러면, 하나의 중요한 의문은 배심원들의 특징들이 재판증거에 관한 그들의 판단에 관련되어 있는지의 여부이다. 전반적으로, 배심원의 특징들과 재판판단들 사이의 관계들은 비록 이것들이 어떤 유형의 사건들에서 더 뚜렷할 수 있을지라도, 작은 경향이 있다.[84)] 예컨대, 여성들은 여성이나 아동에 대한 성범죄를 포함하는 사건들에서 피고들에 대해 유죄를 부여하는 경향이 다소 더 많다. 애매한 증거가 있는 사건들에서, 배심원들은 동일한 인종이나 사회경제적 지위집단 출신의 피고들에 대해 더 호의적 판결을 내릴 것이다. 부가적으로, 어떤 성격특징들이 배심원의 판결에 영향을 줄 수 있다. 예컨대, 더 권위주의적인 배심원들이 덜 권위주의적인 배심원들보다 피고에게 유죄를 부여하기가 더 쉽다. 끝으로, 정신건강과 같은 특수한 이슈들에 대한 배심원들의 태도들이 관련된 사람들에 대한 그들의 판결에 영향을 줄 수 있다.[85)]

지금까지, 검사들이 더 효과적 배심원들을 선정하기 위해 배심원의 특징들에 기초해서 절대적 기피를 사용할 수 있는 강력한 증거가 없어 왔다.[86)] 검사들은 흔히 그들의 은면적 성격이론들, 즉 상이한 유형의 사람들이 어떻게 행동하는 경향이 있는가에 관한 직관적 신념들에 기초해서 절대적 기피를 수행한다. 당연하게도, 이러한 직관적 신념들은 흔히 특유한 것이며 배심원의 수행에 강력하게 관련되어 있지 않다. 검사들은 또한 그들의 직위에 대해 가장 덜 호의적인 것으로 여겨지는 후보배심원들을 배제시키는 경향이 있다. 양측이 이것을 행하도록 허용되어 있기 때문에, 최종 배심의 구성은 배심원 풀(jury pool)의 전체의 구성에 꽤 가깝게 된다.[87)]

하지만, 배심원특징들과 재판상의 판단들 사이의 관계에 관한 연구들은 과학적 배심원선정이라고 알려진 과정의 개발을 낳아왔다.[88)] 과학적 배심원선정에서, 재판자문가들(흔히 심리학자들임)은 여러 배심원특징들과 특정의 사건에 대한 반응 사이의 관계를 결정하기 위해 조사들,

포커스 집단들(focus group) 및 모의재판들과 같은 사회과학적 방법들을 사용한다. 이러한 정보가 배심원후보 심문 전에 수집되고, 그 결과들이 검사들이 그 자료를 배심원들을 선정할 때에 사용할 수 있도록 그들에게 제공된다. 과학적 배심원선정에 관한 비교적 소수의 체계적 연구들이 있어 왔으며, 이것의 효과성은 논란이 되는 이슈로서 남아 있다. 지금까지, 증거는 과학적 배심원선정이 배심원의 판결들에 대해 특히 사건들이 애매하고 선정들이 사건에 특유한 태도들에 기초되어 있을 때에, 작기는 하지만 잠재적으로 중요한 영향을 준다는 것을 시사한다.[89] 하지만, 사건판결들의 가장 중요한 예측요인이 증거를 평가하는 배심원들의 특징들이 아니라, 재판에서 제시된 증거라는 것을 인식하는 것이 중요하다.

(1) 사형태도들과 사형자격

사형을 포함하는 사건들이 배심원선정에 대해 특히 중요한 이슈들을 제기한다. 사형사건들에서, 배심원후보 심문이 사형을 지지하지 않는 후보배심원들을 배제시키기 위해 흔히 사용된다. 이러한 사형자격(death qualification) 과정의 제안자들은 사형을 지지하지 않는 배심원들의 죄있는 피고가 사형을 받지 않게끔 그사람을 석방하도록 투표할 것이라고 주장한다. 하지만, 사형자격의 반대자들은 사형을 반대하는 사람들을 배제시키는 것이 편향된 배심원을 낳는다고 주장한다. 예컨대, 여성들과 소수인종자들은 사형재판에서 그들을 배심원임무로부터 배제시키는 태도들을 갖고 있기가 유의하게 더 쉽다.[90] 부가적으로, 사형을 지지하는 사람들은 사형을 지지하지 않는 사람들보다 더 구형지향적이고, 처벌적이고, 범죄통제에 대해 걱정하는 경향이 있다.[91] 그들은 또한 소수인종자들에 대해 편견을 가진 경향이 더 많다. 사형을 지지하는 사람들은 사형을 반대하는 사람들보다 그러한 태도들을 행동으로 옮기면서, 피고에게 유죄판결을 내리는 경향이 더 많다.

끝으로, 사형을 반대하는 후보배심원들을 배제시키는 것이 심의과정의 질에 영향을 줄 수 있다. 연구자들은 사형 찬성과 반대의 배심원들의 혼합을 가진 배심들의 심의들과 사형판결 유자격(death-qualified)의 배심들의 심의들을 비교했다.[92] 혼합된 배심들이 구형의 사건에 대해 더 비판적이고, 사건의 사실들에 관해 더 많이 기억했고, 사건을 결정하기가 더 곤란하다고 여겼다. 따라서, 사형을 반대하는 배심원들을 배제시키기 위해 배심원선정을 사용하는 것은 배심원들이 선정된 지역사회의 대표가 아닐 수 있는 덜 비판적이고, 더 유죄판결성향의 배심원을 낳기가 쉽다.

배심원 의사결정에 관한 이야기모형

일단 배심원들이 선정되면, 그들은 피고에게 불리한 증거를 듣고, 그 사람이 유죄인지를 결정하고, 어떤 사건들에서, 적절한 처벌을 권고해야만 된다. 이러한 과업들을 성취시키기 위해, 배심원들은 흔히 매우 많은 복잡한 증거와 반박적 증언을 이해해야만 된다. 배심원들은 어떻게 모든 그러한 정보들을 단일한 판결 속으로 통합시키는가? 연구자들은 배심원 의사결정을 설명하기 위한 한 방법으로서 이야기모형(story model)을 제안했다.[93] 이 모형에 의하면, 배심원들은 재판에서 제시된 증거를 당해의 사건들에 관한 이야기를 만드는 데에 사용한다. 예컨대, 배심원들은 주장된 강도의 동기들과 목표들(예: 그가 자녀양육을 위해 돈이 필요했는지)과 점원에 대한 그의 행위들(예: 그가 그녀에게 총을 겨누었는지)에 관한 정보를 포함하는, 지방 편의점에서의 한 강도에 관한 이야기(story)를 만들 것이다. 이 이야기는 또한 상황특징들(예: 다른 사람들이 있었는지)과 대결의 결과(예: 빼앗은 돈)을 포함할 것이다. 재판증거를 특수한 결과들을 일으키는 이야기와 비슷한 구도들 속에 포함된 주인공들의 면에서 나타냄으로써, 배심원들은 그들이 제공받은 엄청난 양의 정보를 이해할 수 있다.

재판들이 대개 검사와 피고에 대한 반박적 설명들을 포함하기 때문에, 배심원들은 한 세트의 대안적 이야기들을 내놓을 것이다. 그 다음에 그들은 어느 이야기가 증거에 관한 가장 좋은 설명을 제공하는가, 어느 이야기가 가장 그럴듯하고 내부적으로 일관성있는가, 및 어느 이야기가 재판에 대한 후보판결들과 가장 잘 합치되는가와 같은 요인들을 고려함으로써 이러한 경쟁되는 설명들 중에서 선택해야만 된다. 일단 배심원들이 최선의 이야기를 선택했다면, 그들은 그 이야기와 최선의 가능한 합치가 되는 판결을 선정한다. 예컨대, 연구자들은 몇 개의 성적 괴롭힘 공판들에 관련된 배심원들의 이야기들을 연구했다.[94] 그들은 배심원들의 이야기들이 원고(주장된 피해자)에 의해 제시된 증거 대 피고(주장된 괴롭힌 자)에 의해 제시된 증거를 반영했던 정도가 그들의 판결들을 강력하게 예측했다는 것을 발견했다. 특수하게 말하면, 자신의 이야기들이 주장된 피해자의 이야기와 유사했던 배심원들이 성적 괴롭힘이 발생했다고 결정한 반면에, 자신의 이야기들이 피고의 이야기와 유사했던 배심원들이 그렇지 않았다고 결정했다.

배심원 의사결정에 영향을 주는 요인들

이야기 모형(story model)에 의하면, 배심원들은 공판 동안에 그들이 받는 정보를 적극적으로 해석하고 평가함으로써 그들의 이야기들을 작성한다. 그 결과로, 배심원들이 당면하는 상이한 정보의 조각들이 어떻게 피고에 관한 그들의 판단들에 영향을 주는가를 이해하는 것이 중요하다. 이 절에서 우리는 공판전의 보도, 특수한 유형의 증거들, 인종과 매력도와 같은 피고의 특징들 및 사법적 지시사항들의 이해를 포함하는, 배심원의 의사결정에 영향을 줄 수 있는 몇 개의 요인을 고찰할 것이다.

(1) 공판전의 보도

TV를 켜고서 뉴스를 시청해 보자. 당신이 곧 최신의 대서특필된 범죄수사나 공판에 관해서 듣게 될 가능성이 많다. 당신은 아마 고위직 공무원들, 유명인사들 등의 공금횡령, 성희롱, 성폭행과 같은 사건들에 관한 보도들을 듣게 될 것이다. 만일 당신이 그렇다면, 당신의 경험들은 특이한 것이 아닐 것이다; 내용분석들은 TV뉴스들과 신문기사들이 흔히 형사피의자들에 관한 편견적 정보를 포함한다는 것을 나타낸다.[95]

헌법은 피고들에게 공정한 배심에 의한 공정한 재판을 받을 권리를 보장한다. 어떤 사람들은 대서특필된 사건들에 관련된 다량의 공판전 보도가 사건이 다루어지기 이전에 어떤 피고에게 불리하게 후보배심원들을 편향시킴으로써 이 권리를 위반한다고 주장한다. 공판전의 보도는 또한 배심원들에게 법원에서 인정될 수 없는 증거에 노출시킬 수 있다. 예컨대, 어떤 판사는 피의자의 집에서 발견된 무기들에 관한 증거가 수색이 불법적인 것이었기 때문에 증거로서 제시될 수 없다고 규정할 수 있다. 하지만, 배심원들은 그들이 신문기사에서 그것들에 관해서 읽었고 뉴스에서 그것들을 보았기 때문에, 계속 그러한 무기들에 관해서 알고 있고, 피고의 유죄를 결정할 때에 그것들을 고려할 것이다.

몇 개의 사회심리학적 연구들은 어떤 형사피의자에 관한 부정적인 공판전의 보도에 접하는 것이 배심원들이 그 사람에게 유죄판결을 내리게 될 가능성을 증가시킨다는 것을 증명해왔다. 다시 말하면, 어떤 사람에 관한 더 많은 공판전의 보도에 접했던 사람들이 그 사람이 범행에 참여했다고 믿는 경향이 더 많았다.[96] 공판전의 보도는 또한 소송의 제기와 같은 민사사건들에 관한 판단들에 대해서도 영향을 준다. 민사사건들에서 양측, 즉 원고와 피고가 있기 때문에, 공판전의 보도의 영향들은 더 복잡하다. 연구들은 피고에 관한 공판전의 부정적 보도(예: 위험한 화학물질들을 내버린 것으로 기소된 어떤 회사가 과거에도 다른 환경위반들로 기소된 바 있었다는 것을 아는 것)가 피고의 지각된 책임성을 "증가시킨다."는 것, 즉 그것이 더 많이 죄가 되는 것으로 여겨지게끔 만든다는 것을 보여왔다. 이에 비해서, 원고에 관한 부정적인 공판전의 보도(예: 그 회사를 고소한 사람이 과거에 사기죄로 기소된 바 있었다는 것을 아는 것)가 책임성판단을 "감소시키는" 것, 즉 피고가 더 적은 죄가 있는 것으로 보이게끔 만드는 경향이 있다.[97]

공판전의 보도는 유죄에 대한 시초의 가정들을 일으키고, 피고의 관해서 이루어진 귀인들에 영향을 줌으로써 배심원들의 판단에 영향을 주는 것 같다.[98] 부정적인 공판전의 보도에 접해 왔던 배심원들은 피고가 문제의 범죄를 저질렀을 수 있는 전형적인 범죄인이라고 신속하게 가정할 수 있다. 부가적으로, 공판전의 보도는 배심원들의 증거에 대한 기준들에 영향을 주어서, 그들에게 피고의 유죄를 밝히기 위해서 더 많거나 더 적은 증거를 원하게끔 만들 수 있다.[99] 주목할 만하게, 공판전의 보도는 시간경과에 따라 증가할 수 있다.[100] 그 결과로, 공판전의 보도는 체포에 관한 시초의 보도와 공판에서 이루어진 최종의 판결 사이에 흔히 수 개월이 경과하는 실제의 형사 및 민사 공판들에서 상당히 큰 문제가 될 것이다.

인정불가능한 증거

때로는 공판 동안에, 배심원들은 그들이 가질 것으로 상정되지 않는 정보에 접하게 된다. 예컨대, 어떤 증인은 "피고의 여자친구가 나에게 그가 그의 상사로부터 10,000달러를 훔쳤다고 말했다."고 말할 수 있다 이러한 진술은 이것이 들은 것이기 때문에 인정불가능할 것이다. 그 결과로, 판사는 배심원들에게 증인의 증언을 무시하도록 지시할 것이다. 증거를 무시하라는 지시들은 사람들이 그들이 들었거나 목격했던 어떤 것에 의해 영향받게 됨이 없이, 판결할 수 있다는 가정에 기초되어 있다. 하지만, 연구는 배심원들의 판결이 흔히 심지어 그들이 그 정보를 무시하도록 명백하게 지시받았을 때에도 인정불가능한 증거에 의해 영향받는다는 것을 보여왔다.[101] 그 결과로, 배심원들에게 인정불가능한 증거를 접하도록 하는 것은 공정한 재판을 받을 피고의 권리를 훼손할 것이다.

배심원들이 그들이 무시하라고 지시받은 증거를 고려할 수 있는 몇 가지 이유가 있다. 올바른 결정을 내리려는 동기를 가진 배심원들은 설사 그들이 고려할 것이 상정되지 않았을지라도, 유용할 수 있는 어떤 정보를 무시하기를 꺼릴 것이다.[102] 또한 사람들은 흔히 원치 않는 사고를 억제하는 데에 곤란을 갖는다; 따라서, 비록 배심원들이 인정불가능한 증거에 관한 사고를 억제하려고 들지라도, 그들은 이것을 성공적으로 수행할 수가 없을 것이다.[103] 하지만, 개인적 배심원들에 대한 인정불가능한 증거의 영향들이 배심원의 심의에 의해 감소될 수 있다.

한 연구에서, 참가자들은 아동 성학대에 관련된 형사재판에 관해서 읽었다.[104] 재판 동안에, 판사는 배심원들에게 불법적 수사 동안에 얻어진 사진과 피고의 어머니에 의해 주장된 진술을 무시하도록 지시했다. 이러한 증거들은 심의 이전에는 참가자들의 판결에 대해 강한 영향을 주었지만, 심의 이후에는 그렇지 않았다. 따라서, 배심원 심의의 과정이 배심원들에게 그들이 인정불가능한 증거에 의해 영향받고 있다는 것을 인식하도록 만들어서, 그들에게 자신의 시초의 판단을 교정하도록 만들 것이다.

(1) 성품 증거 (character evidence)

이 장의 앞 부분에서, 당신은 배심원들에 대해 매우 설득력있는 두 가지 유형의 증거들, 즉 목격자 증언과 자백의 증거들에 관해서 배웠다.[105] 다른 중요한 증거의 유형은 "성품 증거", 즉 피고의 특성들과 성향들에 관한 증거이다. 어떤 경우들에서, 피고는 목격자들에게 피고가 특정의 범죄를 저지를 것 같지 않게 보이게끔 만드는 자신의 긍정적 특징들을 제시한다. 예컨대, 어떤 목격자는 피고가 친절하고 온순하다는 것을 입증해서, 그가 잔인한 폭행을 저지를 것 같지 않을 것이라는 것을 시사할 수 있다. 비록 우리가 이런 종류의 증언이 피고에게 도움이 된다고 기대할 수 있을지라도, 연구는 긍정적 성품 증거가 배심원들의 유죄 판단이나 유죄 판결의 가능성에 거의 영향을 주지 않는다는 것을 보인다.[106]

역설적으로, 성품 증거의 사용이 실제로 피고가 유죄판결을 받게 될 가능성을 "증가"시킨다. 이러한 얄궂은 결과는 검찰 당국이 목격자들이 피고의 성품의 훌륭한 판단들이 아니라는 것을 보여 주고자 목격자들의 성품 증언을 반대심문하는 것이 허용되기 때문에 일어난다. 반대심문 동안에, 검사들은 목격자에게 그녀가 그녀의 증언을 반박하는 피고의 이전 행동들에 관해서 아는지를 질문할 수 있다. 예컨대, 어떤 검사는 "당신은 피고가 친절하고 온순하다고 말했습니다. 당신은 그가 주먹다툼에서 다른 학생에게 부상을 입힌 후에 퇴학당했다는 것을 알고 있습니까?"라고 말할 수 있다. 비록 배심원들이 증인이 제시한 성품의 신빙성을 평가하기 위해 이러한 정보를 사용할 것으로 상정될지라도, 이것은 또한 피고에 관한 그들의 인상들에도 영향을 줄 수 있다. 연구는 배심원들이 전혀 성품증거를 듣지 않을 때보다 부정적 정보로 반대 심문되는 긍정적인 성품 증언을 들을 때에 피고가 유죄판결을 받기가 더 쉽다는 것을 보인다.[107] 따라서, 직관적 호소력에도 불구하고, 성품 증거를 도입시키는 것이 피고에 대해 하나의 위험한 조치가 될 수 있다.

(2) 피고의 특징들

민주국가의 법체계는 모든 사람이 법 앞에서 평등하다는 사상에 기초되어 있다. 피고에 관한 배심원들의 판결에 영향을 주어야만 되는 유일한 것은 그들에 대해 제시된 증거이다. 피고들이 누구인가에 관계없이, 그들은 그들의 유죄의 강한 증거가 있을 경우에는 유죄판결을 받고, 그들의 유죄의 미약한 증거가 있을 경우에는 석방되어야만 된다. 불행하게도, 실험적 및 기록문서적인 상당한 양의 연구들이 증거 이외의 몇 개의 요인들이 또한 배심원의 의사결정에 영향을 준다는 것을 나타낸다. 신체매력에 관한 연구와 일치해서, 80개의 배심원 의사결정 연구들에 관한 한 메타분석은 강간과 강도와 같은 어떤 범죄들에 대해 신체적으로 매력있는 피고들이 신체적으로 매력 없는 피고들보다 유죄판결을 받는 경향이 더 적으며, 신체적으로 매력있는 피고들이 또한 더 관대한 선고를 받는다는 것을 발견했다.[108] 이와 유사한 효과가 사회경제적 지위(SES)에 대해서 발견되었다; 높은 SES 피고들이 유죄판결을 받는 경향이 더 적으며, 유죄판결을 받았을 때에 낮은 SES 피고들보다 더 높은 선고를 받는다.

가장 흔히 연구된 피고의 특징들 중의 하나는 인종이다. 법적 결과들에 관한 몇 개의 기록문서연구들은 흑인피고들이 백인피고들보다 불균형되게 더 가혹한 선고를 받는다는 것을 보여왔다. 연구자들은 미국의 한 주에서의 사형선고들을 분석했다.[109] 이 연구자들은 수 백개의 사형사건들을 검토하면서, 재판결과들에 영향을 줄 수 있는 200개 이상의 변인들에 관한 정보를 부호화했다. 모든 이러한 요인들이 통제되었을 때에, 흑인피고들이 백인피고들보다 사형선고를 받기가 더 쉬웠다. 이러한 편향은 백인피해자들을 포함하는 사건들에서 특히 뚜렷했다.

많은 실험실연구들이 또한 모의배심원들에 의해 이루어진 유죄와 선고의 판단들에서의 인종편향을 연구해왔다. 이 연구들은 다소 비일관적 결과들을 내놓아 와서, 어떤 연구들은 흑인피고들에 대한 차별대우를 보이고, 다른 연구들은 어떤 상황들에서만 차별대우를 보이고, 또 다른 연구들은 전혀 차별대우를 보이지 않는다.[110] 예컨대, 연구자들은 무죄의 추정과 개인적 편견들을 피할 필요성에 관한 배심지시를 제공받았던 참가자들이 흑인과 백인 피고들에 대한 유사한 판단을 행했다는 것을 발견했다.[111] 하지만, 이러한 지시를 제공받지 않았던 참가자들은 흑인피고를 유죄로 보는 경향이 더 많았다.

연구자들은 최근에 이러한 연구들에시의 비일관적 발견들이 혐오적 인종치별 이론(aversive racism theory; Gaertne & Dovidio, 1986)에 의해 설명될 수 있다고 제안했다.[112] 혐오적 인종차별이론은 현대의 미국문화에서 대부분의 사람들이 평등을 신용하지만 그래도 흑인들에 대해서 다소의 부정적 신념들과 감정들을 갖고 있다고 주장한다.[113][114] 평등성에 대한 그들의 신념 때문에, 대부분의 사람들은 비편향적인 방식으로 편견적 사고들과 행위들을 억제하고자 한다. 하지만, 그들이 인종의 영향을 인식하지 못할 때 또는 그들의 행동이 인종 이외의 요이들에 의해 정당화될 수 있을 때, 그들은 계속 차별을 행한다. 혐오적 인종차별이론은 배심원들이 피고의 인종이 특출하지 "않은" 재판들에서 흑인 피고들을 차별대우하기가 더 쉬울 것이라는 직관에 반하는 예측을 한다. 어떤 재판이 인종적 분위기를 갖고 있을 때, 평등성에 관한 배심원들의 신념들이 활성화되어서, 그들은 편향의 선호들에 대해 그들 자신을 검색하기가 더 쉬울 것이다. 이와 달리, 피고의 인종이 특출하지 않을 때, 배심원들은 자기들의 행동을 검색하는 경향이 더 적을 것이다. 그 결과로, 그들은 흑인 피고들에 대해 편향된 판단을 행하고, 그 다음에 그들의 결정을 정당화시키기 위해 비인종적 설명들을 사용할 것이다.

이러한 설명을 검증하기 위해서, 연구자들은 폭행재판에서 인종의 특출성을 조작했다.[115] 절반의 참가자들은 여러 사람 앞에서 자신의 여자친구를 "너는 남자의 친구들 앞에서 남자에 대해 그런 식으로 말하는 것이 잘못이라는 것을 잘 읽고 있겠지."라고 말하면서 때린 흑인이나 백인 피고에 관해서 읽었다. 다른 절반의 참가자들은 피고가 "남자의 친구들 앞에서 흑인(또는 백인) 남자에 대해 그런 식으로 말하는 것이 잘못이라는 것을 잘 알고 있겠지."라고 말한 것을 제외하고서, 동일한 재료들을 받았다. 인종이 특출하지 않았던 첫 번째 조건에서, 백인 참가자들은 흑인피고가 유죄라고 생각하는 경향이 유의하게 더 많았다. 이에 비해서, 인종이 특출했던 두 번째 조건에서, 흑인과 백인 피고에 대한 백인 참가자들의 판단들 사이에서 차이가 없었다. 주목할 만하게, 흑인 참가자들은 분명히 그들이 두 상황이 인종적으로 관련있는 것으로 보았기 때문에, 흑인 피고에 대해 더 관대한 판단을 행했다. 따라서, 이들의 연구는 인종적 차별대우가 많은 형사 및 민사 재판들에서 일어나기 쉽다는 것을 시사한다; 하지만, 배심원들은 그들이 편향된 판단을 행하고 있다는 것을 의식적으로 의식하게 되는 것 같지 않다. 그 결과로, 재판결과들은 배심원들이 피고의 유죄나 무죄에 관한 판단을 행하기 이전에 그들의 평등주의 신념들을 생각나게끔 되었을 때에 더 공정할 수 있다.

(3) 재판상의 지시의 이해

배심원들이 심의하기 전에, 판사들은 그들에게 어떤 증거가 그들이 고려하도록 허용되는가와 그들이 도달할 수 있는 판결이 무엇인가와 같은 이슈들에 관한 지시를 준다. 하지만, 실제의 재판들과 아울러 모의배심들을 포함하는 상당수의 연구들이 배심원들이 그러한 지시를 이해하고 적용하는 데에 곤란을 갖고 있다는 것을 나타낸다.[116] 예컨대, 한 연구는 배심을 위해 소집된 배심원들이 그들이 제공받은 지시들의 50% 이하를 이해한다는 것을 발견했다.[117] 이와 비슷하게, 사형사건들에서, 배심원들은 심화시키는 경우들(즉, 범죄를 더 심각하게끔 만드는 요인들)과 아울러 경감시키는 경우들(즉, 범죄를 덜 심각하게끔 만드는 요일들)을 고려하도록 요구받는다. 하지만, 사형 사건들에서의 배심원들은 경감의 개념이나 경감시키거나 심화시키는 경우들이 사형 이외의 선고를 일으키는 조건들을 이해하는 것 같지 않다.[118] 많은 배심원들이 사형판단을 행할 때에 그들이 고려할 것으로 상정되는 요인들을 이해하지 못할 수 있다는 발견은 어떤 사형사건들에서 판결의 선고가 부적절할지도 모른다는 것을 시사한다.

이 이슈의 중요성 때문에 배심원들이 재판상의 지시를 이해하는 것을 돕는 몇 가지 방법이 제안되어왔다.[119] 한 방법은 지시들을 더 "사용자 친화적으로", 예건대 법률용어들보다도 일상적 단어들을 사용함으로써 다시 쓰는 것을 포함한다. 다른 후보 해결책은 배심원들에게 재판상의 지시에 관한 서면복사를 제공하는 것을 포함한다; 이런 식으로, 배심원들은 그들이 행할 것으로 상정되고 있는 바에 관한 의문을 가질 때에 이것들을 다시 참조할 수 있다.[120] 지금까지의 증거는 비록 오해들이 아직도 일어날지라도, 이러한 개선들이 재판상의 지시에 관한 배심원들의 이해를 향상시키는 것을 돕는다는 것을 시사한다.

배심의 심의

이 절에서 논의된 연구들 중의 많은 것이 개별적인 배심원들이 재판정보를 어떻게 이해하고 평가하는가를 연구해왔다. 하지만, 실제의 사건들에서, 한 집단의 배심원들은 어떤 판결에 이르기 위해 함께 작업해야만 된다. 비록 개별적인 배심원들의 결정에 영향을 주는 거의 모든 요인들이 배심원들에 대해 유사한 영향들을 줄지라도, 소집단 과정들이 어떻게 배심원의 심의

들에 영향을 줄 수 있는가를 고려하는 것이 중요하다.[121)]

배심의 판결들은 개별적인 배심원들의 시초의 판결 선호들에 의해 강력하게 영향받는 경향이 있다.[122)] 배심원들의 2/3나 3/4이 시초에 특정의 판결을 지지할 때, 전체로서의 배심은 거의 항상 그 판결로 되돌아 간다.[123)] 이러한 발견은 규범적 사회적 영향의 중요성을 반영한다; 사람들은 흔히 비록 그들이 사적으로 동의하지 않을지라도, 다수측의 관점에 대해 동조한다. 하지만, 배심들은 "관대성 편향"을 갖고 있는 것 같아서 어떤 피고를 석방하는 것의 결정에 대해서 어떤 피고를 유죄로 결정하는 것의 결정에 대해서보다 더 낮은 기준들을 사용한다.[124)] 예컨대, 더 작은 숫자의 다수파가 배심을 유죄판결보다 석방 쪽으로 움직이는 데에 필요하다. 부가적으로, 소수파의 배심원들이 배심의 나머지 사람들의 입장을 바꾸기 위해 설득하는 몇몇 사건들이 있다. 집단과정들에 관한 연구들과 일치해서, 소수파 배심원들은 그들이 정보적인 사회적 영향을 사용할 때, 즉 잘 다져진 주장들로 다수파의 의견을 반박할 때에 더 설득력있다.

배심들은 판결을 결정하기 위해 두 가지 접근에 의지하는 경향이 있다.[125)] 증거주도적(evidence-driven) 배심들은 배심원들의 판결선호들을 평가하기 전에 재판에서 제시된 증거의 강도를 토의한다. 이에 비해서 판결주도적(verdict-driven) 배심들은 판결선호들을 평가함으로써 심의들을 시작하고, 그 다음에 상이한 의견들을 가진 사람들 사이의 합의에 도달하고자 한다. 어떤 배심들은 이들 두 개의 접근을 종합해서, 증거와 판결 선호들 사이에서 토론들을 교대한다. 연구는 증거주도적 배심들이 재판을 더 철저하게 토의하고 따라서 사건에 관해서 더 좋은 판단을 행한다는 것을 시사한다.

상당한 수의 연구들이 배심의 의사결정에 관련된 두 개의 특별한 이슈를 연구해왔다. 첫 번째 이슈는 배심의 규모이다. 한 배심에서 요구되는 사람의 숫자는 6인이나 그 이하에서부터 12인까지의 범위일 것이 요구된다. 1973년에, 미국 최고법원은 6인과 12인 배심들 사이에서 아무런 중요한 차이들이 없다고 판결했다.[126)] 하지만, 연구는 6인 배심들에 비해서, 12인 배심들이 심의에 더 많은 시간을 보내고, 재판증거에 대한 더 좋은 기억을 갖는다는 것을 보인다.[127)] 또한 배심 속에 더 많은 사람이 있기 때문에, 소수파나 부동의하는 의견들이 청취되고 고려될 가능성이 더 크다. 끝으로, 12인 배심들은 전체의 배심원 풀(pool)의 인구통계적 특징들을 더 많이 대표하는 경향이 있다. 따라서, 최고법원의 견해와는 반대로, 판결들의 질과 공정성이 더 큰 배심들에서 더 좋을 수 있다.

두 번째 이슈는 어떤 배심이 판결을 답신하는데에 요구된 결정규칙이다. 때로는 배심들은 만장일치의 판결을 내리도록 심의해야만 되는 반면에, 다른 사건들에서 그것들은 배심원들의 다수측에 의해 지지된 판결을 답신할 수 있다. 만장일치된 결정에 도달해야만 되는 배심들은 단지 다수측의 의견일치를 요하는 배심들에 비해서 증거를 더 철저하게 토의하고, 소수측 의견을 고려하는 경향이 더 많고, 판결에 이르는 데에 더 오래 걸린다.[128)] 더욱이, 배심원들, 특히 부동의하는 의견을 가진 배심원들은 다수 결정보다 만장일치 결정을 요하는 배심들에서의 그들의 경험에 대해 더 많이 만족하는 경향이 있다. 그 결과로, 배심들에 의해 사용된 결정규칙은 그들의 심의와 판단의 질과 아울러 개별적인 배심원들의 주관적 경험에 영향을 준다.

법체계에 대한 사회심리학자들의 기여

우리가 이 장에서 보아 온 바와 같이, 사회심리학자들은 자백, 목격자 증언, 및 배심원 의사결정과 같은 중요한 법적 행동에 영향을 주는 요인들에 관해서 상당히 많이 알아내 왔다. 이 시점에서, 당신은 이러한 연구들이 법체계에 대해 어떤 영향을 주어 왔는지에 대해서 자문할지도 모른다. 실제로, 사회심리학자들은 몇 가지 상이한 방식으로 법체계에 관한 그들의 발견들을 전달해왔다. 이 장의 앞 부분에서, 당신은 사회심리학자들이 경찰이 목격자들과 상호작용할 때에 사용하기 위한 국가적 지침들을 개발하기 위해 미국 법무부와 협력해왔다는 것을 배운 바 있다.[129] 이 절에서, 우리는 사회심리학자들이 법체계에 기여할 수 있는 두 개의 다른 방법들, 즉 전문가증언과 법정고문(admicus curiae)의 소송사건 적요서를 통하는 것을 논의한다.

전문가 증언

사회심리학자들에 대해서 그들의 지식을 공유하는 가장 흔한 방식들 중의 하나는 전문가증언(expert testimony)이다. 사회심리학자들은 판사들과 배심원들에게 특수한 사건에서 증거를 이해하고 평가하기 위한 틀을 제공하기 위해서 연구 발견들에 관해서 증언하도록 자주 요청받는다.[130] 재판들에서 전문적인 심리학적 증언의 사용이 꾸준히 증가하는 것 같지만, 이것은 논란이 되는 것으로 판명되어왔다. 두 개의 주요 이슈들이 전문가증언에 포함되어 있다. 즉, 증언의 질과 배심원들에 대한 이것의 영향들이다.

전문가증언의 질은 법원들이 배심원들에게 비신뢰롭거나 비결론적인 증거를 고려하는 것을 원치 않기 때문에 중요하다. 따라서, 사회심리학자들은 인정가능성에 대한 법적 기준들을 충족시키는 연구들에 관해서만 증언할 것이다. 최근까지, 대부분의 미국 법원들은 연구가 인정가능하게 되기 위해서 관련있는 과학적 공통체에 의해 “일반적으로 수용되는” 것을 요구했다.[131] 하지만, 1993년에, 미국 최고법원은 모든 연방법원들과 아울러 몇몇 주법원들에서 심리학을 포함하는 전문적 과학적 증거의 인정가능성에 대한 법적 기준들을 바꾸었다.[132]

오늘날, 판사들은 몇 개의 과학적 신뢰성의 지표를 고려해야만 한다:

- 연구는 동료의 평가를 받았는가? 즉, 다른 과학자들이 이것을 평가했는가?
- 연구의 기초가 되는 이론이 거짓으로서 입증가능한가? 즉, 가설이 반증될 수 있는가?
- 연구는 어떤 밝혀진 또는 잠재적 오류율을 갖고 있는가? 즉, 어떤 결론이 거짓이 될 가능성이 얼마나 되는가?
- 연구는 과학적 공동체에 의해 일반적으로 수용되고 있는가?

이러한 더 새로운 기준들은 심리학자들에게 목격자확인, 억압된 기억들, 성(gender)고정관념화, 매맞은 여성증후군, 강간외상증후군, 증인으로서의 아동들, 위험성의 예측들과 같은 주제들에 관한 연구의 질을 주의깊게 평가하게끔 만들어왔다.[133] 하지만, 이러한 기준들에 대한 하나의 문제는 과학적 증거의 수문장들(gatekeepers)이나 평가자들로서의 판사들에 대한 의존이다. 많은 판사들이 필요한 과학적 배경이 부족하고 인정가능성의 결정들에 포함된 과학적 이슈들을 판단하는데 대해 곤란을 가질 것이다. 주목할 만하게, 목격자증언과 같은 주제들에 관해서 더 많이 아는 판사들이 심리학전문가가 재판에서 증언하도록 허가하기가 더 쉽다.[134]

심리학적 증거의 질을 평가하는 것 이외에고, 판사들은 또한 전문가증언이 특정의 판결 쪽으로 배심원들을 부당하게 편향시킴이 없이 재판결정에 도달하도록 그들을 돕게 될 것인지를 결정해야만 된다. 전문가증언의 도움성에 관련된 하나의 의문은 배심원들이 그들이 특정의 사건을 이해하는 것을 돕기 위해 종합된 연구발견들을 사용할 수 있는지의 여부이다. 한 연구에서, 모의배심원들이 강간재판에 대한 녹음테이프를 들었다.[135] 재판 동안에, 한 심리학자가 강간과 강간피해자의 행동에 관한 몇 가지 공통적인 오해들에 관해서 증언했다. 한 조건에서 그 심리학자는 그것을 사건에 결부시킴이 없이 과학적 정보를 제시했다; 다른 조건에서, 그녀는 연구와 현재의 사건 사이의 연관들을 보여 주기 위해서 하나의 가상적인 강간의 예를 사용했다. 결과들은 전문가증언과 일반화된 개관을 제시했을 때보다 연구를 사건에 연관시켰을 때에, 배심원들이 피고에 대해 유죄판결 쪽으로 투표하고 가혹한 선고를 권고하는 경향이 더 많다는 것을 나타냈다. 전문가 증언은 전문가가 다른 증인들 앞에서 증언해서, 배심원들에게 그들의 증언을 평가하는 하나의 틀을 제공했을 때에 가장 많이 영향력있었다. 따라서, 연구의 특정의 사건 사이를 연관짓는 전문가 증언이 단순하게 한 세트의 연구발견들을 제시하는 전문가증언보다 배심원들에 대해 더 큰 영향을 준다. 다른 연구들은 매맞은 여성증후군, 아동 성적 학대. 및 목격자 확인에 관한 전문가증언에 대해 비슷한 효과들을 보여왔다.[136][137][138] 하지만, 배심원들은 전문가가 고액 수당을 받았을 때나 법원에서 자주 증언했을 때에 전문가증언을 신용하지 않는 경향이 있다. 이 패턴은 "고용된 사람들"인 것처럼 보이는 전문가들이 배심원들에 의해 신빙성있는 것으로 지각되지 않는다는 것을 시사한다.

법정고문의 소송사건적요서들

사회심리학자들이 그들의 지식을 법체계와 함께 공유하는 다른 흔한 방법은 법정고문(amicus curiae) 또는 "법원의 친구"의 소송사건적요서들(briefs)을 포함한다. 법정 소송사건적요서들(amicus briefs)은 판사들에게 특정의 사건을 판결하기 위한 하나의 과학적 맥락을 제공하기 위해서 관련있는 심리학적 지식들을 요약한다. 전문 심리학자들과 검사들의 팀들에 의해서 작성된 법정 소송사건적요서들은 미국 최고법원을 포함하는 상고법원들에 의해 판결된 약 150건의 사건들에 대해서 미국 심리학회(APA)에 의해 정리되어 보관되어왔다. 이 150건의 사건들은 흑백 인종차별 폐지조치, 낙태, 고용차별, 아동 성학대, 동성커플들, 및 사형을 포함하는 우리 시대의 가장 중요하고 논란이 되는 공공정책 이슈들의 일부분을 포함해왔다.

예컨대, 한 사건(Price Waterhouse v. Hopkins 1989)에서 APA에 의해 제출된 법정 소송사건적요서(amicus briefs)는 고용차별에 관한 한 사건을 판결하는 데에 있어서 미국 최고법원을 돕기 위해서 성고정관념화와 성편견에 관한 사회심리학적 연구들을 요약했다. 이 소송사건적요서는 고정관념화, 편견 및 차별대우에 관한 몇 개의 연구들을 포함했다. 이와 같이, 법적 사건들에 대한 법정 소송사건적요서들(amicus briefs)을 발전시킴으로써, 사회심리학자들은 중요한 법적 사건들에 대한 더 공정한 결과들을 낳을 수 있는 과학적 증거를 법원들에게 제공할 수 있다.

교도소 상황

사람들이 살인, 폭행, 강간, 절도, 횡령, 사기 등과 같은 심각한 범죄들을 저지른다면, 그들은 징역형을 선고받고 교도소에 감금되게 된다. 미국에서 2009년도 말경에 주와 연방 교도소에서 약 161만 명의 재소자들이 있고 이들을 관리하기 위해 약 74억 달러의 경비를 사용하고 있었다. 우리 나라에서도 매년 수 십만 명의 범죄자들이 발생되고 있고 이들 중의 상당한 숫자가 교도소에서 복역하고 있다. 부가적으로, 대다수의 유죄선고를 받은 범죄인들(미국에서 2008년에 약 70%)이 집행유예와 가석방과 같이, 지역사회에서 그들의 형기를 복역한다는 것을 전제할 때, 교도소에서 형기를 채우는 범죄자들은 단지 작은 비율을 나타낸다.

만일 교도소 안이 어떨 것 같은가에 대해 상상하도록 요청받는다면, 사람들은 TV프로들이나 영화들에서 보아 왔던 이미지들에 의지할 것이다. 교도소들에 대한 사람들의 느낌은 딱딱하고, 차갑고, 잔인한 장소들일 것이다; 그 곳은 재소자들이 입을 다물고 있고, 남의 일에 대해 상관하지 않고, 무거운 철제문들이 탕 닫히는 소리가 크게 울리고 한 복도에서 다음 복도로 접근할 때에 주의깊게 감시되고 통제되는 곳이며, 재소자들 사이에 분명한 위계가 있어서, 가장 거치른 수감자들에 의해 통제되고 있다; 그리고 그 곳은 간수들이라고도 알려진 교도관들이 이러한 강제적 환경에서 흘겨보고 있는 곳이다.

이와 달리, 당신의 인상은 교도소들이 매우 정반대일 수도 있다; 즉, 그것들은 수감자들이 많은 권리와 특전을 누리는 곳들이다. 그 곳은 침대와 하루 세 끼의 식사를 제공받고 리크리에이션 활동을 행할 수 있는 곳이며, 그들이 그들의 교육을 향상시키고, 가치있는 장사기술을 배우고, 치료프로그램들에 참가할 수 있는(그리고 그들에 대해 이 모두가 공짜인) 곳이다. 어느 정도로, 이러한 묘사들은 어떤 최대(전자) 또는 최소(후자)의 보안시설들을 특징지을 것이다. 하지만, 현실은 교도소 벽들 내에서 발견된 광범위한 사회적 환경들(매우 억압적인 것으로부터 더 인간적인 것까지의)이 있다는 것을 전제할 때에, 이것보다 더 복잡하다. 이 절은 "치료적" 교도소환경이 범죄자들의 교정과 차후의 사회 속으로의 재통합에 대한 가능성에 대해 미치는 영향을 포함해서, 교정시설의 사회적 풍토를 검토한다.

교도소의 목표들

교도소 복역의 판결은 어떤 목적을 달성시켜 주는가? 교도소는 상이한(때로는 갈등적인) 기능들을 해 주는데, 그것들 중의 하나는 범죄자를 길거리에서 제거함으로써 사회를 보호하는 것이고, 다른 하나는 범죄자의 반사회적 행동에 대한 하나의 처벌형태가 되어 주는 것이다. 이 기능은 자격상실(incapacitation)의 목표를 나타낸다. 다른 목표들은 일반적 저지(사회를 위한), 특수한 저지(개인을 위한), 교정(즉, 범죄행동을 교정하거나 수정하는 것과 범죄자를 사회 속으로 재통합시키도록 준비하는 것), 경고(즉, 이러한 형태의 행동이 용서받지 못할 것이라는 메시지를 보내는 것) 및 보복(즉, 선고가 범죄에 대한 대가가 되어 주는 것)을 포함한다. 각각의 목표는 고대철학자인 아리스토텔레스(Aristotle)로까지 거슬러 올라가는 정의, 형평성 및 공정에 관한 상이한 개념화를 반영한다. 1970년대 이후로, 우리는 교정의 목표를 택하는 철학으로부터 처벌과 범죄에 대해 강경한 것의 관점에 대한 더 큰 강조를 두는 것 쪽으로의 이동을 목격해왔다.

장차의 범죄를 예방하는 데에 있어서 자격상실의 실시는 얼마나 효과적인가? 연구는 이것이 한정된 가치를 가지며 실제로, 누범의 위험성을 증가시키는 데에 기여할 수 있다는 것을 시사한다. 더욱이, 더 긴 선고는 누범의 위험성에 무관련한 것으로 발견되어왔다. 비록 한정된 효과를 설명하는 많은 가능한 이유들이 있을지라도, 하나의 가능한 설명은 교도소환경이 범죄자가 재범의 위험성의 감소를 일으키는 개인적 변화의 종류들을 만들지 못한다는 것이다. 다시 말하면, 환경과 재소자의 욕구들 사이에 나쁜 합치가 있다. 만일 우리가 범죄자의 욕구들에 합치되게끔 교도소환경을 변화시킨다면, 더 좋은 결과가 나올 것인가? 그 답변은 비록 개인을 적절한 환경에 걸맞추는 것이 결코 하나의 정확한 과학이 아닐지라도, 완전히 "그렇다."이다.

교도소들의 사회적 풍토

교도소환경의 사회적 역동들이나, 그것의 사회적 풍토에 관해서 생각하는 한 가지 방법은 감금자와 피감금자의 개념에서 보는 것이다. 가장 기초적 수준에서, 교도소직원들의 역할은 규칙을 집행하는 것이며, 재소자들의 역할은 명령에 따르는 것이다. 이러한 가장 단순한 패러다임(paradigm)을 넘어서, 당신이 역할들과 관계들의 개념들을 확장시키면, 광범위한 사회적 풍토들이 존재한다.

사회적 풍토(social climate)의 개념은 인간의 행동에 대한 환경들(즉, 행동상황들)의 영향에 관한 Barker(1968)의 연구와 Murray(1938)의 성격이론을 포함해서, 심리학의 여러 흐름들에서 나온다.[139)140)] Murray는 행동이 개인의 욕구들(needs)(예: 친화욕구, 성취욕구)과 환경적 압력(press; 또는 요구들) 사이의 적합의 정도에 의해 결정된다고 제안했는데, 후자는 개인이 이러한 욕구들을 충족시킬 가능성을 촉진하거나 방해하는 환경의 측면들을 수반한다. 예컨대, 소파들, TV 및 완전히 채워진 대형 냉장고가 비치된 학생거주빌딩 속의 지정된 공부지역은 성취욕구들의 충족을 방해할 수 있지만, 친화욕구들의 충족을 증진시킬 것이다.

(1) 교도소들의 사회적 풍토의 측정

Moos(1973)는 개인－환경 관계의 개념을 포착했고 환경들이 개인들처럼 Murray(1938)가 제시하는 욕구들과 비슷한 "성격들"을 갖고 있다고 시사했다(예: 성취 지향적 환경들, 대인적으로 지원적인 환경들, 통제하는 환경들).[141)] 더욱이, 그는 이러한 환경적 성격들이 최소한 그것들이 상황의 멤버들에 의해 지각되는 것에 따라, 평가될 수 있다고 믿었다. 그 결과로, 그는 정신과 병동들, 대학 주거홀들, 및 노인을 위한 보호돌봄 상황들을 포함해서, 여러 상황들의 환경들을 평가하는 몇 개의 척도들을 개발했다. 한 척도인, 교정기관 환경척도(Correntional Institutions Environment Scale; CIES)는 교정환경들을 측정한다.[142)]

Moos(1987)에 의하면, 교도소, 감옥, 유치장, 또는 범죄자들을 위한 집단 가정(group home)과 같은 교정상황의 사회적 풍토가 3개의 일반적 차원들로 구성되며, 이것들의 각각이 3개의 하위척도들에 의해 평가될 수 있다. 이것들의 하위 척도들은 다음과 같다: 즉, 관계지향성(관여, 지원 및 표현성), 개인적 발전(자율성, 실제적 지향성 및 개인적 문제지향성) 및 체제유지와 체제변화(질서와 조직, 프로그램 명료성, 및 직원 통제)이다. 교정환경을 측정하기 위해서, 90개 문항의 CIES(또는 36개 문항의 단축형)가 거주자들과 아울러 직원들에 의해 실시된다. 그 결과는 9개

하위척도들에서의 그들의 독특한 지각들의 프로파일들의 비교이다. 청년들을 위한 한 중간 보안시설(medium-security facility)의 사회적 풍토에 관한 연구에서, 연구자들은 두 집단이 그들의 공유된 사회적 풍토를 매우 다르게 지각해서, 청년들이 직원들보다 더 부정적 지각을 갖고 있다는 것을 발견했다.[143] 직원들에 비해서, 청년들은 시설의 사회적 풍토를 그들의 개인적 발전을 증진시키는 것 상에서 더 낮게 그리고 직원통제 상에서 더 높게 평정했다. 이와 동시에, 시설의 덜 제약저인 개방적 구치소들(open-custody units)에 있는 청년들이 더 제약적인 안전구치소들(secure-custody units)에 있는 청년들보다 사회적 풍토를 자율성과 지원의 하위척도들 상에서 더 긍정적으로 평정했다. 주거들 내에서 사회적 통제를 유지하는 것과 긍정적 성장과 발전을 촉진시키는 것 사이의 올바른 균형을 발견하는 것은 교정시설에서 근무하는 직원들에 대해 하나의 도전적 과업이다. CIES는 이러한 균형을 달성하는 것을 돕기 위한 유용한 자료를 제공할 깃이다.

또한, 각 피조사집단(직원들과 거주자들)이 CIES를 두 번 실시할 수도 있다(한 번은 "실제의" 환경의 면에서 그리고 한 번은 "이상적" 환경의 면에서). 거주자들과 직원들의 평균된 프로파일들 사이와 그들의 평균된 실제적 및 이상적 프로파일들 사이의 차이는 사회적 풍토의 상이한 지각들을 반영하며 프로그램의 발전을 위한 영역들을 확인할 수도 있을 것이다. 예컨대, 만일 직원들이 청년 성범죄자들에 대한 집단 가정(group home)에 관한 그들의 이상적 버전을 개인적 발권차원의 3개의 하위척도들 상에서 높은 것으로 평정하지만, 그들이 근무하는 가정을 하위척도들 상에서 낮을 것으로 평정한다면, 이러한 상위는 대상 모집단의 욕구들을 충족시키게 될 효과적 집단 가정에 관한 직원들의 버전과 일치하는 시설을 만들기 위한 개선영역들을 시사할 것이다.

Moos(1987)는 또한 3개의 일차적 차원들의 9개의 하위척도들에 걸친 점수들의 프로파일이 어떤 환경의 특수한 방향성을 반영하는 것으로서 간주될 수 있다고 시사했다. 어떤 시설들은 거주자들을 지원하는 것과 서로 돕는 것에 대한 그들의 관여를 증진시키는 것에(관계지향적인) 대해 특별한 강조를 둘 수 있을 것이다. 다른 환경들은 거주자들에게 그들의 개인적 성장과 발전에 대해 책임지는 것과 실제적 생활기술들을 발전시키는 것을 고무시킬 것이다(개인적 발전). 더욱이, 어떤 주거들은 질서와 구조를 유지하는 것과 거주자들이 규칙들을 따르는 것을 보장하는 것의 가치를 강조할 것이다(체제의 유지와 체제변화). 비록 범죄자들과 합치되는 개인-환경(person-environment)의 개념을 직접 검증해 온 연구가 없을지라도, 이론상으로 범죄자들은 그들의 욕구를 가장 잘 충족시키는 시설의 유형과 걸맞추어져야만 된다. 예컨대, 자기향상쪽으로 노력할 강한 욕구를 갖고 있는 범죄자들은 개인적 발전지향적인 환경에 의해 더 잘 만족시켜 줄 수 있는 반면에, 상당히 많은 구조와 직원통제를 요하는 거주자들은 체제유지와 체제변화 쪽으로 지향되어 있는 시설에 가장 적합할 것이다.

(2) 스탠포드 대학교의 교도소(감옥) 모의실험

앞에서 진술된 바와 같이, 교도소의 사회적 풍토는 환경(setting)의 "성격"을 정의하는 여러 차원들로 이루어진다. 이 차원들은 내재적인 권력 불균형이 협상되는 방식들, 직원들과 수감자들 사이의 정적(예: 전자감시) 대 동적(예: 직원들과 수감자들 사이의 관계들) 보안울타리들의 역할 및 규칙들이 집행되고 질서가 유지되는 방식들을 포함해서, 직원들과 수감자들 사이의 역할들과 관계들의 성질을 반영한다.

만일 어떤 교도소의 사회적 풍토가 직원-수감자 관계들의 단일 연속선 상에 놓여진다면, 우리는 스탠포드 대학교 교도소모의실험과 죄수들의 잔인한 대우에 대한 이것의 증명된 잠재력을 한쪽 끝 근처에 두고 치료공동체(therapeutic community; 다음의 절을 보라)와 이것의 재소자들의 대우에 대한 인간적 접근을 다른 쪽 끝 근처에 둘 것이다.

스탠포드 대학교의 교도소 모의실험은 사회적 역할들이 어떻게 행동에 영향을 주는가에 관한 하나의 강력한 증명이었다.[144] 이 연구에서, 21명의 건강한 남자 지원자들이 여러 성격측정 도구들에 기초해서 선발되었고 그 다음에 두 역할들 중의 하나에 무작위적으로 배정되었다; 즉, 모의 죄수나 모의 간수이다. 자신의 집에서 체포당한 후에, 모의 죄수는 스탠포드 대학교에 있는 심리학과 빌딩의 지하 속에 만들어진 모의감옥으로 데리고 왔으며, 감방들 속에 두어졌고, 감방간수들에 의해 감시되게 된다. 그 결과들은 그들이 그 후 며칠 동안 드러낸 바와 같이, 놀랍고도 예기치 못한 것이었다. 그들의 부여받은 역학들을 수행하는 동안에, 몇몇 간수들은 점점 더 학대적이고 잔인하게 되어서, 장농 속에 죄수들을 감금하는 것과 음식을 주지 않는 것을 포함해서 모욕적인 처벌형태들을 사용했다. 죄수들은 분열된 사고, 분노의 발작 및 급성 우울증을 포함하는 여러 부정적인 심리적 영향들을 경험했다. 이러한 해로운 결과들로 인해서, 모의실험은 비록 원래의 계획은 14일 동안 이것이 지속되는 것을 요했을지라도, 단지 6일 후에 중지되었다.

비록 단지 하나의 모의실험일지라도, 스탠포드 교도소 모의실험은 우리에게 교정환경 속에 존재하는 내재적인 권력불균형과 이것의 학대잠재력을 생각나게끔 만든다. 비록 지난 10년 동안에 교정들이 다소 개선되어 왔을지라도, 여성에 대한 감옥들의 압박적 조건들은 특히 잘 입증되어왔다.[145] 감옥들의 가혹하고 모욕적인 조건들은 나쁜 위생이나 건강 조건들, 과밀, 제한된 운동기회들, 직원들과 수감자들에 대한 폭행들, 단식투쟁들, 그리고 교도소폭행들을 포함해서 많은 형태들과 가혹함의 정도들로서 나타난다. 우리는 최근에 감옥환경 내에서의 사회적 역할들과 권력불균형이 어떻게 그렇지 않았더라면, 책임감있고 칭찬할 만한 사람들이 잔학한 행위들을 저지르도록 부추기고 강제할 수 있는가에 한 예로서 이라크의 아부 그라이브(Abu Ghraib) 교도소에서의 (충격적인) 학대이야기를 들 수 있다. 몇 명의 미국인 병사들과 장교들이 그 이후에 그들이 이라크 민간인억류자들의 폭행, 강간, 고문 및 심지어 살해에 가담했다고 보고된 후에 중범죄들로서 기소되고 유죄판결을 받았다. 또한 교도소 직원들이 동료간 폭력에 연루되어 있다는 다소의 증거가 있다. 100명의 구금된 청소년 범죄자들에 관한 한 조사에서, 47%가 그들이 예컨대, 어떤 루머를 시작하거나 수감자를 다른 수감자의 감방에 넣는 것과 같이, 수감자를 위험에 빠뜨리는 어떤 것을 말했거나 행했던 교도소직원들을 알고 있다고 진술했다.[146]

교정에 대한 교도소의 접근들: 치료적 공동체들(therapeutic communities)

사회적 풍토 연속선의 다른쪽 끝에서, 우리는 치료공동체들(therapeutic communities)이라고 알려진 더 인간적인 교도소 환경을 발견한다. Maxwell Jones가 치료공동체들과 가장 가깝게 연관된 사람이다. Jones(1953)는 민주화, 지방자치주의, 현실직면 및 또래집단 영향을 포함하는 전통적인 치료공동체들이 기초되었던 몇 개의 원칙들을 개발했다.[147]

사회생태학적, 사회학습적 및 인본주의적 이론들을 포함해서, 사회심리학과 임상심리학 내의 여러 관점들에 의지하고서, 치료공동체는 거주자들의 개인적 성장과 발전을 증진시키기 위해 고안된 하나의 전체론적인 거주환경이다. 주된 목적은 개인에게 우선적으로 시설에 들어갈 수 있도록 만들었던 생활스타일(예: 물질남용, 범죄성)보다도 지역사회 복귀에 대한 더 건전하고 더 적응적인 생활스타일로 이끄는 태도를, 신념들 및 행동들에서의 변화들을 일으키는 것이다. 핵심 개념은 치료공동체가 정직, 솔직성, 자기관리(self－governance) 및 함께 살기 위한 개인들의 노력들로부터의 학습의 원칙들을 준수함에 따른 하나의 생활학습이다. 다른 치료적 접근들과는 대조적으로, 치료공동체의 두드러진 특징은 사회적 및 심리적 변화를 촉진시키기 위한 일차적 수단인 공동체의 역할이다.

치료공동체의 개념을 교정환경들에 확장시키면서, 부가적 원칙들은 수감자들, 권위인물들, 여성들과 아동들과의 관계들의 구축, 반사회적 태도들, 가치들 및 신념들과 아울러 피해자 인식, 회개, 피해자에 대한 결과들에 대해 주의를 기울이는 것 및 재범을 피하기 위한 전략들의 개발을 포함한다.[148] 교도소에 기초된 치료공동체는 교도소가 수감자들이 흔히 길거리들에서 사는 더 큰 강압적이고 부적응적인 환경들의 소우주들이라는 생각에 기초된다. 이와 같이, 치료공동체들은 범죄자들에 대해 협동적인 친사회적 환경을 모델링하는 고도로 구조화된 환경을 경험할 기회들을 제공한다. 하지만, 거주자들은 치료공동체에 입소하게 되기 이전에 주의깊게 선발되어야만 된다. 이것은 이 접근이 오로지 독특한 환경 속에 참가할 동기가 있는 죄수들을 위한 것이기 때문이다. 더욱이, 교도소에 기초된 치료공동체는 이것이 교정의 하나의 특별형태이며 치료가 매우 중요하기는 하지만. 이것이 보안에 대해 부차적인 것이라는 것을 인식해야만 된다.[149] 이와 동시에, 치료공동체가 성공을 거두기 위해서, 이것은 구금적인 교도소 환경과는 별개의 그리고 다른 방식들로 꽤 자율적인 것으로서 간주되어야만 된다. 교도소에 기초된 치료공동체들은 미국의 많은 주들과 아울러 캐나다와 그 밖의 나라들에서 실시되어왔다.

요 약

1. 사회심리학자들은 범죄와 법체계에 관한 문제들을 설명하고 연구하기 위해, 이론들과 잘 통제된 연구방법들의 응용을 추구해왔다.
2. 범죄사건에 대해, 본장은 범죄자의 개인적 특징들에 전적으로 초점을 두기보다도 범죄행동을 부추기는 타인들의 존재와 상황단서들과 같은 환경요인들이 또한 어떻게 범죄활동의 결정요인들로서 관계될 수 있는가를 기술했다. 개인-환경의 상호작용의 개념이 범죄행동의 원인론에 관한 일반적 성격 및 사회심리학적 모형 속으로 통합되어왔다.
3. 범죄행동에 관한 생물학적, 사회학적 및 사회심리학적 이론들의 요점들이 제시되었다.
4. 적절한 경찰의 수사절차를 따르는 데에 요구된 세부사항에 대한 최대한의 주의는 수사관들에게 상당한 요구를 부과한다. 이러한 면에서, 사회심리학이론에 의해 인도된 사회심리학적 연구가 경찰수사 동안에 일어나는 편향과 오류의 가능한 근원들을 알아내고, 경찰관들의 업무의 정확성과 통합성을 증가시키기 위한 절차들을 개발하는 데에 있어서 중요한 역할을 해왔다.
5. 목격자 신고들의 신뢰성은 목격자나 상황을 보는 것에 관련된 요인들인 추정자변인들(estimater variables에 의해 영향받을 수 있다. 목격자들은 그들이 과도한 스트레스를 경험하고 있지 않을 때, 무기가 존재하지 않을 때, 그리고 그들이 자기 자신의 인종의 멤버들을 확인할 때에 더 신뢰로운 정보를 제공한다.
6. 사법체계의 통제 하에 있는 요인들인 체계변인들(system variables)이 또한 목격자 신고들에 영향을 줄 수 있다. 오도시키는 사건 후의 정보에 접하는 목격자들은 실제로는 일어나지 않았던 일들을 목격했다고 주장할 수 있다. 출처검색이론(source monitoring theory)에 의하면, 목격자들은 특정의 정보가 그들이 목격했던 사건 자체나, 면접자의 질문으로부터 간접적으로 나왔는지를 구별하기가 곤란할 것이다.
7. 용의자열들의 양식이 목격자 정확성의 차이를 일으키는 다른 체계변인들(system variables)이다. 목격자들은 용의자들이 동시적이기보다 순서적으로 제시될 때에 더 정확한 확인을 행한다. 암시적인 용의자열(lineup) 지시들이 확인의 정확성을 감소시킬 수 있다. 최근의 연구는 목격자들이 10초 이하에서 용의자를 확인할 때에 가장 정확할 수 있다는 것을 시사한다.
8. 사람들은 때로는 그들이 저지르지 않았던 범죄를 자백한다; 가끔, 그들은 심지어 자신이 실제로 범죄를 저질렀다고 믿으면서 시작할 수 있다. 허위자백들은 수사관들이 범죄의 심각성을 최소화하고 자백의 대가로 관용을 제공할 때에 더 일어나기 쉽다.
9. 법집행 직업인들은 우연수준보다 훨씬 더 잘 속임을 탐지할 수는 없을 것이다. 폴리그래프(polygraph; "거짓말 탐지기") 검사들은 비교적 낮은 정확률들을 갖는 것 같으며, 사람들은 무죄인 것처럼 보이기 위해서 그들의 생리적 반응들을 조작할 수 있을 것이다.
10. 성격특성들, 사회적 태도들 및 연구통계학 변인들과 같은 배심원들의 특징들은 기껏해야 배심원

판결들의 작은 예측요인들이다. 이러한 사실에도 불구하고 몇몇 검사들은 자신의 사건에 대해서 더 호의적이게 될 배심원들을 알아내기 위해 과학적 배심원선정을 사용하고자 한다.

11. 사형사건들에서, 사형을 지지하지 않는 후보배심원들을 배제시키기 위한 노력들이 흔히 이루어진다. 연구는 이러한 사형선고자격의 과정이 덜 비판적이고 덜 대표적이며, 더 유죄판결 성향의 배심원을 낳을 수 있다고 시사한다.
12. 배심원 의사결정에 관한 이야기모형(story model)은 배심원들이 문제의 사건들에 관한 이야기를 만들기 위해 재판에서 제시된 증거를 적극적으로 사용한다고 제안한다. 그 다음에, 배심원들은 이러한 경쟁이 되는 설명들 중의 어느 것이 증거와 일관성있게 합치되고 재판에 대한 판결들과 가장 잘 합치되는지를 결정한다.
13. 몇 개의 요인들이 배심원 의사결정에 영향을 줄 수 있다. 부정적인 공판전의 보도가 형사피고가 유죄판결을 받게 될 가능성을 증가시키고 민사재판들에서의 판단들에 영향을 줄 수 있다. 배심원들은 흔히 심지어 판사에 의해서 무시하라고 지시받은 후에도, 인정불가능한 증거에 의해 영향받는다. 이와 비슷하게, 배심원들은 피고를 부정적으로 평가하기 위해서 성품 증거(character evidence)에 관한 반대심문으로부터 그들이 얻은 정보를 사용할 수 있다.
14. 배심원들은 신체적으로 매력있는 피고들과 아울러 사회경제적 지위가 높은 피고들에 대해 유죄판결을 내리는 경향이 더 적다. 많은 사건들에서, 배심원들은 백인 피고들보다 흑인 피고들에 대해 유죄판결을 내리는 경향이 더 많다. 피고의 인종은 그 사람의 인종이 특출하지 않을 때에 배심원의 의사결정에 영향을 주기가 가장 쉽다; 인종이 강조될 때, 배심원들은 인종편향을 피하기 위해 자기 자신을 검색할 것이다.
15. 어떤 배심원에 의해 도달된 최종 판결은 흔히 배심원들의 다수측의 시초의 판결선호를 반영한다; 하지만, 어떤 사건들에서, 배심원들의 판단들은 증거에 관한 심의를 통해 바뀐다. 6인 배심원들에 비해서, 12인 배심원들이 더 많이 심의하고 광범한 관점들을 고려한다. 부가적으로, 만장일치의 결정에 도달하도록 요구받은 배심원들이 증거를 더 오래 그리고 더 철저하게 토의하는 경향이 있다.
16. 사회심리학자들은 전문가증언과 법정고문("법원의 친구")의 소송사건적요서를 통해 법체계에 대해 그들의 지식을 제공해왔다. 재판에서, 심리학자들은 사건을 고려하기 위한 하나의 "틀"을 제공하기 위해서 과학적 신뢰성의 기준들에 합치되는 연구들에 관한 증언을 할 수 있다. 전문가증언은 이것이 단순하게 연구발견들을 제시하는 것보다 연구들과 취급되는 사건 사이의 연관들을 지을 때에 더 영향력있다. 법정고문 소송사건적요서들은 법원들을 위한 관련된 과학적 문헌을 요약하는 심리학자들과 검사들에 의해 쓰여진 문서들이다.
17. 사회적 환경들(예: 교도소상황)을 평가하는 것에 관한 연구가 논의되었다. 관계와 개인적 성장 지향들을 갖고 있는 교도소환경을 나타내는 치료공동체들이 어떤 범죄자 유형들(예: 물질남용문제들을 가진 자들)의 위험성을 감소시키는 데에 효과적인 것을 보여 왔다.

제11장

미디어의 사회심리학

TV의 인지적 및 교육적 영향
  상관연구들
  준실험 연구들

미디어 폭력의 영향
  미디어 폭력 시청의 결과들
  공격의 모방
  미디어 폭력과 공격적 사고들
  미디어 폭력과 공포

외설물 시청의 영향
  비폭력적 외설물에 대한 장기적 노출의 영향
  삽입된 폭력적인 성적 재료에 대한 노출의 영향
  폭력적인 성적 재료에 대한 노출의 유해한 영향을 감소시키는 방법

정치적 뉴스보도의 영향
  미디어가 시청자들의 사고에 미치는 영향
  정부에 대한 부정적인 미디오보도의 영향
  정치적 광고의 나쁜 결과

요약

미디어는 우리의 생활의 하나의 필수부분이 되어왔다. 1970년대 초에 미국과 캐나다의 모든 가구의 95% 이상이 TV를 소유했으며,[1] 오늘날 산업화된 대부분의 나라들이 그러한 상태에 있다. TV 이외에도, 당신은 라디오를 듣거나, 신문을 보거나, 잡지를 보거나 영화를 보지 "않는" 어떤 사람들을 생각할 수 있겠는가? 정말로, 당신은 전철을 이용해서 출퇴근을 하는 동안에, 엘리베이터를 타고 있는 동안에, 심지어 길을 걸어가고 있는 동안에도, 당신의 핸드폰 상에서 정보를 볼 수 있다. 지난 10년 동안에 청소년들이 어떻게 미디어를 사용하는가에 있어서 큰 변화가 목격되어왔다.[2] 청소년들(8세에서 18세)에 의한 여러 미디어에 대해 소비된 평균 시간이 일당 약 7시간 30분이었다. 하지만, 청소년들이 동시적으로 접한 미디어의 총량은 거의 11시간에 가깝다.[3]

분명히, 사람들의 미디어 사용에 있어서 큰 변화들이 일어나 왔다. 하지만, 이러한 변화들은 주로 지난 세기 동안에 일어나 왔다. 100년 전의 선진국들에서, 신문이 주된 미디어이었으며, 영화가 겨우 인기있기 시작하고 있었다. 선진국들에서, 라디오는 1920년대에 출발되었고 TV방송국들은 1940년대에 미국에서 처음 나타났고 1950년대에 인기 있게 되었다. 미디어에서의 이러한 큰 변화들을 전제할 때, 우리의 생활에 대한 미디어의 영향을 고려하는 것이 중요하다. 미디어의 사회심리학적 영향들에 관해서 다음과 같은 주요 의문들이 제기되어왔다.

- 미디어는 사람들, 특히 청소년들의 인지적 및 교육적 발달에 대해 어떤 영향을 주는가?
- 미디어는 폭력적 사회를 만드는가?
- 미디어는 사람들의 일반적 공포수준을 증가시킬 수 있는가?
- 사람들이 외설물(pornography)을 시청할 때에 무엇이 일어나는가?
- 미디어는 사람들이 중요한 이슈들이라고 생각하는 것에 대해 영향을 주는가?
- 미디어는 선거에 대해 영향을 주는가?

1930년대 말경의 화성인의 지구침공에 관한 라디오 극의 방송이 일반대중에게 미친 큰 공포적 영향과 같은 사례들은 미디어가 우리들의 생활에 대해 깊은 영향을 줄 수 있다는 것을 시사한다.[4] 하지만, 어떤 정치인의 장시간의 선거 유세방송이 사람들이 생각하는 것에 대해 거의 또는 전혀 영향력이 없는 것으로 밝혀진 바 있다.[5] 미디어의 영향에 관한 이러한 상반된 현상들은 미디어에 관한 많은 사회심리학적 연구들에 대한 우리의 관심을 높여 준다. 미디어의 심리적 영향에 관한 연구는 많은 분야를 포함해왔다. 이 장은 청소년들의 인지적 및 교육적 발달에 대한 TV의 영향, 미디어 폭력, 외설물 및 정치적 보도의 영향들을 탐색하는데, 이것은 이 네 개의 이슈들이 사회심리학자들에 의해 광범하게 연구되어 왔고, 중요한 사회적 함의들을 갖고 있기 때문이다. 그 밖에도 연구들은 인종차별, 교육, 신체이미지, 정보의 보급 등에 대한 미디어의 영향을 취급해왔다.

TV의 인지적 및 교육적 영향

우리가 지니고 살아야만 되는 물리적 법칙들 중의 하나는 하루에 단지 24시간만이 있다는 것이다. 어떤 특정의 날짜에서 사람들이 그들의 활동들을 분배하는 방식은 합계－영(zero－sum) 방식으로 수행된다; 즉, 한 활동을 행하는 데에 시간을 보내는 것은 다른 활동들을 행할 수 있는 더 적은 시간이 있다는 것을 의미한다. 예컨대, 잠자는 시간과 직장이나 학교에서 보낸 시간을 뺀 후에, 리크리에이션과 숙제(학생들에 대해서)를 위해 남겨진 시간은 매우 작다.

이것은 아동들에 대해 중요한 함의를 갖는다. 아동기 동안에 달성되어야만 될 몇 가지 중요한 발달적 시점들이 있다. 이 시점들은 인지적 성장(예: 창의성, 상상력, 지능)과 아울러 언어와 읽기 기술들의 발달을 포함한다. 치환이론(displacement theory)은 아동들이 TV를 시청할 때, 그들은 이러한 발달적 목표들을 달성시키는 데에 필요한 활동들로부터 중요한 시간을 빼앗긴다고 주장한다. 그 결과로, 아동들이 TV를 더 많이 볼수록, 그들은 필요한 기술들을 학습하는 데에 보내는 더 적은 시간을 가져왔기 때문에, 심리 검사들(예: 창의성의 심리검사들이나 읽기능력에 관한 학력검사들)에서 더 나쁘게 수행할 것이 기대된다. 치환이론(displacement theory)은 TV가 아동들의 인지적 성장, 교육적 성취와 아울러 TV와 함께 시간적으로 공유될 수 없는 다른 활동들(예: 많은 여가활동들의 수행)에 대해서 갖는 영향을 기술하는 데에 특별하게 겨냥되어 있다. 예컨대, 인지적 성장을 고려해보자, 고등학교 전의 시기는 아동들의 지적 발달에서 가장 중요한 시점들 중의 하나이다.[6] 인지발달을 촉진시키는 것을 돕기 위해 학교에서 아동들이 배운 기술들 중의 많은 것이 가정에서의 연습으로 강화될 필요가 있다. 그 결과로, 아동들은 학교 밖에서 그들의 수학기술을 연습하고, 놀이와 기타의 활동을 통해 그들의 인지능력들을 숙달하는 데에 어떤 양의 시간을 소비할 필요가 있다. 하지만, 아동들이 방과 후의 많은 시간을 TV를 보면서 보내는 경향이 있기 때문에, 그들은 이러한 기술들과 능력들을 숙달하는 데에 더 잘 보낼 수 있는 시간을 치환하고 있다.

치환이론이 TV시청과 학업과 인지적 결과들 사이의 인과적 관계를 예측하기 때문에, 이러한 추론을 검사하기 위한 가장 직접적인 방법은 실험설계를 사용하는 것이다. 실험적 접근은 TV에 "전혀" 노출되지 않았던 큰 표본의 아동들을 찾고, 그들을 TV시청조건이나 TV비시청조건에 무작위적으로 배정하는 것을 필요로 할 것이다. 일단 이것이 수행되게 되면, 그들의 인지적 성장과 학업성적과 같은 변인들 상에서 실험집단이 TV에 노출되기 전과 아울러 후에 측정될 수 있다. 만일 실험집단의 아동들(즉, TV를 시청했던 아동들)이 통제집단(즉, 계속 TV 노출이 없었던 아동들)이 동일한 채로 남아있는 동안에, 결과의 측정치들 상에서 점수가 감소되었다면, 치환효과들이 원인일 것이다. 이와 비슷한 가정들이 만일 통제집단의 능력들이 향상된 반면에, 실험집단이 계속 불변했다면, 이루어질 수 있다. 이러한 가설의 좀 더 큰 실험적 검증은 통제집단을 두 개의 비교집단들과 비교하는 것을 포함할 것이다. 즉, 높은 TV시청집단(예: 하루당 3~4시간)과 낮은 TV시청집단(예: 하루당 1~2시간)이다.

하지만, 이런 종류의 실험은 1990년대에는 비현실적이었다. 북미에 있는 대부분의 가정들이 최소한 1개의 TV를 갖고 있다는 것을 전제할 때, TV에 광범하게 노출되지 않았지만 일반 모집단의 대표가 되는 아동들을 충분하게 찾아내기가 불가능할 것이다. 또한, 치환효과들을 연구하기 위한 두 개의 실행가능한 대안들이 있다. 즉, ① 아동들이 TV를 시청하는 데에 보내는 시간과 그들의 인지적 및 학업적 성취들 사이의 관계를 조사하는 상관연구들과 ② 하나나 둘 이상의 지역사회들에 TV를 도입하고 이것이 사람들의 행동에 미치는 영향을 알아보는 준실험 설계들이다. 두 종류의 연구들이 유의한 치환효과들을 증명해 왔으며 이하에서 논의된다.

상관 연구들

상관연구는 두 개의 자연적으로 일어나는 사건들 사이의 관계를 조사한다; 이 연구설계 속에는 실험이나 통제 집단들이 없다. 이러한 성질의 연구들은 아동들이 시청하는 TV의 시청시간을 측정하고나서, 그들의 학업성취, 인지발달 및 신체건강의 정도와 같은 변인들과 이것을 상관짓는다. 치환이론은 TV시청과 이 변인들(결과) 사이의 부적 상관을 예측할 것이다. 다시 말하면, TV시청이 증가할수록, 학교성적, 창의성 및 건강과 같은 요인들이 감소될 것이다.

몇 개의 연구들이 아동들의 TV시청과 그들의 읽기와 학업능력들 사이의 관계를 조사해왔다. 28,000명의 미국의 고등학교 3학년 학생들에 대한 연구에서, 연구자들은 이 청년들이 더 많이 TV를 시청했을수록, 그들이 숙제를 행하는 데에 더 적은 시간을 보내고, 전국적 표준화검사들 상에서 읽기와 수학능력 점수들이 더 낮다는 것을 발견했다.[7] 하지만, 다른 연구자들은 하루에 4시간 이하의 TV를 시청하는 아동들과 청소년들에 대해, 그들의 읽기 능력들에 대해 작은 영향을 주는 것 같다는 것을 발견했다.[8)9)] TV시청이 하루에 4시간을 초과할 때만이 읽기 능력들이 심각하게 나빠지는 것으로 관찰되고 있다. 이것은 TV시청과 학업과 읽기 사이의 관계가 치환이론이 예측하는 것처럼 반드시 직선이 아니라는 것을 시사한다. 즉, TV를 고원수준이나 그것을 넘어서 시청하는 아동들이 어떻게 해서 가장 나쁘게 영향받는 경향이 있는 고원효과가 있는 것 같다.[10)]

아동의 인지적 성장(예: 공상과 창의성)이 또한 너무 많은 TV시청에 의해 나쁘게 영향받을 수 있다. 하지만, 어떤 사람들은 TV의 다양한 성질 때문에, TV시청이 흔히 인지적 성장을 방해하는 대신에 실제로 자극시킬 수 있다고 시사할 것이다. 연구자들은 인지적 자극과 인지적 감소 가설들에 대한 증거를 조사하는 과학적 문헌을 고찰했다.[11] 그들의 고찰은 TV시청의 영향을 두 개의 인지적 성장의 측정치들(즉, 공상하기와 창의성)에 대해 별개로 검토했다. 그들은 대다수의 연구들이 TV시청과 아동들의 공상 사이의 정적 관계를 발견해왔다는 것을 보였다. 하지만, 아동들이 TV시청에 보낸 시간과 그들의 창의성수준 사이의 관계가 부적 관계라는 것을 보였다. 따라서, TV를 많이 시청하는 아동들은 덜 자주 시청하는 아동들보다 더 자주 공상하지만 덜 창의적인 경향이 있다. 이러한 결과들은 TV가 인지발달에 대해 주는 혼합된 영향을 보인다.

TV시청과 신체건강 활동들이 동시에 일어나기가 곤란하기 때문에(특히 아동들에서), TV시청 양과 신체건강이나 비만 수준 사이에 부적 관계가 있을 것이다. 연구자는 이러한 관계를 청년기 소년들의 한 표본에서 검토했다. 그는 TV시청에 보낸 시간의 비만수준들에 대한 영향이 없음을 발견했다.[12] 하지만, 그는 하루에 2시간 이하의 TV를 시청했던 아동들이 중간 시청자들(즉, 하루에 2~4시간)과 심한 시청자들(즉, 하루에 4시간 이상)보다 유의하게 더 신체적으로 건강했다는 것을 발견했다. 청소년기 여자들에서 TV시청과 신체건강 및 비만 사이의 관계는 아직 알려져 있지 않다.

비록 여기에서 보고된 연구들이 치환이론에 의해 예측된 관계를 예시할지라도, 상관적 분석이 이 이론이 행하고 싶어하는 인과적 추론을 행하는 데에 사용될 수 없다. 학교에서 잘하지 못하거나, 나쁜 인지능력들을 갖고 있거나, 신체적으로 건강치 못한 아동들이 TV시청의 "결과"라기보다도 오히려 바로 이러한 결함들 "때문에" TV를 시청하는 데에 더 많은 시간을 보낼 가능성이 똑같이 있다. 이러한 점이 연구자들에 의해 주장되어 왔는데, 이들의 3년간의 패널연구(panel study)는 한 집단의 아동들이 TV시청에 보낸 시간, 아동들의 읽기능력 및 독서시간을 조사했다.[13] 그들은 시간경과에 따라, 잘 읽고 많이 읽었던 아동들이 계속해서 그렇게 한다는 것을 알았다. 그들은 또한 아동들이 TV시청에 보낸 시간과 그들의 읽기능력과 아울러 읽기에 보낸 시간이 세 개의 모든 검사 시점들에서 높게 상관되어 있다는 것을 관찰했다. 그들의 연구의 과정 동안에, 읽기시간과 능력들 상의 변화들이 있었을 때, 그 변화는 아동이 행했던 TV시청 양과 반드시 상관되지는 않았다. 따라서, 그들은 읽기 상의 변화들이 TV시청의 증가된 시간의 "직접적" 결과인지, 또는 장차의 연구들에서 확인되고 검증될 필요가 있는 다른 중개 변인들(예: 읽기활동들에 대한 또래들의 지원)이 영향을 주었는지를 결정하기가 불가능하다고 주장한다.

준실험 연구들(quasi-experimental studies)

치환이론에 의해 예측된 인과관계가 지지받을 수 있는지를 결정하기 위해 더 강력한 연구방법들이 필요하다. 이 목적을 위해서, 몇 개의 연구들이 중단된 시간계열설계라고 알려진 준실험법을 사용해왔다. 이 방법을 이용했던 연구자들은 TV시청에 의해 일어난 치환이 아동들에 대해 미치는 영향을 조사하기 위해 자연적으로 일어나는 사건(예: 하나나 그 이상의 지역사회들에 대한 TV의 도입)을 활용해왔다. 이런 식으로, 그들은 TV가 주민들의 생활스타일 속으로 도입된 후에, 한 집단의 사람들에서의 변화들을 알아보기 위해, 사전－사후(pre－post)설계(즉, 특수한 실험적 사건이 일어나기 전과 후에 종속변인들의 측정치들을 얻는 것)를 사용할 수 있다.

하지만, 앞에서 보고된 상관연구들과는 달리 이 연구들은 TV시청에 보낸 시간과 결과변인들을 상관짓지 않는다; 단지 TV의 도입이 아동들에게 그들의 인지와 읽기 능력들을 발달시키는 데에 더 적은 시간을 보내게끔 만든다는 것이 "가정"되었다. 따라서, 준실험적 연구는 TV가 없는 지역사회들에서 살고 있는 아동들이 인지발달과 읽기에 겨냥된 활동들을 행하는 데에 더 많은 시간을 보내는 것을 먼저 결정할 필요가 있다. 이 문제를 취급하기 위한 최초의 준실험적 연구들 중 하나가 연구자에 의해 수행되었다.[14] 그는 미국에서 TV의 도입 동안에 사람들의 읽기에 미치는 치환의 영향을 검토했다. 1951년과 1953년 사이에 TV방송국들을 운영하는데 대한 새로운 허가들의 실시에 있어서 일시적 중지가 있었다. 그는 이러한 금지 이전에 TV를 갖었던 55개의 일리노이주의 지역사회들을 확인했고, 그 다음에 그 금지가 없어진 후까지 TV를 공급받지 못했던 인구통계적으로 유사한 지역사회들과 그들을 짝지웠다. 그는 지역사회의 독서에 대한 관여를 지역사회의 인구에 대한 공적도서관용 도서의 발행부수의 비율을 계산함으로써 조작화시켰다. 1인당 통계치가 모든 짝지은 지역사회들에 대해 계산되었다. 그의 자료는 지역사회에 대한 TV의 도입(이것이 1951년 전이나 1953년 이후에 왔는지에 관계없이)이 1인당 도서관용 도서의 발행부수를 유의하게 떨어지게끔 만들었다는 것을 보였다. 이른 및 늦은 TV지역사회를 모두에 대해, TV도입 이후의 감소는 통계적으로 유의했다.

그의 연구가 아동들과 성인들의 독서를 1인당 발행부수의 면에서 측정한 반면에, 유사한 연구들은 TV도입이 아동들이 독서에 보낸 시간에 대해 특별하게 미친 영향을 검토해왔다. 역사적으로, 이 연구들의 시초는 영국에서의 TV의 도입 시점을 중심으로 수행되었고, 그 후에 미국과 캐나다, 일본, 오스트레일리아 및 남아프리카에서 뒤따랐다. 예컨대, 연구자는 TV의 도입이 일본인 아동들의 읽기에 미친 치환효과들을 갖었는지를 결정하기 위해 사전－사후설계를 사용했다.[15] 그의 연구는 그가 연구 동안의 어떤 시점에서도 TV에 노출되지 않았던 짝지은(걸맞춘) 통제집단을 또한 포함시켰다는 점에서 특히 강력한 것이었다. 그는 일단 TV가 도입되었다면, TV에 노출되었던 아동들이 통제집단의 아동들에 비해서, 그들이 도서를, 잡지를, 만화책들 및 신문들을 읽는 데에 보낸 시간이 감소되었다는 것을 발견했다.

따라서, TV시청은 아동들이 인지적 발달과 독서목표들을 달성하는 것을 돕는 데에 겨냥된 과업들에 대해 사용했을 수 있는 시간을 치환시키는 것 같다. 하지만, TV도입 후에 아동들의 인지적 성장과 읽기능력들에서의 "실제의" 감소들이 있었는지를 취급하는 준실험적 연구들이 흔하지 않은 두 가지 이유가 있다. 첫째로, 치환에 관한 초기의 연구들은 치환의 인지적 및 학업적 영향들을 적절하게 결정하지 못했다. 이 연구들은 TV의 새로운 매체가 사람들의 기존의 미디어의 사용에 대해 미쳤던 영향에 대해 더 많이 관심을 두는 경향이 있었다(예: 그들이 이전과 마찬가지로 자주 신문들이나 책들을 읽는지). 이 연구들에서, 읽기능력들에서의 변화들과 숙제와 기타의 인지적 과제들을 행하는 데에 보낸 시간과 같은 이슈들이 아동들이 이전의 매체들을 이용하면서 보낸 시간에서의 변화들로부터 단지 추론되었다. 이러한 종류의 연구들이 흔하지 않은 두 번째 이유는 위성 커뮤니케이션들과 케이블TV의 등장으로, TV에 접하지 않은 서구세계의 지역사회들이 적거나 거의 없다는 것이다. 이것 때문에, 치환효과들이 더 철저하게 검토될 수 있게끔, 더 새롭고, 통제되고, 심리학적으로 초점을 둔 사전-사후의 준실험적 연구를 수행하기가 불가능하다.

하지만, 이러한 과거와 현재의 제한점들이 있음에도 불구하고, 치환이론의 사회심리학적 함의들에 대한 중요한 통찰들을 제공하는 하나의 잘 입증된 케이스가 있다.[16] 이러한 종류의 많은 이전 연구들과는 달리, Notel(TV가 없음) 연구가 연구자들에 의해 수행되었는데, 이 연구는 미디어 사용의 변화들을 취급하지는 않았다. 그들의 목표는 TV의 도입이 Notel 지역사회의 주민들(비록 대부분이 아동들일지라도)에게 미친 사회심리학적 영향을 연구하는 것이었다.

연구자들은 아동들의 읽기에 대한 TV의 치환효과들을 연구했다.[17] 그들이 읽기활동들의 치환이 더 어린 아동들에서 더 부정적 영향을 줄 것이라고 믿었기 때문에, 그들은 TV가 Notel에 도입되기 전에 2, 3 및 8학년 아동들을 검사했다. 2년 후에, 그들은 새로운 2, 3 및 8학년 아동들의 집단에 부가해서, 동일한 이들들(그들은 이제 4, 5 및 10학년이었다)을 재검사했다. 종단적 자료에 있어서, 그들은 아동들의 읽기 능력들이 Notel에 TV가 도입된 후에 감소되었다는 아무런 증거를 발견하지 못했다. 하지만, 마찬가지로, 그들의 능력들도 또한 증가되지 않았다. 횡단적으로, 이 자료는 매우 상이한 이야기를 말한다. 연구의 1단계에서, Notel에 있는 2, 3학년 남녀들이 Unitel(단일 채널)이나 Multitel(다수 즉, 4개의 채널)에 있는 동일한 학년의 아동들보다 유의하게 더 나은 읽기능력을 갖고 있었다. 하지만, Notel에 대한 TV의 도입은 다른 두 개의 읍들의 아동들과는 달리, Notel의 아동들의 평균 읽기점수들에서의 유의한 감소를 보였다. 따라서 TV의 도입 2년 후에 Notel의 2, 3학년 아동들은 그들의 우수한 읽기능력들을 포기한 것 같았다. 그들은 TV를 갖고서 성장했던 아동들과 동일한(더 낮은) 읽기능력들을 발달시켰다. 8학년의 아동들의 읽기능력들은 그들의 지역사회에 대한 TV의 도입에 의해 영향받지 않는 것 같았다.

연구자들은 Notel의 4학년과 7학년 아동들에서의 창의성의 변화들을 조사했다.[18] 종단적 자료는 1단계에서, Notel의 아동들이 다른 두 개의 비교 읍들의 동일한 학년의 아동들보다 유의하게 더 창의적이었다는 것을 보인다. 하지만, TV시청 2년 후에, Notel 아동들이 창의성 점수들은 감소되었고, Unitel과 Multitel의 아동들의 점수들과 비슷했다. 이러한 패턴은 횡단 자료에서 좀 더 뚜렷했다. Notel의 TV도입 이전에, 4, 7학년의 아동들은 Unitel과 Multitel의 아동들에 비교했을 때에 엄청나게 더 높은 창의성점수들을 가졌다. 2단계 무렵에, Notel의 4, 7학년 아동들의 평균 창의성 수준은 TV가 도입되기 전보다 40% 더 낮아서, 다른 읍들에 있는 아동들과 동등하게 되었다.

요약하면, 상관연구들은 TV를 많이 보는(특히 하루에 4시간 이상) 아동들이 가장 나쁘게 영향받는 경향이 있다는 것을 보인다. 그들의 읽기와 수학 능력들은 TV를 덜 보는 아동들의 것들보다 더 적으며, 그들은 또한 창의성의 측정치들상에서 더 낮은 점수를 갖는다. 준실험적 증거도 또한 읽기능력과 창의성이 TV시청에서 오는 치환효과들의 결과로 감소된다는 것을 시사한다. 이것은 부모들이 그들의 자녀가 TV시청에 보내는 시간에 관해서 걱정해야만 된다는 것을 시사한다; 숙제를 행하는 데에 쓰는 시간이 우선되어야만 된다는 것이 분명하다. 상관자료는 부정적 관계들이 성인기까지 유지된다는 것을 보이는 반면에, Notel의 자료는 더 나이어린 아동들이 치환효과들에 대해 가장 위험하다는 것을 시사한다.

미디어 폭력의 영향

온 저녁동안 TV를 켜고서 어떤 형태의 신체적 폭력을 시청하지 않기가 매우 곤란하다. TV 프로 상에서의 미디어 폭력에 관한 연구들에 기초할 때, 이것은 극히 곤란한 일이다. 의도적 신체폭력에만 초점을 두고서, 1년 동안의 모든 TV 프로들의 58%가 어떤 형태의 신체적 폭력이나 신체적 폭력의 어떤 신빙성 있는 위협을 포함했다. 만일 당신이 폭력 프로들을 많이 방송하는 유선TV의 채널들을 시청한다면, 놀라운 85%의 프로들이 폭력을 갖고 있다. 만일 이것이 매우 나쁜 것이 아니라면, 폭력을 싣고 있는 프로들 중에서, 2/3가 4개나 그 이상의 폭력적 상호작용을 싣고 있다.[19] 물론, 단지 어떤 TV프로가 폭력을 싣고 있다는 것이 이것이 폭력을 조장하고 있다는 것을 의미하지는 않는다. 아마 그 프로의 메시지는 실제로 반폭력 중의 하나일 것이다. 아마 이러한 TV프로들 중의 다소는 피해자와 피해자의 가족과 친구들에 대한 폭력의 해로운 효과들에 초점을 두는 폭력을 포함할 것이다. 비록 이러한 프로들이 존재할지라도, 그것들은 드물다. 연구된 3년 동안의 프로들의 단 4%만이 반폭력적 주제들을 갖고 있었다.[20] 이것은 TV프로들이 반폭력적 주제들을 포함하는 것보다 친폭력적 메시지들을 갖고 있거나 폭력에 대해 중립적인 경향이 15배라는 것을 의미한다. 불행하게도, TV 프로에서 발견된 폭력수준은 몇 십년 동안 꽤 일정하게 유지되어왔다.[21]

3년 동안의 폭력(폭력을 의도적인 신체적 폭력으로서 정의하고서)을 포함시킨 TV프로의 상이한 유형들 내에서 프로들의 백분율들이 계산되었다. 분명히, 드라마들(75%)과 영화들(90%)이 많은 폭력을 포함했다. 하지만, 이러한 자료에서 가장 불안을 일으키는 측면은 폭력을 포함한 아동용의 TV프로들의 백분율이다. 모든 아동용 프로들의 약 2/3가 폭력을 포함했고, 이 프로들의 대부분이 다수의 폭력행위를 포함했다는 사실은 불안을 주는 일이다. 최근의 비디오 게임들의 번성은 아동들이 매일 접하고 있는 미디어 폭력의 양을 증가시킨다. 전형적인 아동은 18세 이전에, TV 방송망만으로도 8,000명의 살인들과 100,000번의 폭력행위들을 보게 될 것이다.[22] 이러한 수치들은 만일 영화들, 비디오게임들, 온라인게임들 및 만화책들이 계산 속에 포함된다면, 훨씬 더 높게 될 것이다.

미디어 폭력 시청의 결과들

당신이 자라고 있었을 때, 당신의 부모는 어떤 TV가 너무 폭력적이었기 때문에 그것을 시청하는 것을 금지했을 수 있다. 특히 폭력적이거나 잔학한 영화들은 청소년들의 시청을 금지시켜서, 어린아이들이 이러한 종류의 미디어 폭력에 접하게 되지 않을 것이다. 미디어 폭력에 대해서 왜 이렇게 야단법석을 떠는가? 당신이 들어 왔을 수 있는 하나의 흔한 신념은 오로지 폭력적인 사람들이나 어떤 특징을 가진 사람들만이 폭력적 TV프로들을 시청한다는 것이다. 하지만, 아동들이 초등학교에 다니기 시작했을 때 그리고 그 후에 그들이 20대초가 되었을 때에 연구되었던 한 종단적 조사는 폭력적인 사람들이 비폭력적인 사람들보다 폭력적 TV프로들을 시청하는 경향이 더 많지 않다는 것을 발견했다.[23] 폭력적 TV프로들과 영화들에 관한 다른 흔한 신념은 그것들이 사람들에게 그들의 스트레스와 공격적 충동들을 해소시키는 것을 도와줄 수 있고, 따라서 폭력적 TV프로들과 영화들이 실제로 폭력을 "감소시킬" 것이라는 것이다.[24] 이것은 흔히 폭력적 미디어 시청의 카타르시스적 효과(cathartic effect) 또는 정화효과라고 일컬어지고 있다. 불행하게도, 대다수의 연구들이 TV폭력이 카타르시스적 효과를 갖는다는 아이디어를 지지하지 않는다.[25]

미디어 폭력에 관한 사회과학적 문헌은 엄청나게 많다. 준실험들, 종단연구들 및 실험들을 포함하는 수 백개의 연구들이 TV폭력이 폭력적 행동에 미치는 영향을 검토해왔다.[26] 모든 이러한 연구들에서, 결과들은 TV폭력이 폭력적 행동을 증가시킨다는 것을 일관되게 증명한다. 실제로, 한 연구자는 폭력 모방의 증가, 폭력행동들의 단기적 및 장기적 증가들, 공포의 증가, 폭력에 대한 둔감화 및 폭력의 더 큰 수용을 포함해서, 30개 이상의 TV폭력 시청의 영향을 확인했다.[27]

TV폭력에 대한 한 유형의 연구는 "준실험들"이다. TV 폭력에 대한 준실험들은 TV가 공격에 미치는 영향을 탐구하기 위해 TV에 대한 노출의 자연적으로 일어나는 조작들을 사용한다. 준실험적 연구들의 결과들을 고려할 때, 연구들이 TV "일반"에 대한 노출 만을 고려하고, 특히 TV 폭력에 대한 노출을 고려하지 않는다는 것을 인식하는 것이 중요하다.

1950년대 초에 수행된 연구에서 TV가 일찍 도입되었던 도시들에서, 범죄율들이 더 일찍 증가되었다.[28] 하지만, TV 도입의 초기 년도들 동안에, 증가된 것은 폭력범죄들이 아니었다; 그 대신에, 지역사회에서의 TV 방송국의 존재는 비폭력적인 절도(자동차절도를 제외한)율들을 증가시켰다. 분명히, TV는 이것의 모든 상업광고들로서, 사람들에게 그들이 갖고 있지 않은 것을 특출하게끔 만들었고, 따라서 사람들의 훔치려는 동기를 증가시켰을 것이다. 비록 이 준실험이 TV에 대한 일반적 노출이 폭력에 영향을 주었다는 것을 발견하지 못했을지라도, 다른 준실험들은 그러한 증거를 발견해왔다.

다른 준실험이 앞에서 TV가 아동들의 인지적 및 교육적 발달에 미치는 영향에 관한 절에서 소개된 바 있다. 1973년에, "Notel"(즉, no television)이라는 별명의 한 읍이 처음으로 TV 방송국들을 허가받았을 때에 일어났다. 이 준실험 속에는 3개의 조건들이 있었다; 즉, TV 방송국이 없었던 읍(Notel), 한 개의 TV 방송국을 가진 읍("Unitel"이라는 별명의), 그리고 다수의 TV 방송국을 가진 읍("Multitel" 이라는 별명의)이다. Notel에서의 신체폭력의 비율들이 Notel에 대한 TV의 도입 전과 2년 후에 Unitel과 Multitel의 읍들과 비교되었다.[29] Unitel과 Multitel은 1973년 이전에 폭력의 면에서 Notel과 비슷했다. Unitel과 Multitel의 아동들에서의 공격율들은 1973년 후 2년 기간 동안에 변화하지 않았다. 하지만, 신체적 공격과 언어적 공격의 비율은 Notel 아동들에서 TV의 도입 후에 극적으로 증가되었다.

아마 TV 폭력에 관한 가장 저주받은 준실험은 미국, 캐나다, 및 남아프리카에서 TV의 도입 후의 살인율들에 관한 한 연구자의 분석일 것이다.[30] TV가 미국과 캐나다에서 1950년대 초 동안에 거의 동일한 시기에 도입된 반면에, 남아프리카 정부는 1975년까지 TV방송들을 금지했다. 흥미있게도, 이들 세 나라의 각각에서의 TV의 도입 이후에, 살인율들은 약 10년 내지 12년 동안에 꽤 일정하게 유지되었지만, 15년경에 "두 배"가 되었다. 살인율들이 이 나라들의 각각에서 TV의 도입 후에 배가되었다는 사실은 연구자에게 TV 폭력이 이 나라들의 각각에서 폭력적 살인들의 약 절반에 대해 책임이 있다고 결론짓게끔 만들었다. 하지만, 만일 TV가 범인이라면, TV의 도입과 살인율의 증가 사이의 15년의 지체가 있었던 이유는 무엇인가? 가장 그럴듯한 답변은 아동들이 TV상의 폭력의 영향에 대해 가장 취약하다는 것이다.[31] 하지만 당신은 얼마나 자주 어린 아동들이 살인을 저지르는 것에 관해서 듣는가? 당신은 이것에 관해 거의 듣지 못할 것이다. 오히려, 폭력적 살인들에 대한 TV도입의 영향이 TV도입 당시에 3, 4세였던 아동들이 폭력행위를 저지르기에 충분한 나이가 될 때까지 (대개 그들의 10대 말 경에) 즉, TV의 도입 후 약 15년까지 지연되었을 것이다. 분명히, 이 연구자의 TV폭력이 미국, 캐나다 및 남아프리카에서 살인들이 절반에 대해 책임이 있다는 추정은 하나의 과대평가이다.[32] 준실험설계들에 대해서 사실인 경향이 있는 바와 같이, 이 연구자가 그의 분석에서 통제하지 않았던(그리고 할 수 없었던) 많은 요인들이 있는데, 이것들은 폭력적 살인들의 증가된 동시에 세 나라들 중의 둘에서의 폭력적인 사회적 대변동들(미국에서의 민권운동과 반전운동, 그리고 남아프리카에서의 반인종차별운동)을 포함한다. 하지만, 자료는 TV를 고발하고 있다.

"종단연구들"이 또한 TV폭력이 폭력적 행동을 증가시킨다는 증거를 발견해왔다.[33] 예컨대, 1977년에 약 600여명의 시카고지역의 1학년과 3학년 아동들이 그들의 TV 시청습관들에 관해서 면접되었다. 약 2/3의 아동들이 그들아 21세와 23세 사이에 있을 때인 1992년과 1995년 사이에서 재면접되었다. 1977년에 이 아동들이 시청했던 폭력적 TV의 수준들이 그들이 어렸을 때의 그들의 공격성 수준들보다 15년 후의 그들의 폭력수준들의 더 강력한 예측요인이었다.[34] 이러한 관계는 부모의 공격수준, 사회경제적 지위 및 지능을 포함하는 성인의 공격에 영향을 주는 다른 요인들이 통제되었을 때에도 유지되었다.

물론, "실험연구들"이 두 변인 간의 인과간계들을 확립시키기 위한 최선의 기법이다. 수많은 실험연구들이 TV폭력과 공격적 행동 사이의 그러한 관계를 증명해왔다. 총 100,000명 이상의 연구참가자들을 가진 미디어 폭력에 관한 230개의 실험연구들의 한 메타분석(즉, 많은 연구들의 전체 결과들을 평가하기 위한 하나의 통계절차)은 미디어 폭력에 대한 노출이 다양한 공격적 행동들의 더 높은 수준들을 일관되게 일으킨다는 것을 발견했다.[35] 하지만, 대부분의 실험연구들이 실험실 상황에서 수행되었고, 따라서 공격적 행동들이 실험실 밖에서 발견된 공격보다 "더 경미한" 것이었다는 것을 기억하는 것이 중요하다. 예컨대, 많은 연구들이 개인에게 전기쇼크를 주는 것이나 피해자의 귀에다가 큰 소음의 혐오적 소리를 부는 것을 포함했다. 비록 이러한 행동들이 분명히 "기분좋은" 것은 아닐지라도, 이것들은 분명히 공격적 폭행이나 살인만큼 폭력적인 것은 아니다.

TV폭력이 사람들의 공격적 행동의 수준들에 영향을 준다는 증거는 압도적이다. 하지만 이것이 TV폭력을 시청하는 것의 유일한 영향인가? 아니다. 당신이 시청해 왔던 TV폭력의 최근의 예들에 관해 생각해보라. 폭력을 행했던 사람들이 어떤 꽤 모험적인 행동을 수행했을 가능성이 있다. 어떤 유형의 범죄활동을 수행하는 것은 이것이 체포당하고 교도소에서의 복역기간을 일으킬 수 있기 때문에 모험적인 것이다. 마찬가지로, 당신을 죽이고자 하는 어떤 사람을 쫓아가서 붙잡는 것도 또한 꽤 모험적이다. 조사연구는 TV를 시청하는 청년들이 다른 모험적 행동들을 행하고 아울러 더 폭력적일 가능성이 더 많다는 것을 시사한다. 예컨대, 더 많은 TV폭력을 시청하는 청년들이 불안전한 성관계를 행하고, 따라서 그들의 원치 않는 임신이나 AIDS나 그 밖의 성적으로 전염되는 병에 감염될 위험성을 증가시키는 경향이 더 많다. 부가적으로, 이러한 청년들이 매우 위험한 속도로 운전하고, 안전벨트를 착용하지 않고, 불법 약물을 사용할 가

능성이 더 많다.[36]

미디어 폭력에 관한 연구의 하나의 제한점은 이것이 거의 전적으로 TV와 영화 폭력에 초점을 두어왔다는 것이다. 하지만, 당신이 전형적인 비디오게임을 행할 때, 당신은 얼마나 많은 폭력행위들을 보는가? 물론, 비디오게임의 이슈는 훨씬 더 복잡하다. 이것은 당신이 폭력을 시청하고 있을뿐만 아니라, 또한 많은 방식으로 폭력을 저지르고 있기 때문이다. 연구는 폭력적 비디오게임을 행하는 것 또는 심지어 단지 시청하는 것이 TV폭력을 시청하는 것과 동일한 영향을 줄 수 있다는 것을 보여왔다.[37] 게임 속에서 타인들과 함께 협동적으로 플레이하는 것이 공상 동물들을 폭력적으로 죽이는 것의 효과들을 경감시켜 왔을 수 있는가? 이러한 해석과 일치해서, 다른 플레이어들을 돕기나 환경을 청소하기와 같은 친사회적 행동들을 포함하는 비디오게임들을 행하는 것이 청년들에서 친사회적 행동들을 증가시키는 것으로 발견되어왔다.[38]

폭력과 공격의 원인들에 관해서 기억해 둘 마지막 요점은 공격적 행동이 과잉결정되고(overdetermined) 있다는 것이다. 한 행동은 이것이 다수의 원인들을 가질 때에 과잉결정되는 것이라고 일컬어진다. 많은 상이한 요인들이 개인을 공격적으로 되게끔 만들 수 있다. 예컨대, 남자들이 여자들보다 더 공격적인 경향이 있다. 마찬가지로, 어떤 사람들은 공격적 성격을 갖고 있는 것 같으며, 이것은 공격적으로 행동할 가능성을 증가시킨다. 공격에 영향을 주는 것으로 확인되어온 다른 요인들은 좌절과 분노, 스트레스, 일반적 흥분, 기온, 큰 소음 및 아동기 때에 학대당해온 것을 포함한다.[39] 마찬가지로, 문화가 분명히 공격적 행동에서 하나의 주요 역할을 한다. 공격과 폭력의 발생은 비록 TV프로가 두 나라에서 매우 유사할지라도, 캐나다보다 미국에서 더 높다. 이것은 미국이 더 공격적 문화를 갖고 있기 때문이다.[40]

공격의 모방

어린이들, 청소년들 및 성인들이 TV에서 보여 준대로 폭행이나 살인을 저지른 사건들이 가끔 보도되고 있다.[41] 이러한 사건들은 공격의 모방에 관한 의문을 제기한다. 당신은 아동들이 한 아이가 고무풍선인 보보인형을 때리는 것에 관한 짧은 필름을 시청했던 TV폭력의 모방에 초점을 두는 초기의 연구들의 다소에 관해서 들어 왔을 것이다. 보보인형은 어릿광대처럼 생겼고 펀치하기 백으로서 사용되는 공기로 부풀릴 수 있는 큰 인형이다. 인형을 때리는 필름을 본 후에 아동들에게 놀이할 기회를 주었을 때, 그들은 그들이 필름에서 시청했던 아이를 모방했고 또한 보보인형을 마구 때렸다.[42] 모방적 폭력을 연구하는 한 실험에서, 아동들은 어떤 사람이 보보인형을 마구 때리는 것에 관한 8분 짜리의 필름을 보았다.[43] 그 사람은 성인 남자, 성인 여자, 그들의 연령의 소년 또는 그들의 연령의 소녀이었다. 그 사람은 보보인형을 방망이로 때렸고, 나무매로 때렸고, 공들을 던졌고, 인형 위에 앉아서 주먹으로 때렸다. 마지막의 통제집단의 아동들은 아무런 필름을 보지 않았다. 그 다음에 아동들은 보보인형, 방망이, 나무매 및 공통의 장난감들이 있는 방에 두어졌다. 실험자는 아동들이 그들이 필름에서 보았던 폭력을 얼마나 많이 모방했는가를 관찰했다. 6개월의 기간 후에, 그 아동들은 동일한 장난감들이 있는 동일한 방에서 놀기 위해 실험실로 되돌아왔다. 또 다시, 실험자들은 아동들이 그들이 6개월 전에 필름 속에서 보았던 폭력을 얼마나 많이 모방했는가를 관찰했다. 실험은 하나의 통계집단을 가진 2(연령: 성인 또는 아동) × 2(성별: 남자나 여자 모형) × 2(모방의 시간: 즉각 또는 6개월 후)설계였다.

아동들이나 성인들이 보보인형에 대해 공격적으로 행동하는 것을 보았던 아동들이 폭력을 본 직후와 아울러 그들이 그 상황으로 되돌아 왔을 때인 6개월 후에 놀이할 기회를 제공받았을 때, 그 폭력을 모방했다.[44] 통제집단의 아동은 보보인형을 마구 때리는 사람을 보지 않았다. 이 아동들은 그들이 처음으로 장난감을 갖고서 놀도록 허락받았던 처음 번이나 6개월 후에 "전혀" 공격적으로 행동하지 않았다.

사람들은 흔히 아동들이 개인이 보보인형을 갖고서 행하는 것이 보보인형을 때리는 것이기 때문에(물론 비록 통제집단의 아동들이 보보인형을 때리지 않았을지라도), 아동들이 자연히 때린다고 주장하면서, 이 연구들을 비평한다. 이러한 단순한 비평이 시사하는 것보다 연구는 훨씬 더 복잡하다. 예컨대 아동들이 다른 아이가 영화 속에서 공격적 행동들을 수행하고 그 공격적 아이가 보수받거나 처벌받을 때, 아동들은 공격적 행동을 수행하고 있는 아이가 처벌받을 때보다 보수를 받을 때에 그 후에 공격적으로 행동하기가 더 쉽다.[45]

많은 연구들이 사람들이 수행하는 것에 대해 보수를 받는 행동들을 수행하는 경향이 더 많다는 것을 증명해왔다. 하지만, 연구자는 보보인형 실험들에서 보수받게 되는 어떤 행동을 수행하는 다른 사람들을 단순하게 바라보는 것이 시청자가 보수받은 행동을 수행하게 될 가능성을 증가시킨다는 것을 증명했다.[46] 개인이 어떤 행동의 보수받는 것을 관찰하기 때문에, 그 행동을 수행하는 것은 "대리적 학습"(vicarious learning)이라고 일컬어진다. 대리적 학습은 Bandura(1986, 2009)의 매스 커뮤니케이션에 관한 사회인지적 이론의 기초이다.[47][48]

(1) 폭력 모방의 학습

Bandura는 우리가 배우는 것 중의 많은 것이 미디어를 통해 대리적으로 학습된다고 주장했다. 그의 사회적 인지이론(social cognitive theory)에 의하면, 대리적 학습이 일어나기 위해 일어나야만 되는 4개의 과정들이 있다. 첫 번째 과정은 "주의"이다. 대리적으로 학습하기 위해, 사람들은 모델되고 있는 것에 대해 주의를 기울여야만 된다. 개인이 모델링하는 행동에 주의하는 여부에 영향을 주는 요인들은 개인에 대한 그 행동의 특출성과 매력성을 포함한다. 분명히, 미디어 폭력은 매우 유행하고, 흥분되고, 특출하고, 따라서 이것은 주의를 끈다. 두 번째 과정은 "표상과정"(representational process)인데, 이것은 모델링된 행동을 기억하는 것을 수반한다. 분명히, 사람들은 그들이 기억할 수 없는 행동을 모델링할 수 없다. 표상과정은 또한 행동을 정신적으로 연습하고, 따라서 이것이 후에 기억되게 될 가능성을 증가시키는 것을 포함한다. 당신은 어린아이들이 그들이 TV에서 보았던 폭력의 어떤 행위를 행하는 것에 관해서 연극하는 것을 얼마나 많이 보아 왔는가? 공상을 통해서, 그들은 그들의 행동을 연습하고 있다. 세 번째 과정은 "행동산출과정"(behavioral production process)인데, 이것은 사람들이 그들이 관찰해 왔던 행동을 수행하는 것을 어떻게 학습하는가에 대해 초점을 둔다. 이러한 과정의 일부분은 관찰된 행동을 다른 유형의 관련있지만 새로운 행동들 속으로 일반화시키는 것을 학습하는 것을 포함한다. 예컨대, 어떤 아이는 나무매로 맞고 있는 보보인형을 관찰하지만, 이러한 폭력적 행동을 자기의 작은 동생을 나무매로 때리는 것이나 보보인형을 야구방망이로 때리는 것으로 일반화시킬 수 있다. Bandura의 모형에서 마지막 요소는 "동기과정"에 초점을 둔다. 사람들은 그들이 관찰하는 모든 행동을 수행하지는 않는다; 그 대신에, 그들은 그들이 수행할 동기가 있는 그러한 행동들을 수행한다. 이것은 아동들이 보수받은 행동을 모방하지만 처벌받은 행동을 모방하지 않는 이유를 설명한다. 보수는 행동을 수행하기 위한 하나의 대리적 동기를 제공한다. 요약하면, 사회적 인지이론에 의하면, 시청자들은 만일 그들이 미디어 폭력을 보고, 그들이 보았던 폭력을 기억하고, 폭력적 행동들의 수행방법을 머리 속에서 상상하고, 그러한 행동들을 연습하고, 폭력적 행동들을 수행하게끔 어떻게든 간에 동기화된다면, 공격적으로 행동할 가능성이 더 많다.

Bandura의 매스 미디어에 관한 사회적 인지이론에 대한 연구의 많은 것이 그의 모형의 마지막 요소, 즉 동기과정들에 초점을 두어왔다. 이미 논의된 바와 같이 폭력적 행동을 수행할 동기와 가능성을 증가시키는 한 요인은 폭력적 행동에 대해 보수를 주는 것이다. 두 번째의 동기 증가요인은 시청자가 폭력적 행동을 정당화되는 것으로서 지각하는 것이다. 연구되어온 정당화된 폭력의 예들은 자기방어적인 것이고, 어떤 사람과 동일한 것을 얻는 결과들을 낳고, 특별하게 고약한 사람에게 겨냥된 폭력적 행동을 포함한다. 세 번째 요인은 시청자가 폭력을 현실적인 것으로서 지각하는 것이다. 동기에 영향을 주는 마지막 요인은 폭력의 가해자와 동일시하거나 좋아하는 것이다. 만일 어떤 아이가 무술영화의 주인공을 매우 좋아하거나 그와 동일시한다면, 이 무술영화의 주인공의 동작들을 모방하기가 더 쉬울 것이다.

폭력적 행동을 수행하는 사람들이 동기에서 하나의 중요한 역할을 하는 것 같은 다른 요인은 "둔감화"(desensitization)이다. 사람들은 공격적 행동을 대리적으로 학습할 수 있지만, 도덕적 우려들과 규범적 압력이 그들의 대부분이 폭력적으로 행동하지 못하게끔 만들 것이다. 하지만, 만일 사람들이 폭력에 대해 둔감화된다면, 그들은 폭력을 도덕적으로 나쁘다고 보게 될 가능성이 적게 될 것이다. 불행하게도, TV와 비디오게임 폭력은 사람들을 폭력에 대해 둔감화시킨다.[49] 많은 TV폭력을 시청하거나 방금 폭력적 프로에 노출되어 왔던 사람들은 미디어나 실제의 폭력에 대해 더 적은 생리적 반응을 보인다. 더욱이, 연구자들에 의한 실험은 TV폭력을 시청함으로써 폭력에 대해 둔감화된 아동들이 다친 다른 아동들을 돕는 경향이 더 적다는 것을 증명했다.[50] 그들의 연구에서, 소년들과 소녀들이 실험실에 들어 와서, 폭력적 카우보이(cowboy)필름에서 뽑은 발췌물을 시청했거나 필름을 시청하지 않았다. 그 다음에, 아동들은 실험자로부터 그가 급한 심부름으로 달려가는 동안에 비디오 모니터를 통해 두 명의 어린아이를 돌보는 일에 대해 그를 도와 달라는 요청을 받았다. 연구 속의 소년들과 소녀들은 실제로 서로 점점 더 공격적으로 되었던 두 명의 아동에 관한 필름을 시청하고 있었다. 이 실험은 2(노출: 폭력적 필름 또는 무 필름) × 2(성별: 소년들 또는 소녀들)의 설계를 사용했다. 둔감화가설과 일치되게, 폭력적 필름을 시청했던 소년들과 소녀들은 아무런 필름을 시청하지 않았던 소년들과 소녀들보다 어른에게 두 아이의 싸움에 관해서 말하는 데에 유의하게 더 긴 시간이 걸렸다.

요약하면, 사람들을 폭력적으로 행동하고 싶어할 수 있지만, 그들이 그것이 그르다는 것을 알기 때문에 그렇게 하지 않는다. 폭력에 대한 둔감화는 사람들의 폭력에 대한 관용을 증가시키고, 그들의 공격적으로 행동하지 "않으려는" 동기를 감소시키고, 그럼으로써 그들이 폭력적으로 행동할 가능성을 증가시킨다.

(2) 미디어의 폭력의 영향에 대한 대처

아동들과 사회에 대한 우려는 폭력적 TV를 시청하는 것의 영향을 없애기 위해 취해지는 어떤 조치들을 요구한다. 현재, 평정체계들이 어떤 TV프로나 영화가 폭력을 포함하고 있는지 그리고 아동들이 시청하기에 적합한지를 나타내기 위해 사용되고 있다. 하지만 평정체계의 영향은 무엇인가? 사회심리학이론은 평정척도들이 역효과를 갖고 실제로 폭력적이라고 평정된 프로들을 보려는 아동들과 청년들의 욕망을 증가시킬 것이라고 시사한다. 다음을 생각해 보자. 어떤 사람이 당신이 행할 수 있는 것을 제한하려고 들 때, 당신은 어떻게 반응하는가? 흔히, 사람들은 제약받은 행동을 수행하려고 좀 더 많이 원함으로써 그들의 행동에 대한 제약들에 대해 반응한다. 이러한 현상은 심리적 반발이라고 일컬어지고 있으며, 어떤 사람들이 지시, 부탁, 및 규범에 대해 저항하는 한 이유가 된다. "금지된 과일"은 흔히 가장 바람직스러운 종류의 과일이다. 따라서, 연구들이 아동들과 청년들이 시청하지 말아야만 될 프로들을 확인하기 위해 사용한 평정체계들이 실제로 청년들(특히 남자들)의 그 프로들을 시청하고 싶어하는 욕망을 증가시킨다는 것을 발견해온 것이 하등 놀랄 일이 못된다.[51]

하지만, Bandura의 사회적 인지이론에 기초된 다른 연구들이 아동들에게 미치는 폭력적 TV의 영향들을 막는 한 방법을 시사해 준다. 보수받은 폭력을 시청하는 것이 폭력적으로 행동하려는 사람들의 경향을 증가시킨다는 것을 회상하라. 하지만, 아동들이 폭력이 보수받지 않는 것을 볼 경우에 아동들은 폭력적으로 행동하지 않도록 대리적으로 조건형성되게 될 것이다. 폭력이 보수를 주는 것이 아니게끔 만드는 한 가지 방법은 피해자의 관점에서 폭력에 관해 생각하도록 만드는 것이다.

폭력의 보수가를 감소시키는 것이 그것의 영향을 감소시킬 것이라는 아이디어를 검증하기 위해, 연구자들은 폭력이 포함된 만화를 시청하는 두 집단의 소년들과 두 집단의 소녀들에 대한 한 실험을 수행했다.[52] 한 집단의 소년들과 소녀들이 단순하게 만화를 시청했다. 두 번째 집단 속에 있는 소년들과 소녀들은 만화 속의 폭행들의 피해자였던 사람의 기분에 관해 생각하도록 지시받았다. 세 번째 집단의 소년들과 소녀들은 아무런 TV를 시청하지 않았다. 이 실험은 별개의 통제집단(no TV)을 가진 2(공감: 단순한 시청 또는 시청과 피해자에 관해 생각함) × 2(성별: 소녀들 또는 소년들)의 설계를 사용했다. 연구자들은 아동들이 피해자가 어떻게 느꼈을가에 관해서 생각함으로써 공격의 피해자와 동일시하도록 지시받았을 때, 그들이 단순하게 만화를 시청했던 아동들만큼 많이 폭력을 보는 것을 즐기지 않았다는 것을 발견했다. 중재가 공격에 미치는 영향은 아동들에게 "만일 다른 아이가 내 것을 빼앗으려고 들었다면, 나는 그 아이를 밀치거나 때릴 것이다."와 같은, 일련의 공격적 행동에 대한 그들의 태도들을 나타내도록 요구함으로써 측정되었다. 피해자가 어떻게 느꼈는가에 관해서 생각했던 소년들이 단순하게 폭력적 만화를 시청했던 소년들보다 더 적은 공격적 태도들을 나타냈다. 공감의 조작은 소녀들의 공격에 대해 아무런 영향이 없었다. 하지만, 소녀들은 소년들보다 미디어 폭력에 의해 일반적으로 덜 영향을 받는다. 이러한 발견은 부모들과 교육자들이 폭력의 피해자들의 느낌들과 아울러 피해자들의 가족들의 느낌들에 관해서, 아동들과 대화해야만 된다는 것을 나타낸다. 다시 말하면, 우리는 아동들의 폭력에 대한 민감화를 증가시킬 필요가 있다.

미디어 폭력과 공격적 사고들

당신이 정지신호등에서 정지해 있고, 초록색으로 신호등이 바뀐다고 상상하라. 당신 앞에 있는 픽업트럭의 운전사는 신호등에 주의하지 않고 출발하는 대신에 계속 정지해 있다. 당신은 만일 픽업트럭 뒤의 총걸이에 총이 있었다면, 총걸이에 총이 없었을 경우보다 당신의 경적을 울리기가 더 쉬울 것인가? 당신이 실제로 경적을 울리는 여부에 관계 없이, Berkowitz(1984)의 미디어의 점화에 관한 신연합주의적 모형(neoassociationistic model of priming)에 의하면, 총기의 존재는 당신이 공격적 사고를 갖게 될 가능성을 증가시킬 것이다.[53] 물론, 공격적 사고의 증가는 당신이 공격적 방식으로 행동하고 당신의 경적을 울릴 가능성과 (픽업트럭에 있는 사람이 총기를 가진 것을 전제할 때에) 위험스러울 가능성을 증가시킨다.

점화에 관한 신연합주의적 모형은 인지심리학과 사회심리학에서의 연구에 기초되어 있다.

"점화"(priming)는 선행되는 자극이나 사전이 차후의 자극에 대해 사람들이 어떻게 반응하는가에 대해 미치는 영향을 일컫는다. 점화절차들은 시초에 인지심리학에서 기억에 관한 연결망모형들(network models) 내에서 정보의 구조와 표상을 탐구하기 위해 사용되었다. 기억에 관한 연결망모형들은 정보가 기억 속에서 마디들(node)의 형태로 저장되어 있고, 각각의 마디가 하나의 개념(예: 기억 속에 하나의 "총" 마디가 있다)을 나타낸다고 가정한다. 더욱이, 이러한 마디들은 연상적 전도로들(associative pathways)에 의해서 기억 속의 관련된 마디들에 연결되어 있다(예: "총"은 "범죄"에 연결되어 있지만 "콘플레이크들"에 연결되어 있지는 않다). 기억에 관한 연결망모형들(network models)의 하나의 부가적 가정은 각 마디가 활성화 식역(activation threshold)을 갖고 있다는 것이다. 만일 마디의 활성화수준이 그것의 식역을 초과한다면 마디는 폭발한다. 한 마디가 폭발할 때, 이것은 다른 관련된 마디들의 활성화수준들에 대해 영향을 줄 수 있다. 예컨대, 만일 "총"마디가 폭발한다면, 활성화는 총 마디에서 범죄와 같은 관련된 마디들 쪽으로 퍼진다. 결과적으로, 관련된 마디는 이제 이것이 폭발하기 위해서 더 적은 부가적 활성화를 요한다. 확산하는 활성화의 하나의 전형적인 행동적 결과는 어떤 판단(예: 어떤 범죄가 일어나고 있다는 판단)이 이것이 무관련한 개념(콘플레이크)에 의해 점화되었을 때보다 이것이 관련된 개념(총)에 의해 점화되었을 때에 더 신속하다는 것이다. 앞의 예에 대한 약간의 변형에서, 당신은 어떤 애매한 행동(예: 충돌당하는 것)을 만일 당신이 총걸이가 비어있는 픽업트럭보다 총걸이에 총이 있는 픽업트럭을 방금 보았다면, 어떤 적의적 행위로서 해석할 가능성이 더 많을 것이다. 기억에 관한 연결망모형들의 마지막 가정은 어떤 마디의 활성화수준이 시간에 따라 사라지게 되어서, 이것을 단기적 효과를 내게끔 만들 것이다. 공격적 사고들의 점화는 TV폭력이 단기적 효과이다. 당신은 픽업트럭의 뒤에 있는 총걸이에서 총을 본 후에 그 날의 나머지 동안을 범죄에 관해 생각하지는 않는다. 하지만, 모방가능성의 증가와 공포의 증가와 같은, TV폭력의 다른 영향들이 수 년 동안 지속될 수도 있다는 것을 기억하는 것이 중요하다.[54)]

인지심리학자들과 아울러 사회심리학자들에 의한 연구는 표적인물의 행동이나 사고에 미치는 점화의 영향이 점화의 강도에 관련되어 있다는 것을 증명해왔다.[55)] 점화의 강도는 점화의 빈도(예: 한 번의 노출 대 신속한 연속으로 5번의 노출)나 점화의 기간을 일컫는다. 다수의 폭력 행위들을 가진 TV프로는 단일한 폭력행위를 가진 TV프로보다 폭력적 사고들을 더 강하게 점화시킬 것이다. 마찬가지로, 특별하게 생생한 폭력행위를 가진 프로가 폭력의 더 강한 점화를 일으킬 것이다.

미디어 폭력과 공포

영화는 얼마나 자주 당신을 두렵게끔 만드는가? 분명히, 공포영화의 방송은 많은 사람들을 무섭게끔 만들었다.[56] 하지만, 그 방송에서 생긴 공포는 단기간이었다. 어떤 영화나 TV프로를 시청하는 것이 오랜 시간 동안에 당신을 두렵게끔 만든 일이 있었는가? 1970년대 동안에, "죠스"(Jaws)라는 영화가 많은 사람들에게 그러한 영향을 주었다. 그 영화는 작은 읍 근처에서 수영객들과 보트에 탄 사람들을 거대한 흰색 상어가 공격하는 것을 포함했다. 많은 사람들이 그들이 "죠스"영화를 본 후 수 년 동안 바다에 수영하러 가지 않을 것이라고 보고했다. 질문지 조사에서, 연구자들은 그들이 연구한 1/4이상의 대학생들이 8년이나 그 이상 후까지 아직도 그들에게 영향을 주는 영화나 TV프로를 11세 전에 보았다는 것을 발견했다.[57] 학생들은 아직도 그들의 무서운 시청경험에 관련된 악몽을 갖는 것이나, 아직도 그들의 경험 때문에 바닷가와 같은 어떤 장소에 가기를 거부한다고 보고했다. 당신이 8년 전에 보았던 어떤 TV프로에서 아직까지 공포 반응들을 갖는 것을 상상해 보라. 하지만 그것을 다음과 같은 식으로 생각해 보라: 만일 한 개의 프로가 그러한 깊은 영향을 줄 수 있다면, 폭력과 태풍들(tornadoes)과 같은 그 밖의 무서운 사건들을 포함하는 수 천 시간의 TV프로들과 영화들을 보는 것이 사람들의 공포 수준에 어떤 영향을 줄 것인가?

미디어에 대한 심한 공포반응에 관한 대부분의 연구는 아동들에 대해 초점을 두어왔다. 모든 아동들의 90% 이상이 어렸을 적에 미디어에 의해 심하게 놀랬다.[58] 더욱이, 이 공포반응들은 매우 강력할 수 있다. 미디어에 의해 놀랬던 아동들은 악몽들과 잠이 없는 것, 높은 스트레스의 정도를, 그리고 심지어 우울을 경험할 수 있다.[59] 아동들을 무섭게끔 만들은 일들은 그들이 더 나이먹음에 따라 변화한다. 6세 때까지, 무섭게 보이는 일들이 설사 이것들이 위험하지 않을지라도, 아동들은 겁나게끔 만든다.[60] 이 연령의 아동들은 "무서운 헐크"가 비록 그가 좋은 사람들을 도와줄지라도, 무섭게 생겼기 때문에 그를 두려워한다. 하지만, 9세 나 10세 후에, 현실적으로 일어날 수 있는 것들이 단지 무섭게 보이는 것들보다 더 무섭다. 더 추상적인 위협들이 청년들에 대해 더 무섭다. 한 영화는 미국에서의 핵전쟁의 영향을 묘사했다. 한 조사연구는 더 어린아동들이 12세 이상의 아동들만큼 영화에 의해 무서워하지 않았다는 것을 발견했다.[61]

아동들이 무서운 미디어에 대해 반응하는 양식이 또한 그들이 더 성장함에 따라 변화한다. 더 어린 아동들은 좋아하는 장난감을 껴안는 것과 그들의 두 눈을 가리는 것과 같은 행동적 대처전략들을 사용하는 경향이 더 많다. 더 나이먹은 아동들은 공포를 일으키는 자극이 현실적인 것이 아니라는 것을 스스로 생각하고 위협하는 자극의 위협을 최소화시키는 것과 같은 더 많은 인지적 전략들을 사용한다.[62] 당신은 어떤 무서운 영화를 보면서, 그것이 진실이 아닐 것이라고 당신 자신에게 반복해서 말하는 것을 기억하는가?

양성이론(cultivation theory)은 TV에 대한 심한 노출(즉, 하루에 4시간 이상)의 영향에 초점을 둔다. 양성이론은 TV가 오늘날의 세계에서 일차적 사회화 주체로서 작용한다고 주장한다; 즉,

TV는 사람들이 그들의 세계와 문화에 관해서 배우는 곳이다. 특히, TV는 과도한 시청자들의 사회적 현실을 양성한다. 연구는 TV가 과도한 시청자들의 세상에 대한 지각들에 대해 영향을 준다는 것을 일관되게 발견해왔다.[63] 예컨대, 남자들이 여자들에 대해 약 2:1의 비율로 TV프로들 상에서의 등장인물들이다.[64] 부가적으로, TV 상에서 여성들은 더 고정관념적 방식으로 묘사되고 있다. 그 결과로, 질문지연구들은 TV의 과도한 시청자들이 여성들에 관한 더 성차별적 견해를 갖는 경향이 있다는 것을 발견해왔다.[65] 마찬가지로, 여러 제품들에 대한 상업광고들이 물질주의를 조장한다. 조사들은 미국과 아울러 한국에서 더 많은 TV와 더 많은 상업광고를 보는 사람들이 더 물질주의적이라는 것을 발견해왔다.[66]

양성이론(cultivation theory)에 의하면, 미디어 폭력의 결과들 중의 하나는 사람들이 이 세상을 더 위험스럽고 "천하다"고 보기 시작한다는 것이다. TV 상에서의 폭력의 양을 고려한다면, 사람들이 TV로부터 어떤 종류의 세상을 배우게 되는가? 양성이론(cultivation theory)은 TV의 과도한 시청자들이 경한 시청자들보다 이 세상을 더 폭력적이고 적의적인 장소로 볼 것이라는 것을 시사한다. 실제로, TV의 과도한 시청자들은 경한 시청자들보다 이 세상을 더 위험스럽고 적의적인 장소라고 "지각"한다.[67] 양성이론(cultivation theory)에 관한 연구들 중의 많은 것이 개인이 TV를 얼마나 많이 보는가와 그 사람이 이 세상을 어떻게 지각하는가 사이의 상관들에 의지해왔다. 하지만, 당신은 이제 이 책을 읽는 것으로부터 두 변인들 간의 상관이 우리에게 어느 사건이 다른 사건을 일으키는가 또는 어떤 인과관계가 두 사건들 사이에 존재하는지를 말해 주지 않는다는 것을 안다. 우리는 이 세상을 위험하고 적의적인 장소라고 지각하는 사람들이 집 밖에서의 활동들을 행하는 경향이 더 적을 것이고, 그 결과로, TV를 시청하기가 더 쉬울 것이라고 주장할 수 있다. 하지만, 실험연구는 많은 폭력을 싣고 있는 포로들을 시청하는 것과 가해자들이 재판받지 않는 것이 사람들의 불안을 증가시키게끔 만든다는 것을 증명해왔다.[68] 이 연구에서, 참가자들은 5시간의 미리 녹화된 TV프로들을 6주 동안 일주일에 한 번 시청했다. 6주의 기간 후에, 참가자들의 불안수준이 측정되었다. 다소의 연구참가자들에 대해서, TV프로들은 폭력적이었고, 폭력의 가해자들이 체포되지 않았다. 다른 참가자들에 대해서, 프로들은 폭력적이었지만 폭력의 가해자들이 체포되었다. 이런 식으로, 연구자들은 가해자들이 체포되지 않는 폭력적 TV프로들을 시청하는 것이 불안을 증가시킨다는 것을 증명할 수 있었다.[69] TV프로들이 어린이들을 겁먹게끔 만들 수 있는 것과 꼭 같이, 많은 TV를 시청하는 것이 성인들을 겁먹게끔 만들 수 있다.

양성이론은 특수한 유형의 프로들을 시청하는 것보다도 TV의 전체적 시청에 초점을 둔다. 하지만, TV 상에서의 여러 유형의 프로들을 전제할 때, 어느 프로들이 현실적 폭력의 가장 많은 양을 묘사하는가? 저녁뉴스가 아마 어떤 TV프로 중에서 현실적 폭력의 가장 높은 집중도를 가질 것이다. 특히, 지방뉴스가 폭력이 시청자들이 사는 곳에서 일어나고 있기 때문에 특히 무서움을 줄 것이다. 질문지조사들에서, 부모들은 그들의 자녀들이 지방뉴스에 의해 두려움을 갖는다고 보고했다.[70] 마찬가지로, 4학년 내지 6학년의 아동들의 약 25%가 지방뉴스가 무서웠다고 면담들에서 자발적으로 보고했으며, 한 연구에서 면접된 아동들의 절반 이상이 그들을 겁먹게끔 만들었던 뉴스스토리들을 댈 수 있었다.[71] 흥미있게도, 더 어린 아동들(1학년에서 3학년까지)이 자연재해를 보도하는 뉴스스토리들에 의해 겁을 먹는다고 보고한 반면에, 더 나이먹은 아동들은 폭력과 범죄를 취급하는 스트리들에 의해 겁을 먹는 경향이 더 많다. 실제로, 더 많은 저녁뉴스를 시청하는 아동들이 인근의 시에서 일어나는 살인의 숫자의 더 높은 추정치들을 제시한다.[72] 지방뉴스는 이 아동들에 대해 무서운 세상을 조성한다. 성인들에 대한 조사연구도 또한 더 심한 지방뉴스의 시청자들이 더 경미한 시청자들보다 공포를 경험하고 그들의 지역사회의 범죄율에 관해서 걱정하기가 더 쉽다는 것을 발견한다.[73]

요약하면, 폭력은 현대의 TV와 영화의 한 산물이다. 불행하게도, 이러한 폭력은 그 청중을 실제로 괴롭힐 수 있다. 본 장의 이 절이 증명해 온 바와 같이, TV폭력의 영향은 사람들이 흔히 인식하는 것보다 더 미묘하다. TV폭력은 특히 만일 폭력이 실제적이고 보수받는 것으로서 지각된다면, 그리고 만일 아동들이 폭력을 수행하는 사람과 동일시한다면, 폭력을 모방하게끔 만들 수 있다. TV폭력은 또한 사람들의 공격적 사고를 증가시킬 수 있으며 사람들이 폭력적으로 반응하게 될 가능성을 일시적으로 증가시킬 수 있다. 끝으로, TV 폭력은 시청자들의 공포수준을 증가시킨다.

다음 절은 외설물을 보는 것이 사람들이 세상에 대한 태도들, 신념들 및 지각들에 미치는 영향에 관한 연구를 소개한다. TV폭력에 관한 연구와 비슷하게, 외설물에 관한 연구는 미디어 프로의 하나의 특수한 분야의 부정적 영향들에 초점을 둔다. 의문들의 몇 가지는 외설물이 사람들의 여성, 가족 및 강간에 대한 태도들에 미치는 영향들에 관계한다. 당신이 보게 되는 바와 같이, 외설물에 관한 연구는 또한 외설물이 사람들의 태도들과 신념들에 미치는 부정적 영향들을 물리치는 방법들에 초점을 두어왔다.

외설물 시청의 영향

제기될 첫 번째의 의문은 외설물이 무엇을 의미하는가이다. 외설물(pornography)은 잡지들이나 비디오테이프들, 인터넷 등과 같은 미디어들에서 발견할 수 있는 "성적으로 노골적인 재료"이다. 성적으로 노골적인 재료(외설물)는 흔히 (흥분된) 성기들과 구강, 항문 및 질의 삽입의 클로즈업들을 가진, 비은폐된 방식으로 성적 활동들을 묘사하며, 이것의 주된 목적은 사용자를 성적으로 흥분시키는 것이다.[74] 당신은 외설물과 TV나 영화에서의 모의된 성행위 사이의 차이를 즉각 알 수 있다. 모의된 성행위가 비록 실제적인 것처럼 여겨질 수 있을지라도, 우리는 이것이 단지 모의된 것이라는 것을 안다. 이러한 모의된 성적 활동들은 삽입된 성적 재료(embedded sexual material)라고 일컬어진다.[75] "삽입된 성적 재료"는 성질상으로 강하게 성적인 내용을 포함하지만, 어떤 이야기 속에 삽입되어 있으며 이야기의 강조점은 아니다. 삽입된 성적 재료는 흔히 특수한 영화들과 TV 프로들 속에서 발견된다. 때로는 삽입된 재료는 비폭력적이고(삽입된 비폭력적인 성적 재료), 때로는 이것은 폭력을 포함한다(삽입된 폭력적인 성적 재료).

외설물에 관한 학자들은 일반적으로 세 종류의 외설물을 연구한다: 즉, 춘화(erotica), 비폭력적 외설물 및 폭력적 외설물이다.[76] "춘화"는 자진해서 하고, 민감하고, 좋아하는 파트너들 사이의 비공격적인 성적 활동을 보여준다. 춘화의 파트너들은 활동의 개시와 선택에서 공유적이다. 이에 비해서, "비폭력적 외설물"은 대개 우연적인 아는이들 사이의 비공격적인 노골적인 성적 활동이다. 남자들도 여자들도 춘화에서 보인 것과 같은 열정과 공감의 느낌들을 갖는 것으로 묘사되지 않는다. 그 대신에, 참가자들은 하나의 주된 관심, 즉 그들의 성적 욕망들과 공상들(특히, 관여된 남자들의 것들)을 충족시키는 것에 대해 관심을 두고 있는 것으로 묘사된다. 어귀가 시사하는 바와 같이, "폭력적 외설물"은 어떤 저변의 지배성을 갖고서 노골적 성적 활동들과 병행되거나, 하나의 핵심부분으로서, 폭력이나 강제를 묘사한다. 폭력적 외설물은 더 강한자가 덜 강한자를 강제하는 남성지배와 여성굴종의 극도의 고정관념에 대해 대개 초점을 둔다. 특히 여자들이 비속화되고 천시된다. 여자들은 남자들에 대해 쓰고 버리는 성적 노리개들이다. 폭력적 외설물은 가학성-피학성 변태성욕과 여자피해자들이 성적으로 고문당하고 나서 죽임을 당하는 파렴치한 불량 필름들을 포함한다. 이와는 달리, 삽입된 폭력적인 성적 재료는 육욕적 장면 직후에 있거나 병행되는 생생한 폭력을 포함하는 어떤 준성인용 필름에서 발견된다. 당신은 아마 거의 벌거벗은 젊은 여자들이 겁에 질리고 미치광이 살인자로부터 도망치는 것으로 보여지는 소수의 필름들을 회상할 수 있을 것이다. 폭력적 외설물과 삽입된 폭력적인 성적 재료 사이의 구분이 중요한데, 이것은 만일 당신이나 당신의 친구들이 젊은 10대들인 형제들이나 자매들을 갖고 있다면, 그들이 아마 꽤 쉽게 삽입된 폭력적인 성적 재료를 볼 수 있기 때문이다. 심지어 젊은 10대들에 의해서 삽입된 폭력적인 성적 재료를 보는 것의 용이성 때문에, 이 분야에서의 많은 실험들이 외설물(pornography)에 부가해서, 삽입된 폭력적인 성적 재료를 사용해왔다. 비록 인터넷 상에서 외설물에 대한 접근이 증가함에 따라 변하고 있을지라도, 이러한 동일한 10대들이 폭력적 외설물을 보는데 대해 훨씬 더 곤란한 시대가 되기를 바란다.

이 분야의 연구들은 외설물의 이러한 종류들(또는 삽입된 폭력적인 성적 재료)을 시청하는 것이 어떤 해로운 영향을 주는지에 대해 초점을 두어왔다. 만일 어떤 유형의 외설물이나 삽입된 폭력적인 성적 재료가 여성들에 대한 더 큰 무감각과 같은 해로운 영향을 준다면, 일반사회는 재료에 대한 접근을 제한함으로써 또는 그것들의 영향에 관해서 일반대중을 교육함으로써, 이러한 영향을 제한하는 방법들을 고려하고 싶어할 것이다. 이 분야의 연구자들이 제한보다 교육을 선호한다고 말하는 것이 아마 안전할 것이다.

외설물의 유해한 영향을 연구하는 한 방법은 여러 국가들에서의 어떤 종류의 외설물의 입수가능성과 강간, 노출행위와 관음증과 같은 대응되는 성에 관련된 범죄의 수준들 사이의 연관을 살펴보는 것이다. 물론, 이러한 종류의 연구들은 단지 외설물에 대한 일반적 노출의 영향을 조사할 수 있을 뿐이다; 그것들은 춘화(erotica) 폭력적 외설물 및 비폭력적 외설물과 같은 외설물의 상이한 유형들에 대한 노출 효과를 검사할 수는 없다. 이러한 연구의 몇 가지의 예들은 덴마크에서의 외설물 제약들의 완화가 성범죄들에 미치는 영향과 미국과 그 밖의 나라들에서의 섹스(sex)가게들의 숫자, 성인 극장들의 숫자 및 성적으로 노골적인 잡지들의 발행 사이의 관계들을 검토하는 것을 포함한다. 불행하게도, 이러한 선의 연구들의 결과는 불명확하다.[77] 몇몇 “상관”연구들은 입수가능한 성적으로 노골적인 재료들의 양과 성범죄들 사이의 관계를 발견하는 반면에, 다른 연구들은 그렇지 않다. 부가적으로, 존재하는 어떤 관계들을 설명할 수 있는 다른 외재변인들이 있다. 예컨대, 성적으로 노골적인 재료들의 입수가능성은 성에 대한 더 관용적인 태도들과 일치될 수 있으며, 후자는 또한 성범죄들의 더 적은 신고로 전환될 수 있다.[78]

실험연구설계들은 “인과관계”에 관해 훨씬 더 많이 알려 준다. 외설물과 삽입된 폭력적인 성적 재료에 관한 실험들의 몇 가지 공통 특징을 고려해보자. 이것들은 참가자들, 대개 남자들에게 성행위(춘화, 비폭력적 외설물 또는 삽입된 폭력적인 성적 재료)를 묘사하는 필름, 비디오 또는 비디오 발췌물을 보여주고나서, 그들에게 여러 질문지들에 대해 반응하도록 요구하는 것을 포함한다. 예컨대, 연구자들은 남자참가자들에게 삽입된 폭력적인 성적 재료(준성인용의 필름들)나 비폭력적 외설물에 관한 2개나 5개의 필름을 시청하게 했다.[79] 몇몇 연구들은 또한 필름이나 비디오가 비성적이고 비폭력적인 통제조건을 포함시킨다. 그들의 실험에서, 통제조건이 참가자들은 10대들을 겨냥한 2개나 5개의 비성적이고 비폭력적인 필름들을 시청했다. 가장 흔히, 필름들을 시청하는 것과 질문지를 실시하는 것은 두 개의 별개의 연구들로서 설명되어서, 참가자들은 필름을 시청하는 것과 질문지들에 응답하는 것 사이에 어떤 연관을 알지 못할 것이다. 연구자들이 찾는 특수한 영향들은 큰 차이가 있다. 예컨대, 이 연구자들은 이러한 필름들이 필름들 속의 여자피해자들이나 강간의 피해자들에 대한 둔감화에 미치는 영향을 살펴보았다. 연구된 영향들의 다른 전형적 예들은 다음을 포함한다: 즉, ① “대다수의 강간들에서, 피해자는 음탕하고 나쁜 평판을 갖고 있다.”와 “건전한 여자라면 만일 그녀가 진정으로 원한다면 강간자에 대해 성공적으로 저항할 수 있다.”와 같은 강간미신들의 수용,[80] ② “남자는 그들을 찾아내고, 그들을 농락하고, 그들을 난교하고, 그들을 잊어버려야만 된다.” 그리고 “여자는 상대를 찰싹 때릴 때까지는 ‘no’라는 것을 의미하지는 않는다.”와 같은 여자들에 대한 태도들의 무감각함;[81] 그리고 ③ 추정된 가해자의 무죄나 유죄, 그리고 만일 유죄라면, 가해자가 교도소에서 몇 년 동안 복역해야만 되는가와 같은 강간재판에서의 피해자와 가해자에 대한 판단들이다.[82] 때로는 남자들의 공격적 행동이 측정된다. 한 경우에서, 남자들에게 여자참가자를 전기적으로 쇼크를 줄 기회가 제공되었다. 물론 실제로는 쇼크상황이 하나의 거짓 장치이기 때문에 아무런 쇼크가 없었다. 여자 참가자는 실제로는 그녀가 쇼크를 받고 있는 것처럼 가장했던 실험협조자이었다.

잠재적으로 유해한 영향들이 관찰되어온 두 개의 케이스들이 있다: 즉, 비폭력적 외설물에 대한 장기적 접촉과 삽입된 폭력적인 성적 재료, 즉 준성인용의 필름들에 대한 접촉이다. 이것들의 영향들이 다음의 하위 절들에서 논의된다. 이러한 논의에서 빠진 것들은 춘화(erotica), 비폭력적 외설물에 대한 단기적 접촉 및 폭력적 외설물의 영향들이다. 이러한 영향들은 몇 가지 이유로 논의되지 않고 있다. 첫째로, 춘화(erotica)가 이것이 남자들과 여자들을 흥분시킨다는 것 이외에, 사람들의 사고들과 신념들에 대해 미치는 영향에 관한 매우 적은 연구가 있다. 비록 몇몇 저자들이 춘화가 성치료(sex therapy)에 대해 유용할지도 모른다고 시사해 왔을지라도, 성치료에서의 춘화의 유용성에 관한 연구가 드물고, 그 결과들이 비일관적이다. 정말로, 춘화에 대해서 발견된 하나의 일관성있는 효과는 춘화에 대한 접촉이 시청자들의 자위행위경향을 증가시킨다는 것이다. 둘째로, 비폭력적 외설물에 대한 단기적 접촉(1시간 이하)에 관한 연구는 비일관적 결과들을 내놓아 와서, 때로는 여성들에 대한 더 무감각한 것을 나타내고 때로는 그렇지 않다. 하지만, 더 최근의 연구는 그 영향들이 이것보다 더 미묘할 수 있다는 것을 시사한다; 비폭력적 외설물을 잠깐 보았던 남자들이 여자파트너와 함께 문제를 풀어야만 되는 상황에 놓일 때에 더 지배적이고 덜 불안했다.[83] 그 남자들은 더 무감각해 오지 않았을 수 있고, 그 대신에 (비록 더 미묘한 방식이지만) 계속 여자파트너를 지배하려고 들었다. 끝으로, 비록 폭력적 외설물의 영향에 관한 적은 연구가 있을지라도(아마 윤리적 이유들로), 삽입된 폭력적인 성적 재료에 대해서 사실인 것이 폭력적 외설물에 대해서도 사실일 가능성이 또한 있을 것이다. 결국, 이것들은 이것들이 모두 성적 폭력을 묘사한다는 점에서 동일한 범주에 속한다.

비폭력적 외설물에 대한 장기적 노출의 영향

1980년대 동안에, 미국 정부는 춘화(erotica)와 비폭력적 외설물의 영향에 관한 가용한 증거를 평가하도록 한 위원회를 소집했다. 이 위원회는 비폭력적 외설물에 대한 상당한 노출이 성폭력과 성적 강제의 증가에 대해 인과적으로 관련있다고 결론지은 최종 보고서를 내놓았다.[84] 장기적 또는 상당한 노출은 실제로 우리가 생각하는 것보다 더 적은 노출을 포함한다. 전형적으로, "장기적"이라는 것은 6주의 기간에 걸쳐 약 5시간의 재료를 보는 것을 의미한다. 비폭력적 외설물에 대한 이것의 결론에 비해서, 이 위원회는 춘화의 유해성에 관해 의견일치를 보일 수 없었지만, 춘화에 대한 노출과 성폭력행위 사이에 인과관계가 있지 않다고 결론지었다.

그 당시에, 비폭력적 외설물에 대한 장기적 노출에 관한 실제의 연구들은 위원회의 보고서에 의해 시사되었던 것보다 더 많은 결과들의 혼합을 제공했다.[85] 비폭력적 외설물에 대한 노출에 관한 실험연구는 윤리적 우려들 때문에, 그리고 태도들과 신념들이 행동에 영향을 주기 때문에, 실제의 신체적 폭력에 대해서보다 사람들의 태도들과 신념들에 미치는 이것의 영향에 초점을 두었다. 몇몇 이전 연구들은 비폭력적 외설물에 대한 접촉 후에, 강간사건들의 가해자들에 대한 더 많은 관용과 아울러, 증가된 성적 무감각을 발견했다.[86] 반면에, 다른 연구들은 발견하지 못했다.[87]

더 새로운 연구들은 최소한 태도들과 신념들의 면에서, 더 확정적인 것 같다.[88] 이 연구들은 메타분석(meta-analysis)를 포함하는데, 이것은 많은 상이한 연구들에서 나온 결과들을 종합하는 하나의 통계법이다. 연구들의 두 개의 메타분석들(남자참가자들 만)에서 나온 결론들은 비폭력적 외설물에 대한 접촉과 여성에 대한 부정적 태도들 사이에 작기는 하지만, 일관된 관계를 나타낸다. 상관연구들에 초점을 두는 한 메타분석에서, 연구자들은 성인 남자 참가자들에 의해 소비된 비폭력적 외설물의 양과 그들이 여성에 대해 갖는 부정적 태도들의 정도를 측정했다.[89] 그 상관들은 작기는 하지만, 통계적으로 유의했으며, 정적인(+) 것이었다; 즉, 개인이 외설물을 더 많이 소비했을수록, 그는 여성에 대해 부정적 태도를 갖기가 더 쉬웠다. 물론, 이것은 외설물을 소비하는 것이 더 많은 부정적 태도를 일으킨다는 것을 반드시 의미하지는 않는다. 다른 길이 있을 수 있다; 즉, 더 부정적 태도를 가진 남자들이 더 많은 외설물을 소비하는 경향이 있을 수 있다. 외설물의 소비가 부정적 태도를 일으키는지를 말하기 위해서, 실험이 수행될 필요가 있다. 앞에서 논의된 바와 같이, 실험은 사람들이 외설물(이 경우에서 비폭력적인)에 노출되는 조건과 그렇지 않은 통제조건을 포함한다. 여성에 대한 태도들이 노출 후에 측정되게 된다. 만일 여성에 대한 태도들이 통제조건보다 외설물조건에서 더 부정적이라면, 우리는 외설물에 대한 노출이 여성에 대한 부정적 태도들을 일으킨다고 결론지을 수 있다. 이것이 바로 실험연구들의 메타분석에서 발견된 것이었다.[90] 여성에 대한 부정적 태도들이 통제집단보다 비폭력적 외설물집단에서 더 높았다. 하지만, 차이들은 이미 분노할 이슈들을 갖었거나, 이미 여성에 대해 적의적인 남자들에 대해서 훨씬 더 컸다. 다시 말하면, 여성에 대한 적의의 경향을 이미 갖고 있는 남자들은 이것이 그들에게 최소한 그들의 태도들과 신념들에 있어서 여성에 대해 좀 더 적의적이게끔 만들 것이기 때문에, 비폭력적 외설물(또는 그 주제에 관한 폭력적 외설물)을 시청해서는 안 될 것이다.

반드시 여성에 대한 무감각에 직접 관련되어 있지는 않은 상당한 양의 비폭력적 외설물을 시청하는 것의 다른 영향들이 있다. 특히, 몇몇 연구자들은 가족 "가치들"에 대한 "태도들"에서의 변화를 살펴 왔다. 가족가치들은 이것들의 핵심에 가정과 자녀의 양육에 대한 부모적 헌신을 포함한다. 물론, 비폭력적 외설물은 바로 그 반대를 묘사한다; 이것들은 정서적 관여없이 경험될 수 있는 최대의 성적 쾌감을 제공하는 일시적 관계들의 세상을 보여준다. 당신은 아마 여기에서 문제를 볼 수 있을 것이다: 즉, 한 세트의 가치들이 다른 가치들과 모순된다. 이러한 갈등이 문제가 되는가? 상관연구와 실험연구에 의하면, 확실히 그러하다. 연구자들의 실험들 중의 하나에서, 남자들과 여자들이 성인 비디오가게에서 빌릴 수 있는 비폭력적 외설물을 보았거나 비성적이고 비폭력적 비디오테이프들을 보았다.[91] 그들은 6주 동안에 6개의 1시간짜리 비디오테이프들을 보았다. 최종 시청의 약 1주일 후에, 그들은 가정과 개인적 행복의 측면들에 관한 외면상으로는 무관련한 연구에 참가하도록 요청받았다. 이 연구자들이 발견한 영향들은 놀랄만한 것이었으며 양성에 대해서 일어났다. 비성적인 비디오들을 보았던 참가자들과 비교되었을 때, 비폭력적 외설물을 보았던 참가자들이 다음을 보였다: ① 성적으로 덜 만족했음, ② 성적 억제의 건강적 위험에 관련된 미신들의 더 많은 수용, ③ 비독점적 성적 친밀성의 더 많은 수용 및 ④ 혼전과 혼외 성관계의 더 많은 수용, 그리고 그들은 또한 ⑤ 정숙한 것(즉, 정조를 지키는 것)의 중요성을 덜 중요한 것으로 판단했다. 부가적으로, 비폭력적 외설물을 시청했던 사람들은 심지어 더 적은 수의 자녀를 원했다.

더욱이, 이 연구자들은 비폭력적 외설물에 대한 상당한 노출이 다른 종류의 외설물들에 대한 사람들의 흥미를 증가시킨다는 것을 보였다.[92] 그들의 실험에서, 남자들과 여자들이 두 조건 중의 하나에 무작위적으로 배정되었다. 한 조건에서, 참가자들은 6주 동안에 일주일에 하루에서 1시간의 코미디들을 시청했다. 두 번째 조건에서, 참가자들은 6주 동안에 일주일에 하루에서 보통으로 입수가능한 1시간 짜리의 외설물을 시청했다. 그 다음에 그들의 최종세션의 2주일 후에, 참가자들은 실험실로 다시 왔다. 그들이 도착했을 때, 실험자는 연구에서 약 15분간 지연되는데 대해서 사과했고 참가자들에게 그들이 기다리는 동안에 6개의 비디오테이프들의 어떤 것을 보도록 권유했다. 그들에게 아무도 이 지연 동안에 그들을 방해하지 않을 것이라고 약속했다. 6개의 비디오테이프들은 일반용 영화, 준성인용 영화, 비폭력 외설물 영화 및 3개의 폭력적 외설물 영화(폭력적 외설물 영화들은 하나는 감금에 관한 것, 하나는 가학－피학증 및 하나는 수간에 관한 것으로 구성되었다)이었다. 6시간의 비폭력적 외설물 영화들에 노출되었던 참가자들은 비성적인 비디오들을 보았던 참가자들보다 덜 흔한 성적 실행들(감금, 가학－피학증 및 수간 테이프들)을 묘사하는 비디오들에 대한 관심을 보이는 경향이 더 많았다. 종합적으로, 이 연구들은 비폭력적 외설물을 시청하는 것이 여성에 대한 무감각을 넘어선 영향들(우리가 우리의 타인들과의 관계들과 우리 자신에 대해 어떻게 보는가를 변화시킬 수도 있는 영향들)을 준다는 것을 시사한다. 이러한 연구의 발견들은 양성이론(cultivation theory)과 일치된다, 앞에서 논의된 바와 같이, 양성이론은 TV와 영화들의 과도한 시청자들의 사회적 현실이 그들이 보는 바에 의해 형성되게 된다는 가설을 세운다. 이러한 연구가 증명하는 바와 같이, 비폭력적 외설물에 대한 더 많은 노출은 시청자들의 사회적 현실, 특히 그들의 성행위와 성관계들에 관련된 사회적 현실을 변화시킨다.

삽입된 폭력적인 성적 재료에 대한 노출의 영향

성과 폭력의 종합은 우리의 사고, 의도 및 행동에 대해 특히 나쁜 영향을 준다. 삽입된 폭력적인 성적 재료에 관한 연구들의 한 평론은 비폭력적 외설물의 영향들에 비해서, 삽입된 폭력적인 성적 재료에 대한 심지어 몇 분 동안의 노출이 많은 나쁜 영향을 준다고 시사한다. 이러한 연구들에서 대부분의 참가자들이 남자들이기 때문에, 결론들은 주로 남자들에 관한 것이다. 그 영향들은 다음을 포함한다; ① 성적 흥분의 증가, ② 강간 공상들의 증가, ③ 삽입된 폭력적 성행위들에 대한 민감성의 감소, ④ 강간미신들과 여성에 대한 폭력의 수용의 증가 및 ⑤ 강간자들에 대한 관용의 증가이다. 다시 말하면, 성적 폭력의 삽입된 묘사들을 시청하는 보통의 남자들(즉, 아무런 강간성향을 보이지 않는)은 여성들에 대한 의견들을 낮추었고, 여성에 대한 폭력의 관용이 증가되었다. 더욱이, 삽입된 폭력적인 성행위를 본 후에, 만일 그들이 처벌을 받지 않고 할 수 있다면, 강간의 높은 가능성을 보고하는 남자들이 더 낮은 강간 가능성을 보고하는 남자들보다 실험실상황에서 여성에 대한 더 많은 공격을 보이고, 강간에 대한 무감각한 태도들을 갖고, 강간미신들을 믿는 경향이 더 많고, 강간묘사들에 대해 더 높은 성적 흥분수준을 보인다.[93]

당신이 알 수 있는 바와 같이, 실험실에서 삽입된 폭력적인 성적 재료에 대한 노출의 영향들이 광범하게 연구되어왔다. 하지만, 삽입된 폭력적인 성적 재료(또는 폭력적인 성적외설문)를 시청하는 것이 실제로 강간이나 기타의 여성에 대한 폭행을 일으킨다는 증거는 없다.[94] 분명히, 강간의 원인들을 실험적으로 연구하는데 대한 강한 윤리적 제약들이 있다. 이것은 이러한 연구가 실험자들에게 남자들(아마 여성에 대한 폭력성향이 있는 남자들)에게 폭력적 외설물을 보여주고나서, 그들이 실제로 강간하거나 그 밖에 여성에게 해를 주는지를 알아보기 위해 기다리는 것을 요구하기 때문이다. 이것은 연구자들이 행하고 싶지 않은 것이다; 실제로, 그들은 정반대를 행하고 싶어한다. 연구자들은 가능한 한 그러한 일들을 예방하고 싶어하며, 이것이 그들이 삽입된 그리고 노골적인 폭력적 성행위의 묘사들의 영향들을 감소시키는 방법을 고안해 내기 위해 상당한 노력을 기울여 온 이유이다.

폭력적인 성적 재료에 대한 노출의 유해한 영향을 감소시키는 방법

폭력적인 성적 재료(삽입된 것과 아울러 노골적인)의 유해한 영향을 감소시키거나 제거시키는

4개의 일반적 방법들이 있다. 한 방법은 이러한 재료들의 유통과 판매를 "법적으로 금지하는 것"이다. 만일 당신이 이것을 진지하게 고려한다면, 당신은 살인이 실연되는 도색영화와 같은 이러한 재료들의 극단적 형태들을 제외하고서, 이것이 시행가능하지 않다는 것을 알 수 있다. 모든 폭력적인 성적 재료를 금지시키는 것은 많은 준성인용의 필름들이 금지된다는 것을 의미한다. 미국에서, 이러한 재료들을 금지하는 법은 언론자유의 권리를 위반하기 쉽다. 많은 다른 나라들도 이와 유사한 권리들을 인정하고 있다.

유해한 영향들은 경감시키는 두 번째 방법은 "비판적 시청기술들을 가르치는 것"이다. 이러한 기술들은 사람들이 더 변별하고 분별있는 정보의 소비자로 되는 것을 도와줄 것이다. 비록 폭력적 외설물을 시청하는 것에 직접 관련된 연구들이 없을지라도, 다른 연구들은 비판적 시청훈련 후에 아동들에서 폭력적 행동의 인상적인 감소를 보여왔다.[95] 한 연구는 TV프로들을 정규적으로 시청하는 아동들을 포함시켰다.[96] 절반의 아동들은 폭력적 TV프로들에 초점을 둔 비판적 시청훈련을 받았으며(훈련집단), 다른 절반은 비폭력적 TV프로들을 토의했다(통제집단). 훈련은 폭력적 TV프로들에서 보았던 행동들이 대부분의 사람들의 행동들을 나타내지 않으며(즉, 이러한 행동들이 규범이 아니다), 공격의 묘기들이 카메라각도들과 특수효과들에 의해 만들어진 착각들이며, 보통 사람은 프로들에서 당면한 것들과 비슷한 문제들을 해결하기 위해 다른 방법들을 사용한다는 것을 강조했다. 다시 말하면, 아동들은 폭력을 비현실적인 것으로 지각하도록 가르침을 받았다. 훈련 후 만 2년에 검사되었을 때, 이 아동들은 통제집단의 아동들보다 덜 공격적이었다. 훈련은 이 아동들의 생활에 대해 긍정적 방향으로 영향을 주었으며 그 효과는 장기적인 것이었다. 비판적 시청기술들을 발전시키는 것의 이점들이 준성인용의 성폭력 필름들에서 보여진 삽입된 성적 폭력에 대해 일반화되는지를 알아보는 것이 큰 흥미가 있는 것일 것이다.

그 효과들을 경감시키는 세 번째 방법은 "폭력적 성행동을 시청한 후에 사람들에게 사후설명(debriefing)을 제공하는 것"이다. 사후설명은 앞의 연구에서 기술된 훈련과 비슷하지만, 이것은 지속기간이 훨씬 더 짧다. 사후설명은 전형적으로 참가자들에게 강간미신들을 반박하는 정보를 포함해서, 폭력적인 성적 재료에 대한 노출의 있을 수 있는 부정적 영향들에 관해서 이야기해 주는 것을 포함한다. 삽입된 폭력적인 성적 재료를 사용하는 모든 연구들이 어떤 종류의 사후설명을 포함하고 있다. 만약 그렇지 않으면, 비윤리적일 것이다. 연구자들은 그들의 실험에 의해 일어났을 수도 있는 어떤 잠재적 해를 없애기 위해 노력한다. 사후설명이 실제로 효과가 있는지의 의문을 취급하기 위해 하나의 메타분석이 수행되었는데, 이것은 삽입된 성적 재료에 노출되었던 참가자들의 사후설명 후의 강간미신점수들과 사후설명 전의 점수들이나 통제집단의 점수들을 비교함으로써 사후설명들의 효과를 측정했던 모든 연구들을 검토했다.[97] 이 연구자들은 사후설명이 이러한 재료에 대한 노출의 부정적 효과들을 없애는 데에 효과적이라는 것을 발견했다. 고려된 모든 연구들에서, 교육적 사후설명들은 삽입된 폭력적인 성적 재료에 대한 노출의 영향을 취소시켰다. 하지만, 사후설명에 대한 하나의 분명한 난점은 모든 또는 심지어 대부분의 상업적으로 사용가능한 미디어에 대해 사후설명을 첨가하는 것이 아마 불가능할 것이라는 것이다. 많은 제작들이 그렇게 하도록 법적으로 강제되지 않는 한 사후설명들을 아마 첨가하지 않을 것이다. 설사 제작자들이 그것들을 첨부하려고 들더라도, 시청자들이 그것들을 시청하기 위해 기다려 주지 않을 것이다.

노출의 해로운 영향들을 경감시키는 네 번째(그리고 더 좋은) 방법은 "사람들에게 미리 그 영향들에 관해서 알려 주는 것"이다. 이것은 그들이 재료에 노출되기 이전에 영향에 대해서 그들을 면역시킬 것이다. 이러한 사전설명들(prebriefing)은 기본적으로 성질에 있어서 교육적인 것이다. 하나의 변화는 사람들에게 일어나기 쉬운 둔감화와 무감각을 특별하게 취급하면서, 폭력적인 삽입된 또는 노골적인 성적 재료에 대한 노출의 가능한 영향들을 분명하게 경고하는 것이다. 다른 변화는 양성이 무엇을 성적 신호들일 것으로 생각하는가를 포함하면서, 남성과 여성의 성반응들의 유사성들과 차이들, 의사소통 기술들 및 자기 파트너에 대한 고려에 초점을 두는 성교육 프로그램들을 포함한다. 이러한 유형의 교육은 사람들에게 미디어에서 당면한 미신들에 대해 덜 영향받게끔 만들기 위해 의도되고 있다. 또 다른 변화는 강간과 폭력적 외설물에 관한 인식과 이해를 향상시키기 위해 고안되어 있는 더 큰 시청자들을 겨냥한 영화들과 비디오들을 포함한다. 사후설명에 대해서와 마찬가지로, 의문은 이러한 사전설명들이 폭력적인 성적 재료의 부정적 영향들을 감소시키는지의 여부이다. 한 메타분석에서, 사전설명들이 사후설명들보다 좀 더 효과적인 것으로 발견되었다.[98)]

요약하면, 세 종류의 외설물이 있다: 즉, 춘화(erotica), 비폭력적 외설물 그리고 폭력적 외설물이다; 이것들은 이것들의 성행위에 관한 노골적 묘사와 사용자를 성적으로 흥분시키려는 이것의 일차적 의도에 있어서 삽입된 성적 재료와 차이가 있다. 춘화(erotica)가 남자들과 아울러 여자들을 흥분시킨다는 것 이외에 이것에 관한 연구가 거의 없다. 비폭력적 외설물에 대한 상당한 노출이 가족가치들과 행복에 대한 태도들과 여성에 대한 태도들에 대해 주로 영향을 준다. 이와 달리, 준성인용의 폭력필름들을 포함하는 폭력적인 성적 재료에 대한 최소의 노출이라도 여성에 대한 폭력의 더 큰 무감각과 수용을 일으킨다. 다행하게도, 타인들에 대한 존중과 특히, 자기 파트너에 대한 존중을 강조하는 교육프로그램들이 이러한 부정적 영향들을 경감시킨다.

이 장의 마지막 절은 미디어와 정치체제들 사이의 상호작용을 탐구한다. 앞의 세 개의 절은 특수한 유형의 미디어 내용들의 영향들에 관한 사회심리학적 연구에 초점을 두었다: 즉, TV의 인지적 및 교육적 영향, TV 폭력 및 외설물이다. 미디어와 정치에 관한 연구는 정치적 뉴스 보도와 정치적 광고가 신념들과 행동들에 미치는 영향에 대해 훨씬 더 많이 초점을 둔다. 예컨대, 어떤 이슈에 대한 미디어보도가 그 이슈에 관한 사람들의 신념들에 대해 어떤 영향을 주는가? TV폭력과 외설물에 관한 연구처럼, 미디어와 정치에 관한 연구는 또 다시 미디어가 우리의 신념, 사고 및 태도에 대해 영향을 준다는 것을 시사한다. (또한 본서의 제10장의 매스 미디어와 정치적 설득의 부분을 참고하라.)

정치적 뉴스보도의 영향

지난 세기의 초 동안에, 사람들은 미디어가 사람들이 세상을 어떻게 지각하는가에 대해 깊은 영향을 줄 수 있다고 생각했다. 예컨대, 화성인의 침공에 관한 라디오 드라마의 방송은 미디어가 사람들의 사고와 행동에 대해 매우 큰 영향을 줄 수 있다는 것을 시사했다.

미디어가 시청자들의 사고에 미치는 영향

미디어가 사람들이 무엇을 생각하는가에 대해 그와 같은 강력한 영향을 줄 수 있다는 시각은 신문, 라디오 및 TV를 사용하는 더 많은 연구가 수행됨에 따라 바뀌기 시작했다. 1950년대와 1960대 동안에, 사회과학자들은 미디어가 사람들이 세상을 어떻게 지각하는가에 대해서 거의 또는 전혀 영향을 주지 않는다고 주장하기 시작했다.[99] 장시간의 TV방송이 상원의원 출마자에 대한 사람들의 투표에 대해 최소의 영향을 주었던 사례가 있었다.[100] 이것과 같은 연구들은 미디어가 우리가 무엇을 생각하는가를 결정하지 못한다는 결론을 낳았다. 하지만, 이것이 미디어가 아무런 영향이 없다는 것을 의미하는가?

(1) 사람들의 사고에 대해 영향을 주기

1980년대 말 동안에, 불법적 약물의 사용 문제에 관한 미국의 일반대중의 우려가 꾸준히 증가되었다. 1985년 11월에, 한 전국적 정치 조사에 대해 미국이 당면하고 있는 첫 번째의 문제로서 약물들을 제시한 응답자들은 없었다. 하지만, 1989년 11월 경에(바로 4년 후에) 50% 이상의 응답자들이 약물들을 미국에 대한 첫 번째의 문제로서 열거했다.[101] 이것은 비록 약물문제의 객관적 측정치들이 약물문제가 감소되고 있다고 시사했을지라도 일어났다. 사람들이 약물문제가 통제되고 있는 것 같이 보였을 때에 "약물문제"에 관해 더 많이 우려하게 되었던 이유는 무엇인가? 분명히, 미국의 일반대중이 이 문제에 대해 더 많이 우려하게 되었던 이유를 설명할 수 있는 단일한 요인은 없다. 확실히 한 역할을 했던 요인은 약물에 대한 미디어의 초점이었다. 몇 개의 연구들이 1980년대 중반에서 말까지의 동안의 뉴스 미디어의 약물들에 관한 집중적 보도가 확실히 약물문제에 관한 일반대중의 우려를 높였다는 것을 증명해왔다.[102] 환언하면, 약물문제에 관한 미디어의 보도(이 경우에서, The Washington Post신문)가 약물문제에 대한 국가적 우려에 선행되었다. 약물문제에 관한 기사들의 숫자가 증가된 직후에, 약물들을 미국이 당면하고 있는 가장 중요한 문제로서 평정하는 사람들의 숫자가 증가되었다. 또한 흥미있는 것은 그 후에 사람들이 이 문제를 덜 중요하다고 판단하기 시작했을 때, 신문은 약물문제에 대해 제공된 기사들의 숫자를 감소시켰다.

미디어가 우리가 어떤 이슈들에 관해서 어떻게 생각하는가나 우리가 어떤 이슈들을 중요하다고 생각하는가를 형성시킬 수 있다는 아이디어는 의제설정(agenda setting)이라고 일컬어진다.[103] 미디어가 의제(agenda)를 설정할 때, 미디어는 사람들이 무엇을 생각하는가에 대해 영향을 주지 않고 있다. 오히려, 미디어보도는 사람들이 무엇에 관해서 생각하는가에 대해 영향을 주고 있다. 미디어는 사람들이 약물들의 사용이 그르다고 생각했는지, 또는 진정한 문제가 약물범죄자들의 부당한 선고이었는지에 대해 영향을 주지 않았다. 약물문제에 관한 미디어보도는 사람들이 약물문제가 하나의 중요한 것이라고 생각하는 것을 일으켰다. 미국과 유럽에서의 수 백개의 연구들은 미디어가 일반대중의 의제(agenda)를 설정한다는 것을 증명해왔다.[104] 더욱이, 어떤 이슈에 관한 미디어보도는 심지어 문제의 실제의 지표들이 그 문제가 경감되고 있다는 것을 시사할 때에도, 일반대중이 그 문제에 관해서 더 많은 관심을 갖게 되는 것을 낳을 수 있다.[105]

의제설정을 논의할 때에, 중요한 세 종류의 의제가 있다는 것을 유념하는 것이 중요하다. 일반대중의 의제(public agenda)는 일반대중이 중요하다고 생각하는 이슈들을 포함한다. 정책적 의제(policy agenda)는 정부관리들과 정책결정자들이 중요하다고 생각하는 이슈들을 포함한다. 미디어의 의제(media agenda)는 미디어가 집중적으로 보도하고 있는 이슈들을 포함한다. 연구는 미디어가 흔히 일반대중의 의제를 설정하고, 일반대중이 정책적 의제(policy agenda)를 설정한다고 시사한다.[106] 하지만 정책적 의제가 또한 미디어의 의제에 대해 영향을 줄 수 있다. 2005년의 주지사유세에 관한 연구는 두 후보자들이 선거 동안에 토론했던 것이 미디어의 의제에 영향을 주었지만, 후보자들이 또한 미디어가 보도했던 것을 형성할 수 있었다는 것을 증명했다.[107] 특수하게 말하면, 각 후보자의 보도자료들이 4개의 주요 신문들이 보도했던 것에 영향을 주었다.

미디어가 일반 대중의 의제에 대해 영향을 줄 수 있는 이유는 어떤 이슈의 집중적인 미디어보도가 그 이슈를 "특출하게" 만든다는 것이다.[108] 가용성 경험원칙(availability heuristic)은 사람들이 기억으로부터 어떤 것의 실례들을 회상하기가 얼마나 용이한가에 기초된 판단을 행한다고 시사한다.[109] 예컨대, 만일 어떤 사람이 당신을 조사대상으로서 전화를 걸어서, 이 나라가 당면하는 주요 문제가 무엇인가를 질문한다면, 가용성 경험원칙은 당신이 처음에 머리에 떠오르는 이슈로 응답할 것이라고 예측한다. 결과적으로, 당신에 대해 어떤 이슈를 더 특출하게 만드는 것은 어느 것이나 당신이 그것을 회상하고 그것을 하나의 중요한 이슈라고 보고할 가능성을 증가시킨다. 당신이 신문을 읽고 전면의 머릿기사들이 먼 나라에서의 가뭄에 관해서 보도할 때, 그것들은 그 이슈를 더 특출하게 만들 것이다. 만일 미디어가 굶고 있는 아동들에 관한 생생한 사진들을 포함시킨다면, 그것들은 또한 그 이슈의 특출성을 증가시킬 것이다. 마찬가지로 만일 모든 미디어가 그 이슈를 보도하고 있다면, 그것은 당신이 그 이슈에 관해서 다수의 기사들을 보게 될 가능성을 증가시킬 것이고 그것의 특출성을 증가시킬 것이다. 또한 만일 미디어가 그 이슈를 수 주나 심지어 수 개월 동안 계속 보도한다면, 그것은 그 이슈의 특출성을 더욱 증가시킬 것이다. 따라서, 미디어가 어떤 이슈의 특출성을 증가시킬 수 있는 많은 상이한 방법들이 있다. 미디어가 이슈를 어떻게 보도하는가에 관한 이러한 모든 상이한 요소들은 당신이 그 이슈가 중요하다고 생각하게끔 만들도록 작용한다.

비록 미디어가 일반대중의 의제(public agenda)를 어떻게 설정하는가에 관한 많은 인상적인 예들이 있을지라도, 미디어가 항상 의제를 설정하지는 않는다는 것을 이해하는 것이 중요하다. 예컨대, 조사연구는 미디어가 지방의 이슈들에 대해 의제를 설정할 것 같지는 않는다는 것을 증명해왔다.[110] 물론, 만일 당신이 이것에 관해서 생각한다면, 이것은 사리에 맞는다. 만일 그 이슈가 하나의 지방의 이슈이거나 그것이 당신의 생활에 직접 영향을 준다면, 당신은 미디어가 당신에게 이것이 하나의 중요한 이슈라고 말하는 것을 필요로 하는가? 물론, 당신은 당신 자신이 어떤 이슈를 직접 경험해 왔기 때문에, 미디어의 보도를 필요로 하지 않을 것이다. 예컨대, 불경기 동안에 본인이 일시해고되어 왔던 사람에 관해서 생각해 보자. 당신은 경제에 관한 미디어보도가 그 사람이 경제가 하나의 주요 이슈라고 생각하게끔 만드는 데에 필요하다고 생각하는가? "우리는 대통령을 판단하기 위해서 어떤 정보를 사용하는가?" 집중적으로 연구되어 온 한 분야는 정치적 점화(political priming)이다. 정치적 점화는 미디어가 보도하고 있는 이슈들이 사람들이 대통령과 그 밖의 정치가들을 판단하는 데에 사용하는 정보에 대해 영향을 준다는 아이디어이다. 1991년에, 미국의 대통령인 조지 부시는 매우 높은 찬성평정치들을 받았다. 정말로, 많은 정치평론가들은 부시가 1991년초에 얼마나 인기있었는가를 전제할 때, 1992년도 대통령선거에서 부시를 이길 수 있는 후보를 민주당이 내세울 수 있을 것으로 생각하지 않았다. 하지만, 만일 당신이 최근의 미국의 역사를 잘 안다면, 당신은 부시가 1992년의 재선에서 승리하지 못했다는 것을 알 것이다. 그 대신에, 그는 빌 클린턴이라는 젊은 민주당원에 의해 패배당했다. 어떻게해서 부시는 그러한 높은 수준의 일반대중의 찬성으로부터 클린턴에게 선거에 패배한 것으로 가게 되었는가?

1992년도 선거의 결과에 영향을 주었던 몇 개의 요인들이 있다 사건들의 미디어보도에 관한 연구는 1991년 말과 1992년 동안의 국내문제들에 대한 미디어의 몰두가 확실히 부시대통령의 인기도의 저하에서 한 역할을 했다는 것을 나타낸다. 당신이 대통령이 얼마나 잘 자신의 직무를 수행하고 있는가를 판단할 때, 당신은 자신이 판단을 행하는 데에 사용할 수 있는 많은 상이한 정보를 갖고 있다. 당신은 경제, 민권들 또는 국제문제들에 대한 대통령의 수행을 사용할 수 있거나, 대통령이 얼마나 잘 옷을 차려 입는가를 사용할 수 있다. 정치적 점화는 당신이 대통령을 판단하기 위해서 어떤 정보를 사용하는가에 있어서 미디어가 행하는 역할에 관계되고 있다. 따라서, 정치적 점화의 배후에 있는 아이디어는 미디어가 당신이 특수하게 무엇을 생각하는가에 영향을 주지 않고, 그 대신에 당신이 대통령에 대한 판단을 행하는 데에 "어떤 정보를 사용하는가?"에 대해 영향을 준다는 것이다. 이것을 정치적 점화라고 부르는 것은 불행한 일이다. 이것은 정치적 점화가 앞에서 논의되었던 Berkowitz(1984)의 폭력의 미디어 점화에 관한 모형과 비슷하다고 생각하기가 쉽기 때문이다.[111] 하지만, 둘은 매우 다르다. 예컨대, 미디어가 폭력을 점화시킬 때, 그 효과는 비교적 신속하게 사라지지만, 미디어로부터의 정치적 점화효과들은 수 주 동안 지속될 수 있다.[112]

이러한 현상을 점화라고 일컫는 것에 관한 논쟁들을 제쳐 놓고서, 정치적 점화에 관한 연구에 의하면, 만일 미디어가 주로 국제문제들에 초점을 두고 있다면, 사람들은 대통령이 국제문제들에서 얼마나 잘하고 있는가에 관한 그들의 인상들을 대통령이 전반적으로 얼마나 잘 수행하고 있는가를 판단하기 위해 사용할 것이다. 하지만, 만일 미디어가 주로 국내문제들에 초점을 두고 있다면, 사람들은 대통령이 국내문제들에 대해 얼마나 잘 수행하고 있는가에 관한 그들의 인상들을 대통령이 전반적으로 얼마나 잘 자신의 직무를 수행하고 있는가를 판단하기 위해 사용할 것이다. 사람들은 부시대통령이 국제문제들을 얼마나 잘 처리했는가에 관해 매우 긍정적 인상들을 갖는 경향이 있었지만, 그가 국내문제들을 얼마나 잘 처리했는가에 관해 부정적 인상들을 갖는 경향이 있었다. 조사연구와 저녁뉴스와 주요 신문들에서의 주요 기사들의 내용분석의 한 종합은 미디어가 이라크에서의 첫 전쟁을 보도하고 있었을 때, 국제문제들에 대한 부시의 처리에 관해 긍정적 평가들을 갖었던 사람들은 사람들이 일반적으로 그가 미국의 경제를 처리하는 데에 잘하고 있었다고 생각하지 않았다는 사실에도 불구하고, 그의 전반적 수행에 대해 긍정적 인상을 형성했다는 것을 증명했다. 1991년 말과 1992년에, 미디어가 그들의 관심을 중동에서 벗어나고 국내문제들에 초점을 두었을 때, 사람들은 국내문제들에 대한 부시의 처리에 관한 그들의 부정적 평가들을 그의 전반적 수행을 판단하기 위해 사용했다. 결과적으로, 부시 직무수행의 평정치들은 사람들이 그가 국제문제들을 처리하는 데에 잘했다고 생각했다는 사실에도 불구하고, 수직으로 떨어졌다.[113] 다시 말하면, 미디어의 의제가 1992년의 선거결과에 연루된 것 같이 여겨지는데, 이것은 미디어가 사람들이 부시의 직무수행을 판단하는 데에 사용된 준거들을 점화시켰기 때문이다.

정부에 대한 부정적인 미디어보도의 영향

정부기관들에 대한 사람들의 신뢰는 미국에서 지난 40년 동안 급격하게 떨어져 왔다. 1964년에, 약 75%의 미국 인구가 국가의 정부를 신뢰했다. 1990년대 중반경에, 정부를 신뢰했던 미국인들의 숫자는 약 25%로 떨어졌다.[114] 감소하는 정부의 신뢰는 전국 및 지방 선거들에서의 투표율의 감소와 병행되어왔다. 정부에 대한 신뢰의 감소는 대통령, 의회, 법원들, 및 법집행기관들의 효과성을 해칠 수 있다. 더욱이, 만일 사람들이 대통령과 의회를 신뢰하지 않는다면, 불신은 정치체제의 개혁에 대한 노력들을 해칠 수 있다. 예컨대, 미국에서의 선거운동비의 개혁에 대한 최근의 시도들은 그 개혁들이 어떤 실질적 영향을 주게 될지의 여부에 대한 증가하는 냉소주의에 부딪혀 왔다. 다른 사람들은 만일 신뢰가 너무 낮게 떨어진다면, 국가가 어떤 위기에 대해서 효과적으로 반응하게 될 수 없을지도 모른다는 주장까지 제시해왔다.[115]

많은 사람들이 미국 정부에 대한 신뢰의 감소에 대해 충분한 이유가 있다고 주장한다.[116] 1960년대 동안에, 민권운동과 베트남전쟁이 정부에 대한 신뢰를 손상시켰다. 1970년대 동안에, 닉슨 대통령이 워터게이트 스캔들 때문에 사임했다. 1970년대 말 동안에, 이란에서 소수의 학생들이 미국대사관 직원인질을 1년 이상 억류하고 있었던, 이란 인질위기가 대통령직에 대한 사람들의 신뢰를 더욱 해쳤다. 1980년대 동안에, 미국은 한 배우를 대통령으로 선출했으며, 이란－콘트라(Iran－Contra) 스캔들과 수 많은 그 밖의 스캔들들이 로날드 레이건의 대통령직을 흔들었다. 클린턴대통령은 백악관 인턴인 모니카 르윈스키와의 성적 관여 때문에 거의 탄핵에 가까웠다. 그리고 물론, 이라크에서의 미국의 전쟁을 정당화시키기 위해 사용되었던 대량파괴무기들의 존재에 관한 증거가 조지 부시 행정부에 의해 조작되었다는 비난들이 있다. 하지만, 일어나 왔던 여러 스캔들들이 미국정부에 대한 사람들의 신뢰가 왜 매우 낮은가의 유일한 이유가 아니라고 믿을 많은 충분한 이유들이 있다. 많은 사람들이 미디어가 정부의 하락하는 이미지에서 하나의 중요한 역할을 해왔다고 비난한다.[117]

(1) 미디어의 정부에 대한 신뢰 감소에 대한 영향

당신은 아마 사람들이 뉴스미디어가 오로지 부정적인 것에만 초점을 둔다고 불평하는 것을 들어 왔을 것이다. 사람들은 흔히 뉴스미디어가 국가나 정부에 관한 어떤 긍정적이거나 앙양시키는 것을 보이는 것 같지 않다는 사실을 슬퍼한다. 특히, 미디어는 정치인들에 대해 과도하게 부정적인 묘사들을 제시하는 것으로 흔히 비난받고 있다. 놀라웁게도, 미디어에 관한 하나의 내용분석은 비록 대부분의 미디어(예: 신문들, 뉴스잡지, 지방뉴스)가 그들의 정부의 취급에 있어서 다소 부정적일지라도, 그들이 최악은 아니라는 것을 발견했다.

하지만, 정부와 정치인들에 대한 이러한 부정적 보도가 정부에 대한 일반대중의 지식과 신뢰에 영향을 주는가? 수 많은 조사들과 연구들이 정부에 대한 부정적 보도에 접해 온 사람들이 정부를 덜 신뢰한다는 것을 발견해왔다. 이 문제에 대해 1,200명 이상의 성인들에 대한 조사를 포함하고 있는 가장 광범한 연구는 미디어와 미국의 정치기관들의 지각들에 관해서 다소 흥미있는 일들을 보여주었다.[118] 대부분의 사람들의 상식과 일치해서, 이 연구는 신문을 읽는 것과 TV뉴스프로(예: 60분)를 시청하는 것이 정치체제에 대한 사람들의 이해를 증가시켰다고 시사했다. 하지만, 오락 대담프로들과 같은, 다른 형태의 TV프로는 실제로 정부에 대한 사람들의 이해를 감소시켰다. 신문과 뉴스잡지를 읽었거나 지방 TV뉴스를 시청했던 사람들이 정부에 대한 더 큰 신뢰를 가졌다. 이와 반대로, TV에서 전국 뉴스를 시청했거나 정치적으로 지향된 라디오 대담프로들을 청취했던 사람들은 정부, 특히 대통령에 대해 더 냉소적이었다. 물론, 비록 한 연구가 이 문제에 관해서 가장 광범한 연구일지라도, 조사들만이 사용되었다는 것을 기억하는 것이 중요하다. 그 결과로, 인과성의 방향을 알기가 곤란하다. 라디오 대담프로들을 청취하는 것이 정부에 대한 사람들의 냉소를 증가시킬 것이다. 하지만, 정부에 대해 특히 냉소적인 사람들이 라디오 대담프로들을 청취하기가 더 쉽다는 것이 사실일 수 있다. 아마, 둘이 일어날 것이다; 라디오 대담프로들이 이미 정부에 대해 냉소적인 사람들을 끌어들일 수 있지만, 또한 라디오 대담프로들이 확실히 정부에 대한 냉소적 시각들을 강화시킬 것이다.

(2) 기사의 프레이밍 방식

기자가 하나의 기사를 생각할 수 있는 많은 상이한 견지들이나 관점들이 있다. 프레이밍(framing)은 기사가 어떻게 제시되는가, 또는 그것의 관점을 일컫는다. 어떤 기자가 이라크에서의 최근의 전쟁에 관한 하나의 기사를 쓰려고 한다고 가정하자. 그 기자는 UN의 조사관들, 전쟁 자체에 대한 한편으로는 미국과 영국과 다른 한편으로 프랑스, 독일 및 러시아의 의견불일치들과 이라크가 대량파괴무기들을 가졌다는 비난과 같은 전쟁을 일으킨 문제들에 대해 초점을 둘 수 있다. 그 기자는 그 대신에 이라크의 기름비축들과 이라크인들에 의한 대통령의 아버지의 암살기도를 포함하는 조지 부시 대통령의 전쟁을 치르고 싶어하는 동기들에 초점을 둘 수 있다. 그 기자는 인도적 관심의 각도를 사용하기로 작정하고 이라크에서 싸웠던 미국 병사들 중의 한 명이나 전쟁 동안의 이라크 가정의 경험들에 초점을 둘 수 있다. 이것들은 그 기자가 기사를 프레임할 수 있는 소수의 상이한 방법들에 불과하다.

한 기사가 어떻게 프레임되는가가 기사의 프레임이 기사의 어떤 측면들을 특출하게끔 만드는 반면에, 다른 요소들이 경시되거나 무시되게끔 만들을 것이기 때문에, 중요하다. 예컨대, 만일 기사가 이라크에서 싸우고 있는 미국 병사의 경험들에 초점을 두었다면, 기사는 이라크에서의 전쟁의 위험성들과 이라크 내의 어떤 준군사집단들의 광신적인 열성을 강조할 것이다. 이러한 종류의 프레임은 중동출신의 사람들에 관한 부정적인 서구적 고정관념들을 불붙이기 쉬울 것이다.

기사가 어떻게 프레임되는가는 사람들이 기사에 관련된 판단을 행하는 데에 중요한 영향을 줄 수 있다.[119] 예컨대, 한 연구자는 빈곤에 관한 기사들이 인간적 관심의 각도를 취했고 어떤 특수한 가난한 사람에 대해 초점을 두었을 때, 사람들이 개인을 가난에 대해 책임있는 것으로 비난하기가 더 쉬웠다는 것을 발견했다. 하지만, 기사들이 빈곤에 관한 주제적 취급을 제공했고 이 나라에서의 빈곤의 역사와 빈자를 돕기 위한 정부의 사업들에 초점을 두었을 때, 사람들은 가난에 대해 개인들을 비난하는 경향이 더 적었고 사회가 그 원인에 대해 책임이 있는 한 문제로서의 빈곤에 대해 더 많이 초점을 두었다.

정치적 기사들이 어떻게 프레임되었는가가 정부에 대한 불신의 증가에 기여한다.[120] 어떤 정치적 캠페인을 보도함에 있어서, 기자는 이른바 이슈프레임(issue frame; 또는 이슈 틀)을 사용할 수 있고 중요한 이슈들, 이슈들의 배경, 및 이슈들에 관여된 찬성들과 반대들에 초점을 둘 수 있다. 예컨대, 2000년의 미국의 대통령선거유세에서의 한 이슈는 여러 국가들에서의 평화유지자로서의 미국의 역할에 관한 것이었다. 이슈프레임을 취한 기사는 클린턴 대통령 정부 동안의 소말리아와 동유럽에서의 한 평화유지자로서 행동하는 미국의 역사와 다른 나라들이 미국을 어떻게 지각했는가에 대한 이러한 활동들의 영향에 초점을 둘 것이다. 이와 달리, 기사는 이른바 전략프레임(strategy frame)을 사용할 수 있다. 전략프레임은 정치가들이 취하고 있는 상이한 입장들의 배후의 동기들에 초점을 둔다. 예컨대, 전략프레임을 가진 기사는 여론조사들이 대부분의 공화당투표자들이 미국이 하나의 국제적 평화유지자로서 행동하는 것에 대해 반대하고 있다는 것을 보여 왔기 때문에, 부시가 그것에 반대했었다고 주장할 것이다. 어떤 정치인이 왜 어떤 정책을 지지하는가에 대한 전략프레임의 초점 때문에, 전략프레임은 그 정치인을 자기 이익적이고 나라를 위한 더 큰 이익에 관해서 특별하게 관심을 두지 않은 것으로 만드는 경향이 있다.

일련의 실험들에서, 연구자들은 어떤 전략프레임을 갖고서 기사들을 읽은 것이 어떤 이슈프레임을 갖고서 기사들을 읽는 것보다 더 큰 정도로 정치에 대한 참가자들의 냉소를 증가시킨다는 것을 증명했다.[121] 냉소의 이러한 증가는 전략프레임이 어떤 이슈(보건 개혁)에 대한 입장에 있어서 어떤 정치인의 동기들에 초점을 두었는지, 또는 출마하고 있는 동안의(특정의 지역에서의 시장선거) 어떤 후보자의 동기들에 초점을 두었던 간에 일어났다. 일반대중은 일반적으로 사람들의 복지에 관해서 관심을 두고 있는 정치인들을 원한다. 하지만, 어떤 이슈에 대한 어떤 정치인의 입장의 배후의 동기들에 초점을 둠으로써, 전략프레임은 그 정치인을 마치 그 사람의 일차적 관심들이 자신이 일반대중에게 어떻게 보이는가와 당선되거나 재선되는 것에 있는 것처럼 보이게끔 만드는 경향이 있다. 대부분의 전략프레임들이 정치인들의 부정적 동기들에 대해 초점을 두기 때문에, 이러한 프레임들은 정치인들이 그들 자신의 이익을 위해서만 애쓴다는 일반대중의 지각들을 강화시킨다. 우리의 일상생활에서, 우리는 자기 자신의 이익만을 추구하는 사람들을 신뢰하지 않는 경향이 있으며, 이것은 우리가 자기 자신의 이익만을 추구하는 것으로서 지각하는 정치인들에 대해서도 동일하다. 분명히, 언론인들은 그들이 초점을 두기로 택하는 것(기사에 대한 프레임)이 독자들의 기사의 해석에 대해 영향을 줄 수 있기 때문에, 정치적 과정에서 하나의 중요한 역할을 행할 수 있다.

정치적 광고의 나쁜 결과

정치적 선거운동을 부정적으로(negative) 만드는 요소들은 상대방의 바람직스럽지 못한 특징들에 대한 강조를 포함한다. 불행하게도, 대부분의 부정적 선거유세들(negative campaigns)은 이슈들에 대한 상대방의 입장들의 단점들에 초점을 두지 않는다. 그 대신에, 전형적인 부정적 선거유세는 상대방이 얼마나 비열한 사람인가에 대해 초점을 둔다. 부정적인 정치적 선거운동은 오랜 동안 도처에서 있어왔다. 예컨대, 1800년의 미국 대통령선거에서, 공화당원들은 연방당원인 한 입후보자를 그가 위선적이고 어리석으며, 아무런 인덕이 없고 비열한 사람이라고 주장함으로써 공격했다. 하지만, 많은 시사해설자들이 지적해 온 바와 같이, 정치적 선거운동들은 20세기의 지난 30년 동안에 훨씬 더 부정적으로 되기 시작했다.[122] 미국에서 부정적인 정치적 선거운동이 증가해온 것과 동시에, 투표자수가 감소되어왔다.[123] 의문은 부정적 선거운동이 유권자들을 싫증나게끔 만드는지의 여부이다.

몇 개의 실험연구들이 부정적 선거운동이 유권자들의 투표를 감소시킨다는 것을 매우 분명하게 증명한다. 캘리포니아 상원의원 선거운동과 로스인젤레스 시장선거운동에서의 실제의 광고들을 사용한 한 실험에서, 부정적 광고들이 사람들의 투표하려는 의도를 감소시켰다는 것이 발견되었다.[124] 부가적으로, 몇 개의 실험연구들이 단 한명이나 아무도 부정적 광고를 행하지 않거나 단 한명이 부정적 광고를 행하는 것과는 반대로, “두 명”의 후보자들이 부정적 광고를 행할 때, 후자가 두 후보자가 덜 바람직스러운 것으로 평가되는 것을 일으키는 어떤 시너지(synergy)를 조성하는 것 같다는 것을 증명해왔다. 더욱이, 연구참가자들은 그들이 두 후보자가 부정적이었던 선거운동들을 목격했을 때에 훨씬 덜 투표하게 될 것 같다고 보고했다.[125] 특수하게 말하면, 선거운동들은 투표하기가 손해－손해(lose－lose) 상황이라는 지각(즉, 투표하는 것이 손해이고 투표하지 않는 것도 손해임)을 일으키는 것 같다. 손해－손해 상황들은 사람들이 피하려고 드는 상황들이다. 당신이 두 개의 바람직스럽지 않은 선택지들 예컨대, 계속 아픈 이를 갖고 있는 것이나 치과에 가는 것 사이에서 선택해야만 되는 상황에 놓여 있을 때에 당신은 어떻게 느끼는가? 이것들은 사람들이 혐오적인 것이라고 생각하는 상황들이다. 부정적 선거운동들이 투표하는 일반대중을 쫓아버리고 사람들의 냉소를 증가시켜 온 것이 하등 이상할 것이 없다.

요약하면, 의제설정과 정치적 점화에 관한 연구들은 미디어가 사람들이 어떤 정치적 이슈들에 관해서 생각하는가와 사람들이 정치적 판단을 행하기 위해 어떤 정보를 사용하는가에 대해 영향을 줄 수 있고 실제로 준다는 것을 분명하게 보여준다. 하지만, 미디어의 영향은 사람들이 생각하는 경향이 있는 것보다 더 미묘하다. 미디어는 분명히 사람들이 "무엇"을 생각하는가를 "지시"하지는 않는다. 만일 미디어가 사람들이 무엇을 생각했는가에 영향을 주었다면, 여러 이슈들에 대해 매우 많은 의견불일치들이 있지는 않을 것이다. 미디어는 사람들이 복지개혁을 위한 어떤 특수한 제안이 좋은 아이디어이거나 나쁜 아이디어라고 생각하는지의 여부에 영향을 주지는 않는다. 하지만, 미디어는 사람들이 복지개혁이 하나의 중요한 이슈라고 생각하는 여부에 대해 영향을 줄 수 있다. 마찬가지로, 미디어는 대통령이 복지개혁을 얼마나 잘 처리하고 있는가에 대한 사람들의 판단이 그들의 대통령의 평가에 대해 영향을 주게끔 만든다. 미디어의 이러한 영향들은 미묘하지만, 이것들은 중요할 수 있다. 미디어는 또한 정부에 대한 사람들의 증가된 냉소에 있어서 한 역할을 한다. 미디어의 부정적 사건들에 대한 초점, 그들이 기사들을 프레임하는 방식 및 정치인들이 미디어에서 행하는 부정적 선거운동들의 모두가 정부에 대한 깊어지는 불신을 조성한다.

요 약

1. 미디어의 심리적 영향은 매우 다양하다. 우선적으로, 미디어, 특히 TV 시청은 아동들의 일과 중의 큰 부분을 차지함으로써, 아동들의 인지적 성장과 교육적 발달에 대해 나쁜 영향을 줄 수 있다.
2. 상관연구들은 TV를 많이(특히, 하루에 4시간 이상을) 보는 아동들이 가장 나쁘게 영향을 받는 경향이 있다는 것을 보인다. TV를 많이 보는 아동들이 TV를 덜 보는 아동들보다 읽기와 수학 능력들이 더 낮으며, 그들은 또한 창의성의 측정치들 상에서 더 낮은 점수를 갖는다.
3. 준실험적 연구들의 증거도 또한 읽기능력과 창의성이 TV시청에서 오는 치환효과들의 결과로 감소된다는 것을 시사한다. 상관자료는 이러한 부정적 관계들이 성인기까지 유지된다는 것을 보이는 반면에, 한 자료는 더 나이어린 아동들이 치환효과들에 대해 가장 위험하다는 것을 시사한다.
4. 폭력과 같은 특수한 유형의 내용이 미디어 속에서 우세할 때, 그 효과들이 매우 뚜렷할 수 있다. 미디어 폭력은 폭력적 행동의 장기적 모방을 일으킬 수 있다. 미디어 폭력에 관한 준실험연구들은 미디어가 국가의 살인사건들의 숫자에 있어서 큰 역할을 할 수 있다고 시사한다.
5. 이와 반대로, TV폭력은 개인의 공격적 사고들을 일시적으로 증가시킬 수 있다. 또한, TV의 영향들은 단기적이나 수 년 동안 지속될 수 있는 공포반응을 일으킬 수 있거나, 살기에 위험하고 적의적인 장소로서의 세상에 관한 시청자들의 나쁜 지각들을 증가시킬 수 있다.
6. 미디어의 다른 연구분야인 외설물(pornography; 또는 포르노)이 또한 심각한 영향들을 줄 수 있다. 비록 춘화(erotica)에 관해서 적은 연구가 수행되어 왔을지라도, 비폭력적 외설물에 관한 연구들은 상당한 양(예: 6개의 비디오)의 비폭력적 외설물을 시청한 후에 남자들과 아울러 여자들이 가정생활에 관한 더 부정적 시각들을 갖고 있으며, 남자들이 여성에 대해 더 부정적 태도들을 갖고 있다는 것을 증명한다.
7. 폭력적인 성적 재료, 즉 폭력적 외설물이나 삽입된 폭력적 성행위들의 형태가 가장 심각한 심리적 영향을 준다. 심지어 폭력적인 성적 재료에 대한 단기적 노출이 남자들의 강간미신들의 수용을 증가시킬 수 있으며 여성에 대한 더 부정적 견해들을 일으킨다.
8. 정치적 뉴스보도에 관한 연구는 미디어가 매우 미묘한 심리적 영향을 줄 수 있다는 것을 시사한다. 미디어는 사람들이 국가가 당면하고 있는 중요한 이슈들이 무엇인가를 생각하는 데에 영향을 줄 수 있다. 정치적 기사가 어떻게 프레임되는가(framed)가 어떤 이슈에 대한 사람들의 해석에 대해 영향을 줄 수 있다.
9. 어떤 이슈의 대량의 보도가 사람들이 대통령이 수행하고 있는 직무를 어떻게 판단하는가에 대해 영향을 줄 것이다. 부가적으로, 미디어가 정치지도자들과 기관들에 대한 냉소주의를 조성할 수 있다.
10. 미디어심리학이 연구해 온 더 많은 분야들이 있으며, 이것들은 미디어의 친사회적 이점들, 인종차별주의에 대한 미디어의 영향들, 영화의 즐거움정도에 영향을 주는 요인들 및 사람들이 그들이 시청하고 있는 프로들을 시청하는 이유들에 관한 많은 연구들을 포함한다.

제12장

환경의 사회심리학

환경이 인간의 안녕과 행동에 미치는 영향
과밀
하나의 스트레스원으로서의 소음

행동이 환경에 미치는 영향
환경문제들과 인간 행동
환경적 행동들의 이해
친환경적 행동의 증진

건축된 환경
사회적 설계
방어가능한 공간

요약

우리 인간과 아울러 그 밖의 모든 생명체들은 물리적 환경 속에서 살아간다. 이러한 환경은 우리의 생물학적 측면들에 영향을 주고 또한 우리의 사고, 감정, 행동 및 안녕(well-being)에 대해서도 매우 중요하다. 예컨대, 우리는 심한 더위와 추위 속에서 불쾌와 고통을 느끼고, 기온이 높을 때에 타인들에게 더 쉽게 화를 내고, 심한 소음으로 스트레스를 느끼고 신체적 병들을 갖게 될 수 있다. 이와 반대로, 인간의 행동이 역으로 환경에 대해 영향을 준다. 예컨대, 화석연료의 사용은 탄산가스(CO_2)의 방출을 일으키고, 도시화는 농토와 자연환경을 감소시키고 많은 동식물의 종들을 사라지게끔 만든다. 거의 모든 사람들이 건축된 환경 속에서 살며, 많은 사람들이 잘못 건축된 환경으로 인해서 심신으로 나쁜 영향을 받는다.

환경심리학자들은 인간과 그들의 환경 간의 상호작용을 연구한다. 전통적으로, 환경심리학자들은 물리적 환경이 우리에게 어떻게 영향을 주는가에 대해 초점을 두어왔다. 더 최근에, 많은 연구가 우리의 에너지사용, 물사용, 자동차사용 및 토지사용을 통해 우리가 환경에 대해 어떻게 영향을 주는가를 연구하고 있다. 인간과 환경 사이의 이러한 쌍방적 관계들은 서로 밀접하게 연결되어 있다. 즉, 사람들이 계속적으로 환경에 영향을 주고, 역으로 환경의 변화가 사람들의 인지, 감정, 행동 및 안녕에 대해 영향을 준다.

인간과 환경 사이의 관계가 사회심리학자들의 관심을 끄는 이유는 무엇인가? 그 이유는 환경심리학자들에 의해 연구되는 주제들 중의 다수가 사회심리학적 측면들을 갖고 있다는 것이다. 예컨대, 인간친화적 빌딩들을 설계할 수 있기 위해서, 우리는 사람들이 다양한 건축설계들을 어떻게 지각하고 가치를 부여하는가, 그리고 그들이 건축된 환경 속에서 어떻게 상호작용하고 수행하는가를 알 필요가 있다. 이와 비슷하게, 친환경적 행동을 증진시키기 위해, 우리는 어떤 요인들이 환경적 행동들에 대해 영향을 주는가를 알고, 친환경적 행동들을 증진시키는 정책들과 중재들을 개발하고 실시할 필요가 있다. 당연하게도, 여러 사회심리학적 이론들, 연구방법들 및 중재기법들이 인간과 환경 간의 관계의 이해와 향상에 대해 응용되어왔다.

이 장은 사회심리학이 어떻게 인간과 환경 간의 관계의 더 좋은 이해와 관리를 위해 응용될 수 있는가에 관한 하나의 개관을 제공한다. 첫째로, 이 장은 환경, 특히 과밀과 소음과 같은 부정적 측면들이 인간의 안녕과 행동에 대해 미치는 영향을 취급한다. 둘째로, 인간의 행동이 환경에 미치는 영향들을 행동의 결정요인들을 중심으로 취급한다. 셋째로, 환경문제들을 해결하기 위한 구체적 원리들이나 방법들을 취급한다. 이것들을 물, 에너지, 쓰레기 및 폐품재활용의 주제들을 포함한다. 넷째로 그리고 마지막으로, 건축된 환경이 인간에 대해 미치는 영향들을 취급한다.

환경이 인간의 안녕과 행동에 미치는 영향

역사적으로, 우리 인간은 생존과 안녕을 위해 가혹한 환경을 극복하려고 분투해 왔으며, 그 결과로 특히 선진국들에서 사람들이 살기에 비교적 안락한 환경을 만들어왔다. 하지만 이와 동시에 우리는 우리의 선조들이 당면하지 않았던 새로운 환경적 스트레스을 만들어왔다. 그러한 스트레스 중에서, 과밀과 소음이 특별한 관심을 받아왔다.

과밀(crowding)

지구상에 60억 명 이상의 사람들이 살고 있다. 이것은 이전에 살아 왔던 사람들의 총수를 넘어서는 숫자이다. 세계의 인구는 매일 25만 명 꼴로 증가하고 있다. 현재의 증가추세리면, 세계의 인구는 2025년에 배가될 것이고 점점 더 짧은 기간들에 다시 배가될 것이다. 200년 전에, 영국의 Thomas Malthus는 인구가 매우 신속하게 팽창해서 곧 식량이 부족하게 될 것이라고 경고했다. 그는 이러한 재난이 언제 일어날 것이가에 관해서 틀렸는데, 이것은 주로 농업기술의 발전이 식량생산을 크게 향상시켜 왔기 때문이다. 하지만, 식량생산이 줄어들고 있고 세계의 영양부족된 인구가 증가되고 있다.[1] Malthus의 예언의 시기가 조금 벗어났을 수 있지만, 많은 과학자들이 그의 예측이 곧 실현될 것이라고 우려한다.

충분한 식량이 있다고 하더라도, 과밀이 동물들과 아울러 인간들에 대해 하나의 큰 스트레스원이 될 수 있다. 동물들이 자연환경이나 실험실에서 과밀상태에 있게 될 때, 그들은 더 느리게 생식하고, 자식을 부적절하게 보살피고, 병에 걸리기가 더 쉽게 된다.[2] 인간의 과밀에 관한 연구들은 이와 비슷한 부정적 영향을 보인다. 예컨대, 교도소들에서 과밀이 증가될 때, 규율문제, 자살 및 전체의 사망률이 또한 증가된다.[3] 대학교들에서의 연구들은 과밀된 기숙사(예: 공동욕실과 라운지 시설이 있는 긴 복도가 있는 것들)에서 거주하는 학생들이 덜 과밀된 기숙사(예: 자체의 욕실이 있는 더 작은 독립적 방을 가진 것들)에서 거주하는 학생들보다 사회적으로 더 철수하고 학습된 무기력의 신호들을 더 많이 보이기가 쉽다는 것이 발견되었다.

매우 혐오적인 과밀의 영향은 어떠한가? 이러한 의문에 답변하기 위해서, 우리는 먼저 타인들의 존재가 항상 불쾌하지는 않다는 것을 인식해야만 된다. 많은 사람들이 대도시에서 사는 것을 좋아한다. 토요일 밤에, 우리들은 대개 더 많은 사람들이 모일수록 더 즐거울 것이라고 느끼면서, 재미있는 밤을 위해 친구들과 어울릴 준비를 한다. 이러한 사실은 연구자들에게 두 개의 용어를 구분짓게끔 만들어왔다. 즉, 밀도(density)는 특정의 공간을 점유하는 사람들의 숫자를 일컫는다. 20명의 학생이 있는 교실은 50명의 학생이 있는 동일한 교실보다 더 낮은 사람들의 밀도를 갖고 있다. 과밀(crowding)은 타인들의 존재에 기인되는 주관적인 불쾌감이다. 이것은 밀도가 불쾌해질 때에 우리가 느끼는 스트레스이다. 어떤 경우들에서, 20명이 있는 학급이 50명이 있는 학급보다 더 과밀되게 느껴질 수도 있다.

(1) 과밀과 지각된 통제력

언제 밀도가 과밀로 바뀌는가? 한 요인은 사람들이 과밀된 조건들에 대해 갖고 있다고 느끼는 통제력이 얼마나 많은가를 포함해서, 사람들이 타인들의 존재를 어떻게 해석하는가에 관련있다. 만일 타인들의 존재가 우리의 통제감을 감소시킨다면, 예컨대, 만일 이것이 우리에게 자신이 원하는 만큼 자유롭게 움직이기가 어렵게끔 만들거나, 우리가 방금 피했던 사람과 부딪치는 것을 피하기가 어렵게끔 만든다면, 우리는 어떤 과밀을 스트레스를 주는 것으로서 경험하기가 쉽다. 만일 우리가 상황에 대한 통제력을 갖고 있다고 느낀다면, 예컨대 만일 우리가 어떤 시점에서 사람들을 떠나고 조용한 장소에서 편히 쉴 수 있다는 것을 안다면, 우리는 그것을 스트레스를 주는 것으로 경험할 것 같지는 않다.

한 연구는 고등학생들에게 타인들로 꽉 차있는 방에서 몇 개의 문제를 풀도록 요구함으로써 이러한 가설을 검증했다.[4] 한 조건에서, 연구자는 학생들에게 그들이 어떤 시점에서나 마음대로 방을 떠날 수 있다고 말했다. 연구자는 "과거에, 실험에 참가했던 어떤 사람들은 방을 떠나는 것을 선택했습니다. 다른 사람들은 떠나지 않았습니다. 우리는 당신이 떠나지 않은 것을 바라지만, 이것은 전적으로 당신의 마음에 달려 있습니다."라고 말했다. 두 번째 조건의 학생들은 동일한 과밀된 조건들에서 작업했지만 떠날 수 있는 선택권을 제공받지 못했다. 끝으로, 세 번째 조건의 학생들은 비과밀된 조건들에서 작업했다. 시초의 세트의 문제들을 풀은 후에, 참가자들은 비과밀된 방들로 이동했고, 그곳에서 그들은 일련의 곤란한 피즐들을 풀었다.

처음에 과밀되었던 학생들은 그들이 통제감을 갖었는지에 관계없이, 과밀되지 않았던 학생들만큼 많은 문제들을 해결했다. 시초에, 그들은 그들이 다른 사람들과 어깨를 부딪쳤다는 사실을 무시하면서, 주의집중할 수 있었다. 하지만, 학생들이 자기들이 도피할 수 없었다고 생각했던 과밀된 조건 속에서, 통제력의 부족은 마침내 대가를 부과했다. 첫 세션에서 과밀된 조건에 대한 통제력이 없었던 학생들은 다른 조건들에 있는 학생들에 비해서, 두 번째 세션에서 유의하게 더 적은 퍼즐들을 풀려고 했다. 과밀된 조건들에 대한 지각된 통제감을 갖었던 학생들은 거의 전혀 과밀되지 않았던 학생들 만큼 많은 곤란한 퍼즐들을 풀었다.

이것의 교훈은 무엇인가? 스트레스를 일으키는 것은 과밀 자체가 아니라, 개인이 과밀된 조건을 통제하거나 도피할 수 없다는 느낌이다. 이러한 통제감은 세계의 다른 지역들보다 어떤 지역들에서 달성시키기가 훨씬 더 쉽다. 예컨대, 만일 당신이 대도시의 고층건물 속에 살고 있다면, 궁벽한 농촌에 살고 있을 경우보다 과밀된 조건들을 피하기가 더 곤란하게 될 것이다. 이와 비슷하게 미국보다 일본에서 가옥들과 아파트들이 훨씬 더 작으며, 최소한, 미국인들에 대해서 미국보다 일본에서 과밀된 조건을 도피하기가 더 곤란하게 여겨질 것이다. 하지만, 사람들의 밀도가 매우 높은 지역들에서 조차, 사람들의 사생활을 보호하고 과밀된 느낌으로부터 도피를 허용해 주는 규범들이 발전한다. 예컨대, 한 연구자는 모두가 사람들의 매우 높은 밀도를 갖고 있는 일본과 멕시코의 시내들에서, 가정방문을 하는 것에 관한 규범들이 미국에서와 차이 있다고 지적한다.[5] 멕시코에서, 가정은 사람들이 혼자 있을 수 있고 과밀된 조건의 스트레스를 도피할 수 있는 불가침의 장소로서 존중받는다; 어떤 사람이 타인의 가정에 "불시에 들르는 일"은 거의 없다. 이와 비슷하게, 일본인들은 미국인들보다 훨씬 덜 그들의 가정에서 손님을 접대한다; 일본인들은 손님들을 식당으로 초대하기가 더 쉽다. 상이한 문화의 사람들이 과밀에 대한 통제력을 얻는 방식이 다르기는 하지만, 통제욕구는 보편적인 것 같다.

(2) 과밀과 귀인

지각된 통제력 이외에도, 다른 요인들이 사람들이 과밀된 조건에 대해 어떻게 여기는지를 결정한다. 예컨대, 타인들의 존재가 사람들을 생리적으로 흥분되게끔 만든다는 것이 잘 알려져 있다.[6] 생리적 흥분은 호기심이 가는 결과를 가질 수 있다. 이것은 사람들이 그들의 흥분원에 대해 행하는 귀인들에 따라, 매우 다른 정서들을 일으킬 수 있다.[7] 따라서, 우리가 예상할 수 있는 바와 같이, 과밀이 얼마나 혐오적일 것인가의 하나의 중요한 결정요인은 사람들이 과밀에 의해 일어난 흥분에 대해 행하는 귀인들의 성질이다. 만일 사람들이 그들의 흥분을 타인들의 존재에 귀인시킨다면, 그들은 그것을 상황이 너무 과밀된 것의 한 신호로서 해석할 것이고 불쾌하고, 속박되고, 성나는 것을 느끼게 될 것이다. 만일 그들이 그 흥분을 다른 소스에 귀인시킨다면, 그들은 과밀된 것을 느끼지 않을 것이다. 예컨대, 만일 어떤 300명 수강생의 교과목의 한 학생이 그녀의 흥분을 그녀가 듣고 있는 자극시키고 재미있는 강의에다가 귀인시킨다면, 그녀가 그 흥분을 만원버스에 탔었다는 사실에 귀인시킬 경우보다 덜 과밀된 것을 느낄 것이다.

(3) 과밀과 감각 과잉부하

마지막으로, 과밀은 만일 이것이 "감각 과잉부하"(sensory overload), 즉 우리가 주의를 기울이거나 처리할 수 있는 것보다 더 많은 환경적 자극을 받을 때에 일어나는 것을 일으킨다면, 혐오적일 것이다.[8] 타인들이 하나의 핵심적 자극원이 되므로, 감각 과잉부하가 일어날 수 있는 한 예는 당신이 모든 사람들에게 주의를 기울일 수 없을 정도로 매우 많은 사람들이 주위에 있을 때에 일어날 수 있다. 예컨대, 만일 당신이 10인의 면접위원회에 의해 취직면접을 받고 있었다면, 당신은 자신이 각각의 면접자가 말하고 행하는 모든 것에 면밀한 주의를 기울여야만 되었다고 느낄 것이다. 그 결과들은 당신의 주의계통에 대한 심한 요구와 그에 따라 당신에 대해 가장 일어나기 쉬운 부정적 결과들이다.

하나의 스트레스원으로서의 소음

많은 도시지역에서, 경찰관은 그들의 야경봉, 권총 및 라디오(즉, 소음측정기) 등의 장비들을 착용하고 있다. 인구가 증가하고 도시지역들의 밀도가 더 증가됨에 따라, 사람들이 일으키는 소음에 대한 불평이 급증해왔다. 자동차소리, 비행기소리, 행상트럭의 마이크에서 나는 광고방송소리, 사람들이 큰 소리로 싸우는 소리 등의 소음들이 주민들을 괴롭힌다. 주민들의 불평이 클 경우에, 경찰관이 와서 단속을 하거나 벌금을 부과한다.

사람들은 종종 시끄러운 식당이나 술집을 방문할 것인지를 스스로 선택할 수 있다. 다른 사람들은 예컨대, 공항 근처의 비행기 소음과 같이 소음이 도피하기 곤란한 지역에서 살고 있기 때문에, 할 수 없이 참고 산다. 물론, 우리는 도시생활의 스트레스들과 같은 현대의 환경적 스트레스들이 없는 것이 좋은 건강을 일으킨다고 확신할 수는 없다. 비록 그렇다고 하더라도, 우리는 현대의 도시지역에서 사는 것이 항상 스트레스가 많아서, 필연적으로 건강문제들을 일으킨다고 결론짓기를 원치는 않을 것이다. 어떤 사람들은 큰 도시의 복작댐 속에서도 잘 살아간다. 더욱이, 큰 소리의 음악과 같이, 동일한 사건도 어떤 경우에는 즐거울 수 있는 반면에, 다른 경우에는 매우 스트레스를 줄 수 있다. 그럼에도 불구하고, 도시의 소음은 스트레스를 줄 수 있다. 예컨대, 트럭 행상에서 마이크로 외치는 소리는 매우 시끄럽고 괴로울 수 있다.

소음이 어떤 경우에는 괴롭고 다른 경우에는 그렇지 않은 이유를 이해하기 위해, 우리는 다시 사회심리학의 하나의 기본 가정을 고려할 필요가 있다: 즉, 사람들에게 영향을 주는 것은 객관적이 아니라, 주관적인 상황들이다. 큰 소리의 음악과 같은 동일한 자극이 어떤 경우에는 유쾌함의 근원으로서 해석되고, 다른 경우에는 괴로움을 주는 방해라고 해석된다. 따라서, 우리의 환경이 스트레스를 주게 될 때를 이해하기 위해, 우리는 사람들이 어떻게, 그리고 왜 환경을 그들의 안녕에 대한 하나의 위협이라고 해석하는지를 이해할 필요가 있다. 과밀과 꼭 마찬가지로, 소음은 사람들이 이것을 통제할 수 없다고 느낄 때에 특히 스트레스를 준다.

(1) 소음과 지각된 통제력

연구자들은 소음이 스트레스를 주는 것으로서 경험되는 조건들을 검증하기 위한 일련의 연구를 수행했다.[9] 전형적 실험에서, 참가자들은 복잡한 덧셈문제들과 교정하기 과제와 같은 몇 개의 문제들을 해결하도록 요구받았다. 그들이 이 문제들을 해결하는 동안에, 그들은 매우 큰 소음들을 들었다. 소음은 등사기, 타자기 및 스페인어로 말하는 두 사람과 같은 것들로 구성되었고 그 소음의 크기는 108데시벨(decibel)가량이었는데, 이것은 당신이 굴착기를 조작하고 있거나, 큰 제트 여객기가 이륙할 때에 활주로 근처에 서 있을 때에 들을 수 있는 것이다.

한 조건에서, 소음의 발생은 25분간의 세션 동안에 예측불가능한 길이와 예측불가능한 간격으로 일어났다. 두 번째 조건에서, 사람들은 동일한 순서의 소음들을 들었지만 통제감을 제공받았다. 실험자는 참가자들에게 그들이 버튼을 누름으로써 소음을 중지시킬 수 있다는 지시를 주었다. 실험자는 "당신이 버튼을 누르는 여부는 당신에게 달려 있습니다. 우리는 당신이 그렇게 하지 않기를 선호하지만, 이것은 완전히 당신 마음대로입니다."라고 설명했다.[10] 기억할 하나의 관건적 사실은 아무도 실제로 버튼을 누르지 않았다는 것이다. 따라서, 이 조건 속에 있는 사람들은 통제불가능한 소음조건 속에 있는 사람들과 동일한 소음양을 들었다; 유일한 차이는 그들이 자신이 원했을 때에는 언제나 소음을 중지시킬 수 있다고 믿었다는 것이었다. 마지막으로, 사람들이 평온하고 조용한 가운데에서 문제를 풀었던 세 번째 조건이 포함되었다. 25분 세션이 지난 후에, 모든 조건의 사람들이 아무런 소음이 없는 동안에 새로운 문제를 풀었다.

소음은 시초의 25분간의 세션 동안에 사람들에게 거의 영향을 주지 않았다. 과제가 너무 복잡하지는 않는 한, 사람들은 불쾌한 소음을 참고 무시하면서, 조용한 주위환경 속에서 그것을 풀었던 사람들과 꼭 마찬가지로 문재들을 잘 푼다. 하지만, 하나의 상이한 양상이 모든 사람이 평온하고 조용한 곳에서 작업할 수 있었던 두 번째 세션에서 사람들이 문제를 풀었을 때에 나타났다. 통제불가능한 소음을 견디었던 사람들이 첫 세션 동안에 소음을 듣지 않았던 사람들보다 이 세션 동안에 유의하게 더 많은 오류를 저질렀다. 이에 비해서, 소음을 듣기는 했지만, 그들이 그것을 통제할 수 있었다고 믿었던 사람들은 전혀 소음을 듣지 않았던 사람들 만큼 차후의 문제들에서 거의 마찬가지로 잘했다. 사람들이 어떤 시점에서나 소음을 끌 수 있다는 것을 알았을 때, 설사 사람들이 실제로 소음을 끄지 않았을지라도, 소음은 훨씬 더 참기 쉬웠고 차후의 수행을 악화시키지 않았다.

소음이 사람들의 수행을 방해하는 데에 다소의 시간을 요했던 이유는 무엇인가? 그리고 이것은 왜 소음이 통제될 수 없었던 조건에서만 일어났는가? 사람들이 통제불가능하고, 부정적인 사건들에 시초에 노출될 때, 그들은 흔히 최선을 다해서 그것을 극복하고자 한다. 하지만, 만일 부정적이고, 통제불가능한 사건들이 이것들을 극복하려는 우리의 최선의 노력에도 불구하고 계속된다면, 학습된 무기력이 사람들이 비관적 방식으로 부정적 사건을 설명할 때에(예컨대, 그 사건이 그들이 변화시킬 수 없었던 일들에 의해 일어난 것으로 가정함으로써) 일어난다. 학습된 무기력의 하나의 결과는 노력의 감소이며, 이것은 새로운 재료를 학습하기가 더 곤란하게끔 만든다. 따라서 소음을 통제할 수 없었던 참가자들은 시초에는 그것을 처리하고 문제들에 대해 잘 수행할 수 있었지만, 그들이 경험했던 통제력의 부족이 마침내 대가를 받아가서, 그들에게 두 번째 과업에서 나쁘게 수행하게끔 만들었다. 이에 비해서, 자신이 소음을 통제할 수 있다고 믿었던 참가자들은 전혀 학습된 무기력을 경험하지 않았고, 따라서 두 번째 세트의 문제들에서 잘 수행할 수 있었다.

(2) 소음과 도시생활

불행하게도, 현대의 도시생활에서, 큰 소음들은 흔히 통제불가능하며, 이것들은 예컨대, 실험연구에서의 25분간의 세션들보다 훨씬 더 오래 지속된다. 몇 개의 연구들은 실생활의 소음들에 노출되었던 사람들이 실험연구의 통제불가능한 소음조건 속에 있는 참가자들과 비슷하게 반응한다는 것을 증명해왔다. 예컨대, 붐비는 고속도로와 공항 근처에 살고 있는 아동들이 더 조용한 지역에서 살고 있는 아동들보다 더 높은 혈압을 갖고, 더 쉽게 주의분산되고, 읽기검사에서 더 나쁘게 수행한다. 이러한 결함들은 학습된 무기력의 기본적 신호들이다.

분명히, 이러한 연구들에서 연구자들은 아동들을 공항 근처나 먼 곳에 살게끔 무작위적으로 배정할 수는 없었다. 연구자들이 인종, 사회계층 및 경제적 배경과 같은 변인들 상에서 아동들을 걸맞게끔 최선을 다했을지라도, 아동들이 통제불가능한 소음에 대한 노출 이외에 다른 어떤 방식들로 차이있을 가능성이 항상 있다. 독일의 뮤니히에 있는 새로운 공항의 개설과 이전 공항의 폐쇄는 동일한 지역들에서 시간에 걸친 소음의 영향을 연구할 독특한 기회를 제공했다. 연구자들은 이전 공항의 폐쇄 전과 후에 그 공항 근처에 살았던 아동들과 새로운 공항이 개설되기 전과 후에 공항 근처에 살았던 아동들에 대해 읽기검사를 실시했다.11) 이전 연구들을 확증시켜서, 비행기소음에 노출되었던 아동들이 그렇지 않았던 아동들보다 읽기검사에서 유의하게 더 나빴다. 즉, 이전 공항이 폐쇄되기 전에 이 공항 근처에서 살았던 아동들이 새로운 공항이 개설된 후에 이 공항 근처에서 살았던 아동들이 했던 것과 같이, 읽기검사에서 나쁘게 수행했다.

이 연구는 또한 하나의 새로운 의문을 검토했다; 즉, 비행기소음의 영향은 소음이 중단될 때에 역전되는가? 이전 공항이 폐쇄된 1년 후 무렵에, 근처에 살았던 아동들은 읽기검사에서 더 멀리 떨어져 살았던 아동들 만큼 잘 수행했다. 이러한 발견은 고무적이어서, 도시소음을 감소시키려는 시도들이 비교적 신속하게 보상을 줄 것이라는 것을 시사한다. 이것들과 같은 연구들에 일부 기인되어서, 사람들이 당하는 소음량을 감소시키려는 시도들(예컨대, 학교들에 대해 방음재료를 첨가시키고 덜 소음이 나는 제트 엔진을 고안함으로써)이 최근에 이루어져 왔다.12)

요약하면, 인간이 진화되어옴에 따라, 우리는 많은 환경적 위험을 통제하는 것을 배워 왔지만 그 과정 속에서 소음과 과밀과 같은 새로운 것들을 만들어왔다. 우리는 이제 과밀되고 기술적으로 진보된 사회가 되는 것의 다른 결과를 고려해보자: 즉, 사람들은 여러 가지 방식으로 물리적 환경을 해치고 있다. 환경적 재난을 피하기 위해서 태도들과 행동들의 변화가 절박하게 요구되고 있다. 사회심리학자들은 사람들에게 더 환경적으로 건전한 방식으로 행동하도록 고무시키는 사회적 영향과 사회적 상호작용을 포함하는 많은 기법들을 연구해왔다.13)

행동이 환경에 미치는 영향

환경문제들과 인간 행동

우리의 안녕과 행동이 환경에 의해서 영향받을뿐만 아니라, 우리의 행동이 또한 환경의 질에 영향을 준다. 환경의 질이 전세계적으로 심각하게 위협받고 있다. 가장 중요한 환경문제들의 몇 가지는 도시의 대기오염, 소음의 괴로움, 가용한 민물의 부족, 바다에서의 과잉 어획, 생물다양성의 상실과 지구 온난화이다.[14] "지구 온난화"(global warming)는 기후변화를 일컬으며, 더 특수하게, 지구의 평균 기온의 상승을 일컫는데, 이것은 일부 온실가스의 배출에 의해 일어나며, 후자는 화석연료의 연소에 기인될 수 있다.[15] 20세기에, 지구의 평균 기온은 0.7℃±0.2℃ 증가해 왔으며, 유럽에서 0.95℃ 이상 증가해왔다.[16] 국제 에너지전망(International Energy Outlook, 2006)은 2003년과 2030년 사이에 지구의 에너지소비가 71% 증가하는 것으로 예측하며, 만일 지구온난화 배출들이 감소되지 않는다면, 미국의 평균 기온이 3℃ 내지 9℃ 더 많이 상승한다는 것을 예측한다.[17] 지구의 평균 기온은 1990년에서 2100년까지 1.4℃ 내지 5.8℃ 증가하고 유럽에서 2℃ 내지 6.3℃ 증가할 것이 예측되고 있다.

이것은 광범위한 영향을 준다. 해수면들이 상승하고 해안지역들을 범람시킬 것이 예상된다. 열파들(heat waves)이 더 잦고 더 강하게 될 것이다. 한발들과 들불들이 더 자주 일어나기 쉽다. 병원균을 옮기는 모기들이 그들의 범위를 확장할지도 모른다. 생태계들과 식량생산이 혼란되고, 몇몇 종들이 전멸될지도 모른다.

다양한 정책주도들(에너지보존 프로그램들이나 교토협약과 같은 국제조약들과 같은)에도 불구하고, 온실가스 배출이 지난 10년 동안에 매년 약 1%씩 꾸준히 증가해 왔으며, 석유, 천연가스 및 석탄과 같은 화석연료들의 소비가 계속 증가하고 있기 때문에, 다음 몇 십년 동안에 계속 증가될 것이 기대된다.[18] 가구들이 전기, 천연가스 및 기타의 연료들의 사용에 의해서, 그리고 생산을 위해 에너지를 요하는 상품들과 서비스들의 소비에 의해서, 온실가스배출에 크게 기여한다. 후자는 간접적 에너지사용(indirect energy use)이라고 일컬어진다. 즉, 상품들의 생산, 수송 및 저장에 필요한 에너지이다. OECD 지역에서의 전체 주거용 전기사용은 2003년에서 2020년까지 매년 평균 1.4% 증가할 것이 예상된다. 비OECD 국가들에서, 가구의 전기사용이 더 많게, 2003년과 2030년 사이에 평균적으로 매년 2.7% 증가할 것이 기대된다. 이러한 증가는 그러한 나라들에서의 경제성장과 인구증가에 의해 주로 일어난다.

많은 환경문제들이 인간 행동에서 비롯된다. 예컨대, 자동차사용은 지구온난화(CO_2 배출) 자연지역들의 분절화(도로들의 건설에 의해 생김), 소음의 괴로움 및 도시 대기오염에 기여한다. 세탁, 목욕, 잔디에 물주기 등을 위해 물을 사용함으로써, 민물의 가용성이 특히 건조한 지역들에서 위협받을지도 모른다. 물고기나 야생 동물고기의 소비를 통해, 몇몇 종들이 전멸되게 될 수 있다. 결과적으로, 환경문제들은 인간 행동의 변화를 통해 감소될 수 있으며, 사회심리학자들이 이러한 면에서 중요한 역할을 할 수 있다. 과학자들은 물리적이거나 기술적 수단들(예: 에너지 효율적인 기구들)이 환경문제를 해결하기에 충분치 않기 때문에 행동변화들이 몹시 필요하다는 것을 실감한다. 에너지의 효율성 증가는 소비수준의 증가에 의해 일부 상쇄되는 경향이 있다.

행동변화를 통해 환경문제를 감소시키는 효과적 중재들을 고안하기 위해, 우리는 (1) 어떤 행동이 환경문제에 유의하게 기여하는가, (2) 어떤 요인들이 그러한 행동을 일으키는가, 및 (3) 어떤 정책적 중재들이 친환경적 행동을 증진시키기 쉬운가를 알 필요가 있다. 첫 번째 주제에 있어서, 사회심리학자들은 여러 행동들의 환경적 영향을 결정짓기 위해서 환경과학자들과 협동한다. 두 번째와 세 번째 주제들은 사회심리학자들에 대해 중심적 관심이 있는 것이다. 이하에서, 우리는 먼저 두 번째 주제에 관해 상술한다; 즉, 어떤 중재들이 친환경적 행동을 성공적으로 증진시키는가?이다.

환경적 행동들의 이해

"환경적 행동"(environmental behavior)은 환경으로부터 재료들이나 에너지의 사용가능성을 변화시키거나, 생태계들(ecosystem 또는 biosphere)의 구조와 역동을 변형시키고, 따라서, 인간의 안녕, 복지 및 사람들이 중시하는 기타의 일들에 영향을 주는 행동이라고 정의될 수 있다. 어떤이들은 환경이 인간에 대한 그것의 가치에 관계없이, 그 자체로서 중시되어야만 된다고 주장한다. 이러한 다소 폭넓은 정의는 거의 모든 인간 행동이 환경적 행동으로 간주될 수 있다는 것을 함축한다. 일반적으로, 사람들은 개인적 의사결정을 행할 때에 특수한 행동의 환경적 영향을 인식하거나 고려할 필요는 없다. 실제로, 많은 경우에서 사람들은 그들의 행동의 환경적 영향에 관해서 많이 알지는 못한다.[19] 분명히, 행동이 환경에 대해 영향을 주는 정도는 큰 차이가 있다. 자동차를 운전하는 것은 식품점에서 플라스틱 백을 받는 것보다 더 많은 부정적 결과들을 갖는다. 이상적으로, 사회심리학자들은 환경질에 대해 가장 유의하게 영향을 주는 행동에 대해 그들의 노력을 집중해야만 된다.

우리는 행동을 설명하고자 하는 대부분의 또는 모든 사회심리학 이론들이 환경적 맥락 속에서 유용할 것이라고 생각할 수도 있다. 원칙적으로, 이것은 맞다. 하지만, 어떤 이론들이 다른 이론들보다 더 유용하다. 친환경적 행동은 흔히 더 높은 개인적 비용들(더 많은 시간, 금전 또는 노력)과 연관되어 있다. 예컨대, 많은 사람들에 대해서, 대중교통에 의해 이동하는 것은 자가용차를 운전하는 것보다 덜 편리하고 매력있다. 유기적으로 키운 먹거리는 더 많은 비용이 들고, 재활용은 노력을 요한다. 따라서, 사람들이 공익들을 위해서 개인적 이익들을 희생시키는 이유를 검토하는 이론들은 환경적 맥락 속에서 특별하게 전망이 좋다. 그러면 "어떤 조건들 하에서 사람들은 환경을 보호하기 위해 개인적 이익을 희생시키려고 드는가?" 이 절에서, 우리는 이러한 문제를 명백하게 취급하는 세 개의 이론적 접근들을 간략하게 소개한다; 즉, 공유지의 딜레마(commons dilemmas), 규범활성화모형(norm activation model) 및 가치들과 환경적 걱정에 관한 이론들이다. 이 이론들은 환경적 행동을 설명하기 위해 자주 응용되어왔다. 그 다음에, 우리는 습관들의 역할을 상술한다. 많은 경우들에서, 사람들은 의식적 결정을 행하지 않는다. 특히 일상적 행동의 케이스에서(예: 자동차출근, 집안청소, 난방, 식료품들의 구입), 습관들이 형성된다. 우리는 습관들이 어떻게 형성되는가와 습관들이 행동변화를 억제시키는 이유를 간략하게 논의할 것이다.

(1) 공유지의 딜레마(commons dilemmas)

자원고갈, 지구온난화 및 오염과 같은 많은 환경문제들은 공유지의 딜레마(commons dilemmas), 즉 개인과 집단의 이익들 간의 갈등을 포함하는 상황들로서 이해될 수 있다. 한 예는 자동차들에서 나오는 배기가스의 축적에서 생기는 도시의 대기오염이다. 단기적으로, 각 개인은 버스를 타기보다 승용차를 모는 것이 더 좋을 수 있는데, 이것은 승용차가 버스보다 훨씬 더 편안하고, 융통성있고, 쾌적하기 때문이다. 하지만, 만일 모든 사람이 승용차를 운전한다면, 도시의 대기오염이 증가될 것이다. 장기적으로, 사회는 만일 모든사람이 자신의 자동차사용을 줄인다면, 더 좋을 것이다. 개인들은 예컨대, 그들이 그들의 행동에 연관된 집단적 문제들을 인정하거나 중시하지 않기 때문에, 그들의 개인적 및 집단적 이익들 간의 갈등을 인식할 필요가 없다, 결과적으로, 행위자(소비자)와 관찰자(과학자나 전문가)의 환경문제들에 대한 관점들 사이에 구분이 이루어질 수 있다.

전형적으로, 대규모의 공유지의 딜레마(commons dilemmas)들에서, 집단적 문제들의 해결에 대한 개인적 기여들은 하찮은 일이다. 만일 한 사람이 자신의 자동차사용을 줄이는 반면에, 타인들이 그렇지 않다면, 오염은 감소되지 않는다. 자동차사용의 문제들은 오로지 많은 다른 사람들이 동일하게 행동할 때에만 감소될 것이다. 타인들의 협조에 대한 신뢰의 부족은 개인들에게 그들의 단기적 자기이익에서, 즉 계속해서 운전하는 것을 행하도록 유혹할 것이다. 사람들은 그들이 타인들이 그들의 자동차사용을 줄일 것을 생각하는 동안에 자기들이 계속 운전하기로 작정해서, 오염이 감소되는 동안에 운전하기의 이점들을 계속 갖게 될 때, "무임승차"(free ride)하려고 든다. 따라서, 단기적으로, 친환경적 행동을 행하지 않는 것에 대한 보수들이 타인들이 무엇을 행하든 간에, 그것을 행하는 것에 대한 보수들보다 더 크다. 하지만, 대부분의 사람들이 그들 자신의 이익을 위해 행동할 때, 환경문제들이 증가될 것이며, 이것은 현재와 아울러 미래 세대들에게 해가 될 것이다.

공유지의 딜레마는 많은 사람들을 포함한다. 많은 사람들이 그들 자신의 개인적 이익을 추구함에 있어서, 그들의 행동의 비교적 작은 부정적 영향을 그들의 공동 환경 속에 남기는 경향이 있다. 예컨대, 개발된 세계 속의 거의 모든 시민들이 지구온난화, 대기오염 또는 자원고갈에 기여한다. 하지만, 환경문제들과 이것들의 해결책들에 대한 개인적 기여들은 제한되어 있다. 환경문제들은 단순하게 한 사람이 자동차운전을 중지하거나, 자신의 가정 내의 온도조절장치의 설정을 낮추기 때문에 해결되지는 않을 것이다. 그것들은 많은 타인들이 똑같이 행할 경우에만 해결될 것이다. 각 개인의 비협조적 선택들이 작은 영향을 주기 때문에, 그들은 용서 받게 될 수 있는 것 같다. 다행하게도, 사람들은 항상 그들 자신의 이익을 위해서 행동하지는 않는다. 다소는 비록 덜 편안할 수 있을지라도, 가능한 한, 그들의 자동차를 적게 사용하거나 그들의 에너지사용을 감소시키려고 든다. 사람들이 적어도 단기적이 아니게, 그들에 대해 직접적 이익이 없을 때에라도 환경적 행동을 행하는 이유는 무엇인가? 고전 경제학에서 일반적으로 가정되고 있는 바와 대비되게, 사람들은 항상 최소의 비용에 대한 최대의 이익(즉, 금전, 시간 또는 사회적 인정)이 있는 선택지를 택하지는 않는다. 사람들은 또한 무엇이 행하기에 올바른가를 고려하는 경향이 있는데, 이것은 그들이 도덕적 비용들과 이익들을 또한 고려한다는 것을 의미한다. 다시 말하면, 결정들은 비용－이익분석에 의해서 항상 이루어지지는 않고, 그 대신에 또한 도덕적으로 이루어 질 수 있다. 전통적인 경제학이론이나 비용－이익모형들은 도덕적 행동을 설명하기에 덜 적합한데, 이것은 그것들이 도덕적 비용들과 이익들을 고려하지 않기 때문이다. 그 결과로, 우리는 어떤 사람들이 환경적 질을 보호하기 위해 개인적 이익을 포기하는가를 설명하기 위해서 도덕성을 포함하는 모형들이 필요하다. 이러한 모형의 하나의 좋은 예가 규범활성화모형(norm activation model; Schwartz, 1977)이다.[20]

(2) 규범활성화모형(NAM)

NAM은 친사회적 행동을 설명하기 위해 시초에 개발되었으며, 흔히 환경적 행동(이것은 하나의 특수한 유형의 친사회적 행동으로 간주될 수 있다)을 설명하기 위해 응용되어왔다. 이 모형에 의하면, 행동은 개인적 규범들, 즉 도덕적 의무감들에 대한 반응으로 일어난다. 개인적 규범들은 사람들이 타인들이나 환경에 대한 그들의 행위들의 나쁜 결과들을 인식할 때(결과들의 인식 또는 AC신념들), 그리고 그들이 자신이 이러한 결과들을 역전시킬 수 있다고 믿을 때(책임의 부여 또는 AR신념들)에 활성화된다. 당신이 새로운 가정용 청소기를 사고 싶어한다고 가정하자. 당신은 위험한 솔벤트를 가진 매우 값싼 청소기와 50% 더 비싸지만 솔벤트가 없는 청소기 사이에서 선택할 수 있다. 당신은 어느 쪽의 제품을 구입할 것인가? NAM에 의하면, 당신은 만일 당신이 솔벤트에 의해 생긴 환경문제들을 인식할 때(높은 AC), 그리고 당신이 솔벤트를 갖지 않는 제품들을 구입하지 않음으로써 이러한 문제들을 감소시키는 것을 도울 수 있다고 생각할 때(높은 AR), 솔벤트가 없는 청소기를 택할 경향이 더 많게 될 것이다. AC(결과들의 인식)와 아울러 AR(책임의 부여)이 모두 높을 때, 당신은 솔벤트가 없는 청소기를 구입할 강한 도덕적 의무를 느낄 것이며, 당신은 이 제품을 실제로 택하는 경향이 더 많을 것이다. 하지만, 만일 당신이 솔벤트의 부정적인 환경적 영향을 인식하지 않는다면, 또는 이러한 해로운 영향을 감소시키는 것을 도우려는 아무런 기회를 인식하지 않는다면, 당신은 아마 솔벤트가 없는 청소기를 구입하는 것에 대한 어떤 도덕적 의무를 느끼지 않을 것이며, 결과적으로 솔벤트가 있는 더 값싼 제품을 구입하기가 더 쉬울 것이다.

NAM은 재활용과 같은, 비교적 낮은 행동적 비용(금전, 시간 또는 노력의 면에서)과 연관된 환경적 행동을 설명함에 있어서 더 성공적인 것 같다. 이것은 흔히 문제의 행동이 자동차사용을 줄이는 것과 같이, 노력, 금전 또는 시간의 면에서 더 많은 비용이 들 때에는 더 적은 설명력을 갖고 있다. 분명히, 공익(common good)을 위해 행동하는 것에 대한 개인적 규범들은 행동적 비용들이 높을 때에 이기적 관심들에 의해 밀려나게 된다.

사람들은 어떻게 집단이익을 위해 행동하는 것(개인적 규범들에 따르는 것)과 그들 자신의 이익을 위해 행동하는 것(높은 개인적 이익을 가진 행동적 선택지를 택함으로써) 사이의 의사결정적 갈등을 처리할 수 있는가? 이러한 의사결정적 갈등은 이기적 거절(self-serving denial), 즉 환경적으로 비친화적인 방식으로 행동하는 것에 대한 선택을 정당화시키기 위해 친환경적으로 행동하는 것에 대한 도덕적 의무의 거절(denial)을 통해 감소될 수 있다. 4유형의 이기적 거절이 구별될 수 있다. 첫째로, 사람들은 환경문제를 무시하거나, 왜곡하거나, 최소화시킬 것이다. 어떤 환경문제들의 심함이 불분명하고 불확실하기 때문에, 그리고 때로는 과학자들에 의해 논쟁되었기 때문에, 사람들은 그들의 입장과 행동을 지지하는 과학적 발견들을 선택적으로 이용할 수 있다. 둘째로, 사람들은 때로는 문제에 대한 그들 자신의 기여가 작거나 탐지불가능하다고 믿음으로써, 그리고 환경문제를 개인적 결정들과 행위들보다도 집단적 결과로서 봄으로써, 이러한 문제들에 대한 그들의 책임을 절감시킨다. 그들은 환경문제에 대해 책임이 있는 것으로서 당국들이나 산업체와 같은 다른 당사자들을 지목할 것이다. 셋째로, 그들은 필요한 친환경적 조치를 수행하는 데 대한 그들의 개인적 능력을 부정할 수 있다. 예컨대, 그들은 그들이 자신의 자동차사용을 감소시킬 의향이 있지만, 대중교통이 없기 때문에 그렇게 할 아무런 기회가 없다고 지적할 것이다. 넷째로, 그들은 그들의 개인적인 친환경적 조치가 환경문제를 감소시키는 데에 효과가 없을 것이라고 주장할 수 있다. 이러한 방어기제는 환경문제에 대한 개인적 기여들이 시시한 것 같은 대규모의 환경문제들(공유지의 딜레마와 같은)의 경우에서 특히 매우 효과적일 수 있다.

이것으로부터, 우리는 환경에 관한 개인적 규범들이 사람들이 저비용의 결정을 내릴 때에 하나의 역할을 할 것이지만, 고비용의 결정의 경우에서는 훨씬 덜 영향력있을 것이라고 결론지을 수 있다. 후자의 경우에서, 사람들은 그들이 환경적 우려를 무시하는 이유들을 제시함에 있어서 매우 창의적이다. 분명히, 사람들은 오로지 환경적 우려와 일치되게 실행하지는 않는다. 편리함에 편안함, 즐거움, 지위나 안전에 대한 욕망과 같은 다른 관심사들이 흔히 인간의 의사결정에 있어서 하나의 중요한 역할을 한다. 많은 경우들에서, 이러한 관심사들이 환경적 우려와 갈등되어서, 친환경적 행동이 덜 일어나기 쉽게끔 만든다.

NAM은 그 후에 환경보호주의에 관한 가치－신념－규범이론(value－belief－norm theory of environmentalism) 쪽으로 확장되었다(도 12.1 참조).[21] 이 VBN모형은 친환경적 의도에서 생기는 행동을 설명하려고 명확하게 의도한다. NAM과 비슷하게, VBN이론은 행동이 개인적 규범들에 대한 반응으로 일어나며, 개인적 규범들이 각각 AR(ascription of responsibility)과 AC(awareness of consequencies)에 의해 영향받는다고 제안한다. 부가적으로, VBN이론은 AC 신념들이 인간－환경 관계들에 관한 일반적 신념들과 비교적 안정적인 가치관들(value ori－entations)에 뿌리를 두고 있다고 제안한다. 이러한 개념들이 이하에서 좀 더 상술될 것이다.

(3) 가치들과 환경적 걱정

환경문제들에 대한 일반대중의 걱정은 세계의 많은 나라들에서 최근에 매우 강하다. 30개 국가에서의 한 여론조사는 모든 나라들에서 약 90%가 “온실효과”에 기인되는 “기후변화나 지구온난화”가 하나의 심각한 문제라고 응답한다는 것을 나타냈다.[22] 사람들이 환경에 대해 걱정하고 있는 정도에 관한 가장 영향력있는 측정도구들 중의 하나는 “신환경 패러다임”(new en－vironmental paradigm; NEP)이라고 일컬어진다. 신환경 패러다임(NEP)은 인간과 환경 간의 관계에 관한 개인의 기본적 신념들을 측정한다. NEP을 강하게 찬성하는 사람들은 경제성장에 대해 한계들이 있으며, 사람들이 환경을 지배하고 통제할 수는 없으며, 자연의 균형이 인간행위들에 의해 쉽게 깨진다고 믿는다. 수많은 연구들이 NEP와 행동에 대한 신념들과 규범들, 의도들 및 행동 사이의 유의한 관계들을 발견해왔다(이것은 또한 VBN이론도 그렇다). 예컨대, NEP 신념들은 지구온난화에 대한 걱정, 재활용에 대한 개인적 및 사회적 규범들, 환경정책들에 대한 지지, 에너지절약대책들의 수용가능성, 환경보호를 위해 지불할 의사 및 환경친화적 제품들을 구입하는 것에 대해 정적으로 관련되어 있다. 하지만, 이러한 관계들은 일반적으로 매우 강하지는 않다. 개인적 규범들과 마찬가지로, NEP 지지는 저비용의 행동에 특히 관련되어 있다.

“가치들”이 또한 환경적 행동에 영향을 줄 수 있다. 연구자는 가치를 중요성이 변화하는 어떤 범 상황적 목표로서 정의하는데, 이것은 개인이나 기타의 사회적 실체의 생활에 있어서 하나의 안내적 원칙이 되어 준다.[23] 가치들은 건강, 자유와 정의와 같은 생활의 중요한 측면들에 관계되어 있으며, 4개의 관건적 특징들을 갖고 있다. 첫째로, 가치는 좋은 건강과 같은 어떤

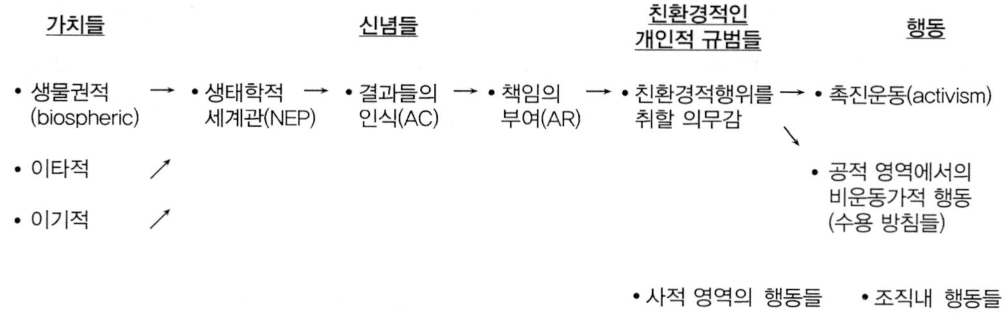

도 12.1 환경보호주의에 관한 VBN이론의 한 도식적 제시(Sterm, 2000에서 개작됨)

최종상태의 바람직스러움에 관한 하나의 신념이다. 둘째로, 가치들은 추상적인 것이고 따라서 특수한 상황들을 초월한다. 이와 같이, 이것들은 다양한 행동들에 대해 동시에 영향을 줄 수 있다. 셋째로, 가치들은 행동들, 사람들 및 사건들의 선정이나 평가를 위한 안내적 원칙들이 되어준다. 넷째로, 가치들은 우선순위들의 한 체계 속에서 순위지어져 있다. 이것은 어떤 특정의 상황 속에서 경쟁적 가치들이 활성화될 때에, 선택들이 개인의 가장 중요한 가치들에 기초된다는 것을 함축한다.

환경적 문헌들에서, 3개의 일반적 가치관점들이 대개 구분된다.[24] 하나는 이기적 가치관인데, 이것에서 사람들은 그들 자신의 결과들을 최대화시키려고 든다. 즉, 그들은 선택을 행할 때에 개인적 비용들과 이익들을 특별히 고려한다. 이러한 가치관은 권력, 물질적 부 및 야망과 같은 가치들을 반영한다. 다른 것은 이타적 가치관인데, 이것은 다른 인간들의 복지에 대한 걱정을 반영한다. 관련된 가치들은 평등성, 사회정의 및 도와줌을 포함한다. 셋째로, 생태계적 또는 생태중심적 가치관은 비인간종들과 생태계에 대한 걱정을 반영한다. 관련된 가치들은 지구에 대한 존중, 오염방지 및 자연과의 통일성을 포함한다. 연구는 자기들 자신의 이익을 넘어선 걱정(즉, 이타적이거나 생태계적 가치들)을 강하게 중시하는 사람들이 친환경적 행동을 행하는 경향이 더 많은 반면에, 이기적 가치들을 강하게 찬성하는 사람들이 그렇게 하는 경향이 더 적다는 것을 보인다. 따라서, 이타적 가치들을 찬성하는 사람들과 생태계적 가치들을 찬성하는 사람들이 모두 친환경적으로 행동하기 쉬운데, 이것은 아마 두 유형의 가치들이 타인들에 대한 걱정을 반영하기 때문일 것이다. 하지만, 이타적 및 생태계적 가치들이 갈등될 때(즉, 친환경적으로 행동하는 것이 이타적 걱정에 대해 해가 될 때), 이타적 가치들을 찬성하는 사람들이 생태계적 가치를 찬성하는 사람들보다 친환경적 행동을 행하는 경향이 더 적을지도 모른다. 이것은 가치들이 어느 정도로 박애적이거나 환경적 기관들에 대해 기부하려는 의도를 예측하는가를 검토했던 한 연구에서 예시되었다.[25] 이 연구에서, 응답자들은 먼저 5개의 이기적 가치들(사회적 권력, 부, 권위, 영향력 및 야망), 4개의 이타적 가치들(평등성, 평화로운 세계, 사회정의 및 도와 줌), 그리고 4개의 생태계적 가치들(지구의 존중, 자연과의 동일성, 환경보호, 오염방지)을 그들의 생활의 "한 안내적(지도적) 원칙"으로서의 상대적 중요성을 평가했다. 그 다음에, 응답자들은 그들이 박애적이거나 환경적 기관에 대해 돈을 기부하게 되기 쉬운지를 나타냈다. 그들은 각 기관의 임무에 관한 간단한 기술을 포함해서, 기관들의 5개의 쌍들(예: UNICEF, 박애기관, Green peace, 환경단체)을 제시받았다. 각 쌍 내의 기관들은 이것들의 원조, 명성 및 목적의 국가화(국제화)의 정도에 있어서 비등했다. 응답자들은 그들이 더 이타적으로 지향되었을수록, 박애기관들에 기증하려는 경향이 더 많았으며 환경기관들에 기증하려는 경향이 더 적었다. 이와 대비되게, 응답자들이 생태계와 환경을 더 중시했을수록, 그들은 박애기관들에 기증하려는 의도가 더 적었고 환경운동들에 기증하는 것을 더 선호했다. 이기적 가치들은 기부의도에 관련이 없었다. 이러한 결과들은 이타적 가치들을 찬성하는 사람들이 특정의 행동이 이타적 가치들과 갈등될 때에 친환경적으로 행동하는 경향이 더 적다는 것을 시사한다.

(4) 습관들(habits)

앞에서 논의된 이론들(즉, NAM, 가치이론 및 NEP)은 모두 사람들이 행동하기 이전에 생각한다고 가정한다. 하지만, 우리는 흔히 그렇지 않다. 아침에 일어나는 것을 생각해 보자. 당신은 먼저 무엇을 하고, 그 다음에 무엇을 할 것인가를 이성적으로 선택하는가? 예컨대, 아침으로 무엇을 먹을 것인가? 직장이나 학교에 어떻게 갈 것인가? 대개 그렇지 않을 것이다. 당신은 단순하게 당신이 습관적으로 해온 것을 행한다. 우리는 우리가 행하게 될 모든 선택을 곰곰이 생각할 수는 없다. 많은 경우에서, 우리의 생활을 단순화시키기 위해 습관들이 형성되어 있다. 일상적 행동들은 특히 일상적 습관이 된다.

자주 수행된 행동이 항상 습관이 되는 것은 아니다. 우리는 흔히 비록 우리가 행동을 몇 번이나 수행해 왔을지라도, 어떻게 행동할가에 관해서 숙고할 수 있다. 따라서, 행동을 행하는 빈도는 한 습관의 좋은 지표는 못된다. 그 대신에, 습관들은 결정이 이루어지는 방식을 일컫는다, 습관들은 3개의 중요한 특징을 갖고 있다.[26] 첫째로, 그것들은 어떤 특수한 목표의 존재 속에서 활성화(작동)된다. 결국, 사람들은 체육관에 가려는 목표를 가짐이 없이 체육관에 가기 위해 자동적으로 자전거를 잡지는 않는다. 둘째로, 동일한 행동코스가 결과들이 만족스러울 때에 반복될 것이다. 행위의 결과들이 더 긍정적일수록, 그리고 목표(예: 체육관에 가는 것)와 그 목표에 도달하기 위해 수행된 행동(예: 자전거를 타는 것) 사이의 연관이 더 강할수록, 습관의 강도는 더 강하다. 셋째로, 습관적 반응들은 인지과정들에 의해 매개된다. 비록 습관들이 자동적인 행동지라도, 인지들이 그 과정 속에서 한 역할을 한다. 사람들이 특정의 상황에서 동일한 방식으로 자주 행동할 때, 그 상황에 관한 정신적 표상이 특정의 목표지향적 행동의 표상과 연합될 것이다. 예컨대, 만일 어떤 사람이 자주 자전거로 체육관에 간다면, 그 사람은 체육관에 가는 것(특정의 상황의 정식적 표상)과 자전거를 타는 것(즉, 목표지향적 행동)을 연합시키게 될 것이다. 어떤 특정의 상황(체육관에 가는 것)이 특정의 행동(자전거타기)과 더 자주 연합될수록, 이 연합의 강도와 접근가능성이 더 강하고, 개인이 그에 따라 행동할 가능성이 더 많다. 이것은 습관적 행동이 우리가 특정의 자극들을 지각할 때에, 학습되고 기억 속에 저장되고, 기억에서 인출된 어떤 인지구조에 의해 촉발된다는 것을 함축한다.

이것에 기초해서, 연구자들은 "습관들"을 정신적으로 표상되어 있고, 목표지향적인 자동화된 행동들이라고 개념화한다.[27] 그들은 목표들이 습관적 선택들에 관한 정신적 표상들을 자동적으로 활성화시킬 수 있다고 가정하는, 습관강도에 관한 하나의 반응빈도 측정도구를 개발했다. 자동차사용의 습관에 대해 이 측정도구를 사용할 때, 응답자들은 시청을 방문하는 것, 출근하는 것 또는 인근 읍에 있는 친구를 방문하는 것과 같은 거리와 목적지가 크게 차이있는 한 세트의 상이한 여행목표들을 제시받는다. 그들은 그들이 각 여행목표에 대한 반응으로 사용하게 될 것으로서 마음 속에 첫 번째로 떠오르는 운동방식을 가능한 한 신속하게 대답하도록 요구받는다. 그들은 부과된 시간압력과 첫 번째로 마음 속에 떠오르는 방식에 대한 반응하기 지시가 자동적 반응들을 촉진시키고 인지적으로 사용가능한 구조들에 의존할 것이라고 가정한다. 특정의 여행방식으로 반응하는 빈도가 습관강도의 한 지표로서 사용되고 있다.

습관들이 강할 때, 우리는 더 이상 선택들을 행하지 않는다. 이것은 추론된 행동이론, 계획된 행동이론, 또는 규범활성화 모형과 같은 행동들을 설명하고자 했던 이론들이 습관적 행동을 설명하는 데에 특별하게 유용하지 않다는 것을 함축한다.[28][29][30] 정말로, 연구는 습관들이 강할 때, 의도들이 행동에 관련되어 있지 않다는 것을 보인다.

습관들은 일상생활에 대처하기 위해서 매우 기능적이다. 이것들은 행동방법에 관한 반복적인 의식적 결정들을 행할 필요가 없게끔 만드는데, 이것은 많은 경우들에서 상황들이 동일하고, 개인이 어떻게 해서든 간에 동일한 결정을 행하게 될 것이기 때문이다. 하지만, 습관들은 항상 최적의 결과들을 낳지는 않을 수 있다; 때로는 상황의 여건들이 변화된다. 예컨대, 새로운 버스노선이 가용할 수 있어서, 이것이 자동차에 비해서 매우 매력적으로 만든다. 이러한 변화들은 습관들이 형성될 때에 알아채지 못할 수 있다. 습관들은 선택적 주의를 일으킨다. 사람들은 그들의 선택을 바꿀 수도 있는 정보에 대해 주의를 기울이지 않을 수 있다. 일반적으로, 습관들은 여건들이 크게 변화되어 왔을 때에만 제고되기가 쉽다.

친환경적 행동의 증진

앞 절에서, 우리는 환경행동에 영향을 주는 여러 요인을 논의했다. 이러한 정보는 친환경적 행동을 증진시키고자 하는 중재들이 고안될 때에 매우 중요하다. 중재들은 만일 이것들이 친환경적 행동을 수행하는 것을 격려하거나 억제하는 요인들을 표적으로 삼는다면, 더 성공적이게 될 것이다. 예컨대, 만일 어떤 연구가 재활용수준이 재활용시설들(예: 보도프로그램들, 재활용통들)의 사용가능성에 강력하게 의존한다는 것을 보인다면, 재활용은 이러한 시설들의 가용성과 질을 증가시킴으로써 가장 잘 증진될 수 있지만, 연구들이 정보의 부족이 재활용의 부족에 관련되어 있다는 것을 보이는 경우에, 교육 캠페인들이 더 적절하다.

일반적으로, 행동을 변화시키는 두 가지 방법이 구분될 수 있다. 첫째로, 중재들은 개인의 지각들, 인지들, 동기들 및 규범들을 표적으로 삼을 수 있다. 둘째로, 중재들은 행동에 뒤따르는 결과들을 변화시키고자 할 수 있다.

(1) 지각, 인지, 동기 및 규범의 변화

몇몇 중재들은 지각, 인지, 동기 및 규범을 변화시키고자 한다.[31] 이러한 접근은 사람들이 이러한 중재들과 일치되게 그들의 행동을 자의적으로 변화시킬 것을 기대한다. 에컨대, 정보캠페인들이 재활용에 관한 지식을 증가시키기 위해서 또는 재활용에 대한 긍정적 태도를 증진시키기 위해서, 개발될 수 있다. 이 접근은 증가된 지식이나 긍정적 태도가 더 높은 재활용율을 일으킬 것이라고 가정한다. 이러한 전략들의 대부분은 "선행전략들"(antecedent strategies)이라고 기술될 수 있는데, 이것은 이것들이 행동에 선행하는 요인들을 표적으로 삼기 때문이다. 하나의 예외가 피드백(feedback)인데, 이것은 하나의 "결과전략"(consequence strategy)이다. 이 절에서, 우리는 3종류의 중재들을 간략하게 논의한다: 즉, 정보의 제공, 피드백, 및 행동적 약속(behavioral commitment)이다. "정보캠페인들"(information campaign)은 환경문제들의 인식이나 여러 행동선택지들의 환경적 및 기타의 결과들에 관한 지식을 증가시키고자 할 수 있다. 이것은 소비자들에게 그들의 행동의 환경적 결과들을 고려할 수 있게끔 해준다. 대안적으로, 타인들의 행동과 기대에 관한 정보가 제공되어서, 바람직스러운 사회규범들의 인식을 증가시킬 수 있다. 일반적으로, 정보캠페인들의 영향들은 실망스러워 왔다. 정보가 지식을 증가시키는 데에 (따라서 변화를 점화시키는 데에) 효과적일 수도 있지만, 점화(priming)는 흔히 행동의 변화를 수반하지는 않는다. 이것은 특히 매스 미디어 캠페인들에 대해서 사실이다. 잘 맞추어진 정보, 즉 매우 개인화된 정보가 더 효과적인 것 같다. 에너지보존에 관한 한 연구는 가구들의 에너지사용을 감소시키는 방법들에 관한 정보가 그들 자신의 상황에 맞추어진 정보를 제공받았을 때, 그들이 통제집단보다 더 많은 에너지를 보존했다는 것을 나타냈다.[32] 표적집단의 욕구들, 흥미들 및 욕망들에 맞추어진 정보는 사람들이 제공된 정보에 대해 주의를 기울이고 정교화시킬 가능성을 증가시키는데, 이것은 결과적으로 그들의 태도와 행동이 그에 따라 변화될 가능성을 증가시킨다.

"피드백"(feedback)은 사람들의 행동변화들이 성공적이어 온 정도에 관한 정보를 그들에게 제공하는 것이다. 피드백은 개인의 행동이 변화된 정도(예: "당신은 이번 주에 당신의 샤워시간을 10분 감소시켰다."), 행동의 결과들(예: 에너지나 물 절약들), 또는 행동변화들의 환경적 영향(예: 온실가스의 배출의 감소)에 관해서 제공될 수 있다. 이런 식으로, 사람들은 그들의 행동과 환경적 결과들 사이의 관계를 인식하게 된다. 피드백은 특정의 행동이 수행되어 온 후에 제공된다. 피드백은 친환경적 행동의 증진에 있어서, 특히 이것이 자주 그리고 즉각적으로 제공될 때에 매우 효과적일 수 있다.

환경분야에서 매우 효과적일 수 있는 다른 중재는 행동적 약속(behavioral commitment), 즉 어떤 표적행동(예: 재활용하기 또는 에너지사용을 5% 줄이기)을 수행하는 것에 대한 서면적이거나 구두의 약속이다. 이러한 약속은 사적으로나 공적으로 이루어질 수 있다. 사적으로 이루어질 때, 그 약속은 어떤 개인적 규범(규범활성화모형에 관한 절을 보라)을 활성화시킬 것이다. 즉, 사람들은 특정의 행동을 행하는 것에 대한 의무감을 느낄 것이다. 약속이 예컨대, 지방신문 속에서의 공고에 의해서처럼 공적으로 이루어질 때, 사람들은 그들의 약속에 따라 행동할 것인데, 이것은 그들이 타인들에 의한 그들의 행동의 불인정을 피하기를 원하기 때문이다. 약속은 장기적 영향을 주는 것을 보여 왔으며, 따라서 피드백보다 더 우수할 수 있다.

중재들은 만일 이것들이 종합될 경우에 더 효과적이다. 예컨대, 피드백은 사람들이 또한 친환경적으로 행동하는 방법에 관한 정보를 제공받을 때, 또는 사람들이 또한 친환경적으로 행동할 것을 스스로 약속할 때에 더 효과적이기 쉽다. 하지만 이것들은 변화를 보장하지는 않는다. 특히 습관들이 강할 때, 이러한 중재들은 성공하지 못할 것이다. 더욱이, 이 전략들은 사람들이 그들의 행동을 변화시킬 적은 기회를 갖고 있을 때나, 환경적으로 친화적인 행동이 그들의 현재의 행동보다 덜 매력적일 때에 한정된 효과를 가질 것이다. 이러한 경우들에서 더 강한 수단들이나, 행동적 대안들의 상대적 매력성을 변화시키는 수단들이 필요하다. 그렇게 하는 몇 가지 가능한 방법들이 다음 절에서 논의된다.

(2) 유인들의 변화

많은 경우들에서, 친환경적으로 행동하는 것은 개인에 대해서 더 큰 비용들(시간, 금전 또는 노력의 면에서)이나, 친환경적 행위들에 대한 외부장애들 때문에 곤란과 연관되어 있다. 달리 말한다면, 개인의 자기이익에서 행동하는 것에 대한 유인들(incentives)이 흔히 개인의 친환경적으로 행동하려는 동기를 능가한다. 따라서, 유인들의 변화들이 "결과전략들"(consequence strategies)의 수단에 의해서, 친환경적 행동들을 증진시키기 위해 필요할 것이다. 친환경적 행동은 이것에 대해 보수를 줌으로써 더 매력있거나 더 실행가능하도록 만들어지고, 환경적으로 비친화적인 행동은 이것을 처벌함으로써 덜 매력있게끔 만들어진다. 예컨대, 자전거타기의 매력은 자전거도로의 건설에 의해 증가될 수 있거나, 자동차사용은 운전에 관련된 세금을 증액시킴으로서 덜 매력적으로 만들어질 수 있다. 이러한 접근의 옹호자들은 태도들과 선호들이 종국적으로 동일한 방향으로 변화될 것을 희망하는데, 이것은 행동변화들이 태도들과 선호들의 변화에 의해 지원받을 때에 더 강해지기 쉽기 때문이다.

세 개의 전략들이 고려될 수 있다. 첫째로, "가격 정책들"(pricing policies)이 친환경적 행동의 비용들을 감소시키거나, 환경적으로 비친화적인 대안들에 대한 비용들을 증가시키기 위해 실시될 수 있다. 이것은 현재의 많은 친환경적 제품들이 보통의 제품들보다 더 비싸기 때문에 (예: 유기농식품 또는 더 두꺼운 절연) 효과적일 수 있다. 둘째로, "법적 조치들"이 실시될 수 있다. 예컨대, 분사깡통들 속의 고압 가스의 사용을 금지하는 법률이 실시될 수 있거나, 속도 제한이 배기가스의 방출과 대기오염을 줄이기 위해 도입될 수 있다. 이러한 군치들은 법률과 규정이 대부분의 사람들에 의해 수용되고 실시되고, 위반들이 제재당할 경우에만 효과적일 것이다. 셋째로, "제품들과 서비스들의 가용성과 질"이 변화될 수 있다. 예컨대, 환경적으로 유해한 행동 선택지들이 자동차들이 읍의 센터로 통행하지 못하도록 도로들을 폐쇄하는 것과 같이, 덜 실행가능하거나, 심지어 불가능하게끔 만들어질 수 있을 것이다. 대안적으로, 재활용통들이나 유기농제품들과 같이, 새롭거나 더 좋은(친환경적인) 행동선택지들이 제공될 수 있다. 또한 기계의 환경적 영향을 감소시키고자 하는 환경적으로 친화적인 기술들이 도입될 수도 있다. 예컨대, 에너지효율적인 세탁기들이나 냉장고들은 동일한 서비스를 제공하지만 더 적은 에너지를 사용한다.

요약하면, 유인들을 변화시키고자 하는 전략들은 "훌륭한" 행동에 대해 보수를 주고 "나쁜" 행동에 대해 처벌을 주고자 할 수 있다. 하지만, 처벌들은 이것들이 부정적 정서와 태도를 일으키기가 더 쉽기 때문에 덜 효과적이라고 믿어진다. 그러한 경우들에서, 사람들은 부정적 결과들을 피하기 위해 행동을 행한다. 단속이 일관성이 없거나 중단될 때, 행동들은 그것들의 이전 상태로 되돌아가기가 쉽다. 더욱이, 처벌들은 이것들이 강한 대중적 저항을 일으킬 때에 실행하기가 곤란할 수 있다. 보수들과 처벌들은 모두 행동변화를 개시하기에 충분할 정도일 때에 더 성공적일 것이다. 그러한 경우에, 사람들은 그들의 행동변화를 그들의 개인적 신념들에 귀인시키기가 더 쉬운 반면에, 너무 강한 보수들이나 처벌들이 제공될 때에, 사람들은 그들의 행동변화를 보수들이나 처벌들에 귀인시킬 것이다. 결과적으로, 그것들은 사람들이 아마 그들의 태도를 변화시키지 않았을 것이기 때문에, 단지 단기적 효과들 만을 가질 것이다.

건축된 환경(built environment)

물리적 환경의 많은 측면들이 조명, 소음 및 온도를 포함해서 행동에 영향을 준다는 것을 보여왔다. 이 절은 건물들과 지역들의 물리적 설계와 배치의 행동적 영향을 고려한다. 당신은 이전에 잘 기능하지 않았고, 상황이 요구하는 행동유형들을 촉진시키지 않았던 학교, 가정 또는 직장에서 공부하거나, 살거나, 일해야만 되었던 적이 있었는가? 확실히, 건축된 환경의 어떤 부분들은 많은 개선을 필요로 한다. 하나의 잘 알려진 예는 1954년에 완성되었던 미국의 미주리주에 있는 큰 아파트 복합건물이다. 이 사업은 나빠지는 시내의 주택건설을 대체하려는 훌륭한 의도를 갖고서 설계되었다. 12,000명의 사람들을 입주시키기 위한 43개의 11층 건물들을 포함한 이 복합건물에 대한 설계는 만행방지의 특징들, 개인주의적 설계 및 낭비된 공간의 없음에 대해 긴축 전문잡지에서 칭친받았다.[33]

설계는 예컨대, 엘리베이터들이 매 3층마다 서서, 대부분의 주민들이 그들의 아파트로 가기위해서 한 층의 계단을 오르거나 내려가도록 설치함으로써 공간을 절약했다. 이 사업은 비등한 건물들보다 단위당 훨씬 더 적은 비용이 들었다. 이 설계의 변화들은 건축가가 심지어 설계에 대한 특허권을 신청했을 정도로 매우 칭찬받을 만한 것으로 간주되었다.

하지만, 문제들이 건물들이 준공된 후에 곧 나타났다. 인간의 사회적 행동에 관련해서 그 설계를 주의깊게 검토하는 데 대한 실패가 두려움, 기물파괴, 심각한 범죄, 빈 집의 높은 율들을 낳았다. 하나의 특별한 문제는 주민들이 "혁신적인" 엘리베이터 절약계획에 의해서 할 수 없이 사용했던 계단지역들에서의 범죄이었다. 이 상황은 매우 나빠서, 단지 18년 후에 , 시는 전체 복합건물을 부수기 시작했다. 이 예에서, 물리적 구조가 어떻게 사회적 행동에 영향을 줄 것인가에 관한 불충분한 고려가 사업의 궁극적 실패를 일으켰다. 그 건축가가 이전에 그의 특허권을 받았는지는 알려져 있지 않다. 이 사업은 건물설계 실패의 가장 극적인 예이지만, 많은 다른 건물들이나 시설들이 또한 그것들의 사용자들에 대해 문제를 제기한다. 예컨대, 튼튼한 건축물이나 시설은 그 목표가 지나쳐서, 불편하고 따라서 드물게 사용될 수 있다.

사회적 설계(social design)

더 인간적인 건물들을 설계하는 방법이 있다. 지난 40년 동안 발전된 이 과정은 사회적 설계(social design) 또는 사회적 설계연구(social design research)라고 일컬어진다.[34] 일반적으로 이것은 건축된 환경들이 어떻게 인간의 원함들과 요구들을 가장 잘 충족시킬 수 있는가를 연구하는 것을 포함한다. 사회적 설계는 기술적 설계(technical design), 즉 건축재료들의 시공과 같은, 건물의 엔지니어링 측면들과 구분되어야만 된다. 사회적 설계의 선구자인 Sommer는 사회적 설계를 아래와 같이 특징지었다;[35] "사회적 설계"는 사람들을 위하기보다 사람들과 함께 작업하는 것이며; 사람들의 주위의 공간들의 계획과 관리에 있어서 그들을 관여시키며; 사회적, 물리적 및 자연적 환경 사이의 조화로운 균형을 달성시키기 위해 환경을 현명하고 창의적으로 사용하도록 그들을 교육하며; 지구의 환경과 다른 생명체들에 대한 아름다움의 인식과 책임감을 발전시키며; 건축된 환경이 인간에게 미치는 영향들을 포함해서, 인간의 활동들이 생물적 및 물리적 환경에 미치는 영향들에 관한 정보를 생산하고, 수집하고, 사용가능하게 한다. 사회적 설계자들은 혼자의 작업으로 이러한 목적들을 달성할 수 없다. 그 목표들은 어떤 사업이 계획되는 사람들을 포함하는 큰 조직들 내에서 만이 달성될 수 있다.

사회적 설계는 또한 전통적 접근인 공식적 설계(formal design)와 구분될 수 있다.[36] "공식적 설계"는 대규모적, 법인적(회사적), 고비용적, 독점적, 권위주의적인 것으로 기술될 수 있어서 하이테크(high－tech) 해법들인 경향이 있고, 스타일, 장식, 고객에 대한 지불 및 국가적 또는 국제적 초점에 관심을 두는 접근을 선호한다. 이에 비해서, 사회적 설계는 소규모적, 인간중심적, 저비용적, 포함적, 민주적인 것으로 기술될 수 있는 접근을 선호해서, 적합한 기술의 경향이 있고, 의미와 맥락, 사용자나 고객 및 지역적 초점에 관심을 둔다. 비록 큰 빌딩사업들이 더 자연적으로 공식적 설계이게끔 되는 경향이 있을지라도, 사회적 설계의 접근은 확실히 하나의 큰 사업 내의 지역별 접근에서 사용될 수 있다. 설계에 대한 이러한 두 개의 접근은 건물들 내의 인간 행동과 복지에 대한 중요한 함의들을 가지면서, 극적으로 상이한 건물들의 건설을 일으킨다.

(1) 협력의 증가

설계교육과 설계경쟁들은 흔히 설계자들에게 건축환경의 기능적 가치를 희생시키면서 건축물의 미적 차원을 강조하도록 권장한다. 물론 환경들은 그 사용자들에 대해 아름답고 또한 기능적이어야만 된다. 불행하게도, 유행적인 예술작품들을 만들려는 시도들이 오랜 동안 건축을 지배했고, 아직도 그러하다. 건축 전문잡지들은 아직도 빌딩들을 자랑하기 위해 값비싼 사진과 번들거리는 종이를 사용하지만, 흔히 장면들 속에는 사람들이 전혀 보이지 않는다.

이러한 사람이 없는 "빌딩경치들"이 많은 설계자들의 관심을 정확하게 반영한다고 결론짓고 싶어진다. 세계적으로 가장 영향력 있는 건축가들 중의 한 명(Philip Johnson)은 "건축가의 일은 아름다운 건물들을 만드는 것이다. 그것이 전부이다."라고 말했다.[37] 이 시각 속에서, 거주자들의 사회생활들과 대인관계들에 관한 고려가 어디에 있는가? 누가 빌딩 속에서 살고, 일하고, 배우게 될 것인가－건축가인가, 아니면 당신과 같은 사람들인가?

하지만, 시대는 변화하고 있다. 많은 건축가들과 설계자들은 이제 빌딩들의 인간의 사용을 위한 설계(기술적 또는 미적 고려사항들을 희생시킴이 없이)의 중요성을 인식한다. 예컨대, 수 십년 전에 "미국 건축연구소"는 사회과학자들과 설계자들 사이의 하나의 초기의 수뇌회의가 되어 준 회의를 후원했다.[38] 이 회의는 사회과학자 자문가들이 빌딩의 살기에 적합함을 평가하고, 거주자들의 심리적 욕구들을 정의하고, 건물들의 최적적 사용에 대해 거주자들을 훈련하는 것을 포함해서, 수행하는 몇 개의 역할들을 개요했다.

심지어 지금도, 많은 건축가들은 기하학적 공간의 미적 성질들에 의해 계속 최면당하고 있으며, 주류 심리학은 대체로 행동의 물리적 맥락을 무시한다. 하지만, 건축가들과 사회적 설계자들이 협력할 때, 그들은 건축을 "장소만들기"(place making)로서 즉, 진짜 공간들 속의 진짜 사람들이 상상되는 것을 생각하기 시작한다.[39] "장소를 만들기" 위해, 건축가들과 사회적 설계자들은 "행동을 위한 외피"(envelope for behavior)를 만들기 위해 함께 작업하는 데, 이 용어는 그들이 빌딩을 주로 그것을 사용하게 될 사람들에 대한 많은 고려가 없이 하나의 조각되는 물체로서 생각하기보다도 주로 사람들이 실제로 빌딩 안에서 무엇을 행하는가를 생각한다는 것을 의미한다.

사회적 설계의 한 예가 제시될 수 있다.[40] 뇌의 다중경화증(MS)을 가진 사람들을 위한 한 빌딩이 개선되게 되었다. 사회적 설계자들이 80명의 MS 환자들, 그들의 가족들(또한 방문자들로서 건물을 사용한 사람들), 보살피는 사람들 및 건물직원을 면접했다. 이것은 매일 빌딩을 사용했던 사람들이 면접되지 않았더라면, 개선들에서 결코 통합되지 않았을 몇 십개의 설계 권고사항들을 내놓았다. 권고사항들 중의 다수가 개선 속에 포함되었으며, 수 개월 후의 빌딩의 평가는 이것이 MS를 가진 사람들에 대한 신체적 고통을 감소시켰고 그들의 빌딩사용을 훨씬 더 편리하고 편안하게끔 만들은 방식에 대해서 크게 진가를 인정받았다. 이와 동일한 접근이 사무실들, 산업체의 작업장들, 공공빌딩들 몇 심지어 거주지들 속의 사람들의 어떤 집단에 대해서든 사용될 수 있다.

사회적 설계 대 공식적 설계의 논쟁은 적대적일 필요가 없다. 만일 공식적 설계자들이 건물 "사용자들"의 다수의 감각적 즐거움들을 위해 아름다운 건물을 만들려고 든다면, 미적 추구는 사회적 설계자들의 목표들 중의 최소한 일부를 달성시켜 주는 것이다.[41] 아름다운 건물들은 우리의 서로에 대한 지각들을 향상시키고, 사회적 상호작용을 촉진시키고, 관광이나 시의 평판을 높이는 것과 같은 다소 덜 직접적 방식으로 거주자들을 도와 줄 것이다.

(2) 사회적 설계는 언제 그리고 어떻게 도움을 주는가

사회적 설계는 설계과정에서 항상 필요한 것은 아니다. 예컨대, 이것은 모든 사람이 시간적으로 검증된 건축적 전통과 일치되게 함께 작업하는 작은 지역사회들에 의해서 빌딩들이 건설되는 시대, 장소 및 문화 속에서는 요구되지 않는다. "산업 이전의 토속"(preindustrial vernacular)이라고 일컬어진 이러한 전통들은 지역사회와 문화의 규범들, 개인적 흥미들, 지역적 기후, 지리 및 건축재료들과 이미 매우 잘 합치되는 건축을 발전시켰다.[42] 지역사회멤버들이 건축자들과 아울러 거주자들일 때, 설계과정은 별개의 회계원들, 건축가들, 이사들 및 건설회사들을 필요로 하지 않는다.

세계의 개발된 국가들에서, 노동분배는 우리 모두에 대해 물질적 이익을 만들어왔다. 하지만, 설계직들에서(다른 직업들에서처럼), 이것은 상당한 역할전문화를 일으켜 왔다. 건물들을 설계하기와 건축하기의 일이 더 좁게 분할되고 각자의 전체 경력이 이것의 단 한 개의 단계로 축소되기 때문에 과정 속의 주요 역할자들 사이의 의사소통이 감소되는 경향이 있다. 빌딩설계에서 주된 역할자들은 의뢰인(돈을 대는 사람), 설계자(건축가 또는 계획자), 기술자(큰 사업들에서) 및 (가장 중요하게) 일상적 빌딩거주자, 고객, 근로자 또는 방문객을 포함한다.

따라서, 사회적 설계연구가 산업 및 산업 후기의 사회들에서 필요해져 왔다. 이것의 주요 역할들 중의 둘은 설계과정에서 주된 역할자들 사이의 의사소통을 재확립시키고 촉진시키는 것이다. 세 번째 역할은 관여된 모든 사람들에게 일상적 건물사용자가 주된 역할자들 중의 하나라는 것을 일깨워 주는 것이다.

산업주의의 등장 후에 그리고 환경심리학의 등장 이전에, 건물 사용자가 건축에서 거의 무시되었었다. 산업혁명에 의해 일어난 눈부신 기술은 광범한 설계가능성들(건축재료들, 건축원리들 및 설계자들 간의 국제적 의사소통에 있어서)을 제공했다. 오늘날, 어떤 빌딩들의 설계는 기술요인들에 대한 매우 많은 주의를 요해서, 장차의 거주자들이 완전히 무시되고 있다.

사회적 설계의 6개 목표들:

사회적 설계연구자들과 실무자들은 6개의 주요 목표를 갖고 있는데, 어떤 것들은 다른 것들보다 더 폭넓고 어떤 것들은 다른 것들과 중첩되고 있다.[43]

1. 물리적 환경의 거주자들의 욕구와 활동에 합치되는 환경을 만든다. 이 목표가 아마 모든 목표들 중에서 가장 중요할 것이다.
2. 건물사용자들을 만족시킨다. 거주자의 만족이 중요한데, 이것은 거주자들이 그들의 생활의 중요한 부분들을 그 상황 속에서 일하거나, 살거나, 이완하는 데에 보내야만 되기 때문이다.
3. 행동을 변화시킨다. 이러한 변화들은 사무실근로자의 생산성을 증가시키는 것, 기관에 수용된 노인들 사이의 사회적 유대를 향상시키는 것, 감옥 속에서의 공격을 감소시키는 것 또는 행정사무실 속에서 관리자들 사이의 의사소통을 증가시키는 것을 포함한다. 우리가 보게 되는 바와 같이, 행동변화의 목표는 달성하기가 곤란하고 논쟁의 여지가 있을 수 있다.

4. 건물사용자들의 개인적 통제력을 향상시킨다.[44] 건물사용자들이 그들의 욕구들에 맞게끔 환경을 변경시킬 수 있을수록, 그 환경은 스트레스를 덜 줄 것이다.
5. 사회적 지원을 촉진시킨다.[45] 협조, 도움 및 지원을 장려하는 설계들이 주로 어떤 식으로 혜택받지 못하는 건물거주자들뿐만 아니라, 활동적이고 성공적인 사람들에 대해 바람직스럽다.
6. "심상화가능성"(imageability), 즉 이미지로 떠올릴 수 있는 능력을 이용한다. 이것은 거주자들과 (특히) 방문자들과 처음 오는 사람들이 길을 잃거나 혼란됨이 없이, 그들의 길을 발견하게끔 돕는 데 대한 건물의 능력을 일컫는다.

건물들의 설계를 고려함으로써 이 목표들의 각각을 더 자세하게 검토해 보자.

(3) 합치시키기(matching)

거주자들의 활동과 욕구가 건축환경에 의해서 얼마나 잘 충족되는가를 "합치시키기"(matching)라고 일컫는다. 좋지 못한 환경의 한 예는 체육관이 학기말시험을 위해 사용될 때일 수 있다. 시험이 치루어지기는 하겠지만, 체육관들은 그 과업에 대해 매우 적합하지는 않다. 물론, 이상적으로 건물들은 거주자들의 욕구들과 행동들과 완전하게 합치되어야만 된다. 하지만, 합치의 정도가 높거나 낮은 것이 때로는 누구의 시각이 고려되는가에 일부 달려 있다.[46] 대학의 행정가들의 목적들에 대해서, 체육관은 학기말시험 동안의 공간문제를 관리하기 위한 하나의 훌륭한 방법으로 간주될 수 있다; 하지만 체육관에서 시험을 치르는 학생들에 대해서, 소음과 주의분산이 시험분위기를 위해 매우 부적절할 것으로 여겨질 것이다.

성격이론가인 Murray와 그의 동료들은 두 가지 형태의 "압박"(press)을 구분했는데, 이것은 행동을 형성시키는 환경적 측면들의 성질들이나 특징들을 일컫는다.[47] 알파 압박(alpha press)은 객관적 조사를 통해 평가될 수 있는 실제의 현실을 일컫는다. 베타 압박(beta press)은 외부적 현실에 관한 사람들의 해석을 일컫는다. 예컨대, 어떤 사람이 대화상대에 대해 객관적으로 중립적 방식으로 행동할 수 있지만(알파 압박), 상대방에 의해 공격적이라고 지각될 수 있다(베타 압박). 이와 비슷하게, 합치(matching)의 알파와 베타 형태들이 있다.

알파 합치(alpha matching) 또는 일치(congruence)는 객관적 관점에서 환경이 사람에 대해 얼마나 잘 적합한가를 일컫는다. 예컨대, 상이한 신장을 가진 사람들에 대한 주방의 조리대들에 대한 좋은(객관적) 높이가 있다. 베타 합치(bata matching)나 살기 편함(habitability)은 건물들이나 설비들의 거주자들에 의해 지각된 "환경적 질"이다.[48] 몇몇 주방근로자들은 비록 전문가들이 기존의 조리대높이가 올바르다고 주장할지라도, 어떤 조리대높이가 그들에 대해 좋다고 생각하지 않을 수 있다.

물론, 설계과정 속의 모든 주된 역할자들이 지각된, 그리고 실제의 합치들이 모두 좋기를 바란다. 하지만, 설계전문가들의 팀은 거주자들이 그렇지 않아 왔다고 믿을 때에도 합치가 달성되어왔다고 "선언할" 수 있다. 불행하게도, 전문가들과 사용자들 사이의 중요한 의견불일치들이 실제로 거주환경에 관한 몇 개의 연구들에서 증명되어왔다. 예컨대, 한 연구는 전문적인 계획자들이 높은 질의 지역이 그것이 얼마나 개방적이고, 재미있고, 유쾌한가에 관련있었다고 믿었던 반면에, 지역주민들은 높은 질이 단지 그것이 얼마나 유쾌했었는가에만 관련있었다고 믿었다.[49] 이러한 불일치들은 사용자들과 그들의 환경들 사이의 합치를 향상시키는 쪽으로뿐만 아니라, 또한 설계자와 거주자들의 훌륭한 설계에 관한 정의들 사이의 차이를 감소시키는 쪽으로의 노력이 이루어져야만 된다는 것을 의미한다.

어떤 건물사용자가 모든 사람이 동의하는 어떤 객관적 욕구를 갖고 있을 때와 같이, 알파와 베타 합치가 동일할 때, 설계의 함의들이 분명하지만, 설계는 아직도 이러한 욕구를 항상 충족시키지는 않는다. 예컨대, 신체장애를 가진 사람들은 흔히 휠체어 속의 사람들을 위한 완만한 경사로들과 같이 분명히 명확한 욕구들을 갖고 있다. 하지만 비록 휠체어 속의 사람들에 의해 사용되고 있을지라도, 경사로들이 부족한 많은 건물들이 아직도 있다.

그럼에도 불구하고, 특수한 특징들을 가진 사람들을 위한 빌딩설계지침들은 하나의 좋은 아이디어이며, 지침들의 많은 목록들이 준비되어왔다. 예컨대, 어떤 이들은 비교적 강건한 노인들을 위한 적절한 설계를 고려해왔다. 많은 권고들의 초점이 되어온 다른 환경은 낮 시간 아동돌봄 센터이다.[50]

(4) 만족

살기 편함(habitability; 베타 합치)은 사회적 설계의 두 번째 목표인 거주자 만족에 해당된다. 일치(congruence; 알파 합치)는 거주자들이 만족하고 있다는 전문가의 의견이다. 하지만, 거주자들 이외의 주된 역할자들이 사업에 대해 만족하거나 만족하지 않을 수 있다. 예컨대, 몇몇 건축가들은 그들의 빌딩이 어떤 미적 설계원칙들의 진술들과 같이 기능할 것을 희망한다. 돈을 대는 고객(빌딩개발자)은 만일 사업이 그 예산 이내에서 완료되게 된다면, 주로 만족할지도 모른다. 대부분의 사회적 설계자들은 만일 그들의 작업이 살기에 편한 구조에 기여했다면, 행복할 것이다. 거주자의 만족은 대개 사회적 설계의 실무자들과 빌딩사용자들의 욕구들에 대해 특히 동감적인 기타의 주된 역할자들의 목표이다. 몇몇 사회적 설계자들은 그 과정을 인간의 권리들에 대한 하나의 전세계적 관심의 일부분이라고 본다; 사회적 설계는 불운한 자들(예: 정신병환자들)과 빈자들에 대해 설계의 이익을 제공하려는 시도에서 시작했다.[51] 이러한 사회운동가적 전통이 많은 사회적 설계자들의 노력들을 계속 불붙이고 있다.

(5) 행동 변화

많은 사업들이 은면적으로나 명시적으로 거주자의 행동이 더 좋게 변화될 것이라는 사람들의 희망을 담고 있다. 거주자들을 포함해서 모든 주된 역할자들이 어떤 행동패턴이 설계로부터 장려되거나 억제될 필요가 있다는 데 대해 일치할 때, 설계과정은 앞을 향해서 척척 진행될 것이다. 뉴욕 정신병원에서 몇몇 심하게 퇴행된 정신병환자들의 폭력행동이 개선 설계들이 고려되었을 때에 하나의 표적이 되었다.[52] 그늘진 조명, 낮추어진 천장들 및 유쾌한 벽지들을 가진 더 가정 같은 주위환경들을 기본적으로 만들었던 새로운 설계가 폭력 발생을 유의하게 감소시켰다. 다른 연구에서, 박물관 방문자들은 전시물들을 더 역동적이고, 다중 감각적이고, 상호작용적으로 만듦으로써 전시물에 대한 방문자들의 몰입감을 증가시킨 주의 깊은 설계변화들 후에 전시물들에 대해 더 많은 관심을 기울였다.[53] 때로는 다소 간단한 설계수정들이 행동을 변화시킬 수 있다. 예컨대, 완전한 정신지체를 가진 학생들의 쌍들 사이에 탁상 칸막이들을 단순하게 첨가시킴으로써, 연구자들은 학생들의 과업상의 행동 양을 증가시켰다.[54]

불행하게도, 주된 역할자들은 때로는 누가 어떤 행동을 변화시켜야만 되는가에 관해서 불일치한다. 예컨대, 새롭거나 개수된 작업장을 위해 돈을 쓰는 고객들은 흔히 새로운 설계가 직원의 생산성을 증가시킬 것을 기대한다. 이러한 기대에 당면했을 때, 사회적 연구자는 환경을 직원들에게서 생산성을 짜내기 위해 사용하도록 요구받는 불편한 입장에 처한다. 직원들을 어떤 조직의 이익을 위해 조작하려고 든다는 것에 대한 사고 자체는 많은 사회적 설계의 실무자들에 대해 불쾌하다.

사회적 설계가 어떻게 대학교실에서의 수행과 행동에 대해 영향을 줄 수 있는가에 관한 한 예를 고려해보자. 1980년에 Sommer와 Olsen은 평면의 30개 좌석의 대학교실을 재설계했다.[55] 매우 작은 예산으로, 그들은 이것을 반원의, 쿠션이 덮여있는 벤치좌석, 조정가능한 조명, 한 작은 카피트 및 몇 개의 모빌들을 가진 "부드러운 교실"(soft classroom)로 바꾸었다. 비슷한 규모의 전통적 교실들에 비해서, 학생들의 참여가 교실 내에서 뚜렷하게 증가했다. 학생당 진술들의 숫자가 3배로 되었으며, 수업에서 발언한 학생들의 백분율이 배가되었다. 부드러운 방(soft room)을 사용하는 학생들은 교실 내에 비치된 업무일지 속에 이것에 관한 많은 열렬한 논평들을 썼다. 이 방은 17년 후에도 더 많은 학생참여를 일으키고 있었다.[56] Sommer와 그의 동료들과 그 밖의 사람들의 연구는 대학 교실들이 평평하고 딱딱할 필요가 없다고 시사한다.[57] 그것들을 더 유쾌하게끔 만들기 위한 비싸지 않은 변화들이 더 좋은 성적들, 더 나은 토의들 및 거주자의 만족을 포함하는 매우 명백한 이익들을 제공할 수 있다.

(6) 개인적 통제력(personal control)

훌륭한 사회적 설계는 건물거주자들에게 그들의 근접 환경을 통제할 진정한 선택권을 제공할 것이다. 이것은 특수한 용어로서 무엇을 의미하는가? 예컨대, 학생들(기숙사들)과 가난한 사람들(주택사업들)을 위해 공적으로 자금이 지원된 거주공간을 고려해보자. 어떤 빌딩들 특히, 고층 건물들은 거주자들에 대해 과도한 사회적 자극을 주기 위해 설계된 것 같다. 예컨대, 너무 적은 엘리베이터들과 길고 좁은 복도들은 사람들이 어디에든 있고 도피불가능하다는 느낌을 일으킨다. 거주자들은 그들이 매일 당면해야만 되는 사회적 접촉들(특히 원치 않은 사회적 접촉들)의 숫자를 통제할 수 없다는 느낌을 발전시킬 수 있다. 이러한 통제력 상실은 안전과 자존의 느낌들에 대해 부정적으로 영향을 줄 수 있다.

두 개의 낮은 통제력 상황의 다른 흔한 예들은 붐비는 소매점들과 교통혼잡들이다. "과밀"(crowding)은 주위에 너무 많은 사람이 있다는 느낌을 일컫는다; 이것은 단위 면적당 사람들의 객관적 숫자인 "인구밀도"와 구분될 수 있다. 높은 밀도는 항상 과밀을 일으키지는 않으며, 과밀은 항상 높은 밀도의 결과는 아니다. 과밀은 일부 사회적 과중과 정보적 과중에 의해 생기며, 그러면 이것이 개인이 통제력을 잃고 있다는 느낌을 일으킨다. 과밀에 대처하는 설계는 일부 개인적 통제력을 위한 설계이다. 또 다시 간단한 설계변화들이 효과적일 수 있다. 한 정신건강센터에 대해 몇 개의 출입구를 단순하게 추가시킴으로써, 내담자들의 자유감(그리고 따라서 통제력)이 증가되었다. 더욱이, 그 센터 내의 여러 치료부서들은 치료자들이 마치 그들이 그들 자신의 출입구를 갖고 있는 것 같이 느꼈기 때문에 더 큰 정체감을 느꼈다.[58)]

스트레스가 흔히 물리적 및 사회적 영향에 대한 개인적 통제력이 부족에 관련되어 있다. 소음, 원치 않는 사회적 접촉, 붐빔 및 피난처의 부족은 일차적 스트레스원의 예들이다.[59)] 훌륭한 사회적 설계는 이러한 소스들을 예상하고 극복하려고 시도하거나, 최소한 사용자를 이것들로부터 완충시켜 줄 수 있다.

(7) 사회적 지원(social support)

개인적 통제력은 하나의 개인적 현상인 반면에, 사회적 지원은 하나의 집단현상이다. 사회적 지원은 개인이 주위에 있는 사람들로부터 보살핌, 친절한 말 및 도움을 받는 한 과정이다. 많은 사회적 문제들이 만일 더 많고 더 좋은 사회적 지원이 가용했다면, 가벼워졌을 것이다. 우울증과 불안과 같은 흔한 심리문제들이 사회적 지원이 없거나 부적절할 때에 증가하는 것을 보여왔다. 사회적 지원은 하나의 항스트레스 과정으로 간주될 수 있을 것이다.

사회적 설계는 사회적 지원을 촉진시키기 위해 무엇을 할 수 있는가? 소규모에서, 가구가 사회도피적 양식 대신에 사회접근적 양식으로 배치될 수 있다. 사회접근적 배치들(sociopetal arrangements)은 사회적 상호작용을 고무시키는 것들인 반면에(예: 사람들이 서로 마주 보고서 앉을 때), 사회도피적 배치들(sociofugal arrangements)은 사회적 상호작용을 저지한다(예: 사람들이 줄 속에 앉을 때나 심지어 서로 외면하고 있을 때).[60] 물론 만일 개인적 통제력의 목표와 아울러 사회적 지원의 목표가 달성된다면, 증가된 사회적 상호작용이 통제가능할 것이 틀림 없다; 거주자들은 그들이 원할 때에 사회적 상호작용을 찾을 수 있지만, 원치 않는 사회적 만남에 당면하지는 않을 것이다.

사무실빌딩들에서, 사회적 지원이 직원들을 위한 높은 질의 라운지 공간의 제공을 통해 촉진될 것이다. 그러한 공간의 단순한 존재가 가치있는 사회적 지원이 가용하게 될 것을 보장하지는 않지만, 직원들이 커피와 대화를 나누기 위한 부적절한 공간을 갖게 된다면, 지원적인 사회적 관계망들의 가능성이 감소된다.

마지막으로, 몇몇 케이스들에서 사회적 지원이 최적의 프라이버시를 제공하는 설계(개인의 상호작용들을 여과할 수 있는 것)에서 생길 수 있다. 가정폭력의 피해자들을 위한 보호소들을 고려해보자. 그러한 보호소들을 위한 대안적 설계들에 관한 한 연구는 익명성과 안전의 특징이 있었던 설계들이 가장 많이 선호되었다는 것을 보였다.[61] 때로는 사회적 지원은 개인이 동시에 돕는이에게 가까이 가고 학대자로부터 멀어질 수 있을 때에 최대화되었다. 도움성과 보살핌의 차이는 적의와 폭력으로 차있는 주거와 보살핌과 이해에 의해 지배되고 있는 주거 간에 대비가 이루어질 때에 특히 크다.

(8) 심상화가능성(imageability)

빌딩들은 그것들을 사용하는 사람들에 대해 심상화가능(즉, 명확하게 이해가능하거나 환히 알 수 있는 것)해야만 된다.[62] 당신이 빌딩 속으로 걸어 들어 갈 때, 당신은 즉각 당신의 길을 찾을 수 있어야만 되거나, 더 전문적 용어로서, 목적있는 이동(purposeful mobility)을 행할 수 있어야만 된다. 간단히 말하면, 당신은 길을 잃지 말아야만 된다.

어떤 사람이 친숙치 않은 빌딩으로 들어가고, 그 다음에 어디로 갈 것인가를 짐작할 수 없는 것이 매우 흔하다는 것은 놀라운 것이다. 만일 우리가 빌딩들이 심상화가능해야만 된다는 것을 깨닫지 못한다면, 우리 자신을 탓하는 경향이 있다(예: "나는 좋은 방향감각이 전혀 없어."). 때로는 관찰은 당신이 문제를 갖고 있는 최초의 인물이 아니라는 것을 나타내 준다. 아마 당신은 거주자들이 도움을 주기 위해서, 또는 수 백번이나 동일한 질문에 대해 이러 저러하다고 대답하는 것을 절약하기 위해서, 손으로 만든 표지판들을 본 일이 있을 것이다. 그러한 표지판들은 좋은 신호를 통해 또는 빌딩 자체의 좋은 그리고 훤히 알 수 있는 설계를 통해, 빌딩을 심상화가능하게끔 만들지 못한 것을 나타낸다.

빌딩설계에 관한 이 절을 결론짓기 위해서, 사회적 설계는 빌딩 속에서 일하거나, 살거나,

그 밖에 빌딩을 사용하게 될 사람들의 욕구들과 선호들이 중요하다거나 심지어 최고라는 원칙들을 갖고서 시작하는 건축설계이다. 만일 어떤 빌딩이 또한 아름다울 수 있다면, 사람들이 또한 그들의 생활 속에서 아름다움을 필요로 하기 때문에 이것은 하나의 멋진 보너스이다. 사람들이 느끼고 상호작용하는 방식에 대한 사회적 설계의 영향들의 덕택으로, 이것은 응용사회심리학과 밀접하게 관련되어 있다. 지난 40년 동안 천천히, 사회적 설계는 점점 더 대부분의 건축가들의 목표가 되어왔다. 하지만, 목표들과 현실은 항상 조화되지는 않으며, 모든 새로운 빌딩들이 성공적인 사회적 설계의 모델들은 아니다.

(9) 옥외 공간(outdoor space)

동일한 사회적 설계의 아이디어들의 다수가 광장들, 공원들, 가로들과 같은 야외의 공공지역들에 적용된다. 환경심리학적 원리들에 의해 만들어진 가장 멀리 사용된 변화들 중의 하나에서, 많은 도시들의 구조 자체가 "밀도 낮춤"(density bemusing)이라는 개념에 의해 변화되어 왔는데, 이것은 Whyte의 선구적 연구로까지 거슬러 올라갈 수 있다.[63] 1961년에 도시 핵심부에서 다소의 열린 공간에 대한 필요성을 인식하고서, 뉴욕시는 개발자들에게 하나의 타협안을 제안했다; 즉, 그들이 새로운 사업 속에 포함된 광장의 1평방피트당, 그들의 새로운 빌딩은 10평방피트의 정상적 건축지구의 제한들을 초과할 수 있었다. 개발자들은 이 아이디어를 좋아했으며, 이 타협안은 뉴욕시의 열린 공간의 공급을 확실히 증가시켰다.

불행하게도, 새로운 광장들은 개발자들이 그들의 보너스들을 얻기 위해 최소한의 가능한 일을 행하면서, 큰 빈 공간들로 되는 경향이 있었다. 결과적으로, 뉴욕시는 개발자들에 대한 제안들을 고쳤다. 시는 새로운 빌딩들에서의 여분의 층들을 다음의 경우에만 허가할 것이다; 즉, 만일 개발자들이 앉을 수 있는 공간, 물(샘과 풀), 나무들 및 접근가능한 음식 매점들과 같은 광장들의 더 큰 사용과 즐김과 연합되어 있는 것들로서 Whyte에 의해 확인된 다수의 유쾌하게끔 만드는 것들을 포함한 광장들을 제안했을 경우이다. 그의 아이디어들에 기초된 새로운 광장들은 대안들 즉, 협곡은 있지만 열린 공간이나 빈 구체적 공간은 없는 도시에 비해서 뚜렷한 개선을 나타낸다. 새로운 광장들은 뉴욕시뿐만 아니라, 또한 전세계의 많은 도시의 유쾌함을 증가시켜왔다.

하나의 가치있는 연습은 사회적 설계의 6개의 목표들로 되돌아가서, 그것들(다른 것들보다 어떤 것들)이 Whyte의 사고의 실천에 의해 달성되는 정도를 고려해 보는 것이다. 다음의 단락들에서 고찰된 Brower(1988)의 기여들에 대해서도 마찬가지를 행하라.[64]

Brower는 미국의 볼티모어시에 있는 활기를 띄게 하는 도시지역들을 위한 아이디어를 개발하고 검증하는 데에 수 년을 보내 왔다. 그 시의 주거가로들 상에서의 생활의 질을 향상시키기 위해 사용되어 온 그의 핵심 지침들 중의 둘은 (a) 주민들에게 보도들에서 걷고, 산책하고,

노는 것을 장려함으로써 가로변 공간들(street fronts)을 생동적으로 만들고, (b) 사람들이 모든 지역들을 일상적으로 방문하고 "죽은" 또는 "자리가 빈" 공간들이 없게끔, 모든 공적 공간에 대한 합법적 사용을 알아내는 것이다. 일단 몇몇 주민들이 바깥 쪽으로 나가서 공적 공간을 사용하고 있다면, 타인들도 그렇게 하는 것에 대해 안전함을 느낄 것이다; 안전과 사회화가 병행된다.

그는 주민들에게 행할거리들과 있을 장소들을 제공함으로써 가로변 공간의 더 많은 사용을 장려해왔다. 어떤이들에 대해서 이것은 벤치들을 의미할 수 있으며, 다른 이들에 대해서 이것은 편자(U자형의 물건들), 돌차기 놀이기구, 노점들 또는 도서관용 유개트럭들을 의미할 것이다. 공공 가로들에서의 리크리에이션은 가로들, 뒷골목들 및 주차장들에 대해 자동차들을 통행금지 시킴으로써 고무시킬 수 있다. 보도들 자체와 같은 어떤 지역들은 젊은이들이 자유롭게 빠르고 거치른 놀이를 하고, 노인들이 걷기나 바라보기를 즐기게끔 만들어야만 된다. 이와 동시에, 젊은이들은 빠르고 거치른 놀이를 위해 "사용될" 수 있는 열린 공간이 필요하다.

그는 또한 과속방지턱들이나 일시적 차단물들로 자동차들의 속도와 숫자를 줄여 왔다. 이것은 사고를 30%까지 그리고 부상이 있는 사고들의 약 25%를 줄였다. 주민들은 그들이 더 안전하게 느끼고 인근지역이 더 조용하고 걷기에 더 적합하기 때문에, 차단물들을 수용하는 경향이 있다.[65]

방어가능한 공간

앞에서 지적된 바와 같이, 과속 방지턱들과 장애물들의 사용이 지역의 주민들의 안전의 느낌들을 증가시키는 것을 도와 왔다. 물리적 환경은 실제의 범죄가능성에 대해 얼마나 영향을 줄 것인가? 이러한 의문에 관련된 대부분의 증거는 방어가능공간이론(defensible space theory)을 낳은 Jacobs와 Newman의 관찰들과 아이디어들에서 나왔는데, 이 이론은 범죄와 아울러 범죄의 두려움을 취급한다.[66] 이 이론은 어떤 설계 특징들이 지역에서의 주민들의 안전감을 증가시키고 범죄를 감소시킬 것이라고 제안한다. 특징들 중의 몇 개는 공적 영토와 사적 영토를 분리시키는 실제적 또는 상징적 구획물들의 사용과 토지소유자들에게 그들의 공간 내의 의심스러운 활동을 관찰(감시)할 기회의 제공을 포함한다.

확실히 몇 개의 현장연구들이 방어가능공간이론을 검증해 왔으며, 이것들의 대부분이 이론을 지지한다. 예컨대, 우리는 더 적은 감시의 기회를 제공하고 누군가에 의해 통제되는 것 같이 보이지 않는 지역들에서 더 많은 범죄를 기대할 것이다. 대학기숙사들에서의 범죄에 관한 한 연구는 방어가능한 공간 특징들을 가진(예: 거주자들이 다소의 통제력을 느끼고 더 많은 "감시가능성"을 주는 더 많은 지역들) 건물들이 그러한 특징들이 없는 동일한 캠퍼스에 있는 건물들보다 더 적은 범죄를 당했다는 것을 보였다.[67] 다수의 설계변화들이 방어가능공간이론에 따라 이루어진 16개의 잘 수행된 연구들에 관한 한 조사는 30% 내지 84%의 강도들의 감소를 발견했다.[68]

이하에서, 우리는 몇 개의 상황들에서 방어가능한 공간의 개념을 고려한다.

(1) 가게들과 은행들

편의점들이 잦은 강도표적이 되어왔다. 더 작은 주차장을 가진 편의점들과 휘발유를 팔지 않는 편의점들이 모두 가게들 내부의 감시가능성을 감소시키는데, 더 자주 권총강도를 당하고 있다.[69] 가게들의 한 연쇄점은 금전등록기를 창문 앞에 두는 것과 내부가 더 감시가능하게끔 만들기 위해 창문광고들을 제거하는 것과 같은 일련의 변화들을 수행했다. 강도가 재설계되지 않았던 다른 가게들에 비해서 30% 가량 감소되었다.[70]

은행 강도에 관한 하나의 재미있는 연구는 몇 개의 설계특징이 증가된 권총강도의 가능성에 관련되어 있다는 것을 발견했다.[71] 그것들 중에서, 더 많은 강도들이 은행이 더 작은 로비, 빽빽하게 찬 정사각형의 로비(넓은 직사각형 로비와는 반대로)및 은행의 금전출납부서들 사이의 더 큰 거리를 가질 때에 일어난다. 이러한 특징들은 이것들이 은행로비에서의 감시가능성에 영향을 주기 때문에 영향을 줄 것이다.

(2) 주택들

유죄판결을 받았던 절도들을 포함하는 한 연구에서, 죄수들이 50개의 단독주택의 사진들을 조사했고 각각이 절도를 당할 가능성을 평정했다.[72] 그 다음에 주택들의 방어가능한 공간특징들이 평가되었다. 이론이 예측하는 바와 같이, 쉽게 감시가능한 주택들이 절도의 표적이 될 가능성이 없다고 판단되었다. 하지만, 비록 방어가능한 공간이론이 예측하고 있을지라도, 실제의 장애물들(예: 담장들, 가시적인 자물쇠들)은 주택들의 지각된 취약성에 대해 아무런 영향이 없었다. 방어가능한 공간이론에 의하면, 가외의 장식들과 멋진 정원들과 같은 상징적 장애물들이 범죄자들에게 거주자들이 그들의 재산에 대해 특별하게 관심을 두고 있고, 따라서 그것을 방어할 가능성이 더 많다는 것을 전달하는 것으로 가정되고 있다; 상징적 장애물들이 절도들을 쫓아버릴 것이다. 하지만, 절도들은 상징적 장애물들이 있는 주택들이 절도에 대해 "더" 취약하다고 보았다.

왜 그런가? 연구 후의 면담들은 절도들이 실제의 장애물들을 그들이 극복할 수 있는 도전으로서 보았다는 것을 나타냈다; 대부분의 담장들과 자물쇠들은 그들에 대해 심각한 장애물로서 간주되지 않았다. 상징적 장애물들은 거주자들이 특별하게 경계했다는 신호들로서가 아니라, 오히려 집들이 아마 가치있는 것들의 통상적 양 이상을 갖고 있다는 신호들로서 해석되었다; 만일 거주자들이 그들의 집과 정원을 꾸미는 데에 시간과 돈을 갖고 있다면, 절도들은 그

집들이 아마 "좋은 것들"이 많을 것이라고 추론했다. 아파트건물 절도들에 관한 한 연구는 접근가능성(실제의 장애물들)이 거의 차이를 내지 않았지만, 감시가능성이 절도를 감소시켰다는 것을 확증했다.[73)]

절도들은 절도당하지 않았던 주택들로부터 절도당해 왔던 주택들을 정확하게 지목할 수 없었지만, 그들은 그들의 추측들에서 사회적 및 물리적 단서들을 사용한다.[74)] 앞의 연구에서 논의된 바와 같이, 그들은 자물쇠들과 빗장들을 심각한 방해물로서 보지 않지만, 그들은 이웃들이 보고 있는 것과 거주자의 영토적 관심들에 관해서 걱정한다.

흥미있게도, 연구는 거주자들과 경찰은 주택들이 절도에 취약하다는 것을 추론하기 위해 절도들과 동일한 주택특징들을 사용하지 않는다는 것을 나타내왔다.[75)] 이러한 연구들은 거주자들과 경찰이 그들이 주거설계를 통해 절도를 근절시킬 수 있기 위해 절도들의 관점을 이해할 필요가 있다는 것을 함의한다.

주거들의 다른 특징들로서, 더 많은 범죄가 더 높은 아파트건물들에서 그리고 층당 5개 이상의 가구들이나 50개 이상의 전체 가구들을 가진 건물들에서 일어난다.[76)] 이것은 아마 더 큰 건물들의 거주자들이 서로 알 가능성이 더 적고, 서로를 낯선 이들로서 대우하는 경향이 있고, 건물 내에 누가 살고 누가 살지 않는가를 인식할 능력을 잃기 때문에 일어날 것이다. 이것이 범죄자들이 들어가기가 더 쉽게끔 만든다.

(3) 지역사회들(communities; 또는 공동체들)

범죄와 기물파괴는 지역사회의 물리적 성질의 어떤 측면들에 관련되어 있거나 그것들에 의해 촉진된다. 많은 문을 달은 지역사회들이 일부 범죄에 대한 두려움에서 생기어 왔다. 한 연구에 의하면, 거주자들은 문을 달은 지역사회들에서 더 안전하게 느끼지만, 실제의 범죄율은 더 낮지 않았으며, 흥미있게도, 지역사회의 느낌은 문을 설치하지 않았던 지역사회들에서보다 더 낮았다.[77)]

방어가능한 공간이론은 주민과 아울러 범죄자의 행동들이 방어가능한 공간특징들에 의해 영향받는다고 주장한다. 어떤 가로들은 문과 같은 입구들, 교통흐름을 제한하는 개조물들(좁아지는 도로들을 통과하거나 과속 방지턱들을 사용하는 것) 그리고 교통을 막는 신호판들을 포함해서, 방어가능한 공간특징들을 갖고 있다.[78)] 그러한 가로들에서 살고 있는 주민들은 그들의 집 밖에서 더 자주 보이고, 그들의 뜰에서 걷고 일한다. 그러한 행동들은 명백하게 영토적인 것이 아닐지도 모른다; 그들은 그들 자신의 지역을 경계하고 있다고 생각하지 않을 수도 있지만, 그들은 반사회적 활동을 억제시키는 영향을 주는 것 같다. 아마 침입자들은 이러한 자연적으로 일어나고 있는 감시에 의해 단념하게 될 것이다.

높은 범죄율을 가진 다른 지역은 몇 개의 방어가능한 공간 변화들을 실시했다.[79)] 그 지역에 대한 많은 입구들이 폐쇄되었고, 교통을 느리게 하기 위해 과속방지턱들이 설치되었고, 지역번호를 가진 문들이 설치되었고, 지역사회는 물리적 장애물들을 가진 5개의 작은 지역들로 나뉘어졌다. 2년 후에, 교통양이 67% 줄어들었고, 폭력범죄가 50% 줄어들었고, 전체 범죄가 26% 줄어들었다.

어떤 지역이 소수의 통과길들과 작은 공공주차장을 가진 더 주거적인 것으로 보일 때, 그것은 대개 그러한 지역들의 가장자리에 있는 주택들보다 더 적은 범죄를 경험할 것이다.[80] 일반적 원리는 지역을 통과하는 낯선 이들의 통행을 감소시키는 것인데, 이것은 주민들 간의 유대를 증가시키고 모든 사람이 의심스러운 활동을 발견해 내는 것을 돕는다.

하지만, 방어가능한 공간특징들을 갖고 있는 어떤 지역들은 그래도 심각한 범죄문제들을 갖고 있다. 이것은 일부 방어가능한 공간(물리적 배치)이 반드시 "방어된 공간"(즉, 주민들이 눈여겨보거나 의심스러운 활동을 신고함으로써 실제로 범죄방지행동을 하는 것)으로 전환되지 않기 때문이다. 예컨대, 이것은 만일 그 지역이 주민들이 범죄요소들에 대항해서 함께 행동하기 위해 충분하게 응집성있지 않다면, 일어날 수 있다.[81] 방어가능한 공간은 주민들이 옥외지역들의 시각적 감시를 통해 범죄와 싸우기가 더 쉽게끔 만듦으로서(거의 자동적으로) 범죄감소를 위한 무대를 만들기는 하지만, 만일 주민들이 그들이 보는 것에 따라 행동할 수 없거나 행동할 의향이 없다면, 범죄는 막아지지 않게 될 것이다.

방어가능한 공간이 범죄 없는 지역을 보장하지 않는 두 번째 이유는 모든 범죄자들이 환경에 주의를 기울이지는 않는다는 것이다. 스릴 추구나 사회적 인정에 의해서 동기화되어 있는 덜 경험있는 범죄자들은 표적을 고르기 위해 덜 이성적 준거들을 사용하고 단순하게 상황의 방어가능한 공간특징들에 주의를 기울이지 않을 것이다.[82] 또한 어떤 범죄인들은 그들이 작업할 때에 약물들이나 알코올들에 의해 지장받게 되고 환경에 더 적은 주의를 기울인다.

네덜란드의 연구자들은 지역들의 범죄취약성을 평가하기 위한 한 점검부록을 개발해왔다.[83]이 점검목록은 범죄행동을 막는 6개의 주된 요소들로 구성되어 있다:

- 공공지역들의 잠재적 가시성(시선들)
- 주민들의 실제의 존재(이러한 시선들을 이용함)
- 사회적 관여(주민들은 빌딩들을 유지하고 범죄자들에 대해 대처하기에 충분하게 관심을 둔다)
- 범죄자들에 대한 나쁜 접근과 도피 루트들이지만, 잠재적 피해자들에 대한 훌륭한 것들
- 주민들의 주의를 일으키는 매력적 주위환경들(환경의 쇠락은 범죄자들에게 주민들이 경계하지 않는다는 것을 알려 준다)
- 구조적 안전장치들의 여부(예: 자물쇠들, 쉽게 허물 수 있는 벽들의 존재, 전화박스들)

이 점검목록의 주요 목적은 파괴당하기 쉬운 지역들을 알아내는 것이지만, 이것은 절도와 폭력범죄와 같은 다른 범죄들에 대항하는 하나의 도구로서 더욱 개발되었을 것이다. 공공기물 손괴행위(vandalism)는 하나의 광범한 파괴적 행동이다. 파괴들의 행위는 파괴적이거나 자아 중심적이다. 이들은 어린 나뭇가지를 부러뜨리거나 지하도 벽 위에 낙서한다. 공공기물 손괴자들의 동인은 흔히 복수일 수 있다. "형평이론"은 사회적 및 기타의 행동들이 사회적(또는 기타의) 보수들과 부담들이 공정해야만 된다는 각 개인의 지각들에 의해 영향받는다는 아이디어를 강조한다. 이 이론은 공공기물 손괴자들(vandal)이 흔히 자신이 불공정하게 대우 받고 있다고 느끼는 사람들이라고 시사한다. 공공기물 손괴행위는 지각된 불공평성이 지각된 통제력 부족 즉, 불의가 정상적 채널들을 통해 개선될 수 없다는 느낌과 결합되어 있을 때에 특히 일어나기 쉬울 것이다. 잠재적 공공기물 손괴자들이 공공기물 손괴행위를 행하는 역할모형들을 갖는 여부가 또한 중요할 것이다.[84]

요 약

1. 인구의 계속적 증가에 따라, 우리의 물리적 세계는 과밀되고 소음이 많은 장소가 되고 있다. 사회심리학자들은 과밀과 소음에 대한 사람들의 해석과 설명에 초점을 두어왔다.
2. 하나의 관건이 되는 해석은 사람들이 사건에 대해 얼마나 많은 지각된 통제력을 갖고 있는가이다. 사람들이 스트레스를 주는 사건들에 대해 더 적은 통제력을 갖고 있다고 믿을수록, 그것들이 그들에게 신체적 및 심리적 문제들을 일으킬 가능성이 더 많다. 예컨대, 만일 밀도가 높은 상황 속에 있는 사람들이 낮은 통제수준을 갖고 있다고 느낀다면, 그들은 과밀(crowding), 즉 타인들의 존재에 기인되는 불쾌의 주관적 느낌을 경험하게 될 것이다. 과밀은 또한 이것이 감각 과잉부하를 일으킬 경우에 혐오적일 수 있다.
3. 부가적으로, 사람들이 부정적 사건들의 원인들을 설명하는 방식이 어떤 사건이 어떻게 해석되고, 따라서 그것이 얼마나 스트레스를 주게 될지에 대해서 결정적이다.
4. 사람들이 환경에 미치는 영향들과 사회적 영향기법들이 사람들에게 환경적으로 더 건전한 방식으로 행동하도록 만드는 데에 사용될 수 있는 방식들이 논의되었다. 이것은 많은 환경문제들이 고전적인 사회적 딜레마들이기 때문에 쉬운 일이 아니다. 사회적 딜레마들에서, 개인들에 대해 유익한 행위들은 만일 대부분의 사람들이 이것들을 수행한다면, 모든 사람에게 유해하다.
5. 하지만, 사회심리학자들은 사람들의 태도와 행동을 변화시키기 위해서 입증된 기법들을 사용함으로써 사람들에게 환경적으로 더 건전한 방식으로 행동하게끔 만드는 데에 다소 성공을 거두어왔다. 하나의 기법은 사람들에게 그들이 갖고 있는 신념을 실천하고 있지 않다고 느끼도록 만듦으로써, 부조화(dissonance)를 일으키는 것이다. 다른 기법은 사람들에게 쓰레기 버리기와 같은 환경적으로 해로운 행위들에 반대하는 명령적 및 기술적 규범들을 생각나게끔 만드는 것이다. 사람들의 주위를 쓰레기 버리기에 반대하는 명령적 규범들(예컨대, 땅 위에 쓰레기를 버리는 것이 사회적으로 수용받는 행동이 아니라는 생각)에 집중시키는 것이 특히 효과적인 것으로 발견되어왔다.
6. 보도변에 재활용시설을 설치하는 것과 사람들에게 재활용 통을 제공하는 것과 같은 친환경적 행동들을 어렵게끔 만드는 장애들을 제거시키는 것이 효과적인 것으로 밝혀져 왔다.
7. 건축된 환경이 사람들에게 큰 영향을 준다. 사회적 설계는 빌딩들과 옥외환경들의 물리적 설계를 포함하며 더 기술적이고 스타일적인 고려들과는 반대로, 사람들의 욕구들과 요구사항들에 대해 강조를 둔다. 사회적 설계는 6개의 목표를 갖고 있다: ① 거주자들의 욕구들과 합치시키기, ② 빌딩 사용자들을 만족시키기, ③ 행동을 변화시키기, ④ 통제력의 향상, ⑤ 사회적 지원의 촉진 및 ⑥ 심상화가능성을 이용하기이다.
8. 특히, 중요한 것은 건축이 인간의 행동, 수행, 행복감을 형성시키는 데에 있어서 행하는 중요한 역할이다. 방어가능 공간이론은 어떤 물리적 설계특징들이 범죄와 안전감의 가능한 발생에 대해 영향을 준다고 가정한다. 기업들, 주민들 및 지역사회들에 대한 이 이론의 응용이 고려되었다.

제13장

성(gender) 문제들

성 정의와 인식

성역할들의 분리

성 고정관념들
- 매스 미디어에서의 양성의 이미지들
- 문화적 고정관념과 개인적 고정관념
- 성의 하위유형들
- 고정관념의 활성화
- 고정관념의 위험성
- 수행의 평가

성과 자기
- 성 정체성
- 심리적 남성성, 여성성 및 양성성에 관한 초기의 분석들
- 심리적 남성성과 여성성에 관한 현재의 견해들

성에 관한 이론적 관점들
- 생물학
- 사회화
- 사회적 역할
- 사회적 상황들

여성과 남성의 사회적 행동의 비교
- 성차들의 메타분석
- 공격
- 동조
- 비언어적 의사소통
- 성행동
- 개인적 자격
- 성차들의 전망

남자들과 여자들의 역할 변화들
- 성역할에 관한 태도의 변화
- 직장과 가정에서의 남녀의 일들
- 남성의 지배

요약

일상생활에서, 우리의 성(gender)은 우선적으로 인식되는 중요한 특징들 중의 하나이고, 또한 우리의 인간관계에 대해서도 큰 영향을 준다. 예컨대, 성은 남녀의 이성관계와 친구관계의 하나의 결정적 요인이 되며, 사람들의 가정생활, 사회생활 및 직장생활의 구조와 과정을 결정한다. 성의 이러한 중요성은 본서의 여러 주제들 속에 반영되어 있다. 예컨대, 성은 신체 및 정신건강의 심리학, 정치, 경제, 교육, 범죄, 조직 등과 같은 응용사회심리학의 거의 모든 분야들에서 하나의 중요한 변인으로서 광범하게 취급되어왔다.

이 장에서, 우리는 성에 관한 사회심리학적 연구들을 포괄적으로 취급한다. 성이, 특히 사람들의 직장과 조직 생활에 대해 중요한 영향을 주고 있음을 고려해서, 이 장은 직장과 조직 내에서의 성의 영향을 자세하게 취급하게 될 것이다. 이 장은 먼저 성(gender)의 정의, 성역할의 분리, 성 고정관념들 및 성 편견과 차별대우를 취급한다. 그 다음에, 남녀의 사회적 행동을 비교하는 것에 관련된 초기의 연구들과 사회적 행동들의 차이를 취급하고, 이것에 이어서, 성과 자기의 주제들, 즉 성정체, 남성성, 여성성 및 양성성의 구분들과 그 영향 및 성에 관한 이론들을 취급한다.

또한 직장과 조직 생활에서의 성의 영향들의 보편성과 중요성을 고려해서, 성에 따른 직업이나 경력의 차이, 직업의 선택과 결정, 인사 선발과 평가, 여성의 승진장벽 및 조직의 구조와 문화의 주제들이 취급된다. 마지막으로, 이 장은 성역할의 변화들과 중재들을 취급한다.

성(gender)의 정의와 인식

심리학자들은 성(gender)의 의미에 대해 고민해왔다. 상식적으로, 성이나 성별(sex; 어떤 사람이 생물학적으로 남자인가, 여자인가)과 성(gender; 남자와 여자인 것의 심리적 및 사회문화적 결과들이나 특징들) 사이의 구분이 매우 곤란할 필요는 없다. 하지만, 생물학적으로 결정된 것과 심리학적으로 결정된 것을 분리시키는 것은 항상 쉽지는 않다. 한편으로, 몇몇 심리학자들은 sex와 gender의 용어들이 구분되어야만 된다고 믿는다. 하지만, 현재로서 이들 두 개의 용어를 어떻게 정의하는가에 대해서 아무런 의견일치가 없다.[1] 이에 따라, 이들 용어는 상호교환적으로 사용되고 있다.[2]

성(gender)은 대개 사람들이 남자나 여자의 역할에 대한 사회화의 결과로서 내면화시키는 개인의 개인적 정체성 또는 특성들, 태도들, 신념들, 선호들 및 행동들을 포함하고 있는 것으로서 간주된다. 하지만, 성은 사람들이 동시에 타인들에 대한 지각자들, 타인들의 지각의 표적들 및 그들 자신에 대한 지각자들이 되는 복잡한 사회적 상호작용의 과정을 통해 작용된다.[3]

자기 자신에 대한 사람들의 지각은 행위자-관찰자 편향(actor-observer bias) 때문에, 그들에 대한 타인들의 지각과 흔히 차이가 있다. 이러한 편향의 성질은 행위자들이 그들 자신의 행동을 상황적 원인들에 기인되는 것으로 지각하기 쉬운 반면에, 행위자를 관찰하고 있는 타인들이 그 행동을 성향적 원인들에다가 귀인시키기가 더 쉬운 것을 포함한다.[4] 이러한 편향 때문에, 성(gender)의 상이한 측면들이 행위자들과 관찰자들에 대해서 특출하게 된다. 사람들이 행위자들로서 그들 자신에 대해 초점을 둘 때, 그들에 대해 가장 특출하고 그들의 행동에 대해 가장 많이 영향을 주는 것은 그들이 처한 맥락이나 상황에 대한 성역할 규범들과 기대들이다. 이와 대조적으로 관찰자들은 여러 상황들 속에 있는 성역할 규범들과 제약들에 관한 정보를 더 적게 인식하고 있다. 따라서, 그들은 행위자에 관한 그들의 지각들, 고정관념들, 귀인들 및 태도들을 그들에 대해 특출한 성향적 단서들(예: 성격특성들)에 기초하는 경향이 있다. 이러한 경우에 관찰자들의 판단에 대해 가장 많은 영향을 주기 쉬운 것은 흔히 타인들의 눈에 띄는 외부적 특징들(생물학적 성별, 신체적 외모 및 태도나 행위)이다. 따라서, 행위자들이 관찰자들과 상호작용할 때, 행위자의 성별(sex)이 행위자들에 관한 성에 관련된 귀인을 행하는 관찰자들의 경향에 영향을 주는 하나의 자극변인이 되어 준다. 예컨대, 회사에서 고위직으로 승진하려고 노력하는 홍일점(단독)의 여사원은 자신이 처한 상황을 자신이 엄하고 공격적 방식으로 행동할 것을 요구하는 상황으로서 지각해 왔을 것이다. 하지만, 그녀를 관찰하고 평가하는 사람들에 대해, 그녀에 대해 특출했던 것은 그녀의 상황이 아니었다. 그 대신에, 그들의 지각들은 그녀의 성별, 외모 및 치장에 기초되었다. 이와 같은 행위자－관찰자 간의 시각차이들 때문에, 성비율이 편파된 직업들에서 일하는 사람들은 다양한 곤란을 경험하게 될 것이다.

성역할들(gender roles)의 분리

역사적으로, 사람들은 남자들과 여자들에 대한 사회적 역할들이 분리된 사회 속에서 살아왔다. 전통적으로, 노동력참여는 남성들의 영역이어 왔으며, 여성들은 주로 가정을 돌보아왔다.[5] 비록 여성들이 계속 육아와 가정일을 주로 책임지는 사람들일지라도, 최근의 사회변화들은 여성의 역할들을 변화시켜왔다. 이제, 산업화된 국가들에서 여성들은 대량으로 노동력 속으로 들어 왔다. 하지만, 그들의 노동력참여는 주로 여성적 고정관념들과 일치되는 간호, 교육 및 사무직과 같은 직업들에서 있어왔다.[6] 그리고 비록 이전의 남성지배적 직업들(법률, 의학 및 영업관리와 같은)속으로 들어가는 기록적 숫자의 여성들이 있을지라도, 그들은 여성에게 더 적합하다고 간주되는 전문영역들(예: 가정법률, 가정의학 및 인사관리)에 계속 집중되고 있다.[7]

성역할들의 분리에 대해 적응하기 위해, 사람들은 몇 개의 선택들에 당면한다. 하나의 선택은 사회가 그들에 대해 전통적으로 규정해온 역할들을 수용하는 것이다. 그들은 그러한 역할들이 편안하고 익숙하다는 것을 알게 될 수 있다. 더욱이, 이러한 역할들은 어린아이의 돌봄과 같이 가족들의 요구들에 대한 여자들의 충족능력에 기초되어서 구조화되었을 수 있다.[8] 하지만, 직업을 택하는 것은 남자들에 대해서 일으키지 않은 문제들을 여자들에 대해서 일으킨다. 이것은 여성들의 역할들이 남성들의 역할들보다 그것들에 연합된 더 낮은 지위, 권력, 권위 및 임금을 전형적으로 갖고 있기 때문이다.[9] 예컨대, 거듭된 연구들은 여성들이 비등한 자격을 갖고 있을지라도, 그들이 수행하는 일에 대해 남성들보다 상당히 더 적은 보수를 받는다는 것을 보인다.[10]

남자들과 여자들이 모두 사용가능한 두 번째 선택지는 자신의 성과 다른 성에 전통적으로 연합되어온 역할들을 맡는 것이다. 이것은 결국 숫자적 소수측에 속하는 집단의 멤버(예: 남자간호사들 또는 여자경찰관들)가 되는 것을 포함한다. 하지만, 소수측 집단지위는 다양한 부정적 결과들과 연합될 수 있다. 예컨대, 고위직 승진의 상황에서, 다수의 남성들이 있고 유일의 여성이 있을 경우에, 후자는 큰 피해를 당할 수 있다. 한 가지 이유는 승진상황에서 대부분의 사람들이 자질들이나 능력들에서 서로 유사할 때, 숫자적 소수측에 있는 사람들이 고정관념들에 기초되어서 판단되기 쉽다는 것이다.[11]

성 고정관념들(gender stereotypes)

개인의 성별이 개인에 대한 타인들의 지각과 평가와 아울러 개인의 행동에 대해 어떻게 영향을 줄 것인가? 연구들은 전형적 남자들과 여자들이 이떠한가에 관한 사람들의 신념들이 타인들에 대한 그들의 지각에 대해 영향을 주고, 타인들의 수행에 대한 평가를 편향시킨다는 것을 보인다.

당신은 남자들과 여자들이 어떻게 다르다고 생각하는가? 양성은 공격성, 양육성, 용감성, 단정성, 상냥성, 신경질성, 지배성, 속기 쉬움 등과 같은 성질들 상에서 전형적으로 어떻게 차이있는가? 여자들과 남자들의 개인적 속성들에 관한 신념들은 성고정관념들(gender stereo-types)이라고 일컬어진다.[12]

성별, 인종, 지역 또는 그 밖의 묶임들에 기초되었든 간에, 모든 고정관념들은 어떤 특수한 사회적 범주의 전형적 멤버에 관한 하나의 이미지이다. 매스 미디어에서의 양성의 묘사들이 그 사회에서의 성고정관념들의 성질을 예시해줄 것이다.

매스 미디어에서의 양성의 이미지들

TV, 영화, 대중가요 및 기타의 매스 미디어는 남성성과 여성성의 성질에 관한 메시지들을 전한다.[13] 예컨대, TV 상업광고들은 어린 자녀들의 음료수에 대해 신경을 쓰는 주부, 체중감소와 날씬함을 위해 애쓰는 젊은 여자들, 특수한 전자장비의 장점을 칭찬하는 젊은 남자들 등과 같이, 여러 부류의 남성들과 여성들에 대한 성유형적 특징들을 묘사한다. 체계적 연구들은 대부분의 상업광고가 한 남자가 제품에 관해서 한 여자 소비자에게 가르쳐 주는 것을 묘사한다는 것을 발견해왔다. 1970년대에 수행된 TV광고에 관한 연구에서, 70%의 남자들이 전문가로서 제시된 반면에, 86%의 여자들이 제품사용자들이었다. 여자 권위자들과 남자 소비자들은 예외이었다. 이러한 일방적 패턴이 1970년대 중반 이후에 5개의 대륙에서 수행된 연구들에서 반복되어 왔다.[14]

비록 매스 미디어에서의 성고정관념들이 흔히 뻔한 것들일지라도, 좀 더 미묘한 일반적 패턴이 또한 발견되었다. 한 연구는 미국의 신문들과 잡지들에 들어 있는 수 천개의 사진들을 분석했다.[15] 이 연구는 남자들의 사진들이 얼굴을 강조하는 경향이 있는 반면에, 여자들의 사진들이 신체에 대해 더 큰 강조를 둔다는 것을 발견했다. 한 남자에 관한 전형적 사진 속에서, 약 2/3의 사진들이 얼굴에 초점이 두어졌고, 한 여자에 관한 전형적 사진 속에서 절반 이하가 얼굴에 초점이 두어졌다. 연구자들은 홍콩에서 케냐에 이르는 11개의 국가들에서 이와 동일한 경향을 발견했다. 그들은 남자들의 얼굴과 여자들의 신체를 강조하는 이러한 경향에 대해 안면주의(faceism)라는 용어를 만들었다.

그 후의 연구들은 이러한 경향에 대한 부가적 지지를 제공해왔다. 성인용 잡지들 속의 광고들은 남자들보다 여자들의 궁둥이, 다리, 배, 어깨 또는 등을 보이는 것이 4배 더 많았다.[16] TV 대담프로들 상에서, 남자출연자들의 더 근접한(안면) 카메라사진들이 있고 여자출연자들의 더 많은 전신사진들이 있는 경향이 있다.[17] TV 맥주광고들의 분석은 이러한 경향을 또한 입증했다: 이러한 광고들에서 카메라사진들은 남자들의 신체보다 여자들의 신체에 초점을 두는 경향이 유의하게 더 많았다.[18] 남자들의 얼굴과 여자들의 신체를 강조함으로써, 미디어는 생각하는 사람들로서의 남자에 관한 고정관념들과 성대상들로서의 여자에 관한 고정관념들을 미묘하게 강화시킬 것이다.

이러한 연구들과 신문기사들, 상을 받은 아동용 도서들, 초등학교와 대학 교과서들, 현대미술 및 문화의 다른 다양한 요소들에 관한 기타의 분석들은 양성의 묘사에서의 몇 개의 일반적 주제들을 발견해왔다.[19]

- 남자들이 다양한 사회적 역할들과 활동들 속에서 보여지고 있는 반면에, 여자들은 가정과 가족 역할들에 더 흔히 한정되고 있다.
- 남자들이 흔히 전문가와 리더로서 묘사되는 반면에, 여자들은 부하로서 묘사되고 있다.
- 남자들은 대개 여자들보다 더 적극적이고, 주장적이고, 영향력있는 것으로서 묘사되고 있다.
- 비록 여성들이 인구의 절반을 약간 더 차지하고 있을지라도, 그들은 미디어에서 과소 대표되고 있다.

최근에, 미디어들이 남자들과 여자들을 덜 완고한 성유형화된 방식으로 묘사하게끔 미디어 이미지들을 변화시키려는 노력이 있어왔다. 예컨대, TV 상에서, 우리는 사업계 속에 있는 여성들과 부엌 속에 있는 남자들을 보기 시작하고 있다. 양성에 대한 이러한 미디어의 묘사들이 사람들의 일상생활에 대해 어떤 영향을 주는가? 하지만, 매스 미디어가 사람들의 행동에 대해 영향을 주는 정도를 증명하기는 놀랄 만큼 곤란하다.[20] 몇 개의 연구들은 TV를 더 많이 시청하는 아동들이 남자들과 여자들에 관해서, 그리고 각 성별에 대해 가장 적합한 직업의 유형들에 관해서, 더 고정관념적 시각을 갖는 경향이 있다는 것을 발견해왔다. 아동들이 시청하는 TV의 양이 집안일들의 성유형화에 관한 그들의 태도들과 상관있었다.[21] 더욱이, TV를 더 많이 시청하는 아동들이 여자들만이 접시를 닦고 요리를 도와야만 되고, 남자들이 잔디를 깎고 쓰레기를 내어다 놓아야만 된다고 더 강하게 믿는다. 하지만, 이것들과 같은 상관연구들에서 인과의 방향은 분명치 않다. TV가 시청자들의 전통적 태도들을 고무시키는가? 그렇지 않으면, 성역할 전통주의자들이 그들이 남자들과 여자들에 관한 미디어의 묘사들이 그들의 기존의 개인적 신념들과 일치된다는 것을 발견하기 때문에, 더 많이 TV를 시청하는가?

실험연구들은 미디어의 잠재적 영향에 관한 더 강한 증거를 제공한다. 실험들은 TV가 시청자들의 성에 대한 신념들에 영향을 줄 수 있다는 것을 증명한다. 한 현장연구에서, 연구자는 TV가 도입되기 전과 후의 캐나다의 한 지역사회를 연구했다.[22] TV의 도입 후에, 아동들의 신념들이 더 성유형화되었으며 이미 TV가 도입되었던 다른 지역사회들의 아동들의 신념들과 더 비슷해졌다.

문화적 고정관념과 개인적 고정관념

문화적 및 개인적 고정관념들 간에 하나의 유용한 구분이 이루어질 수 있다. 문화적 고정관념들(cultural stereotypes)은 매스 미디어, 종교, 예술 및 문학에 의해 전달되는 양성에 관한 신념들이다. 개인으로서, 우리는 문화적 고정관념들에 대해 친숙하지만, 우리는 개인적으로 그것들에 대해 동의하거나 동의하지 않을 수 있다. 예컨대, 우리는 문화가 여자들을 남자들보다 덜 유능하다고 묘사한다는 것을 알 수 있지만, 이러한 생각이 진실이 아니라고 거부할 수 있다. 개인적 고정관념들(personal stereotypes)은 여성과 남성과 같은 집단들의 속성들에 관한 우리의 개인적 신념들이다.

고정관념의 내용은 흔히 남성과 여성을 특징짓는 일반적 성격특성들의 면에서 기술되어왔다. 우리의 대부분은 남자들과 여자들을 구분짓는 전반적 특징들에 관한 신념들을 갖고 있다. 표 13.1에 제시되어 있는 양성에 관한 특성들을 읽어라. 그리고 당신이 개인적으로 각 특성이 남자들이나 여자들의 더 많은 특징이거나 양성에 대해 똑같이 특징이라고 생각되는지를 결정해 보라. 당신은 이러한 일이 꽤 쉽다는 것을 발견할 것이다.

연구는 남자들이 여자들보다 리더십, 객관성 및 독립성과 같은 유능성과 도구성에 연관된 특성들 상에서 더 높게 평정된다는 것을 보인다.[23] 신업화된 국가들에서, 가정 밖에서 취업한 여성들의 비율이 극적으로 증가하는 것을 포함해서 여성들의 역할에서 많은 변화가 있어왔다. 하지만, 이러한 변화들에도 불구하고, 남성과 여성의 개인적 속성들에 관한 고정관념들은 꽤 안정되게 유지되어왔다.[24]

문화비교연구는 성고정관념들의 핵심요소들이 많은 나라들에서 상당히 유사하다는 것을 발견한다. 연구자들은 나이지리아, 뉴질랜드, 인도, 일본, 캐나다와 브라질을 포함하는 25개 국가들에서 대학생들의 성고정관념을 연구했다.[25] 각 국가의 응답자들은 모험적이다, 독립적이다, 지배적이다 및 강하다를 남성적 특징들로서, 그리고 감상적이다, 복종적이다 및 미신적이다를 여성적 특징들로서 확인했다.

이와 동시에, 인종, 종족 및 문화 배경이 다른 사람들에 관한 성 고정관념들에서의 차이들이 있다. 이러한 점이 미국의 한 대학교의 인종적으로 다양한 학생들의 표본에서 예시된다.[26] 학생들은 백인남자들이 멕시코계 미국인여자들과 같은 특정 집단의 멤버들을 생각할 때에 마음속에 떠오르는 10개의 형용사를 제시하도록 요구받았다. 각 참가자는 성별과 인종이 다른 8개의 집단을 기술했다. 모든 집단의 여성들은 유쾌하고 친절한 것으로서 고정관념화되었다. 다른 고정관념들은 성별에 관계없이 인종에 기초되었다. 예컨대, 흑인 미국인들은 운동을 잘하는 것으로서, 그리고 아시아계 미국인들은 지적인 것으로서 기술되었다. 부가적으로, 인종집단들 내에서 남녀차이들이 또한 있었다. 예컨대, 백인과 멕시코계 미국인 남자들은 아니지만, 여자들이 매력적이라고 기술되었다. 아시아계 미국인들과 멕시코계 미국인들의 여자들이 아니라, 남자들이 근면한 근로자들이라고 기술되었다. 이 결과들이 예시해주는 것은 고정관념들의 생성에서의 성별과 인종 간의 상호작용이다.

표 13.1 공통적인 성고정관념들

전형적 남자들	전형적 여자들
공격적이다	상냥하다
비정서적이다	쉽게 운다
수학과 과학을 좋아한다	예술과 문학을 좋아한다
약삭빠르다	심한 말을 사용하지 않는다
야망있다	재치있다
객관적이다	종교적이다
지배적이다	외모에 관심이 있다
경쟁적이다	타인들의 감정을 인식한다
자신감있다	안전에 대한 욕구가 강하다
논리적이다	말이 많다
리더로서 행동한다	단정하다
독립적이다	의존적이다

성의 하위유형들(gender subtypes)

남성과 여성을 구분짓는 일반적 특성들에 관해서 생각하는 것에 더해서, 사람들이 성에 관해서 생각하는 두 번째 방식이 있다. 우리는 흔히 남성과 여성의 상이한 범주들이나 하위유형들에 관한 이미지들을 구축한다.[27] 일반적인 여성에 관해서 생각하는 것 대신에, 우리는 어머니들, 미의 여왕들, 사내같은 여자들, 여성해방론자들, 매춘부들 또는 직업여성들과 같은 여성들의 더 특수한 범주들에 관해서 생각할 것이다. 따라서 어떤 사람은 어머니들이 양육적이고 자기희생적이며, 미의 여왕들이 멋지기는 하지만 머리가 비어 있다거나, 사내같은 여자들이 젊고 운동을 잘하고 모험적이라고 믿을 수 있다.

이와 비슷하게, 남자들에 관한 단일하고 균일한 이미지를 갖는 것 대신에, 우리의 고정관념들은 아버지들, 사업가들, 건설노동자들, 여자같은 남자들, 경마의 기수들, 맹목적 애국주의자들(쇼우비니스트들), 또는 촌스러운 남자들(바보들)과 같은 유형들을 구분할 수 있다. 남성 잡지들에 대한 최근의 한 분석은 광고들에서 보여진 남성들의 9개의 주요 유형들을 확인했다.[28] 이것들은 주인공(스포츠, 기업 또는 정치에서의 유명인들); 야외인(자연이나 동물들을 정복한 사람들), 가정적 남자(자녀들이나 기타 가족들과 함께 묘사됨); 도시남자(패션을 즐기고 식당들, 술집들, 극장들 또는 기타의 사교적 상황들에서 보여진다); 및 성애적 남자(주위상황 대신에 신체가 강조되는 사람들)를 포함했다.

이러한 예들이 시사하는 바와 같이, 고정관념들은 흔히 특성들의 독특한 군집들을 갖고 있는 남자들과 여자들의 특수한 유형들을 나타낸다. 하나의 중요한 점은 이 하위유형들이 때로는 이성과 전형적으로 연합된 속성들을 갖고 있다는 것이다. 여자같은 남자(sissy)는 스포츠를 피하고, 여자 동반자들을 찾고, 부드러운 정서들을 보이는 남자이다. 직업여성은 일에 대한 초점과 주장성과 경쟁적 성격에 의해 인정될 수 있다.

고정관념의 활성화

우리가 고정관념들에 주로 기초되거나, 하나의 독특한 개인으로서 어떤 사람과 상대하는 여부를 결정짓는 것은 무엇인가? 사람들의 범주에 기초된 정보처리에 관한 분석이 이러한 질문에 답변하는 것에 관련있다. 성 고정관념들의 사용을 활성화시키는 데에 있어서 세 개의 요인들이 특히 중요하다: 즉, 개인에 관한 정보량, 개인의 집단소속의 특출성 및 권력의 균형이다.

(1) 정보량

개인에 관한 정보가 적을수록, 우리가 그 사람에 대해서 고정관념들에 기초해서 지각하고 반응할 가능성이 더 많다. 예컨대, 사람들이 어떤 아기에 관해서 성별을 제외하고서 아무 것도 알지 못할 때, 그들은 때로는 그 아이에 대해 고정관념화된 방식으로 반응한다. 한 연구에서, 성인들은 한 아기에 관한 비디오테이프를 시청했다.[29] 비록 모든 사람이 동일한 비디오를 시청했을지라도, 절반은 그들이 남아를 시청하고 있다고 설명받았고 절반은 여아를 시청하고 있다고 설명받았다. 그 아이가 남아라고 생각했던 사람들은 그 아이가 여아라고 생각했던 사람들보다 그 아이를 유의하게 더 활동적이고 힘있다고 평정했다. 갑자기 튀어나오는 장난감상자에 대한 아이의 애매한 반응은 그 아이가 여아이었을 때는 더 많은 "공포"로서 그리고 그 아이가 남아이었을 때는 더 많은 "분노"로서 평정되었다. 다른 연구에서 아동들(5, 9 및 15세), 대학생들 및 어머니들이 남자나 여자라고 명명된 유아들의 비디오를 시청했다.[30] 아동들과 아울러 대학생들은 "여자" 유아들을 "남자" 유아들보다 더 작고, 기분좋고, 부드럽고, 더 예쁘다고 평정했다. 어머니들의 유아들에 대한 평가들은 성 명칭들에 의해 영향받지 않았는데, 이것은 아마 아기에 대한 그들의 개인적 경험이 성 고정관념들에 의지하는 것을 덜 중요하게끔 만들었기 때문일 것이다.

우리가 어떤 특정인에 관한 독특한 속성들에 관해 더 많은 정보를 갖고 있을 때, 우리는 고정관념들에 덜 의지한다. 예컨대, 당신은 대부분의 남자들이 매우 주장적이라고 믿을 수 있으며, 따라서 당신이 새로 만나는 남자가 역시 주장적일 것이라고 가정할 것이다. 하지만, 당신은 또한 경험으로부터 당신의 남자친구가 부끄러워하고 겸손하다는 것을 배워 왔을 수 있다.

성 고정관념들의 영향은 대개 우리가 특수한 인물에 관한 관련있는 정보를 갖고 있을 때에는 감소되거나 제거될 수 있다.

(2) 집단소속의 특출성

고정관념의 사용을 활성화시킬 수 있는 두 번째 요인은 개인의 집단소속, 이 경우에서 성별의 특출성이다. "특출하다"는 것은 개인의 성별이 두드러지게 인식된다는 것을 의미한다. 예컨대, 어떤 여자의 성별은 우리가 그 여자가 쓴 논문을 읽을 경우보다 그녀를 개인적으로 직접 볼 수 있을 경우에 더 특출하다. 성 특출성에 영향을 주는 다른 요인은 집단 속에 있는 남자들에 대한 여자들의 비율이다. 개인의 성별은 그 사람이 전 남성 작업집단 속의 유일한 여성인 것과 같이, 개인이 숫자적 소수측에 해당될 때에 더 특출하다. 단독 또는 홍일점의 지위는 개인의 독특한 사회적 범주에 대해 주의를 끌며 단독들에게 고정관념화에 대해 특히 취약하게끔 만든다. 예컨대, 한 여학생이 전남성의 군사대학에 입학했을 때, 그녀는 유일한 여자 학생이었다. 많은 학생들과 관리자들이 그녀의 입학에 대해 반대했다. 마침내, 그녀는 그녀의 군사대학을 떠났는데, 그 이유로서 유일한 여자가 되는 것의 고립과 그녀의 입학을 얻으려는 긴 법적 투쟁의 스트레스를 들었다.[31)]

한 연구자에 의한 실험은 단독의 지위가 어떻게 성고정관념화에 영향을 줄 수 있는가를 예시해준다.[32)] 학생들은 6인 멤버의 녹음된 토의집단의 멤버들을 평가했다. 어떤 집단들은 단독 남자나 단독 여자를 포함했고, 다른 집단들은 남녀가 고르게 분포했다. 녹음기록을 들은 후에, 연구참가자들은 집단멤버들을 평정했다. 실제로, 토의에 대한 단독의 기여는 성이 균형된 집단의 멤버들 중의 한 명의 기여와 동일했다. 하지만 연구자는 단독들이 더 성균형된 집단들의 멤버들보다 더 많이 이야기하고 더 강한 인상을 준하고 지각된다는 것을 발견했다. 부가적으로, 단독들은 성 고정관념적 역할들을 행하는 것으로 지각되는 경향이 있었다. 단독의 여자들은 "어머니 같고, 양육적인 유형들, 심술궂은 여자들 또는 집단의 간사"로서 간주받았다. 단독의 남자들은 "아버지 상들, 리더들 또는 사내다운 유형들"로서 지각받았다. 집단 구성은 단독의 성별을 강조했으며, 단독의 행동의 고정관념적 지각들을 증가시켰다.

다른 연구는 대학생 남자들과 여자들이 어떤 집단 속에서 그들의 성별의 단독 인물이 되는 것의 예상에 대해 다른 반응을 보인다는 것을 발견했다.[33)] 어떤 집단 속에서 단독의 남자나 단독의 여자가 되는 것을 예상했던 대학생들은 다른 집단멤버들에 의해서 고정관념적 방식으로 대우받을 것을 기대했다. 여자들에 대해서, 이것은 부정적 예상을 낳았다; 고정관념화되는 것의 가능성은 전남성 집단 속에서 덜 편안하게 느끼는 것의 기대와 다른 집단으로의 이동을 선호하는 것과 연관있었다. 이러한 효과는 포함된 과업에 관해서 더 낮은 자신감을 가진 여자들에 대해 특히 강했다. 이에 비해서, 남자들에 대해서, 고정관념화되는 것의 예상은 긍정적이었다; 이것은 전여성 집단 속에서 리더십역할을 갖게 되는 것의 기대와 상관있었다. 과업에 관한 남자들의 자신감은 어떤 집단의 단독멤버가 되는 것에 관한 그들의 기대들에 무관련했다.

(3) 권력(power)과 고정관념화

Fiske는 권력의 균형이 고정관념에 대한 경향에 영향을 준다고 제안했다.[34] 예컨대, 직업상황에서, 상사는 직원들보다 상당히 더 많은 권력과 통제력을 갖는다. 이와 같은 상황에서, 비교적 권력이 없는 직원들은 자기들의 직무에 대해 통제력을 갖고 있는 더 권력있는 상사에 대해 더 많은 주의를 기울일 것이다. 주의를 기울이는 것은 부하들에게 권력있는 사람이 무엇을 하기 쉬운가를 예측하게끔 해 주며, 이것은 권력있는 인물에 관한 더 복잡하고 대개 덜 고정관념적 인상들의 형성을 일으킨다. 이에 비해서, 권력있는 사람은 더 적은 주의를 부하들에게 기울인다. 유력자는 주의깊은 관심을 부하들에게 기울일 필요가 없고, 많은 부하들을 면밀하게 관찰할 시간과 능력이 없을 것이며, 귀찮게 되는 것을 원치 않을 것이다. 그 결과로, 유력자는 그들의 부하들에 관한 고정관념적 인상을 형성시키기가 더 쉽다. 그녀의 이론에 대한 지지가 직무상황들을 모의하기 위해 설계된 몇 개의 실험실실험들에서 나온다.

그녀는 이러한 분석이 여성들이 흔히 남성들보다 더 낮은 권력의 직위들을 갖고 있기 때문에, 성 고정관념들의 이해에 관련있다고 시사했다. 그녀는 이 점을 한 조선소에서 용접공으로서 일했던 한 여성의 사례로서 예시했다. 조선소는 거의 전적으로 남자영역이었으며, 이 여성은 흔히 그녀의 교대조에서 유일한 여성이었다. 조선소 내의 여자근로자들은 남자들보다 크게 숫자가 더 적었고 분개를 당했다. 남자직원들은 여자들을 괴롭혔고, 지분댔고, 창피를 주었다. 성적 장난들이 흔했으며, 남자들은 흔히 여자들을 "아가씨", "여보", "엄마"와 같은 고정관념적 용어들이나 더 성적으로 야한 용어들로 불렀다. 조선소에서의 여성들의 비교적 권력 없는 직위가 남자들에게 처벌을 받지 않고서 고정관념화와 성적 괴롭힘을 행하도록 허용했다. 그녀가 자신의 걱정들을 제시했을 때, 남자관리자들은 그녀의 불평을 무시했다. 마침내, 그녀는 성적 괴롭힘에 대한 법적 소송을 제기했다.

고정관념의 위험성

복잡한 생활경험들을 범주화와 일반화에 의해서 단순화시키는 것은 매우 자연스러운 일이다. 다른 사회적 도식들과 같이, 개인적 고정관념들은 우리가 생활을 이해하려고 노력하는 한 가지 방법이다. 하지만, 고정관념은 몇 개의 문제를 갖고 있다.

남자들이 여자들보다 더 지적이라는 신념과 같은 몇몇 고정관념들은 부정확하며 과학적 연구에 의해 반박되어왔다. 다른 고정관념들은 기본적으로 정확하다: 예컨대, 남자들이 여자들보다 평균적으로 더 키가 크고 더 강하다는 일반화는 정확하다.[35] 하지만, 필연적으로 고정관념들은 키가 큰 여자들과 힘 없는 남자들의 특수한 사례들을 무시하면서, 과잉단순화시킨다. 불행하게도, 사람들은 항상 그들의 고정관념의 정확성을 의심하지는 않는다. 만일 우리가 어떤 고정관념에 해당되지 않는 어떤 사람을 만난다면, 우리는 단순히 그 사람이 "법칙을 증명하는 데 대한 예외"라고 결정할 것이다. 우리는 반드시 우리의 고정관념을 재검토하지는 않는다. 더욱이, 고정관념들은 흔히 어떤 집단들의 멤버들에 대한 편견과 차별대우를 정당화시키기 위해 사용된다. 역사적으로, 여성들이 남성들 만큼 똑똑하지 않다와 여성들이 야망이 부족하다는 잘못된 신념들이 부분적으로 여성들이 교육받는 것을 거부하고 그들을 가정 속에 가두어 두는 데에 사용되었다.

두 번째 문제는 고정관념들이 집단들 사이의 차이들을 과장하고 집단들 내의 차이들을 최소화시킨다는 것이다. 성 고정관념들은 실제로 남자들 간에 엄청난 개인차들이 있을 때에, 남자들을 모두 유사하게 묘사할 수 있다. 이와 동일한 것이 여성들 간의 차이들에 대해서도 사실이다. 성 고정관념들은 또한 실제로 유사성들이 대개 차이들보다 훨씬 더 클 때에, 남자들과 여자들이 완전히 다른 것처럼 여겨지게끔 만들 수 있다. 예컨대, 비록 남자들이 여자들보다 더 빨리 달리는 경향이 있을지라도, 남자들과 여자들 내에서 달리기속도에 있어서 엄청난 변산이 있다; 즉, 양성의 사람들은 고도로 훈련받은 단거리선수들과 장거리선수들로부터 수 년 동안 전혀 달리기를 하지 않는 소파에 앉아서 TV만 보면서 시간을 보내는 느린 속도의 사람들까지의 범위에 이른다. 남자들과 여자들 사이의 달리기속도에서의 평균 차이들이 비록 사실이기는 하지만, 성별집단 내의 변산보다 훨씬 더 작다.

세 번째 문제는 우리가 때로는 고정관념들을 "자기실현적 예언들"(self-fulfilling prophecies)로 전환시키는 방식으로 행동한다는 것이다. 예컨대, 만일 우리가 어떤 여자가 유쾌하고 비주장적일 것이라고 기대한다면, 우리는 그녀에 대해 그녀가 그럴 것이라고 우리가 믿는 것과 꼭 같이 행동하게끔 만드는 방식으로 행동할 것이다. 이 점이 연구자들의 연구에서 재간있게 증명되었다.[36] 한 남자 대학생이 어떤 실험에 대한 그의 파트너가 고정관념적인 남자(독립적, 주장적, 야망적 및 남성적)나 고정관념적인 여자(수줍어 함, 호인임, 작은 목소리임 및 여성적임)라고 믿게끔 만들어졌다. 실제로, 그 파트너는 "남자"나 "여자"의 명칭이 무작위적으로 부여된 순진한 피험자인 여자이었다. 두 명의 파트너들은 등불들의 체계에 의해서 분리된 방들에서 의사소통했고, 따라서 파트너의 진짜 성별은 결코 드러나지 않았다. 이 여자는 그녀의 파트너에 관해서 듣거나, 그녀가 그에게 어떻게 기술되었는가나, 연구의 목적들에 관해서 아무 것도 듣지 못했다. 이런 식으로, 연구자들은 남자 피험자의 성별기대들을 체계적으로 조작했다.

연구의 첫 번째 단계에서, 파트너들은 12개의 가상적 과업들에 대한 작업을 어떻게 분배할 것인가를 협상했다. 어떤 과업들은 고정관념적으로 남성적인 것이었고(전등스위치를 수리함 또는 낚시에 미끼를 달기), 어떤 과업들은 고정관념적으로 여성적인 것이었고(생일케이크에 당의를 입히기, 셔츠를 다림질하기), 어떤 과업들은 중립적인 것이었다(시험 결과들을 채점하기 또는 창들을 닦기). 실험자에 의해 정해진 규칙들은 흥정과정에서 남자에게 더 큰 주도권을 주었다. 예측된 대로, 자기 파트너에 관한 남자의 기대들이 그 자신의 행위들을 유의하게 형성했다. 만일 그가 자신의 파트너가 고정관념적인 여자라고 생각했다면, 만일 그가 자신의 파트너가 남자라고 생각했을 경우보다 이 남자피험자는 자기 자신에 대해 남성적 과업들을 선택하고, 과업들을 바꾸기를 거절하는 경향이 더 많았다. 그 결과로, 여자 피험자는 그녀가 "남자"라고 믿어지게 되었을 때보다 "여자"라고 인위적으로 명명되었을 때에 더 많은 여성적 과업들을 배정받았다.

두 번째 단계에서, 연구자들은 이러한 시초의 행동패턴이 시간적으로 지속될 것인지를 연구했다. 따라서, 그들은 상호작용의 규칙들을 변화시켜서 여자가 이제 흥정에 대해 더 큰 통제력을 갖게끔 만들었다. 그럼에도 불구하고, "여자"라고 명명되었던 여자는 "남자"라고 명명되었던 여자보다도 더 많은 여성적 과업들을 선택하는 것을 계속했다. 이 여자는 실제로 그녀가 무작위적으로 배정받았던 성별과 합치되는 행동들을 개시하게 되었다.

이 연구는 사회적 상호작용들에서, 상대방에 관한 한 사람의 신념들과 고정관념들이 상호작용을 이끌어서 상대방이 고정관념을 확증시키는 행동을 행하게끔 만들 수 있다는 강력한 증명을 제공한다. 우리의 행위들은 우리 자신의 흥미들과 선호들뿐만 아니라, 우리가 상대하는 사람들에 관한 기대들에 의해서 또한 형성된다. 타인들이 우리에게 성유형화된 방식들로 행동하기를 기대하고 이들 기대를 그들의 행동을 통해 전달할 때, 우리는 때로는 개인적 선호들을 제쳐 놓고서, 그 대신에 상대방의 기대들을 실행한다.

수행의 평가

우리는 대개 동일한 작업에 대해 남자들과 여자들에게 동일한 공적을 부여하는가? 그렇지 않으면, 성 고정관념들이 수행의 판단을 왜곡시키는가? 평가에서의 성편향의 최초의 증명들 중의 하나가 1968년에 한 연구자에 의해 제시되었다.[37] 그는 여자들이 다른 여자들의 평가들에서 편향되어 있는지를 연구했다. 그는 법률, 초등교육 및 미술사와 같은 분야들에서 나온 6개의 전문연구지들을 선정했다. 논문들은 각각 약 1500개의 단어로 편집되었으며 검사 책자들로서 제본되었다. 실험조작은 저자들의 성별에 관한 것이었다. 동일한 논문이 한 책자에서 남자 이름(예: John T. Mckay)이 붙여졌고, 다른 책자에서 여자 이름(예: Joan T. Mckay)이 붙여졌다. 각 책자는 "남자들"에 의한 3개의 논문과 "여자들"에 의한 3개의 논문을 실었다. 여대생들이 6개의 논문을 읽고서, 각각을 설득성, 스타일 및 유능성 상에서 평정했다.

동일한 논문이 그것이 여자 저자이었을 때보다 남자 저자이었을 때에 더 호의적으로 판단되었다. 이 연구자의 결과들은 여자들이 정말로 여자들에 대해 편견을 갖고 있다는 것을 보이는 것으로 나타났다. 하지만, 성급한 결론으로 비약하기 전에, 그의 발견들이 연구자들의 급증을 불붙였다는 것을 아는 것이 중요하다. 100개 이상의 그 후의 연구들의 결과는 평가편향이 처음에 상상했던 것보다 상당히 더 복잡하다는 것을 시사한다.[38] 평가편향은 두 가지 방식으로 나타내서, 때로는 남자들에게 유리하고, 가끔 여자들에게 유리할 수 있다. 오늘날의 도전은 성편향이 언제 그리고 어떻게 일어나는가를 이해하는 것이다. 많은 요인들이 중요하다.

첫째로, 과업이나 직무의 성유형화가 차이를 일으킬 수 있다. 남자들은 전통적으로 남성적인 직무들에서 유리할 수 있고, 여자들은 여성적 직무들에서 유리할 수 있다. 한 연구에서, 전문적인 인사자문가들이 자동차판매와 같은 전통적으로 남성적인 직무들, 사무실 접수계원과 같은 여성적 직무들 및 모텔의 접수계원과 같은 성중립적 직무들에 대해 응모자들의 이력서를 평정했다.[39] 남성적 직무들에 대해서, 남자들이 더 나은 자격이 있는 것으로서 지각되었고, 더 성공적일 것으로 기대되었고, 더 강력한 추천을 받았다. 여성적 직무들에 대해서, 여자들이 더 호의적으로 평정되었다. 성중립적 직무들에 대해서, 남자들과 여자들이 비슷한 평정을 받았다.

다른 연구는 고용주들이 남자와 여자 취업응모자들에 대해 어떻게 반응하는가를 연구했다.[40] 연구팀에서 일하고 있는 대학생들이 지방신문에서 제시된 실제의 구인광고들에 대해 전화로 응답했다. 몇 개의 직무들은 전통적으로 남성적이었고(버스운전사, 관리훈련생 및 보안원) 몇 개는 여성적이었다(접수계원, 주부 및 치과보조원). 아무 것도 고급의 훈련이 요구되지 않았다. 동등한 자격들을 가진 한 남자와 한 여자 응모자가 각각의 직무에 관해서 전화했다. 고용주들은 남자와 여자 응모자들에 대해 어떻게 반응할 것인가? 성편향이 "성에 적합한" 전화자가 응시하도록 고무받았지만 성에 부적합한 전화자가 고무받지 않았을 때에 일어난다고 말할 수 있다. 예컨대, 한 사례에서 "식당관리" 훈련프로그램에 대한 여자전화자는 그녀가 단지 2년간 대학에 다녔고 이전의 관리경험이 없기 때문에 자격이 없다고 설명받았다. 하지만, 동일한 배경을 지닌 남자는 면담을 위한 스케줄을 제공받았다. 전체적으로, "남성적" 직무들에 관해서 질문했던 28%의 여성들이 거절당했고, "여성적" 직무들에 관해서 질문했던 44%의 남자들이 거절당했다. 이러한 결과는 상당한 성편향이 직업들의 성유형화에 연관있다는 것을 시사한다. 이 사례에서, 편향은 여자들보다 남자들에 대해서 실제로 더 강했다.

평가의 편향에 영향을 주는 두 번째 요인은 개인에 관한 관련 정보의 양이다. 평가의 성편향은 개인의 능력에 관해서 광범한 정보가 제공되게 될 때에 가장 적게 일어날 것이다. 한 연구는 추천서들의 사본들, 메모들 및 개인에 의해 작성되었다고 주장된 기타의 자료들을 포함해서, 남자나 여자 관리자에 관한 상세한 정보를 제공했다.[41] 연구참가자들은 이러한 자료를 그 관리자의 민감성, 조직화와 의사결정 능력들 및 의사소통의 효과성을 평가하기 위한 기초로서 사용했다. 실험변인은 글쓴이의 성별(남자 성명이나 여자 성명에 의해 제시됨)이었다. 특수한 개인들에 관한 이러한 모든 정보를 제공받았을 때, 남자 성명과 여자 성명은 동일하게 평정받았다. 아무런 평가편향이 일어나지 않았다.

더 최근의 한 연구에서, 조교수 채용이나 종신재직권 교수로서의 결정을 고려받고 있다고 주장된 남자나 여자 후보자의 일건 서류를 평가하도록 심리학교수들이 자원했다.[42] 각 참가자는 단지 한 개의 일건 서류를 읽었다. 무작위배정에 의해서, 절반은 여자 성명의 후보자에 관해서 읽었고 절반은 남자 성명의 후보자에 관해서 읽었다. 실제로, 일건 서류들은 성명들을 제외하고서 동일했다. 성편향은 채용결정에서는 발견되었지만, 종신재직권 결정에서는 발견되지 않았다. 남자와 아울러 여자 교수들은 남자 성명의 후보자가 더 훌륭한 채용전망을 가졌다고 생각했으며 그의 연구, 교육 및 서비스 자격들을 더 높게 평정했다. 이에 비해서, 종신재직권에 대한 더 경험있는 후보자를 평가하는 교수들은 여자 성명자와 남자 성명자를 동등하게 평정했다. 이 연구자들은 조교수를 지원한 더 젊은 후보자가 더 적은 경험을 가졌고 기록이 더 애매했기 때문에, 편향이 채용결정에서 일어났다고 시사했다. 이에 비해서, 더 나이가 든 종식재직권 후보자에 대해서는 더 많은 정보가 있었고 기록 자체가 매우 강력했다.

끝으로, 평가들에서의 성편향의 크기가 매우 작을 수 있다는 것을 첨가하는 것이 중요하다. 대학생평가자들을 사용하는 실험실연구들에서, 여자가 완전히 무능한 것으로 간주되고 남자가 혜성 같은 수행자로서 평정받은 일이 드물다. 성별효과들이 발견될 때, 그것들은 대개 평정치들에서의 작은 평균치 차이들, 아마 10점 평정척도상에서 1점의 차이를 반영한다.[43]

비록 이러한 경향의 보편성을 측정하기가 곤란할지라도, 성편향이 실제의 직무상황들에서 존재한다는 충분한 증거가 있다. 예컨대, 한 전국적 조사에서, 남자 관리자들은 일반적으로 여자근로자들을 남자 근로자들보다 기술, 동기 및 근무습관에서 더 낮다고 지각했다.[44] 여자들은 덜 취업가능하고 승진가능한 것으로, 그리고 결정을 행하고 스트레스에 대처하는 데 대해 더 적은 능력을 갖고 있다고 믿어졌다. 여자 관리자들과 리더들이 때로는 그들의 남자 상대들보다 덜 호의적으로 평가된다는 증거가 또한 있다.[45] 여자 관리자들은 그들이 과업중심적 및 지시적(또는 "남성적") 리더십스타일을 취할 때, 그들이 전통적으로 남성적 직무(기업체임원과 같은)에서 일할 때, 그리고 그들이 남자들에 의해 평가될 때에 더 부정적 평정치들을 받는 경향이 있다.

하나의 큰 회사에 의해 채용된 소수의 여자회계원들 중의 한 명의 경험을 고려해보자.[46] 그녀는 열심히 노력해서 걸출한 직원으로 되었다; 그녀는 큰 규모의 사업을 유치했고, 그녀의 고객들의 칭찬을 받았고, 다수의 남자 동료들 중의 누구보다도 더 많은 업적을 냈다. 하지만, 후보자들이 회사 내에서 파트너로서 고려되었을 때, 그녀는 거절당했다. 비평자들은 그녀가 너무 사내답고, 나쁜 대인관계기술을 갖었고, 미용과정이 필요했다고 말했다. 그녀의 복장들과 헤어스타일을 바꾸는 것 대신에, 그녀는 승진절차들에서의 성편향을 주장하면서 회사를 상대로 소송을 제기했다. 오랜 공판 후에, 미국의 최고법원은 "성별에 기초된 고정관념화"가 승진결정에서 한 역할을 했다고 지적하면서 그녀에게 유리하게 판결했다.

재판 동안에, 전문가증언이 여성 사회심리학자(Sussan Fiske)에 의해 제시되었는데, 그녀는 성 고정관념화에 관한 광범한 연구문헌들을 고찰했다. 그녀는 그녀가 현저하게 남성적 환경 속의 하나의 단독의 여성(상징적 여성)이었기 때문에, 그리고 그녀가 전통적으로 남성분야의 한 여자이었기 때문에, 고정관념화에 대해 취약했다고 주장했다. 승진결정을 그녀의 실제의 실적에 기초하는 것 대신에, 회사는 그녀를 "여자 파트너" 후보자로서 고정관념화시켰다. 더욱이, 그녀의 사회적 기술에 관한 근거없는 루머들이 그녀의 근무를 잘 알았던 사람들의 의견들과 그녀의 실적기록의 객관적 측면들과 똑같이 고려되었다. 그녀의 지원자들이 수완이 좋다고 보았던 행동들은 그녀의 비평자들에 의해서 짜증나고 곤란한 것으로서 해석되었다. 간단히 말해서, 성 고정관념화가 그녀의 직무수행에 관한 평가를 편향시켰다.

성편향이 일어날 수 있는 다른 방식은 사람들이 성공이나 실패를 설명하기 위해서 행하는 "귀인들" 속에 있다. 남자들의 성공은 특히 남성적 과업들에서, 능력의 결과라고 간주되기가 쉽다는 다소의 증거가 있다.[47] 이에 비해서, 여자들의 성공은 더 흔히 능력보다 높은 노력에다가 더 흔히 귀인된다. 우리는 대개 만일 우리가 성공적 수행을 노력이 아니라, 기술에 귀인시킨다면, 그것을 더 호의적으로 평가한다. 남자들과 여자들의 수행에 대한 귀인의 차이들이 여성의 능력의 인정을 감소시키는 미묘한 편향을 일으킬 수 있다.

귀인편향은 직업상황들에 한정되어 있지는 않다. 모두가 수학을 잘하는 두 명의 초등학교 학생을 고려해보자. 딸의 성적표 상에서 수학에서 A인 것을 그녀의 어머니에게 보여 줄 때, 그녀의 어머니는 딸에게 그 과목에서 "정말로 열심히 공부한 것"을 자랑스럽게 칭찬해 준다. 이에 비해서, 아들이 그의 어머니에게 A를 보여 줄 때, 그녀는 아들을 "꼬마 수학천재"라고 자랑스럽게 칭찬해 준다. 여아의 성공은 높은 노력에 귀인되고, 남아의 성공은 높은 능력에 귀인되고 있다.

고등학교 2학년생들과 그들의 부모들에 관한 한 연구는 이와 같은 성에 기초된 귀인차이들이 흔하다는 것을 나타낸다.[48] 연구자들은 부모들이 그들의 자녀의 수학성적을 어떻게 지각했는가를 연구했다. 일반적으로, 부모들은 그들의 자녀의 수학 성취수준의 평가에 있어서 꽤 정확했다. 하지만, 부모들은 아들과 딸의 성적에 대해 유의하게 다른 설명을 제시했다. 예컨대, 어머니들은 아들의 성공을 딸의 성공보다 더 재능의 탓으로 돌렸고, 어머니들은 딸의 성공을 아들의 성공보다 더 노력에 귀인시켰다. 이런 식으로, 선의의 부모들은 그들의 재능있는 딸들이 그녀가 천재라기보다 열심히 공부하고 있다는 것을 미묘하게 전달함으로써 수학공부를 추구하는 것을 비고의적으로 낙담시킬 수 있다. 이와 비슷한 패턴이 핀란드에서 수학과 읽기에서의 자기들의 1학년 자녀의 성적에 대해 제공하는 부모들의 평가들에서 최근에 발견되었다.[49]

요약하면, 개인의 성별은 우리가 그 사람을 평가하는 방식과 우리가 그 사람의 수행을 설명하는 방식에 대해 영향을 줄 수 있다. 평가편향은 때로는 특히 "남성적" 상황들에서 남자들에게 유리하다. 하지만, 여성들은 "여성적" 상황에서 이점을 가질 수 있다. 개인에 대해 상당한 정보가 있을 때, 평가에서의 성편향은 흔히 사라진다. 타인들에 관한 우리의 지각들이 그들이 여자이거나 남자인지에 의해 어떻게 영향받는가를 보았으므로, 우리는 이제 성별이 우리의 자기지각에 어떻게 영향을 주는가를 살펴보자.

성과 자기

성은 우리의 자기개념에서 하나의 기본 요소이다. "나는 여자다."나 "나는 남자다."를 아는 것은 우리의 개인적 정체의 하나의 핵심부분이다. 사람들은 흔히 자기 자신을 그들의 성별과 일치되는 흥미와 성격을 갖고 있다고 지각한다.

성 정체성(gender identity)

인지적 관점이 아동들이 어떻게 성에 관해서 배우는가를 이해함에 있어서 가치있다.[50] 우리가 남자나 여자라는 지식, 즉 우리의 성 정체감(sense of gender identity)은 생애의 초기에 획득된다. 2세 경에, 아동들은 그들 자신의 성별을 인식하고 자신이 여자이거나 남자인지를 말할 수 있다. 4, 5세 경에, 아동들은 타인들을 성별에 의해 정확하게 명명할 수 있다. 하지만, 성에 대한 아동들의 이해는 성인들의 것과는 차이있다. Kohlberg와 기타의 발달심리학자들의 연구는 어린 아동들이 만일 그들이 원한다면, 그들이 성을 변경시킬 수 있다고 생각한다는 놀라운 사실을 입증해왔다.[51]

한 연구에서, Kohlberg는 아동들에게 한 여아의 사진을 보여 주고서, 만일 그녀가 원했거나, 만일 그녀가 남아들의 게임을 행했다면, 또는 만일 그녀가 남아의 머리칼을 갖고 복장을 착용했다면, 남아가 될 수 있는지를 질문했다. 대부분의 4세 아들이 자신이 남아가 될 수 있다고 말했다. 하지만, 6, 7세 경에 아동들은 그러한 성전환이 불가능할 것이라고 주장했다. Kohlberg는 성별에 관한 아동들의 개념에서의 이러한 변화가 인지발달의 더 일반적 패턴의 일부분이라고 믿었다. 자신이 성별을 변화시킬 수 있다고 대답하는 동일한 4세아는 또한 고양이가 수염을 자름으로써 개가 될 수 있다고 말할 것이다.

어린 아동들은 물리적 세계를 항상적인 것으로(여아는 여아로 남아있다, 그리고 고양이는 고양이로 남아있다) 보지 않는다. 아동들의 나이가 증가함에 따라, 경험과 성숙의 어떤 조합이 정신발달의 더 진보된 단계, 즉 그들이 성별과 기타 신체적 성질들이 외부적 외모의 변화들에도 불구하고 동일하게 유지된다는 것을 이해하는 단계에 도달하게끔 만들 수 있다. 아동들이 성별이 고정되어 있고 바뀌지 않는다는 것을 이해할 때, 하나의 중요한 발달적 이정표가 일어난다: 즉, 한 번 남자이면 항상 남자이다; 그리고 한 번 여자이면, 항상 여자이다.

최근에, 성정체가 "남자"나 "여자"의 범주들에 깨끗하게 해당되지 않는 사람들에 대한 인식이 증가되어왔다.[52] 성전환자들(transsexuals)이 적절한 예이다. 이러한 사람들은 한쪽 성별의 생물학적 멤버들이기는 하지만, 어린 나이에 그들이 실제로 반대쪽 성별의 멤버들이라는 신념을 발전시킨다. 가장 흔한 케이스에서, 개인이 모든 외모들이 남자이지만, 그의 심리적 현실은 그가 남자의 몸 속에 붙잡힌 여자라는 것이다.

1996년에, 한 남자 음악가(David Buechner)는 성공적인 고전적 피아니스트였고 12개의 국제 피아노경연대회의 수상자이었다.[53] 유명한 음악학교에 다녔던 아동 천재인 그는 뉴욕 필하모니와 기타의 세계적으로 유명한 오케스트라들과의 그의 솔로(solo) 공연들로 청중들을 경탄시켰다. 친구들은 그를 사내 중의 사내로서, 시가담배를 즐겼던 양키즈의 야구팬이라고 기술했다. 그러나 외관의 배후에서, 그는 깊은 곤란을 겪었다. 매우 이른 나이 때부터, 그는 어떤 것이 잘못되었다는 것을 알았다. 수 년간의 고민과 비성공적인 치료 후에, 그는 "나는 내가 단지 남자의 몸으로 태어났고 머리는 여자처럼 구성되었다는 사실을 받아들이게 되었다."고 설명했다. 마침내 개인적 행복의 기회를 위해 모험하기로 결심하고서, 그는 여자로서의 인생을 사는 과정을 시작했다. 1998년에, 이제 한 여성(Sara Buechner)이 된 그녀는 남자의 약식 야회복을 여자의 흰색 실크 가운과 어울리는 신발로 바꾸고서, 콘서트 무대로 되돌아 왔다.

아무도 무엇이 성전환을 일으키는지를 알지 못한다. 가장 흔히, 성전환자들은 생물학적 이상의 아무런 신호를 보이지 않는다. 유전적으로, 호르몬적으로, 그리고 생리학적으로, 그들은 그들의 성의 "정상적" 멤버들이다. 하지만, 매우 이른 연령에서, 그들은 그들의 신체특징들과 맞지 않는 자기개념을 발달시킨다. 이러한 난감한 현상은 관여된 개인들에 대해서 완전히 혼란을 주는 것이다. 심리치료를 통해 성전환자들을 도와주려는 노력들은 매우 작은 성공을 거두어 왔다; 깊게 뿌리박힌 성정체감을 바꾸기는 쉬운 일이 아니다. 그 결과로, 몇몇 사람들은 개인의 정신적 정체에 맞게끔 신체를 변경시킴으로써 이러한 정신과 신체 간의 상위를 조화시키기 위한 한 방법으로서 성변화 수술을 옹호해왔다.

오늘날, 작기는 하지만 눈에 띄는 소수의 사람들이 성이 남자 대 여자의 단순한 이분법이라는 전통적 견해에 대해 이의를 제기하고 있다. 흔히 자기들의 경험들을 성전환자들(transgendered)이라고 기술하는 이러한 사람들은 성전환자들뿐만 아니라, 또한 이성애적인 이성의 옷을 입는 사람들, 자기 자신을 남자와 아울러 여자라고 보는 사람들 및 그들의 사회의 완고한 성규칙들을 굴복시키고자 하는 그 밖의 사람들을 포함한다.[54] 부가적으로, 성전환자로서 동일시하지는 않는 많은 사람들이 그럼에도 불구하고 그들에게 이성의 배역을 맡게끔 만드는 역할연기 게임들을 즐긴다. 몇 개의 온라인(online)게임들의 경기자들에 대해서 이성의 정체를 취하는 것은 분명히 꽤 흔한 일이다.[55] 한 게임에서 여자 등장인물들의 약 절반이 남자들에 의해 경기되고 있다. 인터넷의 익명성이 사람들에게 그들이 일상생활에서 행하는 것보다 더 자유롭게 성규칙들을 무시하게끔 해준다.

심리적 남성성, 여성성 및 양성성에 관한 초기의 분석들

사람들은 그들 자신이 관습적인 성 고정관념들을 이루고 있는 남성적 및 여성적 특징들의 모두를 갖고 있다고 지각하는 정도에 있어서 뚜렷하게 차이가 있다. 그들의 성 자기개념의 면에서, 매우 "남성적인" 사람들은 그들이 사회가 전형적으로 남자에 대해 연합시키는 많은 속성들, 흥미들, 선호들 및 기술들을 소유하고 있다고 믿는다. 매우 "여성적인" 사람들은 그들이 여자와 연합된 많은 속성들, 흥미들, 선호들 및 기술들을 소유하고 있다고 믿는다.[56]

심리적 남성성과 여성성을 측정하기 위한 초기의 검사들은 강제선택 양식을 사용했다. 전형적인 검사는 개인이 샤워(남성적)나 욕조(여성적)를 선호했는지, 빌딩계약자(남성적)나 사서직(여성적)으로서 근무할 것인지, 또는 적극적(남성적)이거나 소극적(여성적)이었는지를 질문할 것이다. 이러한 검사들의 하나의 중요한 특징은 이것들이 남성성과 여성성을 상호 배타적인 극단의 반대들로서 간주하는 것이었다. 사람들은 검사에서 단일한 점수를 받았다; 높은 점수들은 남성성을 나타냈고(많은 남성적 선택들) 낮은 점수들은 여성성을 나타냈다(적은 남성적 선택들).

1970년대에, 연구자들은 심리적 남성성과 여성성에 관한 일차원적 견해에 대해 이의를 제기했다.[57] Bem은 어떤 사람들이 자기 자신을 남성적 및 여성적 특징들을 모두 갖고 있다고 본다고 제안했다.[58][59] 그러한 사람은 목수일과 요리를 모두 즐길 수 있고 직장에서는 매우 주장적이고(하나의 남성적 특성) 가정에서는 매우 양육적일 수 있다(하나의 여성적 특성). Bem은 이러한 사람들은 그리스어인 남자(andro)와 여자(gyne)를 빌어서, "심리적으로 양성적(androgynous)"이라고 일컬었다. Bem은 양성적인 사람이 극단의 남성성과 여성성 사이의 중간에 해당되는 중용자가 아니라고 강조했다. 그 대신에, 양성적인 사람은 자기 자신을 강한 남성적 및 강한 여성적 속성들을 종합한 것으로 본다. 이러한 2차원 모형이 도 13.1에서 제시되어 있다.

양성성(androgyny)을 연구하기 위해, Bem은 남성성과 여성성에 대한 별개의 차원들을 가진 새로운 검사를 제작해서, 개인이 둘에서 높을 수 있게끔 만들었다.[60] Bem의 성역할질문지(Bem Sex-Role Inventory)에서, 사람들은 그들의 개인적 성질들을 60개의 형용사를 사용해서 평정한다; 즉, 20개의 남성적("주장적이다", "독립적이다") 20개의 여성적("애정적이다", "이해한다") 및 20개의 성 중립적("성실하다", "친절하다") 형용사들이다. 이러한 남성적 및 여성적 형용사들은 보편적인 성고정관념들에서 선정되었으며 표 13.1에서 열거된 것들과 같은 속성들을 포함했

도 13.1 심리적 남성성과 여성성에 관한 2차원 모형

다; Bem이 그녀의 검사를 대학생들에게 실시했을 때, 그녀는 다소의 성유형화된 사람들, 즉 남성적인 남자들(M에서 높고 F에서 낮은 점수를 받음)과 아울러 여성적인 여자들(F에서 높고 M에서 낮은 점수를 받음)을 발견했다. 하지만, 더 흥미있는 것은 어떤 사람들이 그들 자신을 남성적 및 여성적 특징들의 모두에서 높게 평정해서, Bem이 예측했던 양성적 패턴을 보인다는 사실이었다.

성유형화된 사람들과 양성적인 사람들의 정확한 백분율은 연구에 따라 차이가 있다. 대표적인 것은 캘리포니아 대학생들에 관한 연구에서 나온 결과들이다.[61] 대충 40%의 학생들이 그들 자신을 전통적으로 성유형화된 것으로, 그리고 25%가 양성적인 것으로 지각했다. "미분화된" 하위집단은 남성적 및 여성적 특성들 모두에서 낮은 점수를 받았던 29%의 남자들과 21%의 여자들을 포함했다. 끝으로, 소수의 사람들이 역의 성유형화의 패턴, 특히 여성적인 남자들(5%)과 남성적인 여자들(12%)을 보였다. 중요한 점은 비록 전통적 성유형화가 가장 흔한 패턴일지라도, 상당한 소수측의 사람들이 자기 자신을 남성적 및 여성적 성질들의 모두를 종합하고 있다고 지각한다는 것이다.

양성성에 관한 연구는 심리적 남성성과 여성성이 어떻게 심리적 안녕(well-being)에 영향을 주는가에 관한 중요한 의문들을 제기시켰다. 하나의 오래 유지된 견해는 정신건강을 보장하기 위해서, 남아들과 남자들이 그들의 흥미들과 속성들에서 남성적이어야만 되는 반면에, 여아들과 여자들이 여성적이어야만 된다는 것이다. 이러한 "일치모형"(congruence model)은 적응이 성별과 자기개념 사이의 "적절한" 합치가 있을 때에 향상된다고 제안했다. 이에 비해서, 행복에 관한 더 새로운 양성성모형(androgyny model)은 사람들에 대해 남성적 및 여성적 특성들을 종합하는 것이 더 좋다고 주장한다. 특히, 양성적인 사람들이 더 큰 행동적 융통성과 더 높은 자기존중을 갖는 데에 있어서 전통적으로 성유형화된 사람들을 능가한다고 제안되고 있다.

(1) 행동적 융통성

Bem은 남성적인 사람들이 과업유능성과 주장성을 요하는 상황들에서 잘 수행하고, 여성적인 사람들이 양육이나 정서표현성을 요하는 상황들에서 잘 수행할 것이고, 양성적인 사람들이 두 유형의 상황들에서 잘 수행할 것이라는 가설을 세웠다. 비록 결과들이 완전히 일치되지는 않을지라도, 이러한 예측에 대한 다소의 경험적 지지가 발견되어왔다.[62]

몇몇 연구들은 심리적 남성성이 수행을 향상시키는 상황들에 초점을 두어왔다. 한 연구에서, Bem은 남성적 및 양성적인 사람들이 여성적인 사람들보다 동조에 대한 집단압력에 저항하는 능력에 관한 검사에서 더 잘한다는 것을 발견했다.[63] 이스라엘 병사들에 관한 한 연구에서, 남성적 및 양성적인 사람들이 여성적인 사람들보다 그들 자신이 군대 내에서 성공할 가능성이 더 많다고 보았으며, 다른 병사들로부터 더 긍정적인 평가를 받았다.[64] 다른 연구들은 여성성과 양성성이 유익한 상황들을 증명했다. 한 연구에서, 여성적 및 양성적인 사람들이 아기와 놀아 주는 것과 새로운 대학에 대해 적응하는 문제를 갖고 있는 전학 온 학생과 대화하는 것을 포함하는, 양육을 요하는 과업들에서 더 잘했다.[65]

(2) 자기존중

자기 자신에 대해 좋게 느끼는 것은 정신건강에서 하나의 관건요소이다. 일치모형(congruence model)은 자기존중과 심리적 적응이 남성적인 남자들과 여성적인 여자들, 즉 "적합한" 성 자기개념을 지닌 사람들에 대해서 가장 높다고 예측한다. 이에 비해서, 양성성모형(androgyny model)은 자기 자신이 긍정적인 남성적 및 긍정적인 여성적 속성들을 갖고 있다고 지각하는 양성적인 사람들이 성유형화된 사람들보다 더 높은 자기존중을 가질 것이라고 주장한다.

다수의 연구들이 이 주제를 연구해 왔으며, 이것들은 비예상된 결론을 낳았다. 연구들은 일치모형에 대해서 지지를 제공하지 않았으며 양성성 모형에 대해 단지 미약한 지지를 제공했다. 그 대신에, 자기존중에 영향을 주는 가장 큰 요인은 개인이 심리적 남성성의 차원 상에서 어떤 점수를 받는가이다. 남성적 및 양성적인 사람들이 모두 대개 더 높은 자기존중을 갖는다. 이러한 발견이 청년들과 아울러 성인들에 대해서 있었으며 스페인계 미국인들, 흑인 미국인들 및 아시아계 미국인들과 아울러 백인들에서 발견되었다.[66] 여성적인 것과 아울러 남성적인 것을 가진 양성적인 사람들의 추가적 이점은 통계적으로 유의하지만, 크기가 매우 작다.

연구자들은 남성성이 자기존중에 대해 중심적인 것 같은 이유에 대해서 불확실하다. 하나의 가능성은 미국과 같이 개인주의적 문화에서, 자기존중이 독립성, 주장성 및 유능성과 같은 전통적으로 남성적이라고 명명된 특성들에 밀접하게 연결되어 있다는 것이다. 다른 가능성은 자기존중검사들이 편향되어 있고 여성성과 연합되어 있는 자기존중의 요소들을 적절하게 평가하지 않는다는 것이다; 다시 말하면, 결과들의 패턴이 사용되는 검사들에서의 방법론적 약점에 기인될지도 모른다.

심리적 양성성의 개념과 이것이 촉진시킨 연구들은 "적합한" 성유형화가 정신건강에 대해 필수적이라는 일치모형(congruence model)의 아이디어에 대해 심각하게 도전했다. 남성적인 남자들과 여성적인 여자들은 양성적인 사람들보다 정신적으로 더 잘 적응되어 있는 것 같지는 않다.

사회비평가들은 남성성과 여성성에 관한 논의들이 흔히 개인적 가치들을 반영한다고 말한다. 양성에 관해서 전통적인 견해를 가진 사람들은 때로는 양성성의 개념을 거부하고, 남성성과 여성성 사이의 명확한 구분들을 유지시키고자 한다. 이에 비해서, 몇몇 여권론자들은 심리적 양성성을 자기발달의 하나의 새로운 이상이라고 본다. 하지만, 다른 여권론자들은 양성성이 비록 이것이 사람들에게 두 유형의 속성들을 갖게끔 허용할지라도, 구별되는 남성적 및 여성적 성질들이 있다는 생각을 유지시키기 때문에, 하나의 이상으로서의 양성성을 거부한다. 그 대신에, 어떤이들은 우리가 개인적 속성들과 선호들이 더 이상 성별과 연합되지 않는 성역할 초월(sex－role transcendence) 쪽으로 이동해야만 된다고 주장한다.

심리적 남성성과 여성성에 관한 현재의 견해들

성연구자들은 또한 양성성에 관한 초기의 심리학적 분석에 관해서 의문을 제기했다.[67] 하나의 관심은 남성성과 여성성의 요소들을 평가하기 위해서 사용된 측정도구들의 범위가 매우 한정되어 있다는 것이다. "여성성"의 측정도구들은 정서적 표현성과 양육성에 관한 자기지각들에 대해 꽤 좁게 초점을 두었다. 실제에 있어서, 대부분의 사람들은 남성성과 여성성을 훨씬 더 폭넓게 본다. 하나의 공통요소는 신체적 외모이다. 남성성은 키가 큰 것, 근육적인 것 및 강한 것과 같은 신체특징들과 연합되어 있다. 여성성은 몸집이 작은 것, 부드러운 것과 같은 속성들과 연합되어 있다. 남자들과 여자들의 독특한 성적 특징들과 생식능력들이 또한 남성성과 여성성의 일부분으로서 간주되고 있다. 남성성과 여성성에 관한 많은 사람들의 견해들에서 또 다른 요소들은 어머니/주부와 아버지/부양자와 같은 독특한 가정역할들이다.[68] 남성성과 여성성의 이러한 상이한 요소들이 단일한, 일관성있는 차원의 일부분이 아니라는 증가하는 증거가 있다.[69] 예컨대, 어떤 여자는 자기 자신을 성격에 있어서 남성적으로(주장적이다, 자신감있다 및 독립적이다), 외모에 있어서 여성적으로(키가 작고, 요염하다), 그리고 사회적 역할들에서 양성적으로(어머니이고, 소방관이다) 생각할 수도 있다. 표준의 남성성/여성성 측정도구들은 이러한 복잡성을 포착하지 않는다.

오늘날 우리는 심리적 남성성과 여성성이 복잡하고 다면적이라는 것을 알고 있다. 혼동을 피하기 위해, 많은 연구자들은 적극적이다, 자신감있다 및 결단성있다와 같은 개인적 속성들의 자기평정치들이 남성성보다 "기능성"(agency)이나 "도구성"(또는 목적달성; instrumentality)의 측정치들이라고 일컬어져야만 된다고 시사해왔다. 정서적이다, 친절하다, 타인들을 도와준다와 같은 특성들의 평정치들은 친교(communion)나 표현성의 측정치들이라고 일컬어져야만 된다.[70]

하나의 유용한 구분이 또한 도구성과 표현성의 사회적으로 바람직스럽고 바람직스럽지 못한 측면들 사이에서 이루어져 왔다. 도구성과 표현성을 평가하기 위해 전형적으로 사용된 특성들은 사회에서 긍정적으로 평가되는 자신감과 양육과 같은 성질들을 측정한다. 이에 비해서, 부정적 기능성(negative agency; 또한 과도한 기능성 unmitigated agency라고 일컬어진 것)은 타인들을 배제시키고 자기에게 초점을 두고, 타인들에 대한 주장을 넘어서 적대성을 갖는 경향으로서 개념화되어왔다. 특징적 속성들은 건방지다, 이기적이다, 독재적이다 및 적대적이다를 포함한다. 부정적 친교(negative communion; 또한 과도한 친교 unmitigated communion이라고 일컬어짐) 또는 부정적 함께 함은 타인들에 대해 과도하게 관여하고 자기를 등한시하는 경향으로서 개념화되어왔다. 이러한 경향은 자기 자신의 욕구들보다 타인들의 욕구들을 우선하고, 타인들을 걱정하고, 타인들의 문제들에 과도하게 관여되는 것 속에 반영될 수도 있다.

한 연구 프로그램 속에서, 연구자는 도구성과 표현성의 이러한 과장된 형태들이 건강에 해로울 수 있다는 것을 증명했다.[71] 일반적으로, 친교나 표현성의 바람직스러운 측면들은 정신과 신체의 건강에 무관련하다. 하지만 극단적이거나 부정적 친교는 건강문제들에 연관되어 있다. 예컨대, 부정적 친교에서 높은 사람들은 더 큰 불안과 우울의 수준들을 보고하는 경향이 있다. 그들은 더 낮은 자기존중을 가질 수도 있다. 그들은 타인들보다 관절염, 당뇨병 및 유방암과 같은 병들에 대해서 더 나쁘게 적응한다. 그들의 전반적인 행복수준은 더 낮은 경향이 있다. 이 연구자는 이러한 연관에 대한 몇 개의 이유를 시사했다. 타인들의 생활에 대해 과도하게 관여된 사람들은 타인들을 양육하고 통제하는 그들의 노력 속에서 더 많은 스트레스와 대인적 갈등을 경험할 수 있다. 그들은 또한 타인들의 문제를 마치 그들 자신의 문제로 간주하는 경향이 있을 수 있다. 간단히 말하면, 그들은 타인들을 보살피는 것의 더 큰 부담을 경험하고, 동시에 그들 자신의 건강과 행복을 등한시할 수 있다.

과장된 기능성(agency)이 또한 건강문제들과 연관되어왔다.[72] 부정적 기능성 상에서 높은 사람들은 이기적이고, 냉소적이고, 적대적인 경향이 있다. 이러한 특징들은 심장병과 아울러 암과 기타의 심각한 병들에 대한 나쁜 적응과 연관되어왔다. 10대들과 젊은 성인들에서, 과도한 기능성(unmitigated agency)은 약물들과 알코올의 더 큰 사용과 학교에서 그리고 경찰과의 트러블을 갖는 것에 연관되어왔다. 통제력을 유지시키려는 소망은 이러한 사람들이 그들이 필요할 때에 도움을 구하는 것을 막을 수 있다.

성에 관한 이론적 관점들

성차에 관한 논쟁들은 사회심리학의 존재 훨씬 이전부터 있었다. 수 세기 동안에, 개인적 경험과 직관이 그러한 논의들의 기초들이었다. 오늘날, 과학적 이론들과 연구들이 성 차이들과 유사성들에 관한 더 균형되고 포괄적인 이해를 제공하고 있다.

초기의 논의들은 흔히 성차들이 "천성이나 양육" 또는 생물학이나 학습에 의해 일어나는지를 질문했다. 우리는 이제 그러한 단순한 2분법이 잘못되어 있다는 것을 알고 있다. 성차들의 충분한 설명은 양성의 생물학적 능력, 남자들과 여자들이 살고 있는 사회적 환경 및 생물학과 문화 사이의 상호작용을 고려해야만 된다. 남자들과 여자들 사이의 상호작용을 고려해야만 된다. 남자들과 여자들 사이의 모든 차이들에 대한 단일한, 일반적 설명이 없다는 것이 또한 분명해지고 있다. 그 대신에, 수학능력에서의 성차들의 원인들이 돕기행동이나 신체적 폭력에서의 성차들의 원인들과 매우 구별될 수도 있다. 성(gender) 패턴들의 원인들에 관한 4개의 폭넓은 관점들은 생물학, 사회화, 사회적 역할 및 사회적 상황의 영향을 강조한다.

생물학(biology)

성차들은 다양한 생물학적 요인들에 의해 영향받는다. 신장과 근육의 발달 그리고 아이를 임신하고 젖을 먹일 수 있는 능력에서의 신체적 차이들이 분명하다. 태아들과 아울러 성인들에 대한 성호르몬들의 영향은 뇌의 가능한 성차들과 같이, 연구의 하나의 적극적 주제이다.[73] 진화심리학자들은 유전적 진화가 또한 인간 행동의 성차들에 기여한다고 제안한다.[74] 생물학적으로 지향된 학자들은 남자들의 신체적 폭력과 사회적 지배의 더 큰 경향성과 같은, 어떤 성패턴들에서의 문화 간의 일관성들이 이러한 행동들에서의 성차들에 대한 하나의 생물학적 기초를 시사한다고 믿는다.

사회심리학자들은 인간 행동에 대한 생물학적 기여들을 부인하지는 않는다. 하지만, 많은 사회심리학자들이 사회적 힘들과 집단생활의 성질이 기본적인 생물학적 성향들을 수정할 수 있는 방식들을 강조한다고 말하는 것이 공정하다.[75] 공격에 관한 연구들이 한 예를 제공한다. 미국은 세계에서 가장 폭력적인 나라들 중의 하나이며, 우리가 이 장에서 증명하는 바와 같이, 미국의 남자들은 폭력범죄의 대다수를 저지른다. 하지만, 다른 부족들과 같은 다른 사회적 상황들에서 폭력은 드물며 공격의 성차들이 없다. 궁벽한 남태평양의 바나티나이(Vanatinai)섬을 고려해보자.[76] 20세기 말 경에 이 섬에서 살고 있는 2,000명의 사람들 중에서, 양성간의 평등의 강한 사회규범들이 있었다. 공격은 사회적으로 불인정되었고 극히 드물었다. 1943년 이후로, 바나티나이인에 의한 단 하나의 살인이 보고되었다. 즉, 한 남자가 자기 아내를 질투의 격노 속에서 죽였다. 약 10년 동안 이 문화를 연구했던 인류학자는 아동들이나 성인 남자들 사이에서 신체적 싸움의 예들을 발견할 수가 없었다. 모두가 성적 질투에 연관된, 단지 5개의 폭력행동의 사례들이 보고되어왔다. 이 사례들 중의 4개에서, 공격자들은 여성들이었으며; 둘은 자기 남편을 공격했고 둘은 다른 여자를 공격했다. 미국에서 매우 흔한, 남자들에 의한 여자들에 대한 신체적 공격들은 바나티나이인들에서 거의 알려져 있지 않았다. 이 섬 주민들에서 존재하는 어떤 공격 경향들에서의 생물학적 성차들은 폭력을 금지하는 강한 사회규범들에 의해서, 그리고 사회 내에서의 여성들의 비교적 동등한 지위에 의해서 심하게 억제된다.

대비되는 한 예가 멕시코의 치후아후아(Chihuahua)에서의 혼성의 10대 갱들에 관한 연구에서 나온다.[77] 갱에 입단하기 위해서, 10대 여자는 다른 여자와 1 대 1 의 주먹싸움을 가져야만 된다. 일단 갱단에 들어가면, 여자들은 흔히 다른 갱단들의 여자들과 돌던지기 싸움들을 가지며, 만일 상대편의 남자들이 싸움에서 수적으로 우세하면 그들의 갱단 내의 남자들의 도움을 받으러 달려간다. 이러한 거치른 청년문화에서, 공격은 양성에 의해 존중받으며, 여자들은 분명히 상당한 신체적 폭력의 능력이 있다.

끝으로, 생식과 같은 심지어 기본적인 생물학적 기능들이 사회적 요인들에 의해 강력하게 영향받는다. 여자들은 평생 동안에 신체적으로 12명이나 그 이상의 아기를 가질 수 있지만, 이러한 생물학적 능력의 의미들은 극적으로 차이있을 수 있다. 과거에, 여성들은 많은 자녀를 가졌으며 그들의 성인생활의 대부분을 어머니의 역할 속에서 보냈다. 오늘날, 현대의 사회적 태도들과 피임방법들 때문에, 산업화된 국가들의 전형적 여성들은 2, 3명(심지어 1,2명)의 자녀만을 갖는다, 결과적으로, 어머니로서의 활동은 여성들의 생활의 훨씬 더 작은 부분을 차지한다. 부가적으로, 의학기술의 발전들 이전에, 출산은 위험했으며 많은 여성들이 비교적 젊은 나이에 사망했다. 그 결과로, 남자들이 여자들보다 더 오래 사는 경향이 있었다. 오늘날, 여성들의 생물학적 능력은 동일하게 유지되지만, 출산은 더 안전하다. 현재, 여성들은 더 오래 사는 경향이 있으며 전형적으로 남자들보다 몇 년을 더 오래 산다. 간단히 말하면, 생물학적 성차들의 영향은 사회적 환경에 따라 크게 다를 수 있다.[78]

사회화

사회화관점은 사람들이 아동기에서 시작하는 성에 관해 배우고 "성에 적합한" 행동을 획득하는 많은 방식을 강조한다.[79] 하나의 중요한 아이디어는 사회가 남자들과 여자들의 행동에 대해 상이한 기대들과 기준들을 갖고 있다는 것이다. 아동들이 성장함에 따라, 그들은 이러한 성의 학습사항들을 강화와 모델링의 학습과정들을 통해서 배운다. 어린 딸이 엄마의 귀고리, 비단 가운 및 하이힐을 착용하고서, 안방에 들어와서 아빠의 무릎 위에 기어오르는 아버지를 상상하라. 아버지는 그의 딸에게 미소짓고, 포옹해 주고 딸이 그렇게 예쁜 여아인 것에 대해 아이를 칭찬해 주기 쉬울 것이다. 이제 정확하게 동일한 일을 행하는 4세된 남자아이를 상상해 보자. 비록 현대의 아빠가 그의 아들을 처벌하지는 않을지도 모르지만, 그 아버지는 여자의 의복이 남자아이들에 대해 적절하지 않다는 것을 단호하게 전달하기 쉬울 것이다. 어머니들과 아울러 아버지들이 그들의 자녀의 성유형화된 활동을 고무시킨다는 상당한 증거가 있다.

아이들에 대한 다른 주요한 영향은 또래들(친구들, 급우들 및 형제자매들)이다. 아동기의 가장 뚜렷한 특징들 중의 하나는 아동들이 모두-남자아이와 모두-여자아이의 집단들로 그들 자신을 분리시키고, 흔히 이성의 아이들을 피하는 경향이다.[80] 취학 전의 놀이터에서, 두 명의 남자아이가 여럿이 함께 타는 그네타기를 하고 있다. 그 때에 한 여자아이가 그녀가 그들과 함께 그네타기를 할 수 있는지를 흥분해서 물을 때, 남자아이들은 "안 돼"라고 단호하게 소리친다. 한 남자아이는 덧붙여서, "우리는 네가 끼어드는 것을 원치 않아. 우리는 여기에서 남자아이들만을 원해."라고 말한다.[81] 이러한 동성의 놀이패턴은 취학 전에 처음 나타나고, 초기 청년기까지 계속된다.

아동들이 동성의 집단을 선호할 수 있는 한 가지 이유는 아동들이 장난감들과 게임들에서 성유형화된 흥미를 발전시킨다는 것이다. 많은 여아들이 인형과 화장품 장난감을 갖고서 노는 것을 좋아하고, 많은 남아들이 스포츠나 비디오게임을 좋아한다. 다른 이유는 남아들과 여아들이 동성의 놀이친구들이 더 재미있게끔 만드는 독특한 상호작용스타일들을 발전시키는 경향이 있다는 것이다.[82] 대개, 남아들은 신체적 접촉, 경쟁 및 지배를 강조하는 난폭한 놀이스타일을 즐긴다. 이에 비해서, 여아들은 더 적은 신체접촉을 행하고 갈등을 최소화시키려고 들고, 따라서 남아들의 놀이스타일을 혐오적으로 여길 것이다. 연구자는 "바퀴가 달린 탈 것들 위에서 남아들은(3 내지 5세) 부딪쳐 쓰러뜨리는 게임을 행하는 반면에, 여아들은 서로 부딪치지 않으려고 애쓴다."고 설명했다.[83] 결과적으로 남아들과 여아들의 선호하는 놀이스타일들이 맞지 않는다. 이러한 케이스에서, 활동수준이나 난폭한 놀이에서의 시초의 작은 성차들이 아동들을 스스로 성별에 의해서 분리되게끔 만든다. 그러면, 이러한 분리가 상이한 놀이활동과 상호작용의 규범을 가진 동성의 "문화들"을 생성하게끔 만든다. 최근의 연구는 취학 전 아동들이 동성의 또래들과 더 많이 놀았을수록, 그들의 행동이 더 성유형화되었다는 것을 증명했다.[84]

가족과 친구들이 사회화의 유일한 주체자들이 아니다. 우리가 앞에서 본 바와 같이, TV와 기타의 대중매체가 또한 양성에 관한 많은 고정관념을 제시한다. 심지어 아동들의 장난감이 문화적 메시지들을 전달하며, 이것은 나라마다 다르다.[85]

미국에서, 가장 인기있는 패션 인형들 중의 하나는 "바비"(섹시한 갈색머리를 가진)인데, 이것은 남자친구를 갖고 있고, 쇼핑을 즐기고, 검은색 비닐의 복장을 하고서 파티에 간다. 이에 비해서, 일본의 1970년대 중반 이후의 최다 판매의 인형은 "리카"이어 왔는데, 이것은 여학생의 순진함을 시사하는 새침떨고, 큰 눈을 갖고, 다소 평평한 유방을 가진 여아이다. 각 나라에서, 제조업자들은 장난감뿐만 아니라 여성성에 관한 이상화시킨 이미지를 팔고 있는데, 이것은 일본에서는 귀여움 그리고 미국에서는 섹시함을 강조한다. 미국에서, 바비의 제조업자들이 "수학과목은 어려워"를 레퍼토리 속에 포함시킨, 새로운 말하는 바비를 도입시켰을 때에 논쟁이 일어났다. 비평가들은 이러한 메시지가 여아들이 수학과목을 이수하는 것을 막고 남아들이 수학에 더 적합하다는 문화적 신념을 영속화시킬 것이라고 주장했다. 마침내, 제조업자는 수학에 관한 진술을 제거하기로 동의했다.

사회화관점에 의하면, 남아들과 여아들의 많은 상이한 사회적 경험들이 성인기까지 지속되는 태도들, 흥미들, 기술들 및 성격들에서의 비교적 지속적인 성차들을 일으킨다.

사회적 역할

세 번째 관점은 사람들의 행동이 그들의 사회적 역할에 의해 강력하게 영향받는다는 것을 강조한다.[86] 성인들의 생활은 가족멤버들, 직장인들 및 지역사회의 멤버들로서의 그들의 여러 가지 역할에 의해 구조화된다. 하나의 관건적 아이디어는 많은 중요한 사회적 역할들이 양성에 대해 달리 정의된다는 것이다. 가족 내에서, 사람들은 대개 어머니들과 아버지들에 대해, 남편들과 아내들에 대해, 그리고 아들들과 딸들에 대해 매우 다른 기대들을 갖고 있다. 일의 세계 속에서, 직업적 역할들은 흔히 성유형화되어 있다: 간호, 서기 및 초등학교 교육은 전통적으로 여성의 분야들이다; 의료, 건설 및 대학교육은 전통적으로 남자들의 분야들이다. 기업조직들에서, 여성들의 직업적 역할들은 남성들의 것들보다 흔히 사회적 지위, 권위 및 권력에서 더 낮다. 남자가 상사이고 여자가 조수이다.

전통적인 사회적 역할들은 몇 가지 방식으로 남자들과 여자들의 행동에 영향을 준다. 그것들은 성별에 의한 노동의 분배를 영속화시켜서, 여자들은 주부들과 육아담당자들이고, 남자들은 돈벌이하는 사람들이다. 역할들은 사람들이 아동기에 발전시키고 성인들로서 뒤에 세련시키는 기술들과 흥미들에 영향을 준다. 어린 여아들은 흔히 아내와 어머니로서의 성인역할들을 준비하기 위해서 요리세트들과 아기인형들을 갖고서 논다. 부가적으로, 성에 연관된 역할들의 영향은 새로운 상황들 속으로 넘쳐 흘러간다. 우리는 우리의 가족, 종교적 훈련 또는 직업경험으로부터 남자들이 여자들보다 더 높은 지위를 갖고 있고 더 권위적이라는 것을 배울 것이다. 우리가 어떤 새로운 인물을 만날 때, 우리는 그 사람의 성을 하나의 단서로서 사용해서, 예컨대, 어떤 남자가 자신감있는 리더이고 어떤 여자가 지원적인 부하라고 가정할 것이다.[87] 우리가 이 장의 앞에서 본 바와 같이, 이러한 기대들은 자기실현적 예언들이 될 것이다.

사회적 역할이론에 의하면, 남자들과 여자들의 행동 차이들이 양성이 그들의 일상생활에서 상이한 사회적 역할을 갖기 때문에 일어난다. 사람들은 대개 특수한 역할들에 연관된 규범들에 동조하고 사회적으로 적합한 방식으로 행동한다. 따라서, 자기 가족에 대해 훌륭한 제공자가 되고 싶어하는 남편은 자신의 직업에 대한 야망과 헌신을 보일 것이다. 훌륭한 어머니가 되고 싶어하는 아내는 육아에 관한 책들을 읽고 그녀의 시간의 많은 부분을 자녀에게 바칠 것이다. 상이한 역할들은 남자들과 여자들이 상이한 흥미를 갖고, 상이한 전문분야를 발전시키고, 그들의 하루를 상이한 활동에 보내게끔 만든다.

이에 비해서, 남자들과 여자들이 동일한 역할들을 가질 때, 그들의 태도들과 행동들을 흔히 뚜렷하게 유사하다. 이러한 점이 홀아비생활이나 이혼 때문에 13세 이하의 자녀들에 대한 전체 시간의 책임을 맡았던 편부들에 관한 연구에서 예시된다.[88] 양육자의 역할에 놓여서, 이 아버지들은 그들의 양육과 부모노릇하기 기술들에서 어머니들과 매우 유사했지만, 육아를 거의 행하지 않았던 결혼한 아버지들과는 뚜렷한 차이가 있었다.

문화비교연구는 사회적 역할들이 행동에 영향을 주는 방식들에 관한 또 다른 증거를 제공한다.[89] 케냐의 루오(Luo)족들에서, 남아들과 여아들은 전형적으로 상이한 종류의 가사일을 배정받아서, 남아들은 힘든 일은 수행하고 여아들은 육아를 수행한다.[90] 하지만, 가족 내에 "여자" 일들을 맡을 더 나이먹은 여아가 없을 때, 남자아이가 이 일을 배정받는다. 여자 일을 부여받은 소년들은 다른 소년들보다 덜 공격적이고, 덜 지배적이고, 더 의존적으로 되는 경향이 있다. 물론 이 소년들은 생물학적으로 다른 소년들과 차이가 없다. 그 대신에, 그들이 전통적으로 여성적 역할을 부여받고 있다는 사실이 그들의 성격과 행동에 대해 영향을 준다.

사회적 역할의 영향에 관한 다른 예가 철강기업체에서 동일한 육체노동직을 갖었던 여자들과 남자들에 관한 연구에서 나온다.[91] 매우 적은 성차들이 발견되었다; 즉, 남자들과 여자들이 그들의 자기평가들, 포부들 및 그들의 직무에 관한 좋아하는 점들과 싫어하는 점들에서 유사했다. 조직들 내의 관리자들에 관한 연구들도 또한 유사한 직무직위들에 있는 여자들과 남자들의 관리스타일들에서 큰 유사성을 보인다.[92] 유사한 부류의 사람들이 그들의 성별에 관계없이, 특수한 직업적 역할들을 택하는 경향이 있을지도 모른다. 하지만, 역할 자체가 그것을 갖고 있는 개인을 형성할 가능성이 또한 있다.

사회적 상황들

행동에 대한 다른 주요 영향원은 현재의 사회적 맥락이다.[93] 어떤 남자는 자기의 친한 남자친구들과 함께 큰 소리로 떠들어 대면서, 야구와 자동차에 관해서 이야기하지만, 새로운 여자친구에 대해서는 그의 행위를 조심하고 대화의 주제를 바꿀 것이다. 상황모형들에서, 기본적 가정은 남자들과 여자들이 대부분의 사회적 행동들에 대한 그들의 잠재력이 비교적 동등하며 그들의 행동이 개인적 선택, 타인들의 행동 및 "상황적 맥락"의 함수로서 크게 차이가 있을 것이라는 것이다.[94] 연구들이 행동의 성차에 기여하는 중요한 상황요인들을 규명하기 시작하고 있다.

예컨대, 우리가 다른 사람들이 우리를 좋아하기를 원할 때, 우리는 흔히 우리의 개인적 신념들에 관계없이, 남자들과 여자들이 어떻게 행동하는가에 관한 자신의 기대들에 동조하려고 든다. 한 실험에서, 여대생들이 모의된 취직면접에 참가했다.[95] 무작위 배정에 의해서 절반의 여대생들에게 남자 면접자가 이상적인 여자가 상냥하고, 센스있고, 매력있고, 소극적이고, 커피를 대접하는 것과 같은 더 쉬운 직무들에 배치되어야만 된다고 믿는 전통적인 남자라고 알려주었다. 다른 절반의 여대생들은 면접자가 독립적이고 주장적이며 남자들과 동등한 직무책임을 맡을 수 있는 비전통적인 여자들을 선호한다고 들었다. 당연하게도, 면접자에 대한 여대생들의 지식이 그들이 면접에 대해 어떻게 준비했는가에 영향을 주었다. 전통적인 면접자를 만날 것을 기대하는 여대생들은 비진통적인 면접자를 만날 것을 기대하는 여대생들보다 더 많은 회장과 장신구를 착용함으로써 "분장"했다. 전통적 면담자를 만나는 여대생들은 또한 면담 동안에 더 적게 이야기했고 그들 자신에 관해서 더 고정관념적인 성에 관련된 진술을 행하는 경향이 있었다. 타인들에 의해 호감을 받고 수용받게 되려는 욕망이 우리에게 상황에 따라 더나 덜 성유형화된 방식으로 행동하게끔 만들 수 있다.

상황적 압력이 남자들과 아울러 여자들에게 영향을 줄 수 있다.[96] 한 연구에서, 남대생들이 그들이 매우 바람직스럽거나(매력있고, 사교적이고, 결혼하지 않고, 남자들을 만나는 것에 대해 관심이 있음) 덜 바람직스러운(외모에 신경쓰지 않고, 신체적으로 날씬하지 않고, 남자들을 만나는 것에 대해 관심이 없음) 한 여자와 상대할 것이라고 믿게끔 만들어졌다. 부가적으로, 절반의 남자들은 이 여자가 성역할들에 관해서 전통적인 신념들을 갖고 있다고 믿게끔 만들어졌고; 절반은 그녀가 비전통적인 견해들을 갖고 있다고 믿게끔 만들어졌다. 남자들은 이 새로운 여자에 대해 어떤 유형의 인상을 만들고자 할 것인가? 이 여자가 바람직스러웠을 때, 남자들은 그들의 자기제시를 여자의 태도들에 맞추는 경향이 있을 것이다; 그들은 전통적인 여자에 대해서 자기 자신을 더 전통적인 것으로서, 그리고 비전통적인 여자에 대해서 덜 전통적인 것으로서 기술했다. 이 여자가 바람직스럽다고 여겨지지 않았을 때, 전통적 대 비전통적 여자에 대한 남자들의 자기제시의 차이가 없었다. 다시 말하면, 남자들은 그들이 인상짓고 싶어하는 사람의 성역할태도들에 대해 동조하는 경향이 있었다.

요약하면, 성차들의 원인들은 복잡하며, 성에 관한 몇 개의 일반적인 이론적 관점들이 유용하다. 대학생들은 성차들이 다수의 요인들에 의해 결정된다는 데 대해 분명하게 동의한다. 한 연구에서, 연구자들은 학생들에게 성차들이 3개의 요인들의 각각에 의해 얼마나 결정될 것인지를 질문했다; 즉, 남자들과 여자들이 사회화된 방식들(그들이 부모와 타인들에 의해 어떻게 취급받았는가?), 생물학적 요인들(호르몬들, 염색체들 등), 및 상이한 기회들이다.[97] 학생들은 이들 각 요인이 중요하다고 보고했다; 그들은 사회화가 생물학과 기회들보다 약간 더 중요하다고 평정했다. 다음 절에서 우리는 몇 가지 유형의 사회적 행동 상에서 양성을 비교하는 연구들을 제시했다.

여성과 남성의 사회적 행동의 비교

최근에, 상당히 많은 연구들이 남자들과 여자들, 특히 아동들과 대학생들의 능력과 행동을 비교해왔다. 몇 개의 사회적 행동에서의 성차들이 공격, 동조, 비언어 의사소통, 성행동 및 개인적 자격부여를 포함해서, 여기에서 검토된다.

성차들의 메타분석(meta-analysis)

성차들에 관한 연구들의 숫자가 증가함에 따라, 연구자들이 일반적 결론에 도달하기 위해 연구의 발견들을 요약하기가 더 곤란해져 왔다. 전통적으로 연구문헌의 고찰은 연구들의 균형된 표본을 선정하고 방법론적으로 결함있는 연구를 배제시키기 위해 고찰자들의 판단에 크게 의존해왔다. 고찰자들에 대한 하나의 지속적 문제는 연구들 간의 비일관성이어 왔다. 만일 20개의 연구가 남아들이 어떤 활동에서 더 우수하다는 것을 발견하고, 10개의 연구가 여아들이 동일한 활동에서 더 우수하다는 것을 발견하고, 10개의 연구가 차이를 발견하지 못한다면, 우리는 무엇을 결론지을 수 있겠는가? 흔히 연구자들은 만일 성차가 다수의 연구들에서 일어난다면, 어떤 성차가 "존재한다"고 가정하고서, 이러한 상위들을 해결하기 위해 연구들의 숫자세기의 접근을 사용해왔다.

경험적 발견들을 고찰하고 종합하는 더 체계적 방법들을 발전시키려는 한 노력에서, 연구자들은 메타분석이라는 기법을 사용하기 시작해왔다. 이 접근은 성차들의 크기에 관한 전반적 추정에 도달하기 위해서, 많은 연구들에서 나온 정보를 합치는 통계적 방법들을 사용한다. 메타분석들은 또한 연구자들이 그들이 고찰하기 위해 한 표본의 연구들을 어떻게 선정하는가를 매우 주의깊게 고려하도록 고무시킨다. 예컨대, 고찰자들이 출간된 연구들뿐만 아니라, 미출간된 박사학위논문들을 또한 포함시켜야만 된다는 것이 제안되어왔다. 여기에서의 이유는 성차들을 발견하지 못한 연구들이 출간을 위해 수용될 가능성이 더 적을 수 있다는 것이다: 따라서, 출간된 연구들은 성차들의 과대평가 쪽으로 편향되어 있을 수 있다. 다음 절들에서, 우리는 성차들의 최근의 분석들의 몇 가지 발견을 제시한다.

공격

전세계적으로 남자들이 아동기와 아울러 성인기에서 여자들보다 더 공격적인 경향이 있다. 남아들은 여아들보다 다른 아이들과 싸우고 조롱하고 모욕하고, 공격적 주제들에 관해서 공상하는 경향이 더 많다.[98] 성인기에, 남자들은 그들의 부족이나 국가를 방어하는 전사들이다. 남자들은 또한 강간, 배우자학대 및 폭력범죄에 관한 통계치들 속에서 반영된 하나의 사실로서, 그들의 목표를 달성하기 위해 신체적 힘을 사용하기가 더 쉽다. 통계치들에 의하면, 살인으로 체포당한 사람들의 90%가 남자들이다. 정신건강문제들에 관한 가장 일관성있는 발견들 중의 하나는 남자들에서 현저하게 일어나는 공격과 기타 형태의 반사회적 행동들을 포함하는 이른바 외부화문제들(externalizing problems)이다.[99] 우리가 전시에 사회적으로 인정된 공격, 불법적 폭력, 또는 아동들의 놀이를 고려하는가에 관계없이, 남자들이 공격적 행동에서 앞지른다. 남자들은 또한 여자들보다 사회적 지배관점(social dominance orientation)을 찬성하는 경향이 더 많아서, 예컨대, "열등한 집단들은 그들의 처지 속에서 머물러 있어야만 된다."거나 "때로는 다른 나라들이 그들의 분수를 지키게끔 만들기 위해 전쟁이 필요하다."는 데 대해 동의하는 경향이 있다.[100]

몇 개의 메타분석들이 공격에 관한 100개 이상의 연구들을 고찰해왔다.[101] 일반적으로 남자들은 비록 성차가 신체적 공격에 대해 더 클지라도, 여자들보다 언어적 및 신체적 공격에서 더 공격적이다. 성차들은 더 통제된 실험상황들(예: 연구실에 있는 플라스틱 인형을 때리는 것)보다 자연적 상황들(예: 운동장에서 때리고 차는 것)에서 더 큰 것으로 발견된다. 다른 메타분석은 다른 사람의 행위나 도발에 대한 반응으로 일어나는 공격을 연구했다.[102] 그 결과들은 분명한 도발이 일어났고 공격이 정당화되는 것으로 여겨졌을 때, 성차들이 크게 감소되었다는 것을 보였다. 이에 비해서, 명백한 도발이 없었던 연구들에서, 남자들이 여자들보다 유의하게 더 공격적이었다.

공격의 성차들에 영향을 주는 다른 요인은 사회가 여자들보다 남자들의 공격에 대해 더 관용적인 것이다. 아동기에, 남아들은 장난감 총들과 칼들을 받고, 싸움과 자기방어에 관해서 가르침을 받기가 훨씬 더 쉽다. 한 연구는 공을 잡고 있는 아이를 때리는 것과 같은 여러 공격적 행위의 결과들에 관한 아동들의 기대를 연구했다.[103] 남아들에 비해, 여아들이 공격에 대한 더 많은 부모의 불인정을 예상했고 자기들이 더 큰 죄의식을 느낄 것이라고 생각했다. 여자들이 그들의 공격이 피해자에 대해 일으킬 수 있는 해에 관해서, 그리고 보복의 위험에 관해서 더 많이 걱정했다는 증거가 또한 있다.[104] 그 결과로, 여자들은 공격적 행위에 관한 더 많은 죄의식, 불안 및 공포를 느끼고 따라서 그들의 공격적 충동을 억제할 수 있다.[105]

동조

고정관념들은 여자들을 남자들보다 더 양보적이고, 호인이고, 동조한다고 묘사한다. 전통적인 사회적 역할들은 남자들에게 여자들보다 덜 쉽게 영향받는 것을 명한다. 사회심리학적 연구들은 전형적으로 개인이 낯선 이들과 상대하는 실험실상황들에서 동조와 응종(또는 순종)을 연구해왔다.

사회적 영향에 관한 경험적 연구들의 주의깊은 평론들은 두 개의 결론을 낳는다. 첫째로, 메타분석이 다수의 연구에서 나온 발견들을 종합하는 데에 사용될 때, 여자들이 남자들보다 더 쉽게 영향받는 작기는 하지만 통계적으로 유의한 경향이 있다.[106] 둘째로 그리고 똑같이 중요하게, 결과들은 흔히 연구들 간에 따라 매우 비일관적이다. 한 연구자는 피설득성, 즉 개인이 어떤 이슈에 대한 찬반 주장들을 듣는 것에 의해서 영향받는 정도에 있어서의 성차에 관한 62개의 연구들은 발견했다.[107] 이 연구들의 단지 16%가 여자들이 유의하게 더 쉽게 설득되었다는 것을 발견했다; 대다수가 아무런 차이를 발견하지 못했다. 이와 비슷하게, 그는 Asch의 동조실험에서와 같이, 동조에 대한 집단압력들에 대한 반응에 관한 61개의 연구들을 발견했다. 여기에서 또 다시, 단지 34%의 연구들이 여자들이 유의하게 더 많이 동조했다는 것을 발견했다; 대부분의 케이스들에서, 양성은 유의한 차이가 없었다. 성차들이 일어나는 여부는 사회적 영향 과제나 검사재료들의 성질과 같은, 검사상황의 특수한 세부사항들에 의존하는 것 같다.

하나의 흥미있는 가설은 피영향성의 성차들이 동조에 대한 여성들의 일반적 성향보다도 과업의 성유형화에 더 많이 관련되어 있을 것이라는 것이다. 사람들은 일반적으로 만일 그들이 어떤 주제에 관한 정보가 부족하거나 그것이 중요치 않다고 생각한다면, 일반적으로 동조하기가 더 쉽다. 따라서, 여자들은 전통적으로 남성적이라고 간주된 과업들에서 동조하기가 더 쉽고, 남자들은 여성적 과업들에 당면했을 때에 동조하기가 더 쉽다. 이러한 점이 연구자들에 의해서 증명되었다.[108] 그들은 남녀 대학생들에게 사실과 의견의 문제들에 관한 질문지에 응답하도록 요구했는데, 어떤 것들은 스포츠카, 정치, 및 수학과 같은 전통적으로 남성적 주제들에 관한 것이고; 다른 것들은 화장품, 바느질 및 요리와 같은 전통적으로 여성적 주제들에 관한 것이다. 동조압력을 도입시키기 위해서, 질문지는 각 질문 다음에 대다수의 대학생들이 어떻게 반응했다고 추정된 것을 제시했다. 남자들은 여자들보다 여성적 문항들에서 더 많이 동조했고; 여자들은 남자들보다 남성적 문항들에서 더 많이 동조했다. 전체적으로, 남자들과 여자들의 동조수준들 사이에 유의한 차이가 없었다. 비록 이러한 해석이 매우 그럴듯할지라도, 이것의 일반적 응용가능성을 확립시키기 위해서 더 많은 연구가 필요하다.[109]

만일 경험연구들이 피영향성의 성차들이 다소 애매하고 크기가 작다는 것을 발견한다면, 여성들이 남성들보다 훨씬 더 영향을 받기 쉽다는 고정관념이 지속되는 이유는 무엇인가? 그 답변은 남성과 여성이 사회에서 전형적으로 행하는 역할들에서 발견될 수 있다.110) 실제생활에서, 사회적 영향의 하나의 중요한 결정요인은 집단 속에서 타인들에 비한 개인의 권위나 권력이다. 예컨대, 기업체에서, 부하들은 상사를 따르기를 기대받고 있다; 간호사는 대개 의사의 지시를 따른다. 남자들이 전형적으로 여자들보다 더 높은 직업적 지위를 갖고 있기 때문에, 여자가 남자의 영향을 받기 쉬운 것을 관찰하는 것이 그 반대보다 더 흔하다.

비록 행동패턴이 실제로 직무지위에 기초되어 있을지라도, 사람들은 여자들이 동조에 대한 일반적 경향을 갖고 있다고 잘못되게 추론할 것이다. 이러한 아이디어를 검증하기 위해서, 연구자들은 학생들에게 한 남자가 한 여자 동료직원에게 영향을 주고 있거나, 한 여자가 한 남자 동료직원에게 영향을 주고 있는 것에 관한 기술을 읽도록 했다.111) 그 다음에 참가자들은 기술된 사람들에 관한 질문에 응답했다. 학생들이 이 사람들의 직무명칭들에 관한 정보를 갖지 않았을 때, 그들은 여자들이 더 낮은 지위의 직무들을 갖었고 여자들이 남자들에 대해 그 반대보다도, 행동적으로 따르기가 더 쉬웠다고 가정했다. 이러한 결과들은 여자들의 더 큰 피영향성에 관한 고정관념들이 일부 남자들이 사회에서 더 권위있고 권력있는 직위를 갖고 있다는 지각에 기초되어 있다는 아이디어를 지지한다.

비언어적 의사소통

여성의 직관에 관한 고정관념들은 여성이 남성보다 비언어적 행동을 해독하거나 "파악하는" 데에 있어서 더 우수하다는 것을 시사한다. 따라서, 어머니들이 아버지들보다 우는 아이가 배고픈지, 오줌을 쌌는지, 또는 배가 아픈지를 파악하는 데에 더 전문가라고 생각할 수 있다. 이와 비슷하게, 고정관념은 여성이 남성보다 다른 사람이 우울이나 당황이나 피곤을 느끼고 있는지를 더 잘 감지할 수 있다는 것을 시사한다. 여자들은 실제로 남자들보다 안면단서, 신체언어, 또는 음성의 어조로부터 타인의 정서들을 해독하는 데에 있어서 더 우수한가? 심리학자들은 이러한 성 고정관념의 정확성을 연구해왔다.

하나의 대표적 연구에서, 참가자들은 일련의 정서들을 표현하고 있는 사람에 관한 비디오를 본다. 필름의 각 부분을 본 후에, 참가자들은 몇 개의 정서들(행복, 혐오 또는 공포) 중의 어느 것이 표현되고 있다고 생각하는지를 나타낸다. 다른 연구들에서, 참가자들은 내용이 제거된(단어들이 확인될 수 없고, 어조만이 구별되게끔 변경된) 음성들에 관한 녹음을 듣는다. 해독의 정확성에 관한 100개 이상의 연구들이 수행되어 왔으며, 이것들은 여성이 남성보다 더 우수하게 수행한다는 것을 일관되게 발견한다. 여성의 이점은 안면표정들을 파악하는데 대해 가장 컸으며, 그 다음으로 신체단서들에 대해 컸고, 음성의 어조를 해독하는 데 대해 가장 작았다. 여성은 또한 얼굴들을 재인하는 데에 있어서 더 우수한 경향이 있다. 이러한 성차는 성인들에서뿐만 아니라, 또한 아동들과 10대들에서도 발견되어왔다.[112] 동일한 성차들이 미국과 기타의 문화들에서의 연구들에서 나타난다. 비록 비언어적 단서들을 해독하는 데에 있어서의 성차의 크기가 연구에 따라 다를지라도, 연구들은 여성들의 더 큰 정확성을 일관되게 입증해왔다.[113]

비록 몇 개의 가능한 설명이 제안되어 왔을지라도, 연구자들은 이러한 성차의 이유들에 관해서 훨씬 덜 자신한다.[114] 하나의 가능성은 여자들이 언어 이전의 유아들을 돌보는 데 대한 그들의 역할 때문에, 비언어적 단서들에 대해 유전적으로 "프로그램된" 민감성을 갖고 있다는 것이다. 다른 제안은 여자들이 정서문제들에서 전문가들일 것을 기대받고, 따라서 성장과정에서 비언어적 의사소통에서 더 능숙하게 되게끔 훈련받는다는 것이다. 세 번째 설명은 여성들이 남성들보다 더 관계중심적일 수 있고, 따라서 타인들이 무엇을 느끼고 있는가를 이해하려는 동기가 더 높다는 것이다.[115] 마지막 설명은 사람들 사이의 관계가 차이를 일으킨다고 시사한다. 그 가설에 의하면, 더 적은 권력을 가진 직위에 있는 사람들(이들은 여성들인 경향이 있다)이 상위 직위의 사람들의 감정에 대해 더 많은 주의를 기울인다. 이러한 해석과 일치되는 것은 성별에 관계없이, 리더들이 부하들의 감정을 판단하는 것보다 부하들이 리더들의 감정에 대한 더 정확한 판단자들이라는 것을 보이는 연구들이다.[116] 어떤 상황들에서, 리더들과 기타의 권력있는 사람들은 부하들에게 그들의 감정을 효과적으로 전달할 동기를 가질 수 있고, 따라서 부하들이 그들의 감정을 파악하기가 비교적 쉽게끔 만든다. 이에 비해서, 부하들은 상사나 리더에 대한 그들의 감정을 은폐시키고 싶어할 수 있다.[117] 현재로서, 이러한 모든 설명들이 사색적인 것으로 간주되어야만 된다.

성행동(sexuality)

인간 성행동의 성차들이 광범하게 증명되어왔다.[118] 하나의 일관된 발견은 여성이 성행동에 대해 더 관계적이거나 파트너중심적 관점을 갖는 경향이 있고, 남성이 더 리크리에이션적이거나 신체중심적 관점을 갖는 경향이 있다는 것이다. 예컨대, 여성에 비해서, 남성은 남자들과 아울러 여자들에 대해서 우연적 성교에 대한 유의하게 더 관용적 태도들을 갖고 있다. 남자들은 데이트관계의 초기에 우연적 성교를 포함해서, 혼전 성교의 더 큰 수용을 보고한다. 남자들은 또한 혼외 성교의 더 큰 수용을 보고한다. 한 메타분석은 성태도들에서의 이러한 남녀차이의 크기가 1960년대부터 감소했지만 비교적 큰 채로 계속된다는 것을 발견했다.[119] 성태도들에서의 문화차이들이 또한 있다. 연구자들은 24개 국가의 성인들의 성태도들을 비교했다.[120] 혼전, 혼외 및 동성애 성교의 3개의 유형의 성행동이 "항상 그르다"고 생각했던 사람들의 백분율이 비교되었다. 예상 외로, 미국이 연구된 더 보수적 국가들 중의 하나로 나타났다.

젊은 이성애적 성인들이 성적 욕망을 정의하도록 요구받았을 때, 여성들은 그 경험을 "로

맨틱화"시키는(romanticize) 경향이 있고, 남성들은 그것을 "성욕망화"시키는(sexualize) 경향이 있다.[121] 예컨대, 한 젊은 여자는 "성적 욕망이 정서적으로 친밀하고 타인에 대해 애정을 표현하는 것을 바라는 것이다."라고 설명했다. 한 젊은 남자는 성적 욕망을 "육체적 방식으로 어떤 사람을 원하는 것이다. 실오라기도 걸치지 않는다. 그저 억제되지 않는 성교를 위한 것이다."와 동일시했다.

남자들과 여자들은 또한 성교를 갖는 데 대한 그들의 이유들에서 차이가 있다. 결혼했거나 데이트하는 이성애자들에서, 여자들은 성적 만남으로부터 친밀성을 얻으려는 욕망을 강조한다; 그들은 성교의 목표를 어떤 몰입된 관계 속에서 상대방에 대한 애정을 표현하는 것으로 보았다.[122] 이에 비해서, 남자들은 성교의 목표로서 성적 다양성과 육체적 만족을 강조한다. 우연적 성교에 대해서, 젊은 남자들과 여자들은 성적 욕망, 시험해보기 및 파트너의 매력성을 포함해서, 동일한 이유들 중의 많은 것을 제시한다. 그럼에도 불구하고, 남자들은 남자 또래들에 대한 그들의 지위를 높이는 것을 언급하는 경향이 더 많고, 여자들은 더 흔히 성교가 성파트너와의 장기적 몰입의 가능성을 증가시킬 것이라고 말한다.[123] 성적 공상들에 관한 연구는 유사한 패턴을 발견한다.[124] 여자들은 친숙한 파트너에 관해서 공상하고 애정과 몰입을 포함시키는 경향이 있다. 남자들의 공상은 익명의 파트너들이나 낯선 이들을 포함하고 특수한 성행위에 초점을 두기가 더 쉽다. 요약하면, 여자들은 남자들보다 성행동과 친밀한 관계를 연관시키는 경향이 더 많다.

개인의 성충동의 강도에서 남녀차이가 있는가? 심리학자들은 관련된 연구들을 고찰했고, 평균적으로, 남자의 성충동이 여자의 성충동보다 더 강하다고 결론지었다.[125] 그들은 성충동을 성적 동기나 성교에 대한 욕망으로서 정의했다. 사람들은 그들의 성적 욕망의 빈도와 강도에서 차이있을 수 있다. 그들은 남자들이 여자들보다 성교에 관해서 더 자주 생각하고 공상한다는 것을 발견했다. 남자들은 여자들보다 더 빈번한 성적 흥분감을 보고하고 훨씬 더 많이 자위행위를 한다. 결혼부부들에서, 남자들은 일반적으로 그들의 아내와 갖고 있는 것보다 더 자주 성교를 원한다고 보고한다; 여자들은 성교의 빈도에 대해 만족하는 것을 보고한다. 많은 이성애적 관계들에서, 성교의 빈도는 남자들과 여자들의 욕망들 사이의 어떤 타협을 반영한다. 결과적으로, 동성의 관계들, 즉 파트너들이 더 유사한 선호들을 갖고 있는 관계들이 성별과 성적 욕망의 관계에 대한 하나의 증거가 되어 줄 것이다. 미국에서의 연구는 남자동성애 커플들이 일반적으로 여성동성애 커플들보다 더 잦은 성교를 갖는다는 것을 발견해왔다.[126] 이러한 그리고 많은 다른 발견들은 그들에게 남자들이 더 강한 성적 욕망을 갖고 있다고 결론짓게끔 만들었다.

성행동에 관한 연구들은 인간 행동에서의 몇 가지 가장 크고 가장 일관성있는 남녀차이들을 확인해왔다. 물론, 남자들 사이와 여자들 사이에서 또한 상당한 개인차들이 있다.[127] 많은 설명들이 성행동에서의 성차들에 대해서 제안되어 왔으며, 몇몇 연구자들은 생식에 관한 진화적 유전과 생물학을 지적하고, 다른 연구자들은 아동기의 사회화를 강조하고, 또 다른 연구자들은 성인의 사회적 역할들에 초점을 둔다.

개인적 자격(personal entitlement)

당신은 대학졸업 후에 당신의 첫 정식직원으로서 좋은 초임을 얼마로 생각하는가? 연구자는 경영학을 전공하는 대학 4학년생들에게 이러한 질문을 제시했다.[128] 첫째로, 그녀는 학생들에게 이전의 졸업생들이 최근에 받았던 봉급들에 관한 상세한 정보를 제공했다. 이전 졸업생들의 성별은 언급되지 않았다. 그 다음에, 그녀는 학생들에게 졸업 후에 자신의 초임으로서 개인적으로 얼마를 받기를 기대하는가를 질문했다. 평균적으로, 남자들은 여자들보다 약 10%를 더 많이 받기를 기대했다. 다른 연구에서 연구자는 한 표본의 남녀 정식직원들을 직업적 권위, 연공, 및 기타 직무에 관련된 차원들상에서 주의깊게 걸맞추었다.[129] 그녀의 표본에서, 여자들을 남자들보다 일관되게 덜 받았다. 하지만, 놀랍게도 여자들은 그들 자신의 봉급이나 직무상의 대우에 대해 불행해하지 않았다. 비록 이 여자 직원들이 다른 여자들이 흔히 봉급의 차별대우를 경험한다는 것을 알았을지라도, 그들은 그들이 개인적으로 불공정하게 지불받고 있다고 믿지 않았다. 그는 이러한 시각을 "만족한 여자근로자의 패러독스"라고 일컬었다.

이러한 그리고 그 밖의 발견들은 남자들과 여자들이 그들의 개인적 자격(personal entitle-ment), 즉 그들이 자신의 직무들이나 관계들로부터 받을 자격이 있다고 믿는 것의 느낌에 있어서 차이가 있다는 것을 시사한다.[130] 일반적으로, 남자들은 여자들보다도 동일한 기여들에 대해서 더 많은 이익을 받기를 기대할 것이다. 예컨대, 남자의 여자 연구참가자들이 어떤 과업에서 개별적으로 작업하고 나서, 그들의 작업에 대한 공정한 지불을 결정하도록 요구받았을 때, 여자들은 남자들보다 그들 자신에게 더 적게 지불한다.[131] 다른 연구에서, 연구자들은 대학생들에게 그들의 실험실에서의 어떤 과업을 수행하는 데 대해 고정된 금액을 지불하기로 약속했다.[132] 비록 양성이 그들이 동일한 지불을 받을 것이라고 들었을지라도, 여자들은 남자들보다 더 오래 작업했고, 더 많은 작업을 했고, 더 정확하고 효율적으로 작업했다. 분명히 여자들은 그들이 받을 금전을 받기 위해서 더 많은 작업을해야만 된다고 믿었다.

한 연구자는 직무상의 개인적 자격에서의 성차들이 사회적 불평등에서 나온다고 제안했다.[133] 산업화된 국가들에서, 남자들과 여자들은 상이한 유형의 직무들에서 근무하는 경향이 있으며, 여자들에 의해 대개 수행된 근무의 유형들(예: 비서, 육아직원, 또는 초등학교 교사)은 남자들에 의해 대개 수행된 근무의 유형들보다 더 적게 지불받는 경향이 있다. 그 결과로 남자들과 여자들은 자기 자신의 보수를 동성의 타인들과 비교하는 경향을 포함하여, 그들 자신의 수행을 평가하기 위해 상이한 기준을 사용할 것이다. 결과적으로, 여자들과 남자들은 그들의 개인적 자격의 느낌이 다르다. 그는 이러한 패턴이 현상태의 유지에 도움을 준다고 생각했다; 즉, 여성들이 남자들과 같이 그들의 일에 대해 높은 보수를 받을 자격이 있다고 느끼지 않기 때문에, 객관적으로 과소 지불받은 여자들이 그들의 직무상황을 불공정이라고 지각하지 않을 것이다.

연구자들은 개인적 자격에서의 성차에 관한 몇 개의 특수한 가설들을 검증하기 시작해왔다.[134] 사회적 비교설명은 사람들이 그들의 결과들(그들이 받는 봉급이나 기타의 보수들)을 평가할 때, 그들은 동성 비교를 행하는 경향이 있다고 시사한다. 따라서, 여자들은 그들 자신을 다른 과소 지불받은 여자들과 비교할 것이고, 남자들은 그들 자신을 다른 더 높은 보수를 받은 남자들과 비교할 것이다. 비록 이것이 몇몇 근무상황들 특히, 직무들이 성별에 의해 분리된 상황들에서 사실일 수 있을지라도, 이것은 여자 법률가들과 같은 고위수준의 전문직들에서 사실일 것 같지는 않다.[135] 둘째로, 하나의 수행평가 설명은 여자들과 남자들이 그들이 직무에 투입하는 것, 즉 그들의 근무의 질에 대해 상이한 평가를 행하는 경향이 있다는 것이다. 특히, 여자들은 그들의 개인적 노력을 평가절하시킬 수 있다.[136] 셋째로, 어떤 사람들에 대해서, 직무만족은 동료들과의 관계들, 자기의 근무에 대한 인정, 개인적 자율성 또는 직무스트레스와 같은, 봉급 이외의 요인들에 의해 결정될 수도 있다. 현재로서, 우리는 만족한 여성근로자의 패러독스에 대한 완전한 설명을 갖고 있지 못하다.

성차들의 전망

양성간의 비교에 관한 연구들에 대한 우리의 고찰로부터, 몇 가지 일반적 요지들이 기억할 만한 가치가 있다. 첫째로, 비언어적 단서들로부터 정서를 파악하는 것과 같은 행동들에서의 양성간의 평균 차이들은 모든 남자들이 사회적으로 둔감하며 모든 여자들이 비언어적 전문가들이라는 것을 의미하지는 않는다. 많은 개인적 변산이 있다; 이 기술들에서 다소의 남자들이 우수하고 다소의 여자들이 비우수하다. 둘째로, 양성간의 차이들을 증명하는 것이 반드시 개인의 기술들과 행동들이 변화불가능하다는 것을 의미하지는 않는다. 남자들과 여자들 모두가 더나 덜 동조하거나, 비언어단서들을 인식하거나, 공격적으로 되게끔 학습할 수 있다.

성문제들의 논의에 있어서, 하나의 자주 제기되는 질문은 다음의 것이다: 즉, 생명의 생물학적 사실들을 제쳐 놓고서, 남자들과 여자들은 얼마나 차이있는가? 심리학적 연구들은 간단한 답변을 제공하지 않는다. 기본적 능력들과 동기들의 수준에서, 성차들은 전형적으로 작거나 없다.[137] 남자들과 여자들은 그들의 기본적 재능들에 있어서 뚜렷하게 유사한 것 같다. 하지만, 공격, 동조, 비언어적 메시지들의 해독 및 성행동을 포함하는 몇 개의 사회적 행동들에서(어떤 복잡한 이유들로) 일관성있는 성차들이 존재한다.

끝으로, 남자들과 여자들의 일상생활들이 정말로 흔히 매우 다르다는 것을 인정하는 것이 중요하다. 남자들과 여자들은 상이한 역할들을 수행하고 결과적으로 그들의 재능들을 상이한 방식으로 사용하는 경향이 있다. 여자들은 아기의 기저귀를 갈아주기가 더 쉽고, 남자들은 빵구난 타이어를 교환하기가 더 쉽다. 이 장의 마지막 절은 여자들과 남자들에 대한 사회적 역할들의 변화를 더 면밀하게 검토한다.

남자들과 여자들의 역할 변화들

오늘날의 신문들은 남자들과 여자들의 역할변화들에 관한 기사들로 차 있다. 사람들이 이러한 변화들을 남녀평등에 대한 진보로서 환영하거나 전통적 가치들의 붕괴를 슬퍼하거나 간에, 남자들과 여자들의 생활이 이전과 같지는 않을 것이라는 것을 부인하는 사람들은 소수일 것이다. 전통적인 성역할들은 두 개의 기본원리를 중심으로 조직화되어 있다. 하나의 아이디어는 남자들과 여자들이 구별되는 활동들을 수행해야만 된다는 것, 즉 성별에 따른 노동분배가 있어야만 된다는 것이다. 두 번째 아이디어는 남자들이 가정과 사회 일반에 있어서 지배적 성이 되어야만 된다는 것이었다. 연구자들은 여자들과 남자들의 적합한 역할에 관한 일반대중의 신념들에서의 변화를 기술해왔다.

성역할에 관한 태도의 변화

산업화된 사회들에서, 여자들과 남자들의 전통적 역할들을 지지하는 강한 신념들이 붕괴되고 있다는 많은 증거가 있다. 성역할에 대한 일반대중의 태도들을 측정하는 연구들이 이러한 변화들을 입증해왔다. 예컨대, 결혼한 여자들의 취업을 찬성하는 사람들이 점점 더 증가되어 왔으며, 대학 1학년생들에 대한 전국적 조사는 결혼한 여자들의 활동이 가정과 가족에 한정되어야 된다는 생각에 대한 찬성의 감소를 보였다.[138] 여성에 대한 태도척도를 사용한 연구는 더 남녀 평등주의적 태도들 쪽으로의 꾸준한 추세를 보였으며, 성역할에 대한 전통적 태도들이 농촌과 비산업화된 사회들에서 가장 강하고, 남자들이 여자들보다 더 전통적 태도를 갖는 경향이 있다는 것을 나타낸다.[139]

성에 대한 태도를 이해하는 데 대한 하나의 새로운 접근은 성에 대한 신념들의 긍정적 요소들과 부정적 요소들을 구분짓는 것이다.[140] 이러한 선의 한 연구는 여성에 대한 두 유형의 태도들을 구분지었다. 적의적 성차별(hostile sexism)은 여성들이 남성들에게 복종해야만 된다는 견해를 반영한다. 이에 비해서, 호의적 성차별(benevolent sexism)은 여성들의 인정과 순수성을 강조한다. 여성에 대한 긍정적 태도와 부정적 태도가 혼합될 수 있는데(예: 자기희생적 여성과 남성적 권력과 직위를 빼앗으려고 드는 것), 이것은 양가적 성차별(ambivalent sexism)이라고 일컬어진다. 양가적 성차별은 여성뿐만 아니라, 남성에 대해서도 또한 적용될 수 있다고 주장되고 있다(예: 가정생활에 무능하고 여성을 보살피는 것).[141)]

직장과 가정에서의 남녀의 일들

최근에, 여성들과 남성들에 의해 수행된 일들에 있어서 큰 변화들이 있어왔다. 이제, 고등교육과 전문교육의 분야들에서 여성이 남성과 동등하거나 더 높은 참가를 보이고 있다. 예컨대, 전통적으로 남자들에 의해 점유되었던 법학과 의학 분야들에서 여성들의 진출이 많아졌고 박사학위와 같은 고급학위를 받는 데에 있어서도 여성이 큰 증가를 보이고 있다.

아마 지난 세기의 가장 극적인 변화는 여성들의 임금노동에 대한 참여의 증가일 것이다. 오늘날, 산업화된 국가들에서 대부분의 성인 여성들이 취업하고 있으며, 맞벌이가정들이 증가되고 있다. 하지만, 여성들은 일의 세계에서 아직 동등한 파트너들로 간주되지 않고 있다. 여성들은 간호사와 비서와 같은 낮은 지위의 여성적 직무들에 계속 몰려 있으며 소득도 또한 남자들보다 더 낮다.

오늘날, 많은 결혼한 여성들이 취업하고 있다는 것을 감안할 때, 남자들이 전통적으로 여성의 일로 간주되어 왔던 가사활동에 대해 어느 정도로 참가하고 있는가의 의문이 제기된다. 식료품을 쇼핑하거나 아기를 돌보아 주는 아버지들이 쉽게 목격될 수 있어서, 아버지들의 가사활동 참여의 증가가 쉽게 인정될 수 있다. 하지만, 남자들의 가사와 육아의 참가는 여자들의 것에 비해 비교적 작으며, 남자와 함께 사는 여자들은 가사와 육아의 대부분의 활동들을 수행한다. 하나의 놀라운 발견은 남편들이 가사와 육아에 대해 보내는 시간이 그들의 아내가 집 밖에서 얼마나 많은 시간을 일하는가에 강하게 관련되어 있지 않다는 것이다. 결혼한 여성들은 그들이 정식직원이나 파트타임 직업을 가진 여부에 관계없이, 대부분의 가사와 육아 활동들을 수행한다. 부부가구들의 대다수에서, 가사와 육아는 계속 주로 여자들의 일이 되고 있다.

직장과 가정에서 절묘하게 수행되는 많은 책임들이 여성들에 대해 어떤 심리적 영향을 주는가? 다수의 역할을 수행하는 것은 곤란하고 스트레스가 클 수 있다. 일하는 어머니들은 흔히 시간부족과 수면부족을 불평한다. 하지만 이러한 문제들에도 불구하고, 많은 여성들이 다수의 역할을 갖는 것을 즐거워한다. 연구들은 배우자, 부모 및 직장인으로서의 다수의 역할을 갖는 것이 여성들과 아울러 남성들에 대한 잠재적인 심리적 이익들을 증명한다.[142)] 분명히, 직업과 가정의 일들의 절묘한 수행의 스트레스들은 다양성과 사회적 접촉과 아울러 금전을 포함하는 이익들에 의해 능가될 것이다.

남성의 지배

전통적 성역할에서 두 번째의 기본적 아이디어는 남자들이 가정과 아울러 사회 일반에서 리더가 되어야만 된다는 것이다. 이 두 영역에서 변화들이 분명히 일어나고 있다. 공적 영역에서, 여성들은 국회의원들, 정당들의 수장들, 고위직의 판사들 등으로서 일하고 있다. 그럼에도 불구하고, 권력서클들 내의 여성들의 숫자는 아직도 작다. 여성들은 국회의원들, 주요 기업체들의 최고 경영자들, 대학들 내의 보직교수들에서 남성들에 비해서 드물다.

개인적 관계들에서, 남성지배의 전도를 평가하기가 더 어렵다. 개인적 성향들의 수준에서, 남자들과 여자들은 그들의 권력에 대한 관심과 권력동기에 있어서 차이가 없다.[143] 하지만, 사회적 관습은 전통적으로 데이트와 결혼에 있어서 남자들에게 더 큰 권위를 부여해왔다. 오늘날 많은 결혼부부들이 자기들의 관계를 권력에 있어서 동등하다고 기술한다. 하지만, 관계들이 평등하지 않을 때, 더 큰 영향력을 가진 것은 흔히 남자이다.

심지어 평등규범들을 강하게 찬성하는 젊은 부부들도 때로는 이러한 이상들을 성취시키기가 어렵다는 것을 발견한다. 남성지배의 추상적 원칙을 거부하는 사람들이라도 남성의 리더십을 고무시키는 사회적 각본들을 계속 따를 것이다. 연구자들은 데이트에 관한 한 연구에서 이러한 아이디어를 예시했다.[144] 연구자들은 대학생들에게 젊은 남녀가 각각 첫 데이트를 위해 준비하고, 데이트상대를 만나고, 함께 시간을 보내는 활동들을 독립적으로 제시하도록 요구했다. 전형적인 데이트하기 각본에서 남자가 데이트에서 리더십역할을 맡게 될 것이 가정되고 있다. 즉, 남자가 데이트신청을 하고, 갈 곳을 정하고, 데이트비용을 지불하고, 신체접촉을 개시하고, 두 번째 데이트를 요구하는 사람이 된다.

부가적으로, 데이트와 결혼생활에 대한 문화적 기준들은 여성들이 남성들보다 더 적은 개인적 자원들을 갖는 상황들을 계속 조성한다. 여성들이 더 나이 많고 더 많이 교육받고, 더 많이 돈을 벌고, 더 권위있는 직업을 가진 남자들과 결혼하는 한, 여성들은 이성관계에서 상대적인 권력 불리 속에 있을 것이다.

요 약

1. 일상생활에서 사람들의 성은 우선적으로 인식되는 중요한 특징들 중의 하나이고, 사람들의 인간관계들에 대해 큰 영향을 준다.
2. 성 또는 성별(sex)과 성(gender)은 각각 생물학적 특징들(즉, 남자와 여자)과 이것들의 심리적 및 사회문화적 결과들이나 특징들로서 정의 될 수 있지만, 이 두 용어를 구분짓는 것이 쉽지 않다.
3. 성(gender)은 사람들이 남자나 여자의 역할에 대한 사회화의 결과로서 내면화시키는 개인의 개인적 정체성 또는 특성들, 태도들, 신념들, 선호들 및 행동들을 포함하는 것으로 간주된다.
4. 사람들의 지각에서의 행위자–관찰자 편향 때문에, 성의 상이한 측면들이 행위자들과 관찰자들에 대해서 특출하게 된다. 행위자들로서 사람들은 그들이 처한 맥락이나 상황에 대한 성역할 규범들과 기대들에 의해 가장 많이 영향을 받는 반면에, 관찰자들은 행위자의 성향적 단서들(예: 성격특성들)에 기초해서 행위자를 지각한다.
5. 역사적으로, 사람들은 성역할들이 분리된 사회 속에서 살아 왔지만, 최근의 사회변화들이 여성의 역할들을 변화시켜왔다. 하지만, 직업분야에서, 여성들은 남성들의 역할들보다 더 낮은 지위, 권위 및 임금의 역할들을 맡고 있다.
6. 여자들과 남자들의 개인적 속성들에 관한 신념들은 성고정관념들(gender stereotypes)이라고 일컬어진다. 매스 미디어에서, 남자들은 다양한 사회적 역할과 활동 속에서 보여지는 반면에, 여자들은 가정과 가족 역할에 더 흔히 한정되며, 남자들의 사진들이 얼굴을 강조하고 여자들의 사진들이 신체를 강조하는 경향이 있다. 이러한 경향은 안면주의(faceism)라고 일컬어진다.
7. 문화적 성고정관념들은 미디어, 예술 및 문학에서 발견된 양성에 관한 사회적 수준의 이미지들이다. 개인적 성고정관념들은 남녀의 전형적 속성들에 관해 개인이 갖고 있는 신념들이다.
8. 고정관념들은 사용가능한 정보가 거의 없을 때, 개인의 성별이 특히 특출할 때, 그리고 개인이 비교적 권력이 낮을 때에 타인들의 지각에 영향을 주기가 가장 쉽다. 성고정관념들의 하나의 문제는 이것들이 직장과 학교에서 개인적인 남자들과 여자들의 평가를 편향시킬 수 있다는 것이다.
9. 우리 자신이 여자나 남자라는 지식, 즉 성정체성(gender identity)은 아동기 초기에 획득된다. 아동들이 성이 일정하고 불변하는 것이라는 것을 이해하게 될 때에 중요한 발달적 이정표가 생긴다. 성전환자들은 심한 성정체성의 갈등을 갖는다. 그들은 그들의 진짜 심리적 성이 생물학적 성별과 다르다고 믿는다.
10. 남성성과 여성성에 관한 신념들은 우리의 자기개념의 중요한 요소들이다. 양성적인 사람들은 그들 자신을 남성적(도구적) 및 여성적(표현적) 자질들의 모두에서 높게 평정한다. 연구들은 심리적 행복이 전통적으로 남성적인 남자들과 여성적인 여자들에서 가장 크다는 일치모형(congruence model)의 주장을 반박한다.
11. 몇몇 연구자들은 도구성(instrumentality; 과업유능성과 주장성) 또는 기능성(agency)과 표현성

(expressivity; 양육성과 정서표현성) 또는 친교성(communion)과 같은 성중립적 용어들이 심리적 "남성성"과 "여성성"의 개념들을 대치시켜야만 된다고 믿는다. 도구성(타인들을 배제시키고 자기에게 초점을 두는 것)과 표현성(타인들에 대해 과도하게 관여되고 자기를 등한시하는 경향)의 바람직스럽지 못한 측면들이 개인의 건강에 대해 유해할 수 있다는 증거가 있다.

12. 성차들의 원인에 관한 4개의 주요 이론적 관점들이 있다. 생물학적 접근은 신체적 차이들, 성호르몬들 및 진화의 영향을 강조한다. 사회화접근은 우리가 아동기에서 시작하는 모델링과 강화를 통해 비교적 안정된 성유형화된 특징들을 획득하는 방식들을 강조한다. 사회적 역할의 관점은 사람들이 남편이나 간호사와 같은 성별에 연관된 사회적 역할들에 동조하는 경향이 있다는 것을 강조한다. 마지막의 사회적 상황의 접근은 집단의 성구성, 과업이나 활동의 성질 및 타인들의 사회적 기대들과 같은 요인들에 따라, 사람들의 행동이 상황들 간에 변화되는 것을 강조한다.
13. 많은 연구들이 여자들과 남자들의 사회적 행동을 비교해왔다. 메타분석(meta-analysis)이라는 기법은 많은 상이한 연구들에서 나온 결과들에 대한 양적 통합방식을 제공한다. 연구들은 평균적인 남자들이 더 공격적이며 어떤 상황들에서 남자들이 사회적 영향에 대해 덜 영향을 받을 수 있다는 것을 발견한다. 여자들은 비언어적 커뮤니케이션을 해독하는 데에서 더 잘하는 경향이 있다. 일반적으로 여자들은 성행동에 대해 더 관계적이거나 파트너중심적 관점을 갖는 경향이 있다; 남자들은 더 리크리에이션적이거나 신체중심적 관점을 갖는 경향이 있다. 남자들과 여자들은 그들의 개인적 자격의 느낌에 있어서 차이있는 것 같다.
14. 남자와 여자의 역할들에 관한 태도들(gender role attitudes)이 점점 덜 전통적으로 되어왔다. 그럼에도 불구하고, 남자들은 여자들보다 계속 더 전통적 태도들을 갖고 있다.
15. 일상생활에서, 여자들과 남자들은 흔히 그들의 기본적 재능과 동기를 성에 연결된 독특한 방식으로 사용한다. 전통적인 성역할들은 성별에 의한 노동분배를 규정하며 남자들에게 더 큰 권력을 부여한다. 사회변화에도 불구하고, 이러한 전통적 패턴들의 모두가 지속된다. 하지만, 일반적으로, 오늘날의 사람들은 과거보다도 성역할들에 의해 덜 제약받고 있다.

제14장

갈등과 갈등관리

사회적 딜레마들
- 사회적 딜레마의 유형들
- 협동의 결정요인들

협상
- 협상의 기본 개념
- 협상에 관한 심리학 연구들
- 협상전략들과 이것들의 영향
- 전략적 선택에 영향을 주는 요인들
- 상대측의 요구와 양보에 대한 반응들
- 탁월한 해결책들과 공정성의 판단들
- 협상에서의 인지과정들
- 협상에 관한 결론들

폭넓은 갈등
- 갈등행동의 유형들
- 전략선택의 심리적 요인들
- 관계들과 전략적 선택
- 전략선택에 대한 기타의 영향들

갈등해결
- 갈등감축을 고무시키는 동인들과 지각들
- 갈등감축을 고무시키는 조건들
- 논쟁자에 의한 화해적 주도들
- 중재
- 중재자에 대한 논쟁자의 행동
- 제삼자 중재의 다른 형태들

요약

사람들이 직장이나 사회 생활에서 서로 의견이 맞지 않고 싫어하고 몇 달이나 몇 년 동안 서로 반목하는 관계들을 갖는 것이 종종 발견된다. 예컨대, 동일한 회사의 같은 부서에서 근무하는 두 명의 직원은 승진 경쟁자들로서 업무적으로 자주 의견충돌을 보이고 팀회의 동안에 심한 언쟁을 자주 한다. 이것은 우리들 중의 다수가 잘 알고 있을 수 있는 하나의 매우 난처한 상황이다. 이러한 팀의 갈등의 손상은 이미 두 사람으로부터 팀으로까지 확산되어 왔으며 업무처리의 질에 영향을 줄 것이다. 비록 이러한 직장 내 갈등의 영향의 정도가 지구수준에서의 다툼(예: 팔레스타인-이스라엘 갈등, 보스니아에서의 세르비아-크로아티아-회교도 갈등, 및 르완다에서의 후투족-투치족 갈등)의 인간적, 사회적 및 경제적 폐해에 비해 작을지라도, 이러한 다양한 갈등상황들은 사람들이 기술들, 가치들, 자원들, 파워 및 자율성에서의 차이들에 당면하고 처리하는 것에 대한 엄청난 도전들을 반영한다. 우리가 어디에 사는가와 우리가 누구를 아는가에 관계없이, 갈등은 우리들의 생활의 일부분이다. 그리고 우리들 중의 많은 이들에 대해, 이것은 참화를 주는 영향을 주어 왔고, 계속 주게 될 것이다. 따라서, 갈등을 이해하고 이것의 파괴적 결과를 개선하는 방법들을 개발하는 것은 인간생활의 질에 대해 중요한 함의를 가지며, 갈등을 응용사회심리학에 대해 하나의 매우 중요한 분야로 만든다. 이 장의 목적은 인간 행동에 대한 사회심리학적 접근들에 의해 밝혀져 온 최근의 갈등 연구와 실무를 논의하는 것이다.

"갈등이란 무엇인가?"는 간단한 답변이 없는 하나의 현혹시키는 간단한 질문이다. 학문적 문헌들에서 사용가능한 160개 이상의 정의들이 있다는 것이 관찰되어왔다.[1] 이 정의들에서 두 개의 가장 공통적 요소들이 있다: 즉, ① 개인 자신의 목표들이나 활동들과 타인의 것들의 실제적이거나 지각된 부조화(양립하지 않음), 그리고 ② 개인의 목표들이나 활동들의 달성에 있어서 타인이나 집단에 의한 방해(또는 방해가능성)이다. 갈등 문헌들과 아울러 논쟁들에 대한 실제적 경험에 기초해서, 고려될 필요가 있는 최소한 3개의 부가적 이슈들이 있다: 즉, 인식, 표현 및 감정이다.[2] 갈등을 정의하는 것의 "인식" 측면은 앞에서 언급된 갈등의 두 개의 공통요소를 가지며, 다음의 의문을 제기한다: 만일 어느 측도 부조화들을 지각하지 않거나(비록 그것들이 객관적으로 존재할지라도) 만일 어느 측도 방해에 대한 가능성이 있다고 생각하지 않더라도, 두 당사자들 사이에 어떤 갈등이 존재하는가? 서두의 팀 예에서, 서로 모르는 사이에, 두 직원인 김씨와 이씨가 새로운 팀의 리더가 되기를 지원해왔다면, 어떠할 것인가? 그들의 승진에 대한 목표들은 팀의 단 한 사람 만이 그 자리를 차지할 수 있기 때문에 양립불가능하다. 하지만, 그들 중의 어느 누구도 상대방의 지원을 알지 못한다면 이것은 하나의 갈등인가?

"표현"의 이슈는 갈등의 공개적인 나타냄에 관한 것이다. 즉, 설사 사람들이 부조화나 방해를 인식하더라도, 그들이 이러한 인식에 좇아 행동하지 않는 경우에 어떤 갈등이 존재하는가? 아무도 어떤 것을 말하거나 행하지 않는다면, 어떠할 것인가? 김씨와 이씨는 만일 그들이 자기들이 동일한 직위로 승진하기를 원한다는 것을 알지만, 모두가 선발과정이 될대로 되라고 내버려 두기로 결정했다면, 그래도 어떤 갈등 속에 있게 될 것인가?

갈등을 정의하는 데 대한 세 번째 그리고 마지막 이슈나 도전은 "감정"(affect)의 역할이다. 갈등에는 흔히 분노와 불안과 같은 어떤 부정적 정서가 선행되거나 동반된다. 그러면, 다른 의문은 만일 양측이 그들의 상호작용에 의해 행복과 흥분을 느낀다면, 어떤 갈등이 존재할 것인가? 만일 이것들이 우세한 정서들이라면, 사람들 자신은 설사 부조화와 방해의 요소들이 존재할지라도, 이것을 하나의 갈등이라고 명명하지 않기가 쉽다.

이러한 이슈들의 고려는 학자들, 실무자들 및 논쟁자들이 비슷하게 동의하게 될 갈등의 정의를 발전시키는 것이 곤란하다는 것을 보여준다. 하지만, 더 많은 논의를 위해 하나의 틀로서 하나의 정의를 갖는 것이 중요하다. 조직들에서의 갈등과 협상에 관한 고찰에서 나온 Thomas(1992)의 정의가 이것이 모든 이러한 이슈들을 취급하기 때문에 사용될 것이다. 갈등은 "한 측이 상대측이 자신이 원하는 어떤 것에 대해 부정적으로 영향을 주어 왔거나 부정적으로 영향을 주려고 한다는 것을 지각할 때에 시작되는 과정"(p. 653)이다. 이러한 정의는 단순한 진술 속에 부조화와 방해(즉, 개인이 원하는 어떤 것에 대해 부정적으로 영향을 주는 것), 최소한 한 사람측에서의 인식의 필요성, 부정적 정서의 존재 및 외현적 표현이나 공개적인 나타냄이 요구되지 않는 것의 요소들을 종합하고 있다. 이러한 정의는 흔히 의견과 가치의 차이들을 포함할 수 있는 토의들과 의사결정들과 같은 다른 사회적 상호작용들과 갈등을 구분짓는 것을 도와준다.

이하의 절들은 4개의 주요 주제들을 중심으로 조직될 것이다: 즉, 사회적 딜레마들, 협상, 폭넓은 갈등 및 갈등해결이다. 각 주제는 상이한 연구전통을 반영한다. 사회적 딜레마들(social dilemmas)은 둘이나 그 이상의 당사자들이 자기이익과 집단이익 사이를 선택해야만 되sms 상황들의 한 종류이다. 자기이익(이반이나 변절이라고 일컬어지는 것)을 도모하는 결정은 타인들의 복지를 감소시킨다; 집단이익(협동이라고 일컬어지는 것)을 도모하는 결정은 개인 자신의 복지를 감소시킨다. 이러한 선택은 만일 모든 당사자들이 자기이익의 노선을 택한다면, 그들이 사회적으로 책임있는 방식으로 행동했을 경우보다 그들의 모두가 더 불리하기 때문에 하나의 딜레마를 제기한다. 각자에 대해서 가장 좋은 것의 일방적 추구는 모든 사람이 손해를 보는 상황을 만든다. 사회적 딜레마들은 각 측이 다른 측들을 해침으로써 이익을 얻을 수 있기 때문에 이익의 상이를 포함한다. 그러나 그것들은 또한 상호 협동이 상호 이반보다 모든 측들에 대해서 더 좋기 때문에 이익의 어떤 수렴을 포함한다. 따라서 사회적 딜레마들은 한 연구자에 의해서 개발된 개념인 혼합된 동인들(mixed motives)을 포함한다고 말할 수 있다.[3)]

협상(negotiation)은 이익(interest)의 상이에 관해서 합의에 도달하는 목적을 가진 갈등을 겪는 당사자들 사이의 하나의 논의이다. 사회적 딜레마들(social dilemmas)처럼, 협상은 혼합된 동인들(mixed motives)을 포함한다: 즉, 각 측이 상대측을 희생시키고서 자신의 목적을 얻으려고 동기화되어 있다는 점에서 이익의 상이가 있다. 하지만, 타협이 합의에 도달하는 것에 대한 실패보다 양측에 대해 대개 더 좋다는 점에서 이익의 어떤 수렴이 있다.

폭넓은 갈등(broader conflict)은 법적 싸움들, 부부의 말다툼들, 국제적 중재, 부처들 간의 경쟁 등을 관찰하는 갈등연구자들에 의해 연구된 현상을 일컫는 하나의 포괄적 용어이다. 이 연구자들은 다른 두 개의, 즉 사회적 딜레마들과 협상의 전통들의 연구자들과 3가지 방식으로 차이가 있다. ① 그들은 갈등을 다른 측에 의한 괴로움과 아울러 이익의 상이에서 나오는 것으로서 본다. ② 그들은 논쟁자들dl 싸움이나 제삼자들에 대한 호소를 포함하는, 매우 광범한 선택지들로부터 선택한다고 가정한다. ③ 그들은 갈등의 확대(점점 더 가혹한 전술들의 사용)를 포함하는 광범한 갈등결과들을 고려한다. 비록 그들이 다양한 상황에서 자료를 수집할지라도, 이 연구자들은 그들의 작업의 동일된 기술이 가능할 수 있는 충분한 아이디어들을 공유한다.

많은 면에서, 사회적 딜레마들, 협상 및 폭넓은 갈등 사이를 구분짓는 것은 인위적인 것이다. 따라서, 독자는 이 주제들에 관한 절들 사이의 다소의 중첩을 발견할 것이다. 폭넓은 갈등(broader conflict)에 관한 절은 또한 공격에 관한 주제와 중첩되는데, 이것은 매우 확대된 갈등에서 사용된 전술들이 공격과 구별 불가능하기 때문이다. 이러한 모든 주제들에 관한 통일된 취급이 종국적으로 가능할 것이지만, 현재로서 이것들은 경험적 문헌의 성질을 반영시키게끔 별개로 검토될 필요가 있다. 마지막 주제인 갈등해결은 이익의 상이의 정도의 축소(deescalation)와 감소를 일컫는다.

사회적 딜레마들

사회적 딜레마들(social dilemmas)은 이것들이 동료를 돕지 못하는 것과 직무에서 빈둥대는 것으로부터 군비경쟁과 생태계의 파괴에 이르는 다수의 인간문제들에 기저하기 때문에 중요하다. 이러한 문제들을 해결하는 노력은 만일 우리가 사회적 딜레마들이 어떻게 작용하는가를 안다면, 가장 잘 이해될 수 있는 규범적 체계들과 정치제도들을 만든다.

사회적 딜레마들의 유형들

연구자들은 사회적 딜레마들의 4개의 주요 유형들을 검토해왔다: 즉, 이자(두 명)의 죄수의 딜레마들(prisoner's dilemmas), n측(다자)의 죄수의 딜레마들(n-party prisoner's dilemmas), 자원딜레마들(resource dilemmas) 및 사회적 태만(또는 빈둥거림)을 일으키는 상황들이다.[4] 이하의 절들은 이것들의 각각을 차례로 검토할 것이다.

(1) 이자의 죄수의 딜레마들

가장 잘 알려진 사회적 딜레마의 유형은 이자의 죄수의 딜레마들(two-party prisoner's dilemmas)이다. 이것의 한 예가 도 14.1에 제시되어 있다. 이 그림 속에서 제시된 행렬들에서 1측(party 1)은 종렬들 사이에서 선택하고 2측(party 2)은 횡렬들 사이에서 선택하는 것으로 가정되고 있다. 선택들의 각 조합에 대한 결과들(금액, 행복, 또는 문제가 되는 어떤 것)이 이러한 선택들의 상호작용 상에서 보여지는데, 1측의 결과는 앞에 그리고 2측의 결과는 쉼표(콤마)의 뒤에 제시되어 있다. 분명히 각 측은 상대측의 결정에 관계없이, C(협동)보다 D(이반)를 택하는 것이 더 유리하다. 하지만, 만일 양측이 D를 택한다면, 양측이 C를 택할 경우보다 더 불리하다. 연구자들은 상호 이반(mutual defection)을 DD함정(DD trap)이라고 일컬어 왔다.[5] 죄수의 딜레마(PD)는 돕기와 돕지 않기, 일하기와 빈둥거리기, 지불하기와 지불하지 않기, 무장하기와 비무장하기 등을 포함하는, 사람들이 행하는 몇 가지 가장 중요한 결정들에 기저한다.

죄수의 딜레마(PD)는 동일한 두 명의 당사자들에 의해 흔히 반복적으로 당면된다. 예컨대, 두 명의 식당직원들은 주기적으로 업무과잉에 당면해서 서로 돕기(C)와 비돕기(D) 사이의 반복적 선택을 행해야만 될 수 있다. 도 14.1(a)에서 보인 종류의 행렬들이 게임이론(theory of games)에서 나오는데, 이것은 사회적 상황들을 수학적 용어들로 기술하고, 각 상황에 대해 가장 합리적 접근을 결정하고, 이러한 접근의 논리적 결과를 평가하고자 하는 학문분야이다. 게임이론가들인 Rapoport과 Guyer(1966)는 이자의 죄수의 딜레마(two-party prisoner`s dilemmas)의 일반화된 버전(version)에 기초해서, 2× 2(two-party, two-option)의 유형론을 개발했다(도 14.1b).[6] Kelley와 Thibaut(1978)는 심리학적으로 유의미한 차원들에 기초해서 이 게임들을 더욱 분류했다.[7]

C, 협동; D, 이반

1측의 선택지들 \ 2측의 선택지들	C	D
C	10, 10	0, 15
D	15, 0	5, 5

1측의 선택지들 \ 2측의 선택지들	C	D
C	W_1, W_2	X_1, Y_2
D	Y_1, X_2	Z_1, Z_2

(a) 죄수의 딜레마의 한 예, (b) 2×2 게임의 일반형태, 그리고 C와 D는 각각 협동과 이반임. 4개의 네모 칸 속의 숫자들은 각 측에 대한 선택의 결과들임.

도 14.1 2×2 게임

(2) n측(또는 다자)의 죄수의 딜레마들(n-party prisoner's dilemmas)

사회적 딜레마들은 대개 두 명의 당사자들 이상(흔히 다수)을 포함한다. 따라서, 다자(multiparty) 또는 n측의 죄수의 딜레마(NPD)가 고안되어왔다. 또 다시, 각 측은 상대측들이 무엇을 행하는가에 관계없이, D를 선택하는 것이 유리하다. 하지만, 만일 모두가 그들의 자기이익을 추구한다면, 모두가 상대측들을 유리하게 하고 C를 선택하는 것(맨 위 횡렬)보다 불리하다. NPD에 관한 하나의 실생활의 예가 화재가 난 극장 속에 있는 사람들 사이의 관계이다. 각자는 출구 쪽으로 경쟁적으로 달려가는 압도적인 이익처럼 보이는 선택지를 갖고 있다(D). 하지만 만일 모두가 그렇게 한다면, 다수가 결과되는 공황 속에서 죽게 되기가 쉽다(DD trap). 더 나은 접근은 모든 사람이 협동적으로 출구를 통과하는 차례를 지키는 것(C)이다.

PD와 NPD에 관한 대부분의 연구가 이러한 게임들의 어떤 행렬제시를 포함해 왔는데, 여기에서 참가자들은 숫자들이 돈이나 점수들을 나타낸다고 지시받고 있다. 사회적 결정들의 결과들이 참가자들에게 숫자의 형태로 제시되는 이러한 그리고 그 밖의 연구과업들은 실험적 게임들(experimental games)이라고 일컬어진다.

(3) 자원딜레마들(resource dilemmas)

최근에, 사회적 딜레마들에 관한 대부분의 연구들이 한 집단에 의해 공유되고 있는 자원들의 전체를 포함하는 상황들을 취급해왔다. 2명과 같이 작은 당사자들이 이러한 딜레마들 속에 포함될 수도 있지만, 대부분의 연구들이 더 큰 집단들을 취급해왔다. 비록 몇몇 연구자들이 이 용어를 더 좁게 사용해왔을지라도, 이러한 게임들에 대한 하나의 적절한 용어는 자원딜레마들이다. 두 가지 유형의 자원딜레마들이 있다; 즉, 공유지의 딜레마들과 공공자산의 딜레마들이다.

(가) 공유지의 딜레마들(commons dilemmas)

공유지(때로는 "자원"이나 "수확"이라고 일컬어지는 것)의 딜레마들(CDs)에서, 당사자들은 어떤 공동의 자원(pool)으로부터 자원들을 얻어간다. 자기이익은 각 측이 가능한 한 많이 가져가야만 된다는 것을 함의하지만, 집단은 만일 너무 많이 가져갈 경우에 고통을 당한다. 이 딜레마는 공유지의 비극(Tragedy of Commons)으로부터 그 명칭을 얻었다.[8] 여기에서 목자들은 영구적 파괴의 지점까지 공동의 마을 목초지를 과잉으로 방목한다. 다른 자원보존의 딜레마들도 이와 유사한 구조를 갖고 있다. 이러한 게임의 가장 흔한 실험실 버전에서, 공동자원(pool; 점수들, 돈, 상상적 나무들)은 어떤 최대수준까지는 가져간 후에 주기적으로 재충전된다. 각자는 자신이 할 수 있는 한 모든 것을 갖고 싶어한다. 따라서 항상 과잉수확의 위험이 있는데, 이것은 공동자원(pool)을 최대의 재충전의 지점 이하로 고갈시키거나, 공동자원을 파괴할 것이다.

(나) 공공자산의 딜레마들(public goods dilemmas)

공공자산의 딜레마들(PGDs)에서, 당사자들은 공동 자원(pool)에다가 자원들을 기여한다. 자기이익은 그들의 각자가 작게 또는 전혀 제공하지 않아야만 된다는 것을 함의하지만, 집단은 만일 너무 적게 제공받게 될 경우에, 자원 부족에 따른 고통을 당할 것이다. 하나의 예는 모임을 위해 회비를 내는 것이다. 각 회원은 회비 지불을 피하고 싶어한다(D); 하지만 만일 모든 멤버가 그렇게 한다면, 회원들 모두가 손실을 입게 된다. 자신이 낼 자원의 몫을 내지 않는 사람들을 무임승차자들(free riders)라고 일컫는다.

공공자산의(public goods) 딜레마들에 관한 실험실연구들에서, 참가자들은 대개 소유되거나 공동자원(pool)을 위해 기부될 수 있는 돈이나 점수들의 어떤 고정된 합계를 제공받는다.

(4) 사회적 태만(social loafing)

사회적 태만(공동노력에 대해 개인의 몫이나 작업을 기여하지 않는 것)은 무임승차(free－riding)의 한 형태이다. 정말로, 이하의 논의에서 보게 되는 바와 같이, 사회적 태만(또는 빈둥거림)에 관한 대부분의 발견들은 공공자산의 딜레마(PGD)에 대한 것들과 비슷하다.

협동의 결정요인들

이하의 절들은 사회적 딜레마들에서 협동의 수준이나 협동을 보장하기 위한 대책들에 관한 결정들에 영향을 주는 6개의 큰 범주의 변인들을 취급한다: 즉, 동기, 상대측들의 실제적 및 기대된 행동, 사회적 통제, 의사소통, 집단규모 및 의사결정단위의 크기이다. 이러한 변인들에 대한 발견들의 대부분은 모든 유형의 사회적 딜레마들에 대해 적용되지만, 소수는 어떤 유형에 특유하다. 따라서, 포함된 딜레마의 유형이 대부분의 발견들에 대해 규정되게 된다. 인간이 사회적 딜레마들에 대해 어떻게 대처하는가의 모습이 또한 제시된다.

(1) 동기

여러 동기들(자기이익, 집단의 복지에 대한 관심, 상호협동에 대한 욕망을 포함하는)이 사회적 딜레마들 속에서의 행동에 대해 영향을 준다. 하나의 분명한 동기원은 딜레마의 유인구조(가용한 선택지들과 연합된 분명한 결과들)이다. 다른 소스들은 개인의 사회적 가치들, 당사자들 간의 관계들 및 장차의 결과들에 관한 예상들이다.

(가) 유인구조(incentive structure)

당연하게도 이자의 죄수의 딜레마(PD)와 다자의 죄수의 딜레마(NPD)에서, 협동은 이것이 더 높은 결과들을 내놓을 때나(예: 도14.1 b에서 W나 X가 더 클 때) 이반이 더 작은 결과들을 내놓을 때(예: Y나 Z가 더 작을 때) 일어나기가 더 쉽게 된다. PD에서 객관적 결과들의 영향이 매우 질서적이어서 협동의 지수(K)가 고안되어왔다. 이 지수는 또한 NPD에 대해 성공적으로 일반화되어왔다.

이와 비슷한 유인효과들이 자원딜레마들에 대해서 얻어져 왔다. 협동은 집단멤버들이 집단의 전체의 성공에서 나오는 이익을 받거나 무임승차에 대해서 처벌당하는 정도에 따라 증가된다. 협동은 또한 이것이 "다른 집단멤버들에 대해" 더 큰 이익을 제공할 때에 증가한다. 이러한 증가된 협동은 이타성이나 신용구축(credit building; 타인들이 되갚을 것이라는 희망으로 그들에게 보수를 주는 것)을 반영할 것이다.

유인효과들은 결코 어떤 딜레마에서 가용한 객관적 결과들에 전적으로 기초되지는 않는다. 따라서, 객관적 보수구조가 일정하게 유지되면, 사람들은 공공자산의 딜레마(PGDs)보다 공유지의 딜레마(CDs)에서 더 협동적인데,[9] 이것은 아마 그들이 협동을 CD에서는 자원들의 획득으로서, 그리고 PGD에서는 자원들의 손실로서 정의하기 때문일 것이다.

(나) 사회적 가치들

사회적 가치들은 사회적 결과들의 특수한 유형들에 대한 개인의 선호들이다. 가장 흔히 연구된 가치들은 친사회적 관점(공동결과의 최대화), 개인주의적 관점(자신의 결과의 최대화) 및 경쟁적 관점(타인보다 더 나은 결과의 성취)이다. 몇 개의 딜레마 유형들에 대해서 얻어져 온 통상적 발견은 친사회적 관점이 개인주의적 관점보다 더 많은 협동을 고무시키고, 후자가 경쟁적 관점보다 더 많은 협동을 고무시킨다는 것이다. 사회적 가치들의 영향은 사회적 딜레마의 지각된 유인구조상의 "변형들"에 의해 매개될 것이다.[10]

(다) 상대측이나 여러 당사자들과의 관계

집단멤버들 간의 매력과 화합감이 사회적 딜레마들에서 협동을 고무시키는 경향이 있다. 이것은 아마 이것들이 다른 측들이나 집단의 성공의 유인가를 높이기 때문일 것이다. 몇 개의 노선의 증거들이 이러한 일반화를 지지한다. 이전의 친구관계가 죄수의 딜레마(PD)와 공공자산의 딜레마(PGD)에서 협동을 증가시킨다는 것을 보여왔다.[11] 지각된 태도 유사성이 PD에서 동일한 효과를 가지며, 공통적 집단정체를 갖는 것이 공유지의 딜레마(CD)에서 협동을 고무시킨다. 이와 비슷하게, 사회적 태만이 집단멤버들이 강항 긍정적 관계들을 가졌을 때(예컨대, 그들이 친한 친구들, 커플들 또는 팀원들이었을 때)에 사라진다는 것이 발견되었다. PGD에 대한 발견들은 덜 분명하다.

다수의 당사자의 딜레마들에서 높은 이익이 "전체로서의" 집단에 대한 정체감이 있을 경우에만 성취될 것이라는 것에 유의하는 것이 중요하다. 견고한 하위집단들이 있을 때, 협동은 감소되며 전체의 집단결과가 감소하는 경향이 있다.[12)]

방금 고찰된 연구들은 긍정적 관계들과 화합감들이 사회적 딜레마들을 해결하려고 노력하는 데에 있어서 주요 무기들이라는 것을 시사한다. 집단들은 때로는 그들의 멤버들에 대해 이러한 조건들을 조성하려고 시도한다. 따라서, 연구자는 NPD에서 이반에 대한 유인이 클수록, 집단들이 내부화합을 발전시키려고 더 열심히 노력한다는 것을 발견했다.[13)] 생물학적 진화가 서로 의존하고 따라서 사회적 딜레마들을 갖기 쉬울 수 있는 사람들 사이에서 긍정적 관계들과 화합감들을 일으키는 어떤 기제들을 마련해 왔을 가능성이 있다. 이러한 기제들의 가능한 후보들은 ① 긍정적 감정들이 서로 유사하거나, 자주 접촉하거나, 가까운 곳에 사는 사람들 사이에서 발전하는 경향이 있다는 사실, 그리고 ② 공동운명을 가진 사람들이 공동적 정체감을 발전시키는 경향이 있다는 사실이다.[14)]

(라) 장기적 사고: 미래의 그림자

사회적 딜레마들이 어떤 기간 동안 반복적 상호작용을 포함할 때, 사람들은 흔히 "상호 협동에 대한 준비성"을 발전시킨다. 이러한 준비성은 이른바 Axelrod(1984)가 "미래의 그림자"(shadow of future)라고 일컬은 것의 인식에 의해 촉진된 단기적에 대해 반대되는 장기적 사고의 산물이다.[15)] 단기적 사고는 이반(예: D의 선택, 과잉 수확, 자원풀에 대한 기여의 실패)을 고무시키는데, 이것은 다른 측들이 어떻게 행동하는가에 관계없이, 더 높은 개인적 이익을 제공하는 것 같다. 하지만, 이러한 결정은 보복을 일으키기 쉬워서, 자기 자신에 대한 장기적인 부정적 결과를 가진, 상호 이반과 DD trap을 일으킨다. 장기적 조망은 성공을 위한 유일한 길이 타인들을 협동하게끔 만드는 것이라는 것을 함의한다. 만일 개인이 타인(들)에게 명령할 수 없다면, 으레 협동은 개인 자신의 협동으로 얻어야만 된다. 다시 말하면, 상호 협동이 추구되어야만 된다.

장기적 사고는 흔히 상호 이반에 대한 확고한 경험에서 나온다. 그 결과는 항상 상호 협동을 달성시키려는 "의식적 목표"는 아니다. 사람들은 단순하게 그들에게 상호 협동의 방향으로 조처하게 하는 문화적으로나 경험적으로 학습된 "행동적 각본"을 택할 것이다. 그러한 각본은 하나의 좋은 예를 설정하기 위한 노력에서 일시적으로 협동 쪽으로 전환하는 것, 타인들에게 시초에 그들이 협동하지 않을 때에 의심의 표시를 제공하는 것, 그리고 타인들에게 협동하기에 대해 보수를 주는 것과 같은 것을 포함할 수 있다. 하나의 목표이건 하나의 각본이건 간에, 이러한 심리상태는 "상호 협동에 대한 준비성"이라고 일컬어질 수 있다.

상대측과의 계속적 상호작용의 기대가 협동을 고무시키는 경향이 있다.[16)] 이러한 협동이 장기적 사고에서 나온다는 것은 사람들이 사고할 시간을 갖거나, PD 속에서의 그들의 경험들을 검토하도록 달리 자극받게 될 경우에, 협동하는 경향이 더 많다는 증거에 의해 시사된다.

(마) 이전의 경험과 시간에 따른 변화들

미래의 그림자(shadow of the future)가 유의미하게 되기 위해서, 사람들은 현재의 딜레마 속에 내재하는 함정들에 관한 어떤 것을 알아야만 된다. 따라서, 상호 이반에 관한 이전의 경험(DD trap)이 협동을 높일 것이다. 이러한 효과에 관한 증거가 사람들이 그들 자신이 그렇게 하기 이전에 타인들이 PD 속에서 상호작용하고 있는 것을 관찰했던 한 연구에서 나온다.[17] 그들은 그들이 상호 이반을 관찰했을 때에 특히 협동적이었다.

이전 경험의 영향은 이것이 그러한 당사자들에 관한 지각들이 또한 영향받게 될 것이기 때문에, 개인이 후에 당면하는 동일한 당사자나 당사자들과의 상호작용을 포함할 때에 더 복잡해진다. 계속된 죄수의 딜레마(PD)와 CD(공유지의 딜레마) 상호작용에서의 시간에 따른 변화들에 관한 연구들은 협동에서의 시초의 감소를 보이는데, 이것은 타인들에 의한 이반에 대한 방어적 반응들의 한 산물일 것이다. 하지만, PD에 관한 연구는 협동에서의 극적인 차후의 증가를 증명하는데 이러한 협동 쪽으로의 이동은 상호 이반에 대한 경험에서 생기는 단기적에서 장기적 사고로의 전환에 기인될 것이다.

(2) 상대측들의 실제적 및 기대된 행동

사회적 딜레마들에서의 선택들은 상대측들의 과거와 기대된 미래의 행동에 의해 크게 영향받는다. 미래에 관한 기대들은 때로는 "신뢰"의 수준에 기초되어 있다. 신뢰는 일반적이거나 특수할 수 있다. 성격의 한 측면인, 일반적 신뢰는 타인들이 전반적으로 대개 신뢰롭고 호의적이라는 하나의 신념이다. 특수한 신뢰는 특정의 상대가 신뢰롭고 호의적이라는 신념이다.

(가) 걸맞추기와 보충(compensation)

사람들은 이자의 죄수의 딜레마(PD)와 다자의 죄수의 딜레마(NPD)에서 상대측의 행동을 걸맞추는 경향이 있어서, 협동에 당면해서 협동하고 이반에 당면해서 이반한다. 이반에 걸맞추는 것이 협동에 걸맞추는 것보다 더 흔하다. 예컨대, PD에 관한 한 연구에서, 연구자는 항상 이반했던 실험협조자에 대한 반응으로 85%의 이반을 발견했지만, 항상 협동했던 실험협조자에 대한 반응으로 단지 40%의 협동을 발견했다.[18] 사람들은 또한 타인에 관한 지식이나, 타인이 어떻게 행동하려고 의도하는가에 관한 메시지들에 의해 조작된 타인의 "기대된" 행동을 걸맞추는 경향이 있다. 기대들의 걸맞추기는 또한 계속적 공공자산의 딜레마(PGD)에 관한 연구들에서 암시되었는데 여기에서 더 높은 일반적 신뢰를 가진 사람들이 공동풀에 대해 더 큰 기여를 했다.

PD, NPD 및 계속적 PGD에서의 걸맞추기에 대한 두 개의 가능한 설명이 있다. 하나는 사람들이 단순하게 타인들을 모방하거나, 그들의 실례나 기대된 실례에 대해 동조한다는 것이다. 두 번째 것은 그들이 착취당하는 것을 피하려고, 즉 도 14.1b에서의 결과X나 자기의 대가들을 지불하는 소수의 사람들이 되는 것을 피하려고 든다는 것이다.

이러한 발견들과는 대조적으로, 타인들의 이반에 대한 비걸맞추기(mismatch)나 보충(compensate)에 대한 경향이 사회적 태만에 대해서 발견된다. 사회적 태만 연구들에 관한 한 메타분석은 사람들이 다른 멤버들이 빈둥거릴 때에 더 열심히 일하는 경향이 있다는 것을 보였다.[19] 배상이나 보상(compensation)은 PGD에서 합리적인 것이다. 이것은 타인들의 기여 실패가 자기 자신의 기여를 최소의 필요한 배당금(share)을 달성시키기 위해 특히 중요하게끔 만들기 때문이다. 보충은 또한 만일 개인이 자기 자신이나 타인들에 의하건 간에, 수행되어야만 되는 고정된 작업량이 있다고 믿는다면, 작업 상황들에서 합리적인 것이다.

걸맞추기(matching)는 대부분의 사람들이 타인측들의 수확수준을 모방하는 공유지의 딜레마(CD)에서의 지배적 패턴이다.[20] 그러나 CD에 관한 두 개의 연구들에서, 일반적 신뢰에서 높은 사람들이 보충하는 경향이 있어서, 과잉 수확에 대해 과소 수확으로 반응하는 경향이 있었다. 만일 개인이 재난을 피하기 위해서 유지되어야만 되는 자원풀이 취약한 보물이라고 간주한다면, 보충은 CD에서 유의미한 것이다. 만일 다른 사람들이 그들의 몫 이상을 가져간다면, 개인은 풀에 대해 과잉인출하지(overtax) 않게끔 자기 자신을 억제해야만 된다. 하지만 보충이 일반적 신뢰 상에서 높은 사람들에게 한정되는 이유는 무엇인가? 아마 다른 사람들을 매우 신뢰하는 것이 타인들의 협동 실패에 관한 긍정적 귀인들을 고무시킬 것이다.

긍정적 귀인들의 영향이 두 개의 실험에서 증명되어왔다. 공유지의 딜레마(CD)에 관한 한 실험은 사람들이 타인들의 과잉 수확이 탐욕보다도 환경의 제약들에 귀인될 수 있었을 때에 자원들을 보존하는 경향이 있었다는 것을 발견했다.[21] 사회적 태만에 관한 다른 실험은 공동작업자가 노력보다도 능력에서 결함이 있는 것으로 여겨졌을 때, 사람들이 공동작업자의 나쁜 수행에 대한 반응으로 더 열심히 일했다는 것을 발견했다.[22] 이러한 두 개의 연구들은 만일 타인들이 그들의 실패에 대해 비난당하지 않을 경우에, 타인들의 협동 실패에 대해 보충하려는 준비성을 의미한다. 하지만, 이러한 보충의사는 타인들이 비난받게 될 때에는 사라지는데, 아마 이것은 그러한 보충이 개인에게 착취당함을 느끼게끔 만들기 때문일 것이다.

(나) 신뢰의 근원들과 대치물들

일반적 신뢰와는 달리, 특수한 신뢰는 조건들의 한 산물이다. 죄수의 딜레마(PD)에서 협동을 고무시키는 두 개의 그러한 조건들은 (1) 상대측이 자기 자신에 대해 의존적인 것과 (2) 상대측의 성격이 경쟁적이기보다 협동적인 것으로 묘사되는 것이다.

협동에 대한 소망이 있고 상대측이 신뢰되지 않을 때, 때로는 어떤 신뢰의 대치물(신뢰에 의지함이 없이 협동하게끔 만들 수 있는 어떤 절차)을 사용할 수 있다. 신뢰에 대한 5개의 대치물들이 확인되어왔다.[23] 하나는 취소할 수 있는 결정을 해서 상대방이 협조하지 못할 경우에 도피할 수 있도록 만드는 것이다. 두 번째 것은 개인의 협동을 많은 작은 조처들로 분할해서, 각각이 작은 양의 위험과 따라서 소량의 신뢰만을 요하도록(즉, 조금씩 협동하도록) 만드는 것이다. 세 번째 것은 상대측에게 첫 조처를 취해서, 고객이 상품을 받기 이전에 돈을 지불할 때처럼, 그 조처가 비신뢰로울 경우에 방어적 조치가 취해질 수 있도록 요구하는 것이다. 만일 상대측이 두 번째로 조처해야만 된다면, 네 번째 접근은 고객이 계산대를 지나서 나가도록 강제될 때처럼, 그 측에 대해 물리적(또는 법적) 제약들을 부과하는 것이다. 다섯 번째 접근은 만일 상대측이 이반한다면, 어떤 외부측이나 제삼자가 배상을 제공하도록 합의하게 하는 것이다(예: 대부 보증서에 서명하는 것).

(다) 동기와 상대측에 관한 정보 사이의 상호작용

앞의 논의는 어떤 목표나 각본의 형태를 취할 수 있는 하나의 동기상태인, 상호 협동에 대한 준비성에 초점을 두었다. Pruitt와 Kimmel(1977)은 목표/기대가설(goal/expectation hypothesis)을 제시했는데, 이것은 상호 협동의 준비가 된 사람들이 만일 그들이 상대측이 호응할 것이라는 강한 기대를 갖고 있다면, 협동적으로 행동하기가 더 쉽다고 주장한다.[24] 기대가 강할수록, 협동적 행동의 가능성이 더 많다. 이러한 가설의 근거는 직설적이다: 일반적 협동은 이것이 개인을 가능한 착취에 노출시키기 때문에 위험하다. 따라서, 만일 상대측의 의도가 불분명하다면, 비록 개인이 상호 협동의 준비가 되어 있을지라도, 협동은 흔히 사라지거나 표현되지 않은 충동으로 남아있다. 만일 상대추이 호응할 준비가 되어 있는 것 같다면, 이러한 위험이 사라져서, 협동하기가 쉽게 된다.

목표/기대 가설은 (1) 상호 협동의 준비성과 (2) 상대측으로부터의 실제적 또는 기대된 협동 사이의 승산적 상호작용을 합의한다. 상호 협동의 준비성이 클수록, 상대측의 실제적이거나 기대된 협동에 대한 더 많은 걸맞춤(matching)이 있을 것이다. 이러한 상호작용들은 아래의 몇 개의 딜레마에 관한 문헌들에서 발견된다.[25]

- 협동적 사회적 가치를 가진 사람들이 개인주의적 가치를 가진 사람들보다 죄수의 딜레마(PD)에서 상대측의 협동적 행동의 더 강력한 걸맞춤(matching)을 보인다.
- PD에 대한 경험이 사람들에게 그들의 행동을 상대측의 행동에 관한 기대들과 걸맞추는 것을 고무시킨다. 이러한 경험은 만일 이것이 상호 이반을 포함한다면, 장기적 사고와 따라서 상호 협동에 대한 준비성을 고무시킨다는 것이 앞에서 주장된 바 있다.
- 상대측의 지각된 권력이 더 클수록, 사람들이 상대측의 기대된 또는 실제의 협동에 걸맞추게 될 가능성이 더 많다. 사람들은 권력있는 타인에게 의존하지만 그 사람의 협동을 명령할 수는 없다. 따라서, 협동은 그들 자신의 협동으로 얻어야만 되며, 이것은 걸맞추

기를 의미한다.

- PD에서, 사람들은 이반의 기간 후에 협동으로 전환하는 타인들에 대해 걸맞추기가 특히 쉬운데, 이것은 이른바 회개한 죄인효과(reformed sinner effect)이다. 아마 상호 이반에 대한 시초의 경험이 상대측의 차후의 협동의 걸맞춤을 고무시키는 상호 협동에 대한 준비성을 일으킬 것이다.

(라) 맞대응전략(tit-for-tat strategy)

상대측의 행동의 걸맞추기(협동에 대해 협동으로, 그리고 이반에 대해 이반으로 반응하는 것)는 때로는 상대측을 조작하기 위한 하나의 전략으로서 사용되고 있다. 맞대응(TFT)전략은 PD에서 매우 성공적이어서, 다른 전략들보다 훨씬 더 높은 협동수준을 일으킨다.[26] 다수 당사자 딜레마에서 집단 크기가 증가할수록, 단일 측의 TFT의 사용은 영향력이 감소되게 되어 있다. 하지만 TFT는 만일 몇 명의 집단멤버들이 이것을 사용한다면, NPD에서 효과적이다. 단순한 강화효과 이외에, TFT는 이것이 강력하기는 하지만 협조할 준비가 되어 있는(확고하지만 공정한 것과 같은) 전략가에 관한 이미지를 일으키기 때문에 성공할 것이다.

맞대응(TFT)의 사용에서 3개의 문제가 흔히 일어난다. 첫 번째 문제는 즉각적 보복의 필요로부터(즉, 이반에 대한 반응으로 즉각적 이반) 생긴다. 이러한 보복에 대한 필요는 가끔의 비협동의 에피소드들을 경험하는 기본적으로 우호적인 관계에서 불필요한 갈등적 악순환을 개시시킬 수 있다. 이러한 결함을 수정하기 위해서, 사람들은 때로는 "느리게 보복하는" 것의 정책을 택해서, 만일 상대측이 비협동쪽으로 전향한다면, 잠시 동안 협동을 계속한다. 연구는 이러한 변종이 만일 일단 보복이 일어나면, 천천히 용서하는(slow to forgive) 것의 정책과 결합된다면, 이것의 표적으로부터 가장 많은 협동을 일으킨다는 것을 시사한다.

두 번째 문제는 표적이 협동에 대해 보수를 받게 되는 경험이 전혀 없고 따라서 그러한 보수들이 가용하다는 것을 전혀 배우지 않을 것이라는 점에서, TFT가 기본적으로 비협동적인 표적에 대해 사용될 경우에 일어난다. 이러한 문제에 대한 하나의 해결책은 TFT에다가 이것의 성질에 관한 언어적 설명을 보충하는 것이다.

TFT에 대한 세 번째 문제는 이것의 효과가 이것이 사용되는 기간을 넘어서 드물게 연장된다는 것이다. 협동은 만일 상대측이 TFT의 사용을 중지하거나 상대측에 대한 더 많은 의존이 없는 경우에, 중지되기 쉽다. 따라서 연구자는 상대측이 TFT를 사용했던 PD 순서의 마지막 시행에서 협동이 감소되지만, 상대측이 일관성있게 협동적이었을 경우에 감소가 없음을 발견했다.[27] 강화이론가들은 이러한 문제가 만일 협동에 대한 보수들이 TFT가 사용되는 기간 동안에 지연되고, 비일관적이고, 작다면, 줄어들 수 있다는 것을 발견했다.

(3) 사회적 통제(social control): 규범들과 사회적 압력

사회규범들(널리 찬성된 행위의 규칙들이나 표준들)이 아마 사회적 딜레마들을 해결하려는 노력에 있어서 가장 중요한 무기일 것이다. 규범들은 모든 사람들, 한 집단의 모든 멤버들 또는 특정의 역할의 모든 담당자들에 대해 적용될 것이다. 규범들은 일반성의 정도에서 차이가 있다. 사랑, 자비 및 인과 같은, 황금률(Golden Rule)과 같은 어떤 것들은 보편적으로 관련 있다. 도움이 필요한 동료들을 돕는 규범과 같은 다른 것들은 중간의 일반성의 것이다. 또 다른 것들은 특정의 집단에서 특정의 딜레마에 특수한 규범들이다. 한 예는 서로의 고객들을 빼앗지 않는 동료 증권중개인들 사이의 어떤 합의이다. 규범들은 또한 오래된 것에서 차이가 있다.

어떤 경우들에서 사람들이 협동을 지시하는 규범들에 따를 것인가? 응종은 대개 자의적인 것이다: 사람들은 어떤 규범을 권위적이라고 보거나, 그것이 도리에 맞는다고 믿는다. 따라서, 근무규범에 대한 단순한 인식이 흔히 사회적 빈둥거림을 막는 데에 충분하다.[28] 자의적 응종이나 준수가 만일 규범이 공정한 결과들을 제공하고 공정한 절차에 의해 확립되어 왔고, 다른 집단멤버들이 따를 것 같이 여겨진다면, 더 일어나기가 쉽다.

자의적인 응종은 이반에 대한 강한 유인들이 있을 때에 덜 일어나게 된다. 이 경우에서, 집단들은 흔히 그들의 멤버들의 협동을 얻기 위해 사회적 통제의 전략들을 사용한다. 예컨대, 하나의 그러한 전략은 집단멤버들에게 "협동에 대한 언어적 약속"을 행하도록 압력을 가하는 것이다. 공공자산의 딜레마(PGD)에 관한 연구들은 이러한 약속들에 대한 압력이 집단토의들에서 흔하며 이러한 약속들이 협동을 일으킨다는 것을 보인다.

사회적 통제의 두 번째 전략은 "약속들"이나 "위협"들에 의해서 협동에 대한 유인들을 제공하는 것이다. 약속들이 위협들보다 NPD와 두 개의 형태의 자원딜레마들에서 협동을 일으키는 데에 더 효과적이다. 하지만 사회는 대개 "집단적 이익에서 행동하는 모든 시민들을 보상하는 데" 대한 자원이 부족하다. 따라서 위협들이 흔히 사용된다. 위협된 처벌들이 더 크고 이것들이 실행되게 될 것이 더 신빙성 있을수록, 위협은 더 효과적이다. 위협자들은 과거의 위협들과 약속들을 일관성있게 실행하고 높은 지위를 가짐으로써 신빙성을 얻는다. 위협의 신빙성은 또한 확인가능성의 한 함수이다; 사람들은 NPD, CD 및 사회적 태만에 관한 연구들에서 보인 바와 같이, 그들의 선택들이 익명적일 때보다 그것들이 집단에게 알려지게 될 때에 협동하기가 더 쉽다.

사회적 통제의 세 번째 전략은 표준을 세우고 협동하지 않는 사람들을 처벌하는 규제체계들(regulatory systems)(예: 경찰과 법원)을 설치하는 것이다. 규제체계들은 만일 사람들이 그 절차가 공정하다고 본다면 그리고 처벌들이 이반의 이익들을 능가하기에 충분히 크다면, 협동을 고무시킨다는 것을 보여왔다.[29]

마지막으로, 모든 것이 실패할 경우에, 유용한 네 번째 전략은 당사자들로부터 결정의 자유를 빼앗고 이것을 “리더나 엘리트 기관”에게 넘기는 것이다. 한 예는 세금지불에서 무임승차를 막는 봉급에서의 자동적 공제이다.

위협들, 처벌들 및 결정자유의 박탈은 흔히 이것들이 겨냥하는 사람들에게서 매우 인기가 없다. 따라서 집단들은 집단적 복지가 매우 중요하고 더 자의적 방법들이 실패할 것으로 기대되는 경우들을 위해서 이러한 전략들을 유보하는 경향이 있다.

(4) 의사소통(communication)

집단멤버들 간의 의사소통은 그들이 서로 협동하게 될 가능성을 크게 증가시킨다. 이러한 결과는 PD, NPD, CD 및 PGD에 대해서 발견되어왔다.

이러한 효과에 대해 최소한 6개의 설명이 있다.[30] 대부분이 경험적 지지를 받고 있어서, 의사소통이 한 가지 이상의 방식으로 협동을 고무시킨다는 것을 시사한다. 이 설명들 중의 세 개가 이것들이 집단들 내에서의 합의구축(consensus building)의 세 단계를 가정한다는 점에서 관련되어 있다. 첫 번째 설명은 토론이 집단들에게 공공자산의 딜레마(PGD)에서 관찰된 한 현상인 협동적 규범들을 고안하게끔 해준다는 것이다. 두 번째 설명은 토론이 집단멤버들에게 PD와 PGD에서 관찰된 한 현상인 그들의 멤버들에게 이러한 규범들에 따르게끔 압력을 주게끔 해준다는 것이다. 세 번째 설명은 토론이 집단멤버들에게 PGD에서 관찰된 한 현상 그들 자신이 협동하도록 몰입시키게끔 해준다는 것이다.

네 번째 설명은 의사소통이 공통적 집단정체감을 증진시킨다는 것이며, 다섯 번째 설명은 의사소통이 다른 집단멤버들이 협동할 것이라는 기대들을 증가시킨다는 것이다. 연구들은 이러한 두 개의 설명들이 PGD에서 타당하지만, 전체의 의사소통 효과를 설명하지는 않는다는 것을 보였다.[31] 여섯 번째 설명은 의사소통이 사람들에게 다른 집단 멤버들의 여러 조치들에 대해 그들이 어떻게 반응할 것인가를 기술할 기회를 제공하기 때문에, 이것이 장기적 사고를 증진시킨다는 것이다. 이 연구자들은 협동이 다른 집단의 토의를 듣는 것의 결과로서 증가되지 않았다는 점에서 이러한 설명에 반대되는 증거를 발견했다.[32]

(5) 집단크기

사회적 딜레마들에 대한 하나의 계속적 발견은 집단크기(체계 속의 당사자들의 숫자)가 협동의 감소를 일으킨다는 것이다.[33] PD보다 NPD에서 더 적은 협동이 있으며, NPD에서 소집단들보다 대집단들에서 협동이 더 적다. 집단크기는 공유지의 딜레마(CD)와 공공자산의 딜레마(PGD)에서 유사한 효과를 갖고 있다. 하지만, 8인 이상의 멤버들이 있을 때, 집단크기의 증가는 협동의 거의 또는 전혀 더 이상의 감소를 일으키지 않아서 이 지점에서 그 영향이 점근선에 가깝다는 것을 시사한다. 또한 더 큰 집단들에서 더 많은 사회적 태만이 있다.

(가) 집단크기효과에 기저하는 과정들

집단 크기효과에 대한 8개의 그럴듯한 설명이 있다. 이것들의 대부분이 연구 증거에 의해 지지받고 있어서, 이 효과가 다수의 요인들에 의해 결정된다는 것을 암시한다. 첫 번째 설명은 집단크기가 딜레마들의 유인구조를 협동으로부터 멀어지게끔 편향시킨다는 것이다. 따라서, 다자의 죄수의 딜레마(NPD)에서 집단크기가 증가함에 따라 협동의 지수가 감소된다는 것이 수학적으로 증명될 수 있다.[34]

자기효능성(self－efficacy; 집단의 결과에 대한 지각된 영향의 정도)이 집단크기의 증가에 따라 감소된다는 것이 증명되었다.[35] 이 현상은 자기효능성이 PGD에서 협동을 고무시키고 사회적 태만을 감소시키므로, 집단크기효과에 대한 두 번째 설명을 제공한다. 공공자산의 딜레마(PGD)에서 자기효능성은 기부크기(endowment size), 즉 개인이 어떤 자원풀에 대해서 가능하게 기여할 수 있는 양의 정적 함수이다. 예컨대, 더 부유한 교구민들은 교회기금 모금운동에 대한 더 큰 기부능력들을 갖고 더 많은 자기효능성을 느끼기 쉬울 것이다. 연구자는 더 큰 기부능력을 가진 사람들이 더 큰 기여를 행했다는 것을 발견했다.[36]

집단크기효과에 대한 세 번째의 가능한 설명은 사람들이 더 큰 집단들 속에서 대개 덜 확인가능하다는 것이다. 더 큰 집단들 속에서, 개인들이 어떻게 행동해 왔는가를 말하기가 더 곤란해서, 이것이 그들에게 처벌을 받음이 없이 이반하기가 더 쉽게끔 만든다. 설사 개인들이 확인가능하더라도, 더 큰 집단들이 효과적인 TFT전략(협동을 보상하고 이반을 처벌하는 것)을 실행하기가 더 곤란한데, 이것은 이 전략에 대한 성공이 몇 명의 사람들이 그들의 노력을 조정할 것을 요하기 때문이다. 이것은 집단크기효과에 대한 네 번째 설명을 제공한다. 다섯 번째 및 여섯 번째 설명들은 더 큰 집단들에서, 공통적 집단정체성이 감소될 수 있고 책임의 분산이 증가될 수 있다는 것이다. 앞에서 언급된 바와 같이, 공통적 집단정체성이 협동을 고무시킨다는 것을 보여 왔으며, 연구는 책임감들이 PGD에서 협동과 정적으로 상관된다는 것을 발견했다.[37] 일곱 번째 설명은 효과적 의사소통이 더 큰 집단들 속에서 성취하기가 더 곤란하다는 것이다.

더 큰 집단들 속에서 사람들이 협동하지 못하게끔 만들 수 있는 다수의 기제들을 전제할 때, 사람들이 더 큰 집단들 속에서 그들의 동료집단 멤버들로부터의 더 적은 협동을 기대하는 것을 하등 놀란만한 일이 못된다. 이러한 협동의 기대들의 감소가 집단크기효과를 설명하는 여덟 번째이자 마지막 방식이다. 이러한 설명에 대한 간접적 지지가 일반적 신뢰가 더 큰 집단들 속에서의 협동에 관해 덜 예측력있었다는 연구에서 나온다.[38]

(나) 집단크기효과를 방지하기

협동에 불리하게 작용하는 매우 많은 기제들을 갖고서, 더 큰 집단들에서 어떻게 협동을 이룩해 낼 수 있는가? 이 문제에 대한 두 개의 가능한 접근들은 ① 집단크기를 감소시키는 것과 ② 집단크기효과에 기저하는 과정들을 개선하는 것이다.

큰 집단들은 때로는 더 작은 하위집단들로 분할될 수 있다. 이러한 접근은 만일 하위집단들이 독립적으로 되고 따라서 더 이상 서로 사회적 딜레마에 빠지지 않는다면, 효과가 좋을 것이다. 예컨대, 만일 하나의 산림을 수확해 온 6인의 벌채자들을 그 산림의 상이한 부분을 각각 수확하는 3인의 두 집단으로 분할한다면, 더 많은 산림보존이 있을 것이다. 하지만, 이것은 만일 하위집단들이 계속 상호의존적이게 되면, 역생산적일 수도 있다. 만일 두 집단의 벌채자들이 동일한 목재를 차지하기 위해 경쟁한다면, 두 집단 간의 경쟁 때문에 수확이 증가될 것이다. 후자의 효과에 관한 증거가 다자의 죄수의 딜레마(NPD)이 관한 연구에서 찾아질 수 있다.[39]

집단크기의 궁극적 축소는 사유화(privatization), 즉 각 벌채자가 자기 자신의 산림의 부분을 수확하는 것이다. 사유화의 가치는 CD와 PGD에 관한 실험들과 사회주의 국가들에서의 집단농장들에 비한 사유의 소구획들의 성공에서 증명되어왔다. 하지만, 사유화는 항상 권고할 만하거나 가능한 것은 아니다. 예컨대, 협력을 요하는 과업들에 대한 노동의 기여들의 사유화는 권장할 만한 것이 못되며, 공기나 이동하는 물고기떼들을 사유화하기는 불가능하다.

기여들의 사유화가 권고할 만하거나 가능한 것이 못될 때, 때로는 이러한 기여들을 진기한 것으로 여겨지게끔 만들고, 따라서 심리적 사유화를 일으킬 수 있다. 예컨대, 사람들은 만일 그들이 자신의 기부가 집단성공에 대해 결정적이라고 본다면, PGD에서 협동하기가 특히 쉬우며, 사회적 태만은 사람들이 그들의 작업을 다른 집단멤버들의 것과 질적으로 다르다고 볼 때에 감소된다.

집단크기효과에 기저하는 많은 과정들에 관한 고찰은 이러한 효과를 물리치기 위한 부가적 전략들을 시사한다. 예컨대, 자원들을 지급하거나, 기부들이 증명되는 것을 요구함으로써 개인적 행위들의 확인가능성은 증가시킬 수도 있다; 보수들과 처벌들의 실시가 중앙집중화되어서, TFT 전략의 사용이 개별적인 집단멤버들의 주도에 의존하지 않거나; 의사소통이 집단 전체의 기초에서 조정될 수도 있다.

(6) 의사결정단위의 크기: 집단의사결정자들로서의 집단들

죄수의 딜레마(PD)에 관한 몇 개의 연구들은 개인들 사이보다 집단들 사이에서 더 적은 협동이 있다는 것을 보여왔다.[40] 이 효과에 대해 두 개의 기제들이 분명히 기저한다: ① 집단멤버들은 적을 착취하는 것에 대해 서로 사회적 지지를 받으며, ② 적들로서의 집단들은 적들로서의 개인들보다 더 적게 신뢰받는다.

협상

협상(negotiation)에 참가하는 당사자들의 숫자에 제한이 없지만, 두 당사자 간의 협상이 가장 보편적이고 가장 흔히 연구되고 있다. 협상은 기업과 국제 관계들에서 일어나는 것과 같이, 그 명칭에 의해 일컬어지는 현상들에 한정되어 있지는 않다. 친구들, 부부들, 직원들 등 사이의 비공식적 토의들은 이것들이 이익의 차이를 해결하려는 목표를 갖고 있다면, 또한 협상들이다.

협상의 기본 개념

협상에서 논의되는 주제들은 대개 하나나 그 이상의 이슈들로 분할될 수 있다. 우리는 어떤 영화를 볼 것인가? 어느 극장에서 볼 것인가? 언제 볼 것인가? 그리고 새롭거나 재정의된 이슈들이 흔히 토의의 과정에서 발생한다: 예컨대 우리는 영화 구경을 갈 것인가?

협상의 가능한 결과는 X와 Y의 양측 당사자들의 요구들의 조합들(또는 선택지들; options) 중에서의 합의적 선택에 의해 결정 될 것이다. 여기에서, X와 Y의 요구들(또는 포부들)이 X축과 Y축을 구성하고, 이 두 축들에 의해 양측이 주장할 수 있는 대안들(alternatives)의 범위가 제시된다. 예컨대, 새 차의 판매에 있어서 판매인은 2,000만 원을 제시하고 구매인은 1,800만 원을 제시할 수 있으며, 협상에서 양측은 이 가격들 사이에서 몇 개의 가능한 대안들을 검토할 수 있다. X축과 Y축에 의해 협상에서 양측이 선택할 수 있는 요구들의 범위가 정해지게 되며, 이러한 범위를 공동 유용성 공간들(joint utility spaces)이라고 일컫는다. 따라서, 협상에서 양측의 요구수준들에 따라 협상될 수 있는 대안들(그리고 결과들)의 범위가 정해지게 된다.

협상은 4개의 가능한 방식으로 끝날 수 있다: 즉, ① 비합의(NA); ② 한쪽의 이득; ③ 단순한 타협(이것은 두 당사자의 시초의 제안들을 연결하는 중간점들이다); ④ 이득－이득 해결들(win－win solutions; 여기에서 당사자들은 그들의 단순한 타협적 합의에 대한 것보다 더 높은 공동이익을 성취한다)이다. 이득－이득 해결들은 또한 통합적 합의들(integrative agreement)이라고도 일컬어지는데, 단순한 타협들보다 당사자들 간의 관계에 대해 더 많이 기여한다고 일반적으로 믿어지고 있다. 부가적으로, 인식되지 못한 이득－이득 해결들을 가진 상황들은 통합적 잠재력(integrative potential)을 갖고 있다고 일컬어진다.

협상에 관한 심리학 연구들

협상에 관한 심리학연구들은 참가자들이 숫자적 형태로 서로 대항하는 수치들을 제시받는 하나나 그 이상의 이슈들을 포함하는 실험적 게임들을 대개 사용해왔다. 예컨대, 두 명의 참가자는 그들이 그들 각자가 얼마나 많이 갖는가에 관한 합의에 도달할 때까지 서로 요구들을 제시하도록 요청받게 될 수 있다. 그렇지 않으면, 그들은 그들의 회사들이 각 가격에서 얼마나 많은 돈을 버는가를 보이는 이익 스케줄들을 이용하면서, 모의된 도매시장에서 세 개의 일용품들의 가격을 토의할 것이다. 이러한 연구들에서 대개 이루어진 측정치들은 합의가 도달된 여부, 합의에 도달하는 데에 소요된 시간, 각 측이 합의에서 성취한 이익 및 공동 이익을 포함한다. 이전에, 공동 이익은 양측의 이익 수준들을 합침으로써 측정되었다.[41] 하지만, 이 측정치에 대한 비평은 몇 개의 이론적으로 더 유의미한 지수들의 개발을 일으켜 왔다.

협상전략들과 이것들의 영향

협상에서의 행위의 많은 것이 전략들 중에서의 개인적 선택들에서 나온다. 3개의 주된 전략들의 그룹들이 확인되어왔다: 즉, 양보, 주장 및 문제해결이다.

(1) 양보(concession making)

협상은 흔히 각 측으로부터의 일련의 "요구들"이나 제안들을 포함한다. 양보(또는 yielding)는 자기 자신에 대한 더 낮은 수치의 요구 쪽으로의 전환을 포함한다.

연구들은 요구들과 양보들의 영향에 관한 두 개의 조리있는 결론을 지지한다.[42] 하나는 더 높은 시초의 요구들과 더 느린 양보들이 합의가 도달될 가능성이 더 적고 덜 신속하게끔 만든다는 것이다. 다른 하나는 만일 합의가 도달된다면, 더 높은 시초의 요구들과 더 느린 양보들이 이것들을 사용하는 측에 대해 더 큰 결과들을 일으킨다는 것이다. 만일 양측의 이득-이득 해결들인 통합적 잠재력(integrative potential)이 없다면, 이러한 더 큰 결과들은 상대측이 더 작은 결과들을 달성할 것을 의미한다. 하지만, 이것은 만일 양측의 이득-이득 해결들인 통합적 잠재력이 있다면, 반드시 그렇지는 않다. 정말로, 양측이 이득-이득 해결들이 탐색될 수 있기 이전에 조급한 합의를 피하게끔, 높은 시초의 요구들과 느린 양보들을 행하는 것이 흔히 현명하다.

(2) 주장(contending)

주장은 상대측에게 양보하도록 설득하려는 시도를 포함한다. 가장 흔한 주장적 전술들은 설득적 주장들, 위협들 및 입장몰입들(positional commitment; 예: "나는 여기에 서 있고, 나는 움직이지 않을 것이다."라는 진술)이다. 위협들의 효과의 결정요인들이 사회적 딜레마들에 관한 절에서 앞에서 고찰된 바 있다.

입장몰입들(또는 입장고수들)을 만일 이것들이 또한 제삼자들에게 전달되거나 주장자가 양보를 불가능하게끔 만드는 높은 한계들과 근본적 압력들에 당면한다는 증거가 수반된다면, 더 신빙성있다. 하지만, 상대측의 한계들을 넘어서는 대안에 대한 몰입이 실패하게 되어 있기 때문에, 신빙성은 성공에 이르는 확실한 길은 아니다. 따라서, 경험있는 협상가들은 최대의 정보가 상대측의 한계에 관해서 가용할 때인, 협상의 끝무렵까지 입장몰입들(또는 입장고수들)을 실행하는 것을 기다리는 경향이 있다.

주장은 만일 성공한다면, 상대측의 결과들을 감소시키면서 자기 자신의 결과들을 높인다. 하지만, 주장적 전술들의 사용에서 세 개의 함정들이 있다: 하나는 이것들이 문제해결을 흐리게끔 만들어서 이득-이득해결들을 발견할 가능성을 감소시키는 경향이 있다는 것이다. 두 번째는 한계들이 높을 때, 주장이 흔히 합의에 도달하는 것에 대한 실패를 일으킨다는 것이다. 세 번째는 주장적 진술들이 흔히 방어적 이유들로 상대측에 의해 모방되며, 이것이 심각한 확대를 일으키는 갈등 악순환(conflict spiral)을 일으킬 수 있다는 것이다.

(3) 문제해결

문제해결(또한 상호 이익의 흥정; mutual gains bargaining이라고 일컬어짐)은 양측의 목표들을 충족시키는 대안들을 찾아내는 것을 겨냥한 행동을 포함한다. 이러한 전략은 별개로 작업하는 어느 한쪽이나, 함께 작업하는 양측에게 사용가능하다.

문제해결에 관한 대부분의 실험실실험들은 연구들에서 개발된 협상 과업을 사용해 왔는데, 이것은 논쟁자들에 대해 상이한 우선성을 가진 3개나 그 이상의 이슈들을 포함한다.[43)44)] 이 과업에서, 이득-이득 해결들은 협력(log-rolling), 즉 각 측이 최고의 우선성을 가진 이슈들에서 승리하는 것에 의해 성취된다. 협력 이외에, 4개의 다른 루트들이 새로운 이득-이득 해결들을 낳는다; 즉, 파이(pie)를 확장시키기(추가적 자원들을 찾아내기), 패자에게 보상을 주기, 패자의 비용들을 삭감시켜 주기, 메워 주기(bridging)이다. 메원 주기는 당사자들의 외현적 입장들에 기저하는 관심들(목표들, 가치들, 욕구들)을 충족시키는 새로운 대안들을 만드는 것이다. 이러한 루트들의 모두가 이슈들에 대한 다소의 재정의를 요한다.

성공적인 문제해결의 전술들, 즉 높은 공동이익을 낳는 것들에 관해서 많은 것이 진술되어 왔다. 예컨대, 다소의 연구 지지를 갖고서, 협상자들이 그들의 기본적 관심들에 관해서 확고해야만 되지만, 또한 상대측의 관심들에 관해서 관심을 두고 최종적 합의의 성질에 관해 융통성 있어야만 된다고 주장되어왔다.[45)] 다른 조리있는 충고는 해답들을 진술하기 이전에 문제들을 제시하는 것, 브레인스토밍, 상대측에 대한 개인적 공격을 피하기, 상대측의 입장 속에 자기 자신을 두기 및 적극적 청취를 포함한다.

문제해결은 흔히 "정보교환"을 포함하는데, 여기에서 한측이나 양측은 그들의 우선사항들이나 기본적 관심들에 관해서 전달한다. 정보교환이 이득-이득 해결들을 일으킨다는 것을 보여왔다. 하지만, 신뢰가 없으면, 대부분의 협상자들은 그러한 정보를 제공하기를 꺼리는데, 이것은 이것이 설득적 주장들, 위협들 및 입장고수들을 만들기 위해 상대측에 의해 이용될 수 있기 때문이다.

문제해결은 또한 정보교환이 없이 진행할 수 있다. 그 대신에 협상자들은 서로의 우선사항들과 관심들에 관해서 생각할 수 있다. 정말로, 연구는 상대측 사람들의 관점들을 더 잘 취할 수 있는 사람들이 이득-이득 해결을 성취하기가 더 쉽다는 것을 보인다.[46] "체계적 양보", 즉 시행착오적 절차가 또한 이득-이득 해결들을 일으킨다. 상대측이 수용가능한 어떤 대안이 발견될 때까지, 한쪽이 자신의 포부들을 천천히 낮추면서, 각각의 연속적인 포부수준에서 밝혀진 모든 대안들을 제안한다.

전략적 선택에 영향을 주는 변인들

협상에 관한 많은 연구가 방금 논의된 세 개의 전략들(양보, 주장 및 문제해결) 중의 선택과 이 전략들이 사용되는 강도에 영향을 주는 변인들을 조사해왔다. 이러한 연구들에서 나온 발견들이 두 개의 이론적 맥락들 속에서 여기에서 제시될 것이다: 즉, 이중관심 모형과 지각된 실행가능성 관점이다.

(1) 이중 관심 모형(dual concern model)

이중관심모형은 Blake와 Mouton(1979)의 갈등격자(conflict grid)의 한 적용으로서 도 14.2에 제시되어 있다.[47][48] 이것은 각각 낮음에서 높음까지의 강도의 범위를 갖는 두 종류의 관심, 즉 자기관심(self-concern)과 타인관심(other-concern)을 가정한다. 자기관심 또는 결심(resolve)은 자기 자신의 관심들과 자기의 집단의 관심들에 대해 중요성을 두는 것을 의미한다. 자기관심은 두 개의 다른 개념들에 밀접하게 관련되어 있다: 즉, 완강성과 양보에 대한 저항이다. 높은 자기관심을 가진 사람들은 높은 비융통적 포부들을 갖고 있다; 낮은 자기관심을 가진 사람들은 낮거나 융통성있는 포부들을 갖고 있다. 타인관심은 상대측의 관심들에 대해 중요성을 두는 것을 의미한다. 대부분의 사람들이 자기관심과 타인관심을 한 연속선 상의 반대 끝들이라고 생각하지만, 이 모형에서 이것은 독립적 차원들이라고 간주된다.

도 14.2 상부의 좌측 사분칸에서, 낮은 자기관심과 높은 타인관심의 조합이 신속한 양보를 고무시키는데, 일반화를 위해서 양보(yielding)이라고 일컬어지는 전략이다. 높은 자기관심과 높은 타인관심의 조합이 문제해결을 고무시킨다. 높은 자기관심과 낮은 타인관심의 조합은 주장을 일으킨다. 낮은 자기관심과 낮은 타인관심의 조합은 무조치나 낮은 양보를 일으킨다.

협상에 관한 많은 실험들이 자기관심이나 타인관심에 대해 영향을 준다고 간주할 수 있는 변인들을 조작한다. 이중관심모형에서 나온 3개의 이론적 도출들(derivations)이 우리에게 이 실

험들에서 나오는 발견을 해석하도록 도와 주는데, 이것들이 다음의 두 절에서 제시될 것이다;

- 도출 1: 높은 자기관심을 일으키는 조건들은 양보(yielding)를 약화시킨다. 앞에서 기술된 발견들에 비추어서, 이 효과는 합의에 도달할 가능성과 속도의 감소를 의미하며, 만일 합의가 도달된다면, 협상자에 대한 그 합의의 가치의 증가를 의미한다.
- 도출 2: 높은 자기관심을 일으키는 조건들은 타인관심이 약하거나 강한가의 여부에 따라, 주장적 행동이나 문제해결을 고무시킨다.
- 도출 3: 높은 타인관심을 일으키는 조건들은 자기관심이 약하거나 강한가에 따라, 주장적 행동을 감소시키고 양보나 문제해결을 고무시킨다.

(가) 자기관심의 결정요인들

높은 자기관심(resolve; 결심 또는 결의)은 높은 비융통적 포부들을 의미한다. 이중관심모형(dual concern model)의 도출1에 따라, 더 높은 포부들은 더 큰 시초의 요구들, 더 작은 양보들 및 더 느린 합의들을 일으키는 것으로 발견되어왔다.[49] 더욱이, 만일 합의가 도달된다면, 더 높은 포부들이 개별적 협상자에 대해, 그리고 만일 통합적 잠재력(integrative potential)이 있다면, 협상자들의 양측에 대해 더 큰 이익들을 일으킨다.

협상자 한계들(negotiator limits)에 관한 발견들은 포부들에 관한 발견들과 비슷한데, 이것은 아마 더 높은 한계들이 더 높고 더 완고한 포부들을 고무시키기 때문일 것이다. 한계들은 구성원들에 의해 요구된 최소의 결과나, 영의 이익의 지점이나, 합의에 도달하지 못할 경우에 당사자가 전환할 수 있는 외부 대안의 수치를 변화시킴으로써 조작되어왔다. 도출 1과 일치해서, 더 높은 한계뜰이 더 높은 시초의 요구들과 더 느린 양보를 일으킨다. 그리고 이러한 효과들은 더 적고 더 느린 합의들을 일으킨다.

만일 합의가 도달된다면, 더 높은 한계들은 도출 1과 일치해서, 더 큰 결과들을 일으킨다. 도출 2와 일치해서, 높은 한계들은 타인관심이 낮을 때에 주장 행동을 고무시키지만, 타인관심

		자기관심	
		낮거나 융통성 있는 포부들	높은 비융통적인 포부들
타인관심	높음	양보	문제해결
	낮음	무조치(무행동)	주장

도 14.2 이중관심모형(dual concern model)

이 높을 때에는 높은 공동이익, 즉 문제해결의 한 신호를 일으키는 것으로 발견되어왔다.[50] 후자의 발견에 대한 하나의 대안적 해석은 더 높은 한계들이 문제해결 자체를 고무시키기보다도 협상자들에게서 더 풍부한 형태의 문제해결을 행하게끔 자극시킨다는 것이다.

자기관심은 또한 이슈들이 협상자에 대한 강한 가치들이나 원칙들을 포함할 때에 분명하다. 따라서 협상에 관한 한 실험에서, 이슈들이 어떻게 그들의 가치들에 관련되었는가를 제시받은 사람들이 그렇지 않은 사람들보다 더 적은 양보를 행하고 합의에 도달할 가능성이 더 적었다. 그리고 지역사회 중재에 관한 한 현장연구에서, 원칙들을 두드러지게 언급했던 사람들이 주장적이고 합의에 도달하지 못하는 경향이 있었다.

협상자들이 이슈들을 프레임하는(frame) 방식이 또한 자기관심에 영향을 주는 것 같다. 긍정적 프레임(positive frame)을 갖고 있을 때, 사용가능한 대안들은 전체 이익을 달성시키는 여러 방법들로서 간주된다; 부정적 프레임(ncgativc frame)을 갖고 있을 때, 사용가능한 대안들은 손실의 여러 가능한 소스들로서 간주된다. 프레이밍(또는 구성하기; framing)은 동일한 대안들이 이것들이 비교되는 표준에 따라, 이익이나 손실을 의미하는 것으로서 간주될 수 있기 때문에, 엄격하게 지각적인 문제이다.

이슈들이 긍정적이기보다 부정적으로 프레임될 때, 협상자들은 더 느리게 양보하고 합의에 도달할 가능성이 더 적지만 그들은 만일 합의에 도달될 경우에는 더 큰 결과들을 달성시킨다. 이것은 도출 1에서 기술된 종류의 효과인데, 부정적 프레임이 아마 이것이 사람들에 대해 이익을 포기하기보다 손실을 수용하기가 더 곤란하기 때문에, 자기관심(resolve)를 고무시킨다는 것을 시사하고 있다. 도출 2와 일치해서, 부정적 프레임은 낮은 타인관심과 결합되어서 주장행동을 고무시키고, 높은 타인관심과 결합되어서 문제해결을 고무시킨다.

협상자들은 흔히 그들의 "구성원들"이라고 일컬어질 수 있는 다른 사람들을 대표한다. 이러한 역할들에서 협상자들의 목표는 대개 자기의 구성원들을 만족시키는 것이다. 따라서, 만일 그들이 그들의 구성원들이 이기려고 불안해하고 있다고 믿는다면, 협상자들은 강경하고 비융통적인 접근을 취할 것이다. 하지만, 만일 그들이 그들의 구성원들이 협동과 합의를 좋아한다고 믿는다면, 그들은 부드럽고 화해적인 접근을 취할 것이다. 전자가 더 흔한 신념이다. 따라서 대표들은 대개 개인적 협상자보다 더 느리게 양보하고 합의에 이르는 데에 더 오래 걸리는데, 이것은 한 메타분석에서 확증된 결론이다. 이러한 결론은 대표가 되는 것이 자기관심을 증가시킨다는 것을 시사한다.

대표들이 그들의 구성원들에 대해 책무를 지거나 집단 내에서의 그들의 위치에 대해 불안을 느낄 때, 그들은 대개 구성원들을 만족시키는 것에 대해 특히 불안해한다. 이러한 만족시키려는 욕망은 그들에게 마치 그들이 높은 한계들을 가진 것처럼 행동하게끔 만들어서, 느리게 양보하고 합의에 이를 가능성이 더 직게 된다. 따라시, 그들은 높은 자기관심을 갖고 있디고 간주될 수 있다. 도출 2와 일치해서, 책무성(accountability)은 타인관심이 낮을 때에 주장적 행동을 고무시키고, 타인관심이 높을 때에는 높은 공동이익, 즉 문제해결의 한 신호를 일으킨다는 것이 발견되어왔다.[51)]

구성원들에 의한 협상의 감시가 또한 구성원의 선호들에 대한 주의를 강화시키는 경향이 있다. 만일 협상자들이 그들의 구성원들이 화해를 좋아한다고 생각한다면, 감시는 그들을 양보 쪽으로 압력을 줄 것이다. 하지만, 감시는 책무성처럼, 협상자의 결심(resolve)을 증가시키기가 더 쉬워서, 양보를 감소시키고 주장행동을 고무시킨다.

(나) 타인관심(other-concern)의 결정요인들

상대측의 복지에 대한 관심은 순수하거나 전략적인 것일 수 있다. 순수한 타인관심은 상대측과의 가까운 관계에 의해 증가된다. 이중관심모형의 도출 3과 일치해서, 가까운 관계의 사람들이 소원한 관계의 사람들보다 더 적은 주장적 전술들을 사용하고, 더 적게 요구하고 더 많이 양보하며, 더 많은 문제해결을 행한다는 것이 발견되어왔다. 최근의 한 발견은 이러한 효과들에서 문화간 차이들이 있다는 것을 시사한다. 예컨대, 낯선 이들보다 친구들에게 더 많이 양보하는 경향은 개인주의 문화를 가진 미국에서보다 집단주의 문화를 가진 홍콩에서 더 강했다.[52)]

돕기행동을 고무시키는 것으로 알려져 있는 긍정적 기분 속에 있는 것이 순수한 타인관심의 다른 소스이다.[53)] 도출 3과 일치해서, 긍정적 기분이 양보를 증가시키고, 포부들이 높고 완강할 때에 문제해결의 한 신호인 높은 공동이익을 고무시키는 것으로 발견되어왔다. 후자의 발견에 대한 하나의 대안적 해석은 긍정적 기분이 이득－이득 해결들의 발견을 촉진시키는 창의적 인지과정들을 고무시킨다는 것이다.

전략적인 타인관심이 상대측에 대한 의존으로부터 생겨서, 타인에 대한 좋은 인상을 지으려는 욕망을 일으킨다. 도출 3과 일치해서, 장래의 의존성이 양보를 고무시키고, 포부들이 높고 완강할 때에 문제해결과 높은 공동이익을 고무시킨다는 것을 보여왔다.

타인들에 대한 관심의 한 억제요인인 적대감이 양보를 감소시키고 주장적 행동을 고무시킨다는 것을 보여왔다. 이와 동일한 효과들이 상대측에 관한 경쟁적이거나 착취적이라는 지각과 상대측과의 지각된 이데올로기적 차이들과 같은, 적대감을 일으키는 조건들에 대해서 발견되어 왔다.

(2) 지각된 실행가능성(perceived feasibility)

몇 개의 연구발견들은 이중관심모형보다도 지각된 실행가능성 관점에 의해 더 잘 설명된다. 이 관점은 전략들과 전술들(하위전략들)의 지각된 효과성이 그것들의 채택될 가능성에 대해 영향을 준다고 가정한다. 예컨대, 협상자들이 그들의 서로 처벌할 능력에서 상당히 차이가 있을

때, 더 많은 권력을 가진 측이 상대측보다 주장적 행동(위협들)을 사용하기가 더 쉽고, 양보를 행하는 경향이 더 적다. 부가해서, 참가자들이 그들에게 자신의 입장에 대한 그럴듯한 주장들을 구축하는 것을 허용하는 어떤 역할 연기의 시나리오가 없는 기본적인 이익 스케줄들을 제시받게 될 때, 그들의 주장적 전술들(설득적 주장들)이 감소되고 그들은 더 효과적 문제해결을 행한다.

실행가능성의 고려들은 또한 주장적 행동으로 시작하고 문제해결로 끝나는 두 부분의 "단계들의 순서"의 실생활의 협상 속에서의 흔한 발견을 설명할 것이다. 이러한 순서에 대한 하나의 가능한 설명은 상대가 자신의 한계에 더 가깝게 이동하고 양보할 능력이 적게 됨에 따라 주장적 행동이 시간이 지남에 따라 덜 가능하다는 것이다. 자기 자신의 양보가 이와 동일한 과정에 의해 막히게 되므로, 문제해결이 유일한 가능한 전략이 된다.

장애물효과(barrier effect)가 또한 실행가능성을 반영할 것이다. 협상자들 사이에 물리적 장애물을 두어서, 그들이 서로 듣기는 하지만 볼 수 없을 때, 주장이 감소되는 경향이 있다.[54] 그 결과로, 더 많은 이득－이득 해결들이 발견되게 된다. 여기에서 장애물들이 할 수 있는 것은 두 개의 비언어적인 주장적 전술들, 즉 상대측을 빤히 쳐다보아서 무안하게 하고 타인의 개인적 공간 속으로 이동하는 것을 실행불가능한 것처럼 여겨지게끔 만드는 것이다. 하나의 대안적 설명은 장애물이 설치되면, 사람들이 그들의 상대가 자기들을 비언어적으로 지배하려고 드는 것을 볼 수가 없고 따라서 덜 방어적일 수 있다는 것이다.

문제해결의 실행가능성은 일부 지각된 통합적 잠재력(PIP), 즉 이득－이득 해결이 가능하다는 지각에 달려 있다. PIP는 때로는 현재의 상대와의 이득－이득 해결들을 발견하는 데 대한 과거의 성공 내력에 기초되어 있다; 그러한 내력이 그 이상의 이득－이득 해결들을 발견할 가능성을 증가시킨다는 것이 증명되어왔다. 지각된 통합적 잠재력(PIP)에 대한 하나의 부정적 요인은 고정된 파이가정(fixed－pie assumption)이다; 즉, 당사자들의 이익들이 아주 정반대이어서, 상대방의 이익이 자신의 손해라는 가정이다. 이러한 가정이 이루어질 때, 이득－이득해결들이 도달될 가능성이 더 적다.

상대측의 요구와 양보에 대한 반응들

사회적 딜레마들에 대해서와 같이, 상당한 연구들이 협상자들이 상대측의 행동에 대해 어떻게 반응하는가에 대해 초점을 두어왔다. 또 다시, 두 개의 가능한 반응들이 있다; 즉, 걸맞춤(matching)과 비걸맞춤(mismatching)이다. 걸맞춤에서, 한측이 상대측의 요구들이나 양보들의 크기를 모방한다. 비걸맞춤인 배상(compensation)에서, 한측이 상대측이 더 많이 요구 할 경우에 더 적게 요구하거나, 상대측이 더 빨리 양보들을 행할 경우에 더 느리게 양보한다.

걸맞춤과 배상은 단일한 협상의 주기 속의 상이한 지점들에서 발견되는 경향이 있다. 배상은 상대측의 시초의 입장에 대한 반응으로, 협상의 시작 무렵에 발견된다. 상대측이 대규모의 시초의 제안들을 행할 때, 개인은 중간의 요구들로 반응하는 경향이 있으며; 상대측이 시초에 화해적일 경우에 개인은 많이 요구한다.[55] 이러한 효과는 기점화(anchoring)와 조정(adjustment)의 한 표출로서 설명되어 왔지만, 이것은 추적(tracking)으로서 해석하는 데 대한 증명이 이루어질 수 있다. 추적(tracking)은 자신의 요구들을 현실적이게끔 상대측의 한계에 충분하게 가깝게 위치시키는 하나의 노력이다. 이러한 해석에서, 상대측의 시초의 입장이 이러한 한계의 위치를 반영하는 것으로 가정된다. 두 종류의 증거가 이러한 해석을 지지한다. 첫 번째 증거는 추적(tracking)이 일어난다는 직접적 증거이다: 즉, 상대측의 한계가 알려질 경우에 이것은 요구수준(demand level)에 대해 큰 영향을 준다. 두 번째 증거는 시초의 배상이 상대측의 한계의 위치에 관한 더 건전한 정보가 가용할 때에 사라진다는 증거이다.

걸맞춤은 협상의 "중간"에서 흔하다. 협상자는 상대측이 단호할 경우에 단호하고, 양보할 경우에는 양보한다. 증거는 상대측의 양보들의 빈도의 걸맞춤에 대해서 가장 분명하다.[56] 상대측의 양보크기의 걸맞춤이 또한 대부분의 연구들에서 발견되어왔다.[57] (비록 현상은 과소걸맞춤(undermatching)의 하나일지라도; 즉, 참가자들은 상대측이 방금 양보했던 것보다 상당히 더 적게 양보했다) 걸맞춤과 비슷한 현상이 실생활의 국제적 협상에 관한 두 개의 연구들에서 보여졌다: 양보들이 이전의 기간 동안에 덜 양보했던 측에 의해 이루어지는 경향이 있었다.

보충(compensation)은 대개 흔히 있는 것처럼, 마감시간이 가까울 경우에 협상의 "끝"에서 다시 발견된다.[58] 따라서, 높은 시간압력 하에서, 비양보적인 상대들이 때로는 협상자들로부터 상당한 양보를 끌어내는데, 이것은 후자가 합의에 도달하는 것에 대해 신경을 쓰고 따라서 상대측의 비타협에 의해 남겨진 간격을 메우기 위해 움직이기 때문이다.

만일 배상이 협상의 시작 무렵에, 그리고 걸맞춤이 중간에 발견된다면, 상대측에게 양보하도록 설득하기 위한 하나의 합리적 전술은 높은 요구수준에서 시작하고 그 다음에 정기적으로 양보하는 것이다. 이러한 전술은 중간의 요구수준에서 시작하고 소수의 부가적 양보를 행하는 전술보다 더 효과적이라는 것을 보여왔다.[59] 후자의 전술은 상대측을 비현실적으로 높은 포부를 설정하게끔 오도해서, 합의에 도달하기가 어렵게끔 만든다.

협상자들은 프레임들(frames)과 아울러 행동을 걸맞추는 경향이 있다. 이익프레임(gain frame)을 갖고서 시작했던 사람들이 상대측이 손해프레임(loss frame)을 전달했을 경우에 손해프레임 쪽으로 전환되는 경향이 있다는 것이 발견되었다;[60] 하지만, 손해 프레임을 갖고서 시작했던 사람들은 상대측의 행동에 관계없이 그것을 유지했다.

걸맞춤이나 맞대응(TFT)을 택하는 것(상대측이 양보할 때에 양보하고 상대측이 양보하지 않을 때에 양보하지 않는 것)의 효과가 또한 연구되어왔다. 사회적 딜레마들에서처럼, TFT는 자유 협상이나 고정된 양보전략에 대해 발견된 것보다 더 많은 양보를 일으킨다.

탁월한 해결책들과 공정성의 판단들

Schelling(1960)은 합의가 흔히 탁월한 해결책에 도달된다고 주장해왔다.[61] 탁월한 해결책들(prominent solutions)은 이것들이 지각적으로 특출하기 때문에 또는 이것들이 공동의 공정성 기준을 실현시키기 때문에, 양측의 사고 속에서 두드러진 대안들이다. 예들은 강을 두 나라 사이의 국경으로서 택하는 것, 중재자에 의한 제안을 수용하는 것 및 논쟁되는 이익을 절반으로 나누는 것이다. 연구들은 어떤 상호 탁월한 대안이 있을 때, 상대측의 요구들과 양보들이 특히 걸맞추게 되기 쉬우며, 합의가 신속하고 신뢰롭게 도달되는 경향이 있으며, 다른 변인들이 양보에 대해 더 적은 영향을 준다는 것을 나타낸다.

연구들은 협상자들이 "결과들의 공정성"에 대해서 상당한 중요성을 부여한다는것을 시사한다. 이러한 결론은 또한 국제적 협상에 관한 시례연구들에 의해 암시되는데, 이것들은 공정성과 반대되는 개념들이 시초의 토의를 흔히 지배하며 더 많은 진전이 이루어지기 위해서 해결되어야만 된다는 것을 보인다.[62] 공정성의 중요성은 또한 대부분의 협상자들이 상대측이 자기들보다 더 유리할 때에 불행을 느끼고, 어떤 사람들은 그러한 대안에 대한 무합의를 선호한다는 발견에서 볼 수 있다.[63] 더욱이, 합의의 가능성은 협상자들이 비동등한 포부들을 갖고 있을 때에 감소되는데, 이것은 아마 이러한 불평등이 비동등한 결과들 쪽으로의 압력을 일으키기 때문일 것이다.

공정성의 많은 가능한 해석들이 있으며, 애매성이 있을 때에 각 협상자는 자기 자신의 이익들에 대해 유리한 원칙을 맹렬하게 주장하기 쉬워서, 합의에 도달하기가 어렵게끔 만든다. 이러한 당파적 행동은 아마 협상자들이 서로 긍정적 관계를 가질 때에 약화될 것인데, 이것은 그들 자신에게 불리한 합의를 수용하게 될 그들의 더 큰 준비성 때문이다.

협상에서의 인지과정들

협상자들은 통상적으로 어느 이슈들이 가장 중요한가, 그들의 상대의 진술을 어떻게 해석하는가, 그들의 양보를 언제할 것인가 등에 관한 곤란하고, 복잡한 추론과 결정을 행한다. 분명히, 인지과정들이 이와 같은 행동 속에 크게 관여되어 있다.

(1) 인지적 프레임들(frames)과 편향들(biases)

앞에서 논의된 긍정적-부정적 차원 이외에 프레이밍(framing)의 기타의 많은 측면들이 협상자의 행동에 대해 영향을 준다.

인지적 편향들이 또한 영향을 준다. 앞에서 논의되었던, 양측이 정반대의 이익들을 갖고 있다는 고정된 파이가정(fixed-pie assumption)이 다수의 이슈들이 있을 때에 시간 경과에 따라 감소될 수 있는데, 이것은 아마 협력잠재력(logrolling potential)이 분명해지게 되기 때문일 것이다. 또한 숙달된 협상자들은 아마추어들보다 이러한 편향을 더 적게 보인다. 상대측이 행한 제안들에 대해 작은 가치를 보는 경향인 반발적 평가절하(reactive devaluation)가 하나의 관련된 편향이다.[64] 이러한 편향은 앞에서 언급된 과소 걸맞춤(undermatching)의 현상을 설명하는 것을 도와줄 것이다. 만일 다른 사람들의 제안들이 평가절하된다면, 그들의 양보들이 작게 보이게 될 것이고, 따라서 작은 호응만을 요할 것이다. 고정된 파이가정(fixed－pie assumption)과 아울러 반발적 평가절하(reactive devaluation)가 관찰자들과 아울러 협상자들에 의해 보이고 있어서, 이 편향들이 어떤 당파적 역할의 점유보다도 협상의 구조에 의해 일어나게 된다는 것을 시사한다.

"과잉 자신"(overconfidence)이 협상자 오류의 다른 근원이어서, 양보의 정도와 따라서 합의의 가능성을 감소시킨다. 과잉 자신은 협상자들이 합의에 도달하지 못하는 것이 조정을 일으킬 것이라는 것을 알 때에 특히 흔한데, 이것은 그들이 대개 그들 자신측이 더 많은 설득적 주장들을 갖고 있다고 보기 때문이다.

최근의 한 연구는 인지적 편향들이 협상자들이 협상의 종결에 대한 높은 욕구를 갖고 있을 때에 더 강하고, 그들이 그들의 전략선택에 대해 책임을 질 때에 더 약할 것이라는 것을 시사한다.

(2) 많은 복잡한 이슈들의 처리

많은 복잡한 이슈들이 있을 때, 협상이 시작되기 이전에 이슈들을 분명히하고 의사일정을 작성하기 위해서 예비적 토의들을 갖는 것이 흔히 필요하다. 정말로, 복잡한 국제조약 협상들에서, 예비적 토의들이 때로는 협상 자체보다 더 오래 걸린다. 일단 복잡한 협상들이 시작되면, 이것들을 두 개의 단계로 더 나누는 것이 유용하다: 즉, 어떤 공식의 발진(원칙의 합의)과 세부 실천사항들의 발전이다.

어떤 협상에서 몇 개의 이슈들이 있을 때, 이것들은 대개 순서적으로 고려되어야만 된다; 당사자들은 모든 것을 한꺼번에 이야기할 수는 없다. 순서적 고려(sequential consideration)는 또한 당사자들이 한 갈등에서 다른 갈등으로 이동함에 따라, 계속되는 관계들에서 규칙이 된다. 이슈들의 순서적 고려는 협상자들에게 부담을 주어서, 그들이 협력적 해결책들을 찾아내기가 어렵게끔 만든다. 협상자들은 상호 호응(mutual responsiveness)의 정책을 택함으로써 이러한 부담을 최소한 부분적으로 극복할 수 있는데, 이것은 자기 자신보다 상대측에 대해 더 중요한 이슈에서 양보하는 것을 요한다.

협상에 관한 결론들

비록 세부적으로 풍부할지라도, 협상에 관한 심리학문헌들은 범위가 좁다.[65] 2인 협상이 잘 이해되고 있다. 하지만 동맹형성과 소수의 기타 주제들에 관한 문헌들에서 벗어나면, 다수 당사자협상에 관해서 거의 알려져 있지 않으며 집단들이나 조직들 사이의 협상에 관해서 거의 전혀 알려져 있지 않다. 부가적으로, 협상이 시작되기 이전의 예비활동들이 잘 이해되어 있지 않으며, 학자들은 합의들이 실천되는 협상 후의 기간에 관해서 매우 알지 못하고 있다.

이 분야는 때로는 그 이론의 직선적 성질 때문에 비평받고 있는데, 이것은 주로 조건들이 전술들에 미치는 영향과 조건들과 전술들이 결과들에 미치는 영향을 검토한다. 연구자는 협상에 관한 하나의 대안적 견해를 제안해 왔다: 이것은 협상자들에 의한 상황에 관한 공동적 지각의 구축을 위한 하나의 노력, 즉 의미의 공동적 구축이다.[66]

폭넓은 갈등

폭넓은 갈등(broader conflict)은 이른바 통상적으로 갈등이라고 일컬어지는 것의 대부분 예컨대, 파업들, 부부싸움들, 이전의 기업동업자들 간의 논쟁들 등을 포함한다. 이 절의 논의의 많은 것이 협상에도 또한 관계되어 있는데, 이것은 협상이 폭넓은 갈등의 한 측면이기 때문이다.

갈등행동의 유형들

앞 절들에서와 같이, 폭넓은 갈등에 관한 이러한 논의에서 사람들이 가용한 선택지들 중에서 어떻게 선택하는가에 대해 관심의 초점이 두어질 것이다. 두 종류의 선택지들이 검토될 것이다: 즉, ① 갈등을 해결하기 위한 절차들, 그리고 ② 상대측을 상대하는 데 대한 전략들과 전술들이다. 갈등확대 순서(escalation sequence)가 또한 논의될 것이다.

(1) 갈등해결을 위한 절차들

갈등을 해결하기 위한 절차들은 투표, 협상, 중재(mediation; 협상자들을 돕기 위한 제삼자의 노력들), 조정(arbitration; 양측의 발언을 들은 후의 제삼자의 결정), 독재적 결정(양측의 발언을 들음이 없는 제삼자의 결정) 및 투쟁을 포함한다. 절차적 선택에 관한 대부분의 연구가 역할연기방법을 사용해 왔는데, 여기에서 참가자들은 어떤 가상적 갈등을 해결하기 위해 몇 개의 절차들 중의 선택을 요구받는다.[67] 하나의 계속된 발견은 조정이 독재적 의사결정보다 선호받는다는 것이다.[68] 이러한 발견은 절차적 정의이론 속의 하나의 기본적 명제를 지지한다: 즉, 사람들은 갈등해결 절차 속의 사건들을 조절할 능력인 과정통제력에 대한 강한 욕망이 있다.

절차들 사이의 선호들은 상황에 의존되는 것 같다. 갈등이 누가 농장을 상속해야만 되는가나 누가 사고에 대해 책임을 져야만 되는가와 같이, 법적 규범들에 의해 규제되는 영역에 있을 때에, 조정이 대개 협상이나 중재보다 선호된다. 하지만, 협상과 중재가 기숙사의 소음이나 노동분배와 같은 것들을 포함하는 일상적 논쟁들에 대해서, 대개 조정보다 더 선호된다. 조정에 대한 매력은 시간압력과 상대측이 의도적으로 괴롭혀 왔다는 신념에 의해 고무된다. 이와 달리, 중재에 대한 매력은 상대측과의 장래의 협동에 대한 필요에 의해 높아진다.

사람들은 또한 그들이 승리할 것으로 생각하는 절차들을 선호한다. 따라서 투표는 자기들이 다수측이라고 생각하는 사람들에 의해서, 그리고 협상은 자기들이 소수측이라고 생각하는 사람들에 의해서 선호된다. 또한 무조치는 불평자들(불평들의 근원들)보다 반응자들(불평들의 표적들)에 대해서 더 인기있는데, 이것은 아마 조치를 취하지 않는 것이 반응자들에게 변화의 필요성을 제거시키기 때문일 것이다.

방금 인용된 것들의 대부분처럼, 역할연기 연구들은 사람들에게 절차들 중의 선택을 제공하는 것이 그들에게 이러한 절차들을 생각나게끔 만들고 그 절차들이 사용가능한다는 것을 암시한다는 점에서 오도하는 것이 될 수 있다. 일상적 갈등들에 관한 연구들은 중재와 조정이 드물은 선택들이라는 것을 시사한다. 비록 대학생들이 흔히 충고, 지원 또는 상대측에 대한 압력을 위해서 제삼자들에게 접근했을지라도, 이러한 절차들은 그들이 어떻게 그들의 일상생활에서의 이전의 갈등들을 처리했었는가를 기술하는 대학생들에 의해 드물게 언급되었다.

단 한 개의 절차를 택하기보다도, 사람들은 흔히 상대측에게 영향을 주는 방법을 찾을 때, 한 절차에서 다른 절차로 이동한다. 예컨대, 일상적 논쟁들에서, 사람들은 대개 제삼자들에게 접근하기 이전에 상대측과 대화한다.

(2) 상대측을 대하는 데 대한 전략들과 전술들

갈등을 처리하기 위한 많은 전술들이 있지만, 이것들은 통계적 분석방법들인 다차원 척도화나 요인분석에 의해서 소수의 기본 전략들로 축소될 수 있다. 이러한 기법들을 사용하는 연구들은 사람들의 선호들이나 그들이 여러 전술들 사이에서 지각하는 유사성들을 사용해왔다.[69] 4개의 일반적 전략들이 이러한 연구들에서 대개 발견되어왔다: 즉, 문제해결, 주장, 양보 및 무조치이다. 이것들은 폭넓은 갈등(broader conflict)에 관한 이론의 주된 요소들이다.

다차원척도화(multidimensional scaling)를 사용한 연구는 무조치와 문제해결 사이, 그리고 양보와 주장 사이에서 가장 큰 거리들을 갖는, 2차원 해답을 내놓는다. 다양한 명칭들이 두 개의 차원(그리고 4개의 전략들)에 대해 부여되어왔다. 이러한 해답의 한 예인, 도 14.2에서 보이는 이중관심모형(dual concern model)이 폭넓은 갈등과 아울러 협상을 이해하는 데에 유용하다.

(3) 갈등확대 순서들(escalation sequences)

앞에서 언급된 바와 같이, 사람들은 그들이 갈등을 겪어나감에 따라, 그들의 접근을 변경하는 경향이 있다. 만일 한 접근이 효과가 없다면, 그들은 다른 접근으로 바꾼다. 이와 같은 변화들은 흔히 갈등확대(conflict escalation), 즉 점점 더 극단적인 투쟁적 전술들의 사용을 포함한다.

지속적인 괴로움에 대한 개인적 및 집단적 반응들에 관한 한 연구에서 일정한 갈등확대 순서(escalation sequences)가 발견되었다.[70] 괴로움은 연구참가자들이 필요로 하는 보급품들의 실험협조자들에 의한 지속적 보류에 의해 일으켜졌다. 참가자들은 언제나 실험협조자들이나 실험자에게 전화를 걸도록 허용되었으며, 대부분의 전화들이 필요한 보급품들을 얻으려는 노력들을 포함했다. 7개의 투쟁적 전술들과 아울러 문제해결과 제삼자(실험자)에 대한 호소들이 이러한 전화들의 내용분석에서 확인되었다.

투쟁적 전술들이 대개 요청, 요구, 불평, 화난 진술, 위협, 괴롭힘 및 학대의 순서로 사용되었다. 연구에서, 72명의 개인들과 집단들 모두가 보급품들의 보급에 대한 요청들로 시작했다. 7명을 제외한 모두가 계속적으로 요구들을 행했으며(제삼자에 대해 압력을 주는 진술들), 이들 중의 8명을 제외한 모두가 그곳에서 불평들로 진행했으며(실험협조자의 행동의 어떤 측면들을 반대하는 것), 이렇게 해서 학대(욕설이나 비난)까지 갔다. 이 자료는 갈등확대의 수준이 높을수록, 포함된 참가자들의 숫자가 더 적다는 것을 나타냈다. 이와 비슷한 결과들이 그 후의 두 개의 연구에서 얻어졌다. 특정의 갈등확대수준에 도달했던 사람들은 그것 이하의 모든 전술들을 계속 사용했다. 집단들은 대개 개인들보다 더 멀리 확대되었다.

이러한 갈등확대순서(escalation sequences)의 일관성은 어떤 표준적 확대각본(escalation script)의 존재를 시사하는데, 이것은 지속적 괴로움에 대처하기 위해 문화적으로 규정된 것이다. 문제해결과 제삼자들에 대한 호소는 이러한 각본의 일부분이 되는 것 같지는 않다.

갈등확대(escalation)는 또한 갈등악순환들(conflict spirals)을 통해 발전한다. A측이 B측을 괴롭히고, 후자는 보복해서 A로부터의 더 극단적 전술을 도발시키는 등등으로 확대 사다리를 올라간다.[71] 갈등악순환들은 당사자들이 투쟁적 행동에 대해 투쟁적 행동으로 반응하고, 불에 대해 불로 싸우는 식의 부정적 상호성(negative reciprocity)을 행할 때에 일어난다. 갈등악순환들은 당사자들이 상대측의 투쟁적 행동에 대해 협동적으로(즉, 양보나 문제해결로) 반응하는 화해를 행할 때에 피해진다.

전략선택의 심리적 요인들

갈등상황들에서, 상대측에 대한 부정적 태도들과 상대를 외집단 멤버로서 보는 것이 투쟁적 전술들과 갈등확대(escalation)의 사용을 고무시킨다. 또한 상대측을 "비인간화"하는 것도 마찬가지이다. 비인간화의 한 소스는 상대측이 자기 자신의 중요한 가치들을 거부한다는 느낌이다. 흔히 갈등확대에 기저하는 비인간화의 한 극단적 형태는 상대를 악마적인 것으로서, 또는 극악무도한 적으로서, 보는 것을 포함한다. 투쟁적 전술들은 또한 하나의 분리된 개인으로서 지각되지 않는 것의 의미에서 몰개별화될(deindividuated) 때에 더 있기 쉽다. 몰개별화는 심하게 확대된 전술들이 상대가 행위자로부터 물리적으로나 사회적으로 멀리 떨어져 있을 때에 더 있기 쉬운 이유를 설명할 것이다.

몇 개의 연구들이 부정적 상호성의 심리적 요인들을 검토해왔다. 부정적 상호성(예: 비평에 대해 비평으로 반응하기)은 상대측의 행동에 대해서 자기 자신보다도 상대측을 비난할 경우에 특히 일어나기 쉽다.[72] 상대의 행동에 관한 내부적, 안정적 및 총체적 귀인들이 또한 부정적 상호성을 고무시킨다. 상대의 비난과 부정적 상호성은 상대측이 문제의 행동의 부정적 결과들을 예견할 수 있는 것 같이 보일 경우나, 그 행동이 의도적이거나 이기적이거나 비규범적이라고 여겨질 경우에 일어난다. 타인에 대한 비난은 또한 부정적 태도들과 불신에서 생기는 경향이 있다. 행복한 기분들이 타인에 대한 비난을 고무시키는 반면에, 슬픈 기분들이 자기 비난을 고무시킨다.

방금 언급된 심리적 상태들 중의 다수(부정적 태도들, 비인간화, 비난 등)가 투쟁적 행동의 근원들인 동시에 산물들이다. 따라서, 이러한 심리적 상태들이 몇몇 갈등악순환들에 기저할 것이다. A측의 투쟁적 조치들이 B측에서 이러한 상태들을 일으켜서, B측에 의한 투쟁적 행동을 고무시키고, 이것이 A측에서 이러한 상태를 일으켜서 A측으로부터의 더 많은 투쟁적 행동을 고무시키는 식으로 될 것이다. 이러한 종류의 갈등악순환들은 갈등확대를 고무시키고, 이것은 당사자들 간의 의사소통의 붕괴에 의해, 갈등을 피하는 것에 대한 비관주에 의해, 그리고 자기측에 대해 호의적이고 상대측에 대해 비호의적인 오지각들을 일으키는 당파적 편향(partisan bias)에 의해 더욱 가속되게 된다.

갈등악순환들이 집단들과 조직들을 포함할 때, 이러한 심리상태들이 흔히 집단극단화와 호전적 리더들과 하위집단들의 발전에 의해서 심화된다. 갈등 악순환들은 또한 주변의 공동체의 멤버들이 하나나 다른 논쟁자와 연합해서, 잠재적 중재자들의 인원을 감소시킨다. 이러한 변화들이 더욱 갈등확대에 기여한다.

관계들과 전략적 선택

폭넓은 갈등(broader conflict)에 관한 이러한 논의에서 지금까지 기술된 연구들은 서로 어떤 관계를 가진 당사자들과 갖지 않은 당사자들에 대해 동일하게 적용된다. 이하의 논의들은 계속되는 관계 속에 있는 당사자들(예컨대, 연애파트너들이나 한방친구들과 같이, 서로 의존하고 있는 사람들) 사이의 갈등에 관계한다.

가장 공통적인 발견들은 협동과 화해가 행복하고 몰입된 관계들에서 우세한 반면에, 주장과 부정적 상호성이 불화한 관계들에서 우세하다는 것이다. 따라서 불화한 관계들에서, 심지어 사소한 갈등들이 확대되는 경향이 있다.

이러한 발견들은 ① 행복하고 몰입된 관계들에서의 파트너에 대한 걱정과 감정이입 또는 ② 불화한 관계들에서의 불신적인 귀인패턴들을 반영할 것이다. 후자는 괴로움과 갈등에 대해 파트너를 비난하는 경향과 파트너를 의도적으로 행동하는 것으로서, 그리고 내부적, 총체적 및 안정적 힘들에 의해 지배된 것으로서 보는 경향을 포함한다.

여기에서 언급된 모든 연구들은 상관적이다: 따라서, 인과관계를 결정하기가 곤란하다. 행복과 몰입이 화해를 고무시키는 것과 꼭 마찬가지로 화해가 행복과 몰입을 고무시키고, 고통이 비난을 고무시키는 것과 꼭 마찬가지로 비난이 고통을 고무시키는 것 같다. 정말로, 이러한 효과들이 충분히 양방향으로 갈 것이다.

이러한 점은 어떤 악순환이 어떤 관계들의 악화에 기저할 것이라는 것을 함의한다. 이러한 악순환은 어떤 특수한 갈등의 확대로 시작하고, 후자는 죄의식을 피하기 위해 파트너에 대해 비난된다. 파트너에 대한 이러한 죄의식의 귀인은 파트너에 대한 가벼운 부정적 태도와 관계가 다소 불화하다는 지각을 고무시킨다. 이러한 인지들이 다음 번에 갈등이 발전할 때에 비난이 일어나기가 더 쉽게끔 만들어서, 화해를 감소시키고 따라서 더 많은 갈등확대를 고무시키고, 이것이 악순환을 재개시킨다. Rusbult는 이러한 악순환을 정지시킬 수 있는 관계에 대한 몰입의 두 개의 소스들을 확인해왔다: 즉, 관계에 대한 높은 투자와 관계에 대한 나쁜 대안들이다.[73] 다른 연구는 파트너에 대한 이상화가 이런 종류의 악순환을 막을 것이라고 시사한다.

갈등에 대해 영향을 주는 관계들의 다른 특징은 당사자들의 상대적 권력이나 지위이다. 대부분의 연구들은 불평등한 관계들에서, 더 권력있는 파트너가 투쟁적 전술들을 사용하는 경향이 있는 반면에, 권력에 적은 파트너가 양보와 무조치를 사용하는 경향이 있다는 것을 보인다. 하지만, 이것은 항상 그렇지는 않다. 권력의 차이들이 작을 때, 권력이 더 작은 측이 때로는 그의 더 낮은 지위를 인정하기를 거부해서, 확대적 충돌을 일으킨다.

전략선택에 대한 기타의 영향들

남자들이 여자들보다 일반적으로 신체적 및 언어적으로 더 공격적이라는 것이 발견되어왔다.[74] 이러한 발견은 그들이 투쟁적 전술들을 사용하기가 더 쉽다는 것을 시사하는데, 사회적 갈등에서의 전략선택에 관한 몇 개의 연구들에서 도달된 하나의 결론이다. 하지만, 이러한 결론들이 지속적 괴롭힘에 대한 반응들에 대해 적용되지 않는다고 믿을 만한 이유가 있다.

앞에서 기술된 지속적 괴롭힘(persistent annoyance)에 관한 연구에서, 여자들이 남자들보다 더 높은 확대수준을 보여서, 더 많은 요구, 불평, 화난 진술 및 위협을 행한다. 이러한 발견들은 지속적 괴롭힘에 대한 반응으로서의 공격에 관한 이전 연구에서 나온 것들과 일치된다. 가능한 설명들은 ① 여자들이 남자들보다 그들이 부당하게 대우받았을 때에 더 분노하게 되고, ② 만일 불공정이 지속된다면, 이러한 분노가 종국적으로 공격에 대한 그들의 더 큰 억제들을 깬다는 것이다. 이러한 설명은 더 최근의 연구에서, 여자들이 남자들보다 더 많이 불공정하게 대우 받았다고 느꼈고 그들이 더 분노했다는 사실에 의해 지지 받는다. 동일한 연구는 괴롭힘의 여자 소스 보다 남자 소스에 대한 더 큰 갈등확대를 발견했다. 이러한 결과는 여자들보다 남자들에 대한 더 큰 공격을 보이는 다른 발견들과 일치되며, 양성의 행동을 지배하는 기사도 규범(chivalry norm)에 기인될것이다.[75]

애착스타일의 두 차원이 갈등에서의 전략선택에 관련지어져 왔다.[76] "거부에 대한 불안"이 투쟁적 전술들의 사용은 고무시키고 문제해결을 감소시킨다. 이러한 발견에 대한 하나의 가능한 설명은 거부에 대한 더 많은 불안을 가진 사람들이 갈등 속에서 더 많은 고통을 당하고 그 갈등을 상대측과의 관계에서의 안정적이고 총체적 문제들에 귀인시키는 경향이 있다는 것이다. "가까움에 대한 편안함"이 또한 어떤 조건들에서 문제해결을 고무시킨다.

몇몇 증거는 시간압력(신속한 반응의 필요성)이 부정적 상호성을 고무시킨다는 것을 시사한다. 이러한 효과에 대한 이유는 아마 주의가 먼저 상대측의 불쾌한 행동에 집중되고, 뒤에 비로소 자기 자신에 대한 상대의 전반적 태도나 상대와 좋은 관계를 유지시키는 것의 중요성에 두어질 것이라는 것이다.

갈등이 개인들보다 "집단들" 사이일 때, 더 심한 투쟁적 전술들이 사용되는 경향이 있다. 연구들은 집단들이 개인들 보다 지속적 괴롭힘에 대한 반응으로 더 많이 갈등확대된다는 것을 보인다. 다른 연구들은 집단들이 상대측이 처벌적이고 모욕을 줄 때에 더 공격적으로 되고, 약속들보다 위협들을 선호하고, 규범위반에 대해 더 가혹하게 반응하고, 죄수의 딜레마게임에서 더 많이 변절한다는 것을 보인다. 이러한 발견들은 사회적 정체성의 방어, 집단극단화, 집단역동, 몰개별화, 책임분산, 익명성, 집단권력과 비취약성의 느낌, 또는 반대하는 개인들보다 반대하는 집단들을 불신하는 경향에 기인되는 것으로서 다양하게 설명되어왔다.

집단간 갈등확대 문제에 대한 하나의 해결책은 집단멤버십들의 교차이다. 집단X와 집단Y의 다소의 멤버들이 또한 집단A(하나의 교차하는 집단임)의 멤버들이다. 집단X와 집단Y의 다소의 멤버들을 포함하고 있는 집단B가 또한 있을 수 있다. 교차하고 있는 집단(들)의 멤버들이 논쟁의 자제를 주장하거나 중재할 수 있다.

갈등해결

갈등해결(conflict resolution)은 갈등과정의 어떤 역전을 일컫는 하나의 폭넓은 용어이다. 갈등해결의 일부분은 갈등감축(de-escalation)이며, 이 절은 당사자들이 갈등확대-사다리에서 내려오는 심리적 사건들, 조건들 및 전략들에 대한 논의로 시작한다. 갈등해결의 다른 부분은 이익들의 차이를 극복하고 협동적 방향으로 이동하는 노력들을 포함한다. 앞에서 상당히 자세하게 논의된 주제인 협상은 이러한 목표에 이르는 루트들 중의 하나이다. 그러나 협상은 결코 항상 성공적이지는 않으며 갈등확대가 일어나 왔을 때에는 특히 실패하기 쉬운데, 이것은 당사자들이 그들 스스로 합의에 도달하기에는 너무 적대적이고 불신해 왔기 때문이다.

협상이 비성공적일 때, 제삼자들이 흔히 갈등을 감축시키고 당사자들을 협동 쪽으로 이동시키려는 목표를 갖고서 간여한다. 제삼자의 도움이 때로는 한쪽이나 양쪽 논쟁자들에 의해 요구되지만, 제삼자들은 흔히 그들 스스로 주도하거나 또 다른 관심있는 당사자들의 요청으로 분쟁 속에 들어간다. 이 절의 많은 부분이 다음의 제삼자의 활동들에 관계된다: 즉, 중재, 조정, 관계치료, 평화유지 및 갈등관리체계들의 고안이다.

갈등감축을 고무시키는 동인들과 지각들

갈등감축(de-escalation)과 갈등해결은 양측이 갈등을 피하려는 동기가 있을 때, 즉 기회의 무르익음(ripeness)이라고 때로는 일컫는 조건이 있을 때에 특히 있기 쉽다.77) 이 분야의 이론가들에 의하면, 기회의 무르익음은 3개의 소스들에서 생길 수 있다. 즉, ① 고통을 주는 교착상태(hurting stalemate), 여기에서 양측은 그들이 승리할 수 없는 싸움 속에서 수용불가능한 비용을 치르고 있다고 느끼게 된다; ② 전쟁과 같이, 갈등에 기인되는 최근의 또는 임박한 재난(catastrophe); 또는 ③ 상대측과의 협력으로부터 얻어지는 매혹적인 기회(enticing opportunity)이다. 기회의 무르익음은 흔히 갈등감축과 성공적 협상을 일으키기에 충분치 않다. 각측은 또한 상대측이 갈등을 피하려는 동기가 있다고 지각하고 있다는 의미에서, 상대를 신뢰해야만 된다. 상호 신뢰가 없으면, 각측은 상대측이 주도권을 쥐고서 상대방이 첫 조치를 취하기를 기다릴 것이라고 두려워하기 쉬워서, 그들 모두가 원치 않는 궁지를 일으킨다.

갈등감축을 고무시키는 조건들

연구들은 접촉과 의사소통이 개인간 및 집단간 태도들을 향상시킬 수 있고, 이것이 갈등해결을 고무시킬 것이라는 것을 보여왔다. 하지만, 이러한 발견들이 심하게 확대된 갈등에 대해 일반화되지 않는다고 믿을 만한 이유가 있다. 정말로, 접촉과 의사소통은 흔히 심한 갈등에서 무용한 것보다 더 나빠서, 분쟁자들에게 위협하게끔 만들고 논쟁과 싸움을 자극시킨다.

소년들의 캠프들에서의 갈등에 관한 그의 고전적 연구에서 Sherif(1966)는 매우 확대된 갈등에 대한 가장 강력한 무기가 최우선 목표들(superordinate goals)상에서의 협동이었다는 것을 발견했다.[78] 최우선의 목표들은 당사자들이 협동하는 것을 요하는 갈등의 틀 밖에 있는 공동의 목적들이다. 하나의 극적인 예는 나치 독일을 물리치는 공동 목표인데, 이것은 미국과 소련 사이의 갈등을 일시적으로 감축시켰다. 최우선목표들에 대한 협동이 흔히 개인간 및 집단간 태도들을 향상시키는 것을 보여왔다. 하지만, 갈등해결을 달성시키는 것은 최우선목표들이 성취될 것을 요한다. 그렇게 하는 것의 실패는 이전의 적에 대한 태도들을 악화시키는 것으로 발견되어 왔는데 이것은 아마 적이 목표성취의 부족에 대해 비난받기 때문일 것이다. 더욱이, 노동분배를 요하는 공동 목표들이 당사자들이 동일한 역할을 수행하는 것을 요하는 것들보다 갈등해결에서 더 효과적이다.

논쟁자에 의한 화해적 주도들

상대측에 대한 불신이 강할 때, 어떤 논쟁자는 때로는 극적인 “화해적 주도”(conciliatory initiative)를 취함으로써 갈등을 감축시킬 수 있다. 하나의 예가 이집트의 대통령인 사다트의 1977년의 놀라운 예루살렘 방문인데, 이것은 이집트와 이스라엘 사이의 평화의 길을 닦았다.

몇 개의 지침들이 화해적 주도들을 수행하는 데 대해 제안되어왔다. 이러한 지침들 중의 3개가 실험적 증명을 받아왔다: ① 자기측에 대해 대가가 크거나 위험한 대단들을 택해서, 그것들이 값싼 술수라고 해석되어질 수 없다; ② 미리 자기측이 하고 있는 바를 선언한다; ③ 그리고 선언한대로 주도들을 수행한다. 부가적으로, 화해적 주도들이 눈에 뜨일 수 있고 기대치 못한 것이고 따라서, 그것들이 주의를 자극시킬 것이고, 비연계적이고 취소불가능해서, 그것들이 응분의 보상을 얻기보다 갈등을 해결하려는 노력으로서 이해될 것이고, 한 동안 지속되어서, 상대측에게 자신의 정책을 재고할 시간을 제공해야만 된다고 제안되어왔다.

증거는 화해적 주도들이 그것들의 표적보다도 동등하거나 더 큰 힘을 가진 소스들에 의해 이루어질 때에 특히 효과적이라는 것을 시사한다. 이것은 귀인적 관점에서 의미가 있다. 강자로부터의 양보들은 약자로부터의 양보들보다 응수를 받을 만한 화해에 대한 순수한 노력들이라고 간주되기가 더 쉽다.

사과는 한측이 다른측에게 자신의 이전의 행동에 대한 유감을 전달하는 화해적 주도의 하나의 특수한 형태이다. 사과가 괴롭힘에 대한 공격적 반응의 가능성을 감소시킴으로써 갈등확대를 억제시킨다는 것이 증명되었다.[79]

중재(mediation)

중재에서, 제삼자가 논쟁이 협상된 합의에 도달하도록 돕는다. 중재는 많은 분야의 학자들이 기여하면서, 최근에 점점 더 인기있는 하나의 연구주제가 되어왔다.

(1) 중재자(mediator)의 전술들과 효과성

중재자들은 협상을 위한 노력으로 많은 전술을 사용한다. 어떤 전술들은 당사자들과의 친근한 관계를 이루려는 목적을 갖고 있다. 다른 것들은 당사자들 간의 의사소통을 촉진시키고 오해를 불식시키려는 목표를 갖고 있다. 이러한 두 종류의 전술들이 중재자의 성공에 기여한다는 것을 보여왔다.

울화통이 터지고 토의가 전혀 진전이 없을 때, 중재자들은 흔히 당사자들을 분리시키고 그들 사이를 오고 가는데, 이것은 막후 접촉(또는 막후실력자 접촉; caucusing)이라고 일컬어지는 절차이다. 막후접촉은 토의에서의 흥분수준을 감소시키고 대개 더 큰 솔직성과 더 많은 문제해결을 촉진시킨다. 하지만, 이러한 절차에 대해 두 가지 가능한 단점이 있다: 즉, 이것은 당사자들에게 서로에 관해서 도전받지 않은 경멸적 진술을 행하게끔 허용하고, 이것은 중재자를 오도시킬 수 있다. 그리고 만일 과도하게 사용된다면, 이것은 당사자들에게 서로 직접적으로 상대하는 방법을 배울 기회를 없앤다. 후자는 갈등이 심할 때, 막후접촉의 과도한 사용이 갈등관리의 폭넓은 목표들을 무산시킬 수 있다는 것을 의미하고, 이것을 연구가 증명해왔다.

이슈들에 대한 생산적 사고를 자극시키는 노력들이 중재에 대해 중심이 된다. 이와 같은 노력은 이슈들을 명료화시키고 재구성(reframing)하는 것, 당사자들에게 그들의 우선사항들을 결정하도록 돕는 것, 의사일정에 대한 제안을 행하는 것, 새로운 아이디어를 내놓게끔 당사자들에게 질문하는 것, 새로운 아이디어를 암시하고 새로운 아이디어에 대한 반응을 요구하는 것을 포함하며, 이것들의 모두가 중재에서 이득-이득의 합의에 도달하는 데에 기여한다는 것을 보여왔다. 막후접촉 동안에, 중재자들은 흔히 논쟁자의 과잉 자신감을 감소시키려고 노력해서, 상대측이 결국 일방적으로 양보할 것이라는 흔한 가정에 반대되는 주장을 한다. 다른 흔한 중재자의 전술은 상대가 수용가능한 것이기는 하지만, 만일 어느 한쪽이 이것을 제안할 경우에 거부당하게 될 수 있는 입장을 개인 자신의 제안으로써 제시함으로써 반발적 평가절하(reactive devaluation)를 타파하는 것이다. 중재자들은 또한 흔히 양측에게 합의에 이르도록 압력을 주어서, 그들에게 그들의 입장이 비현실적인 것이라고 이야기해 주고, 양보를 행하도록 재촉하고, 때로는 마감시간을 설정한다.

몇 개의 연구들은 Rubin(1980)에 의해 처음 제안된, 하나의 일반적 일반화, 즉 논쟁자들 사이에 강한 확대된 갈등이 있을 때에 열성적인 중재자의 중재가 효과적이지만 갈등이 경미할 때에 역생산적이라는 것을 지지한다.[80] 따라서 만일 중재자가 적대적 토의들을 중단시키지만 친절한 토의들 동안에 침묵한다면, 이혼중재에서 합의가 도달되기가 가장 쉽다는 것이 증명되었다.[81] 생산적 사고를 자극시키는 중재자의 노력들은 당사자들 간의 관계가 적대적이고 중재에 대한 저항이 있을 때에 특히 효과적이다. 중재자의 압박전술은 적대감이 높을 때에 합의에 도달하는 것에 정적으로 연관되어 있지만, 적대감이 낮을 때에는 합의에 도달하는 것에 부적으로 연관되어 있다.

방금 고찰된 모든 결과들은 중재자의 전술들과 "단기적 성공", 즉 합의에 도달하는 것이나 이득－이득(win－win) 합의에 도달하는 것으로서 정의된 것 사이의 관계에 관한 것이다. 하지만, 장기적 성공에 관한 연구는 매우 드물다.

(2) 중재자의 특징들

몇몇 증거는 중재자가 중립적이라고 지각하는 논쟁자들이 중재자가 자기들에 대해 편향되어 있다고 지각하는 논쟁자들보다 중재에 대해 더 수용적이라는 것을 시사한다. 하지만, 중재자 편향(mediator bias)이 성공에 대해 전적으로 부조화하다는 전통적 견해는 많은 연구자들에 의해 도전받아왔는데, 이들은 어떤 편향된 중재자가 때로는 가용한 유일한 사람이며 흔히 변화를 꺼리는 측에 대해 영향을 주는 최선의 사람이라고 주장한다.[82] 두 종류의 중재자 편향이 있다: 즉, 중재의 시작 전에 한측과의 일반적 연대와 중재 동안의 한측의 입장에 대한 지지이다. 연구는 논쟁자들이 전자의 편향보다 후자의 편향에 의해 더 많이 혼란된다고 시사한다. 정말로, 그들은 중재자가 협상 동안에 공정하다면, 비호의적으로 연대된 중재자에 대해서 흔히 수용적이다.

논쟁자들에 대한 중재자의 권력이 가족들, 조직들, 국제관계들 등을 포함하는 많은 상황들에서 보편적이다. 중재자의 권력은 논쟁자에게 문재해결과 합의를 고무시키는 것 같다. 하지만, 권력있는 중재자들이 합의의 조건을 지시해서, 합의가 당사자들을 만족시키지 않고 따라서 이행될 것 같지 않을 위험성이 항상 있다. 취급되는 이슈들에 관한 중재자의 전문성이 또한 중재자가 생산적으로 이슈들을 규정할 수 있게 되고 논쟁자들이 중재자를 진지하게 받아들일 가능성을 증가시킨다.

(3) 중재가 효과적인 조건들

중재는 갈등이 강할 때보다 중간일 때에, 그리고 당사자들이 해결에 도달하려는 동기가 높을 때에 더 효과적이다. 중재는 또한 당사자들이 중재에 몰입되어 있을 때, 심한 자원부족이 없을 때, 이슈들이 일반적 원칙들을 포함하지 않을 때, 그리고 낮은 수준의 당사자 내부의(intra－party) 갈등과 분열이 있을 때에 특히 효과적이다. 이러한 조건들의 대부분이 "협상"에 대해 동일한 효과들을 준다. 따라서, 중재는 만일 조건들이 협상에 대해 매우 불리하다면, 결코 마술봉이 되지는 못한다.

(4) 중재자 행동의 결정요인들

몇 개의 연구들은 갈등수준이 증가함에 따라 중재자들이 더 적극적이고 강력하게 된다는 것을 보이는데, 이것은 이전에 효과적인 것으로 증명되었던 하나의 전략이다. 많은 복잡한 이슈들이 있을 때, 중재자들은 대개 이러한 이슈들을 명료화시키고 이것들 간의 우선성들을 정하려고 든다. 중재자들의 권력과 권위는 그들에게 특수한 해결책들에 대한 압력전술을 사용하게끔 고무시킨다. 중재자들이 한측과 관계가 있거나 양측과 관계가 없기보다 양측과 관계를 갖고 있을 때, 그들은 의사소통을 촉진시킬 가능성이 더 많고 압력전술을 사용할 가능성이 더 적다.

Carnevale(1986)은 중재자의 행동을 예측하기 위해 관심가능성모형(concern－likelihood mode)을 개발했다.[83] 이것은 중재자의 행동을 예측하기 위해 상호작용하는 두 개의 선행변인들을 가정한다: 즉, 당사자들이 그들의 포부를 성취시키는 것에 대한 중재자의 관심수준, 그리고 그 지각된 공통적 토대, 즉 어떤 통합적 합의를 성취시킬 가능성에 관한 중재자의 추정이다. 중재자들이 양측의 포부들에 대해 높은 관심을 갖고 있고 적은 공통적 토대를 지각할 때, 그들은 당사자들이 양보를 행하는 것을 “보상할” 것이 예측된다. 그들이 양측의 포부들에 대해 높은 관심을 갖고 있고 큰 공통적 토대를 지각할 때, 그들은 이득－이득해결들을 발견하는 데에 겨냥된 “문제해결”전략을 사용할 것이 예측된다. 끝으로, 그들이 양측의 포부들에 대해 낮은 관심을 갖고 있고 큰 공통적 토대를 지각할 때, 그들은 “무조치”를 취해서 양측이 그들 스스로 논쟁을 처리하도록 내버려 둘 것이 예측된다. 연구들은 이 모형의 대부분의 부분들을 지지해왔다.

중재자에 대한 논쟁자의 행동

논쟁자의 행동은 흔히 중재자에게 영향을 주기 위해 고안된다. 논쟁자들은 때로는 잠재적으로 강압적인 중재자의 간여를 피하기 위해 양보한다. 이와 달리, 그들은 아마 그들이 자신의 양보에 대한 대가로 보수들을 얻어내기 위해, 장차의 보수들을 제공할 수 있는 중재자에게 당면했을 때에 더 적은 양보를 행하는 경향이 있다.

제삼자 중재(third－party intervention)의 다른 형태들

(1) 조정(arbitration)

조정에서, 제삼자들이 갈등에 대한 구속력있는 결정을 행한다; 조정자들의 예들은 부모들,

상사들 및 판사들을 포함한다. 조정자들은 대개 권력이나 권위를 갖고 있다. 조정은 중재에 비해 두 개의 주요 장점을 갖고 있다: 이것은 해결이 도달되게 될 것을 보장한다. 그리고 이것은 해결에 대해 공동체의 기준들의 도입을 촉진시킨다. 하지만, 조정은 중재에 비해서 하나의 큰 단점을 갖고 있다: 즉, 이것은 논쟁자들의 욕구들과 여건들이 무시되는 경향이 있기 때문에, 높은 공동이익을 제공하는 쉽게 실천되는 해결들을 일으킬 가능성이 적다. 따라서, 이러한 결정들의 동일한 실행을 전제할 때, 중재보다 조정에서 도달된 결정들에 대한 더 적은 응종(또는 순종)이 있는 경향이 있다.

몇 개의 연구들이 합의가 도달되지 않는 조정이 있을 것이라는 기대를 검토해왔다. 대부분의 연구가 이러한 기대가 논쟁자들에게 그들의 논쟁을 해결하기 위해 더 열심히 노력하도록 동기화시킨다는 것을 보이는데, 이것은 아마 조정에서 그들이 자기들의 결과들에 대한 통제력을 상실하는 것을 두려워하기 때문일 것이다.

(2) 관계치료(relationship therapy)

중재와 조정은 특수한 이슈나 이슈들의 그룹을 해결할 가능성이 있는 반면에, 대개 당사자들 간의 역기능적 관계들을 개선하지는 못한다. 이러한 과업은 더 깊은 형태의 중재를 요하는데, Fisher(1983)는 이것을 제삼자 상담(third party consultation)이라고 일컬었고, 여기에서는 관계치료(relationship therapy)라고 일컫는다.[84] 이 분야에 대한 선구적 연구가 결혼치료가들에 의해 수행되어 왔는데, 그들은 부부계약들(marital contracts; 이것들은 중재의 산물들이다)이 지속되지 않고, 흔히 치료의 종료 후에 중지되는 경향이 있다는 것을 발견해왔다. 결혼치료가들은 일반적으로 부부계약에 대해 문제해결훈련과 갈등의 기본적 역동의 분석을 보충한다.

문제해결훈련(problem-solving training)에서, 당사자들은 듣기, 분명하게 전달하기, 상대방을 아프게 비난하는 노력들을 피하기, 양측의 욕구들을 포함하는 이슈들을 제기하기 및 해결책들의 브레인스토밍에 관한 기술들을 교육받는다. 그들의 개인적 기술들을 발전시키는 것 이외에, 배우자들은 치료자의 감독 하에서 공동 문제해결을 연습한다. 연구는 문제해결훈련과 부부계약맺기의 종합이 어느 한 방법을 단독으로 사용하는 것보다 장기적으로 더 성공적이라는 것을 보인다. 문제해결훈련은 또한 결혼치료의 영역 밖에서 실시된다.

갈등에서 이슈들을 제시하는 것은 흔히 좌절당하고 있는 더 기본적인 관심사들에 관한, 또는 동일한 이슈들을 거듭해서 일으키는 갈등의 하나의 반복적 주기에 관한 증후들이다. 이러한 기저에 있는 역동들에 대한 주의 부족이 관계에 대해 거의 장기적 효과를 갖지 않는 피상적인 합의들을 일으키는 경향이 있다. 따라서, 현대의 결혼치료가들은 갈등의 기본적 역동에 관한 분석을 추구한다. 각측은 상대방의 행동의 구체적 실례들에 대한 반응에 있어서 자신이 어떻게 느꼈는가를 발표하도록 촉구받는다. 주의깊은 분석이 반복적인 역기능적인 행동순서들에 관해서 이루어지는데, 그 예는 보편적인 추적-후퇴패턴(pursuit-withdrawal pattern)이다. 여기에서 아내는 무시당했다고 느끼고 남편에게 요구들을 행하고, 남편은 공격당한다고 느끼고 자기의 세계 속으로 더욱 철수한다.[85] 각측은 또한 상대방이 드러낸 느낌들을 인정하고 이것들을 해결하게 될 문제의 하나의 필수부분으로서 받아들이도록 촉구받는다.

결혼치료에서의 이러한 발전들은 지난 몇 십년 동안에 발전해 온 국제갈등을 처리하기 위한 문제해결 워크숍들의 전통과 평행된다.[86] 이러한 워크숍들은 한 형태의 사적 외교이다. 갈등의 양측에서 온 적절한 직위의 사람들이 갈등을 탐구하기 위해 1주일이나 그 이상을 만난다. 하나의 주된 목적은 각측이 상대방의 동인들, 지각들 및 감정들이 갈등에 영향을 주는 것을 이해하는 것을 돕는 것이다. 결혼치료에서처럼, 구체적 사건들이 그것들의 저변의 역동들을 탐색하기 위해 분석된다. 워크숍의 끝 무렵에, 갈등을 관리하기 위한 새로운 아이디어들이 흔히 공동 토론 속에서 발전된다. 비록 국제적 갈등에 대처하기 위해 고안되었을지라도, 문제해결 워크숍들은 대부분의 조직갈등의 형태들에서 유용할 것이다. 이것들은 전체의 기회의 무르익음(ripeness)을 요하지 않는다: 즉, 전체로서의 조직이 갈등을 해결할 준비가 되어 있을 필요는 없다. 그 대신에, 이것들은 기회의 무르익음을 증진시키고 만일 기회의 무르익음이 발전된다면, 서로를 효과적으로 대할 수 있는 양측의 사람들의 한 핵심체를 만든다.[87]

(3) 평화유지(peace keeping)

평화유지에서, 제삼자가 논쟁자들이 서로 폭력행위를 저지르는 것을 예방하거나 중지시키려는 한 노력에서 힘으로 위협한다. 경찰관들이 가정상황들에서 평화유지의 역할을 수행하며, UN은 흔히 국제적 및 지역적 영역들에서 평화유지활동들을 조직한다.

(4) 갈등관리체계들의 고안

제삼자들에 대한 하나의 새로운 역할은 학교들, 공장들 및 지역사회들과 같은 사회기관들을 위한 갈등관리체계들의 고안이다. 예컨대, 많은 미국의 학교들이 최근에 학생중재자 프로그램들을 개발해왔다. 부가적으로, 갈등이 나타날 때는 언제나 문제해결토의들을 고무시키는 사회적 체계들을 고안하는 데 대한 한 세트의 지침들이 제시되었다.[88] 이러한 지침들은 다음의 것들을 포함한다: 즉, 잠재적으로 반목적인 집단들을 확인한다; 갈등이 발전될 경우에, 행동을 취하게 될 각측의 몇 명의 협상자들을 지명한다; 이 협상자들에게 문제해결기술을 가르치고 그들에서 서로를 알게끔 만든다; 중재자들을 지명하고 훈련시키며 그들에게 협상자들을 알게끔 만든다; 그리고 갈등이 시작될 때, 이 협상자들과 중재자가 행동을 개시할 수 있는 냉각기를 요청한다.

요 약

1. 갈등의 정의는 사람들 간의 목표들과 활동들의 부조화와 방해를 포함하며, 갈등의 존재에 관련해서 갈등의 인식, 갈등의 표현 및 감정의 성질이 영향을 줄 것이다. 갈등에는 객관적 요소들(예: 금전)과 주관적 요소들(갈등의 지각, 의사소통, 귀인 등)이 작용한다.
2. 갈등은 사람들에 대해서 자연스럽고 불가피한 것이며, 파괴적 및 건설적 결과들을 낳을 수 있다. 갈등은 관여된 사람들의 상호작용적 행동들에 따라 경쟁적이거나 협동적으로 될 수 있다.
3. 갈등은 사회적 맥락 속에서 일어나며, 사람들이 소속한 집단들이 갈등에 대한 지각과 반응의 결정에 대해 영향을 준다.
4. 갈등에 관련된 주요 연구주제들은 사회적 딜레마들, 협상, 폭넓은 갈등 및 갈등해결이다.
5. 사회적 딜레마들로서 양측(또는 이자)의 죄수의 딜레마, n측(다자)의 죄수의 딜레마, 자원딜레마 및 사회적 태만의 4개의 유형의 상황들이 취급되고 있다. 죄수의 딜레마들은 협동과 경쟁의 선택들을 요구하는 게임연구들을 사용해서 연구된다.
6. 자원딜레마들에 관한 연구들은 한 집단에 의해 공유되고 있는 자원들의 사용을 포함하는 상황들을 취급해 왔으며, 두 가지 유형, 즉 공유지의 딜레마들(commons dilemmas)과 공공자산딜레마들(public goods dilemmas)이 있다. 사회적 태만(social loafing; 또는 사회적 빈둥거림)의 상황은 공동노력에 대해 개인의 몫이나 작업양을 기여하지 않는 무임승차(free-riding)의 한 형태이다.
7. 사회적 딜레마들의 상황에서 협동의 수준에 영향을 주는 6개의 변인들이 취급되어왔다. 즉, 동기, 상대측들의 실제적 및 기대된 행동, 사회적 통제, 의사소통, 집단크기 및 의사결정단위의 크기이다.
8. 여러 동기들(예: 자기이익과 집단이익에 대한 관심)이 사회적 딜레마들에서 행동에 영향을 준다. 관련된 동기원들은 딜레마의 요인구조, 개인의 사회적 가치들(예: 친사회적 관점, 개인주의적 관점 및 경쟁적 관점), 당사자들 간의 관계(집단멤버들의 상호 매력과 화합정도), 장기적 사고의 여부 및 협동과 경쟁에 관한 이전 경험들이 있다.

   상대측들의 실제적 및 기대된 행동이 사회적 딜레마들에서의 행동선택들에 대해 큰 영향을 준다. 사람들은 죄수의 딜레마 상황에서 상대측의 행동(즉, 협동과 이반)을 걸맞추는 경향이 있다. 죄수의 딜레마상황들에서, 상대측에 대한 신뢰와 신뢰의 대치물들(예: 결정의 취소가능성)이 협동을 고무시킨다. 상호 협동의 준비성이 클수록, 상대측의 실제적이거나 기대된 행동의 더 많은 걸맞춤(matching)이 있을 것이다. 상대측의 행동의 걸맞추기인 맞대응(TFT) 전략은 PD에서 매우 성공적이어서, 다른 전략들보다 훨씬 더 높은 협동수준을 일으킨다.
9. 사회규범들이 사회적 딜레마들을 해결하려는 노력에 있어서 가장 중요한 무기일 것이다. 사회규범들의 영향과 관련해서, 협동에 대한 언어적 약속과 비협동에 대한 위협의 전략들, 표준을 세우

고 협동하지 않는 사람들을 처벌하는 규제체계들, 그리고 협동을 강제하는 전략이 사용될 수 있다. 집단멤버들 간의 의사소통이 몇 가지 방식으로 서로 협동하게 될 가능성을 크게 증가시킨다.

10. 사회적 딜레마들에 관한 연구들에서의 계속적 발견은 집단크기가 클수록 협동이 감소된다는 것이다. 집단크기의 효과에 대한 몇 가지 설명들이 있다. 집단크기효과의 문제를 해결하기 위해, 집단크기를 감소시키는 것과 집단크기효과의 기저과정들을 개선하는 것이 있다.
11. 협상에서 논의되는 주제들은 대개 하나나 그 이상의 이슈들로 분할될 수 있다. 협상의 가능한 결과는 공동유용성공간들의 면에서 이해될 수 있다. 협상은 4개의 가능한 방식들로 끝날 수 있다. 즉, 비합의, 한쪽의 승리, 단순한 타협(제안들의 어떤 중간점) 및 이익-이익(win-win)해결(또는 통합적 합의)이다.
12. 협상의 3개의 전략들이 확인되어왔다. 즉, 양보, 주장 및 문제해결이다. 협상들의 3개의 전략들 중의 선택과 사용에 영향을 주는 변인들은 이중관심모형(dual concern model)과 지각된 실행가능성모형(perceived feasibility model)에서 검토되어왔다. 이중관심모형은 협상의 상황에서 협상자들이 자기관심과 타인관심을 갖고 있다고 가정한다. 자기관심과 타인관심의 결정요인들이 연구되어왔다. 지각된 실행가능성모형을 전략들과 전술들의 지각된 효과성이 그것들이 채택될 가능성에 영향을 준다고 가정한다. 예컨대, 협상자들이 그들이 상호 처벌할 능력에서 상당히 차이가 있을 때, 더 많은 권력을 가진 측이 상대측보다 주장적 행동(위협들)을 사용하기가 더 쉽고, 양보를 행하는 경향이 더 적다.
13. 사회적 딜레마들에 대해서와 같이, 상당한 연구가 협상자들이 상대측의 행동에 대해 어떻게 반응하는가에 대해 초점을 두어왔다. 두 개의 가능한 반응들, 즉 걸맞추기(matching)와 보충(compensation) 또는 비걸맞추기(mismatching)가 있다. 걸맞추기에서, 한측이 상대측의 요구들이나 양보들의 크기를 모방한다. 보충에서, 한측이 상대측이 더 많이 요구할 경우에 더 적게 요구하거나, 상대측이 더 빨리 양보들을 행할 경우에 더 느리게 양보한다,
14. 폭넓은 갈등(broader conflict)은 통상적으로 갈등이라고 일컬어지는 것의 대부분(예: 파업, 부부싸움, 두 사람 간의 논쟁 등)을 포함하며, 협상의 주제와도 관련되어 있다. 갈등해결을 위한 절차들은 투표, 협상, 중재(mediation), 조정(arbitration), 독재적 결정 및 투쟁을 포함한다. 갈등을 처리하기 위한 4개의 일반적 전략들이 발견되어왔다. 즉, 문제해결, 주장, 양보 및 무조치이다.
15. 사람들이 갈등을 겪어나감에 따라, 그들의 접근을 변경하는 경향이 있다. 이와 같은 변화들은 흔히 갈등확대(conflict escalation), 즉 점점 더 극단적인 투쟁적 전술들(예: 화낸 진술, 위협, 괴롭힘 및 학대)의 사용을 포함한다. 갈등확대는 또한 갈등악순환들(conflict spirals)을 통해 발전한다. 갈등악순환들은 당사자들이 부정적 상호성(negative reciprocity)을 행할 때에 일어난다. 갈등상황들에서, 상대측에 대한 부정적 태도들과 상대를 외집단멤버로서 보는 것이 투쟁적 전술들과 갈등확대의 사용을 고무시킨다. 부정적 태도들의 극단적 예는 상대측을 비인간화시키는 것이다. 갈등상황에서의 전략선택에 있어서, 성별, 애착스타일, 시간압력, 개인들 대 집단들의 영향이 연구되어왔다.

16. 갈등해결의 일부분은 갈등감축(de-escalation)이고, 다른 일부분은 이익의 차이들을 극복하고 협동적 방향으로 이동하는 노력들을 포함하며 협상이 이러한 목표에 이르는 루트들 중의 하나이다. 협상이 비성공적일 때, 제삼자들이 흔히 갈등을 감축시키고 당사자들을 협동 쪽으로 이동시키려는 목표를 갖고서 간여한다.
17. 갈등감축과 갈등해결은 양측이 갈등을 피하려는 동기가 있을 때에 특히 있기 쉬우며, 이러한 조건은 고통을 주는 교착상태, 갈등에 기인되는 최근의 또는 임박한 재난 및 상대측과의 협력에서 얻어지는 매혹적 보수들로부터 생길 수 있다. 이와 같은 동기상태와 더불어 상대측이 갈등을 피하려는 동기가 있다고 지각하는 것, 즉 상대에 대한 상호신뢰가 흔히 갈등감축과 성공적 협상을 위해 필요하다.
18. 갈등감축을 고무시키는 조건들로서 접촉과 의사소통이 개인간 및 집단간 태도들을 향상시킬 수 있고, 이것이 갈등해결을 고무시킬 수 있다. 하지만, 이러한 요인들은 심하게 확대된 갈등에 대해 일반화되지 않을 수 있다. 확대된 갈등에 대한 가장 효과적인 방법이 양측에 대한 공동의 최우선 목표들(superordinate goals) 상에서의 협동이었다. 상대측에 대한 불신이 강할 때, 때로는 극적인 화해적 주도(conciliatory initiative)를 취함으로써 갈등을 감축시킬 수 있다.
19. 중재에서, 제삼자가 논쟁이 협상된 합의에 도달하도록 돕는다. 중재자들은 갈등당사자들과의 친근한 관계의 조성, 당사자들 간의 의사소통의 촉진과 오해의 불식, 막후접촉(caucusing), 이슈들에 대한 생산적 사고의 자극 등의 중재전술들을 사용한다. 갈등당사자들의 중재자의 중립성에 대한 지각들, 그리고 중재자의 전문성과 같은 중재자의 권력이 중재자에 대한 수용성에 영향을 줄 수 있다. 중재가 효과적인 몇 가지 조건들이 있으며, 이것들은 협상의 효과적 조건들과 동일하다.
20. 제삼자중재의 다른 형태로서 조정(arbitration)에서, 제삼자들이 갈등에 대한 구속력 있는 결정을 행한다. 조정자들은 부모, 상사 및 판사 등과 같이, 대개 권력이나 권위를 갖고 있다. 중재나 조정이 특수한 이슈들을 해결할 가능성이 있지만, 이것들은 대개 당사자들 간의 역기능적 관계들을 개선하지는 못한다. 이러한 과업은 더 깊은 형태의 중재를 요하는데, 이것은 제삼자의 상담이나 관계치료라고 일컬어진다.

제15장

다양성에 대한 응용사회심리학

21세기의 이주와 문화 다양성
- 국제적 이주와 문화적 다양성
- 사람들의 이주동기
- 문화적 다양성
- 문화변용의 이론과 연구
- 문화변용에 관한 다차원 모형들
- 사회심리학적 이론들과 연구들
- 문화변용연구들과 사회심리학이론들

개인적 다양성: 인구통계치들
- 성별
- 인종(종족)배경
- 사회계층

다양성: 기회들
- 창의성과 혁신
- 문제해결

다양성: 도전들
- 편견과 차별대우

갈등
- 갈등 이론들
- 갈등의 관리와 해결

요약

전세계의 사람들은 다양하다. 그들은 다양한 역사, 문화 및 관습을 갖고 있고 이것들에 연관된 다양한 가치와 행동을 갖고 있다. 외모에 있어서도, 그들은 얼굴 생김새나 피부색깔 및 복장에서 다양하다. 이 장에서, 우리는 응용사회심리학적 측면에서 다양성을 이해하고자 한다. 이것은 개인적 경험들과 아울러 집단들이 개인들에게 미치는 영향들에 초점을 둔다.

심리학적 접근에서, 다양성은 사람들이 어떻게 보고, 어떻게 생각하고, 어떻게 행동하는가에 있어서의 차이들을 일컫는다. 서두에서 시사된 바와 같이, 다양성은 다양한 소스들로부터 생길 수 있다. 그러한 소스들 중의 몇 개는 인종, 국적, 종교,성별, 성적 성향, 신체능력 및 사회계층을 포함한다. 이러한 범주들 상에서의 차이들은 우리 자신이 누구인가를 정의해 주는 요인들이 된다. 다양성의 몇 가지 측면들은 일들을 행하는 학습된 방식들의 결과이다. 예컨대, 어떤 문화들에서 사람들은 식사하기 위해 수저를 사용하는 것을 배우고, 다른 문화들에서 사람들은 칼과 포크를 사용하는 것을 배우고, 또 다른 문화들에서 사람들은 손가락을 사용하는 것을 배운다. 다양성의 다른 측면들은 성별과 인종과 같이 선천성이나 유전의 결과이다. 이 장은 학습된 다양성의 한 소스로서 문화를 살펴보고 나서, 인구적 다양성의 3개의 주요 영역들 즉, 인종, 성별 및 사회계층에 초점을 둔다.

다양성은 결과들을 갖고 있다. 이러한 결과들의 다소는 긍정적이다. 예컨대, 다양성은 우리가 새로운 관점들과 아이디어들을 발견할 때에 어떤 신선한 느낌과 흥분감을 일으킨다. 어떤 의미에서, 창의성은 견해들에서의 다양성에서 나온다. 문제 해결은 관점들의 다양성이 집단들에게 더 융통성있게끔 허용할 때에 향상된다. 하지만, 다양성의 몇 가지 결과들은 부정적이다. 개인들이나 집단들이 어떤 식으로 차이있기 때문에 고통을 겪는 것에 관한 이야기들이 매우 흔하다. 따라서, 이 장의 뒷 부분은 다양성의 결과들 즉, 창의성과 혁신, 편견과 차별대우, 그리고 갈등과 그 관리와 해결을 취급한다.

21세기의 이주와 문화 다양성

국제적 이주와 문화적 다양성

전세계적으로 약 1억 9천만 명의 국제적 이주자들이 있는 것으로 추정되고 있다. 최근에 유럽은 최대 숫자(6,400만명)를 받아들이고 있는데, 이것은 그 인구의 약 8%를 차지한다. 하지만, 전체 인구에 비하면, 오세아니아(15%)와 북미(13%)가 세계의 리더들이다. 그들의 이민 추세들과 이슈들의 간략한 개요들이 아래에 제시되어 있다.[1]

• 미국은 수 세기 동안에 유럽계 미국인들에 의해 지배되어 온 반면에 아프리카계 미국인들이 최대의 소수인종 집단을 이루었다. 괄목할 만하게, 아프리카계 미국인들이 최근에 히스패닉(Hispanic; 스페인계) 배경을 가진 미국인들에 의해 능가되어 왔는데, 후자는 현재 4,000만명으로서 인구의 13%를 이루고 있다. 히스패닉스는 유럽계 미국인들보다 계속 더 높은 출산율을 유지하고 있다. 멕시코와 스페인 다음으로, 미국은 세계 최대의 스페인어를 사용하는 인구를 갖고 있다. 50년 이내에, 히스패닉스가 미국 인구의 1/4을 이루게 될 것이다. 우리는 미국이 두 개의 강력한 문화들, 즉 영국-서양(Angro-western)과 히스패닉 문화들과 두 개의 중요한 언어들, 즉 영어와 스페인어를 가진 나라가 되어가고 있다고 안전하게 예측할 것이다.

• 서부 유럽에서 상황은 더 다양한데 이것은 각국이 자체의 언어와 독특한 이민 역사를 갖고 있기 때문이다. 1960년대에 서유럽에서의 경제성장이 노동력 부족을 일으켰을 때, 중동국가들 출신의 많은 "초청 근로자들"이 독일, 벨기에, 프랑스 및 네덜란드로 이동했다. 대체로 이와 동일한 시기에 영국은 방글라데시, 인도 및 파키스탄으로부터 많은 이민자를 받았다. 그들 중의 대부분이 그 곳에서 정착했으며 그들의 가족들과 재결합해왔다. 그들 중의 다수가 회교도들이다. 그 후에 아프가니스탄, 이라크 및 소말리아와 같은 회교도 국가들의 피난민들이 회교도 공동체를 강화시켰다. 오늘날 회교도들이 서유럽 인구의 5%내지 10%를 차지한다. 그들의 숫자가 계속 증가하고 있는 반면에, 본토의 인구는 감소되고 있다. 또 다시 우리는 종교의 면에서, 서유럽이 더 이중문화로 되고 있다고 예측할 수 있다. 한편으로 이것은 오랜 기독교전통을 가져온 반면에, 다른 한편으로 이것은 활력있고 증가하는 이슬람의 유입을 경험하고 있다.

• 캐나다는 아마 가장 다문화적 국가일 것이다. 캐나다는 영국계 다수집단과 프랑스계 소수집단으로 구성된 2문화 국가이어 왔다. 인구의 영국계 부분은 비록 아직도 최대의 부분을 이루고 있을지라도, 지난 몇 십년 동안에 감소되어왔으며 다수집단이 되는 것이 중지되어왔다. 프랑스-유럽계 후손의 백분율이 또한 감소되고 있다. 이차세계대전 후의 초기년도들에서, 많은 그 밖의 유럽인들(독일인들, 우크라이나인들, 이태리인들 및 네덜란드인들)이 캐나다로 이주했다. 그 후에, 소련 지배의 동유럽(항가리인들, 체코인들, 폴란드인들)의 피난민들이 뒤따랐다. 다소의 차별요소들을 배제시켰던 1978년의 새로운 이민법 이후로, 아시아, 라틴 아메리카, 아프리카 및 중동 출신의 이민자들의 큰 집단들이 입국을 허가 받았다. 합쳐져서, 그들은 캐나다를 진짜의 다인종 국가로 변형시켜왔다. 이것은 1988년도의 다문화법의 채택으로 공식화되어왔다. 비록 영어가 지배적 언어로 남아있을지라도, 지배적인 영국계의 문화적 정체성이 점차 다문화적 정체성에 의해 대치되게 될 것이다.

• 오스트레일리아는 영국계가 가장 지배적인 이민국가이어 왔다. 1971년 센서스에 의하면, 83%의 인구가 영국제도들 출신이었다. 다른 이민자들은 주로 이태리인들, 그리스인들, 독일인들 및 네덜란드인들이었다. 1970년대 초의 백인 오스트레일리아 정책의 포기는 비유럽 국

가들 출신의 이민자들에게 문호를 개방했다. 아시아, 특히 중국과 베트남의 이민자들이 이러한 이민정책의 변화로부터 혜택을 받아왔다. 현재, 오스트레일리아의 인구의 7%이상이 아시아 출신이다. 1986년에 오스트레일리아는 공식적으로 다문화주의 정책을 채택했다. 오스트레일리아 내의 아시아인들의 더 높은 출산율과 더 중요하게, 인구밀도가 높은 아시아국가들의 인접성에 비추어 볼 때, 오스트레일리아가 중요한 아시아계의 문화적 입력을 갖게 될 것이 예상되고 있다.

분명히, 4개의 주요 이민지역들에서, 이민자들은 지배적 문화를 변형시키고 있다. 이것은 4개의 모든 지역들에서, 상이한 형태들로 덜 서구적 문화를 일으키는데, 이것은 덜 유럽적이거나 덜 앵글로-색슨적(Anglo−Saxon)이거나, 덜 기독교적인 것을 의미할 것이다. 이러한 이민 추세들과 이것들의 방향 때문에, 호스트(host; 주인)사회들은 이민자들의 습관들과 욕구들을 점점 더 인식하고 관심을 두게 된다. 따라서, 우리는 이민자들과 아울러 호스트 사회들의 멤버들의 문화변용전략들에 초점을 둘 것이다.(2016년에 한국 체류 외국인수는 200만명으로 보도된 바 있다.)

사람들의 이주동기

흔히 사람들은 이전의 접촉, 지식 및 영향과 같은 매우 독특한 요인들에 기초해서 이주의 결정을 내린다. 하지만, 일반적으로 이주는 개인적 요인들에 의해 보충되는 다수의 복잡한 객관적인 상황적 조건들에 의해 촉발된다. 이하에서, 이주는 특수한 집단특징들과 상호작용하는 세 개의 주요 구조적 요인들의 한 결과로서 일어나는 것으로 간주된다. 여기에서 한편으로 "수요","공급" 및 "관계망"과 다른 한편으로 "압력"과 "인력"의 개념들이 유용할 것이다. 모든 요인들이 관여된 사람들에 대해 긍정적 및 부정적 가들(valences)을 가질 수 있다.

이러한 종합된 조건들은 아래와 같다.

- 수요(demand): 인력 요인들(pull factors)이 이주자들을 산업국가들 속으로 끌어당긴다. 예컨대, 오늘날의 이민 노동력은 부가적 노동자들이 필요해서 산업국가들에 의해 의도적으로 유인되었다. 1950년대와 1960년대 동안에, 미국은 약 500만 명의 멕시코 근로자들을 수용했고, 3,000만명의 사람들이 북유럽에서 일하기 위해 남유럽과 북아프리카에서 이동했다.[2)]
- 공급(supply): 압력(또는 밀치기) 요인들(push factors)이 사람들에게 그들의 거주 국가를 떠나도록 동기화시킨다. 취업과 더 나은 생활조건들의 전망이 이주자들을 그들 자신의 국가를 떠나도록 만든다. 대부분의 EU 국가들에서의 높은 실업률들에도 불구하고, 노동시장들은 값싸고 비숙련된 노동자들을 필요로한다. 많은 본토인들이 어떤 직업들을

꺼리기 때문에 이주자들을 위한 다양한 직업분야들이 있다. 이주자들을 위한 직업분야들은 예컨대 농업, 건설 또는 관광과 같은 여러 분야들에서 발견될 수 있다.

- 관계망들(networks): "관계망요인들"은 받는 국가에 이미 있는 친척들과 친구들인데, 이들은 장래의 신입자들에게 정보, 직업 및 주거를 제공해 준다. 개인들과 가족들이 새로운 사회로 친척들을 합법적으로 그리고 불법적으로 데려 온다. 관계망요인들은 흔히 중간인들의 활동을 포함한다: 즉, 노동 브로커들이나 어떤 급료를 받고서 계약자들이 이민자들을 국내로 데려오거나 직업을 알선해 주는 것을 약속한다. 매우 흔히 언어기술들과 자기들의 권리들에 관한 지식이 없는 이민자들이 착취당한다.

비록 수요(인력), 공급(압력) 및 관계망 요인들이 이주를 자극시키는 압력들일지라도, 이들 각각에 대해 얼마나 많은 비중이 부여되어야만 되는가에 관해서 알려져 있지 않다. 이주에 대한 일반적인 단순한 동인들을 이야기하는 것은 동인들이 구조적 및 집단적 요인들에 따라 차이 있으므로, 틀린 것일 것이다. 예컨대, 여성들이 수요요인들에 대해 더 쉽게 반응하는 것 같으며 결과적으로 남자들보다 더 착취당하기 쉽다고 주장된 바 있다.[3] 연구자들은 이 주제에 관한 다량의 문헌들에도 불구하고 사람들의 이주의 동인들에 관한 적은 경험적 연구가 있다는 사실을 비평한다.[4] 부가적으로, 그들은 문헌들이 흔히 단순한 생각이고 무(無)이론적이라고 지적한다.

이민자들의 적응이나 문화순응을 이해하기 위해, 이민자의 동인들에 대한 본토인의 지각을 연구하는 것이 또한 중요하다. 예컨대, 한 연구자는 영국인들에게 사람들이 영국에서 오고 가는 이민의 이유에 대한 그들의 귀인들과 설명들을 질문했다.[5] 그의 응답자들은 이민과 아울러 이주에 대한 가장 중요한 동인들이 개인적 발전과 더 나은 직업기회들이었다고 믿었다. 호스트 나라로의 이동과 적응의 과정은 사람들에게 이주하게끔 만드는 상이한 역동적 요인들에 의해 영향받게 되기가 가장 쉽다.

출신국가와 호스트 국가에 대해서, 이주자에 대한 이주의 긍정적 및 부정적 결과들을 고려하는 것이 중요하다.

첫째로, 거의 모든 국가와 문화는 자의적으로나 비자의적으로 이주했고 성공을 거두었거나 실패했던 성공적 및 비성공적 이주자들의 이야기들을 갖고 있다. 우리가 아직도 경험적 자료를 통해 개인적 이주자의 성공과 실패를 일으키기 쉬운 요인들을 설명할 수 없다는 것은 놀랄 만한 것이다.[6]

둘째로, 이주자가 나오는 각 출신 국가는 이주의 결과로 긍정적 및 부정적 결과들을 경험한다. 출신 국가가 인구를 잃을 수 있지만, 이주는 또한 실업을 감소시킬 수 있고, 해외에서 본국으로 보내지는 돈으로부터 새로운 자원들을 제공받고, 외국들에서 전문적 연결망들을 확립시키고, 외국에서 훈련받은 전문가들의 귀국을 일으킨다.

셋째로, 각각의 받아들이는 국가가 또한 긍정적 및 부정적 결과들을 경험한다. 농촌지역들에서 도시지역들로의 이주자들은 오늘날 중국에서처럼 산업화를 위한 새롭고 전형적으로 값싼 노동력을 제공하며, 대안적 관점들을 도입시킴으로써 생물학적으로 그리고 개념적으로 유전자 풀(gene pool)을 풍부하게 한다. 이와 달리, 이주자들은 최소한 시초에 복지체계에 대해 짐을 준다. 이것은 예컨대, 미국의 캘리포니아주에서 새로운 행정조치를 낳았는데, 이것에 의해 정부는 난민들과 불법 이민자들로부터 공공 원조와 서비스들을 철회하고자 했다. 이 행정 조치는 1994년의 불법이민자들에 대한 취학, 보건 및 기타 서비스들을 거부하는 것에 대한 투표 발의이었다.

문화적 다양성

문화적 다양성은 점점 더 거의 모든 사람들의 생활의 일부가 되고 있다. 도시, 교외지역 및 심지어 농촌지역이 더 문화적으로 다양해지고 있으며, 증가된 지구화와 더불어 이러한 다양화는 우리들의 일상생활(예: 학교들, 직장들)에서의 상호작용들과 아울러 더 폭넓은 사회구조들(예: 사회적 기능들, 미디어)에서 지속될 것이다.

"문화"는 그것 내에 있는 사람들의 생활에 대해 폭넓은 영향을 준다. 이것의 범위는 가치들과 신념들과 같은 더 명백한 요인들로부터 비언어적 행동과 의사소통스타일들과 같은 덜 명백한 것들까지 이른다. 넓게 말한다면, "문화"라는 용어는 상이한 집단들 속의 사람들의 생활에 대해 차이있는 영향을 주는 인종과 종족과 같은 요인들을 일컫는다. 더 특수하게 말한다면, 문화는 다음과 같이 정의될 수 있을 것이다: 문화는 명시적이거나 은연적인 규칙들의 하나의 역동적 체계로서, 집단들의 생존을 보장하기 위해 확립된 것으로, 어떤 집단에 의해 공유되지만 집단 내의 각각의 특수한 단위에 의해 다르게 갖고 있는 태도들, 가치들, 신념들, 규범들 및 행동들을 포함하며, 세대들 간에 전달되며, 시간에 따른 변화에 대한 잠재력을 갖고서 비교적 안정적인 것이다.[7)]

당신이 이 정의에서 볼 수 있는 바와 같이, 문화에 대해 많은 측면들이 있으며, 이러한 측면들은 사람들의 집단들 간의 많은 차이들을 낳을 수 있다. 예컨대, 상이한 국가들 출신의 사람들은 때로는 그들이 착용하고 있는 복장의 유형에 의해 확인될 수 있을 것이다. 당신은 의복과 장신구에 대한 특수하고 독특한 생각들을 가진 한 문화출신의 여자들을 볼 수 있다. 이와 비슷하게 개인의 종교가 때로는 이슬람의 지역사회들의 어떤 멤버들에 대해서와 같이, 그 사람이 어떻게 옷을 입는가에 의해서 확인될 수 있다. 행동적 차이들이 또한 문화에서 나올 수 있다. 비록 어떤 사람을 만나고 있을 때에 악수하는 것이 이제 세계의 많은 지역들에서 규범이 되고 있을지라도, 일본에서의 전통적 인사는 개인의 두 손을 얼굴의 전면에 함께 두면서 몸을 굽히는 것인 반면에, 머리를 끄덕이는 것이 인도에서 적절한 인사이다. 하지만, 행동에 대한 문화의 영향들의 모두가 인사들처럼 즉각 눈으로 볼 수 있는 것은 아니다. 어떤 문화들에서 젊은 사람이 자기 부모와 결혼할 때까지 그리고 심지어 결혼 후에도 함께 살 것이 가정되는 반면에, 북미에서 신혼부부들에 대한 규범은 그들의 부모로부터 떨어져서 가정을 확립하는 것이다.

문화가 이렇게 다측면적 구성개념이며 매우 많은 방식으로 가치들과 행동들의 다양성에 영향을 준다는 사실을 전제할 때, 이것은 문화의 구성개념 내의 하위구분들을 만들음이 없이는 파악하기가 곤란하다. 분류들이나 분류체계들을 발전시키는 것이 문화의 영향을 더 효과적으로 검토하는 하나의 방법을 제공한다. 사회심리학 분야 내에서 두 개의 분류들이 현재 지배적이다.

(1) Hofstede의 문화분류

문화 다양성에 관한 최초의 대규모 연구가 약 60년전에 시작되었다. 1960년대 동안에, Hofstede는 하나의 큰 다국적 조직의 근로자들을 조사해달라는 요청을 받았다. 그는 50개 이상의 국가들의 사람들로부터 자료를 수집했고 국가적 문화들을 반영했던 자료에서 독특한 패턴들이 있다는 것을 깨달았다. Hofstede(2001)는 이러한 차이들을 마음의 소프트웨어(software of the mind)라고 일컬었으며, 문화를 "한 집단이나 사람들의 범주의 멤버들을 다른 멤버들로부터 구분짓는 마음의 집단적 프로그래밍"(p. 9)이라고 정의했다.[8] 다시 말하면, 인간은 동일한 생물학적 뇌("hardware")를 갖고서 태어났지만, 그들은 그들이 양육되는 문화들("software")에 기초해서 상이한 일들에 가치를 두고 세상을 다르게 보게끔 학습한다. 더 특수하게 말하면, Hofstede는 그의 조사자료에 대해 요인분석이라는 통계적 기법을 사용해서 문화의 4차원을 내놓았다: 즉, 개인주의-집단주의, 권력거리, 남성성-여성성 및 불확실성의 회피이다. 그는 그후에 다른 연구자의 연구에 기초해서 1개의 차원을 추가시켰다.[9] 즉, 장기적 또는 단기적 관점이다. 이러한 차원들의 각각은 인간들 사이의 다양성에 관련되어 있다. 문화들은 이러한 차원들에 따라 차이가 있으며, 이러한 차이들의 각각은 상이한 학습된 가치들과 선호들을 낳는다.

(가) 개인주의-집단주의(individualism-collectivism)

당신이 어떤 중요한 결정을 내릴 거리를 갖고 있을 때, 당신은 이것을 어떤 사람과 의논하는가? 당신은 가족들이나 친구들에게 의지하는가? 만일 그들의 충고가 당신이 행하기를 원하는 것과 합치되지 않는다면, 이것이 당신의 결정에 영향을 줄 것인가? 당신은 당신이 행하기를 원하는 것을 택할 것인가, 아니면 당신은 당신의 가족들과 친구들이 최선이라고 생각하는것에 따를 것인가? 개인이 이러한 질문들에 대답하는 방식이 "개인주의와 집단주의"의 핵심에 있다. 개인주의적 관점을 가진 어떤 사람은(idiocentric) 가족들이나 친구들의 의견들에 관계없이, 그 자신의 목표들에 따르는 경향이 있을 것이다. 이와 달리 집단주의적 관점을 가진 어떤 사람

(allocentric)은 설사 그것이 개인적 목표들을 포기하는 것을 의미할지라도, 집단에 대해서 최선인 것으로 간주되는 것을 행하는 경향이 있을 것이다.[10)]

모든 사람은 어떤 가치들과 선호들을 반영하는 사회 속에서 성장한다. 개인주의와 집단주의는 사회가 개인보다도 집단에 대해 두는 가치들을 일컬으며 이 가치들은 사회 내의 대부분의 사람들에게 가르쳐진다. Triandis(1994)는 개인주의적 사회들에서 사회적 경험들은 개인을 중심으로 구조화되는 반면에, 집단주의적 사회들에서, 사회적 경험들은 사회적 집단들을 중심으로 "구조화된다고 지적했다".[11)] 예컨대, 미국과 캐나다와 같이 개인주의적 경향들을 가진 사회들에서 결혼은 전통적으로 남녀의 선택이라고 간주되어 왔다. 두 사람이 사랑하고 그 다음에 결혼했다. 하지만, 일본과 인도와 같은 집단주의적 사회들에서 결혼은 전통적으로 부모들이나 가족 내의 기타 연장자들에 의해 정해졌으며, 어떤 경우들에서 그들은 아직도 그러하다. 결혼의 목적은 관여된 두 명의 개인에 대해 행복을 제공하는 것으로서 간주되지 않는다. 그 대신에 이것은 가족들 간의 동맹들(인척관계들)을 발전시키는 것으로서 간주되고 있다. 이러한 차원 상의 차이들이 국가들 사이에서 발견될뿐만 아니라, 또한 국가들 내의 지역들 사이에서도 발견될 것이다. 예컨대, 연구자들은 미국 내에서 개인주의와 집단주의의 뚜렷한 지역적 차이들이 있어서, 개인주의는 북부와 동부에서 더 우세하고 집단주의는 남부와 서부에서 더 우세하다는 것을 발견했다.[12)]

개인주의-집단주의와 권력거리가 연구들에서 가장 널리 검토되어 온 문화 차원들이다. 개인이 개인주의나 집단주의를 강조하는 문화의 출신인 정도가 그 개인의 태도들과 행동들 중의 다수에서 차이를 일으킨다는 것이 증명되어왔다. 예컨대, 차이들이 다른 일자리를 찾는 것과 자신이 근무하는 조직을 돕기 위해 약간의 가외 시간의 업무들을 수행하는 것(심지어 추가적 지불이 없이)과 같은 근무 행동들에서 발견되어왔다. 하나의 개인주의 국가인 미국에서, 어떤 직원이 새로운 일자리를 찾는 노력이나 자신의 회사를 위해 얼마나 많이 추가로 일하는가가 그 사람이 회사를 얼마나 많이 좋아하는가에 달려 있다. 하지만 하나의 집단주의적 국가인 인도에서 이러한 행동들은 어떤 직원이 자신의 회사를 얼마나 많이 좋아하는가뿐만 아니라, 또한 그 직원이 회사에 대해 의무감을 느끼는 정도에도 또한 달려 있다.[13)]

집단간 및 대인적 관계의 분야들에서, 연구자들은 일본과 같은 집단주의적 국가들에서 갈등은 타협을 요하는 하나의 관행으로서 간주되고 경험되는 반면에, 미국과 같은 더 개인주의적 국가들에서 갈등은 하나의 승패의 상황으로서 더 많이 경험된다고 시사했다.[14)] 아동들 조차 이러한 차원상에서 눈에 띄는 차이들을 보인다. 예컨대, 연구자들은 하나의 개인주의적 문화인 캐나다의 아동들이 더 집단주의적 문화인 이집트 출신의 아동들보다 더 독립적 태도들을 보였다는 것을 발견했다.[15)] 다른 더 일반적 태도들이 또한 이러한 문화차원들에 관련되어 있을 수 있다. 예컨대, 집단주의적 사회들의 사람들은 그들의 집단 속의 타인들의 사고들과 사업을 그들 자신의 것들로서 보기가 더 쉬운 반면에, 개인주의적 사회들의 사람들은 프라이버시를 바라는 경향이 더 많다.[16]

(나) 권력거리(power distance)

권력거리는 어떤 사회의 사람들이 사회적 지위, 부, 권력, 법률 및 신체 특징들에 기초된 불평등들을 수용하는 정도를 일컫는다.[17] 말레이시아, 과테말라, 필리핀 및 많은 아랍국가들과 같이, 높은 권력거리를 가진 나라들에서 사람들 사이의 동조를 발견하고 대부분의 권력이 권위주의적 가치들을 지닌 작은 집단의 사람들이 갖고 있다는 것을 발견하는 것이 보통이다. 이러한 가치관을 가진 사람들이 사회에서 높은 지위를 가진 사람들을 다른 사람들과 근본적으로 다르다고 보는 것이 흔한 일이다. 이것 때문에 불평등이 수용되고 있다. 이에 비해서, 뉴질랜드, 독일, 영국 및 스칸디나비아 국가들과 같이, 낮은 권력거리를 가진 나라들의 사람들은 사람들을 기본적으로 평등하다고 본다. 이러한 나라들에서, 권력의 발휘는 그것의 배후의 근본적 이유(예:선출된 공직자들)에 대한 합의가 있을 경우에만 수용되며, 사고의 독립성이 동조보다 더 중시된다. 당신은 때로는 권력거리의 영향들을 사람들이 서로 말을 거는 방식에서 볼 수 있다. 낮은 권력거리의 사회들에서, 사람들은 상대방이 지위에 있어서 웃사람인 것에 관계 없이, 이름을 사용하는 경향이 있다. 높은 권력거리의 사회들에서 지위상에서의 상위자들에 대해 취업(예: 자기의 상사)이나 연령(예: 노인 이웃)에 따라 존칭들이 사용된다. 문화들에서 권력거리와 개인주의-집단주의 사이에 강한 관계가 있는 경향이 있어서, 높은 권력거리는 집단주의와 상관이 있고, 낮은 권력거리는 개인주의와 상관이 있다.[18]

(다) 남성성과 여성성

이 차원에 대한 명칭은 근로목표들(work goals)에 두는 상이한 가치들에서 나온다. Hofstede (2001)는 근로목표들에 관한 조사들이 여성들이 관계들과 타인들을 돕는 것과 같은 사회적 목표들에 대해 더 높은 가치들을 두는 반면에, 남성들이 금전과 경력들에 관련있는 이른바 Hofstede가 자아목표들(ego goals)이라고 일컬은 것에 대해 더 높은 가치들을 둔다는 것을 거의 보편적으로 나타낸다고 지적했다.[19] Hofstede는 국가들 간의 가치들에서의 차이들에 대해 이러한 남성성-여성성 구분들을 적용시켰다. 여성성이 높은 문화의 사람들은 관계들과 조화를 중시하도록 가르침받는 반면에, 남성성이 높은 문화의 사람들은 직무들에서 경쟁, 승진 및 인정을 강조하도록 장려받는다. 일본, 배네수엘라, 이태리 및 멕시코와 같은 남성성을 강조하는 사회들은 흔히 그들이 선호하는 가치들에서 남자와 여자 사이의 큰 차이들을 보인다. 예컨대, 남자들은 여자들보다 야망과 경력 목표들에 대해 훨씬 더 강한 강조를 둔다.[20] 스웨덴, 노르웨이, 네덜란드 및 코스타리카와 같은 여성성을 강조하는 사회들은 일반적으로 남자들과 여자들 사이의 가치들의 큰 차이들을 보이지 않는다. Hofstede는 여성적 국가들에서, 남자들과 아울러 여자들이 겸손하고 비주장적으로 되는 것을 기대받는다고 또한 지적했다.

(라) 불확실성의 회피

높은 수준의 불확실성은 불안과 스트레스를 일으킬 수 있다. 불확실성을 처리하는 보편적 방식들은 각 사회가 어떤 대처방식들이 다른 것들 보다 더 인정가능하다는 것을 가르치기 때문에 문화들을 특정지을 수 있다. 기술, 종교, 사회적 관습들 및 심지어 가정 관습들이 불확실성에 대처하는 것을 돕기 위해서 사용된다.예컨대, 싱가포르와 자메이카와 같은 낮은 불확실성의 회피(uncertainty avoidance)를 가진 사회의 사람들은 어떤 불확실성이 불가피하다는 사실을 일반적으로 수용한다.[21] 이러한 사람들은 "흐름에 쫓는 것"이 중요하다고 믿으며 흔히 어느 정도의 모험을 행하려고 든다. 이와 달리, 포르투갈과 그리스와 같이, 높은 불확실성 회피의 특징이 있는 문화들의 사람들은 불확실성에 의해 위협당하는 것을 느끼는 것을 배운다, 따라서 이들은 더 적은 모험을 행하고, 법률에 대해 더 조심스럽게 행동하고, 그들이 익숙해져 있는 것과 다른 일들(그리고 사람들)을 피하는 경향이 있다.

(마) 단기적 또는 장기적 관점(orientation)

Hofstede의 최초의 연구 후에, 다른 심리학자들도 또한 문화가 어떻게 다양한 가치들, 태도들 및 행동들에 영향을 주는가를 연구하기 시작했다. Hofstede의 조사연구가 한 조직체, 즉 IBM에서 수행되었기 때문에, 그의 조사질문들의 대부분이 서구적 문화관점에서 개발되었으며, 따라서, 동양의 문화관점에서 어떤 사람에 대해 더 즉각적으로 분명할 수 있는 몇 가지 문화적 가치들을 포착하지 못했다. 다섯 번째 분류인 "장기적-단기적 관점(long - short term orientation)이 중국의 맥락 속에서의 가치들에 기초되어서 시초의 4개에 추가되었다.[22] 대만, 일본 및 남한과 같은 장기적 관점을 가진 문화들에서, 사람들은 미래의 보수들을 중시하는 것을 배워서, 끈기, 근면, 인내 및 조화에 대해 강조를 둔다. 이 스펙트럼의 다른 쪽 끝에서, 캐나다와 미국과 같은 더 단기적 관점을 강조하는 문화들은 단기적 보수들에 대해 가치를 두며 장기적 고려들보다 즉각적 만족을 강조했다.

Hofstede의 분류는 특수한 차원들에 따라 문화들을 비교할 수 있게끔 만들어왔다.[23] 예컨대, 멕시코인들은 캐나다인들과 미국인들보다 불확실성의 회피와 권력거리에 대해서 더 강한 강조를 둔다. 이에 비해서, 캐나다인들과 미국인들은 멕시코인들보다 더 개인주의를 강조한다. 하지만 사람들이 문화의 남성성-여성성 차원에 대해 두는 강조의 면에서 이들 세나라 사이에 매우 작은 차이가 있다. 이러한 차원들을 사용해서, 어떤 문화에서의 몇 개의 가치들의 신속한 스냅사진을 얻고 이 가치의 측면에서 상이한 문화들을 비교하고 대비시킬 수 있다.

비록 이러한 분류가 많은 연구를 자극해왔고, 문화들이 가치, 태도 및 행동에 미치는 영향들을 이해하기 위한 하나의 유용한 관점을 제공 해왔을지라도, 이러한 분류가 보편적이며 이것이 모든 문화들을 기술하기 위해 사용될 수 있다는 데 대해 모든 사람들이 Hofstede와 동의하지는 않는다. 시초의 연구에서 사용된 표본은 모두가 동일한 회사의 사람들로 구성되었고, 따라서 이것은 특정의 문화의 모든 사람들을 반드시 대표하지는 않았다.[24] 또한, 그러한 유형의 직무들에서 일했던 사람들의 종류들(예:교육받은 남자들)은 집단 속에서 대표된 특징들의 범위를 제한했다. 하지만, 심리학자들은 이 연구가 극히 중요하다는데 대해 동의하는데, 이것은 이것이 지구의 문화차이들을 검토하고 문화들을 대비시키고 비교할 수 있는 차원들을 찾아내려는 최초의 시도가 되기 때문이다. Hofstede에 의해서 제안된 분류는 성역할 태도들,[25] 직장 스트레스와 문화간 의사소통,[26] 직원 봉사행동,[27] 및 소비자행동과 마케팅과 같은[28] 문화들 간의 사회적 현상들에서의 광범하게 다양한 차이들을 설명하는 것을 돕기 위해 성공적으로 사용되어 왔다.

(2) Schwartz의 가치들의 틀(values framework)

문화들 간의 차이를 찾는 방법들을 추구하는 것보다도 문화적으로 학습된 가치들, 따라서 문화들이 유사할 수 있는 방식들을 살펴볼 수 있다. Schwartz는 문화들에서의 가치체계들의 내용과 구조와 이러한 가치들이 상이한 집단들의 사람들이 그들의 주위의 세계에 관한 이해를 조직화시키는 방식들에 대해 어떻게 영향을 주는가를 이해하는 데에 사용될 수 있는 하나의 이론적 틀을 개발했다.[29] 20개 국가들에 대한 연구에서, Schwartz는 10개의 가치유형들의 한 세트가 지구적 맥락에서 유용하기에 충분하게 포괄적이라는 것을 확립시켜왔다. 다시 말하면, 가치 유형들은 보편적이며 상이한 집단들이 그것들의 의미들에 대해 동의한다. 핵심 가치들이 하나의 전반적이거나 정의적 특징을 포함하는 가치 유형들 속으로 묶여져왔다. 예컨대, 전통(tradition)이라는 가치유형은 존경과 지킴의 핵심 가치들에 기초되어 있다(표 15.1 참조).

상당히 많은 연구들이 이러한 틀이 많은 문화들에 대해서 적용하고 태도들과 행동들을 예측하기 위해 사용될 수 있다는 것을 보여왔다. 예컨대, 가치들은 이스라엘인 유대인들, 이스라엘인 아랍 무슬림들, 및 이스라엘인 기독교인들이 그들 자신의 문화집단들 밖의 사람들과 접촉을 가지려고 드는 정도를 결정짓는 데에 있어서 중요한 예측요인들로 발견되어왔다.[30] 이와 비슷하게, 교사들에 대한 연구에서, 가치들이 비유사한 타인들과 접촉을 행하려는 의사를 예측했다는 것이 발견되었다.[31] 특수하게 말하면, 보편주의(universalism) 상에서 더 높은 점수를 받았던 사람들이 전통이나 동조 상에서 더 높은 점수를 받았던 사람들보다 비유사한 타인들과 접촉을 행하려는 더 많은 의사를 보였다. 다른 예로서, 가치들과 걱정들에 초첨을 두는 연구에서, 이스라엘과 독일의 응답자들 사이에서 특수한 가치들과 그들이 갖었던 걱정들의 유형들 사이의 관계들에서 소수의 차이들이 있다는 것이 발견되었다.[32] 예컨대, 권력에 대한 강조는 자기나

표 15.1 가치들의 동기적 유형들의 정의들과 이것들이 행동에 영향을 주는 방식

권력: 사회적 지위와 명성, 사람들과 자원들에 대한 통제나 지배
성취: 사회적 기준들에 따라 능력을 증명하는 것을 통한 개인적 성공
자극: 생활에서의 흥분, 신기성 및 도전
자기방향: 독립적 사고와 행동, 선택하기, 새로 만들기 및 탐색하기
보편주의: 모든 사람들의 복지와 자연에 대한 이해, 진가의 인정, 관용 및 보호
자비심(박애): 빈번한 개인적 접촉을 갖는 사람들의 복지의 보존과 향상
전통: 전통적 문화나 종교가 제공하는 관습들과 관념들의 존중, 지킴 및 수용
동조: 타인들을 당황케하거나 해롭게 하고 사회적 기대들이나 규범들을 위반하기 쉬운 행동들, 성향들 및 충동들의 자제
안전(security):사회, 관계들 및 자기의 안전, 조화 및 안정성

출처: Schwartz 등(1999, p109)[33)]

개인이 소속한 집단에 관련된 걱정들과 상관있었다.[34)] 전쟁에 대한 공포는 자비와 같은 타인들에 대한 걱정에 관련된 가치들에 대해 높은 우선성을 부여하고, 평등과 사회정의의 이슈들에 대해 중요성을 부여하는 독인인들과 아울러 이스라엘인들에서 더 큰 것으로 발견되어 왔다.

당신이 볼 수 있는 바와 같이, 문화의 차원들을 발전시킴으로서, 연구자들은 가치들과 행동들에 미치는 문화의 영향에 관한 복잡한 생각을 감소시켜려고 노력해 와서, 우리에게 집단들과 사회들 내의 사람들에 의해 학습되고 있는 다양성의 몇 가지 측면들을 살펴보게끔 해준다.

하지만, 개인적 행동의 차이들에 대한 설명을 위해 큰 집단들을 살펴보는 데에는 항상 약간의 위험이 있다. 이것에 대한 한 이유는 집단들, 특히 큰 집단들이 결코 완전하게 동질적이지는 않으며, 종족배경, 성별 및 사회계층과 같은 개인차들이 다양성에 관련된 개인적 경험들에 또한 기여할 수 있다는 것이다.

문화변용의 이론과 연구

"문화변용"(acculturation)은 다른 문화에 대해 적응하는 과정을 일컫는다. 수 년 동안에, 몇 개의 이론적 모형들이 태도, 가치, 행동, 언어 및 문화적 정체성을 포함하는 문화변용의 과정을 평가하기 위해 개발되어왔다. 이러한 문화변용의 모형들은 두 개의 폭 넓은 범주들 중의 하나 속에 두어질 수 있다. ① 일차원 모형들은 문화적 변화를 전통문화(heritage culture)로부터 호스트문화(host culture) 쪽으로 이동하는 하나의 직선적(일차적) 과정으로서 본다. 그리고 ② 다차원 모형들은 문화적 변화의 과정들이 전통과 호스트 문화들 속에서 독립적으로 일어난다고 간주한다. 가장 최근에, 문화변용 연구자들은 이민자들이 택한 문화변용 과정들에서 수용하고

도 15.1 문화변응에 관한 일차원모형

전통문화 → 호스트사회의 문화(동화)

있는 사회의 중요성을 강조해왔다.

(1) 문화변용에 관한 일차원 모형들

문화변용에 관한 초기의 연구들은 일차원적 접근을 취했는데(도 15.1 참조), 여기에서 이민자들은 그들의 전통문화를 포기하고, 호스트 사회의 문화규범, 가치, 태도 및 행동을 택함으로써 호스트문화와 동일시하는 쪽으로 점차 이동하는 것으로 간주되었다.[35]

이 모형은 여건들이 차이 있었기 때문에 현재보다 과거에 더 적절했다. 이것은 호스트 사회들이 동질적 문화를 갖고 있을 때에 특히 적용가능하다. 이민자들이 경제적, 이데올로기적 또는 도덕적 이유들 때문에 비교적 환영받을 때에, 그들이 전체 인구의 작은 부분만을 이룰 때에, 그리고 이민자들의 문화와 호스트문화 사이의 문화적 거리가 작을 때이다. 예들은 냉전 기간 동안에 서유럽으로 도망해 온 동유럽의 피난민들이나, 식민지들의 독립 직후에 이주했던 이전의 유럽인의 식민지출신의 이민자들이다. 이차세계대전 후 20년 동안에 대부분의 식민지들이 독립하게 되었다. 식민지출신의 이민자들은 호스트사회에 쉽게 동화될 수 있었는데, 이것은 그들이 식민국가의 문화를 알고 있었고 이전의 식민국가들이 그들을 받아들이는 데 대한 도덕적 의무 때문에 그들이 용납되었기 때문이다. 동유럽 이민자들은 문화적으로 매우 비유사하지도 않았다. 그들은 소집단들로 왔으며 이데올로기적 이유로 환영받았다. 그 당시에 많은 유럽국가들은 계속 문화적으로 매우 동질적이었다. 일반적으로, 이민자들은 동화에 대한 가벼운 압력에 대해 동조했으며 후기 세대들은 동화 쪽으로 자발적으로 이동하는 경향이 있었다.

미국은 이 나라의 다인종과 다문화 국가(melting pot)의 이데올로기를 갖고서 일차원적 모형의 다른 관련된 예를 제시해왔다. 그 이데올로기 속에서 이민자들은 개인적 가치들의 바탕에서 그들 자신의 문화변용을 큰 청도로 자유롭게 선택했지만, 그들이 주류 문화 속으로 융합 하도록 만드는 그들에 대한 강한 비공식적 압력이 있었다. 그렇게 함으로써, 이민자들은 주류 문화에 대해 약간 다른 특징들을 추가시켰다. 이러한 이데올로기는 주류 문화와 비교적 동질적이어 왔을 때에 현실적인 것이었다. 비록 미국이 하나의 이민 국가일지라도, 그 문화는 강한 유럽적 성격을 갖고 있었으며, 대부분의 이민자들이 유럽에서 왔다. 이것이 20세기에, 이차세계대전 후에 비서구국가들 출신의 이민자들의 큰 집단들이 미국으로 이민왔을 때에 가장 강하게 변화되었다. 그들에 대해서 주류 문화 속으로 융합하기가 훨씬 더 어려웠고, 따라서 다인종과 다문화국가(melting pot)는 각각의 문화집단이 작은 조각을 이루는 하나의 모자이크와 더 비슷하게 되었다.

문화변용에 관한 일차원적인 양극적 개념화의 시초의 인기에도 불구하고, 일차원적 모형들이 너무 단순했고 전통과 호스트 문화에 대한 동일시가 독립적인 힘들로서 보게 되었다는 것이 분명해졌다. 이러한 난점을 취급하기 위해서, 문화변용에 관한 더 포괄적 모형들이 나타났는데, 이것들은 독립적 영향들로서 전통과 호스트 문화들을 고려하기 시작했다.

문화변용에 관한 다차원 모형들

문화변용의 다차원모형들에 기저하는 두 개의 가정이 있다.[36] 첫번째 가정은 문화변용과정들을 태도, 가치, 행동, 언어 및 문화적 정체성과 같은 다양한 분리된 영역들 속에서 가능하는 것으로서 본다. 이러한 견해에 의하면, 이민자들은 이러한 다양한 영역들에서 상이한 정도로 그들의 전통과 호스트 문화들과 관계를 가질 것이다. 예컨대, 그들은 새로운 국어에서 유창할 수 있지만, 계속해서 그들의 출신국가에서의 지배적인 가치들에 대해 동일시할 것이다.

두 번째 가정은 전통과 호스트 문화들에 대한 관점들을 Berry(1997)의 문화변용전략들이 분류 속에서처럼,[37] 독립적 영역들로서 구축한다. 그에 의하면, 이민자들은 두 개의 의문에 당면하고 있다: 첫번째 것은 "나의 문화적 전통을 유지하는 것이 가치있는가?"이고, 두번째 것은 다른 인종이나 문화 집단들과의 관계들을 취급해서, "호스트 사회와의 관계들을 유지하는 것이 가치있는가?"이다. 이러한 의문들에 대한 답변들에 기초해서 4개의 문화변용전략들이 구분될 수 있다: 즉, (1) 통합(integration; 문화적 정체성을 유지하고 호스트 사회와의 긍정적 관계들을 갖는 것이 모두 중요하다); (2) 동화(assimilation; 호스트 사회와의 긍정적 관계들 만이 중요하다); (3) 분리(separation; 자기 자신의 문화를 유지시키는 것만이 중요하다); 그리고 (4) 주변인화(marginalization; 이러한 결과들의 어느 것도 중요하지 않다)이다 (표 15.2).

Berry는 이민자들이 최소한 6개의 심리적 기능의 영역들에서(언어, 인지스타일들, 성격, 정체성, 태도들 및 문화변용적 스트레스) 변화과정을 겪는다고 제안했다. 개인들이 문화변용함에 따라,

표 15.2 문화변용전략들에 관한 2차원모형(Berry, 1997)

		자신의 문화가 가치 있다	자신의 문화가 가치 없다
호스트 사회와의 접촉이 바람직스럽다	그렇다	통합	동화
	아니다	분리	주변인화

태도, 신념 및 가치와 함께 몇 개의 행동이 변형된다. 그는 4개의 문화변용전략들이 분리된 정태적 전략들이 아니라고 주장했다; 사람들은 한 전략에서 다른 전략으로 바꿀 수 있으며, 호스트 문화는 단일한 다수측 문화라기보다 몇 개의 문화로 구성되어 있을 수 있다. 그의 모형은 이민자들이 (대부분이 경제적 이민자들임) 다수로 오고 상당한 소수인종집단들을 이루는 세계의 4개의 이민지역들에서의 현재의 상황을 명확하게 기술한다. 더욱이, 이민자들의 대다수와 호스트 문화들 사이의 문화적 거리가 넓어져 왔다. 예들은 서유럽에서의 터키계 이민자들, 미국에서의 멕시코인들 및 오스트레일리아와 캐나다에서의 아시아인들이다. 결과적으로, 비록 호스트 사회들이 계속 지배적 문화를 갖고 있을지라도, 그들은 더 이상 전체적으로 문화적으로 동질적이지는 않다.

비록 Berry의 모형이 이 분야에서 극히 영향력있어 왔을지라도, 이것은 다소의 비평을 받아왔다. 몇몇 연구자들은 이주자들이 주변인화되는 것을 선택하지 않고, 그 대신에 비자의적으로 이것을 하나의 결과로서 어쩔 수 없이 택할 수 있으므로, 주변인화(marginalization)의 개념이 생명력있는 것이 못된다고 주장해왔다. 그렇지 않다면, 다소의 이민자들은 그들이 더 개인적 문화변용전략을 택해 왔기 때문에, 그들의 전통과 호스트 문화들과 직접 동일시하지 않을 수 있는 가능성이 있다.[38] 더 개인주의적인 이민자들은 흔히 몇 개의 문화들에서 요소들을 선택적으로 택하는 높은 세계주의(cosmopolitanism) 수준을 가진 것으로 특징지어진다.

대부분의 다문화 사회들에서, 최근의 담론은 이민자들이 동화되거나 통합되어야만 되는지의 의문에 집중된다. Berry(1997)와 그 밖의 많은 연구자들은 통합이 이민자들에 대해 선호 받고 가장 “적응적인” 전략이라는 것을 발견해왔다.[39] 최근의 연구들은 받아들이는 사회의 멤버들의 문화변용기대들을 살펴보는 것이 또한 중요하다는 것을 증명해왔다.

Berry의 문화변용모형에 기초해서, Bourhis 등(1997)에 의한 통합적 문화변용모형이 받아들이는 지역사회의 문화변용기대들과 아울러 이민자들에 의해 택한 문화변용관점들의 역할에 초점을 둠으로써 하나의 유용하고도 포괄적인 틀을 제공해왔다.[40] 이 모형에 의하면, 호스트 사회멤버들은 이민자들에 대해 5개의 문화변용관점들을 택할 수 있다: 즉, 통합, 분리, 동화, 배척 및 개인주의이다.

첫 3개의 관점들은 Berry(1997)의 통합, 분리, 동화의 개념들과 평행되었으며 마지막 둘은 주변인화에 관한 변종들을 나타낸다. Bourhis 등(1997)에 의하면, 통합은 하나의 조정적 접근을 나타내는데, 여기에서 호스트 국민들은 이민자들이 국가적 문화의 측면들을 동시에 택하면서, 그들의 전통문화를 보존할 자격이 있다고 믿는다. 이러한 전략을 택하는 사람들은 다문화사회의 점차적 발전을 예상한다. 분리를 택하는 호스트 국민들은 더 큰 지역사회가 주류 사회로부터 이민자문화들을 분리시키는 것이 가장 큰 이익이 된다고 믿는다. 동화를 지지하는 사람들은 이민자들이 그들이 새로 택한 조국을 지지해서 그들의 전통문화를 포기하는 것을 보고 싶다는 욕망을 나타낸다. 배제(exclusionism)는 이민과 이민자들이 국가적 공동체에 대한 하나의 위협이며, 국가가 폐쇄적 이민정책으로부터 가장 큰 이익을 얻을 것이라는 신념을 반영한다. 끝으로, 개인주의는 사람들이 그들이 적합하다고 보는 어떤 전략이라도 택할 권한이 부여되어야만 된다고 믿는 사람들에 의해 선호된다.

호스트와 이주자의 문화변용선호들 사이의 수렴은 항상 일어나지는 않으며, Bourhis 등은 비유사한 태도들이 문제적이거나 갈등적 결과들을 일으킨다고 주장해왔다. 한 연구는 러시아인 이주자들과 아울러 이스라엘인 호스트들이 통합을 선호했지만, 받아들이는 공동체의 멤버들이 이주자들보다 동화에 대한 더 강한 선호를 가졌다는 것을 나타냈다.[41] 그들은 또한 이주자들이 실제보다도 더 많은 동화의 의사가 있었다고 믿었다. 연구자들은 네덜란드 국민들이 동화를 강하게 찬성했지만, 그들이 모로코와 터키계 이주자들이 분리를 좋아했다고 믿었던 반면에, 통합이 두 이민집단들에 의해 실제로 선호되었다고 지적했다.[42] 하지만, 호스트와 이주자의 비조화의 결과들은 널리 연구되어 오지는 않았다.

일반적이고 통합을 선호하는 이민자들에 비해서, 호스트 사회멤버들은 흔히 동화 이데올로기를 택해 왔는데, 여기에서 이민자들은 그들의 문화적 및 언어적 독특성을 포기하고 호스트 사회의 핵심 가치들을 택할 것을 기대받는다. 예컨대, 독일에서 연구자들은 국민들에서 동화에 대한 선호를 보고했으며,[43] 이와 유사한 결과들이 슬로바키아,[44] 이스라엘[45] 및 네덜란드에서[46] 발견되었다. 일반적으로, 후의 세대들은 동화적으로 자발적으로 이동하는 경향이 있다. 하지만, 그들에 대한 동화의 압력이 너무 강하게 될 때, 다소는 동화하는 반면에, 나머지는 반발을 보일 수 있는데, 이것은 그들의 분리욕구를 강화시킬 수 있거나 그들에게 주변인화를 일으킬 수 있다. 명백히, 모든 국가들이 동화를 선호하지는 않는다. 예외들이 캐나다와 뉴질랜드인데, 그곳에서는 호스트들과 이민자들이 통합을 선호하는 경향이 있다.

최근의 이민풍토에 기초된 연구들로부터 문화변용의 과정이 더 이상 이민자의 경험들의 측면에서만 볼 수는 없고, 그 대신에 두 문화집단들이 서로 만나게 될 때에 일어나는 상호적 변화를 고려해야만 된다는 것이 분명하다.

사회심리학적 이론들과 연구들

문화변용에 관한 모형들 이외에, 집단간 관계들에 관한 사회심리학이론들이 이민집단들과 받아들이는 사회들의 멤버들 간의 관계들의 분석에 대해 관련있다. 사회심리학적 이론들이 흔히 집단간 연구에서 개인차들의 측정치들(예: 사회적 지배관점)과 결합되어 있으며, 연구들이 발달적 및 문화비교적인 것을 포함해서, 한 범위의 관점들로부터 실험실과 아울러 현장 상황들에서 이루어져 왔다는 것에 유의해야만 된다.

접촉가설(contact hypothesis)은 한 집단이 다른 집단에 대해서 갖고 있는 부정적 태도들이 그 집단에 관한 지식의 부족에 의해 일어난다고 시사한다. 두 집단의 사람들이 서로 긍정적, 개인적 및 협동적 접촉을 갖고, 상호작용이 동등한 지위의 사람들 사이에서 일어나고, 권위당국들이 접촉을 지지하는 것이 중요하다. 이러한 조건들 하에서, 그들은 서로를 알게 될 것이고, 상호의 태도들과 상호작용이 예컨대, 유사성들에 관한 증가하는 인식을 통해, 더 긍정적으로 될 것이다(Allport, 1954), 그 결과로, 편견들이 제거되거나 감소될 것이다.

유사성-매력가설(similarity-attraction hypothesis)에 의하면, 유사성이 매력을 일으킨다.[47] 이 가설은 한 사람이 타인을 여러 특징들(예: 태도들과 가치들) 상에서 자기 자신과 유사하다고 지각할 때, 그 타인이 긍정적으로 평가될 것이라고 진술한다. 따라서, 유사성-매력가설은 사람들이 문화적 차이들이나 비유시한 문화들을 높이 평가하지 않는 이유에 대한 하나의 손쉬운 설명을 제공한다. 유사성은 대인적 및 집단간 관계들에서 불안(insecurity)을 감소시킨다. 따라서, 문화적 유사성은 이것이 우리의 신념들과 가치들이 올바르다는 것을 시사하기 때문에 보수를 주는 것일 것이다. 그 결과로, 개인들과 집단들 사이의 상호작용들이 더 원활하게 일어난다.

사회적 정체성이론(social identity theory; Tajfel과 Turner, 1979)은 이민자들과 호스트 사회들 간의 집단간 과정들에 관해 좀 더 관련있는 관점을 제공한다.[48] 사회적 범주화와 비교가 이 이론의 핵심 특징들인데, 이 이론은 다음을 가정한다: 즉, ① 사람들은 긍정적 정체성을 추구한다; ② 집단멤버십은 그들의 정체성의 하나의 중요한 요소를 이룬다; ③ 따라서 사람들은 긍정적 집단 독특성을 찾는다; 그리고 ④ 그들은 그들이 그들의 내집단을 애호하는 식으로 그들의 내집단과 여러 외집단들 사이의 비교를 행함으로써 어떤 긍정적 자기이미지를 획득하거나 유지할 것이다. 결과적으로, 자기민족중심주의(ethnocentricism)는 사회적 동일시의 하나의 필연적 결과라고 가정된다. 자기민족중심주의는 특히 고정관념화와 귀인들과 같은 분야들에서, 내집단 편애(ingroup favouritism)와 외집단 멸시(outgroup derogation)를 통해 표출될 것이다. 사회적 정체성이론은 호스트와 아울러 이주자의 관점들에서 집단간 관계들을 해석하기 위해 널리 사용되어 왔다.

호스트들과 이민자들 사이의 관계에서 위협의 역할을 강조하는 하나의 더 최근의 모형은 집단갈등의 도구적 모형(instrumental model of group conflict) 이다.[49] 현실적 집단 갈등이론(Levine & Campbell, 1972)에 의해 영향 받아서,[50] 이 모형은 집단간 적대의 두 개의 결정요인을 확인한다. 첫 번째 것은 자원 스트레스(resource stress)로서, 이것은 한정된 자원들, 자원들에 대한 비동등한 접근 및 어떤 사회적 위계에 기초된 비동등한 접근의 수용에서 생길 것이다. 마지막 요인은 하나의 개인차변인으로서 간주되며 흔히 사회적 지배관점(social dominance orientation)의 맥락 하에서 논의되고 있다. 사회적 지배관점에서 높은 사람들은 사회적 위계들과 사회 내의 불평등을 지지하고, 이 세상을 가장 거치른자가 생존하는 경쟁적 장소라고 보고,

집단지배를 획득하고 유지시키기 위해서 다른 집단들을 차별대우하려는 의사를 표현한다. 갈등의 두 번째 결정요인은 관련있는 외집단의 존재이다. 외집단은 특출하고, 독특하고, 가치있는 자원들에 대한 활력있는 경쟁자이어야만 된다. 특출성과 독특성은 외집단멤버들의 숫자의 증가와 같은 것들이나 그들의 독특한 외모에 의해 강조될 수 있다. 자원스트레스와 유관련 외집단의 조합은 집단간 경쟁을 일으키며 위협에 관한 인지적 및 감정적 지각이 수반된다. 인지적 요소는 어떤 합계영(zero-sum) 신념체계를 중심으로 하는데, 여기에서 한 집단에게 부여된 어떤 기회들과 이익들이 다른 집단의 기회들과 이익들을 직접 감소시키는 것으로서 간주된다. 감정적 요소는 외집단 경쟁자들에 의해서 제기된 도전의 결과로서, 공포와 불안의 지각들을 포함한다. 미국과 캐나다에서의 이주자들에 대한 태도들에 관한 연구는 집단 갈등에 관한 도구적 모형에 대해 강력한 지지를 제공해왔다.

포함지향적인 한 모형은 공동 내집단정체성모형(common ingroup identity model)이다.[51] 이 모형이 중심적 아이디어는 일단 어떤 사람들이 한 내집단의 일부분이라고 정의되면, 그들은 다른 내집단 멤버들과 비슷한 방식으로 대우받게 될 것이다. 이 모형의 제시자들은 어떤 단일한 집단 내의 포함적인 사회적 정체성 쪽으로 내집단과 외집단 멤버들의 인지적 표상들을 변화시킴으로써, 이전의 외집단 멤버들에 대한 더 호의적 태도들이 생길 수 있다고 주장한다. 이것은 친-내집단 편향을 포함하는 과정들을 통해서 일어난다. 이것의 외집단 멤버들이 내집단의 일부분으로 간주되게 될 때, 내집단편애에 기여하는 인지적 및 동기적 힘들이 새로 정의된 내집단의 멤버들에 대한 태도들을 개선하기 위해 재방향지어지게 된다. 공동 내집단정체성이 기존의 최우선적 멤버십들(예, 학교, 회사, 국가)의 특출성을 증가시킴으로써, 또는 전통적 집단들 사이에서 공유되어 있다고 지각하는 요인들(예: 공동 목표들이나 공동 운명)을 도입시킴으로써 성취될 수 있다. 이 모형은 반드시 각 집단이 전통적인 덜 포함적인 집단 정체성을 완전히 포기하는 것을 요하지는 않는다. 사람들은 동시에 몇 개의 집단에 속하고 다수의 정체성들을 갖는다.[52] 국가적 정체성이 이민자들에 대한 긍정적 태도들에 연관되어 있다는 것을 보이는 연구는 공동 내집단정체성의 이론의 측면에서 해석될 수 있다.

문화변용연구들과 사회심리학이론들

우리가 앞 절에서 본 바와 같이, 사회심리학자들은 모두가 문화변용연구에 대해 매우 관련있는 중요한 주제들을 취급해 왔다: 즉, 접촉, 사회적 정체성, 문화적 유사성, 집단간 위협, 포함 및 배척이다. 하지만 현저하게, 최근까지, 호스트와 이민자의 관계들에 관한 연구에 있어서 두 개의 선의 연구들이 서로 독립적으로 발전해왔다. 사회심리학자들은 너무 자주 집단간 관계들의 분리된 부분들을 일컫고 있는 이론적 패러다임(paradigm)들을 개발하고 검증해 온 반면에

(예: Tajfel의 최소 집단 패러다임이나 유사성-매력가설), 문화변용연구들은 매우 폭넓고 많은 케이스들에서 주로 기술적이어 왔다(예: 이민자집단들이 어떤 적응전략들을 선호하는가를 기술하는 다수의 연구들), 하지만 다행스럽게, 문화변용연구자들은 사회심리학자들이 폭넓은 범위를 취하고 그들의 연구를 이민의 맥락에 확장시키도록 고무시켜 왔으며, 사회심리학자들은 문화변용연구자들에게 더 정밀한 이론적 설명들을 내놓도록 고무시켜 왔다. 증가하는 숫자의 연구들이 여러 정도로 사회심리학적 기여들을 이민의 연구에 응용한다. 많은 케이스들에서 그것들은 또한 문화변용에서 나온 이론들과 틀들과 집단간 관계의 연구의 병합을 증명한다. 이민의 분야에서 하나의 흥미있는 새로운 개념은 애착(attachment)이다. 이 개념은 애착이 새로운 상황들에서 타인들에게 접근하는 경향성을 일컫기 때문에 호스트와 이민자들의 관계들에 관한 연구에 관련있다. 특히, 사회적 정체성이론(social identity theory)과 사회적 범주화이론(social categorization theory)이 이민에 관한 연구에 대해 응용되어 왔으며, 더욱 중요하게, 학자들이 이민자들의 상황에 더 잘 맞추어진 공동 내집단정체성모형(common ingroup identity model)과 같은 새로운 이론들을 내놓도록 고무시켜 왔다. 다른 혁신이 호스트들과 아울러 이민자들, 상이한 이민자들의 집단들, 문화들, 국가들 및 연령범위들의 관점들에 관한 비교연구들의 형태로 나타난다. 이러한 발전들에도 불구하고, 장차의 연구에서 더 많은 관심을 받을 만한 하나의 중요한 이슈가 있다: 즉, 핵심 구성개념들, 특히 문화와 정체성의 세련이다. 문화변용의 문헌 속에서 "문화"와 "정체성"의 부정확하고 때로는 상호교환가능한 사용이 문제가 되며, 장차의 이론 구축과 연구에서 시정되어야만 된다. 문화는 하나의 복잡한 구성개념이며 인공물들, 사회제도들, 언어들, 관습들, 전통들 및 공유된 의미들을 포함하는 것으로서 간주될 수 있을 것이다. 하지만, 문화적 정체성(cultural identity)은 개인의 문화집단에 대한 어떤 긍지감과 소속을 일컫는다. 이민자들은 새로운 나라의 언어, 복장규칙과 일하는 습관들을 쉽게 채택하고 심지어 새로운 음식을 매우 좋아할 수 있지만(모두가 문화의 외부 장식들이다), 그들은 계속 그들의 출신국가와 강하게 동일시할 것이다. 이것은 이민자들이 그들의 문화적 정체성을 포기함이 없이 그들의 문화적 유산(heritage)의 부분들을 포기할 것이라는 것을 의미한다.

문화와 정체성이 정의들의 세련은 또한 사회적 포함(social inclusion)에 대해 함의들을 갖고 있다. 사회적 포함은 개인들과 집단들을 사회 속으로 포함시키는 것을 돕는 조건들을 증진시키는 것이 바람직스러운 것으로 발견된다는 의미에서, 하나의 규범적 개념이다.[53] 하지만, 이 개념은 개인들과 집단들이 그들의 문화나 그들의 정체성을 유지시켜야만 되는지에 대해서 규범적인 것은 아니다. 이와 같이, 사회적 포함은 문화적으로 다양한 사회들에서의 집단간 관계들에 대한 하나의 가치있는 관점을 제공한다.

개인적 다양성 : 인구통계치들

문화적 다양성이 복잡한 현상들을 반영하고 있는 것과 꼭 마찬가지로, 인구통계적 다양성이 또한 복잡하다. 사람들은 생활경험의 핵심 결정요인들인 특징들 상에서 차이가 있다. 이러한 특징들과 경험들은 우리가 우리 자신을 어떻게 보는가에 대해 영향을 주며, 한 고리 상의 연결들처럼 정체성의 상이한 조각들을 만들어낸다. 우리는 타인들이 없이 결코 존재하지 않는다. 상류계층의 배경출신의 한 남자는 남자인 것에 관련되어 있는 부분들로부터 상류계층인 것에 관련되어 있는 그의 경험의 부분들을 반드시 구분지을 수는 없다. 이와 비슷하게, 우리 자신의 경험들은 우리 자신의 특징들과 상호 얽혀 있다. 사람들은 이러한 요인들의 한 조합 때문에 우리에 대해 반응하며 어떤 한 요인 단독에 대해서 드물게 반응한다. 우리의 생활경험들은 우리들 자신의 가시적 측면들(예: 인종, 성별, 사회계층)과 아울러 비가시적 측면들(예: 성적 정체, 종교)로부터 나오는 이러한 대체로 사회적으로 구성된 요인들에 의해 영향받고 있다.[54] 다양성의 소스들과 이것들이 개인적 경험에 어떻게 영향을 주는가를 검토할 때에, 이러한 소스들이 전형적으로 서로 고립해서 작용하지는 않으며, 또한 이것들이 모든 사람에게 동일한 방식으로 영향을 주지 않는다는 것을 기억하는 것이 중요하다. 그 대신에, 정체성의 이러한 상이한 측면들은 맥락이나 상황들에 따라 상이한 시점들에서 우리에게 중요하게 된다.[55]

개인의 인종, 성별 또는 계층에 기초된 차이있는 대우(예: 인종차별, 성차별, 계층차별)가 아직도 우리의 사회에서 하나의 문제가 되는가? 당신은 당신 자신의 인종, 성별 또는 사회계층이 당신이 이러한 의문에 어떻게 답변할 것인가에 영향을 준다고 생각하는가? 어떤 사람들은 북미의 사람들이 모든 그들의 시민들에게 평등한 기회를 제공하고, 피부색이 이점들이나 불리점들을 만들지 않으며, 성별이 차이를 만들지 않으며, 동등한 기회가 사회계층에 관계 없이 모든이들에게 존재한다고 믿는다. 명백히, 심히 눈에 띄는 차별대우는 오늘날 드물게 일어나지만, 차별대우와 편향이 더 복잡미묘한 방식들도 계속 존재한다. 학교들에서의 인종분리는 비록 많은 분야들에서 하나의 실제적 현실로서 계속되고 있을지라도, 더 이상 하나의 공식적 정책은 아니다. 여성들은 많은 전통적으로 남성적 직장들의 경계들로 침입해 왔지만, 회사들의 상류계층 속에서 아직도 크게 과소 대표되고 있다.[56] 사회계층은 아직도 교육적 및 직업적 기회들의 가용성에 대해 영향을 준다. 이 절은 성별, 인종 및 사회계층을 면밀하게 검토하는데, 이것들의 각각은 개인의 경험과 기회에 대해 계속 영향을 준다.

성별(gender)

비록 많은 사람들이 영어에서 섹스(sex; 생물학적 성)와 젠더(gender; 심리적 성)를 동일한 것을 의미하는 것으로 사용할지라도, 실제로 이것들 사이에 차이가 있다. "sex"라는 용어는 남자나 여자의 생물학적 구분을 일컫는 반면에, "gender"라는 용어는 남자나 여자인 것과 연합되어 있는 사회적이거나 학습된 특징들을 일컫는다. sex와는 달리, gender는 개인의 발달을 통한 사회문화적 영향들의 결과이다. 소년들은 사회가 남성적이라고 간주하는 것으로 되게끔 조형되는 반면에(예: 독립적, 주장적), 소녀들은 사회가 여성적이라고 간주하는 것으로 되게끔 조형된다(예: 보살펴주고, 신뢰할 수 있음). 이러한 기대들에 합치되는 행동들은 흔히 보수들과 연합되는 반면에,[57] 이러한 기대들은 위반하는 행동들은 흔히 손실들과 연합된다.[58]

개인의 성별(sex)은 흔히 사회적 범주의 하나의 일차적 소스 또는 더 간단히 말하면, 사람들을 집단들 속에 두는 하나의 방식으로서 흔히 사용된다. 시작부터, 아기들은 그들의 성별과 합치되는 담요의 색깔 속에 싸인다(남아들에 대해 청색, 그리고 여아들에 대해 핑크색). 행동들의 기술어들도 또한 출생부터 흔히 성유형화된다. 예컨대, 연구자들은 어떤 남자 아이가 울 때에 사람들은 흔히 그 행동을 그가 화나 있다고 말함으로써 설명하는 반면에, 어떤 여아가 울 때에 그들은 흔히 그녀를 놀랬다고 기술한다는 것을 발견했다.[59] 이러한 과정이 개인이 성인기 쪽으로 성장할 때에 계속되는데, 그 때에 기술어들은 흔히 성별에 기초되어서 계속 차이있게 부여된다. 실제로, 연구자들은 형용사들이 남자들과 여자들과 차이있게 연합되는 것으로서 간주되었다는 것을 증명했을뿐만 아니라, 또한 그들의 표본 속에서 대표되었던 30개 국가들 출신의 참가자들에서 놀랄 만한 일관성을 갖고서 일어났다는 것을 나타냈다.[60] 예컨대, 남자들은 "공격적이다", "능력있다" 및 "이성적이다"와 같은 기술어들과 더 자주 연합되었던 반면에, 여자들은 "정있다", "의존적이다" 및 "정서적이다"와 같은 기술어들과 더 자주 연합되었다.

여자들과 남자들은 그들이 차이있는 것보다 실제로 더 유사한가, 아니면 그들은 그들이 유사한 것보다 더 차이있는가? 성별들 간의 어떤 차이들이 사회적 불평등들을 정당화시켜 주는가? 성차들에 관한 초기의 연구는 남자들을 여자들이 비교되었던 기준으로서 삼았다. 양성 간의 차이들이 남자들의 선천적 우수성의 증거로서 제시되었고, 따라서, 사회적 권력의 차이들을 정당화시키기 위해 사용되었다. 예컨대, 남자와 여자의 뇌의 크기들이 비교되었고, 남자의 뇌들이 더 큰 것으로 발견되었을 때, 이것은 남자들의 우수한 지능을 설명하기 위해 사용되었다(여자들의 뇌들이 더 효율적이었다는 똑같이 그럴듯하지만, 정치적으로 틀린 명제 대신에). 남자들이 지녔던 더 큰 사회적 권력은 단순히 이러한 우수한 지능의 하나의 자연적 파생물이었다.[61]

비록 일들이 여성들이 사회의 많은 측면들에서 참여하기에 너무 지적으로 열등하거나 너무 약하고 무른 것으로 간주되었을 때로부터 변화해 왔을지라도, 양성 간의 근본적 차이에 대한 하나의 신념이 현대의 문화들 속에서 계속 분명하다.[62] 심지어 이른바 선진 사회들에서조차, 여성과 남성이 상이할뿐만 아니라 비유적으로 다른 별들(화성과 금성)에서 오는 것으로 간주되는 것을 시사하는 책들이 베스트셀러들이 될 수 있다.

차이들에 대한 초점과 유사성들에 대한 무시가 gender에 관한 연구들에 관한 여성해방론자들(feminists)의 비판 중의 많은 것의 근거가 되어 왔다.[63] 만일 차이들이 존재한다면, 그것들은 진정으로 무엇을 의미하며, 그것들은 유사성들보다 더 무겁게 비중을 받기에 충분하게 실질적인 것인가? 양성 간의 차이들이나(실제적이건 지각된 것이건 간에), 성별 다양성에 대한 반응들 중의 하나는 성차별(sexism) 즉, 개인의 성(sex)에 기초된 개인의 차이있고 흔히 유해한 대우이다. 성차별이라는 용어는 마음 속에 여성에 대한 부정적이거나 천시하는 태도들에 관한 생각이 들게끔 만들기 쉽다. "여자가 있을 곳은 가정이다"와 "여자는 서투른 운전자들이다"와 같은 부정적인 말들은 성차별이 표현될 수 있는 유일한 방식이 되는 것으로 자주 가정되고 있다. 하지만, 이것은 사실이 아니다.

Glick과 Fiske에 의한 한 논문은 성차별의 개념을 탐색했고 이것의 더 복잡하고도 미묘한 성질의 몇 가지를 밝혀냈다.[64] 성차별은 이것의 가장 순수한 의미에서, 개인이나 집단멤버의 성별에 기초된 한 개인이나 개인들의 한 집단에 대한 어떤 편견을 일컫는다. 이 편견은 반드시 부정적 태도들이나 행동들의 형태로 표현될 필요는 없다. 그들은 성차별의 상이한 형태들의 3부분의 이해를 제안했다. 여성에 대한 부정적 태도들을 반영하는 부정적 표현들이나 행동들은 적의적 성차별(hostile sexism)로서 특수하게 일컬어진다. 하지만, 성차별의 어떤 형태들은 전형적으로 긍정적 특성들이나 자질들의 귀인을 포함한다. 이것은 호의적 성차별(benevolent sexism)이라고 일컬어진다. 비록 이것이 용어들에서의 하나의 모순(contradiction)으로서 여겨질 수 있을지라도, 그들에 의하면, 문제는 호의적 성차별에 연합된 귀인들은 비록 이것들이 긍정적으로 들릴지라도, 여성을 한정된 방식으로 보는 고정관념들에서 나오며 흔히 남성중심적 관점에서 나온다. 한 여자 간부직원이 한 남자 동료직원이 "당신의 복장이 매우 좋게 보입니다"라고 말할 때에, 협상 테이블에 막 앉고 있는 장면을 잠시 상상해 보라. 그들은 비록 그 말이 부정적이거나 적의적인 의도를 갖지 않을 수 있을지라도, 그럼에도 불구하고, 그것은 성차별자라고 시사했다. 그 말은 즐겁게 들리지만 실제로는 여성에 관한 전통적인 고정관념적 생각을 강조하며 아름다움보다 능력이 그녀의 현재의 직위에 대한 임원 승진의 배후에 있었다는 사실을 경시한다. 그들에 의하면, 사람들이 적의적인 동시에 호의적인 성차별적 태도들을 가질 수 있을뿐만 아니라, 또한 이러한 태도들과 신념들이 동시에 보유될 수 있다. 그들은 이것을 양가적 성차별(ambivalent sexism)이라고 명명했다. 그들은 양가적 성차별의 한 예가 어떤 사람이 여성이 남성에 의해 보호받을 필요가 있고(호의적임), 여성이 무능하다(적의적임)고 동시에 믿을 때에 있다고 시사했다.

인종(종족)배경(ethnic background)

다양성의 다른 영역은 인종적 다양성이다. gender처럼, 인종은 사람들을 함께 묶는 한 방식으로서 자주 사용되고 있다. 인종적 다양성에 대한 하나의 공통적 반응은 불행하게도 인종차별(racism)이다. 인종차별은 개인이나 집단 멤버들의 인종이나 민족성에 기초된 편향으로서 정의될 수 있다. 외현적 차별대우가 드물게 존재한다고 간주하는 공식적 정책들을 전제할 때, 인종차별이 더 이상 존재하지 않는다고 여겨지기 쉽다. 하지만 현실은 다른 것을 보이는 경향이 있다. 불행하게도 인종차별의 부정적 영향들이 오늘날의 미국 사회에서 아직도 우세하다.

북미에서, 인종차별의 현대적 형태들은 편견이나 부정적 태도들의 대부분의 표현들이 매우 미묘해져 왔고 이 용어에 대한 우리의 보편적 이해와 부합되지 않을 것이기 때문에 흔히 측정하기가 곤란하다. 전형적으로, 소수인종집단들에 관한 사람들의 신념들은 긍정적인 것 같거나 최소한 과도하게 부정적인 것 같지는 않다. 대부분의(하지만 모두는 아닌) 상황들에서, 직접적으로 인종차별적 말을 행하는 것이 더 이상 수용가능하다고 간주되지 않고, 따라서 인종차별은 간접적 방식으로 표현되는 경향이 있다. 소수인종 집단멤버들에 대한 직접적이고 심히 눈에 띄는 공격들은 북미에서 덜 빈번해져 왔으며, 부정적 태도들은 상황들이 애매할 경우에만 또는 그 태도가 표적집단에 대한 어떤 반응 이외의 어떤 것에 귀인되어질 수 있을 경우에만 표현된다.[65] 많은 다른 역사적 예들 중에서, 나치 독일에서의 유태인들의 박해와 Ku Klux Klan에 의한 흑인들의 린치가 편견, 인종차별 및 차별대우를 이루는 것이 분명하다. 어떤 심리학과의 거의 모든 교수들이 백인이거나 북미에서 큰 회사들의 거의 모든 최고위 임원들이 백인이라는 사실은 당신에게 편견이나 차별대우를 나타내는 것으로서 인상을 주지 않을 수도 있지만, 그러한 상황들은 또한 인종차별의 어떤 형태의 결과일지도 모른다.

대부분의 사람들이 인종차별이라고 보편적으로 이해하는 것은 실제로 노골적 인종차별과 더 비슷한데, 이것은 인종차별의 현대적 형태들보다 과거에 더 보편적이었다. 과거의 인종차별은 이것이 피부색에 기초된 분리와 분명한 차이있는 대우와 같은 명백한 형태들을 취했다는 점에서 흔히 노골적인 것이었다. 노골적 인종차별은 노골적 인종차별자들이 부정적 태도들과 신념들를 갖는 것을 으레 시인할 것이기 때문에, 더 현대적인 인종차별의 형태들보다 더 측정하기가 용이하다. 이러한 정보를 입수하는 것은 질문하는 것처럼 간단할 수 있다.

더 최근에, 인종차별의 다른 형태들이 확인되어 왔다. 많은 경우들에서, 사람들은 그들이 인종차별자라거나, 그들이 특수한 인종/종족적 집단들에 대해 편견적 태도들을 갖고 있다고 믿지 않는다. 다른 경우들에서, 인종차별에 대해 반대하는 지각된 사회규범들은 어떤 사람이 인종차별 태도들이나 신념들을 시인할 가능성을 억제한다. 이와 같이, 이러한 편견의 형태들은 더 미묘하고 간접적일 수 있다. 현대적 인종차별의 한 형태에 관한 예가 혐오적 인종차별

(aversive racism)이다.[66] 인종차별적 신념들을 갖고 있음에도 불구하고 혐오적 인종차별자들은 그들이 그들 자신 이외의 인종의 사람들에 대해 편견적이지 않다고 믿는다. 그들은 그들의 인종적 편견들을 시인하지 않는데, 이것은 이러한 관점이 평등주의자로서의 그들 자신에 관한 그들의 견해와 모순되기 때문이다. 따라서, 비록 인종차별이 존재할지라도, 인종차별적 태도들은 의식되지 않는다.[67]

이와 비슷하게, 상징적 인종차별(symbolic racism; Sears, 1988)도 또한 명백한 방식으로 표출되지 않는다. 이러한 유형의 인종차별의 실례들에서, 어떤 부정적 태도가 표적 이외의 어떤 것과 연합되어 있다. 예컨대, 어떤 사람은 자신이 인종차별자가 아니며 "흑인들에 대해 부정적인 아무 것도 갖고 있지 않다."고 주장할 것이다. 하지만 그 사람은 또한 차별철폐조처에 대해 어떤 문제가 있다고, 즉 그 사람이 믿고 있는 어떤 것이 고용실무들에서 백인들보다 흑인들에게 부당한 이익을 준다고 말할 것이다. 혐오적 인종차별과 상징적 인종차별은 양쪽의 유형을 나타내는 사람들이 인종차별을 명확하게 시인하지 않는다는 점에서 유사한 개념들이다. 즉, 실제의 부정적 태도들이 어떤 다른 대리적 유형의 요인(예: 차별철폐조처)과 연합되어 있고 표적과는 연합되어 있지 않다. 따라서, 태도들은 마치 그것들이 사람들의 집단들에 대해서 보다 더 정치에 연관되어 있는 것처럼 보인다.[68]

양가적 성차별(ambivalnet sexism)처럼, 양가적 인종차별(ambivalent racism)은 사람들이 서로 모순되는 두 개의 태도를 동시에 가질 수 있다고 주장한다.[69] 이러한 유형의 인종차별에서, 사람들은 외현적으로는 편견적이지 않고 소수인종집단들의 불공정한 대우와 인종적 차이들을 인식하지만, 이와 동시에 그들은 체제가 능력주의 사회(실력 사회) 즉, 열심히 일하는 것이 성공하게 될 미국 건국의 이상(American Dream)의 원칙에 기초되어 있다고 믿는다.[70] 이러한 태도를 지니는 것의 한 결과로서, 이러한 사람들은 모든 사람이 동일한 기회를 가져왔지만 어떤 집단들 출신의 사람들이 그들에게 사용가능한 기회를 완전하게 이용하지 못해 왔다는 믿음에서 상이한 인종들/종족들의 사람들에 대한 상이한 결과들을 더 받아들이려고 든다.

"백인들 전용의" 샘들과 버스좌석들을 갖는 것이 인정되었던 시대 이후로 많은 분명한 가시적 변화들에도 불구하고, 인종차별은 아직도 존재한다. 이것의 표현이 더 미묘한 형태들 쪽으로 바뀌어 왔지만, 인종차별은 아직 근절되지 않고 있다. 좋은 뉴스는 이것이 천천히 변화하고 있을 수 있다는 것이다. 연구자들은 혐오적 인종차별의 표현이 1989년과 1999년 사이의 10년 기간 동안에 어떻게 변화해 왔는가를 검토했다.[71] 그들의 기대들과 일치되게, 편겨의 자기 평점치들이 1989년보다 1999년에 훨씬 더 낮았다. 인종편견에 관한 자기보고들 이외에, 참가자들이 모의된 채용상황에 참가하고 선발 결정을 행하도록 요구받았다. 연구자들은 후보자들이 강한 신임장들이 제시된 상황들에서, 아무런 편견이나 차별대우가 흑인 후보자들에 대해 보여지지 않는 것을 발견했다. 하지만, 신임장이 강하지 않았던 흑인 후보자들은 동일한 신임장을 가진 백인 후보자들보다 더 낮은 율로 채용되었다. 이 연구는 어떤 것들이 변화하고 있다는 점에서 낙관적이지만, 또한 많은 방식으로 진정한 변화가 매우 느린 진행으로만 이루어진다는 의미에서 비관적이다.

사회계층

평등한 기회의 이상과 개인적 노력이 항상 보상받는다는 믿음이 많은 서구사회들에서 널리 퍼져 있어서 사람들에게 사회계층에 관련 있는 구조적 및 체제적 불평등들을 시인하는 것을 피하게끔 해준다.

경제적으로 불우한 사람들은 역사적으로 어떤 빈곤의 문화에 소속하는 것으로서 기술되어 왔다.[72] 이러한 문화는 가난한 사람들이 갖고 있는 가치들과 태도들의 결과라고 가정되어 왔으며, 하류의 사회경제적 계층들의 사람들과 다른 계층들의 사람들을 분리시키는 것의 일부분이라고 간주되고 있다. 연구들은 사회계층이 정말로 우리가 어떻게 "사람들을 평가하는가"의 하나의 결정요인이라는 것을 시사한다. 예컨대, 연구자는 계층편견들이 사람들의 새로운 이웃들에 관한 인상들 속에 관여되어 있다는 것을 발견했다.[73] 연구자는 사람들이 만일 그들의 이웃들이 공공보조를 받고 있었다고 믿었다면, 그들의 새로운 이웃들에 대해 반감을 갖는 경향이 더 많았으며 이러한 편견이 참가자들이 솔직하게 표현했던 것이라는 것을 발견했다.

빈곤과 사회계층에 관련된 이슈들은 모든 사람이 그곳에 있다는 것을 알고는 있지만 아무도 그것에 관해 이야기하기를 원치 않는 방 속에 있는 코끼리에 비유되어왔다.[74] 북미에서, 사람들의 생활에서 엄청난 경제적 격차들이 부인할 수 없는 것이며, 미국이 현재의 시대에서 가장 계층화된 사회로서 기술되어 왔다. 이러한 불평등이 부인할 수 없는 것이기 때문에, 이것은 흔히 정당화되거나 변명되고 있다.

Younge(2003)는 동등한 기회의 개념이 경제적 현실들에서의 엄청난 격차를 변명하기 위해 흔히 사용되고 있다고 시사했다.[75] 당연시되는 빈자(deserving poor)와 비당연시되는 빈자(underservign poor)의 개념들이 최하의 사회경제적 계층들을 이루는 사람들에 관한 사람들의 지각들 속에 뿌리를 두고 있다. "비당연시되는 빈자"는 그들의 경제적 조건들이 그들 자신의 잘못이 없는 것을 통해 있다고 가정되고 있다. 예컨대, 생계를 벌 그들의 능력에 분명하게 영향을 주어 온 핸디캡이 있거나, 정신적 병이 있거나, 어떤 그 밖의 생활여건들을 가진 사람들은 흔히 동정을 받으며, 우리는 그들의 경제여건들을 그들에게 불리하게 여기게 될 가능성이 적다, 하지만, 대부분의 사람들이 돈벌이에 대한 동등한 기회와 동등한 접근을 갖고 있는 것으로 가정되고 있다. "당연시되는 빈자"의 범주에 해당되는 사람들은 타인들이 가정된 기회들의 이점을 가져 왔지만 그들 자신의 주도성 부족에 기인되어서 그렇게 하지 못해 왔을 것이라고 생각하는 사람들이다. 이러한 인위적이고 흔히 잘못된 가정들의 패턴은 타인들 특히, 더 특권이 있는 사람들에게 사회계층의 불평등들의 존재를 정당화시키게끔 해준다. 실제로, 대학생들의 한 표본에 대해 수행된 연구는 그들의 분석 속의 16개 집단들(아이사인들, 아프리카계미국인들, 라틴계들, 유태인들, 남자 동생애자들, 여성해방론자들, 부자들, 사업여성들, 북부인들, 남부인들, 맹인들, 장애인들, 지체자들, 이주근로자들, 청소원들 및 주부들) 중에서, 복지 지원을 받았던 사람들이 싫어하고 존경하지 않는 것으로 평정되었던 사람들의 유일한 집단이었다는 것을 나타냈다.[76]

성별, 인종 및 사회계층은 우리가 인구통계적으로 다양한 많은 방식들 중의 셋이다. 우리는 우리의 정체성들에서 많은 상이한 측면을 가진 복잡한 사람들이다.

다양성: 기회들

비록 문화적 다양성이 오해와 외국인 혐오증을 조정할 수 있고 인구적 다양성이 성차별, 인종차별 및 계층차별과 같은 사회문제들을 일으킬 수 있을지라도, 다양성은 또한 긍정적 결과들을 일으킬 잠재력을 갖고 있다. 다양성의 긍정적 영향들에 관한 연구는 주로 다양성이 어떻게 집단과정들을 향상시키는가에 초점을 두어왔다. 따라서, 질문할 논리적 의문은 다양성의 어떤 측면들이 사람들이 집단들 속에서 어떻게 행동하는가에 영향을 주는가이다. 이것이 답변하기 위해서, 기능적 다양성과 우리가 논의해 온 다양성의 기타의 유형들 사이에서 구분이 이루어질 필요가 있다. "기능적 다양성(functional diversity)"은 어떤 집단 속의 각 개인이 집단과정에 대해 상이한 장점들과 재능들을 가져온다는 사실을 일컫는다. 비록 어떤 문제의 해결을 위해 작업하고 있는 더 큰 숫자의 사람들이, 한 명의 개인보다도 도움이 되는 중요한 정보를 가지고 올 더 많은 기회를 제공할지라도,[77] 기능적 다양성은 현실적이고 창의적으로 될 집단의 능력에 기여함으로써, 집단 효과성을 좀 더 향상시킨다.[78] 기능적 다양성은 문화적 및 인구적 다양성에 관련되어 있다. 집단들이 상이한 문화들이나 인구적 범주들(인종배경, 성별 또는 기타 범주들이건 간에)에 속한 멤버들로 구성되어 있을 때, 그들은 단순하게 다양한 경험을 가진 멤버들을 갖고 있고 그들 자신의 내집단으로부터 상이한 관점들에 접하고 있는 것의 결과로서 구조적인 기능적 다양성을 갖는다. 예컨대, 도시지역에서 성장한 스페인계의 사람은 교외지역에서 성장한 아시아계의 사람보다도 상이한 경험을 갖고, 따라서 어떤 이슈에 대해 상이한 통찰을 가져올 것이다.

하지만, 단순하게 다양성을 갖고 있는 것이 반드시 긍정적 결과들을 보장하지는 않는다. 연구자들은 다양한 집단들이 응집성의 면에서 곤란을 가질 수 있어서, 집단에 대한 집단멤버들의 만족을 감소시키고, 조직상황 들에서 집단의 생산성을 또한 감소시킨다고 지적했다.[79] 일반적으로 말하면, 문헌들은 집단들이 다양할 때, 집단내에서 감소된 의사소통과 사회적 상호작용이 있으며, 과업들을 달성하는 방법에 대한 차이들이 증가된다고 시사한다.[80] 연구자들은 다양성이 집단 내에서 좋은 의사소통이 있을 때, 집단 내의 사람들이 자주 상호작용할 때, 그리고 집단멤버들 간에 신뢰가 있을 때에 가장 흔히 도전들보다 기회들을 일으킨다고 제안한다. 다시 말하면, 집단멤버들이 어떤 의미 있는 집단정체성을 갖고 있고 심리적으로 안전한 집단분위기를 만들어 왔고, 그들이 그러한 사고들과 의견들 때문에 판단 받거나 배척당함이 없이 그들의 사고와 의견을 표현할 수 있다고 느낄 때, 다양성이 긍정적 결과를 가져다 줄 기회가 가장 크다.

창의성과 혁신

이러한 상이한 관점들은 집단멤버들에게 일들을 처리하는 과거의 방식들에 덜 의지하게끔 만들 수 있고, 집단에 대한 동조에 대한 감소된 강조를 일으킬 것이다. 집단들 내의 다양성에 관련된 긍정적 결과들 중의 몇 가지는 창의성, 혁신 및 잠재적으로 향상된 문제해결을 포함한다.[81] 소수측 집단의 시각들이 지배적인 사고방식에 대해 이의를 제기할 수 있고, 따라서 더 큰 창의성을 자극시킬 수 있다는 것이 또한 시사되어 왔다.[82]

대학교수들에 관한 한 연구에서 자신의 근무 환경을 다양하다고 기술했던 사람들이 가장 창의적인 사람들이었다.[83] 물론, 다양성은 많은 형태를 가질 수 있으며, 몇몇 차이들이 다른 차이들보다 더 중요할 것이다. 한 실험실연구에서 문제들에 대한 더 창의적 해답들이 집단들이 단순히 남자들이나 단순히 여자들로 구성되었을 때보다 남녀들로 구성되었을 때에 나타났다는 것이 발견되었다.[84] 단지 백인 미국인들로 구성된 집단들이 다수 인종들로 구성된 집단들보다 한 브레인스토밍 과업에서 덜 효과적이었다는 것이 발견되었다.[85] 하지만, 연구들은 창의성과 혁신에 미치는 다양성의 영향에 관해서 항상 명료하지는 않다. 포춘(Fortune)지의 500대 회사에서의 50개 학업팀들을 갖고서 수행된 한 연구는 연령, 성별 및 인종에 관련된 팀들에서의 다양성이 집단이 내놓은 해결책들의 혁신적 성질에 아무 영향이 없다는 것을 나타냈다.[86] 이와 달리, 그들은 성별적 다양성이 특정의 문제에 대한 반응으로 내놓았던 혁신적 아이디어들의 숫자에 대해 부정적 영향을 준 반면에, 인종적 다양성이 긍정적 영향을 주었다는 것을 발견했다. 집단 멤버들의 다양성과 그들의 가치들과 목표들의 유사성 사이의 어떤 균형이 있음이 틀림없는 것 같다.[87] 다양성의 바로 어떤 측면들이 집단들에서의 창의성과 혁신에 대해 중요하고, 다양성의 상이한 측면들이 어떻게 상호작용하는가를 규명하고자 이 분야에서 연구들이 계속되고 있다.

문제해결

문제해결은 집단들이 다양한 배경과 능력으로 구성될 때에 더 우수한 경향이 있다.[88] 어떤 집단이 관점들과 경험들의 풍부한 다양성에 의지할 수 있을 때, 의사결정은 집단멤버들이 공유한 관점들과 경험들이 유사한 경우보다도 더 높은 질이 될 수 있다. 하지만, 창의성과 혁신의 경우에서처럼 가장 효과적 문제해결은 다양성의 어떤 균형이 존재할 때에 나타난다. 어떤 공유된 가치들과 목표들이 없는 다양성은 집단을 분열시키기 쉽다. 하지만, 공유된 가치들과 목표들은 Janis가 이른바 집단사고(groupthink)라고 일컬은 것을 일으킬 수 있다.

집단사고는 집단들이 어떤 문제에 대한 단일한 해답 쪽으로 수렴하고 그 해답을 비판적으로 평가하는 대신에 그들이 자기들이 내놓은 해답이 최선의 것이라고 그들 자신과 서로를 납득시킬 때에 무엇이 일어나는가를 기술한다.[89] 앞 장들에서 논의된 바와 같이 이러한 유형의 의사결정은 재난이 되는 결과를 가질 수 있다, 불행하게도, 집단동질성이 집단사고가 일어날 가능성을 악화시킬 것이다. 예컨대, 미국의 픽스(Pigs)만 작전의 대 실패 동안에 케네디 대통령의 자문회의 내의 사람들의 유사성이 집단응집성의 높은 정도를 촉진시켰고, 공유된 가치들과 목표들이 이러한 응집성을 강화시키는 것을 도왔다. 이와 달리, 다양한 집단들은 이러한 종류의 응집성을 가질 가능성이 훨씬 더 적고, 따라서 집단사고가 일어날 가능성을 최소화시키며,[90] 많은 상이한 가능한 해답이 검토되게 될 가능성을 최대화시킨다.

하지만, 다양한 집단들 속에서 존재하고 그들의 창의성을 향상시키는 관점들, 의견들 및 기타의 변인들에서의 차이들이 또한 문제해결에 대한 하나의 방해물이 될 수 있다. 비록 다양한 집단들이 더 창의적일 수도 있을지라도, 어떤 확산적 과업에서 다양성을 낳은 사람들 간의 차이들이 또한 그들이 고려하고 있는 문제들을 취급하기 위해 해결책들을 실천하는 방법에 대한 하나의 수렴적 과업에 동의하는 데에 곤란을 일으킬 수 있다. 따라서 문제해결은 만일 다양성의 관리에 대한 훈련과 다양성을 포용하는 집단문화와 같은 촉진시키는 조건들이 존재하지 않는다면, 다양한 집단 속에서 향상되지 않을 수 있다.[91]

다양성: 도전들

비록 다양성이 많은 기회를 제공할지라도, 다양한 배경과 경험을 가진 사람들이 상호작용할 때에 또한 몇 가지 도전이 제기된다.

편견과 차별대우

다양성에 관련된 하나의 도전은 어떤 식으로 차이 있는 사람들에 대한 편견과 차별대우를 처리하는 것이다. "편견(prejudice)"은 "오로지 집단 멤버십에 기초된 타인들에 대한 태도"이다.[92) 편견적 태도들이 행동으로 바뀌게 될 때, 차별대우가 생긴다. 따라서, "차별대우(discrimination)"는 "범주 소속에 기초해서 타인들에게 지향된 실제적 행동"을 일컬을 때에만 사용된다.

사회심리학은 편견과 아울러 차별대우에 관한 연구에서 두드러진 역할을 해왔다. 예컨대, 인종차별과 차별대우에 관한 초기의 연구는 편견을 받는 사람들이나, 타인들의 인종이나 종족에 기초해서 그들을 차별대우하는 사람들의 특징들에 초점을 두었다.[93) 더 최근에, 많은 사회심리학자들은 편견과 차별대우가 이러한 태도나 행동의 표적들에 미치는 영향의 검토를 포함시키기 시작해왔다. 예컨대, 차별대우의 표적이 되는 것이 어떻게 사람들이 그들 자신에 관해 느끼는 방식에 대해 영향을 주는가? 관심의 범위가 또한 인종차별을 넘어서, 이 장의 앞에서 언급했던 성차별과 계층차별을 포함하는 다른 유형의 다양성들을 포함하기 위해 확장되어 왔다.

편견은 어디에서 비롯되는가? 어떤이들은 편견이 우리의 사고들과 신념체계들 또는 인지적 소스들부터 나온다고 믿는다.[94) 두 사물들이 단지 그것들이 함께 발생하는 것으로 여겨 지기 때문에 관련되어 있다는 잘못된 신념은 고정관념들의 형성에 기여하는 하나의 인지과정이다.[95) 따라서, 예컨대 당신은 곱슬머리를 가진 모든 사람들이 심한 신경질장이들이라고 믿기 시작할 수 있는데, 이것은 당신이 식당에서 고함을 치는 것을 보았고 자신이 당황했던 최근의 몇 번에서, 신경질을 부리는 사람이 곱슬머리를 갖었기 때문이다. 편견의 기원에 관한 다른 관점은 우리가 특징의 신념들을 가지려는 동기가 있다고 시사한다. 이러한 견해의 예들은 이 장의 뒷부분에서 논의되는 몇 개의 갈등이론들 (예: 사회적 정체성이론, 현실적 집단갈등이론, 상대적 박탈이론)에서 예시될 것이다.

"고정관념들"은 어떤 집단들의 멤버들의 특징들, 속성들 및 행동들에 관한 신념들이며,[96) 많은 고정관념들이 문화적으로 기초되어 있다.[97) 사회심리학 연구내에서, 고정관념들은 하나의 과정으로서(사람들이 어떻게 그들이 믿는 것을 믿게끔 되는가?), 내용으로서(어떤 특성들이 특정의 고정관념을 구성하는가), 그리고 그것들의 강도(사람들이 특정의 사회집단들에 관해서 믿는 것이 얼마나 확고한가)와 아울러 그것들의 결과들 로서, 연구되어 왔다.[98) 지난 몇 십년 동안에, 과정과 결과의 이슈들이 연구자들의 관심을 지배해 왔으며, 최근에 이르러 비로서 고정관념의 내용분석으로서 회귀 쪽으로 초점의 변화가 있어왔다. 고정관념들의 내용에 관한 지식은 실생활의 함의들 때문에 그리고 이러한 정보가 낙인 찍힌 집단들에 대한 사회적 변화의 가능한 길에 대한 통찰을 제공해 줄 잠재력 때문에 중요하다.[99)

고정관념의 내용이 많은 상이한 방식으로 표적에 대해 영향을 줄 수 있다. 가장 미묘한 영향들 중의 하나는 교육에 관한 장에서 논의된 바 있는 고정관념의 위협(stereotype threat)이다. 당신은 고정관념의 위협이 당신의 행동이 당신의 내집단에 관한 어떤 부정적 고정관념을 예시할 것이고 그럼으로써 기본적으로 그 고정관념의 정확성을 확정 시키게 될 것에 대한 두려움이나 불안이라는 것을 회상할 것이다. 불행하게도, 이것이 표적의 관심의 다소를 사로잡고 당면한 과제상에서의 표적의 수행에 대해 영향을 줄 것이다.[100] 예컨대, 만일 어떤 여자가 수학시험을 치르게 되었고 그녀가 여자들이 수학에서 잘 할 것을 기대받지 않는다는 것을 알았다면, 그녀는 그녀의 성적에 대해 불안해지게 될 것이다. 이 불안은 그녀의 주의집중수준에 대해 영향을 줌으로써 그녀의 성적에 대해 부정적으로 영향을 줄 것이고, 그럼으로써 그 고정관념에 기여할 것이다. 고정관념들이 항상 전적으로 부정적인 것이 아니라는 것과 실제로 긍정적 고정관념들(예: 아프리카인들은 훌륭한 댄서들이다, 아시아인들은 수학을 잘한다, 남성 동성애자들은 꾸미기를 잘한다)이 많은 사회집단들의 고정관념들 속에 포함되어 있다는 것의 인식이 고정관념의 복잡성과 고정관념들이 일으킬 수 있는 영향들에 관한 우리의 이해를 더욱 향상시키는 데에 중심이 된다.

갈등(conflict)

이상적으로, 사회는 다양성이 제공해 주는 풍부성과 가치를 인정함으로써 자체의 다양성을 인식하고 존중하고 심지어 축하할 것이지만, 이것은 항상 그렇지는 않다. 다양성에 대한 주의와 우리들 주위의 사람들을 포함하는 오지각들은 흔히 "갈등"의 위협을 가져온다.

갈등이 항상 나쁜 것이라고 흔히 가정되고 있다. 이것 때문에, 갈등은 흔히 나쁜 명칭이 주어진다. 당연히 우리가 듣는 대부분의 갈등은 부정적인 종류이다. 부정적 갈등은 시간과 아울러 가치있는 자원을 낭비시킬 것이며, 이것은 분개와 원한을 일으킬 수 있다. 하지만, 갈등은 반드시 부정적인 것은 아니다. 갈등은 의견의 정직한 차이들을 나타낼 수 있으며 사람들이 자기 자신을 주장적이지만 존중적으로 표현할 기회를 가질 때에는 건전하거나 기능적일 수 있으며, 따라서 의사소통의 길들을 열어 준다. 이러한 유형의 갈등은 앞에서 논의된 창의성과 혁신을 위한 기초가 되어 줄 수 있다. 이러한 관점에서 보았을 때, 갈등은 긍정적 변화를 촉진시키는 하나의 자극을 제공한다.

갈등이 필요한 변화를 자극시킨다는 의미에서 갈등이 유익할 수도 있다는 사실에도 불구하고, 이것은 또한 조직적, 공동체적 및 국가적 상황들에서 거대한 함의들을 가진 하나의 매우 심각한 문제로 될 수 있다.[101] 조직의 상황들 내에서, 갈등은 손실된 근무시간, 허하된 사기, 낭비된 에너지 및 다양한 그 밖의 부정적 영향들을 통해 직원들의 효과성을 감소시킬 잠재력을 갖고 있다. 공동체 내에서, 이것은 집단들 간의 증가된 편견과 차별대우의 수준들을 일으킬 수 있다. 국제적 수준에서, 갈등은 인간의 역사를 통한 수 많은 무력적 갈등들에 의해 증명된 바와 같이, 좀 더 위험할 수 있다.

앞 장들에서 지적된 바와 같이, 우리는 흔히 집단들의 멤버들로서 타인들과 우리 자신들 즉, 내집단들(in-groups)과 외집단들(out-groups)을 본다. 보통 그러한 지각들은 무해하며 흔히 집단응집성을 증가시키게끔 작용한다. 예컨대, 라이벌 대학들 간의 축구게임에서, 당신이 그 대학들 중의 하나에 다닌다는 사실이 당신의 전공이 무엇인가보다 훨씬 더 중요하다. 또한 전공들, 연령들, 써클들 및 기타의 집단들에서 어떤 응집감이 존재한다. 당신은 신속하게 당신 자신의 팀과 대학에 대해 동일시하고, 당신은 다른 대학의 학생들을 외집단으로서 본다. 하지만, 개인들보다 집단들에 대해 초점을 두는 것은 또한 과장된 집단차이들의 지각을 일으키고, 따라서, 갈등에 대한 잠재력을 조성한다.

집단 상호작용의 역동을 이해하는 것이 갈등의 발전과 아울러 갈등의 관리와 해결을 이해하기 위해서 중요하다. 갈등과 갈등관리의 면에서 몇 개의 관련된 집단간 관계들에 관한 이론들은 사회적 정체성, 상대적 박탈 및 현실적 집단갈등을 포함한다.

갈등 이론들

(1) 사회적 정체성이론(social identity theory)

"사회적 정체성이론"(SIT)은 집단 간 행동에 관한 연구에서 하나의 인기있는 이론이다.[102] 비록 SIT가 갈등에 관한 한 이론으로서 개발되지는 않았을지라도, 이것은 갈등이 어떻게 집단들 간의 관계에서 생길 수 있는가에 대한 통찰을 제공해 준다. SIT는 개인의 자기 지식이 두 가지 유형의 정체성에 기초되어 있다고 가정한다. 개인적 정체성(personal identity)이라고 알려진 한 유형은 개인의 자기 자신의 개인적 자질들과 특징들에 관한 느낌을 반영한다. 예컨대, 개인적 정체성은 자기를 똑똑하고, 사교적이고, 재미있다는 특징화들에 의해 반영되었을 것이다. 다른 유형인 사회적 정체성(social identity)은 사람들이 소속하거나 동일시하는 사회적집단들에 기초된 어떤 정체감을 반영한다. 학생이고, 여자이고, 한국인인 것은 개인의 하나의 사회적 정체성을 반영할 수 있다. 어느 정체성이 어떤 특정의 시간에 표현되는가는 흔히 특정의 행동이 일어나는 상황이나 맥락에 의해 결정된다. 예컨대, 한 친구와 함께 영화구경을 가는 것이나 데이트상대와 함께 저녁 외식에 나가는 것은 개인적 특징들과 따라서 개인적 정체성을 전면에 나오게 한다. 이와 달리, 등록금인상에 반대하는 한 학생이 시위대 속에서 행진하는 것이나, 한 라이벌 대학팀과 농구경기를 하는 것이나, 자기의 지역에 대한 정부의 군사시설의 설치에 대해 반대하는 투쟁에 관여되는 것은 개인의 사회적 정체감을 일으킬 수 있다. 기본적으로, SIT는 어느 유형의 정체성(개인적 또는 사회적)이 우세해질 것인가를 결정짓는 것이 개인 자신을 발견하는 맥락이라고 시사한다.

SIT의 하나의 기본적 가정은 사람들이 자신이 누구인가에 관해서, 그리고 그들이 소속하는 집단들에 관해서 좋게 느끼고 싶어한다는 것이다. 즉, 그들은 긍정적인 사회적 정체성을 달성시키는(또는 유지시키는) 쪽으로 노력한다.[103] 따라서, 한 한국인으로서, 어떤 사람은 한국인들에 관한 훌륭한 일들을 생각할 수 있는데, 이것은 이러한 긍정적인 평가들이 또한 그 범주의 한 멤버로서 자기 자신에게도 적용되기 때문이다. 비록 이것이 어떤 경우들에서 사실일지라도, 이것은 집단간 관계들을 포함하는 상황들 속에서 특히 그러하다. 어떤 집단 속에 있을 때, 자기 자신과 자신의 집단에 관해 좋게 느끼려고 동기화되는 것이 다른 집단의 멤버를 부정적으로 평가하려고 동기화되는 것과 나란히 진행된다. 바로 이것이 위험이 도사리고 있는 곳이다.

집단멤버십의 인식과 비판적 평가가 개인이 어떤 특정의 집단에 소속한다는 어떤 인식이 틀림없이 있다는 점에서 사회적 정체성 과정의 기초를 이룬다. 그러면, 사회적 비교과정을 통해, 집단지위에 관한 평가가 일어난다. 이러한 평가는 어떤 부정적인 사회적 정체성(즉, 개인의 집단과 비교집단 간의 어떤 지위 차이가 존재하는데, 개인 자신의 집단이 불리하게 비교되고 있다) 또는 긍정적인 사회적 정체성(즉, 아무런 지위 차이가 존재하지 않거나, 개인 자신의 집단이 비교집단과 유리하게 비교되고 있다)을 일으킨다. 따라서 집단 차이들과 지위 차이들의 지각이 "우리들" 대 "그들의" 비교를 위한 무대를 설정함으로써 갈등의 잠재력에서 하나의 중요한 역할을 한다. 집단들 간에 높은 긴장이 있는 상황들에서, 나의 집단(my group)과 다른 집단(other group) 간의 차이들이 좀 더 과장되게 된다.

집단멤버십의 느낌을 일으키기 위해 집단들의 범주화가 실제적이거나 관찰 가능한 집단 간 차이들에 기초될 필요가 없으며 우리가 우리 자신을 어떤 특정의 집단의 일부이고 다른 집단과는 다르다고 지각하는 것만을 필요로 한다는 점에 유의하는 것이 중요하다. 그러한 비교들은 만일 도전받지 않고 내버려 둔다면, 고정관념들과 기타의 형태의 편견과 차별대우를 위한 건축 벽돌들이 될 것이다.

(2) 상대적 박탈(relative deprivation)

SIT처럼, 상대적 박탈이론은 갈등이 있는 집단들 사이의 지각적 비교과정들과 아울러 사회적 비교과정들의 중요성을 인정한다. Stouffer 등(1949)에 의해 시초에 개발되어서,[104] 상대적 박탈이론은 개인이 그 자신의 과거, 다른사람(들), 집단이나 이상, 또는 어떤 다른 사회적 범주에 비해서 어떤 바람직스러운 것을 박탈당했다고 느낄 수 있다고 시사한다. 이러한 박탈감이 어떤 "다른" 것과의 상대적 비교에 기초되어 있고, 개인이 실제적 의미에서 "박탈될" 필요가 없다는 점에 유의하는 것이 중요하다.[105] 예컨대, 비록 어떤 사람이 "공평한 몫"이라고 간주될 것을 받아 왔을지라도, 갈등이 개인이 자신이 마땅하다고 믿는 것보다 덜 받아왔다는 지각의 결과로서 여전히 일어날 것이다. 따라서, 갈등은 단지 사람들이 그들 자신을 어떤 표준과 비교해 왔고 그들 자신이 박탈되고 있다고 판단한 후에 일어난다.

비록 상대적 박탈이론이 한계점들을 갖고 있을지라도, 이것은 어떤 갈등유형들을 이해하기 위한 하나의 유용한 틀을 제공할 수 있다. 사람들이 상대적 박탈을 경험할 때, 그들은 박탈을 감소시키거나 제거시켜 주는 방식으로 행동할 동기를 갖는다. 이러한 행위가 때로는 갈등을 일으킨다. 상대적 박탈이론은 많은 정치적 갈등의 기원들을 설명하는 데에 사용될 수 있는데, 이것은 사람들이 이 상대적 박탈이 사회적 불공정의 결과라고 믿기 때문이다.[106]

(3) 현실적 집단갈등이론(realistic group conflict theory)

기본적으로, "현실적 집단갈등이론"(RGCT)은 집단 간 적대감이 갈등되는 목표들의 형태로 경쟁에 의해 일어난다고 시사한다. Sherif(1966)의 연구에 기초하면서,[107] Levine과 Compbell (1972)은 갈등이 협동을 통해서 만 달성가능한 공동목표들의 형태 속에서 협동에 의해 감소되게 된다고 시사했다.[108] 이 이론의 기본 전제는 집단들 간의 갈등이 이익의 실제적 갈등들의 한 결과라는 것이다. 사회적 정체성과 상대적 박탈의 이론들(여기에서 지각이 하나의 중심적 역할을 한다)과는 달리, RGCT는 지각만으로는 충분치 못하며 실제적 갈등이 일어나기 위해서는 어떤 실제적이고 즉각적인 이익의 갈등이 존재해야만 된다고 시사한다. 일단 내집단(in-group) 정체성이 위협당한다면, 내집단 정체성(in-group identity)의 인식이 높아지며, 내집단(in-group) 단결의 느낌들이 외집단(out-group) 내의 사람들에 대한 부정적 느낌들과 함께 증가된다.

RGCT에 대한 기초는 Sherif(1966)에 의해 수행된 고전적인 현장실험이었다.[109] 이 연구는 하계 캠프에서의 소년들을 포함했으며 3단계로 구성되었다. 즉, 집단 형성단계(이것 동안에 독특한 규범들을 가진 집단들이 형성되었다), 집단간 갈등단계(이것 동안에 집단들 간의 갈등과 외잡단 멤버들의 명예훼손이 표면화된다) 그리고 갈등 감소단계(이것동안에 최우선 목표들의 도입이 집단들 간의 갈등 감소를 일으켰다)이다.[110]

Sherif의 현장연구에서, 소년들은 그들의 외집단 편견을 감소시키고(만일 제거시키지 않았다면) 마침내 사이좋게 지낼 수 있었다. 이 연구는 이익의 갈등들의 결과들과 집단간 갈등의 발전과 해결에 대한 몇 가지 명확한 통찰들을 제공한다. 더욱이, 이 연구는 최우선 목표들이 갈등관리에 있어서 하나의 관건적 역할을 하며, 갈등해결이 외집단멤버들의 단순한 접촉 이상을 요한다는 분명한 증거를 제공했다,

앞 절들에서 언급한 바와 같이, 사람들을 상이한 집단들 속으로 범주화시키는 것은 인간본성에 속한다. 이른 연령에서부터, 사람들은 성별, 인종배경 및 사회계층과 같은 분명한 차이

들에 기초해서 사람들을 집단들 속으로 두는 것을 학습한다. 실제로 Sherif 등(1961)의 선구적인 현장연구들이 집단소속의 차이들이 심지어 완전히 인위적일 때에도, 사람들이 계속 타인들을 집단들 속으로 범주화하고 내집단과 외집단 소속에 대응되는 방식들로 행동한다는 것을 증명해왔다.[111] 따라서, Sherif 등의 연구는 집단이나 사회적 정체성을 확립시키고 있을때에 구체적인 것이거나 지각된 것이건 간에, 자기-타인 간의 차이들의 중요성을 강조했다.

비록 갈등관리의 분야에서 수행되어 온 실험연구가 중요할지라도, 그러한 실험 연구가 만일 그것이 실체 세계의 상황들에 응용될 수 없다면, 한정된 가치를 갖는다는 것이 지적되어야만 된다. 이런 식으로, Sherif 등의 연구는 가정과 학교에서부터 직장에 이르는 상황들에서 응용될 수 있는 갈등 관리와 해결의 전략들의 몇 가지를 알아내는 것을 크게 도와왔다.

RGCT는 또한 팀에 기초 된 조직들의 효과성을 이해하기 위해 성공적으로 사용되어 왔다. 연구자들은 영국의 지역사회 건강관리 병원에서 근무집단과의 동일시와 집단들 간의 경쟁의 지각들의 영향들을 살펴보았다.[112] 이 연구에서 사용된 팀들은 병원의 17개의 상이한 낮 동안의 보살핌센터들에서 근무하는 사람들로 구성되었다. 조사의 일부분으로서, 참가자들은 그들의 낮 동안의 보살핌센터들 사이에 전체 기금들을 어떻게 분배할 것인가 에 대한 결정을 행하도록 요구받은 시나리오들을 제공받았다. 연구자들은 그둘의 팀과 강하게 동일시했고, 집단들 사이의 다소의 경쟁을 지각했던 참가자들이 다른 팀들을 희생시키고서 그들의 팀에게 이익을 준 결정들을 행해서, 다른 팀들 보다 그들의 팀에게 유의하게 더 많은 돈을 분대한다는 것을 발견했다.

RGCT는 개인들과 집단들이 심지어 비의도적으로, 한정된 자원들이 가용할 때에 어떻게 갈등 상황들을 개시할 수 있는가를 이해하기 위한 하나의 유용한 도구가 되어준다. 이 연구에서 건강관리 근무자들은 낮 동안의 보살핌센터들 간의 형평성있는 분배보다도 부가적 기금이 그들 자신의 프로그램 속의 환자들을 위해 제공될 수 있는 그들 자신의 욕구들과 이익들에 대해 더 많은 관심을 두었다.

실제의 세상에서, 이러한 유형의 상황은 비록 아무도 악의적으로 행동하거나 심지어 갈등이 일어나는 것을 의도하고 있지 않을지라도, 흔히 갈등을 일으킨다. 이것은 자원들이 어떻게 분배되어야만 되는가에 대한 기대들에서 큰 차이가 있을 수 있는 문화 간의 상황들에서 특히 사실이다.[113] 예컨대, 집단주의 국가들에서, 규범들은 전형적으로 자원들이 동등하게 분배될 것을 지시한다. 모든 사람이 그들이 얼마나 열심히 일했는가와 그들의 지위가 무엇인가에 관계없이 동일하게 받는다. 하지만, 개인주의 국가들에서, 보수들이 형평성에 기초되는 것이 규범이다. 개인이 근무, 재료들, 등의 면에서 어떤 과업에 더 많이 투입할수록, 그 사람이 받는 보수도 더 많다. 두 문화적 관점들을 가진 사람들이 어떤 해결책에 도달해야만 될 때, 보수분배에 대한 합의에 도달하기가 극히 곤란하며, 이것은 갈등의 무대를 설정한다.[114] 잠시 편견감소를 위한 실제적 중재의 문제로 돌아가서 생각해 보자. 우리는 이러한 기법들을 단순한 편견감소로부터 갈등 관리와 해결 쪽으로 어떻게 연관시킬 것인가?

갈등의 관리와 해결

비록 갈등의 원인들을 이해하는 것이 극히 중요할지라도, 우리가 갈등을 관리하고 잠재적으로 해결할 수 있는 방법들을 이해하는 것이 아마 더 중요할 것이다. 집단수준에서, 갈등의 관리와 해결에 관한 두 개의 유망한 이론들은 접촉가설(contect hypothesis)와 동맹구축(coalition building)이다.

(1) 접촉가설(contect hypothesis)

그의 고전적 저서에서 Gardon Allport는 부정적인 집단간 관계들이 두 집단의 멤버들 간의 긍정적 접촉을 증가시킴으로써 개선될 수 있다고 시사했다.[115] 접촉가설(contect hypothesis)이라고 알려진 이 가정은 어떤 외집단의 멤버들과의 긍정적 접촉이 내집단에 의한 외집단의 부정적 고정관념들을 감소시킬 수 있으며, 향상된 집단 간 관계를 일으킨다는 것이었다. 하지만 그는 다른 중요한 준거들이 충족됨이 없이는 접촉 자체가 긍정적 변화를 일으키는 데에 불충분하다고 지적했다. 예컨대, 향상은 내집단과 외집단이 모두 지위와 권력에 있어서 비교적 동등하다고 지각될 경우에만 예상될 수 있다. 여기에서, 심지어 집단들 간의 지위 동등성의 지각이 어떤 갈등상황을 해결하는 것을 돕기에 충분하다, 부가해서, 두 집단이 어떤 공동 목표를 공유한다는 지각이 그들의 환경들이 그 목표 쪽으로의 그들의 이동을 지원한다는 지각과 함께 존재해야만 된다. 두 집단에 대해 공통적인 어떤 원하는 결과에 도달하고자 시도하고 있을 때, 그들이 이것을 달성시키기 위해 함께 작업하는 것이 필요하다. 함께 일하는 것의 결과로서 일어나는 상호작용이 처음에 갈등을 일으켰던 장애들의 몇 가지를 극복하는 것을 돕는다. 하지만, 만일 두 집단이 어떤 공동목표를 갖고 있지만 서로 협동하기보다 경쟁한다면, 이것은 갈등해결의 과정을 방해하게 될 것이다. 예컨대, 만일 두 집단이 동일한 한정된 자원들을 차지하기 위해 경쟁하고 있다면, 편견이 감소되기보다도 오히려 증가할 것이다. 이 이론은 몇 개의 상황에서 집단들 간의 갈등을 최소화시키기 위한 시도들에 대해 기초가 되어 왔다. 이스라엘에서의 갈등을 감소시키려는 많은 시도들이 젊은 이스라엘인들과 아랍인들을 함께 데려 옴으로써 시작해왔다. 하지만, 높은 상호작용의 정도가 집단들을 함께 데려 왔을 때에 항상 일어나지는 않으며,[116] 의미있는 변화를 위해 단순한 접촉 이상이 요구되는 같다.

집단상황에서 앞의 원리들을 사용하는 갈등중재에 관한 한 예가 "긴장 감소에서의 단계적 및 상호적인 주도성들(graduated and reciprocated initiatives in tension reduction)" GRIT전략인데, 이것은 연속적인 화해시도들의 구축을 포함한다.[117] GRIT 전략의 개시는 화해의 시도를 보여

주기 위한 소수의 유화적 조치들을 취함으로써 첫 번째 조치를 취하고 있는 한 쪽(side 또는 party)를 포함한다. 이 단계는 개시하는 측의 갈등을 중지시키려는 의도를 적대측에게 통지함과 아울러 적대측에게 갈등을 중지시키기 위한 그 자체의 조치들을 취하는 것에 의해 반응하도록 초청하는 의도를 갖고 있다. 이러한 첫 단계는 두 개의 목적을 위한 것이다. 즉, (a)개시하는 집단의 의도를 명확히 하는 것(이것이 평화를 향한 한 단계이며 속임수가 아니라는 것을 명확히 하게 끔)과 (b) 외부압력(일반대중, 미디어 또는 국제사회에 의한)이 적대측에게 호응하게끔 가해지도록 만드는 식으로 화해의 시도를 공공연히 보여 주는 것이다. 만일 적대측이 우호적으로 반응한다면, 단계적으로 갈등이 감소될 수 있다. Osgood(1962)는 만일 적대측이 우호적으로 반응하지 않는다면, 게시하는 측이 두 번째나 세 번째의 작은 양보를 실행하려고 다시 시도해야만 된다고 시사했다.[118]

GRIT 전략은 갈등 당사자들의 각각이 적절하게 반응할 경우에만 성공을 거둘 것이다. 하지만, 개시하는 측이 어떤 화해적 단계를 취하고, 만일 적대측이 반응하지 않기로 작정한다면, 적대측에 의해서 이용당할 취약성의 잠재력이 남아 있다. 이러한 면에서 GRIT 전략은 또한 양측의 갈등 당사자들이 그들이 만일 필요할 경우에는 보복할 능력을 갖고 있다는 것을 보장함으로서 그들 자신의 이익을 보호할 필요성을 강조한다. GRIT 전략의 본질은 이것이 긴장감소에 있어서 점차적 단계들 즉, 이것이 어느 한 쪽을 다른 쪽보다 더 취약하게끔 버려 두지 않기 때문에 양측의 안전을 보장하는 과정을 고무시키는 식인 것이다.

(2) 동맹구축(coalition building)

"동맹구축"에 관한 연구는 집단 간 관계들에 대한 긍정적 변화를 일으키기 위해 요구된 한 세트의 핵심 요인들을 확인해왔다. 이 요인들은 서로 알기의 잠재력, 사회규범들, 협동적 과업들과 보수체계들, 그리고 개인들의 특징들이다.[119]

높은 서로 알기의 잠재력(acquaintance potential)은 집단들 간의 개인적 및 비공식적 상호작용의 더 큰 기회를 의미하는데, 상이한 집단들의 멤버들이 서로를 알게 되게끔 도와 줄 것이다. 이것은 집단들 간의 긍정적 상호작용의 잠재력을 증가시킬 것이다. 또한, 긍정적인 집단 간 상호작용을 고무시키는 사회규범들(social norms)이 집단들 간의 더 수용적 관계를 허용할 것이다. 만일 그러한 규범들이 제도화되었다면, 의사소통이 매우 부정적으로 여겨지지 않을 것이기 때문에, 집단들 간의 의사소통이 더 흔해질 것이다. 앞에서 언급된 바와 같이, 협동적 과업들과 보수체계들을 도입시키는 것이 또한 상이한 집단들의 멤버들이 달성시키기 위해 함께 작업할 공동의 협동적 목표들을 조성할 것이다. 함께 작업해야만 되는 것이 흔히 강제된 상호작용처럼 느끼는 것을 일으킬 수 있지만, 사람들이 더 개인적 수준에서 서로 알게 됨에 따라 그들 사이의 관계들이 변화되기 시작하고 성질상 더 긍정적으로 된다.[120] 어업 분쟁들과 같은 갈등들을 해결하기 위한 노력은 흔히 두 집단의 멤버들을 도와 줄 문제에 대한 해결책들을 찾기 위해서 모이는 두 집단의 멤버들의 동맹들을 조성하는 것을 포함한다.

마지막으로, 부정적 태도를 가진 사람과 아울러 그 태도의 표적의 "개인적 특징들"이 또한 집단 간 상호작용에 대해 영향을 준다. 사람들의 편견적 생각들의 강도가 그들이 다른 집단의 사람들에 관한 그들의 고정관념을 변화시키는 데에 얼마나 개방적인가를 결정짓는다, 예컨대, 매우 경쟁적인 어떤 소수측 집단의 멤버를 소개받는 것은 어떤 사람에게 그 사람이 특정의 집단에 관해서 갖고 있는 고정관념들에 관해서 생각하게끔 만들 수 있으며, 심지어 그 사람이 자신의 사고를 변화시키게끔 동기화시킬 수도 있다.

연구자들은 이전의 정신과환자와의 사회적 접촉의 상이한 유형들(두 가지 유형의 구조화된 협동적 접촉들과 통제조건)이 이전의 정신과 환자들에 대한 태도들에 미치는 영향을 연구했으며,[121] 갈등을 감소시키는 한 방법으로써 접촉가설에 대한 지지를 발견했다. 특수하게 말하면, 이 연구는 어떤 낙인찍힌 사회집단 출신의 한 대표에 대한 접촉의 결과로서의 태도변화의 잠재력을 탐구했다. 그 결과들은 이전의 정신과환자들에 대한 태도들이 사람들이 이전의 정신과환자의 역할을 수행하는 실험협조자와의 협동적 과업을 수행한 후에 부정적인 것에서 성질상 더 긍정적인 것 쪽으로 변화했다는 것을 증명했다. 부가적으로, 접촉은 전형적인 이전의 정신과환자에 대한 더 긍정적인 태도들과 이전의 정신과환자들에 대한 더 긍정적인 일반적 태도들에 연관이 있었다. 따라서, 이 연구자들이 증명한 바와 같이, 정말로 정신과환자들과 기타의 낙인찍힌 사회집단들에 대한 부정적 태도의 변화를 촉진시킬 수 있는데, 이것은 접촉을 통한 편견의 감소에 대한 몇 가지 함의들을 갖는 하나의 발견이다.

갈등 중재에 관한 다른 예는 갈등 후의 지역들에서 평화구축 지원사무소들을 발전시키는데 대한 UN의 노력들에 의해 예시되는데, 그곳에서는 지역들의 법적, 정치적, 경제적 및 사회적 체제들에서의 어떤 균형감각을 회복시키는데 대한 도움이 요구되고 있었다.

UN 웹사이트는 평화구축 지원사무소들과 아울러 갈등을 겪는 집단들 사이의 긴장을 감소시키는 것을 겨냥했던 다른 중재들에 관한 정보의 한 큰 소스이다. 이러한 평화구축 지원사무소들의 목적은 평화과정 전체를 통해 지원을 제공해서, 기본적으로 더 이상의 갈등을 방지하는 것을 돕는 것이다. 그러한 사무소들의 주된 임무는 흔히 "무장해제-부대해산-화해(DDR)과정의 일부분인데, 여기에서, 평화구축의 일차적 목적은 갈등의 당사자들에게 무장해제하고, 부대해산하고, 그들이 차이들을 조정하도록 고무시키는 것이다. 각 평화구축 사무소는 각각의 평화구축 활동을 감시하는 책임이 있는 한 대표자에 의해 지휘된다. 흔히 이 사람들이 정부와 국제사회 사이의 조정자들이 된다. 비록 그들이 갈등 당사자들 간의 의사소통을 장려하고 감독하는 책임이 있을지라도, 그들은 그 지역의 내부문제들의 해결을 돕는 것과 방해하는 것 사이의 경계선을 넘지 않도록 조심해야만 된다.

평화구축 사무소들은 최근에 비로소 존재하게 되었으며 최근에 라이베리아, 타지키스탄, 네팔, 부룬디, 기니, 시에라리온, 중앙아프리카 공화국 등과 같은 나라들의 갈등을 취급해왔다. 이들 각 지역에서, 수행되고 있,는 평화구축의 성질은 비록 각 활동들의 기능이 동일할지라도 차이가 있다. 예컨대, 사무소들에 의해 감시된 평화구축 활동들은 선거들과 총격중지 합의들의 감시로부터 정부의 기능들의 일시적 인수까지의 범위에 이를 것이다. 하지만 어떤 평화구축 시도에 대해서처럼, 성취되어 온 어떤 진전이라도 신속하게 무료화될 수 있다. 아프리카의 라이베리아(Liberia)에서 화해 후에 1년도 되지 않고서, 부동의하는 집단들의 멤버들이 갈등해결의 과정 동안에 그들의 요구들이 충족되지 않았다고 느낀 결과로서, 북부에서 충돌이 재발되었다. 이것은 갈등 후의 단계 동안에, UN 평화구축 지원사무소들 그들이 임무를 수행하고 지역 내에서 평화의 느낌을 재확립시키는 것을 도와 줄 필요성을 강조한다.

이 절을 통해, 대부분의 초점이 집단수준에서의 갈등에 초점을 두어왔다. 하지만, 우리는 또한 타인들과의 우리의 일상적 상호작용들에서 즉, 대인관계적 수준에서, 갈등을 경험한다. 대인관계적 갈등의 이해는 집단과정들에 대한 통찰을 제공하고 갈등관리기술을 향상시킬 수 있다. 대인관계적 수준에서, Rehim과 Bonoma(1979)는 갈등을 관리하는 상이한 스타일들에 관한 한 이해를 제공했다.[122)]

(3) 대인관계적 갈등관리(interpersonal conflict management)

접촉가설과 동맹구축은 집단들 간의 갈등을 관리하기 위한 전략들에 초점을 둔다(intergroup conflict). 하지만, 갈등은 또한 개인들 간에 일어난다(interpersonal conflict).

Rahim과 Bonoma(1979)에 의하면, 대인관계적 갈등은 개인적 목표와 집단적 목표가 달성되는 방식으로 개인적 목표들과 과업의 요구사항들을 균형시킬 때에 최선으로 관리된다.[123)] 특정의 상황에서 가장 효과적 전략은 그 상황 속에 들어 있는 특수한 요인들에 달려 있다. 그들은 갈등관리의 독특한 스타일들을 확인했는데, 이것들의 각각은 두 개의 차원상에 놓여질 수 있다. 즉, 자기에 대한 관심과 타인들에 대한 관심이다. 자기에 대한 관심(concern for self) 차원은 사람들이 그들 자신을 돌보려는 동기를 갖고 있는 정도를 나타낸다. 이에 비해서, 타인들에 대한 관심(concern for others) 차원은 사람들이 자기들의 욕구들보다 타인들의 욕구들을 앞에 두는 정도를 나타낸다. 도 15. 1은 자기에 대한 관심과 타인들에 대한 관심의 정도의 함수로서 각 스타일을 나타낸다.

갈등관리의 통합적 스타일(integrating style)은 정보교환을 통한 문제해결을 포함한다. 이러한 식으로 갈등을 처리하는 사람들은 갈등의 맥락에 관한 어떠한 그리고 모든 정보를 이용하며, 양측의 이익들을 완전하게 충족시키는 특정의 행동 코스에 대한 의견일치를 달성시키고자 한다. 갈등을 관리하는 이러한 스타일은 자기 자신의 욕구들에 대한 높은 관심과 지각된 타인

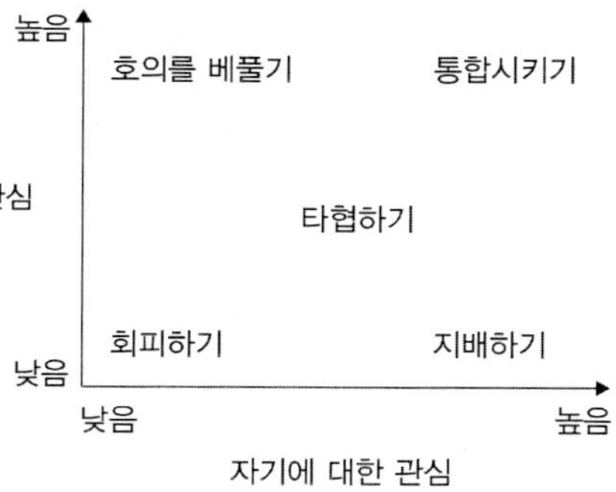

도 15.1 Rahime과 Bonoma의 대인관계적 갈등관리 스타일들

출처: Rahim과 Bonoma(1979).

들의 욕구들에 대한 높은 관심을 균형시키려는 하나의 시도를 반영한다. 그들은 이러한 전략이 복잡한 성질의 이슈들을 처리하는 데에 있어서 가장 유용하다고 시사했다.

갈등을 처리하는 호의를 베풀기 스타일(obliging style)은 타인들을 만족시키기 위해 적응들을 실행하는 것을 포함한다. 이 스타일로 갈등을 관리하는 사람들은 자기에 대한 관심보다 타인들에 대한 관심을 더 강하게 강조해서, 차이들을 등한시하고 어떠한 모든 공통적 입장을 강조하려고 든다. 이 전략은 어떤 사람이 자기 자신이 틀렸다고 믿거나 자기 자신이 타인들보다 결과에 관해서 훨씬 더 적은 관심이 있다고 믿을 때에 가장 유용하다.

개인이 원하는 것을 얻기 위해 타인들의 행동을 강제로 통제하는 것이 갈등관리의 지배적 스타일(dominanting style)의 초점이다. 이러한 전략을 사용하고 있을 때, 사람들은 타인들에 대한 많은 관심이 없이, 자기 자신의 목표들에만 효과적으로 초점을 둔다. 지배하고 있는 사람들은 타인들을 적대하여 불공정한 이익을 얻기 위해 흔히 "모든 것을 걸고서 모험하려고" 든다. 이러한 갈등관리 스타일은 시간압력 하에서 어떤 결정이 이루어질 필요가 있는 상황들에게 가장 유용하다.

그들은 어떤 이슈가 단순하고 중요치 않을 때에 회피 스타일(avoidance style) 갈등을 관리하는 가장 효과적 방법이라고 시사했다. 갈등이 기본적으로 무시되고 있기 때문에 자기에 대한 관심도 타인들에 대한 관심도 작용되지 않는다. 회피를 통한 갈등의 처리는 대개 어떤 형태의 거부나 주의분산을 포함한다. 이 전략에서의 내재적 위험은 만일 그 갈등이 심각하거나 중요하다면, 이 전략을 택하는 사람들은 흔히 그들 자신과 아울러 타인들을 실망시키고 만다.

갈등관리의 타협적 스타일(compromising style)은 자기와 아울러 타인들에 대해 상호 만족스러운 어떤 의견일치에 도달하는 것을 포함한다. 이러한 갈등관리 스타일을 사용하는 사람들은 어떤 공동 목표를 달성시키기 위해 약간 양보하려고 든다. 그들 자신의 욕구들과 목표들과 아울러 타인들의 욕구들에 관한 관심에 대한 중간 정도의 초점이 있다.

요 약

1. 인간의 생활에서 큰 다양성이 존재한다. 사람들은 그들이 세상을 어떻게 보고, 느끼고, 행동하는 가의 면에서 큰 차이가 있다. 이러한 차이들 중의 어떤 것들은 학습의 결과이며, 다른 것들은 성별, 인종배경 및 사회경제적 지위와 같이 학습의 결과가 아닐 수 있다. 다양성의 함의들의 다소는 긍정적이고 다소는 부정적이다.
2. 전 세계적으로 다수의 국제적 이주자들이 있으며, 그 대표적 국가들은 미국, 유럽, 캐나다 및 오스트레일리아를 포함한다. 이주의 결정요인들로서 이주의 호스트 국가들의 인력수요, 출신국가들의 공급 및 이주자들의 관계망의 세 개의 요인들이 지적되고 있다.
3. 문화다양성에 관련해서, 문화분류체계로서 두 개의 분류체계가 제안되었다. Hofstede는 요인분석이라는 통계기법을 사용해서, 개인주의, 집단주의, 권력거리, 남성성-여성성, 불확실성의 회피 및 장기적-단기적 시각의 5개 차원들을 제시했다. Schwartz는 문화적으로 학습된 10개의 가치들을 제시했다.
4. 문화변용은 다른 문화에 대해 적응하는 과정을 일컫는다. 문화변용의 모형들은 일차원 모형들과 다차원 모형들이있다. Berry의 문화변용전략들은 통합, 동화, 분리 및 주변인화의 4개의 전략들을 구분한다. 호스트 사회멤버들은 이민자들에 대해 통합, 분리, 동화, 배척 및 개인주의의 5개의 관점들을 택할 수 있다.
5. 문화변용에 관한 모형들 이외에, 집단 간 관계들에 관한 사회심리학이론들이 이민집단들과 수용하는 사회들의 멤버들 간의 관계들의 분석에 관련있다. 그것들은 접촉가설, 유사성-매력가설, 사회적 정체성이론, 집단갈등의 도구적 모형 및 공동 내집단 정체성 모형을 포함한다.
6. 문화변용연구와 사회심리학 이론들은 호스트와 이민자 간의 관계들에 관한 연구들에서 서로 독립적 노선의 연구들을 발전시켜 왔다. 이 두 노선의 연구들이 최근에 통합적 노력을 보이고 있다.
7. 사람들은 주요 인구통계치들(예: 성별, 인종 및 사회계층) 의 면에서 다양하다. 남녀 차이에 관련해서, 남녀간의 차이들에 대한 초점과 유사성들에 대한 무시가 성(gender)에 관한 여성해방론자들의 비판 중의 많은 것의 근거가 되어 왔다. 성차별(sexism)은 여성에 대한 부정적이거나 천시하는 태도들을 함의하기 쉽다.
8. 다양성의 다른 영역은 인종적 다양성이다. 성별처럼, 인종은 사람들을 함께 묶는 한 방식으로서 자주 사용된다. 인종적 다양성에 대한 하나의 공통적 반응은 인종차별(racism)이다. 인종차별의 현대적 형태로서 혐오적 인종차별(aversire racism)이 제시되고 있는데, 이것을 가진 사람들은 인종차별적 신념들을 갖고 있음에도 불구하고 그들이 다른 인종의 사람들에 대해 편견적이지 않다고 믿는다. 이와 비슷하게, 상징적 인종차별(symbolic racism)은 다른 인종에 대한 편견이 명백하게 표출되지는 않지만, 간접적으로 표출되는 현상을 일컫는다.
9. 평등한 기회의 이상과 개인적 노력이 항상 보상받는다는 믿음이 많은 서구 사회들에서 널리 퍼져

있어서, 사람들에게 사회계층에 관련있는 구조적 및 체계적 불평등들을 시인하는 것을 피하게끔 해 준다. 당연시되는 빈자(deserving poor)와 비당연시되는 빈자(undeserving poor)의 개념들이 최하의 사회경제적 계층들을 이루는 사람들에 대해 구분되고 있다.

10. 다양성의 함의들은 긍정적인 동시에 부정적이며, 다양성이 개인과 집단의 행동에 대해 어떻게 영향을 주는가에 관해서 더 많이 연구해야만 된다. 다양성은 새로운 관점들을 배울 기회를 제공하고, 그럼으로써 개인들과 집단들에 대해 창의성과 혁신성을 증가시킨다. 하지만, 다양성은 또한 편견, 차별대우 및 갈등을 일으킬 수 있다. 갈등의 관리와 해결에 관한 연구들과 이론들은 갈등을 건설적으로 해결하는 방법을 제공해서 부정적 결과들이 최소화되고 긍정적 결과들이 최대화되게 된다.

찾아보기

/ㄱ/

가게들과 은행들 426
가설(hypothesis) 31, 60
가설의 검증 34
가치들과 환경적 걱정 408
가치들의 틀(values framework) 527
간접 관찰(indirect observation) 68
갈등(conflict) 546
갈등감축을 고무시키는 동인들과 지각들 507
갈등감축을 고무시키는 조건들 507
갈등과 갈등관리 473
갈등관리체계들의 고안 513
갈등의 관리와 해결 551
갈등의 정의 475
갈등 이론들 547
갈등해결 507
갈등해결을 위한 절차들 501
갈등확대 순서들(escalation sequences) 503
감독자의 평정 232
개념적 정의(conceptual definition) 61
개인적 가치들의 역할 21
개인적 고정관념들(personal stereotypes) 437
개인적 다양성 : 인구통계치들 536
개인적 성향들 240
개인적 자격(personal entitlement) 466
개인적 중재들(personal interventions) 90
개인적 통제력(personal control) 422
개인적 혼동변인(person confound) 71
개인주의－집단주의(individualism－collectivism) 523
거주자 만족 420
거짓말탐지기 229
건강 걱정들 161
건강 증진과 병의 예방 157
건강과 병의사회심리학 153
건강신념모형(health belief model) 165
건강심리학 154
건강심리학의 정의 154
건강행동의 변화 164, 171
건축된 환경(built environment) 415
걸맞추기(matching) 483
걸맞추기와 보충(compensation) 482
검사들 229
검사전－검사후 설계(pretest－posttest design) 74
검증가능성(testability) 37
결과평가 97
겹쳐쓰기가설(overwriting hypothesis) 333
경영정보체계(management information system) 107
경제적 보수모형들(economic reward models) 246
경제적 투표 276
경찰의 수사 325
계획된 행동이론 42, 198

계획된 행동이론(theory of planned behavior) 168
고독(loneliness) 144
고정관념 47
고정관념의 위험성 441
고정관념의 활성화 439
공격 461
공격의 모방 368
공공자산의 딜레마들(public goods dilemmas) 479
공식적 설계(formal design) 416
공유지의 딜레마(commons dilemmas) 405, 478
공정한 절차 234
공판전의 보도 340
공포호소들(fear appeals) 159
공황발작(panic attacks) 142
과밀(crowding) 397
과밀과 감각 과잉부하 399
과밀과 귀인 399
과밀과 지각된 통제력 398
과잉정당화효과(overjustification effect) 203, 206
과정평가 97
과학의 과정 32, 34
과학적 연구법 60
관계 문제들 144
관계 문제들을 예방하기 149
관계들과 전략적 선택 504
관계치료(relationship therapy) 512
관찰법 67
교도소 상황 348
교도소들의 사회적 풍토 350
교도소의 목표들 349
교류적 리더십(transactional leadership) 253
교사의 기대들과 학생의 성취 209
교사의 기대의 영향 213
교실 속의 피그말리온(Pygmalion in the classroom) 209
교육과 교실의 사회심리학 195
교정에 대한 교도소의 접근들: 치료적 공동체들(therapeutic communities) 353
구력(hardiness) 182
구성개념들(constructs) 18, 32, 62
구성적 면접들 230
국제적 갈등(internmational conflict) 307
국제적 및 문화적 관점 9
국제적 이주와 문화적 다양성 518
권력(power)과 고정관념화 441
권력거리(power distance) 525
권위주의(authoritarianism) 273
귀납적 접근(inductive approach) 20
귀인 130
귀인이론(attribution theory) 40
규범활성화모형(NAM) 406
근로자동기(worker motivation) 246
기대이론 246
기사의 프레이밍 방식 390
기술 연구들(descriptive studies) 80
기술적 규범 219
기술통계(descriptive statistics) 86
기업가가 되는 사람들 257
기업가정신(entrepreneurship) 256

/ ㄴ /

남성성과 여성성 525
남성의 지배 470
남자들과 여자들의 역할 변화들 468
낮은 자기존중 142
내재적 동기(intrinsic motivation) 247
내재적 동기와 외부 보수들 202
내적 대처자원들 181
내집단편애(ingroup favouritism) 533
냉소적 적의(cynical hostility) 181
논쟁자에 의한 화해적 주도들 508

/ ㄷ /

5개의 대형 성격요인들(Big Five) 291
다수의 무시(pluralistic ignorance) 50
다양성: 기회들 542
다양성: 도전들 544
다양성에 대한 응용사회심리학 517
다원주의(pluralism) 8
단기적 또는 장기적 관점(orientation) 526
단일 방법의 편파를 피하기: 프로그램적 연구(programmatic research) 80
닫힌 응답형 질문들(closed-ended questions) 65
대면면접 228
대비효과(contrast-effects) 140
대인관계적 갈등관리(interpersonal conflict management) 554
대처스타일(coping style) 180
대통령후보자 토론 299
도구성과 표현성 453
도덕성 검사들 230
도식이론(schema theory) 140
독립변인(independent variable) 70
돈지갑투표(pocketbook voting 276
동기 246, 479
동맹구축(coalition building) 552
동조 462
또래 간의 상호작용의 학업적 영향들 214
또래 보조학습(peer-assisted learning) 215

/ ㄹ /

리더십 250
리더십에 관한 규범적 모형(normative model of leadership) 252
리더십에 관한 연계모형들(contingency models) 251

/ ㅁ /

만성적 병과 환자들의 생활변화 192
만성적 병에 대한 사회심리학적 관점들 191
만성적 스트레스 178
맞대응전략(tit-for-tat strategy) 485
매몰된 비용들(sunk costs) 260
매스 미디어 159
매스 미디어에서의 양성의 이미지들 435
매스 미디어와 정치적 설득 295
매일의 골칫거리들 178
면접 227
명령적 규범 219
모형들(models) 32
목격의 기회 330
목격자 정확성의 평가 335
목격자 확인과 증언 329
몰아(deindividuation) 317
무기 초점(weapon focus) 331
무동기(amotivation) 205
무희망(hopelessness) 134
문제해결 492, 544
문제해결훈련(problem-solving training) 512
문화 52
문화기술적 연구(ethnographic research) 83
문화변용모형 531
문화변용에 관한 다차원 모형들 530
문화변용에 관한 일차원 모형들 529
문화변용연구들 534
문화변용의 이론과 연구 528
문화분류 523
문화적 고정관념들(cultural stereotypes) 436
문화적 다양성 522
물질남용문제 164
물질사용 164
미디어 폭력 시청의 결과들 365
미디어 폭력과 공격적 사고들 372
미디어 폭력의 영향 364
미디어가 시청자들의 사고에 미치는 영향 385

미디어에 대한 새로운 시각 303
미디어의 정부에 대한 신뢰 감소에 대한 영향 389
미디어의 폭력의 영향에 대한 대처 371
미디어의 사회심리학 357
미디어 폭력과 공포 373

/ㅂ/

반사실적 사고(counterfactual thinking) 259
반사회적 또래집단과 범죄행동 322
반사회적 태도들과 범죄행동 321
반사회적 행동의 효과적 치료 323
반응양식(response format) 65
발전적 평가(developmental evaluation) 98
방어가능한 공간 425
배심원 선정(jury selection) 337
배심원 선정과 의사결정 336
배심원 의사결정에 관한 이야기모형 338
배심원 의사결정에 영향을 주는 요인들 339
배심의 심의 344
범죄와 범죄인 316
범죄의 사회심리학 316
범죄의 수사 324
범죄취약성 428
범죄행동의 근원들(origins) 319
법의 사회심리학 315
법정고문의 소송사건적요서들 348
법체계에 대한 사회심리학자들의 기여 346
변인들의 정의 61
변형적 리더십(transformational leadership) 253
변화단계들모형(stages of change model) 170, 173
병의 심함의 지각(perceived severity of illness) 165
병의 인지들 191
병의 증후들의 인식과 해석 186
복종 45
복종연구들 7
부정적 결과 기대들(negative outcome expectancies) 125
불확실성의 회피 526
비교집단(comparison group) 110
비동등 통제집단설계(nonequivalent control group design) 75
비언어적 의사소통 463
비용-이익분석(cost-benefit analysis) 112
비용-효과분석(cost-effectiveness analysis) 113
비참여관찰(nonparticipant observation) 67
비폭력적 외설물에 대한 장기적 노출의 영향 379

/ㅅ/

사정센터(assessment center) 234
사형태도들과 사형자격 338
사회계층 541
사회문화적 관점 11
사회문화적 이론들(sociocultural theories) 51
사회심리학 2
사회심리학의 기초 이론들 40
사회심리학의 성숙기 8
사회심리학의 역사 4
사회심리학의 이론 29
사회심리학의 이론적 관점들 38
사회심리학의 정의 3
사회심리학의 초창기 5
사회심리학의 특징들 11
사회심리학적 이론들 320
사회적 가치들 480
사회적 관계(social relationships) 46
사회적 교환과 상호의존이론 147
사회적 기술치료들(social skill therapies) 128
사회적 딜레마들 476
사회적 딜레마들의 유형들 476
사회적 및 조직적 요인들 238
사회적 변인들과 건강 156

사회적 불안 122
사회적 비교과정 207
사회적 비교이론 208
사회적 사고 40
사회적 상황들 458
사회적 설계(social design) 415
사회적 설계의 6개 목표들 418
사회적 역할 457
사회적 영향(social influence) 44
사회적 영향이론 44
사회적 유용성의 향상 추구 25
사회적 자기효능감(social self-efficacy) 125
사회적 정체성이론(social identity theory) 533, 547
사회적 지원 182, 422
사회적 태만(social loafing) 479
사회적 통제(social control): 규범들과 사회적 압력 486
사회정책(social policy) 116
사회지향성투표(sociotropic voting) 276
사회학적 이론들 319
사회화 455
상관연구 76
상관연구의 단점과 개선방법 77
상관연구의 장점 77
상관연구의 특징 76
상대적 박탈(relative deprivation) 548
상대측들의 실제적 및 기대된 행동 482
상대측을 대하는 데 대한 전략들과 전술들 502
상대측의 요구와 양보에 대한 반응들 497
생물심리사회적 모형(biopsychosocial model) 156
생물의학적 모형(biomedical model) 155
생물학(biology) 454
생물학적 및 진화적 관점 10
생물학적 이론들 319
생애 동안 지속되는 집단(life-course-persistent group) 323
생태중심적 가치관 409
생활사건들 177
설득(persuasion) 159
설득의 장애를 극복하기 298
설명에 기초된 이론(grounded theory) 83
성(gender) 432
성격 240
성 고정관념들(gender stereotypes) 434
성(gender) 문제들 431
성 정체성(gender identity) 447
성공적 기업가들의 특징들 258
성공적 대처 180
성과 자기 447
성별(gender) 536
성에 관한 이론적 관점들 454
성역할들(gender roles)의 분리 433
성역할에 관한 태도의 변화 468
성유형화 444
성의 하위유형들(gender subtypes) 438
성전환자들(transsexuals) 448
성차(gender gap) 287
성차들의 메타분석(meta-analysis) 460
성차들의 전망 467
성차별 538
성편향 445
성품 증거 (character evidence) 341
성행동(sexuality) 464
소음 400
소음과 도시생활 402
소음과 지각된 통제력 400
수사 면담(investigative interview) 325
수줍음(shyness) 143
수행의 평가 443
스탠포드 대학교의 교도소(감옥) 모의실험 352
스트레스 154, 175
스트레스 관리 184
스트레스 사건들의 특징들 176
스트레스 사건에 대한 대처 179

스트레스와 발병 177
스트레스와 흥분 330
습관들(habits) 410
시험중재(trial intervention) 91
신념체계들(belief system) 309
신뢰의 근원들과 대치물들 483
신체매력성 227
신체이미지 장애(disturbed body image) 137
신체이미지 장애에 관한 이론적 설명들 140
신체이미지 장애의 예방 141
신체이미지의 성차 138
실험 69
실험의 단점과 개선방법 71
실험의 장점 70
실험의 특징 69
실험통제(experimental control) 70
심리적 남성성과 여성성 449
심리적 실재성(psychological realism) 72
심리적 통제력과 치료에 대한 적응 190
심상화가능성(imageability) 423

/ ㅇ /

아동들의 TV시청 360
아동의 인지적 성장 360
암시적 심문 332
애착스타일과 관계의 질 146
애착이론(attachment theory) 145
약한 아이 괴롭히기(bullying) 102
양보(concession making) 491
양성성(androgyny) 449
양성이론(cultivation theory) 374
양적 접근 109
업무수행의 평가(performance appraisal) 231
n측(또는 다자)의 죄수의 딜레마들(n-party prisoner's dilemmas) 478
여론 268
여론조사 274
여성과 남성의 사회적 행동의 비교 460
여성들의 리더십 255
역할연기(role-playing) 129
연구목표의 확인 60
연구설계들 69
연구의 상황 81
연구의 윤리적 및 실제적 고려사항 84
연역(deduction) 33
연역적 접근(deductive approach) 20
열린형 질문들(open-ended questions) 66
예방(prevention) 158
예상이론(prospect theory) 293
예상적 당황(anticipatory embarrassment) 126
옥외 공간(outdoor space) 424
외부타당도(external validity) 24, 82
외설물(pornography) 376
외설물 시청의 영향 376
외재변인(extraneous variable) 70
외재적 동기(extrinsic motivation) 247
외집단 멸시(outgroup derogation) 533
요구-철수 갈등(demand-withdraw conflict) 148
용의자열들(simultaneous lineups) 334
용의자열 편향들(lineup biases) 334
우울증 130
우울증에 관한 무희망이론 132
우울증에 관한 인지-사회적 모형(cognitive-social model) 131
우울증의 치료 135
원리들(principles) 18, 32
위기 관리(crisis management) 310
위기 의사결정(crisis decision making) 293
위인이론(Great Person Theory) 250
위험성지각 162
유리벽들(glass walls) 255
유리천장(glass-ceiling) 255
유사성-매력가설(similarity-attraction hypothesis) 533
유인들의 변화 413

윤리문제들 115
윤리원칙 84
응용사회심리학 2
응용사회심리학 서론 1
응용사회심리학의 정의 18
응용사회심리학의 특징들 19
응용사회심리학자들의 역할 26
의도들(intentions) 160
의료적 치료의 준수 189
의사소통(communication) 487
의사와 환자 간의 의사소통의 향상 189
의제설정(agenda setting) 303
이기적 가치관 409
이기적 거절 407
이기적 편향들(self-serving biases)에 47
이데올로기(ideology) 270
이데올로기와 가치들 271
이데올로기의 종말에 관한 의문 270
이론 18
이론의 개발과 검증 11
이론의 역할들 35
이론의 정의 31
이론의 특징들 36
이민지역 520
이야기식의 연구(narrative research) 83
이자의 죄수의 딜레마들(two-party prisoner's dilemmas) 477
이주동기 520
이중 관심 모형(dual concern model) 493
이차세계대전 6
이차예방(secondary prevention) 158
이해당사자들 91
인간관계 과정들 209
인사 선발 226
인정불가능한 증거 341
인종(종족)배경(ethnic background) 539
인지부조화이론(cognitive dissonance theory) 42
인지적 관점 9
인지적 면담(cognitive interview; CI) 327
인지적 프레임들(frames)과 편향들(biases) 499
인터넷 조사(internet survey) 66
일관성(consistency)과 이데올로기 278
일반적 건강가치들(general health values) 165
일상적 실재성(mundane realism) 72
일차예방(primary prevention) 158
일치모형(congruence model) 452
임상과 상담심리학 121

/ ㅈ /

자기 고양적 귀인들 136
자기 평가 233
자기결정이론(self-determination theory) 203
자기관심의 결정요인들 494
자기보고방법들(self-report methods) 62
자기실현적 예언(self-fulfilling prophecy) 210
자기우대전략들(self-serving strategies) 200
자기이익적 투표 277
자기인종편향(own-race bias) 331
자기제시이론(self-presentation theory) 124
자기존중 451
자기지각이론(self-perception theory) 203
자기핸디캡조성(self-handicapping) 200
자기효능성(self-efficacy) 128, 166
자료분석 85
자원딜레마들(resource dilemmas) 478
장기간에 걸친 미디어접촉 301
장기적 사고: 미래의 그림자 481
재정적 책무성(financial accountability) 96
재판상의 지시의 이해 344
적에 대한 이미지들 308
적의(또는 적개심; hostility) 181
전략선택 505
전략선택의 심리적 요인들 503
전략적 선택에 영향을 주는 변인들 493
전문가 증언 346

절약성(parsimony) 37
절차적 혼동변인(procedural confound) 71
점화(priming) 305
접촉가설(contact hypothesis) 533, 551
접촉이론(contact theory) 48
정교화가능성모형(elaboration likelihood model; ELM) 46
정당동일시(party identification) 274, 282
정당태도들(partisan attitudes) 282
정보량 439
정보의 전달 303
정보의 제공 412
정보적 호소들(informational appeals) 159
정부에 대한 부정적인 미디어보도의 영향 389
정서, 동기 및 인지의 통합 10
정치심리학연구 266
정치의 사회심리학 265
정치적 관용(political tolerance) 289
정치적 광고의 나쁜 결과 392
정치적 기사들 391
정치적 뉴스보도의 영향 385
정치적 리더십 290
정치적 사회화(political socialization) 284
정치적 인지와 정보처리 267
정치적 태도 286
정치지도자들의 프로파일링(profiling) 291
조각그림맞추기식 수업기법(jigsaw classroom technique) 216, 221
조사접근들(survey approaches) 101
조작적 정의(operational definition) 61
조절초점이론(regulatory focus theory) 260
조정(arbitration) 511
조직내 시민행동(organizational citizenship behavior) 243
종단설계들(longitudinal designs) 79
종속변인(dependent variable) 70
죄수의 딜레마(PD) 477
주변인개입(bysytander intervention) 316
주변인화(marginalization) 531
주의결핍 과잉활동장애(ADHD) 215
주장(contending) 491
주택들 426
준실험 연구들(quasi－experimental studies) 361
준실험(quasi－experiments) 73
준실험의 단점 76
준실험의 장점 75
준실험의 특징 73
중간수준 이론들(midlevel theories) 37
중단된 시간계열설계(interrupted time series design) 74
중독행동들 175
중재(intervention) 35, 90
중재(mediation) 509
중재가 효과적인 조건들 510
중재가설들(intervention hypotheses) 93
중재의 설계 90
중재의 실시 94
중재의 실제적 문제들 113
중재의 평가 95
중재자 행동의 결정요인들 510
중재자(mediator)의 전술들과 효과성 509
중재자의 특징들 510
지각된 실행가능성(perceived feasibility) 496
지각된 행동통제력(perceived behavioral control) 169
지도자들의 성격 266
지식부족모형(knowledge－deficit model) 41
지역사회 공개토론회들(community forums) 102
지역사회 인상접근들 101
지역사회들 427
지표접근들(indicator approaches) 100
직무만족 235
직무만족의 결과들 241
직무만족의 결정요인들 236

직무수행 243
직무특징들 237
직원의 철수행동들(withdrawal behaviors) 242
직장과 가정에서의 남녀의 일들 469
진화 사회심리학(evolutionary social psychology) 54
진화론 55
진화원리 10
질문 순서 64
질문 유형(question type) 63
질문의 어법(question wording) 63
질적 연구법들(qualitative research method) 82
질적 접근 111
집단 갈등(group conflict) 287
집단사고(groupthink) 294
집단사고이론 294
집단소속의 특출성 440
집단주의 문화 53
집단크기 487

/ ㅊ /

차별대우(discrimination) 48
참여관찰(participant observation) 67
창의성 363
창의성과 혁신 543
채용면접들 226
책임의 분산(diffusion of responsibility) 317
청년기에 한정된 사람들(adolescence-limited individuals) 322
최우선적 목표(superordinate goal) 48
추론적 행동이론(theory of reasoned action) 280
추리통계(inferential statistics) 86
출처검색이론(source monitoring theory) 333
취약성 창문모형(model of windows of vulnerability) 163
치료성공에 대한 기대 166
치환이론(displacement theory) 359
친환경적 행동의 증진 412

/ ㅋ /

카타르시스적 효과(cathartic effect) 365

/ ㅌ /

타인관심(other-concern)의 결정요인들 496
탁월한 해결책들(prominent solutions) 499
탁월한 해결책들과 공정성의 판단들 499
태도 41
태도와 투표행동 267
통제 34
통제유형들(types of control) 70
투표에 관한 미시간모형(Michigan model) 281
투표 참가 280
투표행동 274
TV 폭력 366
TV의 인지적 및 교육적 영향 359

/ ㅍ /

파지 간격(retention interval) 331
편견 273
편견과 차별대우 545
평가가능성 사정(evaluability assessment) 104
평가센터들(assessment centers) 231
평가연구 95
폭넓은 갈등(broader conflict) 476, 501
폭력 모방의 학습 369
폭력 없는 학교 환경의 조성 221
폭력적인 성적 재료에 대한 노출의 유해한 영향을 감소시키는 방법 382
프레이밍(framing) 306
프로그램 결과의 평가 108
프로그램 논리모형(program logic model) 93
프로그램 발전(program development) 97
프로그램 활동들(program activities) 93, 106
프로그램과 평가 89

프로그램의 논리 또는 이론 106
프로그램의 목표들 105
프로그램의 필요성(needs)의 평가 100
프로그램적 중재들(programmatic interventions) 90
피고의 특징들 342
피드백 413
필요성사정(needs assessments) 99
필요성평가(need assessment; 또는 요구평가) 92

/ ㅎ /

학교폭력 217
학문 협동적 연구(interdisciplinary research) 23
학습장애 208
학업성적의 향상방법들 202
학업성취 196
학업적 자기개념(academic self-concept) 199
학업적 자기개념과 성적 199
학업행동 197
한정된 영향들(limited effects) 295
합리적-정서적 치료(rational-emotive therapy; RET) 128
합치시키기(matching) 419
해결책의 강구 92
행동 변화 421
행동의도 168
행동이 환경에 미치는 영향 403
행동적 약속(behavioral commitment) 413
행동적 융통성 451
향상된 평가방법들 234
허위자백 326
현상적 연구(phenomenological research) 83
현실적 집단갈등이론(realistic group conflict theory) 549
현장 상황(field settings) 24
현장연구들(field studies) 82
협동의 결정요인들 479
협력의 증가 416
협상 490
협상에 관한 심리학 연구들 490
협상에서의 인지과정들 499
협상전략들 491
형평성(equity) 248
형평이론 248
혼동변인들(confounds) 71
혼합 방법적 접근(mixed-method approach) 84
환경문제 403
환경의 사회심리학 395
환경이 인간의 안녕과 행동에 미치는 영향 397
환경적 행동들의 이해 404
환자와 의사의 상호작용 188
회피애착스타일(avoidance attachment style) 145
후광효과(halo effect) 232
후보자 평가에 관한 온라인모형(online model) 283

참고문헌

이 QR 코드를 스캔하면 『응용사회심리학』의
참고문헌을 열람할 수 있습니다.

편저자약력

홍대식

문학박사(서울대학교)
서울대 · 성균관대 · 이화여대 강사 역임
한국교육개발원 연구원 역임
전북대학교 교수 역임
충북대학교 교수 역임
한국심리학회 산하 사회심리학회장 역임
한국심리학회 공로상 수상
현재 성신여대 명예교수

[역서 및 저서]
심리학개론(Hilgard 등 著, 1979)
사회심리학(Freedman 등 著, 1981)
사회심리학 이론(Shaw와 Costanzo 著, 1982)
심리학의 역사와 체계(Brennan 著, 1982)
심리학개론(Atkinson 등 著, 1983)
심리학개론 학습지침서(Atkinson 등 著, 1983)
리더십의 인간심리(Deville 著, 1984)
사회심리학(Sears 등 著, 1985)
심리학개론(Atkinson 등 著, 1987)
응용사회심리학(편역, 1989)
독학자를 위한 심리학개론(1992)
인간관계의 심리－호감 · 우정 · 사랑 · 행복(편역, 1992)
심리연구법(편저, 1993)
사회심리학(편저, 1994)
현대 심리학개론(편저, 1998)
봉도운동(2000)
연애와 결혼심리학(2002)
잘 사는 부부 못 사는 부부(2007)
성공적 인간관계(2011)

응용사회심리학

초판발행 2019년 7월 10일
중판발행 2023년 10월 20일

엮은이 홍대식
펴낸이 노 현

편 집 이선경
기획/마케팅 이선경
표지디자인 조아라
제 작 고철민·조영환

펴낸곳 ㈜ 피와이메이트
서울특별시 금천구 가산디지털2로 53, 한라시그마밸리 210호(가산동)
등록 2014. 2. 12. 제2018-000080호
전 화 02)733-6771
f a x 02)736-4818
e-mail pys@pybook.co.kr
homepage www.pybook.co.kr
ISBN 979-11-85754-00-0 00000

정 가 35,000원

박영스토리는 박영사와 함께하는 브랜드입니다.